"十一五"国家重点图书出版规划项目

公路桥涵设计手册

梁　桥

Beam Bridge

（第二版）

刘效尧　徐　岳　主编
张继尧　杨耀铨　主审

人民交通出版社

内 容 提 要

本书以第一版《公路桥涵设计手册 梁桥》为基础，以现行公路桥梁设计新标准、新规范为指导，对原手册进行更新、修改与补充，重点介绍简支梁桥、连续梁桥、连续刚构桥、斜弯及异形桥、门式及斜腿刚构桥和组合梁桥相应的结构构造与设计计算方法，并附有各种设计计算实例。

本书是公路及城市道路桥梁设计人员的必备参考书，也可供大专院校相关专业师生学习桥梁工程课程参考。

图书在版编目(CIP)数据

公路桥涵设计手册. 梁桥/刘效尧,徐岳主编. —2版. —北京:人民交通出版社,2011.4
ISBN 978-7-114-08865-0

I. ①公… II. ①刘… ②徐… III. ①公路桥—桥涵工程—设计—技术手册 ②梁桥—桥涵工程—设计—技术手册 IV. ①U448.142.5-62

中国版本图书馆 CIP 数据核字(2011)第 008929 号

"十一五"国家重点图书出版规划项目
公路桥涵设计手册

书　　名	梁桥(第二版)
著 作 者	刘效尧　徐　岳
责任编辑	曲　乐　王文华
出版发行	人民交通出版社
地　　址	(100011)北京市朝阳区安定门外馆斜街3号
网　　址	http://www.ccpress.com.cn
销售电话	(010)59757973
总 经 销	人民交通出版社发行部
经　　销	各地新华书店
印　　刷	北京盛通印刷股份有限公司
开　　本	787×1092　1/16
印　　张	51.75
字　　数	1232 千
版　　次	1996年3月　第1版　2011年4月　第2版
印　　次	2017年12月　第2版　第3次印刷
书　　号	ISBN 978-7-114-08865-0
定　　价	120.00 元

(有印刷、装订质量问题的图书由本社负责调换)

《公路桥涵设计手册》编审委员会

编写委员会

主 任 委 员：凤懋润

副主任委员：刘士林　刘效尧　杨高中　张喜刚
　　　　　　郑皆连　顾安邦　谢邦珠　廖朝华

委　　　员：马　骉　王仁贵　王吉双　庄卫林
　　　　　　向中富　刘红明　朱新实　沈鸿雁
　　　　　　孟凡超　姜友生　高冬光　徐　岳
　　　　　　徐国平　焦永顺　韩　敏　鲍卫刚
　　　　　　詹建辉

审定委员会

万珊珊　刘新生　李守善　张继尧　苏善根

杨耀铨　周世忠　郑明珠　郑皆连　顾安邦

彭宝华

（以上名单按姓氏笔画排序）

《公路桥涵设计手册》主要编写单位

中交公路规划设计院有限公司

中交第二公路勘察设计研究院有限公司

湖北省交通规划设计院

四川省交通厅公路规划勘察设计研究院

河北省交通规划设计院

安徽省交通规划设计研究院

浙江省交通规划设计研究院

中交路桥技术有限公司

安徽省公路管理局

长安大学

同济大学

重庆交通大学

西南交通大学

厦门高格桥梁景观设计研究中心

出 版 说 明

改革开放以来,随着我国经济建设的快速发展,公路交通作为经济发展的"先行官"得到政府的高度重视,公路桥梁建设事业更是发展迅猛,成绩斐然。20世纪90年代初,为了及时总结公路桥梁设计经验,指导桥梁设计工作,在原交通部公路司的领导与支持下,人民交通出版社组织我国桥梁界专家学者,编写出版了我国第一套《公路桥涵设计手册》,包括《基本资料》、《墩台与基础》、《拱桥》、《梁桥》、《涵洞》、《桥位设计》、《桥梁附属构造与支座》七个分册。该系列手册全面系统地总结了我国几十年来积累的公路桥梁设计经验,对于推进桥梁设计理论与技术的发展起到了重要的作用。

1998年亚洲金融危机之后,国家加大对公路交通建设的投入,高速公路"五纵七横"规划全面实施,公路桥梁建设进入了前所未有的黄金时期。在此期间,我国桥梁工作者不断探索,勇于创新,自主设计,建成了一大批跨越大江大河甚至跨越海湾的、具有世界先进水平的大型桥梁,特别是东海大桥、杭州湾跨海大桥、苏通大桥、西堠门大桥等特大桥梁的修建,更是具有里程碑的意义。青岛海湾大桥、港珠澳大桥等一批世界级桥梁正在建设,我国的桥梁发展进入了一个新时代。截至2009年底,我国公路桥梁总数已达到62.19万座,计2 700余万延米,其中,跨径600m以上的斜拉桥11座,跨径1 000m以上的悬索桥12座(在建5座),拥有多项桥梁跨径的世界纪录。

大量的工程实践与关键技术攻关,使得我国桥梁建造技术与管理水平有了质的飞跃,我国桥梁建设水平已步入世界先进行列,正在由桥梁大国走向桥梁强国。在众多特大型桥梁的建设过程中,设计理念不断更新,新工艺、新技术、新材料、新设备得到推广应用,建造关键技术取得重大突破。无论是设计、施工与工程管理都积累了一大批宝贵的经验,代表了我国桥梁领域日益提高的科技水平与自主创新能力,凝聚着建桥人的智慧。认真而系统地总结,使其形成技术积累,形成我们国家桥梁建造具有自主知识产权的核心技术,更好地指导日后蓬勃开展的桥梁建设实践,其意义重大。为此,自2005年起,在凤懋润总工、郑皆连院士的倡议下,人民交通出版社决定在原有的《公路桥涵设计手册》基础上修订编写新版《公路桥涵设计手册》。编写该系列手册的目的就是要全面系统地总结我国公路桥涵设计经验,充分反映当前我国桥梁设计的最高水平,充分吸收国外桥梁设计的最新理念与技术,力求具有一定的前瞻性,使之成为桥梁设计工作者案头不可或缺的实用工具书。

新版《公路桥涵设计手册》共10册,分别是《桥梁总体设计》、《桥位设计》、《墩台与基础》、《梁桥》、《拱桥》、《斜拉桥》、《悬索桥》、《桥梁附属构造物》、《预应力技术及材料设备》、《涵洞》,字数总计在1 000万左右。该手册自2005年开始编写,历时5年,中交公路规划设计院有限公司、中交第二公路勘察设计研究院有限公司、湖北省交通规划设计院、四川省交通厅公路规划勘察设计研究院、安徽省交通规划设计研究院、河北省交通规划设计院等多家交通行业一流设计单位和长安大学等高等院校担任各分册的主编单位，总体上代表了我国桥梁设计的最高水平。谢邦珠、刘效尧、孟凡超、廖朝华、顾安邦、高冬光等一批桥梁大师、专家为本书的出版尽心尽力、精益求精，确保了本手册的编审质量，也为《公路桥涵设计手册》编写成我国桥梁领域最高水平的权威之作提供了重要保证。

对于桥梁设计者来说，通过学习和利用手册中的新方法、新技术和结构方面的创新，通过对典型设计案例的学习，能提高设计质量与效率，优化设计，降低成本，从而为业主和国家带来巨大的社会经济效益。对于那些刚刚走上设计岗位的年轻工程师，此手册更是指导其开展设计工作的良师益友。

在未来相当长的一段时期内，随着国家高速公路网规划、农村公路网规划的实施及西部大开发战略的进一步实施，公路建设仍将快速发展，而《公路桥涵设计手册》的及时修订再版，无疑将对今后我国的桥梁建设提供有力的技术支持。

本手册在编写过程中，得到了交通运输部领导及各个参编、参审单位领导的大力支持，在此一并表示诚挚的谢意！

《公路桥涵设计手册》编审委员会
2011 年 3 月

前　言

《公路桥涵设计手册　梁桥》(第一版)出版发行以来,为梁桥在我国正确高效的设计、安全可靠的使用发挥了良好的示范作用。随着桥梁新标准、新规范的相继颁布实施,迫切需要一套能适应当前桥梁建设状况,符合新标准、新规范要求的设计手册,因此,人民交通出版社组织编者对原设计手册进行修订。

本次修订以第一版《梁桥》设计手册为蓝本,以《公路工程技术标准》(JTG B01—2003)、《公路桥涵设计通用规范》(JTG D60—2004)、《公路钢筋混凝土及预应力混凝土桥涵设计规范》(JTG D62—2004)等现行标准、规范为指导,结合设计人员的使用要求及近年来梁桥的建设经验,对原设计手册进行更新、修改、补充。本册更新了第一版《梁桥》设计手册的大部分内容,删除了简支斜弯桥、悬臂梁桥、T型刚构桥等内容,补充了新的设计理念、新材料、新工艺等内容,保留了经典理论与方法,补充了桥梁结构有限元计算的原理与方法,更新了设计算例。本册分为6篇,包括简支梁桥、连续梁桥、连续刚构桥、斜弯桥及异形桥、斜腿刚构桥及组合梁桥。

本册编写工作分工如下：

主编刘效尧、徐岳,主审张继尧、杨耀铨。

第一篇由安徽省交通厅刘效尧主持编写,其中第一章第四节由安徽省交通规划设计研究院吴刚编写,第六章由中交第二公路勘察设计研究院有限公司提供,其余由刘效尧编写。本篇由刘效尧统稿。

第二篇由长安大学徐岳主持编写,其中第一章由展丙来编写,第二章由展丙来、冯卓德编写,第三章由冯卓德、王儒雅编写,第四章由展丙来、弥恒编写,参与第二篇编写的人员有王春生、林路宇、马超、林萍。本篇由徐岳统稿。

第三篇由浙江省交通规划设计研究院张继尧编写。

第四篇由长安大学梁鹏主持编写,其中第一章、第二章由梁鹏、徐岳编写,第三章由梁鹏、吴向男编写,第四章由梁鹏、魏科编写,第五章由梁鹏、虞谨菲编写。本篇由梁鹏、徐岳统稿。

第五篇由上海林同炎李国豪土建工程咨询有限公司安徽分公司胡良红编写。本篇由刘效尧统稿。

第六篇由安徽省交通规划设计研究院杨善红主持编写,其中第一、二、三、六章由杨善红编写,第四章由梅应华编写(刘效尧改写),第五章由陆文超编写。本篇由刘效尧统稿。

本册由刘效尧、徐岳统稿、定稿。

在编写过程中,中交公路规划设计院有限公司王仁贵副院长、安徽省公路管理局朱新实总工程师为本书的初稿提出了修改意见,谨在此一并表示诚挚的感谢。

由于编写水平和收集资料的限制,书中难免有遗漏和错误,请读者予以指正,以便下次再版时补充修订。

编 者

2010 年 10 月

目 录

第一篇 简支梁桥

第一章 简支梁桥分类、构造特点、适用场合 ... 3
- 第一节 简支梁桥分类 ... 3
- 第二节 构造规定 ... 6
- 第三节 梁桥通用设计图和计算软件 ... 9
- 第四节 装配式预应力混凝土梁桥通用图 ... 11

第二章 简支梁桥主梁汽车和人群荷载的横向分布 ... 23
- 第一节 汽车荷载和汽车荷载冲击力 ... 23
- 第二节 偏心受压法 ... 25
- 第三节 刚(铰)接梁法 ... 29
- 第四节 比拟正交异性板法 ... 37
- 第五节 剪力横向分布系数 ... 43
- 第六节 支座反力横向分布系数 ... 45

第三章 简支梁桥内力计算 ... 50
- 第一节 作用与效应组合 ... 50
- 第二节 主梁结构内力计算 ... 55
- 第三节 横梁结构内力计算 ... 63
- 第四节 桥面板内力计算 ... 73

第四章 钢筋混凝土梁桥截面设计及计算 ... 79
- 第一节 持久状况承载能力极限状态计算 ... 79
- 第二节 持久状况正常使用极限状态计算 ... 95
- 第三节 短暂状况应力计算 ... 99

第五章 预应力混凝土梁的截面设计及计算 ... 101
- 第一节 预应力混凝土梁的截面设计 ... 101
- 第二节 持久状况承载能力极限状态计算 ... 109
- 第三节 持久状况正常使用极限状态(变形)计算 ... 117
- 第四节 持久状况(使用阶段)应力计算 ... 145
- 第五节 短暂状况应力计算 ... 152

第六章 30m预应力混凝土简支T梁计算示例 ... 155
- 第一节 计算依据与基础资料 ... 155
- 第二节 结构尺寸及截面特征 ... 156
- 第三节 汽车荷载横向分布系数、冲击系数计算 ... 158

第四节	作用效应组合	160
第五节	持久状况承载能力极限状态计算	169
第六节	持久状况正常使用极限状态计算	175
第七节	持久状况和短暂状况构件应力验算	186
第八节	桥面板计算	190
第九节	横隔梁计算	198

本篇参考文献 ··· 205

第二篇 连续梁桥

第一章 钢筋混凝土连续梁桥 ··· 210
- 第一节 适用场合 ··· 210
- 第二节 一般构造 ··· 211
- 第三节 连续梁桥支座设置 ··· 216
- 第四节 设计要点与示例 ··· 218
- 第五节 钢筋混凝土连续梁桥技术经济指标 ··· 226

第二章 预应力混凝土连续梁桥 ··· 227
- 第一节 一般构造及适用场合 ··· 227
- 第二节 施工方法及适用场合 ··· 244
- 第三节 钢筋构造 ··· 264
- 第四节 技术经济指标 ··· 281

第三章 连续梁桥内力计算 ··· 287
- 第一节 桥梁设计步骤与有限元简介 ··· 287
- 第二节 箱梁分析简介 ··· 289
- 第三节 结构重力作用内力计算 ··· 294
- 第四节 基本可变荷载作用内力计算 ··· 311
- 第五节 次内力计算 ··· 333
- 第六节 作用效应组合 ··· 357
- 第七节 内力包络图 ··· 360

第四章 截面设计和验算 ··· 362
- 第一节 截面钢束用量的估算及钢束布置 ··· 362
- 第二节 持久状况承载能力极限状态验算 ··· 372
- 第三节 持久状况正常使用极限状态验算 ··· 377
- 第四节 短暂状况验算 ··· 382

本篇参考文献 ··· 390

第三篇 连续刚构桥

第一章 连续刚构桥特点、分类及适用场合 ··· 393

第一节	连续刚构桥特点及其分类	393
第二节	连续刚构桥的经济指标及其适用场合	396
第三节	连续刚构桥在国内外发展概况	397

第二章　连续刚构桥的总体布置及其构造尺寸　404
- 第一节　高墩、大跨连续刚构桥的总体布置　404
- 第二节　高墩、大跨连续刚构桥的构造　406
- 第三节　大跨连续刚构桥的配束、配筋要点　415

第三章　连续刚构桥的静力分析　424
- 第一节　连续刚构桥的整体结构分析　424
- 第二节　连续刚构桥的局部构造分析　439
- 第三节　高墩稳定性分析　444
- 第四节　连续刚构桥的抗风设计　457

第四章　连续刚构桥的动力分析　463
- 第一节　连续刚构桥动力特性计算　463
- 第二节　连续刚构桥抗震分析与设计　466
- 第三节　减、隔震技术在连续刚构桥中的应用　476

第五章　连续刚构桥设计要点　485
- 第一节　连续刚构桥的温度效应　485
- 第二节　连续刚构桥的预拱度控制　505
- 第三节　连续刚构桥在正常使用极限状态控制　514
- 第四节　桥墩与基础的防撞设计　523

本篇参考文献　531

第四篇　斜桥、弯桥及异形桥

第一章　概述　535
- 第一节　建设概况　535
- 第二节　建设实例　536

第二章　有限元分析方法　539
- 第一节　有限元分析方法概述　539
- 第二节　梁格分析方法　543

第三章　斜桥　561
- 第一节　斜桥总体布置　561
- 第二节　整体简支斜交板桥的设计与计算　564
- 第三节　装配简支斜交板桥的设计与计算　570
- 第四节　斜梁桥的受力特点　576
- 第五节　斜梁桥支承布置形式及平面位移　580

  第六节 斜梁桥的受力及构造、结构布置及施工特点 ································ 581
  第七节 斜梁桥的预应力设计与构造要求 ·· 585
  第八节 斜桥常见病害、对策及实例 ·· 590
  第九节 斜梁桥分析方法 ·· 594
  第十节 计算示例 ·· 596
 第四章 弯桥 ·· 603
  第一节 受力特点 ·· 603
  第二节 总体布置 ·· 609
  第三节 支座设置及平面位移 ··· 617
  第四节 预应力配置及构造要求 ··· 620
  第五节 常见病害、对策及实例 ··· 624
  第六节 计算方法 ·· 628
  第七节 计算示例 ·· 629
 第五章 异形桥 ·· 634
  第一节 异形板桥 ·· 634
  第二节 异形梁桥 ·· 647
 本篇参考文献 ··· 658

第五篇 门式及斜腿刚构桥

 第一章 门式及斜腿刚构桥的构造、特点及适用场合 ·· 662
  第一节 门式刚构桥 ·· 663
  第二节 斜腿刚构桥 ·· 666
  第三节 V形刚构桥 ·· 668
 第二章 门式及斜腿刚构桥的设计 ··· 669
  第一节 构造与配筋设计 ·· 669
  第二节 斜腿与基础的连接方式 ··· 683
 第三章 门式及斜腿刚构桥设计计算 ·· 686
  第一节 受力特点 ·· 686
  第二节 内力计算 ·· 686
  第三节 铰与支座的计算 ·· 691
 第四章 门式及斜腿刚构桥设计计算示例 ·· 694
  第一节 小跨径门式刚构桥计算示例 ·· 694
  第二节 中等跨径门式刚构桥计算示例 ··· 696
  第三节 斜腿刚构桥计算示例 ··· 705
  第四节 V形刚构桥计算示例 ··· 709
 本篇参考文献 ··· 719

第六篇 组 合 梁 桥

第一章 组合梁桥分类及其发展 ······ 723
第一节 组合梁桥的分类 ······ 723
第二节 组合梁桥的发展应用 ······ 724

第二章 混凝土组合梁桥计算 ······ 725
第一节 承载能力极限状态计算 ······ 725
第二节 正常使用极限状态计算 ······ 728
第三节 持久状况和短暂状态应力计算 ······ 731

第三章 钢—混凝土组合梁桥 ······ 732
第一节 基本构造 ······ 732
第二节 钢—混凝土组合梁桥面板设计 ······ 735
第三节 连接件的设计 ······ 743
第四节 钢—混凝土组合梁桥的计算 ······ 750
第五节 连续钢—混凝土组合梁桥负弯矩区设计 ······ 765

第四章 预应力混凝土组合空心板梁桥设计计算实例 ······ 770
第一节 计算依据与基础资料 ······ 770
第二节 计算过程和结果 ······ 774

第五章 钢—混凝土组合梁桥设计计算实例 ······ 792

第六章 钢—混凝土组合梁桥有限元计算实例 ······ 799
第一节 技术标准及结构形式 ······ 799
第二节 计算参数 ······ 800
第三节 计算模型 ······ 801
第四节 承载能力极限状态基本组合效应 ······ 803
第五节 正常使用极限状态应力验算 ······ 805
第六节 主梁挠度验算 ······ 807
第七节 剪力键验算 ······ 808
第八节 高强螺栓承载力验算 ······ 808

本篇参考文献 ······ 810

第一篇 简支梁桥

钢筋混凝土和预应力混凝土简支梁桥是公路桥梁中最常见的桥梁形式，适用于大、中、小跨径的特大、大、中、小规模桥梁。简支梁桥是静定结构，对地基适应能力强，跨径组合较灵活，施工较方便。

第一章 简支梁桥分类、构造特点、适用场合

简支梁桥使用广泛，现已出版有公路简支梁桥的通用图，设计时可以根据不同的使用场合套用。本章将介绍其分类、构造特点和不同场合的套用原则。在通用图不适合时，可参考通用图的构造另行设计。

第一节 简支梁桥分类

常用的钢筋混凝土和预应力混凝土简支梁桥有现浇式板梁桥、装配式钢筋混凝土空心板梁桥、装配式钢筋混凝土 T 梁桥、装配式预应力混凝土 T 梁桥、装配式预应力混凝土箱梁桥等几种。简支钢梁桥和组合梁桥使用尚少，将另辟一篇，本节不再讨论。

一、按材料分类

(1)钢筋混凝土梁桥。

(2)预应力混凝土梁桥，随着预应力度不同分为全预应力梁、A 类和 B 类部分预应力梁，按《公路钢筋混凝土及预应力混凝土桥涵设计规范》(JTG D62—2004)(以下简称《桥规》)第 6.3 条规定正截面开裂特征如表 1-1-1 所示。

使用主要钢筋和混凝土等级按《桥规》第 3 条规定执行，列如表 1-1-1 所示。

混凝土梁桥分类表 表 1-1-1

类 型			判 定 公 式	主 要 钢 筋	混凝土
钢筋混凝土梁桥			裂缝宽度符合：表 1-4-6 规定	R235、HRB335	≮C20
				HRB400、KL400	≮C25
预应力混凝土梁桥	全预应力		短期效应组合下正截面符合：表 1-5-36 规定 短期效应组合下斜截面符合：表 1-5-37 规定	(1)钢绞线，光面钢丝，螺旋肋钢丝，刻痕钢丝； (2)中、小型构件和竖、横预应力可用精轧螺纹钢筋	≮C40
	部分预应力	A 类	短期和长期效应组合下正截面符合：表 1-5-36 规定 短期效应组合下斜截面符合：表 1-5-37 规定		
		B 类	正截面不满足 A 类条件裂缝宽度符合：表 1-4-6 规定 短期效应组合下斜截面符合：表 1-5-37 规定		

(3)钢桥,有钢梁桥(包括开口截面和闭口截面梁)、简支钢桁架桥。

(4)组合梁桥(钢梁加混凝土翼板)。

二、按施工工艺分类

(1)现场整体浇筑式梁桥,截面形式见图1-1-1。整体现浇的简支梁桥整体性好、刚度大,容易做成外形复杂的弯桥、斜桥,但现场施工的工作量大,支架和模板消耗量大,多用于小跨径桥梁和异形桥梁,在第四篇中将详细介绍。

(2)预制装配式梁桥,按预制方向分为纵向单跨预制安装和横向节段预制拼装两种。

纵向单跨预制安装,预制构件可呈简支状态架设,一般不需要支架。例如:预制板、T形预制梁、I形预制梁、箱形预制梁,多用于中小跨径桥梁,截面形式见图1-1-2～图1-1-4。

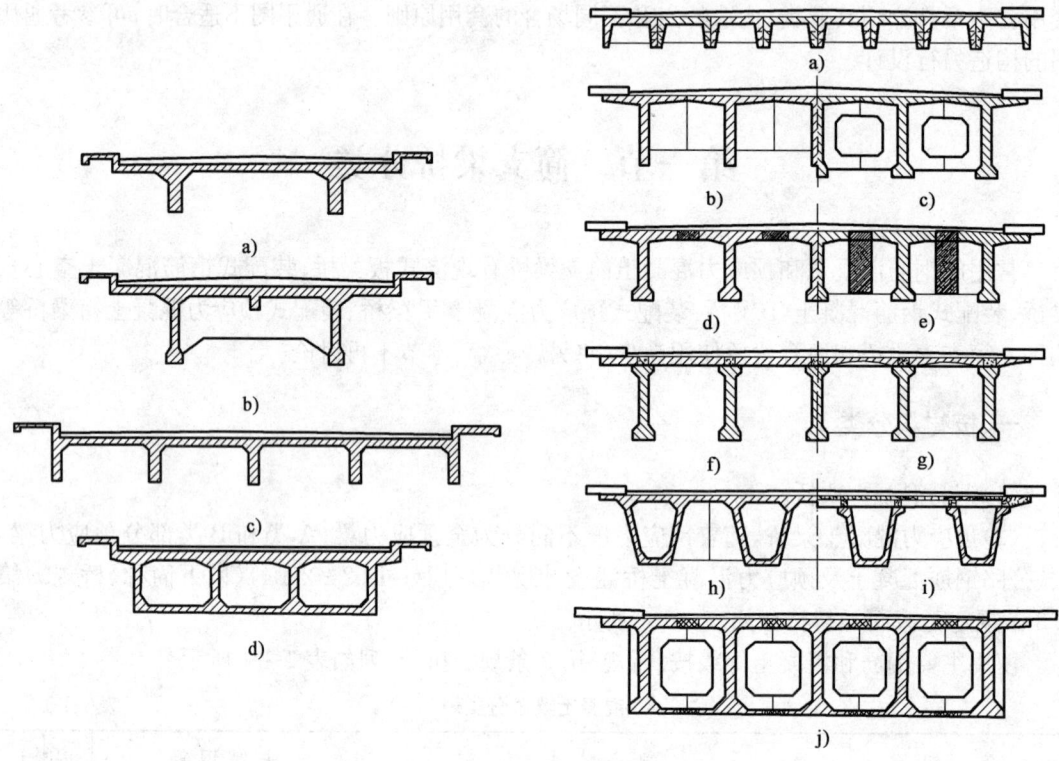

图1-1-1 整体式截面　　　　　　图1-1-2 预制安装多梁式截面

如果有大型吊装设备也可用于单箱形截面、先简支后连续的大跨径梁桥,半幅整孔简支安装的箱形梁跨径可达到70m,安装质量达2 200t。例如,上海东海大桥、杭州湾大桥,见图1-1-5。在本手册连续梁篇中有介绍。

横向节段预制拼装,预制节段需在支架上拼装或悬臂拼装,可用于较大跨径箱形截面梁桥,但通常很少用在简支梁桥,一般都是用在连续梁桥或连续刚构桥。

(3)组合式梁桥,类似于纵向预制安装梁桥,但是在块件之间有较宽的现浇段,或全部现浇的上翼板,截面形式见图1-1-4。

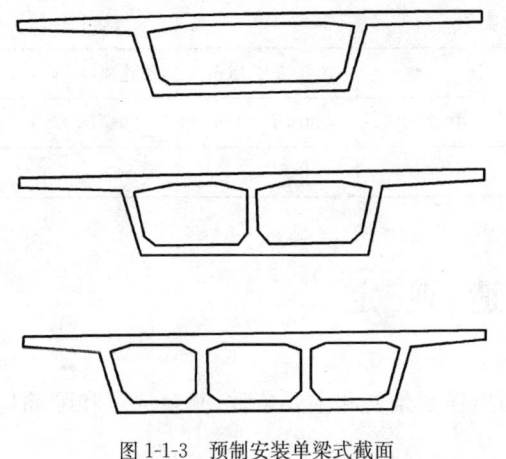

图 1-1-3 预制安装单梁式截面

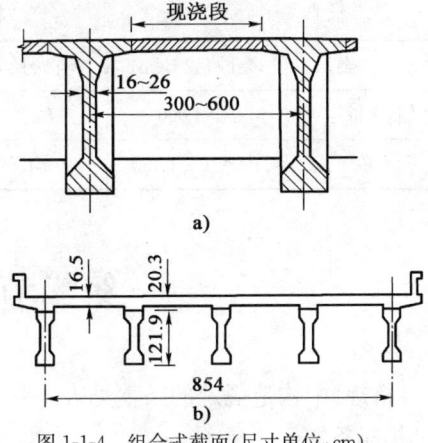

图 1-1-4 组合式截面(尺寸单位:cm)

三、按截面形式分类

板桥:有实心板梁、空心板梁,多用于小跨径桥梁。
多梁桥:有T(I)形梁、箱形梁,用于中、小跨径桥梁。
单梁桥:单箱形梁,多用于大跨径桥梁。
简支梁桥的各种截面形式可见图 1-1-1~图 1-1-4。

四、简支梁桥标准跨径

按《桥规》第9.2.1条和第9.3.1条规定,简支梁桥推荐标准跨径如表 1-1-2 所示。

图 1-1-5 杭州湾大桥简支安装的预应力混凝土箱形梁

简支梁桥推荐标准跨径(m)   表 1-1-2

桥 型		钢筋混凝土结构	预应力混凝土结构
板桥		≥13	≥25
梁桥	T形和I形	≥16	≥50
	箱形	≥25	

简支梁桥的跨径小于或等于50m时宜采用标准化跨径,按《公路工程技术标准》(JTG B01—2003)第5.0.3条规定,桥涵标准化跨径规定见表 1-1-3。当跨径大于等于5m或全长大于等于8m者称为桥梁,其余称为涵洞。

JTG B01—2003第5.0.2条规定桥梁规模分类如表 1-1-4 所示。

桥涵标准跨径级差表   表 1-1-3

按跨径分类	标准跨径(m)	级差(m)	按跨径分类	标准跨径(m)	级差(m)
涵洞	0.75~1.5	0.25	桥梁	6~10	2.0
	1.5~3.0	0.5		10~16	3.0
涵洞、桥梁	3~6	1.0		20~50	5.0

桥梁规模分类表　　　　　　　　　　　　　表1-1-4

分　类	多孔跨径 L(m)	单孔跨径 L_K(m)	分　类	多孔跨径 L(m)	单孔跨径 L_K(m)
特大桥	$L>1000$	$L_K>150$	中桥	$30<L<100$	$20\leqslant L_K<40$
大桥	$100\leqslant L\leqslant 1000$	$40\leqslant L_K\leqslant 150$	小桥	$8\leqslant L\leqslant 30$	$5\leqslant L_K<20$

第二节　构造规定

《桥规》中构造规定的条款见表1-1-5。本节列出强制条文和主要条款,其余规定和配筋构造见相应条款。

构造规定条款　　　　　　　　　　　　　表1-1-5

结构类型	《桥规》中条款	结构类型	《桥规》中条款
一般规定	第9.1.1～9.1.12条	梁	第9.3.1～9.3.18条
板	第9.2.1～9.2.10条	预应力混凝土上部结构	第9.4.1～9.4.16条

一、强制性条文

1. 直线形钢筋最小混凝土保护层厚度

按《桥规》第9.1.1条规定(表1-1-6),

(1) 普通钢筋和预应力直线钢筋最小混凝土保护层厚度不应小于钢筋公称直径;

(2) 后张法预应力直线钢筋最小混凝土保护层厚度不应小于管道直径的1/2,且应符合表1-1-6的规定。

普通钢筋和预应力直线形钢筋最小混凝土保护层厚度(mm)　　　　　表1-1-6

序号	构件类别	环境条件		
		Ⅰ	Ⅱ	Ⅲ、Ⅳ
1	基础、桩基承台:(1)基坑底面有垫层或侧面有模板(受力主筋); (2)基坑底面无垫层或侧面无模板(受力主筋)	40 60	50 75	60 85
2	墩台身、挡土结构、涵洞、梁、板、拱圈、拱上建筑(受力主筋)	30	40	45
3	人行道构件、栏杆(受力主筋)	20	25	30
4	箍筋	20	25	30
5	缘石、中央分隔带、护栏等行车道构件	30	40	45
6	收缩、温度、分布、防裂等表层钢筋	15	20	25

注:对于环氧树脂涂层钢筋,可按环境类别Ⅰ取用。

2. 混凝土梁钢筋最小配筋率

按《桥规》第9.1.12条规定,混凝土梁钢筋最小配筋率如表1-1-7所示。

混凝土梁钢筋最小配筋率 表1-1-7

结构类别	最小配筋率判别条件[最小配筋百分率 $p=100A_s/(bh_0)$]
钢筋混凝土梁	$p \not< 45 f_{td}/f_{sd}$，且 $p \not< 0.2$（受拉钢筋截面积 A_s）
预应力混凝土梁	(1) $M_{ud} \geqslant M_{cr}$ (2) $p \not< 0.003$（部分预应力混凝土梁普通受拉钢筋截面积 A_s）

注：f_{td}——混凝土轴心抗拉设计值；
　　f_{sd}——普通钢筋抗拉设计值；
　　M_{ud}——梁正截面抗弯承载力设计值；
　　M_{cr}——梁正截面开裂弯矩值。

3. 预应力混凝土梁构造钢筋

按《桥规》第9.4.1条规定，预应力混凝土梁构造钢筋规定如表1-1-8所示。

预应力混凝土梁构造钢筋规定(mm) 表1-1-8

钢筋类别	种类	形式	直径	间距	备注
竖向预应力钢筋				500～1 000	若设置时
腹板箍筋	中部	带肋钢筋	T形梁、I形梁 $\not< 10$； 箱形梁 $\not< 12$	$\geqslant 250$	
	端部	闭合式箍筋		$\geqslant 100$	自支座中心起长度 不小于梁高范围内
马蹄钢筋	箍筋		$\not< 8$	$\geqslant 200$	T形梁、I形梁下部马蹄
	定位筋		$\not< 12$		

按照新版设计规范的要求，普通钢筋混凝土及预应力混凝土结构的普通钢筋用量较以往的设计要求有明显的增加，主要是构造的分布钢筋、箍筋的最小配筋量有了进一步的要求，结合混凝土耐久性的要求，本次编制的通用图的结构普通钢筋的用量较以往的类似结构有比较明显的增加。

二、板

1. 厚度 t（表1-1-9）

顶（底）板厚度 t(mm) 表1-1-9

板型	顶板或底板	现浇	预制
空心板桥	$\not< 80$		
人行道板		$\not< 80$	$\not< 60$
柱支板		$\not< 150$	

2. 预制板组合构造（表1-1-10）

预制板组合构造 表1-1-10

板型	构造规定		板型	构造规定	
铰接板	铰槽	深度=2/3预制板高； 宽度>插入振捣器直径	预制现浇结合板	预制板表面凸凹 $\not< 60$mm	
	铺设现浇混凝土厚度 $\not< 80$mm			连接钢筋	上下埋入深度 $\not< 10d$， 间距 $\geqslant 500$mm

3. 配筋规定

(1)板的配筋按《桥规》第 9.2.3～9.2.5 条规定执行,最小净距按第 9.3.4 条执行。主要参数如表 1-1-11 所示,详见相应条文。

板的钢筋布置一般规定 表 1-1-11

钢筋种类			行车道板	人行道板
主钢筋	直径		≮10mm	≮8mm
	最小净距		≮30mm,且≮d (≤3层) ≮40mm,且≮1.25d(>3层) 可以顺利插入振捣器	
	间距	跨中	≯200mm	≯200mm
		支点	≮3根/m,且面积≮A_s/4	
分布钢筋	直径间距		≮8mm ≯200mm,且面积≮A/10	≮6mm

注:d 为钢筋直径或束筋等代直径;A 为板截面积;A_s 为主钢筋截面积。

(2)双向板配筋按《桥规》第 9.2.6 条规定执行。板中部按计算设置,板宽两侧和板长两端 1/4 范围内可减半。但是,钢筋间距≯250mm,且≯2 倍板厚度。

(3)斜板配筋按《桥规》第 9.2.7 条规定执行。详见本书第四篇。

(4)柱支板配筋按《桥规》第 9.2.10 条规定执行。

4. 其他

(1)预制空心板一般不推荐气囊内模。若确有必要,应设计足够的连接钢筋确保气囊不会脱离钢筋骨架上浮;钢筋骨架与底模之间应设计足够的限位装置,确保气囊不会连带钢筋骨架一起上浮。气囊上浮力造成的气囊变形和变位应符合施工和验收规范的要求,并附有防止气囊过量上浮措施的设计图纸。

(2)在两端各设有 2 个支座的预制空心板很容易产生支座脱空现象,可在空心板两端设置足够强大的整体化横向结构,或者提供可靠和可操作的支座安装工艺设计。

(3)预制空心板块之间要设置足够宽、足够深的现浇板缝,缝的下部应比上部宽;应设置足够的横向整体化钢筋。

三、梁

1. 横梁间距

按《桥规》第 9.3.2 条规定简支梁桥横梁间距如表 1-1-12 所示。

简支梁桥刚性连接横梁间距 表 1-1-12

桥 型	端 横 梁	跨间横梁
T 形梁、I 形梁和共同受力箱形梁之间	应设置(条件许可时应设检查孔)	间距≯10m
箱形梁内部		弯桥内侧半径<240m 时, (1)钢筋混凝土梁:间距≯10m (2)预应力梁:按径向力计算确定

2.腹板和顶底板尺寸

按《桥规》第 9.3.3 条规定。

(1)翼缘悬臂端厚度 t_0 见表 1-1-13 所示。

翼缘悬臂端厚度 t_0(mm) 表 1-1-13

梁 型	预 制 连 接	整体现浇连接	无桥面横向预应力钢筋
T形梁	≮100	≮140	
箱形梁	≮100		≮140

(2)翼缘根部厚度 t_1 见表 1-1-14 所示。

翼缘根部厚度 t_1(mm) 表 1-1-14

梁 型	t_1	计入承托厚度
T形梁、I形梁	≮梁高的 1/10	计入坡度≮1/3
箱形梁顶板与腹板连接处	应设承托	
箱形梁底板与腹板连接处	应设倒角或承托	

(3)腹板厚度 t_f 和高度 h_f 见表 1-1-15 所示。

腹板厚度 t_f(mm)和高度 h_f 表 1-1-15

梁 型	竖向预应力钢筋	t_f	承托之间的 h_f
T形、I形和箱形梁	有	≮140	≮20t_f
	无		≮15t_f
腹板变厚过渡段长		≮12 腹板厚度差	

(4)顶板中部厚度 t_u 和底板中部厚度 t_d ≮净跨径的 1/30,或≮200mm。

(5)T形、I形梁和箱形梁腹板厚度,箱形梁顶、底板厚度,应满足抗扭设计。

3.配筋规定

梁的配筋按《桥规》第 9.3.4~9.3.18 条规定执行。

预应力混凝土梁配筋按《桥规》第 9.4.1~9.4.16 条规定执行。

第三节 梁桥通用设计图和计算软件

1.通用图概况

《桥规》颁布以后,新编通用图涵盖了装配式钢筋混凝土及预应力混凝土板、装配式预应力混凝土 T 梁和小箱梁、整体浇筑的预应力混凝土箱梁桥。但目前还尚未能覆盖《公路工程技术标准》(JTG B01—2003)中规定的所有路基宽度,对涵洞也未做研究,对支座、伸缩装置、护栏、泄水管等附属设施也未做进一步的研究和规定,也未涉及下部结构和基础的设计,这些均有待今后不断完善。

新编通用图较以往的标准图或通用图有较大的变化。如：①板梁和T梁的预制梁高普遍增加了100～250mm,改善了预制梁板刚度偏小的问题；②严格按照新版桥规的耐久性要求和构造规定布置构造钢筋、设置混凝土保护层,普通钢筋的总体用量增加约15%～30%；③使用了高强度混凝土,使用了高强低松弛的预应力钢材,其绝对使用量合理降低,但当量用量基本一致；④改进和完善了预应力钢束的布置；适度增加了装配式梁(板)桥现浇桥面混凝土的厚度；对板桥的铰缝,统一采用深铰形式,并增大了预制板伸出的X形加强钢筋的直径和数量,改进了铰缝的施工工序；适当增加了T梁腹板和翼缘板的厚度；改进和完善了有关的细部构造；对各建筑用材料提出了明确的耐久性要求；⑤新增了结构连续和简支变连续体系的预应力梁板的通用图,增加了整体浇筑的预应力混凝土箱梁桥的通用图等。

在使用规范《公路桥涵设计通用规范》(JTG D60—2004)(以下简称《通规》)和《桥规》(JTG D62—2004)颁布以前发行的通用图(或标准图)时,必须按《通规》和《桥规》规定验算。

2. 计算机程序应用注意事项

由于简支梁桥内力和截面计算都可以用手工来实现,一般来说不需要专门的计算机程序。也可以将手算公式编制成计算机程序,以节约批量或重复设计的时间,而且还能够减少差错率。很多设计院都有自己的专用程序或程序包,有的已进入市场,可以选购。

需要注意的是这些程序:

(1)一般都是执行文件,无法打开检查计算过程;

(2)有些程序没有经过合法的认证,只是建立在互信的基础上使用。

对于初次拿到的程序,必须检验以后才能正式使用,而且仅仅检验程序说明书中提供的算例是不够的,还需要:

(1)用成熟的设计图纸(最好是计算书)来检验计算机程序;

(2)用两个来源不同的计算机程序互相检验。

一般的商业通用程序不适宜作为公路混凝土和预应力混凝土简支梁设计使用:

(1)这些程序大多是做结构内力分析使用,不能做截面设计;

(2)即使能做截面设计,其使用的规范也不一定符合《桥规》和《通规》。

3. 常用计算机程序

公路混凝土和预应力混凝土简支梁设计常用的计算机程序列于表1-1-16之中,可以从网上购买。这些程序适用于《桥规》和《通规》,在购买时要注意版本更新情况。

常用的计算机程序　　　　　表1-1-16

序号	软件名称	代码及版本	序号	软件名称	代码及版本
1	同豪土木桥梁博士	3.2	4	交通部科研所 GQJSQXCAD	bridge3dQLJCJFDJ
2	中交跨世纪桥梁大师	BridgeMaster2008	5	桥梁综合设计计算程序 JSL	BrgCal
3	公路桥梁结构设计系统	GQJS9.7	6	MIDAS	CIVIL2007

第四节 装配式预应力混凝土梁桥通用图

2008年人民交通出版社正式出版了《中华人民共和国交通行业公路桥梁通用图》。该套图纸基本涵盖了各种标准跨径、斜交角度的中小桥梁，本节摘录了空心板梁桥、T形梁桥和箱形梁桥的基本数据(表1-1-17)。其中先简支后连续结构是连续梁桥体系，将在第二篇中详细介绍。为便于使用比较，在设计说明中保留了箱形梁桥的内容。

装配式预应力混凝土梁桥通用图桥形和跨径　　　　　　　表1-1-17

桥　形	结　构　体　系	跨径(m)
空心板梁桥	简支或桥面连续，先简支后连续	10、13、16、20
T形梁桥		20、25、30、35、40
箱形梁桥	先简支后连续	20、25、30、35、40

一、设计说明

(一)设计依据

(1)《公路工程技术标准》JTG B01—2003；
(2)《公路桥涵设计通用规范》JTG D60—2004；
(3)《公路钢筋混凝土及预应力混凝土桥涵设计规范》JTG D62—2004；
(4)《公路桥涵施工技术规范》JTJ 041—2000；
(5)《公路交通安全设施设计规范》(JTG D81—2006)。

(二)主要材料

1.混凝土

(1)水泥：应采用高品质的强度等级为62.5、52.5和42.5的硅酸盐水泥，同一座桥的板梁应采用同一品种水泥。

(2)粗集料：应采用连续级配，碎石宜采用锤击式破碎生产。碎石最大粒径不宜超过20mm，以防混凝土浇筑困难或振捣不密实。

(3)混凝土：

①桥面铺装采用沥青混凝土；

②预制空心板、封锚端、铰缝和桥面现浇层均采用C50；封端混凝土采用C40；有条件时，铰缝混凝土可选择抗裂、抗剪、韧性好的钢纤维混凝土；

③预制T梁及横隔梁、湿接缝、封锚端、桥面现浇混凝土均采用C50；

④预制箱形梁、端隔梁、中横梁、现浇接头、湿接缝、封锚、桥面现浇层混凝土均采用C50。

2.普通钢筋

普通钢筋采用R235和HRB335钢筋，钢筋应符合《钢筋混凝土用热轧光圆钢筋》(GB

13013—1991)* 和《钢筋混凝土用热轧带肋钢筋》(GB 1499—1998)* 的规定。其中 R235 钢筋主要采用了直径 $d=6$、8mm 两种规格；

(1)空心板 HRB335 钢筋主要采用了直径 $d=8$mm、10mm、12mm、14mm、16mm 五种规格。

(2)T 形梁 HRB335 钢筋主要采用了直径 $d=12$mm、16mm、25mm、28mm 四种规格。

(3)箱形梁 HRB335 钢筋主要采用了直径 $d=12$mm、16mm、20mm、22mm、25mm 五种规格。

3. 预应力钢筋

采用抗拉强度标准值 $f_{pk}=1860$MPa，公称直径 $d=15.2$mm 的低松弛高强度钢绞线，其力学性能指标应符合《预应力混凝土用钢绞线》(GB/T 5224—2003)的规定。

4. 其他材料

(1)钢板：应采用《碳素结构钢》(GB/T 700—1998)规定的 Q235B 钢板。

(2)锚具：预应力管道采用圆形金属波纹管。

①空心板采用 15-4 型、15-5 型和 15-6 型系列锚具及其配件；

②T 梁采用 15-9 型、15-10 型和 15-11 型系列锚具及其配件；

③预制箱梁正弯矩钢束采用 M15-3 型、M15-4 型和 M15-5 圆型锚具及其配套的配件，预应力管道采用圆形金属波纹管；箱梁墩顶连续段处负弯矩钢束采用 BM15-4 型、BM15-5 扁形锚具及其配套的配件。

(3)支座：可采用板式橡胶支座，其材料和力学性能均应符合现行国家和行业标准的规定。在抗震等级要求较高的地区，若板式橡胶支座经验算不能满足结构抗震要求，应将支座进行更换。

(三)设计要点

1. 结构体系

(1)空心板通用图的结构体系为简支结构，按部分预应力 A 类构件设计。

(2)简支 T 梁通用图的结构体系为简支桥面连续结构，按全预应力构件设计。

(3)箱形梁通用图的结构体系为先简支后连续的结构，按部分预应力 A 类构件设计。

2. 计算方法

(1)空心板设计计算采用平面杆系结构计算软件计算，桥面现浇层厚 10cm，约定其下部 5cm 厚度参与结构受力(《桥规》中对此未作规定)，荷载横向分配系数按铰接板法计算，并采用空间结构计算软件校核。

(2)T 梁设计计算采用平面杆系结构计算软件计算，桥面现浇层厚 10cm，不参与结构受力，横向分配系数按刚接梁法计算，并采用空间结构计算软件校核。

(3)箱形梁设计采用不同的软件进行分析，桥面现浇层厚 8cm，不参与结构受力，荷载横向分配系数采用刚性横梁法、刚接板(梁)法和梁格法三种计算方法进行对比分析。

3. 设计参数

(1)混凝土：重力密度 $\gamma=26.0$kN/m³，弹性模量 $E=3.45\times10^4$MPa。

注：* 该技术标准已更新，按现行标准执行。

(2)沥青混凝土:重力密度 $\gamma=24.0\text{kN/m}^3$。

(3)预应力钢筋:弹性模量 $E_p=1.95\times10^5$ MPa,松弛率 $\rho=0.035$,松弛系数 $\xi=0.3$。

(4)锚具:锚具变形、钢筋回缩按 6mm(一端)计算;金属波纹管摩阻系数 $\mu=0.25$,偏差系数 $\kappa=0.0015$。

(5)竖向梯度温度效应:按《桥规》规定取值。

(6)箱形梁桥支座不均匀沉降: $\Delta=5\text{mm}$;年平均相对湿度:55%。

(四)施工要点

1.摘要

(1)为了防止预制件上拱过大及预制件与桥面现浇层由于龄期差别而产生过大收缩差,存梁期不超过 90d,若累计上拱值超过计算值 8mm(空心板)或 10mm(T形梁和箱形梁),应采取控制措施。

(2)空心板预制时,按 1m 一道在铰缝的侧模嵌上 500mm 长的 $\phi6$ 钢筋,形成 6mm 凹凸不平的粗糙面。

(3)预制件预应力钢束必须待混凝土立方体强度达到设计混凝土强度等级的 85%后,且混凝土龄期不小于 7d,方可张拉。施工单位在条件具备时应适当增加龄期,提高混凝土弹性模量,减少反拱度。预应力钢束采用两端同时张拉,锚下控制应力为 $0.75f_{pk}=1395\text{MPa}$。

(4)施加预应力应采用张拉力与引伸量双控。当预应力钢束张拉达到设计张拉力时,实际引伸量值与理论引伸量值的误差应控制在 6%以内。实际引伸量值应扣除钢束的非弹性变形影响。

(5)预应力钢束张拉顺序

空心板为:左 N1→右 N2→右 N1→左 N2。

T 梁为:100%N1→50%N2→100%N3→100%N2。

(6)T 梁桥架设若采用架桥机吊装,必须在预制梁之间的横隔梁和翼板湿接缝混凝土浇筑并达到混凝土强度设计等级的 85%后,同时采取压力扩散措施,方可在其上运梁。架桥机在桥上行驶时必须使架桥机重量落在梁肋上,施工单位应按所采用的架桥机型号对 T 梁进行施工荷载验算,验算通过后方可施工。

2.更详细的内容见通用图说明

(五)适用范围

(1)处于曲线段上的桥,可通过改变预制板长来适应。

①对于标准跨径为 10m、13m、16m、20m 的空心板,分别对应适用于预制板长变化在 ±100mm、±150mm、±200mm、±250mm 的范围内,若板长变化超过此范围,需根据各桥具体情况进行计算调整。

②对于 T 形梁桥,本册图纸适用于预制梁长变化范围在 ±500mm 范围内,梁长变化段应设置在靠梁端的第一个中横隔梁与腹板变宽点间,但预制梁内预应力钢束变化段应设置在跨中直线段内;横桥向可通过调整边梁外翼板长来适应曲线变化。若梁长超过此范围需根据各桥具体情况进行计算调整。

③对于箱形梁桥,沿路线中心线采用标准跨径,墩、台中心线均径向布置。当梁长变化在

±150mm 范围内时,可采用调整现浇连续段长度的方式布梁,预制梁长保持不变;当梁长变化在±500mm 范围内时,各预制梁采用变梁长,现浇连续段长度保持不变。若梁长变化超过±500mm,则需根据各桥具体情况确定设计方案,并进行结构验算。

(2)当有超限车辆通过时,应进行结构验算,并采取相应措施。

(3)设计参数与通用图有差异时应另行设计。

(4)通用图未对伸缩缝、支座、护栏、泄水管等进行设计,使用时另参考其他图纸。

(5)空心板桥和T梁桥采用80型伸缩缝或160型伸缩缝。使用该通用图时,应根据桥位处气象条件,选择不超过160型伸缩缝所适宜的一联长度。施工时应根据伸缩缝安装时的温度来确定其安装宽度。

(6)空心板桥图纸未预留伸缩缝槽口,具体设计时,按实际缝宽预留伸缩缝槽口。预制空心板有左、右斜之分,通用图仅绘出一种斜交方向的情况,使用时应注意桥梁斜交方向。

(7)空心板桥边板悬臂长度和外侧护栏的选择。

①通用图中边板悬臂长度共有5种:0、255mm、380mm、505mm、630mm,且在边板悬臂长度为505mm、630mm时,悬臂顶部增设 ϕ14mm 钢筋与原悬臂段主筋并排设置共同受力。

②在边板悬臂长度为505mm、630mm时不采用混凝土防撞护栏,应采用波形梁护栏,同时应做安全性复核。

二、空心板桥结构和材料用量

桥梁组合示例及材料用量见表1-1-18~表1-1-20。预制空心板桥横向布置、预制构件及桥面连续钢筋布置典型构造见图1-1-6~图1-1-9。

桥梁组合示例　　　　　　　　　　　　　　　　　表1-1-18

行车道数	桥面宽度(m)	斜度(°)	单幅桥梁块数	板宽(m)	预制板长(m)	预制板高(m)
4	2×11.25	0	8(含边板2)	中板 1.25	9.96	0.60
4	2×12.00		9(含边板2)			
4	2×12.75	15	10(含边板1)		12.96	0.70
4	2×13.50		10(含边板2)	边板 1.25+0.50	15.96	0.80
6	2×16.50	30	13(含边板1)			
6	2×16.75		13(含边板1)		19.96	0.954

注:该通用图发布后,有些工程设计将预制板高增加10cm使用。

一块预制空心板主要材料数量表　　　　　　　　表1-1-19
(装配式后张法预应力混凝土简支空心板梁、板宽1.25m、正交板、公路—Ⅰ级)

跨径(m)	板位	预制板高(m)	混凝土(m³)	预应力钢绞线(kg)	普通钢筋(kg)	
					R235	HRB335
10	中板	0.6	4.71	95	182	602
	边板		5.81	119	227	751
13	中板	0.7	6.57	183	255	784
	边板		8.17	213	315	975

续上表

跨径(m)	板位	预制板高(m)	混凝土(m³)	预应力钢绞线(kg)	普通钢筋(kg)	
					R235	HRB335
16	中板	0.8	8.73	259	343	1 102
	边板		10.73	333	423	1 337
20	中板	0.95	12.02	413	466	1 392
	边板		14.72	505	556	1 685

一块预制空心板主要材料数量表　　　　　　　　　　　　表1-1-20

（装配式后张法预应力混凝土简支空心板梁、板宽1.25m、正交板、公路—Ⅱ级）

跨径(m)	板位	预制板高(m)	混凝土(m³)	预应力钢绞线(kg)	普通钢筋(kg)	
					R235	HRB335
10	中板	0.6	4.71	95	182	572
	边板		5.81	119	227	721
13	中板	0.7	6.57	183	255	754
	边板		8.17	213	315	945
16	中板	0.8	8.73	259	343	1 072
	边板		10.73	296	415	1 307
20	中板	0.95	12.02	413	466	1 362
	边板		14.72	459	547	1 655

说明：①以上表格数据仅指预制板自身主要材料数量，不包括桥面钝角加强钢筋、桥面铺装、桥面现浇层、铰缝的工程数量；

②边梁悬臂长度为50.5cm；

③混凝土数量包括板体C50混凝土与封端C40混凝土。

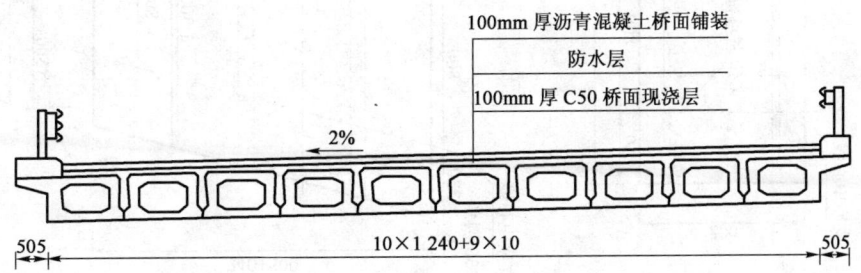

图1-1-6　预制空心板桥横向布置图(尺寸单位：mm)

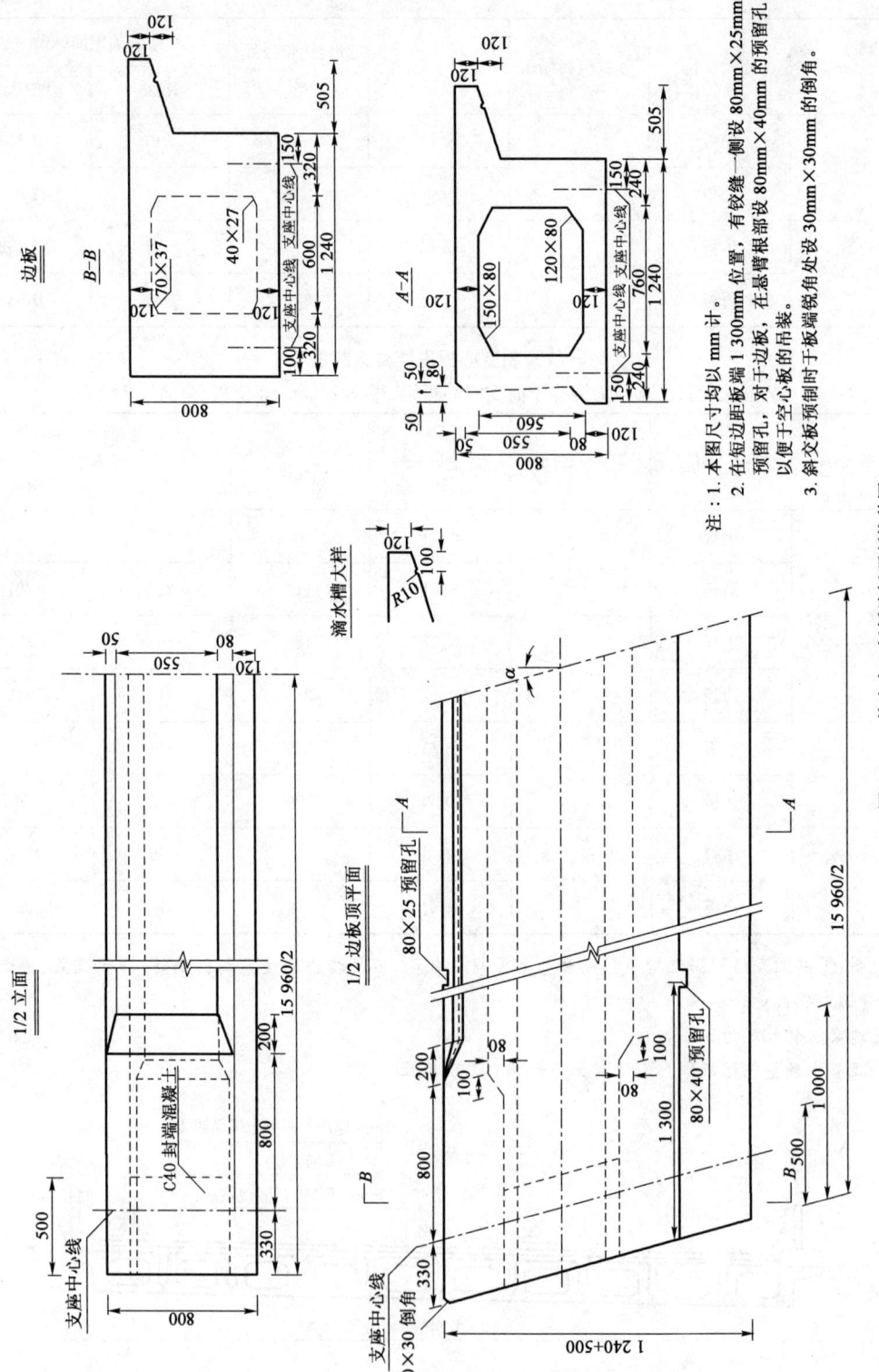

图 1-1-7 简支空心板桥边板预制构件图

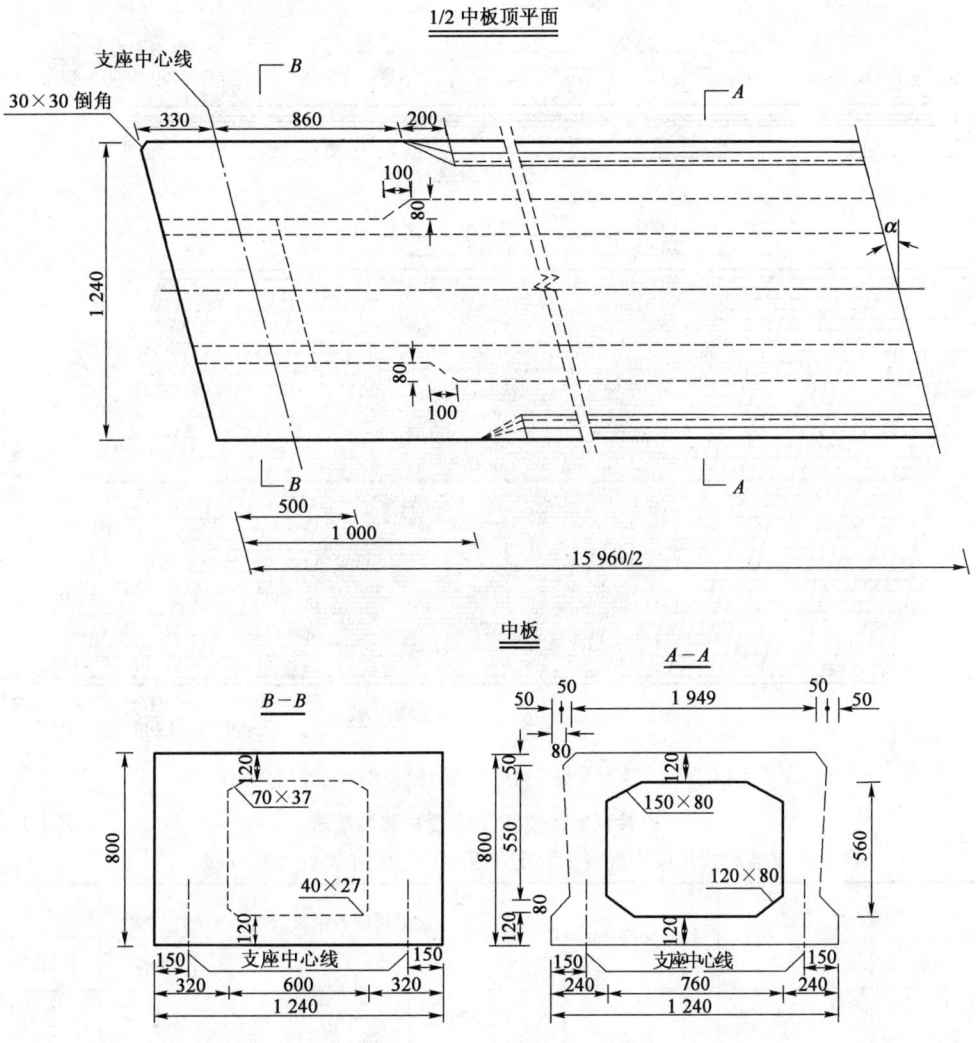

图 1-1-8 简支空心板桥中板预制构件图(尺寸单位:mm)

三、T形梁桥结构和材料用量

桥梁组合示例及材料用量见表 1-1-21～表 1-1-23。图 1-1-10～图 1-1-13 所示为一些 T 形梁桥的布置图及构造图。

桥梁组合示例

表 1-1-21

行车道数	桥面宽度(m)	斜度(°)	单幅桥梁块数	翼板宽(m)	预制梁长(m)	预制梁高(m)
4	2×11.25	0			19.96	1.50
4	2×12.00				24.96	1.70
4	2×12.75	15	6(含边梁2)	预制1.70 组合1.95 组合2.20	29.96	2.00
4	2×13.50				34.96	2.30
6	2×16.50	30				
6	2×16.75		8(含边梁2)		39.96	2.50

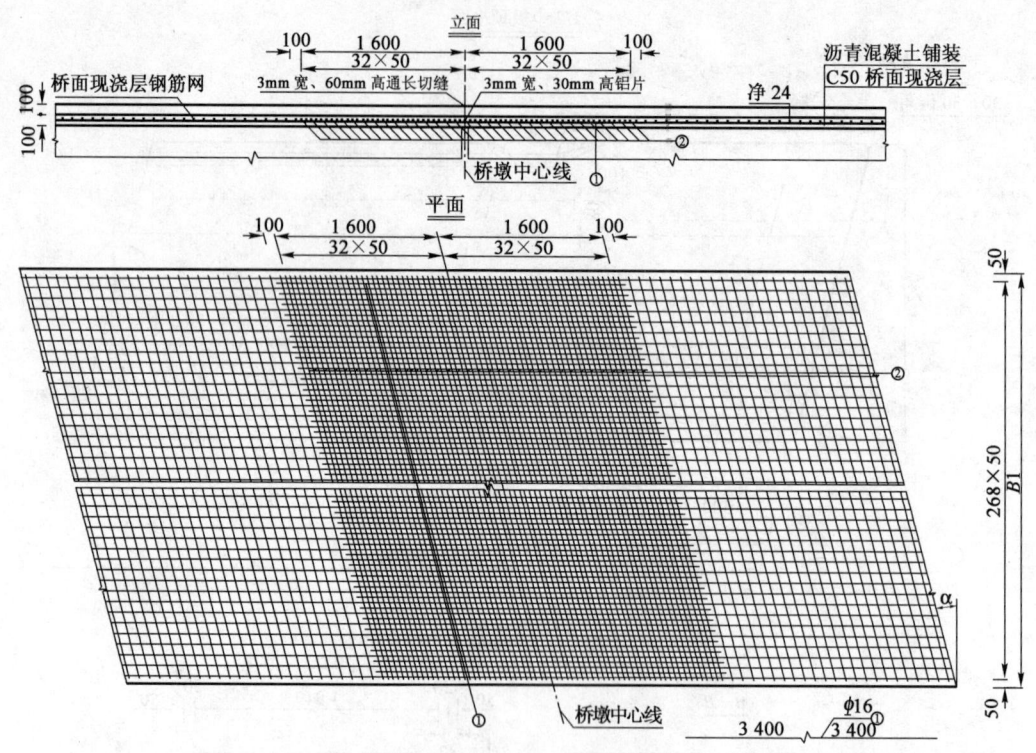

图 1-1-9　简支空心板桥面连续钢筋布置图(尺寸单位:mm)

一片预制简支 T 梁主要材料数量表　　表 1-1-22

(装配式预应力混凝土简支 T 梁、正交梁、中跨、公路—I 级)

跨径(m)	梁 位	预制梁高(m)	C50 混凝土(m³)	预应力钢绞线(kg)	普通钢筋(kg)	
					R235	HRB335
20	边梁	1.5	15.57	411.1	592.5	2 422.3
	中梁		15.53	388.3	590.9	2 416.1
25	边梁	1.7	21.54	709.8	760.0	3 072.5
	中梁		21.90	681.4	772.8	3 123.9
30	边梁	2.0	27.10	1 048.3	1 115.0	4 260.5
	中梁		26.38	980.6	1 085.4	4 147.3
35	边梁	2.3	36.98	1 453.2	1 313.1	5 416.4
	中梁		36.14	1 374.5	1 283.3	5 293.4
40	边梁	2.5	48.34	2 195.0	1 482.1	6 874.9
	中梁		47.76	2 195.0	1 464.3	6 792.5

一片预制简支 T 梁主要材料数量表 表 1-1-23
（装配式预应力混凝土简支 T 梁、正交梁、中跨、公路—Ⅱ级）

跨径(m)	梁位	预制梁高(m)	C50 混凝土(m³)	预应力钢绞线(kg)	普通钢筋(kg)	
					R235	HRB335
20	边梁	1.5	15.32	365.5	598.2	1 367.6
	中梁		15.03	342.6	586.8	1 341.8
25	边梁	1.7	21.01	624.6	770.7	3 056.8
	中梁		20.83	596.2	764.1	3 030.6
30	边梁	2.0	26.61	879.2	1 124.2	4 222.9
	中梁		25.39	879.2	1 072.6	4 029.3
35	边梁	2.3	36.42	1 217.4	1 429.3	5 259.5
	中梁		35.02	1 217.4	1 374.3	5 057.3

说明：以上表格数据仅指预制梁自身主要材料数量，不包括横隔梁桥面铺装、桥面现浇层等的工程数量。

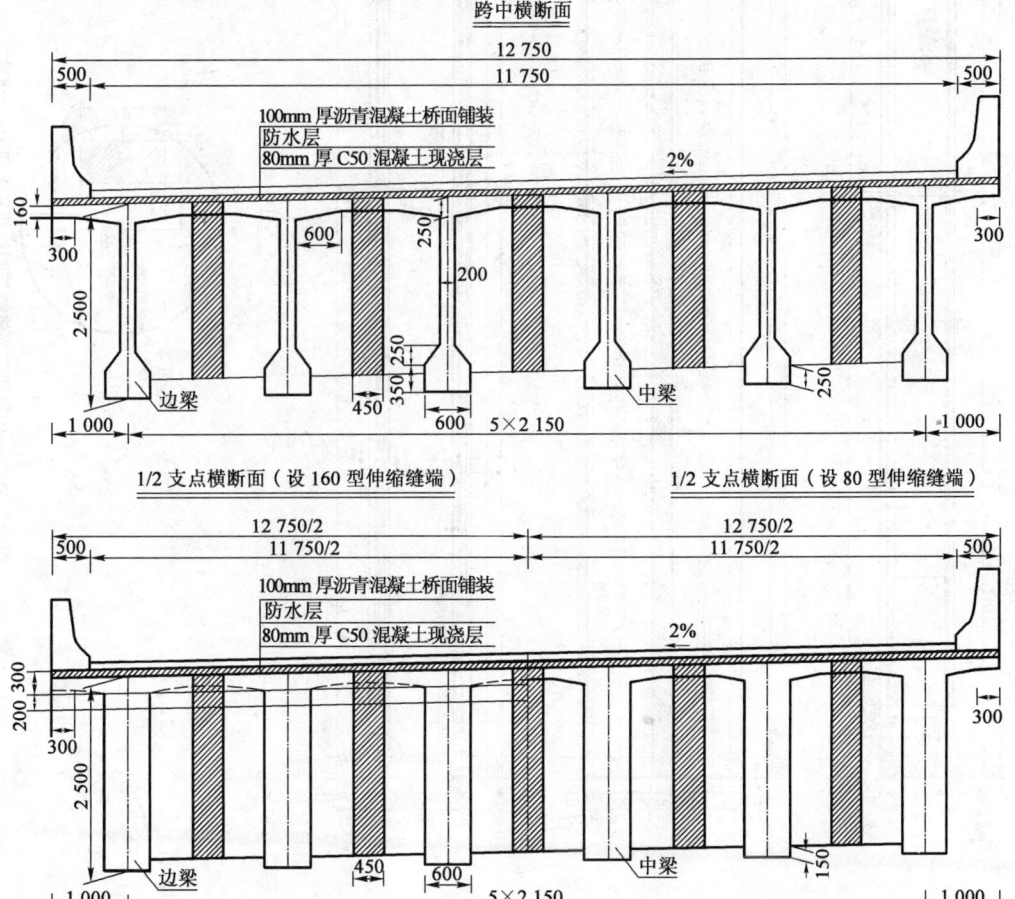

注：位于曲线上的桥，通过调整边梁外悬臂长来适应曲线变化。

图 1-1-10　40m 简支 T 形梁桥横向布置图（尺寸单位:mm）

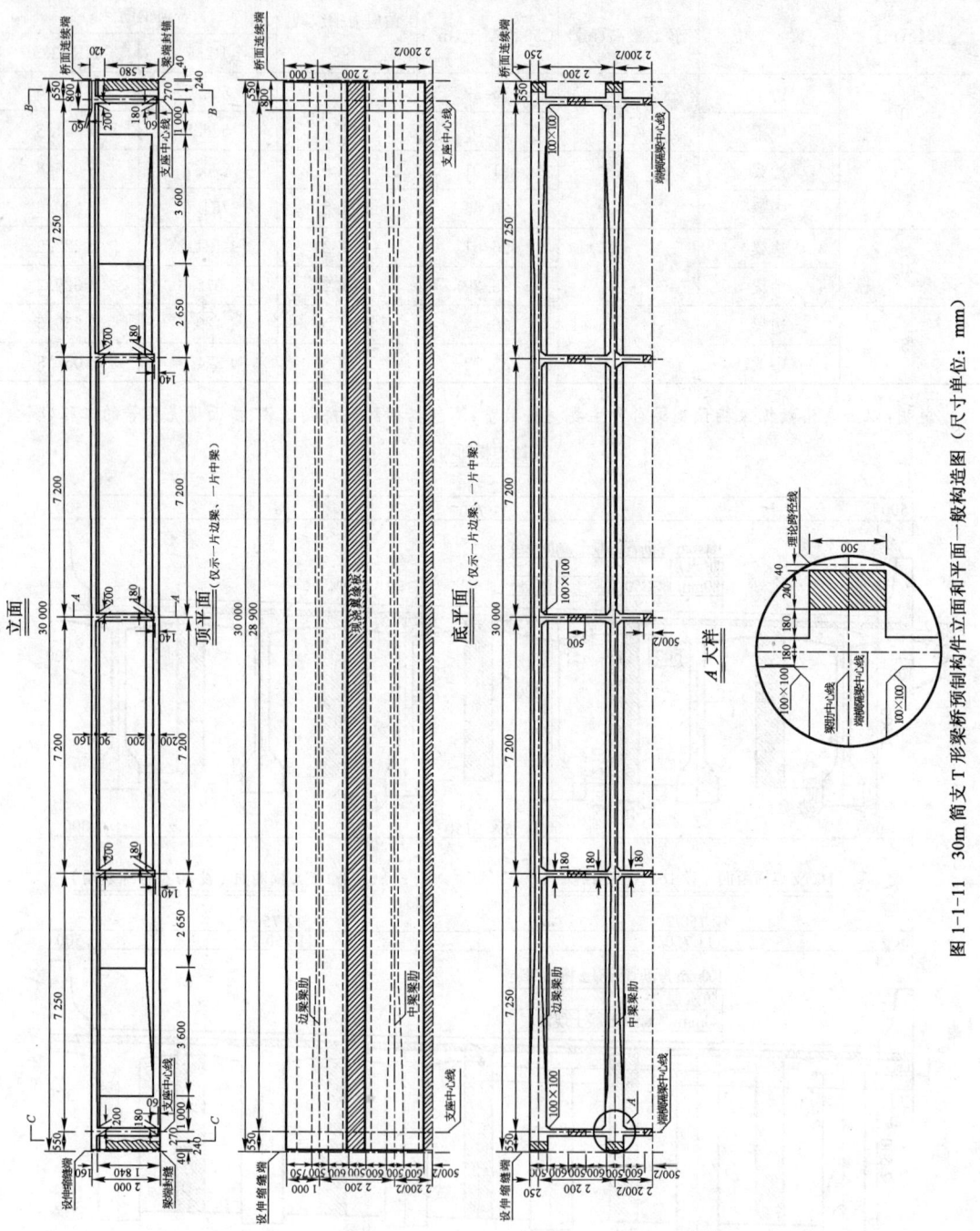

图 1-1-11 30m 简支 T 形梁桥预制构件立面和平面一般构造图（尺寸单位：mm）

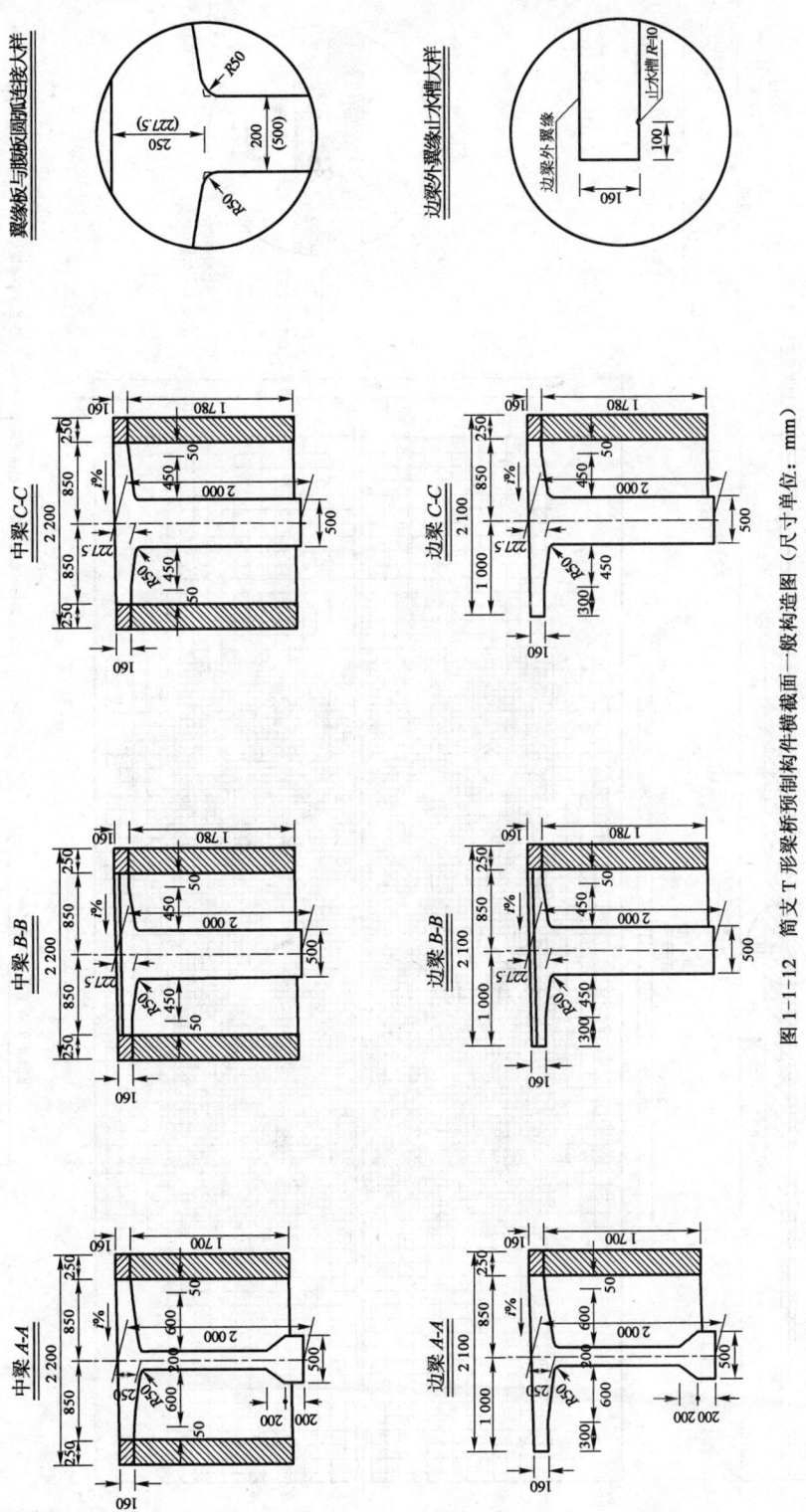

图 1-1-12 简支T形梁桥预制构件横截面一般构造图（尺寸单位：mm）

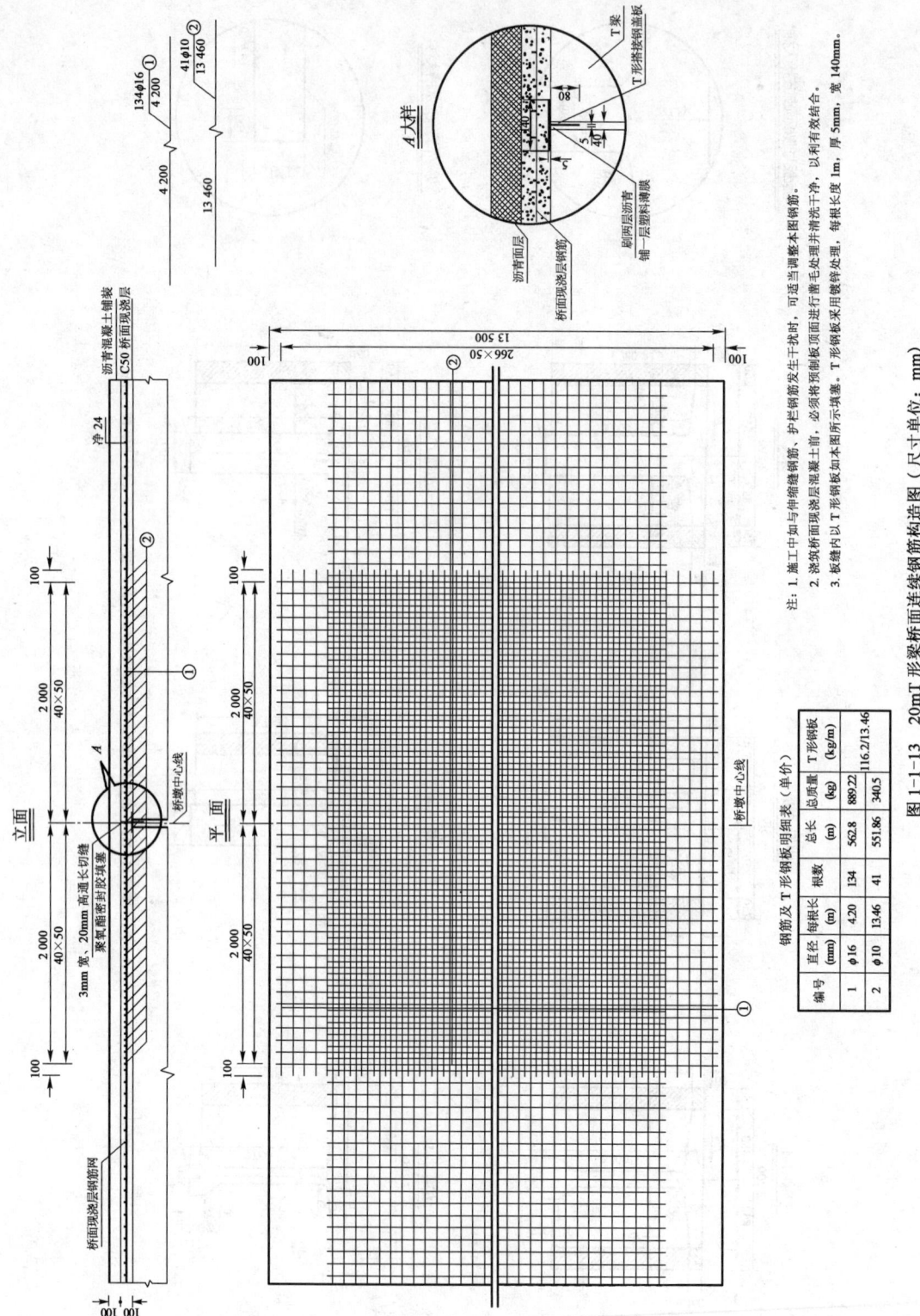

图 1-1-13　20mT 形梁桥面连续钢筋构造图（尺寸单位：mm）

第二章　简支梁桥主梁汽车和人群荷载的横向分布

梁桥是一个三维空间结构，特别是活载作用，很难用连续结构解析方法计算；在常规简支梁桥结构的内力计算中也很少采用三维离散数值方法计算。通常在限制条件下采用准分离变量法，希望在纵、横方向是互相独立的，各自的力学响应都只与一个方向的坐标变量相关。

首先，按照构造特征平行纵轴线将结构分成若干梁条，假定各梁条之间的连接关系，计算分配给各梁条的活载；再按单根梁的结构力学方法，计算在分配活载作用下各梁条的内力响应。

并约定：①在等截面两端简支的多梁桥，或泊松比为零且划分成梁条的等厚板桥，某一梁跨中作用单位集中荷载，所产生的各梁之间的跨中挠度比例作为该梁上荷载的横向分配系数。为简化分析，可近似采用一个半波正弦单位荷载替代跨中单位集中荷载。②用荷载横向分配系数计算分配给某一梁的荷载，计算该梁内力。③计算梁某一端活载剪力时，对于梁端一段区域需要采用杠杆分配法修正横向分布系数。

根据实验资料，这种近似可以满足工程设计的精度需要，而且又可大大减少计算工作量，在公路桥梁计算中仍然广为应用。

横向分布系数的计算有解析法和数值法，解析法能够写出解析公式，例如：偏心受压法、比拟正交异性板法；数值法需要解赘余力线性方程组，而不能写出解析公式，例如：刚(铰)接梁法。本章仅介绍上述常用的三种方法。

为了减少手工计算的工作量，有人编制了各种简化图表供查用，例如："G-M 法"图、"刚(铰)接梁法"表。图表虽然减少了计算工作量，但在使用时需要人工在图表上内插和外延，无法编制计算机计算程序，只能手工计算。如果需要，可查阅参考文献[3]和[4]中的图表。

为了避免将荷载展开为正弦级数的近似处理，也可以使用离散数值方法，例如采用杆系有限元法的有轴力交叉梁系或无轴力交叉梁系。为了能更精细地模拟异形空间梁板结构，只有采用空间板壳单元组合成三维空间结构计算，若有必要可参考这方面的资料。

第一节　汽车荷载和汽车荷载冲击力

1.汽车荷载

公路桥涵设计时，汽车荷载计算图示按《通规》第 4.3.1 条规定：

(1)桥梁结构整体计算时采用车道荷载，计算图示如图 1-2-1 所示。

(2)桥梁结构局部加载时用车辆荷载,计算图示如图 1-2-2 所示。

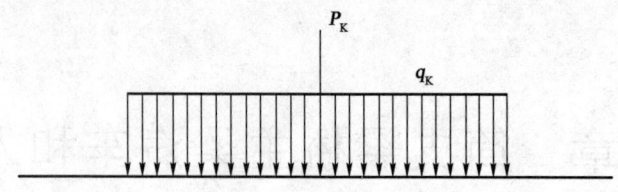

图 1-2-1 车道荷载

(3)计算汽车车道荷载横向分布系数时,采用车辆荷载横向布置图示,如图 1-2-3 所示。

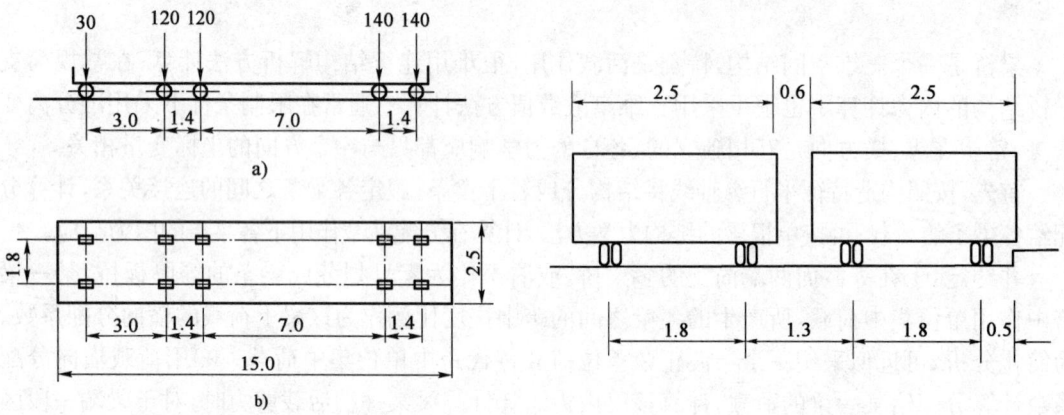

图 1-2-2 车辆荷载立面、平面尺寸(尺寸单位:m;荷载单位:kN)
a)立面布置;b)平面尺寸

图 1-2-3 车辆荷载横向布置(尺寸单位:m)

(4)当车道数符合表 1-2-1 规定时,汽车荷载应按表 1-2-1 考虑多车道折减。

设计车道数和横向折减系数　　　　　　　　表 1-2-1

桥面宽度 W(m)		设计车道数	横向折减系数
车辆单向行驶	车辆双向行驶		
$W<7.0$	—	1	—
$7.0 \leqslant W<10.5$	$6.0 \leqslant W<14.0$	2	1.00
$10.5 \leqslant W<14.0$	—	3	0.78
$14.0 \leqslant W<17.5$	$14.0 \leqslant W<21.0$	4	0.67
$17.5 \leqslant W<21.0$	—	5	0.60
$21.0 \leqslant W<24.5$	$21.0 \leqslant W<28.0$	6	0.55
$24.5 \leqslant W<28.0$	—	7	0.52
$28.0 \leqslant W<31.5$	$28.0 \leqslant W<35.0$	8	0.50

(5)当桥梁跨径大于 150m 时,还需要考虑汽车荷载效应纵向折减,折减系数见表 1-2-2。大于 150m 的跨径在普通简支梁桥中极少见到。

纵向折减系数　　　　　　　　　　　　　　　表 1-2-2

计算跨径 L_0(m)	纵向折减系数	计算跨径 L_0(m)	纵向折减系数
$150<L_0<400$	0.97	$800\leqslant L_0<1\,000$	0.94
$400\leqslant L_0<600$	0.96	$L_0\geqslant 1\,000$	0.93
$600\leqslant L_0<800$	0.95		

2.汽车荷载冲击力

汽车荷载冲击力是指汽车荷载的冲击作用所产生的附加力,不包含汽车的静荷载,但是它以静荷载的比例来表示,这个比例值称为冲击系数。按《通规》第4.3.2条规定:

(1)汽车荷载冲击力标准值为汽车荷载标准值乘以冲击系数 μ。

(2)冲击系数 μ 按下式计算,

$$\mu = \begin{cases} 0.05 & ,f<1.5\text{Hz} \\ 0.176\,7\ln f - 0.015\,7 & ,1.5\text{Hz}\leqslant f \leqslant 14\text{Hz} \\ 0.45 & ,f>14\text{Hz} \end{cases} \quad (1\text{-}2\text{-}1)$$

式中: μ ——冲击系数;

f ——结构基频(Hz)。

桥梁结构基频可采用数值方法计算,也可按《通规》条文说明第4.3.2条推荐估算公式计算。例如,简支梁桥估算公式如下:

$$f = \frac{\pi}{2l^2}\sqrt{\frac{EI_c}{m_c}} \quad (1\text{-}2\text{-}2)$$

$$m_c = \frac{G}{g}$$

式中: l ——结构的计算跨径(m);

E ——结构材料的弹性模量(N/m²);

I_c ——结构跨中截面的截面惯矩(m⁴);

m_c ——结构跨中处的单位长度质量(kg/m),当换算为重力计算时,其单位应为 Ns²/m²;

G ——结构跨中处延米结构重力(N/m);(注:在计算桥梁运营期冲击系数时,G 应该是成桥以后的全部结构重力,如果重力缺项会导致高估冲击系数的结果;规范解释单位认为不应考虑桥面铺装,供参考。)

g ——重力加速度,$g=9.8\text{m/s}^2$。

(3)汽车荷载的局部加载、汽车荷载在T梁或箱梁悬臂板上的冲击系数采用 $\mu=0.3$[注:2004年10月第1次印刷 JTG D60—2004 第4.3.2条(3) $\mu=1.3$ 系笔误。]

第二节　偏心受压法

一、适用条件

偏心受压法是以单位半波正弦荷载对桥梁跨中所产生的挠度为计算对象,这个半波正弦荷载与桥梁计算跨径长度相同。

偏心受压法计算荷载横向分布系数,适用于桥梁宽跨比较小(≤0.5)、桥梁有刚度较大的(或多根)横梁致使桥梁横向挠度近似呈线性分布的情况,所以也称为"刚性横梁法"。考虑梁条扭转刚度以后称为"修正偏心受压法",通常简称为"偏心受压法"。

随着考虑梁条扭转刚度假定的不同,修正偏心受压法计算活载横向分布系数的公式形式多样,名称各异。常用的有舒根(schöttgen)(1947)、郑孝达(1962)、Б. Е 乌里茨基(Улицкий)、横道英雄(1958)、日本国有铁道混凝土结构设计标准(1974)、路易斯(Louis Balog)(美)(1957)、林元培(1976)、胡肇滋(偏压修正法)(1976)等计算公式,详见参考文献[4]。

其中胡肇滋(偏压修正法)计算公式是普遍形式,本节只给出从该普遍形式导出的计入自由扭转和约束扭转的简支梁桥活载横向分布系数计算公式,前者工程精度满足混凝土桥设计要求,后者用于薄壁钢梁桥设计中。非简支梁桥活载横向分布系数的计算内容超出本篇范围,详见参考文献[3]。

二、计算公式

1. 横向分布系数影响线

$$\eta_{ij} = \frac{I_i}{\sum_{k=1}^{n} I_k} + \beta \frac{a_i e_j I_i}{\sum_{k=1}^{n} a_k^2 I_k} (i,j=1,2,3,\cdots,n) \tag{1-2-3}$$

若各主梁截面相同,式(1-2-3)简化为

$$\eta_{ij} = \frac{1}{n} + \beta \frac{a_i e_j}{\sum_{k=1}^{n} a_k^2} (i,j=1,2,3,\cdots,n)$$

式中:η_{ij}——i 号梁在 e_j 处横向分布影响线值;

I_i——主梁 i 的抗弯惯性矩;

a_i——梁位,主梁 i 距桥梁横截面对称轴线的距离,在轴线左为正,右为负;

e_j——活载位置,单位活载作用点距桥梁横截面对称轴线的距离,在轴线左为正,右为负;

β——主梁扭转修正系数;

n——主梁根数;

$\sum_{k=1}^{n} I_k$——所有主梁的抗弯惯性矩之和;

$\sum_{k=1}^{n} a_k^2 I_k$——所有主梁的抗弯惯矩对桥梁对称轴线的二次矩之和。

2. 主梁扭转修正系数

$$\beta = \frac{1}{1 + \frac{x(L-x)G\sum_{k=1}^{n} I_{Tk}}{3E\sum_{k=1}^{n} a_k^2 I_k}\gamma} \tag{1-2-4}$$

若各主梁截面相同,计算跨中位置 β,取 $x=L/2$,式(1-2-4)简化为

$$\beta = \cfrac{1}{1+\cfrac{L^2 G \cdot n \cdot I_{\text{T}}}{12EI\sum\limits_{k=1}^{n}a_k^2}\gamma}$$

(1)如果不考虑主梁抗扭刚度,令 $G\sum\limits_{i=1}^{n}I_{\text{Ti}}=0$ 或者活载作用于支点 $x=\begin{Bmatrix}0\\L\end{Bmatrix}$ 时,$\beta=1$,否则 $\beta<1$;

(2)只计入主梁自由扭转时,$\gamma=1$;

(3)计入主梁约束扭转时,

$$\gamma = \left[1-\cfrac{\cfrac{\text{sh}\alpha(L-x)}{L-x}\cdot\cfrac{\text{sh}\alpha x}{x}}{\alpha\cfrac{\text{sh}\alpha L}{L}}\right]^{-1} \tag{1-2-5}$$

式中:α——弯扭特性,

$$\alpha=\sqrt{\cfrac{G\sum\limits_{k=1}^{n}I_{\text{Tk}}}{EI_{\text{w}}}} \quad (\text{开口截面}) \tag{1-2-6}$$

$$\alpha=\sqrt{\cfrac{\mu G\sum\limits_{k=1}^{n}I_{\text{Tk}}}{EI_{\overline{\text{w}}}}} \quad (\text{闭口截面}) \tag{1-2-7}$$

I_{w}——开口横向全截面扇形惯矩,

$$I_{\text{w}}\approx\sum_{k=1}^{n}I_k a_k^2 \tag{1-2-8}$$

μ——翘曲系数,

$$\mu=1-\cfrac{\sum\limits_{i=k}^{n}I_{\text{Tk}}}{\sum I_{\text{p}}} \tag{1-2-9}$$

$I_{\overline{\text{w}}}$——闭口横向全截面扇形惯矩;

$\sum I_{\text{p}}$——方向惯矩,全截面对剪切中心的惯矩;

E、G——主梁材料的弹性模量和剪切模量;

L——简支主梁的计算跨径;

x——活载作用位置;

I_{Tk}——主梁 $k(k=1,2,3,\cdots,n)$ 的抗扭惯性矩,计算如下。

①开口截面:

$$I_{\text{Tk}}=\sum_{r=1}^{m}\alpha_{\text{kr}}t_{\text{kr}}^3 s_{\text{kr}}$$

其中,$\alpha_{\text{kr}}\approx\cfrac{1}{3}(1-0.630\cfrac{t_{\text{kr}}}{s_{\text{kr}}})+0.052\left(\cfrac{t_{\text{kr}}}{s_{\text{kr}}}\right)^5$;这里 t_{kr}、s_{kr} 为第 k 根主梁、第 $r(r=1,2,3,\cdots,m)$ 块矩形分块(例如,矩形板、薄壁肋板、翼板、顶板)的宽度、高度;

②单孔闭口截面:

$$I_{\text{Tk}}=\cfrac{4\Omega_k^2}{\oint_k\cfrac{\text{d}s}{t}} \tag{1-2-10}$$

式中：Ω_k——第 k 个单孔闭口薄壁截面中线所包围的面积；

$\oint_k \dfrac{\mathrm{d}s}{t}$——第 k 个单孔闭口薄壁截面各边中线长除以各自厚度的总和。

③有悬臂翼板的单孔闭口截面，用①计算翼板，用②计算单孔闭口截面，并取其代数和作为抗扭惯性矩。

三、横向分布系数算例

［例 1-2-1］ 四梁装配简支 T 梁桥，标准跨径 16m，计算跨径 $L=15.5$m，4 根 200cm 宽 T 梁，净宽 7m，人行道 2×1.0m 细部尺寸见图 1-2-4，计算主梁汽车和人群荷载的横向分布系数。

宽跨比 8m/15.5m=0.516，超过 0.5 的限制仅 3‰，可以用偏心受压法。

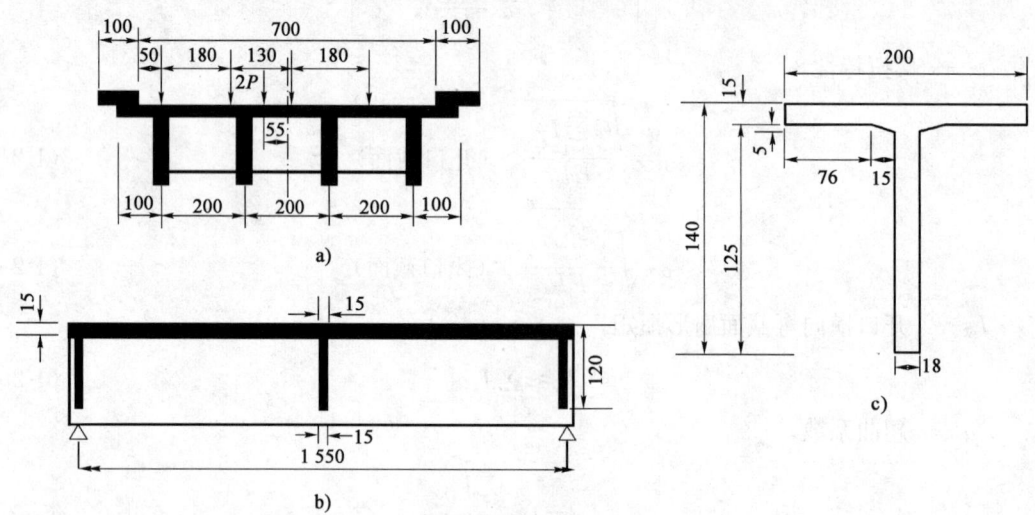

图 1-2-4　简支 T 梁桥计算简图（尺寸单位：cm）
a）横截面；b）纵截面；c）T 梁截面

（1）计算单根 T 形梁弯曲惯性矩 I 和扭转惯性矩 I_t，不计桥面铺装的惯性矩。

T 形梁弯曲惯性矩 $I=9\,318\,135\mathrm{cm}^4$，扭转惯性矩 $I_t=435\,324\mathrm{cm}^4$；$A=5\,325\mathrm{cm}^2$；$h_0=37.21$cm。

（2）令混凝土梁，$G/E=0.425$；$\sum\limits_{i=1}^{4} a_i^2 = 3^2+1^2+(-1)^2+(-3)^2=20(\mathrm{m}^2)$；跨中 $x=L/2$ 处抗扭修正系数，用式（1-2-4）的简化形式得到：

$$\beta = \dfrac{1}{1+\dfrac{0.425\times 15.50^2\times 4\times 435\,324}{12\times 2\times (1^2+3^2)\times 9\,318\,135}\times 1} = 0.926\,4$$

（3）横向分布影响线

设 e_j 在梁位上，记为矩阵形式：

$$e=\{e_1\ \ e_2\ \ e_3\ \ e_4\}=\{3\ \ 1\ \ -1\ \ -3\}(\mathrm{m})$$

$$a=\{a_1\ \ a_2\ \ a_3\ \ a_4\}^{\mathrm{T}}=\{3\ \ 1\ \ -1\ \ -3\}^{\mathrm{T}}(\mathrm{m})$$

用式（1-2-3）的简化形式得到：

$$\eta_{ij} = \frac{1}{4} + 0.9264 \times \frac{a_i e_j}{20}$$

横向分布影响线表见表 1-2-3,横向分布影响线图见图 1-2-5。

横向分布影响线表　　　　　　　　　　表 1-2-3

梁号 i \ 载位 j	1	2	3	4	Σ
1(边梁)	0.6669	0.3890	0.1110	−0.1669	1.0
2(次边梁)	0.3890	0.2963	0.2037	0.1110	1.0

(4)横向分布系数

用车辆荷载图 1-2-3,布置如图 1-2-4a),在影响线上加载可以得到各梁的横向分布系数。因为影响线是线性的,可以用荷载重心处 $2P$ 加载,直接计算梁的横向分布系数。两列汽车荷载 $2P$ 偏向一侧布置,$e_k=0.55$m,在 $i=1\sim4$ 号梁上的分布系数计算如下:

$$\eta_{ik} = 2 \times \left(\frac{1}{4} + 0.9264 \times \frac{a_i \times 0.55}{20} \right)$$

$$\{\eta_{ik}\} = \{0.6528 \quad 0.5509 \quad 0.4491 \quad 0.3472\}^T$$

分布荷载为 $\eta_{ik}P$。$\sum_i \eta_{ik} = 2(i=1,2,3,4)$,闭合。

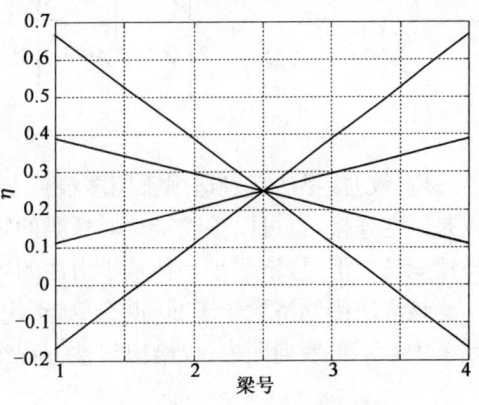

图 1-2-5　横向分布影响线图

双侧人群荷载 $2q$,$e_k=0$,在 $i=1、2、3、4$ 号梁上的分布系数计算如下:

$$\eta_{ik} = 2 \times \frac{1}{4}$$

$$\{\eta_{ik}\} = \{0.5 \quad 0.5 \quad 0.5 \quad 0.5\}^T$$

分布荷载为 $\eta_{ik}q$。$\sum_i \eta_{ik} = 2(i=1,2,3,4)$,闭合。

单侧人群荷载 q,$e_k=4.0$,在 $i=1、2、3、4$ 号梁上的分布系数计算如下:

$$\eta_{ik} = \left(\frac{1}{4} + 0.9264 \times \frac{a_i \times 4.0}{20} \right)$$

$$\eta_{ik} = \{0.8058 \quad 0.4353 \quad 0.0647 \quad -0.3058\}^T$$

分布荷载为 $\eta_{ik}q$。$\sum_i \eta_{ik} = 1(i=1,2,3,4)$,闭合。

单侧人群荷载 q 对 1 号不利,双侧人群荷载 $2q$ 对中梁不利。

第三节　刚(铰)接梁法

一、适用条件

刚(铰)接梁是以单位半波正弦荷载对桥梁跨中所产生的梁间赘余力为计算对象,这个半波正弦荷载与桥梁计算跨径长度相同,见图 1-2-6。

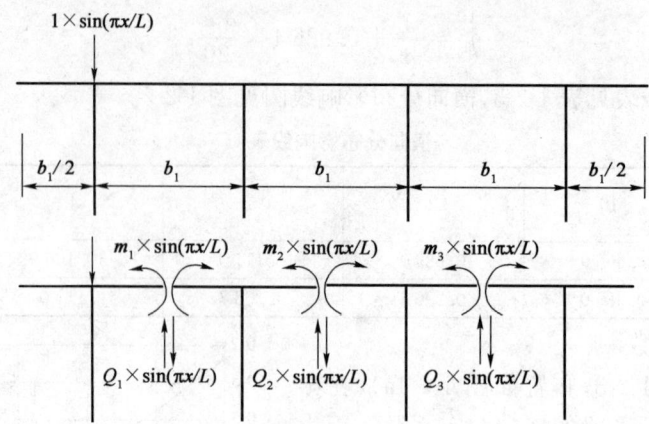

图 1-2-6　刚(铰)接梁法计算简图

刚(铰)接梁法特别适用于用多根独立预制的 T 梁、箱梁、板梁组拼的桥梁,梁与梁之间可以是刚性连接,也可以是铰接。对桥梁的宽度和横梁的刚度没有特殊要求,横梁的刚度均摊到桥梁全长。但是,该法是一种基于力法的数值方法,没有解析公式,需要求解线性方程组。

该方法由同济大学于 20 世纪 70 年代开发,并编制了大量供手工计算使用的图表,广为使用。本章不再罗列图表,仅给出线性方程组,用计算机程序解出这些线性方程组没有困难。

二、计算公式

1. 刚接梁(板)横向分布系数影响线

η_{ij} 是 i 号梁在梁位 $j(i,j=1,2,3,\cdots,n)$ 处横向分布影响线值:

$$\eta_{ij} = \begin{cases} Q_{i-1,j} - Q_{i,j} & (i \neq j) \quad (i,j=1,2,3,\cdots,n) \\ 1 + Q_{i-1,j} - Q_{i,j} & (i = j) \quad (Q_{0,j}=0; Q_{n,j}=0) \end{cases} \quad (1\text{-}2\text{-}11)$$

式中:n——梁的根数;

$Q_{i,j}$——梁间的剪切赘余力,可用 $j=n$ 个 $2(n-1) \times 2(n-1)$ 阶力法正则方程组解出,方程组如下,当单位正弦荷载作用在第 j 根梁轴线上时,

$$\boldsymbol{K}_{2(n-1)\times 2(n-1)} \cdot \boldsymbol{F}_{2(n-1)\times 1,j} = \boldsymbol{P}_{2(n-1)\times 1,j} \quad (j=1,2,3,\cdots,n) \quad (1\text{-}2\text{-}12)$$

在图 1-2-6 的离散体系中,在跨中($x=L/2$),经化简的赘余力列阵 $\boldsymbol{F}$、单位正弦荷载作用下相对变位列阵 $\boldsymbol{P}$、单位赘余力作用下柔度矩阵 $\boldsymbol{K}$ 形式如下所列。

(1)赘余力列阵

式(1-2-12)中 $\boldsymbol{F}$ 是梁间弯曲 $\left(M = \dfrac{m}{b_1/2}\right)$ 和剪切(Q)赘余力列阵。

$$\boldsymbol{F}_{2(n-1)\times 1,j} = [M_{1,j} \quad M_{2,j} \quad M_{3,j} \quad \cdots \quad M_{n-1,j} \quad Q_{1,j} \quad Q_{2,j} \quad Q_{3,j} \quad \cdots \quad Q_{n-1,j}]^{\mathrm{T}} (j=1,2,3,\cdots,n)$$

将 n 个赘余力列阵记为矩阵形式,即

$$\boldsymbol{F}_{2(n-1)\times n} = \begin{bmatrix} \boldsymbol{M}_{(n-1)\times n} \\ \boldsymbol{Q}_{(n-1)\times n} \end{bmatrix} \quad (1\text{-}2\text{-}13)$$

(2)相对变位列阵

j 梁轴线上单位正弦荷载导致 j 梁与两侧主梁的相对变位 $\boldsymbol{P}_{2(n-1),j}(j=1,2,\cdots,n)$,同样将

n 个变位列阵记为矩阵形式 $P_{2(n-1)\times n}$，即

$$P_{2(n-1)\times n} = \begin{bmatrix} O \\ I \end{bmatrix}_{2(n-1)\times n} \quad (1\text{-}2\text{-}14)$$

$$O = [0]_{(n-1)\times n}$$

$$I = \begin{bmatrix} 1 & -1 & & & & \\ & 1 & -1 & & & 0 \\ & & 1 & -1 & & \\ & & & \ddots & \ddots & \\ & 0 & & & 1 & -1 \\ & & & & & 1 & -1 \end{bmatrix}_{(n-1)\times n}$$

(3) 柔度矩阵

$$K = \begin{bmatrix} K_{11} & K_{12} \\ K_{21} & K_{22} \end{bmatrix}_{2(n-1)\times 2(n-1)} \quad (1\text{-}2\text{-}15)$$

$$K_{11} = \begin{bmatrix} a & -\gamma & & & & \\ -\gamma & a & -\gamma & & 0 & \\ & -\gamma & a & -\gamma & & \\ & & \ddots & \ddots & \ddots & \\ & & & -\gamma & a & -\gamma \\ & 0 & & & -\gamma & a & -\gamma \\ & & & & & -\gamma & a \end{bmatrix}_{(n-1)\times(n-1)}$$

$$K_{22} = \begin{bmatrix} A & \gamma-1 & & & & \\ \gamma-1 & A & \gamma-1 & & 0 & \\ & \gamma-1 & A & \gamma-1 & & \\ & & \ddots & \ddots & \ddots & \\ & & & \gamma-1 & A & \gamma-1 \\ & 0 & & & \gamma-1 & A & \gamma-1 \\ & & & & & \gamma-1 & A \end{bmatrix}_{(n-1)\times(n-1)}$$

$$K_{12} = \begin{bmatrix} 0 & -\gamma & & & & \\ \gamma & 0 & -\gamma & & 0 & \\ & \gamma & 0 & -\gamma & & \\ & & \ddots & \ddots & \ddots & \\ & & & \gamma & 0 & -\gamma \\ & 0 & & & \gamma & 0 & -\gamma \\ & & & & & \gamma & 0 \end{bmatrix}_{(n-1)\times(n-1)}$$

$$\boldsymbol{K}_{21} = \boldsymbol{K}_{12}^{\mathrm{T}}$$

以上各式中：

$$A = 2(1+\gamma+\beta); a = 2(\gamma+3\beta)$$

$$\gamma = \frac{\pi^2 E}{4G}\frac{I}{I_\mathrm{T}}\left(\frac{b_1}{L}\right)^2 \approx 5.8\frac{I}{I_\mathrm{T}}\left(\frac{b_1}{L}\right)^2$$

$$\beta = \begin{cases} \dfrac{\pi^4}{3}\dfrac{I}{L^4}\dfrac{d_1^3}{I_1} \approx 32.5\dfrac{I}{L^4}\dfrac{d_1^3}{I_1} & \text{（有横梁）} \\ 4\pi^4\dfrac{I}{L^4}\left(\dfrac{d_1}{h_1}\right)^3 \approx 390\dfrac{I}{L^4}\left(\dfrac{d_1}{h_1}\right)^3 & \text{（无横梁）} \end{cases}$$

$$\beta' = \left(\frac{b_1}{2d_1}\right)^2 \beta$$

每一根梁的几何和材料参数如下：

EI——梁(板)的抗弯刚度；

GI_T——梁(板)的抗扭刚度；

b_1——梁(板)宽度；

L——梁(板)计算跨径；

I_1——长度为 L_1 的悬臂板与一根横梁的组合抗弯惯矩 $\times \dfrac{1}{L_1}$；

L_1——横梁间距；

d_1——梁的悬臂板宽度；

h_1——梁的悬臂板平均厚度。

2.铰接梁(板)横向分布系数影响线

(1)铰接板梁桥，令 $K_{11}=0$、$K_{12}=K_{21}=0$、$\beta\approx 0$，Q 可用 $(n-1)\times(n-1)$ 阶三对角方程组解出，再计算出 η_{ij}^0；当各板块结构尺寸相同时，结果如下：

$$\eta_{ij}^0 = \begin{cases} 0.75, 0.25, 0, \cdots, 0 & \text{（左边梁）} \\ 0, \cdots, 0, 0.25, 0.50, 0.25, 0, \cdots, 0 & \text{（中梁）} \\ 0, \cdots, 0, 0.25, 0.75 & \text{（右边梁）} \end{cases}$$

(2)铰接 T 梁桥，令 $K_{11}=0$、$K_{12}=K_{21}=0$，Q 可用 $(n-1)\times(n-1)$ 阶三对角方程组解出，再计算 η_{ij}。

铰接 T 梁桥也可令 $K_{11}=0$、$K_{12}=0$、$\beta\approx 0$，查图表得到 η_{ij}^0，再用系数修正 η_{ij}^0，得到考虑了 β 的横向分布系数 η_{ij}，即

$$\eta_{ij} = \begin{cases} \eta_{ij}^0 - \dfrac{\beta}{1+\gamma}\eta_{ij}^0, & i \neq j \\ \eta_{ij}^0 + \dfrac{\beta}{1+\gamma}(1-\eta_{ij}^0), & i = j \end{cases}$$

3.整体式浇筑板梁桥横向分布系数影响线

整体式浇筑板梁桥，可将桥宽划分为 n 块计算，每块宽度为 b_1、γ 和 β：

$$\gamma = \frac{\pi^2 E}{4G} \frac{I}{I_T} \left(\frac{b_1}{L}\right)^2 \approx 5.8 \frac{I}{I_T} \left(\frac{b_1}{L}\right)^2 = 1.45 \left(\frac{b_1}{L}\right)^2$$

$$\beta = 4\pi^4 \frac{I}{L^4} \left(\frac{d_1}{h_1}\right)^3 \approx 390 \frac{I}{L^4} \left(\frac{d_1}{h_1}\right)^3 = 4.0625 \left(\frac{b_1}{L}\right)^4 \approx 0$$

4. 横梁刚度阈值

刚性横梁的判别式,当主梁根数 n 和 β 满足下面关系式,可以认为具有刚性横梁,取 $\beta=0$。其结果与偏心受压法接近。

$$n\sqrt[4]{\beta} \leqslant 1.0$$

三、横向分布系数算例

当 $\beta \neq 0$ 时横向分布系数影响线不再是直线,需要逐轮加载。

因为 $\eta_{ij}=\eta_{ji}$,可以用 η_{ji} 画出 $j(j=1,2,3,\cdots,n)$ 梁的横向分布影响线,按车辆横向最不利布置计算 j 梁的横向分布系数 m_j。

1. 横向为 k 个集中轮荷载

$$m_j = \sum_{p=1}^{k} P_p \eta_{p,j} \tag{1-2-16}$$

式中:$\eta_{p,j}$——车轮 $P_p(p=1,2,3,\cdots,k)$ 处横向分布影响线坐标值。

2. 横向为 k 个分布荷载

$$m_j = \sum_{p=1}^{k} P_p \omega_{p,j} \tag{1-2-17}$$

式中:$\omega_{p,j}$——分布轮荷载 $P_p(p=1,2,3,\cdots,k)$ 区域横向分布影响线坐标面积值。

[例 1-2-2] 同例 1-2-1 中的四梁装配简支 T 梁桥,计算荷载横向分布系数。

(1)除支点横梁外,跨中无横梁,仅仅由刚接的翼板传递荷载。

主梁惯矩 $I=9\,318\,135\,\text{cm}^4$,$I_t=435\,324\,\text{cm}^4$,$A=5\,325\,\text{cm}^2$,$h_0=37.20\,\text{cm}$。

$$\gamma = 5.8 \frac{I}{I_T} \left(\frac{b_1}{L}\right)^2 = 5.8 \times \frac{9\,318\,135}{435\,324} \times \left(\frac{200}{1\,550}\right)^2 = 2.067$$

$$\beta = 390 \frac{I}{L^4} \left(\frac{d_1}{h_1}\right)^3 = 390 \times \frac{9\,318\,135}{1\,550^4} \times \left(\frac{91}{15}\right)^3 = 0.1406$$

$$\beta' = \left(\frac{b_1}{2d_1}\right)^2 \beta = \left(\frac{2}{2\times 0.91}\right)^2 \times 0.1406 = 0.1698$$

$$a = 2(\gamma + 3\beta') = 5.1522$$

建立 $n=4$ 个 $2(n-1)\times 2(n-1)=6\times 6$ 的线性方程组,如下式:

$$\begin{bmatrix} a & -\gamma & 0 & 0 & -\gamma & 0 \\ -\gamma & a & -\gamma & \gamma & 0 & -\gamma \\ 0 & -\gamma & a & 0 & \gamma & 0 \\ 0 & - & 0 & A & \gamma-1 & 0 \\ -\gamma & 0 & - & \gamma-1 & A & \lambda-1 \\ 0 & -\gamma & - & 0 & \gamma-1 & A \end{bmatrix} \begin{bmatrix} M_{11} & M_{12} & M_{13} & M_{14} \\ M_{21} & M_{22} & M_{23} & M_{24} \\ M_{31} & M_{32} & M_{33} & M_{34} \\ Q_{11} & Q_{12} & Q_{13} & Q_{14} \\ Q_{21} & Q_{22} & Q_{23} & Q_{24} \\ Q_{31} & Q_{32} & Q_{33} & Q_{34} \end{bmatrix} = \begin{bmatrix} 0 & 0 & 0 & 0 \\ 0 & 0 & 0 & 0 \\ 0 & 0 & 0 & 0 \\ 1 & -1 & 0 & 0 \\ 0 & 1 & -1 & 0 \\ 0 & 0 & 1 & -1 \end{bmatrix}$$

解出 $j=1,2,3,4$ 的 4 组 $Q_{ij}(i=1,2,3)$，再用式(1-2-11)计算，可得到刚接梁桥横向分布影响线，如表 1-2-4 所示，不再是按线性分布，见图 1-2-7。

刚接梁桥横向分布影响线表　　　　　　　　　　　表 1-2-4

梁　号	η				Σ
1	0.789 8	0.248 0	0.003 9	−0.041 7	1.0
2	0.248 0	0.487 1	0.261 0	0.003 9	1.0
3	0.003 9	0.261 0	0.487 1	0.248 0	1.0
4	−0.041 7	0.003 9	0.248 0	0.789 8	1.0

偏载两列汽车荷载 $2P$ 作用下，每个轮载为 $0.5P$，计算各梁的横向分布系数如表 1-2-5 所示，计算误差 0.04%。

两列汽车偏载横向分布系数计算表　　　　　　　　　表 1-2-5

梁　号	轮位影响线坐标				横向分布系数×P
1	0.789 8	0.302 2	0.113 7	−0.016 6	0.594 6P
2	0.248 0	0.463 2	0.362 7	0.145 3	0.609 6P
3	0.003 9	0.235 3	0.385 4	0.379 5	0.502 0P
4	−0.041 7	0.000 6	0.138 2	0.491 8	0.293 8P
			Σ		2.0P

当横向刚度较低时，最大的横向分布系数不一定是在边梁。整体横向移动轮载，如果第二轮在 2 号梁轴线上，2 号梁横向分布系数为 0.609 4，略小于偏载值。因此，需要左右移动车载，寻找最不利加载位置。

计算一侧人群荷载 Q 的横向分配系数，需要将横向分布影响线作线性外延，人群荷载中心影响线坐标，即横向分布系数(表 1-2-6)。线性外延的计算误差为 0.16%。

一侧人群荷载横向分布系数计算表　　　　　　　　　表 1-2-6

梁　号	η				Σ
1	0.673 2	0.373 5	0.101 2	−0.147 9	1.0
2	0.373 5	0.311 2	0.214 1	0.101 2	1.0
3	0.101 2	0.214 1	0.311 2	0.373 5	1.0
4	−0.147 9	0.101 2	0.373 5	0.673 2	1.0

(2)考虑横梁刚度，除端横梁外还有 1 根内横梁，可得到刚接梁桥横向分布影响线如表 1-2-7 和图 1-2-8 所示。因为 $n\sqrt[4]{\beta}=1.05\approx 1.0$，其横向分布与 $\beta=0$ 及偏心受压法相当，影响线稍有弯曲。

　　横梁惯矩　　$I_1=8\,592\text{cm}^4, I_t=968\,738\text{cm}^4, h_0=14.659\text{cm}$，计算翼板宽度 15.5m/2；
　　主梁惯矩　　$I=9\,318\,135\text{cm}^4, I_t=435\,324\text{cm}^4, h_0=37.21\text{cm}$；
　　刚度比　　$\gamma=2.067, \beta=0.004\,601\,9, \beta'=0.005\,557\,2$。

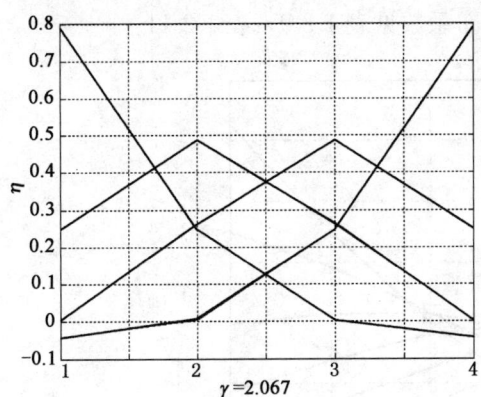

图 1-2-7 刚接梁桥横向分布影响线图

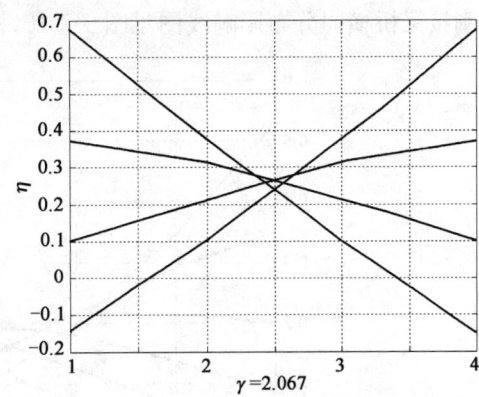

图 1-2-8 刚接梁桥横向分布影响线图

刚接梁桥横向分布影响线表 表 1-2-7

梁 号	横向分布系数×P	梁 号	横向分布系数×P
1	$1.0607 \times P$	4	$-0.0629 \times P$
2	$0.1285 \times P$	Σ	$1.0016 \times P$
3	$-0.1247 \times P$		

[**例 1-2-3**] 例 1-2-1 中的装配简支 T 梁,用在半幅一级公路,横截面见图 1-2-9,车辆荷载各车轮距相邻梁轴线距离见表 1-2-8 所示。计算荷载横向分布系数。人群荷载作用在影响线末段及其外延线上,等价于作用在中点的集中荷载。

横梁惯矩 $I_1 = 15\,528\,\text{cm}^4, I_t = 532\,800\,\text{cm}^4, A = 7\,387\,\text{cm}^2, h_0 = 20.29\,\text{cm}$;

主梁惯矩 $I = 9\,318\,135\,\text{cm}^4, I_t = 435\,324\,\text{cm}^4, A = 5\,325\,\text{cm}^2, h_0 = 37.21\,\text{cm}$;

刚度比 $\gamma = 2.067, \beta = 0.002\,546\,289, \beta' = 0.003\,074\,7$。

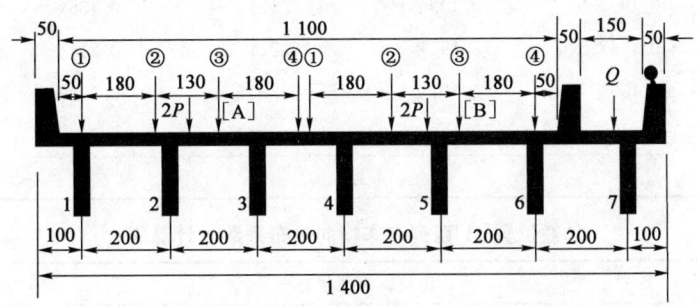

图 1-2-9 横截面图(尺寸单位:cm)

车辆荷载各车轮距相邻梁轴线距离(cm) 表 1-2-8

加载位置	[A]				[B]				
轮号 \ 梁号	1	2	3	4	3	4	5	6	7
①	0	200			110	90			
②	180	20				90	110		
③		110	90			20	180		
④			90	110			200	0	200

35

刚接梁桥横向分布影响线图见图 1-2-10,横向分布系数见表 1-2-9～表 1-2-11。

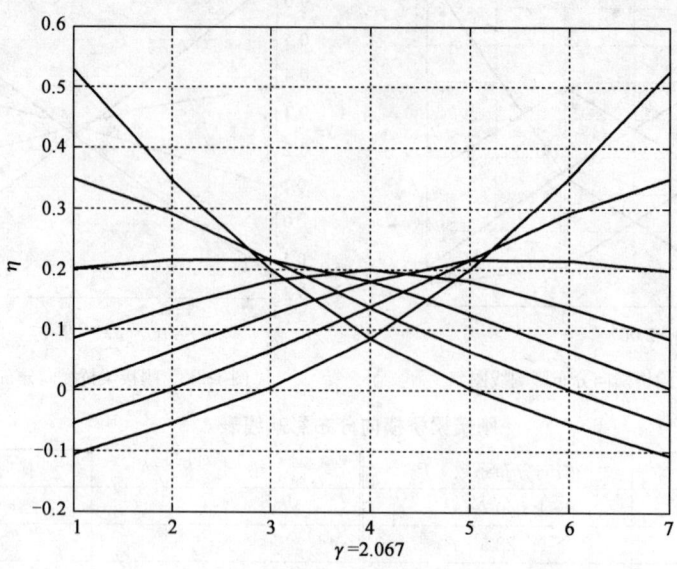

图 1-2-10　刚接梁桥横向分布影响线图

加载位置[A]两列汽车横向分布系数 η 计算表　　　表 1-2-9

梁　号	轮位影响线坐标 η				$\sum\eta/2\times P$
1	0.1356	0.0481	−0.0024	−0.0563	0.0625
2	0.1714	0.1037	0.0581	0.0016	0.1674
3	0.1954	0.1550	0.1188	0.0644	0.2668
4	0.1908	0.1908	0.1753	0.1358	0.3463
5	0.1550	0.1954	0.2145	0.2149	0.3899
6	0.1037	0.1714	0.2225	0.2905	0.3940
7	0.0481	0.1356	0.2131	0.3491	0.3730
	$\sum$				$2.0\times P$

加载位置[B]两列汽车横向分布系数 η 计算表　　　表 1-2-10

梁　号	轮位影响线坐标 η				$\sum\eta/2\times P$
1	0.5279	0.3669	0.2660	0.1470	0.6539
2	0.3491	0.2964	0.2489	0.1793	0.5368
3	0.1980	0.2132	0.2147	0.1989	0.4124
4	0.0846	0.1307	0.1600	0.1887	0.2820
5	0.0036	0.0583	0.0976	0.1495	0.1545
6	−0.0563	−0.0042	0.0361	0.0965	0.0361
7	−0.1068	−0.0613	−0.0233	0.0400	−0.0757
	$\sum$				$2.0\times P$

人群荷载横向分布系数 η 表 1-2-11

梁 号	$\eta \times Q$	梁 号	$\eta \times Q$
1	−0.100 5	5	0.200 1
2	−0.049 0	6	0.341 7
3	0.011 2	7	0.505 5
4	0.091 0	Σ	$1.0 \times Q$

第四节 比拟正交异性板法

一、适用条件

对于纵、横梁比较密集的宽桥可以比拟为正交构造异性板,居易翁(Guyon)(1946)和麦桑纳特(Massonnet)(1950)基于正交构造异性板理论,开发的横向分布系数 G-M 图表法在手工计算中曾广为应用,但图表内插繁琐,不方便编制计算机应用软件。除此以外,还有顿钦柯法、影响面法、奇点法等,虽然都有应用,但都有不足之处。本节仅介绍胡肇滋公式法(1976)。

二、计算公式

1. 横向分布系数影响线

计算跨径为 L、宽度为 b 的简支正交异性板桥(图 1-2-11),横桥向无量纲坐标为 $\delta_j = \dfrac{y_j}{b}$ 处作用一个长度为 c 的均布荷载 q_j,其重心在 $x = x_0$ 处;$\delta = \dfrac{y_i}{b}$ 的主梁 $i(1,2,3,\cdots)$ 上沿桥轴线方向坐标 x 处的挠度、弯矩、剪力正弦级数解的第一项,如以下各式:

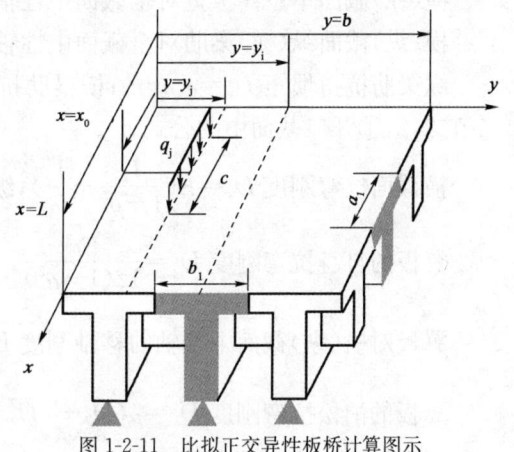

图 1-2-11 比拟正交异性板桥计算图示

$$\left.\begin{aligned} W_{qj} &= \frac{4\eta_{ijW} \cdot q_j L^4}{D_x b_1 \pi^5} \sin mc' \sin mx_0 \sin mx \\ M_{qj} &= \frac{4\eta_{ijM} \cdot q_j L^2}{\pi^3} \sin mc' \sin mx_0 \sin mx \\ Q_{qj} &= \frac{4\eta_{ijQ} \cdot q_j L}{\pi^2} \sin mc' \sin mx_0 \cos mx \end{aligned}\right\} \quad (1\text{-}2\text{-}18)$$

式中,x_0 为荷载 q_j 中心的纵坐标;$m = \dfrac{\pi}{L}$;$mc' = \dfrac{\pi \cdot c}{2L}$;挠度、弯矩、剪力横向分布系数如下。

因为三者相差不大,通常可只计算挠度横向分布系数 η_{ijW}。

$$\left.\begin{aligned}\eta_{ijW} &= 2\frac{b_1}{b}(\alpha_{1j}+\alpha_{2j}\delta+\alpha_{3j}\sin\pi\delta+\alpha_{4j}\sin2\pi\delta)\\ \eta_{ijM} &= \eta_{ijW}+2\frac{b_1}{b}\varepsilon^2 D_1'(\alpha_{3j}\sin\pi\delta+\alpha_{4j}\sin2\pi\delta)\\ \eta_{ijQ} &= \eta_{ijW}+2\frac{b_1}{b}\varepsilon^2 H'(\alpha_{3j}\sin\pi\delta+4\alpha_{4j}\sin2\pi\delta)\end{aligned}\right\} \quad (1\text{-}2\text{-}19)$$

2. 参数计算

(1) 开口(T形、I形)截面基本参数和截面特性

中心在 $x=x_0$ 处 x 方向延长为 c 的线活载 $q_j(j=1,2,3,\cdots)$,横向无量纲坐标为 $\delta_j=\frac{y_j}{b}$,活载半长为 $c'=\frac{c}{2}$,系数 $m=\frac{\pi}{L}$;

桥梁计算跨径 L,桥面宽度 b,翼板厚 t;跨宽比 $\varepsilon=\frac{L}{b}$;

主梁($i=1,2,3,\cdots$)的宽度、肋高、肋宽分别为 b_1、n_c、m_c;

横梁宽度、肋高、肋宽分别为 a_1、n_d、m_d;

材料泊松比 μ,弹性模量 E,剪切模量 G;

横(纵)截面单位翼板宽对全截面中性轴的惯矩 $I_x'(I_y')$;

横(纵)截面纵(横)梁肋对全截面中性轴的惯矩 $I_x''(I_y'')$;

纵梁肋抗扭惯矩 $I_{Tc}=\alpha_c m_c^3 n_c$;横梁肋抗扭惯矩 $I_{Td}=\alpha_d m_d^3 n_d$,式中 α_c、α_d 的计算见本章第二节二,2,①开口截面中的公式;

横截面抗弯刚度 $D_x=E\left(\dfrac{I_x'}{1-\mu^2}+\dfrac{I_x''}{b_1}\right)$,纵截面抗弯刚度 $D_y=E\left(\dfrac{I_y'}{1-\mu^2}+\dfrac{I_y''}{a_1}\right)$;

翼板的自身抗弯刚度 $D_0=\dfrac{Et^3}{12(1-\mu^2)}$;

翼板对横(纵)截面中性轴的移轴刚度 $D_{0x}(D_{0y})\begin{cases}=0(\text{计算挠度时})\\ \neq 0(\text{计算内力时})\end{cases}$;

翼板的泊松抗弯刚度 $D_1=\mu(D_0+\sqrt{D_{0x}D_{0y}})$;$D_1'=D_1/D_x$;$D_1''=D_1/D_y$;

主抗扭刚度 $D_k=\dfrac{1-\mu}{2}\left(D_0+\dfrac{D_{0x}+D_{0y}}{4}+\dfrac{\sqrt{D_{0x}D_{0y}}}{2}\right)+\dfrac{G}{4}\left(\dfrac{I_{Tc}}{b_1}+\dfrac{I_{Td}}{a_1}\right)$;

综合抗扭刚度 $H=D_1+2D_k$;$H'=H/D_x$;$H''=H/D_y$。

(2) 闭口(箱形)截面基本参数和截面特性

闭口(箱形)截面可以近似当作开口(I形)截面计算横向分布,仅 D_{0y} 代之以 D_{0y}':

$$D_{0y}'=\dfrac{4n^3 D_{0U}}{\left[n+(4n-2)\dfrac{D_{0U}h}{D_{0D}b_1}P_a\right]P_a}\leqslant D_{0y}$$

$$P_a=\dfrac{D_{0U}}{D_{0U}+D_{0D}}$$

式中:D_{0U}、D_{0D}——分别为顶、底板自身抗弯刚度;

n、h、b_1——分别为箱数、箱高、箱宽。

(3)横向分布系数的参数(表1-2-12)

影响线参数表　　　　　　　　　　　　　　　表1-2-12

变量 $P \sim S$	复合参数 ε_i	单参数 ε_i^0	基本参数 a、b、c
$P_1 = \varepsilon_1^0 \varepsilon_2 - \varepsilon_1$	$\varepsilon_1 = (\varepsilon_2^0)^2 \varepsilon_4^0$	$\varepsilon_1^0 = 2\left(\dfrac{1}{3} + \dfrac{c}{\pi^2}\right)$	$a = \dfrac{2\mu D_0}{D_x}\varepsilon^2$
$Q_1 = 2\varepsilon_1 - \varepsilon_2$	$\varepsilon_2 = \varepsilon_3^0 \varepsilon_4^0$	$\varepsilon_2^0 = \dfrac{2+a}{\pi}$	$b = \dfrac{D_y}{D_x}\varepsilon^4$
$R_1 = \varepsilon_3 \varepsilon_4$	$\varepsilon_3 = \varepsilon_2^0 \varepsilon_4^0$	$\varepsilon_3^0 = 1 + a + b + c$	$c = \dfrac{4D_k}{D_x}\varepsilon^2$
$R_2 = -\varepsilon_4^0 \varepsilon_4$	$\varepsilon_4 = 1 - 2\varepsilon_1^0$	$\varepsilon_4^0 = 1 + 4(a + 4b + c)$	
$K = \varepsilon_4 Q_1$	$\varepsilon_5 = 2(\varepsilon_2^0)^2 - \varepsilon_3^0$		
$S = \varepsilon_4 \varepsilon_5$			

$$\begin{Bmatrix} \alpha_{1j} \\ \alpha_{2j} \\ \alpha_{3j} \\ \alpha_{4j} \end{Bmatrix} = \frac{1}{K} \begin{bmatrix} 1 & \delta_j & \sin\pi\delta_j & 0 & 0 \\ 0 & 1-2\delta_j & 0 & 0 & 0 \\ 0 & 0 & 1 & \sin\pi\delta_j & 0 \\ 0 & 0 & 0 & 0 & \sin2\pi\delta_j \end{bmatrix} \begin{Bmatrix} P_1 \\ Q_1 \\ R_1 \\ R_2 \\ S \end{Bmatrix} \quad (1\text{-}2\text{-}20)$$

3. 车辆荷载横向最不利位置

(1)挠度最不利位置

通常窄桥可取偏载位置加载,宽桥的最不利位置可能是对称中载位置加载。可用下式计算最不利位置,以判断最不利加载位置。

$$y_w = \frac{b}{\pi}\arccos\left[-\frac{1}{8}\frac{\sum\alpha_{3j}}{\sum\alpha_{4j}} + \sqrt{\frac{1}{2} - \frac{1}{4\pi}\frac{\sum\alpha_{3j}}{\sum\alpha_{4j}} + \frac{1}{64}\left(\frac{\sum\alpha_{3j}}{\sum\alpha_{4j}}\right)^2}\right]$$

(2)弯矩最不利位置

$$y_M = \frac{b}{\pi}\arccos\left[-\frac{1}{8}\frac{\sum\alpha_{3j}}{\sum\alpha_{4j}} + \sqrt{\frac{1}{2} - \frac{1}{4\pi(1+D_1'\varepsilon^2)}\frac{\sum\alpha_{3j}}{\sum\alpha_{4j}} + \frac{1}{64}\left(\frac{\sum\alpha_{3j}}{\sum\alpha_{4j}}\right)^2}\right]$$

(3)剪力最不利位置

剪力最不利位置一般取弯矩最不利位置计算,必要时可按下式计算:

$$y_Q = \frac{b}{\pi}\arccos\left[-\frac{H_Q}{8}\frac{\sum\alpha_{3j}}{\sum\alpha_{4j}} + \sqrt{\frac{1}{2} - \frac{1}{4\pi(1+4H'\varepsilon^2)}\frac{\sum\alpha_{3j}}{\sum\alpha_{4j}} + \frac{H_Q}{64}\left(\frac{\sum\alpha_{3j}}{\sum\alpha_{4j}}\right)^2}\right]$$

式中,$H_Q = \dfrac{1+H'\varepsilon^2}{1+4H'\varepsilon^2}$。

三、横向分布系数算例

[例1-2-4] 例1-2-1中的四梁装配简支T梁桥,增加一根T梁,成为五梁式,三根中横梁间距3.875m,见图1-2-12。

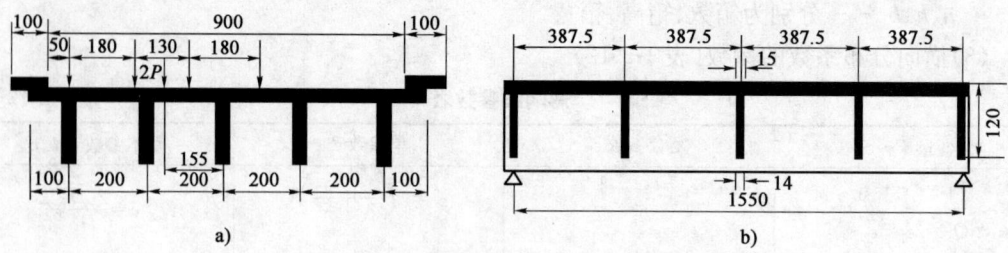

图 1-2-12 简支 T 梁桥计算简图(尺寸单位:cm)
a)横截面;b)纵截面

1. 刚度计算,不计桥面铺装的抗弯刚度

(1)横截面中性轴心位置 $a_x=37.21$ cm;$A=5\,325$ cm^2。

(2)纵截面中性轴心位置 $a_y=20.29$ cm;$A=7\,388$ cm^2。

(3)横截面抗弯刚度 $D_x=E\left(\dfrac{I'_x}{1-\mu^2}+\dfrac{I''_x}{b_1}\right)=E\times 2\,814\,330$ cm^4/cm。

(4)纵截面抗弯刚度 $D_y=E\left(\dfrac{I'_y}{1-\mu^2}+\dfrac{I''_y}{a_1}\right)=E\times 1\,103\,301$ cm^4/cm。

(5)翼板的抗弯刚度 $D_0=\dfrac{Et^3}{12(1-\mu^2)}=E\times 289$ cm^4/cm。

(6)翼板对横(纵)截面中性轴的移轴刚度 $D_{0x}(D_{0y})$:

计算挠度时,$D_{0x}(D_{0y})=0$;

计算内力时,$D_{0x}=Et_x z_x^2=E\times 15\times\left(37.21-\dfrac{15}{2}\right)^2=E\times 13\,240$ cm^4/cm,

$$D_{0y}=Et z_y^2=E\times 15\times\left(20.28-\dfrac{15}{2}\right)^2=E\times 2\,450\text{ cm}^4/\text{cm}。$$

(7)翼板的泊松抗弯刚度 D_1

计算挠度时,$D_1=\mu D_0=0.167\times 289\times E=E\times 48$ cm^4/cm;

计算内力时,$D_1=\mu(D_0+\sqrt{D_{0x}D_{0y}})=E\times 999$ cm^4/cm,$D'_1=D_1/D_x$,$D''_1=D_1/D_y$。

(8)腹板、横隔板截面抗扭惯矩 I_{Tc}、I_{Td}:

$I_{Tc}=0.320\times 125\times 18^3=220\,955$ cm^4;

$I_{Td}=0.303\times 105\times 15^3=107\,494$ cm^4。

(9)主抗扭刚度 D_k

计算挠度时,$D_k=\dfrac{1-\mu}{2}D_0+\dfrac{G}{4}\left(\dfrac{I_{Tc}}{b_1}+\dfrac{I_{Td}}{a_1}\right)=E\times 267$ cm^4/cm;

计算内力时,$D_k=\dfrac{1-\mu}{2}\left[D_0+\dfrac{D_{0x}+D_{0y}}{4}+\dfrac{\sqrt{D_{0x}D_{0y}}}{2}\right]+\dfrac{G}{4}\left(\dfrac{I_{Tc}}{b_1}+\dfrac{I_{Td}}{a_1}\right)=E\times 3\,088$ cm^4/cm。

$H=D_1+2D_k=E\times 7\,173$ cm^4/cm,$H'=H/D_x=0.002\,6$,$H''=H/D_y=0.006\,5$。

2. 横向分布系数的参数(表 1-2-13)

影响线参数表　　　　　　　　　　　表 1-2-13

变量 $P\sim S$	复合参数 ε_i	单参数 ε_i^0	基本参数 $a、b、c$
$P_1=65.8379$	$\varepsilon_1=15.0735$	$\varepsilon_1^0=0.6669$	$a=8.2492\times10^{-5}$
$Q_1=-91.1865$	$\varepsilon_2=121.3335$	$\varepsilon_2^0=0.6366$	$b=2.2616$
$R_1=-7.9009$	$\varepsilon_3=23.6765$	$\varepsilon_3^0=3.2626$	$c=9.1281\times10^{-4}$
$R_2=12.4102$	$\varepsilon_4=-0.3337$	$\varepsilon_4^0=37.1894$	$\varepsilon=15.5/10$
$K=30.4292$	$\varepsilon_5=-2.4519$		
$S=0.8182$			

两列车偏载四个轮位 $P_j(j=1,2,3,4)$ 的无量纲坐标为：
$$\delta_{0j}=y_{0j}/B=[1.00\quad 2.80\quad 4.10\quad 5.90]/10.0$$

两列车中载四个轮位 $P_j(j=1,2,3,4)$ 的无量纲坐标为：
$$\delta_{0j}=y_{0j}/B=[2.55\quad 4.35\quad 5.65\quad 7.45]/10.0$$

计算出偏载轮和中载轮 P_j 的参数表如表 1-2-14 和表 1-2-15 所示。

偏载轮 P_j 的参数表　　　　　　　　表 1-2-14

j	1	2	3	4	Σ
α_{1j}	1.7837	1.1245	0.6857	0.1463	3.7402
α_{2j}	-2.3973	-1.3185	-0.5394	0.5394	-3.7159
α_{3j}	-0.1336	0.0546	0.1320	0.1320	0.1849
α_{4j}	0.0158	0.0264	0.0144	-0.0144	0.0422

中载轮 P_j 的参数表　　　　　　　　表 1-2-15

j	1	2	3	4	Σ
α_{1j}	1.2130	0.6059	0.2160	-0.2553	1.7799
α_{2j}	-1.4684	-0.3896	0.3896	1.4684	0
α_{3j}	0.0332	0.1396	0.1396	0.0332	0.3457
α_{4j}	0.0269	0.0107	-0.0107	-0.0269	0

3. 横向分布系数

(1)跨中各梁荷载横向分布系数表(表 1-2-16 和表 1-2-17)

$A_0=2b_1/B;A_1=\Sigma\alpha_{1j};A_2=\delta_i\Sigma\alpha_{2j};A_3=\sin\pi\delta_i\Sigma\alpha_{3j};A_4=\sin2\pi\delta_i\Sigma\alpha_{4j};m_w=A_0(A_1+A_2+A_3+A_4)$。

偏载跨中各梁荷载横向分布系数表　　　　　　　　表 1-2-16

梁号 i	y_i/B	$2b_1/B$	A_1	A_2	A_3	A_4	m_w
	1	2	3	4	5	6	7
1	0.1	0.4000	3.7402	-0.3716	0.0572	0.0248	1.3802
2	0.3	0.4000	3.7402	-1.1148	0.1496	0.0402	1.1261
3	0.5	0.4000	3.7402	-1.8579	0.1850	0.0000	0.8269
4	0.7	0.4000	3.7402	-2.6011	0.1496	-0.0402	0.4994
5	0.9	0.4000	3.7402	-3.3443	0.0572	-0.0248	0.1713
Σ							4.0039

中载跨中各梁荷载横向分布系数表 表1-2-17

梁号 i	y_i/B	$2b_1/B$	A_1	A_2	A_3	A_4	m_w
	1	2	3	4	5	6	7
1	1.000 0	0.400 0	1.779 9	−0.000 0	0.106 8	0.000 0	0.754 7
2	3.000 0	0.400 0	1.779 9	−0.000 0	0.279 7	0.000 0	0.823 8
3	5.000 0	0.400 0	1.779 9	−0.000 0	0.345 7	0.000 0	0.850 2
4	7.000 0	0.400 0	1.779 9	−0.000 0	0.279 7	−0.000 0	0.823 8
5	9.000 0	0.400 0	1.779 9	−0.000 0	0.106 8	−0.000 0	0.754 7
Σ							4.007 3

(2)跨中各梁 M_x 横向分布系数表(表1-2-18)

$B_1 = A_0 D'_1 \varepsilon^2$；$B_2 = A_3 + A_4$；$B_3 = B_1 B_2$；$m_M = m_w + B_3$。

偏载跨中各梁 M_x 横向分布系数表 表1-2-18

梁号 i	y_i/B	m_w	B_1	B_2	B_3	m_M
	1	2	3	4	5	6
1	0.1	1.380 2	0.000 0	0.082 0	0.000 0	1.380 2
2	0.1	1.126 1	0.000 0	0.189 8	0.000 0	1.126 1
3	0.1	0.826 9	0.000 0	0.185 0	0.000 0	0.826 9
4	0.1	0.499 4	0.000 0	0.109 5	0.000 0	0.499 4
5	0.1	0.171 3	0.000 0	0.032 3	0.000 0	0.171 3
Σ						4.003 9

(3)跨中各梁 Q_x 横向分布系数表(表1-2-19)

$C_1 = A_0 H'_1 \varepsilon^2$；$C_2 = A_3 + 4A_4$；$C_3 = C_1 C_2$；$m_Q = m_w + C_3$。

偏载跨中各梁 Q_x 横向分布系数表 表1-2-19

梁号 i	y_j/B	m_w	C_1	C_2	C_3	m_Q
	1	2	3	4	5	6
1	0.1	1.380 2	0.000 2	0.156 4	0.000 0	1.380 3
2	0.3	1.126 1	0.000 2	0.310 3	0.000 1	1.126 1
3	0.5	0.826 9	0.000 2	0.185 0	0.000 0	0.826 9
4	0.7	0.499 4	0.000 2	−0.011 0	−0.000 0	0.499 4
5	0.9	0.171 3	0.000 2	−0.042 1	−0.000 0	0.171 3
Σ						4.004 0

比较表1-2-16、表1-2-18及表1-2-19中的偏载分布系数 m_w、m_M 及 m_Q 相等，所以在横向分布系数近似计算中用挠度比例作为荷载的横向分配系数。

4.本例题若用第三节的刚接梁法计算，车辆荷载的偏载横向分布影响线系数如表1-2-20所示，偏载横向分布系数如表1-2-21所示，横向分布影响线图见图1-2-13。与比拟正交异性板法相比较，结果相近。

横梁惯矩 $I_1 = 15\ 511\text{cm}^4$，$I_t = 533\ 362\text{cm}^4$，$h_0 = 20.28\text{cm}$；

主梁惯矩 $I = 9\ 318\ 135\text{cm}^4$，$I_t = 435\ 324\text{cm}^4$，$h_0 = 37.21\text{cm}$；

刚度比 $\gamma = 2.067$，$\beta = 0.002\ 548\ 9$，$\beta' = 0.003\ 078$。

偏载横向分布影响线系数表　　　　　　　　　表 1-2-20

梁 号	η_{ij}					Σ
1	0.598 3	0.377 4	0.178 3	0.003 5	−0.157 5	1.0
2	0.377 4	0.303 2	0.209 3	0.106 6	0.003 5	1.0
3	0.178 3	0.209 3	0.224 8	0.209 3	0.178 3	1.0
4	0.003 5	0.106 6	0.209 3	0.303 2	0.377 4	1.0
5	−0.157 5	0.003 5	0.178 3	0.377 4	0.598 3	1.0

偏载横向分布系数表　　　　　　　　　表 1-2-21

梁 号	轮位影响线坐标 η				Σ
1	0.598 3	0.399 5	0.267 9	0.099 7	1.365 3
2	0.377 4	0.310 6	0.251 5	0.163 1	1.102 6
3	0.178 3	0.206 2	0.217 8	0.217 8	0.820 1
4	0.003 5	0.096 3	0.163 1	0.251 5	0.514 4
5	−0.157 5	−0.012 6	0.099 7	0.267 9	0.197 5
	Σ				3.999 9

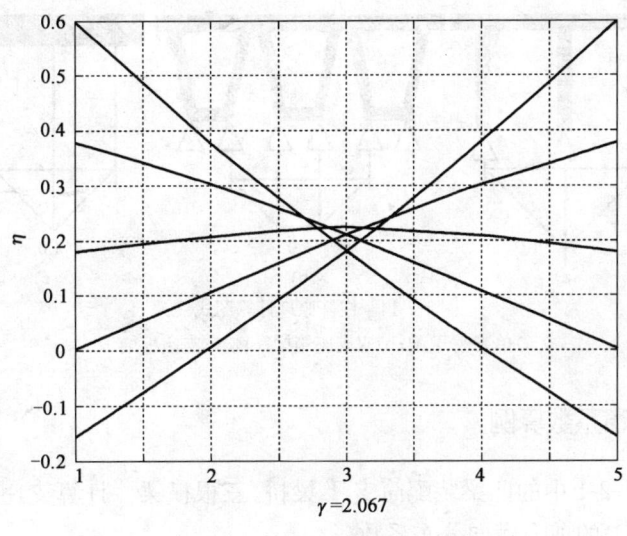

图 1-2-13　横向分布影响线图

第五节　剪力横向分布系数

一、使用范围

在简支梁桥中,支点截面的剪力控制设计。而且支点附近剪力分布受支座影响,不再与跨中分布相似,计算方法如下:

(1) 支座处，剪力横向分布系数按杠杆原理计算，见本节"二、杠杆原理"。

(2) 从靠近支座的第一道横隔梁起至另一端支座止仍然使用跨中横向分布系数计算。

(3) 剪力横向分布系数修正范围是从支座起至第一道横隔梁之间，该区间剪力横向分布系数按线性变化。

(4) 如果只有端横梁，而没有跨内横梁或只有中横梁，修正范围可从支座起结束于1/4计算跨径处，剩余3/4长度仍然使用弯矩横向分布系数。

因此，在用车辆荷载计算剪力横向分布系数时，沿桥梁纵轴线不同位置的车轴，横向分布系数可能不同，这与前面三节计算车辆荷载的弯矩横向分布系数不同。

二、杠杆原理

在支座上，荷载横向分配假定服从杠杆原理，忽略梁条之间的联系。约定：①荷载作用在梁腹板轴线上，荷载完全分配给该梁条；荷载作用在两个梁条腹板轴线之间，按线性分配荷载；②对双支座梁，支座轴线之间的荷载完全分配给该梁条；两个梁条相邻支座轴线之间的荷载，按线性分配；③整体板桥划分成梁条，如果是整体支座，作用在中线上的荷载完全分配给该梁条；在各板条中线之间的荷载按线性分配。见图1-2-14。

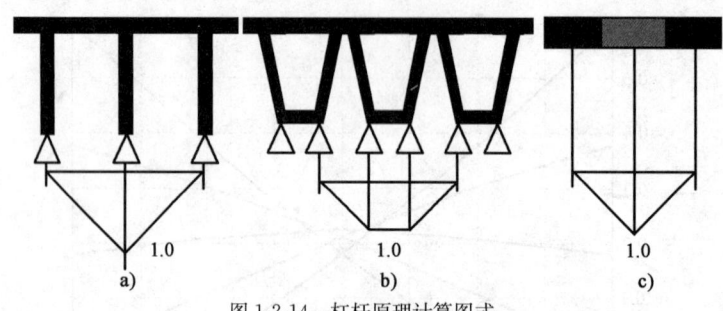

图1-2-14 杠杆原理计算图式
a) 单支座T梁；b) 双支座箱梁；c) 整体支座板梁

三、剪力横向分布系数算例

[**例1-2-5**] 例1-2-1中的四梁装配简支T梁桥，三根横梁。计算支座处汽车荷载（$2P+2q$）和人群荷载（$Q+Q$）的剪力横向分布系数。

支座处剪力横向分布影响线见图1-2-15所示，支座处剪力横向分布系数见表1-2-22所示。

支座处剪力横向分布系数 表1-2-22

车轮号 人群重心	左人群 重心处	轮①	轮②	轮③	轮④	右人群 重心处	Σ轮	Σ轮×P/2	Σ人×Q
左边梁	1.50	1.00	0.10				1.10	0.550P	1.5Q
左次边梁	−0.5		0.90	0.45			1.35	0.675P	−0.5Q
右次边梁				0.55	0.50	−0.50	1.05	0.525P	−0.5Q

续上表

车轮号 人群重心	左人群 重心处	轮①	轮②	轮③	轮④	右人群 重心处	Σ轮	Σ轮×P/2	Σ人×Q
右边梁				0.50	1.50	0.50	0.250P	1.5Q
合计	1.00	1.00	1.00	1.00	1.00	1.00	4.0	2P	2Q

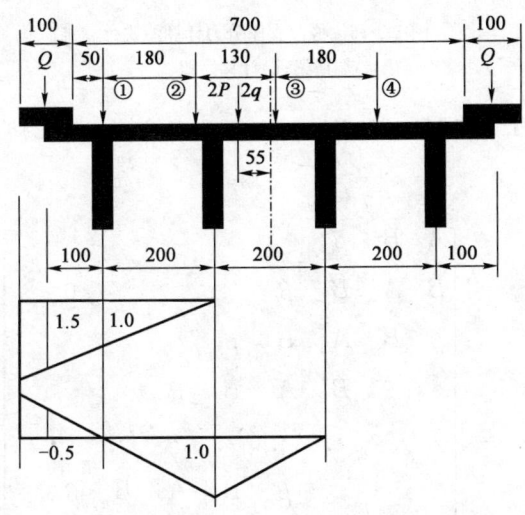

图 1-2-15 边梁、次边梁支座处剪力横向分布影响线图(尺寸单位:cm)

跨中横向分配系数见例 1-2-1 计算结果。沿梁轴线方向的横向分布系数见第三章第二节图 1-3-2。

第六节 支座反力横向分布系数

一、使用范围

在简支梁桥中,如果端横梁刚度很小或者是刚性支座,其支座反力分布可以按杠杆原理计算。在设有较强大的端横梁,采用橡胶支座的情况下,应考虑橡胶支座的弹性,用弹性支承连续梁的五弯矩方程计算支承反力。虽然以上两种情况的影响线形状相差很大,但是用车辆荷载加载得到的横向分布系数往往很接近,一般情况下杠杆原理计算结果约大 10% 左右。与总量相比较,如果可以忽略,就用比较简单的杠杆法计算。如果不可忽略,就需要用比较繁杂的弹性支承连续梁法计算。

二、弹性支承连续梁法

假定端横梁与 $n+2$ 个橡胶支座组成刚性地基上的弹性支承连续梁(图 1-2-16),用五弯矩方程计算梁的赘余弯矩,$i=1,2,3,\cdots,n+2$ 个线性方程列式如下。

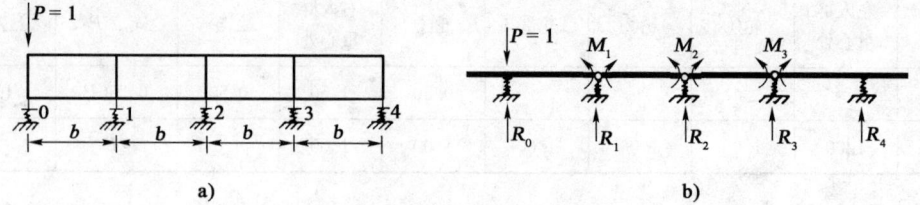

图 1-2-16 橡胶支座分力计算图式
a)端横梁;b)计算简图

$$\boldsymbol{H}_{n\times n}\times\boldsymbol{M}_{n\times 1,i}=\boldsymbol{R}_{n\times 1,i}\quad(i=1,2,3,\cdots,n+2) \tag{1-2-21}$$

式中,五对角矩阵:

$$\boldsymbol{H}_{n\times n}=\begin{bmatrix} A & B & \beta & & & & & & \\ B & A & B & \beta & & & 0 & & \\ \beta & B & A & B & \beta & & & & \\ & \beta & B & A & B & \beta & & & \\ & & \ddots & \ddots & \ddots & \ddots & \ddots & & \\ & & & \beta & B & A & B & \beta & \\ & & & & \beta & B & A & B & \beta \\ & 0 & & & & \beta & B & A & B \\ & & & & & & \beta & B & A \end{bmatrix}$$

赘余力列阵:

$$\boldsymbol{M}_{n\times 1,i}=\begin{bmatrix} M_{1,i} & M_{2,i} & M_{3,i} & \cdots & M_{(n-1),i} & M_{n,i}\end{bmatrix}^{\mathrm{T}}$$

$n+2$ 个方程的右端项写成矩阵形式:

$$\boldsymbol{R}_{n\times(n+2)}=-\beta\cdot b\cdot\boldsymbol{K}_{n\times(n+2)}\times\boldsymbol{I}_{(n+2)\times(n+2)}$$

其中,$\boldsymbol{I}_{(n+2)\times(n+2)}$ 是单位矩阵,基本结构支座反力矩阵:

$$\boldsymbol{K}_{n\times(n+2)}=\begin{bmatrix} 1 & -2 & 1 & & & & \\ & 1 & -2 & 1 & & 0 & \\ & & \ddots & \ddots & \ddots & & \\ & 0 & & 1 & -2 & 1 & \\ & & & & 1 & -2 & 1 \end{bmatrix}$$

以上各式中,$n+2$ 为支座个数或主梁根数;n 为赘余弯矩个数;$A=4+6\beta$;$B=1-4\beta$;$\beta=\dfrac{6EI\alpha}{b^3}$。

以上式中:β——支座与横梁柔度比,如果 $\beta=0$,就是杠杆法;

α——橡胶支座柔度系数,$\alpha = \frac{\sum t}{E_0 F_0}$;

EI——端横梁抗弯刚度;

b——等间距主梁的间距;

$\sum t$——每个橡胶支座的胶层总厚度;

E_0、F_0——分别为橡胶支座的弹性模量和每个橡胶支座的平面面积。

解 n 个线性方程组,得到 $i = 1, 2, 3, \cdots, n+2$ 列赘余弯矩,写成矩阵形式:

$$\boldsymbol{M}_{n \times (n+2)} = \boldsymbol{H}_{n \times n}^{-1} \cdot \boldsymbol{R}_{n \times (n+2)} \tag{1-2-22}$$

$n+2$ 条支座反力影响线列阵,写成矩阵形式:

$$\boldsymbol{Ro}_{(n+2) \times (n+2)} = \frac{1}{b} (\boldsymbol{K}_{n \times (n+2)})^T \times \boldsymbol{M}_{n \times (n+2)} + \boldsymbol{I}_{(n+2) \times (n+2)} \tag{1-2-23}$$

式中:$\boldsymbol{I}_{(n+2) \times (n+2)}$——单位矩阵。

三、橡胶支座反力算例

[例 1-2-6] 计算五梁式简支 T 梁桥支座反力横向分布影响线,梁端结构见图 1-2-17。

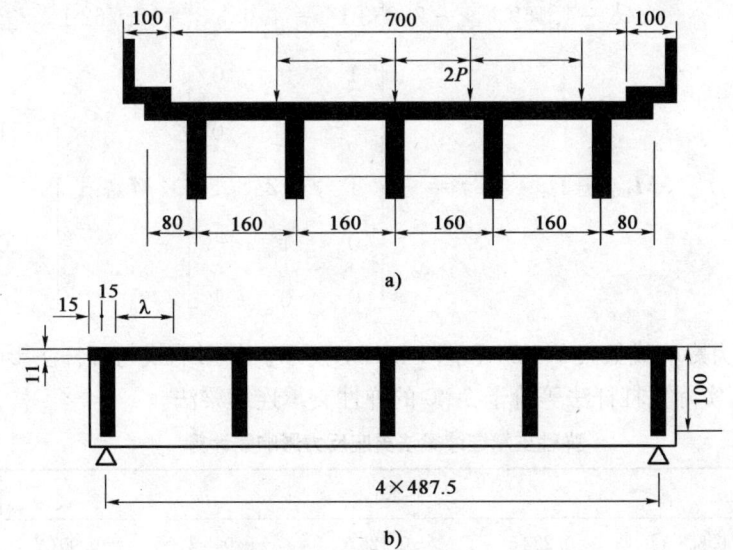

图 1-2-17 计算简图(尺寸单位:cm)
a)横截面;b)纵截面

五支座等距连续梁 $n+2=5$;支座间距 $b=160$ cm;橡胶支座中单层厚度 $t=0.5$ cm,总厚度 $\sum t = 2$ cm;面积 $F_0 = 18$ cm $\times 18$ cm;按《桥规》第 8.4.1 条计算橡胶支座抗压弹性模量 $E_0 = 437.4$ MPa。支座柔度系数:

$$\alpha = \frac{\sum t}{E_0 F_0} = 0.1411 \times 10^{-3} \text{cm/kN}$$

端横梁翼板有效宽度 λ 按《桥规》第 4.2.2 条第 2 款,对超静定结构进行作用(或荷载)效应分析时，T形截面梁的翼缘宽度可取实际全宽，即 $\lambda=(488-15)/2=236.5(\mathrm{cm})$。考虑到两侧翼板严重不对称性，结合《桥规》第 4.2.2 条第 1 款，对超静定梁，各中间跨区段，取该计算跨径的 0.2 倍的规定。取二者的平均值，$\lambda=236.5+0.2\times160=134(\mathrm{cm})$。计算得到横梁抗弯惯矩 $I=2\,817\,480\mathrm{cm}^4$，$h_0=26.76\mathrm{cm}$。

弹性模量 $E=2.8\times10^4\mathrm{MPa}$，计算得到 $\beta=1.639\,9$，$A=13.839\,1$，$B=-5.559\,4$。

$$\boldsymbol{H}_{3\times3}=\begin{bmatrix}A & B & \beta \\ B & A & B \\ \beta & B & A\end{bmatrix}=\begin{bmatrix}13.839\,1 & -5.559\,4 & 1.639\,9 \\ -5.559\,4 & 13.839\,1 & -5.559\,4 \\ 1.639\,9 & -5.559\,4 & 13.839\,1\end{bmatrix}$$

$$\boldsymbol{R}_{3\times5}=-\beta\cdot b\cdot \boldsymbol{K}_{3\times5}=-\beta\cdot b\cdot\begin{bmatrix}1 & -2 & 1 & 0 & 0 \\ 0 & 1 & -2 & 1 & 0 \\ 0 & 0 & 1 & -2 & 1\end{bmatrix}$$

$$\boldsymbol{M}_{3\times5}=\boldsymbol{H}_{3\times3}^{-1}\cdot \boldsymbol{R}_{3\times5}=\begin{bmatrix}-22.666\,6 & 35.762\,1 & -4.683\,3 & -7.253\,1 & -1.159\,1 \\ -9.571\,2 & -7.506\,5 & 34.155\,4 & -7.506\,5 & -9.571\,2 \\ -1.159\,1 & -7.253\,1 & -4.683\,3 & 35.762\,1 & -22.666\,6\end{bmatrix}$$

$$\boldsymbol{Ro}_{5\times5}=\frac{1}{b}(\boldsymbol{K}_{3\times5})^\mathrm{T}\times\boldsymbol{M}_{3\times5}+\boldsymbol{I}_{(n+2)\times(n+2)}=\frac{1}{b}\begin{bmatrix}1 & 0 & 0 \\ -2 & 1 & 0 \\ 1 & -2 & 1 \\ 0 & 1 & -2 \\ 0 & 0 & 1\end{bmatrix}\times\boldsymbol{M}_{3\times5}+\begin{bmatrix}1 & & & & \\ & 1 & 0 & & \\ & & 1 & & \\ & & 0 & 1 & \\ & & & & 1\end{bmatrix}$$

解得支座反力影响线如表 1-2-23 和图 1-2-18a)所示。其影响线与杠杆法影响线形状图 1-2-18b)相差很大，实际上杠杆法等价于 $\beta=0$ 的弹性支承连续梁法。

弹性支承连续梁法支座反力影响线计算　　　　　　　表 1-2-23

梁　号			Ro			Σ
1	0.858 3	0.223 5	-0.029 3	-0.045 3	-0.007 2	1.0
2	0.223 5	0.506 1	0.272 0	0.043 7	-0.045 3	1.0
3	-0.029 3	0.272 0	0.514 5	0.272 0	-0.029 3	1.0
4	-0.045 3	0.043 7	0.272 0	0.506 1	0.223 5	1.0
5	-0.007 2	-0.045 3	-0.029 3	0.223 5	0.858 3	1.0

计算图 1-2-18 中间支座反力最大时的汽车车辆荷载反力分配系数，如表 1-2-24 所示。弹性支承连续梁法与杠杆法二者坐标相差 12.4% 左右。双柱式墩身杠杆法计算的盖梁弯矩稍大。

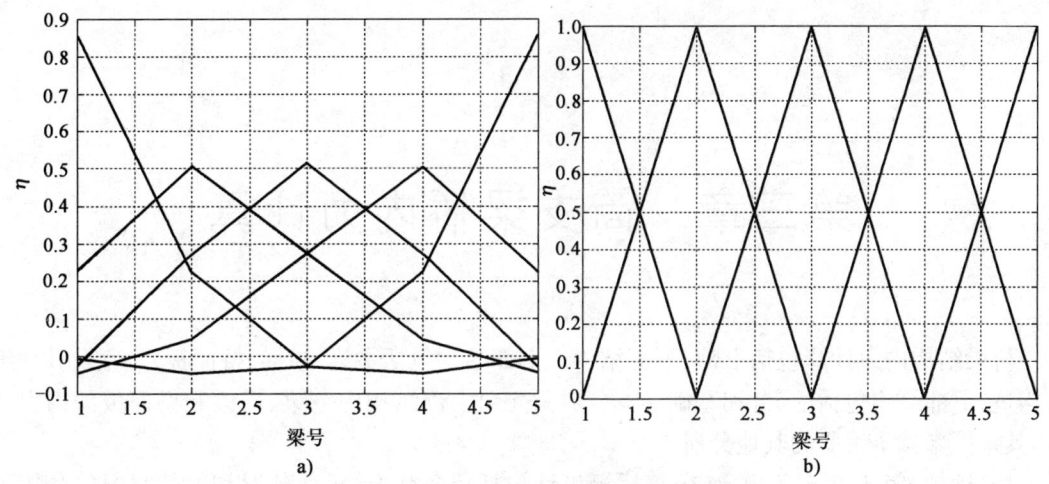

图 1-2-18 弹性支承连续梁法支座反力影响线图
a)$\beta=1.6399$;b)$\beta=0$(杠杆法)

弹性支承连续梁法支座反力分配系数表 表 1-2-24

梁号\轮号	$\beta=1.6399$					$\beta=0$(杠杆法)		
	1	2	3	4	Σ			Σ
1	0.3029	−0.0293	−0.0423	−0.0096	0.2217	0.1250		0.1250
2	0.4707	0.2720	0.0865	−0.0398	0.7895	0.8750		0.8750
3	0.2344	0.5145	0.3175	−0.0104	1.0559	1.0000	0.1875	1.1875
4	0.0326	0.2720	0.4622	0.2412	1.0080	0.8125	0.0625	0.8750
5	−0.0406	−0.0293	0.1761	0.8187	0.9249	0.9375		0.9375
Σ					4.0	Σ		4.000

第三章 简支梁桥内力计算

桥梁结构内力计算包括上部、下部结构。上部结构包括主梁、横梁、桥面板、支座及其他细部构造;下部结构包括墩、台和基础。本分册只介绍上部结构中主梁、横梁和桥面板的内力计算,其余可参见本手册的其他分册。

按《桥规》第1.0.6条规定,公路桥涵设计包括持久状况、短暂状况和偶然状况的分析计算。本章将逐一介绍这三种状况下简支梁桥主梁、横梁和桥面板的内力计算方法。

第一节 作用与效应组合

一、作用

施加在结构上的集中力或分布力,或引起结构外加变形或约束变形的原因,统称为作用。前者为直接作用,也可称为荷载;后者为间接作用。

1. 作用分类

按《通规》第4.1.1条规定,公路桥涵设计的作用分永久作用、可变作用和偶然作用三类,共21种,归纳如表1-3-1,详见《通规》。

作用分类   表1-3-1

编号	作用分类	作用名称
1~7	永久作用	结构重力,预加力,土的重力,土侧压力,混凝土徐变及收缩作用,水的浮力,基础变位作用
8~18	可变作用	汽车荷载,汽车冲击力,离心力,制动力,汽车引起的土侧压力,人群荷载,风荷载,流水压力,冰压力,温度作用,支座摩阻力
19~21	偶然作用	地震作用,船舶或漂流物撞击作用,汽车撞击作用

2. 作用标准值(表1-3-2)

作用标准值查询表   表1-3-2

分 类	作 用 名 称	《通规》条款
永久作用	结构重力(材料密度)	4.2.1
	预加力	4.2.2
	土重力、侧压力	4.2.3

续上表

分 类	作 用 名 称	《通规》条款
永久作用	水浮力	4.2.4
	混凝土收缩、徐变	4.2.5
可变作用	汽车荷载及其引起的力	4.3.1~4.3.4、4.3.6
	人群荷载	4.3.5
	风荷载	4.3.7
	流水压力	4.3.8
	冰压力	4.3.9
	温度作用	4.3.10
	支座摩阻力	4.3.11
偶然作用	地震作用	4.4.1
	船舶、漂流物撞击作用	4.4.2
	汽车撞击作用	4.4.3、4.4.4

3. 作用代表值

按《通规》第4.1.2条规定,对不同的作用采用不同的代表值,见表1-3-3。

作用的代表值 表1-3-3

作 用	设 计 状 态	设 计 组 合	代 表 值	代表值取用
永久作用			标准值	自重按设计图计算
偶然作用				调查试验和经验确定
可变作用	承载能力极限状态			按《通规》相应条款采用（详见表1-3-4）
	弹性阶段强度			
	正常使用极限状态	短期效应（频遇）	频遇值	标准值×频遇值系数 ψ_1
		长期效应（准永久）	准永久值	标准值×准永久值系数 ψ_2

注：ψ_1 和 ψ_2 见表1-3-4。

效应系数 表1-3-4

效 应 系 数	汽车荷载(不计冲击力)	人群荷载	风荷载	温度梯度作用	其他作用
频遇值系数 ψ_{1j}	0.7	1.0	0.75	0.8	1.0
准永久值系数 ψ_{2j}	0.4	0.4			

4. 作用设计值

按《通规》第4.1.4条规定,作用的设计值等于作用的标准值与作用的分项系数 γ_Q（表1-3-5~表1-3-7）的乘积。

作用的分项系数 γ_{Qi} 表1-3-5

作 用 名 称	作用的分项系数 γ_{Qi}	作 用 名 称	作用的分项系数 γ_{Qi}
永久作用	表1-3-6	可变作用	表1-3-7

永久作用效应的分项系数 γ_{Gi}   表1-3-6

编号	作用类别		效用分项系数	
			对结构的承载能力不利时	对结构的承载能力有利时
1	钢结构重力（包括结构附加重力）	钢桥面	1.1	1.0
		混凝土桥面	1.2	
2	混凝土和圬工结构重力（包括结构附加重力）		1.2	
	预加力			
3	土的重力			
4	土的侧压力		1.4	
5	混凝土的收缩和徐变作用			
6	水的浮力		1.0	
7	基础变位作用	钢结构		
		混凝土和圬工结构	0.5	0.5

可变荷载和作用效应分项系数 γ_{Qi}   表1-3-7

编号	作用类别	效应分项系数
1	汽车荷载（包括冲击力、离心力）	1.4
2	超过并取代汽车荷载的作用	
3	专用结构或装置上的作用	
4	人行道和栏杆上的局部荷载	
5	除风荷载以外的其他作用	
6	弯桥离心力与制动力同时组合时的制动力	0.7×1.4
7	风荷载	1.1

二、设计路径

《通规》第1.0.6规定,公路桥涵的三个设计状况所对应的设计状态如表1-3-8所示,图中虚线表示必要时才进行设计。对应的效应组合按规范《通规》条文号注在相应栏目中。

设计路径   表1-3-8

设计状况	设计路径	设计状态	效应组合（《通规》）
持久状况 持续荷载 （自重、车辆荷载等）	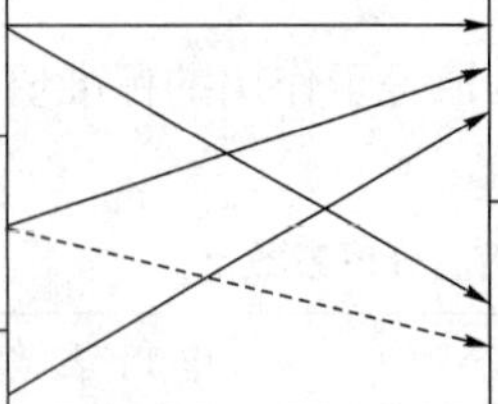	承载能力极限状态	基本组合 4.1.6-1
短暂状况 施工临时荷载（或作用）			偶然组合 4.1.6-2
偶然状况 偶然荷载（如罕见地震等）		正常使用极限状态	短期效应组合 4.1.7-1
			长期效应组合 4.1.7-2

三、效应组合

按极限状态来设计钢筋混凝土或预应力混凝土梁,需要将荷载内力乘以荷载安全系数,按可能的最不利组合得到的内力值,作为截面设计的依据。

1. 承载能力极限状态内力组合

(1)基本组合

永久作用的设计值效应与可变作用设计值效应相组合,其效应组合表达式为:

$$\gamma_0 S_{ud} = \gamma_0 (\sum_{i=1}^{m} S_{Gid} + S_{Q1d} + \psi_c \sum_{j=2}^{n} S_{Qjd}) \quad (1\text{-}3\text{-}1)$$

$$S_{Gid} = \gamma_{Gi} S_{Gik} \quad (i=1,2,3,\cdots,m)$$

$$S_{Qjd} = \gamma_{Qj} S_{Qjk} \quad (j=2,3,4,\cdots,n)$$

式中: n——可变荷载或作用的个数;

m——永久荷载的个数;

S_{ud}——承载能力极限状态下基本组合的效应组合设计值;

γ_0——结构重要性系数,按《通规》第1.0.9条结构设计安全等级的一、二、三级分别取用1.1、1.0、0.9;

S_{Gid}、S_{Qjd}——分别是第 i 个永久作用效应、第 j 个可变作用效应的设计值,约定 $j=1$ 为汽车荷载(及其冲击力、离心力);

S_{Gik}、S_{Qjk}——与以上设计值对应的标准值;

γ_{Gi}、γ_{Qj}——与以上设计值对应的分项系数;按《通规》规定 γ_{Gi} 见表1-3-6,γ_{Qj} 见表1-3-7;

ψ_c——$n>1$ 时可变荷载作用效应的组合系数,见表1-3-9。

可变荷载作用效应的组合系数 ψ_c 表1-3-9

除汽车荷载(包括冲击力、离心力)之外的可变荷载个数($n-1$)	1	2	3	≥4
除汽车荷载(包括冲击力、离心力)之外的可变荷载作用效应的组合系数	0.8	0.7	0.6	0.5

当弯桥制动力与离心力同时参与组合时,制动力标准值按70%取用。

(2)偶然组合

《通规》第4.4.2条和第4.4.3条船舶和漂流物、汽车的撞击作用仅适用于桥梁墩台,第4.4.4条适用于高速公路上的防撞护栏,按《公路交通安全设施设计规范》(JTG D81—2006)及《公路交通安全设施施工技术规范》(JTG F71—2006)执行。

对于简支梁桥主梁,偶然作用指地震作用。地震作用标准值及其表达式按《公路工程抗震设计规范》(JTJ 004—89)规定采用。

2. 正常使用极限状态内力组合

按《通规》第4.1.7条规定,正常使用极限状态设计,按设计要求采用以下两种效应组合。

(1)作用短期效应组合

永久作用标准值效应与可变作用频遇值效应组合,效应组合表达式为:

$$S_{sd} = \sum_{i=1}^{m} S_{Gik} + \sum_{j=1}^{n} \psi_{1j} S_{Qjk} \quad (1\text{-}3\text{-}2)$$

式中:S_{sd}——作用短期效应组合设计值;

ψ_{1j}——第 j 个可变作用效应的频遇值系数,见表 1-3-4;

$\psi_{1j}S_{Qjk}$——第 j 个可变作用效应的频遇值;

其他符号意义同式(1-3-1)。

(2)作用长期效应组合

永久作用标准值效应与可变作用准永久值效应组合,其效应组合表达式为:

$$S_{ld}=\sum_{i=1}^{m}S_{Gik}+\sum_{j=1}^{n}\psi_{2j}S_{Qjk} \qquad (1-3-3)$$

式中:S_{ld}——作用长期效应组合设计值;

ψ_{2j}——第 j 个可变作用效应的准永久值系数,见表 1-3-4;

$\psi_{2j}S_{Qjk}$——第 j 个可变作用效应的永久值;

其他符号意义与式(1-3-1)相同。

3. 专项验(计)算系数

按《通规》第 4.1.8～4.1.10 条规定,在表 1-3-10 所示三种专项验(计)算中各系数可按表列数值取用。

专项验(计)算系数　　　　　表 1-3-10

验算和计算内容	分项系数	组合系数	摩擦系数	结构重力动力系数	备 注
构件弹性阶段截面应力计算	1.0	1.0			无特别规定时
结构倾覆、滑动稳定验算	按相关桥涵规范		按相关桥涵规范		支座摩擦系数按第 4.3.11 条
构件吊装、运输验算				1.2 或 0.85	可适当增减

4. 效应组合条件

按《通规》第 4.1.5 条规定:①公路桥涵设计应考虑结构上可能同时出现的作用,按承载能力极限状态和正常使用极限状态进行效应组合,取其最不利效应组合设计;②不可同时组合的作用见表 1-3-11;③施工阶段作用效应组合,应按结构所处条件确定;④多个偶然作用不同时参与组合。

可变和偶然作用不同时组合表　　　　　表 1-3-11

作用和编号		作 用 名 称	不与组合的作用编号
可变	13	汽车制动力	15,16,18
	15	流水压力	13,16
	16	冰压力	13,15
	18	支座摩阻力	13
偶然	19	地震作用	20,21
	20	船舶或漂流物撞击作用	19,21
	21	汽车撞击作用	19,20

第二节 主梁结构内力计算

对于简支梁桥的主梁只要知道荷载分布,很容易用结构力学方法计算主梁内力。需要计算的内力有弯矩、剪力的分布。

跨径较小的简支梁,只要计算跨中弯矩、剪力和支点剪力。弯矩按二次抛物线分布;跨中剪力和支点剪力之间按线性分布。弯矩按下式计算:

$$M_{dx} = \frac{4M_{dmax}}{l^2}x(l-x)$$

式中:M_{dx}——主梁上距支点距离 x 处的弯矩组合设计值;
M_{dmax}——主梁跨中最大的弯矩组合设计值;
l——主梁的计算跨径。

对于跨径较大的简支梁,一般还要计算 1/4 计算跨径处的弯矩和剪力。对于变截面梁,还应计算截面变化处的弯矩和剪力。

一、永久作用内力计算

简支梁桥主梁的永久作用内力包括:主梁结构重力产生的内力 S_{G1}、后期结构重力(如现浇梁间连接构件、现浇桥面铺装、护栏或栏杆、人行道、灯柱等)引起的后期内力 S_{G2}。

主梁重力可按设计结构尺寸和重力密度计算荷载集度;桥面铺装按实际厚度分布在主梁上;横梁可当作集中荷载分摊给主梁;两侧的护栏、人行道系可以均匀分摊到各主梁上,也可以按横向分布规律分配给主梁。

分阶段施工的简支梁桥,如果主梁截面是逐渐增加的,需要分阶段计算内力。

预应力混凝土简支梁桥,需要对预应力施加阶段计算内力的变化。

[**例 1-3-1**] 计算例 1-2-1 的主梁结构重力产生的内力。

(1)一根 T 梁,均布荷载和集中荷载

主梁:截面积 $A=5\,325\text{cm}^2$,重力密度 $\gamma=25\text{kN/m}^3$,$g_1=A\times\gamma=13.31\text{kN/m}$。

桥面铺装:80mm 厚沥青混凝土,截面积 $1\,600\text{cm}^2$,重力密度 23kN/m^3,$g_2=3.68\text{kN/m}$;
10mm 厚防水层,截面积 200cm^2,重力密度 20kN/m^3,$g_3=0.40\text{kN/m}$。

人行道系:$g_4=6.00\text{kN/m}$。

$g=\sum g_i=23.39\text{kN/m}$。

横梁:中横梁截面积 $A=1\,575\text{cm}^2$,重力密度 25kN/m^3;中梁分摊 $P=7.88\text{kN}$,边梁分摊 $P=3.94\text{kN}$;端横梁作用在支座上,不产生梁体内力。

(2)主梁弯矩和剪力

$$M_{Gx} = \frac{gx}{2}(l-x) + \frac{x}{2}P$$

$$Q_{Gx} = \frac{g}{2}(l-2x) + \delta\frac{P}{2}$$

$$\delta = \begin{cases} 1, & x<l/2 \\ 0, & x=l/2 \\ -1, & x>l/2 \end{cases}$$

式中：l——主梁计算跨径；

x——距支点的距离。

边主梁结构重力产生的内力见表 1-3-12 所示。

边主梁结构重力产生的内力　　　　表 1-3-12

计算截面位置 x(m)	边　梁		次　边　梁	
	Q_{Gx}(kN)	M_{Gx}(kN·m)	Q_{Gx}(kN)	M_{Gx}(kN·m)
0	184.95	0	186.92	0
$l/4$	92.48	533.95	94.45	541.58
$l/2$	0	716.70	0	731.97

二、可变作用内力计算

简支梁桥主梁上的可变作用内力包括汽车荷载、汽车冲击力、（曲桥的）汽车离心力、人群荷载、温度作用的内力。

[例 1-3-2] 计算例 1-2-1 主梁上可变作用产生的内力。

1. 汽车荷载内力

(1) 横向分布系数

跨中按偏心受压法，由例 1-2-1 中计算得到；支座处按杠杆原理，由例 1-2-5 中计算得到；见表 1-3-13。

横向分布系数　　　　表 1-3-13

梁　位	η_{1P}^{M}	η_{1f}^{M}	η_{1P}^{Q}	η_{1f}^{Q}
边梁	0.6528	0.8058	0.5509	1.5
次边梁	0.5509	0.4353	0.6750	−0.5

(2) 汽车车道荷载和人群荷载产生的弯矩

该桥梁位于二级公路上，按《公路工程技术标准》(JTG B01—2003) 第 6 条或《通规》第 4.3.1 条规定，折减系数 0.75，计算弯矩效应时按下式取值：

$$P = 0.75 \times [180 + (15.5-5) \times (360-180)/(50-5)] = 166.5(\text{kN})$$
$$q = 0.75 \times 10.5 = 7.875(\text{kN/m}) = 0.07875(\text{kN/cm})$$
$$f = 3.0 \times 1.0 = 3.0(\text{kN/m}) = 0.03(\text{kN/cm})$$

汽车车道荷载和人群荷载产生的弯矩：

$$M_{Px} = \eta_{1P}^{M}\left[\frac{qx}{2}(l-x) + \frac{x(l-x)}{l}P\right]; \quad M_{fx} = \eta_{1f}^{M}\frac{fx}{2}(l-x)$$

主梁汽车和人群荷载的内力见表 1-3-14。

主梁汽车和人群荷载的内力　　　　　　　　表1-3-14

梁位	计算截面位置 x(m)	Q_{Px} (kN)	Q_{fx} (kN)	Q_x (kN)	M_{Px} (kN·m)	M_{fx} (kN·m)	M_x (kN·m)
边梁	0	258.19	22.43	280.62	0	0	0
	$l/4$	240.50	10.54	251.04	431.41	57.45	488.90
	$l/2$	150.37	4.68	155.05	575.21	72.60	647.81
次边梁	0	305.09	6.29	311.38	0	0	0
	$l/4$	202.97	6.54	209.51	364.13	29.41	397.92
	$l/2$	126.90	2.91	129.81	485.51	39.92	530.56

(3)汽车车道荷载和人群荷载的剪力

该桥梁位于二级公路上,按《公路工程技术标准》(JTG B01—2003)第6条或《通规》第4.3条规定,计算剪力效应时按下式取值:

$$P = 1.2 \times 0.75 \times [180 + (15.5 - 5) \times (360 - 180)/(50 - 5)] = 199.8(\text{kN})$$

$$q = 0.75 \times 10.5 = 7.875(\text{kN/m}) = 0.078\,75(\text{kN/cm})$$

$$f = 3.0 \times 1.0 = 3.0(\text{kN/m}) = 0.03(\text{kN/cm})$$

①支座处

支座处汽车车道荷载和人群荷载剪力计算见表1-3-15(1)所示,边梁、次边梁支座处剪力计算图见图1-3-1。

支座处汽车车道荷载和人群荷载剪力计算表　　　　　　　表1-3-15(1)

集中荷载 (P)		车辆分布荷载 q 人群分布荷载 f						
支座处横向分布系数坐标值		$L/4$(修正段)				$3L/4$(正常段)		
	面积 S_1 (cm²)	S_1 重心 x_1(cm)	y_1 (cm)	$S_1 \times y_1$ (cm³)	面积 S_2 (cm²)	S_2 重心 x_2(cm)	y_2 (cm)	$S_2 \times y_2$ (cm³)
左边梁(车辆荷载)								
0.5500	339.06	184.52	0.5990	203.10	435.94	775.0	0.6529	284.62
剪力(kN):$0.55 \times P + (203.10 + 284.62) \times q = 148.29$								
左次边梁(车辆荷载)								
0.6750	339.06	184.52	0.6160	208.86	435.94	775.0	0.5510	240.20
剪力(kN):$0.675 \times P + (208.86 + 240.20) \times q = 170.21$								
左边梁(人群荷载)								
—	339.06	184.52	1.1694	396.50	435.94	775.0	0.8058	351.28
剪力(kN):$(396.50 + 351.28) \times f = 22.43$								
左次边梁(人群荷载)								
—	339.06	184.52	−0.024	−8.137	435.94	775.0	0.5000	217.97
剪力(kN):$(-8.137 + 217.97) \times f = 6.29$								

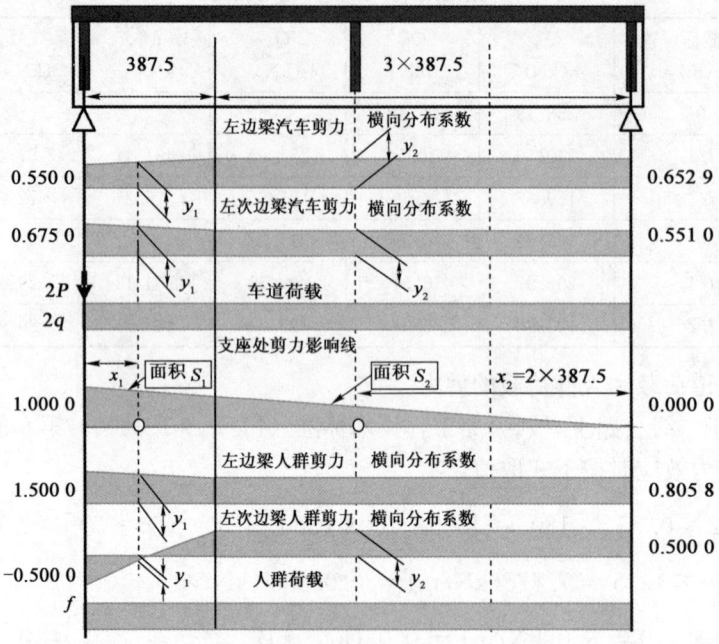

图 1-3-1　边梁、次边梁支座处剪力计算图(尺寸单位:cm)

②$L/4$、跨中处

边梁、次边梁 $L/4$ 处剪力计算见图 1-3-2,因为剪力图在 $L/4$ 两侧反号,需要分别加载取大值,此处应取右边部分,加载结果见表 1-3-15(2)和表 1-3-14。同样可计算跨中剪力,见图 1-3-3 和表 1-3-15(2)。

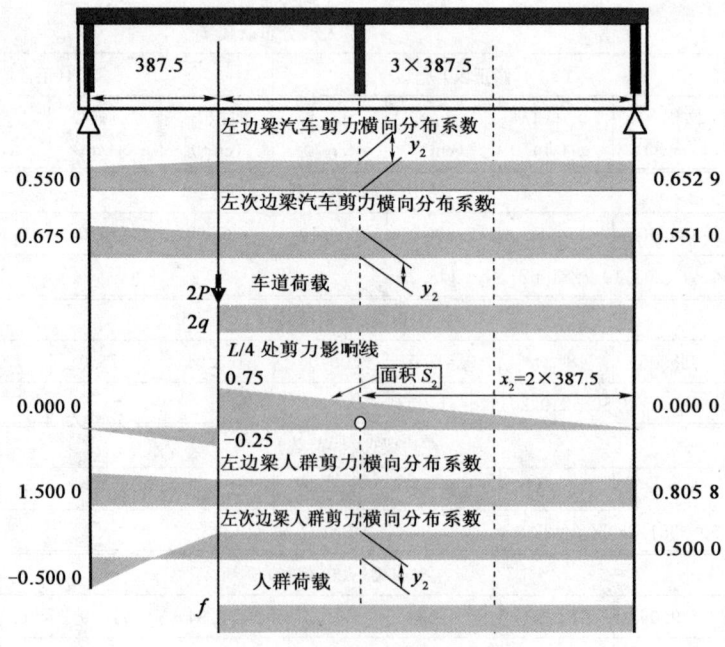

图 1-3-2　边梁、次边梁 $L/4$ 处剪力计算图(尺寸单位:cm)

$L/4$ 和跨中处汽车车道荷载和人群荷载剪力计算表 表 1-3-15(2)

集中荷载 $(2P)$	车辆分布荷载 $2q$ 人群分布荷载 f							
加载处横向分布系数坐标值	$L/4$				跨中			
	面积 S_2 (cm^2)	S_2 重心 $x_2(cm)$	y_2	$S_2 \times y_2$ (cm^3)	面积 S_2 (cm^2)	S_2 重心 $x_2(cm)$	y_2	$S_2 \times y_2$ (cm^3)
左边梁（车辆荷载）								
0.652 9	435.94	775.00	0.652 9	284.63	193.75	516.67	0.652 9	126.50
剪力(kN)：$0.652\,9 \times 0.75 \times P + 284.62 \times q = 120.25$					$0.652\,9 \times 0.5 \times P + 126.5 \times q = 75.19$			
左次边梁（车辆荷载）								
0.551 0	435.94	775.00	0.551 0	240.20	193.75	516.67	0.551 0	106.76
剪力(kN)：$0.551\,0 \times 0.75 \times P + 240.20 \times q = 101.46$					$0.551 \times 0.5 \times P + 106.76 \times q = 63.45$			
左边梁（人群荷载）								
—	435.94	775.00	0.805 8	351.28	193.75	516.67	0.805 8	156.12
剪力(kN)：$351.28 \times f = 10.54$					$156.12 \times f = 4.68$			
左次边梁（人群荷载）								
	435.94	775.00	0.500 0	217.97	193.75	516.67	0.500 0	96.88
剪力(kN)：$217.97 \times f = 6.54$					$96.88 \times f = 2.91$			

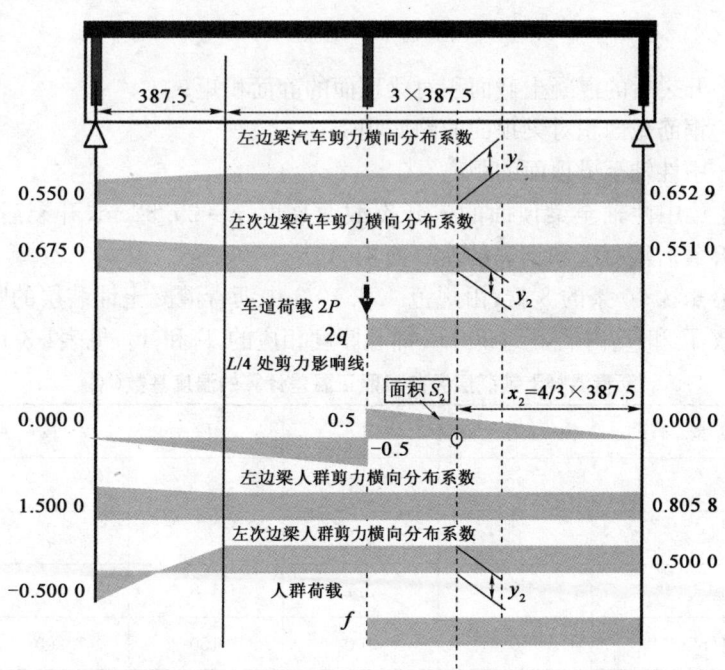

图 1-3-3 边梁、次边梁跨中处剪力计算图（尺寸单位：cm）

2. 汽车冲击力产生的内力

按《通规》第4.3.2条规定,汽车冲击力为标准汽车荷载乘以冲击系数 μ,见第二章第一节式(1-2-1):

$$\mu = \begin{cases} 0.05 & , f < 1.5\text{Hz} \\ 0.176\,7\ln f - 0.015\,7 & , 1.5\text{Hz} \leqslant f \leqslant 14\text{Hz} \\ 0.45 & , f > 14\text{Hz} \end{cases}$$

结构基频 f 估算如下:

$$f = \frac{\pi}{2l^2}\sqrt{\frac{EI_c}{m_c}} = 8.015\text{Hz}$$

$$m_c = G/g = 1\,331.3\,\text{Ns}^2/\text{m}^2$$

式中,$l = 15.5\text{m}$,$E = 3 \times 10^{10}\text{Pa}$,$I_c = I_{cr} = 0.066\,73\text{m}^4$(见本例第3款),$G = 13\,313\text{N/m}$。

因为 f 在 1.5 和 14Hz 之间,用 μ 的第二式计算冲击系数 $\mu = 0.352$,以上弯矩和剪力若要计入冲击力,都要乘以 $1 + \mu = 1.352$。

3. 温差作用产生的内力

主梁在有效高度 $h_0 = 1\,280\text{mm}$ 处配置钢筋,钢筋 $10\phi 32$ 截面积 $A_s = 8\,024\text{mm}^2$,钢筋与混凝土弹性模量比 $E_n = E_s/E_c$,钢筋弹性模量 $E_s = 2 \times 10^5\text{MPa}$,混凝土弹性模量 $E_c = 3 \times 10^4\text{MPa}$。

用静面积矩平衡原理:

$$S_c(x) = S_s(x)$$

式中:$S_c(x)$——开裂后的混凝土截面积对梁顶面的静面积矩;

$S_s(x)$——钢筋截面积对梁顶面的静面积矩;

x——中性轴至梁顶面的距离。

计算得到主梁中性轴至梁顶面的未开裂截面高度 $x = 25.32\text{cm}$,开裂后主梁惯矩 $I_{cr} = 6\,673\,773\text{cm}^4$,开裂后混凝土和钢筋的换算面积 $A_{cr} = 3\,797\text{cm}^2$。

用《通规》第4.3.10条的3款,由规范4.3.10-3中沥青混凝土铺装层的竖向日照正温差计算的温度基数 T_1 和 T_2 内插得到 90mm 铺装厚度相应的 T_1 和 T_2,见表1-3-16。

沥青混凝土铺装层竖向日照正温差计算的温度基数(℃)　　　表1-3-16

结 构 类 型	T_1	T_2	T_3	T_4	T_5
50mm 厚	20	6.7			
100mm 厚	14	5.5			
90mm 厚	15.2	5.7	4.8	3.8	2.8
距梁顶距离(mm)	0	100	150	200	253.2

注:若桥面不参与受力的铺装表层为沥青混凝土、下层为水泥混凝土时,建议偏于安全,T_1 和 T_2 按表层材料和厚度取用,不计下层水泥混凝土的隔热作用。

梁高>400mm，A=300mm。A+悬臂板厚>x 部分的开裂截面不计温差影响。用 T_2 内插得到悬臂板底面 T_3、加腋底面 T_4、中性轴处 T_5，如表1-3-16所示。竖向日照反温差为正温差乘以-0.5。

跨中截面温差计算图见图1-3-4。

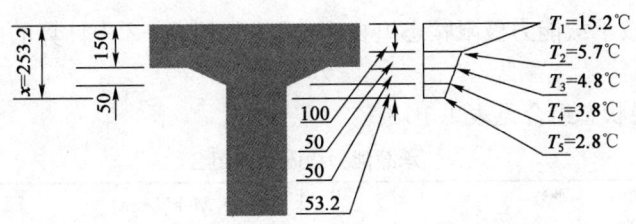

图1-3-4 跨中截面温差计算图（尺寸单位：mm）

按《桥规》附录B，温差内力按下列公式计算：

$$N_t = \sum A_y t_y \alpha_c E_c \tag{1-3-4}$$

$$M_t^0 = -\sum A_y t_y \alpha_c E_c e_y \tag{1-3-5}$$

式中：A_y——截面内计算单元面积；

t_y——A_y 内温差梯度平均值，均以正值代入；

α_c——混凝土线膨胀系数，按《通规》的规定采用，$\alpha_c=0.00001$；

E_c——混凝土弹性模量；$E_c=3\times10^4$ MPa；

e_y——A_y 的重心至换算截面重心的距离，重心轴以上取正值，以下取负值。

计算如表1-3-17所示。

温差内力计算表　　　　　　　　　　表1-3-17

单元序号	A_y (mm²)	t_y (℃)	e_y (mm)	N_t (N)	M_t^0 (N·mm)
1	2 000×100	10.45	253-100/2=203		
2	2 000×50	5.25	153-50/2=128		
3	(480+180)×50/2	4.30	103-21.2=81.8		
4	180×53	3.3	103-53/2=76.5		
∑	正温差($-t_y$)内力 反温差($-t_y$)内力=-0.5×正温差内力			815 230 -407 515	-149 904 625 74 962 313

按《桥规》附录B 温差应力按下式计算：

$$\sigma_t = \frac{-N_t}{A_0} + \frac{M_t^0}{I_0}y + t_y \alpha_c E_c \tag{1-3-6}$$

式中：y——计算应力点至换算截面重心轴的距离，重心轴以上取正值，以下取负值；

e_y——单元面积 A_y 重心至换算面积重心轴的距离，重心轴以上取正值，以下取负值；

A_0、I_0——换算截面面积和惯性矩；

t_y——正温差取正值，负温差取负值。

三、内力组合

1. 承载能力极限状态内力组合

(1)基本组合

[例 1-3-3] 按承载能力极限状态组合例 1-3-1 和例 1-3-2 中计算的内力。结构安全级别为二级,$\gamma_0=1$。

承载能力极限状态组合见表 1-3-18。

承载能力极限状态组合　　　　　表 1-3-18

梁位	荷载	γ_{Gi}	γ_{Qi}	ψ_c	$1+\mu$	$M(kN \cdot m)$			$Q(kN)$		
						0	$l/4$	$l/2$	0	$l/4$	$l/2$
边梁	恒载	1.2				0	533.95	716.70	184.95	92.48	0
	汽车		1.4		1.352	0	431.41	575.21	148.29	120.25	75.19
	人行		1.4	0.8		0	57.45	72.60	22.43	10.54	4.68
	合计					0	1 577.31	2 030.11	527.74	350.39	147.56
次边梁	恒载	1.2				0	541.58	731.97	186.92	94.45	0
	汽车		1.4		1.352	0	364.13	485.51	170.21	101.46	63.45
	人行		1.4	0.8		0	29.41	39.92	6.29	6.54	2.91
	合计					0	1 385.83	1 841.26	553.52	312.71	123.36

注:如果同时计入温差作用,取 $\psi_c=0.7$;温度应力 $\gamma_{Qi}=1.4,\psi_c=0.7$。

(2)偶然组合

对于简支梁桥主梁,偶然作用指地震作用。地震作用标准值及其表达式按《公路工程抗震设计规范》(JTJ 004—89)规定采用。

2. 正常使用极限状态内力组合

[例 1-3-4] 按正常使用极限状态作短期和长期效应组合在例 1-3-1 和例 1-3-2 中计算边梁的内力。如果计入温度应力,其 $\psi_c=0.8$。

按正常使用极限状态作短期和长期效应组合见表 1-3-19。

正常使用极限状态作短期效应组合　　　　　表 1-3-19(1)

梁位	荷载	γ_{Gi}	γ_{Qi}	ψ_c	$1+\mu$	$M(kN \cdot m)$			$Q(kN)$		
						0	$l/4$	$l/2$	0	$l/4$	$l/2$
边梁	恒载					0	533.95	716.70	184.95	92.48	0
	汽车			0.7		0	431.41	575.21	258.19	240.50	150.37
	人行			1.0		0	57.45	72.60	22.43	10.54	4.68
	合计					0	893.39	1 191.95	388.12	271.37	109.94
次边梁	恒载					0	541.58	731.97	186.92	94.45	0
	汽车			0.7		0	364.13	485.51	305.09	202.97	126.90
	人行			1.0		0	29.41	39.92	6.29	6.54	2.91
	合计					0	825.88	1 111.75	406.77	243.07	91.74

正常使用极限状态作长期效应组合 表 1-3-19(2)

梁位	荷载	γ_{Gi}	γ_{Qi}	ψ_c	$1+\mu$	$M(kN \cdot m)$			$Q(kN)$		
						0	$l/4$	$l/2$	0	$l/4$	$l/2$
边梁	恒载					0	533.95	716.70	184.95	92.48	0
	汽车			0.4		0	431.41	575.21	258.19	240.50	150.37
	人行			0.4		0	57.45	72.60	22.43	10.54	4.68
	合计					0	729.49	975.82	297.21	192.90	62.02
次边梁	恒载					0	541.58	731.97	186.92	94.45	0
	汽车			0.4		0	364.13	485.51	305.09	202.97	126.90
	人行			0.4		0	29.41	39.92	6.29	6.54	2.91
	合计					0	690.00	941.74	311.47	178.25	51.92

第三节 横梁结构内力计算

横梁，或称横隔板，是加强各主梁之间横向联系的构件。简支梁桥必须设置端横梁，以保证主梁的稳定性和抗扭转能力；在简支梁桥跨内最好设置一道跨中横梁，若有必要可设置多根跨内横梁。本节介绍三种横梁的内力计算方法：弹性支承连续梁法、刚接梁法和比拟正交异性板法。

一、弹性支承连续梁法

将横梁当作支承在 $n+2$ 根弹性主梁（及弹性支座）上的多跨弹性支承连续梁，计算图示见图 1-3-5。

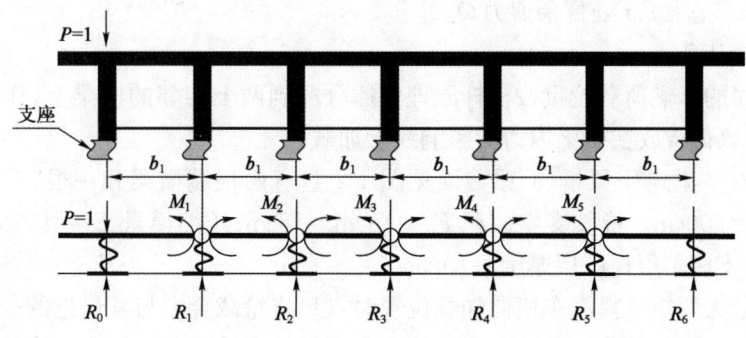

图 1-3-5 弹性支承连续梁计算图示

弹性支承连续梁的计算列式在第二章第六节"二、弹性支承连续梁法"中已给出，但是橡胶支座柔度系数 $\alpha = \dfrac{\sum t}{E_0 F_0}$ 需要计入主梁柔度系数 α_1，即

$$\alpha = \frac{\sum t}{E_0 F_0} + \alpha_1 \tag{1-3-7}$$

$$\alpha_1 = \frac{a^2 b^2}{3E_1 I_1 L_1}$$

式中：$E_1 I_1$、L_1——主梁的抗弯刚度和计算跨径；

a、b——横梁距两端支座的距离。

如果 $\alpha_1 \gg \frac{\sum t}{E_0 F_0}$，或者是刚性支座，可令 $\alpha = \alpha_1$；如果只计算跨中横梁，$\alpha_1 = \frac{L_1^3}{48 E_1 I_1}$。

如果是刚性横梁，可取柔度比 $\beta = \frac{6EI\alpha}{b^3}$ 中的横梁刚度为 $EI \to \infty$ 的一个大数；而 EI 取实际值，称为有限刚度横梁，二者计算结果有一定差别，在例 1-3-5 中作了比较。

1. 弯矩影响线

只要按式(1-2-21)解出赘余弯矩 $M_{n \times (n+2)}$ 就是横梁各主梁位置处弯矩影响线。主梁 i 和主梁 j 之间的弯矩影响线 M_{ij}，按结构力学的叠加原理：

$$M_{ij} = M_{ij}^0 + \frac{b_1 - a}{b_1} M_i + \frac{a}{b_1} M_j$$

式中：M_{ij}^0、b_1——简支梁弯矩影响线和简支梁跨径；

a——计算截面距简支梁 i 端的距离；

M_i、M_j——主梁 i、j 处赘余弯矩 $M_{n \times (n+2)}$。

2. 剪力影响线

主梁 i 和主梁 j 之间的剪力影响线 Q_{ij}，按结构力学的叠加原理：

$$Q_{ij} = Q_{ij}^0 - \frac{b_1 - a}{b_1} Q_i + \frac{a}{b_1} Q_j$$

式中：Q_{ij}^0、b_1——简支梁剪力影响线和简支梁跨径；

a——计算截面距简支梁 i 端的距离；

Q_i、Q_j——主梁 i、j 处赘余剪力 $Q_{n \times (n+2)}$。

3. 横梁荷载计算

在横梁之间的车辆荷载轮重按杠杆原理内插分配到两个相邻的横梁上，作为该横梁的计算荷载，然后将该荷载放在横梁内力的影响线上加载。

[例 1-3-5] 7 梁式 T 梁桥，T 梁截面见图 1-2-4，有两根端横梁和一根、三根中横梁。横梁计算跨径 $b_1 = 200$cm。橡胶支座面积 $F_0 = 18$cm×18cm；压缩模量 $E_0 = 435$MPa；橡胶层总厚度 $\sum t = 2$cm；支座单层橡胶层厚度 $t = 0.5$cm。

计算横梁最大弯矩选择汽车横向加载位置时，(1)将轮重合力与其最近的一个轮载的中点放在计算截面上作为加载位置试算；(2)或将一个重轮放在计算截面上与它比较；(3)弯矩最大的计算截面一般是在两个主梁之间。

计算横梁最大剪力选择汽车横向加载位置时，可将一个重轮放在靠近其中一根主梁的位置，并将该截面作为计算截面。

下面将就最大弯矩的(1)、(3)组合作兼顾最大剪力为示例。计算图 1-3-6 汽车荷载位置的中横梁内力。

第一篇 第三章 简支梁桥内力计算

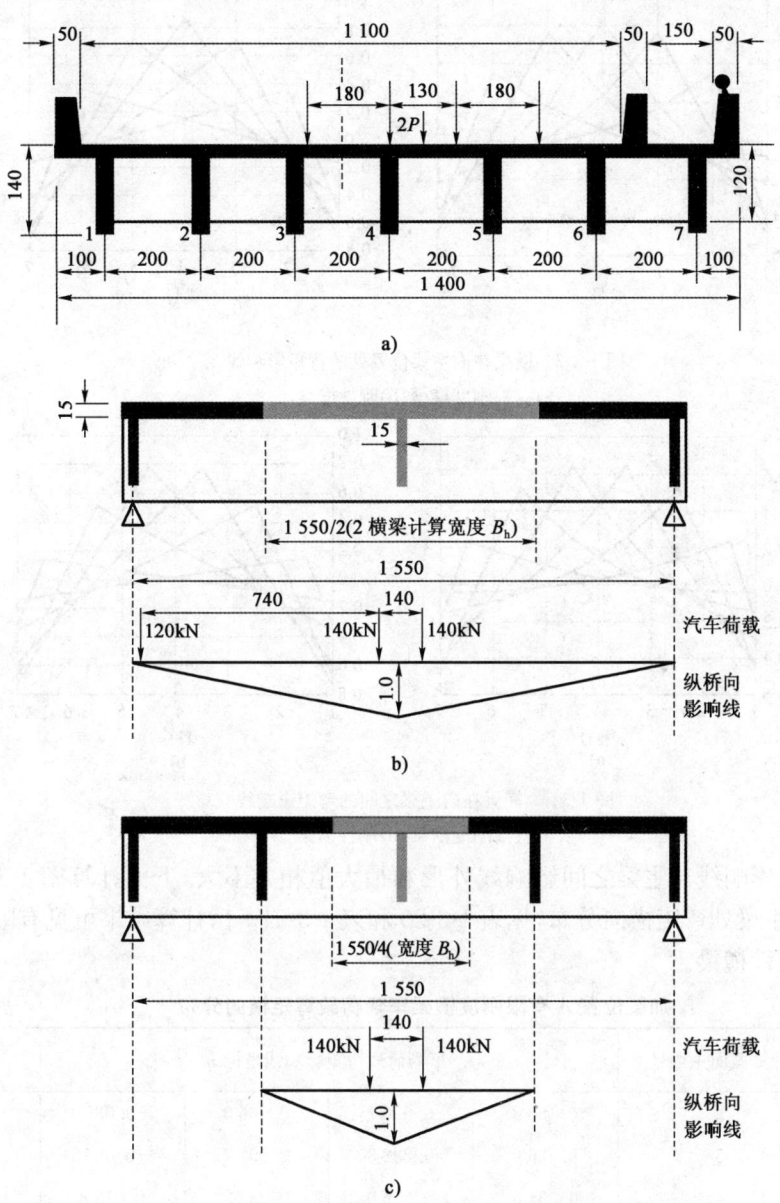

图 1-3-6 计算简图(尺寸单位：cm)
a)跨中横截面；b)三根横梁(一根内横梁)；c)五根横梁(三根内横梁)

第一步，横桥向影响线计算和横桥向加载
1.三根横梁，有橡胶支座
(1)横梁弯矩影响线

横梁跨径(或主梁间距)$b_1=200$cm；车辆荷载为$2P$；计算有限刚度横梁、刚性横梁弯矩影响线，并加载计算最大弯矩，横梁在内主梁之间的弯矩影响线如图 1-3-7 和图 1-3-8 所示。为了使数字简洁，弯矩M以M/b_1形式列出。

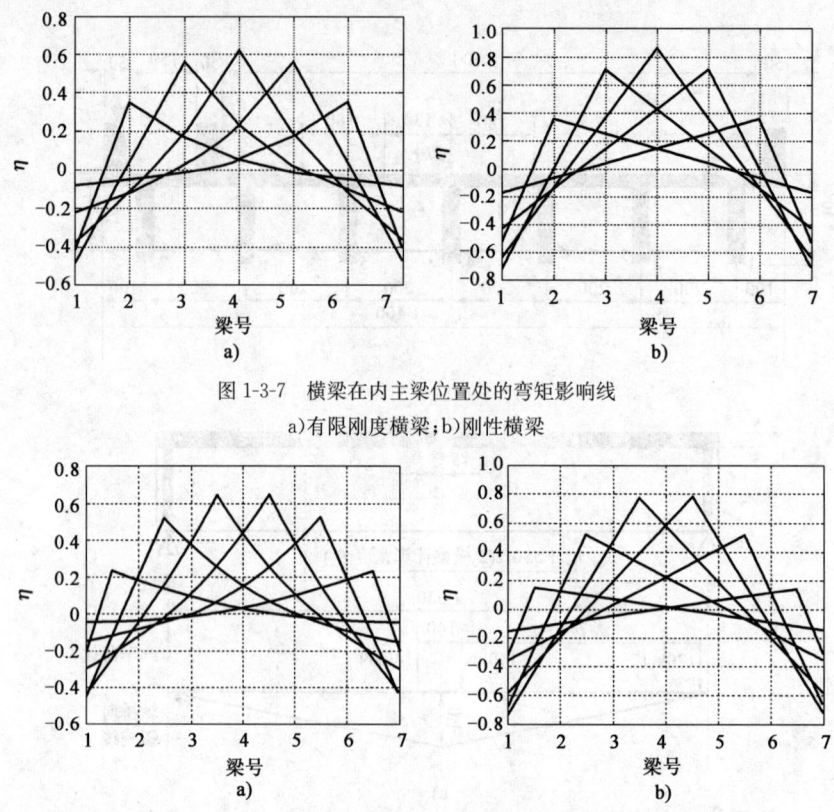

图 1-3-7 横梁在内主梁位置处的弯矩影响线
a)有限刚度横梁；b)刚性横梁

图 1-3-8 横梁在内主梁之间的弯矩影响线
a)有限刚度横梁；b)刚性横梁

主梁处弯矩影响线与主梁之间影响线外形和最大值相差不大，下面计算图 1-3-6 所示荷载位置，横梁在主梁处弯矩横向分布，见表 1-3-20 和表 1-3-21。由计算结果可见有限刚度横梁弯矩大大小于刚性横梁。

加载位置 A 有限刚度横梁车辆荷载弯矩横向分布　　　表 1-3-20

位置	计算截面主梁号	车辆荷载弯矩影响线坐标 η				$\frac{1}{2}\Sigma\eta$
主梁轴线	2	0.158 2	0.050 7	0.006 0	−0.039 1	0.087 9
	3	0.526 9	0.232 3	0.094 2	−0.055 1	0.399 2
	4	0.231 8	0.615 0	0.338 2	0.018 8	0.601 9
	5	0.041 1	0.232 3	0.445 1	0.255 2	0.486 8
	6	−0.011 2	0.050 7	0.128 4	0.270 2	0.219 0
主梁之间	1-2	0.079 1	0.025 4	0.003 0	−0.019 5	0.044 0
	2-3	0.342 6	0.141 5	0.050 1	−0.047 1	0.243 5
	3-4	0.434 3	0.423 7	0.216 2	−0.018 2	0.528 0
	4-5	0.136 4	0.423 7	0.583 9	0.137 0	0.640 5
	5-6	0.014 9	0.141 5	0.286 7	0.571 3	0.507 3
	6-7	−0.005 6	0.025 4	0.064 2	0.135 1	0.109 5

加载位置 A 刚性横梁车辆荷载弯矩横向分布　　　　　　　　　　表1-3-21

位　置	计算截面主梁号	车辆荷载弯矩影响线坐标 η				$\frac{1}{2}\Sigma\eta$
主梁轴线	2	0.2393	0.1429	0.0732	−0.0232	0.2161
	3	0.6857	0.4286	0.2429	−0.0143	0.6714
	4	0.4071	0.8571	0.5321	0.0821	<u>0.9393</u>
	5	0.1714	0.4286	0.6143	0.3214	0.7679
	6	0.0464	0.1429	0.2125	0.3089	0.3554
主梁之间	1-2	0.1196	0.0714	0.0366	−0.0116	0.1080
	2-3	0.4625	0.2857	0.1580	−0.0188	0.4437
	3-4	0.6071	0.6429	0.3875	0.0339	0.8357
	4-5	0.2893	0.6429	0.7857	0.2018	<u>0.9598</u>
	5-6	0.1089	0.2857	0.4134	0.6768	0.7424
	6-7	0.0232	0.0714	0.1062	0.1545	0.1777

(2) 横梁剪力影响线

计算横梁在主梁右侧的剪力影响线(图1-3-9),横梁车辆荷载剪力横向分布见表1-3-22。

加载位置 A 刚性横梁车辆荷载弯矩横向分布　　　　　　　　　　表1-3-22

横　梁	计算截面主梁号	车辆荷载弯矩影响线坐标 η				$\frac{1}{2}\Sigma\eta$
有限刚度	1	0.1582	0.0507	0.0060	−0.0391	0.0879
	2	0.3687	0.1816	0.0882	−0.0161	0.3112
	3	0.6049	0.3827	0.2440	0.0739	<u>0.6527</u>
	4	−0.0907	0.6173	0.4569	0.2364	0.6099
	5	−0.0523	−0.1816	0.3333	0.4650	0.2822
	6	0.0112	−0.0507	−0.1284	0.2798	0.0560
刚性	1	0.2393	0.1429	0.0732	−0.0232	0.2161
	2	0.4464	0.2857	0.1696	0.0089	0.4554
	3	0.6214	0.4286	0.2893	0.0964	<u>0.7179</u>
	4	−0.1357	0.5714	0.4321	0.2394	0.5536
	5	−0.1250	−0.2857	0.2482	0.4375	0.1375
	6	−0.0464	−0.1429	−0.2125	0.2411	0.0804

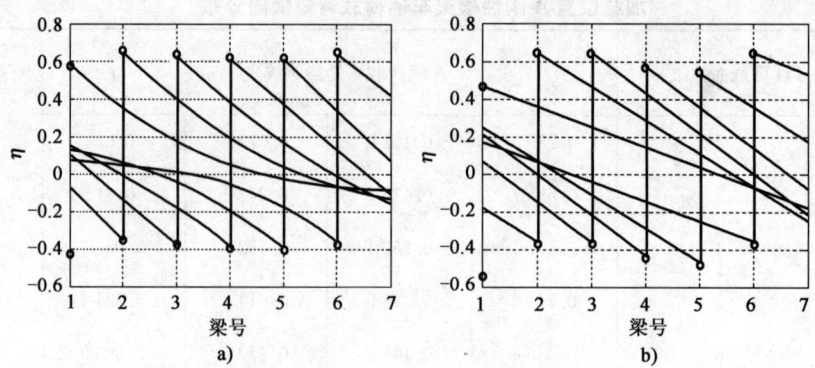

图 1-3-9　横梁在内主梁右侧的剪力影响线
a)有限刚度横梁；b)刚性横梁

2.五根横梁,有橡胶支座

五根横梁,按横梁计算宽度按图1-3-6c)所示,横向分布系数的计算结果表明,有限刚度横梁比三根横梁略小,刚性横梁与三根横梁结果相同,计算结果不再列出。

第二步,纵桥向影响线计算和纵桥向加载

1.纵桥向影响线

车辆荷载轴载在横梁计算间距中按杠杆原理线性分配,见图1-3-6b)和c),一列车一根中横梁$P=255.49$kN,三根中横梁$P=229.42$kN。

2.纵桥向加载

(1)一根中横梁

将两个重轮放在横梁翼板宽度之内,作为计算荷载,见图1-3-6。取有限刚度横梁和刚性横梁计算,横梁在4号主梁(或4,5主梁号之间)截面处弯矩分别如下。

$b_1=200$cm,一根中横梁时一列车$P=255.49$kN。

有限刚度横梁 $M_4=0.6019$(或0.6405)$\times b_1 \times P=307.58$(或$327.28$)kN·m

刚性横梁 $M_4=0.9393$(或0.9598)$\times b_1 \times P=479.96$(或$490.44$)kN·m

相应加载位置A的剪力(不是最大剪力)如下:

有限刚度横梁 $Q_4=0.6099\times P=155.82$kN

刚性横梁 $Q_4=0.5536\times P=141.44$kN

此时最大剪力在3号梁右侧,为:

有限刚度横梁 $Q_3=0.6527\times P=166.76$kN

刚性横梁 $Q_3=0.7179\times P=183.42$kN

(2)三根中横梁

三根中横梁弯矩,比一根中横梁计算结果小。

二、刚接梁法

1.横梁内力影响线

(1)单位正弦荷载作用在n根梁轴线上

在第二章第三节"二、1. 刚接梁（板）横向分布系数影响线"中式(1-2-12)已解出单位正弦荷载作用在 n 根梁轴线上的弯曲$[M=m/(b_1/2)]$和剪切(Q)赘余力列阵 F，即式(1-2-13)。

因此，单位正弦荷载作用在 n 根主梁中第 j 根主梁轴线上，在横梁的 $n-1$ 个跨中位置处赘余弯矩为：

$$\eta_{(n-1),j} = \frac{b_1}{2}[M_{1,j} \quad M_{2,j} \quad M_{3,j} \quad \cdots \quad M_{n-1,j}]^T (j=1,2,3,\cdots,n)$$

由互等定理，$n-1$ 条赘余弯矩影响线矩阵为：

$$\eta_{(n-1)\times n} = \frac{b_1}{2} M_{(n-1)\times n}$$

(2) 单位正弦荷载作用在两根主梁之间中点处

当单位正弦荷载作用在两根主梁之间中点处时，需要重新建立式(1-2-12)右端项式(1-2-14)：

$$P_{2(n-1)\times n} = \begin{bmatrix} p_1 \\ p_2 \end{bmatrix}_{2(n-1)\times(n-1)} \tag{1-3-8}$$

式中，

$$p_1 = \begin{bmatrix} a/2 & -\gamma & & & & & 0 \\ & a/2 & -\gamma & & & & \\ & & a/2 & -\gamma & & & \\ & & & \ddots & \ddots & & \\ & & & & a/2 & -\gamma & \\ & & & & & a/2 & -\gamma \\ 0 & & & & & & a/2 \end{bmatrix}_{(n-1)\times(n-1)}$$

$$p_2 = \begin{bmatrix} A/2 & \gamma-1 & & & & & 0 \\ & A/2 & \gamma-1 & & & & \\ & & A/2 & \gamma-1 & & & \\ & & & \ddots & \ddots & & \\ & & & & A/2 & \gamma-1 & \\ & & & & & A/2 & \gamma-1 \\ 0 & & & & & & A/2 \end{bmatrix}_{(n-1)\times(n-1)}$$

其余均与式(1-2-12)相同。解出：

$$F_{2(n-1)\times 1,j} = [M_{1,j} \quad M_{2,j} \quad M_{3,j} \quad \cdots \quad M_{n-1,j} \quad Q_{1,j} \quad Q_{2,j} \quad Q_{3,j} \quad \cdots \quad Q_{n-1,j}]^T (j=1,2,3,\cdots,n-1)$$

其中 $\frac{b_1}{2}[M_{1,j} \quad M_{2,j} \quad M_{3,j} \quad \cdots \quad M_{n-1,j}]^T (j=1,2,3,\cdots,n-1)$，就是各梁间中点处的影响线坐标值，插入式(1-2-12)之中就可以得到含有梁间中点处峰值的完整影响线。

2. 横梁荷载计算

[例1-3-6] 同例1-3-5,横梁跨径(或主梁间距)$b_1=200$cm;车辆荷载为P;画出中横梁在各主梁跨间中点的弯矩影响线。五根横梁,端横梁下刚性支座。

有限刚性横梁:由右端项式(1-2-12)解出单位正弦荷载作用在梁轴线上的横梁影响线坐标如表1-3-23。

荷载作用在梁轴线上的横梁影响线坐标($\times b_1/2$)　　　　表1-3-23

梁号	η						
1	−0.4276	0.3620	0.1933	0.0719	−0.0110	−0.0700	−0.1187
2	−0.9820	0.3669	0.8014	0.3649	0.0458	−0.1954	−0.4015
3	−0.9982	−0.1196	0.8459	0.9767	0.2923	−0.2565	−0.7406
4	−0.7406	−0.2565	0.2923	0.9767	0.8459	−0.1196	−0.9982
5	−0.4015	−0.1954	0.0458	0.3649	0.8014	0.3669	−0.9820
6	−0.1187	−0.0700	−0.0110	0.0719	0.1933	0.3620	−0.4276

由右端项式(1-3-8)解出单位正弦荷载作用在梁间中点处的横梁影响线坐标如表1-3-24。也可以只用表中的主对角元η_{ii},即影响线的峰值,插入表1-3-23对应位置,画出影响线如图1-3-10a)。

刚性横梁:即$\beta=0$,影响线见图1-3-10b),计算结果的表格不再列出。

梁间中点处的横梁影响线坐标($\times b_1/2$)　　　　表1-3-24

梁号	η						
1	0.4672	0.2777	0.1326	0.0305	−0.0405	−0.0944	
2	−0.3076	1.0841	0.5831	0.2054	−0.0748	−0.2984	
3	−0.5589	0.3631	1.4113	0.6345	0.0179	−0.4985	
4	−0.4985	0.0179	0.6345	1.4113	0.3631	−0.5589	
5	−0.2984	−0.0748	0.2054	0.5831	1.0841	−0.3076	
6	−0.0944	−0.0405	0.0305	0.1326	0.2777	0.4672	

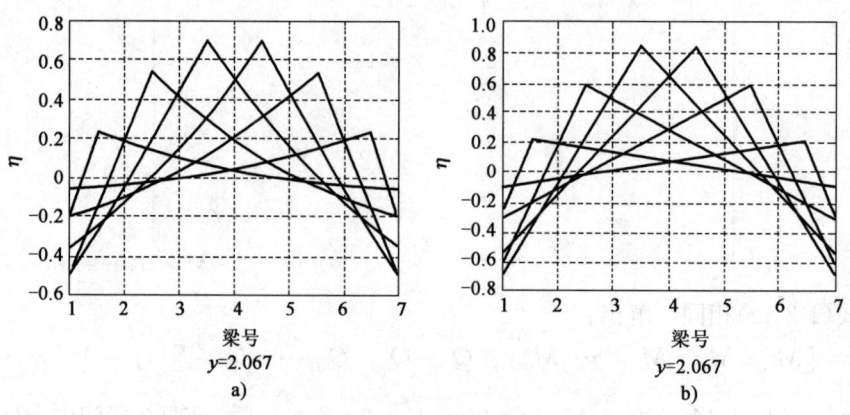

图1-3-10 横梁在内主梁之间中点位置处的弯矩影响线
a)有限刚度横梁;b)刚性横梁

例 1-3-5 中荷载按图 1-3-10 a)加载,计算主梁之间中点位置处弯矩影响线坐标值,结果如表 1-3-25。与弹性支承连续梁法的表 1-3-20 比较,二者之间的最大值位置相同,都在 4、5 号梁之间,最大值分别是 0.640 5 和 0.734 9,后者偏大约 16.9%。

主梁之间中点位置处弯矩影响线坐标值($\times b_1$)　　　　表 1-3-25

梁　　段	弯矩影响线坐标 η				$\frac{1}{2}\Sigma\eta$
1-2	0.090 6	0.036 0	0.009 0	−0.021 7	0.056 9
2-3	0.378 9	0.182 5	0.078 7	−0.043 4	0.298 3
3-4	0.486 0	0.488 4	0.265 9	−0.004 8	0.617 8
4-5	0.180 4	0.488 4	0.643 7	0.157 4	<u>0.734 9</u>
5-6	0.038 9	0.182 5	0.324 3	0.604 0	0.574 8
6-7	−0.001 4	0.036 0	0.075 4	0.143 1	0.126 5

三、比拟正交异性板法

按胡肇滋公式法(1976)有如下计算公式。

1. 横梁弯矩

$$M_y = 2\overline{M}_x \frac{a_1^*}{b_1} D'_1 \left(Y_1 + \frac{\varepsilon^2}{D''_1} Y_2\right)$$

$$Y_1 = \sum\alpha_{1j} + \delta\sum\alpha_{2j} + \sin\pi\delta\sum\alpha_{3j} + \sin2\pi\delta\sum\alpha_{4j}$$

$$Y_2 = \sin\pi\delta\sum\alpha_{3j} + 4\sin2\pi\delta\sum\alpha_{4j}$$

式中:$\overline{M}_x$——在宽度为 b、计算跨径为 L 的桥跨间 x_0 处,分布荷载 q 或集中荷载 P 在 x 处的总弯矩平均分配给一根宽度为 b_1 的主梁弯矩,见图 1-2-11,取级数的第一项如下,也可以用结构力学公式计算准确值,

$$\overline{M}_x = \begin{cases} \dfrac{4qL^2}{\pi^3}\left(\dfrac{b_1}{b}\right)\sin mc'\sin mx_0\sin mx & \text{(均布荷载 } q\text{)} \\ \dfrac{2PL}{\pi^2}\left(\dfrac{b_1}{b}\right)\sin mx_0\sin mx & \text{(集中荷载 } P\text{)} \end{cases}$$

　　　　a^*——横梁翼缘的有效宽度,横梁的计算跨径取全长;

其余各参数含义同第二章第四节。

2. 横梁剪力

$$Q_y = 2\overline{M}_x \frac{a_1^* H'\pi}{b_1 b}\left[\frac{1}{\pi}Y_3 + \left(1+\frac{\varepsilon^2}{H''}\right)Y_4 + \left(2+\frac{8\varepsilon^2}{H''}\right)Y_5\right]$$

式中,

$$Y_3 = \sum\alpha_{2j};\ Y_4 = \cos\pi\delta\sum\alpha_{3j};\ Y_5 = \cos2\pi\delta\sum\alpha_{4j}$$

3. 横梁扭矩

$$m_{xy} = 4\overline{\theta}_x \frac{\pi \cdot D_k}{b}\left(\frac{1}{\pi}Y_3 + Y_4 + 2Y_5\right)$$

式中:$\overline{\theta}_x$——在宽度为 b、计算跨径为 L 的桥跨间,x_0 处的分布荷载 q 或集中荷载 P 产生的 x 处的总转角平均值,取级数的第一项如下,可以用结构力学公式计算准确值,

$$\bar{\theta}_x = \begin{cases} \dfrac{4qL^3}{D_x b\pi^4}\sin mc' \cdot \sin mx_0 \cdot \sin mx & \text{(均布荷载 }q\text{)} \\ \dfrac{2PL^2}{D_x b\pi^3}\sin mx_0 \cdot \sin mx & \text{(集中荷载 }P\text{)} \end{cases}$$

[**例 1-3-7**] 桥梁结构同例 1-3-5 七梁装配简支 T 梁桥，三根中横梁间距 3.875m，刚性支座，见图 1-3-6。计算荷载 A 的横梁内力。

(1)横梁弯矩

$D''_1 = \dfrac{D_1}{D_y} = 0.00090$；$\varepsilon = \dfrac{L}{B} = 1.55$；$\dfrac{\varepsilon^2}{D''_1} = 2669$；$D'_1 = \dfrac{D_1}{D_x} = 0.00036$；主梁宽度 $b_1 = 2\text{m}$；$\sum\alpha_{1j} = 0.5454$；$\sum\alpha_{2j} = 1.1137$；$\sum\alpha_{3j} = 1.4101$；$\sum\alpha_{4j} = -0.0779$；$Y_1 = 2.5124$；$Y_2 = 1.4104$；$\delta = 1/2$ 为横梁跨中。

横梁翼板有效宽度：$a^* = m_d + 12 \cdot t = 1.95\text{m}$。

有效宽度内，跨中一列车荷载 $P=166.5\text{kN}$ 和 $q=0.07875\text{kN/cm}$，在 7 根梁中的平均跨中弯矩，按结构力学公式为：

$$\bar{M}_{x=L/2} = \dfrac{2}{7} \times \left(\dfrac{pL}{4} + \dfrac{qLa^*}{4}\right) = 228.754\text{kN}\cdot\text{m}$$

$$M_{y=b/2} = 266.39\text{kN}\cdot\text{m}$$

(2)横梁剪力

与(1)中横梁弯矩对应的横梁剪力为零；现计算偏载，梁 1 即 $\delta=0.1$ 处的剪力。取例 1-2-4 和本例(1)中计算成果如下：

$H' = H/D_x = 0.0025$；$H'' = H/D_y = 0.0065$；$\sum\alpha_{2j} = -3.7159$；$\sum\alpha_{3j} = 0.1849$；$\sum\alpha_{4j} = 0.0422$；$Y_4 = 0.1759$；$Y_5 = 0.0341$；$\bar{M}_{x=L/2} = 228.754\text{kN}\cdot\text{m}$。

得到横梁剪力为 $Q_{y=b/2} = 26.49\text{kN}$。

(3)横梁扭矩

计算成果如下：

$D_k = 3087E$；$Y_3 = 0.0422$；$Y_4 = 0.1759$；$Y_5 = 0.0341$。

荷载 P 作用在距左、右支点 $l_a = x_0/L$ 和 $l_b = 1 - l_a$ 处，单位桥宽的支点最大转角，按结构力学公式得到为：

$$\bar{\theta}_{x=0} = \sum_{i=1}^{5}\dfrac{P_iL^2}{6D_xb}[l_{bi}(1-l_{bi}^2)]；\bar{\theta}_{x=L} = \sum_{i=1}^{5}\dfrac{P_iL^2}{6D_xb}[l_{ai}(1-l_{ai}^2)]$$

计算下式关于 l_{a1} 的极值：

$$\theta_0 = \sum_{i=1}^{5}P_i \cdot l_{ai}(1-l_{ai}^2)$$

式中，$l_{ai} = l_{a1} + l_{axi}$，$l_{axi}$ 见表 1-3-26。

车辆荷载系数表　　　　　　　　　表 1-3-26

i	1	2	3	4	5
l_{axi}	$\dfrac{0}{L}$	$\dfrac{3}{L}$	$\dfrac{4.4}{L}$	$\dfrac{11.4}{L}$	$\dfrac{12.8}{L}$
P_i	$\dfrac{30}{140}$	$\dfrac{120}{140}$	$\dfrac{120}{140}$	$\dfrac{140}{140}$	$\dfrac{140}{140}$

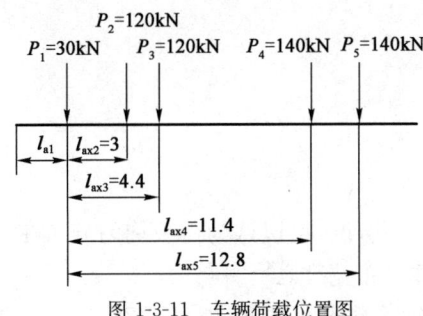

图 1-3-11 车辆荷载位置图

求出 l_{a1} 的极值（见图 1-3-11），得到 $l_{a1}=-0.0037$（不计第一轮）时 $\theta_0=0.9845$。将车辆荷载反向，θ_0 稍小。

$$\bar{\theta}_{x=L}=\frac{2\times140\times15.5^2}{6\times3087E\times14}\times0.9845=0.2554/E$$

$$m_{xy}=4\times0.2554/E\frac{\pi\cdot3087E}{14}\left(\frac{1}{\pi}\times0.0422+0.1759+2\times0.0341\right)=182.3\text{kN}\cdot\text{m/m}$$

边主梁端截面最大扭矩：$M_{xy1}=m_{xy}\times b_1=364.6\text{kN}\cdot\text{m}$。
端横梁端截面最大扭矩：$M_{yx1}=-m_{xy}\times a_1/2=353.2\text{kN}\cdot\text{m}$。

第四节 桥面板内力计算

一、桥面板分类

直接承受车辆荷载轮压的构件称为桥面板，在实心板式梁桥中桥面板与主梁合二为一；在 T 梁桥、箱梁桥（包括空心板梁桥）中桥面板是主梁的组成部分；设计时很少采用不参与主梁工作的单纯桥面板。桥面板类型见表 1-3-27。

桥 面 板 类 型　　　　　　　　　　表 1-3-27

类 型	构造特征	使用范围
单向板	1. 两对边支承板的短板； 2. 四边支承板，长短边之比≥2	主梁、纵梁、横梁之间的现浇或预制湿接桥面板（双向板很少采用）
双向板	四边支承板，长短边之比<2	
悬臂板	1. 一个短边嵌固，三边自由； 2. 三边嵌固，一长边自由，长短边之比≥2	边主梁的外翼板，相邻主梁之间的分离翼板
铰接悬臂板	相邻悬臂板的两自由边互相铰接	相邻主梁之间的铰接翼板

二、车轮荷载的扩散与分布

1. 车轮荷载在铺装层中的扩散

车轮荷载在铺装层表面的着地面积为 $a_1\times b_1$，该荷载通过厚度为 h 的铺装层扩散到桥面板，荷载面积增大为 $a_2\times b_2$，

$$a_2=a_1+2h;\ b_2=b_1+2h$$

式中：a_1、b_1——分别为车轮着地矩形面积垂直于板跨向和板跨向边长；
a_2、b_2——分别为车轮扩散矩形面积垂直于板跨向和板跨向边长。

2. 板的计算跨径

按《桥规》第 4.1.2 条规定：
(1) 简支板计算跨径为两支承点间的距离；

(2)（与梁肋）固结板计算跨径为：
$$l = l_0 + t \not< l_0 + b$$
式中：l、l_0、t——板的计算跨径、净跨径和板厚；
b——梁肋宽度。

3. 板的计算宽度

在局部荷载作用下，板的有效工作宽度大于荷载实际作用宽度，可以认为荷载均匀分布在板的有效工作宽度上。因此，经常将有效工作宽度称为荷载分布宽度。

(1) 按《桥规》第 4.1.3 条规定，厚度为 t 的单向板上车轮荷载分布宽度见表 1-3-28。

单向板上车轮荷载分布宽度　　　表 1-3-28

荷载位置	荷载形式	计算公式	序号
位于板中央	一个车轮	$a_中 = a_2 + \dfrac{l}{3}$ ($\not< \dfrac{2}{3}l$，$\not> l$)	1
	多个车轮，按 1 计算各车轮 $a_中$ 有重叠时	$a_中 = a_2 + d + \dfrac{l}{3}$ ($\not< \dfrac{2}{3}l + d$，$\not> l$) d——两外轮中距	2
位于支承处	一个车轮	$a_支 = a_2 + t$	3
	多个车轮，按 2 计算 $a_中$ 时	$a_支 = a_2 + d + t$ d——两外轮中距	4
距支承距离 x 处		$a_x = a_支 + 2x$ ($\not> a_中$)	5

在《桥规》第 4.1.3 条中没有序号 4 公式，支座处的计算宽度只能按序号 3 的方法计算，多个车轮荷载的分布宽度是间断的；但是也有的符合序号 4 公式的情况，详见图 1-3-12。

(2) 按《桥规》第 4.1.5 条规定，悬臂板上车轮荷载分布宽度（图 1-3-13）：
$$a = a_2 + 2c \quad (c \not> 2.5\text{m})$$
式中：c——车轮荷载扩散矩形面积外缘至腹板外缘的距离。

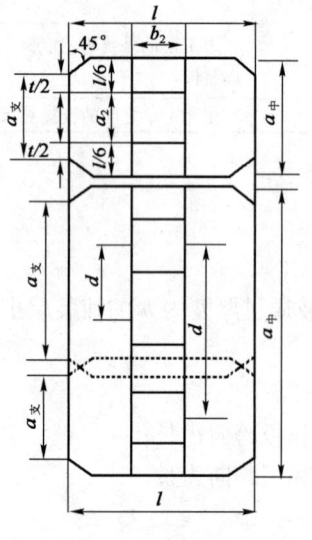

图 1-3-12　单向板荷载分布宽度

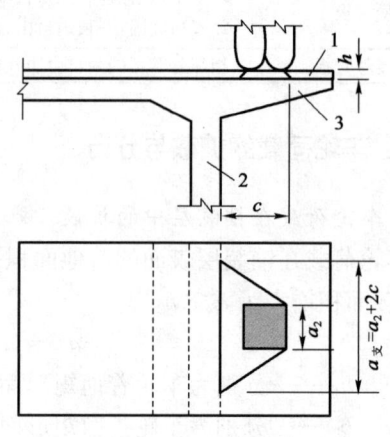

图 1-3-13　悬臂板荷载分布宽度
1-桥面铺装；2-腹板；3-悬臂板

三、桥面板内力计算

对于单跨单向板和单跨悬臂板可按常规结构力学方法计算,计算跨径为 l,宽度为 $a=a_\text{支}$ 或 $a_\text{中}$ 的板上,全宽作用长度为 b_2 的分布荷载 $\dfrac{\sum P}{a b_2}$,$\sum P$ 是计算车轮荷载的总和,a 和 b_2 是本节二中计算的荷载分布宽度和荷载扩散长度。以下介绍多跨单向板、铰接悬臂板和双向板的计算。

1. 多跨单向板

按《桥规》第 4.1.2 条的简化方法计算。

(1)弯矩公式列在表 1-3-29 中,表中 M_0 是与所计算板跨径相同的简支板跨中弯矩。

多跨单向板弯矩 表 1-3-29

弯矩 M	板厚/梁肋高	
	≥1/4	<1/4
跨中	$0.7M_0$	$0.5M_0$
支点	$-0.7M_0$	

(2)剪力均按简支板计算。与梁肋固结的板,计算跨径取肋间净距。

2. 铰接悬臂板

(1)影响线法

计算模型为两根端部铰接的固端梁,等截面梁影响线见图 1-3-14,变截面梁需要采用数值法或解析法计算结构内力影响线。然后在影响线上加载,计算内力。

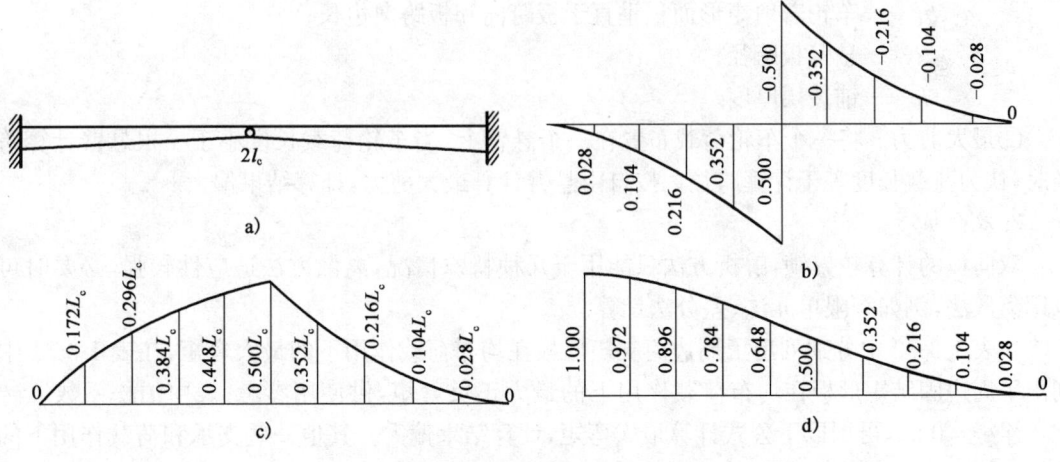

图 1-3-14 等截面铰接悬臂内力影响线
a)计算模型;b)铰剪力影响线;c)弯矩影响线;d)剪力影响线

(2)简化法

如果不要太精确的计算结果,可以采用以下较方便的简化计算方法。

①最大弯矩。将一个宽度为 b_1 的车轮荷载 P 对称地放置在铰上,其余车轮荷载按规定间距排列(图 1-3-15)。按两个互相分离的自由悬臂板计算最大弯矩,取其大者。根据经验,计算

结果略偏小。

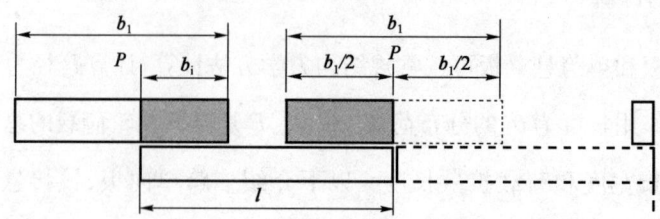

图 1-3-15　铰接悬臂板简化计算图

单位板宽计算弯矩可按以下方法计算,作用在悬臂端部和根部的车轮集中荷载 P 的有效部分,分别为 $b_1/2$ 和 b_i,冲击系数 μ。

$$M = -(1+\mu)\left(\frac{M_1}{c_1} + \frac{M_0}{c_0}\right)$$

式中：M_1、M_0 ——分别为作用在悬臂端部和根部的车轮集中荷载 P 的有效部分引起的根部弯矩,

$$M_1 = \frac{P}{2}\left(l - \frac{b_i + 2h}{4}\right); M_0 = \frac{b_i P}{b_1} \cdot \frac{b_i + h}{2}$$

c_1、c_0 ——分别为作用在悬臂端部和根部的车轮集中荷载 P 的有效部分在根部的分布宽度,

$$c_1 = a_1 + 2h + 2l; c_0 = a_1 + 2h + 2b_i$$

a_1、b_1 ——车轮着地矩形面积垂直于板跨向和板跨向边长；

l ——悬臂板跨径；

h ——铺装层厚度。

②最大剪力。将一个车轮荷载布置在一个悬臂上,当车轮荷载长度小于一根悬臂计算跨径时,认为荷载长度等于计算跨径。按自由悬臂计算最大剪力,计算结果偏大。

3. 双向板

双向板的计算较繁锁,解析方法只能用于几种特殊情况,离散方法适应性较强,必要时可以用离散法,例如有限单元法、差分法计算。

在表 1-3-30 中分别列出了周边简支矩形板在均布荷载作用下的最大弯矩,在表 1-3-31 中列出了周边固结矩形板在均布荷载作用下的最大正负弯矩,供使用参考；表中泊松系数 $\mu = 0$。当 $\mu \neq 0$ 时,可用以下公式计算最大弯矩,计算结果偏大。其他一些支承和荷载作用下的计算表格,可以在结构计算手册中查到。

$$M_x^\mu = M_x + \mu \cdot M_y$$

$$M_y^\mu = M_y + \mu \cdot M_x$$

式中：M_x^μ、M_y^μ ——计入 μ 的弯矩；

M_x、M_y ——未计入 μ 的弯矩。

周边简支矩形板在均布荷载 q 作用下的最大弯矩　　　　　表1-3-30

l_x/l_y	M_x	M_y	l_x/l_y	M_x	M_y
0.50	0.0965	0.0174	0.80	0.0561	0.0334
0.55	0.0892	0.0210	0.85	0.0506	0.0348
0.60	0.0820	0.0242	0.90	0.0456	0.0358
0.65	0.0750	0.0271	0.95	0.0410	0.0364
0.70	0.0683	0.0296	1.00	0.0368	0.0368
0.75	0.0620	0.0317			

弯矩＝表中系数 $\times ql^2$，l 取 l_x 和 l_y 中较小者。

周边固结矩形板在均布荷载 q 作用下的最大正负弯矩，见表1-3-31。

周边固结矩形板在均布荷载 q 作用下的最大正负弯矩　　　　　表1-3-31

l_x/l_y	M_x	M_y	M_{x0}	M_{y0}
0.50	0.0400	0.0038	−0.0829	−0.0570
0.55	0.0385	0.0056	−0.0814	−0.0571
0.60	0.0367	0.0076	−0.0793	−0.0571
0.65	0.0345	0.0095	−0.0766	−0.0571
0.70	0.0321	0.0113	−0.0735	−0.0569
0.75	0.0296	0.0130	−0.0701	−0.0565
0.80	0.0271	0.0144	−0.0664	−0.0559
0.85	0.0246	0.0156	−0.0626	−0.0551
0.90	0.0221	0.0165	−0.0588	−0.0541
0.95	0.0198	0.0172	−0.0550	−0.0528
1.00	0.0176	0.0176	−0.0513	−0.0513

弯矩＝表中系数 $\times ql^2$，l 取 l_x 和 l_y 中较小者。

[**例 1-3-8**]　计算图 1-3-16 铰接悬臂板内力。取平均厚度，按等厚悬臂板计算，冲击系数 $\mu=0.3$。

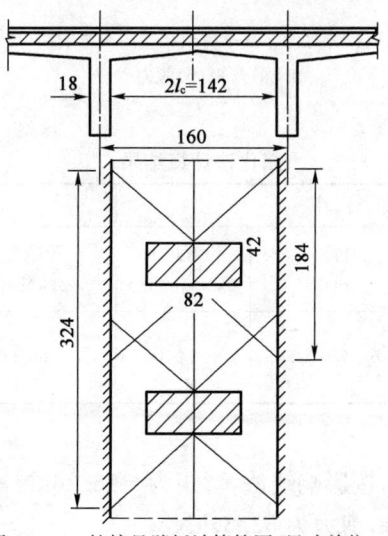

图 1-3-16　铰接悬臂板计算简图(尺寸单位：cm)

(1) 1m板宽恒载内力(表1-3-32)

1m板宽恒载内力　　　　　　　　　　　　　　　　　表1-3-32

恒　　载	厚度 (m)	重度 (kN/m^3)	恒载集度 (kN/m)	弯矩 ($kN \cdot m/m$)	剪力 (kN/m)
沥青混凝土面层	0.04	21	0.84		
水泥混凝土垫层	0.09	23	2.07		
T梁翼板(平均)	0.11	25	2.75		
合计			5.66	−1.43	4.02

(2) 1m板宽车辆荷载内力

① 影响线法,利用图1-3-13等截面铰接悬臂内力影响线计算,见表1-3-33和图1-3-17。

等截面铰接悬臂内力影响线计算　　　　　　　　　　表1-3-33

后轴轮载 $P(kN)$	荷载集度 $p(kN/m^2)$	弯矩计算		剪力计算	
		影响线面积 (m)	弯矩 ($kN \cdot m/m$)	影响线面积 (m)	剪力 (kN/m)
1.3×70	$\dfrac{2P}{a_\text{支}b_2}=\dfrac{2\times70\times1.3}{3.24\times0.82}=68.50$	0.2166	−14.83	0.6214	42.57

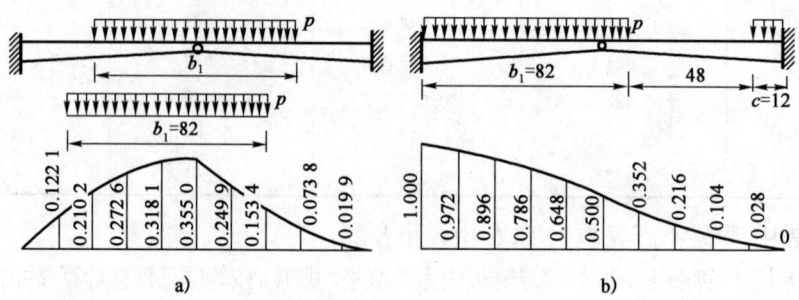

图1-3-17　弯矩和剪力计算汽车荷载布置图及影响线(尺寸单位:cm)
a)弯矩;b)剪力

② 简化法(表1-3-34)

简化法计算结果　　　　　　　　　　　　　　　　表1-3-34

后轴轮载 $P(kN)$	弯矩计算			剪力计算		
	荷载集度 p (kN/m^2)	力臂 (m)	弯矩 ($kN \cdot m/m$)	荷载集度 $p(kN/m^2)$	荷载长度 (m)	剪力 (kN/m)
1.3×70	$\dfrac{2\times P/2}{a_\text{支}}=28.09$	$l_c-b_2/4=0.505$	−14.18	68.50	0.71	48.64

(3) 内力合计

恒载内力加车辆荷载内力,按影响线法,弯矩为 $-16.26kN \cdot m/m$,剪力为 $46.59kN$;按简化法,弯矩为 $-15.61kN \cdot m/m$,剪力为 $52.66kN$。

第四章 钢筋混凝土梁桥截面设计及计算

第一节 持久状况承载能力极限状态计算

一、正截面抗弯承载力计算

1. 矩形截面

计算截面简图(图1-4-1)及符号规定如下:

γ_0——桥梁结构的重要性系数,按《桥规》第5.1.5条的规定采用;

M_d——弯矩组合设计值;

f_{cd}——混凝土轴心抗压设计强度,按《桥规》第3.1.4条的规定采用;

f_{sd}、f'_{sd}——纵向普通钢筋的抗拉设计强度和抗压设计强度,按《桥规》第3.2.3条的规定采用;

A_s、A'_s——受拉区、受压区纵向普通钢筋的截面积;

b——矩形截面宽度;

a_s、a'_s——受拉区、受压区普通钢筋的合力点至受拉区、受压区边缘的距离;按《桥规》第9.1.12条配筋率的规定;

μ_0——纵向受拉钢筋最小配筋率,按《桥规》第9.1.12条第2款的规定,钢筋混凝土梁 $\mu_0 = 0.2$ 或 $45\dfrac{f_{td}}{f_{sd}}$ 的较大者,f_{td} 为混凝土轴心抗拉设计强度;

μ——纵向受拉钢筋配筋率,$\mu = 100 \times A_s/(bh_0)$。

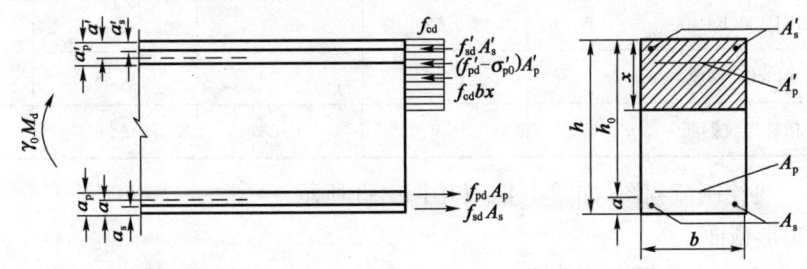

图1-4-1 矩形截面梁正截面承载能力计算简图

(1) 单筋矩形截面

按《桥规》第5.2.2条规定以及第9.1.12条和第5.2.1条规定,列出计算公式和计算步骤见表1-4-1。表中公式尽可能保持原状,不移项变形。

单筋矩形截面计算公式表　　　　　　　表1-4-1

工　况	截面设计一	截面设计二	强度验算
已知变量	$M_d, f_{cd}, f_{sd}, b, h, a_s,$ γ_0, ξ_b, μ_0	$M_d, f_{cd}, f_{sd}, b, a_s,$ γ_0, ξ_b, μ_0	强度验算
待求变量	A_s	h	
第一步	$h_0 = h - a_s$	令：$\mu_0 \leqslant \mu \leqslant k\xi_b \dfrac{f_{cd}}{f_{sd}}$, $k = 0.3 \sim 0.7$; $x : \mu = \dfrac{x}{h_0} \dfrac{f_{cd}}{f_{sd}}$	检验：$\mu < \mu_0$,修改设计
第二步	$x : \gamma_0 M_d \leqslant f_{cd} bx \left(h_0 - \dfrac{x}{2}\right)$; 检验：$x > \xi_b h_0$,超筋	$h_0 : \gamma_0 M_d \leqslant f_{cd} bx \left(h_0 - \dfrac{x}{2}\right)$	$x : A_s f_{sd} = b f_{cd} x$; 检验：$x > \xi_b h_0$,超筋
第三步	$A_s = \dfrac{f_{cd}}{f_{sd}} bx$ 或 $A_s = \dfrac{\gamma_0 M_d}{f_{sd}(h_0 - x/2)}$; 检验：$\mu < \mu_0$,构造配筋	$h = h_0 + a_s$	检验： $\gamma_0 M_d \leqslant f_{cd} bx \left(h_0 - \dfrac{x}{2}\right)$, 或 $\gamma_0 M_d \leqslant f_{sd} A_s \left(h_0 - \dfrac{x}{2}\right)$

表1-4-1中ξ_b按《桥规》第5.2.1条规定,见表1-4-2。此外,《桥规》第5.2.4条还规定在满足$x \leqslant \xi_b h_0$条件时可不考虑按正常使用极限状态计算可能增加的纵向受拉钢筋截面积,以及按构造要求配置的纵向钢筋截面面积。

相对界限受压区高度 ξ_b　　　　　　　表1-4-2

钢筋种类 \ 混凝土强度等级	C50级以下	C55、C60	C65、C70	C75、C80
R235	0.62	0.60	0.58	—
HRB335	0.56	0.54	0.52	—
HRB400、KL400	0.53	0.51	0.49	—
钢绞线、钢丝	0.40	0.38	0.36	0.35
精轧螺纹钢筋	0.40	0.38	0.36	—

表1-4-1也可绘制流程图,如图1-4-2和图1-4-3所示。

(2) 双筋矩形截面

按《桥规》第5.2.2条规定以及第9.1.12条和第5.2.1条规定,列出计算公式和计算步骤见表1-4-3。

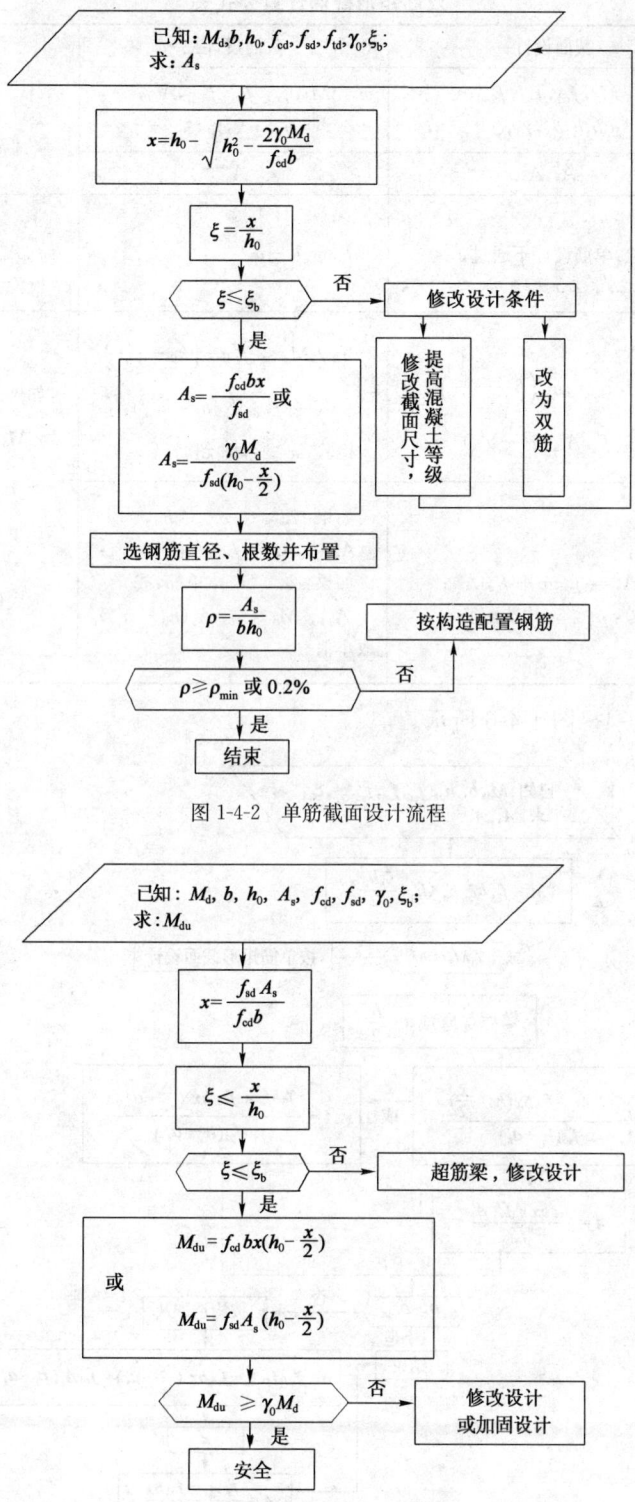

图 1-4-2 单筋截面设计流程

图 1-4-3 单筋截面强度验算流程

双筋矩形截面计算公式表　　　　　　表 1-4-3

工况	截面设计一	截面设计二	强度验算
已知变量	$M_d, f_{cd}, f_{sd}, f'_{sd},$ $b, h, a_s, \gamma_0, \xi_b$	$M_d, f_{cd}, f_{sd}, f'_{sd}, A'_s,$ $b, h, a_s, \gamma_0, \xi_b$	
待求变量	A_s, A'_s	A_s	
第一步	$h_0 = h - a_s$; 检验：单筋设计不通过，设：$2a'_s \leq x \leq \xi_b h_0$	$h_0 = h - a_s$	x： $f_{sd}A_s = f_{cd}bx + f'_{sd}A'_s$； 检验：$x > \xi_b h_0$ 超筋
第二步	A'_s： $\gamma_0 M_d \leq f_{cd}bx\left(h_0 - \dfrac{x}{2}\right)$ $+ f'_{sd}A'_s(h_0 - a'_s)$	x：$\gamma_0 M_d \leq f_{cd}bx\left(h_0 - \dfrac{x}{2}\right)$ $+ f'_{sd}A'_s(h_0 - a'_s)$； 检验：$x > \xi_b h_0$ 超筋	如果：$2a'_s \leq x \leq \xi_b h_0$， $\gamma_0 M_d \leq f_{cd}bx\left(h_0 - \dfrac{x}{2}\right) +$ $f'_{sd}A'_s(h_0 - a'_s)$；
第三步	A_s： $f_{sd}A_s = f_{cd}bx + f'_{cd}A'_s$； 检验：$\mu < \mu_0$ 构造配筋	如果：$2a'_s \leq x \leq \xi_b h_0$， A_s：$f_{sd}A_s = f_{cd}bx + f'_{sd}A'_s$； 如果：$2a'_s > x$，单筋，或 A_s：$\gamma_0 M_d \leq f_{sd}A_s(h_0 - a'_s)$， 取小值	如果：$2a'_s > x$，单筋，或 $\gamma_0 M_d \leq f_{sd}A_s(h_0 - a'_s)$， 取大值

流程图如图 1-4-4～图 1-4-6 所示。

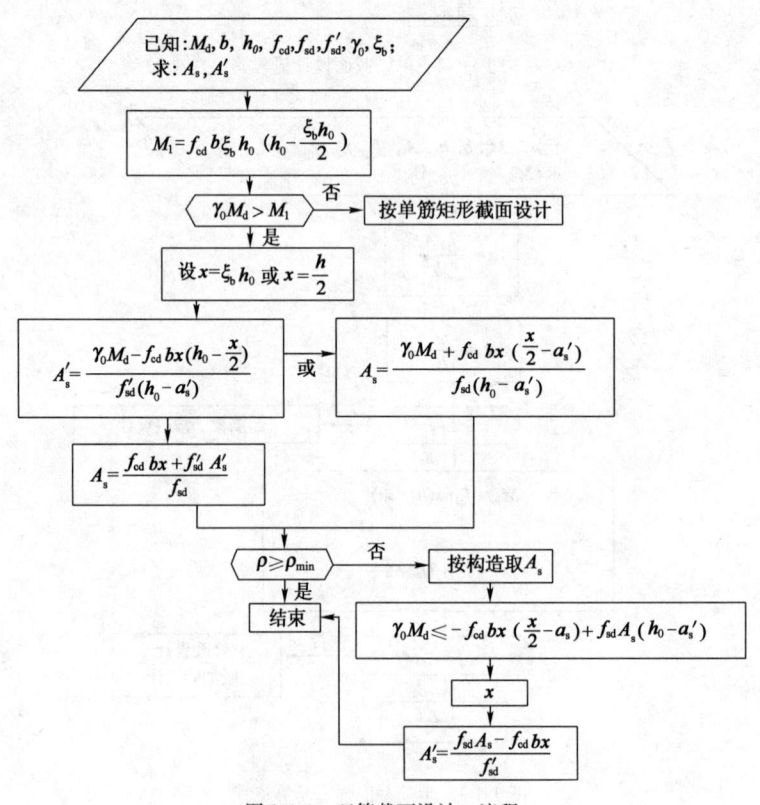

图 1-4-4　双筋截面设计一流程

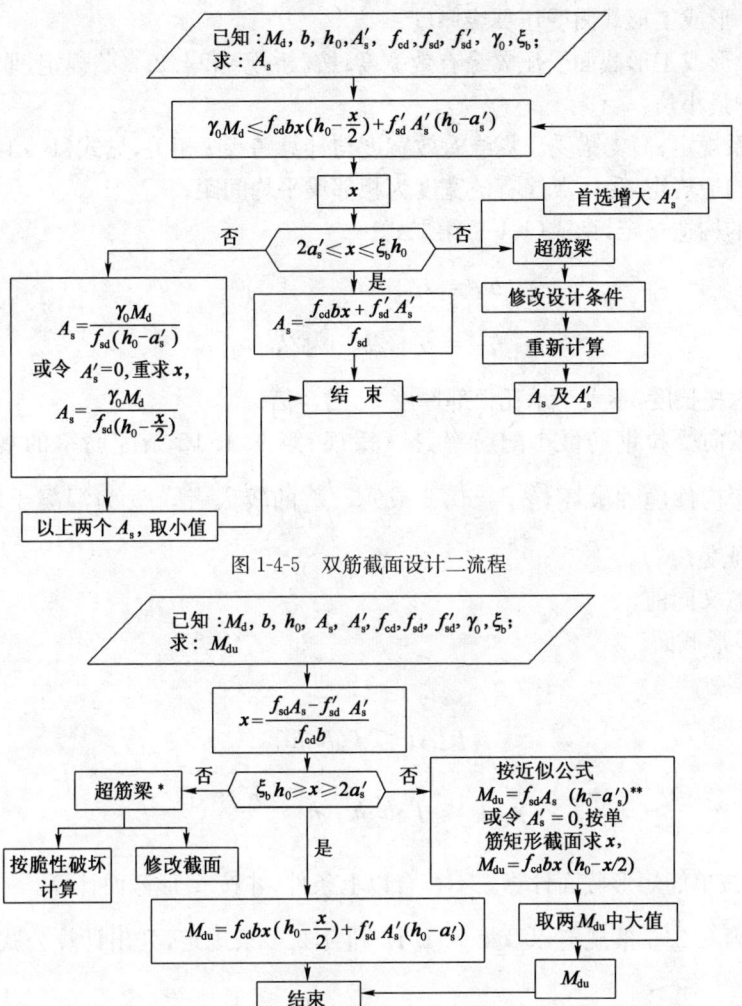

图 1-4-5　双筋截面设计二流程

图 1-4-6　双筋截面强度验算流程

2. T 形截面

计算截面简图(图 1-4-7)及符号规定如下：

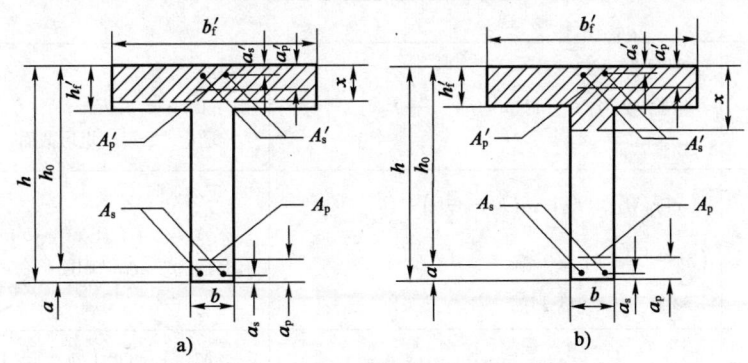

图 1-4-7　T 形截面梁正截面承载能力计算简图
a) $x \leqslant h_f$ 按矩形截面计算；b) $x > h_f$ 按 T 形截面计算

h'_f——T形或工形截面受压翼缘厚度；

b'_f——T形或工形截面受压翼缘有效宽度；按《桥规》第4.2.2条规定，取下述三种情况中最小值：

①结构体系规定，简支梁受压翼缘有效宽度与计算跨径 l 相关，见式(1-4-1)第一式；

②按梁的构造规定，受压翼缘有效宽度为相邻梁平均间距；

③按翼板的构造规定，见式(1-4-1)第二式。

$$\left.\begin{array}{l} b'_f = l/3 \\ b'_f = b + 2b_h + 12h'_f \end{array}\right\} \tag{1-4-1}$$

式中：b_h——承托长度，不大于承托根部厚度 h_h 的3倍；

μ_0——纵向受拉钢筋最小配筋率，按《桥规》第9.1.12条配筋率的规定，为避免受弯构件脆性破坏，$\mu_0 = 0.2$ 或 $45\dfrac{f_{td}}{f_{sd}}$ 的较大者，f_{td} 为混凝土轴心抗拉设计强度；

其余符号意义同前。

(1)单筋T形截面

如果

$$f_{sd}A_s \leqslant f_{cd}b'_f h'_f \tag{1-4-2}$$

或

$$\gamma_0 M_d \leqslant f_{cd}b'_f h'_f \left(h_0 - \frac{h'_f}{2}\right) \tag{1-4-3}$$

此时 $x < h'_f$，按单筋矩形截面计算。不符合以上条件，才按T形截面计算。

按《桥规》第5.2.3条规定以及第9.1.12和5.2.1条规定，列出计算公式和计算步骤见表1-4-4。

单筋T形截面计算公式表　　　　　表1-4-4

工 况	截 面 设 计	强 度 验 算
已知变量	$M_d, f_{cd}, f_{sd}, b, h, b'_f, h'_f, a_s, \gamma_0, \xi_b$	
待求变量	A_s	
第一步	$h_0 = h - a_s$； 检验：$\gamma_0 M_d \leqslant f_{cd} b'_f h'_f \left(h_0 - \dfrac{h'_f}{2}\right)$， 矩形截面	检验：$\mu \geqslant \mu_0$； $x: A_s f_{sd} = f_{cd} b'_f x$； 检验：$x > h'_f$，矩形截面
第二步	$x: \gamma_0 M_d \leqslant f_{cd}\left[bx\left(h_0 - \dfrac{x}{2}\right) + (b'_f - b)h'_f \left(h_0 - \dfrac{h'_f}{2}\right)\right]$； 检验：$x > \xi_b h_0$ 超筋	$x: A_s f_{sd} = f_{cd}[bx + (b'_f - b)h'_f]$； 检验：$x > \xi_b h_0$ 超筋
第三步	$A_s: f_{sd}A_s = f_{cd}[bx + (b'_f - b)h'_f]$； 检验：$\mu < \mu_0$，构造配筋	$\gamma_0 M_d \leqslant f_{cd}\left[bx\left(h_0 - \dfrac{x}{2}\right) + (b'_f - b)h'_f \left(h_0 - \dfrac{h'_f}{2}\right)\right]$

流程图如图 1-4-8、图 1-4-9 所示。

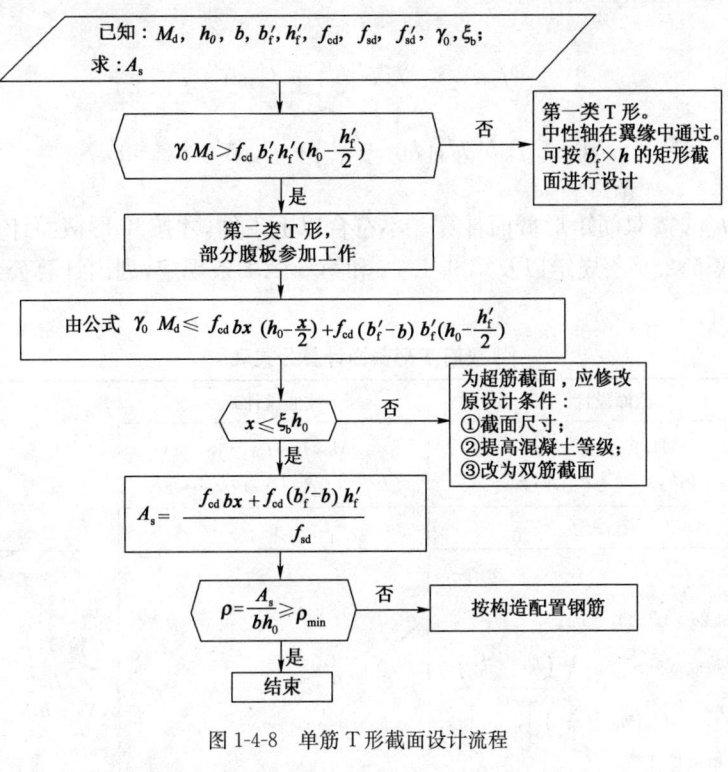

图 1-4-8　单筋 T 形截面设计流程

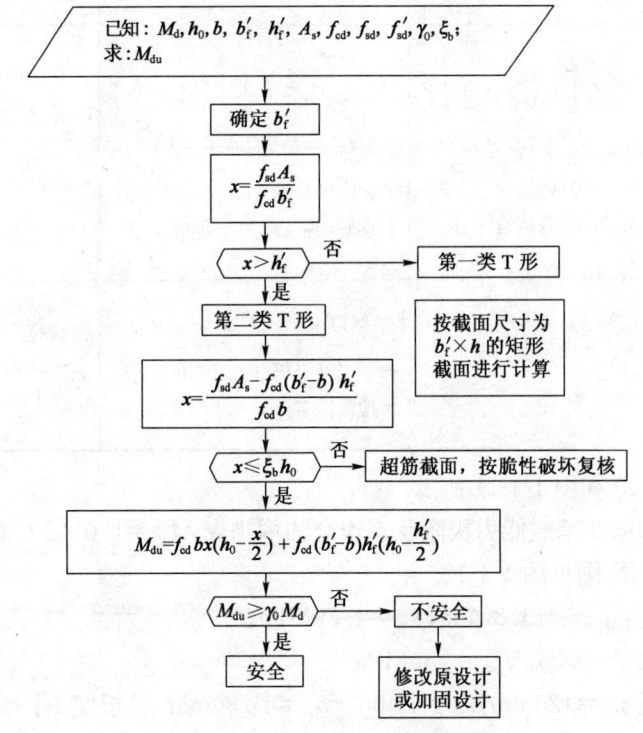

图 1-4-9　单筋 T 形截面强度验算流程

(2)双筋 T 形截面

如果

$$f_{sd}A_s \leqslant f_{cd}b'_f h'_f + f'_{sd}A'_s \quad (1-4-4)$$

或

$$\gamma_0 M_d \leqslant f_{cd}b'_f h'_f \left(h_0 - \frac{h'_f}{2}\right) + f'_{sd}A'_s(h_0 - a'_s) \quad (1-4-5)$$

此时 $x < h'_f$,按双筋矩形截面计算。不符合以上条件,才按 T 形截面计算。

按《桥规》第 5.2.3 条规定以及第 9.1.12 和第 5.2.1 条规定,列出计算公式和计算步骤见表 1-4-5。

双筋 T 形截面计算公式表 表 1-4-5

工况	截面设计一	截面设计二	强度验算
已知变量	$M_d, f_{cd}, f_{sd}, f'_{sd}$, $b, h, b'_f, h'_f, a_s, \gamma_0, \xi_b$	$M_d, f_{cd}, f_{sd}, f'_{cd}$, $b, h, b'_f, h'_f, A'_s, a_s, \gamma_0, \xi_b$	
待求变量	A_s, A'_s	A_s	
第一步	$h_0 = h - a_s$; 令:$2a'_s \leqslant x \leqslant \xi_b h_0$; 检验:$\gamma_0 M_d \leqslant f_{cd}\left[bx\left(h_0 - \frac{x}{2}\right) + (b'_f - b)h'_f\left(h_0 - \frac{h'_f}{2}\right)\right]$, 按单筋设计	$h_0 = h - a_s$	检验:$\mu \geqslant \mu_0$; $x: f_{sd}A_s = f'_{sd}A'_s + f_{cd}[bx + (b'_f - b)h'_f]$
第二步	$A'_s: \gamma_0 M_d \leqslant f_{cd}\left[bx\left(h_0 - \frac{x}{2}\right) + (b'_f - b)h'_f\left(h_0 - \frac{h'_f}{2}\right)\right] + f'_{sd}A'_s(h_0 - a'_s)$; 检验:$A'_s \leqslant 0, A'_s$ 按构造配筋	$x: \gamma_0 M_d \leqslant f_{cd}\left[bx\left(h_0 - \frac{x}{2}\right) + (b'_f - b)h'_f\left(h_0 - \frac{h'_f}{2}\right)\right] + f'_{sd}A'_s(h_0 - a'_s)$; 检验:$2a'_s \leqslant x \leqslant \xi_b h_0$	如果:$2a'_s \leqslant x \leqslant \xi_b h_0$; $\gamma_0 M_d \leqslant f_{cd}\left[bx\left(h_0 - \frac{x}{2}\right) + (b'_f - b)h'_f\left(h_0 - \frac{h'_f}{2}\right)\right] + f'_{sd}A'_s(h_0 - a'_s)$
第三步	$A_s: f_{sd}A_s = f'_{sd}A'_s + f_{cd}[bx + (b'_f - b)h'_f]$; 检验:$\mu \geqslant \mu_0$	$A_s: f_{sd}A_s = f'_{sd}A'_s + f_{cd}[bx + (b'_f - b)h'_f]$; 检验:$\mu \geqslant \mu_0$	检验: $x > \xi_b h_0$,超筋; $x < 2a'_s$,矩形截面

流程图如图 1-4-10 和图 1-4-11 所示。

[例 1-4-1] 例 1-3-3 承载能力极限状态组合的内力 $\gamma_0 M_d = 1.0 \times 2\,030.11 \text{kN} \cdot \text{m}$,按单筋截面设计 A_s。截面简图见图 1-4-12。

梁体 C30 混凝土,$f_{cd} = 13.8 \text{MPa}, f_{td} = 1.39 \text{MPa}$。

HRB335 钢筋,$\xi_b = 0.56, f_{sd} = 280 \text{MPa}$。

钢筋中心距梁底 $a_s = 120 \text{mm}, h_0 = 1\,400 - a_s = 1\,280 \text{mm}$,翼板宽 $b'_f = 2\,000 \text{mm}$,翼板高 $h'_f = 150 \text{mm}$,腹板宽度 180mm。

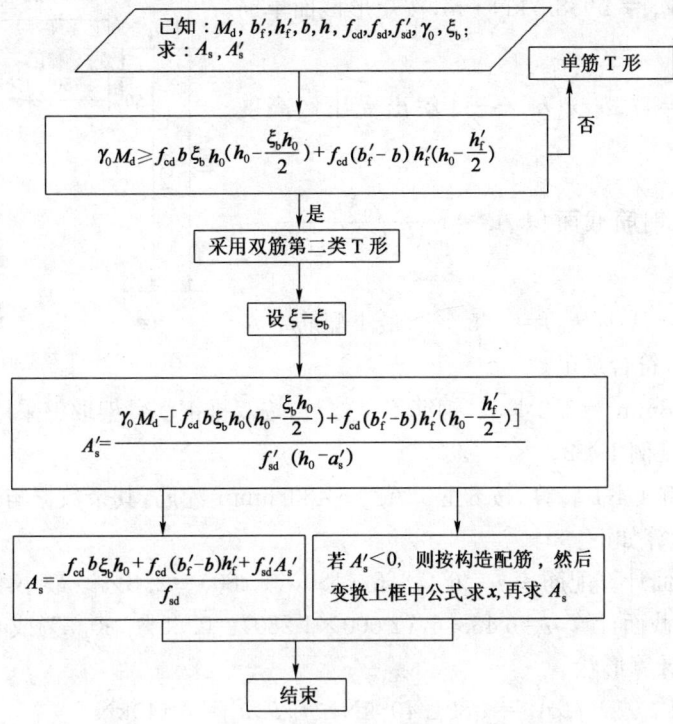

图 1-4-10 双筋 T 形截面设计流程

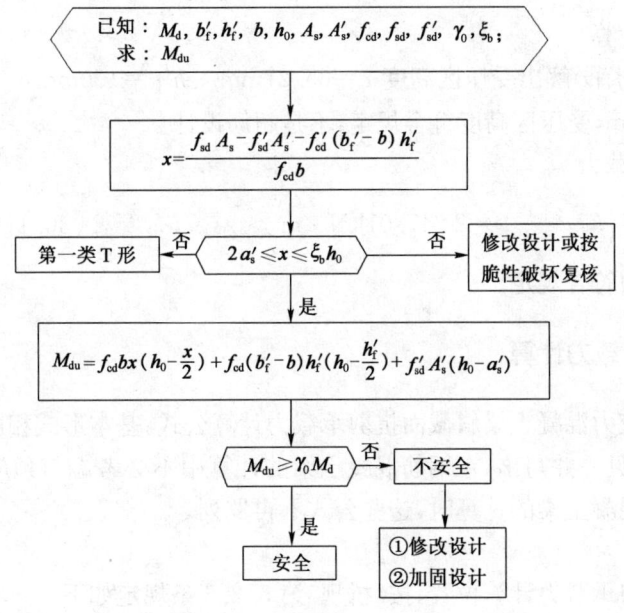

图 1-4-11 双筋 T 形截面强度验算流程

按单筋截面设计如下：

(1)T 梁有效宽度：①计算跨径的 1/3 为 5 175mm；②相邻两根梁的平均间距为 2 000mm；③$b+2b_h+12h'_f=2\,280$mm。取翼板计算宽度 $b'_f=2\,000$mm 计算。

(2) $\gamma_0 M_d < M_r = 4\,988.7$ kN·m，按矩形截面单筋设计。

(3) 由 $\gamma_0 M_d = f_{cd} b'_f x \left(h_0 - \dfrac{x}{2} \right)$ 解出受压区高度 $x = 58.82$ mm $< h'_f$。

(4) 设计受拉钢筋截面积 $A_s = \dfrac{\gamma_0 M_d}{f_{sd}(h_0 - x/2)} = 5\,798$ mm²。

(5) 配筋率 $\mu = A_s/(bh_0) = 2.5\% >$ 最小配筋率 $\mu_0 = 0.2\%$ 或 0.22%，符合规定。

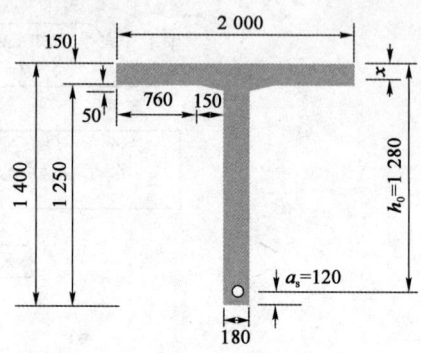

图 1-4-12　T 梁截面(尺寸单位：mm)

(6) $A_s = 5\,798$ mm² $= 7.2\,\Phi 32$，钢筋不是整数，按双排钢筋骨架取整采用 $8\,\Phi 32$。

(7) 截面验算见例 1-4-2。

[例 1-4-2]　例 1-4-1 验算，按 $8\,\Phi 32\,A_s = 6\,433.6$ mm² 配筋，其余数据与例 1-4-1 相同。按单筋截面验算如下：

(1) 按 T 形截面计算配筋率 $\mu = 6\,433.6/(180 \times 1\,280) = 2.8\% >$ 最小配筋率 $\mu_0 = 0.2\%$ 或 0.22%；按矩形截面计算 $\mu = 6\,433.6/(2\,000 \times 1\,280) = 0.25\% > 0.2\%$ 或 0.22%。

(2) 判断截面计算形状

$$f_{sd} A_s = 1\,801.408 \text{kN} < f_{cd} b'_f h'_f = 4\,140 \text{kN}$$

$$\gamma_0 M_d = 2\,030.111 \text{N·m} < f_{cd} b'_f h'_f \left(h_0 - \dfrac{h'_f}{2} \right) = 4\,988.7 \text{kN·m}$$

按矩形截面单筋验算。

(3) 由 $A_s f_{sd} = b'_f f_{cd} x$ 解出受压区高度 $x = 65.27$ mm $< h'_f = 150$ mm。$x < \xi_b h_0 = 716.8$ mm，受压区高度符合规定，不是超筋设计。

(4) 正截面抗弯承载力

$$M_r = f_{cd} b'_f x \left(h_0 - \dfrac{x}{2} \right) = 2\,247.01 \text{kN·m} > \gamma_0 \times M_d = 2\,030.11 \text{kN·m}$$

截面抗弯承载能力符合规定。

二、斜截面抗剪承载力计算

钢筋混凝土和预应力混凝土梁斜截面抗剪承载力计算公式，基本形式相同，只相差预应力钢筋的贡献，为简洁起见一并写出，在钢筋混凝土梁的计算中不必考虑与预应力相关的贡献。到下一章讨论预应力混凝土梁的计算时，这些公式不再罗列。

1. 计算位置

简支梁斜截面抗剪承载力计算位置，按《桥规》第 5.2.6 条规定如下：

(1) 截面 1-1，距支座中心 $h/2$ 处截面；

(2) 截面 2-2、3-3，受拉区弯起钢筋的弯起点处截面；

(3) 截面 4-4，锚固于受拉区的纵向钢筋开始不受力处的截面；

(4) 截面 5-5，箍筋数量或间距改变处截面；

(5)构件腹板宽度变化处截面;

(6)变高度梁高度突变处截面,一般情况下简支梁桥很少采用变高度梁高,本节不作介绍。

具体计算位置如图 1-4-13 所示。

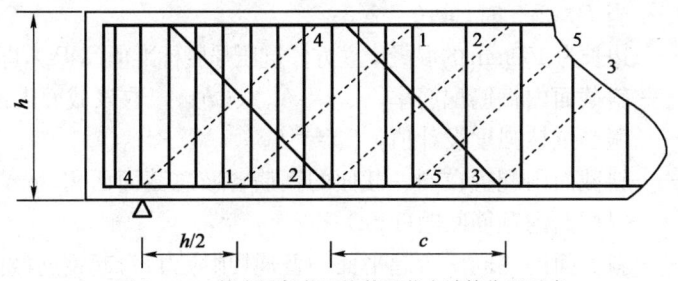

图 1-4-13 简支梁斜截面抗剪承载力计算位置示意

2.计算截面简图及符号规定

计算图式如图 1-4-14 所示。

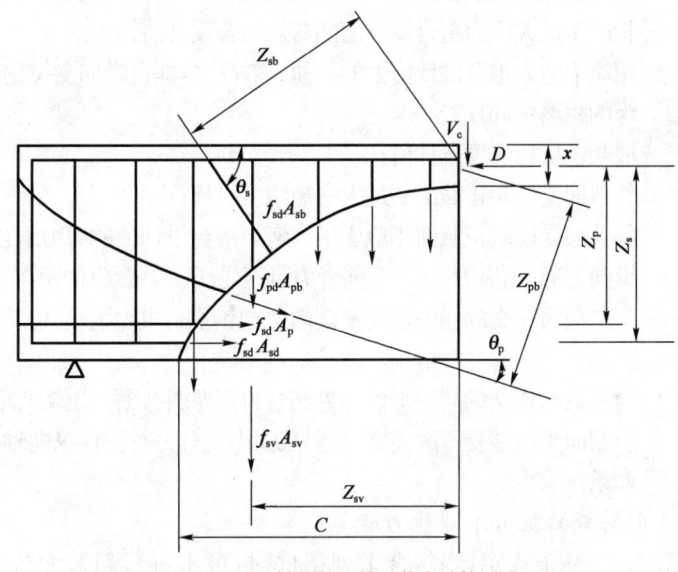

图 1-4-14 斜截面抗剪承载力验算图式

图 1-4-14 中:V_d——斜截面受压端上由作用(或荷载)效应所产生的最大剪力组合设计值(kN);

V_{cs}——斜截面内混凝土和箍筋共同的抗剪承载力设计值(kN);

$V_{sb}(V_{pb})$——与斜截面相交的普通(预应力)弯起钢筋的抗剪承载力设计值(kN);

V_{pb}——与斜截面相交的普通弯起钢筋的抗剪承载力设计值(kN);

α_1——异号弯矩影响系数,简支梁 $\alpha_1=1$;

α_2——预应力提高系数,钢筋混凝土构件,$\alpha_2=1$,对预应力混凝土受弯构件,$\alpha_2=1.25$,但是,当由钢筋合力引起的截面弯矩与外弯矩的方向相同时,或允许出现裂缝的预应力混凝土受弯构件,取 $\alpha_2=1$;

α_3——受压翼缘影响系数,$\alpha_3=1.1$;

b——斜截面受压端正截面处,矩形截面宽度(mm),或 T 形和 I 形截面腹板宽度;

h_0——斜截面受压端正截面的有效宽度,自纵向受拉钢筋合力点至受压边缘的距离；

$A_s(A_p)$——构件受拉区普通（纵向预应力）钢筋截面积；

P——斜截面内纵向受拉钢筋的配筋百分率，$P=100\rho$，$\rho=(A_p+A_s)/(bh_0)$，当 $P>2.5$ 时，取 $P=2.5$；

$f_{cu,k}$——边长为 150mm 的混凝土立方体抗压强度标准值（MPa），即混凝土强度等级；

ρ_{sv}——斜截面内箍筋配筋率，$\rho_{sv}=A_{sv}/(s_v b)$，s_v 取该截面内最大值；

f_{sv}——箍筋抗拉强度设计值，$f_{sv}=f_{sd}$；

A_{sv}——斜截面内配置在同一截面的箍筋各肢总截面面积（mm²）；

s_v——斜截面内箍筋间距（mm）；

$A_{sb}(A_{pb})$——斜截面内在同一弯起平面的普通（预应力）弯起钢筋截面面积（mm²）；

$\theta_s(\theta_p)$——普通（预应力）弯起钢筋，在斜截面受压端正截面处切线与水平线的夹角；

C——斜截面水平投影长度，$C=0.6mh_0$；

m——斜截面受压端正截面处的广义剪跨比，$m=M_{dV}/(V_d h_0)$，当 $m>3$ 时取 $m=3$；

M_{dV}——相应于最大应力组合设计值的弯矩组合设计值；

h_0——相应于剪力组合设计值处的截面有效高度，即自纵向受拉钢筋合力点至受压边缘的距离（mm）；

f_{td}——混凝土抗拉强度设计值；

M_d——斜截面受压端正截面的最大弯矩组合设计；

V_{dM}——斜截面受压端正截面相应于最大弯矩组合设计值的剪力组合设计值；

$Z_s(Z_p)$——纵向普通（预应力）受拉钢筋合力点至受压区中心 O 的距离；

$Z_{sb}(Z_{pb})$——与斜截面相交的同一弯起平面内普通钢筋（预应力）合力点至受压区中心 O 的距离；

Z_{sv}——与斜截面相交的同一平面内箍筋合力点至斜截面受压端的距离；

x——斜截面受压端受压区高度，按斜截面内所有力对构件纵向轴投影之和为零的平衡条件求得。

3. 矩形、T 形、I 形斜截面抗剪承载能力验算

(1) 按《桥规》第 5.2.10 条规定，当符合下列条件时，可不进行斜截面抗剪承载力的验算，仅需按第 9.3.13 条构造要求配置钢筋。

$$\gamma_0 V_d \leqslant 0.50 \times 10^{-3} \beta \alpha_2 f_{td} bh_0 \text{(kN)} \tag{1-4-6}$$

式中，板式截面 $\beta=1.25$，其余截面 $\beta=1.0$。

(2) 按《桥规》第 5.2.9 条规定，抗剪截面应符合下列要求：

$$\gamma_0 V_d \leqslant 0.51 \times 10^{-3} \sqrt{f_{cu,k}} bh_0 \text{(kN)} \tag{1-4-7}$$

(3) 按《桥规》第 5.2.7 条规定，当配置箍筋和弯起钢筋时，斜截面抗剪承载力应符合下列规定。本规定适用于箱形截面。

$$\gamma_0 V_d \leqslant V_{cs} + V_{sb} + V_{pb} \tag{1-4-8}$$

式中，

$$V_{cs} = \alpha_1 \alpha_2 \alpha_3 0.45 \times 10^{-3} bh_0 \sqrt{(2+0.6P)\sqrt{f_{cu,k}} \rho_{sv} f_{sv}}$$

$$V_{sb} = 0.75 \times 10^{-3} f_{sd} \sum A_{sb} \sin\theta_s$$

$$V_{\mathrm{pb}} = 0.75 \times 10^{-3} f_{\mathrm{pd}} \sum A_{\mathrm{pb}} \sin\theta_{\mathrm{p}}$$

4. 矩形、T形、I形斜截面抗弯承载能力验算

按《桥规》第 5.2.12 条规定，斜截面抗弯承载能力按以下规定验算。

(1)受弯构件的纵向钢筋和箍筋符合《桥规》第 9.1.4 条、第 9.3.9 条~第 9.3.13 条的要求时，可不进行斜截面抗弯承载能力验算。

(2)斜截面抗弯承载能力验算

$$\gamma_0 M_{\mathrm{d}} \leqslant f_{\mathrm{sd}} A_{\mathrm{s}} Z_{\mathrm{s}} + \sum f_{\mathrm{sd}} A_{\mathrm{sb}} Z_{\mathrm{sb}} + \sum f_{\mathrm{sv}} A_{\mathrm{sv}} Z_{\mathrm{sv}} + f_{\mathrm{pd}} A_{\mathrm{p}} Z_{\mathrm{p}} + \sum f_{\mathrm{pd}} A_{\mathrm{pb}} Z_{\mathrm{pb}} \quad (1\text{-}4\text{-}9)$$

此时，最不利的斜截面水平投影长度由下式经试算确定：

$$\gamma_0 V_{\mathrm{dM}} = \sum f_{\mathrm{sd}} A_{\mathrm{sb}} \sin\theta_{\mathrm{s}} + \sum f_{\mathrm{sv}} A_{\mathrm{sv}} + \sum f_{\mathrm{pd}} A_{\mathrm{pb}} \sin\theta_{\mathrm{p}} \quad (1\text{-}4\text{-}10)$$

5. 矩形、T形、I形斜截面受弯构件斜截面抗剪配筋设计

按《桥规》第 5.2.11 条规定，斜截面受弯构件斜截面承载能力抗剪配筋设计时，箍筋和弯起钢筋按下列规定和步骤配置和设计。

(1)绘出剪力包络图。

(2)距支座中心 $h/2$ 处截面剪力设计值为 V_{d}'，混凝土和箍筋共同承受 $\geqslant \xi V_{\mathrm{d}}'$；弯起钢筋承受 $\leqslant (1-\xi)V_{\mathrm{d}}'$；$\xi$ 是分配给混凝土和箍筋共同承担的系数，取 $\xi \geqslant 0.6$。

(3)设定箍筋种类和直径，按下式计算箍筋间距：

$$s_{\mathrm{v}} = \frac{0.2 \times 10^{-6} \times \alpha_1^2 \alpha_3^2 (2+0.6P) \sqrt{f_{\mathrm{cu,k}}} A_{\mathrm{sv}} f_{\mathrm{sv}} b h_0^2}{(\xi \gamma_0 V_{\mathrm{d}})^2} (\mathrm{mm}) \quad (1\text{-}4\text{-}11)$$

式中：V_{d}——用于抗剪配筋设计的最大剪力设计值(kN)，$V_{\mathrm{d}} = V_{\mathrm{d}}'$；

h_0——用于抗剪配筋设计的最大剪力截面的有效高度(mm)；

b——用于抗剪配筋设计的最大剪力截面的梁腹宽度(mm)，变宽度梁腹，取计算梁段最小腹板厚度；

A_{sv}——配置在同一截面内的箍筋总截面面积(mm^2)。

(4)计算第 i 排弯起钢筋面积 A_{sbi}(图 1-4-15)。

$$A_{\mathrm{sbi}} = \frac{\gamma_0 V_{\mathrm{sbi}}}{0.75 \times 10^{-3} f_{\mathrm{sd}} \sin\theta_{\mathrm{s}}} (\mathrm{mm}^2) \quad (1\text{-}4\text{-}12)$$

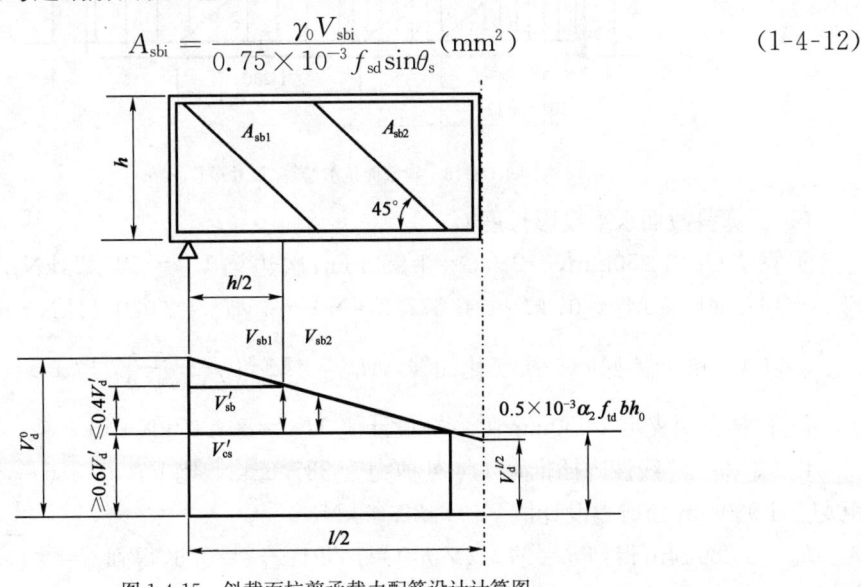

图 1-4-15 斜截面抗剪承载力配筋设计计算图

以上式中和图 1-4-15 中：V_d^0 —— 由作用（或荷载）引起的最大剪力组合设计值；

V'_d —— 用于配筋设计的最大剪力组合设计值，取距支座中心 $h/2$ 处量值；

$V_d^{l/2}$ —— 跨中截面剪力组合设计值；

V'_{cs} —— 由混凝土和箍筋共同承担的总剪力设计值；

V'_{sb} —— 由弯起钢筋承担的总剪力设计值；

A_{sbi} —— 第 i 排弯起钢筋面积；第一排弯起钢筋以倾角 θ_s 弯起，按《桥规》第 9.3.11 条规定终于支点截面上方，其后，各排弯起钢筋终点，与前一排弯起钢筋起点在同一截面上，呈锯齿形平行排列，同时，各排钢筋弯起点和截断点应符合《桥规》第 9.3.11 条的规定；

V_{sbi} —— 第 i 排弯起钢筋承担的剪力设计值(kN)；V_{sb1} 为距支点 $h/2$ 处，弯起钢筋分担的剪力值；其后，V_{sbi} 等于第 $i-1$ 排弯起钢筋弯起点的分担剪力值；

h —— 等高度梁的高度；

l —— 梁的计算跨径。

[例 1-4-3] 验算计算跨径 $l=15.5$m 的 T 梁距支座中心 $h/2$ 处斜截面抗剪承载能力，T 梁截面尺寸如图 1-4-12 所示，梁端结构尺寸见图 1-4-16。

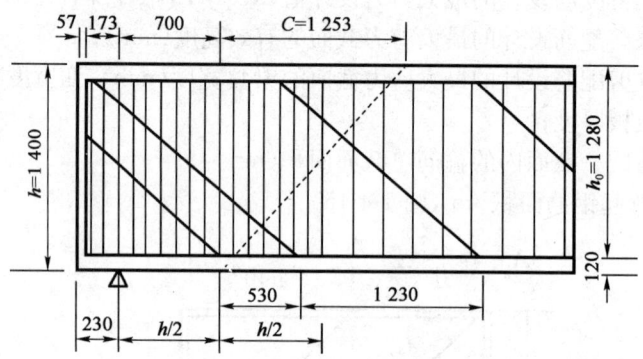

图 1-4-16　斜截面抗剪验算(尺寸单位：mm)

(1)试算斜截面水平投影长度 C

①假设 $C=1\,250$mm，$h/2+C=1\,950$mm；次边梁 $V_d^0=527.74$kN；$V_d^{l/4}=350.39$kN；$V_d^{l/2}=147.56$kN；$M_d^0=0$；$M_d^{l/4}=1\,577.31$kN·m；$M_d^{l/2}=2\,030.11$kN·m。

②以 M_d^0 和 $M_d^{l/2}$ 回归二次变化曲线，$M_x=4M_d^{l/2}\left(\dfrac{x}{l_n}-\dfrac{x^2}{l_n^2}\right)$，当 $x=\dfrac{l}{4}$ 时，仅比 $M_d^{l/4}$ 小 3.5%；内插在距支点 1 950mm 处弯矩设计值 $M_{dv}=893.07$kN·m。

由 V_d^0 和 $V_d^{l/2}$ 线性内插推算 1/4 处剪力为 337.65kN，比 $V_d^{l/4}$ 小 3.6%，近似按单直线计算距支点 1 950mm 处剪力设计值 $V_d=432.08$kN。

$h_0=1\,280$mm；得到 $m=M_{dv}/(V_d h_0)=1.591$；若 $\xi=0.6$，得到 $C=\xi\cdot mh_0=1\,221$mm，与假设 1 253mm 相当，以上各取值合适。

(2)验算混凝土截面下限

按式(1-4-7)计算,$f_{cu,k}=30$MPa,$b=180$mm,$h_0=1\,280$mm。

$$\gamma_0 V_d = 1.0 \times 438.49\text{kN} < 0.51 \times 10^{-3}\sqrt{f_{cu,k}}bh_0 = 643.595\text{kN}$$

混凝土截面符合要求。

(3)验算是否需要弯起钢筋

按式(1-4-6)计算,$\beta=1.0$,$\alpha_2=1.0$,$f_{td}=1.39$MPa,$b=180$mm,$h_0=1\,280$mm。

$$\gamma_0 V_d > 0.50 \times 10^{-3}\beta\alpha_2 f_{td}bh_0 = 160.128\text{kN}$$

需要配置弯起钢筋。

(4)抗剪承载能力计算

按式(1-4-8)计算,

①不设预应力钢筋,$V_{pb}=0$;

②V_{cs}中,$\alpha_1=1.0$,$\alpha_2=1.0$,$\alpha_3=1.1$,$f_{cu,k}=30$MPa,$b=180$mm,$h_0=1\,280$mm,$f_{sv}=280$MPa。

在斜截面内,纵向不弯起钢筋为 2 ⌀ 32 = 1 608mm²,$\rho=A_s/(bh_0)=0.006\,979$,$P=0.697\,9$,符合《桥规》第 9.1.12 条最小含筋率的规定。

在斜截面内,设有 2 肢⌀ 10 箍筋 $A_{sv}=157.08$mm²,间距 $s_v=200$mm(在离支点一倍梁高范围内按《桥规》第 9.3.13 条规定 $s_v=100$mm),$\rho_{sv}=A_{sv}/(s_v b)=0.004\,636$,符合第 9.3.13 条规定 > 0.18%。

$$V_{cs}=\alpha_1\alpha_2\alpha_3 0.45\times 10^{-3} bh_0\sqrt{(2+0.6P)\sqrt{f_{cu,k}}\rho_{sv}f_{sv}}=458.811\text{kN}$$

③V_{sb}中,$f_{sd}=280$MPa,$\theta_s=45°$;两排斜筋 $A_{sb}=2\times 1\,608$mm² $=3\,216$mm²。

$$V_{sb}=0.75\times 10^{-3}f_{sd}\sum A_{sb}\sin\theta_s = 477.628\text{kN}$$

④V_d,计算 $C=1\,253$mm,$h/2+C=1\,953$mm 处内插剪力 $V_d=431.93$ kN,符合 $\gamma_0 V_d \leqslant V_{cs}+V_{sb}$ 的规定。

(5)配筋符合《桥规》第 9.1.4 条、第 9.3.9 条和第 9.3.13 条构造规定,按第5.2.12条规定,可不进行斜截面抗弯承载力计算

[例 1-4-4] 图 1-4-16 斜截面抗剪承载能力配筋设计,T 梁截面尺寸如图 1-4-12 所示。

(1)V'_d的计算,$V_d^0=527.74$kN;$V_d^{l/2}=147.56$kN;由 V_d^0 和 $V_d^{l/2}$ 线性内插推算得到离支点 $h/2$ 处剪力设计值 $V'_d=493.40$kN。

(2)构造配筋长度,按式(1-4-6)计算构造配筋上限值,式中 $\beta=1.0$,$\alpha_2=1.0$,$f_{td}=1.39$MPa,$b=180$mm,$h_0=1\,280$mm,

$$R_s = 0.50\times 10^{-3}\beta\alpha_2 f_{td}bh_0 = 160.13\text{kN}$$

剪力设计值小于 R_s 的梁段,可按构造配筋。内插构造配筋长度 $x=256$mm。

(3)取分配给混凝土和箍筋共同承担的剪力设计值系数 $\xi=0.8>0.6$,因此,$V'_{cs}=0.8V'_d=394.72$kN,$V'_{sb}=0.2V'_d=98.94$kN。

(4)内插计算图 1-4-17 中 a、b、c 和 d 各段长度。

(5)计算箍筋间距,式(1-4-11)中,$\alpha_1=1.0$,$\alpha_3=1.1$,$f_{cu,k}=30$MPa,$b=180$mm,$f_{sv}=280$MPa,$\gamma_0=1.0$,$V_d=V'_d$。

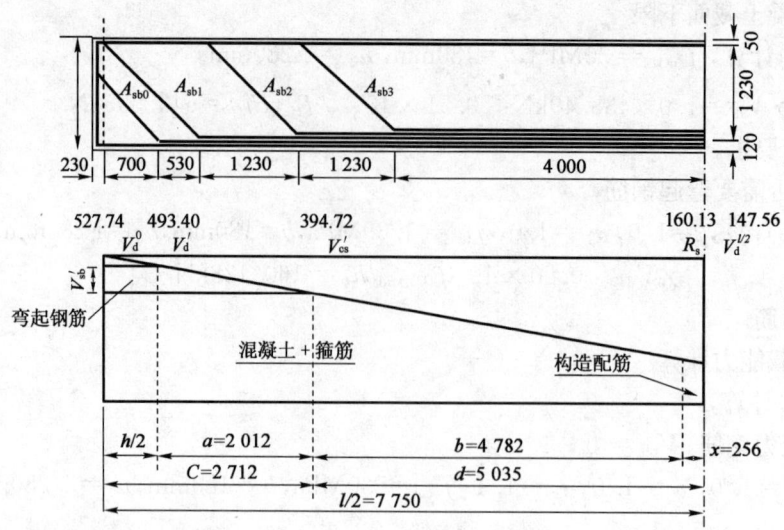

图 1-4-17 斜截面抗剪配筋设计(尺寸单位:mm)

在斜截面内,设有 2 肢Φ10 箍筋,$A_{sv} = 157.08\text{mm}^2$。

①支点截面,$h_0 = 1\,350\text{mm}$;在斜截面内,纵向不弯起钢筋为 2Φ32 = 1 608mm^2,$\rho = A_s/(bh_0) = 0.006\,979$, $P = 0.697\,9$,符合《桥规》第 9.1.12 条最小含筋率的规定。

按式(1-4-11)计算,得到 $s_v = 297\text{mm}$。取箍筋间距 $s_v = 200\text{mm}$,在离支点一倍梁高范围内按《桥规》第 9.3.13 条规定 $s_v = 100\text{mm}$。

②设无弯起钢筋段,在离支点距离 3 690mm 处,$h_0 = 1\,280\text{mm}$;内插剪力设计值 $V_d = 343.78\text{kN}$。

纵向不弯起钢筋为 8Φ32 = 6 432mm^2,$\rho = A_s/(bh_0) = 2.97\%>2.5\%$,取 $P = 2.5$。

按式(1-4-11)计算,得到 $s_v = 481\text{mm}>400\text{mm}$,不符合《桥规》第 9.3.13 条规定,按 $s_v \leqslant 300\text{mm}$ 控制并取整,得到 $s_v = 286\text{mm}$。286mm×14 = 4 004mm≈4 000mm。

(6)各排弯起钢筋截面积 A_{sbi} 计算:

①第一排,计算剪力取离支点 $h/2$ 处,最大剪力设计值 $V_{sb1} = V'_{sb} = 98.94\text{kN}$。计算弯起钢筋截面积 A_{sb1} 按式(1-4-12)计算,取 $\gamma_0 = 1$,$f_{sd} = 280\text{MPa}$,按《桥规》第 9.3.11 条推荐取 $\theta = 45°$,得到 $A_{sb1} = 666\text{mm}^2$。弯起两根主筋 2Φ32 = 1 608mm$^2 > A_{sb1}$。

②第二排,计算剪力取第一排弯起钢筋起点,构造布置距支点 700mm+530mm 处,最大剪力计算值 $V_{sb2} = 72.73\text{kN}$。计算弯起钢筋截面积 $A_{sb2} = 490\text{mm}^2<$弯起两根主筋 2Φ32 = 1 608mm^2。

③第三排,计算剪力取第二排弯起钢筋起点,按构造布置距支点 2×1230mm 处最大剪力计算值 V_{sb3} 已经很小,并列弯起两根主筋 2Φ32 = 1 608mm$^2 \gg A_{sb3}$。

④支座至 $h/2$,最大剪力 $V_{sb0} = V_d^0 - V'_d = 34.34\text{kN}$,弯起两根主筋 2Φ32 = 1 608mm$^2 \gg$ 计算面积 A_{sb0}。

⑤按《桥规》第 9.3.11 条检查弯起点是否符合规定。

⑥对以上设计的配筋,验算其斜截面抗剪承载能力,见例 1-4-3。

第二节　持久状况正常使用极限状态计算

一、裂缝宽度验算

钢筋混凝土和 B 类预应力混凝土梁裂缝宽度计算公式,基本形式相同,只相差预应力钢筋的贡献,为简洁起见一并写出,在钢筋混凝土梁的计算中不必考虑与预应力相关的贡献。到下一章讨论预应力混凝土梁的计算时,这些公式不再罗列。

1. 裂缝宽度规定

按《桥规》第 6.4.2 条规定,钢筋混凝土和 B 类预应力混凝土梁的裂缝最大宽度不得超过表 1-4-6 规定值。

钢筋混凝土和 B 类预应力混凝土梁的裂缝最大宽度(mm)　　表 1-4-6

构件种类	钢筋混凝土	B 类预应力混凝土	
		精轧螺纹钢筋	钢丝或钢绞线
I、II 类环境		0.20	0.10
III、IV 类环境		0.15	不允许

2. 裂缝宽度计算

按《桥规》第 6.4.3 条规定,钢筋混凝土和 B 类预应力混凝土梁的裂缝最大宽度 W_{fk} 按下式计算:

$$W_{fk} = C_1 C_2 C_3 \frac{\sigma_{ss}}{E_s}\left(\frac{30+d}{0.28+10\rho}\right)(\text{mm}) \tag{1-4-13}$$

式中:C_1——钢筋表面形状系数,光面钢筋 $C_1=1.4$,带肋钢筋 $C_1=1.0$;

C_2——作用(或荷载)长期效应系数,$C_2=1+0.5\dfrac{M_l}{M_s}$,$M_l$、$M_s$ 分别为长期效应组合、短期效应组合弯矩值;

C_3——受弯构件,取 $C_3=1.15$;

ρ——纵向受拉钢筋配筋率,$\rho = \dfrac{A_s+A_p}{bh_0+(b_f-b)h_f}$;$\rho>0.02$,取 $\rho=0.02$;$\rho<0.006$,取 $\rho=0.006$;

b_f——构件受拉翼缘宽度;

h_f——构件受拉翼缘厚度,无受拉翼缘 $h_f=0$;

σ_{ss}——作用(或荷载)短期效应引起的开裂截面纵向受拉钢筋应力,

①钢筋混凝土构件:

$$\sigma_{ss} = \frac{M_s}{0.87 A_s h_0} \tag{1-4-14}$$

②预应力混凝土构件：

$$\sigma_{ss} = \frac{M_s - N_{p0}(z - h_{p0})}{(A_p + A_s)z}, 其中 e = h_{p0} + \frac{M_s}{N_{p0}} \tag{1-4-15}$$

d——纵向受拉钢筋直径(mm)，

①在采用不同直径的普通钢筋混凝土构件中 $d = d_e$，d_e 为换算直径，$d_e = \frac{\sum n_i d_i^2}{\sum n_i d_i}$，其中 d_i 和 n_i 为第 i 种钢筋的公称直径和根数；

②对于混合配筋的预应力混凝土构件中 $d = d_e + d_{pe}$，d_e 同上，d_{pe} 为钢丝束或钢绞线的等代直径，$d_{pe} = \sqrt{n} d_p$，其中 n 为钢丝束中钢丝根数或钢绞线根数，d_p 为单根钢丝或单根钢绞线的公称直径；

③对于钢筋混凝土梁中的焊接钢筋骨架，d_e 或 d 应乘以1.3的系数；

$A_s(A_p)$——受拉区纵向普通(预应力)钢筋截面面积；

M_s——作用(或荷载)短期效应组合计算的弯矩值；

h_{p0}——混凝土法向应力等于零时预应力钢筋和普通钢筋合力 N_{p0} 的作用点至受拉区纵向预应力钢筋和普通钢筋合力点的距离；若不设受压区预应力钢筋，$h_{p0} = 0$；

N_{p0}——混凝土法向应力等于零时预应力钢筋和普通钢筋的合力，

$$N_{p0} = \sigma_{p0} A_p + \sigma'_{p0} A'_p - \sigma_{l6} A_s - \sigma'_{l6} A'_s$$

先张法 $\begin{cases} \sigma_{p0} = \sigma_{con} - \sigma_l + \sigma_{l4} \\ \sigma'_{p0} = \sigma'_{con} - \sigma'_l + \sigma'_{l4} \end{cases}$；后张法 $\begin{cases} \sigma_{p0} = \sigma_{con} - \sigma_l + \alpha_{EP}\sigma_{pc} \\ \sigma'_{p0} = \sigma'_{con} - \sigma'_l + \alpha_{EP}\sigma'_{pc} \end{cases}$

z——受拉区纵向普通钢筋和预应力钢筋合力点至截面受压区合力点的距离，

$$z = \left[0.87 - 0.12(1 - \gamma'_f)\left(\frac{h_0}{e}\right)^2\right] h_0 \tag{1-4-16}$$

式中：$\gamma'_f = \frac{(b'_f - b)h'_f}{bh_0}$。

[例1-4-5] 计算跨径16m的T梁裂缝宽度，T梁截面尺寸如例1-3-1。

作短期效应组合和长期效应组合，见例1-3-4计算结果，$M_{sd} = 1\,191.95$ kN·m；$M_{ld} = 975.82$ kN·m。

$b = 180$ mm，$h_0 = 1\,280$ mm，$A_s = 8\,402$ mm²，$d = 32$ mm。

$$\sigma_{ss} = \frac{1\,191.92 \times 10^6}{0.87 \times 8\,402 \times 1\,280} = 127.39 \text{(MPa)}$$

$E_s = 2 \times 10^5$ MPa，$\rho = \frac{8\,042}{180 \times 1\,280} = 0.034\,9$，$1.3 \times d = 41.6$ mm

$C_1 = 1.0$，$C_2 = 1 + 0.5 \times \frac{975.82}{1\,191.92} = 1.409$，$C_3 = 1.0$

按式(1-4-13)计算得到 $W_{fk} = 0.072$ mm < 0.2 mm，符合规定。

二、挠度验算

梁的挠度可以用普通结构力学方法计算,梁的刚度按《桥规》第 6.5.2 条规定的公式计算。

1. 钢筋混凝土梁的刚度计算

$$B = \frac{B_0}{\left(\frac{M_{cr}}{M_s}\right)^2 + \left[1 - \left(\frac{M_{cr}}{M_s}\right)^2\right]\frac{B_0}{B_{cr}}} \tag{1-4-17}$$

式中:B——开裂构件等效截面的抗弯刚度;
B_0——全截面抗弯刚度,$B_0 = 0.95 E_c I_0$;
B_{cr}——开裂构件截面的抗弯刚度,$B_{cr} = E_c I_{cr}$;
M_s——短期效应组合弯矩;
M_{cr}——开裂弯矩,

$$M_{cr} = \gamma \cdot f_{tk} W_0; \tag{1-4-18}$$

I_0——全截面换算截面惯矩;
I_{cr}——开裂截面换算截面惯矩;
f_{tk}——混凝土轴心抗拉强度标准值;
γ——构件受拉区混凝土塑性影响系数,

$$\gamma = \frac{2S_0}{W_0} \tag{1-4-19}$$

S_0——全截面换算截面重心轴以上(或以下)部分面积对重心轴的面积矩;
W_0——换算截面开裂边缘的弹性抵抗矩。

2. 长期效应的影响

长期效应的计算挠度 f_l 应为按短期效应组合和式(1-4-17)刚度计算的挠度 f_s,乘以挠度长期增长系数 η_θ 即,$f_l = \eta_\theta f_s$,

$$\eta_\theta = \begin{cases} 1.60, \text{C40 以下} \\ 1.45 \sim 1.35, \text{C40} \sim \text{C80} \end{cases}$$

而且规定,最大 $f_l - f_g \leqslant \dfrac{1}{600}$ 计算跨径,f_g 为结构自重的长期挠度。

3. 钢筋混凝土梁的预拱度

(1)最大 $f_l \leqslant \dfrac{1}{600}$ 计算跨径时,可不设预拱度。

(2)最大 $f_l > \dfrac{1}{600}$ 计算跨径时,计算预拱度为结构自重、$\dfrac{1}{2}$ 可变荷载频遇值之和计算的长期挠度值。汽车荷载频遇值为汽车荷载标准值的 0.7 倍,人群荷载频遇值等于人群荷载标准值。

(3)预拱度应按最大值沿桥纵轴线设计成平顺曲线。

[例 1-4-6] 计算跨径 16m 的 T 梁跨中挠度,T 梁截面尺寸如例 1-3-1。
已知 $f_{tk} = 2.01 \text{MPa}, E_c = 3 \times 10^4 \text{MPa}$。

(1)钢筋混凝土全截面几何性质计算

计算全截面换算截面重心距梁顶距离得到 $x_0=708$mm,相应 $S_0=2.4027\times10^8$mm^3,$I_0=1.8130\times10^{11}$mm^4,$W_0=2.6199\times10^8$mm^3。

(2)γ 计算

按式(1-4-19)计算得到 $\gamma=1.834$。

(3)M_{cr} 计算

按式(1-4-18)计算得到 $M_{cr}=9.6578\times10^8$N·mm。

(4)钢筋混凝土开裂截面几何性质计算

计算中性轴位置得到 $x=253$mm,相应换算开裂截面惯性矩 $I_{cr}=6.669\times10^{10}$mm^4,开裂截面换算面积 $A_{cr}=380\,556$mm^2。

(5)计算 B_0、B_{cr}

$$B_0=0.95E_cI_0=5.1671\times10^{15}\text{N·mm}^2$$
$$B_{cr}=E_cI_{cr}=2.0007\times10^{15}\text{N·mm}^2$$

(6)M_s

见例 1-3-4 计算结果,$M_{sd}=1\,313.0$kN·m$=13.13\times10^8$N·mm。

(7)计算 B

按式(1-4-17)计算,得到 $B=2.9930\times10^{15}$N·mm^2。

(8)自重挠度 f_g

由例 1-3-1,$M_G=716.7$kN·m,$l_0=15.5$m;得到:

$$f_g=\frac{5}{48}\frac{M_Gl_0^2}{B}=5.99\text{mm}$$

(9)汽车、人群荷载短期效应组合下的挠度 f_s

由例 1-3-2 公路—Ⅱ级车道荷载 $q_k=0.75\times10.5$kN/m,集中荷载 $P_k=0.75\times222$kN,跨中荷载横向分布系数 $\eta^M=0.6528$;汽车荷载频遇系数 $\psi_1=0.7$,

$$f_{sa}=\psi_1\eta^M\left(\frac{5}{384}\frac{q_kl_0^4}{B}+\frac{P_kl_0^3}{48B}\right)=2.87\text{mm}$$

人群荷载在该计算边梁中产生反向挠度 f_{sb},不计入,令 $f_{sb}=0$,则

$$f_s=f_{sa}+f_{sb}=2.87\text{mm}$$

(10)不计自重挠度的长期挠度 f_l

挠度长期增长系数 $\eta_\theta=1.6$,计算得到:

$$f_l=\eta_\theta f_s=4.60\text{mm}<\frac{l_0}{600}=25.83\text{mm}$$

符合规定,而且不需要设置预拱度。

第三节　短暂状况应力计算

短暂状况设计,应计算梁在制作、运输、安装等施工阶段的正截面和斜截面应力不得超过规定的限值。这些阶段的作用或荷载有自重、施工荷载。

一、一般规定

吊(车)机的荷载系数和构件的动力系数规定如下:

(1)按《桥规》第7.2.1条规定,当采用行驶在桥梁上的吊机(车)安装桥梁时,吊机(车)重量应乘以1.15的荷载系数。但吊机(车)产生的效应设计值小于按持久状况承载力极限状态计算的荷载效应组合设计值时,可不必验算。

(2)按《通规》第4.1.10条规定,构件在吊装、运输时,构件重力应乘以动力系数1.2或0.85,并可视构件具体情况适当增减。至于是采用增大或减小的动力系数,以不利组合来判断。

二、截面验算

按《桥规》第7.2.4和第7.2.5条规定,短暂状况梁的正截面应力和主应力按表1-4-7计算。

短暂状况梁的应力计算　　　　表1-4-7

应 力		计算公式	限　值	区段抗剪钢筋
正应力	受压区 混凝土压应力 σ_{cc}^t	$\dfrac{M_k^t x_0}{I_{cr}}$	$\leqslant 0.80 f'_{ck}$	
	受拉区 钢筋拉应力 σ_{si}^t	$\alpha_{ES}\dfrac{M_k^t(h_{0i}-x_0)}{I_{cr}}$	$\leqslant 0.75 f_{sk}$	
主应力	中性轴处 主拉应力 σ_{tp}^t	$\dfrac{V_k^t}{bz_0}$	$\leqslant 0.25 f'_{tk}$	构造配筋
			$(>0.25 f'_{tk}) \sim (\leqslant f'_{tk})$	需配置箍筋 和弯起钢筋

表中:M_k^t——由临时的施工荷载标准值产生的弯矩;

x_0——换算截面的受压区高度,按换算截面的受压区和受拉区对中性轴面积矩相等的原则求得;

I_{cr}——开裂截面换算截面的惯性矩,根据以求得的受压区高度 x_0,按开裂换算截面对中性轴惯性矩之和求得;

σ_{si}^t——按短暂状况计算时,受拉区的第 i 层钢筋的应力;

h_{0i}——受拉区边缘至受拉区第 i 层钢筋截面重心的距离;

f'_{ck}——施工阶段相应于混凝土立方体抗压强度 f'_{cu} 的混凝土轴心抗压强度标准值,按《通规》表3.1.3以直线内插取用;

f_{sk}——普通钢筋抗拉强度标准值;

V_k^t——由施工荷载标准值产生的剪力值;

b——矩形截面宽度、T形和I形截面腹板宽度;

z_0——受压区合理点至受拉钢筋合理点的距离,按受压区应力图形为三角形计算确定;

f'_{tk}——施工阶段混凝土轴心抗拉强度标准值。

三、箍筋和弯起钢筋配置

弯起钢筋和箍筋可按剪力图(图 1-4-18)配置,并按表 1-4-8 中公式计算。

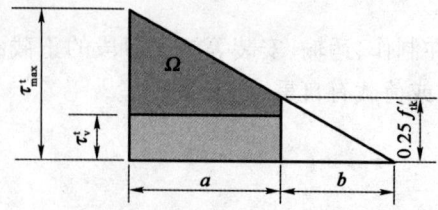

图 1-4-18　钢筋混凝土梁剪应力图分配
a-箍筋、弯起钢筋承受剪应力区段;b-混凝土承受剪应力区段

剪力钢筋计算　　　　　　　　　　　　　　　　表 1-4-8

剪力钢筋	算　式	剪力钢筋	算　式
箍筋	$\tau_v^t = \dfrac{nA_{sv1}[\sigma_s^t]}{bs_v}$	弯起钢筋	$A_{sb} \geqslant \dfrac{b\Omega}{\sqrt{2}[\sigma_s^t]}$

注:τ_v^t——由箍筋承受的主拉应力(剪应力)值;

　　n——统一截面内箍筋的肢数;

　　$[\sigma_s^t]$——短暂状况时钢筋应力的限值,取 $0.75 f_{sk}$;

　　A_{sv1}——一肢箍筋的截面面积;

　　s_v——箍筋的间距;

　　A_{sb}——弯起钢筋的总截面面积;

　　Ω——相应于弯起钢筋承受的剪应力图的面积。

第五章 预应力混凝土梁的截面设计及计算

第一节 预应力混凝土梁的截面设计

一、预应力混凝土梁钢筋面积的估算

预应力混凝土梁钢筋估算的原则：①首先按结构使用性能要求——按正常使用极限状态正截面抗裂性或裂缝宽度限制确定预应力钢筋数量；②再按结构承载能力极限状态的要求，确定需要补充的普通钢筋数量。

由于估算原则的不同，估算方法各不相同。除上述以抗裂性和裂缝宽度为基本限制估算预应力钢筋面积以外，还有其他方法估算预应力钢筋面积。例如，①按承载能力极限状态估算预应力钢筋面积；②按（施工阶段或使用阶段）混凝土上下缘应力的限值估算预应力钢筋面积等，还有一些图表可查用。但是，最后都必须通过下一节的截面复核，本节只介绍以抗裂性和裂缝宽度为基本限制估算预应力钢筋面积的方法。

1. 预应力钢筋面积估算

按正常使用状态正截面抗裂性（全预应力构件、部分预应力 A 类构件）或裂缝宽度（部分预应力 B 类构件）限制要求确定有效预应力，来估算预应力钢筋截面积 A_p。

$$A_p = \frac{N_{pe}}{\sigma_{con} - \sum \sigma_l} \quad (1\text{-}5\text{-}1)$$

式中：σ_{con}——预应力钢筋张拉控制应力；

$\sum \sigma_l$——预应力损失总值，按下式选用，低松弛钢筋可取较低值，

$$\sum \sigma_l = \sigma_{con} \times \begin{cases} 0.20 \sim 0.30（先张法）\\ 0.25 \sim 0.35（后张法） \end{cases}$$

N_{pe}——满足抗裂性或裂缝宽度要求的有效预加力，见表 1-5-1。

B 类构件估算时，N_{pe} 中 $[\sigma_{st}^N]$ 与 N_{pe} 相关，需要预先假设一个变量，迭代逼近。

2. 普通钢筋面积估计

预应力钢筋面积确定以后，可按正截面承载能力极限状态估算普通钢筋数量，可暂不考虑受压区预应力钢筋和普通钢筋的面积。

N_{pe} 计算公式 表 1-5-1

构件种类	全预应力构件	部分预应力	
		A 类构件	B 类构件
计算公式	$\dfrac{\sigma_{st}}{\rho_1 \cdot A_w}$	$\dfrac{\sigma_{st} - 0.75 f_{tk}}{A_w}$	$\dfrac{\sigma_{st} - [\sigma_{st}^N]}{\rho_2 \cdot A_w}$

注：

$$\sigma_{st} = \frac{M_s}{W} \tag{1-5-2}$$

$$A_w = \frac{1}{A} + \frac{e_p}{W} \tag{1-5-3}$$

$$[\sigma_{st}^N] = \sigma_{st} - \sigma_{pc} \tag{1-5-4}$$

$$\sigma_{pc} = N_{pc} A_w \tag{1-5-5}$$

ρ_1 ——《桥规》第 6.3.1 条规定，整体预制梁 $\rho_1=0.85$，分段施工梁 $\rho_1=0.80$；

ρ_2 ——经验系数，$\rho_2=0.85\sim 0.90$；

M_s ——荷载短期效应组合；

A ——混凝土毛截面面积；

W ——混凝土毛截面受拉边缘的弹性抵抗矩；

e_p ——预应力钢筋重心对混凝土重心轴的偏心矩，$e_p = y - a_p$，a_p 可预先假定；

f_{tk} ——混凝土抗拉标准值。

(1) T 形截面普通钢筋的面积估算

① 假定 $x \leqslant h'_f$，由下式计算受压区高度 x：

$$\gamma_0 M_d = f_{cd} b'_f x (h_0 - x/2) \tag{1-5-6}$$

由下式计算普通钢筋的面积 A_s：

$$f_{cd} b'_f x = f_{sd} A_s + f_{pd} A_p \tag{1-5-7}$$

② 若 $x > h'_f$，则由下式重新计算受压区高度 x：

$$\gamma_0 M_d = f_{cd} b x (h_0 - x/2) + f_{cd}(b'_f - b) h'_f (h_0 - h'_f/2) \tag{1-5-8}$$

若 $x > h'_f$ 并且 $x \leqslant \xi_b h_0$，可按下式计算普通钢筋的面积 A_s：

$$f_{cd} b x + f_{cd}(b'_f - b) h'_f = f_{sd} A_s + f_{pd} A_p \tag{1-5-9}$$

以上式中：b'_f ——上翼板宽度；

h'_f ——上翼板厚度；

h_0 ——全部钢筋面积的形心至梁顶高度；

b ——腹板宽度；

A_p ——受拉区的预应力钢筋截面积；

A_s ——受拉区的普通钢筋截面积；

f_{cd} ——混凝土抗压标准强度；

f_{pd} ——预应力钢筋抗拉标准强度；

f_{sd}——普通钢筋抗拉标准强度；

M_d——弯矩组合设计值；

γ_0——桥梁结构的重要性系数。

(2)矩形截面普通钢筋的面积估算

对于矩形截面只要令 b_f 等于梁宽 b，按式(1-5-6)和式(1-5-7)估算即可。

[**例1-5-1**] 预应力钢筋和普通钢筋面积估计。

整体预制预应力混凝土 T 形截面梁，标准跨径 40m，计算跨径 38.95m，跨中截面见图 1-5-1所示。

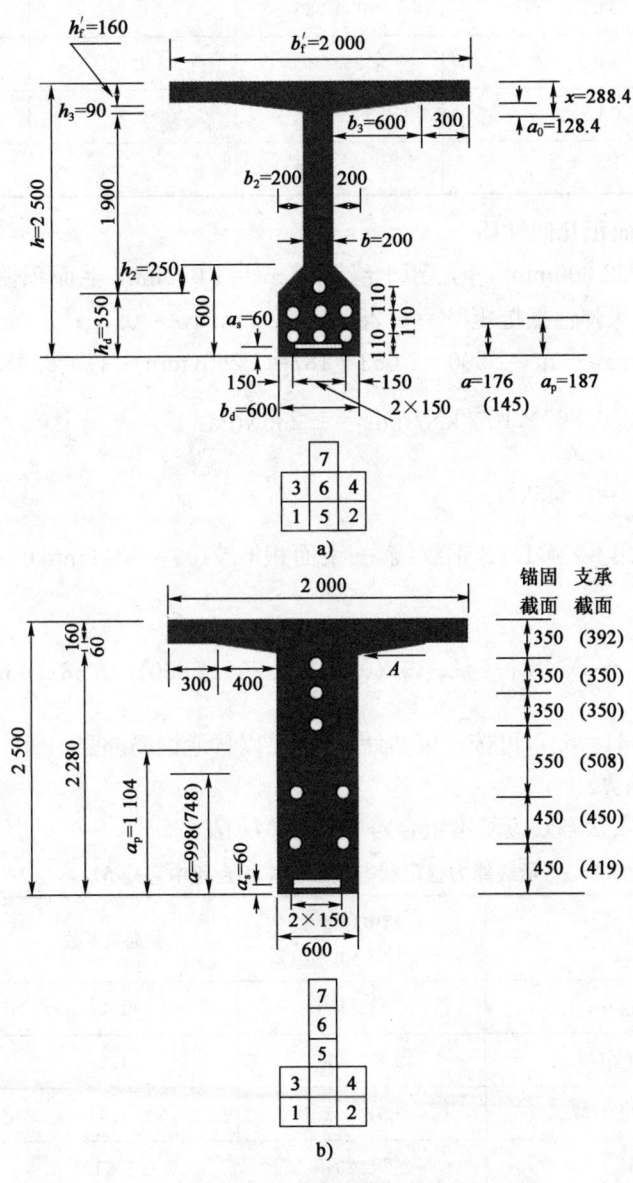

图 1-5-1 跨中和支点截面简图(尺寸单位:mm)

a)跨中截面简图；b)支点截面简图

(1)预应力钢筋估算
①正常使用极限状态荷载短期效应组合跨中弯矩 M_s(表 1-5-2)

正常使用极限状态荷载短期效应组合跨中弯矩 M_s　　　　　表 1-5-2

荷载(或作用)	跨中弯矩(kN·m)	频遇值系数	短期效应组合设计值(kN·m)
梁自重(M_{G1})	5 322.169	1.0	5 322.169
桥面铺装和人行道系(M_{G2})	2 001.408	1.0	2 001.408
汽车荷载(M_a)	3 039.780	0.7	2 127.846
人群荷载(M_P)	398.239	1.0	398.239
温差(预估)(M_t)	500.000	0.8	400.000
Σ			10 249.662

②混凝土毛截面积几何性质

毛面积 $A=1\,032\,000\,\text{mm}^2$,重心距上缘距离 $x_0=1\,053\,\text{mm}$,毛面积惯性矩 $I=8.728\,1\times10^{11}\,\text{mm}^4$,毛面积下缘弹性抵抗矩 $W=8.288\,8\times10^8\,\text{mm}^3$,$\rho_1=0.85$;

$e_p=y-a_p=h-x_0-a_p=2\,500-1\,053-187=1\,260(\text{mm})$;$A_w=2.489\times10^{-6}\,\text{mm}^{-2}$。

③$\sigma_{st}=\dfrac{M_s}{W}=1\,236.567\times10^{-5}\,\text{kN/mm}^2=1.236\,\text{MPa}$

④$N_{pe}=\dfrac{\sigma_{st}}{\rho_1\cdot A_w}=5\,845\,\text{kN}$

⑤预应力钢筋用 $6\times\phi^s 15.2$ 钢绞线,一束面积 $6\times139=834(\text{mm})^2$,$\sigma_{con}=0.75f_{pk}$,$f_{pk}=1\,860\,\text{MPa}$

$$A_p=\dfrac{N_{pe}}{\sigma_{con}-\sum\sigma_l}=5\,845/(0.75\times0.75\times1\,860)=5\,587(\text{mm})^2$$

束数 $=5\,587/834=6.7$,可按 7 束估计;若不足以普通钢筋补强。

(2)普通钢筋估算
①承载能力极限状态效应基本组合跨中弯矩 M_d(表 1-5-3)

承载能力极限状态效应基本组合跨中弯矩 M_d　　　　　表 1-5-3

荷载(或作用)	跨中弯矩(kN·m)	频遇值系数	短期效应组合设计值(kN·m)
梁自重(M_{G1})	5 322.169	1.2	6 386.103
桥面铺装和人行道系(M_{G2})	2 001.408	1.2	2 401.690
汽车荷载(计入冲击)(M_a)	3 039.780×1.168	1.4	4 970.638
人群荷载(M_P)	398.239	0.8×1.4	446.028
Σ			14 204.959

②C40 混凝土，$f_{cd}=18.4$ MPa；$h_0=h-a=2500-176=2324$ (mm)；$b'_f=2000$ mm，$h'_f=160$ mm，$b=200$ mm；$\xi_b=0.4$（表 1-4-2）。

近似按 T 形截面估算，由式(1-5-6)解出 $x=288$ mm$>h'_f$。

③HRB335 钢筋，$f_{sd}=280$ MPa，由式(1-5-9)解出 $A_s=898$ mm^2。若采用 7 束预应力钢筋，可能会是部分预应力构件，应考虑普通钢筋最小配筋率的要求，以免脆性破坏。按 6 根 25mm 钢筋 $A_s=2945.4$ mm^2 配置。

二、预应力钢筋纵断面设计

对于全预应力梁从抗裂性和裂缝宽度出发，预应力钢筋的纵向布置应该与设计弯矩的变化相适应。由表 1-5-4 可得到全预应力构件预应力钢筋偏心距和预应力钢筋合力点位置。

1. 预应力钢筋偏心距和预应力钢筋合力点位置

索界图见图 1-5-2。

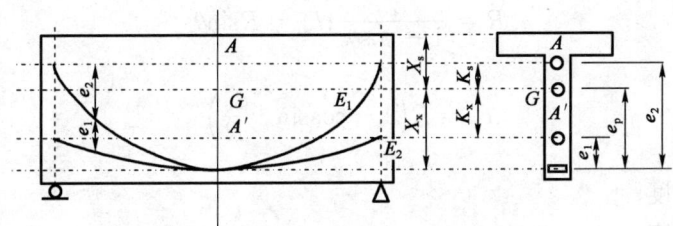

图 1-5-2　索界图

预应力钢筋偏心距和预应力钢筋合力点位置　　　　　　　　表 1-5-4

项　目	偏心距 e_p	合力点至截面上(下)核心距离 $e_2(e_1)$
下限	$\dfrac{M_s}{\rho_1 N_{pe}}-K_s$	$e_2 \geqslant \dfrac{M_s}{\rho_1 N_{pe}}$
上限	$\dfrac{M_{GIK}}{N_{pe}}+K_x$	$e_1 \leqslant \dfrac{M_{GIK}}{N_{pe}}$

注：$K_s(K_x)$——混凝土截面重心至上(下)核心点距离，$K_s=\dfrac{I}{Ax_x}$，$K_x=\dfrac{I}{Ax_s}$；

　　$x_x(x_s)$——混凝土毛面积重心至下(上)缘距离；

　　I——混凝土毛面积抗弯惯矩；

　　M_{GIK}——构件自重引起的弯矩标准值；

　　其余变量意义与式(1-5-1)～式(1-5-5)相同。

2. 预应力钢筋弯起角度

$$\theta_0 = \arcsin \dfrac{V_G + \dfrac{V_Q}{2}}{N_{pe}} \tag{1-5-10}$$

式中：θ_0 ——预应力钢筋弯起角度；
$V_G(V_Q)$ ——恒载(活载)剪力。

对于恒载较大的大跨径桥梁，上式计算的角度偏大。

3. 经验数值

(1)预应力钢筋起弯点一般设在距支点 $L/4\sim L/3$ 之间；

(2)预应力钢筋一般弯起角度 $\theta_p \geqslant 20°$；弯出梁顶面锚固的预应力钢筋 $\theta_p=25°\sim 30°$；

(3)预应力弯起钢筋矢跨比不大时，可采用圆曲线、抛物线或悬链线，其中圆曲线较方便。

4. 弯起线形

简支梁预应力弯起钢筋线形一般对称于跨中。跨中位为直线段，曲线段设置在端部，称为两段式；如果在锚固点附近再设置一段为直线段，称之为三段式。

(1)两段式弯起段水平投影长度 l_w 计算

两段式弯起钢筋线形见图 1-5-3。

$$R = \frac{c}{1-\cos\theta_0}; l_w = R\sin\theta_0$$

$$c_x = R\left(1-\cos\sin^{-1}\frac{l_x}{R}\right)$$

式中：c ——弯起高度；

θ_0 ——弯起角度；

R ——弯起半径；

l_w ——弯起曲线段水平投影长度；

c_x ——l_x 处弯起高度。

(2)三段式弯起段水平投影长度 l_{zw} 计算

三段式弯起钢筋线形见图 1-5-4。

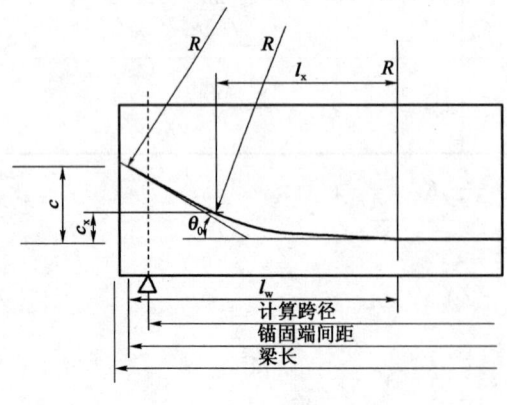

图 1-5-3 两段式弯起钢筋线形

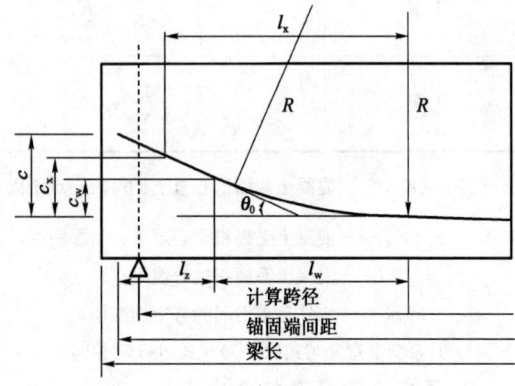

图 1-5-4 三段式弯起钢筋线形

$$l_w = R\sin\theta_0; c_w = R(1-\cos\theta_0)$$

$$l_z = \frac{c-c_w}{\tan\theta_0}; l_{zw} = l_z + l_w$$

$$c_x = c_w + (l_x - l_w)\tan\theta_0 \quad (当 l_x > l_w)$$

式中：R——弯起半径；

　　　c——弯起高度；

　　　θ_0——弯起角度；

　　　l_w——弯起曲线段水平投影长度；

　　　c_w——曲线段弯起高度；

　　　l_z——弯起直线段长度；

　　　l_{zw}——弯起段水平投影总长度；

　　　c_x——l_x 处弯起高度，若 $l_x < l_w$，则 c_x 同两段式计算公式。

[**例 1-5-2**] 预应力钢筋索界计算。

计算例 1-5-1 的索界，由例 1-5-1 计算得到如下数据：

$M_s = 10\,249.662$ kN·m，$M_{GIK} = 5\,322.169$ kN·m，$\rho_1 = 0.85$，$N_{pe} = 5\,845$ kN；

$A = 1\,032\,000$ mm²，$x_s = 1\,053$ mm，$x_x = 2\,500 - x_s = 1\,447$ mm，$I = 8.728\,1 \times 10^{11}$ mm⁴

按表 1-5-4 计算得到如下结果：

$$K_s = \frac{I}{Ax_x} = 584.5 \text{(mm)}, K_x = \frac{I}{Ax_s} = 803.2 \text{(mm)}$$

$$e_p \geqslant \frac{M_s}{\rho_1 N_{pe}} - K_s = 2\,063.0 - 584.5 = 1\,478.5 \text{(mm)}$$

$$e_p \leqslant \frac{M_{GIK}}{N_{pe}} + K_x = 910.6 + 803.2 = 1\,713.8 \text{(mm)}$$

跨中实际采用 $e_{p0} = h - x_s - a = 2\,500 - 1\,053 - 187 = 1\,260$(mm)；$e_{p0}$ 小于 $e_p = 1\,478.5$ mm 的下限约 15%，故在使用荷载下跨中梁底处有可能会出现拉应力，在验算中须注意；e_{p0} 满足上限 $1\,713.8$ mm 的要求，尚有富余，必要时可略增大 N_{pe}。

同样可以检验其他断面的偏心距是否在索界 e_1 和 e_2 内。但是，在简支梁设计中可不进行索界检验，而直接通过截面强度和应力计算来检验。

三、预应力钢筋构造设计

预应力管道可以用金属或塑料波纹管、铁皮管。长管道建议使用可减低管内气压的密封管道，以改善灌浆密实程度。对于各种预应力体系的特殊规定可参考本手册的另一分册《公路桥涵设计手册　预应力技术及材料设备》(第二版)。

1. 预应力混凝土构件预应力管道的保护层厚度

直线预应力钢筋管道最小保护层厚度按《桥规》第 9.1.1 条规定选用。

曲线布置的管道最小混凝土保护层厚度按《桥规》第 9.4.8 条规定计算，见表 1-5-5。如果计算的 C_{in} 或 C_{out} 小于第 9.1.1 条规定，应取相同环境的直线管道保护层厚度。

曲线预应力钢筋管道最小保护层厚度 表 1-5-5

布置方式	曲线平面内	曲线平面外
方式 1	$C_{in} \geq \dfrac{P_d}{0.266r\sqrt{f'_{cu}}} - \dfrac{d_s}{2}$	$C_{out} \geq \dfrac{P_d}{0.266\pi \cdot r\sqrt{f'_{cu}}} - \dfrac{d_s}{2}$
方式 2	用第 9.1.1 条规定厚度，且箍筋面积 $A_{sv1} \geq \dfrac{P_d s_v}{2rf_{sv}}$	

注：C_{in}——曲线平面内最小混凝土保护层厚度；

C_{out}——曲线平面外最小混凝土保护层厚度；

P_d——预应力钢筋的张拉力设计值(N)，可取扣除锚圈口摩擦、钢筋回缩及计算截面处管道摩阻损失后的张拉力乘以 1.2；

r——管道曲线半径(mm)，可按《桥规》第 9.3.15 条规定计算；

f'_{cu}——预应力钢筋张拉时，边长为 150mm 立方体混凝土抗压强度(MPa)；

d_s——管道外径；

A_{sv1}——箍筋单肢截面积(mm^2)；

s_v——箍筋间距(mm)；

f_{sv}——箍筋抗拉强度设计值(MPa)，按《桥规》第 3.2.3 规定采用。

2. 后张法预应力混凝土构件预应力管道的设置

按《桥规》第 9.4.9 条规定，管道间净距、管内径截面积须符合表 1-5-6 的要求。预埋管可将两管上下叠置，预留管道要与梁设置同样的预拱度。

管道间外缘净距与内径截面积 表 1-5-6

管道间外缘净距			管内径截面积
直线管道	曲线管道		
应≥40mm，宜≥$0.6d_s$	在曲线平面内	应≮C_{in}，应≥40mm，宜≥$0.6d_s$	应≥$2A_p$，应≥$2A'_p$
	在曲线平面外	应≮C_{out}	

注：$A_p(A'_p)$——预拉(压)钢筋截面积；

d_s——管道外径。

C_{in} 和 C_{out} 按表 1-5-5 计算，其中 P_d 和 r 分别为相邻两管道曲线半径较大的一根预应力钢筋的张拉力设计值和半径。

3. 后张法预应力曲线钢筋的曲线半径

按《桥规》第 9.4.10 条规定，预应力钢筋弯曲半径如表 1-5-7 所示。当采用大吨位锚具时，应注意该锚具体系的特殊规定，例如 VSL 体系最小弯曲半径和锚前最小切线长度是与最小断裂负荷相关的，也就是与钢束的总直径和强度相关，而不是与一根钢丝的直径相关，见图 1-5-5。

预应力钢筋弯曲半径 R 表 1-5-7

钢丝或钢筋直径 d	$d \leq [d]$	$d > [d]$
钢丝束、钢绞线束钢丝直径阈值$[d]$=5mm	R 不宜<4m	R 不宜<6m
精轧螺纹钢筋直径阈值$[d]$=25mm	R 不宜<12m	R 不宜<15m

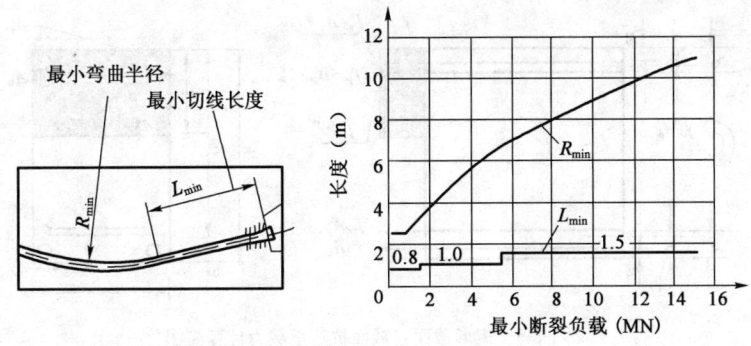

图 1-5-5　VSL 体系钢绞线束的最小弯曲半径和最小切线长度

4. 先张法预应力混凝土构件预应力钢筋净距

《桥规》第9.4.4条规定,按先张法预应力混凝土构件预应力钢筋最小净距应按表1-5-8采用。

预应力钢筋最小净距　　　　表1-5-8

预应力钢材		最小净距	
钢绞线	2、3 股	20mm	$1.5d_s$
	7 股	25mm	
钢丝		15mm	

注：d_s为钢绞线直径。

第二节　持久状况承载能力极限状态计算

第一节预估预应力钢筋和普通钢筋面积后,可按《桥规》第5.2.2条、第5.2.4条和第5.2.5条规定方法对截面进行强度验算。验算方法汇总如表1-5-9和表1-5-10中。在表1-5-11中是单筋矩形和T形截面预应力钢筋面积设计公式。需要注意的是,表中给出的是标准T形截面的计算公式,当有加腋区时需要计入加腋面积,在例1-5-3中有计算示例。

斜截面抗剪承载力验算,见第四章第一节"二、斜截面抗剪承载力计算"。

一、矩形截面正截面抗弯承载力验算

计算截面简图(图1-5-6)及符号规定如下,除注明外其余符号与钢筋混凝土梁相同。

f_{pd}、f'_{pd}——纵向预应力钢筋的抗拉强度设计值、抗压强度设计值,按《桥规》第3.2.3条采用；

A_p、A'_p——受拉区、受压区纵向预应力钢筋截面积；

a_p、a'_p——受拉区、受压区预应力钢筋合力点至受拉区、受压区边缘的距离；

a、a'——受拉区、受压区普通钢筋和预应力钢筋合力点至受拉区、受压区边缘的距离；

σ'_{p0}——受压区预应力钢筋合力点处混凝土法向应力等于零时预应力钢筋的应力,先张法构件按《桥规》第6.1.5条规定计算。

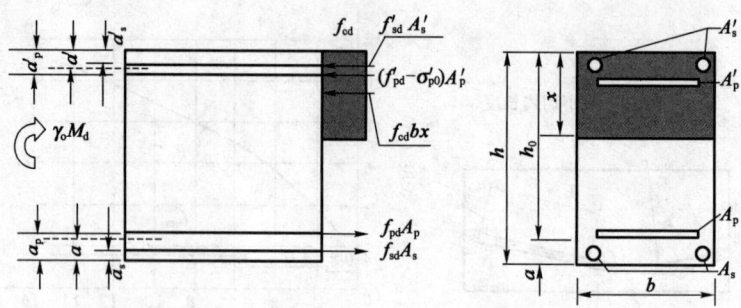

图 1-5-6　矩形截面正截面抗弯承载力计算简图

矩形截面验算　　　　　　　　　　　　　　　　　　　　　表 1-5-9

工况	单 筋	双 筋
已知	$M_d, b, h_0, A_s, A_p, A'_s, A'_p, f_{cd}, f_{sd}, f'_{sd}, f_{pd}, f'_{pd}$	
准备计算	截面几何性质：$A(A_0, A_n), I(I_0, I_n), e_p(e_{p0}, e_{pn}), y(y_0, y_n)$； 预应力损失：$\sigma_{1l}, \sigma_{2l}, \sigma_{3l}, \sigma_{4l}, \sigma_{5l}, \sigma_{6l}$； $\sigma'_{pe} = \sigma'_{con} - \sum_{i=1}^{6} \sigma'_{li}$；$\sigma'_{pc} = \dfrac{N_p}{A} + \dfrac{N_p e_p}{I} y$；$\sigma'_{p0} = \sigma'_{pe} + \alpha_{EP} \sigma'_{pc}$	
第一步	检验：$\mu \geq \mu_0$； $x: f_{sd}A_s + f_{pd}A_p = f_{cd}bx$； 检验：$x > \xi_b h_0$，超筋	检验：$\mu \geq \mu_0$； $x: f_{sd}A_s + f_{pd}A_p = f_{cd}bx + f'_{sd}A'_s + (f'_{pd} - \sigma'_{p0})A'_p$； 检验：若 $f'_{pd} - \sigma'_{p0} \geq 0, 2a' \leq x \leq \xi_b h_0$， 若 $f'_{pd} - \sigma'_{p0} < 0, 2a'_s \leq x \leq \xi_b h_0$
第二步	$\gamma_0 M_d \leq f_{cd}bx\left(h_0 - \dfrac{x}{2}\right)$	如果：$f'_{pd} - \sigma'_{p0} \geq 0, 2a' \leq x \leq \xi_b h_0$ 或 $f'_{pd} - \sigma'_{p0} < 0, 2a'_s \leq x \leq \xi_b h_0$， $\gamma_0 M_d \leq f_{cd}bx\left(h_0 - \dfrac{x}{2}\right) + f'_{sd}A'_s(h_0 - a'_s) +$ $(f'_{pd} - \sigma'_{p0})A'_p(h_0 - a'_p)$
第三步		如果：$f'_{pd} - \sigma'_{p0} \geq 0, 2a' < x \leq \xi_b h_0$， $\gamma_0 M_d \leq f_{pd}A_p(h - a_p - a'_s) + f_{sd}A_s(h - a_s - a'_s)$
第四步		如果：$f'_{pd} - \sigma'_{p0} < 0, 2a'_s < x \leq \xi_b h_0$， $\gamma_0 M_d \leq f_{pd}A_p(h - a_p - a'_s) + f_{sd}A_s(h - a_s - a'_s) -$ $(f'_{pd} - \sigma'_{p0})A'_p(a'_p - a'_s)$

二、T 形截面正截面抗弯承载力验算

计算截面简图见图 1-5-7，符号规定如本节一。

T 形截面验算　　　　　　　　　　　　　　　　　　　　　表 1-5-10

工况	单 筋	双 筋
已知	$M_d, b'_f, h'_f, b, h_0, A_s, A_p, A'_s, A'_p, f_{cd}, f_{sd}, f'_{sd}, f_{pd}, f'_{pd}$	
准备计算	截面几何性质：$A(A_0, A_n), I(I_0, I_n), e_p(e_{p0}, e_{pn}), y(y_0, y_n)$； 预应力损失：$\sigma_{1l}\ \sigma_{2l}\ \sigma_{3l}\ \sigma_{4l}\ \sigma_{5l}\ \sigma_{6l}$； $\sigma'_{pe} = \sigma'_{con} - \sum_{i=1}^{6} \sigma'_{li}$；$\sigma'_{pc} = \dfrac{N_p}{A} + \dfrac{N_p e_p}{I} y$；$\sigma'_{p0} = \sigma'_{pe} + \alpha_{EP} \sigma'_{pc}$	

续上表

工况	单 筋	双 筋
第一步	检验：$f_{sd}A_s+f_{pd}A_p>f_{cd}b'_f h'_f$，否则为矩形截面	检验：$f_{sd}A_s+f_{pd}A_p>f_{cd}b'_f h'_f+f'_{sd}A'_s+(f'_{pd}-\sigma'_{p0})A'_p$，否则为矩形截面
第二步	检验：$\mu \geqslant \mu_0$； $x:A_s f_{sd}+f_{pd}A_p=f_{cd}[bx+(b'_f-b)h'_f]$ （若有加腋，x 可能在加腋区内，或加腋区以下，式中右端见表注说明） 检验：$x \leqslant \xi_b h_0$	检验：$\mu \geqslant \mu_0$； $x:f_{sd}A_s+f_{pd}A_p=f'_{sd}A'_s+(f'_{pd}-\sigma'_{p0})A'_p+f_{cd}[bx+(b'_f-b)h'_f]$； （注：上式中可不计 A_s 和 A'_s。） 检验：若 $f'_{pd}-\sigma'_{p0}\geqslant 0, 2a' \leqslant x \leqslant \xi_b h_0$； 若 $f'_{pd}-\sigma'_{p0}<0, 2a'_s \leqslant x \leqslant \xi_b h_0$
第三步	$\gamma_0 M_d \leqslant f_{cd}\left[bx\left(h_0-\dfrac{x}{2}\right)+(b'_f-b)h'_f\left(h_0-\dfrac{h'_f}{2}\right)\right]$	$\gamma_0 M_d \leqslant f_{cd}\left[bx\left(h_0-\dfrac{x}{2}\right)+(b'_f-b)h'_f\left(h_0-\dfrac{h'_f}{2}\right)\right]+f'_{cd}A'_s(h_0-a'_s)+(f'_{pd}-\sigma'_{p0})A'_p(h_0-a'_p)$

注：表中关于 x 的算式需作以下说明：

(1) 第二步中，若有加腋，右侧 $f_{cd}[bx+(b'_f-b)h'_f]$ 应为：

$$f_{cd}\left\{(b'_f-b)h'_f+bx+b_3 h_3\left[1-\left(\dfrac{h_3+h'_f-x}{h_3}\right)^2\right]\right\}$$

式中，① b_3，h_3 分别是一侧加腋的宽度和高度；② 若无加腋，取 $b_3=0$；③ 若 $h_3+h'_f-x<0$，x 超出加腋区，取 $h_3+h'_f-x=0$。

(2) 若有加腋，第三步应为 $\gamma_0 M_d \leqslant f_{cd}A_c e_c$，式中，$A_c$、$e_c$ 分别是受压区面积和其重心至钢筋合力点距离。

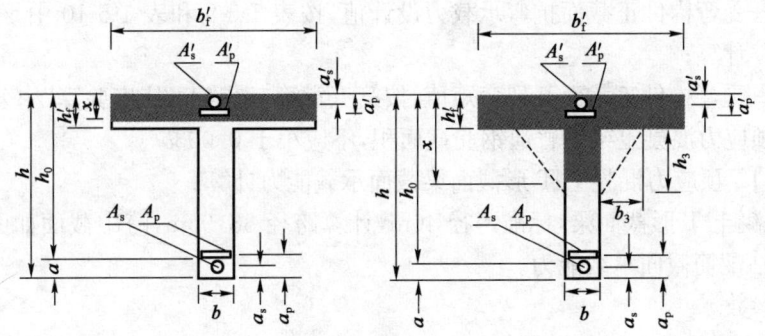

图 1-5-7　T 形截面正截面承载力计算图式

三、矩形和 T 形截面预应力钢筋设计

预应力受弯构件的混凝土截面确定以后，钢筋设计变量有 A_p、A'_p、A_s 和 A'_s 四项，不可能用解析方法同时解出。必须先根据经验假设或采用近似方法计算出一部分变量，再通过验算结果判断和修正前一轮的假设或近似值，逐渐逼近理想配筋方式。以下仅列出单筋截面的预应力钢筋设计作为示例，双筋截面可仿此计算。

单筋截面预应力钢筋设计　　　　表 1-5-11

工况	矩形截面	T 形截面
	已知：$M_d, b, h, f_{cd}, A_s, f_{sd}, f_{pd}$； 解：$A_p$	已知：$M_d, b, b'_f, h'_f, h, f_{cd}, A_s, f_{sd}, f_{pd}$； 解：$A_p$

续上表

第一步	确定：h_0	确定：h_0
第二步	$x: \gamma_0 M_d \leqslant f_{cd} bx \left(h_0 - \dfrac{x}{2}\right)$	$x: \gamma_0 M_d \leqslant f_{cd}\left[bx\left(h_0 - \dfrac{x}{2}\right) + (b'_f - b) h'_f \left(h_0 - \dfrac{h'_f}{2}\right)\right]$； 检验：$x > h_f$，否则为矩形截面
第三步	检验：$x \leqslant \xi_b h_0$； $A_p: f_{sd} A_s + f_{pd} A_p = f_{cd} bx$； 检验：$\mu \geqslant \mu_0$	检验：$x \leqslant \xi_b h_0$； $A_p: f_{sd} A_s + f_{pd} A_p = f_{cd}[bx + (b'_f - b) h'_f]$； 检验：$\mu \geqslant \mu_0$

四、最小配筋率

按《桥规》第9.1.12条规定，为避免受弯构件脆性破坏，

(1)预应力梁最小配筋率应符合下列条件：

$$\frac{M_{ud}}{M_{cr}} \geqslant 1.0$$

式中：M_{ud}——受弯构件正截面抗弯承载力设计值，按表1-5-9和表1-5-10中 $\gamma_0 M_d$ 的右侧式计算；

M_{cr}——受弯构件正截面开裂弯矩值，按第五章第三节"五、挠度验算"中公式计算。

(2)部分预应力混凝土梁中普通钢筋截面积，不应小于 $0.003 b h_0$。

［例1-5-3］ 预应力混凝土T形截面梁截面承载能力计算。

预应力混凝土T形截面梁，标准跨径40m，计算跨径38.95m，跨中截面如图1-5-1所示。按例1-5-1预估配筋截面承载能力。

(1)基本参数

$h = 2500$mm，$b'_f = 2000$mm，$h'_f = 160$mm，$b = 200$mm。

预应力钢筋为 $N = 7$ 束 $6\phi^s 15.2$ 钢绞线，截面积 $A_p = 7 \times 6 \times 139 = 5838$mm²，预应力管道外径 $d = 60$mm；$f_{pd} = 1260$MPa。

按例1-5-1的建议，普通钢筋截面积遵照《桥规》第9.1.12条规定，部分预应力混凝土受弯构件普通钢筋最小配筋率配置，$A_s \geqslant 0.003 b h_0 = 1394$mm²，取 6⚛25，$A_s = 2945.4$mm²；$f_{sd} = 280$MPa。

梁体混凝土C40，$E_c = 3.25 \times 10^4$MPa，$E_s = 2.0 \times 10^5$MPa，$E_p = 1.95 \times 10^5$MPa，$\alpha_{ES} = \dfrac{E_s}{E_c} = 6.15$，$\alpha_{EP} = \dfrac{E_p}{E_c} = 6$。

预应力钢筋重心距梁底缘距离 $a_p = \dfrac{\sum_i n_i h_i}{N}$，式中，$n_i$ 和 h_i 为第 i 层预应力钢筋束的束数和距梁底缘的距离，N 为各层预应力钢筋总束数。

表中普通钢筋重心距梁底缘距离 $a_s = 60\text{mm}$。

全部钢筋重心距梁底缘距离,极限状态 $a = \dfrac{A_s f_{sd} a_s + A_p f_{pd} a_p}{A_s f_{sd} + A_p f_{pd}}$;弹性状态 $a = \dfrac{A_s E_s a_s + A_p E_p a_p}{A_s E_s + A_p E_p}$,见表 1-5-12 括号中数字。

截面有效高度,$h_0 = h - a$。

预应力钢筋布置和距底边距离   表 1-5-12

层数	跨中		1/4 计算跨径		支点	
	n_i	a_i (mm)	n_i	a_i (mm)	n_i	a_i (mm)
5			1	649	1	2 087
4			1	393	1	1 737
3	1	330	1	169	1	1 387
2	3	220	2	220	2	853
1	3	110	2	110	2	404
∑	7		7		7	
a_s		60		60		60
a_p		187		267		1 104
a		176(145)		246(197)		998(748)
h_0		2 324(2 355)		2 254(2 303)		1 502(1 755)

(2)跨中截面几何性质

预制梁的混凝土毛面积 A,预应力管道面积 A_k,净截面面积 $A_n = A - A_k + (\alpha_{ES} - 1) \times A_s$;全截面面积 $A_0 = A + (\alpha_{EP} - 1) \times A_p + (\alpha_{ES} - 1) \times A_s$。

组合成桥时梁的混凝土毛面积 A,预应力管道已灌浆,净截面面积 $A_n = A + (\alpha_{ES} - 1) \times A_s$;全截面面积 $A_0 = A + (\alpha_{EP} - 1) \times A_p + (\alpha_{ES} - 1) \times A_s$。

本例中,组合成桥时毛截面未改变,但孔道灌浆,表 1-5-13 括号中为灌浆后数值。该数值仅在长期持续收缩徐变时发生作用,一般可以用括号外数值替代。

主梁截面几何性质   表 1-5-13

位置	截面	面积 (10^6mm^2)	重心距顶面距离 (10^3mm)	对重心惯矩 (10^{11}mm^4)
跨中和 $L_0/4$	毛截面	$A = 1.032\,00$	$x = 1.053$	$I = 8.728\,1$
	净截面	$A_n = 1.027\,39$ (1.047 18)	$x_n = 1.046$ (1.074)	$I_n = 8.605\,3$ (9.015 7)
	全截面	$A_0 = 1.076\,37$	$x_0 = 1.112$	$I_0 = 9.593\,4$
支点	毛截面	$A = 1.748\,00$	$x = 1.085$	$I = 10.684\,7$
	净截面	$A_n = 1.743\,39$ (1.763 18)	$x_n = 1.081$ (1.097)	$I_n = 10.566\,8$ (10.960 8)
	全截面	$A_0 = 1.792\,37$	$x_0 = 1.120$	$I_0 = 11.526\,0$

(3)荷载及效应

①汽车荷载等级,公路—Ⅰ级,按《通规》第4.3.1条规定,

a. 车道荷载 $q_k = 10.5 \text{kN/m}$。

b. 集中荷载 $P_k = 180 + (360 - 180) \times (38.95 - 5)/(50 - 5) = 315.8 (\text{kN})$;计算剪力效应时集中荷载为 $1.2 \times P_k$。

②汽车荷载冲击系数,按《通规》第4.3.2条规定计算,结构基频:

$$f = \frac{\pi}{2l^2}\sqrt{\frac{E_c I_c}{m_c}} = 2.828 \text{Hz}$$

式中,$l = 38.95 \text{m}$,$E_c = 3.25 \times 10^{10} \text{Pa}$,$I_c = I = 0.95934 \text{m}^4$,梁体自重+后期恒载 $= 37.386 \text{kN/m}$,$m_c = 37.386 \times 1000/g = 3811 \text{Ns}^2/\text{m}^2$。

冲击系数:$\mu = 0.1767 \ln f - 0.0157 = 0.168$。

③人群荷载按《通规》第4.3.5条规定,每侧 $q_r = 3 \text{kN/m}$。

④荷载效应,见表1-5-14。

荷 载 效 应   表1-5-14

项目		横向分配系数		跨中弯矩 (kN·m)	支点剪力 (kN)
		跨中	支点		
汽车	不计冲击(M_a、V_a)	0.60	0.50	3 039.780	307.486
	计入冲击 $\mu = 0.168$			3 550.463	356.684
	人群(M_p、V_p)	0.70	1.20	398.239	47.592
自重	梁(M_{G1}、V_{G1})			5 322.169	596.767
	桥面系(M_{G2}、V_{G2})			2 001.408	205.563
	合计			7 323.338	802.330

⑤温差效应

沥青路面厚度80mm,防水层厚度10mm,按《通规》第4.3.10条和《桥规》附录B计算,$\alpha_c = 0.1 \times 10^{-4}$,$E_c = 3.25 \times 10^4 \text{MPa}$。温差计算简图见图1-5-8,温差计算见表1-5-15。

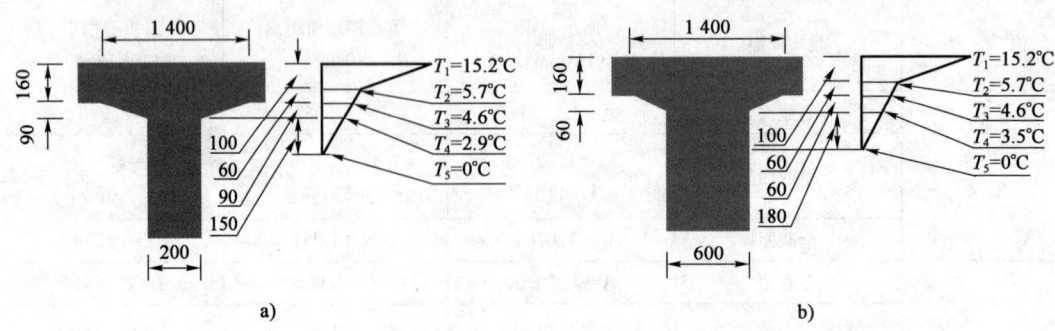

图1-5-8 温差计算简图(尺寸单位:mm)
a)跨中截面;b)支点截面

温 差 效 应 表1-5-15(1)

截面	分块	A_y (mm^2)	t_y (℃)	e_y (mm)	N_t (N)	M_t^0 (10^6N·mm)
算式		1	2	3	4	$2\times3\times\alpha_c E_c$	$2\times3\times4\times\alpha_c E_c$
跨中和1/4跨	1	2 000×100	10.45	1 112−100/2=1 062	679 250	−721.364
	2	2 000×60	5.13	1 112−100−60/2=982	200 070	−196.469
	3	(1 400+200)×90/2	3.92	1 112−100−60−(2×200+1 400)×90/3/(200+1 400)=918.25	91 699	−84.202
	4	200×150	1.43	1 112−160−90−75=787	13 894	−10.934
	Σ	正温差内力			984 913	−1 012.969
		反温差内力=−0.5×正温差内力			−492 456	506.484
支点	1	2 000×100	10.45	1 120−100/2=1 070	679 250	−726.789
	2	2 000×60	5.13	1 120−100−60/2=990	200 070	−198.069
	3	(1 112+600)×60/2	4.066	1 120−100−60−(2×600+1 400)×60/3×(600+1 400)=934	79 287	−74.054
	4	600×180	1.710	1 120−220−90=810	60 021	−48.617
	Σ	正温差内力			1 018 628	−1 047.538
		反温差内力=−0.5×正温差内力			−509 314	523.769

正反温差应力 表1-5-15(2)

计算位置	混凝土 σ_t			钢筋 $\sigma_{tP,tS}$	
	顶缘	预应力外缘钢筋	底缘	预应力钢筋重心处	普通钢筋重心处
x	x_0	$h-x_0-110$	$h-x_0$	$h-x_0-a_p$	$h-x_0-a_s$
t_y	15.2	0	0	0	0
跨中	2.85	0.43	0.55	2.12	3.00
	−1.43	−0.22	−0.28	−1.06	−1.50
1/4跨				1.61	
				−0.81	
支点	3.36	0.32	0.69	−1.90	3.89
	−1.68	−0.16	−0.34	0.95	−1.94

混凝土温度应力 $\sigma_t = \dfrac{-N_t}{A_0} + \dfrac{M_t^0}{I_0}x + t_y\alpha_c E_c$;该处钢筋应力 $\sigma_{tP,tS} = \sigma_t \dfrac{E_{P,S}}{E_c}$。

⑥效应组合

按《通规》第4.1.6条规定,若不计温差效应:

$$\gamma_0 M_d = \gamma_0 (\sum_{i=1}^{m}\gamma_{Gi}S_{Gik} + \gamma_{Q1}S_{Q1k} + \psi_c\sum_{j=2}^{n}\gamma_{Qj}S_{Qjk})$$
$$= 1.0\times(1.2\times7\,323.338 + 1.4\times3\,550.463 + 0.8\times1.4\times398.239)$$
$$= 14\,204.681(\text{kN}\cdot\text{m})$$

或计入温差效应:

$$\gamma_0 M_d = 1.0\times[1.2\,73\,23.338 + 1.4\times3\,550.463 + 0.7\times1.4\times(398.239+523.769)]$$

$$= 14\,662.221(\text{kN} \cdot \text{m})$$

⑦正截面抗弯承载力验算

a. 基本参数

梁体 C40 混凝土，$f_{ck}=26.8\text{MPa}$，$f_{cd}=18.4\text{MPa}$。

预应力钢筋，$A_p=4\,836.3\text{mm}^2$，$f_{pk}=1\,860\text{MPa}$，$f_{pd}=1\,260\text{MPa}$，$a_p=179\text{mm}$。

普通钢筋，$A_s=1\,571\text{mm}^2$，$f_{sk}=330\text{MPa}$，$f_{sd}=280\text{MPa}$，$a_s=60\text{mm}$。

b. 截面形式判断

标准 T 形截面可用表 1-5-10 所列公式计算，在非标准 T 形截面情况下需要用如下更一般的判断解析法，见表 1-5-10 注。

因为 $f_{cd}(b'_f h'_f +$ 加腋区面积+加腋区以下腹板面积$) > f_{sd}A_s + f_{pd}A_p > f_{cd}b'_f h'_f$，为 T 形截面，需要按表 1-5-10 注中公式解出受压区底线距翼板底距离 a_0，

$$b'_f h'_f + ba_0 + b_3 h_3 \left[1-\left(\frac{h_3-a_0}{h_3}\right)^2\right] = \frac{f_{sd}A_s + f_{pd}A_p}{f_{cd}}$$

式中，b_3、h_3 分别是一侧加腋的宽度和高度；若 $a_0 > h_3$，左侧第三项中取 $h_3-a_0=0$。解出 $a_0=352.976\text{mm}$，受压区高度 $x=a_0+h'_f=512.976\text{mm}$。

c. 检验受压区高度

由《桥规》第 5.2.1 条 $\xi_b=0.4$，符合 $x \leqslant \xi_b h_0 = 931.6\text{mm}$ 条件。

d. 截面抗弯承载能力 M_r

标准 T 形截面可用表 1-5-10 所列公式计算，在非标准 T 形截面情况下正截面抗弯承载能力 M_r 可用一般形式计算，即

$M_r = f_{cd} \times A_c \times (A_c$ 重心至普通钢筋和预应力钢筋合力点距离$)$

式中，受压面积 $A_c = A_{c1} + A_{c2} + A_{c3}$，它们的重心至全部钢筋合力点的距离为 e_1、e_2、e_3。

(a)翼缘板面积：$A_{c1}=(b_f-b)h_f=288\,000(\text{mm}^2)$，$e_1=h-a-h_f/2=2\,500-176-160/2=2\,244(\text{mm})$。

(b)加腋区受压面积：$A_{c2}=b_3 h_3=35\,377(\text{mm}^2)$，$e_2=h-h_f-a-h_3/3=2\,500-160-176-90/3=2\,074(\text{mm})$。

(c)腹板受压区面积：$A_{c3}=bx=102\,595.2(\text{mm}^2)$，$e_3=h-a-x/2=2\,500-176-512.976/2=2\,067.5(\text{mm})$。

$$M_r = f_{cd}(A_{c1} \times e_1 + A_{c2} \times e_2 + A_{c3} \times e_3) = 1.714\,4 \times 10^{10}\text{N} \cdot \text{mm} = 17\,144\text{kN} \cdot \text{m} > \gamma_0 M_d = 14\,662\text{kN} \cdot \text{m}$$

验算符合要求。

[例 1-5-4] 预应力混凝土 T 形截面梁预应力钢筋截面设计。

对例 1-5-1 的 T 形截面梁设计预应力钢筋面积。

已知：$M_d=14\,204.681\text{kN} \cdot \text{m}$，$b=200\text{mm}$，$b'_f=2\,000\text{mm}$，$h'_f=160\text{mm}$，$h=2\,500\text{mm}$，$f_{cd}=18.4\text{MPa}$，$f_{sd}=280\text{MPa}$，$f_{pd}=1\,260\text{MPa}$；按例 1-5-1 的建议 $A_s=2\,945.4\text{mm}^2$，保护层 $a=176\text{mm}$。

(1) $h_0=h-a=2\,324\text{mm}$。

(2)首先鉴定是不是矩形截面，由

$$\gamma_0 M_d = 14\,204.681 \text{kN} \cdot \text{m} > f_{cd} b'_f h'_f \left(h_0 - \frac{h'_f}{2}\right) = 13\,222.530 \text{kN} \cdot \text{m}$$

判断为 T 形，$x = 512.976\text{mm}$，超出加腋范围。

检验：由《桥规》第 5.2.1 条 $\xi_b = 0.4$，符合 $x \leqslant \xi_b h_0 = 931.6\text{mm}$ 条件。

(3) x 超出加腋，表 1-5-11 公式改为 $f_{sd} A_s + f_{pd} A_p = f_{cd} [(b'_f - b) h'_f + bx + b_3 h_3]$，计算得到 $A_p = 5\,838\text{mm}$，取 7 束 6 根 $\phi^S 15.2$ 钢绞线，$7 \times (6 \times 139.0) = 5\,838\text{mm}^2$，$A_p = 7 \times 6 \times 139 = 5\,858\text{mm}^2$ 验算，见例 1-5-3。

第三节 持久状况正常使用极限状态（变形）计算

持久状况正常使用极限状态需验算构件抗裂、裂缝宽度和挠度。验算采用作用（或荷载）的短期效应组合、长期效应组合或短期效应组合兼顾长期效应组合的影响，其中汽车荷载效应可不计冲击系数。预应力作为荷载，其荷载分项系数取为 1.0。

构件设计时预应力构件分为如下三种形式：

(1) 全预应力混凝土构件。构件在作用（或荷载）短期效应组合下，控制的正截面受拉边缘不允许出现拉应力（不得消压）。

(2) A 类部分预应力混凝土构件。构件在作用（或荷载）短期效应组合下，控制的正截面受拉边缘可出现拉应力。当拉应力小于限制时，为 A 类预应力混凝土构件。

(3) B 类部分预应力混凝土构件。当拉应力超过限制时，为 B 类预应力混凝土构件。

跨径大于 100m 的桥梁主要受力构件，不宜采用部分预应力混凝土构件设计。

弹性阶段计算中，构件截面性质计算规定如表 1-5-16 所示。

截面性质采用表　　　　　　　表 1-5-16

工艺和状态		毛截面 A	净截面 A_n	换算截面 A_0
先张法				○
后张法	管道压浆前（通常计算预加力时）		○	
	固结后			○
截面对应力或控制条件影响不大时		○		

一、预应力张拉控制应力

按《桥规》第 6.1.3 条规定，预应力混凝土构件，预应力钢筋的张拉控制应力 σ_{con}，在先张法中为预应力钢筋实际张拉应力，在后张法中为梁体内预应力钢筋在锚下部位已扣去可能锚圈口摩擦损失的应力。当为减小摩擦损失采用超张拉工艺或计入锚圈口摩擦损失时，钢筋最大控制应力（油压表显示值）记为 σ_m。σ_{con} 和 σ_m 应符合表 1-5-17 的要求。

预应力钢筋张拉控制应力 表 1-5-17

预应力钢筋种类		符 号	σ_{con}	σ_m
钢绞线 1×2、1×3、1×7		ϕ^S	$\leqslant 0.75 f_{pk}$	$\leqslant 0.80 f_{pk}$
消除应力钢丝	光面钢丝	ϕ^P		
	螺旋肋钢丝	ϕ^H		
	刻痕钢丝	ϕ^I		
精轧螺纹钢筋		JL	$\leqslant 0.90 f_{pk}$	$\leqslant 0.95 f_{pk}$

注：f_{pk} 为预应力钢筋抗拉标准值，按《桥规》第 3.2.2 条采用。

二、预应力计算基本公式

1. 由预加力产生的混凝土法向应力及相应阶段的预应力钢筋应力

预应力混凝土梁在预加力时，按《桥规》第 6.1.5 条规定，由预加力产生的应力计算列如表 1-5-18 所示。先张法和后张法的区别在于前者用换算截面计算，后者用扣除管道的净截面计算。

由预加力产生的混凝土法向应力及相应阶段的预应力钢筋应力 表 1-5-18

项 目		先张法构件	后张法构件
由预加力产生的混凝土法向压(拉)应力	σ_{pc} (σ_{pt})	$\dfrac{N_{p0}}{A_0} \pm \dfrac{N_{p0}e_{p0}}{I_0}y_0$	$\dfrac{N_p}{A_n} \pm \dfrac{N_p e_{pn}}{I_n}y_n \left(\pm \dfrac{M_{p2}}{I_n}y_n\right)$
预应力钢筋合力点处混凝土法向应力为零的预应力钢筋应力	σ_{p0}	$\sigma_{con} - \sigma_l + \sigma_{l4}$	$\sigma_{con} - \sigma_l + \alpha_{EP}\bar{\sigma}_{pc}$
	σ'_{p0}	$\sigma'_{con} - \sigma'_l + \sigma'_{l4}$	$\sigma'_{con} - \sigma'_l + \alpha_{EP}\bar{\sigma}'_{pc}$
相应阶段预应力钢筋有效应力	σ_{pe}	$\sigma_{con} - \sigma_l$	
	σ'_{pe}	$\sigma'_{con} - \sigma'_l$	

表中公式第一行，"±"后项与第一项同号取"+"，异号取"−"；"+"为压，"−"为拉

注：A_n ——净截面积，即扣除管道等削弱部分后的混凝土全部截面面积与纵向普通钢筋截面面积换算成混凝土的截面面积之和；对于不同混凝土强度等级组成的截面，应按混凝土弹性模量比值换算成同一混凝土等级的截面面积；

A_0 ——换算截面面积，包括净截面面积 A_n 和全部纵向预应力钢筋截面面积换算成混凝土的截面面积；

N_{p0}、N_p ——分别为先张法构件、后张法构件的预应力钢筋和普通钢筋的合力，按表 1-5-19 计算；

I_0、I_n ——分别为换算截面惯性矩、净截面惯性矩；

e_{p0}、e_{pn} ——分别为换算截面重心、净截面重心至预应力钢筋和普通钢筋合力点的距离，按表 1-5-19 计算；

y_0、y_n ——分别为换算截面重心、净截面重心至计算纤维处的距离；

σ_{con}、σ'_{con} ——分别为受拉区、受压区预应力钢筋的张拉控制应力，见上文；

σ_l、σ'_l ——分别为受拉区、受压区相应阶段的预应力损失值，见后文；

σ_{l4}、σ'_{l4} ——分别为受拉区、受压区由于混凝土弹性压缩引起的预应力损失值，见下文；

α_{EP} ——预应力钢筋弹性模量 E_p 与混凝土弹性模量 E_c 的比值，按《桥规》第 3.2.4 和第 3.1.5 条采用；

$\bar{\sigma}_{pc}$、$\bar{\sigma}'_{pc}$ ——分别为 N_p 产生的受拉区、受压区预应力钢筋重心处的混凝土法向应力，按下式计算，式中符号见表 1-5-18 规定，

$$\bar{\sigma}_{pc}(\bar{\sigma}'_{pc}) = \dfrac{N_p}{A_0} \pm \dfrac{N_p e_{p0}}{I_0}y_0$$

$$e_{p0} = \dfrac{\sigma_{pe}A_p y_p - \sigma'_{pe}A'_p y'_p - \sigma_{l6}A_s y_s + \sigma'_{l6}A'_s y'_s}{N_p}$$

M_{p2} ——预加力 N_p 在超静定后张法预应力混凝土构件中产生的次弯矩，简支梁中无此项内力。

2.预应力钢筋与普通钢筋合力及合力的偏心距

预应力钢筋与普通钢筋合力 N_{p0}、N_p 及合力的偏心距 e_{p0}、e_p 示于图 1-5-9 中,并按表 1-5-19 公式计算。

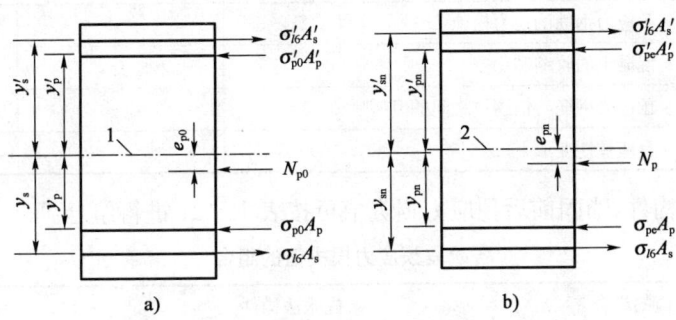

图 1-5-9 预应力钢筋和普通钢筋合力及其偏心距
a)先张法；b)后张法
1-换算截面重心轴；2-净截面重心轴

预应力钢筋与普通钢筋合力及合力的偏心距　　　　表 1-5-19

项目	预应力钢筋与普通钢筋合力、合力的偏心矩
先张法	$N_{p0} = \sigma_{p0}A_p + \sigma'_{p0}A'_p - \sigma_{l6}A_s - \sigma'_{l6}A'_s$ $e_{p0} = \dfrac{\sigma_{p0}A_p y_p - \sigma'_{p0}A'_p y'_p - \sigma_{l6}A_s y_s + \sigma'_{l6}A'_s y'_s}{N_{p0}}$
后张法	$N_p = \sigma_{pe}A_p + \sigma'_{pe}A'_p - \sigma_{l6}A_s - \sigma'_{l6}A'_s$ $e_{pn} = \dfrac{\sigma_{pe}A_p y_{pn} - \sigma'_{pe}A'_p y'_{pn} - \sigma_{l6}A_s y_{sn} + \sigma'_{l6}A'_s y'_{sn}}{N_p}$

注：σ_{p0}、σ'_{p0}、σ_{pe}、σ'_{pe}——按表 1-5-18 计算；
　　A_p、A'_p——分别为受拉区、受压区预应力钢筋截面积；
　　A_s、A'_s——分别为受拉区、受压区普通钢筋截面积；
　　y_p、y'_p——分别为受拉区、受压区预应力钢筋合力点至换算截面中心轴的距离；
　　y_s、y'_s——分别为受拉区、受压区普通钢筋合力点至换算截面中心轴的距离；
　　y_{pn}、y'_{pn}——分别为受拉区、受压区预应力钢筋合力点至净截面中心轴的距离；
　　y_{sn}、y'_{sn}——分别为受拉区、受压区普通钢筋合力点至净截面中心轴的距离；
　　σ_{l6}、σ'_{l6}——分别为受拉区、受压区预应力钢筋在各自合力点处由混凝土收缩和徐变引起的预应力损失,见后文；若 $A'_p = 0$,$\sigma'_{l6} = 0$。

三、预应力损失

1.预应力损失分类与组合

在《桥规》第 6.2 节中列举先张法和后张法中预应力损失主要有表 1-5-20 所列 8 种。其中第 7 种应由锚具商提供,第 8 种按台座实际情况计算,其余按以下方法计算。

预应力损失分类　　　　表 1-5-20

损失种类		先张法	后张法
σ_{l1}	预应力钢筋与管道壁之间的摩擦	—	☆
σ_{l2}	锚具变形、钢筋回缩、接缝压缩	☆	☆
σ_{l3}	预应力钢筋与台座之间的温差	☆	—

续上表

损失种类		先张法	后张法
σ_{l4}	混凝土弹性压缩	☆	☆
σ_{l5}	预应力钢筋的应力松弛	☆	☆
σ_{l6}	混凝土的收缩和徐变	☆	☆
σ_{l7}	预应力钢筋与锚圈口之间的摩擦	☆	☆
σ_{l8}	台座弹性变形	☆	—

预应力混凝土构件,锚固前后预应力损失值可按表 1-5-21 进行组合。

各阶段预应力损失值的组合　　　　　　　表 1-5-21

预应力损失值的组合	先张法构件	后张法构件
传力锚固时的损失(第一批)σ_{lI}	$\sigma_{l2}+\sigma_{l3}+\sigma_{l4}+0.5\sigma_{l5}$	$\sigma_{l1}+\sigma_{l2}+\sigma_{l4}$
传力锚固后的损失(第二批)σ_{lII}	$0.5\sigma_{l5}+\sigma_{l6}$	$\sigma_{l5}+\sigma_{l6}$

2. 预应力钢筋与管道壁之间的摩擦损失

由于预应力钢筋与弯曲管道壁以及预应力钢筋与有偏差的直线管道壁产生摩擦导致预应力损失,《桥规》第 6.2.2 条规定按下式计算:

$$\sigma_{l1}=\sigma_{\text{con}}[1-\mathrm{e}^{-(\mu\theta+kx)}] \tag{1-5-11}$$

式中:σ_{con}——预应力钢筋锚下的张拉控制应力(MPa);

μ——预应力钢筋与管道壁的摩擦系数,见表 1-5-22;

θ——从张拉端至计算截面曲线管道切线的夹角之和(rad);

k——每米管道的局部偏差对摩擦的影响系数,见表 1-5-22;

x——从张拉端至计算截面的管道长度,可近似地取该段管道在构件纵轴上的投影长度(m)。

系数 k 和 μ　　　　　　　表 1-5-22

管道成型方式	k	μ	
		钢绞线、钢丝束	精轧螺纹钢筋
预埋金属波纹管	0.001 5	0.20~0.25	0.50
预埋塑料波纹管	0.001 5	0.14~0.17	—
预埋铁皮管	0.003 0	0.35	0.40
预埋钢管	0.001 0	0.25	—
抽心成型	0.001 5	0.55	0.60

为减少摩擦损失,可以采用两端同时张拉工艺。也可以采用超张拉工艺,但最大张拉控制应力应符合表 1-5-17 规定。

3. 锚具变形、钢筋回缩和接缝压缩损失

(1)由锚具变形、钢筋回缩和接缝压缩造成的损失,《桥规》第 6.2.3 条规定按下式计算:

$$\sigma_{l2}=\frac{\sum \Delta l}{l}E_{\text{p}} \tag{1-5-12}$$

式中：Δl——张拉端锚具变形、钢筋回缩和接缝压缩值(mm)，按表 1-5-23 采用；

l——张拉端至锚固端的距离(mm)。

张拉端锚具变形、钢筋回缩和接缝压缩值(mm) 表 1-5-23

锚具、接缝类型		Δl	锚具、接缝类型	Δl
钢丝束的钢制锥形锚具		6	镦头锚具	1
夹片式锚具	有顶压时	4	每块后加垫板的间隙	1
	无顶压时	6	水泥砂浆接缝	1
带螺母锚具的螺母间隙		1	环氧砂浆接缝	1

(2) 反摩擦损失

预应力钢筋被锚固以后，产生锚具变形、钢筋回缩和接缝压缩，预应力钢筋产生与张拉力相反的运动，导致预应力钢筋与管道的反向摩擦，再次产生预应力损失。其摩擦系数 k 和 μ 与正向摩擦相同。计算简图见图 1-5-10(或《桥规》附录 D)。

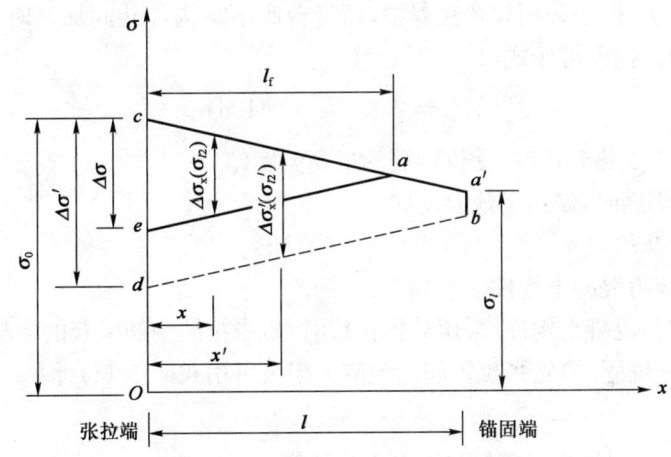

图 1-5-10 反摩擦预应力损失计算简图

注：caa' 表示预应力钢筋扣除管道正摩擦损失后的应力分布线。

eaa' 表示 $l_f \leqslant l$ 时，预应力钢筋扣除管道正摩擦和回缩损失后的应力分布线。

db 表示 $l_f > l$ 时，预应力钢筋扣除管道正摩擦和回缩损失后的应力分布线。

cae 为等腰三角形；$ca'bd$ 为等腰梯形。

反摩擦影响长度 l_f(mm)按下式计算：

$$l_f = \sqrt{\frac{\sum \Delta l \cdot E_p}{\Delta \sigma_d}} \quad (1\text{-}5\text{-}13)$$

式中：$\Delta \sigma_d$——单位长度由管道摩擦引起的预应力损失，按式(1-5-14)计算，

$$\Delta \sigma_d = \frac{\sigma_0 - \sigma_l}{l} \quad (1\text{-}5\text{-}14)$$

σ_0——张拉端锚下控制应力，按表 1-5-17 规定采用；

σ_l——预应力钢筋扣除沿途损失后锚固端应力；

l——张拉端至锚固端距离。

考虑了反摩擦损失的 σ_{l2} 记为 $\sigma_{l2}(\Delta \sigma_x)$，可按下列公式计算。

①当 $l_f \leqslant l$ 时，预应力钢筋离张拉端 $x(x \leqslant l_f)$ 处，

$$\sigma_{l2}(\Delta\sigma_x) = \Delta\sigma \frac{l_f - x}{l_f} \tag{1-5-15}$$

式中，$\Delta\sigma = 2\Delta\sigma_d l_f$，为当 $l_f \leqslant l$ 时在 l_f 影响范围内，预应力钢筋考虑反摩擦后在张拉端锚下的预应力损失；$x > l_f$ 处的钢筋不受反摩擦的影响。

②当 $l_f > l$ 时，预应力钢筋离张拉端 $x'(x' \leqslant l)$ 处，

$$\sigma'_{l2}(\Delta\sigma'_x) = \Delta\sigma' - 2x'\Delta\sigma_d \tag{1-5-16}$$

式中，$\Delta\sigma'$ 为当 $l_f > l$ 时在 l 范围内，预应力钢筋考虑反摩擦后在张拉端锚下的预应力损失值。令图 1-5-10 中 $ca'bd$ 等腰梯形面积 $A = \sum \Delta l \cdot E_p$，试算得到 cd，则 $\Delta\sigma' = cd$。

③两端张拉若反摩擦损失影响长度有重叠时，在重叠范围内 $\sigma_{l2}(\Delta\sigma_x)$ 可取两端分别张拉计算两端 $\sigma_{l2}(\Delta\sigma_x)$ 的较大值。

4. 预应力钢筋与台座之间的温差损失

先张法预应力构件，当采用加热法养护，而且台座不与构件共同加热时，钢筋与台座之间的温差引起的预应力损失可按式(1-5-17)计算。

$$\sigma_{l3} = 2(t_2 - t_1)\ (\text{MPa}) \tag{1-5-17}$$

式中：t_2——混凝土加热养护时，受拉钢筋的最高温度(℃)；

t_1——张拉钢筋时，制造场地温度(℃)。

5. 混凝土弹性压缩损失

(1)后张法预应力混凝土构件

①后张法预应力混凝土构件，采用分批张拉时，后张的钢筋引起的混凝土弹性压缩导致(在或不在同一截面锚固的)先张拉钢筋的预应力损失可用式(1-5-18)计算。

$$\sigma_{l4} = \alpha_{EP} \sum_i \Delta\sigma_{pci} \tag{1-5-18}$$

式中：α_{EP}——预应力钢筋弹性模量与混凝土弹性模量的比值；

$\Delta\sigma_{pci}$——在计算截面先张拉的钢筋重心处，由以后所张拉钢筋产生的混凝土法向应力(MPa)，可按下式计算，

$$\Delta\sigma_{pci} = \frac{\Delta N_i}{A_n} + \frac{\Delta N_i e_{<i} e_i}{I_n}$$

ΔN_i——第 i 批张拉的预应力钢筋的预加力(扣除相应阶段的预应力损失 σ_{l1} 和 σ_{l2})；

A_n、I_n——混凝土的净截面面积和净截面惯性矩；

$e_{<i}$——第 i 批以前张拉的预应力钢筋重心至净面积中心轴的距离；

e_i——第 i 批张拉的预应力钢筋重心至净面积中心轴的距离。

②当同一截面的预应力钢筋逐束张拉时，由于混凝土压缩引起的损失，可按式(1-5-19)简化计算。

$$\sigma_{l4} = \frac{m-1}{2} \alpha_{EP} \Delta\sigma_{pc} \tag{1-5-19}$$

式中：m——预应力钢筋的束数；

$\Delta\sigma_{pc}$——在计算截面的全部钢筋重心处,由张拉一束钢筋产生的混凝土法向压应力(MPa),取各束的平均值。

因为方法①计算烦琐,在跨度不是很大的简支梁中可以采用该简化方法。其计算结果是所有预应力钢筋的平均损失,不是某一根预应力钢筋的实际损失,而先后张拉的预应力钢筋之间预应力损失数值差距较大。其次,在预应力钢筋分布比较集中的截面(例如跨中)计算结果较精确,而对于预应力钢筋较分散的截面(例如有弯起钢筋的支点)计算结果误差较大,但是后者的总量大大小于前者,设计中可以容忍这个误差。

③在大型群锚逐根钢绞线张拉工艺中,设计预加力应力为 σ,若要求计入混凝土弹性压缩损失后使每根钢绞线预应力相同,第 i 次张拉的钢束的张拉应力 $\sigma_i(i=1,2,3,\cdots,m)$,略去高阶微小量,可按式(1-5-20)简化计算。

$$\sigma_i = \sigma + (m-i)\alpha_{EP}\Delta\sigma_{pc} \tag{1-5-20}$$

这个计算公式假定群锚中每根钢绞线之间的距离很小,相对于混凝土截面来说可以认为都是在群锚的轴线上。如果张拉的批次很少,也可以采用重复张拉的工艺。

注:式(1-5-20)可由以下过程得到:

用倒算法计算初始张拉力。令 $k = \alpha_{EP}\dfrac{A_p(一根预应力钢筋面积)}{A_c(混凝土截面积)} \ll 1$。

各根钢筋拉力相同,均为 p;

剪断第 m 根钢筋,其余 $m-1$ 根钢筋拉力增加 pk;

剪断第 $m-1$ 根钢筋,其余 $m-2$ 根钢筋拉力增加 $p(1+pk)k$;

剪断第 $m-2$ 根钢筋,其余 $m-3$ 根钢筋拉力增加 $p[1+pk+(1+pk)k]k$;

剪断第 $m-3$ 根钢筋,其余 $m-4$ 根钢筋拉力增加 $p\{1+pk+(1+pk)k+[1+pk+(1+pk)k]k\}k$……

略去 k^n 的 $n>1$ 各微小量,各根钢筋初始拉力 p_i 为:

$$p_i = p + p(m-i)k$$
$$= p + p(m-i)\alpha_{EP}\frac{A_p}{A_c}$$

或张拉应力为:

$$\sigma_i = \sigma + (m-i)\alpha_{EP}\Delta\sigma_{pc}$$

即为式(1-5-20)。

(2)先张法预应力混凝土构件

放松钢筋时由于混凝土弹性压缩引起的预应力损失,可按式(1-5-21)计算。

$$\sigma_{l4} = \alpha_{EP}\sigma_{pc} \tag{1-5-21}$$

式中:σ_{pc}——在计算截面钢筋重心处,由全部钢筋预加力产生的混凝土法向应力(MPa),可采用下式计算,

$$\sigma_{pc} = \frac{N_{p0}}{A_0} + \frac{N_{p0}e_{p0}^2}{I_0} \tag{1-5-22}$$

N_{p0}——全部钢筋的预加力(扣除相应的预应力损失);

A_0、I_0——构件换算截面面积和惯性矩;

e_{p0}——预应力钢筋截面重心至换算截面重心的距离。

6. 预应力钢筋的应力松弛损失

(1) 预应力钢丝和钢绞线的松弛终极损失值

$$\sigma_{l5} = \Psi\zeta\left(0.52\frac{\sigma_{pe}}{f_{pk}} - 0.26\right)\sigma_{pe} \tag{1-5-23}$$

式中：Ψ——张拉系数，一次张拉时 $\Psi=1.0$，超张拉时 $\Psi=0.9$；

ζ——钢筋松弛系数，I 级松弛（普通松弛），$\zeta=1.0$，II 级松弛（低松弛），$\zeta=0.3$；

σ_{pe}——传力锚固时的钢筋应力，后张法构件 $\sigma_{pe} = \sigma_{con} - \sigma_{l1} - \sigma_{l2} - \sigma_{l4}$，先张法构件 $\sigma_{pe} = \sigma_{con} - \sigma_{l2}$。

(2) 精轧螺纹钢筋

$$\sigma_{l5} = k\sigma_{con} \tag{1-5-24}$$

式中：k——系数，一次张拉 $k=0.05$，超张拉 $k=0.035$。

(3) 钢筋预应力损失中间值与终极值的比值按表 1-5-24 采用。

钢筋预应力损失中间值与终极值的比值 表 1-5-24

时间(d)	2	10	20	30	40
比值	0.50	0.61	0.74	0.87	1.00

7. 混凝土的收缩和徐变损失

混凝土的收缩和徐变引起受拉区预应力钢筋的预应力损失，可按如下公式计算。

$$\sigma_{l6}(t) = \frac{0.9[E_p\varepsilon_{cs}(t,t_0) + \alpha_{EP}\sigma_{pc}\phi(t,t_0)]}{1+15\rho\rho_{ps}} \tag{1-5-25}$$

$$\rho = \frac{A_p + A_s}{A}, \rho_{ps} = 1 + \frac{e_{ps}^2}{i^2}, e_{ps} = \frac{A_p e_p + A_s e_s}{A_p + A_s} \tag{1-5-26}$$

混凝土的收缩和徐变引起受压区预应力钢筋的预应力损失，以上两式中变量需作如下替换，即 $\sigma_{l6}(t) \to \sigma'_{l6}(t)$，$\sigma_{pc} \to \sigma'_{pc}$，$\rho \to \rho'$，$\rho_{ps} \to \rho'_{ps}$，$A_p \to A'_p$，$A_s \to A'_s$，$e_{ps} \to e'_{ps}$，$e_p \to e'_p$，$e_s \to e'_s$。

以上式中：$\sigma_{l6}(t)$、$\sigma'_{l6}(t)$——分别为构件受拉、受压区全部纵向钢筋截面重心处由混凝土收缩、徐变引起的预应力损失；

σ_{pc}、σ'_{pc}——分别为构件受拉、受压区全部纵向钢筋截面重心处由预应力及自重产生的混凝土法向应力（MPa），按前文公式计算，此时，①预应力损失仅考虑预应力钢筋锚固时（第一批，见表 1-5-21）的损失，不计普通钢筋应力损失 σ_{l6}、σ'_{l6}；② σ_{pc}、σ'_{pc} 值不得大于传力锚固时混凝土立方体抗压强度 f'_{cu} 的 0.5 倍；③当 σ'_{pc} 为拉应力时，取零；

E_p——预应力钢筋的弹性模量；

α_{EP}——预应力钢筋与混凝土弹性模量的比值；

ρ、ρ'——分别为构件受拉区、受压区全部纵向钢筋的配筋率；

A——构件截面积，先张法为换算面积 A_0，后张法为净面积 A_n；

e_p、e'_p——分别为构件受拉区、受压区预应力钢筋截面重心至构件截面重心的距离；

e_s、e'_s——分别为构件受拉区、受压区普通钢筋截面重心至构件截面重心的距离；

e_{ps}、e'_{ps}——分别为构件受拉区、受压区预应力钢筋和普通钢筋截面重心至构件截面重心的距离；

$\varepsilon_{cs}(t,t_0)$——预应力钢筋传力锚固龄期为 t_0，计算龄期为 t 时的混凝土收缩应变，其终极值 $\varepsilon_{cs}(t_u,t_0)$ 可按表1-5-25取用；

$\phi(t,t_0)$——加载龄期为 t_0，计算龄期为 t 时的混凝土的徐变系数，其终极值 $\phi(t_u,t_0)$ 可按表1-5-26取用。

混凝土收缩应变终极值 $\varepsilon_{cs}(t_u,t_0)$（$\times 10^{-3}$）　　　　　表1-5-25

传力锚固龄期(d)	40%≤RH<70%（代表值55%）				70%≤RH<99%（代表值80%）			
	理论厚度 h(mm)				理论厚度 h(mm)			
	100	200	300	≥600	100	200	300	≥600
3~7	0.50	0.45	0.38	0.25	0.30	0.26	0.23	0.15
14	0.43	0.41	0.36	0.24	0.25	0.24	0.21	0.14
28	0.38	0.38	0.34	0.23	0.22	0.22	0.20	0.13
60	0.31	0.34	0.32	0.22	0.18	0.20	0.19	0.12
90	0.27	0.32	0.30	0.21	0.16	0.19	0.18	0.12

混凝土徐变系数终极值 $\phi(t_u,t_0)$　　　　　表1-5-26

加载龄期(d)	40%≤RH<70%（代表值55%）				70%≤RH<99%（代表值80%）			
	理论厚度 h(mm)				理论厚度 h(mm)			
	100	200	300	≥600	100	200	300	≥600
3	3.78	3.36	3.14	2.79	2.73	2.52	2.39	2.20
7	3.23	2.88	2.68	2.39	2.32	2.15	2.05	1.88
14	2.83	2.51	2.35	2.09	2.04	1.89	1.79	1.65
28	2.48	2.20	2.06	1.83	1.79	1.65	1.58	1.44
60	2.14	1.91	1.78	1.58	1.55	1.43	1.36	1.25
90	1.99	1.76	1.65	1.46	1.44	1.32	1.26	1.15

注：表1-5-25和表1-5-26中：RH——桥梁所处环境的年平均相对湿度（%）；

h——理论厚度，$h=2A/u$，A 为构件截面面积，u 为构件与大气接触的周边长度，变截面构件可取 A 和 u 的平均值。

表1-5-25和表1-5-26值适用于一般硅酸盐类水泥、快硬水泥配置的混凝土，代表强度等级为C40混凝土，对于C50及其以上的混凝土，表值应乘以修正系数 $\sqrt{\dfrac{32.4}{f_{ck}}}$，式中，$f_{ck}$ 为混凝土轴心抗压强度标准值（MPa）。

表值适用于季节性变化的平均温度 $-20\sim+40$℃。

对传力锚固龄期、加载龄期、理论厚度，表值可用内插法取值。

在分段施工或结构体系转换中，当需要计算阶段收缩应变和徐变系数时，可按《桥规》附录F提供的方法进行，在简支梁桥中一般没有此工况。

[**例 1-5-5**] 预应力混凝土 T 形梁钢筋预应力损失计算。

由例 1-5-3 计算结果配置预应力钢筋如图 1-5-11 所示。

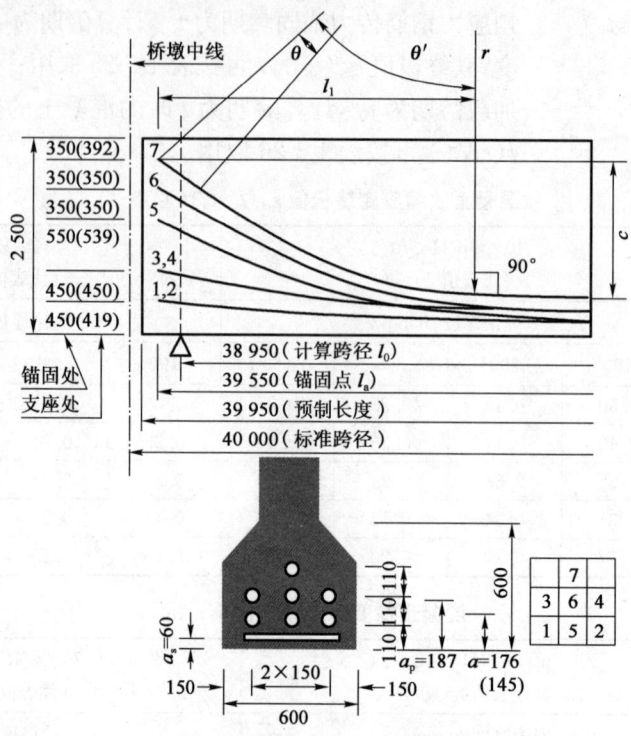

图 1-5-11 钢束布置图(尺寸单位:mm)

(1) 几何数据

① 弹性状态下,全部钢筋重心距梁底距离 a:

$$a = \frac{A_s E_s a_s + A_p E_p a_p}{A_s E_s + A_p E_p}$$

式中,$A_s = 2\,945\,\text{mm}^2$,$A_p = 5\,838\,\text{mm}^2$,$E_s = 2 \times 10^5\,\text{MPa}$,$E_p = 1.95 \times 10^5\,\text{MPa}$,$a_s = 60\,\text{mm}$;计算得到跨中截面 $a_p = 187\,\text{mm}$,$a = 145\,\text{mm}$;支点截面 $a_p = 1\,104\,\text{mm}$,$a = 748\,\text{mm}$;见图 1-5-1 和图 1-5-11。

② 预应力钢筋几何数据见表 1-5-27。

预应力钢筋几何数据表   表 1-5-27

预应力钢筋号	弯起中心角 θ' (°)	弯起高度 c (mm)	弯起半径 $r = \dfrac{c}{1-\cos\theta}$ (mm)	弯起部分投影长度 $l_1 = r\sin\theta'$ (mm)	直线长度 $l_2 = l_a - 2l_1$ (mm)
1、2	9	340	27 616	4 320	30 910
3、4		680	55 232	8 640	22 270
5		1 340	61 321	12 749	14 052
6	12	1 580	72 303	15 033	9 485
7		1 820	83 286	17 316	4 918

(2)预应力损失

①预应力钢筋与管道壁之间的摩擦损失

$f_{pk}=1860\text{MPa}$,$\sigma_{con}=0.75f_{pk}=1395\text{MPa}$,$\mu=0.25$,$k=0.0015$,按式(1-5-11)计算,结果见表1-5-28。

预应力钢筋与管道壁之间的摩擦损失 σ_{l1} 表1-5-28

截面	预应力钢筋号	θ (°)	θ (rad)	x (m)	σ_{l1} (MPa)	平均 σ_{l1} (MPa)
跨中	1~4	9	0.1571	19.775	92.92	100.18
	5~7	12	0.2094		109.85	
1/4跨	1~4	9	0.1571	10.037	73.76	71.69
	5	9.3959	0.1640		76.44	
	6	7.9883	0.1394		68.21	
	7	6.9485	0.1213		62.10	
支点	1、2	0.6117	0.0071	0.300	4.45	2.91
	3、4	0.3104	0.0036		2.54	
	5	0.2843	0.0033		2.37	
	6	0.2414	0.0028		2.10	
	7	0.2098	0.0024		1.91	

其中,预应力钢筋从张拉端至支点位置(计算截面)处的弯起弧长 $r\theta < r\theta'$,θ 计算如下:

$$\theta = \theta' - \arcsin\frac{l_1-x}{r}$$

式中:x——从张拉端至计算位置的水平距离,本例中从锚固点至支点水平距离为200mm;当 $x \geq l_1$ 时,$\theta=\theta'$,例如跨中截面。

在计算其他位置处也需要采用该式计算 θ。

支座处弯起预应力钢筋下降高度 Δ 按下式计算:

$$\Delta = r \cdot \cos\left(\arcsin\frac{l_1-x}{r}\right) - r \cdot \cos\theta'$$

②预应力钢筋的锚具变形、钢筋回缩和接缝压缩损失(计入反摩擦)

夹片式锚具无顶压时,按表1-5-23,$\Delta l = 6\text{mm}$,按式(1-5-13)和式(1-5-14)计算反摩擦影响长度:

$$l_f = \sqrt{\frac{\sum \Delta l \cdot E_p}{\Delta \sigma_d}}; \Delta \sigma_d = \frac{\sigma_0 - \sigma_l}{l}$$

此时,从张拉端至锚固端长度应取 $l = l_a = 39550\text{mm}$ 和 $2\theta'$ 计算摩阻损失:

$$\sigma_{l1} = \sigma_{con}[1-e^{-(2\mu\theta'+kl_a)}]$$

计算结果见表1-5-29。

反摩擦影响长度计算表 表 1-5-29

预应力钢筋号	σ_{l1} (MPa)	$\sigma_l = \sigma_0 - \sigma_{l1}$ (MPa)	$\Delta\sigma_d$ (MPa/mm)	l_f (mm)
1～4	178.56	1 216	0.004 6	15 976
5～7	209.99	1 185	0.005 4	14 731

按式(1-5-15)计算 σ_{l2},见表 1-5-30。

$$\sigma_{l2}(\Delta\sigma_x) = \Delta\sigma \frac{l_f - x}{l_f}; \Delta\sigma = 2\Delta\sigma_d l_f$$

锚具变形、钢筋回缩和接缝压缩损失计算表 表 1-5-30

预应力钢筋号	$\Delta\sigma$ (MPa)	l_f (mm)	支 点		1/4 跨		跨 中	
			x (mm)	σ_{l2} (MPa)	x (mm)	σ_{l2} (MPa)	x (mm)	σ_{l2} (MPa)
1～4	146.47	15 976	300	143.72	10 037	54.44	19 775	0
5～7	158.84	14 731		155.61		50.61		0

③预应力钢筋的混凝土弹性压缩损失

a. 按式(1-5-19)简化方法计算,$m=7$,$E_p = 1.95 \times 10^5$ MPa,$E_c = 3.25 \times 10^4$ MPa,$\alpha_{EP} = E_p/E_c = 6$;$\sigma_{con} = 1 395$ MPa,单根预应力钢筋截面积 $A_{pi} = 690.9$ mm²。$\Delta\sigma_{pc}$ 由表 1-5-18 和式(1-5-18)计算,本阶段 $\sigma_{l6} = 0$。

$$\Delta\sigma_{pc} = \frac{1}{m}\sigma_{pc} = \frac{1}{m}\left(\frac{N_p}{A_n} \pm \frac{N_p e_{pn}}{I_n}y_n\right)$$

$$N_p = \sigma_{pe}A_p, e_{pn} = \frac{\sigma_{pe}A_p y_{pn}}{N_p}$$

$$y_{pn} = h - x_n - a_{pi}, y_n = h - x_n - a$$

N_p 和 e_{pn} 计算见表 1-5-31,弹性压缩损失 σ_{l4} 计算见表 1-5-32(1)。

N_p 和 e_{pn} 计算表 表 1-5-31

截面	预应力钢筋号	根数 m_i	$\sigma_{li} = \sigma_{l1} + \sigma_{l2}$ (MPa)	$\sigma_{pe} = \sigma_{con} - \sigma_{li}$ (MPa)	$N_{pi} = m_i A_{pi} \sigma_{pe}$ (N)	y_{pn} (mm)	$N_{pi}y_{pn}$ (10^9 N·mm)	e_{pn} (mm)
序号	1	2	3	4	5	6	7	8=7/5
跨中	1、2	2	92.92	1 302	2 171 867	1 344	2.919 0	
	3、4	2			2 171 867	1 234	2.680 1	
	5	3	109.85	1 285	1 071 811	1 344	1.440 5	
	6				1 071 811	1 234	1.322 6	
	7				1 071 811	1 120	1.204 7	
	合计	7			7 559 169		9.566 9	1 266

续上表

截面	预应力钢筋号	根数 m_i	$\sigma_{li} = \sigma_{l1} + \sigma_{l2}$ (MPa)	$\sigma_{pe} = \sigma_{con} - \sigma_{li}$ (MPa)	$N_{pi} = m_i A_{pi} \sigma_{pe}$ (N)	y_{pn} (mm)	$N_{pi} y_{pn}$ (10^9 N·mm)	e_{pn} (mm)
1/4 跨	1、2	2	128.21	1 267	2 113 011	1 344	2.839 9	
	3、4	2		1 267	2 113 011	1 234	2.607 5	
	5	3	127.01	1 268	1 057 465	1 284	1.357 8	
	6		118.82	1 276	1 064 333	1 061	1.129 5	
	7		112.72	1 283	1 069 424	805	0.861 2	
	合计	7			7 417 244		8.795 9	1 186
支点	1、2	2	148.18	1 247	2 079 702	1 015	2.110 6	
	3、4	2	146.27	1 249	2 082 889	566	1.178 2	
	5	3	157.98	1 237	1 031 676	32	0.033 0	
	6		157.72	1 237	1 031 897	−318	−0.328 0	
	7		157.52	1 237	1 032 059	−668	−0.689 2	
	合计	7			7 258 223		2.304 5	318

净截面几何性质见表 1-5-12 和表 1-5-13。

弹性压缩损失 σ_{l4} 计算表　　　　　表 1-5-32(1)

截面	N_p (N)	A_n (mm^2)	I_n (10^{11}mm^4)	e_{pn} (mm)	y_n (mm)	$\Delta\sigma_{pc}$ (MPa)	σ_{l4} (MPa)
序号算式	1	2	3	4	5	$6 = \left(\dfrac{1}{2} + \dfrac{1 \times 4 \times 5}{3}\right)/m$	$7 = $ 式(1-5-19)
跨中	7 559 169	1 027 387	8.605 3	1 266	1 280	3.08	55.50
1/4 跨	7 417 244	1 027 387	8.605 3	1 186	1 208	2.79	50.30
支点	7 258 223	1 743 387	10.566 8	318	421	0.73	13.06

b. 按式(1-5-18)方法计算，设预应力钢筋张拉顺序为 5、6、7、4、3、1、2，可以调整张拉顺序，以使损失最小。

由表 1-5-31 计算的 N_{pi} 和 y_{pn} 计算弹性压缩损失，见表 1-5-32(2)。

由计算结果可见，跨中截面平均损失与简化方法几乎相同，支点截面简化方法误差稍大些。

④预应力钢筋的应力松弛损失

按式(1-5-23)计算，$\psi=1.0$，$\zeta=0.3$，$f_{pk}=1860$ MPa，利用表 1-5-32(2)中数据，计算结果见表 1-5-33。

弹性压缩损失 σ_{l4} 计算表

表 1-5-32(2)

截面	张拉序号	N_{pi} (N)	y_{pn} (mm)	弹性压缩损失 σ_{l4} (MPa)						截面平均
				损失序号						
				5	6	7	4	3	1	
跨中	5	1 071 811	1 344							
	6	1 071 811	1 234	18.65						
	7	1 071 811	1 120	17.55	16.62					
	4	1 085 933	1 234	18.65	17.64	16.62				
	3	1 085 933	1 234	18.65	17.64	16.62	17.87			
	1	1 085 933	1 344	19.76	18.65	17.75	18.90	18.90		
	2	1 085 933	1 344	19.76	18.65	17.75	18.90	18.90	20.02	
	Σ	7 559 169		113.03	89.21	68.35	55.67	37.80	20.02	
	同一弯起角钢束平均			90.19			28.37(含 2 号束)			54.87
1/4 跨	5	1 057 465	1 284							
	6	1 064 333	1 061	16.22						
	7	1 069 424	805	13.80	12.56					
	4	1 056 505	1 234	17.86	13.66	13.66				
	3	1 056 505	1 234	17.86	13.66	13.66	17.39			
	1	1 056 505	1 344	18.90	16.80	14.32	18.39	18.39		
	2	1 056 505	1 344	18.90	16.80	14.32	18.39	18.39	19.48	
	Σ	7 417 244		103.54	78.03	55.94	54.16	36.77	19.48	
	同一弯起角钢束平均			79.17			27.60(含 2 号束)			49.70
支点	5	1 031 676	32							
	6	1 031 897	−318	3.48						
	7	1 032 059	−668	3.40	5.08					
	4	1 041 444	566	3.68	2.26	0.83				
	3	1 041 444	566	3.68	2.26	0.83	5.91			
	1	1 039 850	1 015	3.78	1.23	−1.32	7.75	7.75		
	2	1 039 850	1 015	3.78	1.23	−1.32	7.75	7.75	11.05	
	Σ	7 258 223		21.80	12.05	−0.98	21.41	15.5	11.05	
	同一弯起角钢束平均			11.99			10.96(含 2 号束)			11.55

σ_{l5} 计算表

表 1-5-33

截面	预应力钢筋号	$\sigma_{li} = \sum\limits_{j}^{1,2,4} \sigma_{lj}$ (MPa)	$\sigma_{pe} = \sigma_{con} - \sigma_{li}$ (MPa)	σ_{l5} (MPa)	平均 σ_{l5} (MPa)
跨中	1～4	121.29	1 272.71	36.72	32.36
	5～7	200.05	1 194.95	26.55	

续上表

截面	预应力钢筋号	$\sigma_{li}=\sum_{j}^{1,2,4}\sigma_{lj}$ (MPa)	$\sigma_{pe}=\sigma_{con}-\sigma_{li}$ (MPa)	σ_{l5} (MPa)	平均 σ_{l5} (MPa)
$\dfrac{1}{4}$ 跨	1~4	155.81	1 239.19	32.13	29.81
	5	206.23	1 188.17	25.80	
	6	197.99	1 197.01	26.81	
	7	191.89	1 203.11	27.56	
支点	1、2	160.17	1 234.83	31.57	31.17
	3、4	158.26	1 236.74	31.82	
	5	168.94	1 226.06	30.44	
	6	168.67	1 226.33	30.48	
	7	168.48	1 226.52	30.50	

⑤混凝土的收缩和徐变损失

按式(1-5-25)计算,计算步骤如下:

a. 基本参数

$E_p=1.95\times10^5$ MPa, $E_c=3.25\times10^4$ MPa, $\alpha_{EP}=6$; $A_s=2\,945.4$ mm², $A_p=5\,838$ mm², $A_{pi}=834$ mm²。

b. 混凝土收缩、徐变系数终极值 $\varepsilon_{cs}(t_u,t_0)$, $\phi(t_u,t_0)$

$t_0=7$ 天,RH=75%;由图 1-5-1 计算,截面周长 $u=9\,800$ mm;由表 1-5-13,$A=1.032\times10^6$ mm²;可得到 $h=2A/u=211$ mm;查表 1-5-25,得到 $\varepsilon_{cs}(t_u,t_0)=0.000\,26$;查表 1-5-26,得到 $\phi(t_u,t_0)=2.14$。

c. 全部预应力钢筋重心处由于预加力产生的混凝土法向压应力 σ_{pc} 的计算见表 1-5-34(1)。

σ_{pc} 计 算 表   表 1-5-34(1)

截面	预应力钢筋号	根数 n	$\sigma_{pe}=\sigma_{con}-\sum_i^{1,2,4}\sigma_{li}$ (MPa)	$N_p=n\sigma_{pe}A_{pi}$ (N)	y_{pn} (mm)	$e_{pn}=\dfrac{N_p y_{pn}}{\sum N_p}$ (mm)	$\sigma_{pc}=\sum N_p\times\left(\dfrac{1}{A_n}+\dfrac{e_{pn}y_n}{I_n}\right)$ (MPa)
跨中	1、2	2	1 273.71	4×1 062 271	1 278		
	3、4	2			1 168		
	5	1	1 194.95	3×996 589	1 278		
	6	1			1 168		
	7	1			1 058		
	Σ			7 238 853		1 200	18.97
$\dfrac{1}{4}$ 跨	1、2	2	1 239.19	4×1 033 484	1 278		
	3、4	2			1 168		
	5	1	1 188.77	991 437	1 218		
	6	1	1 197.01	998 305	995		
	7	1	1 203.11	1 003 397	739		
	Σ			7 127 077		1 122	17.91

续上表

截面	预应力钢筋号	根数 n	$\sigma_{pe}=\sigma_{con}-\sum\limits_{i}^{1,2,4}\sigma_{li}$ (MPa)	$N_p=n\sigma_{pe}A_{pi}$ (N)	y_{pn} (mm)	$e_{pn}=\dfrac{N_p y_{pn}}{\sum N_p}$ (mm)	$\sigma_{pc}=\sum N_p\times\left(\dfrac{1}{A_n}+\dfrac{e_{pn}y_n}{I_n}\right)$ (MPa)
支点	1、2	2	1 234.83	2×1 029 851	976		
	3、4	2	1 236.74	2×1 031 444	527		
	5	1	1 226.06	1 022 537	−7		
	6	1	1 226.33	1 022 757	−357		
	7	1	1 226.52	1 022 919	−707		
	Σ			7 190 802		278	6.03

σ_{pc} 应扣除梁自重和桥面系自重产生的梁底拉应力 σ_t，计算如下，$a=149$mm，

$$\sigma_t=\dfrac{M_{G1}}{I_n}y_n+\dfrac{M_{G2}}{I_0}y_0$$

$$y_n=h-x_n-a;\quad y_0=h-x_0-a$$

σ_{pc} 扣去 σ_t 后，记为 $\sigma_{pc0}=\sigma_{pc}-\sigma_t$，计算结果见表 1-5-34(2)。

σ_{pc} 扣除梁自重和桥面系自重拉应力计算表　　表 1-5-34(2)

计算位置	恒载种类	M_{G1},M_{G2} (kN·m)	I_n,I_0 (m⁴)	x_n,x_0 (m)	σ_t (MPa)	σ_{pc0} (MPa)
跨中	预制梁	5 322.2	0.959 34	1.243	10.69	8.27
	二期恒载	2 001.4	0.860 53	1.309		
1/4 跨	预制梁	4 010.5	0.959 34	1.243	7.72	10.18
	二期恒载	1 501.1	0.860 53	1.309		
支点					0	6.93

假定张拉时混凝土强度最低可能达到 0.7 倍设计立方体强度，即 $f'_{cu}=0.7f_{cu}$，检验条件，$\sigma_{pc0}<0.5f'_{cu}=0.5\times0.7\times50=17.5$(MPa)，满足规定要求。按跨中、1/4 跨、支点计算如下。

a. $\rho=(A_p+A_s)/A_n=(5\,587+2\,945.5)/(1\,027\,390、1\,027\,390、1\,743\,390)$
$\qquad=0.008\,31、0.008\,31、0.004\,89$

b. 受拉区全部钢筋重心距净截面重心距离

$e_{ps}=y_n=h-x_n-u$

$\qquad=2\,500-(1\,073、1\,073、1\,097)-(145、197、748)$

$\qquad=1\,282、1\,230、655$(mm)

c. 回转半径 i

$i^2=I_n/A_n$

$\qquad=(0.901\,57/1.027\,39、0.901\,57/1.047\,18、1.096\,08/1.763\,18)\times10^6$

$\qquad=860\,953、860\,953、621\,651$(mm²)

d. $\rho_{ps}=1+\dfrac{e_{ps}^2}{i^2}=2.91、2.76、1.69$

e. $\sigma_{l6}(t) = \dfrac{0.9[E_p\varepsilon_{cs}(t,t_0)+\alpha_{EP}\sigma_{pc}\phi(t,t_0)]}{1+15\rho\rho_{ps}} = 103.41、121.27、105.17(\text{MPa})$

⑥预应力损失 σ_l 和有效预应力 σ_{pe}

由于弹性压缩损失（σ_{l4}）计算方法的不同（并影响到收缩徐变损失 σ_{l5}），最终有两个结果，见表1-5-35。前者是简化方法，得到的是截面损失平均值；后者是精确方法，但是二者损失的总量是相近的。在计算平均值时以预应力钢筋的根数作为权值，取加权平均值。有效预应力计算中取张拉控制应力为 $0.75\times1860\text{MPa}=1395\text{MPa}$。

简化算法预应力损失和有效预应力（MPa）　　　　　　　　　表1-5-35(1)

截面	预应力钢筋号	预应力损失						有效预应力
		σ_{l1}	σ_{l2}	σ_{l4}	σ_{l5}	σ_{l6}	$\sum\sigma_l$	σ_{pe}
跨中	1~4	92.92	0	55.47	33.10	103.28	284.77	1 110.23
	5~7	109.85	0		30.91		299.51	1 095.49
	平均	100.18	0		32.16		291.28	1 103.92
1/4跨	1~4	73.76	54.44	50.30	31.44	120.98	328.72	1 066.28
	5~7	68.92	50.61		30.08		321.15	1 073.85
	平均	71.69	52.80		29.77		325.48	1 069.52
支点	1~4	3.50	143.72	13.06	31.55	105.11	296.95	1 098.05
	5~7	2.13	155.61		30.21		306.12	1 088.88
	平均	2.91	148.82		30.98		300.88	1 094.12

简化算法预应力损失和有效预应力汇总（MPa）　　　　　　　表1-5-35(2)

截面	1~4项预应力损失	预加力阶段有效预应力	5、6项预应力损失	使用阶段有效预应力
跨中	155.64	1 239.36	135.44	1 103.92
1/4跨	174.79	1 220.21	150.68	1 069.52
支点	164.79	1 230.21	136.09	1 094.12

精确算法预应力损失和有效预应力（MPa）　　　　　　　　　表1-5-35(3)

截面	预应力钢筋号	预应力损失						有效预应力
		σ_{l1}	σ_{l2}	σ_{l4}	σ_{l5}	σ_{l6}	$\sum\sigma_l$	σ_{pe}
跨中	1~4	92.92	0	28.37	36.72	103.41	261.42	1 078.72
	5~7	109.85	0	90.19	26.55		330.02	1 001.66
	平均	100.18	0	54.87	32.36		290.82	1 104.18
1/4跨	1~4	73.76	54.44	27.60	32.13	121.26	309.21	1 016.30
	5~7	68.92	50.61	79.17	26.72		346.69	972.13
	平均	71.69	52.80	49.70	29.81		325.27	1 069.73
支点	1~4	3.50	143.72	11.99	31.70	105.17	296.08	1 042.74
	5~7	2.13	155.61	10.96	30.47		304.35	1 034.78
	平均	2.91	148.82	11.55	31.17		299.62	1 095.38

精确算法预应力损失和有效预应力汇总（MPa）　　表 1-5-35(4)

截面	1~4项预应力损失	预加力阶段有效预应力	5、6项预应力损失	使用阶段有效预应力
跨中	155.05	1 239.95	135.77	1 104.18
1/4跨	174.19	1 220.18	151.08	1 069.73
支点	163.28	1 231.72	136.35	1 095.38

四、抗裂性与裂缝宽度验算

在正常使用极限状态下，全预应力混凝土构件和 A 类预应力混凝土构件需要进行抗裂性验算，B 类预应力混凝土构件与钢筋混凝土构件一样需要验算裂缝宽度。抗裂性验算列入本节之中；裂缝宽度验算在第四章第二节中已作介绍，此处不再详述。

1. 预应力受弯构件正截面抗裂验算

按《桥规》第 6.3.1 条第 1 款规定，正截面抗裂验算应符合表 1-5-36 规定。一般需要验算跨中截面处、截面变化截面处。

预应力受弯构件正截面抗裂验算规定　　表 1-5-36

项　目	全预应力构件作用（荷载）短期效应组合	A 类预应力构件	
		作用（荷载）短期效应组合	作用（荷载）长期效应组合
预制构件	$\sigma_{st}-0.85\sigma_{pc}\leqslant 0$	$\sigma_{st}-\sigma_{pc}\leqslant 0.7f_{tk}$	$\sigma_{lt}-\sigma_{pc}\leqslant 0$
分段浇筑或砂浆接缝的纵向分块构件	$\sigma_{st}-0.80\sigma_{pc}\leqslant 0$		

2. 预应力受弯构件斜截面抗裂验算

按《桥规》第 6.3.1 条第 2 款规定，斜截面抗裂验算应符合表 1-5-37 规定。一般需要验算支点处、截面变化处、1/4 跨处，计算高度为承托与腹板交界处、马蹄与腹板交界处、截面重心处。

预应力受弯构件斜截面抗裂验算规定　　表 1-5-37

项　目	全预应力构件作用（荷载）短期效应组合	A 类、B 类预应力构件作用（荷载）短期效应组合
预制构件	$\sigma_{tp}\leqslant 0.6f_{tk}$	$\sigma_{tp}\leqslant 0.7f_{tk}$
现场浇筑或预制拼装构件	$\sigma_{tp}\leqslant 0.4f_{tk}$	$\sigma_{tp}\leqslant 0.5f_{tk}$

B 类预应力受弯构件在结构自重作用下控制截面受拉边缘不得消压

注：σ_{st}——在作用（或荷载）短期效应组合下构件抗裂验算边缘混凝土法向拉应力，见式(1-5-27)；
　　σ_{lt}——在荷载长期效应组合下构件抗裂验算边缘混凝土法向拉应力，见式(1-5-28)；
　　σ_{pc}——扣除全部预应力损失后的预加力在构件抗裂验算边缘产生的混凝土预压应力，见表 1-5-18；
　　σ_{tp}——由作用（或荷载）短期效应组合和预应力产生的混凝土主拉应力，见式(1-5-29)；
　　f_{tk}——混凝土的抗拉强度标准值，按《桥规》第 3.1.3 条采用。

3. 拉应力计算

对《桥规》第 6.3.2 条法向拉应力计算和第 6.3.3 条主拉应力计算的规定进一步分解和细化，罗列如下，供计算使用。

(1)法向拉应力计算

①作用(荷载)短期效应组合

$$M_s = M_{G1k} + M''_s$$

$$M''_s = M_{G2k} + 0.7M_{Q1k}/(1+\mu) + M_{Q2k}$$

$$\sigma_{st} = \begin{cases} \dfrac{M_s}{W_0} & \text{(先张法)} \\ \dfrac{M_{G1k}}{W_n} + \dfrac{M''_s}{W_0} & \text{(后张法)} \end{cases} \tag{1-5-27}$$

②作用(荷载)长期效应组合

$$M_l = M_{G1k} + M''_l$$

$$M''_l = M_{G2k} + 0.4[M_{Q1k}/(1+\mu) + M_{Q2k}]$$

$$\sigma_{lt} = \begin{cases} \dfrac{M_l}{W_0} & \text{(先张法)} \\ \dfrac{M_{G1k}}{W_n} + \dfrac{M''_l}{W_0} & \text{(后张法)} \end{cases} \tag{1-5-28}$$

以上式中:M_s——按作用(或荷载)短期效应组合计算的弯矩值;

M_l——按荷载长期效应组合计算的弯矩值,在组合的活载弯矩中,仅考虑汽车、人群等直接作用于构件的荷载产生的弯矩值;

W_0、W_n——抗弯构件抗裂验算边缘的换算弹性抵抗矩、净弹性抵抗矩。

(2)主拉应力计算

预应力混凝土受弯构件由作用(或荷载)短期效应组合和预应力产生的混凝土主拉应力σ_{tp}和主压应力σ_{cp}按下式计算:

$$\begin{matrix}\sigma_{tp}\\ \sigma_{cp}\end{matrix} = \dfrac{\sigma_{cx}+\sigma_{cy}}{2} \mp \sqrt{\left(\dfrac{\sigma_{cx}-\sigma_{cy}}{2}\right)^2 + \tau_s^2} \tag{1-5-29}$$

$$\sigma_{cy} = 0.6\dfrac{n\sigma'_{pc}A_{pv}}{bs_v} \tag{1-5-30}$$

$$\sigma_{cx} = \begin{cases} \sigma_{pc} + \dfrac{M_s y_0}{I_0} & \text{(先张法)} \\ \sigma_{pc} + \dfrac{M_{G1k} y_n}{I_n} + \dfrac{M''_s y_0}{I_0} & \text{(后张法)} \end{cases} \tag{1-5-31}$$

$$M''_s = M_{G2k} + 0.7M_{Q1k}/(1+\mu) + M_{Q2k}$$

$$M_s = M_{G1k} + M''_s$$

$$\tau_s = \begin{cases} \dfrac{(V_s - V_p)S_0}{bI_0} & \text{(先张法)} \\ \dfrac{V_{G1k}S_n}{bI_n} + \dfrac{V''_s S_0}{bI_0} - \dfrac{V_p S_n}{bI_n} & \text{(后张法)} \end{cases} \tag{1-5-32}$$

$$V_p = \sum \sigma''_{pc} A_{pb} \sin\theta_p$$

$$V_s = V_{G1k} + V''_s$$

$$V''_s = V_{G2k} + 0.7V_{Q1k}/(1+\mu) + V_{Q2k}$$

以上式中：σ_{cx}——在计算主应力点，由预应力和按作用（或荷载）短期效应组合计算的弯矩 M_p 和 M_s 产生的混凝土法向应力，压为"＋"，拉为"－"；

σ_{cy}——由竖向预应力钢筋的预加力产生的混凝土竖向压应力，压为"＋"，拉为"－"；

τ_s——在计算主应力点，由预应力弯起钢筋的预加力和按作用（或荷载）短期效应组合的剪力 V_p 和 V_s 产生的混凝土剪应力；当计算截面作用有扭矩时，尚应计入由扭矩应起的剪应力；（对后张预应力混凝土超静定结构，在计算剪应力时，尚应考虑预加力应起的次剪力）；

σ_{pc}——在计算主应力点，由扣除全部预应力损失后的纵向预应力产生的混凝土法向预压应力，按表 1-5-18 计算，压为"＋"，拉为"－"；

y_0——换算截面重心轴至计算主应力点的距离，从重心轴指向弯曲中心为"＋"，反向为"－"；

n——在同一截面上竖向预应力钢筋的肢数；

σ'_{pc}、σ''_{pc}——竖向预应力钢筋、纵向预应力弯起钢筋扣除全部预应力损失后的有效预应力；

A_{pv}——单肢竖向预应力钢筋的截面面积；

s_v——竖向预应力钢筋的间距；

b——计算主应力点处构件腹板的宽度；

A_{pb}——计算截面上同一弯起平面内预应力弯起钢筋的截面面积；

S_0、S_n——计算主应力点以上（或以下）部分换算截面面积对换算截面重心轴、净截面面积对净截面重心轴的面积矩；

θ_p——计算截面上预应力弯起钢筋的切线与构件纵轴线夹角；

I_0、I_n——抗弯构件抗裂验算边缘的换算弹性惯性矩、净弹性惯性矩。

(3)变高度梁附加剪应力

变高度梁应计入截面上弯矩和轴力产生的附加剪应力，附加剪应力计算见连续梁部分。在简支梁中很少采用变高度梁。

(4)预应力传递长度内有效预应力

先张法预应力构件端部，预应力传递长度 l_{tr} 范围内钢筋的实际应力值，在构件端部为零，在 l_{tr} 的末端为 σ_{pe}，两点之间按直线变化取值，见图 1-5-12。预应力钢筋预应力传递长度按表 1-5-38 采用。

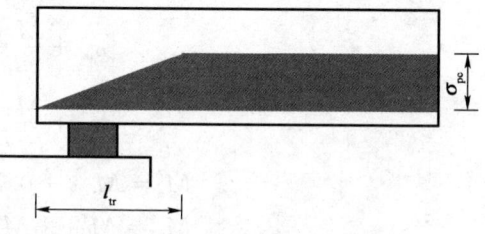

图 1-5-12 预应力钢筋传递长度内有效应力值

预应力钢筋预应力传递长度 l_{tr}（$\times d$）(mm)　　　　表 1-5-38

预应力钢筋种类		混凝土强度等级					
		C30	C35	C40	C45	C50	≥C55
钢绞线	1×2、1×3，$\sigma_{pe}=1\,000$MPa	75	68	63	60	57	55
	1×7，$\sigma_{pe}=1\,000$MPa	80	73	67	64	60	58

续上表

预应力钢筋种类	混凝土强度等级					
	C30	C35	C40	C45	C50	≥C55
螺旋肋钢丝，$\sigma_{pe}=1\,000$MPa	70	64	58	56	53	51
刻痕钢丝，$\sigma_{pe}=1\,000$MPa	89	81	75	71	68	65

注：①d 为钢筋直径；
②预应力钢筋传递长度根据钢筋放松时混凝土立方体强度 f'_{cu} 确定，f'_{cu} 在混凝土强度等级之间时，l_{tr} 可以按直线内插；
③当预应力钢筋有效预应力值 σ_{pe} 与表值不同时，l_{tr} 可线性内插和外延，取 $\sigma_{pe}=0$ 时 $l_{tr}=0$；
④当采用骤然放松预应力钢筋工艺时，l_{tr} 应从离构件末端 $0.25l_{tr}$ 处开始计算。

[例 1-5-6] 预应力混凝土 T 形梁抗裂性验算。
(1)跨中正截面抗裂验算
对例 1-5-3 中的预应力混凝土 T 形梁进行抗裂性验算并判断是哪一类预应力构件。
①荷载(作用)在梁底产生的拉应力计算
荷载效应见表 1-5-14，截面几何性质见表 1-5-13，梁底拉应力计算见表 1-5-39。

梁底拉应力计算表　　　　表 1-5-39

荷载(作用)	组合系数		跨中弯矩(kN·m)	惯矩(10^{11}mm⁴)	$h-y_n(y_0)$(mm)	σ_{st}	σ_{lt}
	短期	长期				(MPa)	
序号算式	1	2	3	4	5	6=1×3×5/4	7=2×3×5/4
汽车 M_a ($\mu=0$)	0.70	0.40	3 039.780	$I_0=9.593\,4$	2 500−1 106	2.47	1.41
人群 M_p	1.00	0.40	398.239			0.46	0.18
桥面系 M_{G2}			2 001.408			2.32	2.33
梁 M_{G1}			5 322.169	$I_n=8.605\,3$	2 500−1 046	6.47	6.47
温差 M_t、N_t	0.8	0.8				0.22	0.22
合计						11.96	10.62

注：表中温差应力按表 1-5-15(2)计算，再乘以组合系数 0.8。

②预加力产生的梁底压应力计算
跨中截面，预应力钢筋，$y_{pn}=h-x_n-a_p=2\,500-1\,046-189=1\,265$(mm)。
普通钢筋，$y_{sn}=h-x_n-a_s=2\,500-1\,046-60=1\,394$(mm)，

$$y_n=h-x_n=2\,500-1\,046=1\,454(\text{mm})，A_n=10\,273\,900(\text{mm}^2)，$$

$$\sigma_{pc}=N_p\left(\frac{1}{A_n}+\frac{e_{pn}y_n}{I_n}\right)=18.44(\text{MPa})，$$

$$\sigma_{pt}=N_p\left[\frac{1}{A_n}+\frac{e_{pn}(h-y_n)}{I_n}\right]=-4.01(\text{MPa})。$$

预加力产生的梁底压应力计算见表 1-5-40。

预加力产生的梁底压应力计算　　　　　　　表 1-5-40

钢　筋	截面积 (mm^2)	有效预应力 (MPa)	N_p (N)	y_{pn}、y_{sn} (mm)	e_{pn} (mm)	σ_{pt}/σ_{pc} (MPa)
序号算式	1	2	3＝1×2	4	5＝3×4/$\sum N_p$	6
预应力钢筋	7×834	1 104	6 444 656	1 265		
普通钢筋	2 945	−153	−304 180	1 394		
$\sum$			6 140 476		1 259.1	−4.01/18.44

③抗裂性验算

按《桥规》第 6.3.1 条第 1 款规定，

a. $\sigma_{st}-0.85\sigma_{pc}=11.76-0.85\times18.44=-3.74(MPa)<0$，符合全预应力构件抗裂性条件；以下两个判据自动失效。

b. $\sigma_{st}-\sigma_{pc}=11.76-18.44=-6.50(MPa)<0.7f_{tk}=0.7\times2.4=1.68(MPa)$，设计符合 A 类构件抗裂性条件。以上计算中取 C40，混凝土轴心抗拉强度标准值 $f_{tk}=2.4MPa$。

c. $\sigma_{lt}-\sigma_{pc}=10.47-18.44=-7.84(MPa)<0$，符合 A 类构件抗裂性条件。

(2) 支点斜截面抗裂验算

①支点截面几何性质，见表 1-5-13；

②支点截面预应力损失，见表 1-5-35；

③承托底面纤维 A 处[$h_A=160+60=220(mm)$，见图 1-5-1]和全截面重心 B 处，主拉应力、主压应力计算(同样可计算马蹄与腹板交界处，本例从略)如下。

a. 剪应力计算

按式(1-5-32)后张法公式计算 τ_s。

其中，$V''_s=V_{G2k}+0.7V_{Q1k}/(1+\mu)+V_{Q2k}=468.37kN$，$V_p=\sum\sigma''_{pc}A_{pb}\sin\theta_p=1\,149.26kN$。

按表 1-5-14 的效应组合列在表 1-5-14 中。

按表 1-5-13，$I_0=11.526\,0\times10^{11}mm^4$，$I_n=10.960\,8\times10^{11}mm^4$，以及 $b=600mm$。

按表 1-5-35(3)、表 1-5-27，1～4 号预应力钢筋 $A_{pb}=4\times834mm^2$，$\sin9°=0.156$，$\sigma''_{pc}=1\,042.74MPa$。

同样可以查到，5～7 号预应力钢筋 $A_{pb}=3\,834mm^2$，$\sin12°=0.208$，$\sigma''_{pc}=1\,034.78MPa$，得到 $V_p=1\,034.78kN$。

各相关静矩计算结果见表 1-5-41。剪应力计算结果见表 1-5-42。

面积静矩($10^8 mm^3$)　　　　　　　　　　表 1-5-41

静矩＼面积	承托底(A)以上面积	相应重心轴(B)以上面积	静矩＼面积	承托底(A)以上面积	相应重心轴(B)以上面积
对净截面重心轴 S_n	3.740 2	5.964 2	对全截面重心轴 S_0	3.888 4	6.318 4

剪 应 力 计 算　　　　　　　　　　　　表 1-5-42

计算截面	V_{G1k} (kN)	V_{G2k} (kN)	$V_{Q1k}/(1+\mu)$ (kN)	V_{Q2k} (kN)	V_p (kN)	τ_s (MPa)
A 处	596.770	205.536	307.486	47.592	898.01	0.06
B 处						0.09

b. 竖向压应力和法向应力计算

按式(1-5-30)、式(1-5-31)后张法公式如下,因为未设竖向预应力钢筋,而且支点截面弯矩为零,仅有预压应力和温度应力,只需计算法向应力 σ_{cx}。

$$\sigma_{cy} = 0.6 \frac{n\sigma'_{pe}A_{pv}}{bs_v} = 0$$

$$\sigma_{cx} = \sigma_{pc} + \frac{M_{G1k}y_n}{I_n} + \frac{M''_s y_0}{I_0} = \sigma_{pc}$$

其中

$$M''_s = M_{G2k} + 0.7 M_{Q1k}/(1+\mu) + M_{Q2k} = 0$$
$$M_s = M_{G1k} + M''_s = 0$$
$$\sigma_{pc} = \frac{N_p}{A_n} \pm \frac{N_p e_{pn}}{I_n} y_n$$

支点截面,预应力钢筋,$y_{pn} = h - x_n - a_{pi} = 2\,500 - 1\,081 - a_{pi}$;$a_{pi}$ 为支点处预应力钢筋高度;普通钢筋,$y_{sn} = h - x_n - a_s = 2\,500 - 1\,081 - a_s$;$A_n = 1\,408\,359\,\text{mm}^2$;$I_n = 9.005\,9 \times 10^{11}\,\text{mm}^4$。

A 处,$y_n = x_n - h_A = 1\,081 - 220 = 861(\text{mm})$;$B$ 处,$y_n = x_n - x_0 = 1\,081 - 1\,085 = -4(\text{mm})$。应力计算见表 1-5-43。

支点预加力产生的 A 处和 B 处应力计算　　　　表 1-5-43

钢筋	截面积 (mm^2)	有效预应力 (MPa)	N_{pi} (N)	y_{pn}、y_{sn} (mm)	e_{pn} (mm)	σ_{pc} (MPa) A 处	σ_{pc} (MPa) B 处
序号算式	1	2	3=1×2	4	5=$\sum 3\times 4/\sum N_{pi}$	6=3/A_n± 3×5×Y_n/I_n	
1～4	4×834	1 110.23	3 703 730	786.25			
5～7	3×834	1 095.49	2 740 925	−321.91			
普通钢筋	2 945.24	−105.11	−309 585	1 355.00			
合计			6 135 071		264.46	4.84	3.52

温差效应见表 1-5-15。

正温差承托底面(A)处和重心轴处(B)温度应力,按第三章第二节"二、可变作用内力计算"中温差应力公式计算。几何性质见表 1-5-13,$A_0 = 1.452\,332 \times 10^6\,\text{mm}^2$,$I_0 = 9.214\,7 \times 10^{11}\,\text{mm}^4$,$x_0 = 1\,043\,\text{mm}$,$y_A = x_0 - h_A = 823\,\text{mm}$,$y_B = 0$。

$$\sigma_t = \frac{-N_t}{A_0} + \frac{M_t^0}{I_0}y + t_y \alpha_c E_c$$

计算结果见表 1-5-44(1)。

主应力计算(一)——温差应力　　　　表 1-5-44(1)

截面位置	温差	N_t (N)	M_t^0 (10^6 N·mm)	t_y (℃)	y (mm)	σ_t (MPa)
A 处	正	991 759	−966.829	2.8	823	−0.28(拉)
	反	−495 878	483.415	−1.4	823	0.14(压)

续上表

截面位置	温差	N_t (N)	M_t^0 (10^6N·mm)	t_y (°C)	y (mm)	σ_t (MPa)
B 处	正	991 759	−966.829	0	0	−0.57(拉)
	反	−495 878	483.415	0	0	0.28(压)

主应力按式(1-5-29)计算,计算结果见表 1-5-44(2)。

主应力计算(二)——合计(MPa)　　　　　　　　表 1-5-44(2)

截面位置	温差	σ_{pc}	σ_t	σ_{cx}	τ_s	σ_{tp}/σ_{cp}
序号算式		1	2	3=1+2	4	5
A 处	正	4.86	−0.28	3.58	0.06	−0/4.58
	反		0.14	5.00		−0/4.29
B 处	正	3.52	−0.57	2.95	0.09	−0/3.66
	反		0.28	3.80		−0/3.81

$\sigma_{tp} \approx 0 < 0.7 f_{tk} = 0.6 \times 2.4 = 1.44$(MPa),符合全预应力构件抗裂性条件。

4. 裂缝宽度计算

按《桥规》第 6.4.3 条规定,矩形、T 形和 I 形截面 B 类预应力梁最大裂缝宽度按第四章式(1-4-13)计算。所有公式汇总如下,式中符号详见第四章第二节相应说明。

$$W_{fk} = C_1 C_2 C_3 \frac{\sigma_{ss}}{E_s} \left(\frac{30+d}{0.28+10\rho} \right) \text{(mm)}$$

式中,$\rho = \dfrac{A_s + A_p}{bh_0 + (b_f - b)h_f}$;

$\sigma_{ss} = \dfrac{M_s - N_{p0}(z - h_{p0})}{(A_p + A_s)z}$,$\sigma_{ss}$ 中各参数计算公式如(1)、(2)所列,参数计算顺序为 $\sigma_{pe} \to N_p \to e_{pn} \to \tilde{\sigma}_{pc} \to \sigma_{p0} \to N_{p0}; e_{p0n} \to h_{p0} \to e \to \gamma_f' \to z$。

(1) $N_{p0} = \sigma_{p0} A_p + \sigma_{p0}' A_p' - \sigma_{l6} A_s - \sigma_{l6}' A_s'$

先张法:$\sigma_{p0} = \sigma_{con} - \sigma_l + \sigma_{l4}$;$\sigma_{p0}' = \sigma_{con}' - \sigma_l' + \sigma_{l4}'$;

后张法:$\sigma_{p0} = \sigma_{con} - \sigma_l + \alpha_{EP} \tilde{\sigma}_{pc}$;$\sigma_{p0}' = \sigma_{con}' - \sigma_l' + \alpha_{EP} \tilde{\sigma}_{pc}'$。

计算时需要将《桥规》规定通式的变量替换到预应力钢筋位置上,变换如表 1-5-45 所示。

变 量 置 换 表　　　　　　　　表 1-5-45

《桥规》	显式变量替换
$\tilde{\sigma}_{pc}(\tilde{\sigma}_{pc}') = \dfrac{N_p}{A_0} \pm \dfrac{N_p e_{p0}}{I_0} y_0$	$e_{p0} \to e_{pn}$ $A_0 \to A_n, I_0 \to I_n, y_{p0} \to y_{pn}$
$e_{p0} = \dfrac{\sigma_{pe} A_p y_p - \sigma_{pe}' A_p' y_p' - \sigma_{l6} A_s y_s + \sigma_{l6}' A_s' y_s'}{N_p}$	计算 e_{pn} 时,$\begin{cases} y_p \to y_{pn} \\ y_s \to y_{sn} \end{cases}$

注:$N_p = \sigma_{pe} A_p + \sigma_{pe}' A_p' - \sigma_{l6} A_s - \sigma_{l6}' A_s'$;
　　$\sigma_{pe} = \sigma_{con} - \sigma_l$。

(2)
$$z=\left[0.87-0.12(1-\gamma_\mathrm{f}')\left(\frac{h_0}{e}\right)^2\right]\cdot h_0$$

$$\gamma_\mathrm{f}'=\frac{(b_\mathrm{f}'-b)h_\mathrm{f}'}{bh_0};e=h_{p0}+\frac{M_\mathrm{s}}{N_{p0}};h_{p0}=y_\mathrm{pn}-e_\mathrm{p0n}$$

$$e_\mathrm{p0n}=\frac{\sigma_\mathrm{p0}A_\mathrm{p}y_\mathrm{pn}-\sigma_\mathrm{p0}'A_\mathrm{p}'y_\mathrm{pn}'-\sigma_{l6}A_\mathrm{s}y_\mathrm{sn}+\sigma_{l6}'A_\mathrm{s}'y_\mathrm{sn}'}{N_\mathrm{p0}}$$

[例1-5-7] 预应力混凝土 T 形梁裂缝宽度验算。

例 1-5-6 中预应力混凝土梁是 A 类构件不是 B 类构件,不需验算裂缝宽度。作为算例,预应力钢筋按 7 束×3 根＝21 根,公称直径 15.2mm 钢绞线,面积 2 919mm² 配置,普通钢筋需要 27 根 25mm 钢筋 $A_\mathrm{s}=13\,254.3$mm² 配置,才能满足裂缝宽度要求。其抗裂性结果列入表 1-5-46(3)第一栏中,是 B 类构件。再按式(1-4-13)验算其裂缝宽度。

(1) 预应力钢筋应力计算

表中截面几何性质见图 1-5-1,预应力徐变损失对普通钢筋产生的压应力 σ_{l6},写在括号中,并记为序号 9′。

开裂截面跨中纵向受拉钢筋应力计算表(一) 表 1-5-46(1)

钢 筋		钢筋面积 (mm)	有效预应力 (MPa)	N_p (N)	y_p 或 y_s (mm)	e_p0 (mm)	$\tilde{\sigma}_\mathrm{pc}$ (MPa)	σ_p0 (MPa)
序号算式		1	2	3=1×2	4	5=3×4/∑3	6	7=2+α_EP×6
预应 力筋	1～4	4×417	1 211.22	2 019 808	1118			1 251.3
	5～7	3×417	1 196.57	1 438 119				1 236.7
普通钢筋		13 254.3	(−29.60)	−392 289	1 325			(−29.6)
∑				3 065 638		1 091	6.74	

开裂截面跨中纵向受拉钢筋应力计算表(二) 表 1-5-46(2)

钢 筋		N_p0 (N)	$M_\mathrm{s}(M_l)$ 10^9(N·mm)	e (mm)	γ_f'	z (mm)	σ_ss (MPa)
序号算式		8=7×1	9(9′)	10=9/8			
预应 力筋	1～4	2 087 231					
	5～7	1 547 098					
普通钢筋		−392 289					
∑		3 242 039	9.849 662 (8.698 785)	3 169	0.731 8	1 992	118.41

预应力度与配筋数量比较表 表 1-5-46(3)

预应力钢筋 束×根−直径/面积 (束×根−mm/mm²)	普通钢 筋面积 (mm²)	全预应力构件	A 类预应力构件		预应 力度, σ_ss	W_fk <0.1mm (mm)
		$\sigma_\mathrm{st}-0.85\sigma_\mathrm{pc}<0$ <1.68MPa	$\sigma_\mathrm{st}-\sigma_\mathrm{pc}<0$	$\sigma_{lt}-\sigma_\mathrm{pc}<0$		
7×3−15.2/2 919	13 254.3	4.70	3.5	2.20	B,118.4	0.104
7×6−15.2/5 838	2 945.4	−3.74	−6.50	−7.84	全,−131.3	—

(2) 裂缝宽度计算

各项系数计算，带肋钢筋 $C_1=1.0$，钢筋混凝土板式受弯构件以外的其他受弯构件 $C_3=1.0$，长期效应系数 $C_2=1+0.5N_l/N_s=1.442$，全部钢筋（预应力和普通钢筋）的换算直径 $d=26.857$mm，配筋率 $\rho=0.020$，按式(1-4-13)计算 $W_{fk}=0.104$mm。

增减配筋可以调整预应力度，在表 1-5-46 中以改变每束钢绞线的绞线根数来调整预应力钢筋面积。表中 $0.7f_{tk}=0.7\times2.4=1.68$(MPa)。

五、挠度验算

1. 预应力混凝土梁的刚度计算

梁的挠度可以用普通结构力学方法计算，梁的刚度按《桥规》第 6.5.2 条规定的公式计算，见表 1-5-47。

预应力混凝土受弯构件抗挠刚度　　　　　　表 1-5-47

构件种类	作用弯矩 $\leqslant M_{cr}$ 部分	作用弯矩超过 M_{cr} 部分，即 M_s-M_{cr} 部分
全预应力、A 类预应力	$B_0=0.95E_cI_0$	—
B 类预应力		$B_{cr}=E_cI_{cr}$

注：B_0——全截面抗弯刚度；
　　B_{cr}——开裂构件截面的抗弯刚度；
　　M_s——短期效应组合弯矩；
　　M_{cr}——开裂弯矩，

$$M_{cr}=(\sigma_{pc}+\gamma\cdot f_{tk})W_0$$

　　I_0——全截面换算截面惯矩；
　　I_{cr}——开裂截面换算截面惯矩；
　　f_{tk}——混凝土轴心抗拉强度标准值；
　　γ——构件受拉区混凝土塑性影响系数，

$$\gamma=\frac{2S_0}{W_0}$$

　　S_0——全截面换算截面重心轴以上（或以下）部分面积对重心轴的面积矩；
　　W_0——换算截面开裂边缘的弹性抵抗矩；
　　σ_{pc}——扣除全部预应力损失后预应力钢筋和普通钢筋合力 N_{p0} 在构件抗裂边缘产生的混凝土预应力，

$$\left.\begin{array}{l}\sigma_{pc}\\\sigma_{pt}\end{array}\right\}=\frac{N_{p0}}{A_0}\pm\frac{N_{p0}e_{p0}}{I_0}y_0\quad(\text{先张法})$$

$$\left.\begin{array}{l}\sigma_{pc}\\\sigma_{pt}\end{array}\right\}=\frac{N_{p0}}{A_n}\pm\frac{N_{p0}e_{p0n}}{I_n}y_n\quad(\text{后张法})$$

$$N_{p0}=\sigma_{p0}A_p+\sigma'_{p0}A'_p-\sigma_{l6}A_s-\sigma'_{l6}A'_s$$

$$\sigma_{p0}=\sigma_{con}-\sigma_l+\alpha_{EP}\tilde{\sigma}_{pc}$$

$$\sigma'_{p0}=\sigma'_{con}-\sigma'_l+\alpha_{EP}\tilde{\sigma}'_{pc}$$

$$e_{p0n}=\frac{\sigma_{p0}A_p y_{pn}-\sigma'_{pe}A'_p y'_{pn}-\sigma_{l6}A_s y_{sn}+\sigma'_{l6}A'_s y'_{sn}}{N_p}$$

　　$\tilde{\sigma}_{pc}$、$\tilde{\sigma}'_{pc}$——按表 1-5-18 计算。

须注意，在抗裂性验算时取短期效应组合梁底拉应力与该处预压应力之差 $\sigma_{st}-\sigma_{pc}$ 与 70% 混凝土轴心抗拉强度的 $0.7f_{tk}$ 相比较，留有 30% 的安全度。而在计算 B 类预应力梁开裂弯矩 M_{cr} 时取 $\gamma\cdot f_{tk}$，受拉区混凝土塑性影响系数 γ 不恒等于 0.7。因为当等距划分的微面积 dA 足够小时，

$$\gamma = \frac{2S_0}{W_0} \approx \frac{2 \cdot dA \cdot \sum_i r_{i\pm}}{\frac{dA}{y_\mp} \cdot (\sum_i r_{i\pm}^2 + \sum_j r_{j\mp}^2)}$$

式中：$r_{i\pm}$、$r_{j\mp}$——重心轴以上、以下的微面积 dA 重心至截面重心轴的距离；

$y_\mp$——截面重心轴至计算截面底缘的距离，$y_\mp = h - x_0$。

其中分子可写成：

$$2 \cdot dA \cdot \sum_i r_{i\pm} = dA \cdot (\sum_i r_{i\pm} + \sum_j r_{j\mp})$$

分母可以写成：

$$dA \cdot \left(\sum_i r_{i\pm} \frac{r_{i\pm}}{y_\mp} + \sum_j r_{j\mp} \frac{r_{j\mp}}{y_\mp} \right)$$

而括号中分式 $r_{j\mp}/y_\mp$ 小于1；一般情况下 $y_\mp > x_0$，而 $x_0 > r_{i\pm}$，所以分式 $r_{i\pm}/y_\mp$ 也小于1。比较 γ 的分子和分母，一般情况 $\gamma > 1$。因此，B类预应力梁开裂弯矩 M_{cr} 一般会大于短期效应组合弯矩 M_s，致使 $M_s - M_{cr} < 0$，不会开裂，所以一般不必计算 B_{cr}。

2. 长期效应的影响

长期效应的计算挠度 f_l 应为按短期效应组合和表1-5-47的刚度计算的挠度 f_s，乘以挠度长期增长系数 η_θ，即 $f_l = \eta_\theta f_s$，式中

$$\eta_\theta = \begin{cases} 1.60, & C40 \text{ 以下} \\ 1.45 \sim 1.35, & C40 \sim C80 \end{cases}$$

而且规定，最大 $\eta_\theta f_s - \eta_\theta f_g \leq 1/600$ 计算跨径，f_g 为结构自重的挠度。

3. 预应力混凝土梁的反拱

预应力混凝土梁由预应力引起的长期反拱值 $\tilde{f}_l$，可以用结构力学的方法计算其短期效应组合的反拱值 $\tilde{f}_s$，刚度取 $E_c I_0$，并乘以长期增长系数 $\tilde{\eta}_\theta$，即 $\tilde{f}_l = \tilde{\eta}_\theta \tilde{f}_s$。

计算预应力混凝土梁使用阶段预加力反拱值时，预应力钢筋的预加力应扣除全部预应力损失，取长期增长系数 $\tilde{\eta}_\theta = 2.0$。

4. 预应力混凝土梁的预拱度

(1) 如果 $\tilde{f}_l > f_l$，可不设预拱度。

(2) 如果 $\tilde{f}_l < f_l$，设预拱度；预拱度 $= f_l - \tilde{f}_l$。

(3) 预拱度应按最大值沿桥纵轴线设计成平顺曲线。

(4) 对于自重相对于荷载较小的预应力混凝土中、小跨度简支梁，可设计反预拱，以避免桥面隆起影响行车舒适性，甚至引起桥面开裂的后果。

5. 施工阶段挠度计算

简支梁一般不需要计算施工阶段的挠度，如果需要可按《桥规》附录F方法计算。

[例1-5-8] 预应力混凝土T形挠度验算和反预拱度计算。

(1) 挠度验算

计算例1-5-3中预应力混凝土T形梁的挠度，在例中1-5-6中验算该梁是A类预应力构件，按表1-5-47规定，其抗弯刚度为：

$$B_0 = 0.95 E_c I_0$$

式中，$E_c = 3.25 \times 10^4 \text{MPa}$，表1-5-13中，跨中 $I_0 = 9.5934 \times 10^{11} \text{mm}^4$，计算 $B_0 = 2.9619 \times$

10^{16} N·mm². 挠度计算见表 1-5-48,表中 $P_k=315.8\times10^3$ N, $q_k=10.5$ kN/m;长期影响系数 $\eta_\theta=1.45$。

挠度验算表 表 1-5-48

荷载或作用	跨中弯矩 ($kN\cdot m$)	频遇值系数 ψ_2	横向分配系数 δ_p	理论挠度 (mm)	计算挠度 (mm)	长期挠度 (mm)
序号算式	1	2	3	4	$5=2\times3\times4$	$6=\eta_\theta\times5$
梁自重 (M_{G1})	5 322.196	1.0		$\dfrac{5M_{G1}l_0^2}{48B_0}=28.40$	28.40	
桥面铺装 人行道系 (M_{G2})	2 001.408	1.0		$\dfrac{5M_{G2}l_0^2}{48B_0}=10.68$	10.68	
汽车荷载 (不含冲击) (M_a)	3 039.789	0.7	0.6	$\dfrac{5q_kl_0^4}{384B_0}+\dfrac{P_kl_0^3}{48B_0}=23.75$	9.97	21.70mm $<l_0/600$ $=64.92$mm, 符合规定
人群荷载 (M_p)	398.239	1.0	1.2	$\dfrac{5M_pl_0^2}{48B_0}=2.55$	3.70	
温差 (M_t^l)	439.932	0.8				
$\sum$					51.60	74.82

可用结构力学中图乘法计算反拱度,计算如表 1-5-49 所示。

跨中反拱度计算表 表 1-5-49

预应力 钢筋号	$2\times A_{p=1}$ (mm²)	钢筋面积 (mm²)	有效预应力 (MPa)	$e_{l_0/3}$ (mm)	$\tilde{f}_l$ (mm)
序号和算式	1	2	3	4	$6=\prod_{i=1}^{4}i/B_0$
1、2	$2\times l_0^2/16=$ 379 275 625	2×834	1 110.23	1 278	71.797
3、4		2×834		1 013	
5		1×834		897	
6		1×834	1 096.49	504	
7		1×834		90	
普通钢筋		2 945	−103.28	1 328	−5.173
$\sum$					66.624

注:$A_{p=1}$——跨中单位竖向力半跨弯矩图面积,$A_{p=1}$重心,即 $l_0/3$ 处,预加力为表中第 2 栏和第 3 栏之积;作为示例,本处近似取跨中值,设计时应取准确值;预加力需扣除普通钢筋对收缩和徐变的阻力;

l_0——计算跨径;

$e_{l_0/3}$——$A_{p=1}$重心,即 $l_0/3$ 处,预应力钢筋的偏心矩;$l_0/3$ 处预应力钢筋距底缘距离相对于跨中上升量按下式计算,

$$\Delta h=\begin{cases} r-r\times\cos\left(\arcsin\dfrac{l_1-l_x-\Delta l}{r}\right), & l_1-l_x>0 \\ 0, & l_1-l_x\leqslant 0 \end{cases}$$

式中,$\Delta l=(l_a-l_0)/2$,各个变量符号解释见表 1-5-27 计算结果与跨中高度相加如表 1-5-50 所示。并近似用跨中的 $x_0=1\,112$mm(见表 1-5-13)计算 $e_{l_0/3}$。

预应力钢筋高度和偏心距(mm)　　　　　　　　　　表 1-5-50

钢 筋 号	Δh	跨中高度 a_{pi}	$l_0/3$ 处高度 a'_{pi}	$e_{l_0/3}$
序号算式	1	2	3＝1+2	4＝$h-x_0-3$
1,2	0	110	110	1 278
3,4	154	220	374	1 013
5	381	110	491	897
6	664	220	884	504
7	968	330	1 298	90
普通钢筋			60	1 328

(2)预拱度计算

比较表 1-5-48 和表 1-5-49 最后一栏,长期反拱:

$$\widetilde{f}_l = \widetilde{\eta}_\theta \widetilde{f}_s = 2 \times 66.624 = 133.25 (\text{mm}) > f_l = 74.82 (\text{mm})$$

式中:$\widetilde{\eta}_\theta$——长期效应系数,取 $\widetilde{\eta}_\theta = 2$。

可不设预拱度。

第四节　持久状况(使用阶段)应力计算

《桥规》第 7.1.1～第 7.1.3 条规定,按持久状况设计的预应力混凝土简支梁,应计算使用阶段正截面混凝土的法向压应力、受拉区钢筋的拉应力和斜截面混凝土的主压应力,并不得超过本节的限值。计算时规定:

(1)作用(或荷载)取标准值;

(2)汽车荷载计入冲击系数;

(3)应考虑预加力,预加力分项系数取 1.0;

(4)由预加力产生的正截面混凝土压应力 σ_{pc} 和拉应力 σ_{pt},按第三节"二、预应力计算基本公式"所列公式计算;

(5)预加力之外,其他作用(或荷载)标准值产生的混凝土法向压应力 σ_{kc}、拉应力 σ_{kt} 和预应力钢筋应力的增量 σ_p,按本节公式计算;

(6)斜截面混凝土主压应力 σ_{cp} 和主拉应力 σ_{tp} 按第三节四"2.预应力受弯构件斜截面抗裂验算"中的主应力公式计算,但应将短期效应组合改为标准值组合计算的弯矩和剪力。

一、正截面应力计算

由预加力之外,其他作用(或荷载)标准值产生的法向应力和预应力钢筋的应力增量计算如下,受拉区普通钢筋在使用阶段的应力很小,可不必验算。

1.全预应力及 A 类构件法向应力和预应力钢筋应力

全预应力及 A 类构件法向应力和预应力钢筋应力计算公式列在表 1-5-51 中。

全预应力及 A 类构件法向应力和预应力钢筋应力 表 1-5-51

验算应力		计算公式	规定限值
混凝土法向应力 $\sigma_{pt} + \begin{Bmatrix}\sigma_{kc}\\\sigma_{kt}\end{Bmatrix}$	先张法	$\left(\dfrac{N_{p0}}{A_0} \mp \dfrac{N_{p0}e_{p0}}{I_0}\right) \pm \dfrac{M_k}{I_0}y_0$	$\sigma_{pt} + \sigma_{kc} \leqslant 0.5 f_{ck}$
	后张法	$\left(\dfrac{N_p}{A_n} \mp \dfrac{N_p e_{pn}}{I_n}y_n\right) \pm \left(\dfrac{M_{G1k}}{I_n}y_n + \dfrac{M_k - M_{G1k}}{I_0}y_0\right)$	
预应力钢筋应力增量 σ_p	先张法	$\alpha_{EP}\dfrac{M_k}{I_0}y_{p0}$	$\sigma_{pe} + \sigma_p \leqslant \begin{cases}0.65 f_{pk}(钢丝、钢绞线)\\0.80 f_{pk}(精轧螺纹钢筋)\end{cases}$
	后张法	$\alpha_{EP}\dfrac{M_k - M_{G1k}}{I_0}y_{p0}$	

注:M_k——按作用(或荷载)标准值组合计算的弯矩值,

$$M_k = M_{G1k} + M_{G2k} + M_{Q1k} + M_{Q2k}$$

$y_0、y_{p0}$——分别为梁的换算截面重心轴至受拉(压)计算纤维处、预应力钢筋处的距离;

$N_{p0}、N_p、e_{p0}、e_{pn}$——按表 1-5-19 计算;

$A_0、A_n$——分别为按受压翼缘有效宽度计算的换算截面、净截面面积;

$I_0、I_n$——分别为按受压翼缘有效宽度计算的换算截面、净截面惯性矩;

σ_{pe}——全预应力混凝土和 A 类预应力混凝土梁,受拉区预应力钢筋扣除全部预应力损失后的有效预应力;

σ_{pt}——由预加应力产生的混凝土法向拉应力,按表 1-5-18 计算;

f_{ck}——混凝土轴心抗压标准强度;

f_{pk}——预应力钢筋抗拉标准强度。

2. B 类构件法向应力和预应力钢筋应力

B 类构件法向应力和预应力钢筋应力计算公式列在表 1-5-52 中。B 类构件开裂截面及应力图见图 1-5-13 所示。

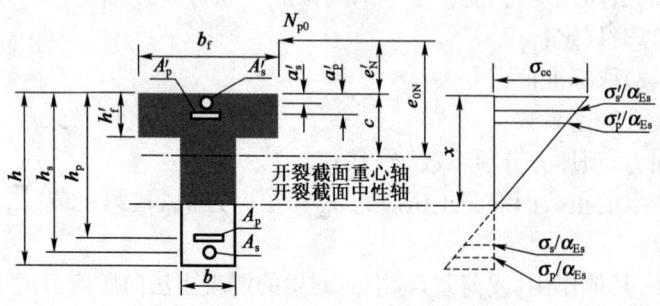

图 1-5-13 B 类构件开裂截面及应力分布

B 类构件法向应力和预应力钢筋应力 表 1-5-52

验算应力	计算公式	规定限值
开裂截面上缘混凝土压应力 σ_{cc}	$\sigma_{cc} = \dfrac{N_{p0}}{A_{cr}} + \dfrac{N_{p0} \cdot e_{0N} \cdot c}{I_{cr}}$ $e_{0N} = e_N + c; e_N = \dfrac{M_k}{N_{p0}} - h_{ps};$ $h_{ps} = \dfrac{\sigma_{p0}A_p h_p + \sigma'_{p0}A'_p a'_p - \sigma_{l6}A_s h_s - \sigma'_{l6}A'_s a'_s}{N_{p0}}$	$\sigma_{cc} \leqslant 0.5 f_{ck}$

续上表

验算应力	计算公式	规定限值
预应力钢筋应力增量 σ_p	$\sigma_p = \alpha_{EP}\left[\dfrac{N_{p0}}{A_{cr}} - \dfrac{N_{p0} \cdot e_{0N} \cdot (h_p - c)}{I_{cr}}\right]$	$\sigma_{p0} + \sigma_p \leqslant \begin{cases} 0.65 f_{pk}(\text{钢丝、钢绞线}) \\ 0.80 f_{pk}(\text{精轧螺纹钢筋}) \end{cases}$

注：N_{p0}——无论先张法还是后张法，均按表 1-5-19 先张法公式计算，即

$$N_{p0} = \sigma_{p0} A_p + \sigma'_{p0} A'_p - \sigma_{l6} A_s - \sigma'_{l6} A'_s$$

σ_{p0}、σ'_{p0}——分别按表 1-5-18 先张法或后张法公式计算；

e_{0N}——N_{p0} 作用点至开裂换算截面重心轴距离；

e_N——N_{p0} 作用点至截面受压区边缘的距离，N_{p0} 位于截面之外为正，反之为负；

h_{ps}——预应力钢筋与普通钢筋合力点至截面受压区距离；

h_p、a'_p——分别为截面受拉区全部（或最外层）、受压区预应力钢筋合力点至截面受压区边缘距离；

h_s、a'_s——分别为截面受拉区、受压区普通钢筋合力点至截面受压区距离；

α_{EP}——预应力钢筋弹性模量与混凝土弹性模量的比值；

f_{ck}——混凝土轴心抗压标准强度；

f_{pk}——预应力钢筋抗拉标准强度；

A_{cr}——开裂截面换算截面面积；

I_{cr}——开裂截面换算截面惯性矩；

c——截面受压区边缘至开裂换算截面重心轴距离。

在计算开裂截面性质时需要知道开裂截面受压区高度 x，可按《桥规》附录 G 的方法计算，计算公式如下所列。

由下列三次方程式(1-5-33)可以解出开裂矩形、T 形和 I 形截面受压区高度 x：

$$Ax^3 + Bx^2 + Cx + D = 0 \tag{1-5-33}$$

其中，$A = b$

$B = 3be_N$

$C = 3bh'_f(2e_N + h'_f) + 6\alpha_{EP}(A_p g_p + A'_p g'_p) + 6\alpha_{ES}(A_s g_s + A'_s g'_s)$

$D = -b_0(h'_f)^2(3e_N + 2h'_f) - 6\alpha_{EP}(A_p h_p g_p + A'_p a'_p g'_p) - 6\alpha_{ES}(A_s h_s g_s + A'_s h'_s g'_s)$

式中：b——T 形、I 形截面腹板宽度，或矩形截面的宽度；

e_N——N_{p0} 作用点至截面受压区边缘的距离；

b_0——受压翼缘宽度与腹板宽度之差，$b_0 = b'_f - b$，矩形截面 $b_0 = 0$；

h'_f——T 形、I 形截面受压翼缘宽度，矩形截面 $h'_f = 0$；

g_p、g_s——分别为受拉区预应力钢筋重心、普通钢筋重心至 N_{p0} 作用点的距离，

$$g_p = h_p + e_N, \quad g_s = h_s + e_N$$

g'_p、g'_s——分别为受压区预应力钢筋重心、普通钢筋重心至 N_{p0} 作用点的距离，

$$g'_p = a'_p + e_N, \quad g'_s = a'_s + e_N$$

a'_p、a'_s——受压区预应力钢筋重心、普通钢筋重心至受压区边缘的距离；

A'_s——受压区普通钢筋面积（不设此筋时为零），

$$A'_s = \begin{cases} A'_s &, \alpha_{ES}\tilde{\sigma}_{cc} \leqslant f'_{sd} \\ \dfrac{f'_{cd}}{\alpha_{ES}\tilde{\sigma}_{cc}} A'_s &, \alpha_{ES}\tilde{\sigma}_{cc} > f'_{sd} \end{cases}$$

$\tilde{\sigma}_{cc}$ 为受压区普通钢筋合力点处混凝土压应力,可按表 1-5-52 第一栏公式计算,其中 c 应为该钢筋合力点至开裂截面中心轴距离;

A'_p——受压区预应力钢筋面积(不设此筋时为零),

$$A'_p = \begin{cases} A'_p & , \alpha_{EP}\tilde{\sigma}_{cc} \geqslant \sigma'_{p0} \\ -A'_p & , \alpha_{ES}\tilde{\sigma}_{cc} < \sigma'_{p0} \end{cases}$$

$\tilde{\sigma}_{cc}$ 为受压区预应力钢筋合力点处混凝土压应力,可按表 1-5-52 第一栏公式计算,其中 c 应为该钢筋合力点至开裂截面中心轴距离;

注:表 1-5-52 中 σ_{cc} 的平衡算法公式如下:

$$\sigma_{cc} = \frac{N_{p0}x}{S_x}$$

式中:$S_x = \frac{b_f x^2}{2} - (b_f - b)\frac{(x - h_f^1)^2}{2} - \alpha_{EP}A_p(h - a_p - x) - \alpha_{ES}A_s(h - a_s - x)$;

$$h_f^1 = \frac{(b_f - b)h_f + h_3 b_3}{b_f - b};$$

x 为开裂截面受压区高度。

二、混凝土主应力

预应力混凝土简支梁由作用(或荷载)标准值和预加力产生的混凝土主压应力和主拉应力按式(1-5-29)计算,但式中涉及的 M_s 和 V_s 用 M_k 和 V_k 取代。M_k 和 V_k 为按作用(或荷载)标准值组合计算的弯矩值和剪力值,罗列如下。

$$\begin{matrix}\sigma_{tp}\\\sigma_{cp}\end{matrix} = \frac{\sigma_{cx} + \sigma_{cy}}{2} \mp \sqrt{\left(\frac{\sigma_{cx} - \sigma_{cy}}{2}\right)^2 + \tau_s^2}$$

式中

$$\sigma_{cy} = 0.6\frac{n\sigma'_{pc}A_{pv}}{bs_v}$$

$$\sigma_{cx} = \begin{cases} \sigma_{pc} + \dfrac{M_k y_0}{I_0} & \text{(先张法)} \\ \sigma_{pc} + \dfrac{M_{G1k}y_n}{I_n} + \dfrac{M''_k y_0}{I_0} & \text{(后张法)} \end{cases}$$

$$M''_k = M_{G2k} + M_{Q1k} + M_{Q2k}$$

$$M_k = M_{G1k} + M''_k$$

$$\tau_s = \begin{cases} \dfrac{(V_k - V_p)S_0}{bI_0} & \text{(先张法)} \\ \dfrac{V_{G1k}S_n}{bI_n} + \dfrac{V''_k S_0}{bI_0} - \dfrac{V_p S_n}{bI_n} & \text{(后张法)} \end{cases}$$

$$V_p = \sum \sigma''_{pc} A_{pb} \sin\theta_p$$

$$V_k = V_{G1k} + V''_k$$

$$V''_k = V_{G2k} + V_{Q1k} + V_{Q2k}$$

规定限值如表 1-5-53 所示。

主应力限值和箍筋配置 表 1-5-53

主应力	σ_{cp}(压)	σ_{tp}(拉)		主应力	σ_{cp}(压)	σ_{tp}(拉)	
应力限值	$\leqslant 0.6 f_{ck}$	$\leqslant 0.5 f_{tk}$	$> 0.5 f_{tk}$			箍筋间距计算	按构造配置箍筋	$s_v = \dfrac{f_{sk} A_{sv}}{\sigma_{tp} b}$

注：f_{ck}——混凝土轴心抗压强度标准值；
f_{tk}——混凝土轴心抗拉强度标准值；
f_{sk}——箍筋抗拉强度标准值；
A_{sv}——同一截面内的箍筋总截面面积；
b——矩形截面宽度、T形或I形截面的腹板宽度。

如果按本节计算的箍筋用量少于按斜截面抗剪承载能力计算的箍筋用量时，构造箍筋采用后者。

[**例 1-5-9**] 预应力混凝土 T 形梁应力验算。
(1)按例 1-5-6 中的预应力混凝土 T 形梁法向应力和预应力钢筋应力。
①混凝土正应力验算

$$\left.\begin{array}{c}\sigma_{pt}\\ \sigma_{pc}\end{array}\right\} = \dfrac{N_p}{A_n} \mp \dfrac{N_p e_{pn}}{I_n} y_n ; \quad \left.\begin{array}{c}\sigma_{kc}\\ \sigma_{kt}\end{array}\right\} = \pm \left(\dfrac{M_{G1k}}{I_n} y_n + \dfrac{M_k - M_{G1k}}{I_0} y_0\right)$$

利用表 1-5-40 的结果。将表 1-5-39 中汽车荷载改为计入冲击系数 $\mu = 0.17$ 的标准值，见表 1-5-54。按惯例，表中混凝土的应力正号为压应力、负号为拉应力，受拉区钢筋拉应力取正号。

作用（或荷载）在跨中梁上缘、下缘、外层钢筋处产生的应力计算表 表 1-5-54

荷载或(作用)	跨中弯矩(kN·m)	惯矩(10^{11}mm^4)	x_n(x_0)(mm)	y_n(y_0)(mm)	y_{np}(y_{0p})(mm)	σ_{kc}(MPa)	σ_{kt}(MPa)	σ_{ktp}(MPa)
序号算式	1	2	3	4	5	6=1×3/2	7=−(1×4/2)	8=−(1×5/2)
汽车 M_a	1.17×3 039.78	(I_0) 9.593 4	1 112	1 388	1 278	4.12	−5.15	−4.74
人群 M_p	398.24					0.46	−0.58	−0.53
桥面 M_{G2}	2 001.41					2.32	−2.90	−2.67
梁自重 M_{G1}	5 322.17	(I_n) 8.605 3	1 046	1 454	1 344	6.47	−8.99	−8.31
反温差 M_t	439.932	(I_0) 9.593 4	1 112	1 388	1 278	2.85	−0.28	−0.22
合计						16.23	−17.89	−16.47

表 1-5-40 中，$\sigma_{pt} = -4.01$MPa，$\sigma_{pc} = 18.44$MPa。
上缘压应力，$\sigma_{pt} + \sigma_{kc} = -4.01 + 16.23 = 12.22$（MPa）$< 0.5 f_{ck} = 0.5 \times 26.8 = 13.4$（MPa），符合规定。

下缘拉应力，$\sigma_{pc}+\sigma_{kt}=18.44-17.89=0.55(\text{MPa})$，为正值，与 $f_{tk}=-2.4\text{MPa}$ 相比较，符合规定。

②预应力钢筋应力验算

a. 最外一层预应力钢筋的有效预应力 σ_{pe} 见表 1-5-35(2)，最后张拉的 2 号预应力钢筋弹性压缩损失 $\sigma_{l4}=0$，有效预应力要修正为：

$$\sigma_{pe}=(\sigma_{con}-\sum\sigma_l)+\sigma_{l4}=1\,133.58+28.37=1\,161.95(\text{MPa})$$

b. 按表 1-5-51 规定，在后张法中，当张拉到控制应力时，梁的计算跨径全部脱离底模。σ_{con} 是张拉时的实测值，梁自重引起的预应力钢筋应力，在张拉时已发生，若以 σ_{con} 作为计算依据，须扣除梁自重引起的应力 $\sigma_{ktp(MG1)}$，省略混凝土外缘弯曲应力折算到外排预应力钢筋中心处的减小值。

$$\sigma_{kp}=\sigma_{pe}+\alpha_{EP}(\sigma_{ktp}-\sigma_{ktp(MG1)})$$
$$=1\,161.95+6\times(16.47-8.31)$$
$$=1\,210.91(\text{MPa})\approx 0.65 f_{pk}=0.65\times 1\,860=1\,209(\text{MPa})$$

验算符合规定。

③混凝土剪应力验算

按式(1-5-29)中后张法公式计算剪应力：

$$\tau_s=\frac{V_{G1k}S_n}{bI_n}+\frac{V''_k S_0}{bI_0}-\frac{V_p S_n}{bI_n}$$

式中，预应力作用 $V_p=\sum\sigma''_{pc}A_{pb}\sin\theta_p$；第一阶段预制梁自重 V_{G1k}；第二阶段恒载、第一阶段外荷载、第二阶段可变荷载作用：

$$V''_k=V_{G2k}+V_{Q1k}+V_{Q2k}；b=460\text{mm}$$

④混凝土主应力验算

按式(1-5-29)计算主拉应力，表 1-5-43 和表 1-5-44 计算出上缘混凝土压应力和温度应力，剪应力见表 1-5-55。混凝土主压应力计算结果如表 1-5-56 所示，符合限值要求；主拉应力比限值小，可以按构造配筋。

承托底部（A 处）和全截面换算重心（B 处）剪应力计算表　　　　表 1-5-55

荷载和作用 （分配系数） （冲击系数）	有效预应力 (MPa)	剪力计算值 (kN)	剪力合计值 (kN)	A 处 S_{0a}/S_{na} (m³)	B 处 S_{0b}/S_{nb} (m³)	I_0/I_n (m⁴)	剪应力 (MPa)
汽车(0.5/1.16)		359.961	613.089	0.388 8	0.631 8	1.152 6	
人行(1.2)		47.592					
桥面铺装		205.536					A 处—0.680， B 处—1.074
预制梁		596.767	519.958	0.374 0	0.596 4	1.056 7	
预应力 钢筋作用	1～4　1 098.92 5～7　1 090.65		600.000	0.388 8	0.631 8	1.526 0	

承托底部(A处)和全截面换算重心(B处)主应力计算表　　　表 1-5-56

截面位置	上缘混凝土压应力(MPa)	温度应力(MPa)	竖向预应力(MPa)	剪应力(MPa)	主应力(MPa)	混凝土主压(拉)应力限值(MPa)
A 处	4.930	−0.275	0	0.680	−0.098/4.752	$0.6×f_{ck}=0.6×26.8=16.08$, $0.5×f_{tk}=0.5×(−2.4)=−1.2$
		0.137	0		−0.090/5.156	
B 处	3.520	−0.275	0	1.074	−0.325/3.569	
		0.137	0		−0.292/3.950	

(2) 全预应力构件不计算开裂后最外排预应力钢筋拉应力。但是，例 1-5-7 中列在表 1-5-46(3) 里，作为比较的 B 类受弯构件应验算预应力混凝土 T 形梁法向应力和预应力钢筋应力。

① 正应力验算

受压区不设受压预应力钢筋，式中与受压区预应力钢筋有关项均为零，表 1-5-19 和表 1-5-18 有关公式简化如下，

$$N_{p0}=\sigma_{p0}A_p-\sigma_{l6}A_s$$

$$\sigma_{p0}=\sigma_{con}-\sigma_l+\alpha_{EP}\tilde{\sigma}_{pc}$$

$$\tilde{\sigma}_{pc}(\tilde{\sigma}'_{pc})=\frac{N_p}{A_0}\pm\frac{N_p e_{p0}}{I_0}y_0$$

$$e_{p0}=\frac{\sigma_{pe}A_p y_p-\sigma_{l6}A_s y_s}{N_p}$$

$$\sigma_{pe}=\sigma_{con}-\sigma_l$$

$$N_p=\sigma_{pe}A_p-\sigma_{l6}A_s$$

a. 开裂后受压区高度 x

按式(1-5-33)计算多项式系数。其中，对于加腋截面的 b_0 和 h_{f1} 按下式计算：

$$b_0=(b_f+b_{fB})-b;\; h_{f1}=\frac{b_0×h_f+h_{s\Delta}×b_{s\Delta}}{b_f+b_{fB}-b}$$

式中：b_{fB}——现浇上翼板宽度(如果没有现浇翼板，$b_{fB}=0$)；

$h_{s\Delta}$、$b_{s\Delta}$——上翼板对称加腋高度、一侧长度。

作为算例，按表 1-5-46(2)，$M_k=9\,849.66$ kN·m，按表 1-5-46(1)，$N_{p0}=3\,065.64$ kN。

按表 1-5-52 计算 $h_{ps}=2\,307$ mm，$e_N=906$ mm。

得到多项式系数 A、B、C、D 如下，可解出 $x=1\,038$。

$A=200$；$B=5.435\,3×10^4$；$C=4.028\,5×10^9$；$D=−4.976\,5×10^{12}$。

b. 开裂截面重心轴距上缘距离 c

$c=602.00$ mm；$e_N=897.75$ mm；$e_{0N}=1\,499.75$ mm；开裂面积 $A_{cr}=0.822\,521×10^6$ mm²；开裂惯矩 $I_{cr}=0.402\,81×10^{12}$ mm⁴。

c. 开裂截面混凝土压应力 σ_{cc}

按表 1-5-52 公式计算 σ_{cc}。其中，N_{p0}、e_N、c、A_{cr} 和 I_{cr} 见 a 和 b，得到 $\sigma_{cc}=13.44$ MPa（平衡算法 $\sigma_{cc}=10.90$ MPa）。

d. 温差应力 σ_t

计算受压区高度 $x=1\,038.10\text{mm}>400\text{mm}$,温度差力计算与不开裂截面没有区别,温差力矩计算中力臂 $c=602.00\text{mm}$,$N_t=984.913\text{kN}$,$M_t=-1\,057.29\text{kN}\cdot\text{m}$,$t_y=15.2℃$。计算得到截面上、下缘混凝土应力如下:

$$\sigma_{t\text{上}}=\frac{N_t}{A_{cr}}+\frac{M_t}{I_{cr}}c+t_y\alpha\cdot E_c=2.16\text{MPa};\sigma_{t\text{下}}=-\sigma_{t\text{下}}/2=-1.08\text{MPa}$$

外排预应力钢筋应力增量如下:

$e_{0N}=c+e_N=1\,499.75\text{mm}$,$a_{p1}=110\text{mm}$

$$\sigma_{pd}=\alpha_{EP}\times N_{p0}\times\left[\frac{1}{A_{cr}}-\frac{e_{0N}}{I_{cr}}(h-c-a_{p1})\right]=-100.69\text{MPa}。$$

e. 组合检验

开裂截面混凝土上缘压应力为:

$13.44+2.16=15.60(\text{MPa})>0.5\times f_{ck}=0.5\times 26.8=13.4(\text{MPa})$;超 16%,若不计温度应力,合格。平衡算法:

$10.90+2.16=11.85(\text{MPa})<0.5\times f_{ck}=0.5\times 26.8=13.4(\text{MPa})$;合格。

开裂截面外排预应力钢筋拉应力为有效预应力、应力增量、温差应力之和:

$1\,147.05+100.69+6\times 1.081=1\,230.07(\text{MPa})>0.65\times f_{pk}=0.65\times 1\,860=1\,209.00(\text{MPa})$;不合格,超 10%;若不计温差应力合格。

②主应力验算(略)

③剪应力验算(略)

第五节　短暂状况应力计算

短暂状况设计,应计算梁在制作、运输、安装等施工阶段的正截面和斜截面应力不得超过规定的限值。这些阶段的作用或荷载有自重、施工荷载。

一、一般规定

1. 吊机(车)的荷载系数和构件的动力系数规定

(1)按《桥规》第7.2.1条规定,当采用行驶在桥梁上的吊机(车)安装桥梁时,吊机(车)重量应乘以1.15的荷载系数。但吊机(车)产生的效应设计值小于按持久状况承载力极限状态计算的荷载效应组合设计值时,可不必验算。

(2)按《通规》第4.1.10条规定,构件在吊装、运输时,构件重力应乘以动力系数1.2或0.85,并可视构件具体情况适当增减。至于是采用增大还是减小的动力系数,以不利组合来判断。

2. 预应力梁计算规定

(1)按《桥规》第7.2.3条规定,对预应力梁施加预应力时,混凝土立方体强度不得低于设计混凝土强度的 75%。

(2) 按《桥规》第 7.2.7 条规定，

① 由预加力和法向荷载产生的法向应力可按表 1-5-18 "由预加力产生的混凝土法向应力及相应阶段的预应力钢筋应力"、表 1-5-51 "全预应力及 A 类构件法向应力和预应力钢筋应力" 中的公式计算。

② 预应力钢筋应扣除相应的预应力损失。

③ 采用施工荷载。

④ 截面性质按弹性阶段计算，见表 1-5-16 "截面性质采用表"。

二、正截面验算规定

按《桥规》第 7.2.8 条规定需验算预应力梁在预应力、自重等施工荷载作用下，梁边缘混凝土的法向应力，结果应符合表 1-5-57 的规定。

混凝土的法向应力规定　　　　　表 1-5-57

截面边缘法向应力	限 值	预拉区纵向钢筋配筋率	
		拉 应 力	配 筋 率
拉应力 σ_{ct}^t	$\leqslant 1.15 f_{tk}'$	$\leqslant 0.70 f_{tk}'$ 时	$\geqslant 0.2\%$
		$(>0.70 f_{tk}') \sim (<1.15 f_{tk}')$ 时	内插
		$=1.15 f_{tk}'$ 时	$\geqslant 0.4\%$
压应力 σ_{cc}^t	$\leqslant 0.70 f_{ck}'$		

注：表中配筋率为 $\dfrac{A_s' + A_p'}{A}$；其中 A 为梁截面毛面积；A_p' 为先张法的预拉区预应力钢筋截面面积，后张法为零；A_s' 为预拉区普通钢筋截面面积，宜采用带肋钢筋，直径不大于 14mm，沿预拉区外缘均匀直线布置；

σ_{cc}^t、σ_{ct}^t —— 按短暂状况计算时，截面预压区、预拉区边缘混凝土压应力、拉应力；

f_{ck}'、f_{tk}' —— 与制作、运输、安装各施工阶段混凝土立方体抗压强度 f_{cu}' 相应的轴心抗压强度、轴心抗拉强度标准值，按《桥规》表 3.1.3 直线插入取用。

[例 1-5-10] 张拉时应力验算。

验算例 1-5-3 中的预应力混凝土 T 形梁张拉时应力，正截面应力计算公式如下。

(1) 预应力作用的梁顶、梁底混凝土应力：

$$\left.\begin{matrix}\sigma_{cc}^t \\ \sigma_{ct}^t\end{matrix}\right\} = \frac{N_p}{A_n} \mp \frac{N_p e_{pn}}{I_n} \times \begin{cases} x_n \\ h - x_n \end{cases}$$

(2) 梁自重作用的梁顶、梁底混凝土应力：

$$\left.\begin{matrix}\sigma_{cc}^t \\ \sigma_{ct}^t\end{matrix}\right\} = \pm \frac{M_{G1}}{I_n} \times \begin{cases} x_n \\ h - x_n \end{cases}$$

以上式中：N_p —— 扣除第一批预应力损失后预应力合力；

M_{G1} —— 预制梁自重跨中弯矩；

e_{pn} —— 预应力合力偏心距；

h —— 预制梁高度；

x_n —— 预制梁净截面重心距上缘距离；

A_n——预制梁净截面面积；

I_n——预制梁净截面惯矩。

$N_p = 7\ 238.85 \text{kN}$；$e_{pn} = 1\ 200.28 \text{mm}$；$M_{Gl} = 5\ 322.17 \text{kN} \cdot \text{m}$；$A_n = 1.027\ 39 \text{m}^2$；$x_n = 1\ 046.00 \text{m}$；$I_n = 0.860\ 53 \text{m}^4$；张拉时 C35 混凝土，$f'_{ck} = 23.4 \text{MPa}$，压应力限值为 $0.70 \times f'_{ck} = 16.38 \text{MPa}$。

计算结果见表 1-5-58，σ^t_{cc}、σ^t_{ct} 均为压应力，都小于限值。

混凝土的法向应力(MPa)　　　　　　　　表 1-5-58

应　力	预应力作用	梁自重	合应力	应　力	预应力作用	梁自重	合应力
梁顶应力 σ^t_{cc}	−3.52	6.47	2.95	梁底应力 σ^t_{ct}	21.73	−8.99	12.73

第六章　30m预应力混凝土简支T梁计算示例

本章系依据《预应力混凝土公路桥梁通用设计图成套技术——通用图设计计算书》，由中交第二公路勘察设计研究院提供。

第一节　计算依据与基础资料

一、设计标准及采用规范

1. 标准

跨径：桥梁标准跨径30m；计算跨径（正交、简支）28.9m；预制T梁长29.92m。

设计荷载：公路—Ⅰ级。

桥面宽度：分离式路基宽24.5m（高速公路），半幅桥全宽12.0m=0.5m（护墙）+11.0m（行车道）+0.5m（护墙）。

桥梁安全等级为一级，环境条件为Ⅱ类。

2. 采用规范

《公路工程技术标准》JTG B01—2003；

《公路桥涵设计通用规范》JTG D60—2004；

《公路钢筋混凝土及预应力混凝土桥涵设计规范》JTG D62—2004。

二、主要材料

(1)混凝土：预制T梁、湿接缝为C50、现浇铺装层为C40、护栏为C30。

(2)预应力钢绞线：采用钢绞线$\phi^s15.2$mm，$f_{pk}=1860$MPa，$E_p=1.95×10^5$MPa。

(3)普通钢筋：采用HRB335，$f_{sk}=335$MPa，$E_s=2.0×10^5$MPa。

三、设计要点

(1)本计算中简支T梁按全预应力构件进行设计，现浇层80mm厚的C40混凝土不参与截面组合作用；

(2) 结构重要性系数取 1.1;
(3) 预应力钢束张拉控制应力值 $\sigma_{con}=0.75f_{pk}$;
(4) 计算混凝土收缩、徐变引起的预应力损失时传力锚固龄期为 7d;
(5) 环境平均相对湿度 RH=55%;
(6) 存梁时间为 90d;
(7) 温度梯度效应计算的温度基数,$T_1=14℃,T_2=5.5℃$。

第二节 结构尺寸及截面特征

一、构造图

构造图如图 1-6-1~图 1-6-3 所示。

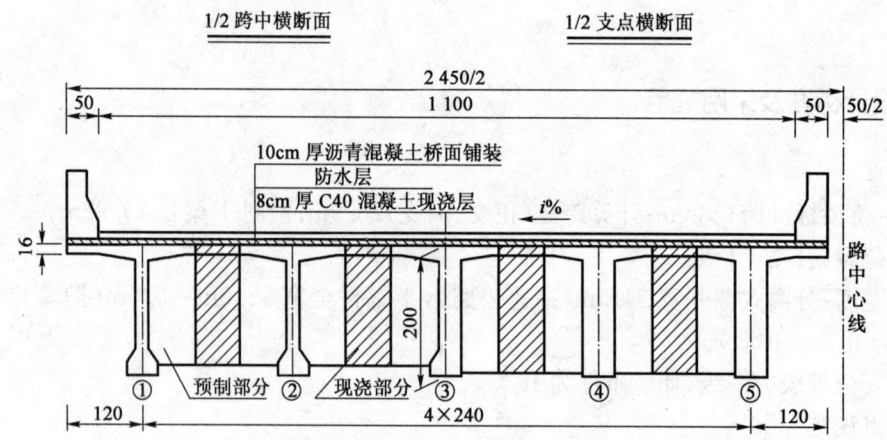

图 1-6-1 横断面布置图(尺寸单位:cm)

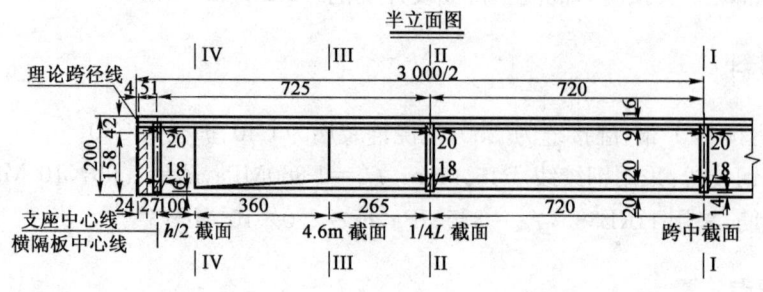

图 1-6-2 立面布置图(尺寸单位:cm)

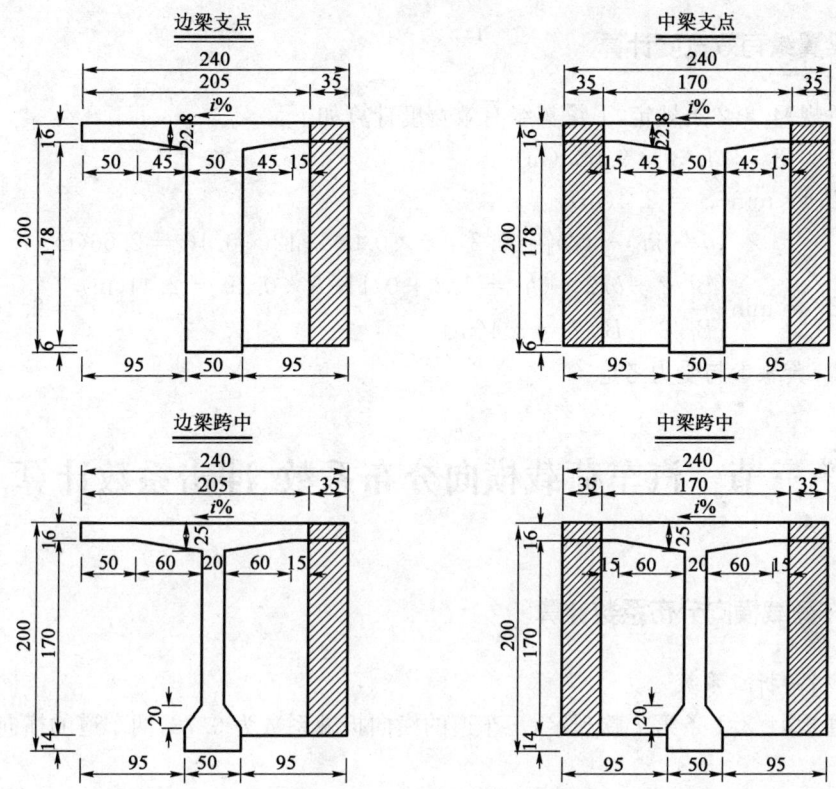

图 1-6-3 预制 T 梁截面尺寸(尺寸单位:cm)

二、截面几何特性

边梁、中梁毛截面几何特性见表 1-6-1。

边梁、中梁毛截面几何特性 表 1-6-1

（全截面）	边 梁			中梁(2 号梁)		
	毛截面面积 $A(m^2)$	抗弯惯矩 $I(m^4)$	截面重心到梁顶距离 $y_x(m)$	毛截面面积 $A(m^2)$	抗弯惯矩 $I(m^4)$	截面重心到梁顶距离 $y_x(m)$
支点几何特性	1.334 4	0.542 1	0.771 8	1.334 4	0.542 1	0.771 8
跨中几何特性	0.896 0	0.437 6	0.674 6	0.896 0	0.437 6	0.674 6
（预制截面）	边 梁			中梁(2 号梁)		
	毛截面面积 $A(m^2)$	抗弯惯矩 $I(m^4)$	截面重心到梁顶距离 $y_x(m)$	毛截面面积 $A(m^2)$	抗弯惯矩 $I(m^4)$	截面重心到梁顶距离 $y_x(m)$
支点几何特性	1.278 4	0.514 0	0.802 1	1.222 4	0.483 4	0.835 2
跨中几何特性	0.840 0	0.416 4	0.714 2	0.784 0	0.392 1	0.759 5

三、T梁翼缘有效宽度计算

根据《桥规》4.2.2条规定,T梁翼缘有效宽度计算如下。

中梁:$B_f^1 = \min\begin{cases} L/3 = 9.633(\text{m}) \\ S = 2.4(\text{m}) \\ b + 6h_h + 12h_f' = 0.2 + 6 \times 0.09 + 12 \times 0.16 = 2.66(\text{m}) \end{cases} = 2.4(\text{m})$

边梁:$B_f^2 = \min\begin{cases} B_f^1/2 + b/2 + 6\bar{h}_f = 1.2 + 0.1 + 6 \times 0.19 = 2.44(\text{m}) \\ B_f^1/2 + B_f/2 = 2.4(\text{m}) \end{cases} = 2.4(\text{m})$

故按全部翼缘参与受力考虑。

第三节 汽车荷载横向分布系数、冲击系数计算

一、汽车荷载横向分布系数计算

1. 车道横向折减系数

根据《通规》4.3.1条第7款规定,三车道的横向折减系数为0.78,两车道的横向折减系数为1.00。

2. 跨中横向分布系数

本桥一跨沿顺桥向布置5道横梁,跨中汽车荷载横向分布系数按刚性横梁法计算。主梁刚度按T梁跨中截面考虑,抗弯惯矩 $I = 0.4376\text{m}^4$,抗扭惯矩 $I_t = 0.0130\text{m}^4$。

T形截面抗扭惯矩 I_t 的计算,系根据普朗特(Prandtl)的薄膜比拟法对T形截面按矩形子块进行分块,然后将各矩形子块的抗扭惯矩累计而得到结果。设各矩形子块的宽度为 b_i、高度为 t_i,则 $I_t = \sum \alpha_i b_i t_i^3$,其中 $\alpha_i = \frac{1}{3}\left[1 - 0.63\frac{t_i}{b_i} + 0.052\left(\frac{t_i}{b_i}\right)^5\right]$。本计算中将T形截面分为三块:翼缘、腹板及下马蹄,各子块的 b_i、t_i 分别取为:[2.4,0.19],[2,0.2],[0.5,0.3]。

任意主梁的影响系数为:$\eta_{ie} = \frac{I_i}{\sum\limits_{j=1}^{n} I_j} \pm \beta \frac{ea_i I_i}{\sum\limits_{j=1}^{n} a_i^2 I_j}$。

其中:$\beta = \dfrac{1}{1 + \dfrac{Gl^2 \sum I_{Ti}}{12E \sum a_i^2 I_i}} = 0.9329$。

影响线坐标见表1-6-2。

求1号梁(边梁)、2号梁、3号梁汽车荷载横向分布系数:

在影响线上布置车道荷载,各车道中线相应位置处的影响线坐标即为该车道荷载分布系数。1~3号梁汽车荷载跨中横向分布系数计算图式见图1-6-4。

按三车道布置,可得1号梁、2号梁、3号梁汽车荷载横向分布系数分别为0.8332、0.7167与0.6。

影响线坐标表 表1-6-2

梁位编号	影响线坐标				
	η_1	η_2	η_3	η_4	η_5
5-1	0.5732	0.3866	0.2000	0.0134	−0.1732
5-2	0.3866	0.2933	0.2000	0.1067	0.0134
5-3	0.2000	0.2000	0.2000	0.2000	0.2000

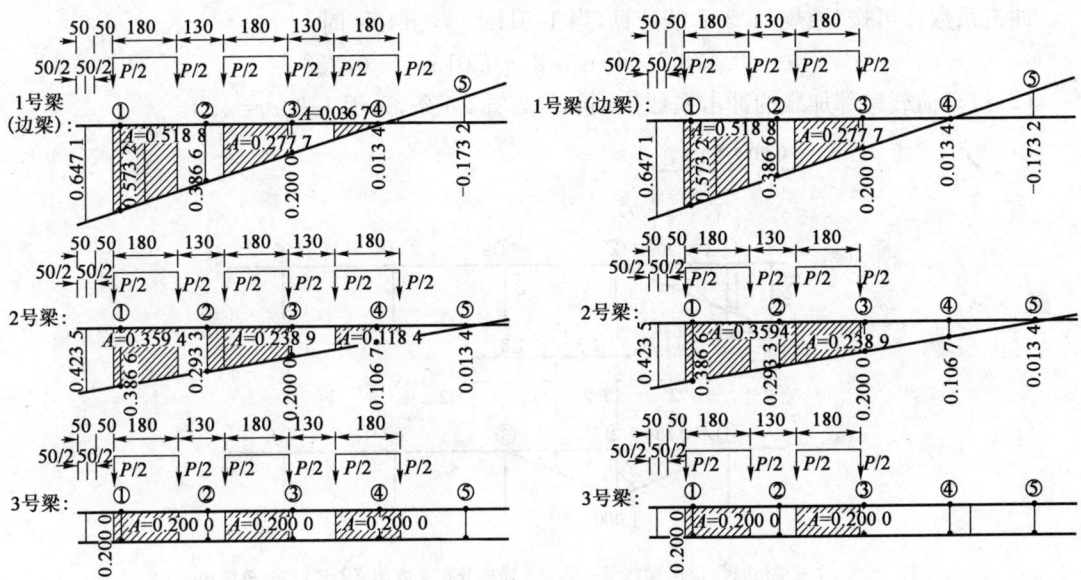

图1-6-4 1号梁(边梁)、2号梁、3号梁汽车荷载跨中横向分布系数计算图式

按两车道布置,可得1号梁、2号梁、3号梁汽车荷载横向分布系数分别为0.7965、0.5983与0.4。

考虑到三车道布置时活载效应需乘以车道横向折减系数 $\xi=0.78$,而两车道布置时活载效应需乘以车道横向折减系数 $\xi=1.0$,故按两车道布置时活载效应达最大值(边梁与2号梁达最大,3号梁按三车道布置时最大,但小于按两车道布置时的2号梁),计算中应按两车道考虑计算边梁与2号梁。

3. 支点横向分布系数

按杠杆法布载,分别计算边梁、2号梁的横向分布系数(图1-6-5)。

支点横向分布系数 $\eta_{\text{支}1}=0.7083$,$\eta_{\text{支}2}=0.8542$,$\eta_{\text{支}3}=0.8542$。

二、汽车荷载冲击系数 μ 值计算

(1)汽车荷载纵向整体冲击系数按《通规》条文说明4.3.2条计算,简支梁结构基频:

$$f_1 = \frac{\pi}{2l^2}\sqrt{\frac{E_c I_c}{m_c}}$$

C50混凝土,$E_c = 3.45 \times 10^4 \text{MPa} = 3.45 \times 10^{10} \text{N/m}^2$。

梁跨中处单位长度质量 $m_c = \dfrac{G}{g}$，其中 G 为跨中延米结构自重（N/m），g 为重力加速度，$g = 9.81\text{m/s}^2$。

$$m_c = \frac{26 \times 10^3 \times 0.896}{9.81} = 2.3747 \times 10^3 (\text{kg/m})$$

$$f_1 = \frac{\pi}{2 \times 28.9^2}\sqrt{\frac{3.45 \times 10^{10} \times 0.4376}{2.3747 \times 10^3}} = 4.742(\text{Hz})$$

冲击系数 μ 可按《通规》4.3.2 条计算，当 $1.5\text{Hz} \leqslant f \leqslant 14\text{Hz}$ 时，

$$\mu = 0.1767 \times \ln 4.742 - 0.0157 = 0.259$$

(2) 汽车荷载局部加载的冲击系数按《通规》4.3.2-6 条，采用 $1 + \mu = 1.3$。

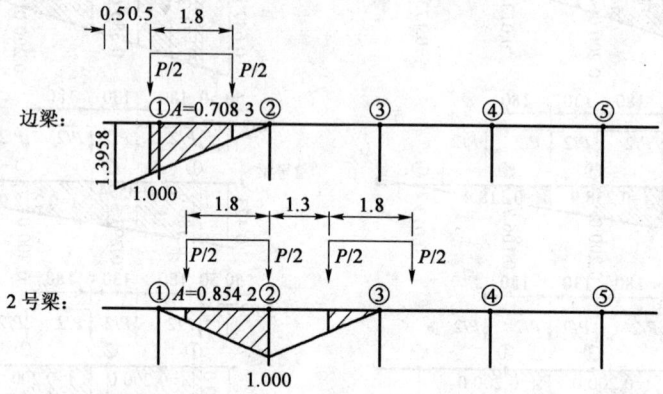

图 1-6-5 1 号梁（边梁）、2 号梁汽车荷载支点横向分布系数计算图式（尺寸单位：m）

第四节　作用效应组合

一、作用的标准值

1. 永久作用标准值

(1) 每延米一期恒载 q_1（不包括湿接缝）计算

预制 T 梁重度取 $\gamma = 26\text{kN/m}^3$，半片跨中横隔梁的重量：

$$F_h = \gamma V_h = 26 \times 0.23256 = 6.046(\text{kN})$$

边梁：$\begin{cases} \text{跨中}: q_1 = \gamma A_\text{边} = 26 \times 0.8400 = 21.840(\text{kN/m}) \\ \text{支点}: q_2 = \gamma A_\text{边} = 26 \times 1.2784 = 33.238(\text{kN/m}) \end{cases}$

中梁：$\begin{cases} \text{跨中}: q_1 = \gamma A_\text{中} = 26 \times 0.7840 = 20.384(\text{kN/m}) \\ \text{支点}: q_2 = \gamma A_\text{中} = 26 \times 1.2224 = 31.782(\text{kN/m}) \end{cases}$

预制 T 梁每延米一期恒载 q_1 见图 1-6-6 所示。

在计算中略去 T 梁支座以外两端各 51cm 范围恒载对跨中梁段受力的影响。

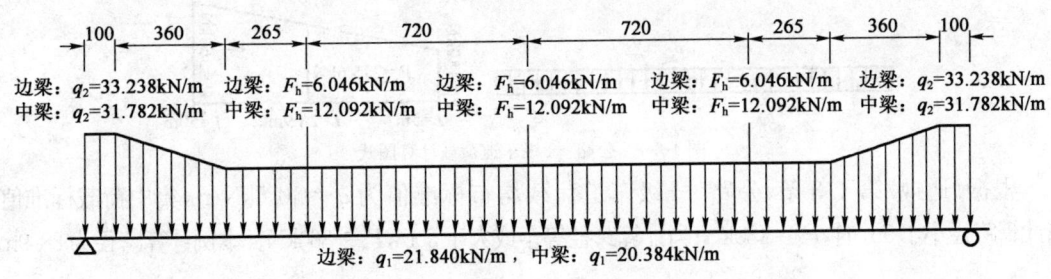

图 1-6-6 预制 T 梁一期恒载 q_1 分布(尺寸单位:cm)

(2)湿接缝重量 q_1' 计算

半片跨中横隔梁接缝的重量 $F_h = \gamma V_h = 26 \times 0.11305 = 2.939(kN)$。

边梁:$\begin{cases} q_1' = \gamma A_{边} = 26 \times 0.056 = 1.456(kN/m) \\ F_h' = \gamma V_h = 26 \times 0.1091 = 2.939(kN) \end{cases}$

中梁:$\begin{cases} q_1' = \gamma A_{边} = 26 \times 0.112 = 2.912(kN/m) \\ F_h' = \gamma V_h = 26 \times 0.2182 = 5.878(kN) \end{cases}$

(3)二期恒载 q_2 计算

①80mm 厚 C40 混凝土重度取 $\gamma = 26 kN/m^3$。

②100mm 厚沥青混凝土铺装重度取 $\gamma = 24 kN/m^3$。

③F 形混凝土护栏(防撞等级 SA,单侧)$q = 9.25 kN/m$,平均分配到五根梁上,各梁分别承担 $9.25 \times 0.4 = 3.70(kN/m)$。

边 梁:$q_3 = 0.08 \times 2.4 \times 26 + 0.1 \times 1.9 \times 24 + 9.25 \times 0.4 = 13.192(kN/m)$。

2 号梁:$q_3 = 0.08 \times 2.4 \times 26 + 0.1 \times 2.4 \times 24 + 9.25 \times 0.4 = 14.392(kN/m)$。

恒载效应标准值见表 1-6-3。

恒载效应标准值计算 表 1-6-3

截面	梁号	弯 矩			剪 力		
		M_{G1k} (kN·m)	$M_{G1k}+M_{G1k}'$ (kN·m)	M_{G2k} (kN·m)	V_{G1k} (kN)	$V_{G1k}+V_{G1k}'$ (kN)	V_{G2k} (kN)
跨中	边梁	2 418.474	2 613.024	1 383.525	—	—	—
	2 号梁	2 353.982	2 743.082	1 508.807	—	—	—
$\frac{1}{4}L$	边梁	1 830.616	1 976.846	1 040.034	166.317	181.209	95.414
	2 号梁	1 782.097	2 074.558	1 134.211	164.903	194.686	104.054
支点	边梁	—	—	—	356.571	382.019	191.491
	2 号梁	—	—	—	344.601	395.497	208.831

2.汽车荷载效应标准值

(1)公路—I 级车道荷载计算图式,见图 1-6-7。

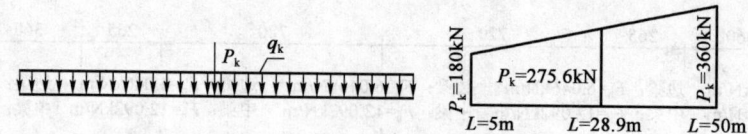

图 1-6-7 公路—Ⅰ级车道荷载计算图式

根据《通规》第 4.3 条,公路—Ⅰ级车道荷载均布标准值为 $q_k=10.5\text{kN/m}$,集中荷载标准值:当计算跨径小于 5m 时,$P_k=180\text{kN}$;当计算跨径等于或大于 50m 时,$P_k=360\text{kN}$。本例计算跨径为 28.9m。

$$P_k = 180 + 180 \times \frac{28.9-5}{50-5} = 275.6(\text{kN})$$,计算剪力时 $P_k = 1.2 \times 275.6 = 330.72(\text{kN})$。

(2)计算跨中、$L/4$ 截面荷载效应标准值 $S_{Qk}=(1+\mu)\xi\eta(q_k A + P_k y)$,两列车布载控制设计,横向折减系数 $\xi=1.0$,A 为内力影响线面积,y 为内力影响线竖标值。

(3)跨中、$L/4$、支点截面汽车荷载内力影响线,见图 1-6-8。

跨中、$L/4$、支点截面公路—Ⅰ级荷载产生的内力见表 1-6-4。

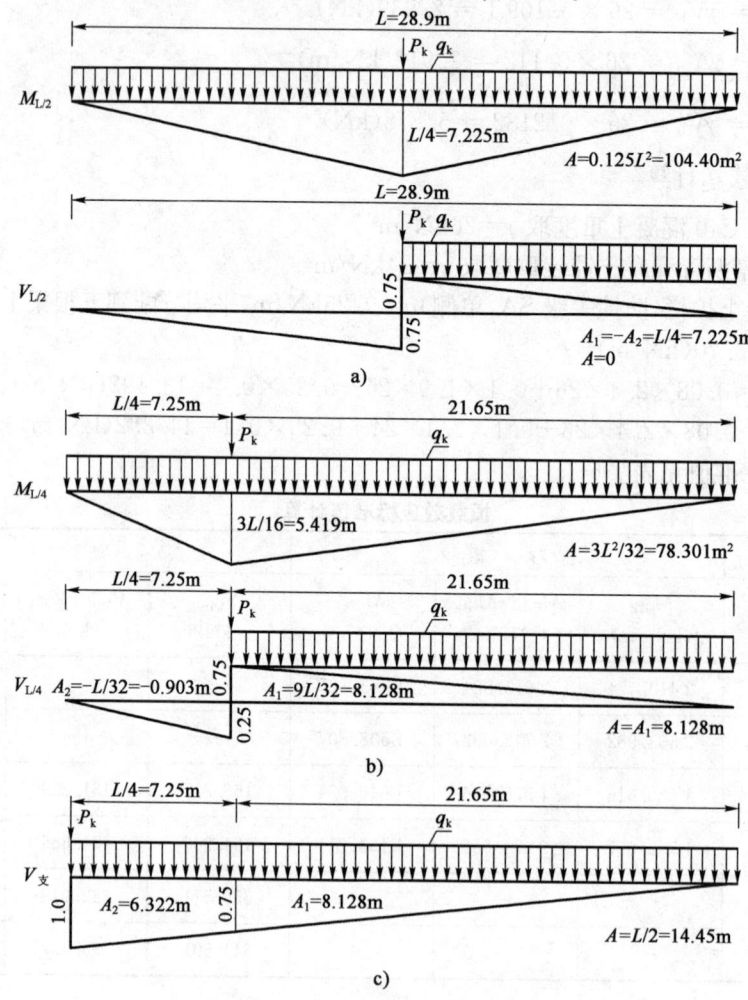

图 1-6-8 跨中、$L/4$、支点截面汽车荷载内力影响线
a)跨中截面;b)$L/4$ 截面;c)支点截面

跨中、$L/4$、支点截面公路—I 级荷载产生的内力   表 1-6-4

截面	梁号	荷载横向分布系数 η	M_{Qk} 弯矩影响线		M_{Qk} 不计冲击力，$1+\mu=1$，M_{Qk}	M_{Qk} 计冲击力，$1+\mu=1.259$，M_{Qk}	V_{Qk} 剪力影响线		V_{Qk} 不计冲击力，$1+\mu=1$，V_{Qk}	V_{Qk} 计冲击力，$1+\mu=1.259$，V_{Qk}
			$A(m^2)$	$y(m)$			$A(m^2)$	$y(m)$		
跨中	边梁	0.796 5	104.4	7.225	2 459.12	3 096.03	7.225	0.50	192.13	241.90
	2 号梁	0.598 3			1 847.20	2 325.62			144.32	181.70
$\frac{1}{4}L$	边梁	0.796 5	78.3	5.419	1 844.40	2 322.10	8.128	0.75	265.54	334.32
	2 号梁	0.598 3			1 385.44	1 744.27			199.46	251.12
支点	边梁	0.796 5					8.128	1.00	352.20	443.42
		0.708 3					6.322			
	2 号梁	0.598 3					8.128	1.00	382.34	481.37
		0.854 2					6.322			

注：支点附近采用图乘法计算。

二、作用效应组合

1. 基本组合（用于结构承载能力极限状态设计）

按《通规》式(4.1.6-1)：

$$\gamma_0 S_{ud} = \gamma_0 \left(\sum_{i=1}^{m} \gamma_{Gi} S_{Gik} + \gamma_{Q1} S_{Q1k} + \psi_c \sum_{j=2}^{n} \gamma_{Qj} S_{Qjk} \right)$$

式中各分项系数的取值如下：

γ_0——结构重要性系数，$\gamma_0 = 1.1$；

γ_G——结构自重分项系数，$\gamma_G = 1.2$；

γ_{Q1}——汽车荷载（含冲击力）的分项系数，$\gamma_{Q1} = 1.4$。

基本组合计算，永久作用的设计值与可变作用设计值组合见表 1-6-5、表 1-6-6。

边梁永久作用的设计值与可变作用设计值组合   表 1-6-5

梁号	作用分类	组合计算表达式	跨中 弯矩(kN·m)	跨中 剪力(kN)	$\frac{1}{4}L$ 弯矩(kN·m)	$\frac{1}{4}L$ 剪力(kN)	支点 剪力(kN)
边梁	永久作用	一期恒载 $S_{G1k}+S'_{G1k}$	2 613.02	0.00	1 976.85	181.21	382.02
		二期恒载 S_{G2k}	1 383.53	0.00	1 040.03	95.41	191.49
		$\sum_{i=1}^{2} S_{Gik}$	3 996.55	0.00	3 016.88	276.62	573.51
		$\sum_{i=1}^{2} S_{Gid} = 1.2 \sum_{i=1}^{2} S_{Gik}$	4 795.86	0.00	3 620.26	331.95	688.21
	可变作用	S_{Q1k}（计冲击力）	3 096.03	241.90	2 322.10	334.32	443.42
		$S_{Q1d} = 1.4 S_{Q1k}$	4 334.45	338.65	3 250.93	468.04	620.79
		使用阶段 $S_{uk} = \sum_{i=1}^{2} S_{Gik} + S_{Q1k}$	7 092.58	241.90	5 338.97	610.94	1 016.93
		$\gamma_0 S_{ud} = \gamma_0 \left(\sum_{i=1}^{2} S_{Gid} + S_{Q1d} \right)$	10 043.34	372.52	7 558.31	879.99	1 439.91

2号梁永久作用的设计值与可变作用设计值组合表　　　　表1-6-6

梁号	作用分类	组合计算表达式	跨中		$\frac{1}{4}L$		支点
			弯矩 (kN·m)	剪力 (kN)	弯矩 (kN·m)	剪力 (kN)	剪力 (kN)
2号梁	永久作用	一期恒载 $S_{G1k}+S'_{G1k}$	2 743.08	0.00	2 074.56	194.69	395.50
		二期恒载 S_{G2k}	1 508.81	0.00	1 134.21	104.05	208.83
		$\sum_{i=1}^{2} S_{Gik}$	4 251.89	0.00	3 208.77	298.74	604.33
		$\sum_{i=1}^{2} S_{Gid}=1.2\sum_{i=1}^{2} S_{Gik}$	5 102.27	0.00	3 850.52	358.49	725.19
	可变作用	S_{Q1k}(计冲击力)	2 325.62	181.70	1 744.27	251.12	481.37
		$S_{Q1d}=1.4 S_{Q1k}$	3 255.87	254.38	2 441.98	351.57	673.92
		使用阶段 $S_{uk}=\sum_{i=1}^{2}S_{Gik}+S_{Q1k}$	6 577.51	181.70	4 953.04	549.87	1 085.70
		$\gamma_0 S_{ud}=\gamma_0(\sum_{i=1}^{2}S_{Gid}+S_{Q1d})$	9 193.95	279.82	6 921.75	781.07	1 539.02

2.作用短期效应组合(用于正常使用极限状态设计)

永久荷载作用标准值效应与可变作用频遇值效应组合,按《通规》式(4.1.7-1),其效应组合为:

$$S_{sd}=\sum_{i=1}^{m}S_{Gik}+\sum_{j=1}^{n}\psi_{1j}S_{Qjk}$$

式中:ψ_{1j}——可变作用效应的频遇值系数,汽车荷载(汽车荷载不计冲击力)$\psi_{1j}=0.7$,温度梯度作用 $\psi_{1j}=0.8$。

3.作用长期效应组合(用于正常使用极限状态设计)

永久作用标准值效应与可变作用准永久值效应相组合,按《通规》式(4.1.7-2),其效应组合为:

$$S_{ld}=\sum_{i=1}^{2}S_{Gik}+\sum_{j=1}^{n}\psi_{2j}S_{Qjk}$$

式中:ψ_{2j}——第 j 个可变作用效应的准永久值系数,汽车荷载(不计冲击力) $\psi_{2j}=0.4$,温度梯度作用 $\psi_{2j}=0.8$;

S_{ld}——作用长期效应组合设计值。

作用短期和长期效应组合计算见表1-6-7和表1-6-8。

边梁作用短期和长期效应组合计算　　　　　　表1-6-7

梁号	作用分类	组合计算表达式	跨中		$\frac{1}{4}L$		支点
			弯矩 (kN·m)	剪力 (kN)	弯矩 (kN·m)	剪力 (kN)	剪力 (kN)
边梁	永久作用	$\sum\limits_{i=1}^{2}S_{Gik}$	3 996.55	0.00	3 016.88	276.62	573.51
	可变作用	S_{Q1k}(不计冲击力)	2 459.12	192.13	1 844.40	265.54	352.20
		温度梯度效应另计					
		$\psi_1 S_{Q1k}=0.7S_{Q1k}$	1 721.39	134.49	1 291.08	185.88	246.54
		$\psi_2 S_{Q1k}=0.4S_{Q1k}$	983.65	76.85	737.76	106.22	140.88
		$S_{sd}=\sum\limits_{i=1}^{2}S_{Gik}+0.7S_{Q1k}$	5 717.94	134.49	4 307.96	462.50	820.05
		$S_{ld}=\sum\limits_{i=1}^{2}S_{Gik}+0.4S_{Q1k}$	4 980.20	76.85	3 754.64	382.84	714.39

2号梁作用短期和长期效应组合计算　　　　　　表1-6-8

梁号	作用分类	组合计算表达式	跨中		$\frac{1}{4}L$		支点
			弯矩 (kN·m)	剪力 (kN)	弯矩 (kN·m)	剪力 (kN)	剪力 (kN)
2号梁	永久作用	$\sum\limits_{i=1}^{2}S_{Gik}$	4 251.89	0.00	3 208.77	298.74	604.33
	可变作用	S_{Q1k}(不计冲击力)	1 847.20	144.32	1 385.44	199.46	382.34
		温度梯度效应另计					
		$\psi_1 S_{Q1k}=0.7S_{Q1k}$	1 293.04	101.03	969.81	139.62	267.64
		$\psi_2 S_{Q1k}=0.4S_{Q1k}$	738.88	57.73	554.18	79.79	152.94
		$S_{sd}=\sum\limits_{i=1}^{2}S_{Gik}+0.7S_{Q1k}$	5 544.93	101.03	4 178.58	438.37	871.97
		$S_{ld}=\sum\limits_{i=1}^{2}S_{Gik}+0.4S_{Q1k}$	4 990.77	57.73	3 762.94	378.53	757.27

三、截面预应力钢束估算及几何特性计算

1. 全预应力混凝土受弯构件受拉区钢筋面积估算

(1)根据《桥规》第6.3条,全预应力混凝土构件在作用(或荷载)短期效应组合下应符合《桥规》式(6.3.1-1):

$$\sigma_{st}-0.85\sigma_{pc}\leqslant 0$$

式中,$\sigma_{st}=\dfrac{M_s}{I_0}y_0$,$\sigma_{pc}=\dfrac{N_p}{A_n}+\dfrac{N_p e_{pn}}{I_n}y_n=A_p\sigma_{pe}\left(\dfrac{1}{A_n}+\dfrac{y_n}{I_n}e_{pn}\right)$。

估算预应力钢筋时,近似取毛截面积A、抗弯惯矩I、y_p分别代替公式中的A_n、I_n、e_{pn},y_n为截面重心轴到截面受拉边缘(梁底)的距离,用$y_u=h-y_x$代替;

σ_{pe} 为受拉区钢筋合力点预应力钢筋的应力,取控制应力的 70% 计,$\sigma_{pe}=0.7\times0.75\times1\,860=976.5(\text{MPa})$。

近似取 $e_{pn}=y_p=y_u-a_p$,并令 $\sigma_{st}-0.85\sigma_{pc}=0$,可以得到下式:

$$A_p = \frac{M_s y_u}{0.85\sigma_{pe}(r^2+y_p y_u)}$$

式中:r——截面的回转半径,$r^2=\dfrac{I}{A}$。

(2)假定混凝土受压区高度 x 位于截面翼缘板内,根据《桥规》第 5.2.2 条式(5.2.2-1):

$$\gamma_0 M_d \leqslant f_{cd}bx\left(h_0-\frac{x}{2}\right)$$

令 $x=h_0-\sqrt{h_0^2-\dfrac{2\gamma_0 M_d}{f_{cd}\cdot b}}$,并由《桥规》式(5.2.2-2)可以得到:

$$A_s = \frac{f_{sd}bx - f_{pd}A_p}{f_{sd}}$$

式中:b——截面顶宽;

h_0——截面有效高度,此处近似取 $h_0=h-h_p=1\,820\text{mm}$;

a_p——预应力钢筋合力中心到底板的距离,$a_p=180\text{mm}$。

C50 混凝土:$f_{cd}=22.4\text{MPa}$;HBR335 钢筋:$f_{sd}=280\text{MPa}$。

钢绞线:$f_{pd}=1\,260\text{MPa}$,单根 $\phi^s15.2$ 截面积 $A_p=139\text{mm}^2$。

钢筋面积估算及配筋见表 1-6-9 和表 1-6-10。预应力钢束布置图见图 1-6-9。

预应力钢筋、普通钢筋面积估算表 表 1-6-9

	估算公式	边 梁	2 号 梁
持久状况正常使用极限状态	$A_p=\dfrac{M_s y_u}{0.85\sigma_{pe}(r^2+y_p y_u)}$, $\sigma_{pe}=976.5\text{MPa}$, $h_0=1\,820\text{mm}$, $a_p=180\text{mm}$	$M_s=5\,717.94\text{kN}\cdot\text{m}$, $I=4.164\times10^{11}\text{mm}^4$, $A=840\,000\text{mm}^2$,$y_x=714\text{mm}$, $y_u=2\,000-714=1\,286(\text{mm})$, $e_{pn}=y_p=1\,106\text{mm}$, $r^2=495\,714\text{mm}^2$, $A_p=\dfrac{5\,717.94\times10^6\times1\,286}{0.85\times976.5\times(495\,714+1\,286\times1\,106)}$ $=4\,619(\text{mm}^2)$ 配钢束 33ϕ^s15.2 比较合适,则 $A_p=4\,587\text{mm}^2$	$M_s=5\,544.93\text{kN}\cdot\text{m}$, $I=3.921\times10^{11}\text{mm}^4$, $A=784\,000\text{mm}^2$,$y_x=760\text{mm}$, $y_u=2\,000-760=1\,240(\text{mm})$, $e_{pn}=y_p=1\,060\text{mm}$, $r^2=500\,128\text{mm}^2$, $A_p=\dfrac{5\,544.93\times10^6\times1\,240}{0.85\times976.5\times(500\,128+1\,240\times1\,060)}$ $=4\,565(\text{mm}^2)$ 配钢束 31ϕ^s15.2 比较合适,则 $A_p=4\,309\text{mm}^2$
持久状况承载能力极限状态	$x=h_0-\sqrt{h_0^2-\dfrac{2\gamma_0 M_d}{f_{cd}b}}$, $A_s=\dfrac{f_{cd}bx-f_{pd}A_p}{f_{sd}}$, $f_{pd}=1\,260\text{MPa}$, $f_{sd}=280\text{MPa}$, $f_{cd}=22.4\text{MPa}$	$\gamma_0 M_d=10\,043.34\text{kN}\cdot\text{m}$,$b=2\,050\text{mm}$, $x=1\,820-\sqrt{1\,820^2-\dfrac{2\times10\,043.34\times10^6}{22.4\times2\,050}}$ $=124.43(\text{mm})$, $A_s=\dfrac{22.4\times2\,050\times124.43-1\,260\times4\,587}{280}$ $=-236(\text{mm}^2)$, 不需配置受拉普通钢筋	$\gamma_0 M_d=9\,193.95\text{kN}\cdot\text{m}$,$b=1\,700\text{mm}$, $x=1\,820-\sqrt{1\,820^2-\dfrac{2\times9\,193.95\times10^6}{22.4\times1\,700}}$ $=137.88(\text{mm})$, $A_s=\dfrac{22.4\times1\,700\times137.88-1\,260\times4\,309}{280}$ $=-639(\text{mm}^2)$, 不需配置受拉普通钢筋

梁内截面配筋   表1-6-10

梁 号	跨 中		$\dfrac{1}{4}L$		距支点4.6m		距支点$h/2$	
	A_p (mm²)	h_0 (mm)	A_p (mm²)	h_0 (mm)	A_p (mm²)	h_0 (mm)	A_p (mm²)	h_0 (mm)
边梁	33ϕ^S15.2 4 587	1 820	33ϕ^S15.2 4 587	1 740	33ϕ^S15.2 4 587	1 595	33ϕ^S15.2 4 587	1 215
2号梁	31ϕ^S15.2 4 309	1 816	31ϕ^S15.2 4 309	1 732	31ϕ^S15.2 4 309	1 583	31ϕ^S15.2 4 309	1 200

注：A_p——受拉区预应力钢筋截面积；
　　h_0——截面有效高度，$h_0=h-a_p$；
　　a_p——受拉区预应力钢筋合力点到受拉边缘的距离。

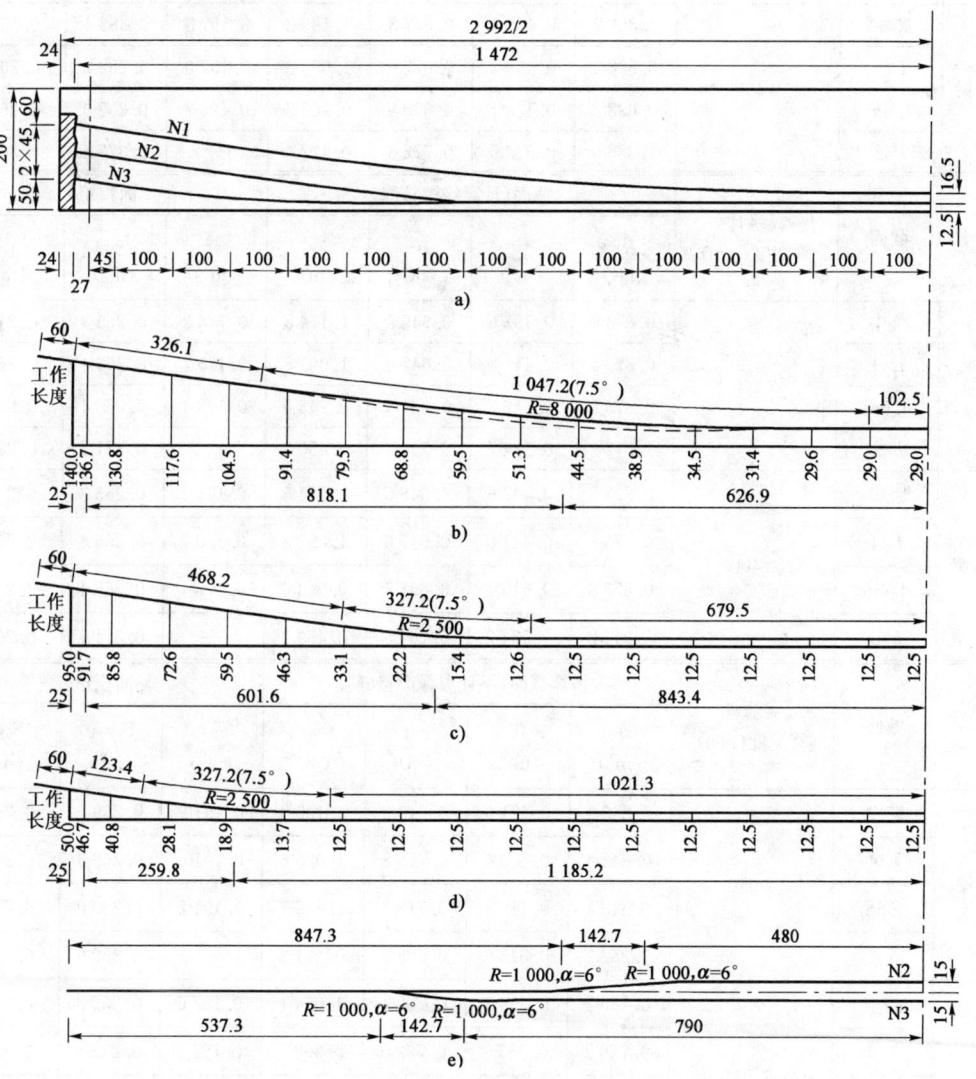

图1-6-9　预应力钢索布置图(尺寸单位：cm)
a)半立面；b)半N1竖弯大样；c)半N2竖弯大样；d)半N3竖弯大样；e)半N2、N3平弯大样

2. 截面几何特性计算

截面几何特性见表 1-6-11，截面特征示意图见图 1-6-10。

截面几何特性　　　　表 1-6-11

梁号	截面	翼缘计算宽度(mm)	换算截面(计翼缘湿接缝)				面积矩		
			A_0 (m^2)	I_0 (m^4)	y_{0x} (m)	y_p (m)	S_{0a-a} (m^3)	S_{0b-b} (m^3)	S_{0c-c} (m^3)
边梁	跨中	2 400	0.899 8	0.442 6	0.679 4	1.140 6	0.198 8	0.283 5	0.265 1
	$L/4$		0.899 8	0.442 0	0.679 0	1.060 3	0.198 5	0.283 4	0.265 0
	4.6m		0.899 8	0.441 1	0.678 4	0.916 4	0.198 1	0.283 0	0.264 7
	$h/2$		1.338 2	0.543 4	0.773 0	0.441 6	—	0.378 0	0.303 6
2号梁	跨中	2 400	0.898 2	0.440 3	0.677 3	1.139 2	0.197 3	0.282 4	0.264 2
	$L/4$		0.898 2	0.439 7	0.677 0	1.053 8	0.197 0	0.282 2	0.264 0
	4.6m		0.898 2	0.439 1	0.676 5	0.906 3	0.196 7	0.282 0	0.263 8
	$h/2$		1.336 6	0.542 6	0.772 3	0.427 8	—	0.377 4	0.303 3

梁号	截面	翼缘计算宽度(mm)	净截面(计翼缘湿接缝)				面积矩		
			A_n (m^2)	I_n (m^4)	y_{nx} (m)	y_p (m)	S_{na-a} (m^3)	S_{nb-b} (m^3)	S_{nc-c} (m^3)
边梁	跨中	2 400	0.873 8	0.407 6	0.645 5	1.174 5	0.174 2	0.265 3	0.249 7
	$L/4$		0.873 8	0.411 0	0.647 6	1.091 8	0.175 7	0.266 4	0.250 6
	4.6m		0.873 8	0.416 7	0.651 3	0.943 6	0.178 4	0.268 4	0.252 3
	$h/2$		1.312 2	0.534 7	0.764 3	0.450 3	—	0.371 7	0.299 7
2号梁	跨中	2 400	0.873 8	0.407 6	0.645 5	1.174 5	0.174 2	0.265 3	0.249 7
	$L/4$		0.873 8	0.411 0	0.647 6	1.091 8	0.175 7	0.266 4	0.250 6
	4.6m		0.873 8	0.416 7	0.651 3	0.943 6	0.178 4	0.268 4	0.252 3
	$h/2$		1.312 2	0.534 7	0.764 3	0.450 3	—	0.371 7	0.299 7

梁号	截面	翼缘计算宽度(mm)	换算截面(不计翼缘湿接缝)				面积矩		
			A_0 (m^2)	I_0 (m^4)	y_{0x} (m)	y_p (m)	S_{0a-a} (m^3)	S_{0b-b} (m^3)	S_{0c-c} (m^3)
边梁	跨中	2 050	0.843 8	0.421 0	0.719 2	1.100 8	0.191 9	0.269 5	0.247 5
	$L/4$		0.843 8	0.420 4	0.718 8	1.020 6	0.191 6	0.269 3	0.247 3
	4.6m		0.843 8	0.419 6	0.718 2	0.876 7	0.191 2	0.269 0	0.247 1
	$h/2$		1.282 2	0.515 2	0.803 3	0.411 3	—	0.359 6	0.276 7
2号梁	跨中	1 700	0.786 2	0.394 4	0.762 4	1.054 1	0.182 6	0.252 8	0.226 6
	$L/4$		0.786 2	0.393 9	0.762 0	0.968 7	0.182 4	0.252 6	0.226 4
	4.6m		0.786 2	0.393 4	0.761 5	0.821 3	0.182 1	0.252 4	0.226 2
	$h/2$		1.224 6	0.483 8	0.835 6	0.364 5	—	0.339 4	0.247 0

续上表

梁号	截面	翼缘计算宽度(mm)	净截面(不计翼缘湿接缝)				面积矩		
			A_n (m^2)	I_n (m^4)	y_{nx} (m)	y_p (m)	S_{na-a} (m^3)	S_{nb-b} (m^3)	S_{nc-c} (m^3)
边梁	跨中	2 050	0.817 8	0.388 4	0.684 3	1.135 7	0.168 5	0.252 4	0.233 5
	$L/4$		0.817 8	0.391 6	0.686 5	1.052 9	0.170 0	0.253 4	0.234 4
	4.6m		0.817 8	0.397 0	0.690 4	0.904 5	0.172 6	0.255 3	0.235 9
	$h/2$		1.256 2	0.507 2	0.794 8	0.419 8	—	0.353 8	0.273 3
2号梁	跨中	1 700	0.761 8	0.366 3	0.728 7	1.087 8	0.161 9	0.237 9	0.215 0
	$L/4$		0.761 8	0.369 4	0.731 0	0.999 7	0.163 4	0.238 9	0.215 8
	4.6m		0.761 8	0.374 5	0.735 2	0.847 6	0.165 9	0.240 8	0.217 2
	$h/2$		1.200 2	0.477 1	0.828 2	0.371 9	—	0.334 7	0.244 5

注：y_{0x}——换算截面重心轴到梁顶面距离；
y_p——预应力钢筋重心到截面重心的距离；
A_0、I_0、S_0——换算截面面积、抗弯惯矩和面积矩；
A_n、I_n、S_n——净截面面积、抗弯惯矩和面积矩。

对应 S_{0a-a}：$b=0.2(0.5)$，对应 S_{0b-b}：$b=0.2(0.5)$，对应 S_{0c-c}：$b=0.2(0.5)$，括号内、外数字分别用于 $\frac{L}{2}$ 及 $\frac{L}{4}$ 与支点。

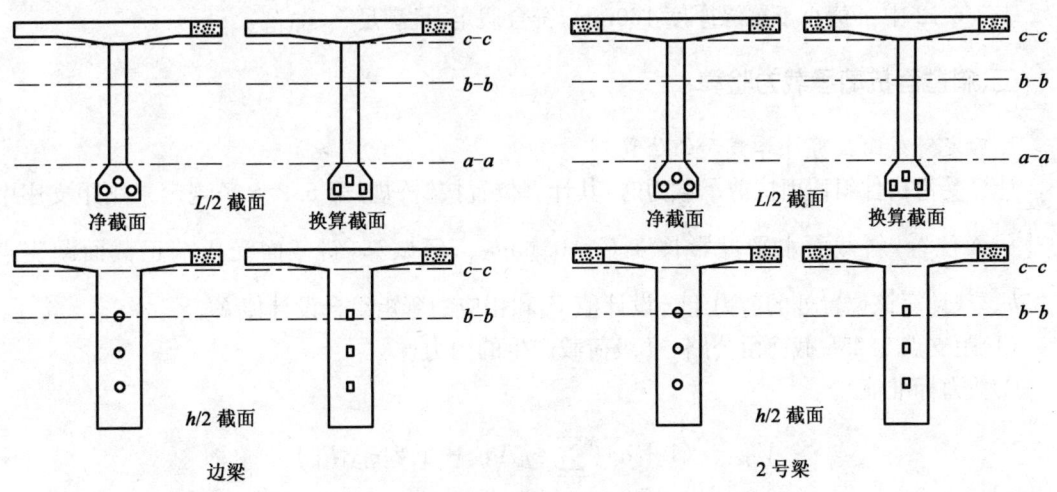

图 1-6-10 截面特征示意图

第五节 持久状况承载能力极限状态计算

一、正截面抗弯承载能力

荷载基本组合表达式按《通规》式(4.1.6-1)：

$$\gamma_0 M_{sd} = \gamma_0 \left(\sum_{i=1}^{n} \gamma_{Gi} M_{Gik} + \gamma_{Q1} M_{Q1k} \right)$$

当受压区高度位于翼缘内,其正截面抗弯承载力应符合《桥规》式(5.2.2-1):

$$\gamma_0 M_d \leqslant M_{ud} = f_{cd}bx\left(h_0 - \frac{x}{2}\right)$$

按《桥规》式(5.2.2-2):

$$x = \frac{f_{sd}A_s + f_{pd}A_p}{f_{cd}b}$$

按《桥规》式(5.2.2-3),钢筋采用钢绞线,混凝土标准强度为C50,查《桥规》表5.2.1得相对界限受压区高度 $\xi_b=0.4$。

$$x \leqslant \xi_b h_0 = 0.4 h_0$$

截面极限承载能力计算见表1-6-12。

截面极限承载能力计算　　　　表1-6-12

梁号	截面	$\gamma_0 M_d$ (kN·m)	A_p (mm²)	h_0 (mm)	b (mm)	$x=\dfrac{f_{pd}A_p}{f_{cd}b}$ (mm)	$M_{ud}=f_{cd}bx\left(h_0-\dfrac{x}{2}\right)$	$\gamma_0 M_d \leqslant M_{ud}$
边梁	L/2	10 043.34	4 587	1 820.00	2 050	107.51	10 208.23	满足
边梁	L/4	7 558.31	4 587	1 739.37	2 050	107.51	9 737.58	满足
2号梁	L/2	9 193.95	4 309	1 816.45	1 700	100.99	9 587.97	满足
2号梁	L/4	6 921.75	4 309	1 730.72	1 700	100.99	9 117.97	满足

表1-6-12中 x 值小于翼缘厚度160mm,符合假定,且满足 $x \leqslant \xi_b h_0$。

二、斜截面抗剪承载力验算

1. 确定斜截面抗剪计算截面的位置

计算受弯构件斜截面抗剪承载力时,其计算位置按《桥规》第5.2.6条规定采用距支座中心 $\dfrac{h}{2}$ 截面位置,斜截面水平投影长度 $C=0.6mh_0$。经试算,斜截面受压端正截面距支点 $1.25h$。现计算该位置处的剪力组合设计值 V_d 和相应的弯矩组合设计值 M_d。

(1)距支点 $1.25h$ 截面由公路—Ⅰ级荷载产生的内力

①剪力标准值

$$V_{Qk} = (1+\mu)\left(\sum_{i=1}^{2}\xi\eta_i A_i q_k + 1.2\xi\eta_i y_i P_k\right)$$

式中:η_i——横向分布系数;

A_i、y_i——内力影响线面积和影响线竖标值(图1-6-11)。

$$q_k = 10.5 \text{kN/m}, P_k = 275.6 \text{kN}$$

剪力标准值计算见表1-6-13。

剪力标准值计算　　　　表1-6-13

梁号	$\xi\eta_1 A_1 q_k$ (kN)	$\xi\eta_2 A_2 q_k$ (kN)	$1.2\xi\eta_i y_i P_k$ (kN)	V_{Qk} (kN)	
				不计冲击力,$1+\mu=1$	计冲击力,$1+\mu=1.259$
边梁	31.80	67.90	223.17	322.88	406.50
2号梁	28.41	51.00	231.40	310.82	391.32

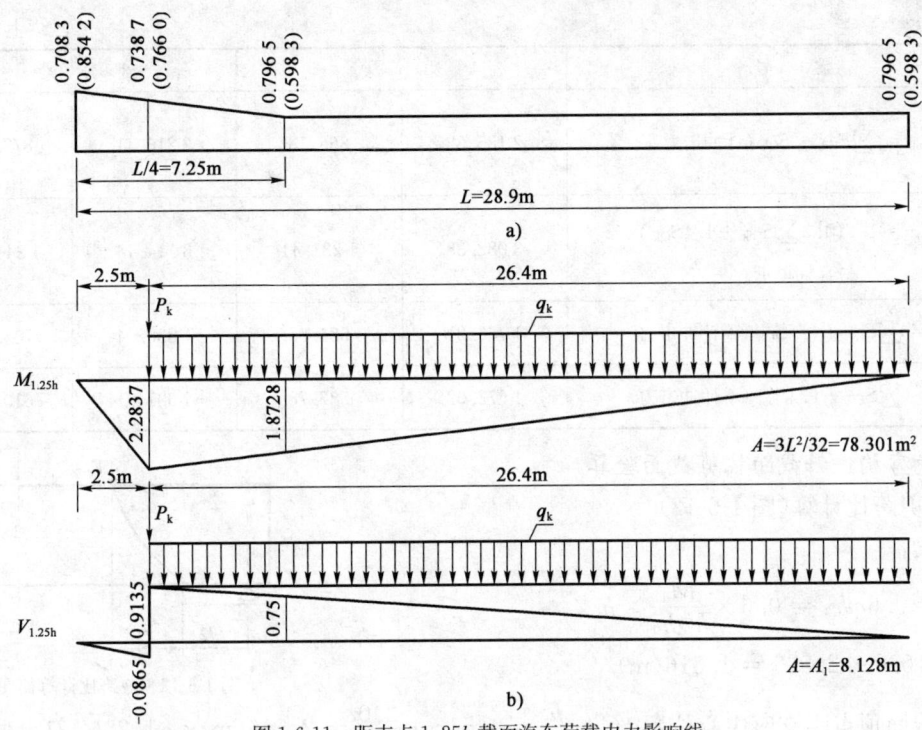

图 1-6-11 距支点 1.25h 截面汽车荷载内力影响线
(图中括号外、内数字分别用于边梁、2 号梁)
a)横向分布系数图;b)内力影响线

②弯矩标准值

$$M_{Qk} = (1+\mu)(\sum_{i=1}^{2}\xi\eta_i A_i q_k + \xi\eta_i y_i P_k)$$

弯矩标准值计算见表 1-6-14。

弯矩标准值   表 1-6-14

梁号	$\xi\eta_1 A_1 q_k$(kN)	$\xi\eta_2 A_2 q_k$(kN)	$1.2\xi\eta_i y_i P_k$(kN)	M_{Qk}(kN·m)	
				不计冲击力,$1+\mu=1$	计冲击力,$1+\mu=1.259$
边梁	79.47	169.55	464.94	713.96	898.88
2 号梁	70.99	127.36	482.09	680.45	856.68

(2)距支点 1.25h 截面荷载效应组合计算(表 1-6-15)

荷载效应组合计算   表 1-6-15

	梁 号	边 梁		2 号 梁	
作用分类	组合计算表达式	弯矩(kN·m)	剪力(kN)	弯矩(kN·m)	剪力(kN)
永久作用	一期恒载 S_{G1k}	790.05	278.46	764.68	270.13
	一期恒载 $S_{G1k}+S'_{G1k}$	849.12	300.27	882.82	313.75
	二期恒载 S_{G2k}	437.32	158.36	476.92	172.70
可变作用	S_{Qk}(不计冲击力)	713.96	322.88	680.45	310.82
	S_{Qk}(计冲击力)	898.88	406.50	856.68	391.32

续上表

梁 号		边 梁		2 号 梁	
$S_{uk} = \sum_{i=1}^{2} S_{Gik} + S_{Qk}$ (计冲击力)		2 185.32	865.13	2 216.41	877.77
$\gamma_0 S_{ud} = 1.1(1.2\sum_{i=1}^{2} S_{Gik} + 1.4 S_{Qk})$ (计冲击力)		3 082.38	1 231.41	3 114.14	1 244.75
$S_{sd} = \sum_{i=1}^{2} S_{Gik} + 0.7 S_{Qk}$ (不计冲击力)		1 786.21	684.65	1 836.04	704.02
$S_{ld} = \sum_{i=1}^{2} S_{Gik} + 0.4 S_{Qk}$ (不计冲击力)		1 572.02	587.78	1 631.91	610.78

2. 受弯构件斜截面抗剪截面验算

(1) 剪跨比计算 (图 1-6-12)

边梁：

$$C = 0.6 m h_0 = 0.6 \times \frac{M_d}{V_d h_0} \times h_0$$
$$= 0.6 \times 2.526 = 1.516 (\text{m})$$

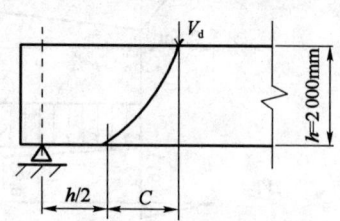

图 1-6-12 剪跨比计算简图

斜截面顶点距支座中心位置，$C + \frac{h}{2} = 1.516 + \frac{2.0}{2} = 2.516(\text{m}) \approx 1.25h$，符合假定。

2 号梁：

$$C = 0.6 m h_0 = 0.6 \times \frac{M_d}{V_d h_0} \times h_0 = 0.6 \times 2.525 = 1.515(\text{m})$$

斜截面顶点距支座中心位置，$C + \frac{h}{2} = 1.515 + \frac{2.0}{2} = 2.515(\text{m}) \approx 1.25h$，符合假定。

(2) 受弯构件抗剪截面应符合《桥规》第 5.2.9 条要求

$$\gamma_0 V_d \leqslant V_R = 0.51 \times 10^{-3} \sqrt{f_{cu,k}} b h_0$$

式中，C50 混凝土，$f_{cu,k} = 50 \text{MPa}$，b 取腹板宽 375mm，边梁 $h_0 = 1396.3$mm，2 号梁 $h_0 = 1382.3$mm。

边梁：$V_R = 0.51 \times 10^{-3} \times \sqrt{50} \times 375 \times 1396.3 = 1888.2(\text{kN}) > 1232.51(\text{kN})$，满足规范要求。

2 号梁：$V_R = 0.51 \times 10^{-3} \times \sqrt{50} \times 375 \times 1382.3 = 1869.3(\text{kN}) > 1246.96(\text{kN})$，满足规范要求。

(3) 《桥规》第 5.2.10 条，当 $\gamma_0 V_d \leqslant 0.5 \times 10^{-3} \alpha_2 f_{td} b h_0$ 时可不进行抗剪承载力计算，箍筋按构造配筋

混凝土 C50 抗拉强度设计值 $f_{td} = 1.83 \text{MPa}$，预应力提高系数 $\alpha_2 = 1.0$。

边梁：$V_R = 0.5 \times 10^{-3} \times 1.0 \times 1.83 \times 375 \times 1396.3 = 479.1(\text{kN})$；

2 号梁：$V_R = 0.5 \times 10^{-3} \times 1.0 \times 1.83 \times 375 \times 1382.3 = 474.3(\text{kN})$。

均小于表 1-6-15 $\gamma_0 V_d$ 值，故箍筋需计算设置，并进行斜截面抗剪承载力验算。

3. 箍筋设置

箍筋间距按《桥规》式(5.2.11-1)计算：

$$S_v = \frac{\alpha_1^2 \alpha_3^2 \times 0.2 \times 10^{-6}(2+0.6P)\sqrt{f_{cu,k}} \cdot A_{sv} f_{sv} \cdot bh_0^2}{(\xi\gamma_0 V_d)^2}$$

式中：V_d——用于抗剪配筋设计的最大剪力设计值；

ξ——用于抗剪配筋设计的最大剪力设计值分配于混凝土与箍筋共同承担的分配系数，这里取 $\xi=1.0$；

α_1——异号弯矩影响系数，取 $\alpha_1=1.0$；

α_3——受压翼缘的影响系数，取 $\alpha_3=1.1$；

b——用于抗剪配筋设计的最大剪力截面处腹板厚度；

h_0——用于抗剪配筋设计的最大剪力截面有效高度；

P——斜截面内纵向钢筋的配筋百分率，$P=100(A_p+A_s)/(bh_0)$。

预制 T 梁边梁配 33 根 $\phi^s 15.2$，$A_p = 4\,587 \text{mm}^2$。

$$P_{L/4} = 100 \times \frac{A_{pb}+A_s}{bh_0} \approx 100 \times \frac{4\,587}{200 \times 1\,739} = 1.32 < 2.5$$

$$P_{4.6m} = 100 \times \frac{A_{pb}+A_s}{bh_0} \approx 100 \times \frac{4\,587}{200 \times 1\,595} = 1.44 < 2.5$$

$$P_{h/2} = 100 \times \frac{A_{pb}+A_s}{bh_0} \approx 100 \times \frac{4\,587}{500 \times 1\,215} = 0.76 < 2.5$$

预制 T 梁 2 号梁配 31 根 $\phi^s 15.2$，$A_p = 4\,309 \text{mm}^2$。

$$P_{L/4} = 100 \times \frac{A_{pb}+A_s}{bh_0} \approx 100 \times \frac{4\,309}{200 \times 1\,731} = 1.24 < 2.5$$

$$P_{4.6m} = 100 \times \frac{A_{pb}+A_s}{bh_0} \approx 100 \times \frac{4\,309}{200 \times 1\,583} = 1.36 < 2.5$$

$$P_{h/2} = 100 \times \frac{A_{pb}+A_s}{bh_0} \approx 100 \times \frac{4\,309}{500 \times 1\,200} = 0.72 < 2.5$$

斜截面内箍筋含筋率：$\rho_{sv} = \dfrac{A_{sv}}{S_v b}$。

箍筋采用 HRB335ϕ12 双肢，$A_{sv} = 2\times 113 = 226(\text{mm}^2)$，$f_{sv} = 280(\text{MPa})$。

箍筋间距计算见表 1-6-16。

箍 筋 间 距 计 算　　　　　　　表 1-6-16

梁号	距支点 $h/2$				距支点 4.6m(腹板宽度变化处)				1/4L			
	$\gamma_0 V_d$ (kN)	b (mm)	h_0 (mm)	S_v (mm)	$\gamma_0 V_d$ (kN)	b (mm)	h_0 (mm)	S_v (mm)	$\gamma_0 V_d$ (kN)	b (mm)	h_0 (mm)	S_v (mm)
边梁	1 354.0	500	1 215	106.9	1 043.4	200	1 595	144.8	880.0	200	1 739	236.0
2 号梁	1 417.6	500	1 200	94.3	1 000.4	200	1 583	152.7	781.1	200	1 730	291.8

根据《桥规》第 9.3.13 条要求，箍筋间距不大于梁高 1/2，且不大于 400mm；在支座中心向跨径方向长不小于 1 倍梁高内箍筋间距不宜大于 100mm；箍筋为 HRB335 钢筋时，含筋率 $\rho_{sv} \geq 0.12\%$。故本计算采用如下配筋：梁端到 $L/4$ 范围箍筋间距取 $S_v = 100$mm，余为 $S_v = 150$mm。

4. 斜截面抗剪承载力验算

由于本 T 梁采用后张法预应力结构，有预应力弯起钢筋，其斜截面抗剪由混凝土、箍筋和预应力弯起钢筋共同承担。

按《桥规》式(5.2.7-1)：

$$\gamma_0 V_d \leqslant V_{cs} + V_{pb}$$

按《桥规》式(5.2.7-2)：

$$V_{cs} = \alpha_1 \alpha_2 \alpha_3 \times 0.45 \times 10^{-3} \cdot b \cdot h_0 \sqrt{(2+0.6P)\sqrt{f_{cu,k}} \cdot \rho_{sv} \cdot f_{sv}}$$

式中：V_d——斜截面受压端正截面处最大剪力组合设计值；

V_{cs}——斜截面内混凝土与箍筋共同的抗剪承载力设计值；

V_{pb}——与斜截面相交的预应力弯起钢筋抗剪承载力设计值；

α_1——异号弯矩影响系数，取 $\alpha_1 = 1.0$；

α_2——预应力混凝土受弯构件的预应力提高系数，取 $\alpha_2 = 1.25$；

α_3——受压翼缘的影响系数，取 $\alpha_3 = 1.1$；

b——斜截面受压端正截面处腹板厚度；

h_0——斜截面受压端正截面处截面有效高度；

P——斜截面内纵向钢筋的配筋百分率，$P = 100(A_p + A_s)/(bh_0)$；

ρ_{sv}——斜截面内箍筋含筋率，$\rho_{sv} = \dfrac{A_{sv}}{S_v b}$。

箍筋采用 HRB335ϕ12 双肢，$A_{sv} = 2 \times 113 = 226$ (mm²)，$f_{sv} = 280$ (MPa)。

斜截面抗剪承载力验算见表 1-6-17。

斜截面抗剪承载力验算表 表 1-6-17

梁号	截面位置	b (mm)	h_0 (mm)	P	ρ_{sv}	V_{cs} (kN)	V_{pb} (kN)	$\gamma_0 V_d$ (kN)	结 论
边梁	$h/2$	375	1 396.3	0.88	0.006 0	1 779.31	734.71	1 231.41	$\gamma_0 V_d < V_{cs} + V_{pb}$
	4.6m	200	1 803.4	1.27	0.007 5	1 433.29	68.01	1 084.25	$\gamma_0 V_d < V_{cs} + V_{pb}$
	$L/4$	200	1 820.0	1.26	0.007 5	1 444.66	4.20	1 084.25	$\gamma_0 V_d < V_{cs} + V_{pb}$
2 号梁	$h/2$	375	1 382.3	0.83	0.006 0	1 752.07	690.78	1 244.75	$\gamma_0 V_d < V_{cs} + V_{pb}$
	4.6m	200	1 798.7	1.20	0.007 5	1 418.08	68.01	556.40	$\gamma_0 V_d < V_{cs} + V_{pb}$
	$L/4$	200	1 816.4	1.19	0.007 5	1 430.17	4.20	442.97	$\gamma_0 V_d < V_{cs} + V_{pb}$

注：距支点 4.6m 与 $L/4$ 的斜截面受压端正截面的广义剪跨比均大于 3.0，按 $m = 3.0$ 取。

第六节 持久状况正常使用极限状态计算

一、预应力钢束应力损失计算

1. 张拉控制应力

按《桥规》第 6.1.3 条,采用钢绞线的张拉控制值:

$$\sigma_{con} = 0.75 f_{pk} = 0.75 \times 1\,860 = 1\,395\,(\text{MPa})$$

2. 各项预应力损失

(1) 预应力钢筋与管道壁之间的摩擦产生的应力损失

后张法预应力计算式:$\sigma_{l1} = \sigma_{con}[1 - e^{-(\mu\theta + kx)}]$。

预应力钢筋与管道壁之间的摩擦产生的应力损失见表 1-6-18。

σ_{l1} 计 算   表 1-6-18

位置	束号	σ_{con}(MPa)	μ	k	θ(Rad)	x(m)	σ_{l1}(MPa)	平均(MPa)
$L/2$	N1	1 395	0.250 0	0.001 5	0.130 9	14.700	74.356	
	N2	1 395	0.250 0	0.001 5	0.340 3	14.700	141.726	119.269
	N3	1 395	0.250 0	0.001 5	0.340 3	14.700	141.726	
$L/4$	N1	1 395	0.250 0	0.001 5	0.053 6	7.475	33.927	
	N2	1 395	0.250 0	0.001 5	0.113 8	7.475	54.233	72.076
	N3	1 395	0.250 0	0.001 5	0.340 3	7.475	128.069	
4.6m	N1	1 395	0.250 0	0.001 5	0.020 4	4.850	17.146	
	N2	1 395	0.250 0	0.001 5	0.008 4	4.850	13.015	28.287
	N3	139 5	0.250 0	0.001 5	0.130 9	4.850	54.699	
$h/2$	N1	1 395	0.250 0	0.001 5	0.000 0	1.250	2.613	
	N2	1 395	0.250 0	0.001 5	0.000 0	1.250	2.613	2.613
	N3	1 395	0.250 0	0.001 5	0.000 0	1.250	2.613	

(2) 锚具变形及钢筋回缩产生的应力损失

本项损失计算考虑反向摩擦损失。当按两端张拉计算时,3 根钢索的反向摩擦损失的影响长度均出现重叠区,按《桥规》附录 D 第 D.0.3 条规定,按一端张拉另一端锚固计算,如表 1-6-19 所示(对称布索)。

σ_{l2} 计算　　　　　表 1-6-19

$\Delta\sigma_d = \dfrac{\sigma_0 - \sigma_l}{l}$ (MPa/m)	l_f (m)	$\Delta\sigma$ (MPa)	$\sigma_{l2}(x) = \Delta\sigma \dfrac{l_f - x}{l_f}$ (MPa)			
			$x=L/2$	$x=L/4$	$x=4.6\text{m}$	$x=h/2$
N1　4.727	15.732>L/2	148.742	7.046	78.189	78.189	78.189
N2　8.958	11.428<L/2	204.755	0.000	70.137	70.137	70.137
N3　8.958	11.428<L/2	204.755	0.000	70.137	70.137	70.137
平均			2.349	72.821	113.467	169.210

(3) 混凝土的弹性压缩引起的应力损失

根据《桥规》附录 E 公式：

$$\sigma_{l4} = \frac{m-1}{2}\alpha_{EP}\Delta\sigma_{pc}$$

式中：$\Delta\sigma_{pc}$——在计算截面钢筋重心处，由张拉一束预应力钢筋产生的混凝土法向应力（MPa）；

α_{EP}——预应力钢筋弹性模量与混凝土弹性模量的比值，

$$\alpha_{EP} = \frac{1.95 \times 10^5}{3.45 \times 10^4} = 5.65$$

$$\Delta\sigma_{pc} = \frac{1}{3}\left(\frac{N_p}{A_n} + \frac{N_p e_{pn}}{I_n}y_n\right)$$

式中：$N_p = \sigma_{pe}A_p - \sigma_{l6}A_s = \sigma_{pe}A_p$；

$\sigma_{pe} = \sigma_{con} - \sigma_{l1} - \sigma_{l2}$；

$e_{pn} = \dfrac{\sigma_{pe}A_p y_{pn} - \sigma_{l6}A_s y_{sn}}{N_p} = \dfrac{\sigma_{pe}A_p y_{pn}}{N_p}$（计算本项损失时，取 $\sigma_{l6}=0$）；

$y_n = h_0 - y_{nx}$。

$\Delta\sigma_{pc}$ 和 σ_{l4} 计算结果见表 1-6-20。

$\Delta\sigma_{pc}$ 和 σ_{l4} 计算　　　　　表 1-6-20

项目	边　梁				2　号　梁			
	跨中	$\dfrac{1}{4}L$	4.6m	$h/2$	跨中	$\dfrac{1}{4}L$	4.6m	$h/2$
$A_n(\text{m}^2)$	0.8178	0.8178	0.8178	1.2562	0.7618	0.7618	1.2002	0.8178
$I_n(\text{m}^4)$	0.3884	0.3917	0.3970	0.5072	0.3663	0.3694	0.3745	0.4771
$e_{pn}(\text{m})$	1.1340	1.0493	0.9004	0.4143	1.0897	0.9960	0.8434	0.3663
$y_n(e_{ps})(\text{m})$	1.1357	1.0521	0.9045	0.4198	1.0878	0.9988	0.8476	0.3719
$\sigma_{pe}(\text{MPa})$	1273.382	1250.102	1253.246	1223.176	1273.382	1250.102	1253.246	1223.1764
$A_p(\text{mm}^2)$	4587	4587	4587	4587	4309	4309	4309	4309
$N_p(\text{kN})$	5841.004	5734.220	5748.640	5610.710	5487.004	5386.691	5400.238	5270.667
$\Delta\sigma_{pc}(\text{MPa})$	8.8371	7.7250	6.2734	2.1301	8.3193	7.1922	4.9356	2.6499
$\sigma_{l4}(\text{MPa})$	49.930	43.646	35.445	12.035	47.004	40.636	27.886	14.972

注：表中截面特征不计翼缘现浇接缝。

(4) 预应力钢筋的松弛引起的应力损失

根据《桥规》第 6.2.6 条：

$$\sigma_{l5} = \psi\zeta\left(0.52\frac{\sigma_{pe}}{f_{pk}} - 0.26\right)\sigma_{pe}$$

式中：ψ——张拉系数，一次张拉取 $\psi=1$；

ζ——钢筋松弛系数，采用 II 级松弛（低松弛）钢绞线，取 $\zeta=0.3$；

σ_{pe}——传力锚固时的钢筋应力，对后张法构件取 $\sigma_{pe} = \sigma_{con} - \sigma_{l1} - \sigma_{l2} - \sigma_{l4}$。

σ_{l5} 计算见表 1-6-21。

σ_{l5} 计 算　　　　表 1-6-21

梁 号	截面位置	σ_{pe}(MPa)	ψ	ξ	σ_{l5}(MPa)
边梁	L/2	1 223.453	1.0	0.3	30.112
	L/4	1 206.456	1.0	0.3	27.974
	4.6m	1 217.802	1.0	0.3	29.396
	h/2	1 211.141	1.0	0.3	28.558
2 号梁	L/2	1 226.378	1.0	0.3	30.485
	L/4	1 209.466	1.0	0.3	28.349
	4.6m	1 225.360	1.0	0.3	30.355
	h/2	1 208.205	1.0	0.3	28.191

(5) 混凝土收缩和徐变引起的应力损失

按《桥规》第 6.2.7 条计算，其中式(6.2.7-1)为：

$$\sigma_{l6} = \frac{0.9\left[E_p\varepsilon_{cs}(t_u,t_0) + \alpha_{Ep}\sigma_{pc}\phi(t_u,t_0)\right]}{1+15\rho\cdot\rho_{ps}}$$

式中，混凝土收缩和徐变系数终极值 $\varepsilon_{cs}(t_u,t_0)$、$\phi(t_u,t_0)$，假定环境年平均相对湿度 RH=55%，传力锚固混凝土龄期为 7d。

理论厚度：

L/2、L/4、4.6m 处：

$$h = \frac{2A}{u} = \frac{2 \times 896\,000}{9\,033.4} = 198(\text{mm})$$

h/2 处：

$$h = \frac{2A}{u} = \frac{2 \times 1\,334\,400}{8\,675.1} = 308(\text{mm})$$

查《桥规》表 6.2.7，直线内插得到：

L/2、L/4、4.6m 处：

$$\varepsilon_{cs}(t_u,7) = 0.452 \times 10^{-3}, \phi(t_u,7) = 2.887$$

h/2 处：

$$\varepsilon_{cs}(t_u,7) = 0.376 \times 10^{-3}, \phi(t_u,7) = 2.672$$

对 C50 及以上混凝土，$\varepsilon_{cs}(t_u,7)$、$\phi(t_u,7)$ 应乘以 $\sqrt{\dfrac{32.4}{f_{ck}}}$，式中 C50 的抗压强度标准值

$f_{ck}=32.4$ MPa，所以 $\sqrt{\dfrac{32.4}{f_{ck}}}=1$。

计算纵向钢筋截面重心处由预应力产生的混凝土法向压应力，按

$$\sigma_{pc}=\dfrac{N_{p0}}{A_0}+\dfrac{N_{p0}e_{p0}}{I_0}y_0, N_{p0}=\sigma_{p0}A_p$$

计算，此时预应力损失，考虑锚固钢筋时（第一批）的损失，$\sigma_{p0}=\sigma_{con}-\sigma_{l1}-\sigma_{l2}-\sigma_{l4}$，根据施工情况考虑自重影响，计算的 $\sigma_{pc}<0.5f'_{cu}=0.5\times 37.5=18.75$（MPa），见表1-6-22。

σ_{pc} 计算表　　表1-6-22

梁号	截面	M_{G1k} (kN·m)	$M'_{G1k}+M_{G2k}$ (kN·m)	N_P (kN)	换算截面		净截面				$\sigma_{pc}=\dfrac{N_{pn}}{A_n}+\dfrac{N_{pn}e_{pn}-M_{G1k}}{I_n}y_n-\dfrac{M'_{G1k}+M_{G2k}}{I_0}y_0$ (MPa)
					I_0 (m⁴)	y_0 (m)	e_{pn} (m)	y_n (m)	A_n (m⁴)	I_n (m⁴)	
边梁	跨中	2 613.02	1 383.53	5 473.85	0.442 6	1.140 6	1.172 9	1.174 5	0.873 8	0.407 6	13.668
	$\dfrac{1}{4}L$	1 976.85	1 040.03	5 405.70	0.442 0	1.059 5	1.088 3	1.091 0	0.873 8	0.411 1	14.060
	4.6m	1 414.85	740.65	5 451.22	0.441 1	0.916 3	0.939 3	0.943 6	0.873 8	0.416 7	13.090
	$h/2$	364.67	184.87	5 424.51	0.543 4	0.441 6	0.444 6	0.450 3	1.312 2	0.534 7	5.708
中梁	跨中	2 743.08	1 508.81	5 153.11	0.440 3	1.139 2	1.169 0	1.174 5	0.873 8	0.407 6	11.446
	$\dfrac{1}{4}L$	2 074.56	1 134.21	5 089.44	0.439 7	1.052 9	1.019 0	1.091 0	0.873 8	0.411 1	12.181
	4.6m	1 476.84	807.72	5 149.28	0.439 1	0.906 3	0.784 4	0.943 6	0.873 8	0.416 7	10.028
	$h/2$	378.15	201.61	5 084.68	0.542 6	0.427 8	0.429 9	0.450 3	1.312 2	0.534 7	5.238

注：考虑到预应力损失 σ_{l6} 是在较长时间内完成的，即翼缘现浇接缝参与影响徐变和收缩，故按全截面计算。

σ_{l6} 计算见表1-6-23。

σ_{l6} 计算表　　表1-6-23

梁号	截面	E_p (MPa)	$\varepsilon_{cs}(t_u,7)$	$\phi(t_u,7)$	α_{EP}	σ_{pc}	$\rho=\dfrac{A_p+A_s}{A_n}$	$\rho_{ps}=1+\dfrac{e_{ps}^2A_0}{I_0}$	$\sigma_{l6}=\dfrac{0.9[E_p\varepsilon_{cs}(t_u,t_0)+\alpha_{EP}\sigma_{pc}\phi(t_u,t_0)]}{1+15\rho\cdot\rho_{ps}}$ (MPa)
边梁	跨中	1.95×10⁵	0.000 452	2.887	5.65	13.668	0.005 25	3.956 8	213.47
	$\dfrac{1}{4}L$		0.000 452	2.887		14.060	0.005 25	3.530 1	223.59
	4.6m		0.000 452	2.887		13.090	0.005 25	2.867 2	221.49
	$h/2$		0.000 376	2.672		5.708	0.003 50	1.497 6	133.09
2号梁	跨中	1.95×10⁵	0.000 452	2.887	5.65	11.446	0.004 93	3.956 8	191.36
	$\dfrac{1}{4}L$		0.000 452	2.887		12.181	0.004 93	3.530 1	204.69
	4.6m		0.000 452	2.887		10.028	0.004 93	2.867 2	186.90
	$h/2$		0.000 376	2.672		5.238	0.003 28	1.497 6	127.74

(6) 各阶段应力损失及有效预应力汇总（表1-6-24）

各阶段应力损失及有效预应力汇总表（单位：MPa）　　　　　表 1-6-24

梁号	截面	预加力阶段					使用阶段			
		σ_{l1}	σ_{l2}	σ_{l4}	$\sigma_l^I = \sigma_{l1}+\sigma_{l2}+\sigma_{l4}$	$\sigma_{p0} = \sigma_{con}-\sigma_l^I$	σ_{l5}	σ_{l6}	$\sigma_l^{II} = \sigma_{l5}+\sigma_{l6}$	$\sigma_{pe}=\sigma_{con} -\sigma_l^I-\sigma_l^{II}$
边梁	跨中	119.27	2.35	49.93	171.55	1 223.45	30.11	213.47	243.58	979.87
	$\frac{1}{4}L$	72.08	72.82	43.65	188.54	1 206.46	27.97	223.59	251.56	954.89
	4.6m	28.29	113.47	35.44	177.20	1 217.80	29.40	221.49	250.89	966.92
	$h/2$	2.61	169.21	12.04	183.86	1 211.14	28.56	133.09	161.65	1049.50
2号梁	跨中	119.27	2.35	47.00	168.62	1 226.38	30.48	191.36	221.84	1 004.54
	$\frac{1}{4}L$	72.08	72.82	40.64	185.53	1209.47	28.35	204.69	233.04	976.42
	4.6m	28.29	113.47	27.89	169.64	1 225.36	30.35	186.90	217.26	1 008.10
	$h/2$	2.61	169.21	14.97	186.80	1 208.20	28.19	127.74	155.93	1052.27

二、温度梯度截面上的应力计算

按《桥规》附录 B,（桥面 80mm 厚 C40 混凝土垫层及 100mm 厚沥青混凝土未计入）温度基数由《通规》表 4.3.10-3 查得，$T_1=14℃$，$T_2=5.5℃$。

温度分布图式见图 1-6-13。

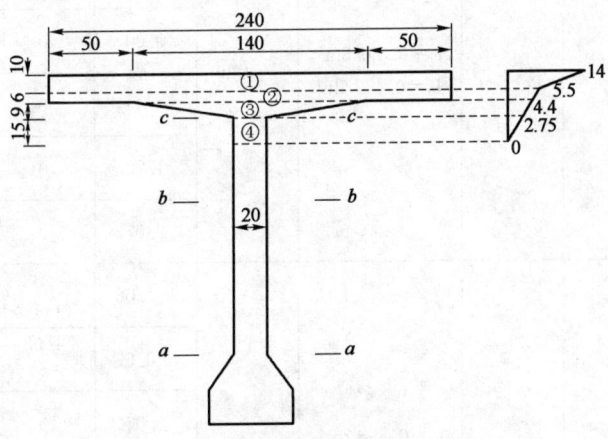

图 1-6-13　温度分布图式（尺寸单位：cm）

按《桥规》附录式（B-1）、式（B-2）、式（B-3）温度内力和应力为：

$$N_t = \sum A_y t_y \alpha_c E_c$$
$$M_t^0 = -\sum A_y t_y \alpha_y E_c e_y$$

正温差应力：

$$\sigma_t = -\frac{N_t}{A_0} + \frac{M_t^0}{I_0}y + t_y\alpha_c E_c$$

式中，$\alpha=0.000\,01$，$E_c=3.45\times10^4$ MPa，$\alpha_c E_c=0.345$。

反温差应力将 t_y 取负值代入上式，按《桥规》附录式（B-3）乘以 0.5 计算。

温度梯度截面应力计算见表 1-6-25，截面计算点正、反温差应力计算见表 1-6-26。

温度梯度截面应力计算 表1-6-25

编号	t_y(℃)	边梁		2号梁	
		单元面积 A_y (mm^2)	A_y重心到换算截面重心距离 e_y(mm)	单元面积 A_y (mm^2)	A_y重心到换算截面重心距离 e_y(mm)
1	9.75	240 000	629.38	240 000	627.29
2	4.95	144 000	549.38	144 000	547.29
3	3.78	72 000	485.63	72 000	483.54
4	1.38	30 000	354.38	30 000	352.29
$\sum_1^4$		$N_t=\sum_1^4 A_y t_y \alpha_c E_c$ $=1\,161.37$kN	$M_t^0=-\sum_1^4 A_y t_y e_y \alpha_c E_c$ $=-693.86$kN·m	$N_t=\sum_1^4 A_y t_y \alpha_c E_c$ $=1\,161.37$kN	$M_t^0=-\sum_1^4 A_y t_y e_y \alpha_c E_c$ $=-691.43$kN·m

截面计算点正、反温差应力计算 表1-6-26

梁号	计算点 y_i	N_t (kN)	M_t^0 (kN·m)	截面几何特性	$\dfrac{-N_t}{A_0}$ (MPa)	$\dfrac{M_t^0}{I_0}y_i$	σ_t' $=t_y \alpha_c E_c$	σ_t(MPa)	
								正温差	反温差
边梁	顶面 679mm	1 161.37	−693.86	$A_0=0.899\,8m^2$, $I_0=0.442\,6m^4$	−1.29	−1.07	4.83 (14℃)	2.47	−1.24
	c-c 429mm					−0.67	1.03 (2.8℃)	−0.93	0.47
	b-b 0					0.00	0	−1.29	0.65
	a-a −921mm					1.44	0	0.15	−0.08
	预筋 −1 159mm					1.79	0	0.50	−0.25
	底面 −1 321mm					2.07	0	0.78	−0.39
2号梁	顶面 676mm	1 161.37	−691.43	$A_0=0.898\,2m^2$, $I_0=0.440\,3m^4$	−1.29	−1.06	4.83 (14℃)	2.47	−1.24
	c-c 426mm					−0.67	1.03 (2.8℃)	−0.93	0.47
	b-b 0					0.00	0	−1.29	0.65
	a-a −924mm					1.45	0	0.16	−0.08
	预筋 −1 162mm					1.79	0	0.50	−0.25
	底面 −1 324mm					2.08	0	0.78	−0.39

三、抗裂验算

1. 正截面抗裂验算

全预应力混凝土受弯构件,在短期效应组合下,正截面混凝土的法向拉应力应符合《桥规》式(6.3.1-1):

$$\sigma_{st} - 0.85\sigma_{pc} \leqslant 0$$

式中：σ_{st}——作用（荷载）短期效应组合下构件抗裂验算边缘（底边）混凝土的法向拉应力,按《桥规》式(6.3.2-1)计算，

$$\sigma_{st} = \frac{M_s}{W_0}$$

W_0——截面底边缘的弹性抵抗矩。

σ_{pc}——扣除全部预应力损失后的预加力在构件抗裂验算边缘（底边）产生的混凝土预压应力,按《桥规》式(6.1.5-4)计算，

$$\sigma_{pc} = \frac{N_{pn}}{A_n} + \frac{N_{pn} e_{pn}}{I_n} y_{nu}$$

y_{nu}——截面重心到抗裂验算边缘（底边）的距离$(h - y_{nx})$。

按《桥规》式(6.1.6-3)、式(6.1.6-4)和式(6.1.5-3)计算：

$$N_{pn} = \sigma_{pe} A_p - \sigma_{l6} A_s$$

$$e_{pn} = \frac{\sigma_{pe} A_p y_{pn} - \sigma_{l6} A_s y_{sn}}{N_p}$$

$$\sigma_{pe} = \sigma_{con} - \sigma_l$$

荷载短期效应组合下跨中正截面混凝土拉应力验算见表1-6-27、表1-6-28。

荷载短期效应组合下跨中正截面混凝土拉应力验算（一） 表1-6-27

梁号	位置	M_{G1k} (kN·m)	预加力			几何特性（不计翼缘湿接缝）				σ_{pc} (MPa)
			A_p (mm²)	σ_{pe} (MPa)	N_{pn} (kN)	A_n (m²)	I_n (m⁴)	y_{nu} (m)	e_{pn} (m)	
边梁	$L/2$	2 418.5	4 587	979.9	4 494.7	0.817 8	0.388 4	1.315 7	1.135 7	22.79
	$L/4$	1 830.6	4 587	954.9	4 380.1	0.817 8	0.391 7	1.313 5	1.052 1	20.81
2号	$L/2$	2 354.0	4 309	1 004.5	4 328.6	0.761 8	0.366 3	1.271 3	1.087 8	22.02
	$L/4$	1 782.1	4 309	976.4	4 207.4	0.761 8	0.369 4	1.268 9	0.998 8	19.96

荷载短期效应组合下跨中正截面混凝土拉应力验算（二） 表1-6-28

梁号	位置	$M_s = M_s - M_{G1k}$ (kN·m)	几何特性（不计翼缘湿接缝）				σ_{st}				$\sigma_{st} - 0.85\sigma_{pc}$
			A_0 (m²)	I_0 (m⁴)	y_{0u} (m)	e_{p0} (m)	$0.8\sigma_t$ (MPa)	$\frac{M_{G1k} y_{nu}}{I_n}$	$\frac{M'_s y_{0u}}{I_0}$	σ_{st}	
边梁	$L/2$	3 299.5	0.843 8	0.421 0	1.280 8	1.100 8	0.31	8.19	10.04	18.54	$-0.83 < 0$
	$L/4$	2 477.3	0.843 8	0.420 4	1.281 2	1.019 8	0.31	6.14	7.55	14.00	$-3.69 < 0$
2号	$L/2$	3 190.9	0.786 2	0.394 4	1.237 6	1.054 1	0.31	8.17	10.01	18.49	$-0.22 < 0$
	$L/4$	2 396.5	0.786 2	0.393 9	1.238 0	0.967 9	0.31	7.53	13.96		$-3.00 < 0$

由以上结果可见，截面特征不计湿接缝，正截面抗裂满足《桥规》要求。

根据《桥规》第9.1.12条,预应力混凝土受弯构件最小配筋率应满足下列条件:

$$\frac{M_{ud}}{M_{cr}} \geqslant 1$$

式中：M_{ud}——受弯构件正截面抗弯承载力设计值，

$$M_{ud} = f_{cd}bx\left(h_0 - \frac{x}{2}\right)$$

M_{cr}——受弯构件正截面开裂弯矩，按《桥规》式(6.5.2-6)，

$$M_{cr} = (\sigma_{pc} + \gamma f_{tk})W_0$$

σ_{pc}——扣除全部预应力损失预应力钢筋和普通钢筋合力 N_{p0} 在抗裂边缘产生的混凝土压应力，σ_{pc} 值见表 1-6-27；

f_{tk}——C50 混凝土 f_{tk}=2.65MPa；

γ—— $\gamma = \dfrac{2S_0}{W_0}$。

表 1-6-29 中截面特征不计翼缘湿接缝，最小配筋率满足《桥规》第 9.1.12 条要求。

最小配筋率验算 表 1-6-29

梁号	位置	M_{ud} (kN·m)	σ_{pc} (MPa)	I_0 (m^4)	$y_u = h - y_{0x}$ (m)	$W_0 = I_0/y_n$ (m^3)	S_0 (m^3)	$\gamma = \dfrac{2S_0}{W_0}$	M_{cr} (kN·m)	$\dfrac{M_{ud}}{M_{cr}}$
边梁	L/2	10 155.2	22.79	0.421 0	1.280 8	0.328 7	0.269 5	1.639 8	8 918.5	1.14>1
	L/4	9 684.5	20.81	0.420 4	1.281 2	0.328 2	0.269 3	1.641 2	8 256.5	1.17>1
2号	L/2	9 475.1	22.02	0.394 4	1.237 6	0.318 7	0.252 8	1.586 5	8 358.2	1.13>1
	L/4	9 005.1	19.96	0.393 9	1.238 0	0.318 2	0.252 6	1.588 0	7 689.1	1.17>1

2. 斜截面抗裂验算

全预应力混凝土预制构件，在荷载短期效应组合下，斜截面混凝土主拉应力应符合：

$$\sigma_{tp} \leqslant 0.6 f_{tk} = 1.59 \text{MPa}$$

式中：σ_{tp}——荷载短期效应组合和预加力产生的混凝土主拉应力，按《桥规》式(6.3.3-1)，

$$\sigma_{tp} = \frac{\sigma_{cx} + \sigma_{cy}}{2} - \sqrt{\left(\frac{\sigma_{cx} - \sigma_{cy}}{2}\right)^2 + \tau^2}$$

σ_{cx}——在计算主应力点，由预加力和作用(荷载)短期效应组合计算的弯矩 M_s (不包含截面温度梯度)及截面温度梯度产生的混凝土法向应力，

$$\sigma_{cx} = \sigma_{pc} + \sigma_{st} + 0.8\sigma_t$$

$$\sigma_{st} = \frac{M_{G1k}y_n}{I_n} + \frac{(M_s - M_{G1k})y_0}{I_0}$$

y_0——计算点到换算截面重心轴的距离；

y_n——计算点到净截面重心轴的距离。

$$\sigma_{cy} = 0 \text{(不设竖向预应力)}$$

$$\tau = \frac{V_{G1k}S_n}{bI_n} + \frac{(V_s - V_{G1k})S_0}{bI_0} - \frac{V_p S_n}{bI_n}$$

$$V_p = \sum \sigma''_{pe} A_{pb} \sin\theta_p$$

选取距支点 $h/2$、4.6m、$L/4$、$L/2$ 斜截面计算主拉应力，见表 1-6-30。

混凝土主拉应力 σ_{tp} 计算表

表 1-6-30

梁号	截面	M_{G1k} (kN·m)	V_{G1k} (kN)	$M_s - M_{G1k}$ (kN·m)	$V_s - V_{G1k}$ (kN)	$N_{pn}=\sigma_{pn}A_p$			几何特性(不计翼缘湿接缝)			
						A_p (m²)	σ_{pn} (MPa)	N_{pn} (kN)	A_n (m²)	I_n (m⁴)	e_{pn} (m)	I_0 (m⁴)
边梁	L/2	2 418.5	0.0	3 299.5	134.5	4 587	979.9	4 494.7	0.817 8	0.388 4	1.135 7	0.421 0
	L/4	1 830.6	166.3	2 477.3	296.2	4 587	954.9	4 380.1	0.817 8	0.391 7	1.052 1	0.420 4
	4.6m	1 292.4	204.5	1 735.3	357.7	4 587	966.9	4 435.2	0.817 8	0.397 0	0.904 5	0.419 6
	h/2	340.8	324.2	423.6	440.6	4 587	1 049.5	4 814.0	1.256 2	0.507 2	0.419 8	0.515 2
2号梁	L/2	2 354.0	0.0	3 190.9	101.0	4 309	1 004.5	4 328.6	0.761 8	0.366 3	1.087 8	0.394 4
	L/4	1 782.1	164.9	2 396.5	273.5	4 309	976.4	4 207.4	0.761 8	0.369 4	0.998 8	0.393 9
	4.6m	1 256.6	200.1	1 786.1	360.2	4 309	1 008.1	4 343.9	0.761 8	0.374 5	0.847 6	0.393 4
	h/2	330.4	314.5	470.3	489.2	4 309.0	1 052.3	4 534.2	1.200 2	0.477 1	0.371 9	0.483 8

a-a 截面

梁号	截面	y_n (m)	y_0 (m)	b (mm)	σ_{pc} (MPa)	σ_{st} (MPa)	$0.8\sigma_t$ (MPa)	σ_{cx} (MPa)	S_0 (m³)	S_n (m³)	V_p (kN)	τ (MPa)	σ_{tp} (MPa)	σ_{cp} (MPa)
边梁	L/2	0.915 7	0.880 8	200	17.53	-12.61	-0.06	4.86	0.191 9	0.168 5	0.00	0.306	-0.019	4.884
	L/4	0.913 5	0.881 2	200	16.10	-9.46	-0.06	6.58	0.191 6	0.170 0	136.34	0.740	-0.082	6.663
	4.6m	0.909 6	0.881 8	200	14.61	-6.61	-0.06	7.94	0.191 2	0.172 6	463.06	0.253	-0.008	7.953
	h/2	—	—	—	—	—	—	—	—	—	—	—	—	—
2号梁	L/2	0.871 3	0.837 6	200	16.88	-12.38	-0.06	4.44	0.182 6	0.161 9	0.00	0.234	-0.012	4.455
	L/4	0.868 9	0.838 0	200	15.41	-9.29	-0.06	6.06	0.182 4	0.163 4	137.22	0.694	-0.079	6.134
	4.6m	0.864 8	0.838 5	200	14.20	-6.71	-0.06	7.43	0.182 1	0.165 9	455.99	0.267	-0.010	7.442
	h/2	—	—	—	—	—	—	—	—	—	—	—	—	—

b-b 截面

梁号	截面	y_n (m)	y_0 (m)	b (mm)	σ_{pc} (MPa)	σ_{st} (MPa)	$0.8\sigma_t$ (MPa)	σ_{cx} (MPa)	S_0 (m³)	S_n (m³)	V_p (kN)	τ (MPa)	σ_{tp} (MPa)	σ_{cp} (MPa)
边梁	L/2	0	-0.034 9	200	5.50	0.27	-1.03	4.74	0.269 5	0.252 4	0.00	0.430	-0.039	4.776
	L/4	0	-0.032 3	200	5.36	0.19	-1.03	4.51	0.269 3	0.253 4	136.34	1.046	-0.230	4.744
	4.6m	0	-0.027 8	200	5.42	0.11	-1.03	4.51	0.269 0	0.255 3	463.06	0.315	-0.022	4.527
	h/2	0	-0.008 5	500	3.83	0.01	-1.03	2.81	0.359 6	0.353 8	586.68	0.249	-0.022	2.828
2号梁	L/2	0	-0.762 4	200	5.68	6.17	-1.03	10.82	0.252 8	0.237 9	0.00	0.324	-0.010	10.825
	L/4	0	-0.762 0	200	5.52	4.64	-1.03	9.12	0.252 6	0.238 9	137.22	0.966	-0.101	9.225
	4.6m	0	-0.761 5	200	5.70	3.46	-1.03	8.13	0.252 4	0.240 8	455.99	0.333	-0.014	8.139
	h/2	0	-0.835 6	500	3.78	0.81	-1.03	3.56	0.339 4	0.334 7	552.59	0.352	-0.035	3.590

续上表

c-c 截面

梁号	截面	y_n (m)	y_0 (m)	b (mm)	σ_{pc} (MPa)	σ_{st} (MPa)	$0.8\sigma_t$ (MPa)	σ_{cx} (MPa)	S_0 (m³)	S_n (m³)	V_p (kN)	τ (MPa)	σ_{tp} (MPa)	σ_{cp} (MPa)
边梁	$L/2$	−0.4343	−0.4692	200	−0.21	6.38	−0.75	5.42	0.2475	0.2335	0.00	0.395	−0.029	5.452
	$L/4$	−0.4365	−0.4688	200	0.22	4.80	−0.75	4.28	0.2473	0.2344	136.34	0.961	−0.206	4.482
	4.6m	−0.4404	−0.4682	200	0.97	3.37	−0.75	3.60	0.2471	0.2359	463.06	0.285	−0.022	3.620
	$h/2$	−0.5673	−0.5758	500	1.57	0.85	−0.75	1.68	0.2767	0.2735	586.68	0.190	−0.021	1.701
2号梁	$L/2$	−0.4787	−0.5124	200	−0.47	7.22	−0.75	6.00	0.2266	0.2150	0.00	0.290	−0.014	6.018
	$L/4$	−0.4811	−0.5120	200	0.05	5.44	−0.75	4.74	0.2264	0.2158	137.22	0.867	−0.154	4.893
	4.6m	−0.4852	−0.5115	200	0.93	3.95	−0.75	4.14	0.2262	0.2172	455.99	0.294	−0.021	4.157
	$h/2$	−0.6007	−0.6081	500	1.65	1.01	−0.75	1.92	0.2470	0.2445	552.59	0.255	−0.033	1.949

由计算得到，四个验算截面各计算点混凝土主拉应力均未超过 σ_{tp}（表中负值表示拉应力），限值 $0.6f_{tk}=1.59$ MPa。

四、挠度验算

本例为全预应力混凝土构件，截面不会开裂，截面刚度取为《桥规》式(6.5.2-3)：

$$B_0 = 0.95 E_c I_0$$

1. 汽车荷载引起的跨中挠度

$$f_\theta = \psi_1 \eta \xi \left(\frac{5q_k L^4}{384 B_0} + \frac{P_k L^3}{48 B_0} \right)$$

式中，采用荷载短期效应组合计算，汽车荷载（不计冲击力）$\psi_1=0.7$，荷载横向分布系数 $\eta_{边}=0.7965$，$\eta_{2号}=0.5983$，车道折减系数 $\xi=1.0$。

《桥规》第 6.5.3 条规定，受弯构件在使用阶段挠度应考虑长期效应的影响，按以上刚度计算的挠度值乘以挠度长期增长系数 η_θ，长期挠度值在消除结构自重产生的长期挠度后，梁式桥最大挠度（跨中），不允许超过计算跨径的 $1/600 = \frac{28.9 \times 10^3}{600} = 48.2$(mm)。

挠度增长系数 η_θ，当混凝土强度标准值为 C40～C80 时，$\eta_\theta=1.45～1.35$，C50 内插得到 $\eta_\theta=1.425$。

汽车荷载跨中挠度见表 1-6-31。

汽车荷载跨中挠度   表 1-6-31

梁号	L(m)	$B_0=0.95E_c I_0$（计入翼缘湿接缝）			$f_\theta = \psi_1 \eta \xi \left(\frac{5q_k L^4}{384 B_0} + \frac{P_k L^3}{48 B_0} \right)$				$f_\theta = \eta_\theta f_\theta$	限值 $L/600$ (mm)
		I_0 (m⁴)	E_c (MPa)	B_0 (kN·m²)	$0.7q_k$ (kN/m)	$0.7P_k$ (kN)	η	f_θ (mm)	$=1.425f_\theta$ (mm)	
边梁	28.9	0.4426	34 500	145 046 000	7.35	192.92	0.8332	7.34	10.46	48.2
2号梁	28.9	0.4403	34 500	144 308 100	7.35	192.92	0.7167	6.34	9.04	

两车道加载,车道折减系数 $\xi=1.0$,边梁、2号梁消除结构自重长期挠度值的跨中挠度分别为 10.46 与 9.04mm,均小于 48.2mm 的限值,满足《桥规》第 6.5.3 条要求。

2. 预制梁是否设置预拱值的计算

(1)恒载引起的挠度

$$f_G = \frac{5M_G L^2}{48B_0}$$

恒载引起的挠度计算见表 1-6-32。

恒载引起的挠度计算 表 1-6-32

梁号	L(m)	E_c (MPa)	计翼缘湿接缝		$f_{G1}=\frac{5(M_{G1}+M'_{G1})L^2}{48B_0}$		$f_{G2}=\frac{5M_{G2}L^2}{48B_0}$		$f'_G = \sum \eta_\theta f_{Gi}$ $=1.425\sum f_{Gi}$ (mm)
			I_0 (m⁴)	B_0 (kN·m²)	$M_{G1}+M'_{G1}$ (kN·m)	$f_{G1}+f'_{G1}$ (mm)	M_{G2} (kN·m)	f_{G2} (mm)	
边梁	28.9	34 500	0.442 6	14 504 600	2 613.0	15.67	1 383.5	8.30	34.16
2号梁	28.9	34 500	0.440 3	14 430 800	2 743.1	16.54	1 508.8	9.10	36.53

(2)预应力引起的上拱度

由于预应力钢束在 $L/4$ 截面附近开始弯起,为简化计算,假定支点处预应力产生的弯矩为 $M_p^{x=0}$,然后直线增到 $\frac{1}{4}L$,并保持不变到跨中 $M_p^{x=L/2}$,近似取预加力的弯矩图如图 1-6-14 所示。

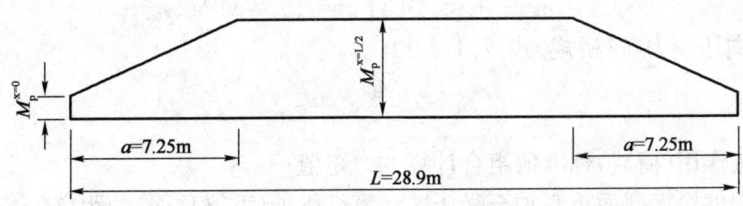

图 1-6-14 预加力的弯矩图

$$f_p = -\frac{M_{x=L/2}}{24E_c I_0}\left(3L^2 - \frac{4M_{x=L/2}}{M_{x=0}}a^2 - a^2\right)$$

$$M_p = N_{p0} \cdot e_p = \sigma_{p0} A_p \cdot e_p$$

式中:e_p——有效预加力对净截面重心的偏心矩。

由《桥规》第 6.5.4 条,由预加力引起的反挠度,用结构力学法按刚度 $E_c I_0$ 进行计算,其值应乘以长期增长系数 2,即 $f'_p = 2f_p$,计算结果见表 1-6-33。

预应力引起的跨中上拱度值计算 表 1-6-33

梁号	A_p (mm²)	$\sigma_{p0}^{x=0}$ (MPa)	$\sigma_{p0}^{x=L/2}$ (MPa)	$e_p^{x=0}$ (mm)	$e_p^{x=L/2}$ (mm)	$M_p^{x=0}$ (kN·m)	$M_p^{x=L/2}$ (kN·m)	$B=E_c I_c$ (kN·m²)	L (m)	a (m)	f_p (mm)	$f'_p=2f_p$ (mm)
边梁	4 587	1 004.54	979.87	0.311 0	1.140 6	1 433.17	5 126.70	15 268.00	28.9	7.25	33.27	−66.54
2号梁	4 309	1 052.27	1 004.54	0.297 3	1.139 2	1 348.02	4 930.92	15 190.33	28.9	7.25	31.05	−62.09

(3) 挠度汇总(表 1-6-34)

挠度汇总表　　　　　　　　　　　　　　　　表 1-6-34

梁号	f'_G(mm)	f'_Q(mm)	f'_p(mm)	短期荷载效应组合的长期挠度 $f=f'_G+f'_Q$(mm)	考虑预应力效应长期反拱 $f=f'_G+f'_Q+f'_p$(mm)
边梁	34.16	10.46	−66.54	44.62	−21.93
2号梁	36.53	9.04	−62.09	45.57	−16.52

结论:预加力长期反拱值大于荷载短期效应组合长期挠度,且反拱值较大,可设反预拱度 15mm。

(4) 施工阶段的变形

由于预应力徐变产生的挠度很小,并已在挠度增长系数中有所考虑,可不计算。

第七节　持久状况和短暂状况构件应力验算

一、使用阶段正截面法向应力验算

按《桥规》第 7.1 条,荷载取其标准值,汽车荷载考虑冲击系数。

1. 受压区混凝土的最大压应力

对未开裂构件按《桥规》式(7.1.5-1):

$$\sigma_{kc}+\sigma_{pt}\leqslant 0.5f_{ck}=16.2\ \text{MPa}$$

混凝土法向压应力按《桥规》式(7.1.3-1):

$$\sigma_{kc}=\frac{M_k}{I_0}y_0+\sigma_{pt}$$

式中:M_k——按作用(荷载)标准值组合计算的弯矩值;

y_0——构件换算截面重心轴至受压区计算纤维处(T 梁顶面)的距离(y_{0x});

σ_{pt}——预加力产生的混凝土法向拉应力,按《桥规》式(6.1.5-4)计算。

2. 受拉区预应力钢筋的最大拉应力

对未开裂构件按《桥规》式(7.1.5-2):

$$\sigma_{pe}+\sigma_p\leqslant 0.65f_{pk}=1\,209\ \text{MPa}$$

式中:σ_{pe}——受拉区预应力钢筋扣除全部预应力损失后的有效应力,见表 1-6-24;

σ_p——预应力钢筋应力按《桥规》式(7.1.3-2)和式(7.1.3-1),

$$\sigma_p=\alpha_{EP}\sigma_{kt}$$

$$\sigma_{kt}=\frac{M_k}{I_0}y_0+\sigma_t$$

M_k——按作用(荷载)标准值组合计算的弯矩值;

y_0——构件换算截面重心轴至受拉区最外层预应力钢筋重心距离(y_p)。

$$\alpha_{EP}=\frac{1.95\times 10^5}{3.45\times 10^4}=5.65$$

跨中截面压应力与钢索应力验算见表 1-6-35。

跨中截面压应力与钢索应力验算 表 1-6-35

梁号	M_{G1k} (kN·m) 作用于 I_n	$M'_{G1k}+M_{G2k}$ $+M_{Q1k}=M_2$ (kN·m) 作用于 I_0	预加力 N_{p0} (kN)	几何特性(不计翼缘现浇接缝)							
				A_0 (m²)	I_0 (m⁴)	y_{0x} (m)	y_P (m)	A_n (m²)	I_n (m⁴)	y_{nx} (m)	y_{pn} (m)
边梁	2 418.5	4 674.1	4 086.1	0.843 8	0.421 0	0.719 2	1.100 8	0.817 8	0.388 4	0.684 3	1.135 7
2号梁	2 354.0	4 223.5	4 188.9	0.786 2	0.394 4	0.762 4	1.054 1	0.761 8	0.366 3	0.728 7	1.087 8

	受压区(翼缘)混凝土最大压应力≤16.2MPa					预应力钢筋最大拉应力≤1 209MPa					
梁号	$\dfrac{M_{G1k}}{I_n}y_{nx}$ $+\dfrac{M_2}{I_0}y_{0x}$ (MPa)	σ_t (正温差) (MPa)	σ_{kc} (MPa)	σ_{pt} (MPa)	$\sigma_{kc}+\sigma_{pt}$ (MPa)	$\dfrac{M_{G1k}}{I_n}y_{pn}$ $+\dfrac{M_2}{I_0}y_p$ (MPa)	σ_t (负温差) (MPa)	σ_{kt} (MPa)	σ_p (MPa)	σ_{pe} (MPa)	$\sigma_{pe}+\sigma_p$ (MPa)	结论
边梁	12.25	2.47	14.72	−3.18	11.54	19.61	0.25	19.86	112.22	979.87	1092.09	满足要求
2号梁	12.85	2.47	15.32	−3.57	11.75	18.65	0.25	18.90	106.79	1 004.54	1 111.32	

二、使用阶段混凝土主压应力、主拉应力计算

混凝土的主压应力应符合《桥规》第 7.1.6 条规定：

$$\sigma_{cp} \leqslant 0.6 f_{ck} = 19.44 \text{ MPa}$$

预应力混凝土受弯构件，由作用(或荷载)标准值和预加力产生的混凝土主压应力 σ_{cp} 和主拉应力 σ_{tp} 按《桥规》第 6.3.3 条公式计算，

$$\genfrac{}{}{0pt}{}{\sigma_{tp}}{\sigma_{cp}} = \frac{\sigma_{cx}+\sigma_{cy}}{2} \mp \sqrt{\left(\frac{\sigma_{cx}-\sigma_{cy}}{2}\right)^2 + \tau^2}$$

$$\sigma_{cx} = \sigma_{pc} + \sigma_{st} + \sigma_t, \quad \sigma_{st} = \frac{M_{G1k}y_n}{I_n} + \frac{(M_k - M_{G1k})y_0}{I_0}$$

$$\tau = \frac{V_{G1k}S_n}{bI_n} + \frac{(V_k - V_{G1k})S_0}{bI_0} - \frac{V_p S_n}{bI_n}$$

$$V_p = \sum \sigma''_{pe} A_{pb} \sin\theta_p$$

式中：σ_{cx}——在计算主应力点，由预加力和按荷载短期效应组合计算的弯矩 M_k 产生的混凝土法向应力；

σ_{cy}——由竖向预应力钢筋的预加力产生的混凝土竖向压应力，$\sigma_{cy}=0$；

τ——在计算主应力点，由预应力弯起筋的预加力和按荷载短期效应组合计算的剪力 V_k 产生的混凝土剪应力；

σ_{pc}——在计算主应力点，由扣除全部预应力损失后的纵向预加力产生的混凝土法向压应力；

y_0、S_0——分别为验算截面上计算点至截面重心轴的距离和面积矩。

选取 $L/2$、$L/4$、4.6m、$\dfrac{h}{2}$ 处(见图 1-6-2)截面验算，见表 1-6-36。

各截面计算点主压、主拉应力计算

表 1-6-36

梁号	截面	M_{Glk} (kN·m)	V_{Glk} (kN)	$M_k - M_{Glk}$ (kN·m)	$V_k - V_{Glk}$ (kN)	$N_{p0} = \sigma_{p0} A_p$			几何特性(不计翼缘湿接缝)			
						A_p (m²)	σ_{p0} (MPa)	N_{p0} (kN)	A_n (m²)	I_n (m⁴)	e_{pn} (m)	I_0 (m⁴)
边梁	$L/2$	2 418.47	0.00	4 674.11	241.90	4 587	979.9	4 494.67	0.817 8	0.388 4	1.135 7	0.421 0
	$L/4$	1 830.62	166.32	3 508.36	444.62	4 587	954.9	4 380.10	0.817 8	0.391 7	1.052 1	0.420 4
	4.6m	1 292.42	204.51	2 448.39	524.07	4 587	966.9	4 435.24	0.817 8	0.397 0	0.904 5	0.419 6
	$h/2$	340.79	324.17	594.49	630.96	4 587	1 049.5	4 814.04	1.256 2	0.507 2	0.419 8	0.515 2
2号梁	$L/2$	2 353.98	0.00	4 223.53	181.70	4 309	1 004.5	4 328.55	0.761 8	0.366 3	1.087 8	0.394 4
	$L/4$	1 782.10	164.90	3 170.94	384.96	4 309	976.4	4 207.41	0.761 8	0.369 4	0.998 8	0.393 9
	4.6m	1 256.62	200.08	2 405.03	504.28	4 309	1 008.1	4 343.91	0.761 8	0.374 5	0.847 6	0.393 4
	$h/2$	330.39	314.50	645.31	686.29	4 309	1 052.3	4 534.25	1.200 2	0.477 1	0.371 9	0.483 8

a-a 截面

梁号	截面	y_n (m)	y_0 (m)	b (mm)	σ_{pc} (MPa)	σ_{st} (MPa)	σ_t (MPa)	σ_{cx} (MPa)	S_0 (m³)	S_n (m³)	V_p (kN)	τ (MPa)	σ_{tp} (MPa)	σ_{cp} (MPa)
边梁	$L/2$	0.915 7	0.880 8	200	17.53	−12.61	−0.06	4.86	0.191 9	0.168 5	0.00	0.31	−0.02	4.88
	$L/4$	0.913 5	0.881 2	200	16.10	−9.46	−0.06	6.58	0.191 6	0.170 0	136.34	0.74	−0.08	6.66
	4.6m	0.909 6	0.881 8	200	14.61	−6.61	−0.06	7.94	0.191 2	0.172 6	463.06	0.25	−0.01	7.95
	$h/2$	—	—	—	—	—	—	—	—	—	—	—	—	—
2号梁	$L/2$	0.871 3	0.837 6	200	16.88	−12.38	−0.06	4.44	0.182 6	0.161 9	0.00	0.23	−0.01	4.46
	$L/4$	0.868 9	0.838 0	200	15.41	−9.29	−0.06	6.06	0.182 4	0.163 4	137.22	0.69	−0.08	6.13
	4.6m	0.864 8	0.838 5	200	14.20	−6.71	−0.06	7.43	0.182 1	0.165 9	455.99	0.27	−0.01	7.44
	$h/2$	—	—	—	—	—	—	—	—	—	—	—	—	—

b-b 截面

梁号	截面	y_n (m)	y_0 (m)	b (mm)	σ_{pc} (MPa)	σ_{st} (MPa)	σ_t (MPa)	σ_{cx} (MPa)	S_0 (m³)	S_n (m³)	V_p (kN)	τ (MPa)	σ_{tp} (MPa)	σ_{cp} (MPa)
边梁	$L/2$	0	−0.034 9	200	5.50	0.27	−1.03	4.74	0.269 5	0.252 4	0.00	0.43	−0.04	4.78
	$L/4$	0	−0.032 3	200	5.36	0.19	−1.03	4.51	0.269 3	0.253 4	136.34	1.05	−0.23	4.74
	4.6m	0	−0.027 8	200	5.42	0.11	−1.03	4.51	0.269 0	0.255 3	463.06	0.32	−0.02	4.53
	$h/2$	0	−0.008 5	500	3.83	0.01	−1.03	2.81	0.359 6	0.353 8	586.68	0.25	−0.02	2.83
2号梁	$L/2$	0	−0.762 4	200	5.68	6.17	−1.03	10.82	0.252 8	0.237 9	0.00	0.32	−0.01	10.83
	$L/4$	0	−0.762 0	200	5.52	4.64	−1.03	9.12	0.252 6	0.238 9	137.22	0.97	−0.10	9.23
	4.6m	0	−0.761 5	200	5.70	3.46	−1.03	8.13	0.252 4	0.240 8	455.99	0.33	−0.01	8.14
	$h/2$	0	−0.835 6	500	3.78	0.81	−1.03	3.56	0.339 4	0.334 7	552.59	0.35	−0.03	3.59

续上表

c-c 截面

梁号	截面	y_n (m)	y_0 (m)	b (mm)	σ_{pc} (MPa)	σ_{st} (MPa)	σ_t (MPa)	σ_{cx} (MPa)	S_0 (m³)	S_n (m³)	V_p (kN)	τ (MPa)	σ_{tp} (MPa)	σ_{cp} (MPa)
边梁	L/2	−0.4343	−0.4692	200	−0.21	6.38	−0.75	5.42	0.2475	0.2335	0.00	0.40	−0.03	5.45
	L/4	−0.4365	−0.4688	200	0.22	4.80	−0.75	4.28	0.2473	0.2344	136.34	0.96	−0.21	4.48
	4.6m	−0.4404	−0.4682	200	0.97	3.37	−0.75	3.60	0.2471	0.2359	463.06	0.28	−0.03	3.62
	h/2	−0.5673	−0.5758	500	1.57	0.85	−0.75	1.68	0.2767	0.2733	586.68	0.19	−0.02	1.70
2号梁	L/2	−0.4787	−0.5124	200	−0.47	7.22	−0.75	6.00	0.2266	0.2150	0.00	0.29	−0.01	6.02
	L/4	−0.4811	−0.5120	200	0.05	5.44	−0.75	4.74	0.2264	0.2158	137.22	0.87	−0.15	4.89
	4.6m	−0.4852	−0.5115	200	0.93	3.95	−0.75	4.14	0.2262	0.2172	455.99	0.29	−0.03	4.16
	h/2	−0.6007	−0.6081	500	1.65	1.01	−0.75	1.92	0.2470	0.2445	552.59	0.26	−0.03	1.95

以上计算混凝土主压应力 $\sigma_{cp} \leqslant 0.6 f_{ck} = 19.44 \text{MPa}$,主拉应力 $\sigma_{tp} \leqslant 0.5 f_{tk} = 1.33 \text{MPa}$,按照《桥规》第 7.1.6 条规定,在 $\sigma_{tp} \leqslant 0.5 f_{tk}$ 的区段箍筋可仅按构造要求设置。

三、施工阶段应力验算

预应力混凝土受弯构件在预施应力和构件自重等施工荷载作用下,截面边缘混凝土的法向应力应符合《桥规》第 7.2.8 条规定。

1. 压应力

$$\sigma_{cc}^t \leqslant 0.7 f'_{ck}$$

施工阶段由预制 T 梁单独受力,张拉时,混凝土标准强度按 C50 的 90% 考虑,即相当于 C45,$f'_{ck} = 29.6 \text{MPa}$,$f'_{tk} = 2.51 \text{MPa}$,$0.7 f'_{ck} = 20.72 \text{MPa}$,$0.7 f'_{tk} = 1.757 \text{MPa}$。

当进行构件运输和安装计算时,构件自重根据第 7.2.2 条规定乘以 0.85(1.2 时偏安全,略)的动力系数。

σ_{p0} 取构件张拉阶段应力为 $\sigma_{p0} = \sigma_{con} - \sigma_{l1} - \sigma_{l2} - \sigma_{l4}$ 计。

T 梁吊装时跨中截面上缘、下缘应力计算见表 1-6-37。

T 梁吊装时跨中截面上缘、下缘应力计算　　　　　　表 1-6-37

梁号	$0.85 M_{G1k}$ (跨中) (kN·m)	纵向预应力			几何特性(不计现浇接缝)						截面顶面	
		σ_{p0} (MPa)	A_p (mm²)	N_{p0} (kN)	A_0 (m²)	I_0 (m⁴)	A_n (m²)	I_n (m⁴)	y_n (m)	$e_{pn}(y_p)$ (m)	y_{0x} (m)	$\dfrac{0.85 M_{G1k}}{I_0} y_{0x}$ (MPa)
边梁	2055.7	1223.5	4587	5612.0	0.8438	0.4210	0.8178	0.3884	0.6843	1.1357	0.7192	3.51
2号梁	2000.9	1226.4	4309	5284.5	0.7862	0.3944	0.7618	0.3663	0.7287	1.0878	0.7624	3.87

梁号	截面顶面混凝土拉应力 σ_{ct}^t		截面底面混凝土压应力 σ_{cc}^t				结论
	$\sigma_{pt} = \dfrac{N_{p0}}{A_n} - \dfrac{N_{p0} e_{pn}}{I_n} y_n$ (MPa)	$\sigma_{ct}^t = \dfrac{0.85 M_{G1k}}{I_0} y_{0x} + \sigma_{pt}$ (MPa)	y_{0u} (m)	$\dfrac{0.85 M_{G1k}}{I_0} y_u$ (MPa)	$\sigma_{pc} = \dfrac{N_{p0}}{A_n} + \dfrac{N_{p0} e_p}{I_n} y_u$ (MPa)	$\sigma_{cc}^t = \dfrac{0.85 M_{G1k}}{I_0} y_u + \sigma_{pc}$ (MPa)	
边梁	−4.37	−0.86 > −0.70 f_{tk}	1.2808	−6.25	27.88	21.63 < 0.70 f_{ck}	满足要求
2号梁	−4.50	−0.63 > −0.70 f_{tk}	1.2376	−6.28	26.36	20.08 < 0.70 f_{ck}	满足要求

吊装时 T 梁混凝土强度按 100% 考虑，$0.70f_{tk}=1.918\text{MPa}$，$0.70f_{ck}=22.68\text{MPa}$。

2. 施加预应力阶段截面上下缘产生的应力（表 1-6-38）

T 梁张拉时截面上缘、下缘应力计算　　　　表 1-6-38

梁号	位置	M_{G1k} (kN·m)	纵向预应力			几何特性				σ_{top} (MPa)	σ_{bot} (MPa)
			A_p (mm²)	σ_{pe} (MPa)	N_{pe} (kN)	e_{pn} (m)	y_{nx} (m)	A_n (m²)	I_n (m⁴)		
边梁	$L/2$	2 418.47	4 587	1 223.45	5 611.98	1.135 7	0.684 3	0.817 8	0.388 4	−0.11	20.26
	$L/4$	1 830.62	4 587	1 206.46	5 534.02	1.052 1	0.686 5	0.817 8	0.391 7	−0.23	20.15
	$h/2$	340.79	4 587	1 211.14	5 555.51	0.419 8	0.794 8	1.256 2	0.507 2	1.30	9.15
2号梁	$L/2$	2 353.98	4 309	1 226.38	5 284.46	1.087 8	0.728 7	0.761 8	0.366 3	0.18	18.72
	$L/4$	1 782.10	4 309	1 209.47	5 211.59	0.998 8	0.731 1	0.761 8	0.369 4	0.07	18.60
	$h/2$	330.39	4 309	1 208.20	5 206.15	0.371 9	0.828 2	1.200 2	0.477 1	1.55	8.28

注：截面特征不计翼缘现浇接缝，σ_{pe} 只扣除先期损失。

预应力混凝土受弯构件，在预应力和构件自重等施工荷载作用下，截面边缘拉应力 $\sigma_{ct}^t \leq 0.7f_{tk}$ 时，预拉区应配置其配筋率不小于 0.2% 的纵向钢筋，则预制 T 梁顶面上应配纵向钢筋：$A_s = 0.843\ 8 \times 0.2\% = 1\ 688\text{mm}^2$。翼缘中仅构造钢筋就满足配筋要求（15 根 $\phi 12$）。

第八节　桥面板计算

一、边梁内翼缘配筋计算

跨中横隔板的间距为 $l_a=7.2\text{m}$，梁肋间距为 $l_b=2.4\text{m}$，由于 $l_a/l_b=3>2$，故桥面板可按跨径为 l_b 的单向受力板进行计算。

1. 荷载标准值计算

(1) 恒载内力计算（以纵向 1m 宽的板条进行计算）

①每延米板上的恒载 g

沥青混凝土面层 g_1：$0.1 \times 1.0 \times 24 = 2.4(\text{kN/m})$。

混凝土现浇层 g_2：$0.08 \times 1.0 \times 26 = 2.08(\text{kN/m})$。

T 梁翼板自重 g_3：$\dfrac{0.16 \times 0.5 + \frac{1}{2} \times (0.16+0.25) \times 0.6}{0.5+0.6} \times 1.0 \times 26 = 4.8(\text{kN/m})$。

合计 g：9.28kN/m。

②每米宽板条的恒载内力

先计算简支板的跨中和支点剪力。根据《桥规》第 4.1.2 条，梁肋间板的计算跨径按下列规定采用。

计算弯矩，$L_M = L_0 + t$，但不大于 $L = L_0 + b$。

计算剪力，$L_Q = L_0$。

其中,L_M,L_Q为板的计算跨径,L_0为板的净跨径,t为板的厚度,b为梁肋宽度。这里,$L_0 = 2.2(m)$,$t = \frac{1}{2} \times (0.16+0.25) = 0.205(m)$,$b = 0.2(m)$。

简支板跨中弯矩:$M_0 = \frac{1}{8}gL_M^2 = \frac{1}{8} \times 9.28 \times 2.4^2 = 6.68(kN \cdot m)$。

简支板支点剪力:$Q_0 = \frac{1}{2}gL_Q = 0.5 \times 9.28 \times 2.2 = 10.21(kN)$。

根据《桥规》第4.1.2条规定,与梁肋整体相连接的板,其内力如下。

支点弯矩:$M_{Gk} = -0.7M_0 = -4.68 kN \cdot m$。

跨中弯矩:$M_{Gk} = 0.5M_0 = 3.34 kN \cdot m$(板厚与梁肋高度比小于$\frac{1}{4}$)。

支点剪力:$Q_{Gk} = Q_0 = 10.21 kN$。

(2)活载内力计算

根据《通规》第4.3.1-5条规定的车辆荷载布置形式,当加载车辆的一侧车轮作用于桥面板跨中时,可分为图1-6-15b)、c)两种加载情形进行讨论。由于中、后轮轴重较大,且其两重轮的有效分布区域发生重合,显然图示b)的布载形式将使桥面板产生最大的弯矩效应。

按《通规》第4.3.1-2条,后轮轴重140kN,着地的宽度与长度为$b_1 \times a_1 = 0.6m \times 0.2m$,作用于桥面板上的区域为$(b_1+2h) \times (a_1+2h) = b_2 \times a_2$。

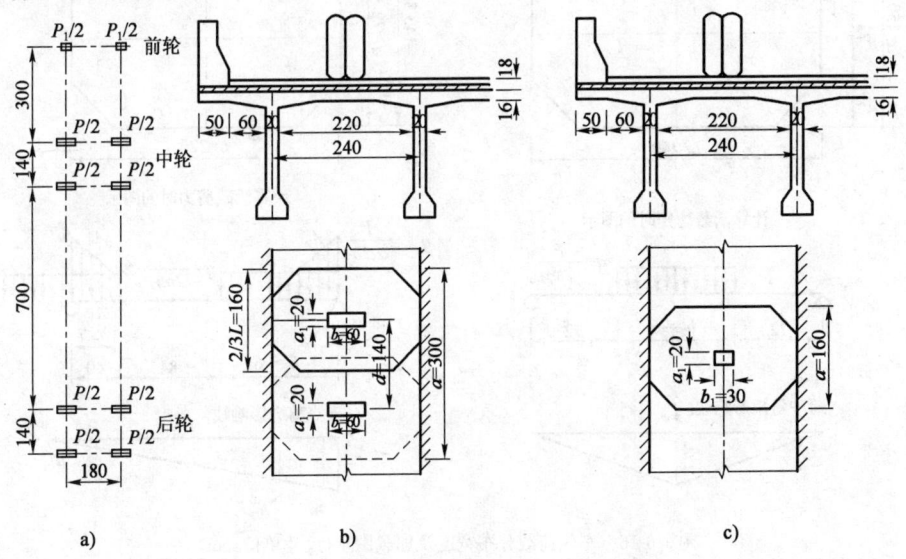

图1-6-15 桥面板车辆荷载布置(尺寸单位:cm)

a)车辆荷载布置图;b)中或后轮作用于跨中;c)前轮作用于跨中

车轮作用于板跨径中部时的有效分布宽度如下。

计算弯矩时:

$$a_d = \max \begin{cases} (a_1+2h)+d+\dfrac{l}{3} = (0.2+2\times0.18)+1.4+0.8 = 2.76(m) \\ d+\dfrac{2l}{3} = 1.4+1.6 = 3.0(m) \end{cases} = 3.0(m)$$

计算剪力时：

$$a_d = \max \begin{cases} (a_1+2h)+d+\dfrac{l}{3}=(0.2+2\times0.18)+1.4+0.73=2.69(\text{m}) \\ d+\dfrac{2l}{3}=1.4+1.47=2.867(\text{m}) \end{cases} = 2.867(\text{m})$$

车轮作用于板支撑处时的有效分布宽度为（两重轴的分布区域未重合）：
$a' = (a_1+2h)+t = (0.2+2\times0.18)+0.16=0.72(\text{m})$（偏安全考虑，板厚取小值）

为了便于计算，这里将板跨径中部的有效分布宽度等效到单轴的情况，

$$\text{计算弯矩时 } a = \frac{a_d}{2} = 1.5\text{m}$$

$$\text{计算剪力时 } a = \frac{a_d}{2} = 1.435\text{m}$$

经过比较得知，当一侧车轮作用于板正中时产生最大的弯矩效应；当一侧车轮作用于紧靠板的支点处（此时另一侧车轮也部分作用于该跨板）产生最大剪力效应。荷载分布宽度及加载图示如图 1-6-16 所示。

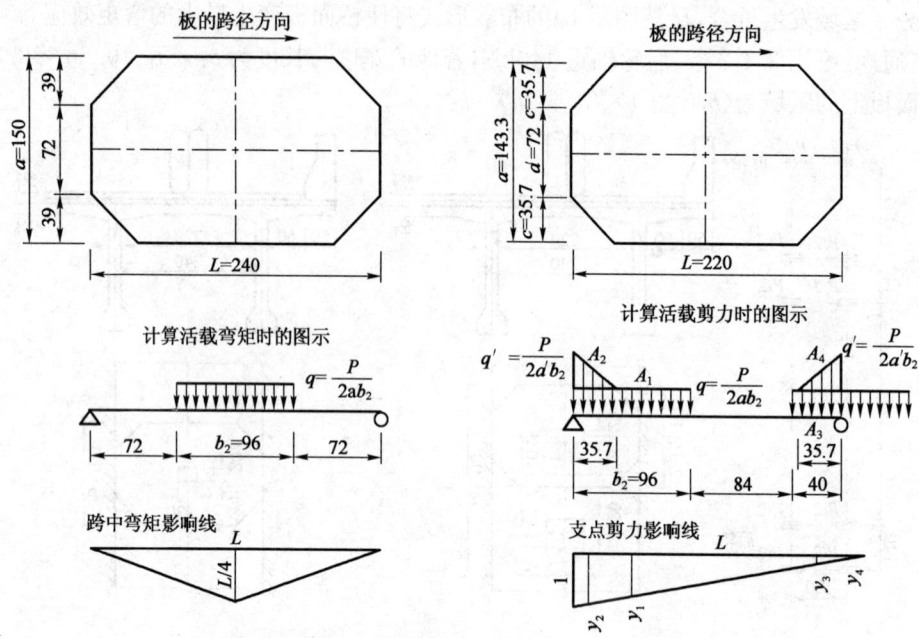

图 1-6-16　车轮荷载分布宽度及加载图示（尺寸单位：cm）

《通规》第 4.3.2 条规定：汽车荷载的局部加载及在 T 梁、箱梁悬臂板上的冲击系数为 0.3，则作用于每米宽简支板条上的跨中弯矩最大值为：

$$M_Q^0 = -(1+\mu)\times\frac{P}{8a}\times(l-\frac{b_2}{2}) = -1.3\times\frac{140}{8\times1.5}\times(2.4-\frac{0.96}{2}) = 29.12(\text{kN}\cdot\text{m})$$

作用于每米宽简支板条上的支点剪力最大值为：

$$Q_Q^0 = (1+\mu)\times(A_1 y_1 + A_2 y_2 + A_3 y_3 + A_4 y_4)$$

式中：A_i——第 i 部分分布荷载的合力；
　　　y_i——第 i 部分分布荷载合力处的影响线坐标值。

均布荷载 1 合力 $A_1 = b_2 q$,合力点影响线坐标 $y_1 = 1 - \dfrac{b_2}{2l}$;

三角荷载 2 合力 $A_2 = \dfrac{1}{2} c(q'-q)$,合力点影响线坐标 $y_1 = 1 - \dfrac{c}{3l}$;

均布荷载 3 合力 $A_3 = 0.4q$,合力点影响线坐标 $y_3 = \dfrac{0.2}{l}$;

三角荷载 4 合力 $A_4 = \dfrac{1}{2} c(q'-q)$,合力点影响线坐标 $y_4 = \dfrac{c}{3l}$。

可以得到以下结果:
$$Q_Q^0 = 1.3 \times (48.849 \times 0.782 + 8.994 \times 0.946 + 20.353 \times 0.091 + 8.994 \times 0.054)$$
$$= 63.76 \text{(kN)}$$

作用于每米宽连续板条上的活载内力为:

跨中弯矩最大值 $M_{Qk} = 0.5 M_Q^0 = 0.5 \times 29.12 = 14.56 \text{(kN·m)}$

支点弯矩最大值 $M_{Qk} = -0.7 M_Q^0 = -0.7 \times 29.12 = -20.39 \text{(kN·m)}$

支点剪力最大值 $Q_{Qk} = Q_Q^0 = 63.76 \text{(kN)}$

2.荷载效应组合计算(表 1-6-39)

荷载效应组合计算　　　　　　　　　表 1-6-39

梁 号		桥面板支点		桥面板跨中
作用分类	组合计算表达式	弯矩(kN·m)	剪力(kN)	弯矩(kN·m)
永久作用	恒载 S_{Gk}	−4.68	10.21	3.34
可变作用	S_{Qk}(不计冲击力)	−15.68	49.05	11.20
	S_{Qk}(计冲击力)	−20.39	63.76	14.56
$S_{uk} = S_{Gk} + S_{Qk}$(计冲击力)		−25.07	73.97	17.90
$\gamma_0 S_{ud} = 1.1(1.2 S_{Gk} + 1.4 S_{Qk})$(计冲击力)		−37.58	111.67	26.83
$S_{sd} = S_{Gk} + 0.7 S_{Qk}$(不计冲击力)		−15.66	44.54	11.18
$S_{ld} = S_{Gk} + 0.4 S_{Qk}$(不计冲击力)		−10.95	29.83	7.82

3.极限状态承载力计算

(1)计算承托内板的计算高度

按《桥规》第 4.1.6 条规定,承托内板的计算高度为:
$$h_e = h_f' + s \times \tan\alpha = 0.16 + 0.6 \times 0.15 = 0.25 \text{(m)}$$

式中:h_e——自承托起至肋中心线之间板的任一验算截面的计算高度;

　　　h_f'——不计承托时板的厚度;

　　　s——自承托起至肋中心线之间板的任一验算截面的水平距离;

　　　α——承托下缘与悬臂板底面夹角,$\tan\alpha = 0.15 < \dfrac{1}{3}$,取 0.15。

即支点截面计算 $b \times h = 1.0\text{m} \times 0.25\text{m}$ 板的配筋。

(2)正截面抗弯承载力

对于矩形截面其正截面抗弯承载能力应符合《桥规》式(5.2.2-1)规定:

$$\gamma_0 M_{ud} \leqslant f_{cd} bx \left(h_0 - \frac{x}{2}\right)$$

$$f_{sd} A_s = f_{cd} bx$$

受压区高度应符合 $x \leqslant \xi_b h_0$，查《桥规》表 5.2.1 得 $\xi_b = 0.56$。

①支点截面

$$x = h_0 - \sqrt{h_0^2 - \frac{2\gamma_0 M_{ud}}{f_{cd} b}} = 0.223 - \sqrt{0.223^2 - \frac{2 \times 37.58}{22.4 \times 1\,000}}$$

$$= 7.66(\text{mm}) < \xi_b h_0 = 124.88(\text{mm})$$

$$A_s = \frac{1\,000 \times 7.66 \times 22.4}{280} = 613(\text{mm}^2)$$

其中 $b = 1\,000\text{mm}, h_0 = 223\text{mm}, a_s = 27\text{mm}, f_{cd} = 22.4\text{MPa}, f_{sd} = 280\text{MPa}$。

若每延米板配 $10\phi 12$，则 $a_s = 1\,131\text{mm}^2 > 613\text{mm}^2$，满足要求。

②跨中截面

$$x = h_0 - \sqrt{h_0^2 - \frac{2\gamma_0 M_{ud}}{f_{cd} b}} = 0.123 - \sqrt{0.123^2 - \frac{2 \times 26.83}{22.4 \times 1\,000}}$$

$$= 10.2(\text{mm}) < \xi_b h_0 = 68.88(\text{mm})$$

$$A_s = \frac{1\,000 \times 10.2 \times 22.4}{280} = 816(\text{mm}^2)$$

其中 $b = 1\,000\text{mm}, h_0 = 123\text{mm}, a_s = 37\text{mm}, f_{cd} = 22.4\text{MPa}, f_{sd} = 280\text{MPa}$。

若每延米板配 $10\phi 12$，则 $a_s = 1\,131\text{mm}^2 > 816\text{mm}^2$，满足要求。

(3) 支点截面斜截面抗剪承载力

①截面尺寸验算

按《桥规》第 5.2.9 条：

$$\gamma_0 V_d \leqslant 0.51 \times 10^{-3} \sqrt{f_{cu,k}} \times b \times h_0$$

$0.51 \times 10^{-3} \times \sqrt{50} \times 1\,000 \times 223 = 804.2(\text{kN}) > \gamma_0 V_d = 111.52(\text{kN})$

②判定截面是否需要进行抗剪承载力的验算

按《桥规》第 5.2.10 条：

$$\gamma_0 V_d \leqslant 0.5 \times 10^{-3} \times \alpha_2 \times f_{td} \times b \times h_0$$

$0.5 \times 10^{-3} \times 1 \times 1.83 \times 1\,000 \times 223 = 204.0(\text{kN}) > 111.52(\text{kN})$，截面满足极限状态抗剪承载力要求，不需进行抗剪承载力的验算。

4. 抗裂计算

截面最大裂缝宽度按《桥规》式(6.4.3-1)计算：

$$W_{tk} = C_1 C_2 C_3 \frac{\sigma_{ss}}{E_s} \frac{30 + d}{0.28 + 10\rho}$$

式中：C_1——钢筋表面形状系数，对带肋钢筋 $C_1 = 1.0$；

C_2——作用（或荷载）长期效应影响系数，$C_2 = 1 + 0.5\frac{N_l}{N_s}$，其中 N_l 和 N_s 分别为按作用（或荷载）长期效应组合和短期效应组合计算的内力值（弯矩或轴向力）；

C_3——与构件性质有关的系数，钢筋混凝土板式受弯构件取 $C_3 = 1.15$；

σ_{ss}——钢筋应力,$\sigma_{ss}=\dfrac{M_s}{0.87A_sh_0}$,见《桥规》式(6.4.4-2);

E_s——钢筋的弹性模量,$E_s=2\times10^5$ MPa;

d——纵向受拉钢筋直径(mm),$d=12$mm;

ρ——纵向受拉钢筋的配筋率,对钢筋混凝土构件,当$\rho>0.02$时,取$\rho=0.02$;当$\rho<0.006$时,取$\rho=0.006$;

M_s——按作用(或荷载)短期效应组合计算的弯矩值。

(1)支点截面

$$\sigma_{ss}=\frac{M_s}{0.87A_sh_0}=\frac{15.66\times10^6}{0.87\times1\,131\times223}=71.37(\text{MPa})$$

$$\rho=\frac{A_s}{bh_0}=\frac{1\,131}{1\,000\times223}=0.005\,07<0.006,\text{取}\,\rho=0.006$$

$$W_{tk}=C_1C_2C_3\frac{\sigma_{ss}}{E_s}\frac{30+d}{0.28+10\rho}$$

$$=1\times1.35\times1.15\times\frac{71.37}{2\times10^5}\times\frac{30+12}{0.28+10\times0.006}$$

$$=0.07(\text{mm})\leqslant0.2(\text{mm})$$

配筋满足抗裂要求。

(2)跨中截面

$$\sigma_{ss}=\frac{M_s}{0.87A_sh_0}=\frac{11.18\times10^6}{0.87\times1\,131\times123}=92.38(\text{MPa})$$

$$\rho=\frac{A_s}{bh_0}=\frac{1\,131}{1\,000\times123}=0.009\,2>0.006,\text{取}\,\rho=0.009\,2$$

$$W_{tk}=C_1C_2C_3\frac{\sigma_{ss}}{E_s}\frac{30+d}{0.28+10\rho}$$

$$=1\times1.35\times1.15\times\frac{92.38}{2\times10^5}\times\frac{30+12}{0.28+10\times0.009\,2}$$

$$=0.08(\text{mm})\leqslant0.2(\text{mm})$$

配筋满足抗裂要求。

二、边梁外翼缘根部配筋计算

1.荷载标准值计算

(1)恒载内力计算(以纵向1m宽的板条进行计算)

①每延米板上的恒载 g

均布荷载同内翼缘根部,$g=9.28$kN/m。

另增加边梁护栏集度:$P=9.1$kN/m$\times1.0=9.1$kN。

②每米宽板条的恒载内力(内翼板根部)

取 $L_m=1.1$m,$L_Q=1.1$m。

弯矩:

$$M_{Gk} = -\left[\frac{1}{2}gL_m^2 + P\left(L_m - \frac{b_{护栏}}{2}\right)\right] = -\left[\frac{1}{2} \times 9.2 \times 1.1^2 + 9.1 \times (1.1 - 0.25)\right]$$
$$= -13.30 (kN/m)$$

剪力：
$$Q_{Gk} = gL_Q + P = 9.2 \times 1.1 + 9.1 = 19.22 (kN)$$

（2）活载内力计算

边梁外翼缘车辆荷载计算图示见图 1-6-17。

①车辆荷载的重轮作用于外悬臂时将产生最大的荷载效应,两重轮的荷载有效宽度发生重合, $a_d = a_1 + 2h + 2c + d = 0.56 + 2 \times 0.68 + 1.4 = 3.32(m)$，等效为一个重轮，则 $a = \frac{a_d}{2} = 1.66m$，则活载产生的单位板宽内力为：

$$M_Q = -(1+\mu) \cdot \frac{1}{2}qL^2 = -1.3 \times 0.5 \times \frac{140}{2 \times 0.96 \times 1.66}$$
$$\times 0.68^2 = 13.20 (kN \cdot m)$$

$$Q_Q = (1+\mu) \cdot qL = 1.3 \times \frac{140}{2 \times 0.96 \times 1.66} \times 0.68$$
$$= 38.83 (kN)$$

②护栏碰撞荷载产生的内力

按《高速公路交通工程及沿线设施设计通用规范》(JTG D80—2006)第 5.8.8 条规定,高速公路、一级公路上的大桥梁护栏防撞等级为 SS。

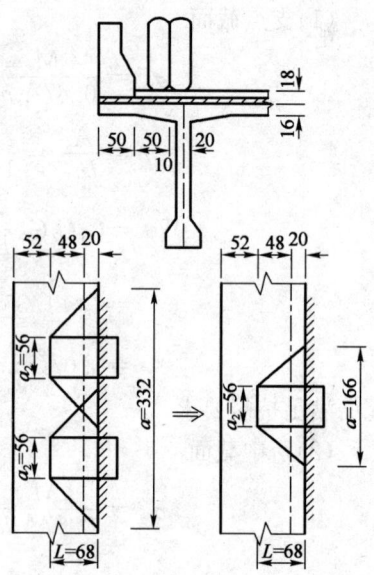

图 1-6-17 边梁外翼缘车辆荷载计算图示
（尺寸单位:cm）

查《公路交通安全设施设计细则》(JTG/T D81—2006)表 5.4.3-3 和表 5.1.2,SS 级防撞护栏高度 $H = 1\,100mm$,碰撞力 $P = 520kN$,作用点距护栏顶 50mm。该力为沿护栏纵向 5.0m 范围内的均布荷载，即每延米 $P = \frac{520}{5} = 104 (kN)$。

边梁外翼缘撞击作用计算图示见图 1-6-18。

作用于桥面板悬臂根部的内力为：
$$M_{ck} = 104 \times (1.1 + 0.08 - 0.05) = 117.52 (kN \cdot m)$$

2. 极限状态承载力计算

（1）荷载效应组合计算

承载能力极限状态组合(基本组合)：
$$\gamma_0 M_d = \gamma_0 (1.2 M_{Gk} + 1.4 M_{Qk}) = -1.1 \times (1.2 \times 13.30 + 1.4 \times 13.20) = -37.88 (kN \cdot m)$$
$$\gamma_0 V_d = \gamma_0 (1.2 V_{Gk} + 1.4 V_{Qk}) = 1.1 \times (1.2 \times 19.22 + 1.4 \times 38.83) = 85.17 (kN)$$

作用短期效应组合(不计冲击力)：
$$M_{sd} = M_{Gk} + 0.7 M_{Qk} = 13.30 + 0.7 \times 10.15 = 20.41 (kN \cdot m)$$

作用长期效应组合(不计冲击力)：
$$M_{ld} = M_{Gk} + 0.4 M_{Qk} = 13.30 + 0.4 \times 10.15 = 17.36 (kN \cdot m)$$

承载能力极限状态组合(偶然组合,不同时组合汽车竖向力):
$$M_d = M_{Gk} + M_{ck} = -15.30 - 117.52 = -130.82(kN \cdot m)$$

(2) 正截面抗弯承载力

①基本组合

对于矩形截面其正截面抗弯承载能力应符合据《桥规》5.2.2规定:
$$\gamma_0 M_{ud} \leqslant f_{cd}bx\left(h_0 - \frac{x}{2}\right)$$
$$f_{sd}A_s = f_{cd}bx$$

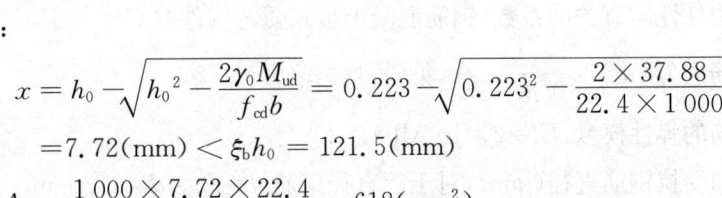

图 1-6-18 边梁外翼缘撞击作用计算图示(尺寸单位:cm)

受压区高度应符合 $x \leqslant \xi_b h_0$,查《桥规》表 5.2.1 得 $\xi_b = 0.56$。可得到:
$$x = h_0 - \sqrt{h_0^2 - \frac{2\gamma_0 M_{ud}}{f_{cd}b}} = 0.223 - \sqrt{0.223^2 - \frac{2 \times 37.88}{22.4 \times 1\,000}}$$
$$= 7.72(mm) < \xi_b h_0 = 121.5(mm)$$
$$A_s = \frac{1\,000 \times 7.72 \times 22.4}{280} = 618(mm^2)$$

其中,$b = 1\,000\,mm$,$h_0 = 217\,mm$,$a_s = 33\,mm$,$f_{cd} = 22.4\,MPa$,$f_{sd} = 280\,MPa$。

实际每延米配 10 束 2 根 ϕ12 形成的束筋,则 $A_s = 2\,262\,mm^2 > 618\,mm^2$。

②偶然组合

对于矩形截面其正截面抗弯承载能力应符合《桥规》第 5.2.2 条规定:
$$\gamma_0 M_{ud} \leqslant f_{cd}bx\left(h_0 - \frac{x}{2}\right)$$
$$f_{sd}A_s = f_{cd}bx$$

受压区高度应符合 $x \leqslant \xi_b h_0$,查《桥规》表 5.2.1 得 $\xi_b = 0.56$。可得到:
$$x = h_0 - \sqrt{h_0^2 - \frac{2\gamma_0 M_{ud}}{f_{cd}b}} = 0.223 - \sqrt{0.223^2 - \frac{2 \times 130.82}{22.4 \times 1\,000}}$$
$$= 27.9(mm) < \xi_b h_0 = 121.5(mm)$$
$$A_s = \frac{1\,000 \times 27.9 \times 22.4}{280} = 2\,232(mm^2)$$

其中,$b = 1\,000\,mm$,$h_0 = 217\,mm$,$a_s = 33\,mm$,$f_{cd} = 22.4\,MPa$,$f_{sd} = 280\,MPa$。

实际每延米配 10 束 2 根 ϕ12 形成的束筋,则 $A_s = 2\,262\,mm^2 > 2\,232\,mm^2$。

(3)斜截面抗剪承载力

①截面尺寸验算

按《桥规》第 5.2.9 条:
$$\gamma_0 V_d \leqslant 0.51 \times 10^{-3} \sqrt{f_{cu,k}} \times b \times h_0$$
$$0.51 \times 10^{-3} \times \sqrt{50} \times 1\,000 \times 217 = 782.55(kN) > \gamma_0 V_d = 85.17(kN)$$

②截面要不要进行抗剪承载力的验算

按《桥规》第 5.2.10 条:

$$\gamma_0 V_d \leqslant 0.5 \times 10^{-3} \times \alpha_2 \times f_{td} \times b \times h_0$$

$$0.5 \times 10^{-3} \times 1 \times 1.83 \times 1\,000 \times 217 = 198.55(kN) > \gamma_0 V_d = 85.17(kN)$$

截面满足极限状态抗剪承载力要求。

3.抗裂计算

截面最大裂缝宽度按《桥规》式(6.4.3-1)计算：

$$W_{tk} = C_1 C_2 C_3 \frac{\sigma_{ss}}{E_s} \frac{30+d}{0.28+10\rho}$$

式中：C_1——钢筋表面形状系数，对带肋钢筋 $C_1=1.0$；

C_2——作用(或荷载)长期效应影响系数，$C_2=1+0.5\dfrac{N_l}{N_s}$，其中 N_l 和 N_s 分别为按作用(或荷载)长期效应组合和短期效应组合计算的内力值(弯矩或轴向力)；

C_3——与构件性质有关的系数，钢筋混凝土板式受弯构件取 $C_3=1.15$；

σ_{ss}——钢筋应力，$\sigma_{ss}=\dfrac{M_s}{0.87 A_s h_0}$，见《桥规》式(6.4.4-2)；

E_s——钢筋的弹性模量，$E_s=2\times10^5$ MPa；

d——纵向受拉钢筋直径(mm)，对于等直径束筋 $d=\sqrt{n}\cdot d=17.0$ mm；

ρ——纵向受拉钢筋的配筋率，对钢筋混凝土构件，当 $\rho>0.02$ 时，取 $\rho=0.02$；当 $\rho<0.006$ 时，取 $\rho=0.006$；

M_s——按作用(或荷载)短期效应组合计算的弯矩值。

悬臂根部截面，按《桥规》式(6.4.4-2)计算：

$$\sigma_{ss} = \frac{M_s}{0.87 A_s h_0} = \frac{20.41 \times 10^6}{0.87 \times 2\,262 \times 217} = 47.79 (MPa)$$

$$\rho = \frac{A_s}{bh_0} = \frac{2\,262}{1\,000 \times 217} = 0.010\,4 > 0.006, 取 \rho = 0.010\,4$$

$$\begin{aligned}W_{tk} &= C_1 C_2 C_3 \frac{\sigma_{ss}}{E_s} \frac{30+d}{0.28+10\rho}\\ &= 1 \times 1.405 \times 1.15 \times \frac{47.79}{2\times 10^5} \times \frac{30+17.0}{0.28+10\times 0.010\,4}\\ &= 0.047(mm) \leqslant 0.2(mm)\end{aligned}$$

配筋满足抗裂要求。

第九节　横隔梁计算

一、作用于横隔梁上的计算荷载

横隔梁的计算荷载应采用车辆荷载加载计算(图 1-6-19)，纵向一辆车辆荷载对跨中横隔梁的计算荷载为：

$$S_Q = P \times (1.000 + 0.806 + 0.028) + P' \times 0.389 = 268.43 kN$$

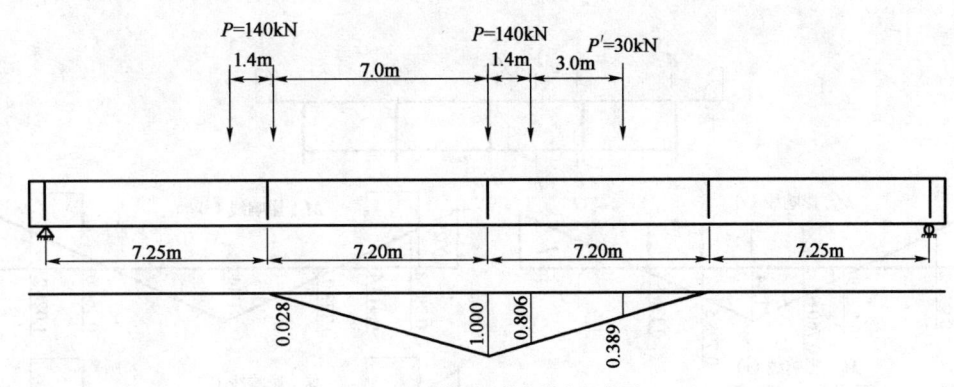

图 1-6-19 横隔梁荷载纵向加载图

二、跨中横隔梁的内力影响线

通常横隔梁靠近桥中线的截面处弯矩较大，而靠近桥两侧边梁的截面处剪力较大，故选取 $a\text{-}a$、$b\text{-}b$ 两个截面计算横隔梁的弯矩，选取 $c\text{-}c$、$d\text{-}d$ 两个截面计算横隔梁的剪力。

1. 绘制弯矩影响线

(1) 影响系数计算公式

在桥梁跨中当单位荷载 $P=1$ 作用于 j 号梁时，i 号梁所受的作用为竖向力 R_{ij} 和抗扭矩 M_{Tij}。

则当 $P=1$ 作用于截面 $a\text{-}a$ 左侧时，

$$\eta_{a\text{-}a,j} = \eta_{1j}b_{1,a\text{-}a} + \eta_{2j}b_{2,a\text{-}a} + M_{T1j} + M_{T2j} - e_{a\text{-}a}$$

当 $P=1$ 作用于截面 $a\text{-}a$ 右侧时，

$$\eta_{a\text{-}a,j} = \eta_{1j}b_{1,a\text{-}a} + \eta_{2j}b_{2,a\text{-}a} + M_{T1j} + M_{T2j}$$

中横梁内力影响线图见图 1-6-20。

(2) 计算 T 梁扭矩 M_{Tij}

M_{Tij} 可按下列公式计算：

$$M_{Tij} = \beta \cdot \frac{G \cdot e_j l^2 I_{Ti}}{12 E_h \sum_{i=1}^{n} a_i^2 I_i}$$

式中：I_i、I_{Ti}——分别为 i 号梁的抗弯惯矩和抗扭惯矩；

G——混凝土的剪切弹性模量，$G=0.4E_h$；

e_j——单位荷载 $P=1$ 作用位置到横截面中心的距离。

各 T 梁扭转力矩计算见表 1-6-40。

各 T 梁扭转力矩计算表　　　　　　　　　　表 1-6-40

梁号	I_i	I_{Ti}	e_j	β	l	a_i	$a_i^2 I_i$	M_{Tij}
1	0.437 6	0.013 0	4.8		28.9	4.8	10.082 3	0.064 4
2	0.437 6	0.013 0	2.4		28.9	2.4	2.520 6	0.032 2
3	0.437 6	0.013 0	0.0	0.932 9	28.9	0.0	0.000 0	0.000 0
4	0.437 6	0.013 0	−2.4		28.9	−2.4	2.520 6	−0.032 2
5	0.437 6	0.013 0	−4.8		28.9	−4.8	10.082 3	−0.064 4
$\sum a_i^2 I_i$							25.205 8	

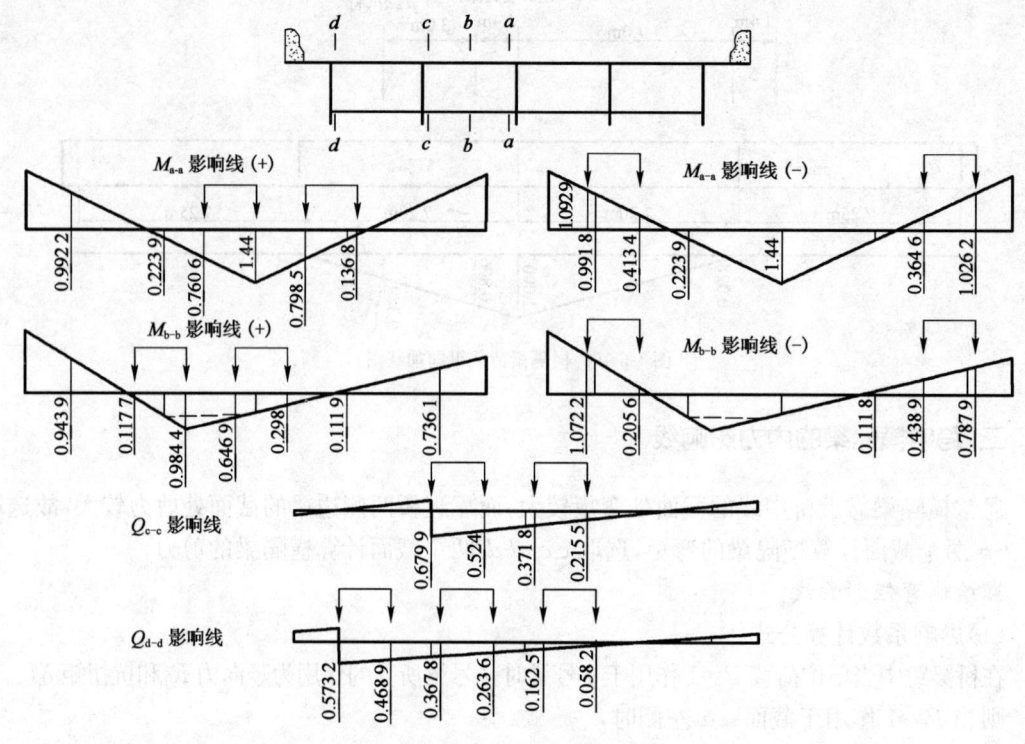

图 1-6-20 中横梁内力影响线图

(3)计算弯矩影响线坐标值(表 1-6-41)

弯矩影响线坐标值计算表　　　　表 1-6-41

截面	梁号 j	η_{1j}	$b_{1,s\text{-}s}$	η_{2j}	$b_{2,s\text{-}s}$	M_{T1j}	M_{T2j}	$e_{s\text{-}s}$	$\eta_{s\text{-}s,j}$
a-a	1	0.5732	4.8000	0.3866	2.4000	0.0644	0.0644	4.8	−0.9922
	2	0.3866	4.8000	0.2933	2.4000	0.0322	0.0322	2.4	0.2239
	3	0.2000	4.8000	0.2000	2.4000	0.0000	0.0000		1.4400
	4	0.0134	4.8000	0.1067	2.4000	−0.0322	−0.0322		0.2561
	5	−0.1732	4.8000	0.0134	2.4000	−0.0644	−0.0644		−0.9278
b-b	1	0.5732	3.6000	0.3866	1.2000	0.0644	0.0644	3.6	−0.9439
	2	0.3866	3.6000	0.2933	1.2000	0.0322	0.0322	1.2	0.6081
	3	—	—	—	—				0.5118
	4	0.0134	3.6000	0.1067	1.2000	−0.0322	−0.0322		0.1119
	5	−0.1732	3.6000	0.0134	1.2000	−0.0644	−0.0644		−0.7361

截面 $b\text{-}b$ 的 3 号梁弯矩影响线坐标 $\eta_{b\text{-}b,3}$ 由影响线图中量出。

2.绘制剪力影响线

(1) $c\text{-}c$ 截面的影响线坐标计算

$P=1$ 作用于 $c\text{-}c$ 截面右侧时：

$$\eta_{1i}^{Q} = \eta_{1i} + \eta_{2i}$$

$P=1$ 作用于 c-c 截面左侧时：
$$\eta_{li}^{Q} = \eta_{li} + \eta_{2i} - 1$$

(2) d-d 截面的影响线坐标计算

$P=1$ 作用于 d-d 截面右侧时：
$$\eta_{li}^{Q} = \eta_{li}$$

$P=1$ 作用于 d-d 截面左侧时：
$$\eta_{li}^{Q} = \eta_{li} - 1$$

3. 车辆荷载影响系数

2 车道（括号中数值为负弯矩影响量）：
$$\eta_{a\text{-}a}^{M} = 1.5680(-1.4486)$$
$$\eta_{b\text{-}b}^{M} = 1.0235(-1.2523)$$
$$\eta_{c\text{-}c}^{Q} = 0.8956$$
$$\eta_{d\text{-}d}^{Q} = 0.8368$$

3 车道：
$$\eta_{d\text{-}d}^{Q} = 0.9471$$

三、跨中横隔梁的内力计算

弯矩按下式计算：
$$M_{Qlk} = (1+\mu)\xi\eta S_Q$$

式中：ξ——车道折减系数，2 车道时 $\xi=1.0$，3 车道时 $\xi=0.78$；

μ——汽车局部加载时的冲击系数，取 0.3。

按 2 车道加载最不利，可得：
$$M_{Qlk}^{a\text{-}a} = 547.17(-505.50)\text{kN}\cdot\text{m}$$
$$M_{Qlk}^{b\text{-}b} = 347.16(-437.00)\text{kN}\cdot\text{m}$$
$$V_{Qlk}^{c\text{-}c} = 312.53\text{kN}$$
$$V_{Qlk}^{d\text{-}d} = 292.01\text{kN}$$

由于恒载引起的效应较小，这里略去恒载引起的效应。按公式 $\gamma_0 S_{ud} = 1.1 \times (1.2 S_{Gk} + 1.4 S_{Qk})$ 进行荷载组合，结果如下，
$$\gamma_0 M_{ud}^{a\text{-}a} = 842.64(-778.47)\text{kN}\cdot\text{m}$$
$$\gamma_0 M_{ud}^{b\text{-}b} = 534.63(-672.98)\text{kN}\cdot\text{m}$$
$$\gamma_0 V_{ud}^{c\text{-}c} = 481.30\text{kN}$$
$$\gamma_0 V_{ud}^{d\text{-}d} = 449.69\text{kN}$$

四、跨中横隔梁的配筋计算

1. 截面特征

桥面板受压时参与横隔梁抗弯的有效宽度按下式计算：
$$B_f = 2\lambda + b$$

式中：B_f——桥面板有效宽度；

　　　λ——由 c/l，查《桥梁工程》（范立础，1993）p251 表 2-4-7 得到的桥面板有效宽度悬臂部分长度。其中 c 表示全桥面板沿纵桥向的悬臂长度，$c = \dfrac{7.2-0.18}{2} = 3.51(\text{m})$；$l$ 表示横隔梁的计算跨径，这里横隔梁按两端简支考虑，$l = 4 \times 2.4 = 9.6(\text{m})$。由 $c/l = 3.51/9.6 = 0.366$，查表可得 $\lambda/c = 0.549$，故 $\lambda = 1.93\text{m}$。

中横梁计算截面见图 1-6-21。

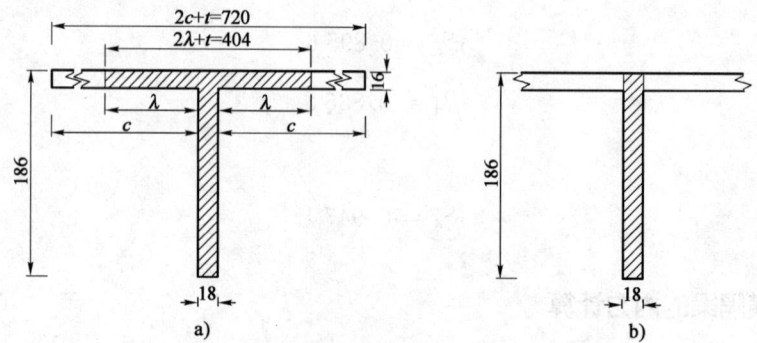

图 1-6-21　中横梁计算截面（尺寸单位：cm）

a）承受正弯矩时的计算截面；b）承受负弯矩时的计算截面

2. 配筋计算

(1) 正弯曲时，取 $a_s = 80\text{mm}$，$B_f = 4\,040\text{mm}$，由 $\gamma_0 M_{ud} = f_{cd} b_f x \left(h_0 - \dfrac{x}{2}\right)$，可得到 $x = 5.24\text{mm}$（受压区高度在翼缘范围内）。由 $f_{cd} x b_f = f_{sd} A_s$，可得到 $A_s = 1\,694\text{mm}^2$。

故梁底需配置 4 根 HRB335 直径 28mm 的钢筋（$A_s = 2\,463\text{mm}^2$）。

(2) 负弯曲时，取 $a_s = 60\text{mm}$，$b = 180\text{mm}$，由 $M_{ud} = f_{cd} b x \left(h_0 - \dfrac{x}{2}\right)$，可得到 $x = 110.66\text{mm}$。由 $f_{cd} x b = f_{sd} A_s$，可得到 $A_s = 1\,594\text{mm}^2$。

故梁顶需配置 4 根 HRB335 直径 25mm 的钢筋（$A_s = 1\,963.6\text{mm}^2$）。

(3) 配置箍筋

受弯构件抗剪截面应符合《桥规》第 5.2.9 条要求：
$$\gamma_0 V_d \leqslant V_R = 0.51 \times 10^{-3} \sqrt{f_{cu,k}} b h_0$$

式中，混凝土 C50，$f_{cu,k} = 50\text{MPa}$，b 取横隔梁下部宽度，$b = 180\text{mm}$，$h_0 = 1\,780\text{mm}$，$V_R = 0.51 \times 10^{-3} \times \sqrt{50} \times 180 \times 1\,780 = 1\,155.4(\text{kN}) > 481.30(\text{kN})$，满足规范要求。

《桥规》第 5.2.10 条，当 $\gamma_0 V_d \leqslant 0.5 \times 10^{-3} \alpha_2 f_{td} b h_0$ 时可不进行抗剪承载力计算，箍筋按构造配筋。

式中,混凝土 C50 抗拉强度设计值 $f_{td}=1.83\text{MPa}$,提高系数 $\alpha_2=1.0$。
$V_R = 0.5\times 10^{-3}\times 1.0\times 1.83\times 180\times 1780 = 293.2(\text{kN}) < 481.30(\text{kN})$,箍筋需计算设置,并进行斜截面抗剪承载力验算。

其斜截面抗剪由混凝土、箍筋共同承担,按《桥规》式(5.2.7-1)和式(5.2.7-2)计算:

$$\gamma_0 V_d \leqslant V_{cs}$$

$$V_{cs} = \alpha_1\alpha_2\alpha_3\times 0.45\times 10^{-3} bh_0\sqrt{(2+0.6\times P)\sqrt{f_{cu,k}}\cdot \rho_{sv}\cdot f_{sv}}$$

式中:α_1——异号弯矩影响系数,取 $\alpha_1=1.0$;
  α_2——钢筋混凝土受弯构件的预应力提高系数,取 $\alpha_2=1.0$;
  α_3——受压翼缘的影响系数,取 $\alpha_3=1.1$;
  h_0——截面有效高度,$h_0=1780\text{mm}$;
  P——斜截面内纵向受拉钢筋的配筋百分率,$P=100(A_p+A_s)/(bh_0)$,得到

$$P = 100\times \frac{A_s}{bh_0} \approx 100\times \frac{2463}{180\times 1780} = 0.769$$

  ρ_{sv}——斜面内箍筋含筋率,$\rho_{sv}=\dfrac{A_{sv}}{S_v b}$。

箍筋采用 R235ϕ10 双肢,$A_{sv}=2\times 78.5=157(\text{mm}^2)$,$f_{sv}=195\text{MPa}$。

箍筋间距 $S_v = \dfrac{\alpha_1^2\alpha_3^2\times 0.2\times 10^{-6}(2+0.6P)\sqrt{f_{cu,k}}A_{sv}f_{sv}bh_0^2}{(\gamma_0 V_d)^2} = 317.5\text{mm}$;取箍筋间距为 100mm。可得到:

$$V_{cs} = 1.0\times 1.0\times 1.1\times 0.45\times 10^{-3}\times 180\times 1780\times$$
$$\sqrt{(2+0.6\times 0.769)\times \sqrt{50}\times 0.00872\times 195}$$
$$= 862.7(\text{kN}) > \gamma_0 V_d = 481.30(\text{kN})$$

极限抗剪承载力满足要求。

3. 裂缝计算

截面最大裂缝宽度按《桥规》式(6.4.3-1)计算:

$$W_{tk} = C_1 C_2 C_3 \frac{\sigma_{ss}}{E_s}\frac{30+d}{0.28+10\rho}$$

式中:C_1——钢筋表面形状系数,对带肋钢筋 $C_1=1.0$;
  C_2——作用(或荷载)长期效应影响系数,$C_2=1+0.5\dfrac{M_l}{M_s}$,其中 M_l 和 M_s 分别为按作用(或荷载)长期效应组合和短期效应组合计算的弯矩,这里 $C_2=1+0.5\times \dfrac{0.4M_{Qk}}{0.7M_{Qk}}=1.286$;
  C_3——与构件性质有关的系数,受弯构件取 $C_3=1.0$;
  σ_{ss}——钢筋应力,$\sigma_{ss}=\dfrac{M_s}{0.87A_s h_0}$,见《桥规》式(6.4.4-2);
  E_s——钢筋的弹性模量,$E_s=2\times 10^5 \text{MPa}$;
  d——纵向受拉钢筋直径(mm);
  ρ——纵向受拉钢筋的配筋率,对钢筋混凝土构件,当 $\rho>0.02$ 时,取 $\rho=0.02$;当 $\rho<$

0.006 时，取 $\rho=0.006$；

M_s——按作用(或荷载)短期效应组合计算的弯矩值。

(1)正弯矩作用下，横隔梁底缘裂缝宽度

$$M_s = 0.7M_{Qk} = 383.02 \text{kN} \cdot \text{m}, h_0 = 1\,780\text{mm}, A_s = 2\,463\text{mm}^2$$

$$\sigma_{ss} = \frac{M_s}{0.87 A_s h_0} = 100.42 \text{MPa}$$

$$\rho = \frac{A_s}{bh_0 + (b_f - b)h_f} = \frac{2\,463}{180 \times 1\,780} = 0.007\,69$$

可得到 $W_{tk} = 1.0 \times 1.286 \times 1.0 \times \dfrac{100.42}{2.0 \times 10^5} \times \dfrac{30+28}{0.28+0.076\,9} = 0.105(\text{mm})$，满足规范限值 0.20mm(II 类环境)。

(2)负弯矩作用下，横隔梁顶缘裂缝宽度

$$M_s = -353.85 \text{kN} \cdot \text{m}, h_0 = 1\,800\text{mm}, A_s = 1\,963.6\text{mm}^2$$

$$\sigma_{ss} = \frac{M_s}{0.87 A_s h_0} = 115.07 \text{MPa}$$

翼缘位于受拉区：

$$\rho = \frac{A_s}{bh_0 + (b_f - b)h_f} = \frac{1\,963.6}{180 \times 1\,800 + (4\,040 - 180) \times 160} = 0.002\,1 < 0.006$$

取 $\rho = 0.006$。

可得到 $W_{tk} = 1.0 \times 1.286 \times 1.0 \times \dfrac{115.07}{2.0 \times 10^5} \times \dfrac{30+25}{0.28+0.06} = 0.120(\text{mm})$，满足规范限值 0.20mm(II 类环境)。

本篇参考文献

[1] 中华人民共和国行业标准.JTG D60—2004 公路桥涵设计通用规范.北京:人民交通出版社,2004.

[2] 中华人民共和国行业标准.JTG D62—2004 公路钢筋混凝土及预应力混凝土桥涵设计规范.北京:人民交通出版社,2004.

[3] 徐光辉,胡明义.公路桥涵设计手册 梁桥(上册).北京:人民交通出版社,1996.

[4] 胡肇滋.桥跨结构简化分析——荷载横向分析.北京:人民交通出版社,1996.

[5] 同济大学桥梁教研组.公路桥梁横向分布计算.北京:人民交通出版社,1977.

[6] 杨炳成.公路桥梁电算.北京:人民交通出版社,1996.

[7] 袁伦一,鲍卫刚.《公路钢筋混凝土及预应力混凝土桥涵设计规范》(JTG D62—2004)条文应用算例.北京:人民交通出版社,2005.

[8] 张树仁,郑绍珪,黄侨,鲍卫刚.钢筋混凝土及预应力混凝土桥梁结构设计原理.北京:人民交通出版社,2004.

[9] 黄侨,王永平.桥梁混凝土结构设计原理计算示例.北京:人民交通出版社,2005.

[10] 张红俊.SPA2000桥梁结构分析应用方法与实例.北京:人民交通出版社,2005.

[11] 赵超燮.结构矩阵分析原理.北京:人民教育出版社,1982.

[12] 朱新实,刘效尧.公路桥涵设计手册 预应力技术及材料设备.2版.北京:人民交通出版社,2005.

[13] 中交公路规划设计院有限公司标准规范研究室.公路桥梁设计规范答疑汇编.北京:人民交通出版社,2009.

第二篇 连续梁桥

钢筋混凝土及预应力混凝土连续梁桥(以下简称连续梁桥)是中等跨径以上公路桥梁中常用的桥型,适用跨径为 20~200m,30m 以下可以采用钢筋混凝土结构,30m 以上常用预应力混凝土结构。大、中跨径的连续梁桥一般采用不等跨布置,但多于三跨的连续梁桥其中间跨一般采用等跨布置。

连续梁桥按预应力度 λ 不同可分为普通钢筋混凝土连续梁桥(简称钢筋混凝土连续梁桥,λ＝0)、部分预应力混凝土连续梁桥(0＜λ＜1)和全预应力混凝土连续梁桥(λ≥1)(以下提及的预应力混凝土连续梁桥包括部分预应力和全预应力混凝土连续梁桥);按全跨截面是否相同,可分为等截面连续梁桥和变截面连续梁桥;按各跨跨径是否相等,可分为等跨连续梁桥和不等跨连续梁桥;按横截面形式的不同,可分为板(包括空心板)梁、T(I)形梁、小箱形梁和箱形梁。

连续梁桥与简支梁桥和悬臂梁桥相比较具有以下特征。
(1)均布荷载作用弯矩最大值比简支梁可减小 50% 左右(图 2-0-1);

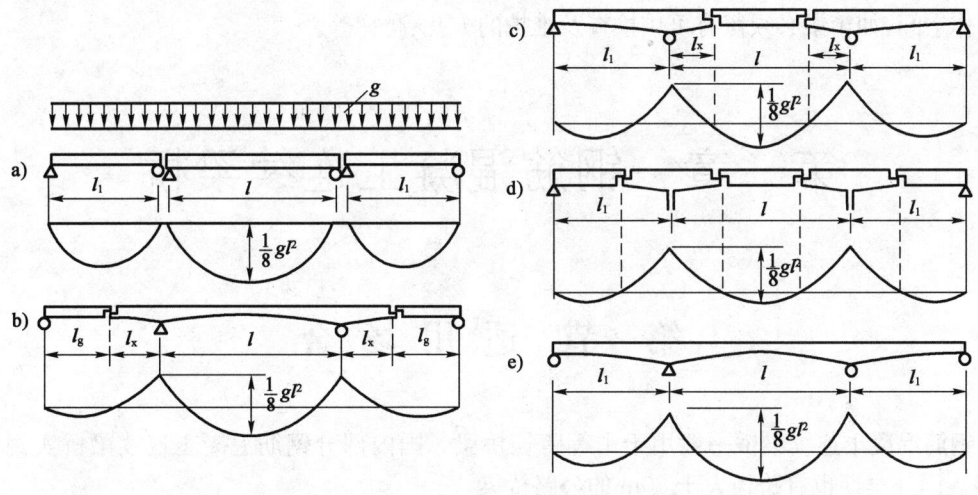

图 2-0-1 恒载弯矩比较图
a)简支梁桥;b)、c)悬臂梁桥;d)T形悬臂梁桥;e)连续梁桥

(2)均布荷载作用弯矩图面积比简支梁可减小 2/3 左右。
(3)由于控制弯矩的减小,导致恒载减小,使桥梁自重更轻。
(4)加大连续梁桥的根部梁高可以减小跨中正弯矩,这是连续梁桥的突出特征,如图 2-0-2 所示。
(5)连续梁桥支座的不均匀沉降会引起附加内力,故连续梁桥对地基条件要求较高。此外,箱梁截面局部温差,混凝土收缩、徐变及预加应力均会在结构中产生附加内力。
(6)连续梁桥在一联中无伸缩缝,行车条件较好。
(7)混凝土连续梁,在上缘都存在负弯矩区,当产生裂缝后易受水侵蚀。
(8)钢筋混凝土连续梁桥,由于支架下沉和混凝土收缩而出现裂缝的危险性增大,因而使混凝土的浇筑复杂化,故跨径大于 30m 时很少采用等高截面钢筋混凝土连续梁桥。
桥梁设计提出了寿命周期的新理念,提倡桥梁结构应满足可检性、可换性、可修性、可控性

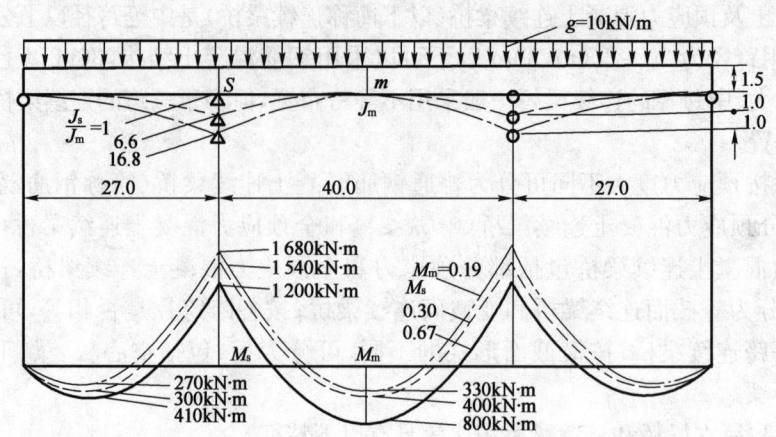

图 2-0-2　三跨连续梁桥梁高对弯矩的影响(尺寸单位:m)

和可持续性的要求。因此,应在连续梁桥的设计中,为以后桥梁检查、维修加固及构件更换留有操作空间,如箱梁必须留有可供检查及维护的人孔、爬梯等。

第一章　钢筋混凝土连续梁桥

第一节　适用场合

钢筋混凝土连续梁桥一般用于中等跨径桥梁。国内部分钢筋混凝土连续梁桥实例见表 2-1-1。国外早期也有跨径大于 40m 的公路桥梁。

国内部分钢筋混凝土连续梁桥　　　　　表 2-1-1

序号	桥　　名	跨径布置(m)	桥宽(m)	梁高 H(m),高跨比 H/L				截面形式
				H_s	H_s/L	H_c	H_c/L	
1	西安南绕城高架桥	6×25	17	1.4	1/17.8	1.4	1/17.8	单箱三室
2	大理冬瓜箐大桥	5×20	14	1.3	1/15.4	1.3	1/15.4	单箱双室
3	沈阳新开河桥	12+16+12	10	0.9	1/17.8	0.5	1/32	板
4	深汕公路淡水高架桥	15.2+4×20+15.2	24.5	1.3	1/15.4	1.3	1/15.4	单箱双室
5	安康公路流水东大桥	6×16	7.5	1.2	1/13.3	1.2	1/13.3	单箱单室
6	陕西富县立交匝道桥	15+17+15	24.38	1.35	1/12.6	1.35	1/12.6	单箱双室

注：H_s-支点梁高；H_c-跨中梁高。

钢筋混凝土连续梁桥适用场合：

(1)适用跨径：一般跨径小于 16m 可采用矩形截面，15～30m 可采用 T 形或工字形截面，大于 20m 可采用现浇箱形截面。

(2)适用场合：中等跨径桥梁，例如高速公路的跨线立交桥、互通立交的匝道桥。

第二节　一般构造

一、立面构造

1. 截面高度

跨径 20m 左右及以下的钢筋混凝土连续梁桥可采用等高截面，30m 以上时可采用变高截面。梁的根部高度 H_s 约为最大跨径 L_m 的 1/15，见图 2-1-1；梁的跨中高度 H_c 可按构造选用，一般为最大跨径 L_m 的 1/12~1/25。在板式结构中，H_s 可小到 0.5m 左右；在 T 形或箱形截面中，一般都大于 1m。

2. 跨径比例

钢筋混凝土连续梁的边跨一般为中跨的 0.6~1 倍，其中较大值适用于五跨及五跨以上连续梁桥，见图 2-1-2。当边跨小于中跨的 0.5 时，在桥台上必须设拉力支座或压重。箱形和板式钢筋混凝土连续梁桥一般布置见图 2-1-3、图 2-1-4。

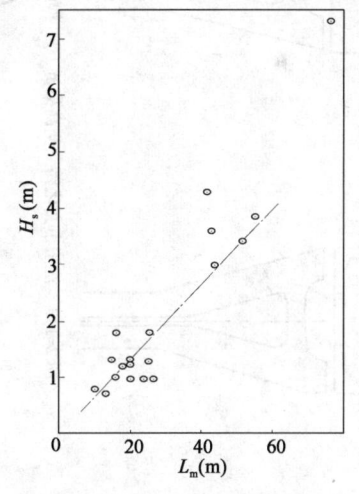

图 2-1-1　根部梁高与跨径关系

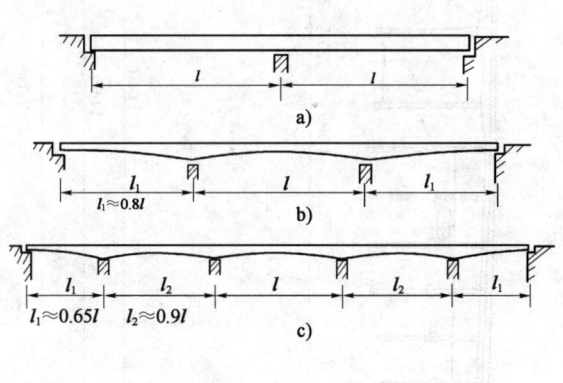

图 2-1-2　钢筋混凝土连续梁桥跨径比

二、横截面构造

钢筋混凝土连续梁桥跨径不大时，可首先考虑采用板式（包括空心板）和 T 形截面。当需要采用箱形截面时，多是低矮的多室箱，翼板的悬臂长度一般小于 2m，很少采用宽的单室箱截面。采用 T 形截面时可考虑采用宽矮 T 形截面带宽翼板的翼形（或称鱼脊）结构，也可采用宽外翼板的Π形或空心结构。典型截面形式如图 2-1-5 所示。实桥的几种截面形式见图 2-1-6~2-1-9。沿着梁长也可以根据内力变化采用不同的截面形式。如图 2-1-10 所示跨中采用 T 形截面，根部负弯矩区为箱形截面，以增大混凝土受压面积。在这种情况下须注意下缘应逐渐加宽过渡到箱梁底板，以免刚度突变使梁顶板产生横向裂缝。

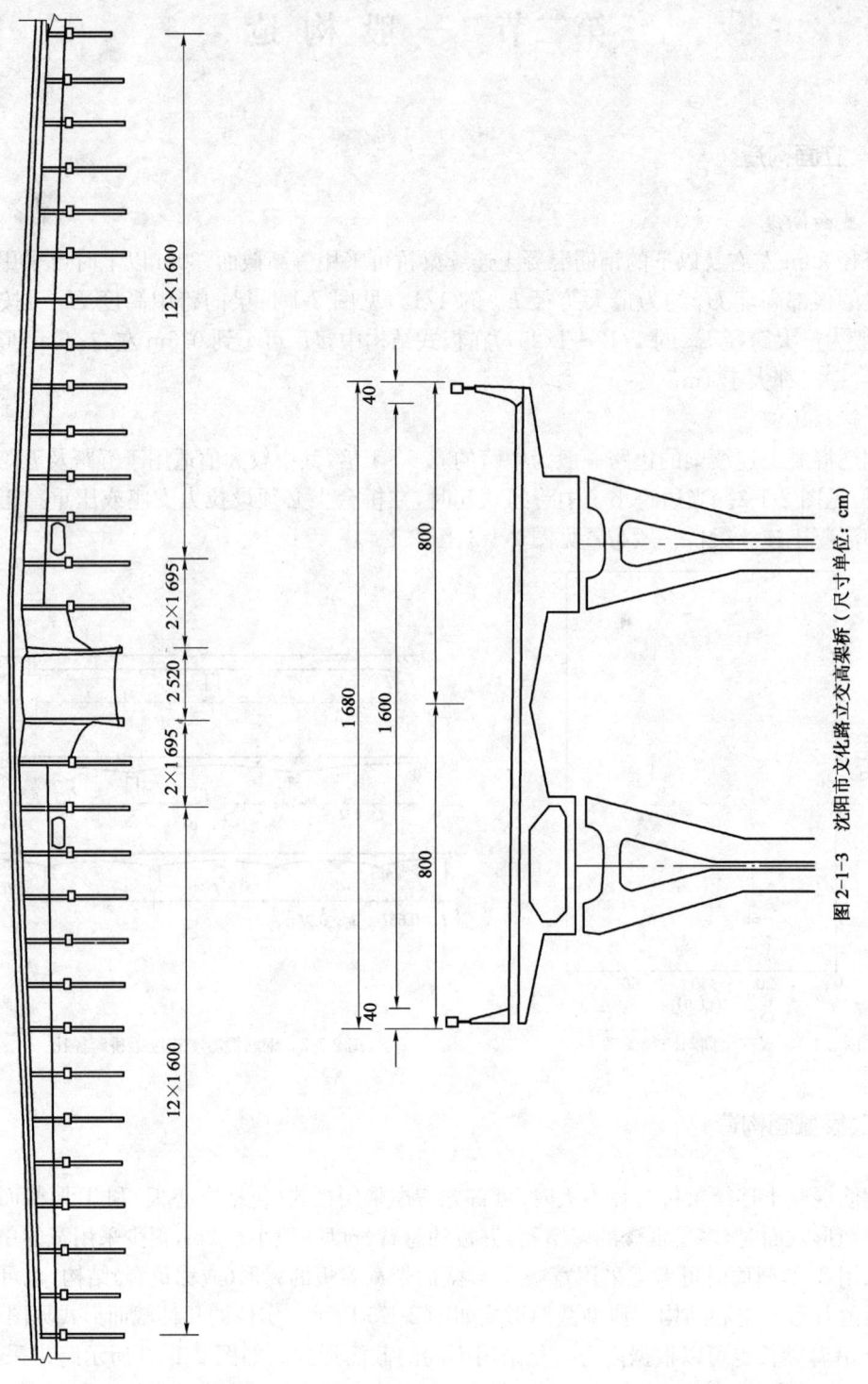

图 2-1-3 沈阳市文化路立交高架桥（尺寸单位：cm）

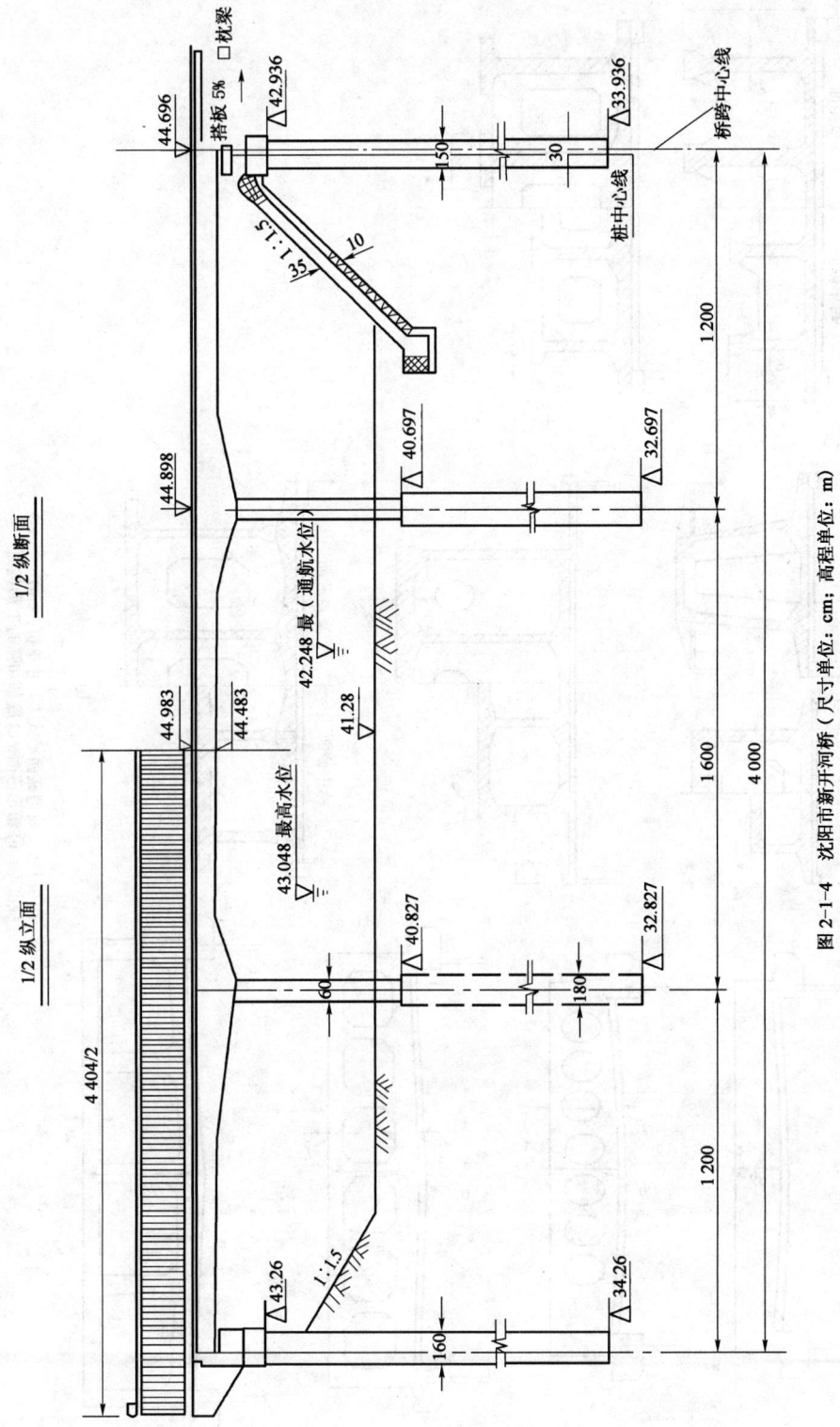

图 2-1-4 沈阳市新开河桥（尺寸单位：cm；高程单位：m）

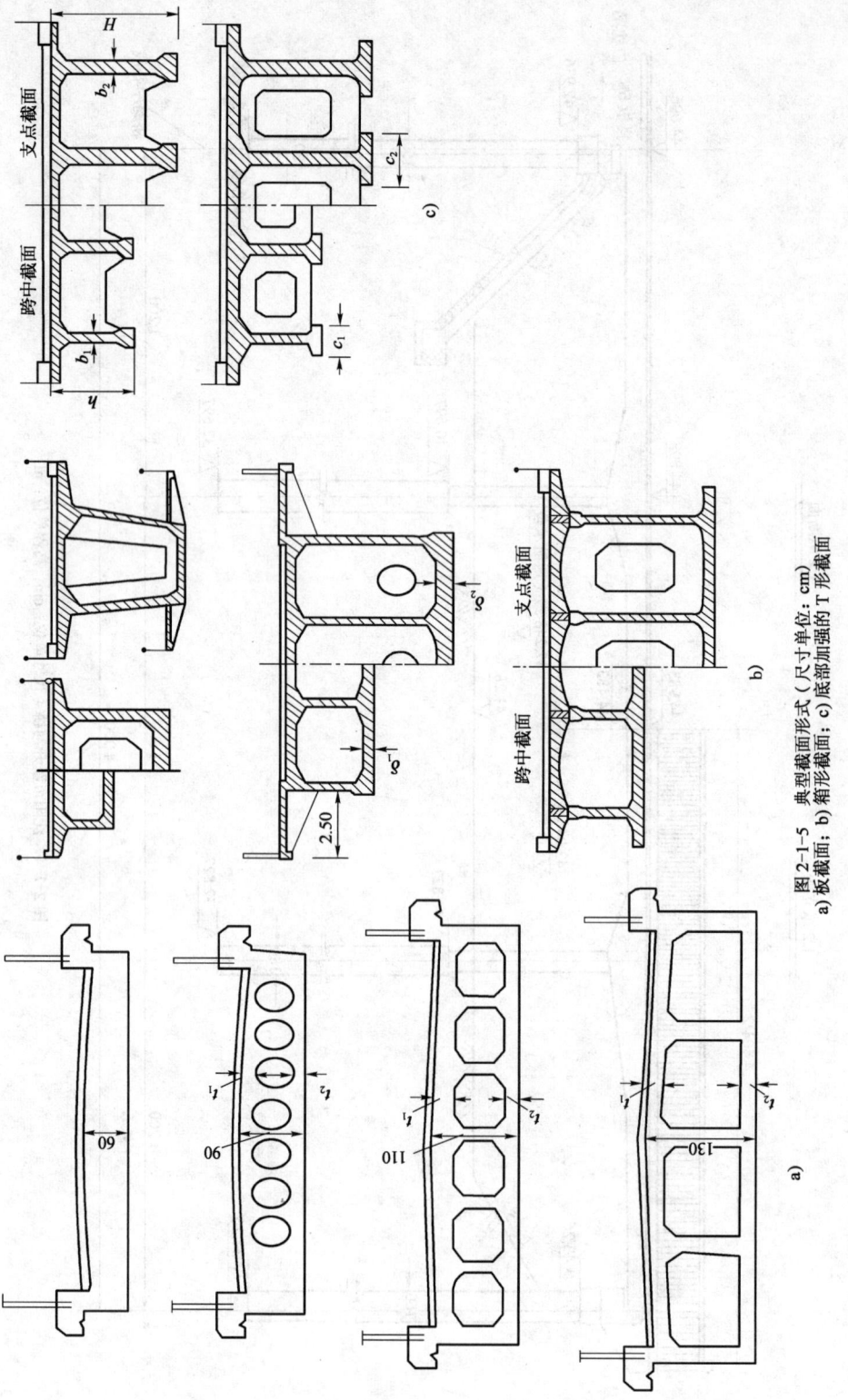

图 2-1-5 典型截面形式（尺寸单位：cm）
a) 板截面；b) 箱形截面；c) 底部加强的T形截面

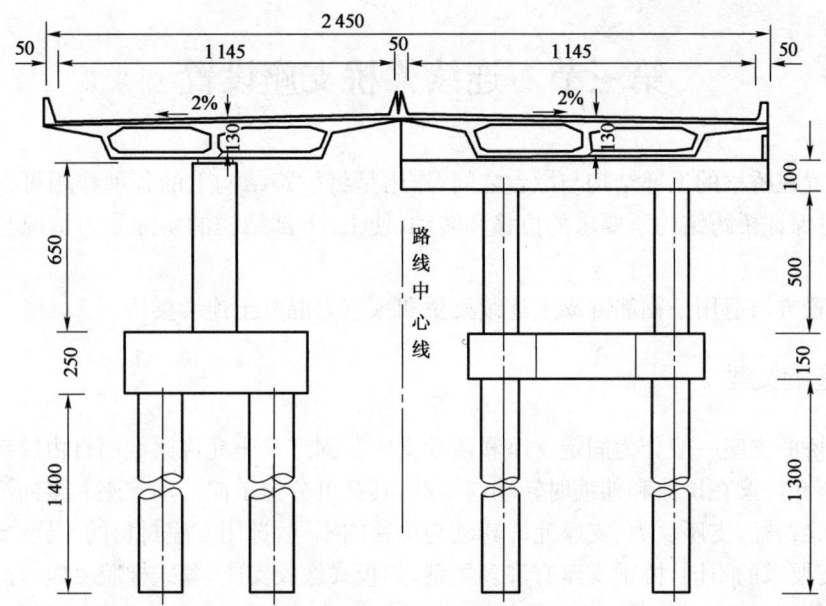

图 2-1-6 深汕公路淡水高架桥截面(尺寸单位:cm)

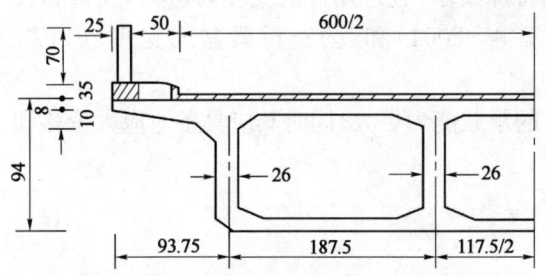

图 2-1-7 沈大公路灯塔互通立交桥截面(尺寸单位:cm)

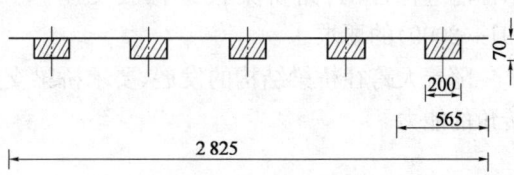

图 2-1-8 沈阳望花立交桥截面(尺寸单位:cm)

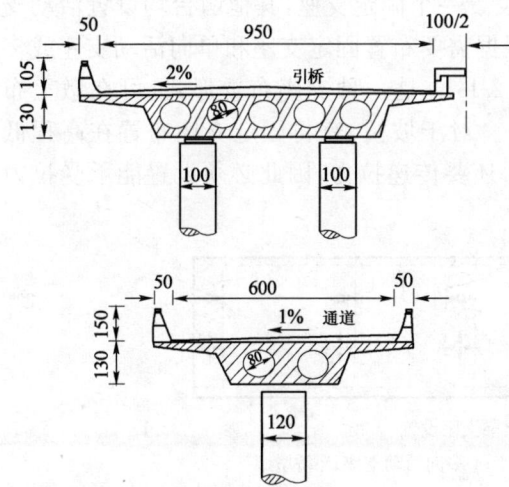

图 2-1-9 厦门集美立交桥截面(尺寸单位:cm)

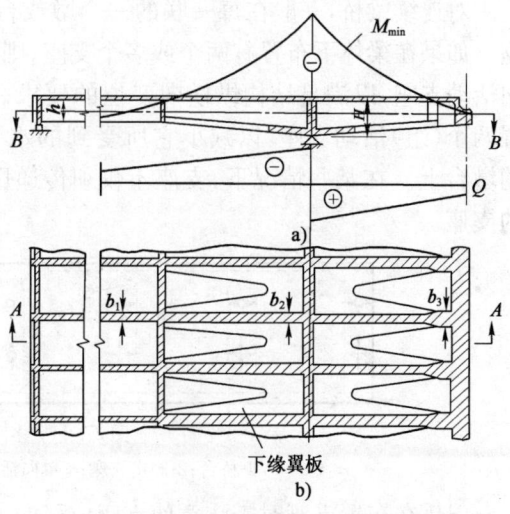

图 2-1-10 箱形-T 形组合截面主梁构造
a)截面 A-A；b)截面 B-B

第三节 连续梁桥支座设置

支座设置在桥梁的上部结构与墩台之间,作用是将桥跨结构上的各种作用可靠地传递到墩台上,同时保证桥跨结构所要求的位移和转动,使上、下部结构的实际受力情况与理论计算图式相符合。

支座设置方法适用于钢筋混凝土连续梁桥和预应力混凝土连续梁桥。

一、支座的类型

连续梁桥的支座一般分为固定支座和活动支座。固定支座允许梁截面自由转动而不能平动;活动支座允许梁在挠曲和伸缩时转动与平动,其又可分为单向活动支座和多向活动支座。

由于桥梁跨径、支座反力、支座允许转动与位移的不同,选用支座材料的不同,支座是否满足防震、减震要求的不同,桥梁支座有许多类型,如板式橡胶支座、盆式橡胶支座、球形钢支座、减隔震支座等。

钢筋混凝土及预应力混凝土连续梁桥,如无特殊要求,宜选用橡胶支座,其材料质量和技术性能应符合《公路桥梁板式橡胶支座》(JT/T 4—2004)和《公路桥梁盆式支座》(JT/T 391—2009)的要求。

随着大跨径桥梁结构的发展,要求桥梁支座的承载能力更大,同时其应具备适应大位移和转角的能力。

二、平面设置

根据连续梁桥的平面布置以及桥宽,桥梁支座在纵、横桥向的布置方式如下。

对连续梁桥,一般在每一联的一个墩或台上设置一个固定支座,其他墩台均设置活动支座。如果在梁体下布置有两个或多个支座,则要根据需要布置固定支座和单向活动支座或多向活动支座,以满足结构纵横向变位的要求。图 2-1-11 是一种支座布置形式,可在墩上布置两个(组)活动支座,以减小它所受到的水平力。对于坡桥,宜将固定支座布置在高程低的墩台上。在某些情况下,支座不仅须传递压力,还要传递拉力,因此必须设置能承受拉力的支座。

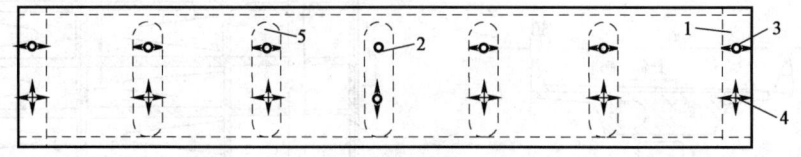

图 2-1-11 多跨连续梁支座设置

1-桥台;2-固定支座;3-单向活动支座;4-多向活动支座;5-桥墩

斜桥在布置支座时需注意使支座位移的方向平行于行车道中心线(图 2-1-12);弯桥可根据结构,朝一固定点沿径向位移或结构沿曲线半径的切线方向位移来确定(图 2-1-13)。

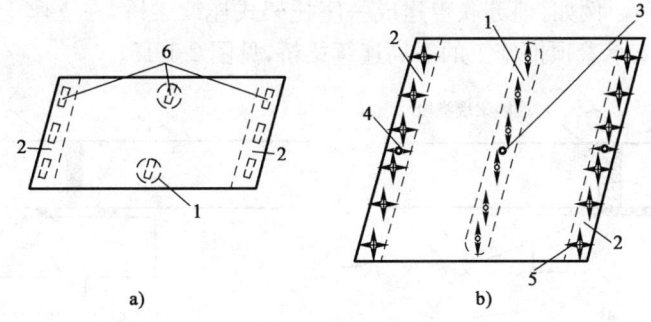

图 2-1-12 两跨连续斜桥支座设置
1-桥墩;2-桥台;3-固定支座;4-单向活动支座;5-多向活动支座;6-板式橡胶支座

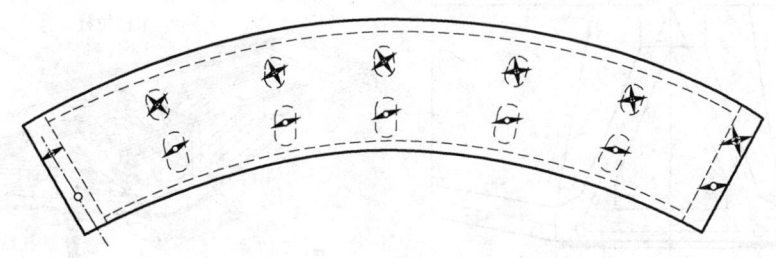

图 2-1-13 连续弯桥桥支座设置

桥梁使用效果的好坏与支座能否准确地发挥功能有着密切的关系。正确地确定支座布置形式、所承受的荷载和活动支座的位移量,关系到支座的使用寿命。一般地,固定支座除承受竖向压力外,还必须能承受水平力,其中包括可能产生的制动力、风力、活动支座的摩阻力、主梁弹性挠曲对支座的拉力、伸缩缝和行车道板及引道板的阻力以及地震时的惯性力等。这些水平力应偏大取用,且要求支座伸至上下部结构以便锚固或销接。对于弯、斜和宽桥,支座的受力比较复杂,即使是在同一支承位置,不同部位的支座在受力上可能会有很大的差别。

因此在安装支座时,应使上部结构的支点位置与下部结构的支座中线对中。绝对的对中是很难做到的,因此要注意使可能的偏心在允许的范围内,不致影响支座的正常工作;保证支座与上、下部结构之间密贴,不得有支座脱空,活动支座应设防尘网。当桥梁纵坡大于1%时,应在梁底采取措施(如设置垫石),使支座保持水平;横坡大于2%时,也应采取措施(如设置垫石),使支座平置。

三、立面设置

一般地,连续梁桥在墩顶沿立面设单排支座;为了减小支座处负弯矩峰值,也可采用双排支座。简支转连续施工过程中,可以在浇筑湿接头、张拉负弯矩束后去除临时支撑换成单排永久支座[图2-1-14a)],也可将双排永久支座用作临时支撑,不体系转换,这种情况一般采用板式橡胶支座[图2-1-14b)]。用悬臂法施工时,双支座可以起到临时固结作用,也可减少钢和混凝土用量(图 2-1-15)。例如,前苏联曾建成一座托架式连续梁桥,在支座上设有三角形托架,托架上有两个支点支承着顶推施工的等高连续梁桥,见图 2-1-16。

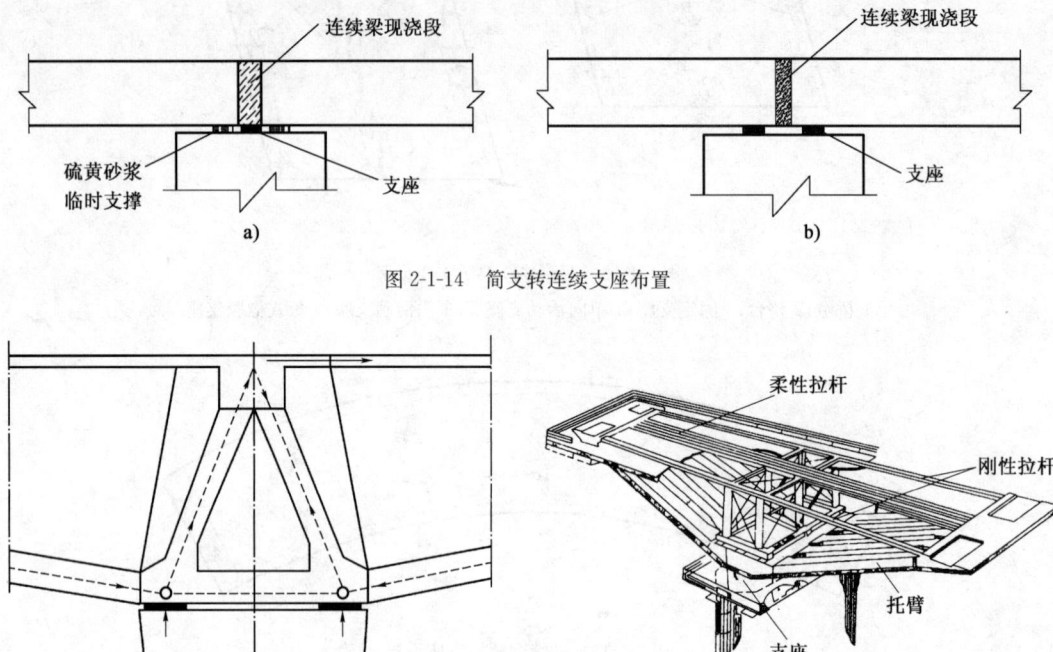

图 2-1-14 简支转连续支座布置

图 2-1-15 双支座布置　　　　图 2-1-16 托架式连续梁桥的托架

连续梁桥在保证纵横向变位要求的同时,还应设置横向防震挡块、限位装置;纵向梁端部应设置防撞击缓冲设施,以满足连续梁桥抗震的一般要求。详细的抗震计算分析参见第三篇相应内容。

第四节　设计要点与示例

一、设计要点

钢筋混凝土连续梁桥主要设计计算步骤及配筋要点如下。

(1)绘制主梁弯矩包络图。

(2)选择典型截面,计算配置纵向受拉钢筋的面积 A_s,其最小配筋率应符合规范要求,即钢筋混凝土受弯构件的一侧受拉钢筋的配筋百分率不应小于 $45f_{td}/f_{sd}$(f_{td} 是混凝土轴心抗拉强度设计值,f_{sd} 是普通钢筋抗拉强度设计值),同时不应小于 0.20。

(3)梁端支点处的上下缘,应至少各有 2 根并不少于总数 20% 的主筋通过;梁的中间支座下缘和各跨中上缘,一般也应按上述比例配置受压钢筋 A'_s。

(4)将配置的受力钢筋 A_s 按合适直径布置。纵向受力钢筋的弯起位置一般采用"钢筋抵抗弯矩图"能够覆盖"弯矩包络图"为原则确定。若需要截断,为了保证钢筋强度充分利用,必须满足钢筋最小锚固长度的要求。钢筋的最小锚固长度,见表2-1-2。

钢筋最小锚固长度　　　　　　　　　　　　　　　　表2-1-2

钢　筋		R235				HRB335				HRB400,KL400			
		C20	C25	C30	≥C40	C20	C25	C30	≥C40	C20	C25	C30	≥C40
受压钢筋(直端)		40d	35d	30d	25d	35d	30d	25d	20d	40d	35d	30d	25d
受拉钢筋	直端	—	—	—	—	40d	35d	30d	25d	45d	40d	35d	30d
	弯钩端	35d	30d	25d	20d	30d	25d	25d	20d	35d	30d	30d	25d

注:①d 为钢筋直径。
②对于受压束筋和等代直径 d_e≤28mm 的受拉束筋的锚固长度,应以等代直径按表值确定,束筋的各单根钢筋在同一锚固终点截断。对于等代直径 d_e>28mm 的受拉束筋,束筋内各单根钢筋,应自锚固起点开始,以表内规定的单根钢筋的锚固长度的1.3倍,呈阶梯形逐根延伸后截断,即自锚固起点开始,第一根延伸1.3倍单根钢筋的锚固长度,第二根延伸2.6倍单根钢筋的锚固长度,第三根延伸3.9倍单根钢筋的锚固长度。
③采用环氧树脂涂层钢筋时,受拉钢筋最小锚固长度应增加25%。
④当混凝土在凝固过程中易受扰动时,锚固长度应增加25%。

(5)绘制剪力包络图,扣去大于60%的由箍筋和混凝土所分担的剪力后,按小于40%的剪力由弯起钢筋承担,确定弯起钢筋的位置。斜筋间距不大于梁高,要与弯起钢筋切断点相匹配,必要时可增加附加斜筋。

(6)弯起斜筋一般应与梁纵轴线成45°,特殊情况下可选用30°~60°。

弯起斜筋的弯起点,应设在按正截面抗弯承载力计算充分利用该钢筋强度的截面以外不小于 $h_0/2$ 处;弯起钢筋与梁中心线(按梁全高计)的交点也应位于按计算不需该钢筋的截面以外;弯起筋末端按表2-1-2留有锚固长度。位于梁底侧的底层钢筋不应起弯,弯起钢筋不得采用浮筋。

二、设计示例

[例2-1-1] 陕西省安康公路流水东大桥,上部为整体现浇的等高钢筋混凝土连续箱梁,跨径组合为6×16m,桥宽为7.5m,布置1个车道,仅在两端设伸缩缝。

设计荷载:公路—Ⅰ级。

主要材料:混凝土强度等级为C40,普通钢筋为HRB335钢筋。

箱梁构造:主梁截面采用单箱单室直腹板形式,箱梁顶宽7.5m,底宽4.5m,梁高1.2m,顶板厚25cm,底板厚20cm,支点附近加厚至40cm,腹板厚40cm,支点附近加厚至60cm,中支点横梁宽度为1.5m,边支点横梁宽度1.1m,见图2-1-17。

1. 内力计算

采用杆系结构有限元法进行桥梁内力计算。在主梁的转折点和截面变化点划分单元,建立计算模型。在相应节点施加边界条件,采用一次落架方法进行恒载内力计算。设计内力计算原理、方法及过程与本篇第三章相同。

持久状况承载能力极限状态效应组合内力计算结果见图2-1-18,持久状况正常使用极限状态效应组合内力计算结果见图2-1-19。

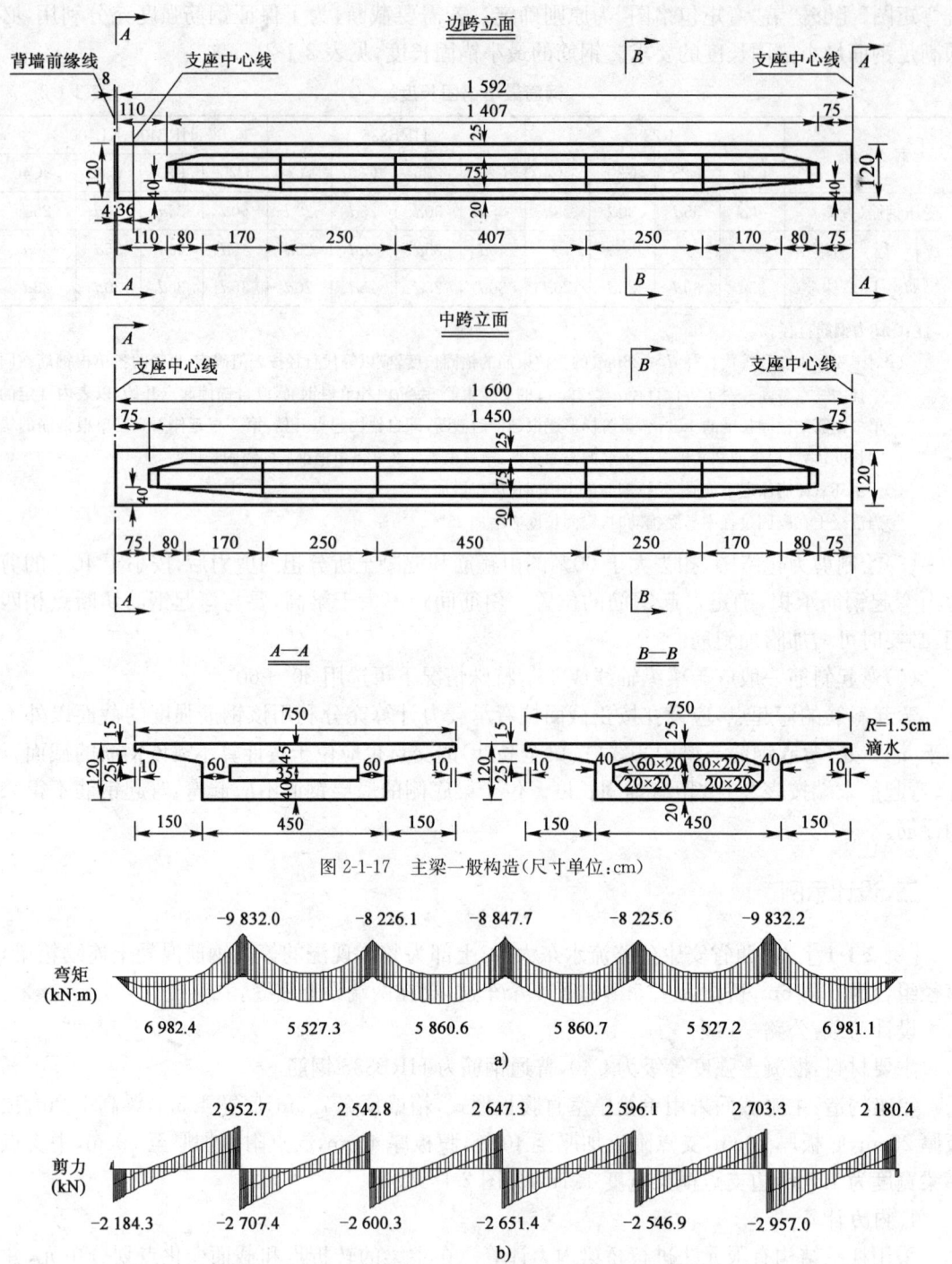

图 2-1-17 主梁一般构造(尺寸单位:cm)

图 2-1-18 持久状况承载能力极限状态内力包络图

一般地,在钢筋混凝土连续梁桥设计中,持久状况承载能力极限状态效应组合结果用于配筋计算和承载能力极限状态验算,持久状况正常使用极限状态效应组合结果用于裂缝宽度验算和变形验算。

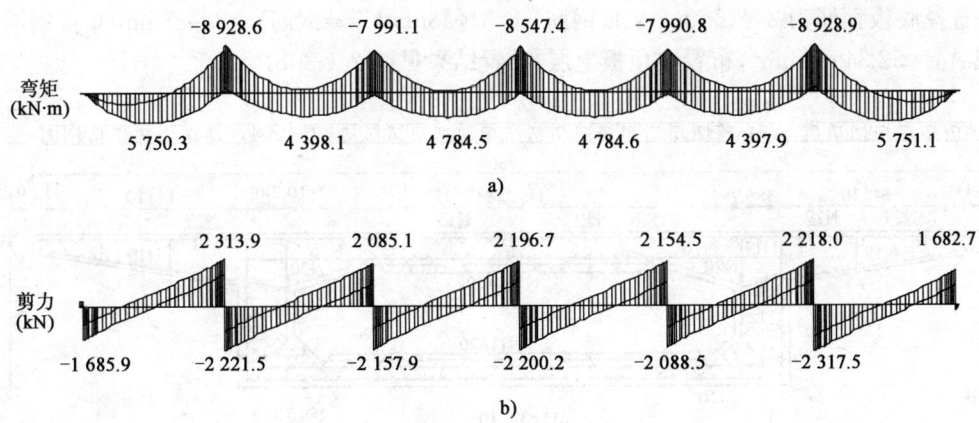

图 2-1-19 持久状况正常使用极限状态内力包络图

2. 配筋计算

根据图 2-1-18，计算钢筋混凝土连续梁的配筋面积，包括各跨正弯矩控制截面钢筋、负弯矩控制截面钢筋和主梁各控制截面抗剪钢筋（包括箍筋和弯起斜筋）。

(1) 抗弯钢筋计算

以边跨 M_{min} 和 M_{max} 截面配筋面积计算为例。已知：$M_{max}=6\,982.4$ kN·m，$M_{min}=-9\,832.0$ kN·m，$f_{cd}=18.4$ MPa，$f_{sd}=280$ MPa，$h_0=1.1$ m。

根据面积、惯性矩不变的原则，将箱形截面换算成等效的工字形截面进行截面计算。

① 根据《桥规》(JTG D62—2004) 4.2.2 条计算得：M_{max} 截面顶板有效宽度 $b'_f=6.57$ m。

$$f_{cd}b'_f h'_f \left(h_0 - \frac{h'_f}{2}\right) = 18.4 \times 6\,570 \times 250 \times (1\,100-125)$$

$$= 29\,466.5 \text{kN·m} > M_{max}$$

故截面属于第一类 T 形截面。受压区高度为：

$$x = h_0 - \sqrt{h_0^2 - \frac{2M_{max}}{f_{cd}b'_f}} = 1\,100 - \sqrt{1\,100^2 - \frac{2 \times 6\,982.4 \times 10^6}{18.4 \times 6\,570}} = 53.8 \text{mm}$$

则底板受拉钢筋面积 $A_{s1} = \dfrac{f_{cd}b'_f x}{f_{sd}} = \dfrac{18.4 \times 6\,570 \times 53.8}{280} = 23\,238.7 \text{mm}^2$。

选择底板钢筋为 24φ28mm（A、B 钢筋）+33φ28mm（1、2 号钢筋），截面积 $A_{s1}=35\,102.4$ mm²，布置在底板下层，布置结果见图 2-1-20a）。

② 根据《桥规》(JTG D62—2004) 4.2.2 条计算得：M_{min} 截面底板有效宽度 $b'_f=2.45$ m。

同理，M_{min} 截面顶板受拉钢筋面积 $A_{s2} = \dfrac{f_{cd}b'_f x}{f_{sd}} = \dfrac{18.4 \times 2\,450 \times 220.3}{280} = 35\,475.1 \text{mm}^2$。

选择底板钢筋为 24ϕ28mm（A、B 钢筋）＋ 31ϕ28mm（7 号钢筋）＋30ϕ28mm（6 号钢筋），截面积 $A_{s1}=52\,345.7\text{mm}^2$，布置在顶板上层，布置结果见图 2-1-20b）。

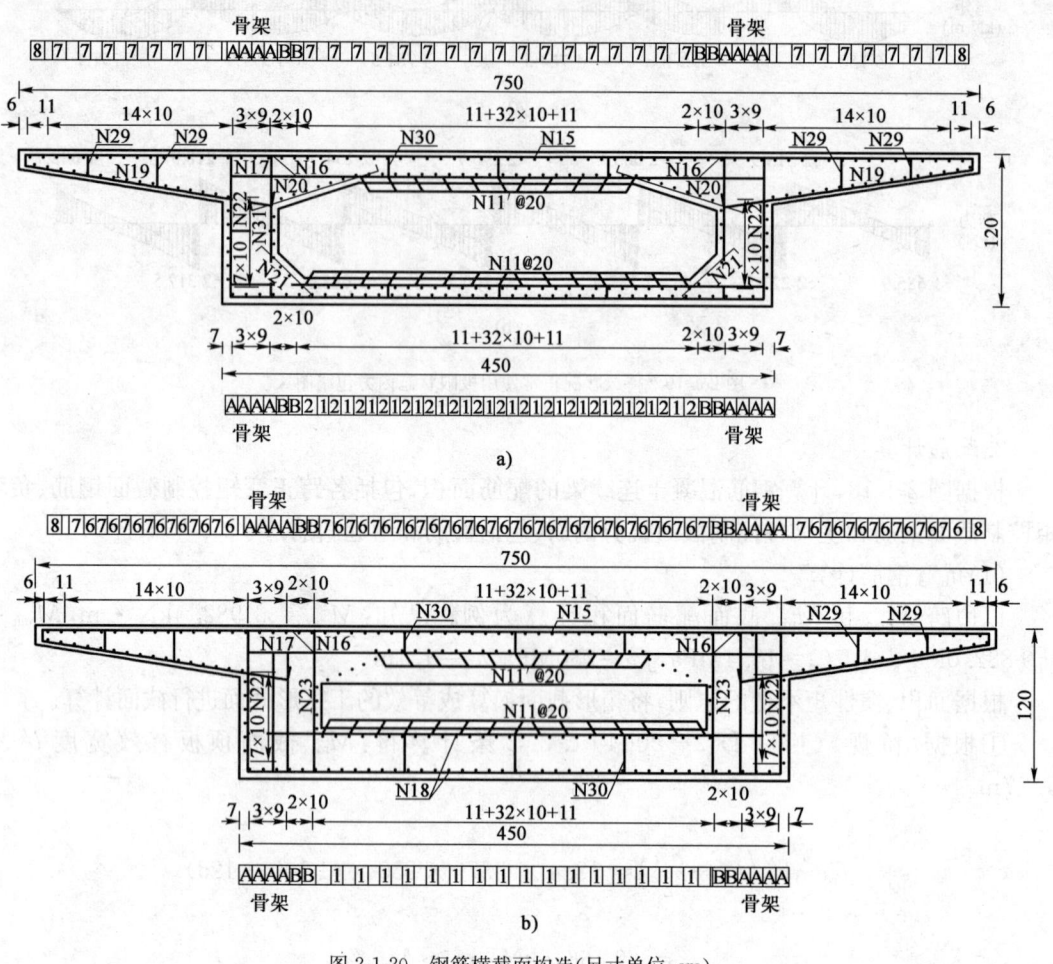

图 2-1-20　钢筋横截面构造（尺寸单位：cm）
a）$M_{\min}$ 截面；b）$M_{\max}$ 截面

根据规范构造要求和已有经验，$M_{\min}$ 和 $M_{\max}$ 截面钢筋应构造成钢筋骨架，还需设置架立钢筋、防收缩钢筋和抵抗温度应力钢筋等构造钢筋。

同理计算并布置其他各孔截面抗弯钢筋。

（2）抗剪配筋计算

钢筋混凝土连续梁的抗剪配筋计算原理方法与钢筋混凝土简支梁的抗剪配筋计算相同。本示例不做过多介绍，其中箍筋配置结果见图 2-1-21，弯起钢筋和斜筋的配置结果见图2-1-22。

3．截面验算

应用持久状况承载能力极限状态效应组合结果进行正截面抗弯承载能力计算、斜截面抗剪承载能力计算；应用持久状况正常使用极限状态效应组合结果进行裂缝宽度验算、挠度验算。截面计算原理、内容与第一篇相同，结构各关键截面计算结果如下。

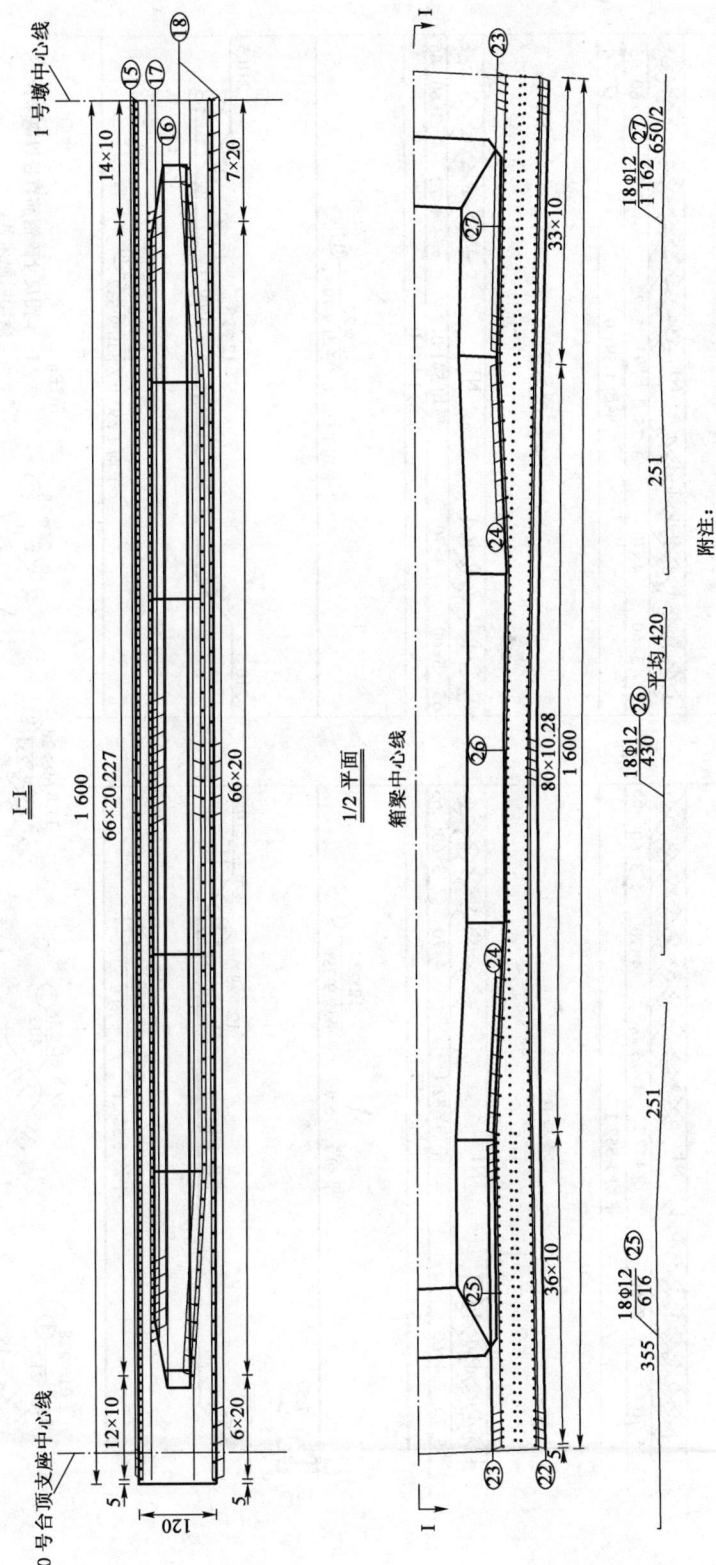

图 2-1-21 主梁箍筋构造

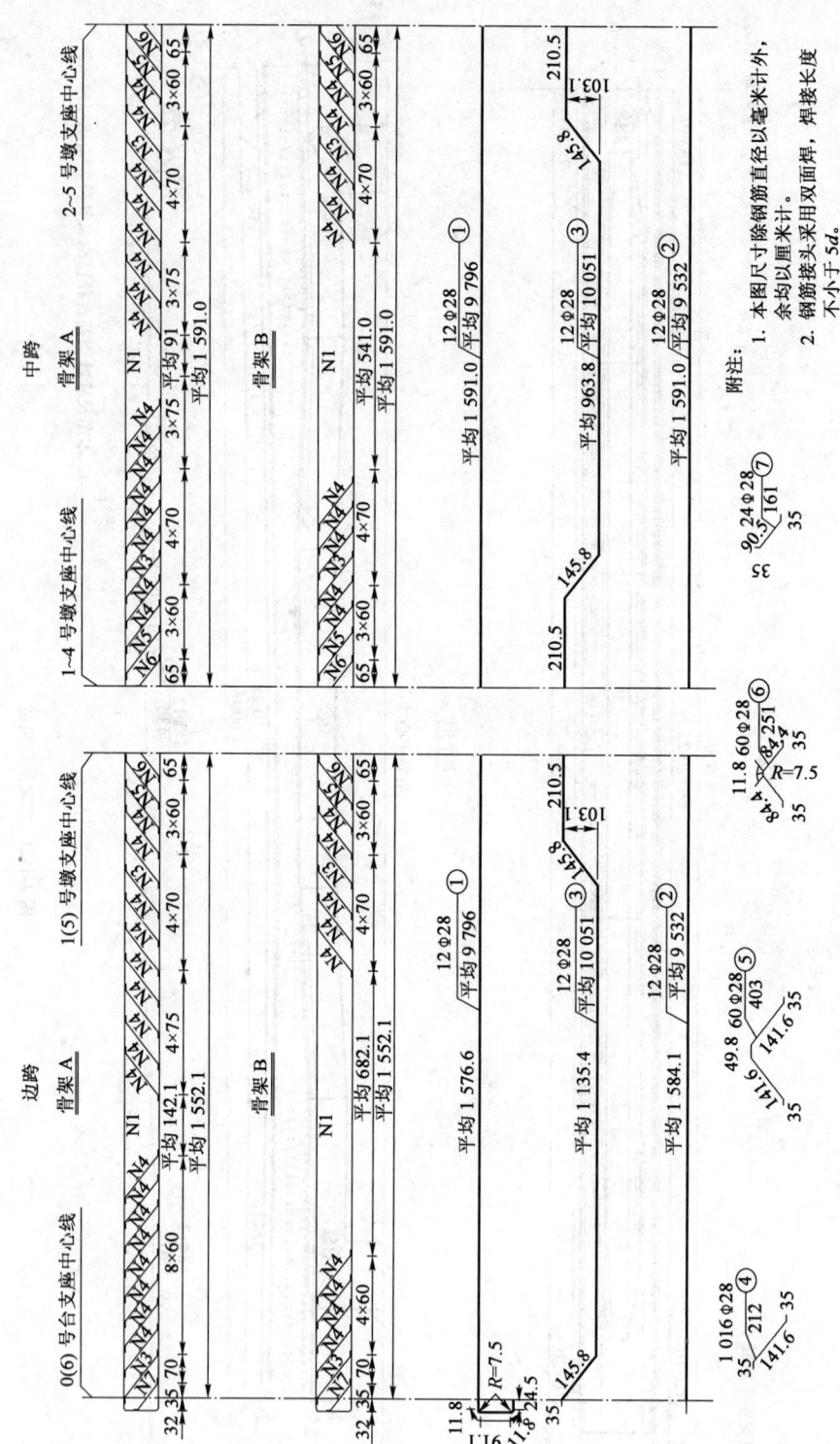

图 2-1-22 钢筋骨架构造

(1)持久状况正截面抗弯承载能力验算

正截面抗弯承载能力计算截面位置见图 2-1-23,计算结果见表 2-1-3。

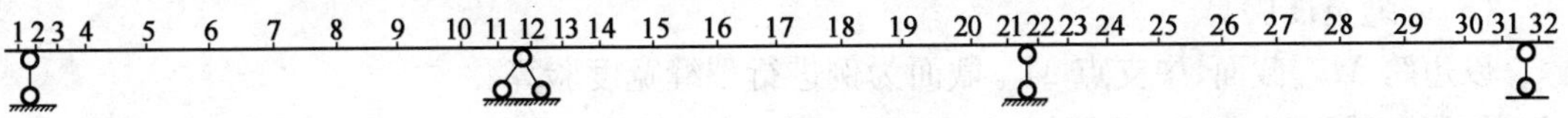

图 2-1-23 连续梁桥验算截面位置

正截面抗弯承载能力计算　　　　　　　表 2-1-3

截面位置	最大/最小	组合效应 (kN·m)	结构抗力 (kN·m)	截面位置	最大或最小	组合效应 (kN·m)	结构抗力 (kN·m)
5	最大	5 957.0	8 913.7	19	最大	4 355.1	8 913.3
	最小	2 243.7	8 913.7		最小	−2 558.5	16 336.5
7	最大	7 646.1	8 907.1	22	最大	−303.3	16 384.6
	最小	1 575.8	8 907.1		最小	−9 038.5	16 384.6
9	最大	4 661.5	8 913.3	25	最大	4 453.7	8 913.7
	最小	−2 190.2	16 336.5		最小	−2 198.2	16 337.3
12	最大	−982.9	16 384.6	27	最大	6 435.3	8 907.1
	最小	−10 806.7	16 384.6		最小	−380.8	16 325.2
15	最大	3 743.6	8 913.7	29	最大	4 356.5	8 913.3
	最小	−3 278.4	16 337.3		最小	−2 528.5	16 336.5
17	最大	6 067.8	8 907.1	32	最大	−370.8	16 384.6
	最小	−925.9	16 325.2		最小	−9 723.0	16 384.6

由表 2-1-3 可见,各截面位置组合效应绝对值都小于结构抗力值,故持久状况正截面抗弯承载能力满足要求。

(2)持久状况斜截面抗剪承载能力验算

斜截面抗剪承载能力计算截面位置见图 2-1-23,计算结果见表 2-1-4。

斜截面抗剪承载能力计算　　　　　　　表 2-1-4

截面位置	组合效应(kN)	结构抗力(kN)	截面位置	组合效应(kN)	结构抗力(kN)
3	−2 138.4	4 373.1	18	958.2	3 781.1
4	−1 841.2	4 299.6	19	1 527.9	4 077.8
5	−1 215.9	4 098.1	20	2 133.0	4 352.2
7	894.5	3 781.1	23	−2 590.5	4 514.3
8	1 438.0	3 781.1	24	−2 193.8	4 389.8
9	1 999.1	4 077.8	25	−1 583.9	4 098.1
10	2 593.7	4 352.2	26	−1 012.4	3 781.1
13	−2 707.9	4 514.3	28	1 071.7	3 781.1
14	−2 310.5	4 389.8	29	1 641.9	4 077.8
15	−1 700.0	4 098.1	30	2 247.6	4 352.2
16	−1 128.4	3 781.1			

由表 2-1-4 可见,各截面位置组合效应绝对值都小于结构抗力值,故持久状况斜截面抗剪承载能力满足要求。

(3)裂缝宽度验算

以边跨 M_{max} 截面、中支点 M_{min} 截面为例进行裂缝宽度验算。

① M_{max} 截面裂缝宽度验算

取 $C_1=1.0, C_3=1.0$;荷载短期效应组合弯矩 $M_s=5\,750.3\,\text{kN}\cdot\text{m}$,荷载短期效应组合弯矩 $M_t=5\,455.1\,\text{kN}\cdot\text{m}$,则 $C_2=1+0.5\dfrac{M_t}{M_s}=1+0.5\times\dfrac{5\,455.1}{5\,750.3}=1.474$。

钢筋应力 $\sigma_{ss}=\dfrac{M_s}{0.87h_0 A_s}=\dfrac{5\,750.3}{0.87\times1\,150\times36\,799.1}=156\,\text{MPa}$,钢筋直径 $d=28\,\text{mm}$,纵向受拉钢筋配筋率 $\rho=0.011\,7$。

根据裂缝计算公式 $W_{fk}=C_1 C_2 C_3 \dfrac{\sigma_{ss}}{E_s}\dfrac{30+d}{0.28+10\rho}$ 可得,$W_{fk}=1.0\times1.0\times1.474\times\dfrac{156}{200\,000}\times\dfrac{30+28}{0.28+10\times0.011\,7}=0.168\,\text{mm}<0.2\,\text{mm}$,故满足钢筋混凝土裂缝宽度要求。

② M_{min} 截面裂缝宽度验算

同理计算得 $W_{fk}=0.151\,\text{mm}<0.2\,\text{mm}$,故满足钢筋混凝土裂缝宽度要求。

(4)挠度验算

根据《桥规》(JTG D62—2004)规定,计算钢筋混凝土构件开裂后等效截面抗弯刚度,修改有限元模型中梁的抗弯惯性矩,进行汽车荷载挠度计算。

消除结构自重作用下结构挠度采用位移影响线动态加载法计算,边跨最大挠度为 7.2mm,考虑长期挠度增长系数,长期挠度为 $7.2\times1.60=11.5\,\text{mm}$,其值小于 $L/600=16\,000/600=26.7\,\text{mm}$,故边跨挠度满足验算要求;中跨最大挠度为 5.8mm,长期挠度为 $5.8\times1.60=9.3\,\text{mm}$,其值小于 $L/600=16\,000/600=26.7\,\text{mm}$,故中跨挠度满足验算要求。

第五节 钢筋混凝土连续梁桥技术经济指标

表 2-1-5 给出了国内钢筋混凝土连续梁桥材料用量指标,可供参考。

钢筋混凝土连续梁桥的材料指标　　　　表 2-1-5

序号	桥名或设计图	跨径 (m)	混凝土 (m³/m²)	钢筋 (kg/m²)	备　注
1	山东、安徽、河北省设计图	37.1+53+37.1	0.591	123	箱形截面连续梁
2	江苏省设计图	37+53+37	0.692	119	箱形截面悬臂梁
3	湖北省设计图	50.5	0.82	50.5	T构
4	沈阳文化路立交桥	16、16.95、25.2、29孔	0.515	91.71	箱形截面连续梁
5	许昌彭河桥	15.2	0.343	25.4	撑架式连续板
6	浙江省设计图	30	0.447	56.6	撑架式连续板
7	北京市政院设计图	30	0.427	67.6	桁式连续梁

第二章 预应力混凝土连续梁桥

第一节 一般构造及适用场合

一、立面构造

预应力混凝土连续梁桥适宜于跨径为30～200m的中等跨径和大跨径桥梁。跨径的选取与施工方法密切相关,具体可参见本章第二节。

1. 桥跨布置

(1)等跨布置

长桥和选用顶推法及简支转连续施工的预应力混凝土连续梁桥,为了使构造简单、预制定型、施工方便,多采用等跨布置。等跨布置的跨径大小主要取决于经济分孔和施工设备条件。

(2)不等跨布置

大、中跨预应力混凝土连续梁桥为了减小边跨跨中正弯矩,宜选用不等跨布置,这样也有利于对称悬臂施工,但多于三跨的预应力混凝土连续梁桥中间跨一般采用等跨布置。边中跨比的选用与施工方法有关:悬臂施工变高度连续梁桥一般边中跨比为0.5～0.6,满堂支架现浇施工连续梁桥一般边中跨比为0.6～0.8,顶推施工等高度连续梁桥一般边中跨比为0.7～1。当边跨采用中跨跨径的0.5或更小时,在桥台上需设拉力支座或压重。两种跨径的多跨连续梁桥相衔接时,宜设过渡跨。过渡跨的跨径一般为相邻跨径的平均值。

2. 梁高选择

连续梁桥的支点处设计负弯矩值一般比跨中设计正弯矩值大,采用变高度形式符合连续梁桥的受力分布规律。但在某些条件下,如当桥梁总长度很大,采用顶推或简支转连续施工时,等跨结构受力性能较差所带来的欠缺完全可以由施工经济效益的提高得到补偿。

(1)等高度

①跨径在30～70m的中等跨径连续梁桥,为了获得较高的经济效益、施工方便、构造简单等,可采用等高度连续梁桥。为了满足景观或其他特殊要求,在100m左右的多跨连续梁桥中也有采用等高度形式的情况。

②梁高可取 $H=\left(\frac{1}{15}\sim\frac{1}{30}\right)L_m$,常用的是 $\left(\frac{1}{18}\sim\frac{1}{20}\right)L_m$。在顶推施工的等高度连续梁桥中,梁高$H$与顶推跨径$L_0$的关系可取 $H=\left(\frac{1}{12}\sim\frac{1}{17}\right)L_0$;当设有临时支墩时,梁高应按成桥跨

径 L_m 选择。简支转连续梁桥的梁高 $H=\left(\frac{1}{16}\sim\frac{1}{25}\right)L_m$。等高度连续梁桥 $\frac{L_m}{H}$ 与 L_m 关系统计见图 2-2-1,国内顶推法施工等高度连续梁桥 H 与 L 关系统计见图 2-2-2。

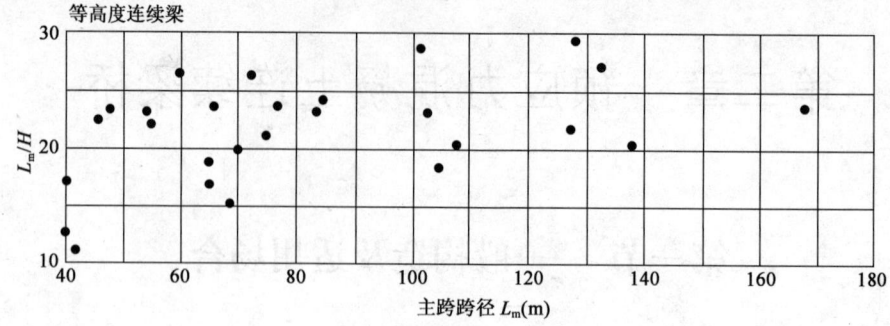

图 2-2-1 等高度连续梁桥 $\frac{L_m}{H}$ 与 L_m 关系统计

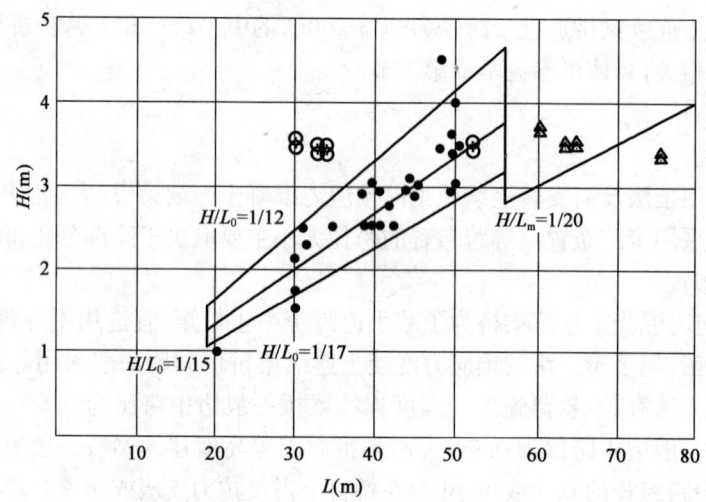

图 2-2-2 国内顶推法施工等高度连续梁 H 与 L_0 关系统计

注:成桥跨径 L_m(△)对应的顶推跨径为 L_0(⊙)

③特点:构造简单、施工方便、施工经济效益好、线形简洁美观。等高度梁的缺点是,梁在支点上不能利用增加梁高而只能增加预应力束筋来抵抗较大的负弯矩,材料用量较大。等截面布置以等跨为宜。对于长桥,由于各种原因需要对个别跨径改变跨长时,也以等截面为宜。

(2)变高度

①主跨跨径接近或大于 70m 的大跨连续梁桥主梁一般采用变高度形式,高度变化与内力变化基本相适应。梁底曲线可以采用折线、抛物线、圆曲线等,用得较多的是抛物线,因二次抛物线的规律与连续梁桥的弯矩变化规律基本相近。而折线使桥梁构造简单、施工方便。抛物线次数选取范围:当跨径在 100m 以上时取 1.5~1.8 次,当跨径在 100m 以下时取 2 次。

②变高度连续梁桥一般采用悬臂施工法或满堂支架现浇法施工。支点梁高 H_s 取最大跨

径 L_m 的 $\frac{1}{15} \sim \frac{1}{20}$,最常用的是 $\frac{1}{18}L_m$,采用满堂支架法施工取得小一些,悬臂施工法施工取得大一些(因悬臂施工会引起更大的负弯矩)。H_s 的变化范围见图 2-2-3,$\frac{H_s}{L_m}$ 的变化范围见图 2-2-4。

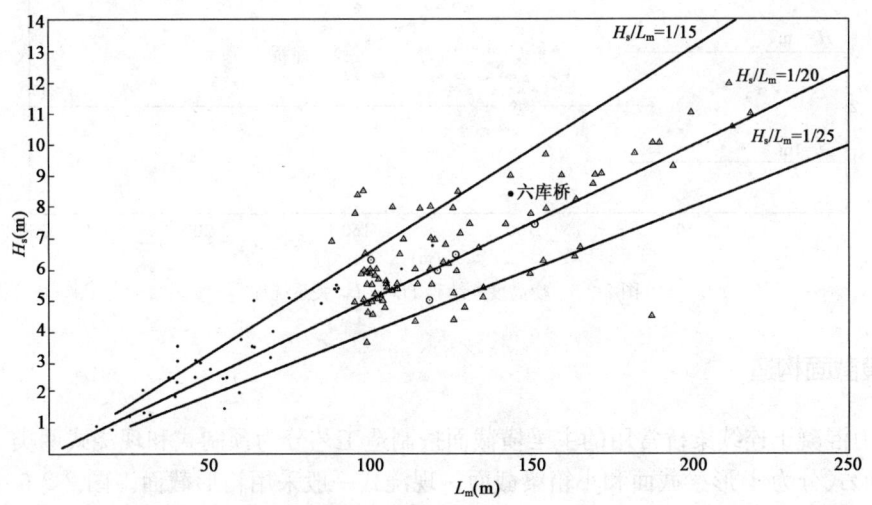

图 2-2-3 变高度连续梁桥 H_s 与 L_m 关系统计

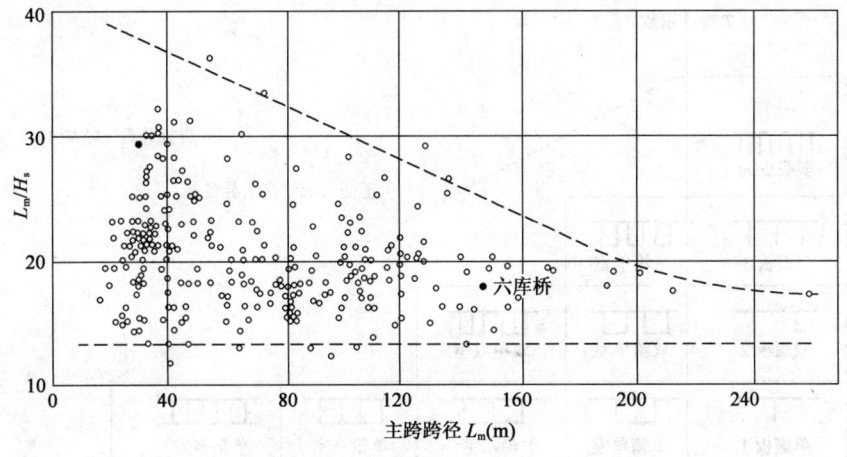

图 2-2-4 变高度连续梁桥 $\frac{L_m}{H_s}$ 与 L_m 关系统计

变高度连续梁桥跨中梁高 H_c 与最大跨径 L_m 的相关性不明显,见图 2-2-5,一般按构造要求选择。跨中梁高一般为 1.5~4.5m,也可按 $H_c = \left(\frac{1}{30} \sim \frac{1}{50}\right)L_m$ 选定跨中梁高。

③特点:其具有结构受力性能好,能采用悬臂施工,外形和谐,节省材料及增大桥下净空等优点。变高度连续梁桥常选用不等跨布置。采用悬臂法施工时,施工阶段的内力分布与营运阶段基本相似,但施工较复杂,应保证施工中的安全性和稳定性;采用满堂支架法施工时,施工简单,但需要大量的施工支架,影响通航,工期长,费用高等。

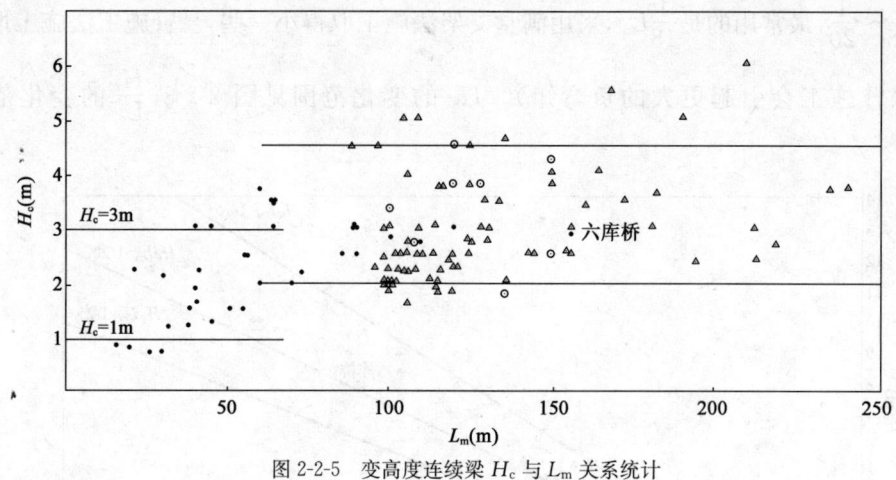

图 2-2-5 变高度连续梁 H_c 与 L_m 关系统计

二、横截面构造

预应力混凝土连续梁桥常用的主梁横截面按制造工艺分为预制式和现浇式两类。预制式按横截面形式分为 T 形梁截面和小箱梁截面。现浇式一般采用箱形截面。图 2-2-6 中列出几种常见截面形式的变化关系。当箱数或肋数增加到足够多时，其力学特征逐渐接近于正交（或斜交）异性板。典型截面见图 2-2-7。

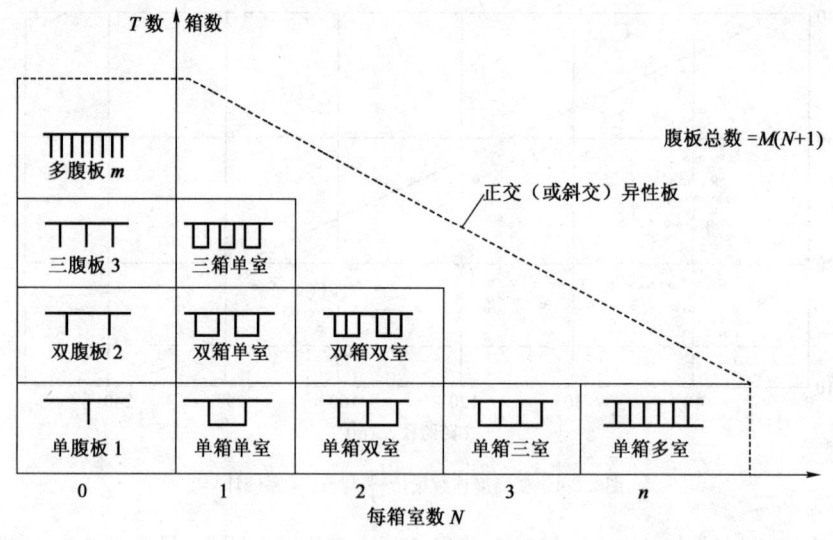

图 2-2-6 横截面形式变化关系

（一）T 形梁横截面

T 形梁横截面适用于跨径 20~50m 的预应力混凝土连续梁桥，梁高为 1.6~2.5m。为简化多肋 T 梁的施工，也有采用宽矮肋的单 T 断面，肋宽可达 3~4m，外悬长翼板，称之为脊形梁（Spine beam）或翼形结构（Wing structure），见图 2-2-8。双肋式 T 形梁也可用于跨径 40~60m 的连续梁桥。

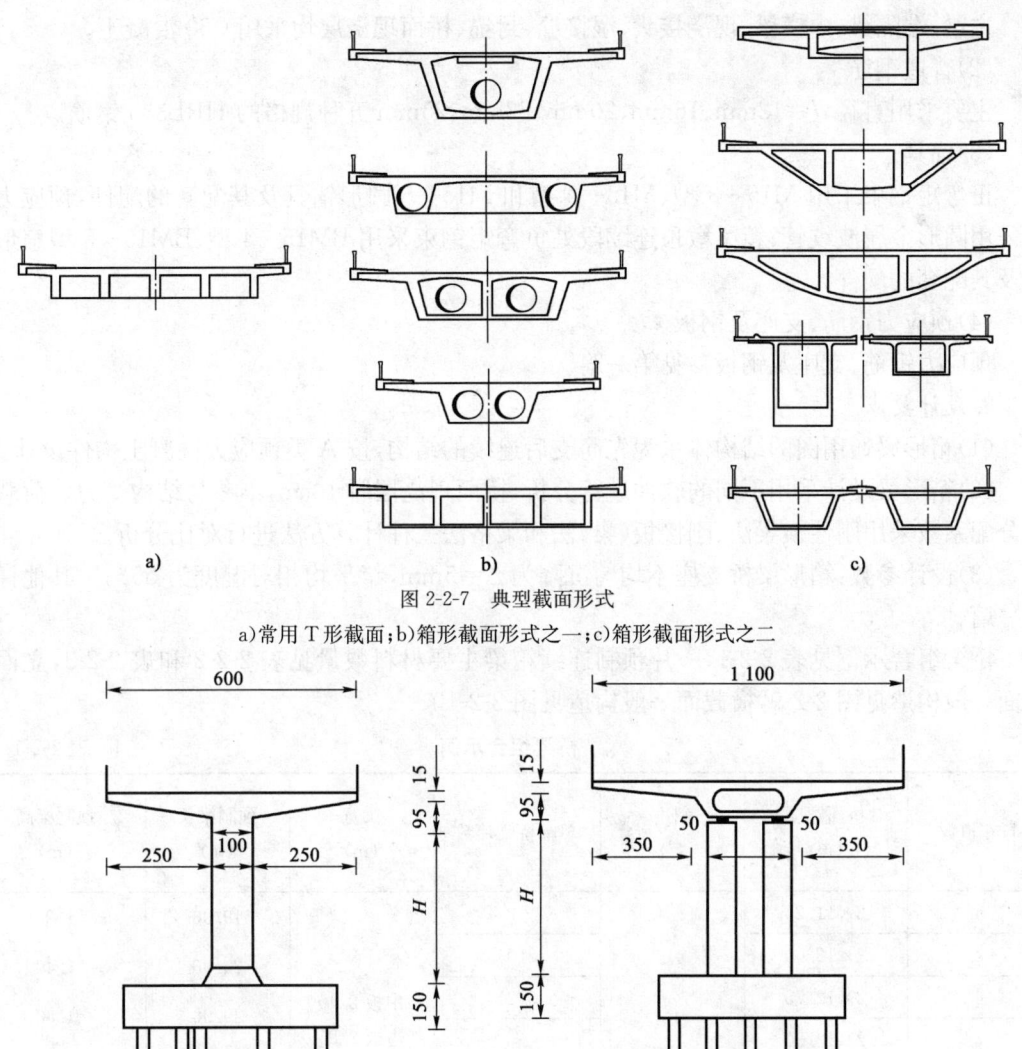

图 2-2-7 典型截面形式
a)常用 T 形截面;b)箱形截面形式之一;c)箱形截面形式之二

图 2-2-8 南京大桥南路高架匝道桥横断面(尺寸单位:cm)

(二)小箱梁横截面

小箱梁在预应力混凝土连续梁桥的常用跨径为 30~50m,主梁的高跨比一般为 $\frac{H}{L}=\frac{1}{16}\sim\frac{1}{25}$,一般采用等高、等跨布置。2008 年我国正式出版了交通行业公路桥梁通用图。该套图纸包含了小箱梁标准跨径 20m、25m、30m、35m、40m,斜交角度为 0°、15°、30°的预应力混凝土连续梁桥基本数据。小箱梁通用图的构造规定参见第一篇第一章第三节的相关内容,设计依据、主要材料、设计要点、施工要点及适用范围参见第一篇第一章第四节的相关内容,这里仅将小箱梁不同处做以补充。

1. 主要材料
(1)混凝土

主梁、端隔梁、中横梁、现浇接头、湿接缝、封锚、桥面现浇层均采用C50混凝土。

(2)普通钢筋

主要采用直径 $d=12mm$、$16mm$、$20mm$、$22mm$、$25mm$ 五种规格的HRB335钢筋。

(3)锚具

正弯矩钢束采用M15—3型、M15—4型和M15—5圆形锚具及其配套的配件,预应力管道采用圆形金属波纹管;箱梁墩顶连续段处负弯矩钢束采用BM15—4型、BM15—5型扁形锚具及其配套的配件。

(4)预应力钢筋、支座及钢板

预应力钢筋、支座及钢板参见第一篇。

2.设计要点

(1)箱形梁通用图的结构体系为先简支后连续的结构,按A类预应力混凝土构件设计。

(2)箱形梁设计采用不同的软件进行分析,桥面现浇层厚10cm,不参与结构受力。荷载横向分配系数采用刚性横梁法、刚接板(梁)法和梁格法三种计算方法进行对比分析。

(3)设计参数:箱形梁桥支座不均匀沉降为 $\Delta=5mm$,年平均相对湿度为55%。其他详见第一篇。

桥梁组合示例见表2-2-1,一片预制连续箱梁主要材料数量见表2-2-2和表2-2-3,立面和平面一般构造见图2-2-9,横截面一般构造见图2-2-10。

桥梁组合示例　　　　　　　　　　　　　　　表2-2-1

行车道数	桥面宽度(m)	斜度(°)	单幅桥梁片数	梁宽(m)	预制梁长(m)	预制梁高(m)
4	2×11.25	0	5(0)	中板2.40 边板2.85	19.96	1.20
4	2×12.00				24.96	1.40
4	2×12.75	15	5(2)		29.96	1.60
4	2×13.50					
6	2×16.50		7(0)		34.96	1.80
6	2×16.75	30	7(0)		39.96	2.00

注:表中括号内为边梁片数。

一片预制连续箱梁主要材料数量表　　　　　　表2-2-2
(装配式预应力混凝土小箱梁横截面连续梁,正交,公路—Ⅰ级)

跨径(m)	梁位	预制梁高(m)	混凝土(m^3)	预应力钢绞线(kg)		普通钢筋(kg)	
				梁体钢束	负弯矩钢束	R235	HRB335
20	中跨边梁	1.2	20.5	505	251.5	843	4 158
	中跨中梁		18.5			786	3 531
	边跨边梁		21.3	598	125.8	839	3 846
	边跨中梁		19.3			781	3 260

续上表

跨径 (m)	梁位	预制梁高 (m)	混凝土 (m³)	预应力钢绞线 (kg)		普通钢筋 (kg)	
				梁体钢束	负弯矩钢束	R235	HRB335
25	中跨边梁	1.4	27.5	740	254.1	1 135	5 054
	中跨中梁		25.0			1 062	4 231
	边跨边梁		28.4	856	127.1	1 123	4 750
	边跨中梁		26.0			1 049	3 968
30	中跨边梁	1.6	35.2	1 087	343.0	1 486	6 168
	中跨中梁		32.3			1 397	5 192
	边跨边梁		36.3	1 225	171.5	1 470	5 779
	边跨中梁		33.5			1 380	4 845
35	中跨边梁	1.8	45.2	1 500	434.5	2 300	7 595
	中跨中梁		41.9			2 208	6 442
	边跨边梁		46.4	1 738	217.3	2 274	7 247
	边跨中梁		43.2			2 181	6 137
40	中跨边梁	2.0	56.9	2 069	525.9	2 813	9 218
	中跨中梁		53.1			2 682	7 909
	边跨边梁		58.3	2 430	263.0	2 802	8 776
	边跨中梁		54.7			2 671	7 509

一片预制连续箱梁主要材料数量表
（装配式预应力混凝土箱形连续梁，正交，公路－Ⅱ级）　　　　表 2-2-3

跨径 (m)	梁位	预制梁高 (m)	混凝土 (m³)	预应力钢绞线 (kg)		普通钢筋 (kg)	
				梁体钢束	负弯矩钢束	R235	HRB335
20	中跨边梁	1.2	20.5	459	221.5	843	3 934
	中跨中梁		18.5			786	3 536
	边跨边梁		21.3	552	110.8	839	3 582
	边跨中梁		19.5			781	3 220
25	中跨边梁	1.4	27.5	740	254.1	1 135	4 804
	中跨中梁		25.0			1 062	4 321
	边跨边梁		28.4	856	127.1	1 123	4 461
	边跨中梁		26.0			1 049	4 013
30	中跨边梁	1.6	35.2	1 087	343.0	1 486	5 760
	中跨中梁		32.3			1 397	5 192
	边跨边梁		36.3	1 225	171.5	1 470	5 377
	边跨中梁		33.5			1 380	4 845

续上表

跨径（m）	梁位	预制梁高（m）	混凝土（m³）	预应力钢绞线（kg）		普通钢筋（kg）	
				梁体钢束	负弯矩钢束	R235	HRB335
35	中跨边梁	1.8	45.2	1 500	434.5	2 300	7 242
	中跨中梁		41.9			2 208	6 564
	边跨边梁		46.4	1 738	217.3	2 274	6 839
	边跨中梁		43.2			2 181	6 198
40	中跨边梁	2.0	56.9	2 069	525.8	2 813	8 675
	中跨中梁		53.1			2 682	7 909
	边跨边梁		58.3	2 430	262.9	2 802	8 238
	边跨中梁		54.7			2 671	7 509

表 2-2-2 和表 2-2-3 数据仅指预制梁自身主要材料数量，不包括中横梁、端横梁、桥面铺装、桥面现浇层等的工程数量。

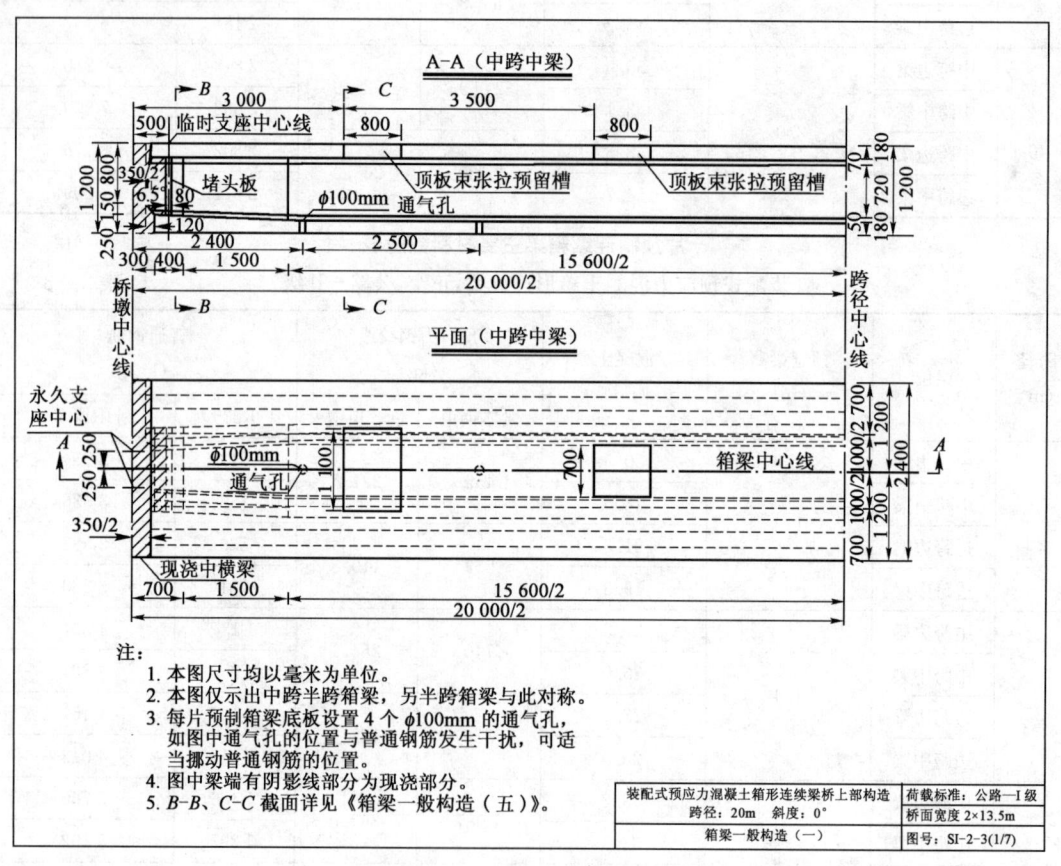

图 2-2-9 先简支后连续箱形梁桥预制构件立面和平面一般构造

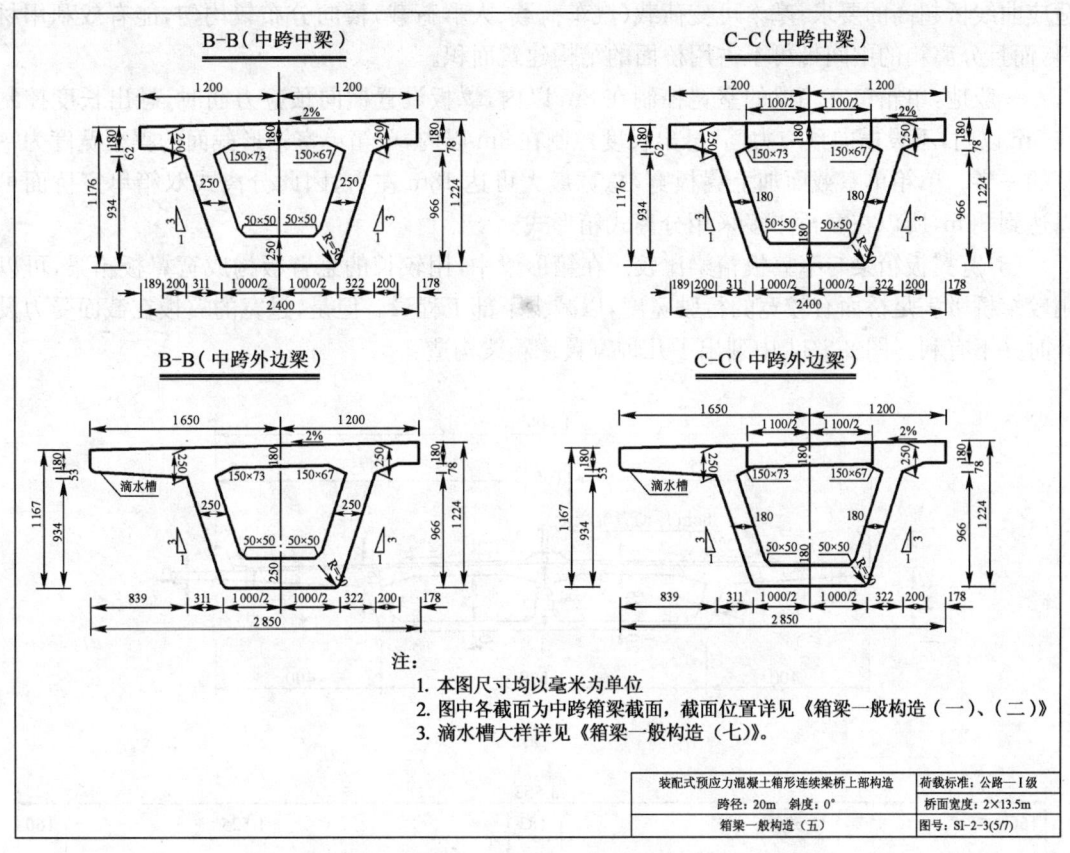

图 2-2-10　先简支后连续箱形梁桥预制构件横截面一般构造

(三)箱形梁横截面

1. 特点

当连续梁桥的跨径超过 40~60m 时,主梁多采用箱形截面。箱形截面具有以下特点:

(1)箱形为闭口截面,抗扭刚度大。

(2)顶板和底板有较大的面积,可以在跨中或支座部位有效地抵抗正负弯矩。

(3)适应现代化施工方法的要求。

(4)随着箱、室的增多,施工难度加大;常用的箱形截面是单箱单室、单箱双室和分离式双箱单室。

2. 截面形式

(1)单箱单室和单箱双室比较。后者比前者桥面板的正(负)弯矩可减小 70%(50%),顶、底板中钢束比较容易平弯到肋的两侧锚固。但是后者增加了一根肋板,自重增加和施工困难往往抵消了它的优点。

(2)单箱多室与分离式箱比较。采用单箱三室或多于三室,对于改善荷载横向分布并无多大帮助,而且增加施工难度,从经济上讲,最多采用单箱双室,很少采用多室。分离式箱可采用翼板完全分离的双箱,各箱单独用悬臂法施工,比较方便;两个分离箱可以采用不同的线形,以适应曲线桥超高的要求;基本可变荷载(汽车荷载、人群荷载)横向分布较均匀,能有效利用材料,而且分离箱的中间带可不占用桥面的结构建筑面积。

一般地,单箱单室箱梁的室宽控制在 8m 以内,翼板设置横向预应力筋时,悬出长度控制在 5m 以内,不设横向预应力筋,悬出长度控制在 3m 以内,单箱单室箱形截面的翼板宽度为室宽的一半。单箱单室截面加上翼板宽,总宽最大可达 18m 左右,因此分离式双箱单室桥面可以达到 36m,所以在宽桥中多采用分离式箱形式。

(3)宽翼板箱梁与窄翼板箱梁比较。在箱形梁中,用较长的悬臂板构成宽翼板箱梁,可以用较窄桥墩满足桥面有较宽的行驶宽度,以减少下部工程量。但是,过宽的翼板在截面受力设计时并不有利。图 2-2-11 中列出了几种宽翼缘箱梁构造。

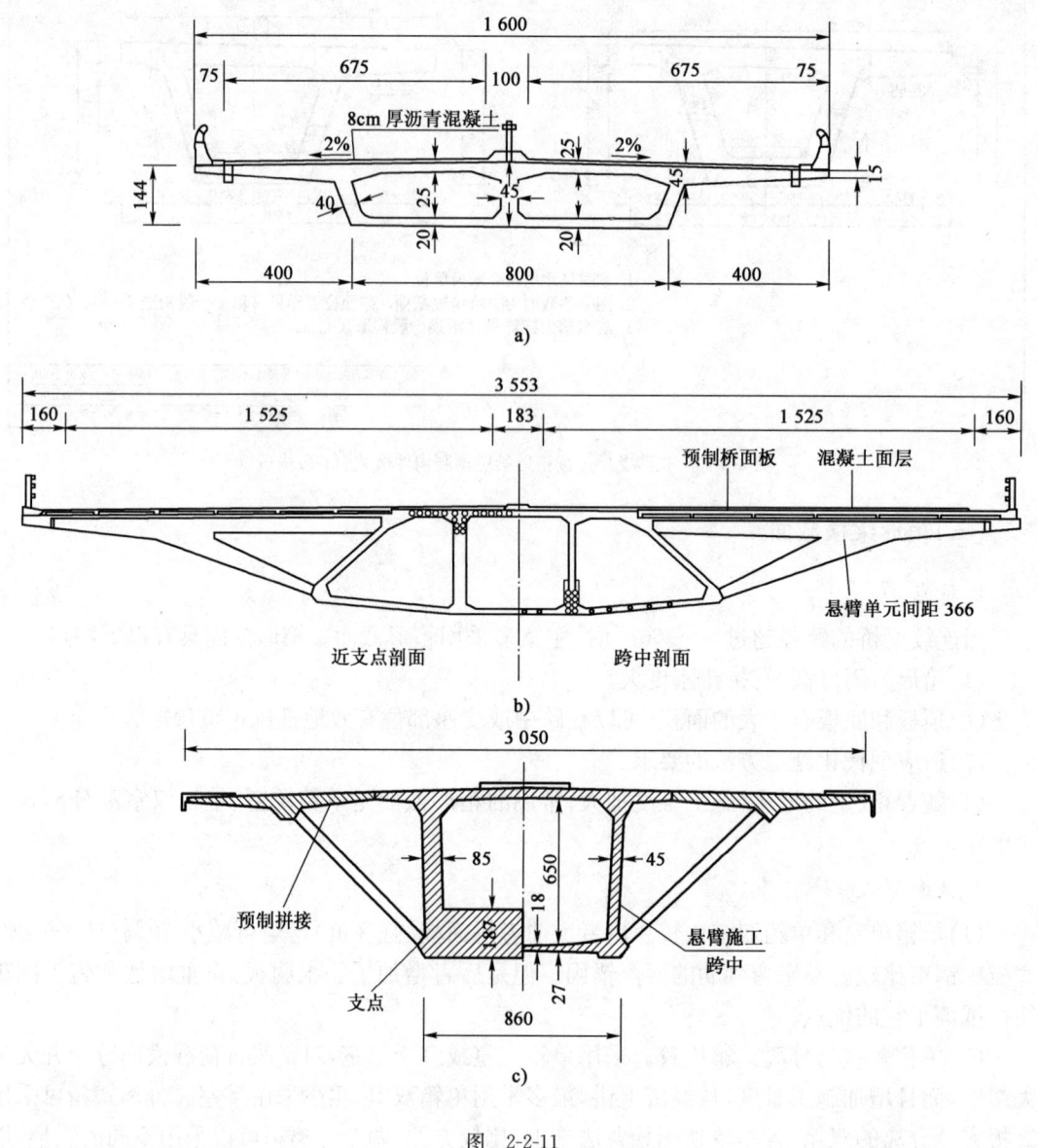

图 2-2-11

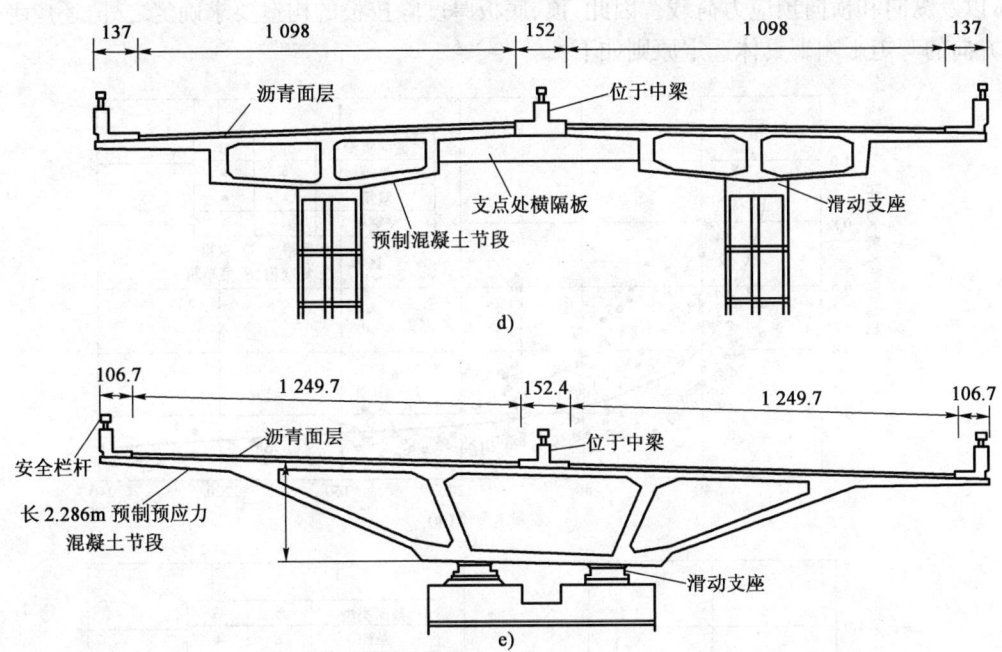

图 2-2-11 宽翼横箱梁示例(尺寸单位:cm)

a)沪宁高速公路其林立交桥;b)分阶段拓宽的长悬臂箱形截面之一;c)分阶段拓宽的长悬臂箱形截面之二;d)分离的双箱双室箱形截面;e)长悬臂斜腹板箱形截面

(4)外侧直腹板与斜腹板比较。为了进一步减小桥墩的宽度和底板的宽度,可以采用外侧斜腹板箱形梁。但为了保证负弯矩区域有足够混凝土承压面积,这个区域的底板应比直腹板箱形梁厚些。此外,斜腹板的施工模板定位和腹板中钢筋束放样和布置较复杂。

3. 箱的形式选择

各种形式箱梁的选择视具体情况而定,主要是与桥宽直接相关,见图 2-2-12。在大中跨径连续梁桥中,箱梁形式与跨径的关系不太大;而在中小跨径连续梁桥中,桥面较宽的情况下选择肋板较少的箱可能导致梁高与腹板厚度不协调。图 2-2-13 列出了国内外预应力混凝土连续箱形截面统计资料,可在初选断面时参考。

4. 箱梁的细部尺寸拟定

(1)顶板和底板厚度

箱形梁顶板和底板除承受法向荷载外,还承受轴向拉、压荷载。顶板的法向荷载有结构自重、桥面基本可变荷载(汽车荷载、人群荷载)和施工荷载;底板的法向荷载有自重和施工荷载。轴向荷载是桥跨方向上由结构自重、基本可变荷载及汽车制动力等转换过来的轴向

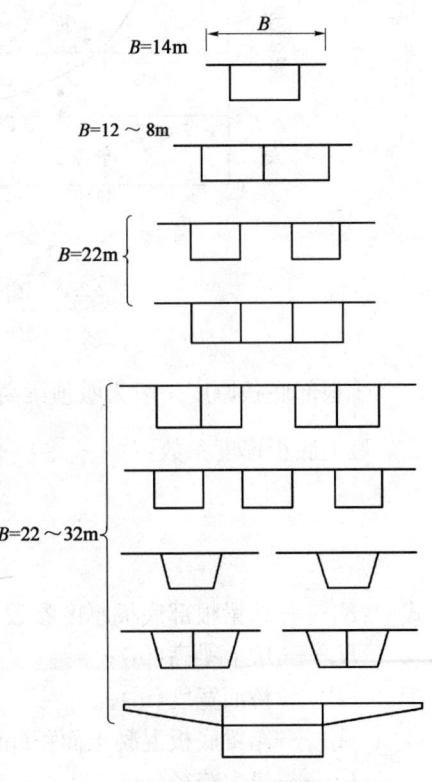

图 2-2-12 箱形梁截面形式与横宽的关系

力,以及纵向和横向预应力荷载。因此,顶、底板厚度除按板的构造要求确定之外,还应考虑桥跨方向的弯矩影响。具体选定原则如下。

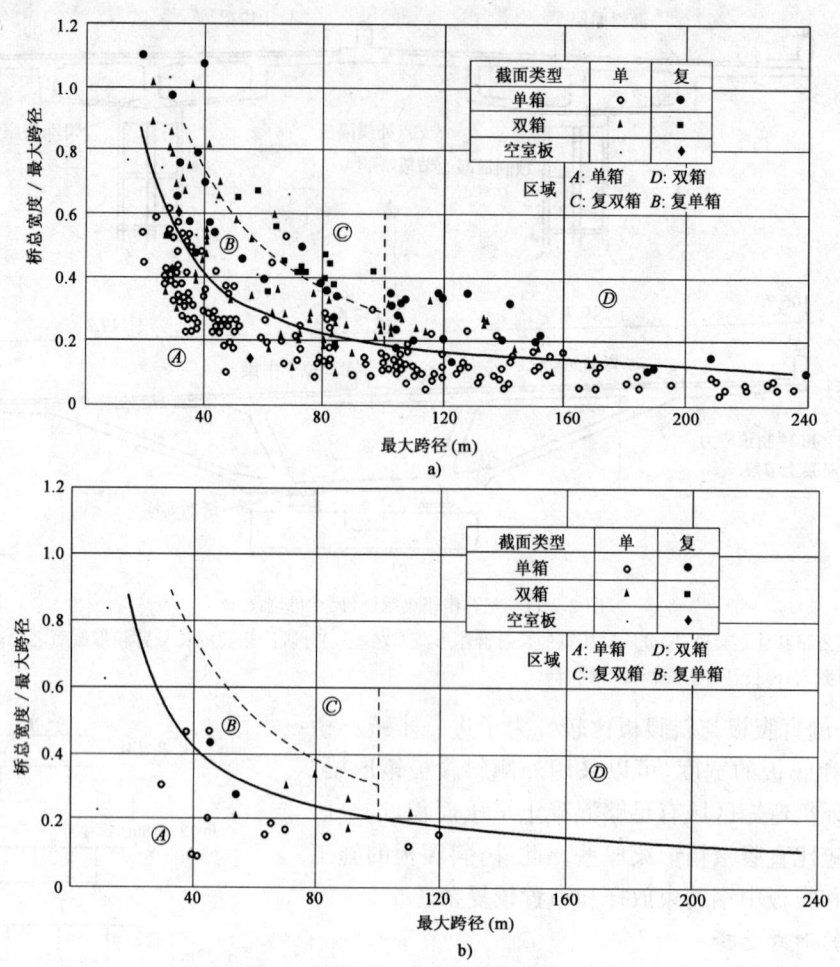

图 2-2-13 国内外预应力混凝土连续箱形截面统计资料
a)国外统计资料;b)国内统计资料

① 根部底板厚度一般为墩顶梁高的 $\frac{1}{10} \sim \frac{1}{12}$,或按以下推荐公式选定。

墩上底板厚度参数:

$$K_1 = \frac{H_s A_f}{B L_m^2} \times 10^4 \tag{2-2-1}$$

式中:K_1——箱梁根部底板厚度参数,见图 2-2-14;
H_s——墩上梁高(m);
B——桥面宽度(m);
A_f——箱梁底板混凝土面积(m);
L_m——最大跨径(m)。

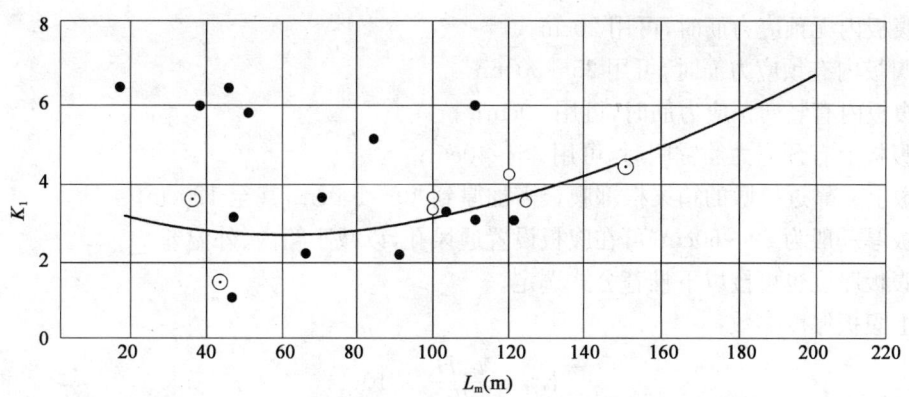

图 2-2-14 箱形梁墩上底板厚度参数曲线

②箱梁跨中底板厚度一般按构造选定,若不配预应力筋,厚度可取 15~18cm;若配有预应力筋,厚度可取 20~25cm。边跨两端底板厚度应适当加厚,并应考虑设置人孔,以便检修和维护,也有利于减小箱梁内外温差。

③箱梁顶板厚度首先要满足布置纵横预应力筋的构造要求。不设横向预应力筋时,顶板厚度与腹板间距可以参考表 2-2-4 选用。

腹板间距与顶板厚度 表 2-2-4

腹板间距(m)	3.5	5	7
顶板厚度(cm)	18	20	28

当设有横向预应力筋时,顶板厚度需有足够布置预应力筋的套管并留有混凝土注入的间隙。在结构设计时,尽可能利用长悬臂或利用横向坡度和弯折预应力筋以调整板中横向弯矩。

(2)腹板布置与厚度

腹板的布置对顶板和底板的横向受力有重要影响。当腹板处最小负弯矩和桥面板跨中处最大正弯矩数值绝对相等时,桥面板的设计为最佳。桥面板正负弯矩的平衡不仅受腹板数目和间距的影响,也受桥面板跨中和支座处厚度控制。

箱梁腹板的厚度主要考虑以下几个因素:

①腹板主要承受竖向剪应力和由扭矩产生的剪应力,根据剪应力的要求选择腹板的最小厚度。

②为了保证混凝土的浇筑质量,从构造上要求,确定腹板最小厚度。腹板厚的经验公式如下。

$$\left.\begin{array}{l} 当梁高低于 6m 时: \delta \geqslant h/36 + 50 + \phi \\ 当梁高超过 7m 时: \delta \geqslant h/22 + 80 + \phi \end{array}\right\} \quad (2\text{-}2\text{-}2)$$

式中:δ——腹板厚度(mm);

h——梁高(mm);

ϕ——竖向预应力钢筋直径(mm)。

③根据预应力束的锚固构造要求及局部应力的分散要求,选择腹板最小厚度:

a. 腹板内无预应力筋时,可用 20cm;

b. 腹板内有预应力筋时,可用 25~30cm;

c. 腹板内有竖向预应力筋时,可用 30cm;

d. 腹板上有预应力筋锚固时,可用 35~40cm;

e. 墩上或靠近桥墩的箱梁根部腹板需加厚到 40~100cm,甚至 120cm。

腹板厚一般为 20~60cm,可在腹板设置通风孔,以减小箱内、外温差。

④腹板厚度也可按以下推荐公式选定。

墩上腹板厚度参数:

$$K_2 = \frac{t_{3s}H_s}{BL_m} \times 10^3 \tag{2-2-3}$$

式中:K_2——箱梁根部腹板厚度参数,见图 2-2-15a);

t_{3s}——箱梁根部腹板厚度总和(m)。

跨中腹板厚度参数:

$$K_3 = \frac{t_{3c}H_c}{BL_m} \times 10^3 \tag{2-2-4}$$

式中:K_3——箱梁跨中腹板厚度参数,见图 2-2-15b);

t_{3c}——箱梁跨中腹板厚度总和(m);

H_c——箱梁跨中梁高(m)。

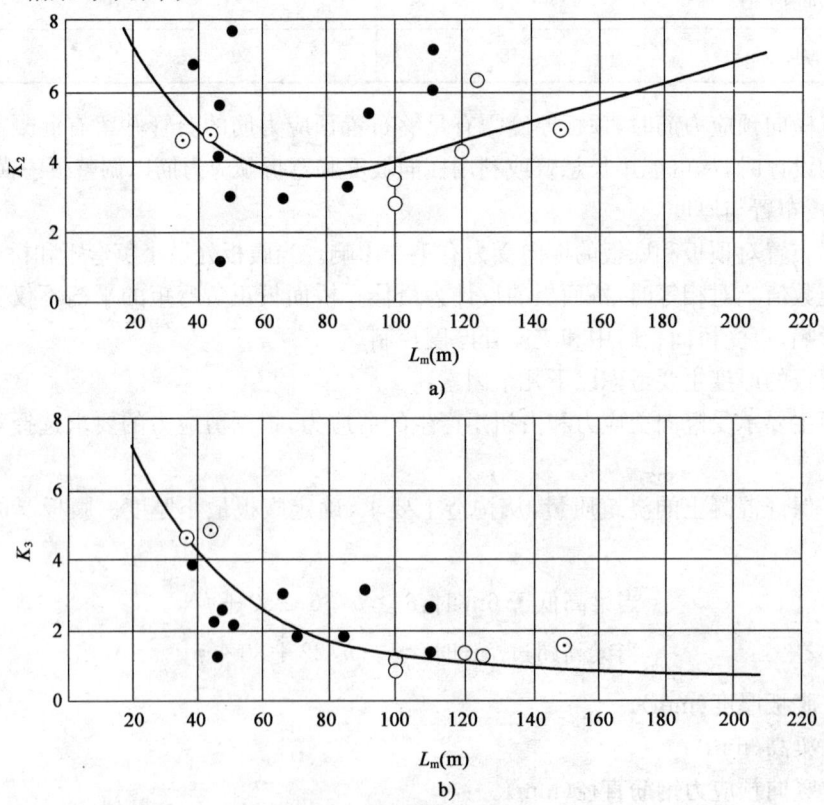

图 2-2-15 箱梁腹板厚度参数

(3) 箱梁构造尺寸示例

我国在 20 世纪 80 年代以前修建的连续梁桥,除 K_3 与推荐的曲线吻合较好以外,K_1 和 K_2 大部分偏大,如图 2-2-14、图 2-2-15 中黑点所示。这说明墩上底板和腹板厚度偏大, 而跨中腹板厚度适中。近期修建的大跨径连续梁桥,K_1、K_2 和 K_3 与推荐曲线吻合程度较 好,特别是墩上底板厚度基本上与 K_1 曲线重合,见表 2-2-5、图 2-2-14 及图 2-2-15 中圆 圈所示。

(4) 承托

在顶板、底板与腹板相交处需设置承托或倒角,以减少应力集中,提高端面的抗扭和抗弯 刚度,减少箱梁的畸变。承托可以增大桥面板抵抗负弯矩的能力,还为布置预应力钢筋和设置 锚头留有足够的空间。一般顶板承托采用图 2-2-16a)、b)、c)所示形式,其中图 e)所示形式适 用于斜腹板箱形梁。底板承托或倒角可以采用图 2-2-16f)、g)、h)所示形式。

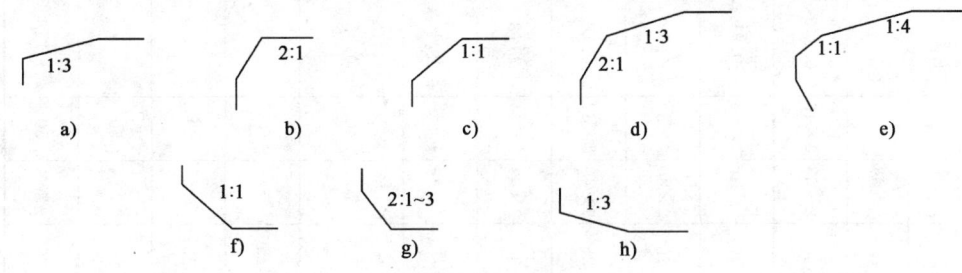

图 2-2-16 箱梁承托形式

(5) 横隔板

横隔板的主要作用是增加箱梁横向刚度,限制箱梁的畸变。箱形截面的抗弯及抗扭刚度 较大,除在支点处设置横隔板外,中间横隔板较少布置,目前的趋势是少设或不设中间横隔板。 对于多箱截面,为加强桥面板和各箱间的联系,常在箱间设置横隔梁。采用双柱墩的连续梁, 一般在支点处采用两道横隔板,其位置与墩侧壁对应,以便浇筑悬臂时,设置墩、梁临时固结 构造。

在支承处一般要设置强大的横隔板以承受和分布强大的支承反力,必要时还要配以预应 力钢筋。大跨径连续梁桥中支点和边支点的横隔板厚度可取 1~2m;中小跨径连续梁桥中支 点和边支点的横隔板厚度可取 40~60cm,跨中的横隔板厚度可取 15~20cm。

一般情况下横隔板都与箱梁整体浇筑在一起,但也有些后期浇筑的横隔板(例如顶推法施 工的连续梁)。整体浇筑横隔板基本可分为三种类型:桁架式、实体式和框架式,如图 2-2-17 所示。由于连续梁的支点传递荷载较大,大多采用实体式的刚性横隔板,并在中部应设置人

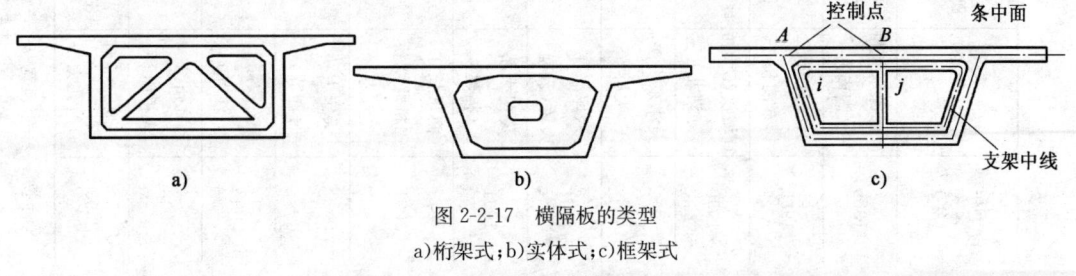

图 2-2-17 横隔板的类型
a)桁架式;b)实体式;c)框架式

箱形连续梁细部尺寸及厚度参数示例

表 2-2-5

竣工年份（年）	桥名（地点）	跨径布置(m)	梁宽(m) $n \times B$	梁宽(m) b_0	梁宽(m) b	梁高(m) H_s	梁高(m) H_c	壁厚(cm) t_1	壁厚(cm) t_{2s}	壁厚(cm) t_{2c}	壁厚(cm) t_{3s}	壁厚(cm) t_{3c}	混凝土用量 (m³/m²)	预应力钢筋用量 (kg/m²)	普通钢筋用量 (kg/m³)	厚度参数 K_1	厚度参数 K_2	厚度参数 K_3
1986	常德源水大桥（湖南）	84.7+3×120+84.7	17.6	9	9	6.8	3	30	85	30	2×68	2×46	0.846	65.7	85.9	2.05	4.38	1.31
1995	上海黄浦江奉浦桥	85.15+3×125+85.15	18.6	8.6	8.6	7	2.8	30	90	30	2×105	2×48	0.91	69.2	95.5	1.86	6.32	1.16
1990	宜城汉江大桥（湖北）	55+4×100+55	10.8	6	6	5	2.6	25	55	20	2×40	2×30	0.69	34.1	70.6	1.53	3.7	1.44
1980	天津东堤头大桥	70+100+70	17	2×5	2×5	6	3.3	25	40	28	3×40	3×32	0.78	35.3	84.4	1.41	2.82	1.24
1991	六库怒江大桥（云南）	85+154+85	10	5	5	8.53	2.83	28	120	30	2×44	2×44	1.73	67	109.1	2.16	4.87	1.62
1991	厦门大桥（福建）	3×8×45+12×45+10×45	2×11.26	5.82	4.52	2.68	2.68	22	16	16	2×42	2×42	0.57	20.1	72	0.85	2.42	4.29
2001	南京长江二桥北汉段（江苏）	90+3×165+90	2×15.42	7.5	7.5	8.80	3.00	28	110	30	70	40	0.92	61.8	121.2	1.73	2.42	0.471
2007	天宁大桥（江苏）	72+120+72	2×16.5	10.5	10.5	6.80	2.60	25	70	25	70	50	1.09	90.6	138.5	2.10	2.40	0.656
2007	兰陵路（江苏）	72+110+72	2×16.0	8	8	6.30	2.75	28	81.8	25	100	50	1.03	58	256.5	2.13	3.58	0.781
2008	杭州湾大桥引桥	6×70	2×15.8	8	8	4.15	4.15	27	40	25	70	50			180.5	0.84	2.63	1.88
2009	金塘大桥西通航孔大桥	87+156+87	2×12.3	6.3	6.25	9.25	3.4	30	100	30	70	50	1.224	75.3		1.95	3.37	0.886

注：b_0——箱顶宽；b——箱底宽；B——悬臂加宽；t_1——顶板厚；t_2——腹板厚；t_3——底板厚；c——跨中；s——支点。

孔,以便检修和维护。加劲型的桁架式和框架式也可以作为中间腹板的加劲,常作为体外束预应力筋的锚固,也可在施工过程中作为临时预应力筋的锚固。

三、梁端及跨间锚固点构造

梁端和跨间锚固点的尺寸在规范中没有详细规定,可根据常见锚具的锚固端尺寸和锚座布置方式和间距来确定,即由锚具体系来布置锚固点。图 2-2-18 列举了几种典型的锚固点形式。

在节段拼装施工的桥梁中,中间节段锚固的钢束锚头一般都不突出到端面以外。在底板或顶板表面锚固的钢束,可以设齿板,当板较厚时也可以挖楔形槽。齿板应分散布置,不宜集中,在一个齿板上锚固吨位较大的钢束应不多于两束;齿板最好布置在混凝土受压部位,以防局部应力集中产生裂缝。

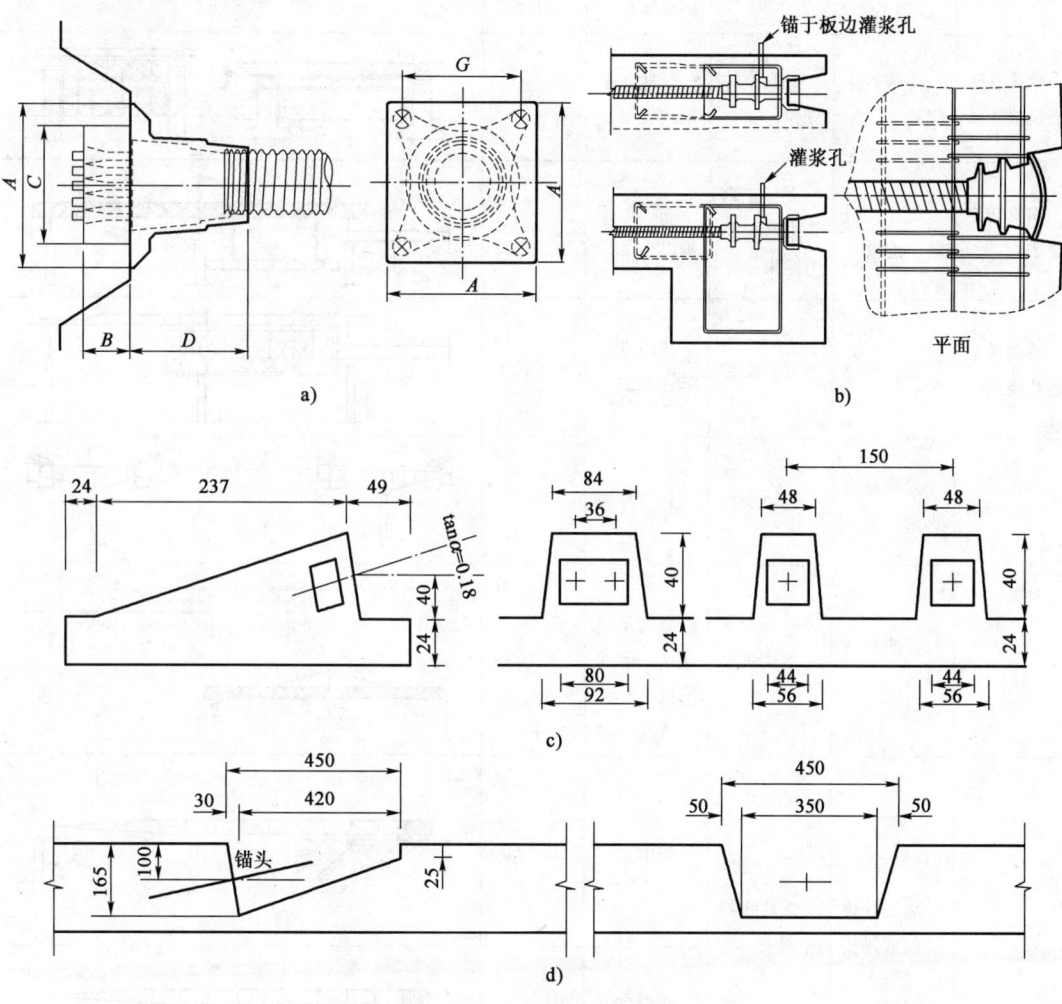

图 2-2-18 典型锚固点形式(尺寸单位:cm)
a)端锚;b)顶板横向预应力锚;c)底板齿板;d)顶板楔形锚槽

第二节 施工方法及适用场合

总结我国多年的工程实践不难发现,预应力混凝土连续梁桥的施工方法大致可以分成四大类:整体支架浇筑法、逐孔施工法、逐段施工法和顶推法。常用的施工法有整体支架浇筑法,逐孔施工法中的简支转连续法、移动模架逐孔浇筑法,逐段施工法中的悬臂施工法及顶推施工法等。常用的施工方法及适用跨径详见表2-2-6。其他施工法有:逐孔施工法中的支架拼装法、悬臂简支拼装后连续法及逐段施工法中的渐近法,详见表2-2-7。

连续梁桥常用施工方法   表2-2-6

施工方法	混凝土成型工艺	预应力工艺	施工支承体系	适用跨径(m)	附图
整体支架浇筑法	一联整体浇筑	一联整体张拉	落地支架梁式支架	<50	
简支转连续法	先简支拼装后连续	先拉正弯矩束后拉负弯矩束	桥墩架桥机	20~70	
移动模架逐孔浇筑法	整孔现浇	分孔张拉	落地支架梁式模架	<60	
悬臂法	分块悬臂现浇	逐块张拉	悬臂挂篮	>60	
悬臂法	分块悬臂拼装	逐块张拉	悬臂吊机移动桁式吊机	<100	
顶推法	后场分块浇筑或拼装	逐块张拉并调束	桥墩	40~60	
顶推法	后场分块浇筑或拼装	逐块张拉并调束	桥墩和临时墩	<100	

连续梁桥其他施工方法 表2-2-7

施工方法		混凝土成型工艺	预应力工艺	施工支承体系	适用跨径(m)	附 图
逐孔施工法	支架拼装法	整孔分块拼装	分孔张拉	梁式支架或	<60	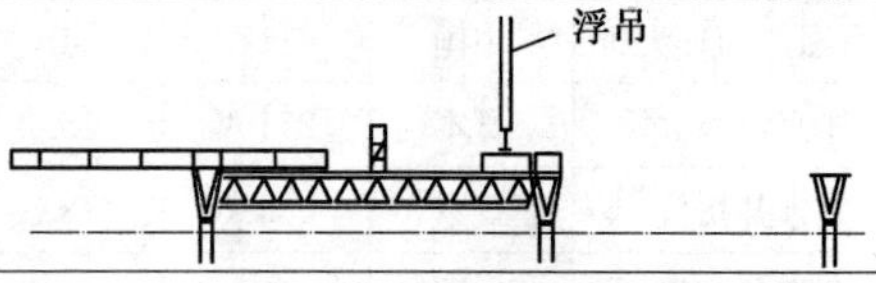
	有悬臂简支拼装后连续	悬臂+简支拼装后连续	正负弯矩束各自张拉,后局部连续	桥墩加临时墩	30~50	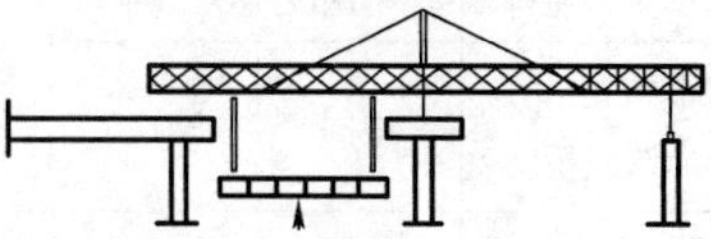
逐块施工法		渐近法	分块悬臂现浇	逐块张拉	临时斜拉索悬臂挂篮	40~150	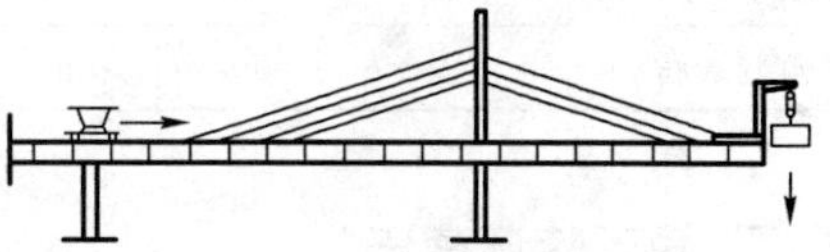

一、整体支架浇筑法

1. 适用场合

(1)低矮桥墩的中、小跨径连续梁桥在有条件搭设支架的情况;

(2)变宽度桥梁或弯桥以及复杂外形桥梁。

2. 特点

(1)梁体混凝土浇筑与预应力张拉可一气呵成,连续梁的整体性好;

(2)施工中不需要体系转换;

(3)对机具和起重能力要求不高,施工较简便;

(4)施工中需要大量的脚手架,设备周转次数少,施工周期长。

3. 注意事项

(1)支架刚度和整体性要可靠,不但要能支承上部混凝土重力,而且在河道中施工要能抵抗水流和漂流物的冲击;

(2)对支架的弹性和非弹性挠度要有充分的估计,预设恰当的预拱度,以保证梁体的成桥线形;

(3)支架卸落设备要可靠,卸落要易于控制并落架均匀。

4. 实例

采用支架上就地整体支架浇筑法施工的桥梁实例见表2-2-8。

整体支架浇筑法施工实例 表2-2-8

桥　名	国家或地区	桥长(m)	最大跨(m)	桥宽(m)	结构形式	截面	梁高(m)	备　注
通惠河桥(铁路)	中国	98.1	40.7	4	3跨连续	单箱单室	3.5/2.2	预应力混凝土

续上表

桥 名	国家或地区	桥长(m)	最大跨(m)	桥宽(m)	结构形式	截面	梁高(m)	备 注
石家庄南环大桥	中国	115	45	17	3跨连续	单箱三室	1.8	OVM锚固体系
札幌市南大桥	日本	271.2	45.2	18	3跨连续	单箱单室	1.9	
吉井川桥	日本	585.6	73.2	11.5	2跨连续	单箱单室	4.6	
北京黄土嘴桥	中国	108	32	11	3跨连续	单箱单室	2.0	预应力混凝土
南京纬九路三期跨线桥	中国	967.5	30	26	6联31孔连续梁	单箱四室	2.47	预应力混凝土
南天门2号大桥	中国	494.3	60	12	3跨连续	单箱单室	3.0	预应力混凝土
迎泽大桥	中国	500	60	25	9跨连续	单箱四室	3.2/1.5	

二、简支转连续法

1. 适用范围

(1) 中等跨径桥梁；

(2) 多孔等高连续梁。

2. 特点

(1) 分片预制简支梁,逐孔分片架设,施工工艺成熟简便；

(2) 在施工中有体系转换；

(3) 下部结构和预制梁可安排平行作业,施工工期短。

3. 注意事项

(1) 预制场台座底板纵、横向定位正确互相对齐,高程一致,以确保相邻段端部的各种尺寸相吻合；

(2) 板、梁端模宜采用钢模,以确保连续端纵向连接钢筋定位精确,便于连接处纵向连接钢筋对齐焊接；

(3) 预制梁板,应用墨线标出梁中线及临时支座定位线,以利安装就位；

(4) 需要一定的辅助设备或较强大的起重设备。

4. 实例

简支转连续法在中等跨径装配式预应力混凝土连续梁桥中应用很广泛。随着起重吊装能力的提高,先简支后连续法在大跨度预应力混凝土连续箱梁中的应用逐步增多,如东海大桥引桥、杭州湾跨海大桥引桥等。简支转连续法应用实例见表2-2-9。

简支转连续法施工实例　　　　表2-2-9

桥名或图名	跨径(m)	桥面宽/箱底宽(m)	跨中梁高/支点梁高(m)	断面形式	最大吊重(kN)/最大吊长(m)
广东细滘桥	42.5+3×53+42.5	14.5	2.5	6片T梁	1 697/54
30m小箱梁通用图	5×30	12×2	1.6	8片⊔形梁	2 366/30

续上表

桥名或图名	跨径(m)	桥面宽/箱底宽(m)	跨中梁高/支点梁高(m)	断面形式	最大吊重(kN)/最大吊长(m)
广东容奇大桥	73.5+3×90+73.5	14.5/2×2.3	3.0/5.35		5 000/57
东海大桥引桥	5×70	15.25×2/7.25	4.0		21 800/70
杭州湾跨海大桥引桥	6×70 5×70	15.8×2/6.25	4.15		22 000/70
浙江金塘大桥C区引桥	3×6×60	12.3×2/6.3	3.4		16 000/60

杭州湾跨海大桥南北引桥均采用70m跨径等高截面多跨预应力混凝土连续梁,单片梁重2 200t。上部结构箱梁采用整孔预制,整孔架设进行施工,即在预制场整体浇筑70m一孔单幅箱梁,利用大型浮吊将70m箱梁从水上运至待架位置,落梁就位,然后浇筑湿接头,张拉合龙预应力束进行体系转换,完成合龙连续施工,见图2-2-19。

施工流程如下。

第一步:70m箱梁的预制和简支梁的架设。

(1)箱梁在预制场预制,在混凝土养生达到设计强度后,即可张拉简支束。张拉时遵循对称张拉、先长束后短束、先纵向后横向的原则。对已经张拉的预应力管道进行压浆,对各锚头采取永久性或临时性的防护措施;为加快台座制梁周期,预应力可以采取低强早期张拉。

(2)墩顶摆放临时支座就位,校准临时支座顶高程,利用大型浮吊将一联70m预制梁一一吊装就位,并利用微调装置将预制梁进行精确定位。

第二步:浇筑墩顶湿接头。

(1)待一联各孔预制梁就位后,摆放墩顶正式支座,在一天气温最低时,对各梁进行临时连接。

(2)对梁断面进行凿毛、粗糙处理,安装墩顶接头模板,绑扎墩顶接头钢筋。

(3)在一天气温最低时,一次性将墩顶所有湿接头浇筑完毕。浇筑湿接头必须在适宜的气温回升前完成。

第三步:张拉合龙预应力来。

(1)在湿接头混凝土养生达到设计强度后,即可张拉合龙预应力束。张拉时遵循对称张拉、先边墩后中墩、先腹板合龙束后底板、顶板合龙束的原则。具体的张拉顺序如下:第一孔2W3→第六孔2W3→第二孔2V3→第五孔2V3→第三孔2V3→第四孔2V3→第一孔2B5→第六孔2B5→第二孔2Z5→第五孔2Z5→第三孔2Z5→第四孔2Z5→第 X+02～X+06 墩顶2T8、2T7、2T6、2T5→第一～六孔 2B4(Z4)→第 X+02～X+06 墩顶 2T4、2T3、2T2、2T1,张拉湿接头横向预应力束。

(2)对已张拉的预应力管道进行压浆,对各锚头进行封锚。

第四步:拆除临时支座,完成体系转换。

(1)待孔道压浆达到设计强度后,即可拆除临时支座,完成体系转换。

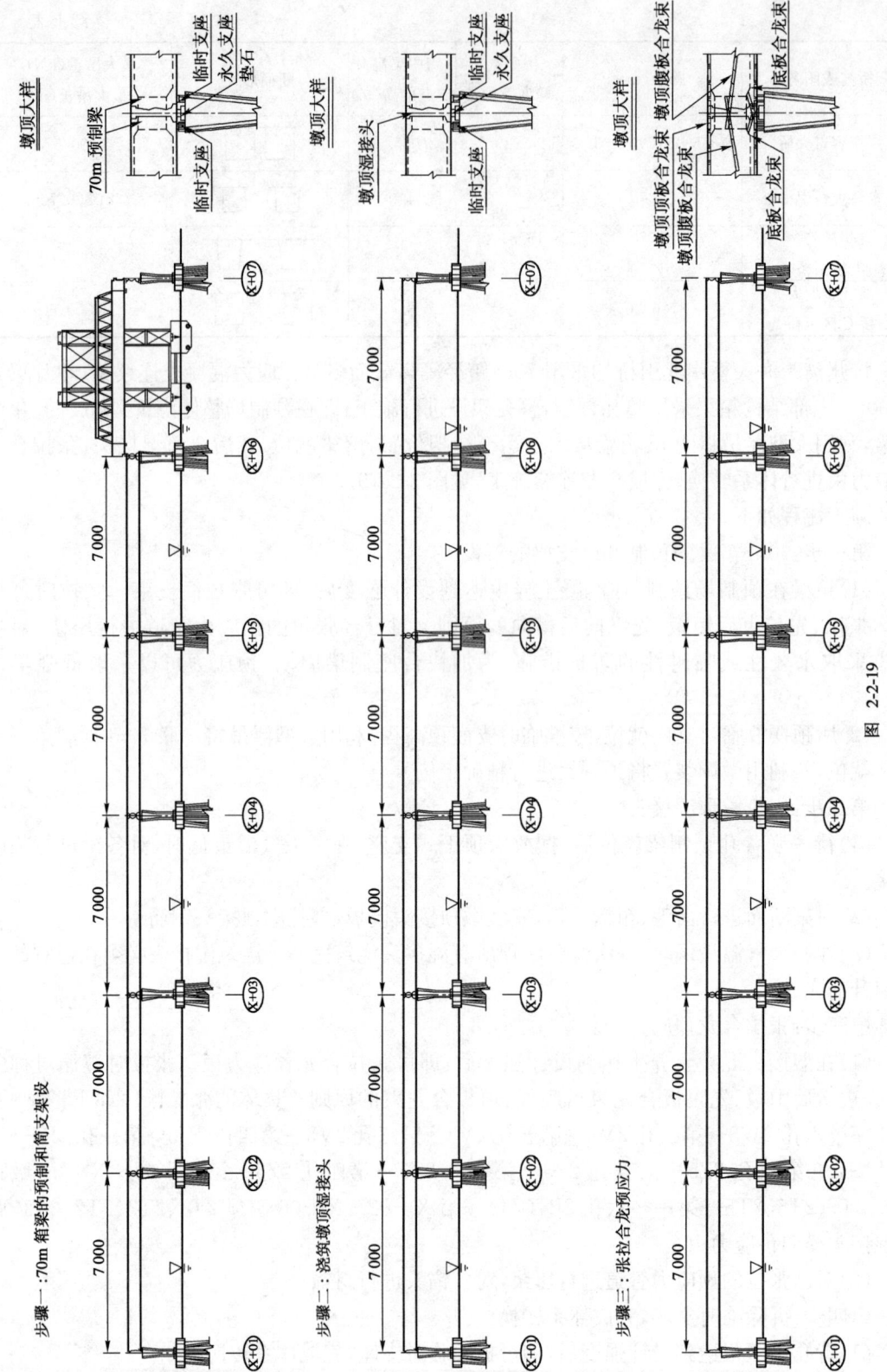

图 2-2-19

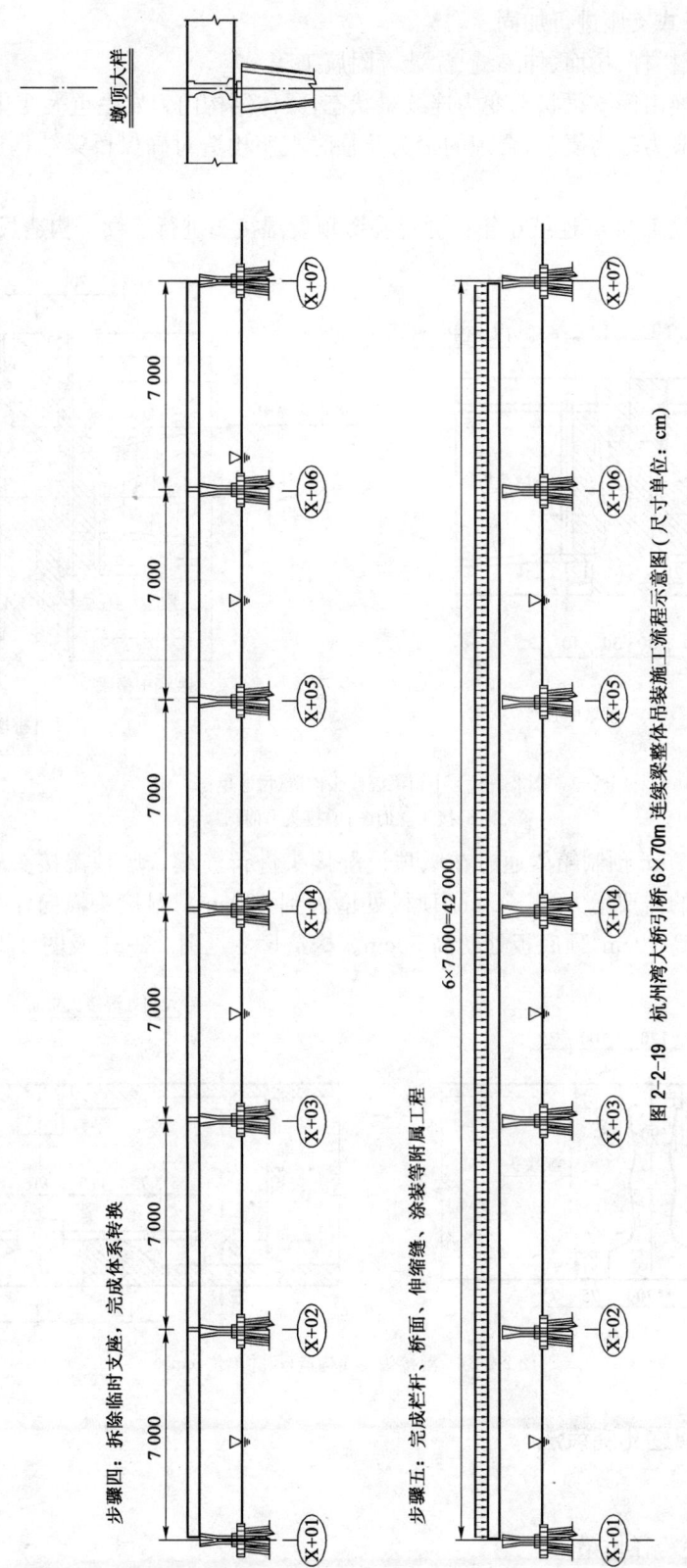

图 2-2-19 杭州湾大桥引桥 6×70m 连续梁整体吊装施工流程示意图（尺寸单位：cm）

(2)对各个正式支座进行加固。

第五步:完成栏杆、桥面、伸缩缝、涂装等附属工程。

经过体系转换由简支梁状态变为连续梁状态,梁体结构内力发生重大变化;箱梁湿接头及支座支撑部位处应力较为复杂,合理的接头及临时支座构造对确保桥梁结构施工安全和运营安全有重要意义。

简支转连续施工 30m 连续小箱梁通过在墩顶设湿接头进行连续。构造尺寸见图 2-2-20。

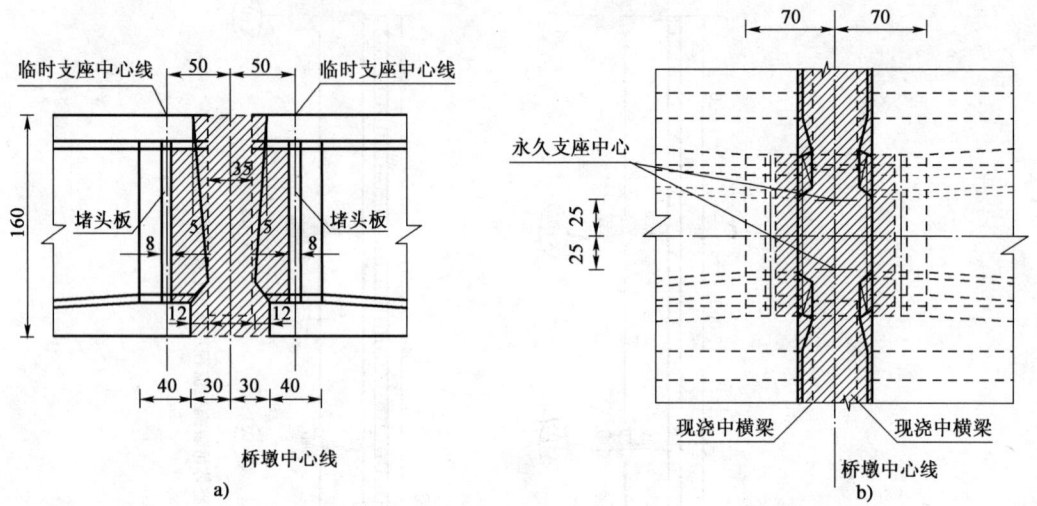

图 2-2-20 小箱梁湿接头构造(尺寸单位:cm)
a)接头立面图;b)接头平面图

杭州湾大桥 70m 预制箱梁通过在墩顶设湿接头进行连续。墩顶湿接头长度为 90cm,梁底由于摆放支座的需要增大到 170cm,顶板处增大到 120cm。湿接头横向作为一个环形加强横肋。腹板处肋高 90cm,顶底板处肋高 50cm。构造尺寸见图 2-2-21 及图 2-2-22。

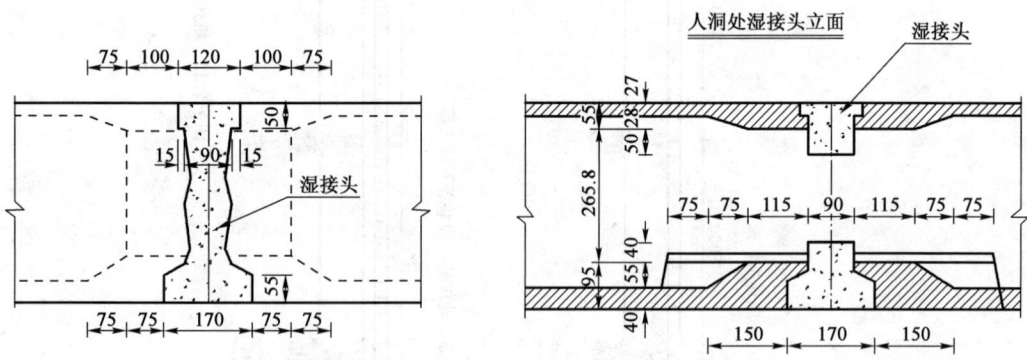

图 2-2-21 湿接头立面构造(尺寸单位:cm)

三、移动模架逐孔浇筑法

1.适用范围

(1)适于中等跨径桥梁;

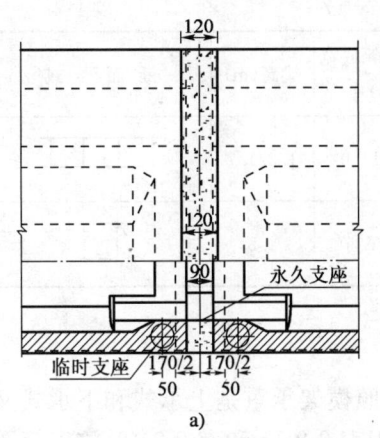 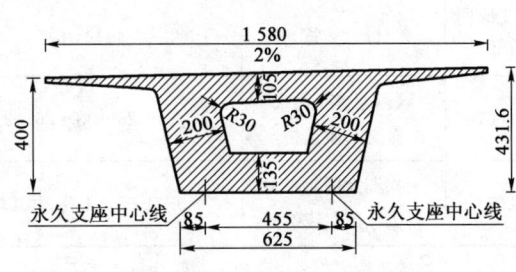

图 2-2-22 湿接头平面及横截面构造(尺寸单位:cm)
a)湿接头平面图;b)湿接头侧面图

(2)适于多孔等高连续梁桥。

2.特点

(1)可连续逐孔施工,施工设备可多次周转使用,施工简便,速度快;

(2)可选择弯矩最小或施工方便的最佳断面作为施工缝位置;

(3)预应力束可逐孔接长,钢束的张拉比较方便;

(4)在施工中有体系转换,但同一断面的弯矩反号现象在大部分情况下可以避免。

3.注意事项

(1)移动模架逐孔施工法中可选择使用的施工设备很多,而且相互之间差异很大,有的施工设备专用性很强,选用时要作经济技术比较;

(2)移动模架逐孔施工的接缝位置和接缝的构造要安排得当,以方便施工。

4.实例

(1)在落地支架上逐孔浇筑

在落地支架上逐孔浇筑的连续梁在城市立交匝道桥采用较多,桥例见表 2-2-10。

在落地支架上逐孔浇筑桥例　　　　　　表 2-2-10

竣工时间(年)	桥　名	跨径(m)	桥面宽/箱底宽(m)	梁高(m)	断面形式
1992	南京大桥南路高架桥和匝道桥	7×8×(20~24)	11.0/3.0	1.10	⊔
		6×4×20	6.0/1.0	1.10	⊔
1993	天津王顶堤立交桥	27+3×33+27	7.8/3.8	1.40	⊔
1993	上海罗山路立交桥(A_1 线和 C_1 线)	2×25+2×31+39+2×31+2×25	8.0/3.6	1.50/1.40	⊔
		30+3×41+30			
2006	陕西黄延高速富县互通立交匝道桥	15+3×17+15	10.0/7.0	1.35	⊔⊔

续上表

竣工时间(年)	桥　名	跨径(m)	桥面宽/箱底宽(m)	梁高(m)	断面形式
2007	陕西营盘互通式立交E匝道桥	7×18+26+33+26+2×18	15.5/11.0	1.3/1.7	
2008	天兴洲大桥北岸引桥谌家矶左线引桥	5+4+5+4孔,共4联	12.7/6.5	2.5	

注:多联连续梁桥的跨径=联数×一联孔数×每孔跨径。

(2)在梁式模架上逐孔浇筑法

在梁式模架上逐孔现浇连续梁的施工方法应用较多,依照模架承重是上承式和下承式又分为上行式移动模架法和下行式移动模架法。典型桥例列于表2-2-11和表2-2-12,施工简图见图2-2-23和图2-2-24。

上行式移动模架法桥例 表2-2-11

桥　名	桥长(跨径)(m)	桥宽(m)	梁高(m)	截面形式
日本四叶町高架桥	230(25)	18	1.1	空心板
	930(24.5～29)	18～19	1.1	空心板
武广客运专线炎庙特大桥	24×32	13.4	3.05	箱梁
颗珠山大桥东引桥	2联6×50			箱梁
广州珠江黄埔大桥南引桥	920(62.5)	16.7	3.5	箱梁

下行式移动模架法桥例 表2-2-12

桥名	跨径或桥长(跨径)(m)	桥宽(m)	梁高(m)	截面形式	钢梁重/一孔恒载(kN)	每孔工期(d)
日本上北川桥	32×(31～33)	13			2 942/—	15
厦门集美桥	2×8×45+12×45+10×45+8×45	23.5	2.68		6 000/6 750	10～14
南京长江第三大桥北引桥	2×50+58+5×50+8×50+9×50	32	2.8		12 500/—	10～12
东海大桥浅滩段引桥	3联7×50	32	3			12～14
苏通长江公路大桥引桥	3联11×50	33	2.8		2 794/—	
南昌生米大桥引桥	3联6×50	35	2.8	分离单箱单室		12～14
金塘大桥引桥	2联7×50	24.6	3	分离单箱单室	8 500/—	12～15

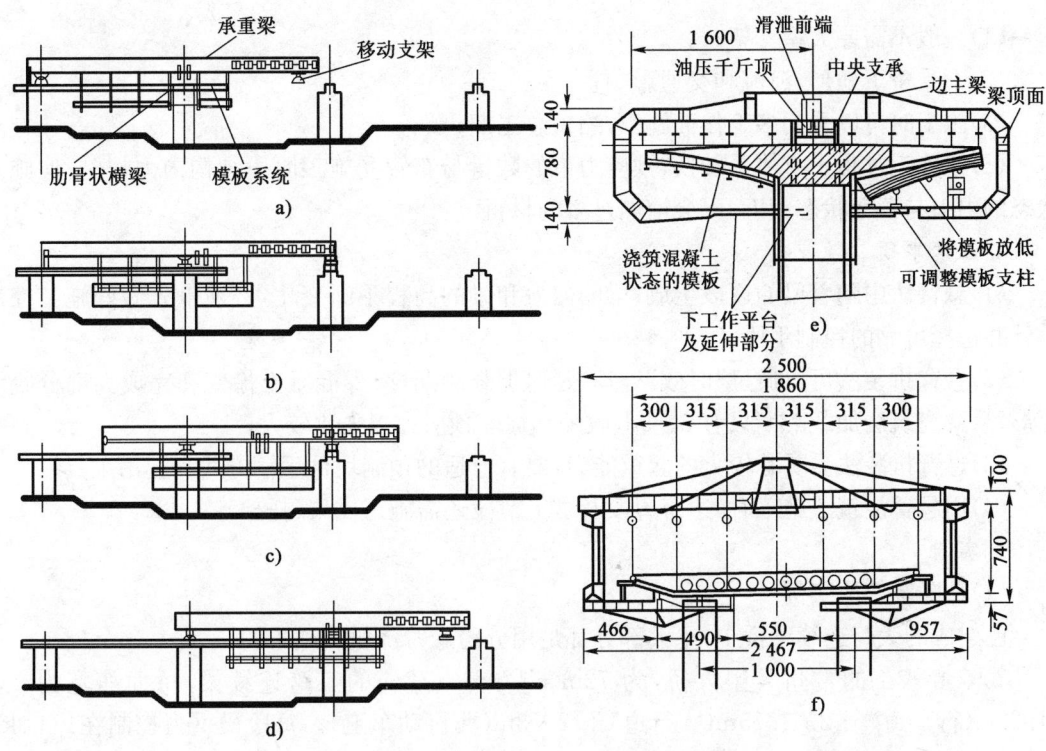

图 2-2-23 上行式移动模架施工程序和模架构造(尺寸单位:cm)
a)施工完成;b)移动支承点;c)移动模架;d)待浇状态;e)移动模架横截面构造一;f)移动模架横截面构造二

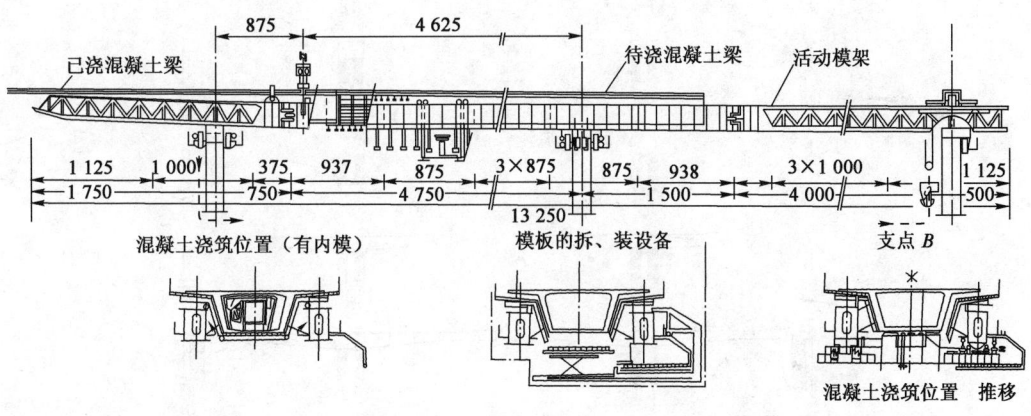

图 2-2-24 下行式移动模架构造(尺寸单位:cm)

四、悬臂法

逐段施工中的悬臂法包括悬臂浇筑法和悬臂拼装法。

1. 适用场合

(1)适于大跨径连续梁桥施工;

(2)适于变截面箱形梁。

2. 特点

(1) 一般不需要大型支架;

(2) 不受桥下地形、河流和交通影响;

(3) 施工时可以采用多工作面施工,缩短总工期;

(4) 在施工过程中有体系转换,预应力束的数量与布置受施工阶段结构内力控制;但施工状态的内力与营运状态相近,不会增加过多的材料。

3. 注意事项

(1) 悬臂法中随着梁的逐段生成,梁的内力和梁的高程不断变化,必须事先做好施工控制设计并选择可靠的控制手段;

(2) 悬臂拼装法可以通过"时效"处理,延迟加载龄期,减少混凝土徐变和完成大部分收缩变形;悬臂浇筑法加载龄期只有 3~5d,收缩和徐变预应力损失比较大;

(3) 悬臂拼装法需要有较大的起重能力,要有合适的预制块件运输方式和起吊工具;

(4) 用悬臂浇筑法施工时,边跨边段及墩上节段还需施工支架(托架)。

4. 实例

(1) 悬臂浇筑法实例

已建成的大跨连续梁桥中,绝大部分都是用分跨悬臂浇筑法施工的。

2007 年竣工的常州天宁大桥,为 72m+120m+72m 的三跨连续梁,桥面净宽为 2×11.25m(行车道)+ 2×1.75m(人行道)+ 2×3m(非机动车道)。每段梁重力控制在 1 000kN 以内。挂篮悬臂浇筑施工工序见图 2-2-25,挂篮构造简图见图 2-2-26c)。

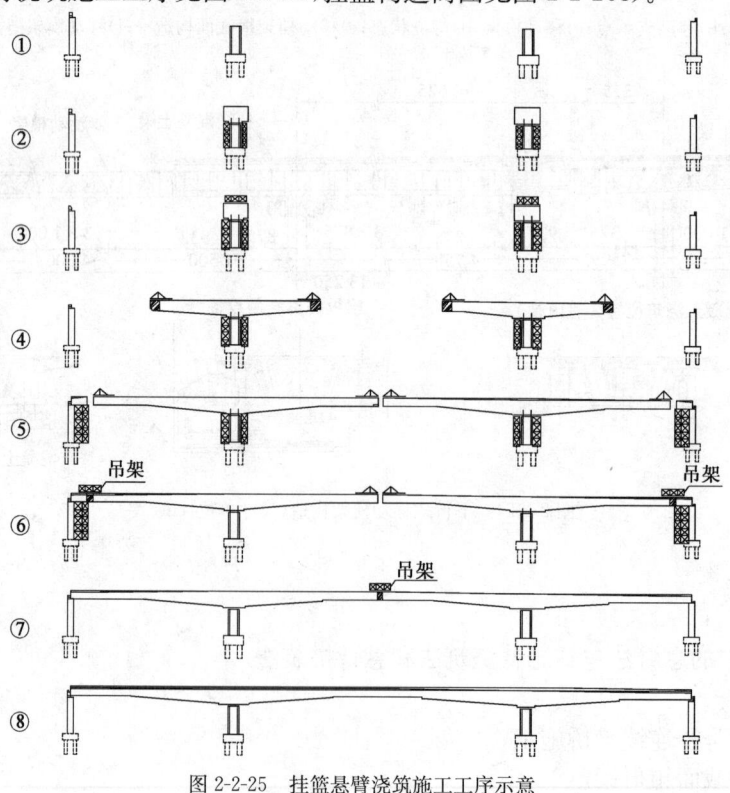

图 2-2-25 挂篮悬臂浇筑施工工序示意

其施工工序如下：

①在墩、台顶安装盆式橡胶支座，墩顶浇筑临时支座；

②在主墩两侧承台上搭设支架，墩顶立模浇筑0号块件混凝土，完成悬臂施工的临时锚固；

③在0号块上拼装挂篮，两侧从1号块开始对称悬臂施工；

④挂篮分段悬臂浇筑至14号块；

⑤在6号和9号墩前搭设支架，并进行预压支架，在支架上浇筑边跨现浇段16号块；

⑥将边跨挂篮改为吊架，并在吊架上浇筑边跨合龙段，分批按指定吨位及顺序张拉边跨顶板束及部分边跨底板束，拆除临时支座，使结构成为单悬臂体系；

⑦拆除边跨临时支架及吊架，将中跨挂篮改为吊架，并在吊架上浇筑中跨合龙段，分批按指定吨位及顺序张拉部分中跨底板束及其余边跨底板束，完成体系转换；

⑧完成桥面系及附属设施施工。

体系转换是一个十分重要的环节。悬臂施工结束后，悬臂端在温度变化、日照、风力等影响下会发生纵向伸缩、竖向挠曲及水平向偏移变形。在合龙段预应力钢束张拉之前，尤其是混凝土浇筑初期，这些变形可能导致混凝土开裂。体系转换的施工工艺应保证合龙过程中适应这些变形，才能避免裂缝出现。

在合龙工艺上应选择恰当的合龙期，宜在日低温稳定期，应保证合龙段在混凝土初凝前浇完。浇筑混凝土及张拉预应力筋的时机均应有选择地按预定步骤进行。浇筑混凝土的时机按开始进入日低温稳定期混凝土初凝的原则确定。混凝土浇筑的次日气温回落前张拉一部分顶板和底板束，使合龙段混凝土受到与其强度发展相适应的预压应力，以抵抗次日降温收缩应力。混凝土强度达到设计强度的80%时再张拉与体系转换相适应的部分边跨顶、底板束。二期恒载部分加载后继续张拉余下中跨底板束，完成体系转换。

表2-2-13列出了国内部分挂篮特征值，表中最后一栏质量比可供结构设计时选定施工荷载参考。挂篮结构形式见图2-2-26。

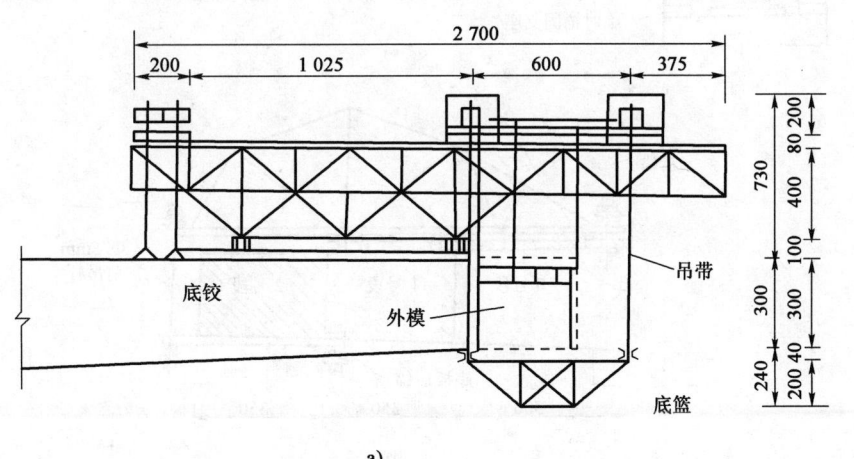

a)

图 2-2-26

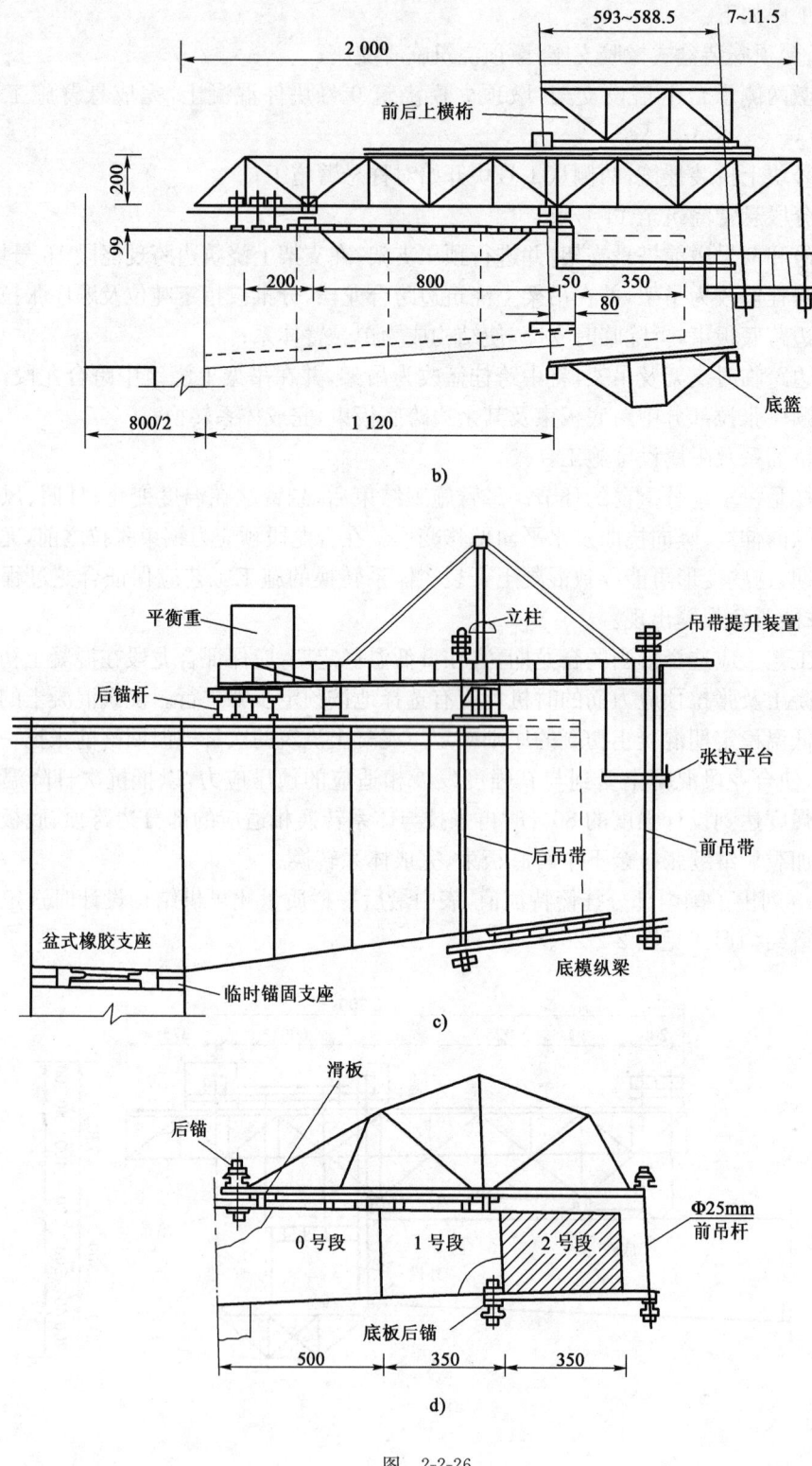

图 2-2-26

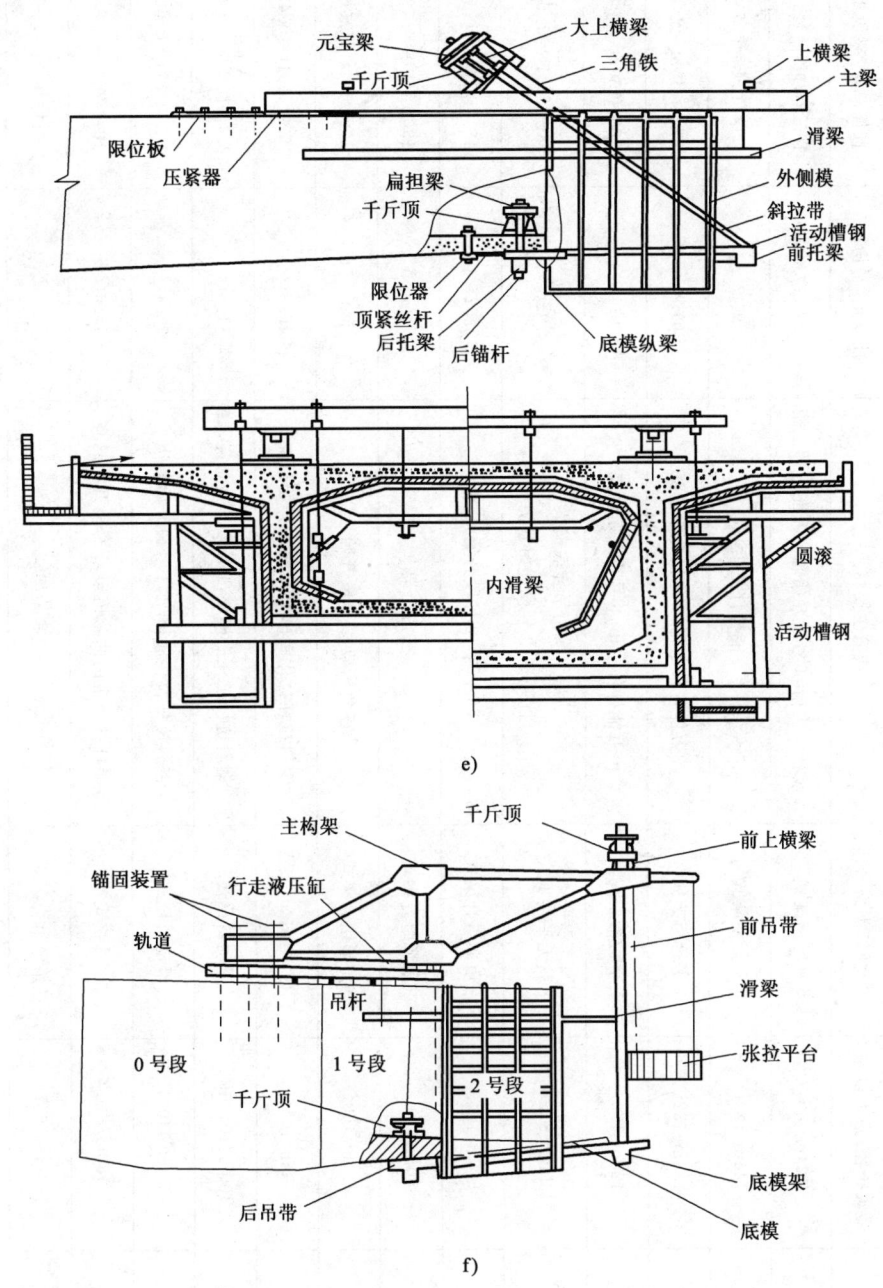

图 2-2-26 挂篮分类(尺寸单位:cm)

a)平行桁架式挂篮;b)平弦无平衡重挂篮;c)三角组合梁式挂篮;d)弓弦式挂篮;e)滑动斜拉式挂篮;f)菱形挂篮

(2)悬臂拼装法实例

悬臂吊机拼装法:在吊 1 号块和 8 号块时吊机工作示意图见图 2-2-27。

表 2-2-13 国内部分连续梁桥挂篮

桥 名	最大跨径/最大段重	挂篮类型	挂篮主要特点	挂篮重/平衡重	挂篮总重/梁段重
广西柳州大桥	124m/92t	平行桁架式	万能杆件主桁,4号段开始悬浇万能杆件主桁	75.7t/30t	105.7t/92t=1.15
福建乌龙江大桥	144m/120t	平行桁架式	万能杆件主桁	90t/—	90t/120t=0.75
武汉江汉二桥	135m/132t	平行桁架式	万能杆件主桁,1号段开始悬浇	201.4t/86t	287.4t/132t=2.18
湖南常德沅水大桥	120m/160t	平行桁架式	万能杆件主桁,3号段开始悬浇	166t/—	166t/160t=1.04
三门峡黄河公路大桥	160m/187.7t	平弦无平衡重式	前后上横桁吊挂横梁抗倾覆,3号段开始悬浇	98t/—	98t/187.7t=1.54
重庆长江北大桥	174m/144t	三角形组合梁式	三角桁架,2号段开始悬浇	73.2t/40t	113.2t/144t=0.79
钱塘江二桥(公路)	80m/190t	三角形组合梁式	三角桁架	—	190t/160t=1.19
湖北沙洋汉江桥	111m/100t	三角形组合梁式	三角桁架,2号段开始悬浇	56t/50t	106t/100t=1.06
湖南株洲湘江大桥	90m/101t	TREB-100-I型	钢斜拉杆拉住底模架,2号段开始悬浇	46.2t/—	46.2t/101t=0.43
湖北襄樊汉江长虹大桥	100m/104.6t	滑动斜拉式	钢斜拉杆拉住底模架,1号段开始悬浇	31.5t/—	32.4t/104.6t=0.31
江苏南京草场门大桥	80m/140t	滑动斜拉式	钢斜拉杆拉住底模架,1号段开始悬浇	32.4t/—	43.6t/87t=0.50
广东番禺洛溪大桥	180m/—	弓弦式	万能杆件为主的曲弦桁架,1号段开始悬浇	43.6t/—	107t/200t=0.83
常州天宁大桥	120m/176.7t	三角形组合梁式	三角桁架	—	91.5t/176.7t=0.524
上海东海大桥三座副航道孔桥梁	120m/183.6t 140m/173.2t 160m/199.4t	菱形挂篮 三角挂篮 斜拉式挂篮	菱形桁架,2号段开始悬浇 三角桁架,2号段开始悬浇 钢斜拉杆拉住底模架,2号段开始悬浇	82.9t/— 65t/— 69.5t/—	—

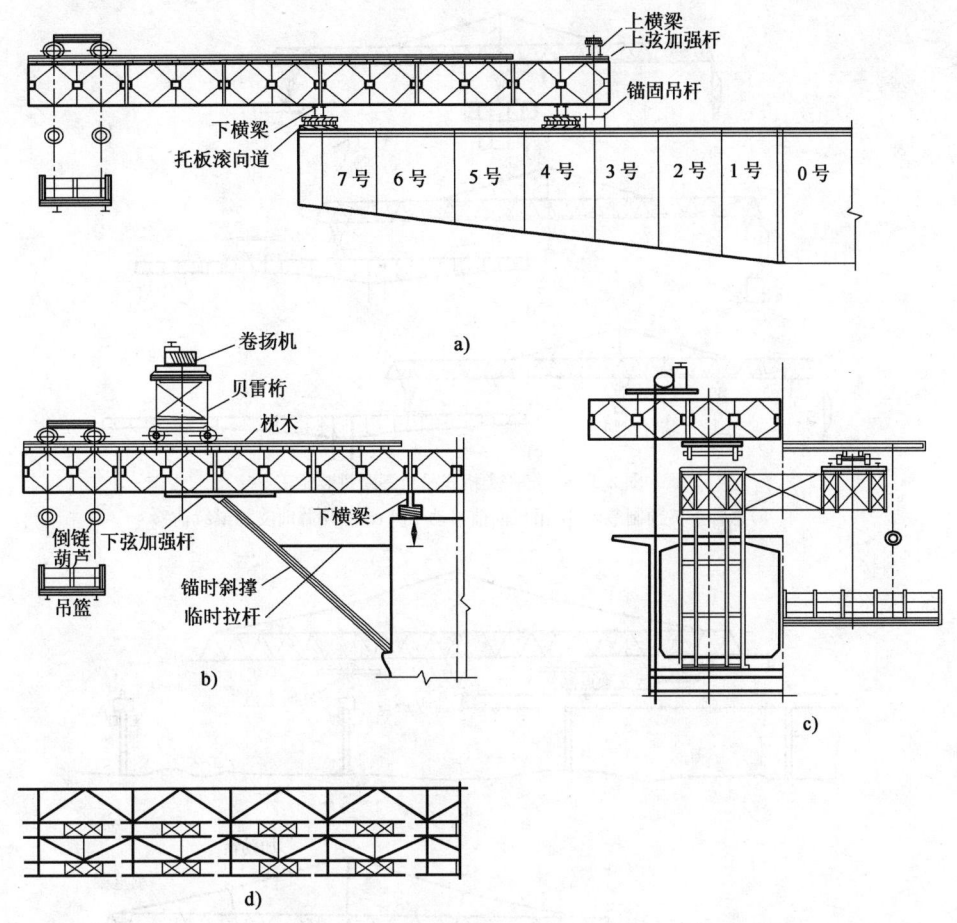

图 2-2-27 用悬臂吊机逐块拼装法施工顺序
a)分开后的悬臂吊机;b)分开前的悬臂吊机;c)横剖面;d)平面

桁式吊机悬拼法:一种是吊机略长于最大跨径,施工中处于悬臂状态的梁上需承受吊机和吊机上施工荷载的重力;另一种是吊机长度大于 2 倍跨径,施工中梁上不承受吊机和吊机上施工荷载的重力,见图 2-2-28 和图 2-2-29。用桁式吊机逐块悬拼施工法实例见表 2-2-14。

桁式吊机逐块悬拼施工法示例 表 2-2-14

桥　名	跨径(桥长)(m)	分段重力(kN)/分段长(m)	吊机长(m)/吊机重力(kN)	施工周期
上海曹阳路桥	25+40+25		108/—	
德国奥列龙桥	79(—)			30m/d
荷兰东西尔德桥	95(500)			2孔/21d
美国某桥	51.8+3×76.2+51.8	390~490/2.13	93/1 275	4~6段/d

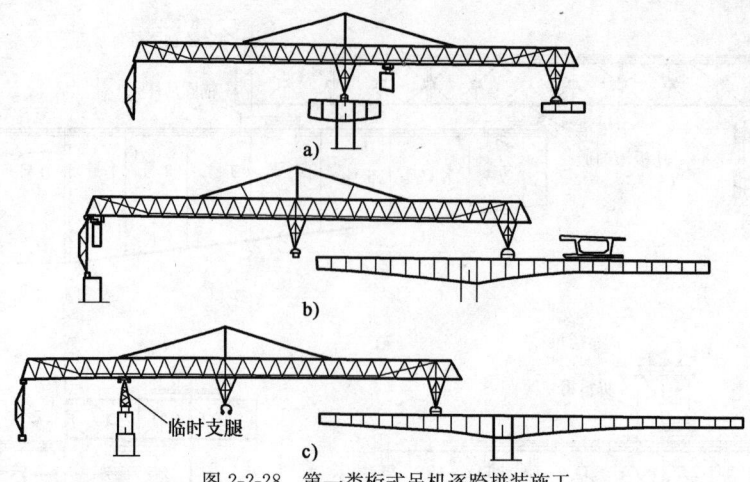

图 2-2-28　第一类桁式吊机逐跨拼装施工
a)悬臂拼装预制节段;b)吊机向前移动半跨;c)利用临时支腿继续前移

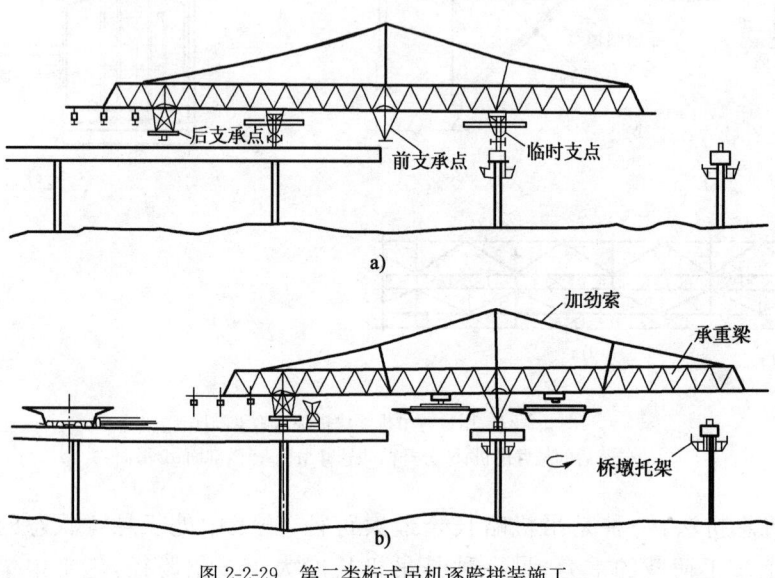

图 2-2-29　第二类桁式吊机逐跨拼装施工

五、顶推法

1. 适用场合

(1)适于中等跨径、等截面、多跨连续梁桥施工;

(2)适于施工场地狭小,桥下空间不能利用的施工现场,例如在高山深谷和宽深流急的河道上的桥。

2. 特点

(1)混凝土的浇筑和顶进工作面始终不变,适于工厂化生产;

(2)施工时对桥下交通和环境无干扰;

(3)连续梁在顶进过程中每一个断面的弯矩都要经历从最大正弯矩到最大负弯矩的变化

过程,往往是施工状态控制设计;

(4)通常全桥只能有两个工作面,不能多孔同时施工。

3. 注意事项

(1)采用多点顶推时,各顶推点必须同步;

(2)顶推时必须匀速,尽可能避免交替加减顶进速度;

(3)当孔径大于50~60m时需设临时支墩,顶进长度不大于400~600m比较适当。

4. 实例

国内采用顶推法施工的连续梁桥如表2-2-15所示。湖南衡山湘江大桥采用多点连续双向顶推法,在90m跨设钢管临时墩,使顶推跨径减为45m。每个柔性墩上均设置HZLD100型拉锚器,用两个千斤顶串联,连续拉推,解决了单行程千斤顶间断顶推的箱梁爬行和桥墩往复变形问题。在两岸设置箱梁预制平台制梁,从两岸分别顶进,最大推顶长度为404m。主航道拆去临时墩之前,先在永久墩上搭建并拉索形成斜拉桥。施工顺序和横截面见图2-2-30和图2-2-31。

国内顶推连续梁桥实例 表2-2-15

竣工年份(年)	桥 名		跨径(m)	顶推跨径(m)	桥面宽度(m)	梁高(m)	断面形式	备 注
1982	贵州卧龙桥		25+2×30+25	30	9	21	单箱单室	多点顶推
1983	广西柳州二桥		9×60	30	2×10	3.6	双箱双室	多点顶推
1983	广东中堂桥		32.5+4×45+32.5	45	12	3	单箱单室	有竖曲线
1983	包头黄河桥		64.5+4×65+64.5	32.5	12	3.5	单箱单室	
1984	六圭黄河桥		28+4×38+28	38	9	2.9	单箱单室	
1985	内蒙古喇嘛湾桥		64.5+4×65+64.5	32.5	12	3.5	双箱双室	
1986	广东南屏桥		36+3×45+36	45	12	3	单箱单室	
1987	广东江门外海桥	北岸	30+9×40	40	2×8.5	2.5	双箱单室	
		南岸	10×40+30					
1987	广东九江大桥引桥	南岸	40+13×50	50	2×8	3	双箱单室	
		北岸	40+6×45					
1988	湖南株洲湘江大桥		5×50	50	2×6	3.5	双箱单室	
1988	黑龙江拉林桥		11×40	40	11	2.5	单箱单室	
1989	四川石门大桥引桥		5×50+36	50	2×12	4	双箱双室	双箱间现浇顶底板
1989	广东湖州大桥		40+2×50+40	50	2×14	3	双箱单室	
1990	福建丘墩桥		60+76+60	52	9	3.5	单箱单室	有墩顶托架
1990	山西平顺县曲线桥		28+35+28	35	10	2.5	单箱单室	平曲线顶推

续上表

竣工年份(年)	桥 名		跨径(m)	顶推跨径(m)	桥面宽度(m)	梁高(m)	断面形式	备 注
1990	长沙湘江北大桥引桥		9×50 3×50	50	2×13.8	3.4	双箱单室	
1991	沅陵沅水大桥引桥		14＋10×42	42	14.4	2.8	单箱单室	顶推与刚构合龙
1991	浙江钱塘江东岸二桥铁路引桥	东岸	9×32＋2×8×32	32	11	2.2	单箱单室	单点顶推
		西岸	8×32＋2×7×32					
1991	中丘黄河铁路桥		2×7×48	48	65	3.4	单箱单室	
1992	陕西刘家沟铁路桥		4×40	40	6	3	单箱单室	
1992	长沙捞刀河大桥		6×32	32	2×12	2.5	双箱单室	
1992	长沙浏阳河大桥		25＋4×50	50	2×12	3.5	双箱单室	
1993	湖南湘潭湘江二桥引桥		7×42.84	42.84	20.5	2.5	单箱单室	不间隙连续顶推
1993	江西南昌大桥		12×48	48	23	4.5	单箱单室	
1994	湖南衡山湘江大桥	东岸	3×45＋2×90＋2×45	45	15	3.0	双箱单室	拆去临时支墩，90m孔成下拉桥
		西岸	7×45					
1994	湖南长沙月湖桥		4＋6＋20＋16＋6＋4	20	8×2	1.0	八箱单室	无导梁吊鱼法连续顶推
1994	湖南南县哑巴渡大桥		5×20＋25＋2×30＋25＋20	30	3×3	1.7	三箱单室	连续顶推
2001	衡阳蒸水大桥		35＋4×40＋35	40	14.25	2.5	单箱单室	多点顶推
2002	珠江西桥		7×50	50	15	3.15	单箱单室	多点顶推
2003	竹埠港湘江大桥		8×42	42	15	2.8	单箱单室	多点顶推
2005	张家界澧水大桥		8×50	50	14.25	3.5	单箱单室	多点顶推
2005	东海大桥近岛段		8×50	50	15.25	3.5	单箱单室	多点顶推

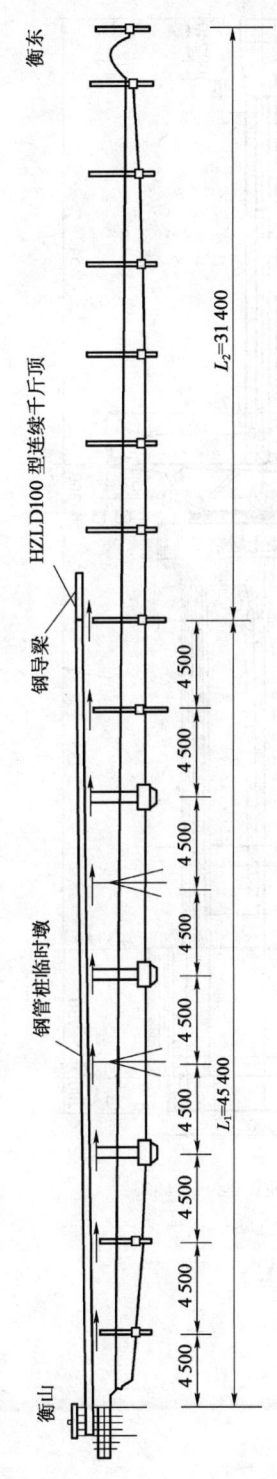
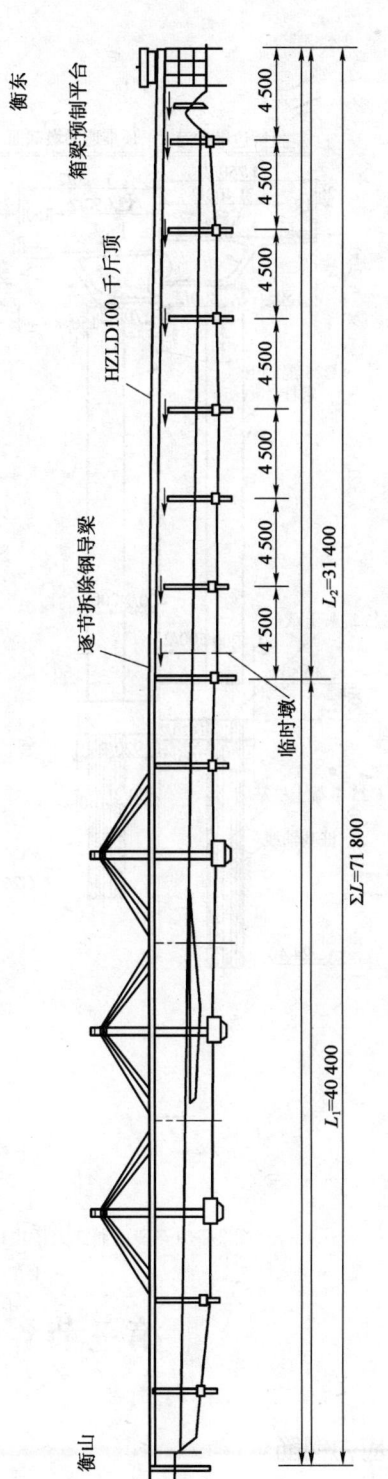

图 2-2-30 衡山湘江大桥双向多点顶推连续梁施工顺序（尺寸单位：cm）

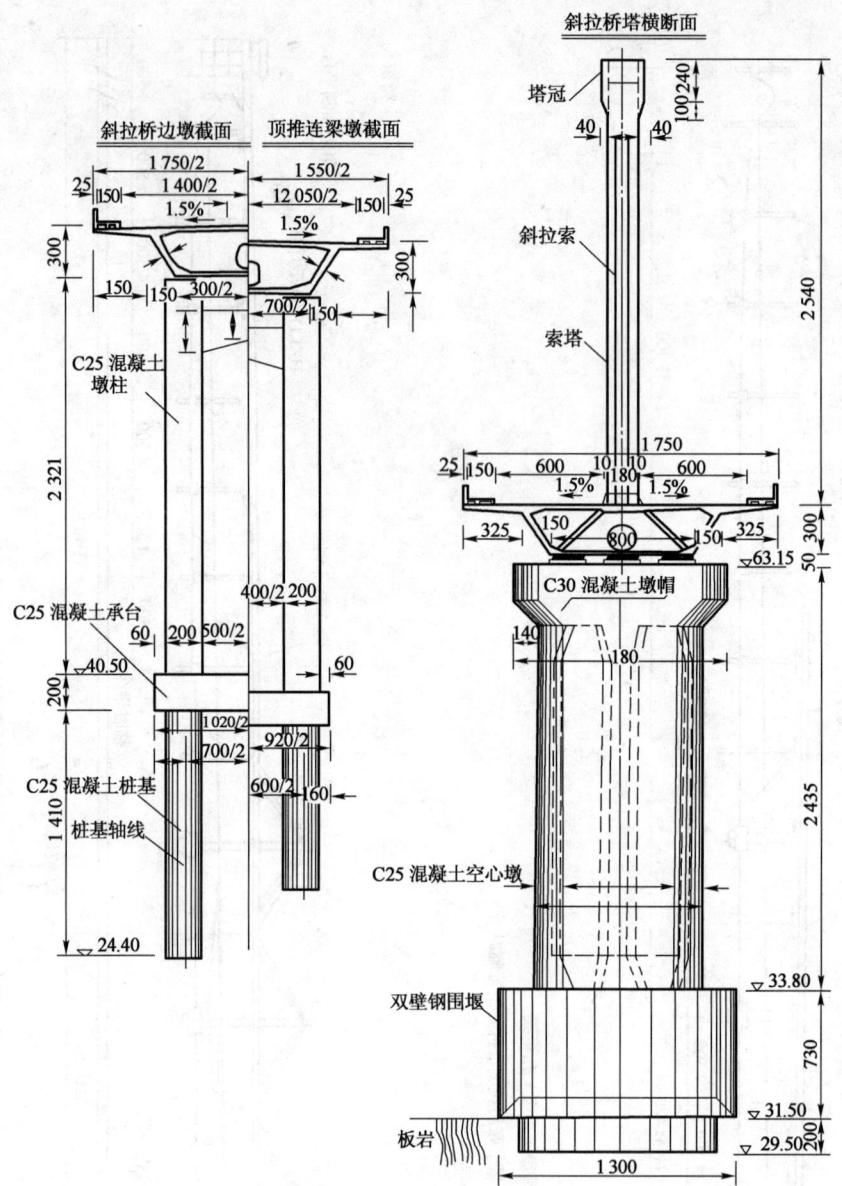

图 2-2-31　衡山湘江大桥主梁截面(尺寸单位:cm;高程单位:m)

第三节　钢筋构造

一、预应力钢筋

(一)分类

预应力钢筋按功能和形式可以有以下几种分类。

1. 按受力方向分类

(1)纵向预应力钢筋:是用以保证桥梁在恒载、基本可变荷载作用下纵向跨越能力的主要受力钢筋,也称之为主筋,可布置在腹板和顶底板中。

(2)横向预应力钢筋:是用以保证桥梁的横向整体性或桥面板及横隔板横向抗弯能力的预应力钢筋,可布置在横隔板或顶板中。

(3)竖向预应力钢筋:是用以提高截面抗剪能力的预应力钢筋,可布置在腹板中。

2. 按体位分类

(1)体内预应力钢筋:布置在混凝土预留孔道内,是目前用得较多的一种配筋方式,但预留孔道削弱了混凝土有效面积。

(2)体外预应力钢筋:布置在混凝土体外,通过混凝土壁上的转向块或锚固块对结构施加预应力。钢筋外必须采用防锈措施予以保护。这种配筋方式不削弱混凝土面积,并可以随时检查钢筋的表面锈蚀和测定钢筋内力。

3. 按整体性分类

(1)黏结预应力钢筋:预应力钢筋表面直接被混凝土或后期灌入的水泥砂浆所包裹,是目前用的较多的一种配筋形式。一旦混凝土或砂浆达到设计强度以后,在荷载作用下可认为钢筋与截面上的混凝土体具有相同的应变。

(2)无黏结预应力钢筋:体外预应力钢筋或套管中灌油脂的体内筋可成为无黏结筋。除锚固点外,钢筋与同一断面处的混凝土可以相对移动。在一对锚固点或支承点之间钢筋应力趋于一致,不再受混凝土应变的制约,使预应力筋应力峰值下降。用在后张法体内配筋时,摩阻损失大大减少,但失去了混凝土或砂浆握裹作用,锚头必须绝对可靠。

4. 按工作历时分类

(1)永久性预应力钢筋:一旦锚固以后不再拆除,并在营运状态中受力。

(2)临时性预应力钢筋:钢筋只在施工过程中某些阶段受力,而在使用阶段不受力(虽然有时永久地保存在结构中不予拆除)。在顶推法施工的连续梁桥中,因为施工状态的内力与成桥状态完全不一致,常常采用临时预应力钢筋。在设计中,应尽量少用临时预应力筋,但综合施工难度、设备采购等因素,在技术经济合理的情况下可以有限度使用。

5. 按连续性分类

(1)连续配筋:整体法施工的连续梁中,可以跨越几跨或全桥长度配置预应力钢筋,以减少锚固点。为适应梁上正负弯矩的变化,可以在弯矩反弯点附近弯折钢筋,使一根较长的钢筋在不同部位分别位于梁的下缘或上缘,使钢筋得到充分利用。

(2)分段配筋:在悬臂法施工的连续梁中,必须在每个块件端部锚固一定数量的预应力钢筋,以承受本阶段的自重、施工设备和下一个为锚固块件重力所产生的负弯矩,通常称为一期配筋或悬臂配筋。

在通常跨径比例范围内,按悬臂节段法施工的变截面连续梁一期分段配置的预应力钢筋在营运状态下仍然有效,但在合龙段附近占跨长 25% 的负弯矩预应力钢筋在营运状态下是处于受压区,所以在中跨跨中约 50%~60% 和边跨端部 50%~80% 的跨长范围内仍然需要在下缘配置预应力钢筋,称为二期配筋或连接筋。

(3)分段接长配筋:在顶推法、逐孔施工法施工的连续梁中,梁断面所需的预应力筋总量可一次配足，只需在施工中逐渐接长即可。为此需要借用预应力钢筋连接器，把已经锚固的钢筋接长再张拉。

6. 按灵活性分类

(1) 固定预应力钢筋：通常预应力钢筋一旦张拉锚固以后，与混凝土体之间的相对位置不再有较大的变化，这种配筋形式最普遍。

(2) 可调预应力钢筋：在顶推法施工的连续中，随着顶推的进行，梁中弯矩正负交替变化，可以在梁体体外预应力钢筋上设置活动转向支架；随着顶推过程或到顶推完成后，适时地调整预应力钢筋在梁中的高度，充分利用配置的一组预应力钢筋平衡正负弯矩，减少临时预应力钢筋。

7. 按线形分类

(1) 直线配筋：直线形预应力钢筋与预留管道之间的摩阻损失较小，但是完全直线配筋很难适应梁体弯矩的变化和锚固段空间位置的要求。

(2) 曲线、折线形配筋：在以下情况中需要设置曲、折线形配筋。

① 适应沿配筋方向上的弯矩变化；

② 需要由预应力筋承担一部分剪力；

③ 使预应力筋锚固在梁体刚度较大的部位。

(二) 预应力钢筋构造

(1) 预应力混凝土构件的端部锚固区，在锚具下面应设置厚度不小于16mm的垫板或采用具有喇叭管的锚具垫板。锚垫板下应设间接钢筋，其体积配筋率 ρ_v 不应小于0.5%。

(2) 预应力混凝土连续梁的部分预应力钢筋，应在靠近端支座区段横桥向对称成对弯起，宜沿梁端面均匀布置，同时沿纵向可将梁腹板加宽。在梁端部附近，宜按《桥规》(JTG D62—2004)第9.3.8条及第9.4.1条要求，设置间距较密的纵向钢筋和箍筋。

(3) 对外形呈曲线形且布置有曲线预应力钢筋的构件，其曲线平面内、外管道的最小混凝土保护层厚度，应按下列公式计算。

① 曲线平面内：

$$C_{in} \geqslant \frac{P_d}{0.266r\sqrt{f'_{cu}}} - \frac{d_s}{2} \tag{2-2-5}$$

式中：C_{in}——曲线平面内最小混凝土保护层厚度(mm)；

P_d——预应力钢筋的张拉力设计值(N)，可取扣除锚圈口摩擦、钢筋回缩及计算截面处管道摩擦损失后的张拉力乘以1.2；

r——管道曲线半径(mm)；

f'_{cu}——预应力钢筋张拉时，边长为150mm立方体混凝土抗压强度(MPa)；

d_s——管道外缘直径(mm)。

当计算的保护层厚度较大时，也可按直线管道设置最小保护层厚度，但应在管道曲线段弯曲平面内设置箍筋。箍筋单肢的截面面积可按下式计算。

$$A_{sv1} \geqslant \frac{P_d s_v}{2r f_{sv}} \tag{2-2-6}$$

式中：A_{sv1}——箍筋单肢截面面积(mm^2)；

s_v——箍筋间距(mm);

f_{sv}——箍筋抗拉强度设计值(MPa)。

②曲线平面外：

$$C_{\text{out}} \geqslant \frac{P_d}{0.266\pi r\sqrt{f'_{\text{cu}}}} - \frac{d_s}{2} \tag{2-2-7}$$

式中：C_{out}——曲线平面外最小混凝土保护层厚度(mm)。

(4)当按上述公式计算的保护层厚度小于各类环境的直线管道的保护层厚度时，应取相应环境条件的直线管道保护层厚度。

(5)预应力混凝土构件，其预应力钢筋管道的设置应符合下列规定：

①直线管道的净距不应小于40mm，且不宜小于管道直径的0.6；对于预埋的金属或塑料波纹管和铁皮管，在竖直方向可将两管道叠置。

②曲线形预应力钢筋管道在曲线平面内相邻管道间的最小净距应按上述公式计算，其中P_d和r分别为相邻两管道曲线半径较大的一根预应力钢筋的张拉力设计值和曲线半径，C_{in}为相邻两曲线管道外缘在曲线平面内净距。当上述计算结果小于其相应直线管道外缘间净距时，应取用直线管道最小外缘间净距。曲线形预应力钢筋管道在曲线平面外相邻外缘间的最小净距，应按式(2-2-7)计算，其中C_{out}为相邻两曲线管道外缘在曲线平面外净距。

③管道内径的截面面积不应小于2倍预应力钢筋截面面积。

④按计算需要设置预拱度时，预留管道也应同时起拱。

(6)预应力混凝土构件的曲线形预应力钢筋的曲线半径应符合下列规定：

①钢丝束、钢绞线束的钢丝直径等于或小于5mm时，不宜小于4m；钢丝直径大于5mm时，不宜小于6m。

②精轧螺纹钢筋的直径等于或小于25mm时，不宜小于12m；直径大于25mm时，不宜小于15m。

(7)预应力混凝土连续梁在选用预应力体系和布置预应力钢筋时，应采取措施减少摩擦损失。

(8)在连续梁桥全长上，预应力钢筋不宜在某个截面或某个区段急剧增加或减少。在梁的正负弯矩交替区，可设置较长的预应力钢筋重叠搭接段，并宜分散布置。

(9)当箱形截面梁的顶、底板内的预应力钢筋引出板外时，应在专设的齿板上锚固，此时，预应力钢筋宜采用较大弯曲半径，并按规范要求设置箍筋。

(10)预应力混凝土梁当设置竖向预应力钢筋时，其纵向间距宜为0.5~1m。

(三)预应力钢筋构造实例

预应力钢束的配置与桥梁的结构体系、受力情况、构造形式以及施工方法等有着密切的关系。一般对不同跨径的梁桥结构，要选用预加力大小适当的预应力束筋，以达到合理的布置形式。

1. 悬臂浇筑连续梁桥预应力钢筋构造

京杭运河改线工程兰陵路大桥为72m+110m+72m的三跨连续梁桥，箱梁横截面见图2-2-32。该桥采用悬臂浇筑法施工，箱梁中设置了纵、横、竖三向预应力钢筋。

箱梁构造特征为单箱单室，腹板和底板沿梁长变厚，在支点和合龙段设置横隔板。

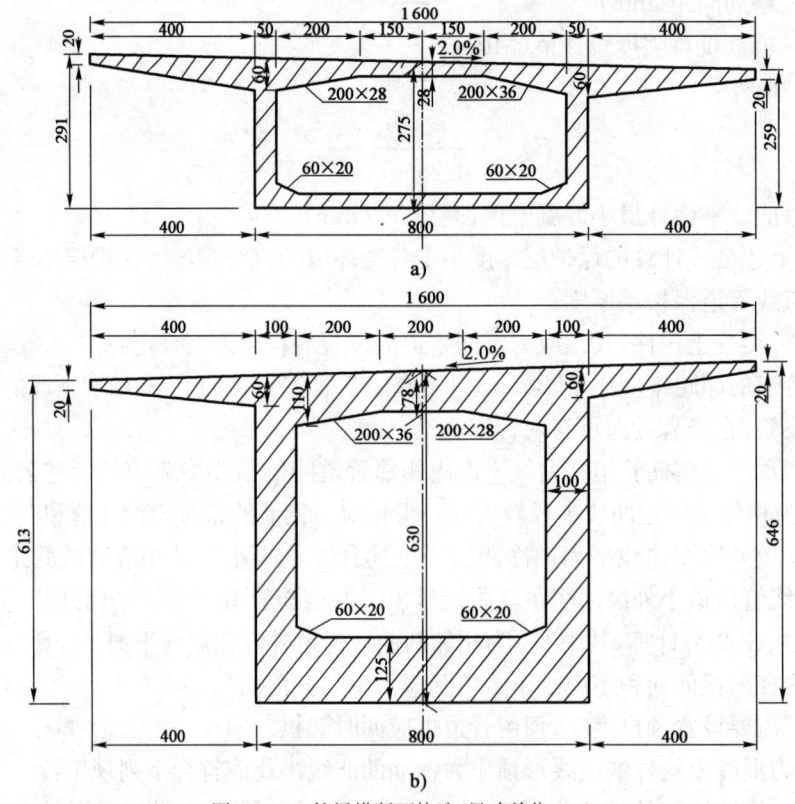

图 2-2-32 箱梁横断面构造(尺寸单位:cm)
a)跨中截面;b)支点截面

预应力体系与布置如下:

(1)纵向:主梁纵向预应力采用 19ϕ^s15.24mm、12ϕ^s15.24mm 规格的钢绞线,OVM 锚固体系。钢束张拉锚下控制应力采用 0.75f_{pd}=1 395MPa。

支点负弯矩区设顶板预应力钢绞线 46 束,腹板预应力钢绞线 4 束,另设预备预应力束孔道 2 个,见图 2-2-33c)。边跨设顶板预应力筋 4 束,底板预应力筋 24 束,底板预备预应力束孔道 2 个;中跨设底板预应力筋 30 束,底板预备预应力束孔道 2 个,见图 2-2-33b)。

(2)横向:箱梁顶板横向预应力采用 3ϕ^s15.24mm 规格的钢绞线,BM15—3 扁锚,除梁端外,其余以 80cm 的间距布设,单端张拉锚固,钢束张拉锚下控制应力采用 0.75f_{pd}=1 395MPa。

(3)竖向:箱梁腹板中竖向预应力采用 JL32mm 高强精轧螺纹粗钢筋,标准强度 750MPa,张拉控制应力为 0.90f_{pd}=675MPa,设计张拉吨位为 598kN,间距为 50cm,锚具采用 YGM 型。

所有预应力钢绞线管道均采用镀锌钢波纹管成型,竖向束管道采用铁皮套管成型。

2. 先简支后连续预应力钢筋构造

杭州湾大桥引桥上部结构 70m 箱梁采用整孔预制,整孔架设进行施工。横向为分离单箱单室箱梁,预应力筋采用按 ASTM A416—97 标准生产的低松弛 270 级,公称直径为 ϕ15.24mm 的预应力钢绞线。箱梁简支阶段纵向预应力筋采用 2×4 束 22ϕ^s15.24mm(腹板)和 2×4 束 19ϕ^s15.24mm(底板)两类钢绞线(图 2-2-34),f_{pd}=1 860MPa,E_p=1.95×10^{5}MPa,锚下张拉控制应力 σ_K=1 395MPa。钢绞线分别采用相应内径塑料波纹管成孔。纵向预应力筋布置见图 2-2-35、图 2-2-36。

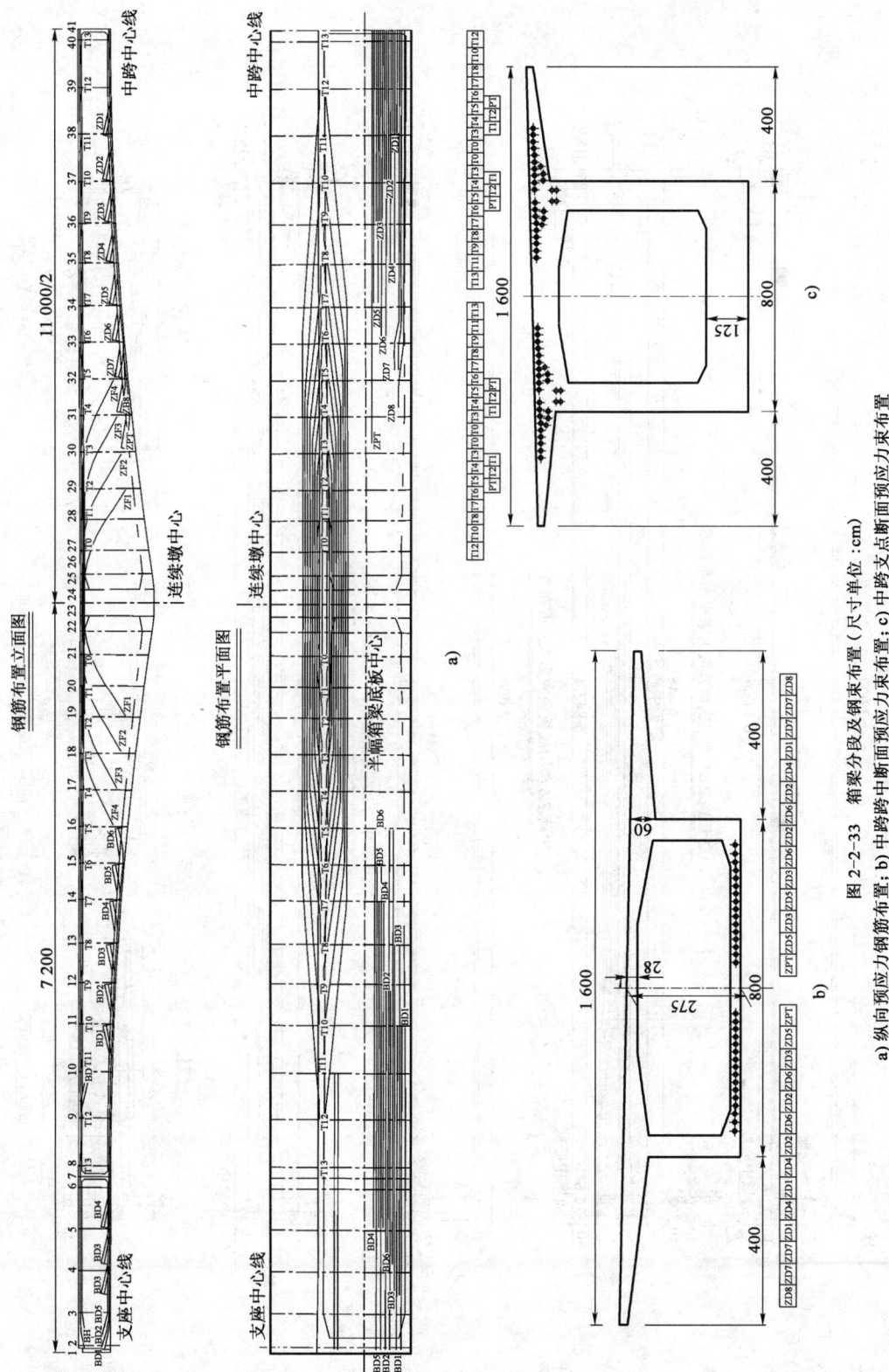

图 2-2-33 箱梁分段及钢束布置（尺寸单位：cm）
a）纵向预应力钢筋布置；b）中跨跨中断面预应力束布置；c）中跨支点断面预应力束布置

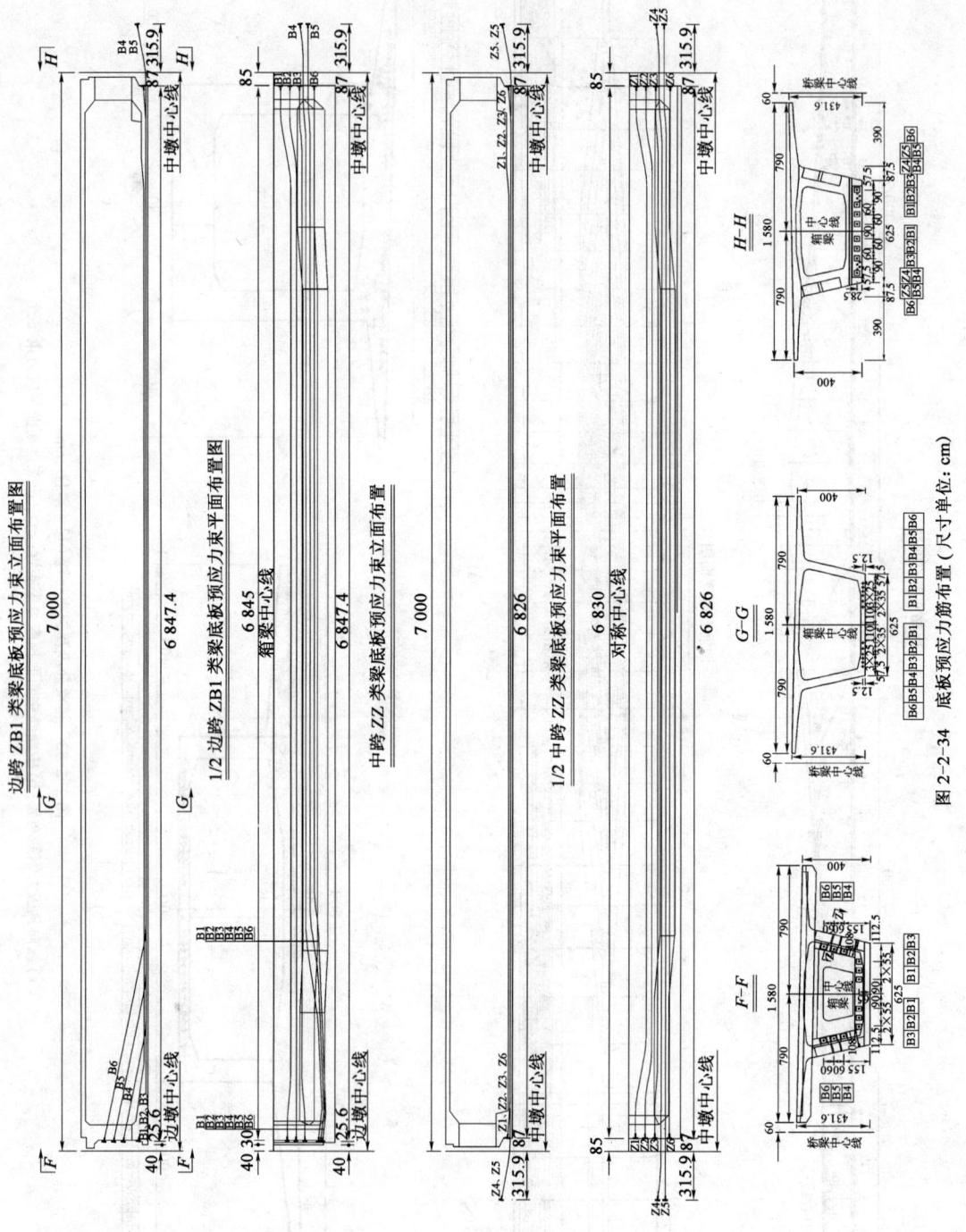

图 2-2-34 底板预应力筋布置（尺寸单位：cm）

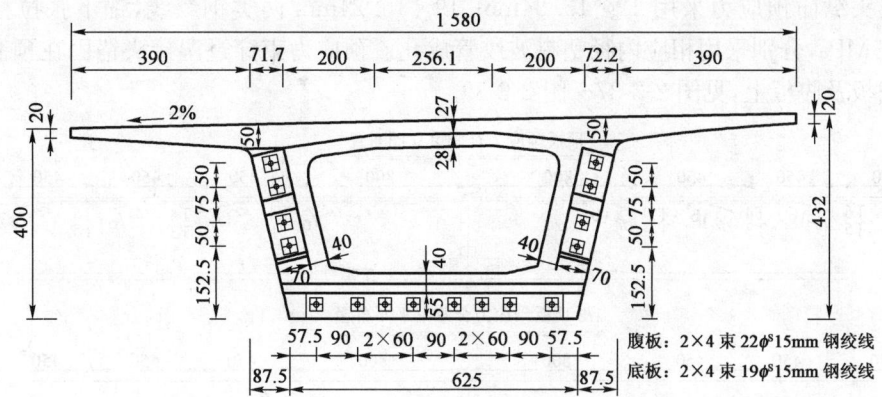

图 2-2-35 箱梁简支阶段纵向预应力筋(尺寸单位:cm)

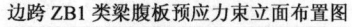

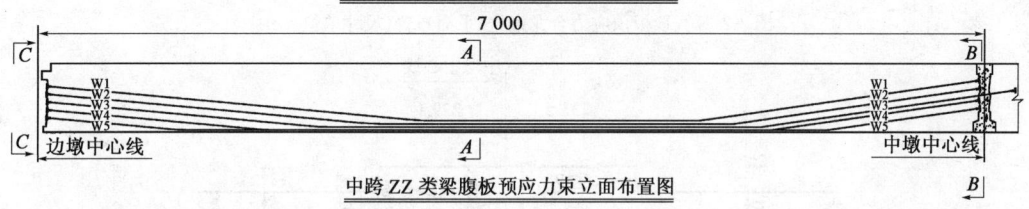

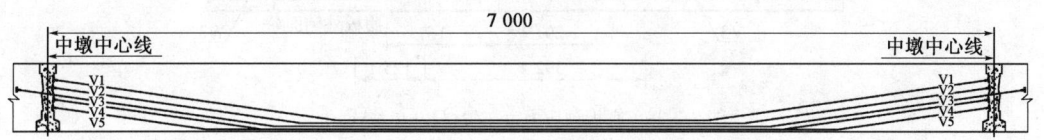

预应力束大样

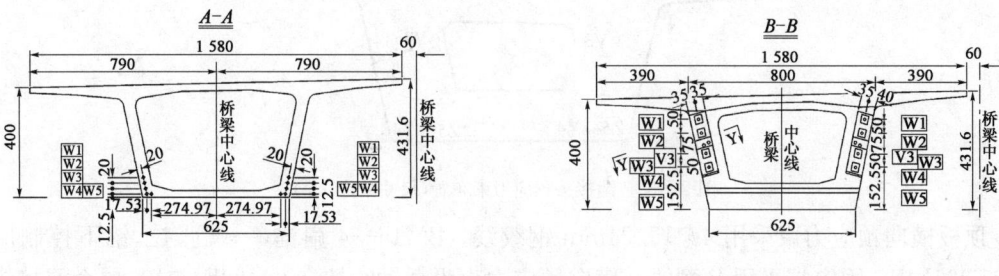

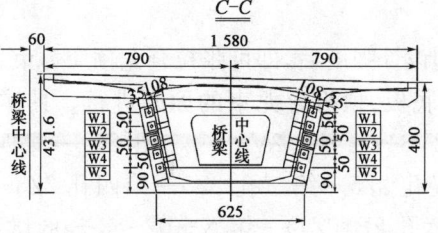

图 2-2-36 腹板预应力筋布置(尺寸单位:cm)

湿接头纵向预应力采用 $12\phi^S15.24mm$、$19\phi^S15.24mm$ 两类钢绞线，锚下张拉控制应力 $\sigma_K=1\,395MPa$，分别采用相应内径塑料波纹管成孔。预应力束穿过湿接头锚固在预制箱梁的相应顶底板及腹板上，见图 2-2-37～图 2-2-39。

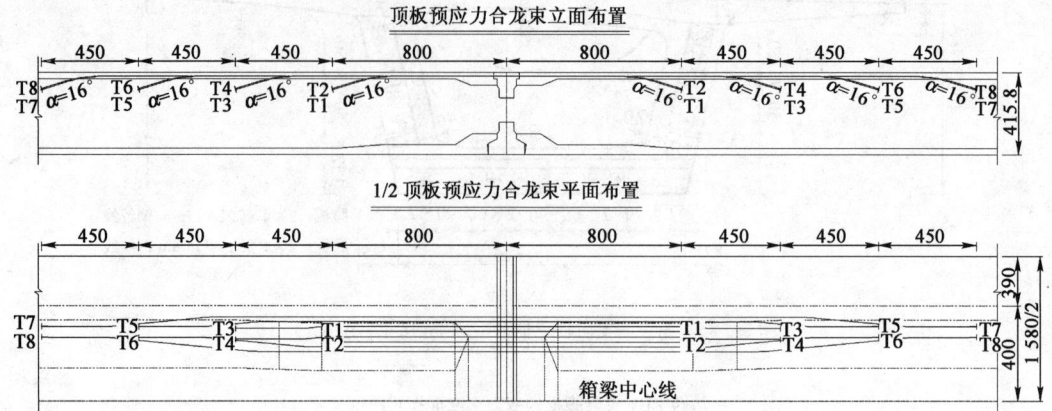

图 2-2-37 顶板预应力合龙束立、平面布置(尺寸单位:cm)

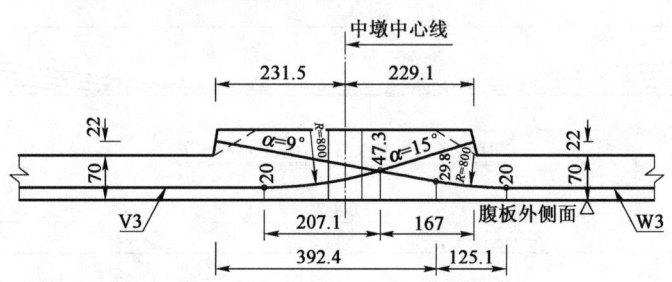

图 2-2-38 底板预应力束布置(尺寸单位:cm)

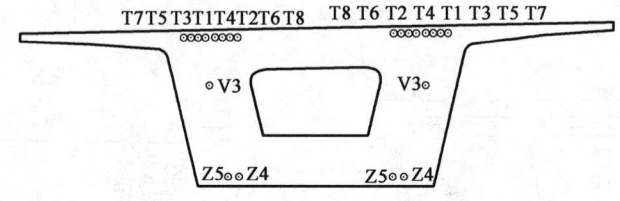

图 2-2-39 湿接头预应力束布置(尺寸单位:cm)

顶板横向预应力束采用 $4\phi^S15.24mm$ 钢绞线，BM15—4 扁锚，一端张拉，锚下控制应力 $\sigma_K=1\,395MPa$；固定端采用 P 型锚。横向预应力束沿桥轴线按 0.6m 间距布置，单个湿接头顶板处分别有两束预应力。

在湿接头混凝土养生达到设计强度后，即可张拉合龙预应力束。张拉时遵循对称张拉、先边墩后中墩、先腹板合龙束后底板、顶板合龙束的原则进行。具体的张拉顺序如下：第一孔 2W3→第六孔 2W3→第二孔 2V3→第五孔 2V3→第三孔 2V3→第四孔 2V3→第一孔 2B5→第六孔 2B5→第二孔 2Z5→第五孔 2Z5→第三孔 2Z5→第四孔 2Z5→第 X+02～X+06 墩顶 2T8、2T7、2T6、2T5→第一～六孔 2B4(Z4)→第 X+02～X+06 墩顶 2T4、2T3、2T2、2T1，最后张拉湿接头横向预应力束。

3. 体外配筋连续梁桥预应力钢筋构造

体外配筋的预应力桥梁在欧洲修建得较多，近年在我国也有应用。工程实例如表 2-2-16 所示，既有全部使用体外配筋的单纯型，也有体外和体内配筋同时使用的混合型。

体外配筋预应力桥实例   表 2-2-16

序号	桥名	所在国	完成年份(年)	桥长/主跨径(m)	桥宽/梁高(m)	防锈方法(套管+充填材料)	体外力筋种类	体外力筋锚固种类	类型
1	长礁桥	美国	1980	3 701.00/36.00	12.15/2.13	聚乙烯+水泥	19T13 26T13	弗莱西奈	单纯型
2	七英里桥	美国	1980	10 886.00/41.15	12.15/2.37	聚乙烯+水泥	19T13 27T13	弗莱西奈	单纯型
3	弗莱舍桥	法国	1983	116.00/64.00	10.75/1.75~2.80	钢管+黄油	19T15	VSL	混合型
4	布比延桥	科威特	1983	2 383.00/40.16	18.20/3.18	聚乙烯+水泥	24T15	PAC	单纯型
5	穆松桥	法国	1984	411.00/76.00	11.00/2.75~4.50	聚丙烯+水泥	19T15	弗莱西奈	混合型
6	塞尔门纳兹桥	刚果	1984	395.60/90.00	18.60/2.80~6.00	塑料管	12T15	弗莱西奈	单纯型
7	圣·阿尼昂桥	法国	1984	203.00/37.25	10.40/1.90	聚乙烯+黄油	19T15	弗莱西奈	单纯型
8	希农桥	法国	1984	170.00/70.00	11.00/2.80~4.50	钢管+水泥	12T15		单纯型
9	奎卢河桥	法国	1985	391.60/72.00	9.60/4.00	钢管	12T15	弗莱西奈	单纯型
10	目川桥	日本	1985	80.00	16.76/2.30~4.40	钢管+水泥	12T15		混合型
11	花之谷桥	法国	1985	110.50/48.00	10.40/2.50	聚乙烯+黄油	12T15		混合型
12	蓬桑桥	法国	1986	566.00/155.00	19.60/4.00~10.00		19T15	弗莱西奈	混合型
13	楠蒂阿桥	法国	1986	1 003.00/124.25	12.15/3.00~6.65		12T15 12T13	弗莱西奈	单纯型
14	瓦尔·迪杜兰斯桥	法国	1986	288.60/51.26	2@10.95/2.57		19T15	弗莱西奈	混合型
15	达尔斯河桥	法国		984.80/75.14	2@16.50/2.50~4.00	钢管+黄油	12T15	CCL	混合型
16	塞日蓬图瓦斯新桥	法国		141.60/70.00	11.80/3.36	聚乙烯+水泥	19T15		混合型
17	OA33	法国		286.60/43.00	2@13.15/2.05	聚乙烯+水泥	12T15	VSL	混合型
18	岩滑泽桥	日本	1996	302.00/50.00	2@10.20/3.70		12T15		混合型,顶推
19	福州洪塘大桥引桥	中国	1995	1 240.00/40.00	2@2.20/—	聚乙烯	56φ5	弗莱西奈	单纯型
20	五里墩立交桥	中国		3 886.14/21~25		聚乙烯+水泥	4T15	XYM	单纯型
21	株洲白马垄大桥	中国		685.2/41.00	24.00/2.3	聚乙烯+黄油		OVM	混合型

续上表

序号	桥名	所在国	完成年份(年)	桥长/主跨径(m)	桥宽/梁高(m)	防锈方法(套管＋充填材料)	体外力筋种类	体外力筋锚固种类	类型
22	铁岭河大桥	中国	2001	90.00/40	—/2.2～1.2	聚乙烯＋黄油	17T15	OVM	单纯型
23	上海崇明越江通道长江大桥	中国		1920/60.00	35.4/3.60	聚乙烯＋环氧填料	23T15		混合型
24	苏通长江大桥引桥	中国	2008	450.00/75		聚乙烯＋油脂	19T15	OVM	混合型

注：表中体外筋种类一栏中 T 表示钢绞线，ϕ 表示高强钢丝。

(1) 美国长礁桥

该桥采用设置在一个跨径的安装桁架上进行预制节段的拼装施工。预应力钢束全部采用体外布筋。钢束在各跨内连续布置并锚固在桥墩处的横隔梁上，跨中水平，两侧通过钢筋混凝土转向块向上弯起。如图 2-2-40 所示体外束布置情况。

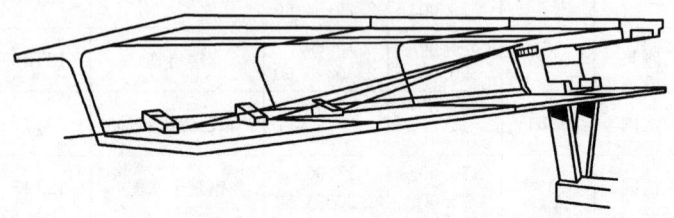

图 2-2-40　长礁桥体外束布置

(2) 美国七英里桥

该桥采用移动式桁架吊将放置在地面上的预制节段整孔吊装施工。如图 2-2-41 所示体外束布置情况。

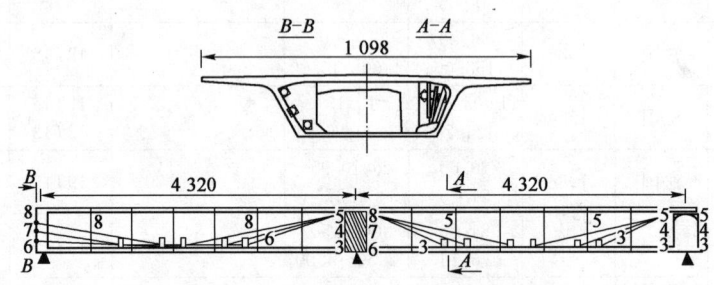

图 2-2-41　七里桥体外束布置(尺寸单位：cm)

(3) 法国塞日蓬图瓦斯新桥

该桥采用顶推法施工，其预应力束布置与弗莱舍桥相同。如图 2-2-42 所示其钢束布置情况。

(4) 福州洪塘大桥引桥

该桥采用单端张拉体外预应力钢筋，主束采用 $56\phi5mm$ 高强碳素钢丝，锚固端用 DMB—56 墩头锚板，张拉端用 XM—8 型锚具。临时束采用 $24\phi5mm$ 高强碳素钢丝、弗氏锚具。主束集中在腹板两侧，两端锚固在墩顶节段横隔板上，底板上设转向块弯起预应力钢筋，在墩顶处两孔预应力钢筋交叉。该桥用逐孔分块拼装法施工。横断面见图 2-2-43，预应力布置及转向块见图 2-2-44 和图 2-2-45。

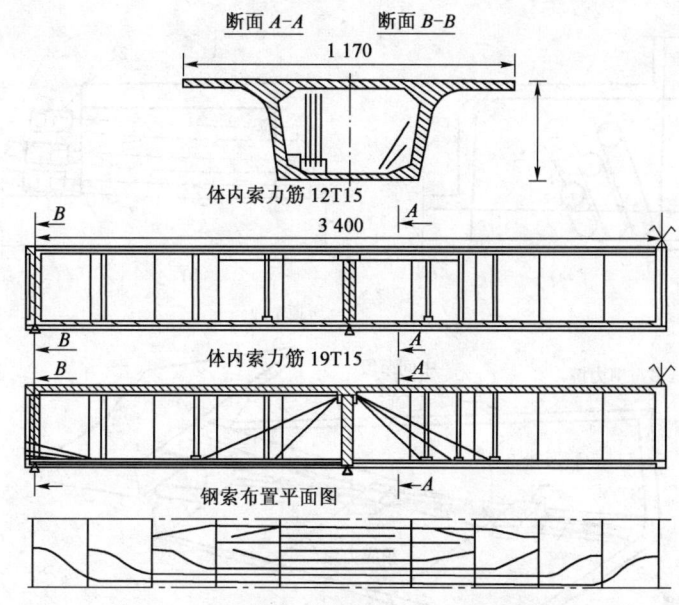

图 2-2-42 塞日蓬图瓦斯新桥钢束布置（尺寸单位：cm）

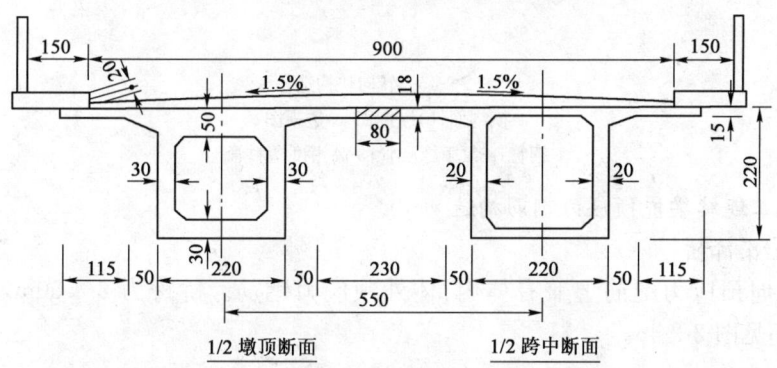

图 2-2-43 福州洪塘大桥引桥横截面构造（尺寸单位：cm）

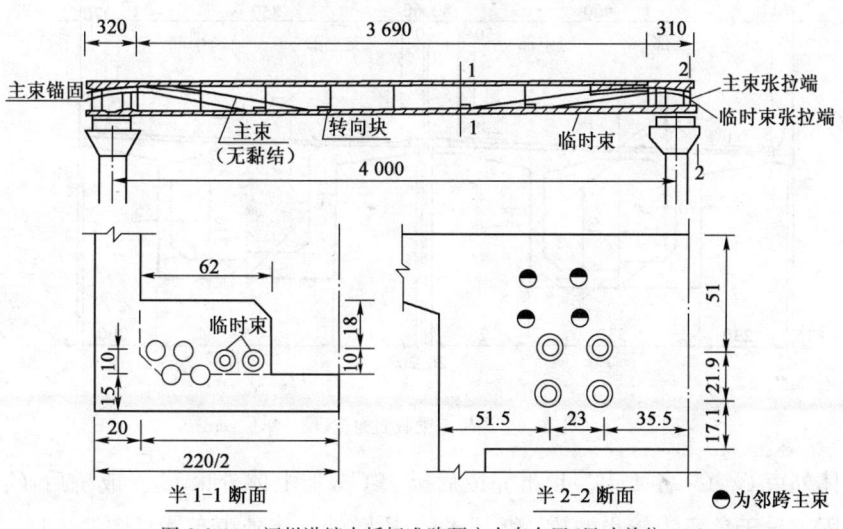

图 2-2-44 福州洪塘大桥标准跨预应力束布置（尺寸单位：cm）

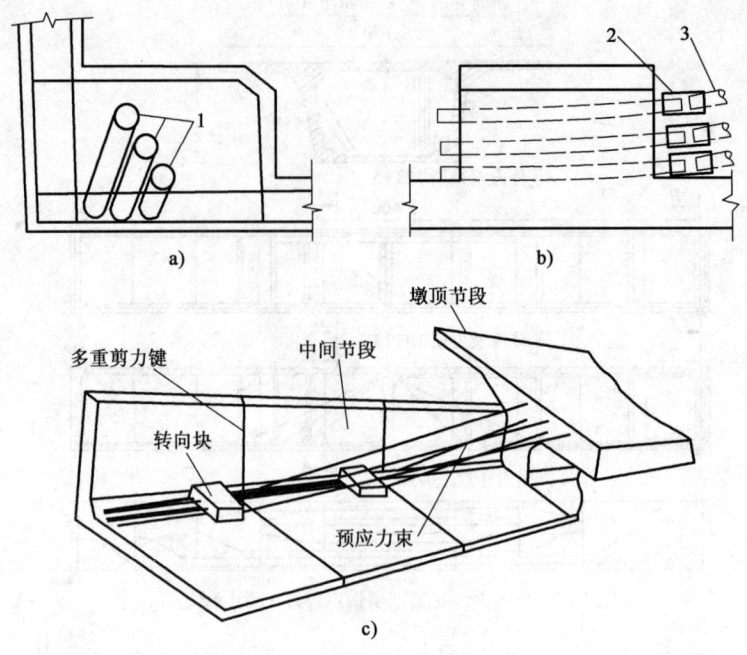

图 2-2-45 转向块构造
a)横剖面；b)纵剖面；c)透视图
1-钢管；2-氯丁橡胶管；3-高密度塑料管

4. 顶推施工连续梁桥预应力钢筋构造

(1)日本岩滑泽桥

该桥在纵向预应力配筋上兼有体内、体外预应力钢筋。桥跨为 $6 \times 50m$，平曲线半径 700m。横断面见图 2-2-46。

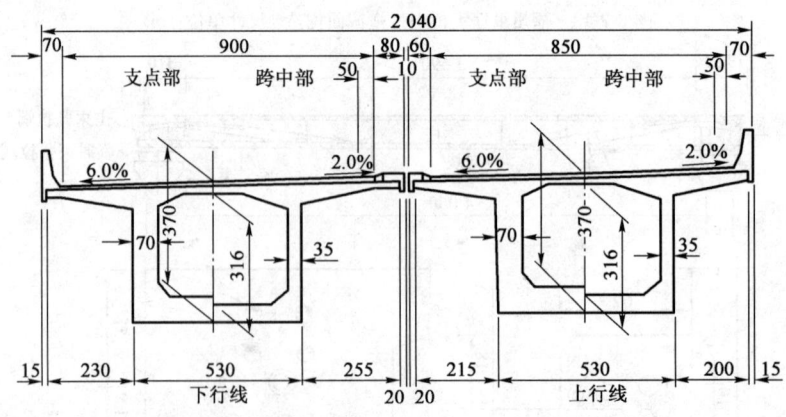

图 2-2-46 日本岩滑泽桥主梁截面构造(尺寸单位：cm)

顶推时体外束 C_1、C_2 各 4 束。顶推完成后拆去 C_2，加上体外束 C_3。成桥后，C_1 及 C_3 体外束中间锚固点设于负弯矩较小的 P_2 和 P_4 两个桥墩处。体外束布置见图 2-2-47。

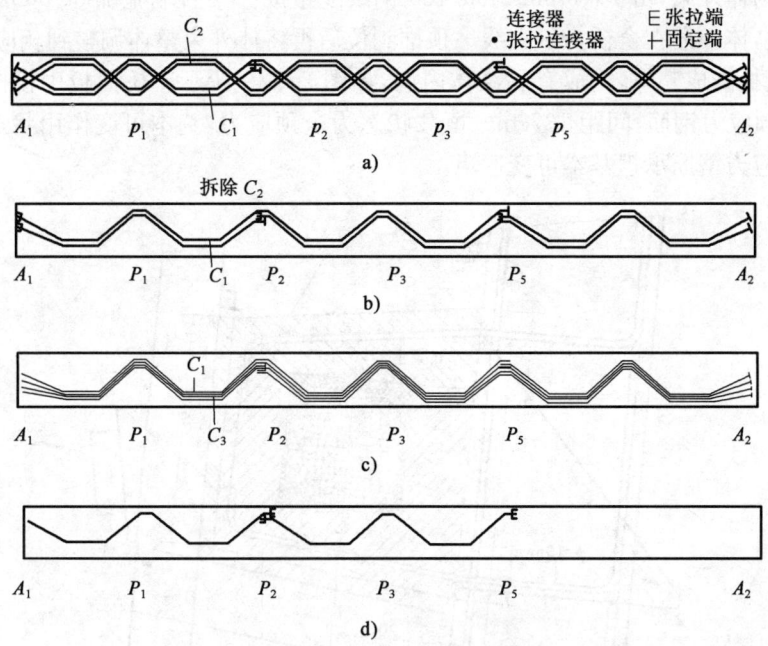

图 2-2-47 日本岩滑泽桥体外预应力筋布置
a)顶推时的体外力筋;b)顶推完成后;c)成桥后,补加了体外力筋 C_3;d)补修用体外力筋(更换 $A_1 \sim P_4$ 之间的体外筋,共长 200m)

(2)委内瑞拉卡罗尼河桥

1964年通车的卡罗尼河桥跨径为 48m+4×96m+48m,分段预制,预制段长 9.2m,全桥整体顶推。箱梁横断面如图 2-2-48 所示。施工推顶中,纵向预应力钢筋集中放置在腹板内侧

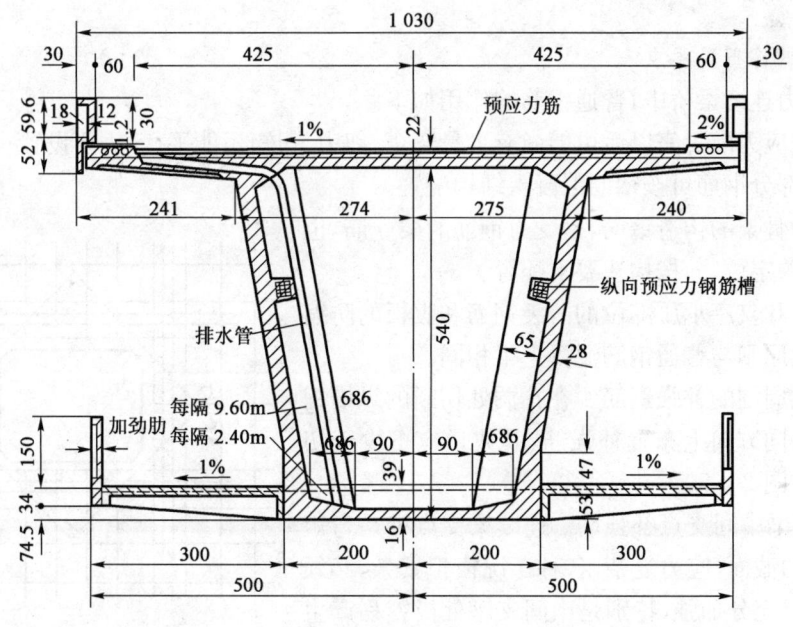

图 2-2-48 卡罗尼河桥主梁截面构造(尺寸单位:cm)

重心高度处,为体外束,由 7×3mmStl60/180 钢绞线组成。梁后端施加 50 000kN 预应力,另一端设转向块,体外筋在全桥为一直线。顶推到位后再将体外束整体调整到相应设计位置上,用混凝土与腹板浇成整体,构成有黏结体内筋,如图 2-2-49 所示。桥面板中横向配置了莱鲍(Leoba)S33 预应力钢筋,间距 137cm。恒载状态为全预应力,基本可变作用状态为部分预应力,附设非预应力钢筋承担基本可变弯矩。

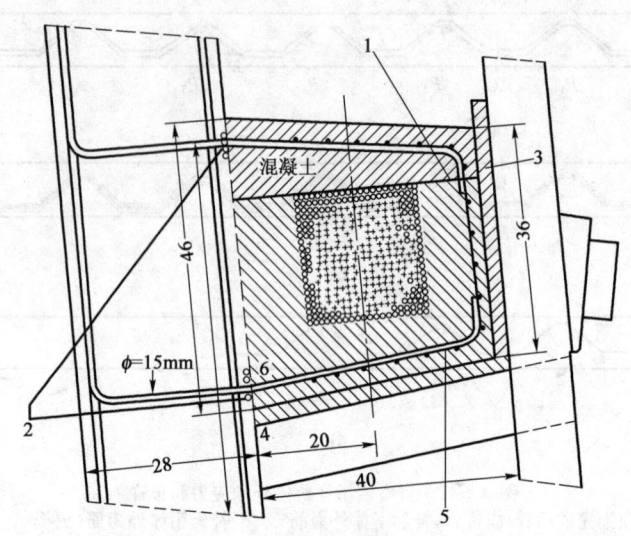

图 2-2-49　卡罗尼河桥预应力钢筋槽构(尺寸单位:cm)
1-干硬性混凝土封顶;2-钢筋槽的连杆;3-模板;4-填塞泡沫塑胶;5-构造钢筋网;6-5～10cm 砾石压浆混凝土

二、普通钢筋

1.普通钢筋布置要点

在预应力连续梁桥中,普通钢筋的作用如下。

(1)在预应力配置完以后可能尚有少量弯矩、剪力、扭矩不能平衡,需要设置一定数量的普通钢筋。这部分钢筋可按钢筋混凝土结构配置。

(2)作为骨架的构造钢筋,是受力钢筋的架立筋,也是预应力筋的定位筋,按构造要求配置。

(3)锚头和支座承压部位的防裂钢筋和腹板的防缩钢筋,其布设原则与普通钢筋混凝土梁相同。

(4)开孔周围的补强钢筋。在孔洞处切断的纵横钢筋,需在孔边同方向上布置补强筋,其数量应不少于切断筋面积,见图 2-2-50。

(5)连续梁中间支点补强筋。连续梁支点处是弯矩和剪力较大的截面,应力复杂,各种工况模拟繁杂,必须按其构造予以充分加强,特别是中间支座处极容易产生裂纹,需慎重对待。补强筋的配置见图 2-2-51 示例。

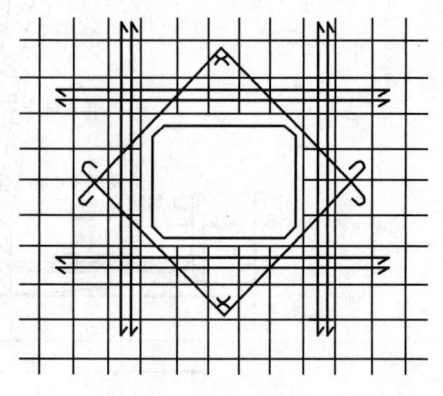

图 2-2-50　人孔加强配筋布置

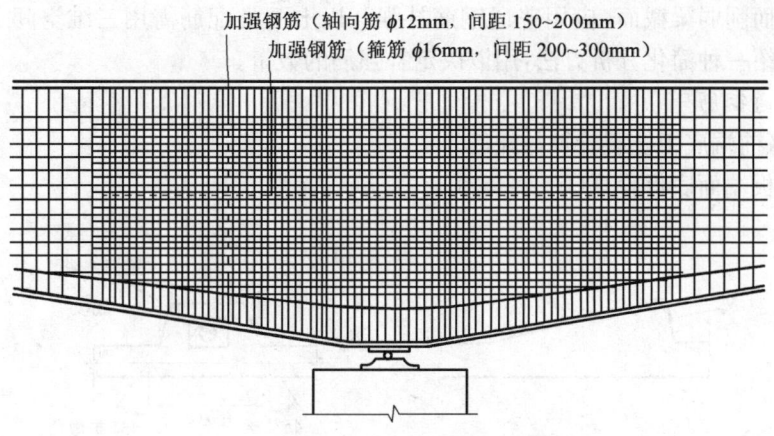

图 2-2-51　支点附近的补强钢筋示例

(6)温度补强钢筋。在现场浇筑的梁,由于日照使上缘温度高于下缘,梁的下缘至腹板上部会产生相当大的拉应力,导致开裂。拉应力按温度梯度引起拉应力计算,可在梁的下缘和腹板上部布置补强钢筋。需注意,在中间支座处梁的下缘可能会由于负弯矩预应力束张拉而产生很小的拉应力,与温度应力耦合。

(7)布置适量的构造钢筋,以避免收缩和徐变引起的裂缝。

(8)对于连续梁桥跨中箱梁,纵向预应力钢束的径向分力不容忽视。底板纵向钢束完全沿底板曲线行走将导致较大的径向分力,任意点径向分力集度 $q=T/R$,其中 T 为该点有效预应力,R 为该点曲率半径。底板纵向预应力径向分力对底板作用:其一是对箱梁底板产生弯矩,如箱梁底板的横向配筋不足,将使底板出现纵向裂缝;其二是引起箱梁底板内部竖向受拉,由于底板布置了较多的纵向预应力管道,使得混凝土人为地分成了两层,极易造成混凝土劈裂。设计要求增加底板横向钢筋数量,同时为了防止底板劈裂,应在底板内设置径向力平衡钢筋,即箱梁内常采用的"["形勾筋和"U"形钢筋。将"["形钢筋卡在底板上下外层横向钢筋上,"U"形钢筋定位在预应力束上。

(9)预应力钢筋混凝土箱梁中的非预应力钢筋可以降低箱梁的纵向预压应力,避免出现纵向裂缝,减少反拱度,改善结构使用性能。对 C50 预应力混凝土箱梁,非预应力钢筋的配筋率小于 0.25% 时,会减少钢筋的抗拉性能,导致梁底裂缝产生。根据施工经验,当箱梁顶、底板纵、横向分布受力钢筋的间距大于 15cm 时,梁底会出现裂缝。

(10)注意在悬臂翼板中加强对普通钢筋配置,尤其是翼板上有刚性混凝土防撞护栏的箱梁。设计中纵向主要考虑预应力束来抵抗负弯矩,普通钢筋只是满足构造要求,而不考虑受力。实际上,普通钢筋的抗裂作用是很有效的,建议设计时考虑将支点至 $L/4$ 段负弯矩区的纵向构造钢筋适当加粗加密,以使其运营使用时抵抗拉应力。在箱梁节段线附近,可相应增加防崩裂钢筋的数量。

(11)设置于梁体内的锚头和顶底板齿板的补强钢筋。在体内锚头和齿板的前端,由于锚头的张拉力作用,很容易在锚下混凝土板中产生横向裂缝,必须沿着梁顶、底板的纵向布置补强钢筋。为抵抗锚头压力和弯起预应力筋的径向分力,在齿板内必须配置足够的防崩裂钢筋。当预应力钢筋需在构件中间锚固时,其锚固点宜设在截面重心轴附近或外荷载作用下的受压区。如因锚固而削弱梁截面,应用普通钢筋补强。以上两类配筋需用三维空间分析,计算复杂。下面将介绍一种简化分析方法,用以决定补强筋的数量。

2. 齿板普通钢筋

(1)锚固区前端底板抗裂验算与配筋

①紧靠齿板端面底板验算(图 2-2-52)。

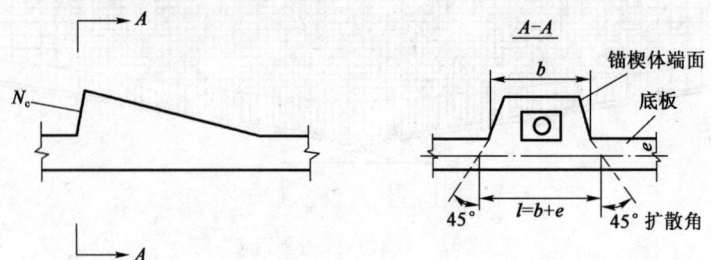

图 2-2-52 齿板前面扩散宽度计算简图

该段面最小压应力 σ_{b0} 应满足:

$$\sigma_{b0} \geqslant \frac{N_{ld}}{20e(b+e)}(\text{MPa})$$

式中:N_{ld}——端面的锚固力(kN);

e——底板厚度(mm);

b——端面底宽(mm)。

若上式不能满足,超出的应力应由配置的纵向补强受拉钢筋承受。

②在邻近端面的分段接缝处应力验算。

在梁的分段接缝处如果没有纵向钢筋通过,接缝处最小压应力 σ_b 应满足:

$$\sigma_b \geqslant \frac{N_{ld}}{20e(b+e+d+2D)}(\text{MPa})$$

式中:d——两个相邻齿板中线距离(图 2-2-53),若为一个齿板时,$d=0$;

其他符号见图 2-2-53。

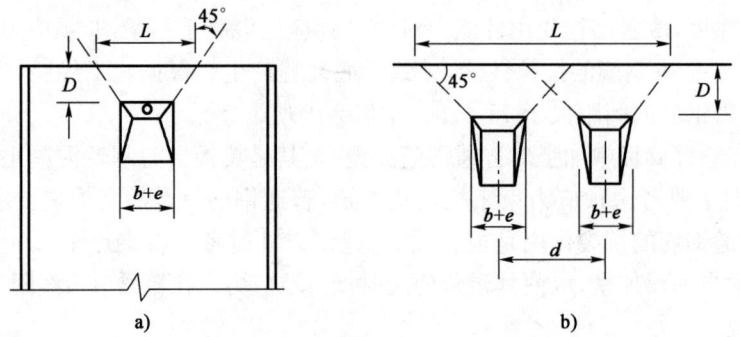

图 2-2-53 齿板前面梁端接缝处扩散宽度
a)一个齿板扩散宽度;b)相邻较近两个齿板扩散宽度

若上式不能满足,超出的应力需由穿过接缝的纵向补强受拉钢筋承受。

(2)齿板内三种防崩裂钢筋验算与配置

齿板内三种横向分布钢筋见图 2-2-54。钢筋总面积为 A_s，其中局部承压区抗裂钢筋总面积为 A_1，中间钢筋总面积为 A_2，径向拉力钢筋总面积为 A_3。

①锚头下局部承压验算与抗裂钢筋的配置，与一般锚头相同，详见《桥规》(JTG D62—2004) 第 5.7.1 条、第 5.7.2 条、第 5.7.3 条内容。

②径向拉力钢筋总面积 A_3:

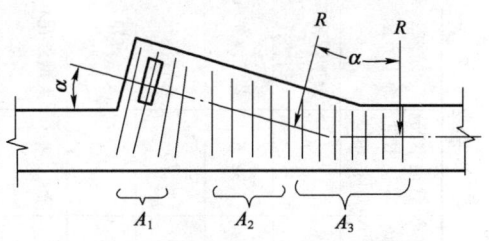

图 2-2-54 齿板内三种横向分布钢筋

按直线管道设置最小保护层厚度，在弯曲平面内设置箍筋。箍筋单肢的截面面积可按下式计算：

$$A_{sv1} \geqslant \frac{P_d s_v}{2 r f_{sv}}$$

式中：P_d——端面锚固力(N)；

A_{sv1}——箍筋单肢的截面面积(mm^2)；

s_v——箍筋间距(mm)；

f_{sv}——箍筋抗拉设计值(MPa)。

③中间钢筋总面积 A_2，可近似按下式确定：

$$A_2 = \frac{P_d}{2 f_{sv}}$$

式中符号意义同上。

第四节 技术经济指标

国内预应力混凝土连续梁桥的三材用量指标及其一览表见表 2-2-17、表 2-2-18，各种体系桥梁上部结构的混凝土用量指标见图 2-2-55，从中可以看出在连续梁、T 形刚构和连续刚构三种桥型中单位面积混凝土用量指标相近，其中以连续梁桥较高。

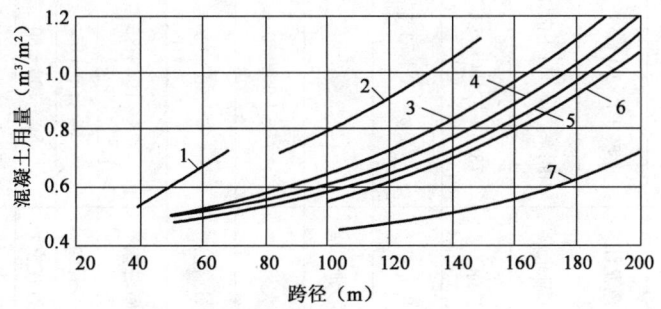

图 2-2-55 各种体系桥梁跨径与上部结构混凝土用量最佳曲线
1-简支梁；2-悬臂梁；3-连续梁；4-T 形刚构；5-连续刚构；6-悬臂拱；7-斜拉桥

国外箱梁桥的混凝土用量指标统计曲线如图 2-2-56 所示。其中圈点为我国预应力混凝土连续梁实际工程的用量指标，三角形为连续刚构，普遍高于最佳用量曲线指标；采用《桥规》(JTG D62—2004)后，钢筋用量有所提高。

国内大跨径预应力混凝土连续梁桥一览表

表 2-2-17

竣工年份(年)	桥名	跨径布置(m)	桥宽(m)	截面形式	梁高 H(m),高跨比 H/L				混凝土单位用量(m^3/m^2)	预应力钢筋单位用量(kg/m^2)	普通钢筋单位用量(kg/m^2)	施工方法
					$H_支$	$H_支/L$	$H_中$	$H_中/L$				
1983	珠江三桥(广州)	80+110+80	24	⊔⊔⊔⊔⊔	5.5	1/20.0	2.7	1/40.7	0.83	48.8	87.1	大型浮吊拼装
1983	松花江大桥(黑龙江)	59+7×90+59	24	⊔⊔	5.4	1/16.7	3	1/30	0.83	49.3	92.6	悬臂浇筑
1984	沙洋汉江桥(湖北)	64.4+6×111+62.4	12	⊔	6	1/18.5	2.5	1/44.4	0.88	49.4	75	悬臂浇筑
1984	荣奇大桥(广东)	73.3+3×90+73.3	15	⊔⊔	5.35	1/16.8	3	1/30	0.6	33.8	118	大型浮吊拼装
1984	沙口大桥(广东)	73.3+90+73.3	15	⊔⊔	5.35	1/16.8	3	1/30	0.58	34.1	89.2	大型浮吊拼装
1992	富阳富春江桥(浙江)	52+3×80+52	13	⊔	5	1/16.0	2.3	1/34.8	0.81	43.6	66.9	悬臂浇筑
1993	上海吴淞大桥	55+90+55	40	⊔⊔	5	1/18	2	1/45	0.86	50	120	悬臂浇筑
1995	青田西门桥(浙江)	55+90+55	13	⊔	5	1/18	2.5	1/36	0.76	38.2	66.2	悬臂浇筑
1991	六库怒江大桥(云南)	85+154+85	10	单箱单室	8.53	1/18	2.83	1/55	1.73	67	109.1	悬臂浇筑
1995	青田瓯江桥(浙江)	55+90+55	13	单箱单室	5	1/18	2.5	1/36	0.76	38.2	66.2	悬臂浇筑
1995	丹东大洋河桥(辽宁)	80+100+80	11.85	单箱单室	5.8	1/17.2	2.4	1/41.7	0.96	67.3	104.6	悬臂浇筑
1995	番禺海鸥大桥(广东)	70.5+110+70.5	15.5	单箱单室	6	1/18.3	2.4	1/45.8	0.92	61.8	121.2	悬臂浇筑
1995	上海苏州河成都路桥	44+65+44	27.5	双箱单室	3.5	1/18.6	2.5	1/26	0.74	48.1	102.5	悬臂浇筑
1995	上海奉浦大桥	85.15+3×125+85.15	18.6	单箱单室	7	1/17.9	2.8	1/44.6	0.91	69.2	95.5	悬臂浇筑
1996	天门汉江公路桥(湖北)	2×50+85.3+2×115.7+85.7+2×50	13.5	单箱单室	6.6	1/12.9	3	1/28.4	0.717	46.6	143.1	悬臂浇筑

续上表

竣工年份(年)	桥名	跨径布置(m)	桥宽(m)	截面形式	梁高 H(m), 高跨比 H/L				混凝土单位用量(m³/m²)	预应力钢筋单位用量(kg/m²)	普通钢筋单位用量(kg/m²)	施工方法
					$H_支$	$H_支/L$	$H_中$	$H_中/L$				
1997	兰溪黄湓大桥(浙江)	52+3×80+52	15.7	单箱单室	5.1	1/15.7	2.4	1/33.3	0.88	54	72	悬臂浇筑
1998	沪杭高速长山河桥(浙江)	50+70+50	32.5	单箱单室分离箱	4	1/17.5	1.9	1/36.8				悬臂浇筑
1999	沪宁高速龙溪港桥(浙江)	56+80+56	32.5	单箱单室分离箱	5	1/16	2.4	1/33.3	0.84	42.2	65.1	悬臂浇筑
1999	德庆西江桥(广东)	82+2×128+82	12.5	单箱单室	7	1/18.3	2.8	1/45.7		44.9		悬臂浇筑
2000	宁波市通途桥(浙江)	40+3×60+40	30	单箱单室分并列箱	3.5	1/17.1	1.7	1/35.3	0.76	38.2	66.2	悬臂浇筑
2000	福泉高速乌龙江二桥(福建)	60+3×100+60	33.5	单箱单室分离箱	6.9	1/14.5	3.1	1/32.3	0.96	67.3	104.6	悬臂浇筑
2001	南京长江二桥北汊桥(江苏)	90+3×165+90	32	单箱单室分离箱	8.8	1/18.8	3	1/55	0.92	61.8	121.2	悬臂浇筑
2001	杭州绕城高速运河桥(浙江)	41.45+4×70+41.45	40	单箱单室	4.1	1/17.1	2	1/35	0.91	69.2	95.5	悬臂浇筑
2001	衡阳蒸水大桥	35+4×40+35	14.25	单箱单室	2.5	1/16	2.5	1/16	0.74	48.1	102.5	多点顶推施工
2005	东海大桥副航道桥	90+160+160+90	15.25	单箱双室	9.5	1/16.8	2.6	1/46.2				悬臂浇筑施工
2007	天宁大桥(江苏)	72+120+72	16.5	单箱单室	6.8	1/17.6	2.6	1/46.2	1.09	90.6	138.5	悬臂浇筑施工
2007	兰嶔路大桥(江苏)	72+110+72	16.0	单箱单室	6.3	1/17.5	2.75	1/40	1.03	58	256.5	满堂支架浇筑
2008	苏通大桥引桥	6×75	16.5	单箱单室	4	1/18.75	4	1/18.75	0.8	45.2		预制拼装施工
2009	金塘大桥西航道孔	87+156+87	12.3	单箱单室	9.25	1/16.8	3.4	1/45.9	1.224	75.3	180.5	悬臂浇筑施工
2009	东山互通桥区岷江桥	95+170+95	12.5	单箱单室	10.2	1/16.7	3.8	1/44.7				悬臂浇筑施工

表 2-2-18 国内中等跨径预应力混凝土连续梁桥一览表

竣工年份(年)	桥名	跨径布置(m)	桥宽(m)	截面形式	梁高 H(m) $H_支$	梁高 H(m) $H_中$	高跨比 $H_支/L$	高跨比 $H_中/L$	混凝土单位用量(m³/m²)	预应力钢筋单位用量(kg/m²)	普通钢筋单位用量(kg/m²)	施工方法
1981	莲西大桥(上海)	30+40+30	9	5片T梁	1.8	1.8	1/22.2	1/22.2	0.59	17.8	50.2	预制拼装
1981	惠水县郎龙桥(贵州)	25+2×30+25	9	□	2.1	2.1	1/14.3	1/14.3	0.47	19.9	59.2	多点顶推
1981	天津市十一经路立交桥	30+32+30	18.5	□□□□	1.2	1.2	1/26.7	1/26.7	0.56	61.2	131.3	简支转连续
1983	柳州柳江大桥(广西)	9×60	20	□□	3.68	3.68	1/16.3	1/16.3	0.72	29.2	61.9	多点顶推
1983	中堂大桥(广东)	32.5+4×45+32.5	21	□	3	3	1/15	1/15	0.61	26.8	67.1	顶推
1983	包头黄河大桥(内蒙)	4×65	12	□	3.5	3.5	1/18.6	1/18.6	0.68	32	77	顶推
1984	西谙大桥(广东)	42.5+3×54+42.5	15	6片T梁	2.5	2.5	1/21.6	1/21.6	0.53	30.5	64.6	简支转连续
1984	三洪奇大桥(广东)	42.5+4×45+42.5	15	6片T梁	2.5	2.5	1/21.6	1/21.6	0.53	30.9	65.5	简支转连续
1990	平顺县曲桥(山西)	28+35+28	10	□	2.7/2.3	2.7/2.3	1/14.0	1/14	0.51	30	65	顶推(曲)
2002	珠江西桥(广州)	7×50	15	单箱单室	3.15	3.15	1/15.8	1/15.8				多点顶推
2003	黑大公路牛头山大桥	13×40	12	7片T梁	2	2	1/20	1/20	0.9	29.2	121.6	简支转连续
2003	金沙洲大桥(广州)	93+138+93	22	单箱单室	7	3	1/19.7	1/46	0.53	19.4	77.7	悬臂施工

续上表

竣工年份(年)	桥名	跨径布置(m)	桥宽(m)	截面形式	梁高 H(m),高跨比 H/L				混凝土单位用量(m^3/m^2)	预应力钢筋单位用量(kg/m^2)	普通钢筋单位用量(kg/m^2)	施工方法
					$H_支$	$H_支/L$	$H_中$	$H_中/L$				
2003	竹埠港湘江大桥(湖北)	8×42	15	单箱单室	2.8	1/15	2.8	1/15	0.36	19.6	58	多点顶推
2005	张家界澧水大桥(湖北)	8×50	14.25	分离式单箱单室直腹式箱形截面	3.5	1/14.3	3.5	1/14.3				多点顶推
2005	东海大桥近岛段	8×50	15.25	单箱单室×2	3.5	1/14.3	3.5	1/14.3				多点顶推
2005	东海大桥引桥	5×70	15.25	单箱单室	4	1/17.5	4	1/17.5				预制整体吊装简支转连续
2006	西梁大桥(陕西)	5×20m(两联)+4×20m(1联)	12.25	4个小箱梁	1	1/20	1	1/20				先简支后连续
2006	永连台大桥(陕西)	3×40m(3联)	12.25	4个小箱梁	1.35	1/19.6	1.35	1/19.6				先简支后连续
2008	杭州湾跨海大桥中区引桥(浙江)	6×70	15.8	分离箱单室	4	1/17.5	4	1/17.5				预制箱梁先简支后连续
2008	杭州湾跨海大桥南引桥(浙江)	8×50	15.8	分离箱单室	3.2	1/15.6	3.2	1/15.6				预制箱梁先简支后连续
2008	广州珠江黄埔大桥(广东)	45+2×2×62.5+2×5×62.5	16.7	分离箱单室	3.5	1/17.86	3.5	1/17.86	0.78	39.1	126.9	上行式移动模架施工
2009	金塘大桥引桥	3联6×60	12.3	分离单箱单室	3.4	1/17.6	3.4	1/17.6				整体吊装简支转连续
2009	金塘大桥引桥	2联7×50	12.3	分离单箱单室	3.0	1/16.7	3.0	1/16.7				移动模架施工

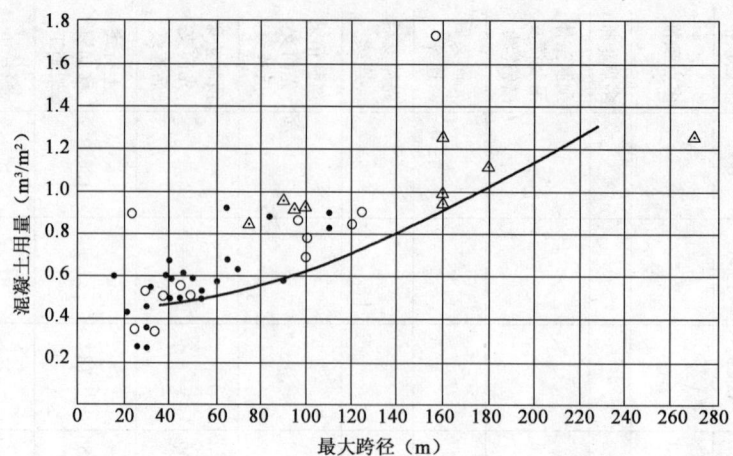

图 2-2-56 连续梁、连续刚构每平方米桥面混凝土用量最佳曲线

根据国外统计资料,纵向预应力受力钢筋、非受力钢筋用量及以上两项总和的钢筋用量指标曲线示于图 2-2-57。其中分散点为国内连续梁桥用量指标。国内预应力钢筋用量指标比曲线 1 低 $20 kg/m^2$,普通钢筋用量比曲线 1 高 $20\sim60 kg/m^2$。即国内连续梁桥预应力钢筋用量较低,普通钢筋用量较高,因此单位面积钢筋用量高于国外推荐曲线。

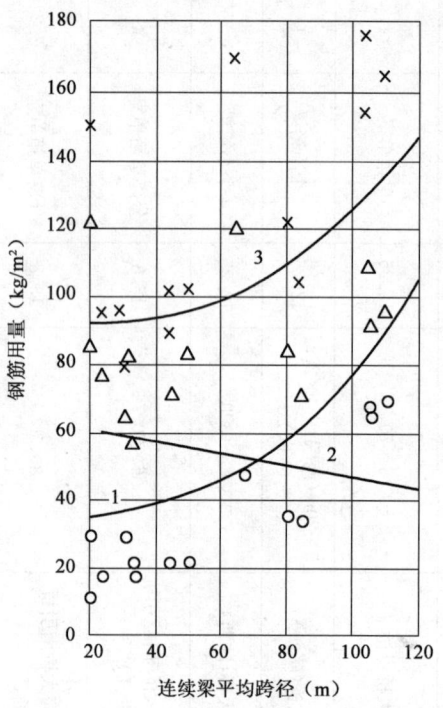

图 2-2-57 每平方米桥面钢筋用量最佳曲线
1-根据国外桥梁归纳的受力钢筋用量;2-根据国外桥梁归纳的非受力钢筋用量;3-1 与 2 的总和

第三章 连续梁桥内力计算

第一节 桥梁设计步骤与有限元简介

一、桥梁结构设计

连续梁桥设计是通过对设计资料的汇集,提炼出设计作用条件,然后运用结构计算理论与方法,借助专业有限元软件,进行结构内力计算,根据连续梁桥的力学性能,对计算结果进行判断、审核,决定取舍后将结果转换成设计数据,提供给设计者进行配筋及验算。最终形成符合《桥规》(JTG D62—2004)要求的设计图。

当前桥梁专业使用的有限元软件大致分为两类,第一类是三维结构分析通用程序,第二类是桥梁结构专用分析程序,配合荷载横向分布子程序。三维结构通用程序对结构的描述繁复,无法对桥梁施工过程进行仿真计算,不具备活载自动加载功能,处理桥梁结构的徐变、收缩及与预应力有关的问题显得无能为力,且只能进行应力分析,不能结合现行桥梁规范指导设计。故设计中很少采用三维结构通用程序对桥梁结构整体进行计算,只用其对受力性能较复杂的区域进行局部分析。

从美国国家公路与运输协会(AASHTO)的标准、英国桥梁规范 BS 5400 及日本《国有铁道混凝土结构设计标准解说》来看,利用计算机进行桥梁结构计算时仍以荷载横向分布系数和平面杆系电算程序结合为主,我国情况也大致如此。这一现状绝非桥梁结构计算技术滞后于数值计算理论的发展,而是具有现实意义和广阔发展前景的解析法与数值计算相结合的方法,在桥梁结构分析上应用的大势所趋。一般采用解析计算手段来降维,将三维简化为二维、一维。而同时又通过数值离散手段来弥补手算无法取代解析函数的不足,以逼近真实解。

混凝土连续梁桥结构计算理论与方法中,有些方面解析法和数值法还是有较大的不同。手算虽繁,但手算可以利用人的思维用一些较巧妙的方法处理问题。电算只能用统一的方法处理,但电算具有强大的计算功能。设计人员应同时具有这两方面的功底,熟悉计算原理以对结构有总体把握并能判断电算结果正确性的能力,详细了解程序原理、功能和缺陷,这样才能更好地使用和开发设计程序。

混凝土连续梁桥是一种较复杂的空间结构,在结构内力计算时,利用桥梁结构专用分析程序,配合荷载横向分布子程序分析桥梁上部结构。根据内力计算及验算结果,对于预应力混凝土连续梁桥,可以确定纵向预应力钢筋和竖向预应力钢筋的设置;对于钢筋混凝土连续梁桥,可以确定纵向钢筋的设置。为了确定桥面板、横隔梁和横向结构的尺寸和配筋，尚需考虑横桥向结构分析，一般也简化成平面杆系结构进行计算，计算图式可采用加支撑的框架分析法或加支撑的双悬臂连续梁法，对截面进行横向分析与计算，具体在顺桥向截取单位长度横向框架或桥面板作为计算模型。一般采用双悬臂连续梁法计算结果更为安全。对局部受力比较复杂的区域还需利用三维结构分析做特殊的局部有限元分析。

二、桥梁设计步骤

连续梁桥设计一般由初步设计和施工图设计两阶段组成。

初步设计的主要内容包括：根据地质、地形、通航或通行要求及水文情况，并考虑路线走向的协调以及有关技术经济指标等因素，进行桥位及桥型方案论证比选；确定桥长、跨径、桥宽、主梁截面形式及梁高等关键设计要素。

施工图设计的主要内容包括：基于初步设计，细化结构构造，明确作用条件（汽车荷载、人群荷载、温度作用、基础变位作用等），选定工程材料，确定施工方法，完成内力计算、配筋设计以及相关验算，汇总整理各环节的结果，最终形成符合《桥规》（JTG D62—2004）的施工图。

初步设计也称总体设计，参见本手册相关篇章，基于初步设计的连续梁桥施工图设计主要步骤如下。

(1) 根据设计指标，细化完善结构几何尺寸和材料类型。

(2) 模拟实际的施工阶段，计算恒载内力、汽车荷载和人群荷载内力（不考虑收缩徐变）、温度作用内力、基础变位等作用内力。

(3) 将恒载内力、汽车荷载和人群荷载内力、温度作用内力及基础变位作用内力等进行持久状况承载能力极限状态和持久状况正常使用极限状态作用效应组合，也即完成设计过程中的第一次作用效应组合。

(4) 根据第一次作用效应组合值，按持久状况承载能力极限状态和持久状况正常使用极限状态要求估算预应力钢束。对于预应力混凝土连续梁桥，在初步估算预应力筋数量时，工程上一般取用第一次组合最大控制设计弯矩值的 20%～30% 来计入次内力的影响。

(5) 根据《桥规》（JGT D62—2004）构造要求，并考虑施工过程特征，将最终确定的预应力钢束进行主梁横截面、立面及平面布置，这是预应力混凝土连续梁桥结构设计的关键环节之一。

(6) 根据钢束布置结果，考虑钢束对主梁截面几何特性的影响，重新模拟施工过程，进行主梁真实作用效应计算，并按《桥规》（JTG D62—2004）规定要求进行相应的作用效应组合，即进行第二次作用效应组合。

(7) 根据作用组合效应值，分别进行持久状况、短暂状况及偶然状况下承载能力极限状态和正常使用极限状态的截面强度、应力、裂缝及变形等方面的验算。

(8) 如各项验算均满足桥规要求，则设计通过。如有些截面的验算没有通过，则调整钢束甚至修改截面尺寸后重新计算，直至各项验算通过为止。

对于钢筋混凝土连续梁桥，同样按照上述步骤，不过只需进行一次作用效应组合，并估算相应的抗弯钢筋和抗剪钢筋，按照构造要求布置钢筋，进行截面强度验算、应力验算和变形验算。如果不符合要求，则调整钢束甚至调整截面尺寸后重新进行计算，直至验算通过。

总之，设计过程是一个逐次迭代逐次逼近的过程，有经验的设计人员可能一次通过，但对于初步设计人员，可能需迭代多次甚至修改截面尺寸和配筋结果。

三、有限元方法简介

随着电子技术的发展,计算机在工程中得到了广泛的应用,开发的专用有限元程序很多,功能越来越齐全,操作越来越方便。程序强大的计算能力为设计者提供了解决问题的平台。但如何对结构进行相应的力学简化、离散、数值模拟及结果的判断,这不是程序本身能解决的问题,需要使用者具有一定的力学、有限元、工程结构及专业基础知识。清楚地理解有限元理论,对设计者正确的建立模型,用相应的数据文件描述结构具有指导意义。

一般地,有限元分析可分为3个阶段:前处理阶段、分析计算阶段和后处理阶段。前处理阶段即将整体结构或一部分简化为理想的数学力学模型,用离散化的单元代替连续实体结构或求解区域。分析计算阶段是运用有限元法对离散模型进行分析计算。后处理阶段是对计算结果进行审核、判断和整理。

桥梁有限元计算的基本步骤如下。
(1)对桥梁结构进行力学简化、离散。
(2)输入原始数据,包括结构的几何尺寸、材料性能以及离散化后的节点编号与坐标、未知量编号、单元编号等。
(3)形成各单元的刚度矩阵,并转换到整体坐标系。
(4)形成结构原始刚度矩阵,即装配结构刚度矩阵 K。
(5)形成结构荷载列阵,即装配荷载列向量 P,包括节点力与非节点力的总效应。
(6)处理边界条件,即对结构进行支座约束的处理。
(7)解线性方程组,即求解结构刚度方程 $K\Delta=P$,求得节点位移向量 Δ。
(8)计算单元内力及支座反力。
(9)最后输出结果。

在上述基本步骤中,对于不同的结构,主要是原始数据以及单元刚度矩阵和单元之间的连接不同,其他步骤基本相同。对于不同的计算内容,主要是荷载列向量 P 不一样,其他步骤也基本相同,计算流程如图 2-3-1 所示。

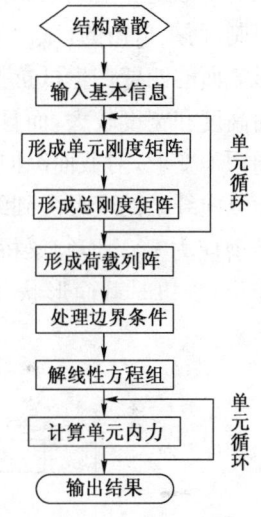

图 2-3-1 有限元法计算流程图

第二节 箱梁分析简介

箱形截面具有良好的结构性能,因而在现代各种桥梁中得到广泛应用。在中等、大跨预应力混凝土桥梁中,采用的箱梁是指薄壁箱形截面梁。其主要优点是:截面抗扭刚度大,结构在施工与使用过程中都具有良好的稳定性;顶板和底板都具有较大的混凝土面积,能有效地抵抗正负弯矩,并满足配筋的要求,适应具有正负弯矩的连续梁结构;适应现代化施工方法的要求,如悬臂施工法、顶推法等;承重结构与传力结构相结合,使各部件共同受力,同时截面效率高,并适合预应力混凝土结构空间布束,技术经济指标显著。

一、箱形截面的变形和应力特征

作用在箱形梁上的主要荷载是永久作用与基本可变作用(汽车荷载、人群荷载)。永久作用通常是对称作用的,只有采用顶推工艺时,可能出现所谓的"三条腿"现象,它才是非对称的。基本可变作用可以是对称作用,也可以是非对称偏心作用,必须分别加以考虑。偏心荷载作用,使箱形梁既产生对称弯曲又产生扭转。因此,作用在箱形梁的外力可综合表达为偏心荷载来进行结构计算分析。箱梁在偏心荷载作用下的变形与位移,可分成4种基本状态:纵向弯曲、横向弯曲、扭转及翘曲(即畸变)。箱梁在偏心荷载作用下,弯扭作用将在横截面上产生纵向正应力和剪应力,横向弯曲和翘曲变形将在箱梁各板中产生横向弯曲应力与剪应力。

图 2-3-2a)是在对称荷载的作用下,截面发生垂直向下的挠度,截面如同受弯的梁一样,产生纵向弯曲正应力 σ_M 和弯曲剪应力 τ_M。

图 2-3-2b)是在反对称荷载作用下,截面发生扭转。荷载的扭转作用根据受扭后截面纵向纤维的变形是否受到限制而分为约束扭转和自由扭转两种。自由扭转时,纤维的纵向变形不受限制,而是自由的,截面虽有翘曲,但不存在正应力。截面在自由扭转时仅作刚体转动,沿着箱形截面的四壁产生抵抗扭矩的环向扭转剪应力 τ_K。在承受扭转荷载时,如果箱壁厚度相对截面高度和宽度较大,而且沿跨径又设置了强大的横隔板,则箱形截面可假定在扭转过程中保持周边不变形,对截面纵向纤维的变形并无约束作用,所以截面中没有正应力。约束扭转时,截面纵向纤维的变形受到约束,截面不能自由翘曲,正截面上产生约束扭转正应力 σ_W 和约束扭转剪应力 τ_W。连续梁桥产生扭转的原因:支撑条件的约束,如固端支撑约束扭转纵向纤维变形;受扭时截面形状及其沿梁纵向的变化,使截面各点纤维变形不协调也将产生约束扭转。

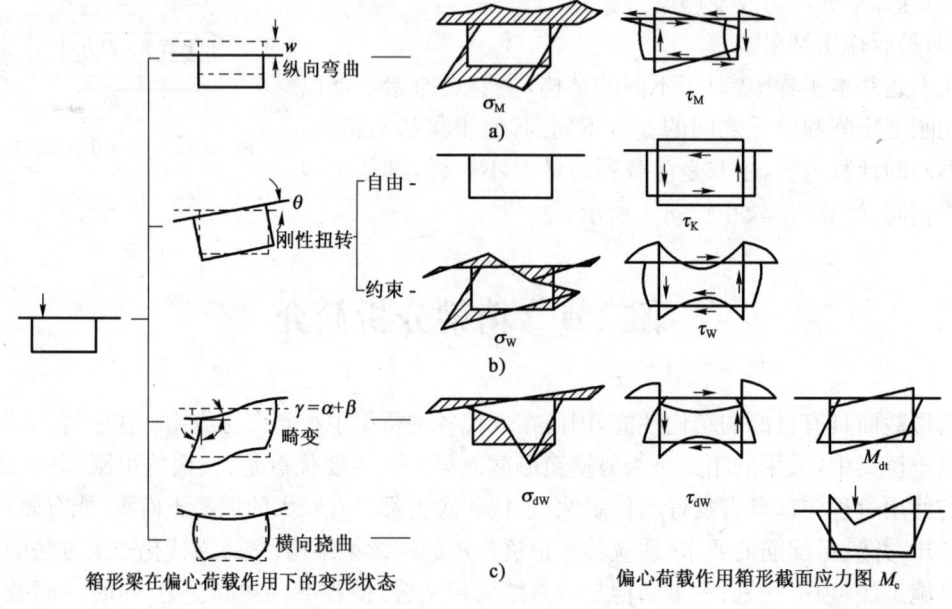

图 2-3-2 箱梁在偏心作用下的变形和应力

如果箱壁尺寸较小，而横隔板又非常薄弱，则箱形截面在横截面内将产生畸变（即歪扭）。如再沿用截面周边不变形的假定，会使分析结果产生较大的误差。截面的畸变除产生截面横向弯曲应力 σ_{dt} 外，还会产生纵向的截面翘曲正应力 σ_{dW} 和剪应力 τ_{dW}。

最后，由于荷载实际上是作用在顶板上的某一位置，在横向挠曲分析时，还要考虑由此而产生的局部弯曲应力 σ_{C}。

因此，综合箱梁在偏心荷载作用下，4种基本变形和位移引起的总应力为：

横截面：

纵向正应力
$$\sigma_Z = \sigma_M + \sigma_W + \sigma_{dW} \tag{2-3-1}$$

剪应力
$$\tau = \tau_M + \tau_K + \tau_W + \tau_{dW} \tag{2-3-2}$$

纵截面：

横向弯曲应力
$$\sigma_S = \sigma_{dt} + \sigma_C \tag{2-3-3}$$

通过以上箱形梁在荷载作用下变形和应力分析可知，正确理解箱形梁结构的变形和应力是很重要的。经过人们的长期探索，提出了各种精确或近似的计算方法。箱形截面的受力分析从理论角度，可以做到精确而全面。但从实际使用角度来看，可以忽略掉其中某些次要因素，这样既简化计算内容，也不会使计算结果带来显著影响的偏差。

在预应力混凝土连续梁桥中，跨度越大，恒载作用占总荷载作用的比重越大。因而，一般箱梁内对称挠曲的纵向弯曲应力 σ_M、τ_M 是主要的，而偏心荷载引起的扭转应力 σ_W、τ_W、τ_K 是次要的。如果箱壁较厚并沿梁的纵向布置一定数量横隔板而限制箱梁的扭转变形，则畸变应力 σ_{dW}、τ_{dW} 也不大。基于杆系结构有限单元法的电算程序，将桥梁结构简化为平面杆系结构，在计算中只考虑了纵向弯曲应力 σ_M、τ_M，而忽略了其他应力。这对跨度较大、箱壁较厚、横隔板较多的箱梁结构来说，计算结果相对来说是可信的。但是，近年来为了简化施工工艺，施工部门日趋减少横隔板。此外，为了减小恒载获得较大跨度，设计人员设计的箱形截面日趋纤薄。忽略扭转、畸变应力会给截面的内力分析带来较大的误差。有时，因截面变形产生的附加应力可能大到等于纵向挠曲所产生的应力，而横向应力则可能超过挠曲应力的好几倍，预应力混凝土（钢筋混凝土）箱形截面屡屡出现裂缝，这就是箱梁截面的选择和钢筋的布置不符合结构实际工作状态的缘故。为了修正杆系结构内力计算上的误差，引入箱形梁桥荷载横向分布实用计算方法。箱梁横向分布计算实用计算方法详见本章第四节荷载横向分布实用计算方法相关内容。

二、箱形截面的剪力滞效应

按照平面初等梁理论，箱梁顶、底板中产生的纵向正应力沿板宽是均匀分布的。但是对于翼缘较宽的箱形梁或跨度比较小的情况，由于翼缘板中的剪切变形导致纵向正应力沿翼板宽度方向呈不均匀分布，其间存在着传力的滞后现象，即所谓"剪力滞效应"。靠近腹板翼板中的正应力大于靠近翼板中点处的正应力，称为"正剪力滞"；反之，称为"负剪力滞"。这种情况下，箱梁对称挠曲引起的顶、底板（上、下翼缘板）中的剪力滞效应，在设计中应予以考虑。箱形截面剪力滞效应的应力分布如图2-3-3所示。

剪力滞系数 λ 是翼板中某处弯曲正应力 σ_y 与初等梁理论计算的该横断面的弯曲正应力

σ_0 之比,用以直观地反映应力增大程度。设计时规范中采用的"翼缘有效分布宽度",是根据翼缘内的应力体积与折算截面的翼缘内应力体积相等的原理换算而得,如图 2-3-4 所示,数学表达式如下。

$$b_e = \frac{t\int_0^b \sigma(x,y)\mathrm{d}y}{t\sigma_{\max}} \tag{2-3-4}$$

式中：b_e——翼缘的有效分布宽度；

　　　b——翼缘的实际宽度；

　　　t——翼缘的厚度；

　　　x——沿跨长方向的坐标；

　　　y——沿横断面宽度方向的坐标。

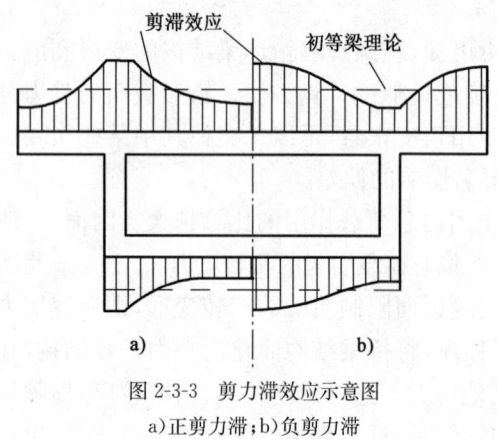

图 2-3-3　剪力滞效应示意图
a)正剪力滞；b)负剪力滞

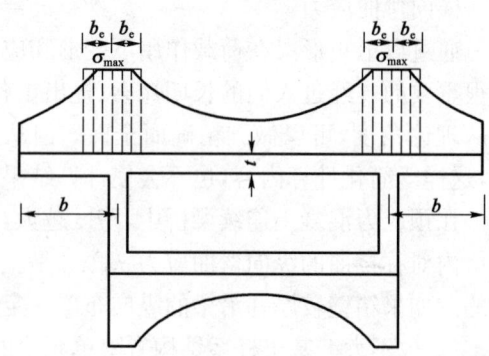

图 2-3-4　翼缘有效宽度示意图

影响剪力滞的主要因素有：梁的支承条件,如简支、悬臂或固端等；梁的连续状况,如单跨梁或连续梁等；截面形状及尺寸,如肋(箱)数的多少及翼板的宽窄等；采用等截面箱梁还是变截面箱梁；荷载形式,如集中荷载或分布荷载；截面在梁跨中所处的位置等。

剪力滞效应可采用解析法(如比拟杆法、假设位移函数的势能变分法以及板壳理论方法等)或半解析法(有限单元法、有限条法和有限段法等)进行分析计算,具体分析计算方法可参考相关文献。分析表明,剪力滞的影响在小跨宽桥中比较明显,在大跨窄桥中,剪力滞影响并不是很大。实用上都是参照规范进行计算分析。

我国《桥规》(JTG D62—2004)对连续梁翼缘有效宽度的规定如下。

1. T 形截面梁的翼缘有效宽度 b'_f

(1)内梁的翼缘有效宽度取下列三者中的最小值。

①对于连续梁,各中间跨正弯矩区段,取该计算跨径的 0.2 倍；边跨正弯矩区段,取该跨计算跨径的 0.27 倍；各中间支点负弯矩区段,取该支点相邻两计算跨径之和的 0.07 倍。

②相邻两梁的平均间距。

③$(b + 2b_h + 12h'_f)$,此处,b 为梁腹板宽度,b_h 为承托长度,h'_f 为受压区翼缘悬出板的厚度。当 $h_h/b_h < 1/3$ 时,上式 b_h 应以 $3h_h$ 代替,此处 h_h 为承托根部厚度。

(2)外梁翼缘有效宽度取相邻内梁翼缘有效宽度的一半,加上腹板宽度的 1/2,再加上外侧悬臂板平均厚度的 6 倍或外侧悬臂板实际宽度两者中的较小者。

预应力混凝土连续梁桥在计算预加力引起的混凝土应力时,预加力作为轴向力产生的应力可按实际翼缘全宽计算;由预加力偏心引起的弯矩产生的应力可按翼缘有效宽度计算。对超静定结构进行作用(或荷载)效应分析时,T形截面梁的翼缘宽度可取实际全宽。

2. 箱形截面梁在腹板两侧上、下翼缘的有效宽度 b_{mi}

(1)连续梁各跨中部梁段:

$$b_{mi,f} = \rho_f b_i \qquad (2-3-5)$$

(2)连续梁边支点及中间支点:

$$b_{mi,s} = \rho_s b_i \qquad (2-3-6)$$

式中:$b_{mi,f}$ ——连续梁各跨中部梁段,当 $b_i/l_i \geqslant 0.7$ 时是翼缘的有效宽度;

$b_{mi,s}$ ——连续梁边支点和中间支点梁段,当 $b_i/l_i \geqslant 0.7$ 时是翼缘的有效宽度;

b_i ——腹板两侧上、下各翼缘的实际宽度,$i = 1,2,3\cdots,n$,见图 2-3-5;

ρ_f ——有关连续梁各跨中部梁段翼缘有效宽度的计算系数,可按图 2-3-6 和表 2-3-1 确定;

ρ_s ——有关连续梁边支点有效宽度的计算系数,可按图 2-3-6 和表 2-3-1 确定。

当梁高 $h \geqslant b_i/0.3$ 时,翼缘有效宽度应采用翼缘实际宽度。预应力混凝土连续梁桥在计算预加力引起的混凝土应力时,预加力作为轴向力产生的应力可按实际翼缘全宽计算;由预加力偏心引起的弯矩产生的应力可按翼缘有效宽度计算。对超静定结构进行作用(或荷载)效应分析时,箱形截面梁的翼缘有效宽度可取实际全宽。

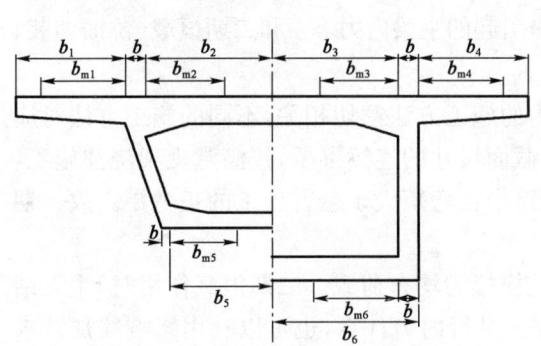

图 2-3-5 箱形截面梁翼缘有效宽度示意图

注:b_{mi} 为腹板两侧上、下各翼缘的有效宽度,$i=1,2,3,\cdots,n$。

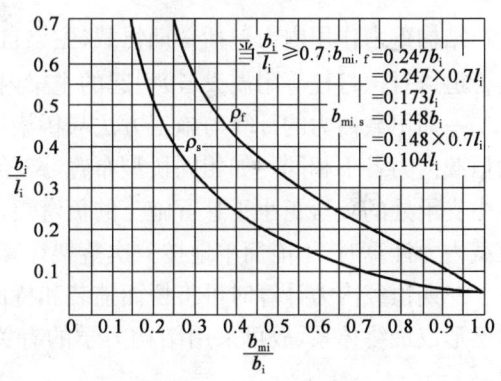

图 2-3-6 ρ_s、ρ_f 曲线图

ρ_s、ρ_f 的应用位置和理论跨径 l_i 表 2-3-1

结构体系			理论跨径 l_i
连续梁	边跨		边支点或跨中部分梁段 $l_i = 0.8l$

续上表

结 构 体 系	理论跨径 l_i
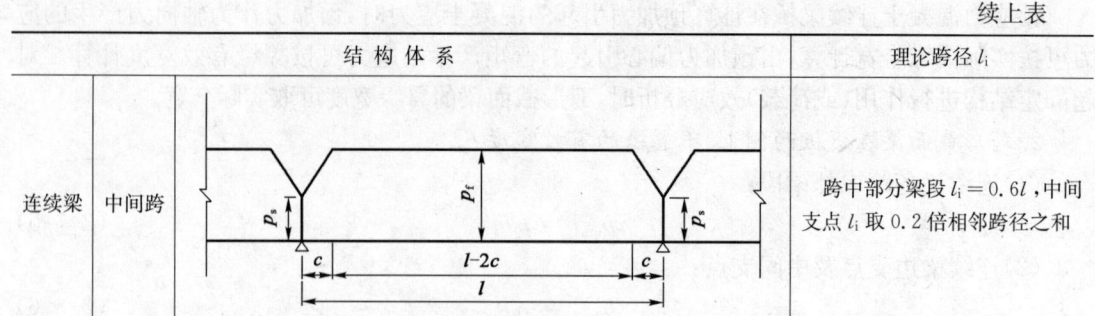 连续梁 中间跨	跨中部分梁段 $l_i=0.6l$,中间支点 l_i 取 0.2 倍相邻跨径之和

注:①a 为与所求的翼缘有效宽度 b_{mi} 相应的翼缘实际宽度 b_i,但 a 不应大于 $0.25l$;
②l 为梁的计算跨径;
③$c=0.1l$;
④在长度 a 或 c 的梁段内,有效宽度可用直线插入法在 $\rho_s b_i$ 与 $\rho_f b_i$ 之间求取。

第三节 结构重力作用内力计算

一、计算特点

结构重力作用内力包括一期恒载(主梁自重)引起的主梁内力 S_{G1} 和二期恒载(桥面铺装、人行道、栏杆、灯柱等附属设备)引起的主梁内力 S_{G2}。

一期恒载内力的计算与施工方法与桥梁结构的施工方法密切相关,不同的施工方法对应的恒载内力各不相同。如相同桥型布置、跨径和截面尺寸的连续梁桥,按满堂支架浇注施工,在中支承处的负弯矩小于悬臂施工的负弯矩,但跨中正弯矩大于悬臂施工的正弯矩。故一期恒载内力计算时,不能简单地按一次落架计算。

二期恒载内力计算时可将桥面铺装和桥面系模拟为均布荷载。二期恒载作用时,主梁结构已形成最终体系,故可采用结构力学的有关方法进行内力计算,也可以利用影响线加载求得。

如前所述,我国混凝土连续梁桥主要有 5 种施工方法:满堂支架浇注施工、简支转连续施工、移动模架逐孔浇注施工、顶推施工和悬臂施工。除满堂支架浇注施工法外均为节段施工法。采用专业桥梁软件进行施工阶段内力计算时,应根据实际施工情况,明确各个施工阶段应激活和钝化的单元、边界条件、张拉预应力及移动挂篮等。

二、满堂支架浇注施工

满堂支架浇注施工仅适用于桥墩不高且桥下地面情况适宜搭设支架的中小跨径的混凝土连续梁桥。满堂支架浇注法施工连续梁桥施工过程中,并无体系转换,一期恒载和二期恒载都按照一次落架方式作用在连续梁体系上,叠加这两个施工阶段的内力就得到结构的最终结构自重作用内力。结构自重内力可按结构力学中的有关方法(如力法、位移法等)计算。目前最常用的计算方法是采用有限单元法利用计算机分析,力法或位移法的计算结果可对电算结果进行校核。

1. 力法计算步骤

(1)去掉原结构的赘余联系得到一个静定的基本结构,并以赘余力代替相应赘余联系的作用。

(2)根据基本结构在赘余力和原荷载的共同作用下,在去掉赘余联系处的位移应与原结构中相应的位移相同的变形协调条件,建立力法正则方程

$$\sum_{j=1}^{n}\delta_{ij}X_j + \Delta_{ip} = 0 \quad (i=1,2,3,\cdots,n) \tag{2-3-7}$$

式中:δ_{ij}——柔度系数;

X_j——赘余力;

Δ_{ip}——自由项。

(3)解正则方程,求出赘余力。

(4)按分析静定结构的方法,或由基本结构的单位内力图和恒载内力图按叠加原理绘出原结构的内力图。

(5)校验计算结果。

2. 位移法计算步骤

(1)首先加以附加约束,阻止结点的转动和位移,从而得到一个单跨超静定梁的组合体作为基本结构。

(2)使基本结构承受原荷载,并令附加约束产生与原结构相同的位移,然后根据各约束处的反力或反力矩为零的协调条件,建立位移法正则方程

$$\sum_{j=1}^{n}r_{ij}Z_j + R_{ip} = 0 \quad (i=1,2,3,\cdots,n) \tag{2-3-8}$$

式中:r_{ij}——刚度系数;

Z_j——结点位移;

R_{ip}——自由项。

(3)解正则方程,求出各基本未知量(结点位移)Z_j。

(4)按叠加原理绘出原结构的弯矩图、剪力图和轴力图。

(5)校验计算结果。

3. 有限元法计算步骤

按照本章第一节有限元方法计算的基本步骤,在步骤(5)中,将各单元自重简化为均布荷载,横隔板简化为集中力作用,作用在位于横隔板中心线处,在计算横隔板处主梁截面几何特性时,不考虑其对主梁截面几何特性的影响。经分析计算,连续梁桥截面惯性矩局部的变化不超过20%时,截面惯性矩所引起的赘余力的变化不超过5%。根据上述荷载作用装配荷载列向量 P,然后按照有限元方法步骤即可求解。

4. 示例

[例2-3-1] 某立交桥主线桥的一联为 30m+45m+30m 的预应力混凝土变截面连续梁桥,其他详细参数见参考文献[5]第二章。按一次落架施工方法。按照上述有限元原理,将支点及《桥规》(JTG D62—2004)规定的验算截面处化为节点,同时将截面构造尺寸变化处也化

为节点。考虑到本桥桥跨较小,将每孔计算跨径的 8 等分点作为一个单元,另外为了便于支点剪力计算,在 B、C 支点两边及边支点以外分别增加 0.6m 的小单元,全桥化为 30 个单元,31 个节点,如图 2-3-7 所示。将恒载作用装配荷载列向量 P,然后按照有限元方法步骤即可求解。其一半结构自重引起一期、二期的弯矩如图 2-3-8、图 2-3-9 所示。

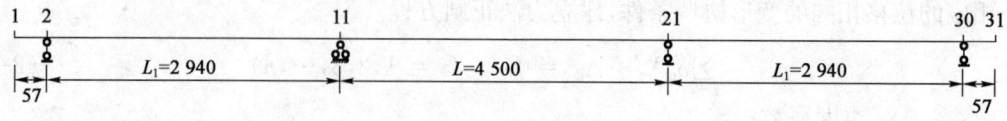

图 2-3-7　单元划分示意图(尺寸单位:cm)

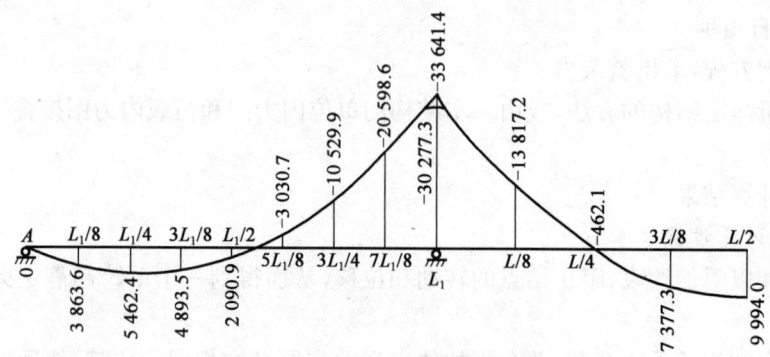

图 2-3-8　落架施工时一期结构自重作用的弯矩图(单位:kN·m)

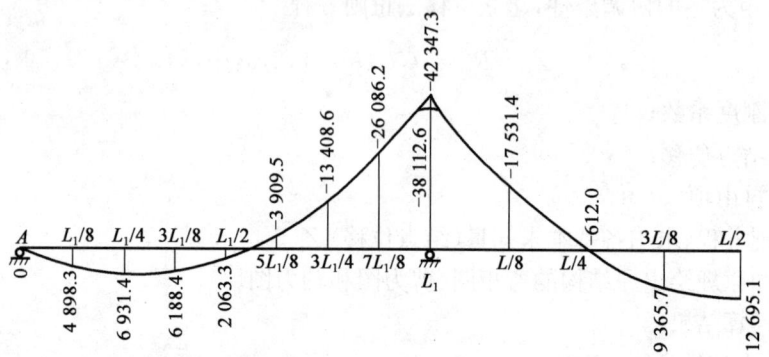

图 2-3-9　3 跨连续梁一次落架施工时一、二期结构自重作用的弯矩图(单位:kN·m)

三、简支转连续施工

简支转连续是连续梁桥施工中较为常见的一种方法。一般先架设预制主梁,形成简支梁状态;进而再将主梁在墩顶连成整体,最终连成连续梁体系。下面以图 2-3-10 所示 4 跨连续梁桥为例,详细介绍简支转连续连续梁桥施工过程,以便利用电算程序进行计算时,正确模拟施工过程。

1. 阶段 1:架设主梁

预制主梁,待混凝土达到设计强度 85% 后张拉正弯矩区预应力钢束,并压注水泥浆,再将各跨预制箱梁安装就位,形成由临时支座支撑的简支梁状态;利用桥梁电算程序时,应激活预制箱梁单元,正弯矩预应力束,预制箱梁两端的边界条件,形成简支梁状态。第 1 阶段计算图式及内力示意图见图 2-3-10。

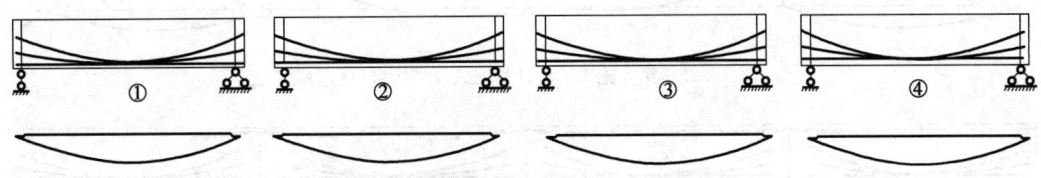

图 2-3-10　第 1 施工阶段计算图式及结构自重内力图

2. 阶段 2:边跨合龙

浇注第 1、2 跨及第 3、4 跨连续段接头混凝土,达到设计强度后,张拉负弯矩束预应力钢束并压注水泥浆。利用桥梁电算程序时,应激活第 1、2 跨和第 3、4 跨连续段接头单元及负弯矩束。严格讲此阶段形成了两联连续梁,且每联为 3 跨连续。第 2 阶段计算图式及结构自重内力示意图见图 2-3-11。

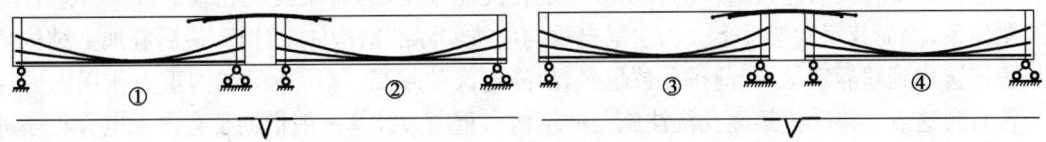

图 2-3-11　第 2 施工阶段计算图式及结构自重内力图

3. 阶段 3:中跨合龙

先浇注第 2、3 跨连续段接头混凝土,达到设计强度后,再张拉负弯矩区预应力钢束并压注水泥浆。利用桥梁电算程序时,应激活第 2、3 跨连续段接头单元及负弯矩束。此阶段形成了 7 跨连续梁(4 大跨 3 小跨)。第 3 阶段计算图式及结构自重内力示意图见图 2-3-12。

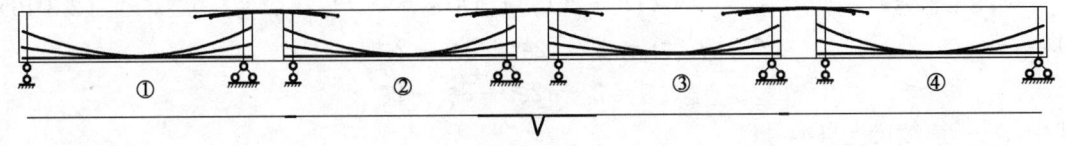

图 2-3-12　第 3 施工阶段计算图式及结构自重内力图

4. 阶段 4:体系转换

拆除全桥临时支座,主梁支撑在永久支座上,完成体系转换,再完成主梁横向接缝。利用桥梁电算程序时,应钝化临时支座,激活永久支座。此时形成 4 跨连续梁。第 4 阶段计算图式及结构自重内力示意图见图 2-3-13。

5. 阶段 5:桥面系施工

进行防护栏及桥面铺装施工。利用桥梁电算程序时,桥面系简化为均布荷载施加在桥梁结构上。第 5 阶段计算图式及叠加以上各阶段结构自重内力示意图见图 2-3-14。

297

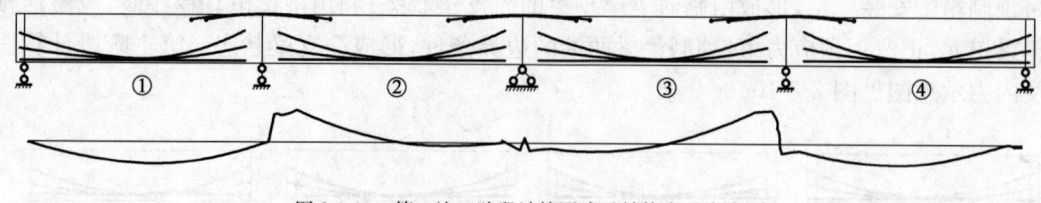

图 2-3-13 第 4 施工阶段计算图式及结构自重内力图

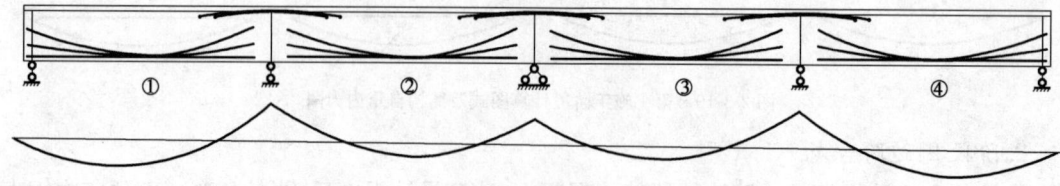

图 2-3-14 第 5 施工阶段计算图式及结构自重内力图

四、移动模架逐孔浇注施工

单悬臂梁桥转换为连续梁桥的移动模架逐孔浇注施工法，每架设一孔就形成一带悬臂的连续梁体系，因而其每次架设上去的主梁自重均应按实际的结构体系计算，最后叠加。结构体系从静定转化到超静定结构，前拼孔数越多，超静定次数越高，每阶段的结构重力作用内力计算应注意到这点。移动模架逐孔浇注施工的结构自重内力计算一般借助于有限元电算程序进行计算。基于计算表格的解析法可以对电算结果进行校核，以下分别介绍这两种方法。

1. 基于计算表格的解析法

移动模架逐孔浇筑施工连续梁桥，见图 2-3-15。每架设一孔就形成一带悬臂的连续梁体系，因而每次架设上去的主梁自重均应按实际的结构体系计算。如在第 j 段架设并与前结构连成一体后，j 段梁的自重在各支点上引起的弯矩如下。

梁段带悬臂时： $$X_i(j) = A_i(j) f_c(\xi) g_1 l^2 \qquad (2\text{-}3\text{-}9)$$

梁段无悬臂时： $$X_i(j) = A_i(j) f_{nc}(\xi) g_1 l^2 \qquad (2\text{-}3\text{-}10)$$

其中：
$$f_c(\xi) = 2 - 12\xi^2 + 8\xi^3 - 2\xi^4$$
$$f_{nc}(\xi) = 2 - 12\xi^2 + 8\xi^3 - 2\xi^4$$

式中：i——连续梁支点编号；

j——逐跨架设时的梁段号，也即连续梁跨径编号；

$A_i(j)$——系数，跨数小于等于 10 跨时，见表 2-3-2；跨数大于 10 跨时，$A_n(n) = \dfrac{1}{48} \dfrac{[D]_{n-2}}{[D]_{n-1}}$，$[D]_{n-1}$ 为等跨度、等刚度连续梁柔度系数矩阵在 $(n-1)$ 时的行列式值。因连续梁的柔度系数矩阵为带状矩阵，其行列式 $[D]_n = \dfrac{2}{3} \times [D]_{n-1} - \dfrac{1}{36}[D]_{n-2}$。

支点 j 处主梁因自重引起的总弯矩 X_i 为：

$$X_i = \sum_{j=1}^{n} X_i(j) \qquad (2\text{-}3\text{-}11)$$

并由此计算主梁自重内力图。

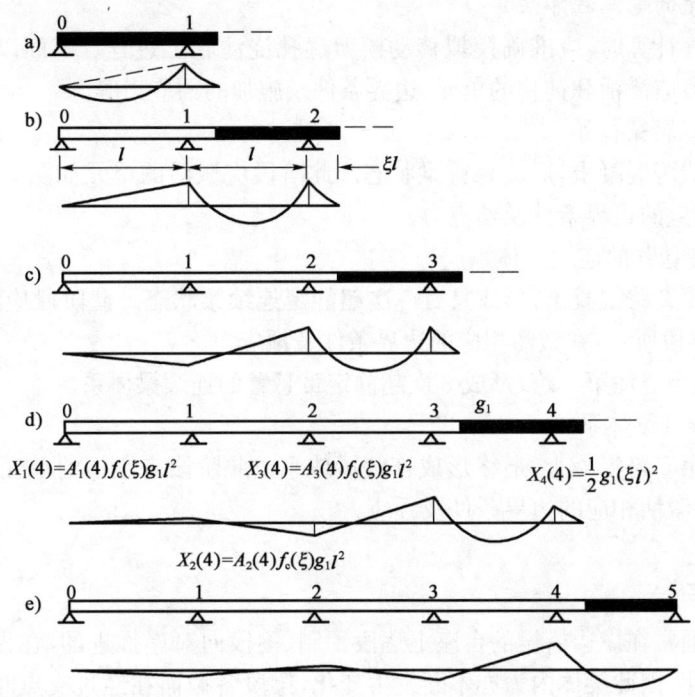

图 2-3-15 单悬臂梁逐跨架设成连续梁时的主梁自重内力计算图式

$A_i(j)$ 系数值　　　　表 2-3-2

j	i								
	1	2	3	4	5	6	7	8	9
2(2 跨)	$-\frac{1}{32}$								
3(3 跨)	$+\frac{1}{120}$	$-\frac{4}{120}$							
4(4 跨)	$-\frac{1}{448}$	$+\frac{4}{448}$	$-\frac{15}{448}$						
5(5 跨)	$+\frac{1}{1\,672}$	$-\frac{4}{1\,672}$	$+\frac{15}{1\,672}$	$-\frac{56}{1\,672}$					
6(6 跨)	$-\frac{1}{6\,240}$	$+\frac{4}{6\,240}$	$-\frac{15}{6\,240}$	$+\frac{56}{6\,240}$	$-\frac{209}{6\,240}$				
7(7 跨)	$+\frac{1}{23\,288}$	$-\frac{4}{23\,288}$	$+\frac{15}{23\,288}$	$-\frac{56}{23\,288}$	$+\frac{209}{23\,288}$	$-\frac{780}{23\,288}$			
8(8 跨)	$-\frac{1}{86\,912}$	$+\frac{4}{86\,912}$	$-\frac{15}{86\,912}$	$+\frac{56}{86\,912}$	$-\frac{209}{86\,912}$	$+\frac{780}{86\,912}$	$-\frac{2\,911}{86\,912}$		
9(9 跨)	$+\frac{1}{324\,360}$	$-\frac{4}{324\,360}$	$+\frac{15}{324\,360}$	$-\frac{56}{324\,360}$	$+\frac{209}{324\,360}$	$-\frac{780}{324\,360}$	$+\frac{2\,911}{324\,360}$	$-\frac{10\,864}{324\,360}$	
10(10 跨)	$-\frac{1}{1\,210\,528}$	$+\frac{4}{1\,210\,528}$	$-\frac{15}{1\,210\,528}$	$+\frac{56}{1\,210\,528}$	$-\frac{209}{1\,210\,528}$	$+\frac{780}{1\,210\,528}$	$-\frac{2\,911}{1\,210\,528}$	$+\frac{10\,864}{1\,210\,528}$	$-\frac{40\,545}{1\,210\,528}$

2. 基于有限元的电算程序法

利用电算程序计算时,应准确模拟移动模架逐孔浇注施工过程。下面以图 2-3-15 为例,说明每个施工阶段应激活和钝化的单元、边界条件及施加的预应力等。

(1)阶段 1:悬臂梁体系

在支架浇注边跨混凝土,形成悬臂梁状态。此阶段应激活的单元如图 2-3-15a)中黑色梁段所示,并激活相应的边界条件及预应力。

(2)阶段 2:带悬臂的连续梁体系

在支架浇注第 2 跨混凝土,形成具有一次超静定连续梁状态。此阶段应激活的单元如图 2-3-15b)中黑色梁段所示,并激活相应的边界条件及预应力。

以此类推,直至浇注第 4 跨,形成 3 次超静定带悬臂的连续梁体系。

(3)阶段 3:连续梁体系

在支架浇注第 5 跨混凝土,最终形成连续梁体系。此阶段应激活的单元如图 2-3-15e)中黑色梁段所示,并激活相应的边界条件及预应力。

五、顶推施工

顶推连续梁通常在岸边搭设的台座上逐段预制、逐段向对岸推进的,在顶推过程中,结构体系不断发生变化,因此梁体内力亦不断发生变化,梁段各截面在经过支点时承受负弯矩,在经过跨中区段时产生正弯矩,正负弯矩交替出现,顶推法施工的连续梁在施工过程中不断变化的主梁自重内力比在最终结构体系上(即结构在使用状态下)的主梁自重内力更不利。主梁前端接上重量较轻的鼻梁时,可改善这种不利的施工受力状态,但内力计算值还是较大,并且每个截面都要承受正负弯矩,施工阶段的内力状态与使用阶段的内力状态不一致。所以主梁的配筋由施工过程内力包络图及使用阶段内力包络图共同确定。当顶推施工主梁就位后,安放支座、调整各支点的支座位置、施加二期恒载和二期预应力等,其二期恒载等引起的内力,可将荷载置于最终连续梁体系上求解。

1. 估算顶推时的结构自重内力

(1)把整个顶推过程分成若干阶段,每阶段顶出一定长度(一般取 5m)进行一次主梁自重内力分析,顶推法施工时连续梁的弯矩包络图如图 2-3-16 所示。前伸带鼻梁的第一孔梁的截面通常是受力最不利截面,其内力为 M_{max}^+ 与 M_{min}^-,而其余各截面内力约等于自重作用下固端梁的最大正弯矩和最小负弯矩。

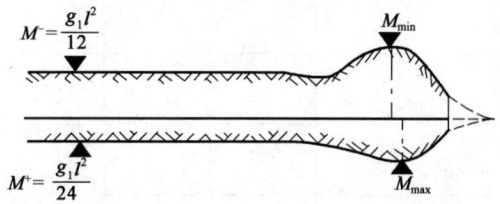

图 2-3-16 顶推法施工的连续梁自重内力包络图

(2)顶推过程中,主梁最大正弯矩发生在鼻梁刚顶出支点外时,如图 2-3-17 所示。最大正弯矩的位置约在第 1 跨的 $0.4L$ 处,M_{max}^+ 近似计算公式如下。

$$M_{max}^+ = g_1 L^2 (0.933 - 2.96\gamma\beta^2)/12 \quad (2\text{-}3\text{-}12)$$

式中:g_1——主梁自重集度;

γ——鼻梁与主梁自重集度的比值;

β——鼻梁长度与主梁单跨长度的比值(一般 β 在 0.6 左右)。

(3)顶推过程中,有两种情况下主梁可能发生最小负弯矩,如图 2-3-18 所示。当鼻梁刚接近前方支点时,主梁悬臂伸出最长,其 $M_{\min}^-$ 计算公式如下。

$$M_{\min}^- = -g_1 L^2 [6\alpha^2 - 6\gamma(1-\alpha)^2]/12 \tag{2-3-13}$$

式中：α——主梁伸出部分长度与主梁单跨长度的比值。

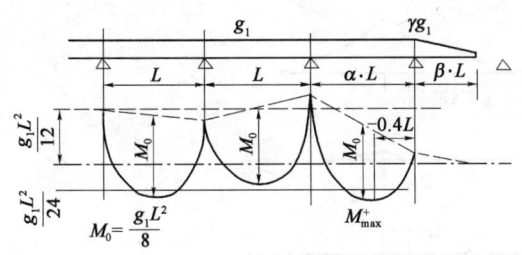
图 2-3-17 顶推法施工的连续梁鼻梁刚过支点时的主梁自重内力图

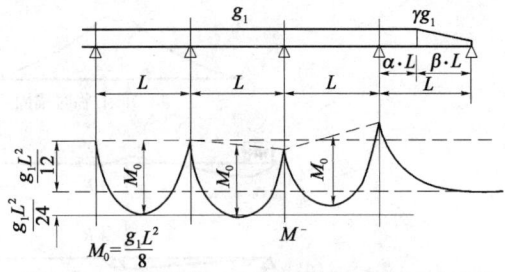
图 2-3-18 顶推法施工的连续梁鼻梁刚接近前方支点时的主梁自重内力图

另一种情况是鼻梁刚过前方支点,此时也可能出现最大负弯矩,其计算公式如下。

$$M_{\min}^- = -\mu g_1 L^2/12 \tag{2-3-14}$$

式中：μ——计算系数,它是 K 与 α 的函数,可查图 2-3-19；

K——鼻梁与主梁的刚度比值, $K = E_s I_s / E_c I_c$；

E_s、I_s——钢鼻梁材料的弹性模量与截面惯矩；

E_c、I_c——混凝土主梁的弹性模量与截面惯矩。

2. 电算结果的校核

顶推施工过程中,主梁内力常采用专业有限元软件计算。利用电算程序计算时,应准确模拟顶推施工过程。明确每个施工阶段应激活的单元、边界条件及施加的预应力等。顶推过

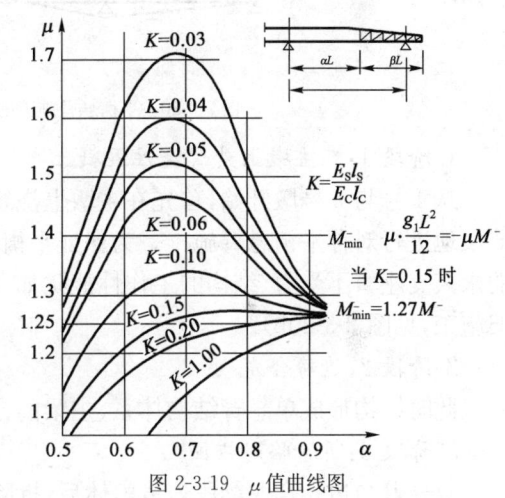
图 2-3-19 μ 值曲线图

程中,结构体系经历了悬臂梁、简支梁、双跨连续梁、多跨连续梁直至成桥时的连续梁体系。每个顶推阶段均按该阶段全桥所处的实际布置和荷载图式进行整体内力计算,而不是对同一截面的内力按若干不同阶段的计算内力进行叠加,可用估算值对电算结果校核。

六、悬臂施工

悬臂施工过程中结构体系不断发生转换,连续梁桥最终结构自重内力与施工合龙次序、预加应力、混凝土的收缩徐变特性等有关。不同的结构可能采用不同的悬臂施工顺序及合龙次序,应在施工阶段分析中引起注意。下面以 3 跨预应力混凝土连续梁桥为例,介绍悬臂施工详细过程,以在利用专业桥梁电算程序计算结构重力作用内力时,正确模拟施工过程。

如图 2-3-20 为一座 3 跨预应力混凝土连续梁桥,该桥上部结构采用挂篮对称平衡悬臂法

施工,可分为 5 个施工阶段,合龙次序为先边跨后中跨。该桥的施工程序、相应的计算图式及内力如下。

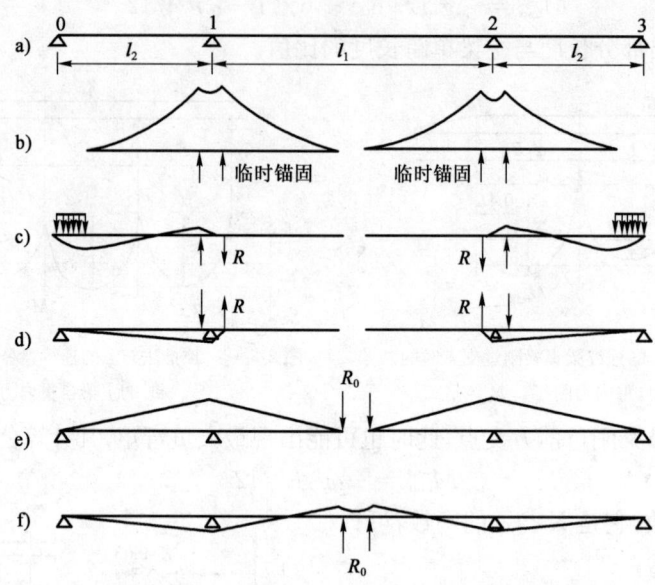

图 2-3-20 平衡悬臂施工的连续梁其主梁自重内力计算图式

1. 阶段 1:在主墩上悬臂浇注混凝土

从 1 号与 2 号墩开始,首先在主墩上浇筑梁体节段(0 号块),然后采用挂篮向桥墩两侧分节段地进行对称平衡悬臂施工。为保证平衡悬臂施工的安全,在墩上设临时锚固,此时桥墩上的永久支座暂不受力,结构的工作性能犹如 T 形刚构。对于边跨不对称的部分梁段则采用支架施工,见图 2-3-20b)。

2. 阶段 2:边跨合龙

此时结构形成单悬臂结构体系,主梁的自重内力如图 2-3-20c)所示。

3. 阶段 3:拆除临时锚固

双悬臂与边孔合龙梁段连成整体后,拆除临时锚固。即对主梁施加一对方向相反的力 R,以"释放"阶段 2 边孔合龙时在临时锚固中产生的力。R 在悬臂体系上引起的内力如图 2-3-20d)所示。

4. 阶段 4:中跨合龙

现浇合龙段的自重和挂篮等施工机具重力之和 R_0 由吊杆传至单悬臂的悬臂端。R_0 产生的内力如图 2-3-20e)所示。

5. 阶段 5:拆除合龙段挂篮

跨中合龙段混凝土凝固并与两边的单悬臂梁形成连续梁后,拆除吊杆等施工机具,相当于对主梁(连续梁)施加一对方向相反的力 R_0,而跨中合龙段的自重 q_2 则作用于连续梁上,此时内力如图 2-3-20f)所示。

以上是对悬臂施工每个阶段受力体系的分析,每个阶段的内力及变形计算,可以直接应用桥梁结构的有限元专用程序来完成。若需知某个阶段的累计内力,则将该阶段的内力与其前几个阶段的内力进行叠加可得。主梁结构自重内力图,将是由这5个阶段内力叠加的结果。

七、连续梁桥结构自重内力计算示例

[例 2-3-2] 该大桥是一座3跨预应力混凝土连续梁桥,跨径布置为72m+110m+72m,总长为254m,全桥为一联。

1. 桥型布置

(1)立面

立面布置图见图 2-3-21。

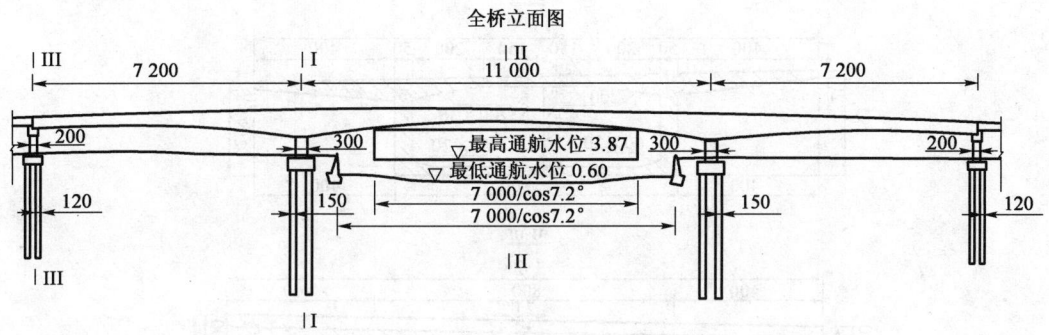

图 2-3-21 全桥立面构造布置图(高程单位:m,其他尺寸单位:cm)

(2)横截面形式及截面尺寸

上部箱梁采用上下行独立的两个单箱单室截面,C50混凝土现浇,直腹板形式,单箱顶宽16m,单箱底宽8m,两侧挑臂长4m,变截面箱梁高度及底板厚度按二次抛物线变化,桥面横坡由箱梁内外腹板高度来调整,箱梁在横桥向底板保持水平。

单箱中心梁高连续墩处为6.3m,跨中及梁端现浇段为2.75m;顶板厚0.28m,底板厚度自跨中至连续墩从0.25m渐变到0.8m。腹板宽自跨中至连续墩支座处从0.5m渐变为1m,呈斜直线过渡。箱梁支座处设置横梁,其中端横梁厚1.5m,中横梁厚2.5m。控制截面的1/2横断面如图 2-3-22 所示。

(3)横断面宽度、横截面布置及下部结构尺寸

宽度:2×[1.75(人行道)+3(非机动车道)+10.75(机动车道)]+2(分隔带)=33(m)

控制截面横向布置如图 2-3-23 所示。

2. 主要材料

(1)混凝土强度等级

主梁采用C50,桩基采用C25,其余构件采用C30。

(2)纵向、横向预应力筋

纵向预应力钢筋布设顶板束、底板束及腹板下弯束,分别采用 $19\phi^s15.2$、$15\phi^s15.2$、$12\phi^s15.2$ 钢绞线,横向预应力筋采用 $3\phi^s15.2$ 钢绞线,公称直径为15.2mm,单根面积140mm²。抗拉强度标准值 $f_{pk}=1\,860$MPa,抗拉强度设计值 $f_{pd}=1\,260$MPa,弹性模量 $E_p=$

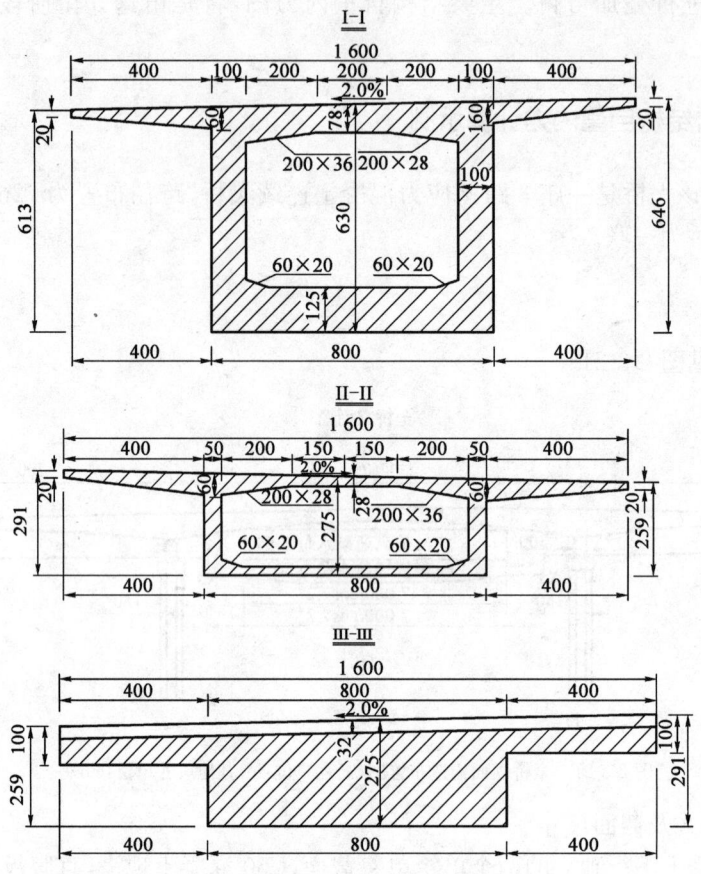

图 2-3-22 主梁横截面构造图(尺寸单位:cm)

$1.95×10^5$ MPa,钢束张拉锚下控制应力 $\sigma_{con}=0.75 f_{pk}=0.75×1\,860=1\,395$ MPa。锚具采用 OVM15 系列锚具。

预应力管道采用钢波纹管成孔,对应以上编束规格的波纹管径分别为:$19\phi^s15.2$ 采用 100mm/107mm(内径/外径)、$15\phi^s15.2$ 及 $12\phi^s15.2$ 采用 90mm/97mm、$3\phi^s15.2$ 扁锚采用 60mm×19mm。管道摩阻系数 $\mu=0.25$,管道偏差系数 $k=0.001\,5/m$,钢束回缩和锚具变形为每端为 6mm。

(3)竖向预应力筋

竖向预应力筋采用精轧螺纹钢,公称直径 32mm,单根面积 803.84mm²,$f_{pk}=930$ MPa,弹性模量 $E_s=2.0×10^5$ MPa,锚下张拉控制应力 $\sigma_{con}=0.8 f_{pk}=744$ MPa。锚具采用 YGM 锚,设计张拉吨位 598.1kN,采用单端张拉。预应力管道采用铁皮管成孔,其直径 $D=50$mm,$\delta=0.5$mm。

(4)普通钢筋

普通钢筋为 R235 和 HRB335 钢筋,抗拉设计强度 f_{pd} 分别为 195MPa 和 280MPa。直径 $D≥12$mm 时采用 HRB335,直径 $D<12$mm 时采用 R235。

(5)桥面铺装

桥面设 6cm 厚的调平层,桥面铺装采用 4cm(SMA)+6cm(AC-16)沥青混凝土。

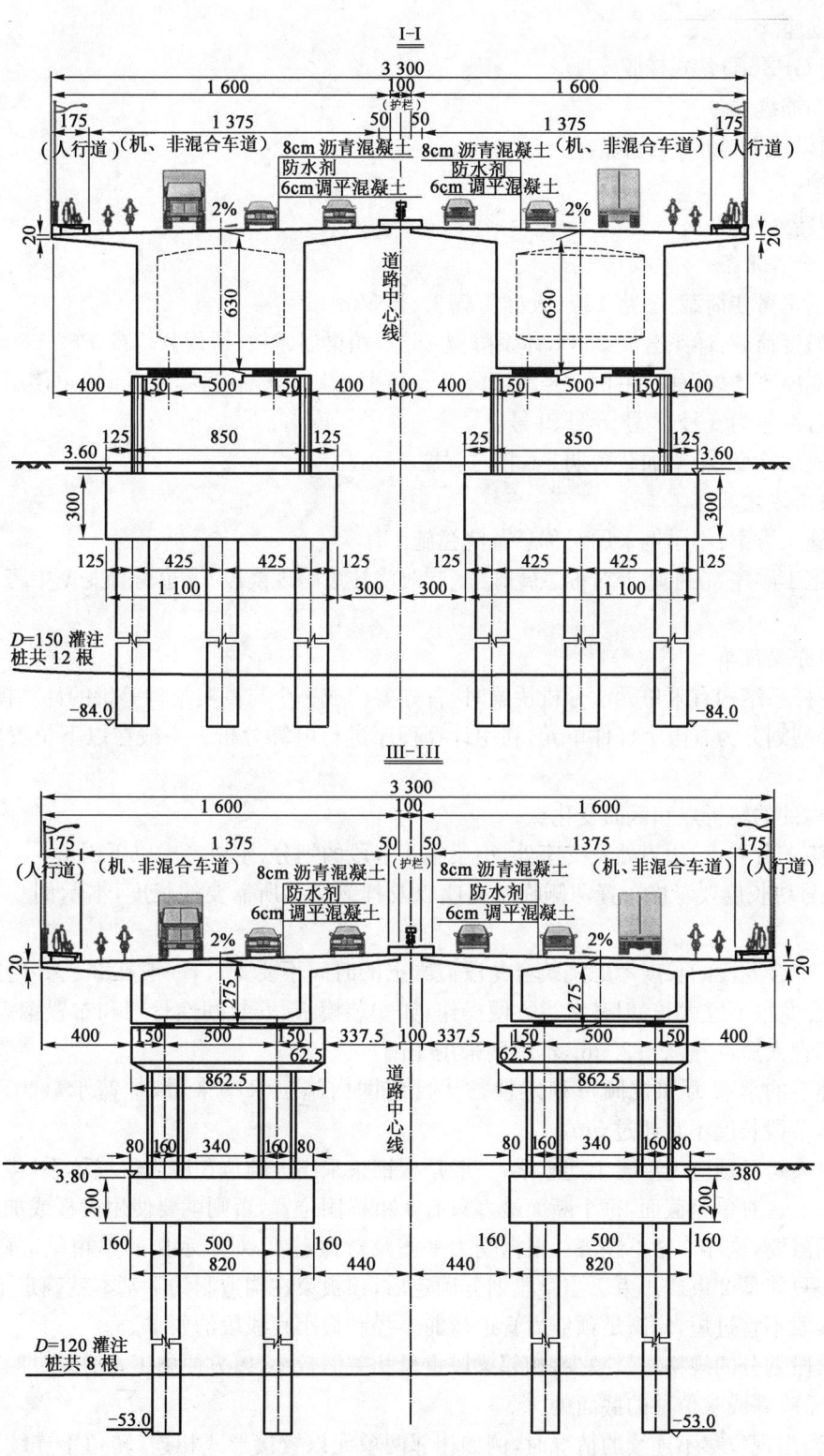

图 2-3-23 控制截面横向布置图(高程单位:m,其他尺寸单位:cm)

(6)支座

采用 GPZ(Ⅱ)盆式橡胶支座。

(7)伸缩缝

桥面设置 D160 型毛勒缝。

(8)护栏

采用新泽西护栏。

3. 设计作用条件

(1)基本可变荷载:公路-Ⅰ级,人群荷载 3.5kN/m²。

(2)温度荷载:体系升温 25℃,体系降温 25℃,箱梁温差按《桥规》(JTG P62—2004)取用。

(3)支座不均匀沉降:主桥 7 号墩沉降 2cm,6 号墩和 8 号墩沉降差 2cm 等两组组合,顺桥向桥墩、台编号为 6 号、7 号、8 号、9 号。

(4)收缩徐变:箱梁加载龄期 5d,相对湿度 75%。

4. 施工方案及施工工序

(1)施工方案:本示例采用对称悬臂浇注施工。

(2)施工顺序:在主墩上对称悬臂施工(同时浇注边跨现浇段)→边跨合龙→中跨合龙→桥面系。

5. 划分梁段单元

采用杆系结构有限单元法分析桥梁时,首先要构成一个与真实结构等价的计算模型,然后将结构模型划分为有限个杆件单元,利用计算程序进行电算分析。一般在以下位置应划分节点。

(1)构件的转折点和截面变化点。

(2)施工分界点、边界处及支座处,箱梁施工节段的划分,主要考虑以下因素。

①0 号块长度要考虑布置两侧临时支座以及挂篮拼装所需的长度,本示例 0 号块长度为 10m。

②跨中合龙段的长度考虑浇筑合龙段混凝土的时间不要太长,一般在 3~4h 内能浇筑完成,因此合龙段不宜太长;但又考虑方便操作,如安装模板、安装劲性骨架和布置钢束管道等,所以也不宜太短,一般 2~2.5m,本示例采用 2m。

③挂篮的承载力和抗倾覆稳定性。从目前国内施工水平来看,挂篮承载力不宜超过 2 000kN,节段长度不宜超过 5m。

④对大跨径预应力混凝土连续梁,一般顶板钢束采用大吨位预应力群锚体系,集中锚固在腹板承托上。对单箱截面,每个断面最多只有 4 束锚固位置,否则就要使用齿板或加大断面来满足锚固需要,这样非常不经济。根据受力平衡及对称需要,对本示例的单箱单室截面,每个断面锚固只能是 2 束或 4 束。当梁段划分确定后,顶板束在构造制约下基本就确定了。

⑤梁段不宜过短,应满足预应力管道弯曲半径和最小直线段的要求。

⑥梁段划分的规格尽量减少,相邻梁段重量相差需较小,以方便施工,缩短工期。

(3)需验算或求位移的截面处。

(4)当出现位移不连续的情况时,例如相邻两单元以铰接形式相连(转角不连续),可在铰接处设置两个节点,利用主从约束考虑该连接方式。

(5)单元、节点编号时,应尽量使单元两侧节点号之差最小,这样可使形成的总刚矩阵带宽最小,从而节省存储量和减少运算量。有些程序能够根据严格的数学原理,自动对带宽进行优化处理,那么编号可随意。

按照以上原则,建立该桥的平面杆系有限元模型。本示例每一个施工节段自然划分为一个单元,以便于模拟施工过程,而且这些截面正是需要验算的截面。另外,在永久支座、临时支座和一些构造变化位置相应增设了几个单元。这样全桥从左至右顺序划分成80单元,81个节点。一半结构有限元模型如图2-3-24所示。

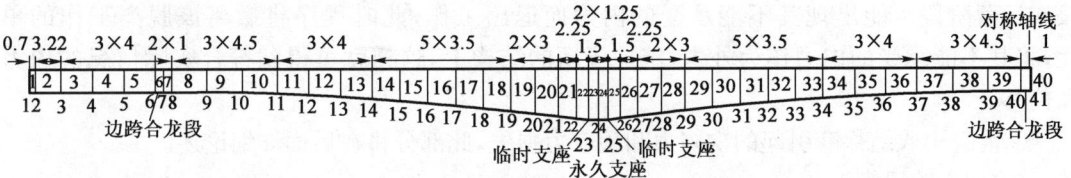

图2-3-24 主梁单元划分示意及单元、节点编号(尺寸单位:m)

6. 施工阶段模拟

施工方案及单元划分确定后,就可模拟实际施工过程,计算出各阶段内力,再将各阶段内力累加后得到桥梁的最终恒载内力。输入相关信息后,桥梁软件一般能够逐段形成结构体系,完成施工阶段静力体系转换,逐步向前推进,最终获得结构的总效应。

(1)施工阶段模拟时应考虑的问题以及相应的程序处理方法

①单元的安装与拆除。根据单元的安装时间与拆除时间,可以确定当前阶段的工作单元,进而形成施工阶段的计算模型和结构重力的施加状况。单元拆除时,应在当前结构上施加一该单元的反向累计内力。

②荷载。对节点荷载,直接叠加入荷载列阵;对作用在单元上的荷载,可转换成固端荷载再叠加入荷载列阵。按作用形式,荷载可分为永久荷载、临时荷载和移动荷载。永久荷载为一旦作用在结构上,其大小、方向和作用位置就不再发生变化的荷载,如单元自重;临时荷载为当前阶段作用在结构上,下一阶段自动撤离的荷载。撤离即在当前结构上施加一反向永久荷载,如中跨合龙使用的吊篮,合龙后将撤离;移动荷载为一种特殊的临时荷载,主要用来模拟挂篮荷载,其大小在全桥施工过程中保持不变,但位置随施工过程而变化。

③张拉、拆除钢束。按等效荷载计算预应力效应。

④强迫位移。处理总刚前形成强迫位移引起的右端项,结构计算结束后再叠加预处理结果。

⑤边界的处理。采用"充0置1法"。计算边界条件变化的效应时,程序假定新增加的支承没有初始力。对于拆除的支承,将根据上阶段末该支承的累计反力反向施加于当前结构来计算结构的效应。

⑥主从约束关系。结构中如有主从约束关系,则在形成总刚时将对应从约束刚度叠加到主约束位置上。如有主从约束关系变化,处理方式与边界变化处理类似:假定增加的主从约束没有初始力,对于拆除的主从约束条件可根据该约束的累计内力反向施加于结构上,计算结构效应。

⑦刚域效应。当刚性节点尺寸与杆单元长度相比不可忽略,或杆单元轴线不交汇于一点

时,可采用带刚臂单元来模拟。带刚臂单元的刚度矩阵,可由一般的单元刚度矩阵应用有限单元理论中的逐步变换原理推得。带刚臂单元在桥梁结构中有广泛应用,例如:a.腹板突变处,其相邻单元轴线必不交于一点;b.连续刚构中,薄壁墩与主梁在 0 号块横隔板处固结,须考虑 0 号块的刚性效应。在以上两种情况中应用带刚臂单元,能较好模拟真实结构的受力情况。

⑧单向受力杆件脱离工作。桥梁中常出现单向受力杆件,如斜拉桥的拉索、普通支座、施工中的临时支架等。它们只能受拉而不能承压或只能承压而不能受拉。这些杆件在施工阶段或运营阶段可能出现其不能承受的内力而退出工作,此时程序将撤离该脱离工作的单元,将其不能承受的内力作为外力,施加于新的结构上,这样就可得到符合实际情况的内力和位移。

⑨混凝土收缩徐变引起的次内力和预应力损失,此部分将在后面详细论述。

(2) 施工阶段模拟

本示例全桥分为 19 个施工阶段:悬臂浇筑 0 号块到浇筑 13 号块(最大悬臂状态)(14 个阶段)→边跨现浇(1 个阶段)→边跨合龙(1 个阶段)→体系转换(1 个阶段)→中跨合龙(1 个阶段)→桥面系(1 个阶段)。除体系转换和桥面系外,将每一个施工节段模拟为 4 个阶段:a.挂篮前移;b.绑扎钢筋;c.浇注混凝土;d.张拉预应力钢束。如实际需要,可将施工阶段进一步细分,计算出每一阶段的内力、变形和支承反力,进行短暂状况承载能力极限状态设计验算,有必要时进行短暂状况正常使用极限状态设计验算。以下介绍基于施工过程的计算模型及施工中注意的问题。

①在主墩上对称悬臂浇注混凝土

为了保证施工安全,在 7 号、8 号墩墩顶各设置两个临时支座,临时支座是固端约束,限制各个方向的线位移和角位移。临时支座采用混凝土垫块和硫黄砂浆层,拆除时将预埋在硫黄砂浆中的电阻丝融化。先浇筑墩顶 0 号块,0 号块由于预应力管道集中,钢筋密集,混凝土体量大,为保证施工质量采用分层浇筑。待混凝土的强度达到设计强度的 90%以上时,张拉 0 号块悬臂顶板束。浇筑完成 0 号块后结构计算模型如图 2-3-25 所示。在两端悬臂段对称安装挂篮,调整好高程后,浇筑 1 号块,待强度达到要求后,张拉悬臂顶板束。往复循环至 13 号块依次对称浇筑悬臂梁段,浇筑过程中结构体系的边界条件不发生变化,此时结构受力为 T 构受力。浇筑完成 13 号块后,结构达到最大悬臂状态,此时结构的计算模型如图 2-3-26所示。

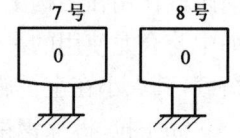

图 2-3-25 浇筑 0 号块结构计算模型

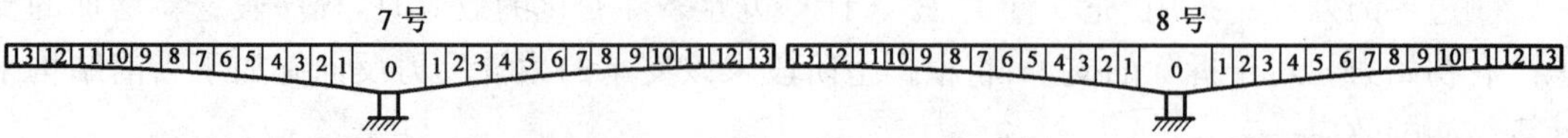

图 2-3-26 浇筑 13 号块结构计算模型

②浇筑边跨现浇段

边跨现浇段 16.92m 采用落地支架一次连续浇筑。支架在浇筑混凝土前进行压重试验,施工时采用边浇筑边卸载的方法,确保施工高程,改善结构内力。边跨现浇段应在悬臂施工长度达到最大悬臂状态时完成。边跨现浇段在落地支架上浇筑,应限制边跨现浇段每个单元的节点竖向位移,并约束其中一个节点的水平向位移,以保证浇筑边跨现浇段在边跨合龙前为几何不变体系。结构计算模型如图 2-3-27 所示。

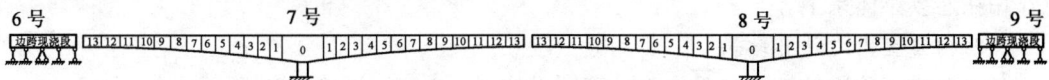

图 2-3-27 边跨现浇段结构计算模型

③边跨合龙

边跨合龙段采用落地支架法进行浇筑。浇筑合龙段混凝土前,在悬臂浇筑段的悬臂端压重,其压重为合龙段重量的一半,位置和合龙段着力点相同,压重采用水箱,浇筑混凝土时边浇筑边卸载,同时在合龙段两侧箱梁之间设置能传递结构内力的临时连接构件。先用型钢(劲性骨架)将现浇段与边跨悬臂浇筑段临时连接,临时连接在一天中气温最低时进行,并将构件两端的钢板先用千斤顶进行预压,以减小构件的自身变形。浇筑边跨合龙段混凝土在温度变化较小的日期,并在一天温度最低的时间进行,混凝土浇筑一气呵成。待混凝土强度达到设计强度的 90% 以上时,先张拉顶板束,再张拉部分底板束,为了减小预应力损失采用先长后短分批张拉。张拉部分底板束时,中跨悬臂端挠度降幅最好控制在 2cm 内。结构计算模型如图 2-3-28所示。

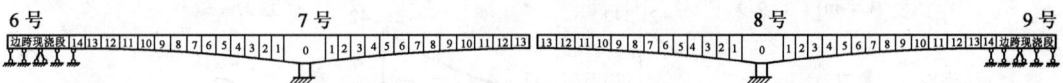

图 2-3-28 边跨合龙时结构计算模型

④体系转换

边跨合龙后,进行结构体系转换,拆除临时支座和边跨现浇段支架,更换永久支座。永久支座约束了 6 号、7 号、8 号、9 号墩、台顶支座的竖向位移,并约束 7 号墩顶支座的水平向位移。结构体系转换后,结构由两个刚结单悬臂转换成两个单悬臂体系,左边结构为静定的单悬臂体系,右边结构 8 号、9 号墩、台永久支座只约束了的竖向位移,结构为几何可变体系,此时锁定 8 号墩顶永久支座的水平向位移,这样右边结构也成为几何不变体系。结构计算模型如图2-3-29所示。

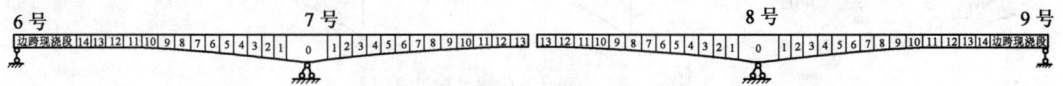

图 2-3-29 体系转换后结构计算模型

⑤中跨合龙

中跨合龙采用吊架模板、临时连接型钢(劲性骨架)、平衡重方法进行浇筑。用型钢(劲性骨架)将悬臂浇筑段临时连接后,拆除 8 号墩顶永久支座的限位装置,浇筑中跨合龙段混凝土,张拉部分中跨底板束,紧接着张拉第二批边跨底板束,再张拉中跨底板束。最后形成 3 跨连续梁结构。结构计算模型如图 2-3-30 所示。此时最终结构有限元模型已经形成。

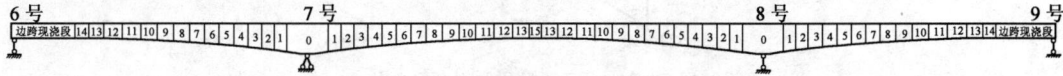

图 2-3-30 中跨合龙后结构计算模型

⑥桥面系

桥面系施工包括栏杆、桥面铺装、灯柱等附属设备,此时结构模型已经形成,桥面系结构自重作用在连续梁体系上。

7. 结构自重内力计算结果

各主要施工阶段的结构自重内力计算结果如图 2-3-31～图 2-3-34 所示。

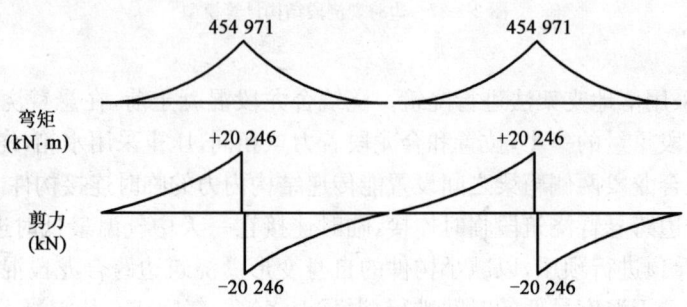

图 2-3-31　最大悬臂阶段结构自重内力

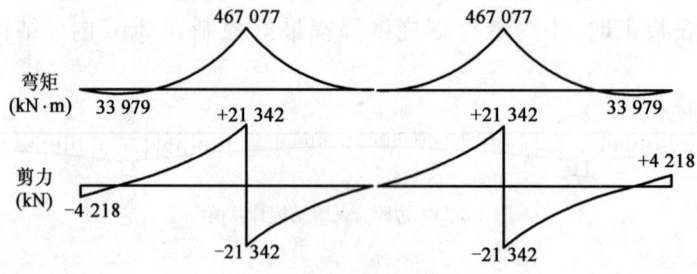

图 2-3-32　边跨合龙阶段结构自重内力

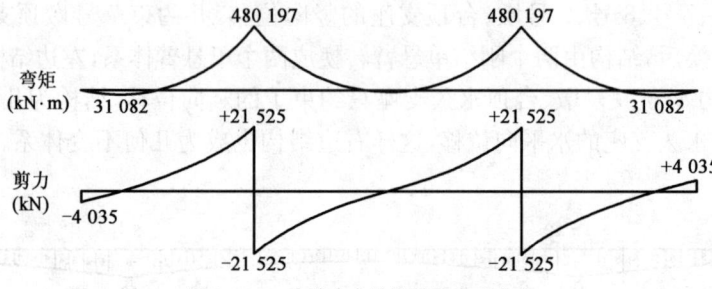

图 2-3-33　中跨合龙阶段结构自重内力

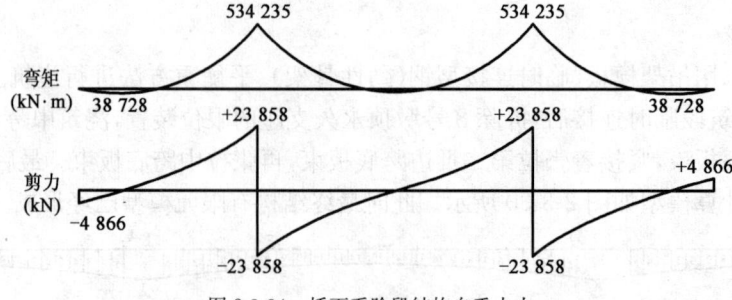

图 2-3-34　桥面系阶段结构自重内力

第四节　基本可变荷载作用内力计算

一、计算特点

基本可变荷载作用内力是汽车荷载、人群荷载等在桥梁使用阶段所产生的结构内力。很显然,不管采用何种施工方法,此时结构已成为最终体系——连续梁桥,因此内力计算图式十分明确。

当采用 T 梁或箱形截面且肋数较多时,利用平面杆系电算程序,配合荷载横向分布子程序,来计算基本可变荷载作用内力。当采用单箱单室截面时,仅需利用桥梁结构专用分析程序,在横向布置中载和偏载两种工况,来计算基本可变荷载作用内力。

1. 连续梁桥按平面杆系结构计算基本可变荷载内力的方法

(1)绘制主梁内力影响线;

(2)应用主梁内力影响线,将等代荷载在纵桥向进行影响线加载。等代荷载应布满于使结构产生最不利效应的同号影响线上;集中荷载只作用于相应影响线中一个最大影响线峰值处;桥梁电算程序,一般采用动态规划法进行影响线加载。按式(2-3-15)和式(2-3-16)计算基本可变荷载作用下的内力。

应用集中荷载时:
$$S_p = (1+\mu)\xi \cdot \sum P_i \cdot y_i \tag{2-3-15}$$

应用等代荷载时:
$$S_p = (1+\mu)\xi \cdot k \cdot \Omega \tag{2-3-16}$$

式中:S_p——主梁最大基本可变荷载作用下的内力;

μ——汽车荷载冲击系数,与结构基频有关;

ξ——汽车荷载折减系数,考虑汽车荷载的横向折减和纵向折减;

k——主梁内力影响线上的等代荷载,如车道荷载的均布荷载、人群荷载等;

P_i——车道荷载的集中荷载或车辆荷载;

y_i——主梁内力影响线坐标;

Ω——相应主梁内力影响线面积。

2. 连续梁桥按空间结构计算基本可变荷载内力的方法

计算方法与杆系结构类同,只是需计算各主梁的横向分布系数,给荷载乘以横向分布系数,即为 $P_i m_i$,然后在纵桥向进行影响线加载。计算主梁弯矩可用跨中荷载横向分布系数 m_c 代替全跨各点上的 m_i,在计算主梁剪力时,应考虑 m_i 在跨内的变化。

空间理论的"实用计算方法"的分析精度取决于所采用的横向分布理论的适用性和准确性。"实用计算方法"目前常用的有梁格法、梁系法及板系法,在计算时应注意根据结构的形式采用合适的计算方法。

二、荷载横向分布系数计算方法

任何一种桥梁结构都是空间受力,内力分析和计算是很复杂的。一般工程人员习惯于利用主梁的内力影响线和考虑荷载横向分布相结合的分离变量方法来考虑桥梁的空间受力作用。荷载横向分布同桥梁结构体系、跨径、桥宽、纵向和横向抗弯刚度、抗扭刚度等有关。由于采用不同的理论假定,因此产生很多不同的近似计算方法。第一篇介绍了几种简支梁桥主梁汽车荷载、人群荷载的横向分布近似计算。对于超静定体系的连续板、梁桥,可比拟为相同跨径等挠曲刚度的简支板、梁桥来计算荷载横向分布,即"等效刚度简支板、梁法"。因为,影响主梁荷载横向分布的因素,除宽跨比外,主要是构件抗弯与抗扭刚度。只要能够确定"等效简支板、梁"的换算刚度,便可以用"等效简支板、梁"来代替相应的连续板、梁求其横向分布。

计算荷载横向分布的另一种概念,是按连续梁与简支梁的挠度相等原理,用跨径为L_i^*的简支梁来代替跨径为L的连续梁的横向分布计算,即用"换算跨径"来替换,称之为"等挠度跨径换算"法;也可利用连续梁弯矩图反弯点之间跨径作为简支梁的跨径计算荷载横向分布。

对于变截面梁,可利用等效刚度换算成等截面梁;对于箱形截面,可以沿各室中心线切开划分为几个工形截面,即换算成开口截面的等效简支梁,再按简支梁的荷载横向分布近似计算法进行计算。当然经几次的假设和简化,计算的精度不能保证,因此,经常用实测进行检验近似计算法的可靠性,或采用三维板壳有限单元法及有限条法等数值方法计算。

下面介绍几种常用的计算方法和计算流程,如图 2-3-35 所示。其余方法可见书末参考文献。

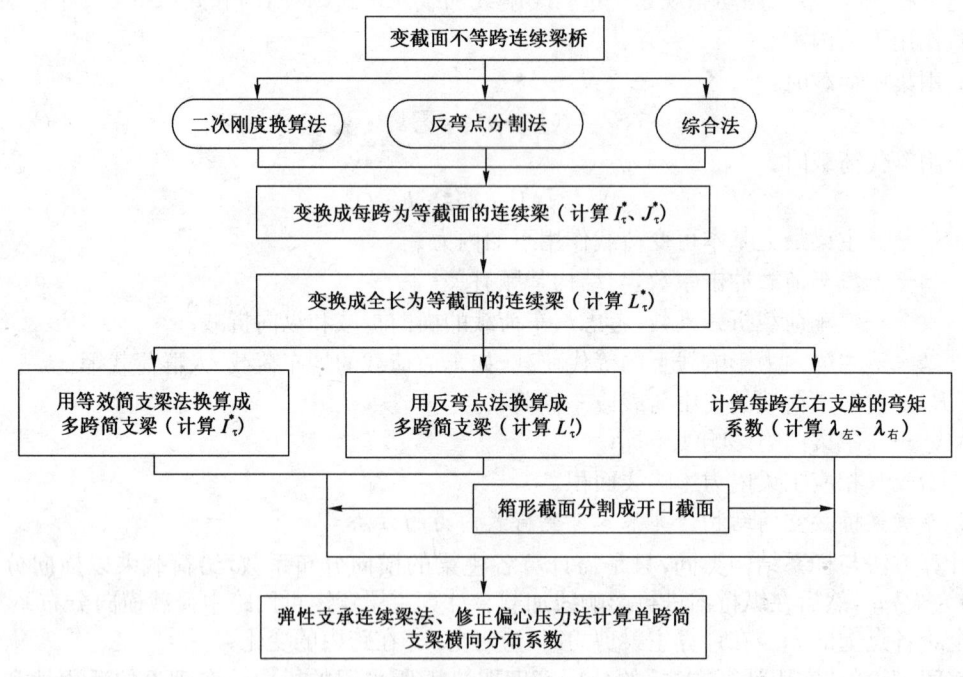

图 2-3-35 连续梁荷载横向分布计算流程

1. 二次刚度换算法

(1)在每一跨内,由变截面变换算为等截面,构成分跨等截面的阶梯连续梁。表 2-3-3 中列出了变截面主梁的换算惯矩计算公式。其中,各符号意义如下。

I^*、J^*——全断面的换算纵向抗弯、抗扭惯矩;

I、J——全断面的纵向抗弯、抗扭惯矩;

变截面主梁的换算惯矩计算公式

表 2-3-3

变截面	纵向梁型	惯矩 $I_{(x)}$、$J_{(x)}$ 方程	换算惯矩 I^*、J^* 公式
$1/I_{(x)}$（$1/J_{(x)}$）为二（一）次抛物线	对称型简支梁	$\dfrac{1}{I_{(x)}} = \dfrac{1}{I_c}\left[1+(n-1)\left(1-\dfrac{2x}{l}\right)^2\right]$ $\dfrac{1}{J_{(x)}} = \dfrac{1}{J_c}\left[1+(\bar{n}-1)\left(1-\dfrac{2x}{l}\right)^2\right]$	$I^* = \mu I_c,\ \mu = 10/(9+n),\ n = I_c/I_0$ $J^* = \bar{\mu} J_c,\ \bar{\mu} = 2/(1+\bar{n}),\ \bar{n} = J_c/J_0$
	非对称型简支梁	$\dfrac{1}{I_{(x)}} = \dfrac{1}{I_b}\left[1+(n_1-1)\left(1-\dfrac{2x}{l}\right)^2\right]$ $\dfrac{1}{J_{(x)}} = \dfrac{1}{J_b}\left[1+(\bar{n}_1-1)\left(1-\dfrac{2x}{l}\right)^2\right]$	$I^* = \mu_1 I_b,\ \mu_1 = 40/(29+11n_1),\ n_1 = I_b/I_1$ $J^* = \bar{\mu}_1 J_b,\ \bar{\mu}_1 = \dfrac{8(1+\bar{n}_1)}{(1+3\bar{n}_1)(3\bar{n}_1+1)},\ \bar{n}_1 = J_b/J_1$
	非对称型悬臂梁	$\dfrac{1}{I_{(x)}} = \dfrac{1}{I_b}\left[1+(n_2-1)\left(1-\dfrac{2x}{l}\right)^2\right]$ $\dfrac{1}{J_{(x)}} = \dfrac{1}{J_b}\left[1+(\bar{n}_2-1)\left(1-\dfrac{2x}{l}\right)^2\right]$	$I^* = \mu_2 I_b,\ \mu_2 = 10/(9+n_2),\ n_2 = I_b/I_2$ $J^* = \bar{\mu}_2 J_b,\ \bar{\mu}_2 = 2/(1+\bar{n}_2),\ \bar{n}_2 = J_b/J_2$
$I_{(x)}$、$J_{(x)}$ 为正弦曲线	对称型（正弦波）简支梁	$I_{(x)} = I_0\left[1+(n-1)\sin\dfrac{\pi x}{L}\right]$	$I^* = \mu I_0,\ \mu = (0.15+0.85n),\ n = I_c/I_0$ $J^* = \bar{\mu} J_0,\ \bar{\mu} = (0.15+0.85\bar{n}),\ \bar{n} = J_c/J_0$
	非对称型（斜正弦波）简支梁	$I_{(x)} = I_1\left\{\left[1+(n_1-1)\sin\dfrac{\pi x}{L}\right] + (n'-1)\dfrac{x}{L}\right\}$	$I^* = \mu_1 I_1,\ \mu_1 = (-0.35+0.85n_1+0.5n'),\ n_1 = \dfrac{I_c}{I_1},\ n' = \dfrac{I_b}{I_1}$ $J^* = \bar{\mu}_1 J_1,\ \bar{\mu}_1 = (-0.35+0.85\bar{n}_1+0.5\bar{n}'),\ \bar{n}_1 = \dfrac{J_c}{J_1},\ \bar{n}' = \dfrac{J_b}{J_1}$
	非对称型（半边跨正弦波）简支梁	$0 \sim l/2:\ I_{(x)} = I_1$ $l/2 \sim l:\ I_{(x)} = I_c\left[n_1' + (1-n_1')\sin\dfrac{\pi x}{L}\right]$	$J_{(x)}$ 方程形式同 $I_{(x)}$，需将式中 n, n_1, n_1', n_1'' n_2 分别换成 $\bar{n}, \bar{n}_1, \bar{n}_1', \bar{n}_1''$、$\bar{n}_2$
	非对称型（1/4正弦波）简支梁	$I_{(x)} = I_c\left[n_1'' + (1-n_1'')\sin\dfrac{\pi x}{L}\right]$	$I^* = \mu_1 I_c,\ \mu_1 = (0.925+0.075n_1'),\ n_1' = I_c/I_1,\ n_1'' = I_b/I_c$ $J^* = \bar{\mu}_1 J_1,\ \bar{\mu}_1 = (0.925+0.075\bar{n}_1'),\ \bar{n}_1' = J_c/J_1,\ \bar{n}_1'' = J_b/J_c$
	非对称型（正弦波）悬臂梁	$I_{(x)} = I_2\left[1+(n_2-1)\sin\dfrac{\pi x}{L}\right]$	$I^* = \mu_2 I_2,\ \mu_2 = (0.15+0.85n_2),\ n_2 = I_b/I_2$ $J^* = \bar{\mu}_2 J_2,\ \bar{\mu}_2' = (0.15+0.85\bar{n}_2),\ \bar{n}_2 = J_b/J_2$

角标"0"、"c"——分别表示对称简支梁的跨中断面和支点断面；

"1"、"c"、"b"——分别表示非对称简支梁惯矩较小的支点断面、跨中断面和惯矩较大的支点断面；

角标"b"、"2"——分别表示悬臂梁的支点断面和悬臂端断面；

μ、$\tilde{\mu}$——抗弯、抗扭惯矩的换算系数。

表 2-3-3 中的各计算公式仅能应用于当 $1/I_{(x)}$、$1/J_{(x)}$ 为抛物线时三跨或多跨,中间等跨的连续梁计算。其中,对称型正弦波、非对称型斜正弦波,适用于等跨与不等跨的连续梁桥中间跨的计算;非对称型半边跨正弦波及 1/4 正弦波,适用于各种连续梁桥边跨的计算。在横向惯矩计算时,对于无跨中横隔板的箱梁可计入箱梁畸变的影响;有横隔板箱梁应计入横隔板的影响,详见示例。

(2)采用跨度换算法计算 L_i^*,构成全长为等截面的连续梁。

$$L_i^* = C_{li} L_i \tag{2-3-17}$$

$$C_{li} = \sqrt[3]{\frac{I_p^*}{I_i^*}} \tag{2-3-18}$$

式中：C_{li}——等效跨径换算系数；

I_i^*、l_i——原有梁跨 i 的刚度和跨径；

I_p^*、L_i——荷载跨 i 的换算等截面刚度和跨径。

计算中应注意,C_{li} 限于对弯曲挠度的计算跨径 L 进行修正;对扭转计算中出现的跨径 L 不进行修正,仍按原跨径 L_i 计算。

(3)等截面连续梁变换为等截面简支梁的刚度变换。

按连续梁与简支梁的挠度相等原理,可用共轭梁法计算等效简支梁的抗弯刚度。对 2～4 跨的连续梁可直接查表 2-3-4 按下式计算：

$$I_i^* = C_w I_p \tag{2-3-19}$$

式中：C_w——连续-简支等效刚度修正系数；

I_i^*——等效简支梁刚度；

I_p——等截面连续梁的抗弯刚度。

等截面连续梁等效简支梁刚度修正系数　　　　表 2-3-4

跨度比	2跨连续梁		3跨连续梁		4跨连续梁	
$l_2 : l_1$	边跨 l_1	中跨 l_2	边跨 l_1	中跨 l_2	边跨 l_1	中跨 l_2
0.8					1.497	1.789
1.0	1.392	1.392	1.429	1.818	1.432	1.860
1.1	1.366	1.417	1.404	1.876	1.404	1.890
1.2	1.343	1.442	1.382	1.831	1.381	1.919
1.4	1.306	1.488	1.344	2.034	1.341	1.974
1.5	1.290	1.510	1.328	2.079	1.324	2.000
1.6	1.276	1.529	1.314	2.125	1.309	2.022
1.8	1.252	1.567	1.289	2.209	1.282	2.079
2.0	1.231	1.600	1.267	2.286	1.262	2.105

(4) 按弹性支承连续梁计算横向分布系数。

通过以上变换,变截面连续梁已变换成多跨等截面简支梁,可以用单跨等截面梁的横向分布计算方法计算各跨的横向分布系数,例如弹性支承连续梁法、修正偏心受压法。下面介绍前一种计算方法,后一种方法将在反弯点分割法中讲述。

按弹性支承连续梁法计算等效简支梁的荷载横向分布系数时,应计入抗扭刚度及边梁、内梁刚度不相等的影响。对 2~5 梁式桥跨的横向分布影响线可查表 2-3-5~表 2-3-8。其中,基本参数为:

$$s = \frac{1}{6}\left(\frac{l}{c}\right)^3 \frac{I_2}{I_1} \qquad s_a = s\frac{I_1}{I_{1a}}$$

$$z = \frac{1}{2c}\frac{EI_2}{GJ_T} \qquad a = \frac{1}{2}\left(1 + \frac{I_1}{I_{1a}}\right)$$

2 梁式桥跨的横向分布影响线表格　　　　　　　　　　　　　　表 2-3-5

$$N_{12} = s + z + 1/3$$
$$N_{22} = z + 1$$

	取上标	分母 N_{12}	分母 N_{22}	取 下 标
P	$k_{aa}-1, k_{bb}-1$	$-s/2$	0	
	k_{ba}, k_{ab}	$s/2$	0	
	$d_{aa}/c, d_{ba}/c$	$-(1/4)s$	0	
	$d_{ab}/c, d_{bb}/c$	$(1/4)s$	0	
T	ck_{aa}^T	$\mp z$	0	ck_{bb}^T
	ck_{ba}^T	$\pm z$	0	ck_{ab}^T
	d_{aa}^T-1, d_{bb}^T-1	$-(1/2)z$	$-(1/2)z$	
	d_{ba}^T, d_{ab}^T	$-(1/2)z$	$(1/2)z$	

注:代表中间两栏分子表达式中有±(∓)号者,取上标或下标符号。

3 梁式桥跨的横向分布影响线表格　　　　　　　　　　　　　　表 2-3-6

$$N_{13} = \left[\left(\mu s + z + \frac{2}{3}\right)(z+2) - z^2\right]$$
$$N_{23} = \left[\left(\eta s + 3z + \frac{2}{3}\right)(3z+2) - z^2\right]$$
$$\mu = 2 + \frac{I_1}{I_{1a}}, \eta = 2 + \frac{I_1}{I_{1a}}$$

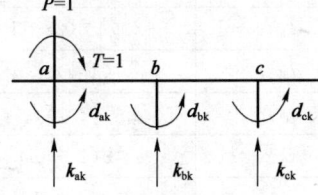

	取 上 标	分母 N_{13}	分母 N_{23}	取 下 标
P	$k_{aa}-1, k_{cc}-1$	$-(1/2)(z+2)s_a$	$\mp(1/2)(3z+2)s_a$	k_{ca}, k_{ac}
	k_{ba}, k_{bc}	$(z+2)s_a$	0	
	$k_{bb}-1$	$-2(z+2)s$	0	
	k_{ab}, k_{cb}	$(z+2)s$	0	

续上表

取上标		分母 N_{13}	分母 N_{23}	取下标
P	d_{aa}/c	$-(1/2)s_a$	$\mp(1/2)(2z+1)s_a$	d_{ac}/c
	d_{ca}/c	$(1/2)s_a$	$\mp(1/2)(2z+1)s_a$	d_{cc}/c
	d_{ab}/c	$\pm s$	0	d_{cb}/c
	d_{bb}	0	0	
	d_{ba}/c	0	$\mp(z+1)s_a$	d_{bc}/c
T	ck_{aa}^T	$\mp 2z$	$-2z(2z+1)$	ck_{ac}^T
	ck_{ca}^T	$\mp 2z$	$2z(2z+1)$	ck_{cc}^T
	ck_{ba}^T	$\pm 4z$	0	ck_{bc}^T
	d_{aa}^T-1, d_{cc}^T-1	$\mp(1/6)z(3\mu s+8)$	$-(1/6)z(24z+3\mu s+8)$	d_{ac}^T, d_{ca}^T
	d_{ba}^T, d_{bc}^T	0	$z[\mu s-(4/3)]$	

4 梁式桥跨的横向分布影响线表格　　　　　　　　　　表 2-3-7

$$N_{14} = AM - gz^2$$
$$N_{24} = EM - gN^2$$

$A = z^2 + 4z + 2$
$g = z+1, N = z-s$
$M = as + z + \dfrac{1}{3}$
$E = 2z + 2zg + \dfrac{8}{3}z + \dfrac{2}{3}$
$M_0 = s + z + \dfrac{1}{3}$

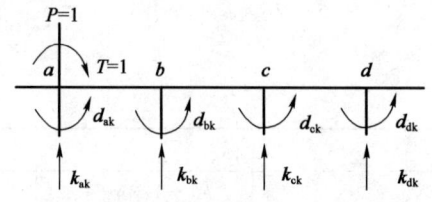

取上标		分母 N_{14}	分母 N_{24}	取下标
P	$k_{aa}-1, k_{dd}-1$	$-(1/4)As_a$	$\mp(1/4)Es_a$	k_{da}, k_{ad}
	k_{da}, k_{ad}	$(1/4)As_a$	$\pm(1/4)(E+2gN)s_a$	k_{ca}, k_{bd}
	k_{ab}, k_{dc}	$(1/4)As_a$	$\pm(1/4)(E+2gN)s$	k_{db}, k_{ac}
	$k_{bb}-1, k_{cc}-1$	$-(1/4)As$	$\mp(1/4)[E+4g(M+N)]s$	k_{cb}, k_{bc}
	d_{aa}/c	$-(1/4)(2z+1)s_a$	$\mp(1/8)(E-zN)s_a$	d_{ab}/c
	d_{da}/c	$(1/4)(2z+1)s_a$	$\mp(1/8)(E-zN)s_a$	d_{dd}/c
	d_{ba}/c	$-(1/4)gs_a$	$\mp(1/8)[E-(g+1)N]s_a$	d_{bd}/c
	d_{ca}/c	$(1/4)gs_a$	$\mp(1/8)[E-(g+1)N]s_a$	d_{cd}/c
	d_{ab}/c	$(1/4)(2z+1)s$	$\pm(1/8)[E+(g+1)N-2zM]s$	d_{ac}/c
	d_{db}/c	$-(1/4)(2z+1)s$	$\pm(1/8)[E+(g+1)N-2zM]s$	d_{dc}/c
	d_{bb}/c	$(1/4)gs$	$\pm(1/8)[E-2M(3g-1)+2zM]s$	d_{bc}/c
	d_{cb}/c	$-(1/4)gs$	$\pm(1/8)[E-2M(3g-1)+2zM]s$	d_{cc}/c
T	ck_{aa}^T	$\mp z(2z+1)$	$-(1/2)z(E-2N)$	ck_{ad}^T
	ck_{da}^T	$\mp z(2z+1)$	$(1/2)z(E-2N)$	ck_{dd}^T
	ck_{ba}^T	$\pm z(2z+1)$	$(1/2)z[E+(g+1)N-2zM]$	ck_{bd}^T
	ck_{ca}^T	$\pm z(2z+1)$	$-(1/2)z[E+(g+1)N-2zM]$	ck_{cd}^T
	d_{aa}^T-1, d_{dd}^T-1	$\mp(1/2)z[(2z+1)+(Mg-z^2)]$	$-(1/4)z[E-2MM_0-N(N+2z)]$	$d_{da}^T da, d_{ad}^T$
	d_{ba}^T, d_{cd}^T	$\mp\dfrac{z}{2}(g+M)$	$-(1/4)z[E-2M(M_0-z)-N(N-g)]$	d_{ca}^T, d_{bd}^T

5 梁式桥跨的横向分布影响线表格　　　　　　　　　　　　　　　　　　　　表 2-3-8

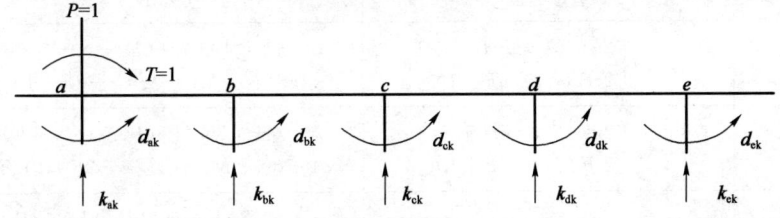

$$N_{15} = 2M(A_0B - z^3 - 4z^2) - N^2B + z^2(NH + zS - 4gk)$$
$$N_{25} = 2M(F_0D - 7z^3 - 4z^2) - N^2D + z^2(-NH + zS - 4gJ)$$
$$M_0 = s + z + \frac{1}{3}, M = as + z + \frac{1}{3}, N = z - s, g = z + 1$$
$$A_0 = 3s + z + \frac{2}{3}, A = (1+2a)s + z + \frac{2}{3}, H = z + 2, I = 3z + 2$$
$$F_0 = s + 3z + \frac{2}{3}, F = (-1+2a)s + 3z + \frac{2}{3}, J = 2z + \frac{1}{3}, k = 2S + \frac{1}{3}$$
$$B = z^2 + 6z + 4, D = 5z^2 + 10z + 4$$

	取 上 标	分母 N_{15}	分母 N_{25}	取下标
	$k_{aa}-1, k_{ee}-1$	$-(1/2)[A_0B - z^2(z+4)]s_a$	$\mp(1/2)[F_0D - z^2(7z+4)]s_a$	k_{ea}, k_{ae}
	k_{ba}, k_{dc}	$[gH(k+J) - z^2(J+s+3)]s_a$	$\pm\left[gI\left(4z+\frac{2}{3}\right) - z^2\left(4z+\frac{4}{3}\right)\right]s_a$	k_{da}, k_{bc}
	k_{ca}, k_{ce}	$[z^2(s-4) + 6sz + 4(s-2)]s_a$	0	
	k_{ab}, k_{ed}	$[2gHM_0 - z^2(M_0+z+3)]s$	$\pm[gI(F_0+N) - z^2(g+M_0+z+N)]s$	k_{eb}, k_{ad}
	$k_{bb}-1, k_{dd}-1$	$(1/2)[z^2(H+F+8g-4z+2M_0) - 2gH(F+2M_0)]s$	$\pm(1/2)\{z^2[F+I+2(M_0+N)] - 2gI(F+F_0+N)\}s$	k_{db}, k_{bd}
	k_{cb}, k_{cd}	$[2gH(N+2M) - z^2(H+F+2g)]s$	0	k_{bc}, k_{dd}
	k_{ac}, k_{ec}	$[-2NgH + z^2(2z+2-s)]s$	0	
	$k_{cc}-1$	$-2[4MgH - z^4(M+g)]s$	0	
P	d_{aa}/c	$-\left(5zs + 3s + 2z + \frac{2}{3}\right)s_a$	$\mp\left(3zs + \frac{14}{3}z + s + \frac{2}{3} + \frac{20}{3}z^2 + 2sz^2\right)s_a$	d_{ae}/c
	d_{ea}/c	$\left(5zs + 3s + 2z + \frac{2}{3}\right)s_a$	$\mp\left(3zs + \frac{14}{3}z + s + \frac{2}{3} + \frac{20}{3}z^2 + 2sz^2\right)s_a$	d_{ee}/c
	d_{ba}/c	$-\frac{1}{2}\left[8s + \frac{4}{3} + z\left(7s + \frac{4}{3}\right)\right]s_a$	$\mp\frac{1}{2}\left[z^2\left(4s+\frac{16}{3}\right) + 9zs + \frac{20}{3}z + 4s + \frac{4}{3}\right]s_a$	d_{be}/c
	d_{da}/c	$\frac{1}{2}\left[8s + \frac{4}{3} + z\left(7s + \frac{4}{3}\right)\right]s_a$	$\mp 1/2\left[z^2\left(4s+\frac{16}{3}\right) + 9zs + \frac{20}{3}z + 4s + \frac{4}{3}\right]s_a$	d_{de}/c
	d_{ca}/c	0	$\pm\left[z^2\left(s+\frac{4}{3}\right) + \frac{4}{3}z - s\left(\frac{3z^2+}{5z+2}\right)\right]s_a$	d_{ce}/c
	d_{ab}/c	$(1/2)[z^2(F-2M_0-3) + g(2HM_0 - zF)]s$	$\pm(1/2)[g(F_0I+NI-zF) - z^2(F+F_0+N+z+g)]s$	d_{ad}/c
	d_{eb}/c	$-(1/2)[z^2(F-2M_0-3) + g(2HM_0 - zF)]s$	$\pm(1/2)[g(F_0I+NI-zF) - z^2(F+F_0+N+z+g)]s$	d_{ed}/c

续上表

	取上标	分母 N_{15}	分母 N_{25}	取下标
P	d_{bb}/c	$(1/4)\begin{bmatrix}2g(4M_0-FH+\\2zF)-2z^2(F+1)\end{bmatrix}s$	$\pm(1/4)[2gI(F_0+N-F)\\-4gz(N+M_0)-z^2(z-2F+I)]s$	d_{bd}/c
	d_{db}/c	$(1/4)\begin{bmatrix}2g(4M_0-FH+\\2zF)-2z^2(F+1)\end{bmatrix}s$	$\pm(1/4)[2gI(F_0+N-F)-\\4gz(N+M_0)-z^2(z-2F+I)]s$	d_{dd}/c
	d_{cb}/c	0	$\pm(1/2)[-g(2FI-2Fz-4Fz\\-4M_0z)+z^2(2F-I+H)]s$	d_{cd}/c
	d_{ac}/c	$\pm[z^2(g-s)-NgH+2Mz]s$	0	d_{ee}/c
	d_{bc}/c	$\pm 2(gA-Mz)s$	0	d_{dc}/c
	d_{cc}/c	0	0	
T	ck_{aa}^T	$\mp 2z[g(A_0H-Nz)-z^2(A_0\\-N+2)]$	$-2z[g(FI-Nz)-2z^2(N+z+\\M_0+g)]$	ck_{ae}^T
	ck_{ea}^T	$\mp 2z[g(A_0H-Nz)-\\z^2(A_0-N+2)]$	$-2z[g(FI-Nz)-2z^2\\(N+z+M_0+g)]$	ck_{ee}^T
	ck_{ba}^T	$\mp 2z[g(2MZ-A_0H-2N)+\\z^2(A_0-N-A+3)]$	$-2z[g(2Mz-F_0I-2Ng)+\\z^2(F+2N+2M_0+2g-1)]$	ck_{be}^T
	ck_{da}^T	$\mp 2z[g(2MZ-A_0H-2N)+\\z^2(A_0-N-A+3)]$	$2z[g(2Mz-F_0I-2Ng)+\\z^2(F+2N+2M_0+2g-1)]$	ck_{de}^T
	cd_{ca}^T	$\pm 4z[g(2MZ-NH)+z^2(1-A)]$	0	ck_{ce}^T
	d_{aa}^T-1, d_{ee}^T-1	$\mp(1/2)z[z^2(z+6N-4A_0-4)+\\2g(A_0H-2Nz)+2M(2M_0H-\\sz-2Ng)-HN^2]$	$-(1/2)z[2g(F_0I-2Nz)-z^2(10N+\\5z+8M_0+4g)+2M(IA_0-z^2)-IN^2]$	d_{ea}^T, d_{ae}^T
	d_{be}^T, d_{de}^T	$\pm z[A_0(2M+z)-N(N+2z)+\\z^2(1+A_0-N)-2kHg-Az]$	$z[2M(gA_0-Nz-z^2)+g(zF_0-N^2-\\Az-2M_0I)-z^2(z-3s+A-3g)]$	d_{da}^T, d_{be}^T
	d_{ca}^T, d_{ce}^T	0	$-z[z^2(F+N-2z-I)+2g(zF+\\2F_0-NI)-2MzF_0+zN^2]$	

表 2-3-3～表 2-3-8 中：

I_1——开口截面等效简支梁的等效抗弯惯矩 $I_中^*$；

I_2——横向抗弯惯矩 $I_y^* \cdot \dfrac{L}{2}$；

L——等效简支梁计算跨径；

c——箱形截面分割成比拟 I 形梁（开口截面）的间距；

I_{1a}——开口截面等效简支梁边梁的等效抗弯惯矩 $I_边^*$；

J_T——开口截面等效简支梁边梁的等效抗扭惯矩 $J_i=J_2^*/4$；

$E、G$——弹性模量和剪切模量。

以上各注释右侧符号意义详见示例。

查表方法：以 4 梁式求单位荷载作用于 a 号梁时 d 处的影响线坐标计算为例说明。查表

2-3-7,可知:

$$k_{da} = \frac{1}{N_{14}}(1/4)As_a - \frac{1}{N_{24}}(1/4)(E+2gN)s_a \qquad (2\text{-}3\text{-}20)$$

上式中第二项为取上标为负值。

2. 反弯点分割法

(1)将变截面连续梁变换为等效等截面简支梁,其计算公式与二次刚度换算法的第一步和第二步计算公式相同。

(2)等效简支梁计算。

设连续梁有 $n+1$ 个支座,n 跨;支座编号 $j=0,1,2,\cdots,n$;跨径分别为 $L_j(j=1,2,\cdots,n)$。在跨度 L_j 中,其左定点、右定点计算式分别为:

$$K_j = -\frac{M_j}{M_{j-1}} = 2 + \frac{L_{j-1}}{L_j}\left(2 - \frac{1}{k_{j-1}}\right) \qquad (2\text{-}3\text{-}21)$$

$$K'_j = -\frac{M_j}{M_{j+1}} = 2 + \frac{L_{j+1}}{L_j}\left(2 - \frac{1}{k_{j+1}}\right) \qquad (2\text{-}3\text{-}22)$$

K 初始值见表 2-3-9。

K 初 始 值 表 2-3-9

左 边 端	K_1	右 边 端	K'_{n-1}
简支端	无穷大	简支端	无穷大
固定端	2	固定端	2
悬于支点 0 之外	无穷大	悬于支点 n 之外	无穷大

跨中反弯点间等效简支跨长 L'_j 计算式为:

$$\left.\begin{array}{l} M_1 = -\dfrac{6(A_j^\phi K'_j - B_j^\phi)}{L_j(K_j K'_j - 1)} \\[2mm] M_2 = -\dfrac{6(B_j^\phi K'_j - A_j^\phi)}{L_j(K_j K'_j - 1)} \end{array}\right\} \qquad (2\text{-}3\text{-}23)$$

其中,A_j^ϕ、B_j^ϕ 为简支跨度 L_j 内由荷载引起的力矩面积作为虚荷载 Ω_j 产生的左右支点虚反力,见图 2-3-36。

取集中荷载 $P=1$ 作用于跨中时,虚荷载 $\Omega_j = PL_j^2/8$,$A_j^\phi = B_j^\phi = PL_j^2/16$。

$$\left.\begin{array}{l} \lambda_1 = \dfrac{3(K'_j - 1)}{8(K_j K'_j - 1)} \\[2mm] \lambda_2 = \dfrac{3(K_j - 1)}{8(K_j K'_j - 1)} \end{array}\right\} \qquad (2\text{-}3\text{-}24)$$

在 L_1 跨中,$\lambda_1 = 0$,$\lambda_2 = 3/8K'_j$,在 L_n 跨中,$\lambda_2 = 0$,$\lambda_1 = 3/8K_j$。由此可得,计算 $\lambda_0 = 0.25 - (\lambda_1 + \lambda_2)/2$。

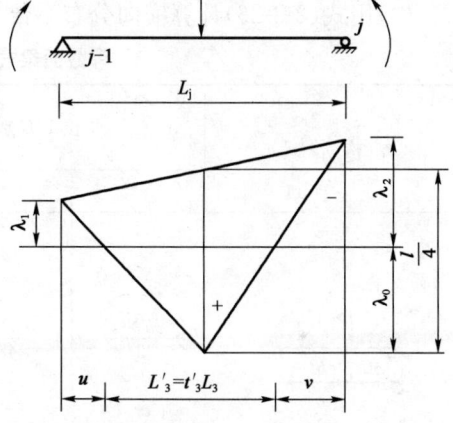

图 2-3-36 连续梁荷载跨反弯点位置

$$\left.\begin{aligned} u_1 &= \lambda_0/\lambda_1 \\ u_2 &= \lambda_0/\lambda_1 \\ u &= \frac{1}{2(1+u_1)} \\ v &= \frac{1}{2(1+u_2)} \\ t'_j &= 1-(u+v) \end{aligned}\right\} \quad (2\text{-}3\text{-}25)$$

近而可得到 $L'_j = t'_j L_j$。

取均布荷载作用时,可按上述通用公式计算 M_1、M_2,而后计算 t'_j。

(3)修正偏压法计算横向分布系数(也可用弹性支承连续梁法计算横向分布系数)。

i 号梁的横向分布系数为:

$$m_i = \frac{I_i}{\sum I_i} + \frac{ia_i I_i}{\sum I_i a_i^2}\beta \quad (2\text{-}3\text{-}26)$$

抗扭修正系数 β 按表 2-3-10 中"1.简支梁"计算。

3. 综合法

(1)将变截面连续梁变换为等效等截面连续梁,其计算公式与二次刚度换算法第一步和第二步计算公式相同。

(2)按反弯点分割法(2)中的方法计算上述连续梁每跨左右支点的弯矩系数 λ_1 和 λ_2,见式(2-3-24)。

(3)按表 2-3-10 中"6.连续梁"一栏中公式计算跨中挠度 f_i 和扭转角 θ_c,由式(2-3-27)计算 β。

主梁刚度不等:
$$\left.\begin{aligned} \beta &= \frac{1}{1+\dfrac{1}{\theta_\tau \sum \dfrac{a_i^2}{f_i}}} \\[2ex] \beta &= \frac{1}{1+\dfrac{f_i}{\theta_\tau \sum a_i^2}} \end{aligned}\right\} \quad (2\text{-}3\text{-}27)$$

主梁刚度相等:

(4)用式(2-3-26)计算横向分布系数。

等截面梁式体系 f_i、θ_τ 和 β 计算公式   表 2-3-10

结构形式	f_i(单位 $1/E$)		θ_τ(单位 $1/G\sum J_{Ti}$)		β
	$x=al$	$x=l/2$	$x=al$	$x=l/2$	$x=l/2$ 或 al 或 l
1.简支梁	$\dfrac{(ab)^2 l^3}{3}$	$\dfrac{l^3}{48}$	abl	$\dfrac{l}{4}$	$\beta = \dfrac{1}{1+\dfrac{x(l-x)G\sum J_{Ti}}{3E\sum a_i^2 I_i}}$ $\beta_{\frac{1}{2}} = \dfrac{1}{1+\dfrac{l^2}{12}\dfrac{G\sum J_{Ti}}{E\sum a_i^2 I_i}}$

续上表

结 构 形 式	f_i（单位 1/E）		θ_τ（单位 $1/G\sum J_{Ti}$）		β
	$x = al$	$x = l/2$	$x = al$	$x = l/2$	$x = l/2$ 或 al 或 l
2. 固端梁	$\dfrac{(ab)^3 l^3}{3}$	$\dfrac{l^3}{192}$	abl	$\dfrac{l}{4}$	$\beta_{\frac{l}{2}} = \dfrac{1}{1 + \dfrac{l^2}{48} \dfrac{G\sum J_{Ti}}{E\sum a_i^2 I_i}}$
3. 固端—简支梁	$\dfrac{a^3 b^2 (3+b) l^3}{12}$	$\dfrac{7l^3}{768}$	abl	$\dfrac{l}{4}$	$\beta_{\frac{l}{2}} = \dfrac{1}{1 + \dfrac{l^2}{27.4} \dfrac{G\sum J_{Ti}}{E\sum a_i^2 I_i}}$
4. 悬臂梁	$\dfrac{l^3}{3}$	—	t	—	$\beta_l = \dfrac{1}{1 + \dfrac{l^2}{3} \dfrac{G\sum J_{Ti}}{E\sum a_i^2 I_i}}$
5. 外伸梁	$\dfrac{(al)^2 L}{3}$	—	al	—	$\beta_{al} = \dfrac{1}{1 + \dfrac{alL}{3} \dfrac{G\sum J_{Ti}}{E\sum a_i^2 I_i}}$
6. 连续梁	$\dfrac{l^3}{48}(1 + 3\lambda_1 + 3\lambda_2)$（与图示 M 相反为负）		$l/4$		用式（2-3-27）计算

式(2-3-26)、式(2-3-27)和表 2-3-10 中：

I_i——开口截面每根梁的等效抗弯惯矩，即示例中的 $\beta_1 I_2^*$ 和 $\beta_2 I_2^*$；

e——活载合力对桥轴线的偏心矩；

a_i——开口截面各梁腹板轴线距断面中线的距离；

J_{Ti}——开口截面每根梁的抗扭惯矩。

4. 计算示例

[**例 2-3-3**] 某四跨(30m＋2×45m＋30m)预应力混凝土连续梁桥，主梁采用四肋三室箱形结构，边跨端直线段及中跨中点梁高 $h_0 = 130$cm，中墩支点处梁高 $h_0 = 250$cm，箱梁顶板宽 12.78m，底板宽 9.78m，顶板厚 18cm，底板厚由桥墩处的 24cm 向跨中逐渐减薄至 14cm，桥跨及横断面布置见图 2-3-37，按二次刚度换算法计算横向分布系数。

(1) 截面几何特性计算

①纵向抗弯惯矩 I_x 按箱梁整体计算。

②计算横向抗弯惯矩。

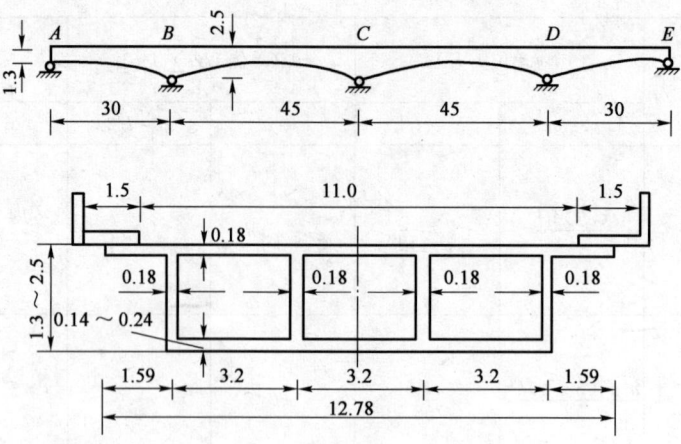

图 2-3-37 桥跨及横断面布置图(尺寸单位:m)

跨中断面有中横梁者按整体(不计腹板)结构 I_y 计算,对无中横梁者按 I_y^{**} 计算。

室数 $n=3$,室宽 $b=320$cm

顶板、腹板单位长度抗弯惯矩 $I_a=I_c=18^3/12$cm^4

底板单位长度抗弯惯矩 $I_b=14^3/12$cm^4

$$p_a = I_a/(I_a+I_b) = 0.68, p_b = 1-p_a = 0.32$$

$$I_y^{**} = \frac{4n^3 I_a}{\left[n+(4n-2)\frac{I_a h}{I_c b_1} p_a\right] p_a} = 12\,730 \text{cm}^4/\text{cm}$$

支点断面按不计腹板的顶、底板作为整体断面计算。

③计算抗扭惯矩。

跨中有横梁时近似按箱形断面、外框用常见的布雷特(Bredt)公式计算,见式(2-3-28)。

$$J_t = \frac{4F^2}{\sum_i \frac{s_i}{t_i}} \tag{2-3-28}$$

式中:F——外箱壁轴线所包围的面积,$F=10.944$m^2;

s_i、t_i——外箱壁轴线长度和厚度。

无横梁时则乘修正系数 0.5,支点断面仍采用式(2-3-28)计算。

主梁几何特性计算结果见表 2-3-11。

中跨几何特性计算结果　　　　　　　　表 2-3-11

断面位置	梁高 h (cm)	纵向抗弯惯矩 I(cm^4)	横向抗弯惯矩 I_y(cm^4/cm)		抗扭惯矩 J(cm^4)	
			有横隔板	无横隔板	有横隔板	无横隔板
C:跨中	130	$1\,195\times10^5$	102 344	12 730	$3\,566\times10^5$	$1\,783\times10^5$
0:支点	250	$6\,661\times10^5$	539 394		$16\,276\times10^5$	

(2)抗弯惯矩变截面换算为等效等截面

中跨按表 2-3-3 对称型正弦波简支梁计算:

$$n = I_c/I_0 = 0.18$$

$$u = (0.15 + 0.85 \times 0.18) = 0.304$$
$$I_2^* = uI_0 = 2\,025 \times 10^5 \text{cm}^4$$

边跨按表 2-3-3 非对称 1/4 正弦波简支梁计算：

边跨跨中截面惯矩 $I_c = 2\,228 \times 10^5 \text{cm}^4$，$I_1$ 同中跨 I_c，I_b 同中孔 I_0。

$$n_1' = I_1/I_c = 0.536\,36$$
$$n_1'' = I_b/I_c = 2.989\,68$$
$$u_1 = 0.85 + 0.075(n_1' + n_1'') = 1.114\,45$$
$$I_1^* = u_1 I_c = 2\,483 \times 10^5 \text{cm}^4$$

(3) 跨径变换，建立等效等截面连续梁

取中跨 I_2^* 作为等效连续梁惯矩，即 $I_p = I_2^*$。

$$C_1 = \sqrt[3]{\frac{I_p}{I_1^*}} = \sqrt[3]{\frac{2\,025 \times 10^5}{2\,483 \times 10^5}} = 0.934\,29$$

则边跨 I_1^* 的换算跨径：

$$L_1^* = C_1 L_1 = 0.934\,29 \times 30 = 28\text{m}$$

等效等截面连续梁的跨径为 28m+2×45m+28m，如图 2-3-38 所示。

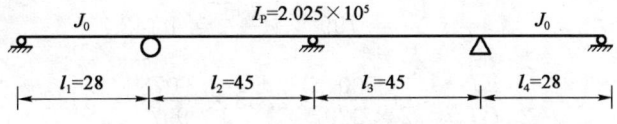

图 2-3-38 跨度变换（尺寸单位：m）

(4) 抗扭惯矩变截面换算为等效等截面

中跨为对称型变截面梁，则：

$$\tilde{n} = J_c/J_0 = 0.110$$
$$\tilde{u} = (0.15 + 0.85\tilde{n}) = (0.15 + 0.85 \times 0.110) = 0.244$$
$$J_2^* = \tilde{u} J_0 = 0.244 \times 16\,276 \times 10^5 = 3\,963 \times 10^5 \text{cm}^4$$

边跨 J_1^* 不要求与 J_2^* 相同，本例不计边跨荷载分布，因此 J_1^* 不需计算。

(5) 横向换算抗弯惯矩 I_y^*

考虑 I_y 的变化规律，近似地与 $I_{(x)}$ 相同。

$$n_y = \frac{I_{yc}^{**}(l/2)}{I_{y0}(0)} = \frac{12\,730}{539\,394} = 0.023\,6$$
$$\mu_y = 0.15 + 0.85 \times 0.023\,6 = 0.171\,21$$
$$I_y^* = \mu_y I_y(0) = 0.171\,21 \times 539\,394 = 92.348 \text{cm}^4/\text{cm}$$

(6) 弹性支承连续梁法中各项惯矩的计算

① 计算各梁抗弯惯矩（二次刚度换算）

考虑连续—简支变换的刚度换算系数 C_w，由 $(l_2/l_1) = 45/28 = 1.607$ 查表 2-3-4 得中跨 $C_w = 2.022$。同时将箱梁全断面从室中线划分为四片 I 形梁，各梁惯矩近似按 $h=130$cm 的跨中高度计算，分别计算边、中 I 形梁惯矩 $I_{边}$、$I_{中}$ 与 I_c 之比，分别计为 β_1、β_2。

$$\beta_1 = \frac{245.9 \times 10^5}{1\,195 \times 10^5} = 0.205\,77$$

$$\beta_2 = \frac{351.6 \times 10^5}{1\,195 \times 10^5} = 0.294\,23$$

$I_边$、$I_中$ 的等效惯矩分别为：

$$I_边^* = \beta_1 I_2^* C_w = 0.205\,57 \times 2\,025 \times 10^5 \times 2.022 = 843 \times 10^5\,\text{cm}^4$$

$$I_中^* = \beta_2 I_2^* C_w = 0.294\,23 \times 2\,025 \times 10^5 \times 2.022 = 1\,205 \times 10^5\,\text{cm}^4$$

②计算各梁抗扭惯矩

中跨等效等截面简支梁每片边梁、中梁的等效抗扭惯矩为：

$$J_2 = \frac{J_2^*}{4} = \frac{3\,988 \times 10^5}{4} = 997 \times 10^5\,\text{cm}^4$$

计入计算受压板宽的横向抗弯惯矩：

$$I_2 = I_y = I_y^* \frac{l}{2} = 92\,348 \times \frac{4\,500}{2} = 2\,078 \times 10^5\,\text{cm}^4$$

(7) 计算等效简支梁在偏心荷载作用下的横向分布系数

考虑抗扭及边、内梁刚度不等的弹性支承连续梁法计算，各基本参数为：

$$s = \frac{1}{6}\left(\frac{l}{c}\right)^3 \frac{I_2}{I_1} = \frac{1}{6} \times \left(\frac{4\,500}{320}\right)^3 \times \frac{2\,078}{1\,205} = 799$$

$$s_a = s \frac{I_1}{I_{1a}} = 799 \times \frac{1\,205}{843} = 1\,142$$

$$z = \frac{l}{2c} \frac{EI_2}{GJ_t} = \frac{4\,500}{2 \times 320} \times 2.33 \times \frac{2\,078}{997} = 34.2$$

$$a = \frac{1}{2}\left(1 + \frac{I_1}{I_{1a}}\right) = \frac{1}{2} \times \left(1 + \frac{1\,205}{843}\right) = 1.2$$

查表 2-3-7 计算得：

$$A = 1\,308, M = 993, E = 57\,511, g = 35.2$$
$$N = -765, N_{14} = 1\,257\,673, N_{24} = 36\,508\,503$$

查表 2-3-7，计算 k_{aa} 得：

$$k_{aa} = 1 - \frac{1}{4} A S_a \cdot \frac{1}{N_{14}} - \frac{1}{4} E S_a \cdot \frac{1}{N_{24}}$$

$$= 1 - \frac{1\,308 \times 1\,142}{4 \times 1\,257\,673} - \frac{57\,511 \times 1\,142}{4 \times 36\,508\,503} = 0.253\,34$$

按表 2-3-7 最后一项取上标为负。其他分布系数计算方法与此相同，算得梁 a、b 的荷载分布系数 k_{ji}^p、k_{ja}^T 列于表 2-3-13。

由于边梁 i 与内梁 k 的 $I_i \neq I_k$，故求荷载分布影响线时，$\eta_{ii} = k_{ii}, \eta_{kk} = k_{kk}$；而 $\eta_{ik}^* = \gamma k_{ki}$，$\eta_{ki}^{**} = k_{ik}/\gamma$，其中 $\gamma = I_i/I_k = I_{1a}/I_1 = 0.699\,59$。计算 η_{ij}^p 列于表 2-3-12。

影响线坐标　　　　　　　　　　　　　　　　　表 2-3-12

作用力及作用位置	$P=1, T=1$ 作用于梁 $i=a$				$P=1$ 作用于梁 $i=b$			
梁号 j	a	b	c	d	a	b	c	d
系数 k_{ij}^p	0.253 34	0.325 50	0.268 34	0.152 82	0.227 74	0.301 96	0.285 6	0.187 74
影响线 η_{ij}^p	0.253 34	0.227 72	0.187 73*	0.152 82	0.325 54**	0.301 96	0.282 56	0.268 36**

求得影响线坐标后，根据影响线坐标绘制 a 号肋的影响线图形，如图 2-3-39 所示。按《通规》(JTG D60—2004)第 4.3.1 条在影响线上布置最不利两列车辆荷载，如图 2-3-39 所示。

$$m_a = \frac{1}{2}(0.25 + 0.24 + 0.23 + 0.21) = 0.465$$

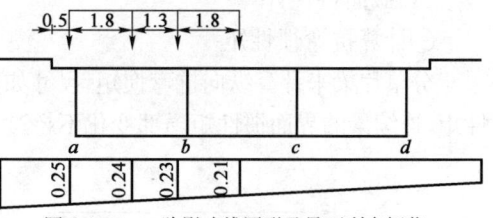

图 2-3-39　a 肋影响线图形及最不利车辆荷载布载(尺寸单位:m)

b、c、d 号肋两列车荷载横向分布系数及三列车荷载横向分布系数计算方法与 m_a 方法相同。计算结果列于表 2-3-13 中。

荷载横向分布系数计算结果　　　　　　　　表 2-3-13

荷　　载	两列车辆荷载				三列车辆荷载			
梁号 j	a	b	c	d	a	b	c	d
分布系数	0.465	0.619	0.619	0.465	0.651	0.898	0.898	0.651
多车道折减	—	—	—	—	0.508	0.700	0.700	0.508
横向分布系数	—	—	—	—	0.508	0.700	0.700	0.508

按照《通规》(JTG D60—2004)第 4.3.1 条规定:汽车荷载产生的效应需考虑多车道横向折减，但折减后的效应不得小于两设计车道的荷载效应。表 2-3-13 考虑三车道折减后的横向分布系数见"多车道折减"一行。比较后各肋的最终取值见"横向分布系数"一行。

求得荷载横向分布系数后，按式(2-3-15)进行基本可变荷载内力计算。利用专业桥梁电算程序时，具体应沿桥跨方向在桥梁中心线上布置一个车道，给车道荷载标准值及集中荷载标准值乘以荷载横向分布系数，并计入横向折减及纵向折减。

[例 2-3-40]　某四跨(4×30m)预应力混凝土连续梁桥，主梁采用等高度箱形截面。采用简支转连续的施工方法，主梁先预制再运输、吊装就位，再浇注湿接缝形成整体结构。跨中横断面详细布置见图 2-3-40，自左向右依次为 1 号、2 号、3 号、4 号梁。按刚性横梁法计算荷载横向分布系数。刚性横梁法基本原理参见第一篇第二章第三节。

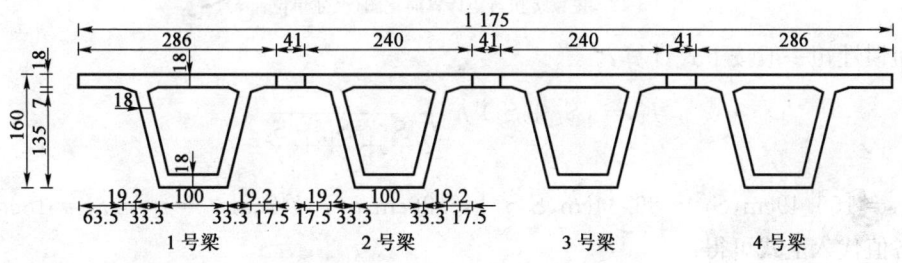

图 2-3-40　横断面布置图(尺寸单位:cm)

针对本示例横截面的具体构造特点及平面杆系有限元程序计算特点，将空间结构转为平面结构进行计算，即只对由单片梁构成的四跨简支转连续梁桥进行基本可变荷载作用内力计算。因截面对称，只需求 1 号、2 号梁的荷载横向分布系数。本示例给出荷载横向分布系数的手算方法。也可借助于荷载横向分布子程序进行计算，利用程序进行计算时，应特别注意各种参数的输入，具体可参考文献[13]或[17]。

(1) 截面特性计算

① 计算抗弯惯性矩

分单片梁来计算纵向抗弯惯性矩，尺寸如图 2-3-41 所示，边梁及中梁尺寸近似，取相同抗弯惯性矩（连续梁的界面惯性矩局部变化不超过 20% 时，截面惯性矩所引起赘余力变化不会超过 5%）。

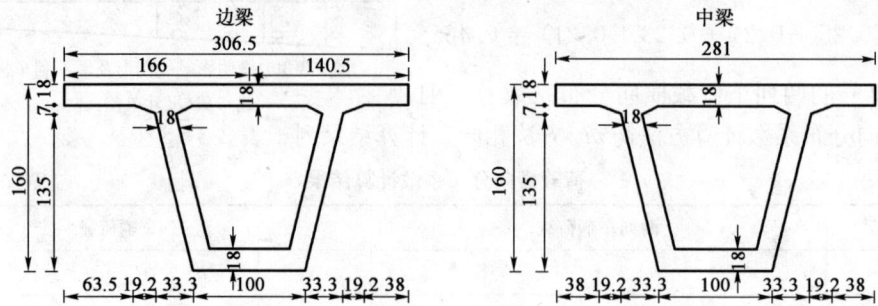

图 2-3-41　边、中梁横截面布置图（尺寸单位：cm）

抗弯惯性矩 $I_y = 0.367 \text{m}^4$。

② 计算抗扭惯性矩

计算跨中截面抗扭惯性矩时，计算误差在 1% 左右，故闭合截面以外的翼板可以忽略不计。按此方法将边梁及中梁截面简化成为一个对称梯形，如图 2-3-42 所示。

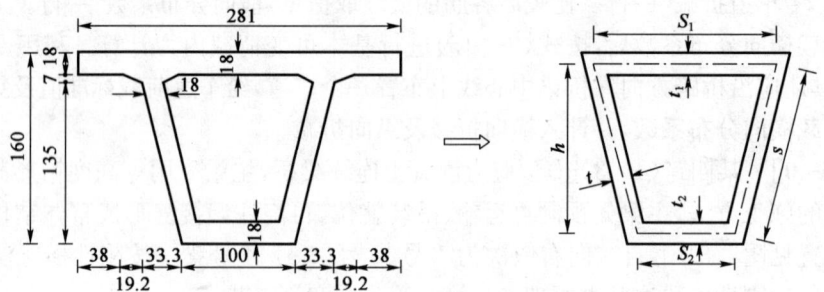

图 2-3-42　主梁抗扭弯矩计算简化图（尺寸单位：cm）

抗扭惯性矩一般按下式计算：

$$I_T = (S_1 + S_2)^2 h^2 \frac{1}{2\dfrac{S}{t} + \dfrac{S_1}{t_1} + \dfrac{S_2}{t_2}}$$

其中，$S_1 = 156.49 \text{cm}, S_2 = 86.44 \text{cm}, S = 146.26 \text{cm}, h = 142 \text{cm}, t = t_1 = t_2 = 18 \text{cm}$。

将各值代入上式可得：

$$I_T = (156.49 + 86.44)^2 \times 142^2 \times \frac{1}{2 \times \dfrac{146.26}{18} + \dfrac{156.49}{18} + \dfrac{86.44}{18}} = 4 \times 10^7 \text{cm}^4$$

则抗扭惯性矩 $I_T = 0.4 \text{m}^4$。

(2) 将连续梁桥简化为简支梁桥

因每片箱梁仅在支点附近很小区域内腹板、底板尺寸有所改变，但仍可近似按等截面箱梁来考虑，这样带来的计算误差是很小的。综上所述，此实例可简化为四等跨等截面连续箱梁桥。

按照二次刚度换算法中等截面连续梁变换为等截面简支梁的刚度变换计算方法,将四等跨等截面连续箱梁桥通过刚度换算转化为四等跨等截面简支梁桥。查表 2-3-4,边跨 $C_{w边} = 1.432$,中跨 $C_{w中} = 1.860$。对扭转惯矩不进行修正。

则边跨的等刚度常截面简支梁的抗弯惯矩和抗扭惯矩按式(2-3-20)计算分别为:

$$I_{边}^* = C_{w边} I_y = 1.432 \times 0.367 = 0.526 \text{m}^4$$

$$I_{中}^* = C_{w中} I_y = 1.860 \times 0.367 = 0.682 \text{m}^4$$

$$I_{T中}^* = I_{T边}^* = I_T = 0.4 \text{m}^4$$

(3)计算边跨荷载横向分布系数

①计算比例参数 γ 和 β

$$\gamma_{边} = \frac{\pi^2 EI}{4GI} \left(\frac{b_1}{l}\right)^2 = 5.8 \frac{I}{I_T} \left(\frac{b_1}{l}\right)^2 = 5.8 \times \frac{0.526}{0.4} \times \left(\frac{2.81}{30}\right)^2 = 0.067$$

$$\beta_{边} = \frac{\pi^4 I d_1^3}{3l^4 I_1} = 390 \frac{I d_1^3}{l^4 h_1^3} = 390 \times \frac{0.526}{8.1 \times 10^5} \times \left(\frac{0.572}{0.18}\right)^3 = 0.008$$

②计算主梁荷载横向分布影响线 η

查参考文献[5]所列刚接板、梁桥横向分布影响线表中四梁式的 G_η 表,在 $\beta = 0.006$,$\beta = 0.010$ 和 $\gamma = 0.06$,$\gamma = 0.08$ 之间按内插法得到表 2-3-14 所列的 η 值,并由此可绘出图 2-3-43 和图 2-3-44 所示 1 号、2 号梁荷载横向分布影响线。

边跨的等刚度简支梁主梁荷载横向分布影响线　　　　表 2-3-14

梁 号	β	γ	$P=1$ 位置(主梁轴线)			
			1 号梁	2 号梁	3 号梁	4 号梁
1	0.008	0.067	0.385	0.283	0.197	0.135
2	0.008	0.067	0.283	0.279	0.240	0.197
3	0.008	0.067	0.197	0.240	0.279	0.283
4	0.008	0.067	0.135	0.197	0.283	0.385

③计算荷载横向分布系数 m

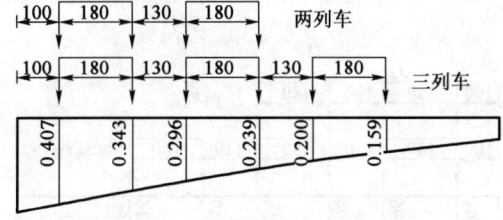

图2-3-43　边跨1号梁荷载横向分布影响线(尺寸单位:cm)

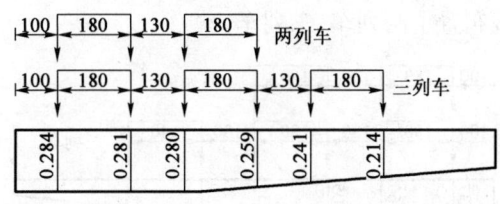

图2-3-44　边跨2号梁荷载横向分布影响线(尺寸单位:cm)

按《通规》(JTG D60—2004)第 4.3.1 条在影响线上布置最不利车辆荷载,如图 2-3-43 和图 2-3-44 所示。离桥面边缘 1m 布置 0.5m 的护栏宽度和 0.5m 的路缘带,在影响线上按最不利加载布置了两列车、三列车。

两列车:

$$m_1 = \frac{0.407 + 0.343 + 0.296 + 0.239}{2} = 0.643$$

$$m_2 = \frac{0.284+0.281+0.280+0.259}{2} = 0.552$$

三列车：

$$m_1 = \frac{0.407+0.343+0.296+0.239+0.200+0.159}{2} = 0.822$$

$$m_2 = \frac{0.284+0.281+0.280+0.259+0.241+0.214}{2} = 0.793$$

(4)计算中跨荷载横向分布系数

①计算比例参数 γ 和 β

$$\gamma_{中} = \frac{\pi^2 EI}{4GI_\mathrm{T}}\left(\frac{b_1}{l}\right)^2 = 5.8\frac{I}{I_\mathrm{T}}\left(\frac{b_1}{l}\right)^2 = 5.8 \times \frac{0.682}{0.4} \times \left(\frac{2.81}{30}\right)^2 = 0.087$$

$$\beta_{中} = \frac{\pi^4}{3l^4}\frac{Id_1^3}{I_1} = 390\frac{Id_1^3}{l^4 h_1^3} = 390 \times \frac{0.682}{8.1 \times 10^5} \times \left(\frac{0.572}{0.18}\right)^3 = 0.011$$

②计算主梁荷载横向分布影响线 η

查参考文献[5]所列刚接板、梁桥横向分布影响线表中四梁式的 G_η 表，在 $\gamma=0.080, \beta=0.010$ 和 $\gamma=0.100, \gamma=0.010$ 之间按内插法得到表 2-3-15 所列的 η 值，并由此可绘出图 2-3-45 和图 2-3-46 所示 1 号、2 号梁荷载横向分布影响线。

中跨的等刚度简支梁主梁荷载横向分布影响线　　表 2-3-15

梁　号	β	γ	$P=1$ 位置(主梁轴线)			
			1号梁	2号梁	3号梁	4号梁
1	0.008	0.067	0.411	0.289	0.186	0.114
2	0.008	0.067	0.289	0.286	0.239	0.186
3	0.008	0.067	0.186	0.239	0.286	0.289
4	0.008	0.067	0.114	0.186	0.289	0.411

③计算荷载横向分布系数 m

按《通规》(JTG D60—2004)第 4.3.1 条在影响线上布置最不利荷载，如图 2-3-45 和图 2-3-46 所示。离桥面边缘 1m 布置 0.5m 的护栏宽度和 0.5m 的路缘带，在影响线上按最不利加载布置了两列车、三列车。

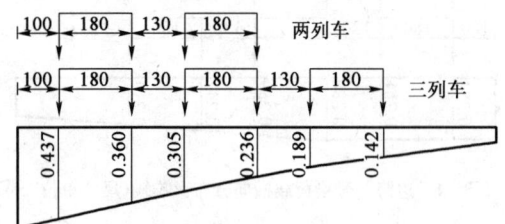

图2-3-45　中跨1号梁荷载横向分布影响线(尺寸单位：cm)

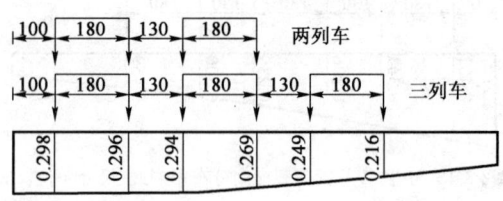

图2-3-46　中跨2号梁荷载横向分布影响线(尺寸单位：cm)

两列车：

$$m_1 = \frac{0.437+0.360+0.305+0.236}{2} = 0.669$$

$$m_2 = \frac{0.290 + 0.288 + 0.286 + 0.261}{2} = 0.563$$

三列车：

$$m_1 = \frac{0.437 + 0.360 + 0.305 + 0.236 + 0.189 + 0.142}{2} = 0.835$$

$$m_2 = \frac{0.290 + 0.288 + 0.286 + 0.261 + 0.240 + 0.207}{2} = 0.786$$

(5) 连续梁桥荷载横向分布系数取值

通过前面的计算分析，显然四跨连续梁桥的边、中跨荷载横向分布系数不同，且1号、2号主梁荷载横向分布系数中跨都大于边梁相应梁位的数值。按照《通规》(JTG D60—2004)第4.3.1条规定：汽车荷载产生的效应需考虑多车道横向折减，但折减后的效应不得小于两车道的荷载效应，故对横向分布系数进行横向折减，见表2-3-16所列"横向折减"一列。为简化连续梁的汽车荷载内力计算，全桥偏安全地统一取用跨中主梁荷载横向分布系数 $m = 0.669$。

荷载横向分布系数 表2-3-16

位 置	车 道 数	梁 号	荷载横向分布系数 m	横 向 折 减
边跨	两列车	1	0.643	0.643
		2	0.552	0.552
	三列车	1	0.822	0.641
		2	0.793	0.619
中跨	两列车	1	0.669	0.669
		2	0.579	0.579
	三列车	1	0.835	0.651
		2	0.811	0.632

求得荷载横向分布系数后，按式(2-3-15)进行基本可变荷载内力计算。利用专业桥梁电算程序进行计算时参考例[2-3-3]注意事项。

三、内力(位移)影响线绘制方法

连续梁是超静定结构，计算各截面基本可变荷载内力仍以绘制影响线为主。等截面连续梁结构赘余力与截面刚度无关，其影响线纵坐标及面积计算可采用一般资料中的公式和图表进行。对于变截面连续梁，可采用静力法或机动法绘制影响线。由于其计算过程较繁，设计过程中，一般借助专业桥梁电算程序直接求得。

1. 静力法

静力法计算连续梁桥的内力(位移)影响线的过程，是计算单位力(位移) $P = 1$ 作用在连续梁上时连续梁各内力(位移)值。具体计算可采用力法、位移法来组成并求解联立方程；也可采用力矩分配法，在计算过程中逐次修正，以达到所需精度。

2. 机动法

n 次超静定的连续梁如图2-3-47a)，绘制其上某指定量值 X_k 的影响线，可先去掉与 X_k 相对应的联系，并以 X_k 代替其作用[图2-3-47b]。求 X_k 时，以这一去掉与 X_k 相应联系后所得到

的 $n-1$ 次超静定结构作为力法计算的基本结构,根据原结构在截面 K 处的已知位移条件,可建立如下力法典型方程:

$$\delta_{kk}X_k + \delta_{kp} = 0$$

故
$$X_k = -\delta_{kp}/\delta_{kk} \tag{2-3-29}$$

其中,δ_{kk} 表示基本结构上由于 $X_k=1$ 的作用,在截面 K 处沿 X_k 方向所引起的相对位移[图 2-3-47c],相对位移是一个常数且恒为正值。利用位移互等原理,$\delta_{pk}=\delta_{kp}$ 表示由于 $X_k=1$ 的作用,在位移荷载作用处沿 P 的方向上所引起的位移,它将随着 $P=1$ 的作用位置不同而不同。其变化规律如图 2-3-47c)中虚线所示,即为基本结构由于 $X_k=1$ 的作用所引起的竖向位移。将位移图 δ_{pk} 的竖坐标乘上常数 $-1/\delta_{kk}$,便得到所要求的 X_k 影响线。

X_k 影响线与位移 δ_{pk} 成正比,不需进行具体计算即可迅速确定影响线的轮廓。图 2-3-48 中绘出了连续梁剪力 Q_k、支座弯矩 M_c 和支座反力 R_b 影响线的轮廓。

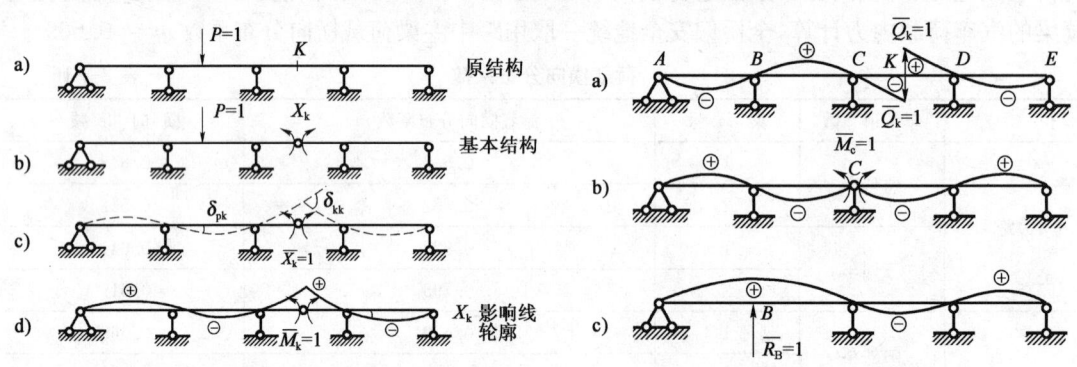

图 2-3-47 机动法绘制连续梁内力影响线

图 2-3-48 连续梁内力影响线示意

3. 有限元法

连续梁桥属超静定结构,各种内力影响线的基本特点是呈曲线分布的形式。其计算过程较繁,尤其是跨径不等且变截面连续梁,手算十分困难,一般利用有限元方法求得。影响线计算时,单位荷载作用在桥面单元上,将单元荷载装配到结构荷载列阵 P 中,按照本章第一节所述有限元步骤,计算即可得到结果。

利用有限元方法求连续梁内力影响线有两种方法,一种是静力法,另一种是线弹性体系的互等定理。计算某一量值(弯矩、剪力等)影响线最简单的方法是求单位荷载依次作用在汽车荷载的所有可能作用点(实际计算中取离散的点,一般是结构中位于桥面的节点)时该量值的大小,这样得到的是一个该量值离散的影响线坐标值。对点与点之间进行插值,可得到一个离散的近似影响线,这种计算方法称为静力法。显而易见,如果仅求一个力学量的影响线,也需要求单位荷载作用在所有可能作用点时的结构响应,计算量很大,效率比较低。

混凝土连续梁桥由于结构刚度大、跨径不大(相对缆索体系桥梁),所以可利用线弹性体系的位移互等定理、内力位移互等定理、反力位移互等定理,计算内力影响线。

(1)位移互等定理

对于作用于同一线弹性体系不同位置的单位力 i、j,单位力 i 作用时单位力 j 作用点沿力 j 方向的位移,等于单位力 j 作用时单位力 i 作用点处沿力 i 作用方向的位移。由此,某点的位移影响线就等于在该点沿该位移方向作用单位力时桥面的挠曲线。

(2)内力—位移互等定理

对同一个线弹性结构,i 处作用单位力时在结构 j 截面处引起的内力,等于 j 截面两侧沿该内力方向发生单位相对位移时,i 处沿单位力作用方向上的位移。由此,该截面的内力影响线就等于该截面两侧发生沿该内力方向的单位相对位移时桥面的挠曲线。这种计算方法就是机动法。

(3)反力—位移互等定理

对同一个线弹性结构,i 处作用单位力时在结构 j 截面处引起的约束反力,等于 j 处约束沿该反力方向发生单位位移时,i 处沿单位力作用方向上的位移,但符号相反。由此,该约束反力的影响线就等于该约束发生沿该反力方向负的单位位移时桥面的挠曲线。这种计算方法也是机动法。

上述互等定理中的"力"和"位移"分别是广义力和广义位移,因此,这三条互等定理全面地解决了位移、内力、反力影响线的计算问题。在实际应用中,活载集中力的方向是竖直向下的,须将上述按互等定理计算得到的影响线反号。

在有限元计算中,可将须求内力的截面所在点划分为一个节点,这样就可以只求单位强迫相对位移发生在杆端时的等效单元固端反力;将单元固端反力反号后即得到等效节点力,可直接集成到总体荷载列阵中;按照本章第一节所述有限元步骤即可求解。

四、采用动态规划法进行影响线加载

在求得连续梁内力影响线后,桥梁电算程序一般采用动态规划法进行影响线加载。影响线的动态规划加载能对任意影响线快速求得影响量(内力或挠度等)的极值,是一种较有效的加载方法。

如图 2-3-49a)所示,$f(x)$ 为区间 $[B,E]$ 的影响线。定义 $u(x)$ 表示在 $[B,X]$ 范围内加载时可能求得的最大内力值,称为极值函数。以一个集中荷载 P 为例,在影响线上加载,$u(x)$ 曲线如图 2-3-49b)所示。当 $x<a$ 时,由于影响线 $f(x)$ 是增加的,所以 $u(x)$ 上升;当 $a \leqslant x \leqslant b$ 时,影响线加载所得的内力值小于荷载在 a 点的内力值,因此 $u(x)$ 在 $[a,b]$ 区段就是一根水平线,过 b 点后,$u(x)$ 值又随着 $f(x)$ 增加而上升;到 c 点后又变成一根水平线,它是一个单调不减函数,在最右端的极值函数值 $u(E)$ 表示整根影响线加载后的最大内力值。

如果是一列集中荷载,荷载之间的最小间距为 a_1,这时可采用递推求得极值函数 $u(x)$ 的曲线,如图 2-3-49c)所示。

在区间 $[B,X]$,在 x 点布置荷载后引起的内力值由两部分组成,即 x 点荷载所产生的内力 $F(x)=Pf(x)$ 和 $x-a_1$ 处可能的最大内力 $u(x-a_1)$。但是,这两部分内力之和有两种可能结果:

① $u(x-a_1)+F(x)>u(x-\Delta x)$,这表明在 x 点布置一个荷载对增大内力有作用,于是 x

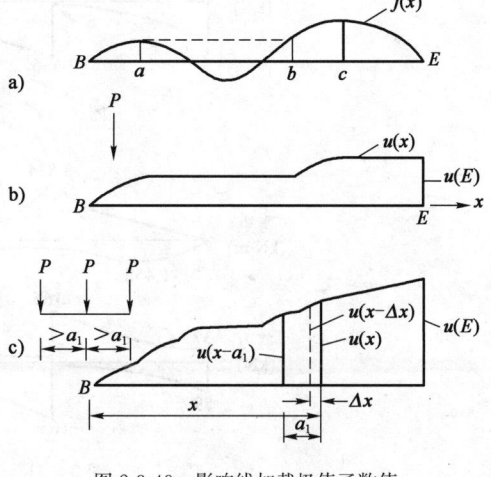

图 2-3-49 影响线加载极值函数值

点的极值函数取为:

$$u(x) = F(x) + u(x - a_1) \tag{2-3-30}$$

② $u(x-a_1) + F(x) \leqslant u(x-\Delta x)$,这表明在 x 点布置一个荷载对增大内力不起作用,于是 x 点的极值函数取为:

$$u(x) = u(x - \Delta x) \tag{2-3-31}$$

如果处理好最初的那些 $u(x)$ 值,再由上述的递推办法,就很容易算得图 2-3-49c)中的函数 $u(x)$。右端的 $u(E)$ 表示这列荷载在影响线上加载得到的最大影响值。荷载作用点的位置可根据 $u(x)$ 函数的性质求出。

动态规划法进行影响线加载的原理比较简单,而计算过程复杂,因此,可采用电算程序完成。

另外需要注意的是,当已知构件某断面有三个内力(弯矩 M、轴力 N、剪力 Q)影响线,可以按要求,求出某最大内力(如最大弯矩 M)影响线加载位置,然后根据此加载位置求得相应的其他内力值(如相应 N、Q)。

五、基本可变荷载作用内力计算示例

[例 2-3-5] 基本资料与例[2-3-2]相同,主桥上部结构采用上、下行独立的两个单箱单室断面,单箱顶宽 16m,其中 13.75m 为机动车、非机动车混合车道,1.75m 的人行道,0.5m 的护栏。计算中布置了 5 个车道,其中 4 个车道为机动车、非机动车混合车道,1 个车道为人群车道。基本可变荷载是使用阶段的作用,此时结构已形成最终体系,即连续梁桥。有限元模型如图 2-3-30 所示。按照本节所述影响线绘制方法,绘制影响线。按照动态规划法进行最不利加载,计算可得汽车荷载、人群荷载的内力包络图如图 2-3-50 和图 2-3-51 所示。

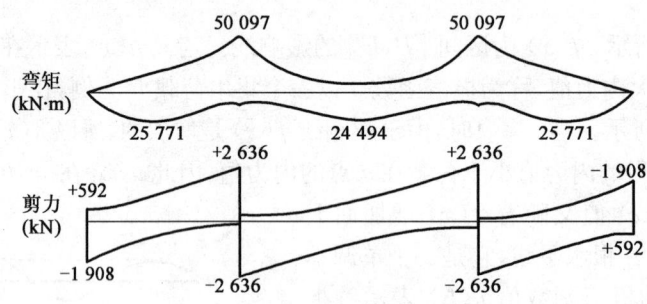

图 2-3-50 汽车荷载内力包络图

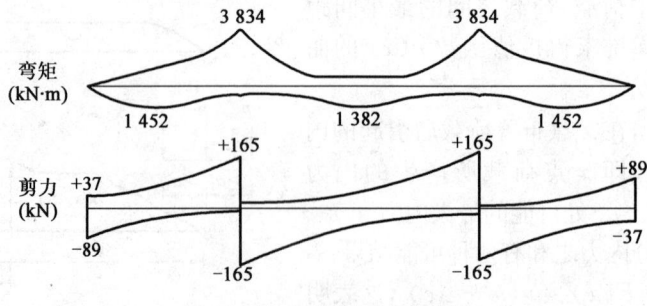

图 2-3-51 人群荷载内力包络图

第五节 次内力计算

一、结构体系转换与次内力分析

混凝土连续梁桥在各种内、外因素的综合影响下，结构受强迫变形时会在多余约束处产生约束反力，从而产生结构附加内力，这部分附加内力一般统称为结构次内力(或称为二次力)。外部因素有预加力、墩台基础沉降、温度变化等；内部因素有混凝土材料的徐变与收缩特性、结构构造与配筋形式等。预应力混凝土连续梁桥通常计算的次内力有预加力次内力、收缩徐变次内力、基础变位次内力及温度次内力等。钢筋混凝土连续梁桥通常计算的次内力不包括预加力引起的次内力，但其他次内力均需考虑。

混凝土连续梁桥有各种不同的施工方法。一般说来，除了满堂支架施工一次落架外，采用其他施工方法都面临着结构体系转换这一共同问题。从设计角度考虑，选择体系转换次序时，应该使最终的连续梁体系的结构自重内力分布合理，同时应尽可能地缩小各项次内力的不利影响。

在体系转换过程中除了要计算因施工程序不同而产生的施工内力外，还应涉及各项次内力。施工过程中次内力包括由于张拉预应力筋所引起的次内力和由于混凝土收缩徐变等产生的次内力。在悬臂施工的连续梁中，各项次内力常使跨中区段的正弯矩值加大，支点负弯矩减小。

施工时为了适应各阶段的受力需要，预应力筋应分阶段张拉，而在体系转换过程中，在合龙段的区段上要张拉连续预应力筋，这些预应力筋的张拉如在超静定体系上进行，则必须计算这部分预应力所产生的次内力。

二、预加力引起的次内力计算

预应力混凝土简支梁在预加力作用下只产生自由挠曲变形和预应力偏心力矩(初预矩)，而不产生次力矩，如图 2-3-52a)所示。连续梁因存在多余约束，限制梁体的自由变形，不仅在多余约束处产生垂直次反力，而且在梁体内产生次力矩，如图 2-3-52b)所示，因此其总力矩为：

$$M_{总} = M_0 + M' \tag{2-3-32}$$

式中：M_0——初预矩，它是预加力 N_y 与偏心距 e 的乘积，即 $M_0 = N_y e$；

M'——预加力引起的次力矩，可用力法或等效荷载法求解。

目前预加力引起的次内力的计算方法有：力法、等效荷载法。电算程序中将预加力作为等效荷载形式，在本章第一节有限元计算步骤(5)中，将等效荷载装配到荷载列向量 P，按照有限元步骤即可计算预加力引起的次内力。力法计算方法可参考文献[9]。本节主要介绍等效荷载法的计算原理。

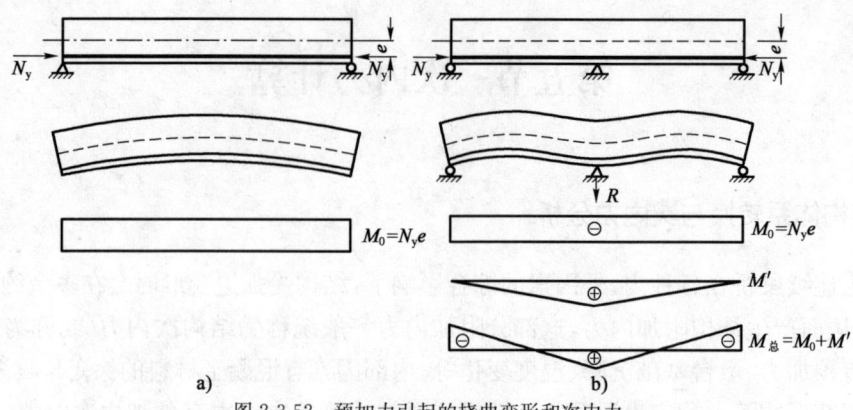

图 2-3-52 预加力引起的挠曲变形和次内力
a)简支梁；b)连续梁

(一)用等效荷载法求解预加力的次力矩

预应力混凝土结构,是一种预加力和混凝土承压相互作用并取得平衡的自锚体系。为此,可把预加力束筋和混凝土视为相互独立的个体,把预加力对混凝土的作用用等效荷载的形式代替。只要求得不同配筋情况下的等效荷载,就可用有限元法或影响线加载法等方法求超静定梁由预加力产生的内力。应注意的是,用等效荷载法求得梁的内力中已经包括了预加力引起的次内力,因此求得的内力矩是总力矩,将总力矩减去初预矩即为次力矩。根据预应力筋在结构中的位置及形式,等效荷载常有以下几种情况,如图 2-3-53 所示。

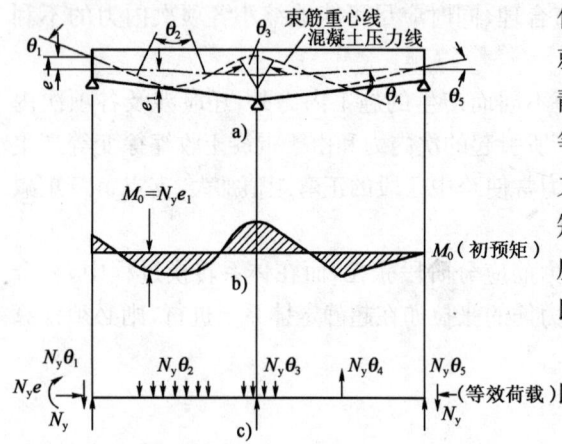

图 2-3-53 与预应力对应的初预矩、等效荷载

(1)力筋作用在梁端混凝土上的力 N_y 可以分解为三个分量：

①轴向力：$N_y \cdot \cos\theta_1 = N_y$（其中：$\cos\theta_1 \approx 1$）,作用在锚头的端部。

②竖向力：$N_y \cdot \sin\theta_1 = N_y\theta_1$（其中：$N_y \cdot \sin\theta_5 = N_y\theta_5$）,作用在支座处,直接被竖向支座反力平衡,在连续梁内不产生次力矩。

③力矩：$N_y \cdot \cos\theta_1 \cdot e = N_y \cdot e$,作用在梁的端部,沿着连续梁的全长会产生次力矩,计算中必须考虑。

(2)力筋在连续梁内部布置形式为折线或曲线形,则混凝土的等效荷载分别为：

①曲线预应力束的等效荷载

当力筋布置为抛物线和圆弧线时,竖向力呈均布荷载,沿曲线长度施加在梁上,其总值 W 可由曲线两端斜率的变化求得。在 θ_2 处的总竖向力为：

$$W = N_y \sin\theta_2 = N_y\theta_2 \quad (2-3-33)$$

均布荷载 $q = W/l$（l 为曲线长度）。以下结合具体的曲线布筋介绍其计算方法。

图 2-3-54 所示为曲线配筋的预应力混凝土简支梁,其左端锚头的倾角为 $-\theta_A$,且偏离中

轴线的距离为 e_A，其左端锚头的倾角为 θ_B、偏心距为 e_B，索曲线在跨中的垂度为 f。图中符号规定是：预应力筋的偏心距 e_i 向上为正，向下为负；荷载向上者为正，反之为负。

图 2-3-54 模式下的等效荷载为：

$$q(x) = \frac{N_y}{l}(\theta_B - \theta_A) = \frac{N_y \Delta \theta}{l} = 常数 = q_效 \quad (2\text{-}3\text{-}34)$$

式(2-3-34)表示荷载集度 q 的方向向上，且为正值，$\Delta\theta$ 为预应力曲线配筋曲线倾角的改变量，如图 2-3-54b)所示。称此均布荷载 q 为预加力对此梁的等效荷载，记为 $q_效$。它沿全跨长的总荷载 $q_效 l$ 恰与两端预加力的垂直向下分力 $N_y(\theta_A - \theta_B)$ 相平衡。

②折线预应力筋的等效荷载

当布筋为折线形式时，力可考虑集中到一点，如 θ_A 处：

$$N_y \sin\theta_A = N_y \theta_A \quad (2\text{-}3\text{-}35)$$

与曲线布筋类似，图 2-3-55 模式下的等效荷载为：

$$P_效 = N_y(\theta_B - \theta_A) \quad (2\text{-}3\text{-}36)$$

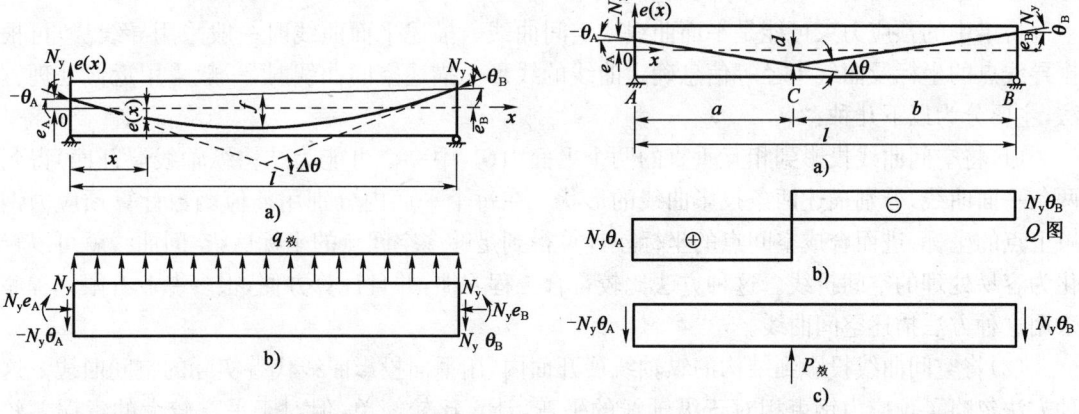

图 2-3-54 曲线配筋的等效荷载　　　　图 2-3-55 折线配筋的等效荷载

(3)力筋在中间支座附近上布置形式成折线或曲线时，其等效荷载分别为：

①如果力筋在支座附近为曲线布置时，竖向力为均布荷载 $N_y\theta_3$。

②如果力筋在支座上成折线形布置时，则必定有集中力作用在此处，这个集中力直接被支座反力抵消，在梁内不产生次力矩，不予考虑。

(4)等效荷载法的应用如下：

现以图 2-3-53 所示两跨连续梁为例来概述其计算步骤。

①按预应力取现配筋的偏心距 e_i 及预加力 N_y 绘制梁的初预矩 $M_0 = N_y e_i$ 图，不考虑所有支座对梁体的约束影响，如图 2-3-53b)所示。

②按布筋形式和位置，根据以上原理确定等效荷载值，如图 2-3-53c)所示。

③用力法或有限单元法程序求解连续梁在等效荷载作用下的截面内力，得出的弯矩值称为总弯矩 $M_总$，总弯矩包含初预矩 M_0。

④求关心截面的次力矩 $M_次$，即：

$$M_次 = M_总 - M_0 \quad (2\text{-}3\text{-}37)$$

(二)基于等效荷载法的有限单元法

按照以上等效荷载法的原理,计算结构在预应力荷载作用下的变形和内力时,按力筋的布置形式与位置,求得等效荷载之后,将等效荷载集中到荷载列阵 P 中,按照本章第一节所述有限元步骤计算即可求解。一般情况下,预应力混凝土梁的截面比较纤薄,高跨比较小,所以预应力筋的线形都比较平缓。但力筋矢跨比取为 1/16 时,预加力用 N_y 代替 $N_y \cdot \cos\theta$ 的误差仅达 3%。于是,如取预加力沿梁长为常数 N_y,在计算中不会引起大的误差。

在专业有限元电算程序中,一般都有预应力效应的分析功能,考虑预应力钢索沿梁长 N_y 值的变化,实现预应力效应的自动分析,来消除预应力损失引起的误差。电算程序中预应力效应计算的基本思路是:首先将难以用函数式表达的空间预应力索曲线转化为若干连续的空间折线段,这样可以方便求得预应力索与结构某截面的交点,进而将扣除损失后的有效预应力等效为单元若干等分点上的集中荷载。将等效荷载集中到荷载列阵 P 中,按照本章第一节所述有限元步骤计算即可求解。

1.空间预应力束分析(参考文献[10])

桥梁中的预应力束可能是平面曲线或空间曲线。描述平面曲线时一般采用导线法,可根据导线点的坐标及曲线半径等信息确定曲线的线形。描述空间曲线时,一般采用近似处理方法,主要分为以下几种:

(1)将空间曲线投影到相互垂直的两个平面内(其中一个可能为结构纵轴线展开面)得到两条平面曲线,分别描述两条投影曲线的形状。在每个平面内分别用插值函数计算预应力钢束上点的坐标,进而合成空间点的坐标。计算得到足够多空间点的坐标后,空间曲线就可以转化为容易处理的空间折线。这种方法比较符合工程习惯,并且计算方便,很多专业有限元程序采用这种方法描述空间曲线。

(2)将空间曲线投影到结构的纵轴线展开面内,用平面投影曲线代替实际的空间曲线。这种方法忽略了预应力钢束相对于纵轴线的平弯,计算比较简单,但对于平弯较大的索误差较大。

(3)模仿用导线法描述平面曲线的方法,用空间导线点坐标、导线处的平弯和竖弯半径等信息直接描述空间曲线,这种方法从概念上来说是最精确的,但在计算点坐标及程序内部处理同时具有平弯和竖弯的曲线段时有较大的困难。

2.预应力等效荷载计算

将预应力钢索的线形转化为空间折线求得有效预应力后(预应力损失计算见第四章),可以将有效预应力对结构的作用等效为单元若干等分点上的集中荷载,每个等分点上的等效荷载包括三个集中力和三个集中力矩,最后将等效荷载作用在结构上,就可求出预应力效应。

基于等效荷载法的有限单元法计算原理及详细计算过程可见参考文献[10]。

(三)预加力引起的次内力计算示例

[例 2-3-6] 基本资料与[例 2-3-2]相同,主梁为纵、横、竖三向预应力体系。纵向及横向预应力采用钢绞线,布置在顶、底板及腹板内,竖向预应力采用 JL32 精轧螺纹钢筋,布置在腹板及支点处横隔板内。预加力引起的次内力与施工过程有关,在本例的施工方法中,在主墩上对称悬臂浇筑梁段时,预加力除在临时支座间产生次内力外,在主梁的其他梁段不产生次内

力,此时应注意保证0号块的应力满足要求。当边跨合龙后,结构在临时锚固、边跨现浇段支架的边界条件下为超静定结构体系,张拉部分底板束,将在结构上产生次内力。在进行结构体系转化后,即拆除临时支座,更换永久支座,拆除边跨现浇段支架,结构形成静定体系,在超静定体系上张拉底板束引起的次内力可以释放。即在中跨合龙前预加力引起的次内力为零。中跨合龙后,结构形成连续梁超静定结构体系,张拉中跨底板束(ZD1~ZD6)及边跨第二批底板束(BD1~BD3),将在结构上引起次内力。此时结构的有限元模型为图2-3-30所示的模型。按照上述等效荷载法,即可求得预加力产生的次内力。最终纵向预应力引起的初弯矩和次弯矩如图2-3-56和图2-3-57所示。

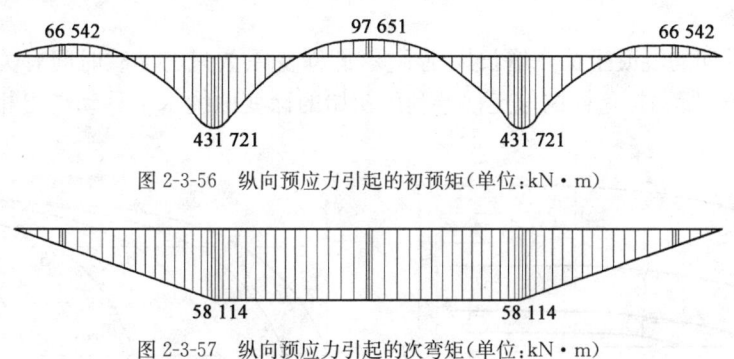

图2-3-56 纵向预应力引起的初预矩(单位:kN·m)

图2-3-57 纵向预应力引起的次弯矩(单位:kN·m)

三、徐变引起的次内力计算

混凝土连续梁因混凝土徐变变形,结构受多余约束而导致结构产生次内力,称为徐变次内力。混凝土在荷载作用下的变形分为:弹性变形、徐变变形、收缩变形。其中弹性变形与荷载有关,徐变变形与荷载和时间有关,收缩变形与时间有关。

一般认为当持续应力不大时,徐变变形表现出与初始弹性变形成比例的线性关系。在整个使用荷载应力范围内引入徐变比例系数ϕ,简称为徐变系数,即:

$$\varepsilon_c = \phi \varepsilon_e \tag{2-3-38}$$

当$t \to \infty$时,徐变系数ϕ称为极限徐变系数。当混凝土的应力小于其极限强度的50%时,可采用线性徐变理论来计算混凝土结构的徐变变形和内力。徐变的非线性理论能更准确地反映混凝土材料的徐变非线性行为,但是在实际工程中应用尚少。《桥规》(JTG D62—2004)规定:计算混凝土徐变时,可假定徐变与混凝土应力呈线性关系。当缺乏符合当地实际条件的数据和计算方法时,其徐变系数的计算按其规定的方法计算。

(一)徐变理论

由于基本假定不同,常见的混凝土在不同加载龄期的徐变理论有老化理论、先天理论及混合理论等几种。

1.老化理论

老化理论的基本假定是,不同加载龄期τ的混凝土徐变曲线在任意时刻$t(t>\tau)$,徐变增长率都相同,如图2-3-58所示。这样的假定能利用初始的徐变曲线垂直平移得出相应于各后期加载的徐变曲线。任意两条曲线在任意时刻的纵坐标差数均为常数,且等于第一条曲线在相应时间的坐标差。

任意加载龄期 τ 的混凝土，在 t 时的徐变系数计算公式为：
$$\phi(t,\tau) = \phi(t,\tau_0) - \phi(\tau,\tau_0) \tag{2-3-39}$$

式中：$\phi(t,\tau_0)$——加载龄期 τ_0 时的混凝土至 $t(t>\tau)$ 时的徐变系数；

$\phi(\tau,\tau_0)$——加载龄期 τ_0 时的混凝土至 $\tau(\tau>\tau_0)$ 时的徐变系数。

老化理论对不同加载龄期的徐变系数曲线采用垂直平移的形式，随着人们对徐变认识的不断深化和大跨径预应力混凝土连续梁桥不断涌现所获得的实测资料，往往发现其计算结果，早期混凝土吻合较好，对后期加载的徐变系数偏低。

2. 先天理论

不同加载龄期的混凝土徐变增长规律不变，即徐变系数只与加载时间有关而与加载龄期无关，如图 2-3-59 所示。这样的假定便于利用初始的徐变曲线水平移动得出相应于各后期加载的徐变曲线。

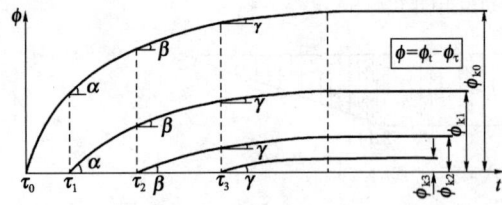
图 2-3-58 按老化理论表示同一混凝土在不同加载龄期时的徐变曲线

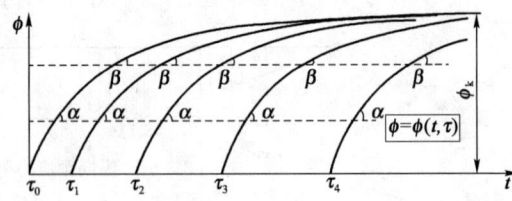
图 2-3-59 先天理论徐变曲线

任意加载龄期的混凝土在 t 时的徐变系数为：
$$\phi(t,\tau) = \phi_k \phi_0(t-\tau) \tag{2-3-40}$$

式中：ϕ_k——徐变常数；

$\phi_0(t-\tau)$——徐变基本曲线上，加载持续时间为 $t-\tau$ 时的徐变系数。

先天理论不能反映加载龄期的影响，只考虑持荷时间，当持荷时间趋于无穷大时，不同加载龄期的徐变系数都达到同样的徐变系数终极值。所以先天理论缺乏实测资料引证，很少应用。

3. 混合理论

老化理论比较符合初期加载条件，先天理论比较符合后期加载条件。两者的使用范围都比较狭窄。混合理论同时考虑了先期加载与后期加载两种情况，既考虑了持久荷载的影响，又考虑了随混凝土龄期的增长而引起的变形特性的变化，如图 2-3-60 所示。

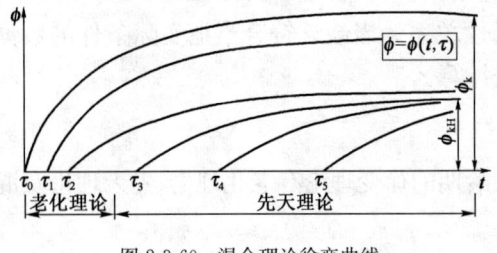
图 2-3-60 混合理论徐变曲线

参照式(2-3-40)中 ϕ_k 不是常数，而是与加载龄期 τ 有关的函数，可以构造不同的函数，用来拟合实际的徐变曲线。

实用的有：
$$\phi(t,\tau) = (A + Be^{-\beta\tau})\phi_0(t-\tau) \tag{2-3-41}$$

及
$$\phi(t,\tau) = (A + \frac{B}{\tau})\phi_0(t-\tau) \tag{2-3-42}$$

(二)徐变系数的计算

1. 徐变系数的表达式

(1) 狄辛格老化形式

狄辛格徐变基本曲线：

$$\phi(t,0) = \phi(\infty,0)(1-e^{-\beta t}) \tag{2-3-43}$$

与老化理论相匹配,可以得到狄辛格老化公式：

$$\phi(t,\tau) = \phi(\infty,\tau)[1-e^{-\beta(t-\tau)}] \tag{2-3-44}$$

式中：$\phi(t,0)$——加载龄期 $\tau=0$ 混凝土在 t 时的徐变系数；

$\phi(\infty,0)$——加载龄期 $\tau=0$ 的混凝土在 $\tau=\infty$ 时的徐变系数终值；

β——徐变增长系数,在冬季零下温度较长地区取 $\beta=1\sim2$,常温地区取 $\beta=2\sim4$；

$\phi(\infty,\tau)$——加载龄期 τ 的混凝土在 $\tau=\infty$ 时的徐变系数终值,$\phi(\infty,\tau)=\phi(\infty,0)e^{-\beta\tau}$。

柳州一桥、重庆长江大桥、乌龙江大桥、桂林净瓶山桥曾采用该形式。

(2) 狄辛格先天理论公式

狄辛格徐变基本曲线与先天理论相匹配,可以得到狄辛格先天理论公式：

$$\phi(t,\tau) = \phi(\infty,0)[1-e^{-\beta(t-\tau)}] \tag{2-3-45}$$

该公式缺乏实测资料印证,很少应用。

(3) 弹性理论函数公式

狄辛格徐变基本曲线与弹性理论相匹配,可以得到狄辛格弹性理论公式：

$$\phi(t,\tau) = (A+Be^{-\beta\tau})\phi(\infty,0)[1-e^{-\beta(t-\tau)}] \tag{2-3-46}$$

式中：A——弹性继效系数,可取 0.3；$B=(1-A)$；

β——徐变增长速度参数,可取 0.021。

(4) 扩展狄辛格公式(混合形式)

$$\phi(t,\tau) = \phi_1(t,\tau) + \phi_\gamma(t,\tau) \tag{2-3-47}$$

式中：$\phi_1(t,\tau)$——不可恢复的徐变,可用狄辛格老化公式表达；

$\phi_\gamma(t,\tau)$——可恢复的徐变或滞后弹变；

$$\phi_\gamma(t,\tau) = \phi_\gamma(\infty,0)[1-e^{-\beta_2\phi_1(t,\tau)}] \tag{2-3-48}$$

式中：$\phi_\gamma(\infty,0)$——滞后弹变终值,在自然环境下可取 0.4,密封干燥环境取 $0.15\sim0.25$；

其余符号意义同前。

(5) 简化的扩展狄辛格公式

在上式中取得：

$$\phi_\gamma(t,\tau) = \phi_\gamma(\infty,0) \tag{2-3-49}$$

即认为滞后弹变是在瞬时完成的。但随着龄期的增长,其计算结果与扩展狄辛格公式相差越大。

(6) 双曲幂函数公式

$$\phi(t,\tau) = \phi(\infty,\tau)\left[\frac{t-\tau}{B+(t-\tau)}\right]^d \tag{2-3-50}$$

以上是徐变系数常见的简单公式,实际上在各国规范中都规定了具体算法。我国《桥规》(JTG D62—2004)中徐变系数曲线采用双曲幂函数曲线,其中 $d=0.3$,以下介绍《桥规》(JTG D62—2004)关于徐变系数的计算方法。

2.《桥规》(JTG D62—2004)徐变系数的计算方法

(1)按公式(2-3-57)计算 β_H,计算时公式中的年平均相对湿度 RH,当在 $40\% \leqslant RH < 70\%$ 时,取 RH=55%;当在 $70\% \leqslant RH < 90\%$ 时,取 RH=80%。

(2)根据计算徐变所考虑的龄期 t、加载龄期 t_0 及已算得的 β_H,按式(2-3-56)计算徐变发展系数 $\beta_c(t-t_0)$。

(3)根据 $\beta_c(t-t_0)$ 和表 2-3-17 所列名义徐变系数(必要时用内插求得),按式(2-3-51)计算徐变系数 $\phi(t,t_0)$。

$$\phi(t,t_0) = \phi_0 \beta_c(t-t_0) \qquad (2\text{-}3\text{-}51)$$

$$\phi_0 = \phi_{RH} \beta(f_{cm}) \beta(t_0) \qquad (2\text{-}3\text{-}52)$$

$$\phi_{RH} = 1 + \frac{1-RH/RH_0}{0.46(h/h_0)^{\frac{1}{3}}} \qquad (2\text{-}3\text{-}53)$$

$$\beta(f_{cm}) = \frac{5.3}{(f_{cm}/f_{cm0})^{0.5}} \qquad (2\text{-}3\text{-}54)$$

$$\beta(t_0) = \frac{1}{0.1+(t_0/t_1)^{0.2}} \qquad (2\text{-}3\text{-}55)$$

$$\beta_c(t-t_0) = \left[\frac{(t-t_0)/t_1}{\beta_H + (t-t_0)/t_1}\right]^{0.3} \qquad (2\text{-}3\text{-}56)$$

$$\beta_H = 150\left[1+\left(1.2\frac{RH}{RH_0}\right)^{18}\right]\frac{h}{h_0} + 250 \leqslant 1\,500 \qquad (2\text{-}3\text{-}57)$$

式中:t_0——加载时的混凝土龄期(d);

t——计算考虑时刻的混凝土龄期(d);

$\phi(t,t_0)$——加载龄期为 t_0,计算考虑龄期为 t 时的混凝土徐变系数;

ϕ_0——名义徐变系数;

β_c——加载后徐变随时间发展的系数;

f_{cm}——强度等级 C20~C50 的混凝土在 28d 龄期时的平均立方体抗压强度(MPa),$f_{cm}=0.8f_{cu,k}+8MPa$;

f_{cm0}——10MPa;

RH——环境年平均相对湿度(%);

RH_0——100%;

h——构件理论厚度(mm),$h=2A/u$,A 为构件截面面积,u 为构件与大气接触的周边长度;

h_0——100mm;

t_1——1d。

强度等级 C20~C50 混凝土的名义徐变系数 ϕ_0,可采用由式(2-3-52)算得的表 2-3-17 中数值。

混凝土名义徐变系数 ϕ_∞ 表 2-3-17

加载龄期 (d)	40%≤RH<70%				70%≤RH<99%			
	理论厚度 h(mm)				理论厚度 h(mm)			
	100	200	300	≥600	100	200	300	≥600
3	3.90	3.50	3.31	3.03	2.83	2.65	2.56	2.4
7	3.3	3.00	2.82	2.59	2.41	2.26	2.19	2.08
14	2.92	2.62	2.48	2.27	2.12	1.99	1.92	1.83
28	2.56	2.30	2.17	1.99	1.86	1.74	1.69	1.60
60	2.21	1.99	1.88	1.72	1.61	1.51	1.46	1.39
90	2.05	1.84	1.74	1.59	1.49	1.39	1.35	1.28

注：①本表适用于一般硅酸盐水泥或快硬水泥配置而成的混凝土；
②本表适用于季节性变化的平均温度−20～+40℃；
③本表数值系按 C40 混凝土计算所得，对强度等级 C50 及以上混凝土，表列数值应乘以 $\sqrt{32.4/f_{ck}}$，式中 f_{ck} 为混凝土轴心抗压强度标准值(MPa)；
④计算时，表中年平均相对湿度 40%≤RH<70%，取 RH=55%；70%≤RH<99%，取 RH=80%；
⑤构件实际理论厚度和加载龄期为表列中间值时，混凝土名义徐变系数可按直线内插法求得。

(三)徐变变形的计算

对于线性徐变理论，徐变应变 ε_c：

$$\varepsilon_c = \phi(t, t_0)\varepsilon_e \tag{2-3-58}$$

式中：ε_c——混凝土的徐变应变；
ε_e——混凝土的弹性应变。

1. 不变应力下的徐变变形计算

总应变： $\varepsilon_b = \varepsilon_e[1 + \phi(t, t_0)]$ (2-3-59)

总变形： $\Delta_{kp} = \delta_{kp}[1 + \phi(t, t_0)]$ (2-3-60)

或 $\Delta_{kp} = \sum \delta_{kpi}[1 + \phi_i(t, t_0)]$ (2-3-61)

式中：ε_b——混凝土的总应变；
δ_{kp}——外荷载 P 作用下引起 k 点处的弹性变形；
Δ_{kp}——外荷载 P 作用下引起 k 点处的总变形；
i——分段施工时，不同龄期的梁段号。

例如，在杆件弯曲中：

$$\delta_{kp} = \int_L \frac{M_p(x)\overline{M}_k(x)}{EI_{(x)}} dx \tag{2-3-62}$$

式中：$M_p(x)$——外荷载作用下 x 处的弯矩；
$\overline{M}_k(x)$——单位荷载作用在 k 点引起 x 处的弯矩。

2. 变化应力下徐变变形的计算

总应变：

$$\varepsilon_{b(t)} = \frac{\sigma(t_0)}{E(t_0)}[1 + \phi(t, t_0)] + \int_{t_0}^{t} \frac{\partial \sigma(\tau)}{\partial \tau} \frac{1}{E(t_0)}[1 + \phi(t, t_0)]d\tau \tag{2-3-63}$$

徐变应力及徐变应变：

$$\sigma_c(t) = \sigma(t) - \sigma(t_0) \tag{2-3-64}$$

$$\varepsilon_c(t) = \varepsilon(t) - \frac{\sigma(t_0)}{E(t_0)} \tag{2-3-65}$$

假定混凝土弹性模量为常数，$E(t_0)$ 用 E 代替，则式(2-3-63)可表示为：

$$\varepsilon_c(t) = \frac{\sigma(t_0)}{E}\phi(t,t_0) + \frac{1}{E}\int_{t_0}^{t}\frac{\partial \sigma_c(\tau)}{\partial \tau}[1+\phi(t,\tau)]\mathrm{d}\tau \tag{2-3-66}$$

由于式(2-3-66)第二项含有对应力历史的积分，因此在分析中直接应用式(2-3-66)求解是困难的。一般采用积分中值定理，将积分方程转化为代数方程求解，并消除计算中的应力历史。由式(2-3-66)得：

$$\varepsilon_c(t) = \frac{\sigma(t_0)}{E}\phi(t,t_0) + \frac{\sigma_c(t) - \sigma_c(t_0)}{E} + \frac{1}{E}\int_{t_0}^{t}\frac{\partial \sigma_c(\tau)}{\partial \tau}\phi(t,\tau)\mathrm{d}\tau \tag{2-3-67}$$

应用积分中值定理，并注意到 $\sigma_s(t_0)=0$，则上式成为：

$$\varepsilon_c(t) = \frac{\sigma(t_0)}{E}\phi(t,t_0) + \frac{\sigma_c(t)}{E}[1+\phi(t,t_\xi)] \tag{2-3-68}$$

式中：$t_0 \leqslant t_\xi \leqslant t$；$E=E(t_0)$。

$$\phi(t,t_\xi) = \frac{\int_{t_0}^{t}\frac{\partial \sigma_c(\tau)}{\partial \tau}\phi(t,\tau)\mathrm{d}\tau}{\sigma_c(t)} \tag{2-3-69}$$

引入老化系数 $\rho(t,t_0)$：

$$\phi(t,t_\xi) = \rho(t,t_0)\phi(t,t_0) \tag{2-3-70}$$

$$\rho(t,t_0) = \frac{\int_{t_0}^{t}\frac{\partial \sigma_c(\tau)}{\partial \tau}\phi(t,\tau)\mathrm{d}\tau}{\sigma_c(t)\phi(t,t_0)} \tag{2-3-71}$$

于是式(2-3-68)可写成：

$$\varepsilon_c(t) = \frac{\sigma(t_0)}{E}\phi(t,t_0) + \frac{\sigma_c(t)}{E}[1+\rho(t,t_0)\phi(t,t_0)]$$

$$= \varepsilon\frac{\sigma(t_0)}{E}\phi(t,t_0) + \frac{\sigma_c(t)}{E_\phi} \tag{2-3-72}$$

式中：E_ϕ——按龄期调整的有效模量或徐变等效弹性模量：

$$E_\phi = \frac{E}{1+\rho(t,t_0)\phi(t,t_0)} \tag{2-3-73}$$

式(2-3-72)称为特劳斯德·巴曾方法，它是工程实用分析的基本方程。特劳斯德·巴曾提出的按龄期调整的有效模量法，使徐变变形的计算从微分方程的求解转化成代数方程的求解，简化了计算，且使混凝土结构的徐变计算可采用有限单元法和逐步计算法。

根据以上分析，应用虚功原理求得在变化应力下结构的总变形为：

$$\Delta_{kp} = \int_L \frac{M_p(x)\overline{M}_k(x)}{E(t_0)I_{(x)}}[1+\phi(t,t_0)]\mathrm{d}x + \int_L \frac{M(t)\overline{M}_k(x)}{E_\phi I_{(x)}}\mathrm{d}x \tag{2-3-74}$$

(四)徐变次内力的计算

徐变次内力的计算方法有：狄辛格法、扩展的狄辛格法、有效模量法及以上述理论为基础的有限元法。

1. 狄辛格方法

狄辛格方法计算徐变次内力采用老化理论,徐变系数变化规律采用狄辛格公式,不考虑徐变的滞后弹性效应。具体可见参考文献[9]。

《桥规》(JTG D62—2004)第 4.2.12 条规定的连续梁徐变次内力的计算方法以狄辛格方法为基础。

连续梁在施工过程中转换结构体系(如先期结构在 τ_0 时同时加载的简支梁或其他结构体系,在 τ 时同时转换为后期结构的连续梁),由于混凝土徐变影响,后期结构的弯矩可按下列规定计算:

(1)在先期结构上由于结构自重产生的弯矩,经混凝土徐变重分布,在后期结构中 t 时的弯矩 M_{gt},可按下式计算。

$$M_{gt} = M_{1g} + (M_{2g} - M_{1g})\{1 - e^{-[\phi(t,\tau_0) - \phi(\tau,\tau_0)]}\} \tag{2-3-75}$$

式中:M_{1g}——在先期结构自重作用下,按先期结构体系计算的弯矩;

M_{2g}——在先期结构自重作用下,按后期结构体系计算的弯矩;

$\phi(t,\tau_0)$——从先期结构加载龄期 τ_0 至后期结构计算所考虑时间 t 时的徐变系数,当缺乏符合当地实际条件的数据时,可按上述规范规定的方法计算徐变系数;

$\phi(\tau,\tau_0)$——从先期结构加载龄期 τ_0 至 τ 时转换为后期结构的徐变系数。

(2)在先期结构上由预加力产生的弯矩,经过混凝土徐变重分布,在后期结构中 t 时的弯矩 M_{pt},可按下式计算:

$$M_{pt} = M_{1pt} + (M'_{2pt} - M'_{1pt})\{1 - e^{-[\phi(t,\tau_0) - \phi(\tau,\tau_0)]}\} \tag{2-3-76}$$

$$M_{1pt} = M^0_{1pt} + M'_{1pt} \tag{2-3-77}$$

式中:M_{1pt}——在先期结构的预加力作用下,按先期结构体系计算的弯矩;

M_{2pt}——在先期结构的预加力作用下,按后期结构体系计算的弯矩;

M^0_{1pt}——在先期结构的预加力作用下,按先期结构体系计算的主弯矩(预加力乘以偏心距);

M'_{1pt}——在先期结构的预加力作用下,按先期结构体系计算的次弯矩;当先期结构为静定体系时,M'_{1pt} 为零;

M'_{2pt}——在先期结构的预加力作用下,按后期结构体系计算的次弯矩。

以上只讨论了在恒载下的结构徐变次内力的计算,预应力混凝土连续梁还要计算预加力所引起的徐变次内力,同样可使用上述公式,所不同的是外载形式变化,可改变外载项的有关计算部分。唯预加力不同于恒载,它随时间而变化,对于预加力的变化,在计算徐变次内力时规范中引入了一个平均有效系数 C。

$$C = \frac{P_e}{P_i} \tag{2-3-78}$$

式中:P_e——预应力损失全部完成后,预应力钢筋的平均张拉力;

P_i——预应力瞬时(第一批)损失完成后,预应力钢筋的平均张拉力。

预应力混凝土连续梁桥,在恒载与预加力作用下,考虑徐变影响,结构任意截面的最终弯矩为:

$$M_t = M_{gt} + M_{pt} = M_{1g} + X_{1gt}\overline{M}_1 + M_{1p} + X_{1pt}\overline{M}_1 C \tag{2-3-79}$$

式中：M_t——连续梁徐变完成后的最终弯矩；

M_{1g}、M_{1pt}——恒载、预加力在先期结构上产生的初弯矩；

X_{1gt}、X_{1pt}——恒载、预加力在后期结构上引起的徐变次内力；

$\overline{M}_1$——赘余力 $X_{1t}=1$ 在基本结构上的引起的内力。

2. 扩展狄辛格方法

狄辛格方法不考虑滞后弹性影响，考虑滞后弹性影响影响的修正方法，即扩展狄辛格方法。具体见参考文献[9]。

3. 换算弹性模量法

混凝土连续梁所选取的基本结构是静定结构，其被截面截开或者被移去多余支点处，除了加上荷载产生的赘余力 X_i 外，还要施加随时间 t 变化的徐变赘余力 X_{1t}，然后根据变形协调条件，所有外荷载及赘余力在赘余约束处产生的徐变变形之和应为零，即：

$$\sum \Delta_i = 0 \tag{2-3-80}$$

便可求得徐变次内力，只是在计算外荷载以及赘余约束处的初始内力 X_i 所引起的徐变变形时，其换算弹性模量应取 E_ϕ，在计算由待定的随时间 t 变化的徐变赘余力 X_{1t} 所引起的徐变变形时，其换算模量应取 $E_{\rho\phi}$，其余计算与一般力法相同。

4. 以有效模量法为基础的有限元法（参考文献[10]）

(1) 位移法基本方程

由式(2-3-72)中可知徐变应变为：

$$\varepsilon_c(t) = \frac{\sigma(\tau_0)}{E(\tau_0)}\phi(t,\tau_0) + \frac{\sigma_c(t)}{E_\phi} \tag{2-3-81}$$

由上式可得：

$$\sigma_c(t) = E_\phi \left[\varepsilon_c(t) - \frac{\sigma(\tau_0)}{E}\phi(t,\tau_0)\right] \tag{2-3-82}$$

结构的徐变应变能为：

$$U = \frac{1}{2}\int_v E_\phi \left[\varepsilon_c(t) - \frac{\sigma(\tau_0)}{E}\phi(t,\tau_0)\right]^2 dv$$

$$= \frac{1}{2}\int_v E_\phi \left[\varepsilon_c^2(t) - 2\varepsilon_c(t)\frac{\sigma(\tau_0)}{E}\phi(t,\tau_0) + \frac{\sigma^2(\tau_0)}{E^2}\phi^2(t,\tau_0)\right]dv \tag{2-3-83}$$

积分号中前两项可以通过虚功原理进行交换。如图 2-3-61 所示，设想单元 ij 的徐变等效弹性模量为 E_ϕ，应变为 $\varepsilon_c(t)$，其杆端力和杆端位移分别为：

$$\{F_\phi\} = \{N_i \quad Q_{yi} \quad Q_{zi} \quad T_i \quad M_{yi} \quad M_{zi} \quad N_j \quad Q_{yj} \quad Q_{zj} \quad T_j \quad M_{yj} \quad M_{zj}\}^T \tag{2-3-84}$$

$$\{\delta\} = \{u_i \quad v_i \quad w_i \quad \theta_{xi} \quad \theta_{yi} \quad \theta_{zi} \quad u_j \quad v_j \quad w_j \quad \theta_{xj} \quad \theta_{yj} \quad \theta_{zj}\}^T \tag{2-3-85}$$

按照有限元理论可以得到：

$$\boldsymbol{F}_\phi = \boldsymbol{K}_\phi \boldsymbol{\delta} = \gamma(t,\tau_0)\boldsymbol{K}\boldsymbol{\delta} \tag{2-3-86}$$

式中：$\boldsymbol{K}$——杆件弹性模量为 E 时的杆件单元刚度矩阵，即弹性刚度矩阵；

$\boldsymbol{K}_\phi$——杆件徐变等效弹性模量为 E_ϕ 时的杆件单元刚度矩阵，即徐变刚度矩阵：

$$\boldsymbol{K}_\phi = \gamma(t,\tau_0)\boldsymbol{K} \tag{2-3-87}$$

$$\gamma(t,\tau_0) = \frac{1}{1+\rho(t,t_0)\phi(t,t_0)} \tag{2-3-88}$$

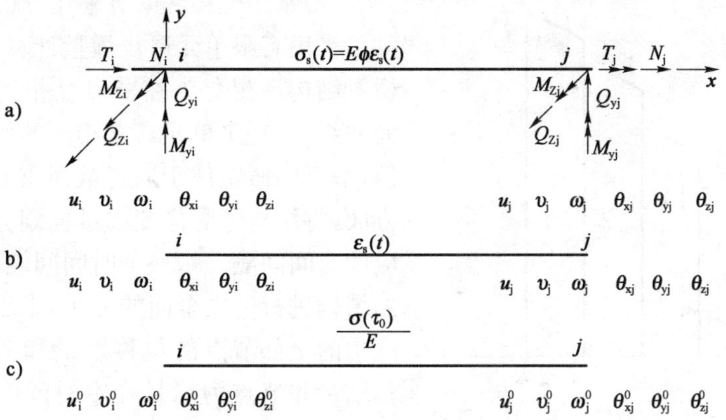

图 2-3-61 杆件中的应力、应变及杆端位移

应用有限元解弹性力学问题,如把节点位移作为基本未知量,利用虚功方程代替平衡微分方程,则显得比较方便。图 2-3-61b)和图 2-3-61c)分别为两种虚位移状态,状态 a)的力对状态 b)的虚位移所做的虚功方程为:

$$\int_V \sigma_c(t)\varepsilon_c(t)dv = \pmb{\delta}^T \pmb{F}_\phi = \gamma(t,\tau_0)\pmb{\delta}^T \pmb{K}\pmb{\delta} \quad (2\text{-}3\text{-}89)$$

将 $\sigma_c(t) = E_\phi \varepsilon_c(t)$ 代入有:

$$\int_V E_\phi \varepsilon_c^2(t)dv = \gamma(t,\tau_0)\pmb{\delta}^T \pmb{K}\pmb{\delta} \quad (2\text{-}3\text{-}90)$$

同理,状态 a)的力对状态 c)的虚位移所做的虚功方程为:

$$\int_V \delta_c(t)\frac{\delta(\tau_0)}{E}dv = \pmb{\delta}_0^T \pmb{F}_\phi = \gamma(t,\tau_0)\pmb{\delta}_0^T \pmb{K}\pmb{\delta} = \gamma(t,\tau_0)\pmb{\delta}_0^T \pmb{F}_0 \quad (2\text{-}3\text{-}91)$$

式中:$\pmb{F}_0$——初始力产生的弹性杆端力:

$$\pmb{F}_0 = \pmb{K}\pmb{\delta}_0 \quad (2\text{-}3\text{-}92)$$

将式(2-3-90)和式(2-3-91)代入式(2-3-83)得:

$$U = \frac{1}{2}\gamma(t,\tau_0)\pmb{\delta}^T \pmb{K}\pmb{\delta} - \gamma(t,\tau_0)\phi(t,\tau_0)\pmb{\delta}^T \pmb{F}_0 + \frac{1}{2}\int_V E_\phi \frac{\delta^2(\tau_0)}{E^2}\phi^2(t,\tau_0)dv \quad (2\text{-}3\text{-}93)$$

根据 Castigliano 第一定理有:

$$\pmb{F} = \frac{\partial U}{\partial \pmb{\delta}} = \gamma(t,\tau_0)\pmb{K}\pmb{\delta} - \gamma(t,\tau_0)\phi(t,\tau_0)\pmb{F}_0 \quad (2\text{-}3\text{-}94)$$

式(2-3-94)表明由徐变引起的杆端力由两部分组成:第一部分由徐变位移 $\pmb{\delta}$ 产生的杆端力;第二部分为初始弹性杆端力 $\pmb{F}_0$ 引起的徐变相应的杆端力,即用位移法求得结构初始弹性位移 $\pmb{\delta}_0$ 后按式(2-3-92)计算。

由于徐变分析是以结构初始内力为基础的,所经历的时间段除约束反力所发生变化外,并不增加新的荷载,因此,各单元在单元坐标系内由徐变引起的杆端力列阵转换到结构坐标系中进行叠加,便可得到结构的总体平衡方程,引入边界条件便可解得徐变引起的单元杆端位移 $\pmb{\delta}$,进而得到徐变引起的单元杆端力 F 和徐变约束反力。因此式(2-3-94)为徐变效应分析的位移法基本方程。

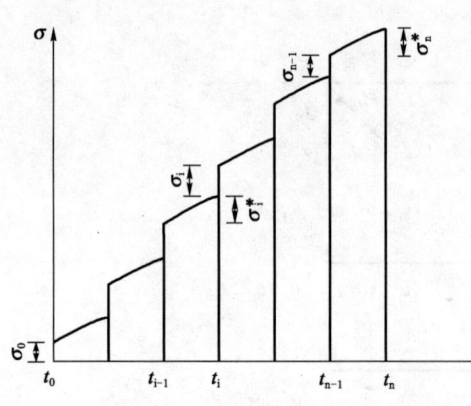

图 2-3-62 应力与时间的关系

(2)基于位移法的有限元分析法

采用有限单元逐步增量计算法,即一方面将桥梁结构理想化为在节点互相连接的平面梁单元的组合,每个单元具有相同的龄期和收缩变形值,节点则假定位于通过截面重心的轴上。另一方面,将结构经受徐变的过程划分成施工过程相应的时间间隔。每一个时间间隔,对当时已形成的结构进行一次全面的分析,求出该时间间隔内产生的全部节点的位移增量和节点力增量。位移增量和节点力增量在本时间间隔开始时的位移及节点力值相加,即得到本时间间隔终了时或下一个时间间隔开始时的节点位移和节点力状态。这样,按工序先后,依次计算,逐步累计,即可得结构在各个施工阶段或使用阶段的内力和变形。

在实际结构中,应力与时间的关系可用图2-3-62来近似表示。σ_i表示时刻t_i的瞬时弹性应力,σ_i^*表示$t_{i-1} \to t_i$时段的徐变应力增量。

根据式(2-3-66)可写出在t_n时刻的徐变应变为:

$$^s\varepsilon_n = \sum_{i=1}^{n-1} \frac{\sigma_i}{E}\phi(t_n,t_i) + \sum_{i=1}^{n}\int_{t_{i-1}}^{t_i} \frac{1}{E}\frac{d\sigma^*}{d\tau}[1+\phi(t_n,\tau)]d\tau \tag{2-3-95}$$

同理可写出在t_{n-1}时刻的徐变应变为:

$$^s\varepsilon_{n-1} = \sum_{i=0}^{n-2} \frac{\sigma_i}{E}\phi(t_{n-1},t_i) + \sum_{i=1}^{n-1}\int_{t_{i-1}}^{t_i} \frac{1}{E}\frac{d\sigma^*}{d\tau}[1+\phi(t_{n-1},\tau)]d\tau \tag{2-3-96}$$

则第n个阶段即$t_{i-1} \to t_i$得徐变应变为:

$$\begin{aligned}\varepsilon_n &= {}^s\varepsilon_n - {}^s\varepsilon_{n-1} \\ &= \sum_{i=0}^{n-1}\frac{\sigma_i}{E}[\phi(t_n,t_i)-\phi(t_{n-1},t_i)] + \frac{\sigma_{n-1}}{E}\phi(t_{n-1},t_{n-1}) \\ &\quad + \sum_{i=1}^{n-1}\int_{t_{i-1}}^{t_i}\frac{1}{E}\frac{d\sigma^*}{d\tau}[\phi(t_n,\tau)-\phi(t_{n-1},\tau)]d\tau \\ &\quad + \int_{t_{n-1}}^{t_n}\frac{1}{E}\frac{d\sigma^*}{d\tau}[1+\phi(t_n,\tau)]d\tau \end{aligned} \tag{2-3-97}$$

注意:上式中含有$\phi(t_{n-1},t_{n-1})$,若计算中采用的徐变系数表达式中包含加载初期急变项,则$\phi(t_{n-1},t_{n-1})$不为0。

利用积分中值定理有:

$$\begin{aligned}\varepsilon_n &= \sum_{i=0}^{n-1}\frac{\sigma_i}{E}[\phi(t_n,t_i)-\phi(t_{n-1},t_i)] + \sum_{i=1}^{n-1}\frac{\sigma_i^*}{E}[\phi(t_n,\tau_\xi)-\phi(t_{n-1},\tau_\xi)] \\ &\quad + \frac{\sigma_{n-1}}{E}\phi(t_{n-1},t_{n-1}) + \frac{\sigma_n^*}{E}[1+\rho(t_n,t_{n-1})\phi(t_n,t_{n-1})]\end{aligned} \tag{2-3-98}$$

式中:$t_{i-1} \leqslant \tau_\xi \leqslant t_i$。

$$\rho(t_n,t_{n-1}) = \frac{\int_{t_{n-1}}^{t_n}\frac{d\sigma^*}{d\tau}\phi(t_n,\tau)d\tau}{\sigma_n^*\phi(t_n,t_{n-1})} \tag{2-3-99}$$

引入系数：
$$\phi_{ni} = \phi(t_n, t_i) - \phi(t_{n-1}, t_i) \tag{2-3-100}$$

$$\overline{\phi_{ni}} = \phi(t_n, t_\xi) - \phi(t_{n-1}, t_\xi)$$
$$\approx \phi(t_n, t_{i-1/2}) - \phi(t_{n-1}, t_{i-1/2}) \tag{2-3-101}$$

式中：
$$t_{i-1/2} = \frac{1}{2}(t_i + t_{i-1}) \tag{2-3-102}$$

则式(2-3-97)可改写为：

$$\varepsilon_n = \sum_{i=0}^{n-1} \frac{\sigma_i}{E} \phi_{ni} + \sum_{i=1}^{n-1} \frac{\sigma_i^*}{E} \overline{\phi_{ni}} + \frac{\sigma_{n-1}}{E} \phi(t_{n-1}, t_{n-1}) + \frac{\sigma_n^*}{E_\phi(t_n, t_{n-1})}$$

$$= \sum_{i=0}^{n-1} \frac{\sigma_i}{E} \phi_{ni} + \sum_{i=1}^{n-1} \frac{\sigma_i^*}{E_\phi(t_i, t_{i-1})} \gamma(t_i, t_{i-1}) \overline{\phi_{ni}} + \frac{\sigma_{n-1}}{E} \phi(t_{n-1}, t_{n-1}) + \frac{\sigma_n^*}{E_\phi(t_n, t_{n-1})} \tag{2-3-103}$$

式中：
$$E_\phi(t_i, t_{i-1}) = \frac{E}{1 + \rho(t_n, t_{n-1})\phi(t_n, \tau)} = \gamma(t_i, t_{i-1})E \tag{2-3-104}$$

另一方面，式(2-3-94)还可写为：

$$\boldsymbol{F} = \gamma(t, t_0)\boldsymbol{K}\boldsymbol{\delta} - \gamma(t, t_0)\phi(t, t_0)\boldsymbol{F}_0$$
$$= \gamma(t, t_0)\boldsymbol{K}\boldsymbol{\delta} - \gamma(t, t_0)\phi(t, t_0)\boldsymbol{K}\boldsymbol{\delta}_0$$
$$= \boldsymbol{K}_\phi \boldsymbol{\delta} - \phi(t, t_0)\boldsymbol{\delta}_0$$
$$= \boldsymbol{K}_\phi \boldsymbol{\delta} - \boldsymbol{\delta}_0^* \tag{2-3-105}$$

式中：$\boldsymbol{\delta}_0^*$——初始内力产生的徐变变形：
$$\boldsymbol{\delta}_0^* = \phi(t, t_0)\boldsymbol{\delta}_0 \tag{2-3-106}$$

与弹性结构中具有节点荷载单元的平衡方程类比，可以看出式(2-3-105)中$-\boldsymbol{K}_\phi \boldsymbol{\delta}_0^*$取代了原非节点荷载等效固端力一项的位置，这里引入等效固端力的概念，用符号$\{\boldsymbol{F}_0^*\}$表示：

$$\boldsymbol{F}_0^* = -\boldsymbol{K}_\phi \boldsymbol{\delta}_0^* \tag{2-3-107}$$

这样式(2-3-105)可改写成：$\boldsymbol{F} = \boldsymbol{K}_\phi \boldsymbol{\delta}^* + \boldsymbol{F}_0^*$ （2-3-108）

引入以下记号：

$\boldsymbol{\delta}_{0i}^*$——第$i$阶段初始结构内力产生的徐变变形；

$\boldsymbol{\delta}_i$——第i阶段的总徐变变形；

$\boldsymbol{\delta}_{0i}$——由σ_i/E产生的弹性变形；

$\boldsymbol{F}_i$——第i阶段由徐变引起的总杆端力；

$\boldsymbol{F}_{0i}^*$——第i阶段徐变等效固端力；

$$\boldsymbol{F}_{0i}^* = -\boldsymbol{K}_\phi^i \boldsymbol{\delta}_{0i}^* \tag{2-3-109}$$

$\boldsymbol{K}_\phi^i$——第i阶段徐变刚度矩阵：

$$\boldsymbol{K}_\phi^i = \gamma(t_i, t_{i-1})\boldsymbol{K} \tag{2-3-110}$$

上面定义的变形都是指杆端位移，所以下面推导中的"变形"与"位移"具有同样的含义。

由式(2-3-105)和式(2-3-108)可写出第i阶段的单元平衡方程：

$$\boldsymbol{F}_i = \boldsymbol{K}_\phi^i \boldsymbol{\delta}_i - \boldsymbol{\delta}_{0i}^* \tag{2-3-111a}$$

$$\boldsymbol{F}_i = \boldsymbol{K}_\phi^i \boldsymbol{\delta}_i + \boldsymbol{F}_{0i}^* \tag{2-3-111b}$$

由式(2-3-111a)看出：因为是完全由徐变引起的杆端力，所以由 δ_i^*/E_ϕ^i 产生的杆端位移为 $\boldsymbol{\delta}_i - \boldsymbol{\delta}_{0i}^*$。

至此，由式(2-3-103)可写出第 n 阶段由徐变引起的总杆端位移为：

$$\boldsymbol{\delta}_n = \sum_{i=0}^{n-1} \boldsymbol{\delta}_{0i} \phi_{ni} + \sum_{i=1}^{n-1} \boldsymbol{\delta}_i - \boldsymbol{\delta}_{0i}^* \gamma\{t_i, t_{i-1}\} \overline{\phi_{ni}} + \boldsymbol{\delta}_{0n-1} \phi(t_{n-1}, t_{n-1}) + \boldsymbol{\delta}_n - \boldsymbol{\delta}_{0n}^* \tag{2-3-112}$$

整理后即可得到 $t=\tau_0$ 到 $t=t_{n-1}$ 的结构内力的第 n 阶段的徐变位移为：

$$\boldsymbol{\delta}_{0n}^* = \sum_{i=0}^{n-1} \boldsymbol{\delta}_{0i} \phi_{ni} + \sum_{i=1}^{n-1} \boldsymbol{\delta}_i - \boldsymbol{\delta}_{0i}^* \gamma\{t_i, t_i\} \overline{\phi_{ni}} + \boldsymbol{\delta}_{0n-1} \phi(t_{n-1}, t_{n-1}) \tag{2-3-113}$$

式中的弹性位移 $\boldsymbol{\delta}_{0i}$ 可由初始阶段的方法分析得到，总徐变位移 $\boldsymbol{\delta}_i$ 可由式(2-3-111)组集成的结构总平衡方程解出。

至此，就可通过求解式(2-3-111)与式(2-3-113)的联立方程逐阶段进行徐变分析。其基本步骤归纳如下：

第一阶段（$n=1$）

①计算 t_0 时刻的弹性变形 $\boldsymbol{\delta}_{00}$；

②令 $\boldsymbol{\delta}_0 = \boldsymbol{\delta}_{00}^* = 0$，按式(2-3-113)计算第一阶段初始内力产生的徐变变形 $\boldsymbol{\delta}_{01}^*$：

$$\boldsymbol{\delta}_{01}^* = \boldsymbol{\delta}_{00} \phi_{10} + \boldsymbol{\delta}_{00} \phi(t_0, t_0);$$

③按式(2-3-110)计算徐变刚度矩阵，$\boldsymbol{K}_\phi^1 = \gamma(t_1, t_0) \boldsymbol{K}$；

④按式(2-3-109)计算徐变等效固端力 $\boldsymbol{F}_{01}^* = -\boldsymbol{K}_\phi^1 \boldsymbol{\delta}_{01}^*$；

⑤按照一般有限元步骤组集总体刚度矩阵和荷载列阵，列出结构总体平衡方程式，处理边界条件后解出 $\boldsymbol{\delta}_1$；

⑥计算徐变引起的总杆端内力 $\boldsymbol{F}_1$ 和约束反力。

第二阶段（$n=2$ 以后的计算）

①计算 t_1 时刻加载的结构弹性变形 $\boldsymbol{\delta}_{01}$；

②按式(2-3-113)计算 $\boldsymbol{\delta}_{02}^*$：

$$\boldsymbol{\delta}_{02}^* = \sum_{i=0}^{1} \boldsymbol{\delta}_{0i} \phi_{ni} + (\boldsymbol{\delta}_1 - \boldsymbol{\delta}_{01}^*) \gamma\{t_1, t_0\} \overline{\phi_{n1}} + \boldsymbol{\delta}_{01} \phi(t_1, t_1)$$

③按式(2-3-110)计算徐变刚度矩阵，$\boldsymbol{K}_\phi^2 = \gamma(t_2, t_1) \boldsymbol{K}$；

④按式(2-3-109)计算徐变等效固端力，$\boldsymbol{F}_{02}^* = -\boldsymbol{K}_\phi^2 \boldsymbol{\delta}_{02}^*$；

⑤按照一般有限元步骤组集总体刚度矩阵和荷载列阵，列出结构总体平衡方程式，处理边界条件后解出 $\boldsymbol{\delta}_2$；

⑥计算徐变引起的总杆端内力 $\boldsymbol{F}_2$ 和约束反力；

⑦返回第一步进行，自 $n=3$ 开始各阶段的计算。

图 2-3-63 为上述计算过程的流程图。

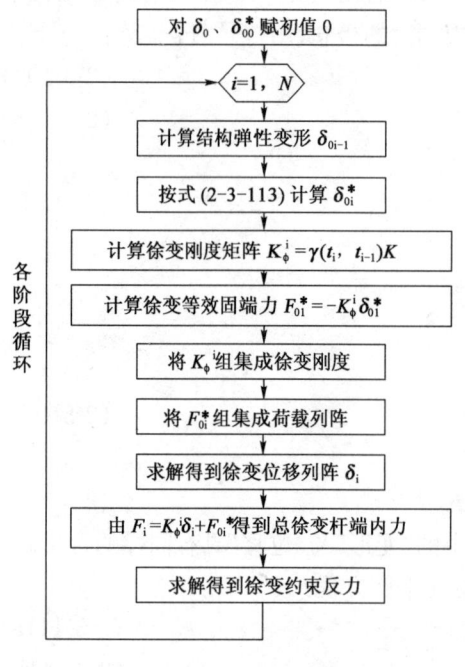

图 2-3-63 徐变位移法分析的基本流程

(五)徐变次内力计算示例

[例2-3-7] 基本资料与[例2-3-2]相同。与预加力引起的次内力相似,在体系转换前,徐变引起超静定体系的次内力,在结构体系转换成静定结构体系后得以释放。所以只需计算在结构形成连续梁体系后,徐变引起的次内力。此时有限元模型如图2-3-30所示。按照上述计算原理,借助有限元电算程序,计算徐变引起的次内力如图2-3-64所示。徐变引起中跨跨中的正弯矩为汽车荷载引起正弯矩的0.5倍左右,施工中应选择合理的合龙次序,控制好加载龄期,加强养护,尽量减小徐变次内力。

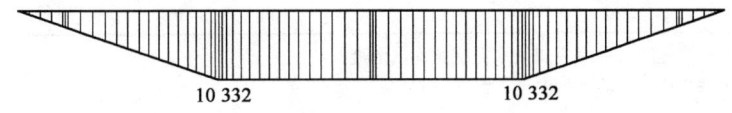

图2-3-64 徐变引起的次弯矩(单位:kN·m)

四、收缩引起的次内力计算

混凝土结构杆件的收缩并不是因外力产生,而是因结构材料本身的特性引起的,是不依赖于荷载而仅与时间有关的一种变形。混凝土收缩应变 $\varepsilon_s(t)$ 是随时间变化的,增长速度受空气温度及湿度等条件的影响。收缩方向是三维的,但在结构分析中主要考虑收缩沿顺桥向方向的变形量。对于连续梁桥结构,一般只计算结构的收缩位移量,但对于墩梁固结的连续—刚构体系桥梁,则必须考虑因收缩引起的结构次内力。

(一)收缩应变的计算方法

《桥规》(JTG D62—2004)中关于收缩应变的计算方法。

在桥梁设计中当需考虑收缩影响或计算阶段预应力损失时,混凝土收缩应变值按下列步骤计算:

(1)按式(2-3-118)计算从 t_s 到 t, t_s 到 t_0 的收缩应变发展系数 $\beta_s(t-t_s)$、$\beta_s(t_0-t_s)$,当计算 $\beta_s(t_0-t_s)$ 时,公式中的 t 均改用 t_0。其中 t 为计算收缩应变时刻的混凝土龄期(d),t_0 为桥梁结构开始受收缩影响时刻或预应力钢筋传力锚固时刻的混凝土龄期(d),t_s 为收缩开始时(养护期结束时)的混凝土龄期,设计时可取 3~7d,$t > t_0 \geq t_s$。

$$\varepsilon_{cs}(t,t_s) = \varepsilon_{cs0}\beta_s(t-t_s) \tag{2-3-114}$$

$$\varepsilon_{cs0} = \varepsilon_s(f_{cm})\beta_{RH} \tag{2-3-115}$$

$$\varepsilon_s(f_{cm}) = [160 + 10\beta_{sc}(9 - f_{cm}/f_{cm0})] \times 10^{-6} \tag{2-3-116}$$

$$\beta_{RH} = 1.55[1 - (RH/RH_0)^3] \tag{2-3-117}$$

$$\beta_s(t-t_s) = \left[\frac{(t-t_s)/t_1}{350(h/h_0)^2 + (t-t_s)/t_1}\right]^{0.5} \tag{2-3-118}$$

式中: t_s——收缩开始时的混凝土龄期(d),可假定为 3~7d;

$\varepsilon_{cs}(t,t_s)$——收缩开始时的龄期为 t_s,计算考虑的龄期为 t 时的收缩应变;

ε_{cs0}——名义收缩系数,按表2-3-18取值;

β_s——收缩随时间发展的系数;

$f_{cu,k}$——龄期为28d,具有95%保证率的混凝土立方体抗压强度标准值(MPa);

β_{RH}——与年平均相对湿度相关的系数,式(2-3-117)适用于 40%≤RH<90%;

β_{sc}——依水泥种类而定的系数,对一般的硅酸盐水泥或快硬水泥,$\beta_{sc}=5.0$;

式中 t、f_{cm}、RH、h、RH_0、h_0、t_1、f_{cm0} 的意义及其采用值与计算徐变系数相同。

(2)按下式计算自 t_0 至 t 时的收缩应变值 $\varepsilon_{cs}(t,t_0)$ 为:

$$\varepsilon_{cs}(t,t_0) = \varepsilon_{cs0}[\beta_s(t-t_s) - \beta_s(t_0-t_s)] \quad (2\text{-}3\text{-}119)$$

混凝土名义收缩系数 $\varepsilon_{cs0}(10^3)$ 表 2-3-18

40%≤RH<70%	70%≤RH<99%
0.529	0.310

注:①本表适用于一般硅酸盐水泥或快硬水泥配置而成的混凝土;

②本表适用于季节性变化的平均温度 -20~+40℃;

③本表数值系按 C40 混凝土计算所得,对强度等级 C50 及以上混凝土,表列数值应乘以 $\sqrt{32.4/f_{ck}}$,式中 f_{ck} 为混凝土轴心抗压强度标准值(MPa);

④计算时,表中年平均相对湿度 40%≤RH<70%,取 RH=55%;70%≤RH<99%,取 RH=80%。

(二)收缩变形计算

预应力混凝土连续梁桥可自由收缩,因此收缩仅使结构发生变形,但不产生内力。收缩变形为:

$$\Delta_{cs,t} = \varepsilon_{cs,t} l \quad (2\text{-}3\text{-}120)$$

$$d\Delta_{cs,t} = d\varepsilon l \quad (2\text{-}3\text{-}121)$$

式中:$\Delta_{cs,t}$——连续梁 t 时刻的收缩变形;

$\varepsilon_{cs,t}$——连续梁在 t 时刻的收缩应变;

l——桥长。

(三)收缩次内力计算

如图 2-3-65 所示,当按狄辛格法建立在 dt 时刻切口处的变形增量协调方程时,可得:

$$N(t) = -(1-e^{-\varepsilon})N_e \quad (2\text{-}3\text{-}122)$$

注意,在计算连续刚构桥的收缩内力时,由于墩、梁各个节段拆模龄期的不同,加之除了梁体的水平向收缩变形外,还有主墩在垂直向的收缩变形差,因此在选取超静定结构的基本结构时,赘余力就不止单一的水平向轴力 $N_{cs}(t)$,而且还有次弯矩 $M_{cs}(t)$、次剪力 $Q_{cs}(t)$ 和次反力 $R_{cs}(t)$ 等,如图 2-3-65 所示。

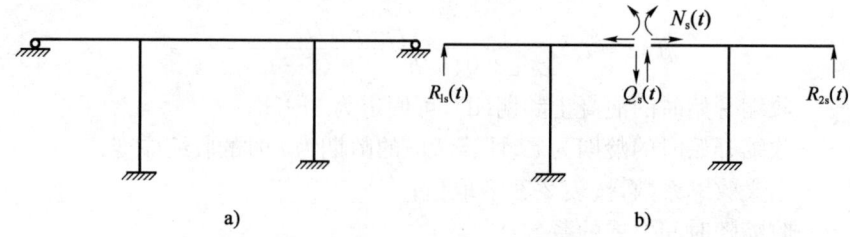

图 2-3-65 连续—刚构桥收缩次内力的计算图式

五、基础变位引起的次内力计算

基础变位包括墩台沉降和支座强迫位移。连续梁桥为超静定结构,当墩台发生不均匀沉降或支座受到强迫位移时,会对结构内力产生影响,这种由于墩台沉降或支座强迫位移所引起的结构内力,称为基础变位的次内力。墩台不均匀沉降,理论上可以通过各个墩台的沉降计算,但是墩台的沉降变化是很难预测的,一般是随时间递增,经过相当长的时间后,接近沉降终极值。在桥梁设计中,基础变位工况的选取是应慎重考虑的问题,一般应综合考虑桥址处的地质、水文等情况,根据设计者的经验来假定一个不均匀沉降的预测值,有时需选取几种沉降工况,这样就还存在一个工况组合的问题,目前,桥梁专业有限元软件都可计算每个截面最不利的工况内力值,作为基础变位次内力。

(一)墩台沉降的预测

预应力混凝土连续梁桥墩台沉降与地基土的物理力学性能有关,一般规律是随时间递增,经过相当长的时间,沉降接近终值。为了简化计算,假定沉降变化规律类似于徐变变化规律,其基本表达式为:

$$\Delta_d(t) = \frac{\Delta_d(\infty)\phi(t,\tau)}{\phi(\infty,\tau)} \tag{2-3-123}$$

式中:$\Delta_d(t)$——t 时刻的墩台沉降值;

$\Delta_d(\infty)$——$t=\infty$ 时的墩台基础沉降值。

考虑地基土的性质,式(2-3-123)改写为:

$$\Delta_d(t) = \Delta_d(\infty)[1 - e^{-p(t-\tau)}] \tag{2-3-124}$$

式中:p——墩台沉降增长速度。p 值可根据实桥地基土的实验资料确定,一般:砂质或砂质土,接近瞬时沉降,$p=36$;亚砂土或亚砂黏土,$p=14\sim4$;黏土,$p=1$;其余符号意义同上。

(二)基础变位次内力计算

1. 矩阵位移法

结构的位移法平衡方程为:

$$\begin{bmatrix} k_{11} & k_{12} & \cdots & k_{1i} & \cdots & k_{1n} \\ k_{21} & k_{22} & \cdots & k_{2i} & \cdots & k_{2n} \\ \vdots & \vdots & & \vdots & & \vdots \\ k_{i1} & k_{i2} & \cdots & k_{ii} & \cdots & k_{in} \\ \vdots & \vdots & & \vdots & & \vdots \\ k_{n1} & k_{n2} & \cdots & k_{ni} & \cdots & k_{nn} \end{bmatrix} \begin{Bmatrix} \Delta_1 \\ \Delta_2 \\ \vdots \\ \Delta_i \\ \vdots \\ \Delta_n \end{Bmatrix} = \begin{Bmatrix} P_1 \\ P_2 \\ \vdots \\ P_i \\ \vdots \\ P_n \end{Bmatrix} \tag{2-3-125}$$

已知 $\Delta_i = b$。设想另一种状态:除 $\overline{\Delta_i} = -b$ 外,其余各节点均被固定。这时节点位移列阵为:

$$\overline{\boldsymbol{\delta}} = \{0 \quad 0 \quad \cdots \quad -b \quad \cdots \quad 0\}^T \tag{2-3-126}$$

节点的荷载列阵为:

$$\overline{\boldsymbol{P}} = \boldsymbol{K}\overline{\boldsymbol{\delta}} = \{-k_{1i}b \quad -k_{2i}b \quad \cdots \quad -k_{ni}b\}^T \tag{2-3-127}$$

把这种状态叠加到原来的结构上,得到新的节点平衡方程如下:
$$K(\pmb{\delta}+\overline{\pmb{\delta}}) = \pmb{P}+\overline{\pmb{P}} \quad (2\text{-}3\text{-}128)$$

此时为了实现 $\Delta_i = b$,电算程序中作如下处理:

(1)在刚度矩阵 $\pmb{K}$ 中,与 Δ_i 对应的其他行和列均改为零,只保留对角线上的系数 k_{ii}。

(2)在荷载列阵中,与 Δ_i 对应的荷载改为 $P_i = k_{ii}b$,其余都改成 $\pmb{P}+\overline{\pmb{P}}$ 中相应的各项,即 $\pmb{P}_i = \{P_1 - k_1 b \quad P_2 - k_{2i}b \quad \cdots \quad k_{ii}b \quad \cdots \quad P_n - k_{ni}b\}^T$。

则平衡方程为:

$$\begin{bmatrix} k_{11} & k_{12} & \cdots & 0 & \cdots & k_{1n} \\ k_{21} & k_{22} & \cdots & 0 & \cdots & k_{2n} \\ \vdots & \vdots & & \vdots & & \vdots \\ 0 & 0 & \cdots & k_{ii} & \cdots & 0 \\ \vdots & \vdots & & \vdots & & \vdots \\ k_{n1} & k_{n2} & \cdots & 0 & \cdots & k_{nn} \end{bmatrix} \begin{Bmatrix} \Delta_1 \\ \Delta_2 \\ \vdots \\ \Delta_i \\ \vdots \\ \Delta_n \end{Bmatrix} = \begin{Bmatrix} P_1 - k_{1i}b \\ P_2 - k_{2i}b \\ \vdots \\ k_{ii}b \\ \vdots \\ P_n - k_{ni}b \end{Bmatrix} \quad (2\text{-}3\text{-}129)$$

解上式即可求得次内力。

为了进一步简化,可采用如下的计算方法:

(1)把与 Δ_i 对应的对角线上的刚度系数 k_{ii},换为一个极大的数,如可换成 $P_i = k_{ii} \times 10^{10}$,即:
$$k_{ii} \rightarrow k_{ii} \times 10^{10} \quad (2\text{-}3\text{-}130)$$

(2)把与 Δ_i 对应的节点荷载项换成 $k_{ii} \times 10^{10} b$,即:
$$P_i \rightarrow k_{ii} \times 10^{10} b \quad (2\text{-}3\text{-}131)$$

将用上述简化方法变换,组成的平衡方程中第 i 个方程的左、右两边同时除以 10^{10},那么方程左边除 $k_{ii}b$ 外,其余各项均接近于零。因此按上式求解,给出的 Δ_i 十分接近于 b,即:
$$\Delta_i \approx b \quad (2\text{-}3\text{-}132)$$

以上两种处理方法,适应于各种矩阵求解方法。特别是第二种方法,在程序设计上十分方便。值得注意的是,进行支座位移计算后,原结构刚度矩阵已破坏,不能做多组荷载的计算。要计算其他荷载作用下的荷载效应,应重新组建结构刚度,这样编制程序时结构刚度没有连续性,所以在电算程序中很少采用。

2.等效节点力法

将支座位移转化成等效节点力的方法求解,是较常用的办法。计算步骤为:

(1)分别求出与支座位移相关单元的等效节点力。

(2)将各单元的等效节点力装配成荷载向量,即在本章第一节有限元计算步骤(5)中,将等效节点力装配荷载向量 $\pmb{P}$,按有限元的其他步骤即可求解。

(三)基础变位次内力计算示例

[例 2-3-8] 基本资料与[例 2-3-2]相同,根据当地根据墩位处的地质实况和受力的大小,参照经验公式,估算 7 号墩沉降 2cm、6 号墩和 8 号墩沉降差 2cm 两个基础变位工况。此时的有限元模型如图 2-3-30 所示。此时结构已形成最终结构体系,即连续梁体系。根据上述原理,借助于有限元电算程序。计算基础变位引起的次内力。7 号墩沉降 2cm 引起的次内力计算结果如图 2-3-66 所示。6 号墩和 8 号墩沉降差 2cm 引起的次内力计算结果如图 2-3-67 所示。

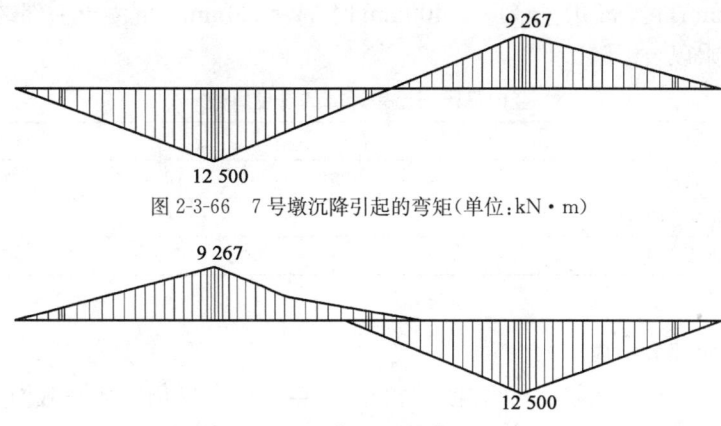

图 2-3-66　7 号墩沉降引起的弯矩(单位:kN·m)

图 2-3-67　6 号墩和 8 号墩沉降差引起的弯矩包络图(单位:kN·m)

六、温度次内力计算

(一)温度对结构的影响

1. 温度场的确定

温度影响一般包括两部分,年温差影响与局部温差影响。年温差影响,是指气温随季节发生周期性变化对结构物所引起的作用。一般假定温度在构件内均值变化。连续梁桥是无水平约束的结构,年温差只引起结构的均匀伸缩,并不产生结构内温度次内力(或温度应力)。所以连续梁桥计算时不考虑年温差影响。

局部温差影响,一般指日照温差。日照温差对结构的影响,因日辐射强度、桥梁方位、日照时间、地理位置、地形地貌等随机因素,使结构表面、内部温差因对流、热辐射和热传导方式形成瞬时的不均匀分布,成为结构的温度场。显然,要计算日照温差对结构的效应,温度场的确定是关键问题。公路上的混凝土桥梁,由于设置有翼缘板,一般是桥面板直接受日照影响,而腹板因悬臂的遮阴,两侧温差变化不大,因此对梁式结构只考虑沿截面高度方向的日照温差的影响。各国规范对梁式结构沿梁高方向的温度梯度的规定有各种不同形式。以下介绍《通规》(JTG D60—2004)中关于温度作用的规定。

计算桥梁结构因均匀温度作用引起的外加变形及约束变形时,应从受到约束时的结构温度开始,即从结构合龙时温度起算,考虑最高和最低有效温度的作用效应。如缺乏实际调查资料,公路混凝土的最高和最低有效温度标准值可按表 2-3-19 取用。

公路桥梁结构的有效温度标准值　　表 2-3-19

气温分区	混凝土桥面板(℃)		混凝土(℃)	
	最高	最低	最高	最低
严寒地区	39	−32	34	−23
寒冷地区	39	−15	34	−10
温热地区	39	−6(−1)	34	−3(0)

计算桥梁结构由于梯度温度引起的效应时,可采用图 2-3-68 所示的竖向温度梯度曲线,其桥面板表面的最高温度 T_1 规定见表 2-3-20。对混凝土结构,当梁高 H 小于 400mm 时,图

中 $A=H-100$(mm);当 H 大于或等于 400mm 时,$A=300$mm。混凝土上部结构的竖向日照反温差为正温差乘以 -0.5。

竖向日照正温差计算的温度基数　　　表 2-3-20

结构类型	T_1(℃)	T_2(℃)
混凝土铺装	25	6.7
50mm 沥青混凝土铺装层	20	6.7
100mm 沥青混凝土铺装层	14	5.5

2. 温度应力

温度应力由两部分组成：

(1) 梁的温度变形受到纵向纤维之间的相互约束（因梁变形仍服从平截面假定,实际截面的最终变形仍为直线),在截面上产生自平衡的纵向约束力,为温度自应力。

(2) 由于桥梁处于正晒状态,结构将产生温度上拱变形,对于连续梁桥将受到多余支撑条件的约束而产生温度次内力及温度次应力。

以下介绍连续梁桥温度应力的计算方法。

(二) 温度应力计算

1. 基本结构上温度自应力计算

设温度梯度沿梁高按任意曲线 $T(y)$ 分布,如图 2-3-69 所示,取梁中的一个单元进行分析,忽略钢筋的影响,当纵向纤维之间互不约束,各自做自由伸缩时,则沿梁高各点的自由变形为：

$$\varepsilon_T(y) = \alpha T(y) \qquad (2\text{-}3\text{-}133)$$

式中: α——材料的线膨胀系数。

实际梁截面的变形时服从平截面假定,应变变化可表示为（图 2-3-69c)：

$$\varepsilon_a(y) = \varepsilon_0 + \chi y \qquad (2\text{-}3\text{-}134)$$

式中: ε_0——$y=0$ 时的应变值;

χ——单元梁段挠曲变形后的曲率。

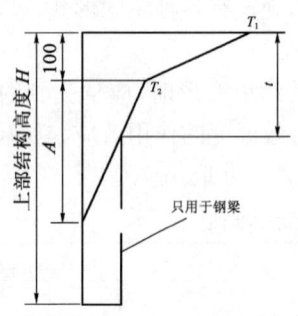

图 2-3-68　竖向梯度温度（尺寸单位:mm)

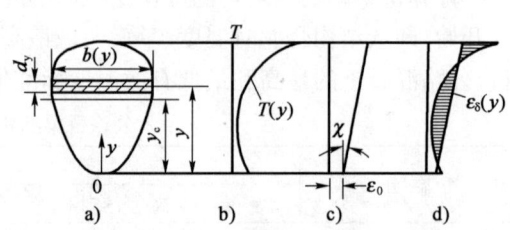

图 2-3-69　温度自应力计算示意

图 2-3-69d) 中阴影部分的应变,是由纵向纤维之间的约束产生的,称为温度自应变：

$$\varepsilon_\delta(y) = \varepsilon_T(y) - \varepsilon_a(y) = \alpha T(y) - (\varepsilon_0 + \chi y) \qquad (2\text{-}3\text{-}135)$$

由此可得纤维层的自应力为：

$$\delta_\text{自}(y) = E\varepsilon_\delta(y) = E[\alpha T(y) - (\varepsilon_0 + \chi y)] \qquad (2\text{-}3\text{-}136)$$

由于自应力是自平衡状态的应力,可以利用截面上应力合力的总和为零,及对截面中和轴的力矩之和为零两个条件,求得 ε_0 和 χ 两个未知量。

其中:
$$\left. \begin{array}{l} \chi = \dfrac{\alpha}{I} \int_h T(y) b(y) y(y - y_c) \mathrm{d}y \\ \varepsilon_0 = \dfrac{\alpha}{A} \int_h T(y) b(y) \mathrm{d}y - \chi y_c \end{array} \right\} \qquad (2\text{-}3\text{-}137)$$

求得 χ 和 ε_0,即可求得温度自应力 $\delta_{自}(y)$。

2. 连续梁温度次内力计算

(1) 力法

在式(2-3-137)中求得的 χ 值实际上就是由梁单元在非线性温度梯度变化时产生的挠曲变形的曲率。在连续梁中,这部分变形引起次内力,可用力法求解。

以两跨连续梁为例,取两跨简支梁为基本结构,在中支点切口处的赘余力矩为 M_{1T},如图 2-3-70 所示,于是可以列出力法方程为:

$$\delta_{11} x_{1T} + \Delta_{1T} = 0 \qquad (2\text{-}3\text{-}138)$$

式中: δ_{11} —— $x_{1T} = 1$ 时在赘余力方向引起的变形;

Δ_{1T} —— 温度变化在赘余力方向上引起的变形,图 2-3-70 中, Δ_{1T} 为中间支座截面的相对转角。

$\Delta_{1T} = x \cdot l_1 + x \cdot l_2 = x(l_1 + l_2)$,代入式(2-3-138)中,即解得 x_{1T}。

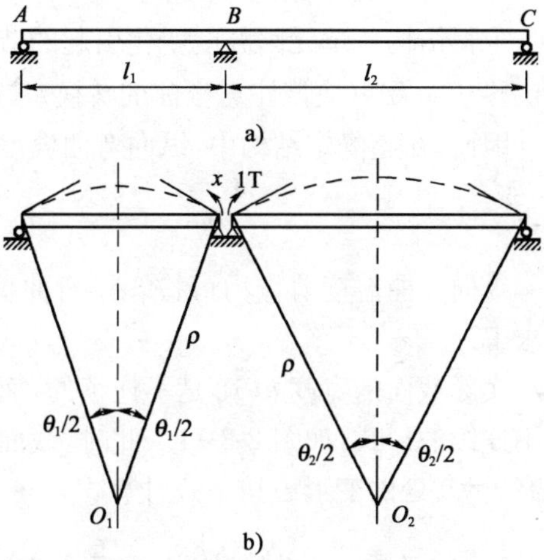

梁上作用的温度次力矩为: $M'_t = x_{1T} \cdot M_1$。
温度次内力为:

$$\sigma'_s = \dfrac{M'_t y}{I} \qquad (2\text{-}3\text{-}139)$$

图 2-3-70 连续梁在非线性温度梯度作用下的挠曲变形

综合考虑温度自内力和温度次内力的连续梁温度总应力为:

$$\sigma_s(y) = E[\alpha T(y) - (\varepsilon_0 + \chi y)] + \dfrac{M'_t y}{I} \qquad (2\text{-}3\text{-}140)$$

从以上分析可知,温度梯度曲线与温度附加力的计算有很大的关系,如果温度梯度曲线选用不当,即使增大温度设计值,亦不能保证结构的抗裂性。这是由于温度自应力会导致在任意界面上的温度应力达到一定数值,有可能增加腹板的主拉应力,恶化斜截面的抗裂性。

(2) 有限单元法

在预应力混凝土超静定结构中,上述温度变形 ε_0 及曲率 χ,将受到超静定赘余约束的制约,引起温度次内力,这可按一般结构力学方法求得;也可按矩阵位移法求解。取两端固定杆件单元,此时温度变化引起单元的结点荷载向量 $\{F\}^e$,可由截面变形曲率及沿梁高 $y = 0$ 处的变形 ε_0 直接写出:

$$\boldsymbol{F}_{ij} = \begin{Bmatrix} N_i \\ Q_i \\ M_i \\ N_j \\ Q_j \\ M_j \end{Bmatrix} = \begin{Bmatrix} EA(\varepsilon_0 + \chi y_0) \\ 0 \\ EI\chi \\ -EA(\varepsilon_0 + \chi y_0) \\ 0 \\ -EI\chi \end{Bmatrix} \quad (2\text{-}3\text{-}141)$$

杆件单元节点力应以结构坐标表示,然后分别总和各个杆件单元节点的节点荷载,得到节点外力向量 $\boldsymbol{F}$,矩阵位移方程为:

$$\boldsymbol{K}\boldsymbol{\Delta} + \boldsymbol{F} = 0 \quad (2\text{-}3\text{-}142)$$

式中: $\boldsymbol{K}$——结构总刚度矩阵;
$\boldsymbol{\Delta}$——单元节点位移向量。

求得结构各单元因温度变化引起的节点位移后,由单元的杆端力、单元刚度矩阵、单元节点位移 $f^e = k\Delta^e$(应该注意坐标的转换)求出结构的温度次内力 N_T、Q_T、M_T 及次应力。

因而,在超静定结构中,纵向弯曲温度应力为:

$$\sigma_t(y) = \frac{N_T}{A} + \frac{M_T}{I} y + E[\alpha t(y) - \varepsilon - \chi y] \quad (2\text{-}3\text{-}143)$$

纵向弯曲温度剪应力可按箱梁弯曲剪应力计算公式求解。

实际截面的宽度 $b(y)$ 是不连续的,而且 $t(y)$ 也可取不连续的形式,如图 2-3-71。此时,截面变形率 χ、沿梁高 $y = 0$ 处的变形 ε_0 按下式计算:

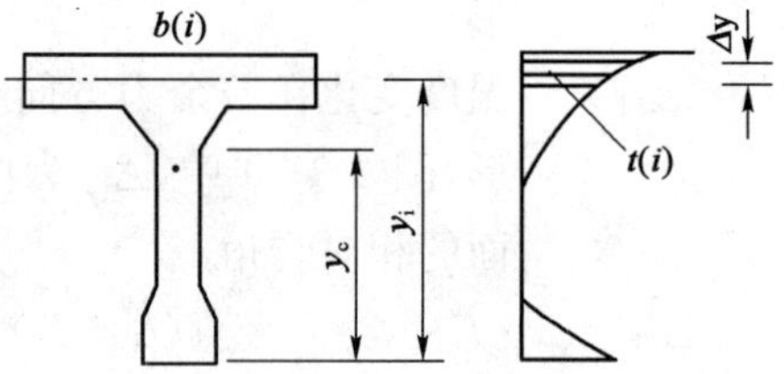

$$\chi = \frac{a}{l} \sum_{i=1}^{n} t(i) b(i) (y_i - y_c) \Delta y_i$$

图 2-3-71 温度应力计算图式

$$\varepsilon_0 = \frac{a}{A} \sum_{i=1}^{n} t(i) b(i) \Delta y_i - I \frac{a}{l} y_c \sum_{i=1}^{n} t(i) b(i) (y_i - y_c) \Delta y_i \quad (2\text{-}3\text{-}144)$$

(三)温度次内力计算示例

[例 2-3-9] 基本资料与[例 2-3-2]相同,考虑体系升温 25℃,体系降温 25℃,体系升温与降温对结构的影响主要会引起桥梁的纵向位移,一般通过桥面伸缩缝、支座位移或柔性桥墩等构造措施相协调。箱梁顶板温差按《通规》(JTG D60—2004)取用。计算正温差: $T_1 = 14℃$, $T_2 = 5.5℃$,负温差: $T_1 = -7℃$, $T_2 = -3.5℃$。有限元模型如图 2-3-30 所示,按照上述有限元原理,借助有限电算程序,正温度梯度、负温度梯度引起的次内力计算结果如图 2-3-72 和图 2-3-73所示。

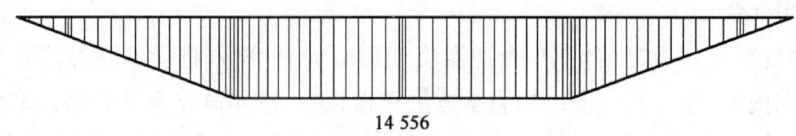

图 2-3-72 正温度梯度次弯矩(单位:kN·m)

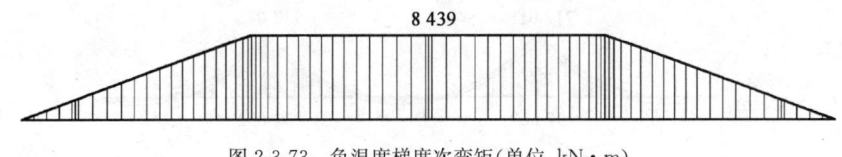

图 2-3-73　负温度梯度次弯矩(单位:kN・m)

第六节　作用效应组合

连续梁桥作用分类、作用代表值、分项系数及作用效应组合参见第一篇第三章相关内容。

[**例 2-3-10**]　基本资料与[例 2-3-2]相同,按《通规》(JTG D60—2004)规定,考虑结构上可能同时出现的作用,按持久状况承载能力极限状态、持久状况正常使用极限状态作进行作用效应组合。短暂状况承载能力极限状态、短暂状况正常使用极限状态及偶然状况承载能力极限状态,根据具体的情况进行作用效应组合。

(一)持久状况承载能力极限状态作用效应组合

1. 第一次组合

(1)组合 1

$\gamma_0 S_{ud} = \gamma_0 (1.2$ 结构自重内力$+1.4$ 汽车荷载内力$+0.98$ 人群荷载内力$+0.98$ 正温度梯度次内力$+0.5$ 沉降 1 次内力)

上式中沉降 1 为 7 号墩沉降 2cm,内力包络图如图 2-3-74 所示。

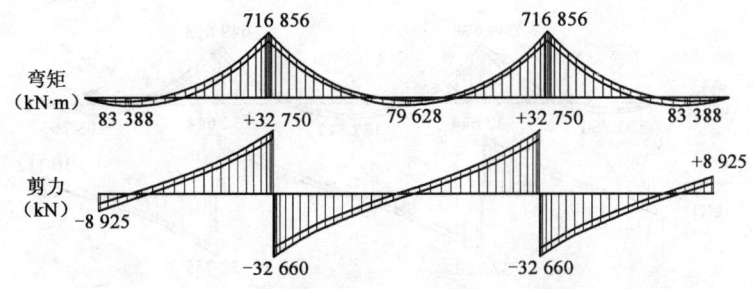

图 2-3-74　第一次承载能力极限状态作用效应组合 1 内力包络图

(2)组合 2

$\gamma_0 S_{ud} = \gamma_0 (1.2$ 结构自重内力$+1.4$ 汽车荷载内力$+0.98$ 人群荷载内力$+0.98$ 正温度梯度次内力$+0.5$ 沉降 2 次内力)

上式中沉降 2 为 6 号、8 号墩沉降差为 2cm 的标准值效应,内力包络图如图 2-3-75 所示。

2. 第二次组合

(1)组合 1

$\gamma_0 S_{ud} = \gamma_0 (1.2$ 结构自重内力$+1.2$ 预加力次内力$+1.0$ 收缩、徐变次内力$+1.4$ 汽车荷载内力$+0.98$ 人群荷载内力$+0.98$ 正温度梯度次内力$+0.5$ 沉降 1 次内力)

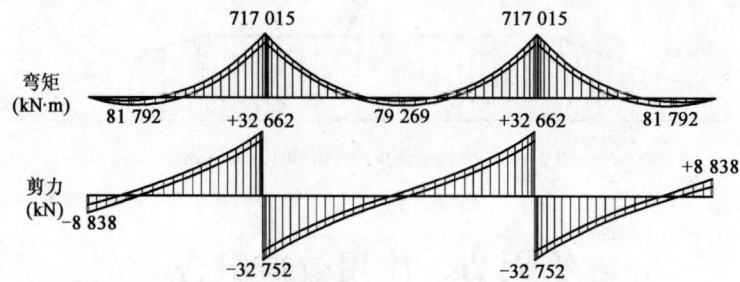

图 2-3-75　第一次承载能力极限状态作用效应组合 2 内力包络图

内力包络图如图 2-3-76 所示。

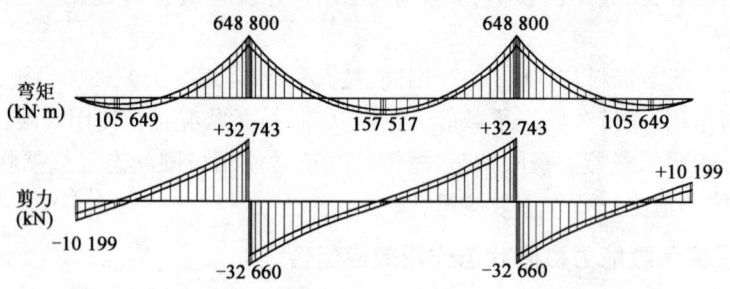

图 2-3-76　第二次承载能力极限状态作用效应组合 1 内力包络图

(2)组合 2

$\gamma_0 S_{ud} = \gamma_0$(1.2 结构自重内力＋1.2 预加力次内力＋1.0 收缩、徐变次内力＋1.4 汽车荷载内力＋0.98 人群荷载内力＋0.98 正温度梯度次内力＋0.5 沉降 2 次内力)

内力包络图如图 2-3-77 所示。

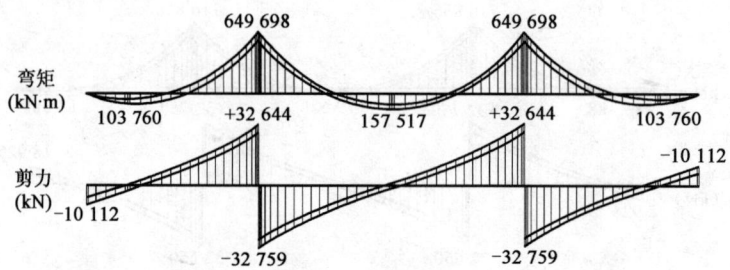

图 2-3-77　第二次承载能力极限状态作用效应组合 2 内力包络图

(二)持久状况正常使用极限状态

1. 作用短期效应组合

(1)第一次组合

S_{sd}＝1.0 结构自重内力＋0.7 汽车荷载(不计冲击力)＋1.0 人群荷载内力＋0.8 正温度梯度次内力＋1.0 沉降 1 次内力

内力包络图如图 2-3-78 所示。

(2)第二次组合

S_{sd}＝1.0 结构自重内力＋1.0 预加力次内力＋1.0 徐变次内力＋1.0 收缩次内力＋0.7 汽

车荷载(不计冲击力)+1.0人群荷载内力+0.8正温度梯度次内力+1.0沉降1次内力

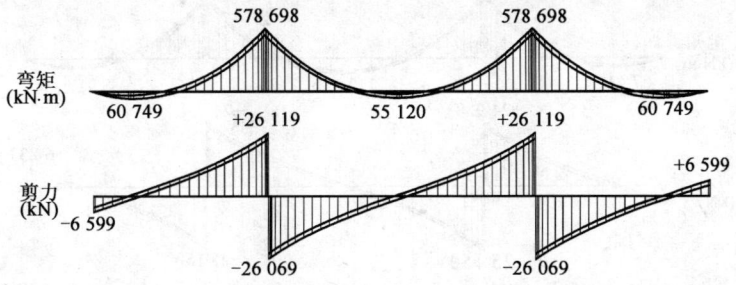

图 2-3-78 第一次正常使用极限状态作用短期效应组合内力包络图

内力包络图如图 2-3-79 所示。

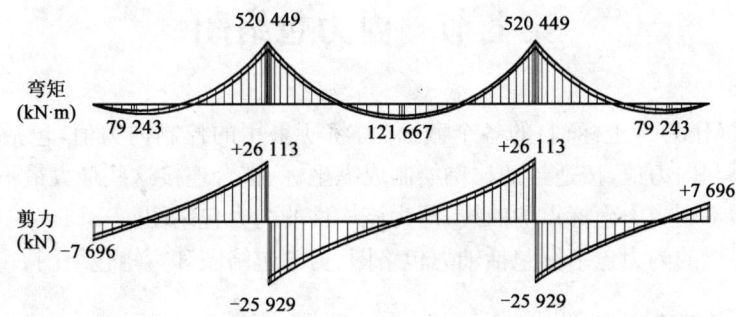

图 2-3-79 第二次正常使用极限状态作用短期效应组合内力包络图

2. 作用长期效应组合

(1)第一次组合

S_{sd}=1.0结构自重内力+0.4汽车荷载(不计冲击力)+0.4人群荷载内力+0.8正温度梯度次内力+1.0沉降2次内力

内力包络图如图 2-3-80 所示。

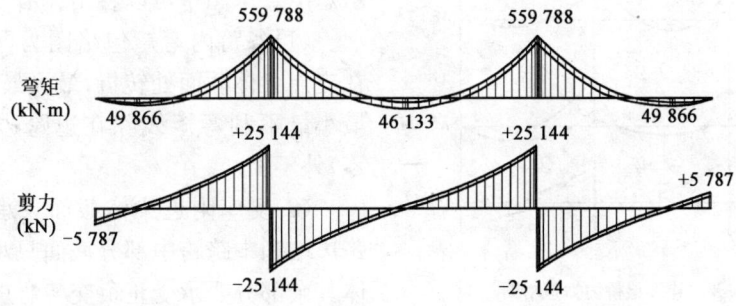

图 2-3-80 第一次正常使用极限状态作用长期效应组合内力包络图

(2)第二次组合

S_{sd}=1.0结构自重内力+1.0预加力次内力+1.0徐变次内力+1.0收缩次内力+0.4汽车荷载内力(不计冲击力)+0.4人群荷载内力+0.8正温度梯度内力+1.0沉降2次内力

内力包络图如图 2-3-81 所示。

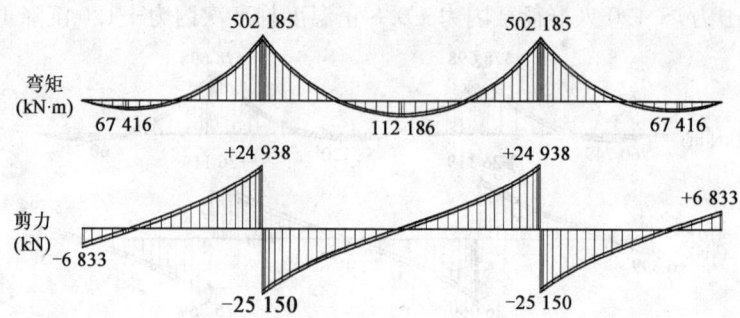

图 2-3-81　第二次正常使用极限状态作用长期效应组合内力包络图

第七节　内力包络图

沿构件轴线(作为 x 坐标轴)的各个截面处,将所采用的控制内力值,包括最大最不利内力值和最小最不利内力值,按适当的比例绘制成纵坐标,拟合连接这些最大最不利内力坐标点的曲线和最小最不利内力坐标点的曲线,即为该构件的内力包络图。

连续梁桥主梁的内力包络图包括轴力包络图、剪力包络图和弯矩包络图。

一、内力包络图的特征

混凝土连续梁桥的内力包络图与结构的跨径布置、刚度分布以及参与组合的各种内力的产生原因相关,包括预加力、施工过程中的结构体系转换、混凝土收缩徐变、支座沉陷、其他荷载等。图 2-3-82 为三跨连续梁桥一次落架施工的自重恒载和汽车荷载组合的内力包络示意图。从图中可以看出:

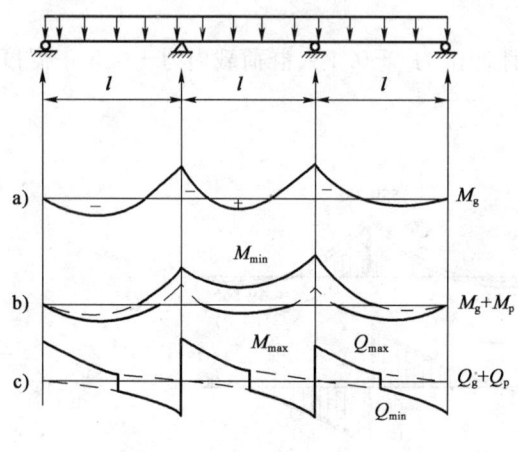

图 2-3-82　连续梁桥内力包络图

(1)各跨内弯矩包络图为两种下凹曲线,在支点梁体截面处转折,最大最不利弯矩线和最小最不利弯矩线除在边跨边端(弯矩均为零)外不相交。

(2)支座附近梁体截面只承受负弯矩,边跨边端和中跨跨中部分截面只承受正弯矩;梁体其余部分要承受正负交替弯矩。

(3)控制设计负弯矩出现在支座处梁体截面,正弯矩出现在中跨跨中或距边跨边端 1/3 附近截面处。

(4)剪力包络图如同锯齿状,在各支点截面由最小剪力突变为最大剪力;一跨的最大剪力线与下一跨的最小剪力线连续,并且在支点处斜率为零。

(5)一跨内最大剪力线斜率由大逐渐变小直至为零,最小剪力线斜率由零逐渐变大,达到另一支点时为最大。

(6)各跨跨中处最大剪力线和最小剪力线的差值最小。

二、内力包络图的作用

在混凝土连续梁桥方案设计过程中,主梁的内力包络图可作为判断结构合理性、所选择的施工方案可行性以及材料用量估算的依据;在施工图设计阶段,承载能力极限状态作用效应组合值主要为在主梁中配置预应力钢筋、纵向普通钢筋、斜筋和箍筋提供设计依据,正常使用极限状态作用效应组合值并进行相关的强度、应力、变形、裂缝等验算。针对不同的使用目的,在设计过程中应遵循下列原则和注意事项,选择适当的最不利内力组合来形成包络图。

(1)估算、配置预应力钢束时,应根据所采用的施工方法形成的连续梁恒载内力和活载内力组合而成的内力包络图。

(2)在结构正常使用极限状态设计时,预加应力作为永久作用计算其主效应和次效应,参与作用效应组合,并考虑相应阶段的预应力损失,但不计由于偏心距增大产生的附加效应。

(3)在结构承载能力极限状态设计时,预加应力作为结构抗力抵抗外荷载,而不作为外荷载考虑,但在连续梁等超静定结构中,仍需考虑预加力引起的次效应。

(4)施工阶段验算时,应考虑工程的实际情况选择最不利的可能发生的作用效应组合。

(5)当采用承载能力极限状态设计计算时,不同作用效应组合应取用规范规定的不同作用效应分项系数。

(6)当汽车荷载载所占比例较大时,尚应作出弯矩包络图对应的剪力包络图和轴力包络图,剪力包络图对应的弯矩包络图和轴力包络图,轴力包络图对应的弯矩包络图和剪力包络图,将某内力包络图和与相对应的其他内力包络图一起配套使用。

第四章 截面设计和验算

第一节 截面钢束用量的估算及钢束布置

一般地，预应力配束应根据最不利荷载组合下的弯矩、轴力、剪力包络图（不含预应力及相关内力）进行预应力筋合理配束。在大跨径预应力混凝土连续梁中，其体系转换后的结构重力或一次落架的结构重力产生的内力一般均超过总内力50%，故建议按成桥后的结构重力与荷载内力相组合进行预配预应力钢束，计算钢束的预应力损失及弹性次内力后，再根据全桥最不利内力组合（含预应力及相关内力）进行调整和验算。

一、预应力配束原则及体系选择

1. 预应力钢材与锚具

目前国内外使用的预应力钢材主要有预应力钢筋、冷拉预应力钢丝、矫直回火预应力钢丝、低松弛预应力钢丝、普通预应力钢绞线。

预应力混凝土连续梁桥预应力锚具通常选择"群锚"体系，国内应用较普遍的是OVM预应力体系，这种施工工艺已趋于系统化、规范化。

其他预应力钢束材料、锚夹具、成孔方式、张拉设备等与构造设计相关，与结构的预应力布置及预应力损失大小等相关，设计时应参照有关资料选取。

2. 预应力配束原则及体系选择

预应力钢束的配置与桥梁的结构体系、受力情况、构造形式以及施工方法等有着密切的关系。如图2-4-1中几种预应力筋布置方式，分别适用于a)顶推连续梁；b)先简支后连续梁；c)和d)正弯矩和负弯矩预应力筋分别配置，在弯矩零点附近分散交叉；e)整体浇筑连续梁的连续配筋。一般对不同跨径的梁桥结构，要选用预加力大小恰当的预应力束筋，以达到合理的布置形式。

(1)预应力配筋还应满足各施工阶段及成桥营运的受力需要、布筋的构造需要，包括锚具布设、束型空间布置等，并尽量方便施工。设计中应考虑以下配束原则：

①预应力筋布置成曲线或折线，变化偏心距，使预应力发挥最大的作用；

②总的力筋（永久力筋和临时力筋）用量最小；

③尽量避免预应力束筋"大而稀或小而密"，导致受力不均匀的情况发生；

④端部永久应力应小而且均匀，避免过分的应力集中而引起的裂缝；

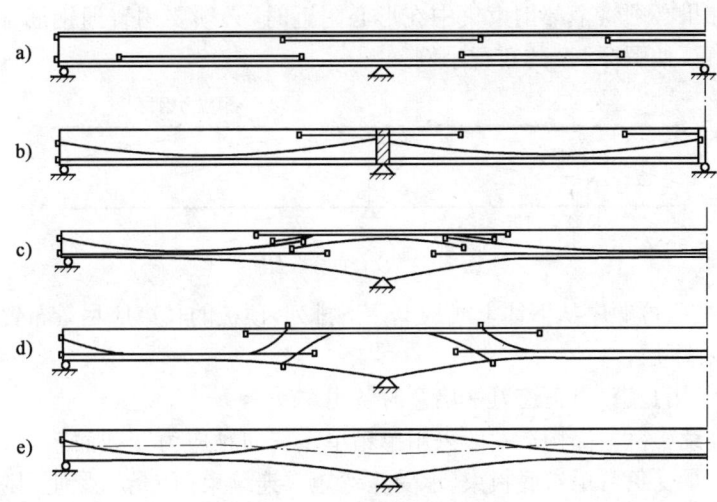

图 2-4-1 预应力混凝土连续梁配筋方式

⑤应力损失越小越好；

⑥根据恒载零弯矩理论配束，使每个截面自重和预应力产生的弯矩差较小，这样可使成桥后期徐变产生的挠度减小。

（2）预应力体系选择应考虑受力要求、施工要求、运输和组装等其他影响经济性的因素。单从技术上讲，体系的选用受下列条件限制：

①对于长度不大于 10m 的预应力钢筋，用楔夹片锚不如用螺纹锚具合适，因为前者有较大的滑动，而后者则能比较可靠地调整预加力吨位和伸长量；

②对于较长的曲线形预应力钢束，采用钢绞线或光面预应力钢丝的张拉体系比用刻痕的预应力钢丝张拉体系合适，因为后者摩擦引起的预应力损失很大；

③如果预应力钢束很长，且转向角总和较大时，由于摩擦引起不利的预应力损失，则应尽可能地选择能够多次张拉和放松的张拉体系；

④对于竖向钢束或陡峭的直线束型，选用预应力粗钢筋比用钢绞线或预应力钢丝好，因为粗钢筋可不用或少用架立钢筋在空间定位；

⑤横截面对称的直梁桥，纵向钢束及竖向钢束应对称布置，此外要避免采用单根预应力钢束，以防钢束失效时引起梁体裂缝或破坏；

⑥钢束的形心应尽量保持在吻合束型附近，构造上应严格遵守所选体系的各项构造要求，包括保护层厚度、转弯半径、锚垫板和锚夹具的要求等；

⑦折线型布置或局部转弯布置钢束处，应计算局部荷载对梁体的作用，并考虑从梁体的一般构造及普通钢筋设置两方面传递其等效荷载，必要时还应进行局部应力分析；

⑧力求预应力钢束均匀布置，防止在某些断面上的应力集中；

⑨预应力钢束的布置还应与泄水管和其他桥面结构的预埋件一并考虑，以防互相干扰；

⑩预应力钢束需中途锚固时，应尽量选择在截面形心轴附近或在截面的受压区内；在梁中锚头部位要附加构造钢筋，以扩散集中应力，防止混凝土开裂；

⑪反弯点附近弯矩正负更迭，预应力钢筋重心应在剖面形心附近，但是应将预应力束向

上、下缘分散。如果必须将全部钢束集中在形心附近时，必须要用普通钢筋加强。在T形截面中更要特别慎重，如图2-4-2的布置示例。

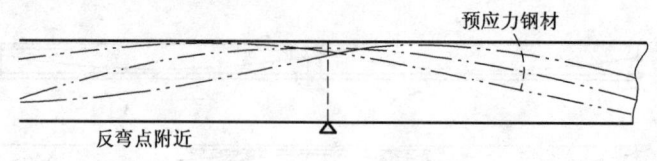

图2-4-2　反弯点分散布筋

⑫肋内钢束按张拉顺序从下往上或从上往下排列，顶板的长束应尽量布置在上层，底板的长束应尽量布置在下层；

⑬适当预留备用孔道，当管道万一堵塞时备用。

(3)大跨径连续梁桥上部构造一般采用单箱单室三向预应力变截面箱梁。纵向预应力一般需设置顶板束(承受负弯矩)、底板束(承受正弯矩)、连续束(补充承受使用阶段内力)、备用束和合龙段临时束。布束时还应注意以下原则：

①顶板纵向钢束若采用平竖弯曲相结合的空间曲线，尽可能锚固在腹板顶部承托中。由于布束接近腹板，预应力以较短的传力路线分布在全截面上。悬臂施工时布置下弯束应锚固在节段上。这样，既可避免外形复杂的锯齿板构造，又可方便施工，同时减轻自重。

②底板束一般锚固在腹板与底板相交区附近的齿板上，锚固断面底板应有一定的压应力储备。底板锚固断面尽量跨过箱梁节段断面施工缝，以避免底板在锚固区附近出现横向裂缝。中跨合龙束应尽可能靠近腹板。在变高度连续梁中要注意底板弯束引起的径向压力和垂直分力。

③一般采用纵向预应力束向下弯至箱梁截面2/3高度附近的布置方式，以提供较大的预剪力，提高箱梁的抗剪能力，限制腹板中的主拉应力，有效防止腹板产生斜裂缝。

④顶板横向预应力钢束布置应根据结构横向受力需要而定，可布置直线束或曲线束，一般采用单端交替张拉。既考虑补偿对桥面板横向预应力的约束影响，又考虑横隔板的受力需要，作为单一构件进行受力分析和配筋。根据统计，我国箱梁桥宽采用横向预应力的分界线为12m。美国规范中箱梁桥宽大于9m则采用横向预应力。

⑤竖向预应力筋

a.竖向预应力筋一般采用高强精轧螺纹粗钢筋(当梁高较大时采用钢绞线)，沿腹板的中轴布置。采用无黏结竖向预应力筋或固体干膜润滑技术处理后的预应力筋取代现有的精轧螺纹粗钢筋，可有力保障短束力筋的竖向有效预应力。今后竖向预应力体系将朝着可调有效预应力方式发展。

b.顺桥向间距根据构造、施工和受力需要可采用不同间距布置。一般要求顺桥向间距在0.5～0.7m，预应力效应从端头按26°扩散角传递，在相邻力筋之间会形成预应力的不连续，预应力空白区的高度约距离梁顶0.58～0.81m。如果竖向预应力间距过大或梁高过小，则预应力空白区可延伸到腹板上部，可能引起腹板斜裂缝。每侧腹板布置2排。

c.竖向预应力是克服箱梁腹板主拉应力的重要手段。但各地的施工实践反映竖向预应力钢筋的张拉锚固工艺存在很大缺陷，锚垫板与预应力钢筋不垂直、锚固螺母拧紧的力度因无标准而随意性很大。锚固后造成较大的变形，引起预应力损失。而箱梁竖向预应力筋都较短，张拉伸长量小,2~3mm 的变形占伸长量的比例较大,因而造成很大的竖向预应力损失。实测的数据中,预应力损失甚至超过 50%。设计时竖向预应力计算应留有一定安全度,也可只作为预应力储备不参与计算,施工时必须采取有效的管理措施保证竖向有效预应力。建议跨径 50m 以下混凝土连续梁不设竖向预应力。

二、截面纵向钢束用量估算

根据《桥规》(JTG D62—2004)的规定,预应力混凝土梁应进行持久状况承载能力极限状态和持久状况正常使用极限状态计算,并满足规范对不同受力状态下规定的要求(如承载力、应力、抗裂性、变形等),预应力筋的数量可以根据这些限值条件进行估算。

预应力混凝土梁预应力筋估算的思路:①按持久状况正常使用极限状态要求确定预应力筋数量;②按持久状况承载能力极限状态的要求,确定需要补充的普通钢筋数量。

1. 按正常使用极限状态应力要求确定预应力钢筋数量

预应力混凝土构件在预加应力阶段及使用荷载阶段,截面上、下缘的应力应满足允许应力的要求。一般情况下,由于梁截面较高,受压面积较大,压应力不是控制因素,为方便计算,可只考虑拉应力这个限制条件。虽然规范中规定当预拉区配置受力的非预应力钢筋时,容许截面出现少许拉应力,但在估算预应力钢筋数量时,依然假设混凝土拉应力限值为 0。假设混凝土压应力限值为 $0.5f_{ck}$,由预应力引起的截面混凝土压应力为 σ_{pu}、σ_{pb},以压应力为正。因此有:

$$\left.\begin{array}{l} \sigma_{pu} + \dfrac{M_{min}}{W_u} \geqslant 0 \\[6pt] \sigma_{pu} + \dfrac{M_{max}}{W_u} \leqslant 0.5f_{ck} \\[6pt] \sigma_{pb} - \dfrac{M_{max}}{W_b} \geqslant 0 \\[6pt] \sigma_{pb} - \dfrac{M_{min}}{W_b} \leqslant 0.5f_{ck} \end{array}\right\} \quad (2\text{-}4\text{-}1)$$

式中:W_u、W_b——上、下截面模量;

M_{max}、M_{min}——使用极限状态截面最大、最小弯矩值,正弯矩取正值,负弯矩取负值。

(1)截面上、下缘分别配置预应力钢筋以抵抗正、负弯矩时

$$\left.\begin{array}{l} \sigma_{pu} = \dfrac{N_u}{A} + \dfrac{N_u e_u}{W_u} + \dfrac{N_b}{A} - \dfrac{N_b e_b}{W_u} \\[6pt] \sigma_{pb} = \dfrac{N_u}{A} - \dfrac{N_u e_u}{W_b} + \dfrac{N_b}{A} + \dfrac{N_b e_b}{W_b} \end{array}\right\} \quad (2\text{-}4\text{-}2)$$

式中:$N_u = n_u A_{p1} \sigma_{pe}$,$N_b = n_b A_{p1} \sigma_{pe}$。

则得截面最小配束量为:

$$\left.\begin{array}{l} n_u \geqslant \dfrac{M_{max}(e_b - K_b) - M_{min}(K_u + e_b)}{(K_u + K_b)(e_u + e_b)} \times \dfrac{1}{A_{p1}\sigma_{pe}} \\[10pt] n_b \geqslant \dfrac{M_{max}(e_u + K_b) + M_{min}(K_u - e_u)}{(K_u + K_b)(e_u + e_b)} \times \dfrac{1}{A_{p1}\sigma_{pe}} \end{array}\right\} \quad (2\text{-}4\text{-}3)$$

式中:n_u、n_b——截面上、下缘估算的预应力钢筋股数;

A_{p1}——每股预应力钢筋的面积;

σ_{pe}——预应力钢筋的永存应力,估算预应力截面时可取 $\sigma_{pe}=(0.7\sim0.8)\sigma_{con}$,$\sigma_{con}$ 为预应力筋的张拉控制应力;

e_u、e_b——截面上、下缘的预应力钢筋重心至截面重心的距离;

K_b、K_u——截面上、下核心距,按下式计算:

$$K_u = \frac{W_b}{A}, K_b = \frac{W_u}{A}$$

A——混凝土面积,可取截面毛面积计算。

事实上,在配置预应力钢筋时,受到一定条件的限制不可能按照计算进行,往往需要进行调整。如果实际配束数比 n_u、n_b 多时,则相应地要多配 n'_u、n'_b 束,计算公式如下:

$$\left.\begin{array}{l} n'_u = \dfrac{e_b - K_b}{K_b + e_u} n'_b \\ n'_b = \dfrac{e_u - K_u}{K_u + e_b} n'_u \end{array}\right\} \quad (2\text{-}4\text{-}4)$$

另外,各截面的最大配束数为

$$\left.\begin{array}{l} n_u \leqslant \dfrac{-M_{max}(K_u + e_b) - M_{min}(K_b - e_b) + 0.5 e_b(W_u + W_b) f_{ck}}{(K_u + K_b)(e_u + e_b) A_{p1} \sigma_{pe}} \\ n_b \leqslant \dfrac{M_{max}(K_u - e_u) + M_{min}(K_b + e_u) + 0.5 e_u(W_u + W_b) f_{ck}}{(K_u + K_b)(e_u + e_b) A_{p1} \sigma_{pe}} \end{array}\right\} \quad (2\text{-}4\text{-}5)$$

在正、负弯矩作用下,截面上、下缘均不出现拉应力,则要求的截面最小总配束数 n_{min}、最小总预加力 N_p、上下缘钢束总偏心距 e_p 分别按下式计算,其中 e_p 重心轴以上为正。

$$\left.\begin{array}{l} n_{min} = \dfrac{M_{max} - M_{min}}{(K_u + K_b) A_{p1} \sigma_{pe}} \\ N_p = n_{min} A_{p1} \sigma_{pe} \\ e_p = \dfrac{N_p K_u - M_{max}}{N_p} = \dfrac{-N_p K_b - M_{min}}{N_p} \end{array}\right\} \quad (2\text{-}4\text{-}6)$$

(2)当截面只在下缘布置力筋以抵抗正弯矩时

$$\left.\begin{array}{l} n_b \leqslant \dfrac{M_{min}}{e_b - K_b} \times \dfrac{1}{A_{p1} \sigma_{pe}} (\text{上缘不出现拉应力控制}) \\ n_b \geqslant \dfrac{M_{max}}{e_b + K_u} \times \dfrac{1}{A_{p1} \sigma_{pe}} (\text{下缘不出现拉应力控制}) \end{array}\right\} \quad (2\text{-}4\text{-}7)$$

(3)当截面只在上缘布置力筋以抵抗负弯矩时

$$\left.\begin{array}{l} n_u \geqslant \dfrac{-M_{min}}{e_u + K_b} \times \dfrac{1}{A_{p1} \sigma_{pe}} (\text{上缘不出现拉应力控制}) \\ n_u \leqslant \dfrac{M_{max}}{-e_u + K_u} \times \dfrac{1}{A_{p1} \sigma_{pe}} (\text{下缘不出现拉应力控制}) \end{array}\right\} \quad (2\text{-}4\text{-}8)$$

2. 按正常使用极限状态截面抗裂性要求估算预应力钢筋数量

对于全预应力混凝土构件,按抗裂性估算:

$$n = \dfrac{\dfrac{M_s}{W}}{0.85 \left(\dfrac{1}{A} + \dfrac{e_p}{W}\right) A_{p1} \sigma_{pe}} \quad (2\text{-}4\text{-}9)$$

式中：M_s——按作用（或荷载）短期效应组合计算的弯矩值；
　　A——构件混凝土全截面面积；
　　W——构件全截面对抗裂验算边缘弹性抵抗矩；
　　e_p——预应力钢筋的合力作用点至截面重心轴的距离；
　　n——按抗裂性要求估算所需的预应力钢筋数量。

对于 A 类部分预应力混凝土构件，按抗裂性估算：

$$n = \frac{\dfrac{M_s}{W} - 0.7 f_{tk}}{\left(\dfrac{1}{A} + \dfrac{e_p}{W}\right) A_{pl} \sigma_{pe}} \tag{2-4-10}$$

式中：f_{tk}——混凝土抗拉强度标准值。

3. 预应力钢筋数量估算示例

[**例 2-4-1**] 第三章第三节例 2-3-2 之工程示例，采用 C50 混凝土，抗压强度标准值 $f_{ck}=32.4\text{MPa}$，采用 $\phi^S 15.2$ 型钢绞线，$f_{pk}=1\,860\text{MPa}$，$A_{pl}=140\text{mm}^2$。以中跨 24 号、34 号、41 号截面为例，根据本篇第三章第一节之结构设计步骤（4），取结构最大控制弯矩值的 20% 作为预应力次内力值，并与第一次正常使用极限状态短期效应组合值叠加，取叠加结果作为估算效应值，按正常使用极限状态应力要求进行预应力筋估算。

（1）支点截面（24 号截面）

张拉控制应力取 $\sigma_{con}=0.75 f_{pk}$，永存应力 $\sigma_{pe}=0.8 \sigma_{con}$，$H=6.3\text{m}$，$K_u=1.654\text{m}$，$K_b=1.820\text{m}$，$y_u=3.0\text{m}$，$y_b=3.3\text{m}$，$e_u \approx y_u - 0.1H = 2.37\text{m}$，$e_b \approx y_b - 0.1H = 2.67\text{m}$，$M_{max}=-397\,000\text{kN}\cdot\text{m}$，$M_{min}=-463\,000\text{kN}\cdot\text{m}$。按式（2-4-8）计算。

①按截面上缘不出现拉应力时

$$\begin{aligned}
n_u &\geqslant \frac{-M_{min}}{e_u + K_b} \times \frac{1}{A_{pl}\sigma_{pe}} \\
&= \frac{463\,000\,000}{(2.37+1.82) \times 140 \times 0.8 \times 1\,395} \\
&= 707.3 \text{（股）}
\end{aligned}$$

②按截面下缘不出现拉应力时

$$\begin{aligned}
n_u &\leqslant \frac{M_{max}}{-e_u + K_u} \times \frac{1}{A_{pl}\sigma_{pe}} \\
&= \frac{-397\,000\,000}{(-2.37+1.654) \times 140 \times 0.8 \times 1\,395} \\
&= 3\,550.5 \text{（股）}
\end{aligned}$$

故：707.3 股 $< n_u <$ 3 550.5 股。

（2）跨中截面（41 号截面）

$H=2.75\text{m}$，$K_u=0.572\text{m}$，$K_b=1.083\text{m}$，$y_u=0.95\text{m}$，$y_b=1.8\text{m}$，$e_u \approx y_u - 0.1H = 0.675\text{m}$，$e_b \approx y_b - 0.1H = 1.525\text{m}$，$M_{max}=66\,000\text{kN}\cdot\text{m}$，$M_{min}=35\,000\text{kN}\cdot\text{m}$。按式（2-4-7）计算。

①按截面下缘不出现拉应力控制

$$n_\mathrm{b} \geqslant \frac{M_\mathrm{max}}{e_\mathrm{b}+K_\mathrm{u}} \times \frac{1}{A_\mathrm{p1}\sigma_\mathrm{pe}}$$

$$= \frac{66\,000\,000}{(1.525+1.82) \times 140 \times 0.8 \times 1395}$$

$$= 201.5(\text{股})$$

②按截面上缘不出现拉应力控制

$$n_\mathrm{b} \leqslant \frac{M_\mathrm{min}}{e_\mathrm{b}-K_\mathrm{b}} \times \frac{1}{A_\mathrm{p1}\sigma_\mathrm{pe}}$$

$$= \frac{41\,000\,000}{(1.525-1.083) \times 140 \times 0.8 \times 1395}$$

$$= 593.7(\text{股})$$

故：201.5 股$<n_\mathrm{u}<593.7$ 股。

(3) $L/4$ 截面（34 号截面）

$H=3.58\mathrm{m}, K_\mathrm{u}=0.859\mathrm{m}, K_\mathrm{b}=1.262\mathrm{m}, y_\mathrm{u}=1.45\mathrm{m}, y_\mathrm{b}=2.13\mathrm{m}, W_\mathrm{u}=17.24\mathrm{m}^3$, $W_\mathrm{b}=11.737\mathrm{m}^3, e_\mathrm{u} \approx y_\mathrm{u}-0.1H=1.092\mathrm{m}, e_\mathrm{b} \approx y_\mathrm{b}-0.1H=1.772\mathrm{m}, M_\mathrm{max}=17\,000\mathrm{kN} \cdot \mathrm{m}, M_\mathrm{min}=-13\,000\mathrm{kN} \cdot \mathrm{m}$。按式(2-4-3)、式(2-4-5)计算。

①截面最小配束数为

$$n_\mathrm{u} \geqslant \frac{M_\mathrm{max}(e_\mathrm{b}-K_\mathrm{b})-M_\mathrm{min}(K_\mathrm{u}+e_\mathrm{b})}{(K_\mathrm{u}+K_\mathrm{b})(e_\mathrm{u}+e_\mathrm{b})} \times \frac{1}{A_\mathrm{p1}\sigma_\mathrm{pe}}$$

$$= \frac{17\,000\,000 \times (1.772-1.262)+13\,000\,000 \times (0.859+1.772)}{(0.859+1.262) \times (1.092+1.772) \times 140 \times 0.8 \times 1395}$$

$$= 45.2(\text{股})$$

$$n_\mathrm{b} \geqslant \frac{M_\mathrm{max}(e_\mathrm{u}+K_\mathrm{b})+M_\mathrm{min}(K_\mathrm{u}-e_\mathrm{u})}{(K_\mathrm{u}+K_\mathrm{b})(e_\mathrm{u}+e_\mathrm{b})} \times \frac{1}{A_\mathrm{p1}\sigma_\mathrm{pe}}$$

$$= \frac{17\,000\,000 \times (1.772+1.262)-13\,000\,000 \times (0.859+1.092)}{(0.859+1.262) \times (1.092+1.772) \times 140 \times 0.8 \times 1395}$$

$$= 45.3(\text{股})$$

②上下缘不出现拉应力的最小配束

$$n_\mathrm{min} = \frac{M_\mathrm{max}-M_\mathrm{min}}{(K_\mathrm{u}+K_\mathrm{b})A_\mathrm{p1}\sigma_\mathrm{pe}} = \frac{17\,000\,000+13\,000\,000}{(0.859+1.262) \times 140 \times 0.8 \times 1395} = 90.5(\text{股})$$

$$N_\mathrm{p} = n_\mathrm{min}A_\mathrm{p1}\sigma_\mathrm{pe} = 90.5 \times 140 \times 0.8 \times 1395\mathrm{N} = 14\,141.5\mathrm{kN}$$

$$e_\mathrm{p} = \frac{N_\mathrm{p}K_\mathrm{u}-M_\mathrm{max}}{N_\mathrm{p}} = \frac{14\,141.5 \times 0.859-17\,000}{14\,141.5} = -0.343\mathrm{m}$$

③截面最大配束数为

$$n_\mathrm{u} \leqslant \frac{-M_\mathrm{max}(K_\mathrm{u}+e_\mathrm{b})-M_\mathrm{min}(K_\mathrm{b}-e_\mathrm{b})+0.5e_\mathrm{b}(W_\mathrm{u}+W_\mathrm{b})f_\mathrm{ck}}{(K_\mathrm{u}+K_\mathrm{b})(e_\mathrm{u}+e_\mathrm{b})A_\mathrm{p1}\sigma_\mathrm{pe}}$$

$$= \frac{-1.7 \times 10^7 \times (0.859+1.772)+1.3 \times 10^7 \times (1.262-1.772)+0.5 \times 10^6 \times 1.772 \times 32.4 \times (11.737+17.24)}{(0.859+1.262) \times (1.092+1.772) \times 140 \times 0.8 \times 1395}$$

$$= 822.2(股)$$

$$n_b \leqslant \frac{M_{\max}(K_u - e_u) + M_{\min}(K_b + e_u) + 0.5e_u(W_u + W_b)f_{ck}}{(K_u + K_b)(e_u + e_b)A_{p1}\sigma_{pe}}$$

$$= \frac{1.7 \times 10^7 \times (0.859 - 1.092) - 1.3 \times 10^7 \times (1.262 + 1.092) + 0.5 \times 10^6 \times 1.092 \times 11.737 \times 32.4 \times (11.737 + 17.24)}{(0.859 + 1.262) \times (1.092 + 1.772) \times 140 \times 0.8 \times 1395}$$

$$= 503.6(股)$$

同理可确定全桥其他截面的预应力配筋范围。

(4) 预应力钢筋数量的确定

以上估算结果给出了示例连续梁桥中孔三个截面的预应力钢筋配置范围,应用本篇第三章第一节设计步骤(5),可确定计算截面的实际取用预应力钢筋数量,见表 2-4-1。再考虑本例悬臂施工过程特征,可进一步确定全桥各截面的锚固束和通过束数量,见表 2-4-2。

特例截面配筋 表 2-4-1

位置(截面号)	配筋位置	估算结果(最少股数)	估算结果(最多股数)	实际配束股数
中跨支点截面 (24号)	顶板	707.3	3 550.5	932
	底板	—	—	—
中跨 $L/4$ 截面 (34号)	顶板	45.2	822.2	266
	底板	45.3	503.6	162
中跨跨中截面 (41号)	顶板	—	—	—
	底板	201.5	593.7	402

同理,可确定全桥各截面的预应力钢束,包括通过束和锚固束,如表 2-4-2 所示。

半桥各截面的配束表 表 2-4-2

位置(截面号)	配筋位置	实际配束数	实际锚固束数	实际通过束数
2	顶板	4	4	0
	底板	12	12	0
3	顶板	4	0	4
	底板	16	4	12
4	顶板	4	0	4
	底板	20	4	16
5	顶板	4	0	4
	底板	24	4	20
6	顶板	4	0	4
	底板	24	0	24
7	顶板	4	0	4
	底板	24	0	24
8	顶板	6	2	4
	底板	24	0	24
9	顶板	8	2	6
	底板	24	0	24

续上表

位置(截面号)	配 筋 位 置	实际配束数	实际锚固束数	实际通过束数
10	顶板	10	6	4
	底板	24	0	24
11	顶板	8	2	6
	底板	24	4	20
12	顶板	10	2	8
	底板	20	4	16
13	顶板	14	4	10
	底板	16	4	12
14	顶板	18	4	14
	底板	12	4	8
15	顶板	22	4	18
	底板	8	4	4
16	顶板	28	6	22
	底板	4	0	4
17	顶板	34	6	28
	底板	0	0	0
18	顶板	40	6	34
	底板	0	0	0
19	顶板	46	6	40
	底板	0	0	0
20	顶板	46	0	46
	底板	0	0	0
21	顶板	46	0	46
	底板	0	0	0
22	顶板	46	0	46
	底板	0	0	0
23	顶板	46	0	46
	底板	0	0	0
24	顶板	46	0	46
	底板	0	0	0
25	顶板	46	0	46
	底板	0	0	0
26	顶板	46	0	46
	底板	0	0	0

续上表

位置(截面号)	配筋位置	实际配束数	实际锚固束数	实际通过束数
27	顶板	46	0	46
	底板	0	0	0
28	顶板	46	0	46
	底板	0	0	0
29	顶板	46	6	40
	底板	0	0	0
30	顶板	40	6	34
	底板	0	0	0
31	顶板	34	6	28
	底板	2	2	0
32	顶板	28	6	22
	底板	6	4	2
33	顶板	22	4	18
	底板	10	4	6
34	顶板	18	4	14
	底板	14	4	10
35	顶板	14	4	10
	底板	18	4	14
36	顶板	10	2	8
	底板	22	4	18
37	顶板	8	2	6
	底板	26	4	22
38	顶板	6	2	4
	底板	30	4	26
39	顶板	4	2	2
	底板	30	0	30
40	顶板	2	2	0
	底板	30	0	30
41	顶板	0	0	0
	底板	30	0	30

注:顶板束数包括顶板束和腹板束,采用 $19\phi^s15.2$ 钢绞线;底板采用 $12\phi^s15.2$ 钢绞线。

三、预应力钢筋布置

依据表 2-4-2 及本节的配束原则,并根据《桥规》(JTG D62—2004)的构造要求,进行全桥预应力钢束的立面、平面及横截面构造布置,布置结果见本篇第二章第二节图 2-2-33。其中边孔的顶板束为 T0~T13,腹板束为 ZF1~ZF4,底板束为 BD1~BD6;中孔顶板束为 T0~T13,腹板束为 ZF1~ZF4,底板束为 ZD1~ZD8。示例中腹板束较少,对抵抗混凝土主拉应力不利,另外,为保证预应力效应,底板束可尽量靠近腹板布置。

根据上述配筋结果,重新模拟施工过程,便可进行桥梁实际作用效应计算,并按《通规》(JTG D60—2004)要求进行相应的作用效应组合(第二次组合)。基于第二次组合,便可进行《桥规》(JTG D62—2004)要求的各项验算。

第二节 持久状况承载能力极限状态验算

混凝土连续梁桥持久状况承载力极限状态计算包括正截面承载力计算和斜截面承载力计算,作用效应组合采用基本组合。承载能力极限状态不考虑预应力的作用,钢筋混凝土及预应力混凝土结构计算原理相同,只是多了预应力钢筋的影响。

一、正截面抗弯强度验算

根据现行《桥规》(JTG D62—2004)有关规定进行正截面抗弯验算,验算示例如下。

[例 2-4-2] 第三章第三节例 2-3-2 之工程示例,三跨预应力混凝土连续梁桥,主梁采用单箱单室截面,C50 混凝土,预应力钢绞线采用直径 $\phi^s 15.2$, $A_{pl}=140\text{mm}^2$, $f_{pk}=1\,860\text{MPa}$ 的钢绞线。现取一半结构为例进行正截面极限承载能力验算。

正截面极限承载能力计算截面位置见图 2-4-3。中跨跨中截面(41 号截面)正截面抗弯计算如下:

中跨跨中截面箱梁构造、普通钢筋和预应力钢筋布置情况见图 2-4-4~图 2-4-6。

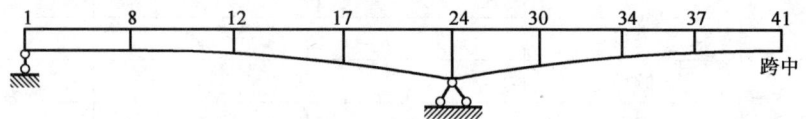

图 2-4-3 连续梁计算截面

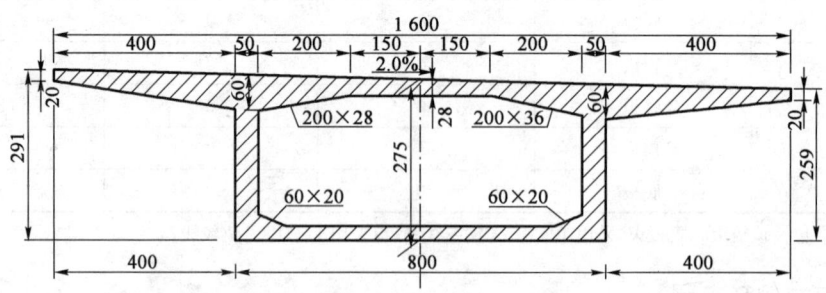

图 2-4-4 主梁跨中横截面构造(尺寸单位:cm)

① b'_f、h'_f 计算

按照《桥规》(JTG D62—2004)第 4.2.3 条的规定计算:

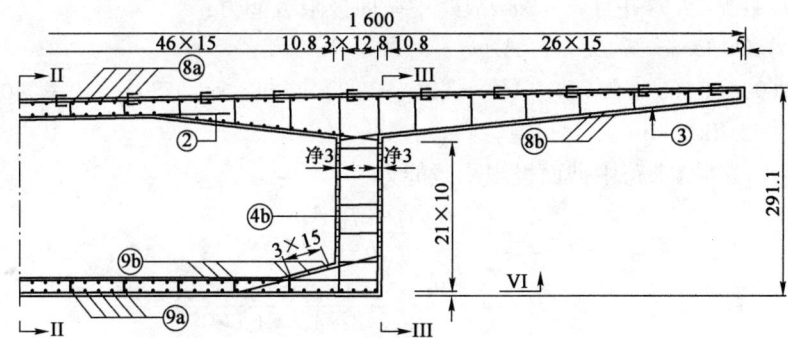

图 2-4-5 主梁跨中横断面普通钢筋布置(尺寸单位:cm)

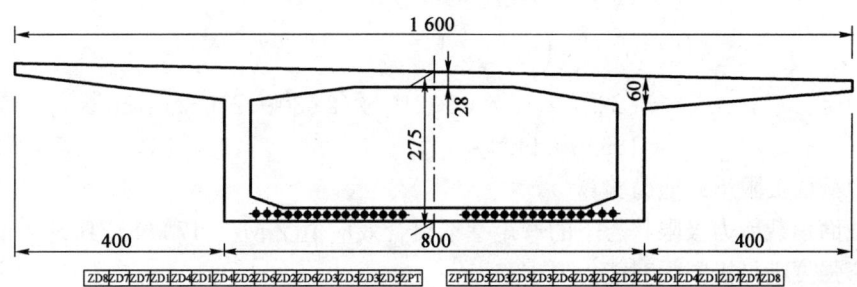

图 2-4-6 主梁跨中横断面预应力钢筋布置(尺寸单位:cm)

$$b'_f = (0.98 \times 400 + 0.98 \times 350 + 50) \times 2 = 1\,570\,\mathrm{cm}, h'_f = 28\,\mathrm{cm}$$

②按《桥规》(JTG D62—2004)第5.2.3条规定验算

已知：$f_{sd} = 280\,\mathrm{MPa}, A_s = 179.87\,\mathrm{cm}^2(55\phi16 + 45\phi14)$，$a_p = 14\,\mathrm{cm}$（距主梁下缘的距离）；$f'_{sd} = 280\,\mathrm{MPa}, A'_s = 380.8\,\mathrm{cm}^2(109\phi16 + 105\phi14)$，$a'_s = 14\,\mathrm{cm}$（距主梁上缘的距离）；$f_{pk} = 1\,860\,\mathrm{MPa}$、$f_{pd} = 1\,260\,\mathrm{MPa}, A_p = 402 \times 140\,\mathrm{mm}^2 = 562.8\,\mathrm{cm}^2$（402根$\phi^s 15.2$钢绞线），$a_p = 14\,\mathrm{cm}; A'_p = 0, f_{cd} = 22.4\,\mathrm{MPa}$。

则
$$\left.\begin{array}{l} f_{sd}A_s + f_{pd}A_p = 280 \times 17\,988 + 1\,260 \times 56\,280 \\ = 75\,949.4\,\mathrm{kN} \leqslant f_{cd}b'_f h'_f + f'_{sd}A'_s + (f'_{pd} - \sigma'_{p0})A'_p \\ = 22.4 \times 15\,700 \times 280 + 280 \times 38\,084 + 0 = 109\,134.0\,\mathrm{kN} \end{array}\right\}$$

应按宽度b'_f的矩形截面计算。

③h_0计算

$$h_0 = 275 - 14 = 261\,\mathrm{cm}$$

查得，$\xi_b = 0.4$，则$\xi_b h_0 = 104.4\,\mathrm{cm}$。

④计入A'_g影响，按《桥规》(JTG D62—2004)第5.2.2条公式求跨中截面极限承载能力。
求受压区高度

$$x = \frac{f_{sd}A_s + f_{pd}A_p - f'_{sd}A'_s}{f_{cd}b'_f}$$

$$= \frac{280 \times 17\,987.9 + 56\,280 \times 1\,260 - 280 \times 38\,084.1}{22.4 \times 16\,000}$$

$$= 18.56\,\mathrm{cm}$$

则:$x \leqslant \xi_b h_0$ 且 $x \leqslant h'_f$,并且 $x \leqslant 2a'$,故跨中截面极限载能力:

$$M_u = f_{pd}A_p(h-a_p-a'_s) + f_{sd}A_s(h-a_s-a'_s)$$
$$= [1\,260 \times 56\,280 \times (2\,750-140-140) + 280 \times 17\,988 \times (2\,750-140-140)]/10^6$$
$$= 176\,962.2 \text{kN} \cdot \text{m}$$

⑤不计入 A'_g 影响,求跨中截面极限承载能力

$$x = \frac{f_{sd}A_s + f_{pd}A_p}{f_{cd}b'_f}$$
$$= \frac{280 \times 17\,988 + 1\,260 \times 56\,280}{22.4 \times 16\,000}$$
$$= 21.6 \text{cm}$$

则:$x \leqslant \xi_b h_0$ 且 $x \leqslant h'_f$,跨中截面极限承载能力:

$$M_u = f_{cd}b'_f x \left(h_0 - \frac{x}{2}\right)$$
$$= [22.4 \times 15\,700 \times 216 \times (2\,630-216/2)]/10^6$$
$$= 189\,974.9 \text{kN} \cdot \text{m}$$

⑥跨中截面极限承载能力验算

跨中截面承载能力极限状态下的弯矩基本组合效应值 $\gamma_0 M_d = 173\,981.1$ kN·m $< M_u$,故正截面抗弯强度满足极限承载能力要求。

按上述原理,一半结构关键截面正截面极限承载能力有限元程序计算结果见表2-4-3。

正截面极限承载能力计算结果　　　　表2-4-3

截 面 号	截 面 位 置	最大/最小	基本效应组合 $\gamma_0 M_d$(kN·m)	结构抗力 M_u(kN·m)
1	边跨支点截面	最大	0.0	4 133.6
		最小	0.0	18 851.2
8	边跨 $L/4$ 截面	最大	113 592.2	130 939.4
		最小	41 884.2	130 939.4
12	边跨 $2L/4$ 截面	最大	67 565.6	103 281.5
		最小	−23 637.5	93 370.4
17	边跨 $3L/4$ 截面	最大	−121 966.9	406 771.4
		最小	−252 976.2	406 771.4
24	中支点截面	最大	−446 429.2	957 496.5
		最小	−673 673.0	957 496.5
30	中跨 $L/8$ 截面	最大	−167 220.4	458 051.4
		最小	−296 824.2	458 051.4
34	中跨 $2L/8$ 截面	最大	19 296.5	120 534.0
		最小	−101 267.2	155 583.5
37	中跨 $3L/8$ 截面	最大	125 814.8	163 107.2
		最小	−12 302.0	56 290.2
41	中跨 $L/2$ 截面	最大	173 981.1	179 485.3
		最小	24 052.6	179 485.3

注:负弯矩表示截面上缘受拉,取绝对值与结构抗力比较进行验算。

由表 2-4-3 可见,截面承载能力极限状态下中支点截面弯矩基本效应组合 $\gamma_0 M_d$ 的最大值为 $-446\,492.2$ kN·m,最小值为 $-673\,673$ kN·m,绝对值均小于结构极限抗力 $M_u = 957\,496.5$ kN·m,故中支点截面正截面抗弯强度满足极限承载能力要求。同理知结构各截面正截面抗弯强度满足极限承载能力要求。

二、斜截面抗剪、抗弯强度验算

1. 现行《桥规》(JTG D62—2004)有关条文规定
1)计算受弯截面斜截面抗剪承载力时,应计算下列位置截面:
(1)连续梁近边支点梁段[图 2-4-7a)]
①距支座中心水平距离 $h/2$(梁高一半)处的截面;
②受拉区弯起钢筋弯起点处的截面;
③箍筋数量或间距改变处的截面;
④构件腹板宽度变化处的截面。
(2)连续梁和悬臂梁近中间支点梁段[图 2-4-7b)]
①支点横隔梁边缘处截面;
②变高度梁高度突变处截面;
③参照简支梁,需要进行验算的截面;
④构件腹板宽度变化处的截面。

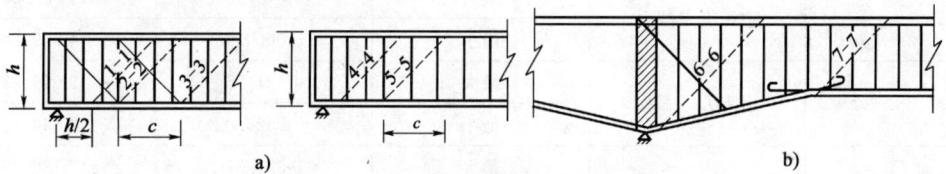

图 2-4-7 斜截面抗剪强度验算位置示意图
a)连续梁近边支点梁段;b)连续梁和悬臂梁近中间支点梁段

2)受弯构件斜截面抗弯承载能力计算时,当受弯构件的纵向钢筋和箍筋符合《桥规》(JTG D62—2004)第 9.1.4 条、第 9.3.9~第 9.3.13 条构造要求时,可不进行斜截面抗弯承载力计算。

2. 斜截面强度验算示例
(1)斜截面抗剪强度验算

[例 2-4-3] 第三章第三节例 2-3-2 的工程示例,计算一半结构斜截面抗剪承载能力,中跨支点处斜截面的抗剪能力计算如下。

已知:$A_s = 380.84 \text{cm}^2$,不计横隔板的作用时支点横截面腹板总厚度 $b = 200\text{cm}$,$h_0 = 615\text{cm}$,箍筋 $A_{sv} = 1\,256\text{mm}^2$,间距 10cm,竖向预应力筋按普通箍筋计算间距 50cm,$A_{sv} = 1\,609\text{mm}^2$。

①支点截面抗剪强度复核
支点截面计算剪力 $V_d = 5\,663\text{kN}$。
按《桥规》(JTG D62—2004)第 5.2.9 条验算截面尺寸:

$$0.51\times10^{-3}\sqrt{f_{cu,k}}bh_0(\text{kN})$$
$$=0.51\times10^{-3}\times\sqrt{50}\times2\,000\times6\,150\text{kN}$$
$$=44\,356.8\text{kN}>\gamma_0V_d=35\,260.5\text{kN}$$

计算表明截面尺寸满足要求。

②按《桥规》(JTG D62—2004)第5.2.7条计算斜截面抗剪承载能力：

$$P=100\rho=100\times\frac{130\,480+38\,084}{2\,000\times6\,150}=1.37$$

$$\rho_{sv}=A_{sv}/s_vb=1\,256/(100\times2\,000)+1\,609/(500\times2\,000)=0.008$$

$$V_{cs}=\alpha_1\alpha_2\alpha_3 0.45\times10^{-3}bh_0\sqrt{(2+0.6P)\sqrt{f_{cu,k}}\rho_{sv}f_{sv}}$$

$$=0.9\times1.25\times1.1\times0.45\times10^{-3}\times2\,000\times6\,150\times\sqrt{(2+0.6\times1.36)\times\sqrt{50}\times0.008\times195}$$
$$=38\,175.4\text{kN}$$

$$\gamma_0V_d=36\,034.8\text{kN}<V_{cs}$$

计算表明支点截面斜截面抗剪满足承载能力要求。V_u的计算没有计算纵向钢筋的作用。按上述原理，半结构关键截面斜截面极限承载能力有限元程序计算结果见表2-4-4。

斜截面抗剪强度验算表 表2-4-4

截面号	截面位置	最大/最小	基本效应组合 γ_0V_d(kN)	结构抗力 V_u(kN)
1	边跨支点截面	最大	−5 457.53	14 759.28
		最小	−10 878.02	14 759.28
8	边跨 $L/4$ 截面	最大	1 131.75	12 699.73
		最小	−2 526.02	12 699.73
12	边跨 $2L/4$ 截面	最大	9 591.37	17 136.47
		最小	4 746.13	16 750.61
17	边跨 $3L/4$ 截面	最大	20 405.24	30 830.64
		最小	13 544.94	30 830.64
24	中支点截面	最大	−25 843.78	36 143.45
		最小	−36 034.81	36 143.45
30	中跨 $L/8$ 截面	最大	−16 307.37	31 289.82
		最小	−23 878.87	31 289.82
34	中跨 $2L/4$ 截面	最大	−9 287.24	20 580.76
		最小	−15 002.99	21 151.92
37	中跨 $3L/8$ 截面	最大	−4 107.35	16 342.78
		最小	−8 600.22	16 342.78
41	中跨 $L/2$ 截面	最大	1 676.47	12 306.79
		最小	−1 695.82	12 306.79

注：顺时针方向为正。

表2-4-4表明，截面承载能力极限状态下边支点截面剪力基本效应组合 γ_0V_d 的最大值

—5 457.5kN,最小值—10 878.02kN,绝对值均小于结构抗力 14 759.3kN,故边支点截面斜截面抗剪满足承载能力要求。同理知结构各截面斜截面抗剪满足承载能力要求。

(2)斜截面抗弯强度验算

纵向普通钢筋采用 HRB335 钢筋,以焊接方式接长;箍筋采用 $\phi16$ 的 HRB335 钢筋,体积配筋率 ρ_v 为 0.4％大于 0.12％,间距为 10cm;符合《桥规》(JTG D62—2004)构造要求,可不进行斜截面抗弯强度验算。

第三节　持久状况正常使用极限状态验算

正常使用极限状态计算,钢筋混凝土及预应力混凝土结构计算原理相同,但是,预应力混凝土结构应考虑预应力的作用。以下介绍预应力混凝土结构正常使用极限状态计算方法,把相应预应力的作用去掉就是钢筋混凝土结构正常使用极限状态计算方法。

一、预应力损失计算

[例 2-4-4] 以第三章第三节例 2-3-2 的工程示例,最大悬臂阶段张拉的顶板束 T13 为例,按《桥规》(JTG D62—2004)第 6.2 条计算预应力束 T13 在桥梁使用 3 年以后的预应力损失、有效预应力。有限元程序计算结果见表 2-4-5。

预应力束 T13 预应力损失、有效预应力(MPa)　　　　表 2-4-5

截　面　号	预应力损失 $\sigma_{l1}+\sigma_{l2}$	预应力损失 σ_{l4}	预应力损失 σ_{l5}	预应力损失 σ_{l6}	有效应力 σ_{pe}
8	202.21	22.62	26.29	75.88	1 068.00
9	133.64	26.02	35.06	75.17	1 125.11
10	124.68	18.90	36.26	63.74	1 151.42
11	115.79	17.83	37.47	60.06	1 163.86
12	107.93	16.71	38.55	56.00	1 175.82
13	102.09	15.05	39.35	55.54	1 182.97
14	130.48	13.26	35.48	54.66	1 161.13
15	144.17	11.86	33.66	54.13	1 151.19
16	150.72	10.57	32.80	53.53	1 147.39
17	157.23	8.18	31.95	52.40	1 145.24
18	163.71	5.96	31.11	51.72	1 142.49
19	170.16	3.95	30.29	51.49	1 139.11
20	175.66	2.43	29.59	50.80	1 136.52
21	181.13	1.18	28.90	49.31	1 134.48
22	185.22	0.85	28.39	44.32	1 136.22
23	187.94	0.91	28.05	35.20	1 142.90

续上表

截 面 号	预应力损失 $\sigma_{l1}+\sigma_{l2}$	预应力损失 σ_{l4}	预应力损失 σ_{l5}	预应力损失 σ_{l6}	有效应力 σ_{pe}
24	190.20	28.46	27.77	39.44	1 109.13
25	187.94	0.77	28.05	36.95	1 141.29
26	185.22	0.75	28.39	46.39	1 134.26
27	181.13	1.86	28.90	47.39	1 135.72
28	175.66	3.45	29.59	48.64	1 137.66
29	170.16	5.34	30.29	49.58	1 139.63
30	163.71	7.86	31.11	50.38	1 141.93
31	157.23	10.81	31.95	51.20	1 143.80
32	150.72	13.35	32.80	51.90	1 146.24
33	144.17	14.90	33.66	52.38	1 149.90
34	130.48	17.38	35.48	53.35	1 158.31
35	102.09	20.73	39.35	55.06	1 177.77
36	107.93	23.59	38.55	61.65	1 163.28
37	115.79	26.60	37.47	68.10	1 147.05
38	124.68	29.83	36.26	75.07	1 129.16
39	133.64	25.77	35.06	78.41	1 122.13
40	202.21	27.97	26.29	82.14	1 056.39

二、持久状况法向应力验算

按持久状况设计的混凝土受弯构件,应计算受弯构件使用阶段正截面混凝土的法向压应力、受拉区钢筋的拉应力和斜截面混凝土的主应力,并且不超过规范所规定的值。计算时作用(或荷载)取其标准值,汽车荷载不考虑冲击系数,预应力结构还应计算由预加力、温度作用等引起的次效应,考虑预加力、预加力效应的分项系数取为1.0。

[例2-4-5] 第三章第三节例2-3-2的计算示例,全预应力混凝土结构。根据《桥规》(JTG D62—2004)第7.1条进行使用阶段正截面混凝土的法向压应力和受拉区钢筋的拉应力计算。使用阶段正截面混凝土的法向压应力有限元程序计算结果见表2-4-6;以41号截面中跨底板合龙预应力钢筋拉应力为例,给出有限元程序计算结果见表2-4-7。

使用阶段正截面混凝土的法向压应力　　　表2-4-6

截 面 号	截 面 位 置	顶缘正应力	底缘正应力	最大正应力
1	边跨支点截面	4.11	0.57	4.11
8	边跨 $L/4$ 截面	10.35	2.36	10.35
12	边跨 $2L/4$ 截面	10.03	2.18	10.03
17	边跨 $3L/4$ 截面	10.86	3.91	10.86
24	中支点截面	9.77	5.03	9.77

续上表

截 面 号	截 面 位 置	顶缘正应力	底缘正应力	最大正应力
30	中跨 $L/8$ 截面	10.18	4.29	10.18
34	中跨 $2L/8$ 截面	9.22	5.01	9.22
37	中跨 $3L/8$ 截面	11.18	2.96	11.18
41	中跨 $L/2$ 截面	11.71	0.68	11.71

注:表中应力压为正,单位 MPa。

使用阶段 41 号截面中跨底板合龙预应力钢筋应力 表 2-4-7

中跨底板钢束编号	使用阶段应力	中跨底板钢束编号	使用阶段应力	中跨底板钢束编号	使用阶段应力
ZD1-2L-1	1 114.1	ZD3-2R-1	1 114.4	ZD6-2L-1	1 107.1
ZD1-2L-2	1 114	ZD3-2R-2	1 114.4	ZD6-2L-2	1 107.1
ZD1-2R-1	1 113.6	ZD4-2L-1	1 112	ZD6-2R-1	1 106.9
ZD1-2R-2	1 113.7	ZD4-2L-2	1 112	ZD6-2R-2	1 106.9
ZD2-2L-1	1 115.1	ZD4-2R-1	1 111.6	ZD7-2L-a	1 112.2
ZD2-2L-2	1 115	ZD4-2R-2	1 111.6	ZD7-2L-b	1 098.7
ZD2-2R-1	1 114.8	ZD5-2L-1	1 112.9	ZD7-2R-a	1 112.2
ZD2-2R-2	1 114.8	ZD5-2L-2	1 112.8	ZD7-2R-b	1 098.7
ZD3-2L-1	1 112.1	ZD5-2R-1	1 112.7	ZD8-2L	1 101.3
ZD3-2L-2	1 114.6	ZD5-2R-2	1 112.7	ZD8-2R	1 101.4

注:表中应力拉为正,单位 MPa。

1. 使用阶段正截面混凝土的法向压应力验算

根据《桥规》(JTG D62—2004)第 7.1.5 条知,截面法向压应力限值为 16.2MPa,由表 2-4-6可见使用阶段混凝土法向压应力最大值为 11.71 MPa,小于应力限值 16.2MPa,故使用阶段混凝土法向压应力验算满足要求。

2. 使用阶段 41 号截面中跨底板合龙预应力钢筋应力验算

根据《桥规》(JTG D62—2004)第 7.1.5 条知,预应力钢筋应力限值为 1 209MPa,由表 2-4-7可见使用阶段预应力钢筋应力最大值为 1 112.2 MPa,小于应力限值 1 209MPa,故使用阶段 41 号截面中跨底板合龙预应力钢筋应力验算满足要求。

同理进行各截面各预应力钢筋应力验算。

三、抗裂验算

预应力混凝土受弯构件应进行正截面和斜截面抗裂验算。

[例 2-4-6] 第三章第三节例 2-3-2 之工程示例,全预应力混凝土结构,根据《桥规》(JTG D62—2004)第 7.1 条进行使用阶段预应力混凝土构件正截面拉应力计算,第 6.3.3 条进行使用阶段斜截面主应力计算。计算结果见表 2-4-8~表 2-4-10。

使用阶段正截面混凝土的法向拉应力   表 2-4-8

截 面 号	截 面 位 置	顶缘正应力	底缘正应力	最大正应力
1	边跨支点截面	3.33	0.46	0.46
8	边跨 $L/4$ 截面	8.88	1.55	1.55
12	边跨 $2L/4$ 截面	7.92	2.55	2.55
17	边跨 $3L/4$ 截面	7.81	4.98	4.98
24	中支点截面	5.15	7.46	5.15
30	中跨 $L/8$ 截面	7.13	5.36	5.36
34	中跨 $2L/4$ 截面	5.13	8.00	5.13
37	中跨 $3L/8$ 截面	9.05	2.99	2.99
41	中跨 $L/2$ 截面	9.80	0.56	0.56

注:表中压应力为正,单位 MPa。

使用阶段斜截面混凝土的主拉应力   表 2-4-9

截面号	2	3	8	22	23	24	25	26
最大主拉应力	−0.62	−0.76	—	—	−0.32	−0.46	−0.27	—

注:表中拉应力为负,单位 MPa,—表示该截面面未出现主拉应力,最大主应力是截面上 10 个计算点主拉应力最大/小值。

使用阶段斜截面混凝土的主压应力   表 2-4-10

截 面 号	截 面 位 置	最大主压应力
1	边跨支点截面	5.60
8	边跨 $L/4$ 截面	10.35
12	边跨 $2L/4$ 截面	10.03
17	边跨 $3L/4$ 截面	10.87
24	中支点截面	9.78
30	中跨 $L/8$ 截面	10.19
34	中跨 $2L/8$ 截面	9.23
37	中跨 $3L/8$ 截面	11.18
41	中跨 $L/2$ 截面	11.72

注:表中压应力为正,单位 MPa。

1. 使用阶段正截面抗裂验算

根据《桥规》(JTG D62—2004)第 6.3.1 条知,全预应力混凝土结构正截面拉应力限值为 0MPa,表 2-4-8 表明使用阶段正截面一直处于受压状态,故使用阶段正截面抗裂验算满足要求。

2. 使用阶段斜截面抗裂验算

根据《桥规》(JTG D62—2004)第 6.3.1 条知,全预应力混凝土结构斜截面主拉应力限值为 1.06MPa,表 2-4-9 表明使用阶段斜截面仅在较小范围出现拉应力,且最大值 0.76MPa 小于 1.06MPa,故使用阶段斜截面抗裂验算满足要求。

3. 使用阶段斜截面混凝土的主压应力验算

根据《桥规》(JTG D62—2004)第 7.1.6 条知,使用阶段斜截面混凝土的主压应力应力限值为 19.44MPa，表 2-4-10 表明使用阶段斜截面混凝土的主压应力最大值为 11.72MPa 小于 19.44MPa，故使用阶段斜截面混凝土的主压应力验算满足要求。

表 2-4-9、表 2-4-10 有限元软件计算结果中考虑了 50% 的竖向预应力作用。设计中竖向预应力应留有一定安全度，也可只作为预应力储备不参与计算。

四、裂缝宽度验算

钢筋混凝土构件和 B 类预应力混凝土构件，在正常使用极限状态下的裂缝宽度，应按作用（或荷载）短期效应组合并考虑长期效应影响进行验算。

第三章第三节例 2-3-2 工程示例中全桥混凝土法向应力计算结果表明，全桥不出现法向拉应力，故不需进行裂缝宽度验算。

五、变形验算

恒载包括结构自重、桥面铺装和附属设施、混凝土收缩徐变影响力等。结构在恒载作用下产生的挠度变形是长期存在的，一般通过预拱度来加以抵消，使竣工后的桥梁达到理想的设计线形。

活载挠度是临时发生的，使梁体产生反复变形，带来行车的不适。同时车辆对梁体的冲击，引起桥梁的振动，可能损坏桥面铺装和结构的附属设施。因此，设计中应验算活载挠度来体现结构的刚度特征。

1. 受弯构件的刚度

(1) 钢筋混凝土

$$B = \frac{B_0}{\left(\frac{M_{cr}}{M_s}\right)^2 + \left[1 - \left(\frac{M_{cr}}{M_s}\right)^2\right] \cdot \frac{B_0}{B_{cr}}} \tag{2-4-11}$$

$$M_{cr} = \gamma f_{tk} W_0 \tag{2-4-12}$$

式中：B——开裂构件等效截面的抗弯刚度；

B_0——全截面的抗弯刚度，$B_0 = 0.95 E_c I_0$；

B_{cr}——开裂截面的抗弯刚度，$B_{cr} = E_c I_{cr}$；

γ——构件受拉区混凝土塑性影响系数，$\gamma = \frac{2S_0}{W_0}$；

S_0——换算截面重心轴以下或以上的面积对重心轴的面积矩；

W_0——换算截面抗裂边缘的弹性抵抗矩；

E_c——混凝土的弹性模量；

I_0——构件换算截面的惯性矩；

M_{cr}——开裂弯矩；

I_{cr}——构件开裂后的换算截面惯性矩；

f_{tk}——混凝土轴心抗拉强度标准值。

(2) 预应力混凝土

① 全预应力混凝土构件和 A 类预应力混凝土构件

$$B_0 = 0.95 E_c I_0 \tag{2-4-13}$$

②允许开裂的 B 类预应力混凝土构件

在开裂弯矩 M_{cr} 作用下 $\qquad B_0 = 0.95 E_c I_0$ (2-4-14)

在 $(M_s - M_{cr})$ 作用下 $\qquad B_{cr} = E_c I_{cr}$ (2-4-15)

开裂弯矩 M_{cr} 按下式计算：

$$M_{cr} = (\sigma_{pc} + \gamma f_{tk}) W_0 \qquad (2\text{-}4\text{-}16)$$

式中：σ_{pc}——扣除全部预应力损失后预应力钢筋和普通钢筋合力 N_{p0} 在构件抗裂边缘产生的混凝土预压应力。

(3) 活载挠度验算

受弯构件在使用阶段的挠度应考虑荷载长期效应的影响，即按荷载短期效应组合和《桥规》规定的刚度计算的挠度值乘以挠度长期增长系数 η_θ。挠度长期增长系数可按下列规定取用：

当采用 C40 以下混凝土时 $\eta_\theta = 1.60$；

当采用 C40～C80 混凝土时，$\eta_\theta = 1.45$～1.35，中间强度等级可按直线内插取用。

钢筋混凝土和预应力混凝土受弯构件按上述计算的长期挠度值，在消除结构自重产生的长期挠度后梁式桥主梁的最大挠度处不应超过计算跨径的 1/600；梁式桥主梁的悬臂端不应超过悬臂长度的 1/300。活载挠度值一般采用位移影响线动态加载法计算。

2. 示例

[例 2-4-7] 第三章第三节例 2-3-2 之工程示例，荷载等级为公路—I 级，在汽车荷载作用下结构挠度采用位移影响线动态加载法计算，中跨最大挠度为 4.3cm，考虑长期挠度增长系数，则长期挠度为 $4.3 \times 1.425 = 6.4$cm 小于 $L/600 = 110/600 = 18.3$cm，汽车荷载挠度满足验算要求；边跨最大挠度为 2.3cm，长期挠度为 $2.3 \times 1.425 = 3.3$cm 小于 $L/600 = 72/600 = 12$cm，汽车荷载挠度满足验算要求。

第四节 短暂状况验算

预应力混凝土连续梁桥采用不同的施工方法，施工过程中采用不同的施工顺序都将导致结构不同的受力状态，因此，实际施工过程中应选用合适的施工方法及施工顺序来调整结构各部位的内力及应力分布，使结构处于理想的实用状态。施工方法及施工顺序还决定了结构方案是否成立。在确定了施工方法及施工顺序的前提下，施工阶段的验算主要包括以下内容：

(1) 施工阶段的应力验算；

(2) 施工阶段的变形计算。

一、施工阶段应力验算

按照已确定的施工方法和施工顺序，模拟不同的施工工况下的结构体系在施工荷载作用组合(标准值组合，不计组合系数)下，进行结构的应力分析和验算。施工过程中可能出现的荷载有：结构重力、脚手架、机料、机群、人群、风力、预应力、混凝土收缩、徐变等产生的内力。当进行构件运输和安装计算时，构件自重应乘以动力系数。

1. 施工阶段内力计算

施工阶段的内力计算可采用专业计算机软件求解，也可以利用结构力学中的有关方法(如力法)求解,参见本篇第三章的有关内容。应力计算参照使用阶段应力计算的有关公式进行。

(1)钢筋混凝土

钢筋混凝土构件正截面应力和中性轴处的主拉应力按下列公式计算,并应符合下列规定:

①受压区混凝土边缘的压应力

$$\sigma_{cc}^t = \frac{M_k^t x_0}{I_{cr}} \leqslant 0.8 f'_{ck} \tag{2-4-17}$$

②受拉钢筋的应力

$$\sigma_{si}^t = \alpha_{ES} \frac{M_k^t(h_{0i} - x_0)}{I_{cr}} \leqslant 0.75 f_{sk} \tag{2-4-18}$$

③中性轴处的主拉应力

$$\sigma_{tp}^t = \frac{V_k^t}{bz_0} \leqslant f'_{tk} \tag{2-4-19}$$

式中:M_k^t——由施工荷载标准值产生的弯矩值;

x_0——换算截面的受压区高度,按换算截面受压区和受拉区对中性轴面积矩相等的原则求得;

I_{cr}——根据已求得得受压区高度 x_0,按开裂换算截面对中性轴惯性矩和求得;

σ_{si}^t——按短暂状况计算时受拉区第 i 层钢筋的应力;

α_{ES}——普通钢筋弹性模量与混凝土弹性模量的比值;

h_{0i}——受压区边缘至受拉区第 i 层钢筋截面重心的距离;

f_{sk}——普通钢筋抗拉强度标准值;

f'_{ck}——施工阶段混凝土立方体抗压强度对应的轴心抗压强度标准值;

V_k^t——施工荷载标准值产生的剪力值;

b——短形截面宽度,T形或I形截面腹板宽度;

z_0——受压区合力点到受拉钢筋合力点的距离;

f'_{tk}——施工阶段混凝土立方体抗拉强度对应的轴心抗拉强度标准值。

(2)预应力混凝土

预应力混凝土受弯构件按短暂状况计算时,由预加力和荷载产生的法向应力按《桥规》(JTG D62—2004)第6.1.5条和第7.1.3条公式计算。此时,预应力筋应扣除相应阶段的预应力损失,荷载采用施工荷载,截面性质按相应阶段净截面或换算截面采用。

施工阶段构件在预应力及构件重力等施工荷载作用下,截面边缘混凝土的法向应力应符合下列规定:

①压应力

$$\sigma_{cc}^t \leqslant 0.70 f'_{ck} \tag{2-4-20}$$

②拉应力

a. 当 $\sigma_{ct}^t \leqslant 0.70 f'_{tk}$ 时,预拉力区应配置配筋率不小于 0.2% 的纵向钢筋;

b. 当 $\sigma_{ct}^t = 1.15 f'_{tk}$ 时,预拉力区应配置配筋率不小于 0.4% 的纵向钢筋;

c. 当 $0.70 f'_{tk} < \sigma_{ct}^t < 1.15 f'_{tk}$ 时,预拉力区应配置的纵向钢筋配筋率按以上两者直线内插取用。拉应力 σ_{ct}^t 不应超过 $1.15 f'_{tk}$。

式中:σ_{cc}^t、σ_{ct}^t——按短暂状况计算时截面预压区、预拉区边缘混凝土的压应力、拉应力。

在各实际施工阶段,若其内力组合小于控制设计的内力组合,可不必进行施工阶段的应力验算。

2. 施工阶段应力计算示例

[例 2-4-8] 第三章第三节例 2-3-2 的工程示例,采用悬臂施工方法,施工顺序及施工过程内力计算结果参见本篇第三章悬臂施工法恒载内力计算有关内容。

短暂状况由预加力和荷载产生的法向应力按《桥规》(JTG D62—2004)第 6.1.5 条和第 7.1.3 条公式计算。此时,预应力筋应扣除相应阶段的预应力损失,荷载采用施工荷载,截面性质采用相应阶段净截面或换算截面计算。一半结构施工阶段应力有限元程序计算结果见表 2-4-11。

施工阶段截面边缘最大、最小正应力　　　　　表 2-4-11

截面号	最大/最小	截面边缘正应力	截面号	最大/最小	截面边缘正应力	截面号	最大/最小	截面边缘正应力
1	最大	1.02	15	最大	7.14	29	最大	7.87
	最小	−0.23		最小	−0.58		最小	−0.37
2	最大	5.90	16	最大	7.25	30	最大	7.48
	最小	−0.22		最小	−0.16		最小	−0.32
3	最大	6.04	17	最大	7.56	31	最大	7.44
	最小	−0.18		最小	−0.10		最小	−0.25
4	最大	7.20	18	最大	8.20	32	最大	7.12
	最小	−0.17		最小	−0.21		最小	−0.37
5	最大	11.22	19	最大	9.29	33	最大	7.86
	最小	−0.17		最小	−0.34		最小	−0.32
6	最大	11.60	20	最大	10.08	34	最大	8.71
	最小	−0.19		最小	−0.68		最小	−0.26
7	最大	11.63	21	最大	10.78	35	最大	9.45
	最小	−0.15		最小	−0.87		最小	−0.16
8	最大	11.66	22	最大	10.17	36	最大	9.77
	最小	−0.19		最小	−0.75		最小	−0.16
9	最大	11.96	23	最大	7.62	37	最大	10.57
	最小	−0.13		最小	−0.43		最小	−0.22
10	最大	13.09	24	最大	6.37	38	最大	11.49
	最小	−0.11		最小	−0.41		最小	−0.23
11	最大	11.83	25	最大	7.61	39	最大	11.28
	最小	−0.13		最小	−0.43		最小	−0.71
12	最大	10.64	26	最大	10.02	40	最大	10.89
	最小	−0.13		最小	−0.68		最小	−1.14
13	最大	9.56	27	最大	9.30	41	最大	11.44
	最小	−0.23		最小	−0.51		最小	−1.17
14	最大	8.37	28	最大	8.68			
	最小	−0.51		最小	−0.37			

注:表中压应力为正,拉应力为负,单位 MPa。

取施工阶段混凝土强度 C37.5,对应的 $f'_{ck}=25.1\text{MPa}, f'_{tk}=2.30\text{MPa}$。

《桥规》(JTG D62—2004)通过规定的预拉区配筋来防止出现裂缝,表 2-4-11 表明施工阶段截面边缘混凝土法向拉应力小于 $0.7f'_{tk}=1.61\text{MPa}$,受拉区应按《桥规》构造要求配置配筋率不小于 0.2%的纵向普通钢筋。

根据式(2-4-20)施工阶段截面边缘混凝土法向压应力应力限值为 $0.7×25.1=17.57\text{MPa}$,表 2-4-11 表明施工阶段截面边缘混凝土法向压应力验算满足要求。

二、施工预拱度设置

1. 竣工对预拱度的要求

预拱度设置的目的是使竣工后的桥梁达到设计的线形。预拱度的大小与结构自重、施工方法、施工荷载、结构体系转换、混凝土的收缩徐变、混凝土弹性模量、预加力等因素有关。

受弯构件的预拱度可按下列规定设置:

(1)钢筋混凝土受弯构件

①当由荷载短期荷载效应组合并考虑荷载长期效应影响产生的长期挠度不超过计算跨径的 1/1 600 时,可不设预拱度;

②当不符合上述规定时应设预拱度,且其值应按结构自重和 1/2 可变荷载频率值计算的长期挠度值之和采用。

(2)预应力混凝土受弯构件

①当预加应力产生的长期反拱值大于按荷载短期效应组合计算的长期挠度时,可不设预拱度;

②当预加应力产生的长期反拱值小于按荷载短期效应组合计算的长期挠度时应设置预拱度,其值应按该项荷载的挠度值与预加应力长期反拱值之差采用。

2. 挠度计算

1)钢筋混凝土受弯构件长期挠度计算

长期挠度由荷载短期荷载效应组合结构挠度计算值乘挠度长期增长系数计算。

2)预应力混凝土受弯构件挠度计算

预应力混凝土受弯构件当需要计算施工阶段的变形时,可按构件自重和预加力产生的初始弹性变形乘以 $[1+\phi(t,t_0)]$ 求得,$\phi(t,t_0)$ 为混凝土徐变系数,可参见第三章第五节徐变系数、徐变变形的计算。

长期变形应参照本篇第三章有关内容介绍的方法进行计算。

(1)一次建成的超静定结构的长期变形计算

一期恒载和二期恒载开始作用时的龄期 t_0 不同,应分别考虑。可采用共轭法等结构力学中的有关方法、等效荷载法计算,也可采用专业计算机软件求解。

(2)分阶段施工超静定结构的长期变形计算

如图 2-4-8 所示三跨连续梁,悬臂施工中及竣工后的挠度包括:

①湿混凝土重力作用下挂篮本身的结构挠度,经工地试吊实测数据校核计算结果后得到;

②逐段施工时混凝土悬臂的挠度;

③各悬臂在施工后移去挂篮和施工设备的挠度;

④挂梁引起的挠度和相邻悬臂连接段引起的挠度;

⑤二期恒载引起的长期挠度；
⑥活载引起的短期挠度；
⑦桥墩压缩基础沉降引起的短期和长期挠度。

由于这类结构因结构自重、预加应力、结构体系转换等工艺产生的挠度伴随着混凝土的收缩徐变发生，计算长期挠度时可以忽略各节段加载龄期的差异而取加载龄期的平均值计算徐变系数。当发生结构体系变化时，应计及这种变化的影响。各种挠度均可按结构力学中有关方法进行计算，也可采用专业计算机软件求解。

(3) 共轭梁（虚梁）法计算分节段施工悬臂梁的长期变形

如图 2-4-9 所示，分节段施工的悬臂梁梁段①任一截面的 x_j 处的挠度为各节段的平均挠曲角对挠度所作贡献之和，计算公式为：

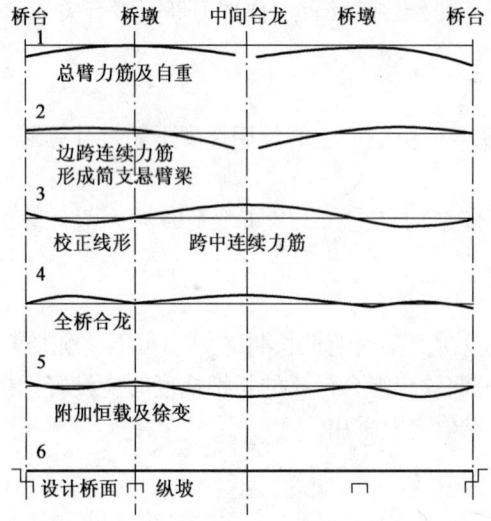

图 2-4-8 悬臂施工法三跨连续梁桥形成过程

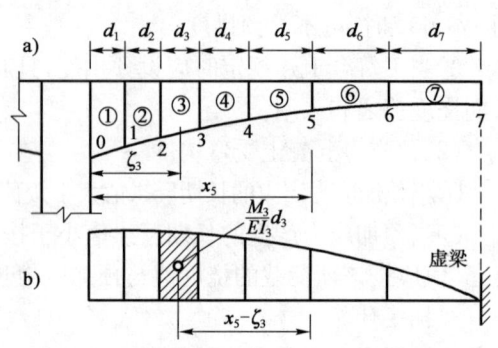

图 2-4-9 悬臂施工挠度计算

$$f_j = \sum_{i=1}^{j} \frac{M_i}{E_i I_i}(x_j - \zeta_i)d_i$$

$$= \frac{(x_j - \zeta_1)d_1}{I_1} \sum_{i=1}^{j} \frac{M_i^1}{E_i}[1 + \phi(t, it_0)] +$$

$$\frac{(x_j - \zeta_2)d_2}{I_2} \sum_{i=1}^{j-1} \frac{M_{i+1}^2}{E_i}[1 + \phi(t-\tau, it_0)] +$$

$$\frac{(x_j - \zeta_3)d_3}{I_3} \sum_{i=1}^{j-2} \frac{M_{i+2}^3}{E_i}[1 + \phi(t-2\tau, it_0)] + \cdots +$$

$$\frac{(x_j - \zeta_r)d_r}{I_r} \sum_{i=1}^{j-(r-1)} \frac{M_{i+(r-1)}^r}{E_i}[1 + \phi(t-(r-1)t_0, it_0)] +$$

$$\frac{(x_j - \zeta_j)d_j}{I_j} \frac{M_j^j}{E_i}[1 + \phi(t-(j-1)t_0, t_0)] \qquad (2\text{-}4\text{-}21)$$

式中：M_i——第 i 梁段的弯矩平均值，可近似地取该节段两端点截面弯矩之算术平均值；

M_i^j——第 i 梁段施工时在第 j 梁段产生的弯矩；

E_i——梁段 i 在 $i×t_0$ 加载时刻混凝土的弹性模量；

I_i——第 i 梁段的截面惯矩，可近似地取该节段两端点截面惯矩之算术平均值；

t_0——各梁段施工周期，即各梁段的初步加载龄期；

t——计算时刻；

$\phi(t,t_0)$——从时刻 t_0 起始至时刻 t 结束的混凝土徐变系数。

如图 2-4-10 所示，引起某梁段平均挠曲角的弯矩也是由该段本身以及其后逐段施工加载（包括预加应力）所产生弯矩的总合，如：

$$M^l = \sum_{i=1}^{n} M_i^l \qquad (2-4-22)$$

计算中尚应注意：①为了得到精确的计算结果，在计算各阶段预加应力引起的弯矩时，也应计上所考虑时刻 t 时相应的预应力损失值；②计算任一梁段 j 施工完毕时的端点挠度（此时 $t=j×τ$），当悬臂共分为 n 段时，悬臂端的挠度可代入 $j=n$ 来求得；③计算已施工梁端 j 之前任一截面 $x_r(r<j)$ 处的挠度，则取前 r 项之和，并将 x_j 换成 x_r。

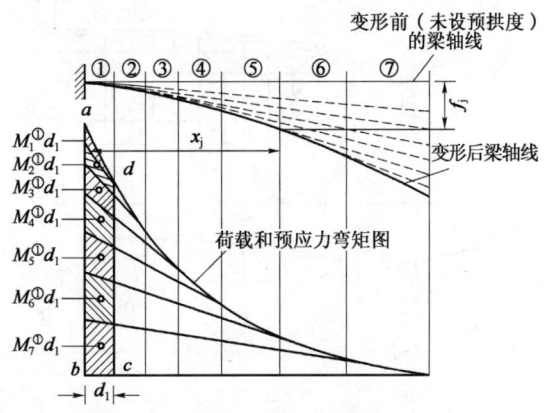

图 2-4-10 考虑各阶段徐变影响的挠度计算

3. 预拱度的设置

对有支架施工一次建成的梁式桥预拱度设置应"以中间点为预拱度最高值，以两端为零，其余各点近似地按二次抛物线比例进行分配"；对悬臂施工的连续梁结构，预拱度设置的原则为"悬臂浇筑的前端底板和桥面高程应根据挂篮的前端变形、各阶段混凝土的弹塑性变形设置预拱度"，并且要求施工过程中"及时校核和调整"。对于大跨度桥梁，都需成立施工监测与控制课题组处理这一问题。

在一般情况下，预拱度总是向上设置的。当计算结果需向下设置时，应以审慎的态度加以分析。

(1) 分阶段施工的连续梁预拱度设置

① 有支架施工的悬臂梁

如图 2-4-11 所示，取四节段组成的悬臂梁为例，每个节点因结构自重而应设的预拱度 Δ_i 可用下式表示，其中双脚标的定义与结构力学中的规定相同。

$$\begin{bmatrix} \Delta_{11} & \Delta_{12} & \Delta_{13} & \Delta_{14} \\ \Delta_{21} & \Delta_{22} & \Delta_{23} & \Delta_{24} \\ \Delta_{31} & \Delta_{32} & \Delta_{33} & \Delta_{34} \\ \Delta_{41} & \Delta_{42} & \Delta_{43} & \Delta_{44} \end{bmatrix} \begin{bmatrix} 1 \\ 1 \\ 1 \\ 1 \end{bmatrix} = \begin{bmatrix} \Delta_1 \\ \Delta_2 \\ \Delta_3 \\ \Delta_4 \end{bmatrix} \qquad (2-4-23)$$

式中：$\Delta_1,\cdots,\Delta_4$——悬臂梁上四个节点在卸架后结构自重引起的总变形；

Δ_{ij}——由每个节段自重 $G_1\cdots G_4$ 对四个节点产生的弹性变形 $(i,j=1,2,3,4)$。

② 缆索吊装时的悬臂拼装结构

悬臂结构逐段拼装而成，后节段的自重引起先拼节段产生弹性变形，而先拼装节段已完成本身的自重变形,不再对后续节段产生影响。图2-4-12中的悬臂梁假设是由四个预制节段用缆索吊装而成,每个节点因结构自重而应设的预拱度 Δ_i 可用下式表示,其中双脚标的定义与结构力学中的规定相同。

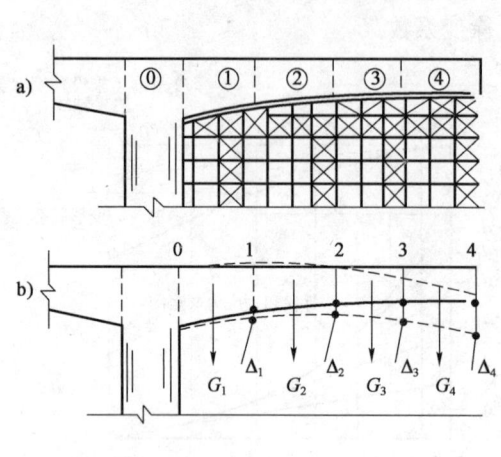

图 2-4-11　有支架施工的悬臂梁结构自重变形

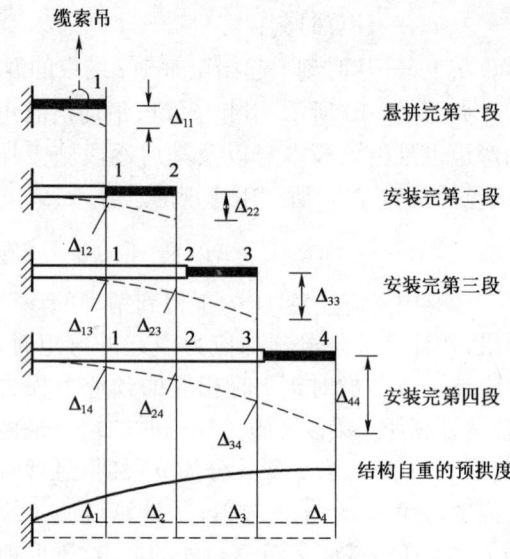

图 2-4-12　逐段拼装悬臂梁的结构自重预拱度

$$\Delta_1 = \sum_1^4 \Delta_{1i} \qquad (2\text{-}4\text{-}24)$$

$$\Delta_2 = \sum_2^4 \Delta_{2i} \qquad (2\text{-}4\text{-}25)$$

$$\Delta_3 = \Delta_{22} + \Delta_{34} \qquad (2\text{-}4\text{-}26)$$

$$\Delta_4 = \Delta_{44} \qquad (2\text{-}4\text{-}27)$$

$$\Delta_i = \sum_{j=1}^4 \Delta_{ij} \qquad (2\text{-}4\text{-}28)$$

③挂篮施工的悬浇结构

挂篮结构自重产生的弹性变形 δ'_g,在拆除挂篮后得到恢复;挂篮因浇筑混凝土的重力不断增加而产生的弹性变形 δ_g,导致结构发生永久变形,拆除挂篮后,这部分变形不能得到恢复,见图 2-4-13。当逐段施加预应力时,预应力对个节点产生的变形值一般向上。

悬臂施工中的预拱度设置内容和方法汇总于表 2-4-12,其中挂篮伸臂的挠度可以通过调整吊杆长度预先消除。

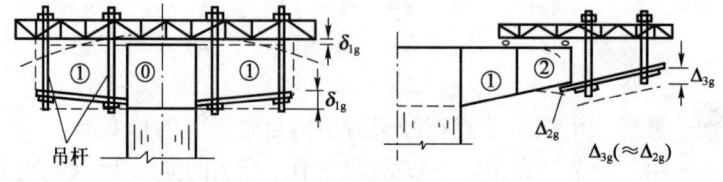

图 2-4-13　1号、3号节段浇筑时的挂篮变形

悬臂施工中的预拱度设置汇总 表 2-4-12

节 段	影 响 因 素	增(+)减(−)	施 工 方 法		计 算 方 法	预拱度分配
			悬拼	悬浇		
悬臂施工	一期恒载	+	√	√	按悬臂梁逐段计算	直接累加
	预加应力	−	√	√		
	挂篮设备自重	−		√		
	挂篮伸臂挠曲	+		√		
	徐变变形	+	√	√		
合龙后及运营	二期恒载	+	√	√	按连续梁计算跨中最大值	按二次抛物线比例分配
	预应力次内力	+或−	√	√		
	温度(升)次内力	+	√	√		
	徐变次内力	−		√		
	收缩次内力	+	√	√		
	基础沉降	+	√	√		
	桥墩长期压缩		√	√		
	1/2汽车荷载(包括桥墩临时压缩但不计冲击力)	+	√	√		

注:"+"表示预拱向上,"−"表示预拱向下或扣除。

对于大跨度连续梁桥,计入各阶段加载龄期差异对混凝土收缩徐变的影响,预拱度的设置比较复杂,目前多借助桥梁专用计算程序,可采用正装分析法确定施工预拱度值。

(2)预拱度计算示例

[例 2-4-9] 第三章第三节例 2-3-2 之工程示例,挂篮悬臂浇筑施工,采用桥梁计算软件考虑混凝土的收缩徐变作用进行正装分析,计算竣工后 3 年的累计挠度值,此挠度值即可作为相应预拱度绝对值。预拱度结果见图 2-4-14。预拱度值为负值可以不设预拱度。

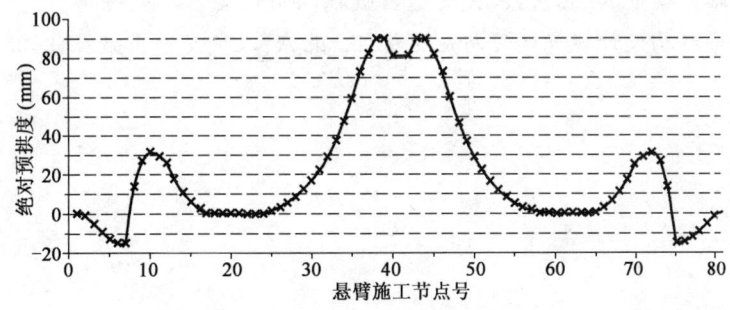

图 2-4-14 挂篮悬臂浇筑施工绝对预拱度

本篇参考文献

[1] 中华人民共和国行业标准.JTG D60—2004 公路桥涵设计通用规范.北京:人民交通出版社,2004

[2] 中华人民共和国行业标准.JTG D62—2004 公路钢筋混凝土及预应力混凝土桥涵设计规范.北京:人民交通出版社,2004

[3] 刘效尧,赵立成.公路桥涵设计手册 梁桥(下册).北京:人民交通出版社,2000

[4] 袁伦一,鲍卫刚.《公路钢筋混凝土及预应力混凝土桥涵设计规范》(JTG D62—2004)条文应用示例.北京:人民交通出版社,2005

[5] 徐岳,王亚君,万振江.预应力混凝土连续梁桥设计.北京:人民交通出版社,2000

[6] 张继尧,王昌将.悬臂浇筑预应力混凝土连续梁桥.北京:人民交通出版社,2004

[7] 李国豪,石洞.公路桥梁荷载横向分布计算.第2版.北京:人民交通出版社,1987

[8] 贺拴海,谢仁物.公路桥梁荷载横向分布计算方法.北京:人民交通出版社,1999

[9] 胡肇兹.桥梁结构简化分析—荷载横向分布.北京:人民交通出版社,1996

[10] 邵旭东.桥梁工程.北京:人民交通出版社,2004

[11] 范立础.桥梁工程(上).北京:人民交通出版社,2001

[12] 肖汝诚.桥梁结构分析及程序系统.北京:人民交通出版社,2002

[13] 蔺鹏臻.桥梁结构有限元分析.北京:科学出版社,2008

[14] 朱伯芳.有限单元法原理及应用.北京:中国水利水电出版社,1998

[15] 何雄君.桥梁结构实用电算.北京:科学出版社,1996

[16] 朱慈勉.结构力学(上).北京:高等教育出版社,2004

[17] 范立础.预应力混凝土连续梁桥.北京:人民交通出版社,1988

[18] 郭金琼,房贞政,郑振.箱形梁设计理论.第2版.北京:人民交通出版社,2008

[19] 杨炳成.公路桥梁电算.北京:人民交通出版社,2003

[20] 张树仁.桥梁结构设计规范学习与应用讲评.北京:人民交通出版社,2005

第三篇　连续刚构桥

第一章　连续刚构桥特点、分类及适用场合

第一节　连续刚构桥特点及其分类

一、连续刚构桥特点

连续刚构桥又称为墩、梁固结的连续梁桥。连续刚构桥综合了 T 型刚构桥在悬臂法施工中保持体系平衡的特点,又吸取了连续梁桥在整体受力上能承受正、负弯矩的优点,所以在工程实践中能得到广泛的应用。连续刚构桥一般应用于大跨度桥梁。由于整个结构连接成一个整体,属于多次超静定结构,因而由预应力、混凝土收缩、徐变和温度变化所引起的结构纵向位移将在结构中产生较大的次内力。大跨度连续刚构桥一般采用柔性薄壁墩,把柔性墩作为一种摆动支承体系,从而降低墩的刚度,减小次内力效应。

1. 构造特点
①结构连续,桥面平顺,行车舒适。
②由于墩、梁固结,要求桥墩有一定的柔度,形成摆动支承体系,墩允许在顺桥向有较大的变位,因此常用于高墩大跨径桥梁中。
③桥墩固结有利于悬臂施工,同时也免除更换支座,在结构上常选用变截面箱梁。
④当桥梁跨径大、桥墩较矮时,相对刚度较大,为适应上部结构位移的需求,墩、梁应做成铰接或设置支座,也可以在墩底设置弹性支承,以减少对墩的约束,从而达到降低桥墩自身刚度的目的。
⑤伸缩缝应设置在连续刚构桥的两端,可以置于桥台处,长桥也可以设置在铰接处。
2. 受力特点
①在受力性能上,上部结构具有连续梁的特点,但必须计入由于桥墩受力及混凝土收缩、徐变、温度变化引起的弹塑性变化对上部结构的影响。桥墩有一定的柔度,主梁所受弯矩较连续梁有所减少,而在墩、梁固结处仍有刚架受力特性,应力复杂。桥墩底部由于温度的影响产生较大的弯矩。
②结构整体性能好,抗扭潜力大,受力合理。
③连续刚构桥抗震性能优,因顺桥向抗推刚度小,故能有效地减小温度、混凝土收缩徐变和地震的影响。

3. 施工技术特点

大跨径预应力混凝土连续刚构桥的施工与大跨预应力混凝土连续梁相同,大多采用悬臂施工法,即首先由墩顶向两边逐节段施工上部梁体,形成多"T"字形的双悬臂结构,然后合龙边跨,最后合龙中跨,形成连续刚构体系。

连续刚构体系的一个特点就是充分利用了预应力混凝土承受正、负弯矩能力均较强的特点,将较大的主梁跨中正弯矩的一部分转移为支点(即墩顶处)负弯矩,且可以根据主梁截面的受力需要将主梁沿跨径方向设计为变截面形式,不仅节省了材料,而且使桥梁跨越能力提高。而悬臂施工法亦能保证在整个施工过程中墩顶处主梁仅承受负弯矩,无需使主梁在施工和成桥阶段经受较为复杂的体系转换过程,并且悬臂现浇能够方便地满足变截面的施工要求;此外,采用悬臂施工法可以多孔桥跨结构同时施工,施工中所用的悬拼吊机或挂篮设备均可重复使用,从而加快施工进度,且施工费用较省,使得工程总造价降低。

高墩大跨连续刚构桥在施工过程中,特别是在挂篮浇筑混凝土的过程中,要采取一些措施来增加墩身的稳定性。

二、连续刚构桥分类

1. 按平面线形分

有直线连续刚构桥和曲线连续刚构桥,绝大多数是直线连续刚构桥,也有少数采用曲线连续刚构桥。国内,如1997年建成的虎门大桥辅航道桥,主跨为270m,桥位处在$R=7\,000$m平曲线上;1999年建成的厦门海沧大桥西航道桥(跨径组成为78m+140m+78m+42m+42m),桥位处在$R=900$m的平曲线及缓和曲线上。国外,如挪威1998年建成的Raft Sanded(拉托圣德)桥主跨跨径为298m,桥位处于$R=3\,000$m的平曲线上。

2. 按成桥后结构体系分

除连续刚构体系外,还有连续梁与连续刚构组成的混合连续结构体系。为了防止温度内力过大,连续刚构总长不宜过大。在某些场合下,可以采用连续刚构与连续梁桥相结合的混合结构体系。如东明黄河大桥跨径75m+7×120m+75m,由于墩高仅9.1m,8个主墩中,中间4个墩是梁墩固结,为连续刚构;两侧各2个墩上设滑动支座,为连续梁,成为连续刚构和连续梁相结合的结构体系,可以减小温度内力。

3. 按施工过程的结构体系分

有先"T"后连的连续刚构体系和先简支后连续的连续刚构体系。前者一般使用在高墩、大跨连续刚构桥,为该类桥梁中的基本体系。施工中先按"T"型刚构悬臂施工,随后合龙成连续刚构体系;后者一般在中等跨径桥梁上使用,特别是在山区高速公路上,采用先简支后连续装配式连续刚构桥(类似"先简支后连续梁",详细内容参见有关章、节)。施工顺序为:预制主梁(一般为T梁断面)→先简支安装→后浇筑桥面板和合龙段形成连续→张拉墩顶的负弯矩钢束→施工桥面系。已有设计了装配式的通用图桥梁,如辽宁省丹本高速公路T梁连续刚构通用图(跨径为30m、40m两种,斜交角度为0°、15°、30°、45°)。先简支后连续装配式连续刚构桥目前最大跨径为50m,如广东西部沿海高速公路镇海湾大桥引桥设计为先简支后固结连续刚构,5孔一联,每孔50m。

4. 按桥墩的构造形式分

可分为单柱墩、双柱墩和V形墩连续刚构桥(或称多跨斜腿连续刚构桥)。高墩、大跨连续刚构桥一般采用单柱或双柱,大多采用薄壁墩,也有采用空心墩;V形墩预应力混凝土连续刚构桥一般适用于主跨径120m以下(钢筋混凝土结构宜选择在40m以下),采用V形墩连续刚构可以缩短计算跨径,削减跨中和支点弯矩峰值,桥形较美观。如杭州千岛湖大桥配跨组成为70m+7×105m+70m+40m;2003年底建成的广州琶洲大桥主桥上部结构为一联(70m+135m+160m+135m+70m)预应力混凝土V形支撑刚构—连续组合梁桥,160m主跨是国内同类型桥梁中的最大跨度。

5. 按施工方法分

高墩、大跨连续刚构桥一般采用悬臂施工法。悬臂施工法又可分为悬臂浇筑法和悬臂拼装法两种。

(1)悬臂浇筑法

悬臂浇筑法是在墩顶两侧对称、逐段悬臂现场浇筑混凝土,待混凝土达到一定强度后张拉预应力筋,然后移动机具、模板(挂篮)至下一节段,重复操作,悬臂施工。预应力混凝土连续刚构桥采用悬臂浇筑法施工时,大多以挂篮为主要的施工设备。

悬臂浇筑法施工顺序大致可分为以下几个主要步骤:

①在墩顶处搭设临时支架,现浇墩顶0号块及必要的几个梁段,作为拼装挂篮的场地;

②拼装挂篮,在挂篮上架设模板,悬臂浇筑其余各梁段,逐段进行;

③在支架上浇筑边跨现浇段,然后浇筑边跨合龙段;

④浇筑中跨合龙段。

采用悬臂浇筑施工法进行施工的一大优点就是桥跨间不需搭设支架,施工时既不占用河道也不影响桥下交通,同时使用的施工机具设备也较少,施工简便且结构整体性能好,而且在施工过程中可以比较方便地根据具体需要来调整主梁高程。在整个施工过程中,施工机具和人员等重量均全部由已建梁段承受,随着施工的进度,悬臂逐渐延伸,机具设备也逐步移至梁端,不需要支架支撑。所以悬臂浇筑施工法可以应用于通航河流、跨越山区峡谷或跨线立交的大跨径桥梁。国内高墩、大跨连续刚构桥大多采用悬臂浇筑法施工。

采用挂篮悬臂浇筑施工时,影响施工进度的一个主要因素是每一节现浇梁段的混凝土强度增长速度,一般每一节段的施工周期为6~10天,尤其是在气温较低的地区施工,工期长的问题就更为突出。所以,人们不得不为解决此问题寻求另一个对策,在20世纪60年代法国首先出现了悬臂拼装施工法。

(2)悬臂拼装法

所谓悬臂拼装施工法,就是首先在预制场地将主梁分节段预制好,待梁段混凝土达到规定强度要求后,再将预制好的梁段依次运至吊装现场;随后逐节段地用吊机将预制块件在桥墩两侧对称起吊、安装就位,张拉预应力筋;如此重复操作,使主梁悬臂不断接长,直至合龙。概括地讲,悬臂拼装施工的基本工序是:梁段分段预制;移位、堆放和运输;梁段依次起吊、拼装;穿预应力束、施加预应力。如珠海珠澳莲花大桥于1998年8月开工,1999年11月底建成,主桥(54.45m+96.00m+54.5m)为三跨预应力混凝土连续刚构箱梁桥。0号块在墩顶现浇,与墩帽刚接。主梁分19块预制后悬拼。但是悬臂拼装法目前国内使用还不多,大多使用在中等跨径(30~70m)的连续刚构桥,而且主梁多数为等截面,如在南京外秦淮河上几座桥梁。

第二节　连续刚构桥的经济指标及其适用场合

一、连续刚构桥的经济指标

预应力混凝土连续刚构桥在120～250m跨径范围内是一种经济合理的桥型,更适合于跨越深谷和江河。其设计理论明确,施工工艺成熟、安全,施工场地占用不大,运营期行车舒适、养护费用少。国内几座连续刚构桥上部结构的主要材料用量指标[1]、[2]见表3-1-1。

几座连续刚构桥上部结构的主要材料用量指标　　　表3-1-1

竣工年	桥　名	主孔跨径 (m)	钢筋 (kg/m²)	预应力筋 (kg/m²)	混凝土 (m³)
1996	广西南宁清川桥	90	116	46.9	0.93
1991	福建三明梅列大桥	100	107	53	0.91
2004	广东沿海高速虎跳门大桥	110	130.3	61.4	1.0
1994	山东东明黄河公路大桥	120	119.3	63.7	0.944
1995	武汉长江二桥主桥协作体系	130	119	58	1.03
2003	顺德南沙大桥	135	140.1	52.1	0.98
1993	山西三门峡黄河桥	160	120	60	0.97
2002	重庆渝澳大桥	160	154.1	72	1.15
1988	洛溪大桥	180	129	65.9	1.21
1998	华南大桥	190	91.8	60.3	0.96
1997	虎门大桥辅航道桥	270	177	107	1.29

注：预应力筋包括钢绞线和高强筋。

随着技术的进步,设计更趋科学、合理,施工更趋精细、成熟,上部构造不断轻型化,经济指标尚有望降低。但是近年来也有发现早期建造的连续刚构桥不少发现有裂缝和跨中下挠过大的现象,这已普遍引起学者和造桥工作者的注意。

二、连续刚构桥的适用场合

连续刚构桥结构比较简单、施工方便、造价比连续梁低、使用效果也比较好,确有一定的优越性,但也有一定的适用场合。

(1)连续刚构桥为梁墩固结,属高次超静定结构,建成后逼近连续梁,所以跨径要适中(一般在100m以上),连续刚构桥桥孔不宜太多,桥墩不宜太矮,刚接连续长度不宜太长,否则桥梁刚度过大,易由于温度变化和混凝土收缩、徐变产生较大的次内力。

(2)桥墩应具有一定的强度和耐久性,还要保持一定的柔度。宜做成双柱式薄壁墩,因为同样墩高和墩身面积,双柱式薄壁墩的抗推力刚度是单柱墩抗推力刚度的1/4,抗推力小,纵向柔性功能好，对跨中的内力约束较小，受力条件好。双柱式墩纵向间距一般在 6～8m 之间，这样施工悬浇段的长度可以在现浇梁段上拼装挂篮，同时双柱式薄壁墩对其本身中性轴的纵向抗弯刚度大，悬浇施工安全度比较可靠。

（3）经济合理的跨径。较大跨径桥梁自重比较大，桥梁承载能力绝大部分去克服桥梁本身自重，跨径越大显得越为严重，当预应力混凝土梁式桥跨径在 150～300m 范围内时，结构自重产生的弯矩占总弯矩的 70%～90%，其有效的承载能力仅为 10%～30%，大部分承载能力均被结构自重所消耗，因此预应力混凝土梁式桥上部结构的轻型化是这类桥梁今后发展的主要方向。最好采用高强度轻质混凝土，可以减轻自重，合理跨径在 120～250m 之间。

（4）对地基基础有一定的要求。因为连续刚构桥是高次超静定结构，对地基基础要求很严格，地质条件较差的地方要慎用这种桥型结构。

（5）确保在施工中的稳定性。连续刚构桥一般窄而高，其桥梁的稳定性必须有很好的保证。特别在施工过程中必须对稳定性进行分析，确保桥梁施工的安全可靠。

（6）高墩、大跨连续刚构桥适于跨越深谷和江河，但柔性桥墩在通航河流上使用必须注意防撞问题。

第三节　连续刚构桥在国内外发展概况

一、国外发展简述

自 1886 年开始，出现预应力混凝土技术，1928 年法国人 E·弗莱西奈开始尝试采用高强度钢丝施加预应力，标志着现代预应力混凝土进入一个新的发展阶段。1939 年，在发明了安全而经济的张拉方法和端头锚具后，预应力混凝土技术开始得到广泛的应用。在西欧 20 世纪 40 年代后期，预应力混凝土的预制分段施工开始萌发。其中又是法国人 E·弗莱西奈第一个采用此项技术在 1945～1948 年马恩河上建成 Luzancy（吕章西）桥，跨径为 55m 的双铰刚构桥。此后不久，杰出的德国工程师 Ulrich·Finster-walder（乌利希·芬斯特瓦尔德）在德国的鲍尔温施泰因跨越莱茵河的一座桥，首次采用了预应力混凝土现浇平衡悬臂施工。到了 1952 年，首座跨径超过 100m 的预应力混凝土桥梁——德国跨越莱茵河的 Worms（沃尔姆斯）桥建成（主跨为 114.2m），标志着预应力混凝土桥梁向大跨径飞速迈进。Worms 桥即为一座混凝土 T 型刚构，这种结构形式的控制截面的下缘要承受巨大的压应力，因而需要一个较大的承压面积，这也就是为什么 T 型刚构桥一开始出现就采用了闭合的箱形截面。T 型刚构桥在其发展过程中，结构体系又有了一些创新，1964 年德国建成的 Bendorf（本道尔夫）桥，主跨跨径为 208m，曾较长时间保持混凝土桥梁的跨径纪录。在 20 世纪 70 年代日本修建了数座大跨 T 构桥，1976 年所建的浜名大桥主孔最大跨径为 240m，但几乎都在主孔跨中设一剪力铰。这些桥梁经过一段时间的运营考验后问题也开始逐渐暴露出来，那就是在设计时对混凝土的收缩和徐变造成的变形估计不足。在小跨径的预应力混凝土桥梁中，收缩和徐变造成的变形相对较小，因此，对这种变形的研究也不够。另外因为中间带铰，温度等因素的影响使结构在铰处形成明显的折线变形状态，对行车极为不利。随着桥梁跨径的增大，这些不利因素对行车和后期养护造成的影响越来越大,因此对行车条件有利的连续梁获得了新的发展。连续梁与带铰的 T 型刚构相比存在诸多优势,首先从结构上而言在合龙区域取消了铰,用混凝土使相邻的悬浇 T 构联成整体,在合龙区域截面上下缘施加预应力来承受各种因素造成的内力和运营时的活载内力。由于结构真正形成整体,合龙区域由 T 型刚构时只承受轴力和剪力变为连续梁的承受轴力、剪力、弯矩,结构在顺桥向的变形是连续和平顺的,因而结构的使用性能大大改善。连续梁桥的发展中,存在着两个突破方向,一个是向大跨径发展,这方面世界上较有代表性的连续梁桥有南斯拉夫的主跨 210m 的 Danube River(丹拿波河)桥和瑞士 1974 年所建的主跨 192m 的 Mosel(摩萨尔)桥;另一个是向超长连续长度发展,这方面世界上较有代表性的连续梁桥为英国 1984 年所建的主跨 190m 全连续长度 1 288m 的 Orwell(奥维尔)桥。但是由于连续梁桥支座的性能降低而引发的支座更换问题,将会成为桥梁界的一个新的难题。而 T 型刚构桥由于是墩梁固结结构,就没有连续梁桥的支座问题,在墩顶与主梁底这一区域,构造和受力远较连续梁桥简单。将两者结合起来,即出现了连续刚构桥。80 年代以后,世界各国相继建成了多座不带铰的连续刚构桥。其中,1985 年建成的著名的澳大利亚主跨 260m 的 Gate-way(门道)桥曾居世界最大混凝土梁式桥纪录达 12 年之久,全长 145m+260m+145m=550m。世界上较有代表性的刚构桥梁为 1998 年 11 月挪威建成的两座特大跨径混凝土连续刚构桥:跨径 94m+301m+72m 的 Stolma(斯托尔马)桥和 86m+202m+298m+125m 的 Raft·Sanded(拉托圣德)桥,前者首次将混凝土梁桥的跨径突破 300m,居世界首位。全桥连续长度越长,下部的刚度越大,则桥墩在温度和收缩徐变作用下的内力就越大。在一些温差大的区域,这一因素往往决定着连续刚构这一桥型方案是否成立。因此,在一些采用长连续、大跨径连续桥型为优胜方案的桥梁工程中,往往中间若干孔采用墩梁固结刚构形式,上部主梁为全连续,这样主要是改善了下部桥墩的受力条件,也尽可能地简化了结构,节省了支座的费用。表 3-1-2 为国外建成较为典型的大跨径预应力混凝土连续刚构桥[3]。

国外大跨径预应力混凝土连续刚构桥($L \geqslant 160m$) 表 3-1-2

序号	桥名	国家	建成年	跨径(m)	桥宽(m)	截面	梁高(m) 根部	梁高(m) 跨中	高跨比 根部	高跨比 跨中	说明
1	Stolma 桥	挪威	1998	94+301+72	9	单室箱	15	3.5	1/20.1	1/86	悬浇
2	Raft sunder 桥	挪威	1998	86+202+298+125	10.3	单室箱	14.5	3.5	1/20.6	1/85.1	悬浇
3	桑达伊桥	挪威	2002	120+298+120	9.3	单室箱	14.5	3.5	1/20.6	1/85.1	悬浇
4	Gateway 桥	澳大利亚	1985	145+260+145	21.93	单室箱	15	5.2	1/17.3	1/50	悬浇
5	Varodd-2 桥	挪威	1994	260							
6	Scotties 桥	奥地利	1989	2×250							四跨
7	Doubter 河桥	葡萄牙	1991	2×250	12	单室箱	12	7	1/20.8	1/35.7	铁路
8	Skye 桥	英国	1995	250							
9	Houston 运河桥	美国	1982	114+228.6+114	18	双室箱	14.6	4.6	1/15.7	1/49.7	悬浇
10	Mooney 桥	澳大利亚	1985	130+220+130	12.5	分离箱	12.5	4.25	1/17.6	1/51.8	

续上表

序号	桥　名	国家	建成年	跨径(m)	桥宽(m)	截面	梁高(m)		高跨比		说明
							根部	跨中	根部	跨中	
11	斯驼塞特桥	挪威	1993	100+220+100							轻混凝土
12	James河桥	美国	2002	205		双室箱	12	4.9	1/17.1	1/41.8	悬浇
13	维拉扎诺桥	美国		193.85	22.6	双室箱					
14	罗格桑德桥	挪威	2000	56+190+56							
15	Boatyard河桥	澳大利亚	1999	72+2×173+72	2×14.5	分离箱		3	1/13.8	1/57.7	悬浇
16	西海大桥辅航道桥	韩国	2000	85+2×165+85	31		9	3.5	1/18.3	1/47.1	悬浇

二、国内应用与发展

纵观预应力混凝土连续刚构桥结构和施工技术特点，可以看出，预应力混凝土连续刚构桥是一种适应性相当强且施工简便的结构体系，能在多跨长桥情况下，布置出合理、经济的方案；而其匀称、简洁的结构外形，更增加了它所具有的吸引力。我国公路系统从20世纪80年中期开始设计、建造连续刚构桥，至今方兴未艾。1988年建成的广东洛溪大桥（主跨180m），开创了我国修建大跨径预应力连续刚构桥的先例；1995年建成的黄石长江大桥（主跨245m）是当时世界最长的预应力连续刚构（162.5m+3×245m+162.5m）；1997年建成的虎门大桥辅航道桥（主跨270m）成为当时预应力连续刚构桥的世界第一。湖北省宜昌至恩施公路上龙潭河大桥墩高178m、双河口大桥墩高166m，也大幅超越当今世界连续刚构桥的墩高纪录。2004年开工建设的重庆石板坡长江大桥复线桥为87.75m+4×138m+330m+133.75m，是钢-混组合连续刚构与连续梁组合桥，桥梁全长1100m。主跨330m为钢混结构钢箱梁，是目前在建的世界同类最大跨径的混凝土梁桥。到2005年，已建和在建的主跨200m以上的连续刚构桥有29座，其中主跨240m及以上的有15座。主跨250m、总长超过1000m的多跨连续刚构桥有重庆的黄花园大桥和马鞍石嘉陵江大桥。带有短边跨的有主跨252m的四川泸州长江二桥，其中一侧边跨仅有49.5m。近十多年来，我国已修建主跨大于120m连续刚构桥近50座，是连续刚构桥修建最多的国家。我国大跨径预应力梁桥的建桥技术已处于世界领先水平。国内已竣工的主跨不小于120m预应力混凝土连续刚构桥的部分桥梁见表3-1-3[2-4]。

连续刚构桥有以上所叙述的特点，因此，其投资比斜拉桥、悬索桥同等跨径下要低，在高墩结构中也比其他类型梁桥在同等条件下投资偏低或是相同。随着桥梁施工技术水平的提高，对混凝土收缩、徐变和温度变化等因素引起的附加内力研究的深入和问题的不断解决，大跨径预应力混凝土连续刚构桥已成为目前主要采用的桥梁结构体系之一。

大跨径连续刚构桥在我国的发展趋势[4]：

国内部分大跨径预应力混凝土连续刚构桥一览表（$L \geq 120m$） 表3-1-3

竣工年份(年)	桥名	跨径布置(m)	边跨/主跨	截面	梁高(m) 支	梁高(m) 中	高跨比 支	高跨比 中	梁宽(m) 顶	梁宽(m) 底	板厚(cm) 顶板	板厚(cm) 底板	板厚(cm) 腹板
1993	东明黄河大桥	75+7×120+75	0.625	单室箱	6.5	2.6	1/18.5	1/46.2	18.34	9	25	25~80	40~55
	湖南安江沅水大桥	30+72+120+72	0.6	单室箱	7.2	3.0	1/16.7	1/40	13.75	7.75	28	30~80	45~80
2001	南海金沙大桥	66+120+66	0.55	单室箱	6	2.5	1/20	1/48	21	11	28	32~60	32~60
	南海广和大桥	66+120+66	0.55	单室箱	6	2.5	1/20	1/48	17.5	8.5	28	25~80	40
1995	武汉长江二桥引桥	83+130+125	0.638	单室双箱	7.4	3.0	1/17.6	1/43.3	13.2	6.8			
1997	福建荆桐桥	90+130+90	0.692	单室箱	7	2.5	1/18.6	1/52	13.2	6.6	25	25~100	40~60
2005	四川阆中嘉陵江大桥	78+130+78	0.6	单室箱	8	2.7	1/16.25	1/48	25.5	13.5	28	32~80	60~70
2006	广州岛州桥	72+2×130+72	0.55	单室箱	7.1	3.1	1/18.4	1/49.2	15	7			
1989	津市澧水大桥	88+135+88	0.652	单室箱	8	3.5	1/16.9	1/38.6	16.5	8			
1991	广东石南大桥	75+135+75	0.556	单室箱	7.5	2.5	1/18	1/54	16.5	6.5	25	25~85	40~55
2003	顺德南沙大桥	80+135+80	0.593	单室箱	7.5	2.8	1/18	1/48.2	12	6.5	28	30~100	30~80
	山西白涧河大桥	75+2×135+75	0.556	单室箱	9.5	3.0	1/14.5	1/45	12	6.5	25	30~90	40~60
2004	云南三界怒江大桥	55+138+95	0.688	单室箱	8	3.5	1/17.5	1/39.4	12	8	26	30~80	40~60
1991	沅陵沅水大桥	85+140+85+42	0.607	单室箱	7.5	2.8	1/18.7	1/50	14	7	28	32~85	50~60
1999	厦门海沧大桥西航道桥	78+140+78+42+42	0.557	单室箱	9	2.5	1/17.2	1/56	15.25	9			
1994	冷水滩湘江大桥	89.1+155+89.1	0.575	单室箱	8	3.2	1/20	1/48.4	18.5	9	25	25~100	40~65
1993	三门峡黄河大桥	105+4×160+105	0.656	单室箱	8.2	3	1/19.5	1/53.3	17.5	9	25	25~100	40~60
2002	重庆渝澳大桥	96+160+96	0.6	单室箱	7	2.7	1/22.9	1/59.2	17.5	9			
2003	广州黄州大桥	70+135+160+135+70	0.844	单室箱	7	3	1/22.9	1/53.3	15	8	28	35~90	32~80

续上表

竣工年份(年)	桥名	跨径布置(m)	边跨/主跨	截面	梁高(m) 支	梁高(m) 中	高跨比 支	高跨比 中	梁宽(m) 顶	梁宽(m) 底	板厚(cm) 顶板	板厚(cm) 底板	板厚(cm) 腹板
2003	贵阳小关大桥	69+125+2×160+112	0.7	单室双箱	10.5	3	1/15.2	1/53	21.5	12.5	28	32~150	40~70
	湘西不二门大桥	46+100+160+60	0.625	单室箱					12.8	6.8	28	28~100	40~70
2004	贵州构皮滩乌江大桥	90+160+90	0.56	单室箱	9	3.5	1/17.8	1/45.7	11	6	25	35~100	35~100
	陕西洛河大桥	90+3×160+90	0.56	单室箱	9	3.5	1/17.8	1/45.7	12	6.5	28	30~110	40~60
2003	贵州夫兴公路落拉河桥	40+166.5+97	0.583	单室箱	9.47	3	1/17.6	1/47.6	12	6.5	25	25~94	45~80
	宁德八尺门大桥	90+2×170+90	0.529	单室箱	10	3	1/17	1/56.7	12	6	28	32~120	40~70
2003	重庆武隆乌江大桥	94+170+94	0.553	单室箱	9	3.5	1/18.9	1/56.7	16.5	8.5	25	28~120	40~150
2007	浙江丽水北山大桥	93+3×170+93	0.547	单室箱	9	3	1/18.9	1/48.6	10	7	28	30~120	40~60
1988	洛溪大桥	65+125+180+110	0.611	单室箱	10	3	1/18	1/60	15.14	8	28	32~120	50~70
2004	广州官洲大桥	98+180+98	0.544	单室双箱	9.3	3.3	1/19.4	1/54.5	16.5	8.5	28	32~	~85
1998	华南大桥	110+190+110	0.579	单室双箱	9.5	3	1/20	1/63.3	17.75	9.5	28	32~100	35~55
2003	广东镇海湾大桥	105+190+105	0.552	单室双箱	10.5	3.2	1/18.1	1/59.4	13.5	7	26	32~120	45~90
2007	来宾市红水河三桥	110+190+110	0.579	单室双箱	10.5	3.5	1/18.1	1/54.3	13.5	7.5	26	40~150	50~100
2002	金厂岭澜沧江大桥	130+200+85	0.650	单室箱	13	4	1/15.4	1/50	22.5	12.2	33	35~140	60~90
2007	湖北龙潭河大桥	106+3×200+106	0.53	单室双箱	12	3.5	1/16.7	1/57.1	12.5	6.5	28	32~110	40~70
2004	广州新光大桥	110+200+110	0.55	单室双箱	10.5	3.5	1/19	1/57.1	13.8	7.5			
2005	重庆合川涪江三桥	110+200+110	0.55	单室双箱	11.5	3	1/17.4	1/66.7	13.4	7	28	32~120	50~70
2004	陕西徐水洛江大桥	110+2×200+110	0.55	单室双箱	11	3.5	1/18.2	1/57.1	13.5	7		28~140	—
2000	济南黄河二桥	65+160+210+160+65	0.762	单室双箱	10.5	3.5	1/20	1/60	17.15	8.35	32	32~120	40~120

续上表

竣工年份(年)	桥名	跨径布置(m)	边跨/主跨	截面	梁高(m) 支	梁高(m) 中	高跨比 支	高跨比 中	梁宽(m) 顶	梁宽(m) 底	板厚(cm) 顶板	板厚(cm) 底板	板厚(cm) 腹板
2005	郁汶路岷江大桥	125+220+125	0.568	单室箱	13.5	4	1/16.3	1/55	12.5	6			
2001	东营黄河公路大桥	116+200+220+200+116	0.909	单室双箱	12.5	4	1/18.6	1/58	16.6	8	25	30~135	45~100
2004	杭州钱江下沙大桥	127+3×232+127	0.547	单室箱	12.8	4.2	1/18.4	1/56	8.3	5.0	26	32	40~110
1997	广西布柳河大桥	145+235+145	0.617	单室箱	13.5	4	1/17.8	1/60	22	11.5	25	32~120	50~80
1997	江津长江大桥	140+240+140	0.583	单室箱		3.6		1/66.7	15.36	8		32~120	40~60
2000	重庆高家花园嘉陵江大桥	140+240+140	0.583	单室箱	13.6	3.6	1/17.6	1/66.7	11.5	5.5	25	32~120	40~60
2001	重庆龙溪河大桥	140+240+55.5	0.583	单室箱	13.5	4	1/17.8	1/60	25	13	28	32~120	50~70
2000	泸州长江二桥	145.1+240+145.1	0.518	单室箱	13.4	4.1	1/17.9	1/58.5	13	7	28	28~150	40~70
1995	贵州六广河大桥	162.5+3×245+162.5	0.663	单室箱	13	4.1	1/18.8	1/59.8	19.6	10	25	32~135	50~80
	黄石长江大桥	140+249+140	0.562	单室箱	15	4.2	1/16.6	1/59.3	双幅				
1999	宜水路金沙江大桥	137+3×250+137	0.548	单室箱	13.8	4.3	1/18.1	1/58.1	15	7	25	28~150	40~70
2001	重庆黄花园大桥	146+3×250+146	0.584	单室箱	13.7	4.2	1/18.2	1/59.5	11.5	5.5	25	32~150	40~60
2004	马鞍石嘉陵江大桥	138+250+138	0.552	单室箱	13.8	4.3	1/18.1	1/58.1	16.5	7.8	25	32~150	32~70
2003	广州珠江大桥	145+2×260+145	0.558	单室箱	14	4.2	1/18.6	1/61.9	12	6	25	30~140	40~70
2003	宁德下白石大桥			单室箱	14.5	5	1/18.3	1/53	22.5	11.5	28	32~150	40~60
2007	云南元江大桥	58+182+265+194+70	0.522	单室箱	15	4.5	1/17.9	1/60	16.4	7.5	32	32~170	45~70
1997	苏通长江公路大桥辅桥	140+268+140	0.556	单室箱	14.8	5	1/18.1	1/54	15	7	25	32~130	40~60
	虎门大桥辅航道桥	150+270+150											

(1) 结构的轻型化。可以减轻上下部结构的自重,减少材料用量,也可以减轻对挂篮的要求,从而降低工程造价。由于采用大吨位锚具、高强混凝土和轻质混凝土,使上部结构不断轻型,这是连续刚构桥的发展方向。如挪威 Stolma 桥和 Raftsundet 桥等,跨中主梁采用轻质混凝土,我国重庆石板坡长江大桥,跨中区段采用较轻的钢箱梁,都是值得借鉴和研究的。

(2) 简化预应力束的类型和布置。我国预应力混凝土连续刚构桥设计中,已有相当多的桥梁采用大吨位束,平弯锚固在肋腋部位,可减小顶板厚度,由受力而不是布束控制设计。

采用平弯与竖弯相结合,即在平弯的同时竖弯,可以减小摩阻损失。

(3) 取消边跨合龙段落地支架。采用合适的边跨与主跨比,在导梁上直接合龙边跨,或与引桥的悬臂相连接实现边跨合龙段的现浇,在高墩的条件下取消边跨合龙段的落地支架,除带来一定的经济效益外还可方便施工。

(4) 上部结构连续长度增长,以适应高速行车的需要。尽可能少用和不用伸缩缝,在设计中最大限度增加上部结构的连续长度。

(5) 结构计算将不断完善,结构设计不断予以优化,梁体抗裂和中跨下挠将会得到控制。

第二章 连续刚构桥的总体布置及其构造尺寸

第一节 高墩、大跨连续刚构桥的总体布置

一、总体布置原则

在连续刚构桥的总体布置时,不但要充分考虑跨径、固定孔跨长和桥墩高度的适用界限,而且要全面地对桥位条件、经济性、施工可行性、美观和维护管理等各方面进行综合分析。在总体布置时着重注意以下原则:

(1)当预应力混凝土梁式桥跨径在150~300m范围内时,结构自重产生的弯矩约占总弯矩的70%~90%,大部分承载能力均被结构自重所消耗。针对连续刚构桥的受力特点,本着经济、适用和安全的原则,力求使主梁断面简洁、轻巧和美观,尽量减少工程数量,方便施工,主孔跨径选择不宜超过300m。

(2)连续刚构桥桥孔不宜太多,墩、梁固结的总长度不宜太长,否则桥梁刚度过大,易由于温度变化和混凝土收缩徐变产生较大的次内力。端部固结的桥墩的高度与固定的跨长之比,是判断能否采用连续刚构桥的指标之一。所谓固定跨长,是指由多个固结桥墩约束的跨径总和。根据日本道路公团对施工实际的统计[1,5],固定跨长与墩高的关系如图3-2-1所示,大多数固结桥墩高度在50m以下,固定跨长在400m以下,桥墩高度与固定跨长之比大多不小于1/8。但对国内目前使用比较多的双壁墩连续刚构桥,则不一定受此限制,可通过调节双壁墩的双壁间距和壁厚,以适应固定跨长较大的场合。在图3-2-1中可以看到双壁墩固定跨长与墩高关系不明显。目前国内最长的连续刚构是黄石长江大桥,跨径是162.5m+3×245m+162.5m,全长1 060m。桥墩不宜太矮,桥墩和主梁要选择合理的刚度比。在某些场合下,可以采用连续刚构与连续梁桥相结合的结构体系,如东明黄河大桥跨径75m+7×120m+75m,由于墩高仅9.1m,8个主墩中,中间4个墩是梁墩固结,为连续刚构;两侧各2个墩上设滑动支座,为连续梁,成为连续刚构和连续梁相结合的结构体系,可以减小温度内力。

对于不等高度固定桥墩的连续刚构桥,最低桥墩高度与最高桥墩高度之比不小于0.2~0.4,如图3-2-2所示。如果桥墩高度特别低,就要特别注意检算。

(3)理想的墩柱除满足结构要求和施工、运营阶段的最小纵横向刚度要求外,应尽可能使

其具有较大的抗弯刚度和较小的抗推刚度。宜选择双柱式薄壁墩,纵向柔性功能好,对跨中的内力约束较小,纵向抗弯刚度大,受力条件好;同时在现浇梁段上易拼装挂篮,悬浇施工安全度比较可靠。

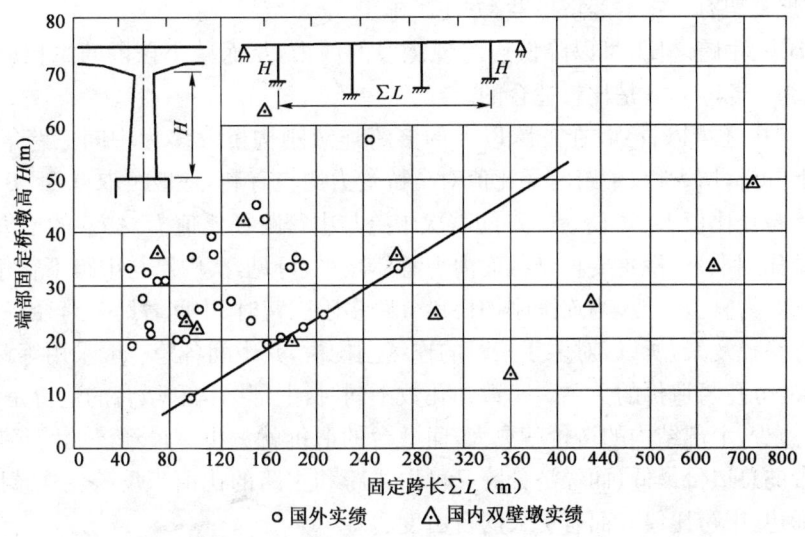

图 3-2-1　固定跨长与墩高的关系

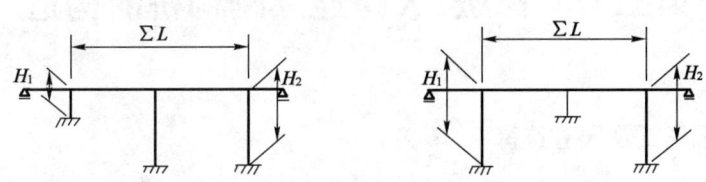

图 3-2-2　不等高度固定桥墩的连续刚构桥

(4)连续刚构桥是高次超静定结构,对地基基础要求很严格,地质条件较差的地方要慎用这种桥型结构。

(5)柔性桥墩在通航河流上使用应注意防撞问题。特别是连续刚构双壁墩,通常不能承受船撞力的直接撞击,必须采取措施,防止船只碰撞。

二、边、主跨跨径比

(1)连续刚构桥边跨与中跨之比的确定首先取决于全桥的总体布置与自然条件的协调性。根据桥位处地形、地质、地貌、通航要求和水文条件等综合确定。全桥一般进行对称布置,对于山区河流、深沟等也有结合地形和地质进行非对称布置。

(2)边、主跨跨径比应考虑梁体内力分布的合理性与施工的方便。由表 3-1-3 可见,边、主跨跨径比值在 0.5～0.69 之间,大部分在 0.55～0.58 之间。经研究分析表明,边、主跨跨径比在 0.54～0.56 之间,或再稍大一些时,有可能在边跨悬臂端以导梁支承于边墩上,合龙边跨,而取消落地支架。因为,当连续刚构桥的边跨为中跨的 0.54～0.56 时,在过渡墩墩顶的支座上仍可保留有足够的正压力,而不出现负反力。这样,对于中跨小于和等于 120m 的连续刚构桥主跨,边跨现浇段长度将不大于5.8～7.0m,施工时可以将挂篮前推浇筑边跨现浇段;对于跨径在120～270m的主跨,边跨现浇段长度不大于11.8～14.5m,施工时可用导梁法浇筑。采用合适的边、主跨比,在导梁上合龙边跨,或与引桥的悬臂相连接来实现合龙。在高墩的场合下,取消落地支架有一定的经济效益,方便了施工。

适当减小边、中跨之比,可以降低边跨现浇段的剪力,从而减小该段的主拉应力,采用的边、中跨之比为0.55～0.6是比较适合的。

由表3-1-3中还可以看到,在三跨以上的多跨连续刚构桥大多为中间三跨等跨径布置。从结构受力上分析,增大边、中跨跨径比值对全桥受力比较有利,一般可取0.6～0.7。当固定边跨与次中跨跨径比值$L_边:L_1=0.7$,随着次中跨与中跨跨径比值$L_1:L_2$的增大,在自重荷载与日照温差作用下,全桥主要控制截面内力总体减小,可见,次中跨与中跨不宜相差过大,其比值以大于0.9为宜。一般,当连续刚构桥梁分跨多于三跨时,中间各跨变跨径将使结构设计及施工都比等跨径复杂,所以,对多于三跨的连续刚构桥,其中间各跨一般采用等跨径布置。

(3)桥梁的分孔与造价的关系。跨数和孔数不同时,上部结构和墩台的造价是不同的。跨径愈大,孔数愈少,上部结构的造价就愈大,而墩台的造价就愈小。最经济的跨径就是要使上部结构和墩台的总造价最低,而经济分跨又可由边跨和主跨的比值来反映。连续刚构桥比连续梁桥在选择边、中跨比值方面有更大的自由度。

第二节　高墩、大跨连续刚构桥的构造

一、主梁截面形式及尺寸选择

1. 截面形式

对于大跨径连续刚构桥在横截面上的布置主要是箱梁形式,与桥宽有关,可以布置为单箱单室或单箱双室。这是因为箱梁截面具有抗扭刚度大、整体性好、配筋方便等良好的结构性能,能很好地适应大跨径预应力混凝土连续刚构桥。从表3-1-3可见,箱梁顶宽在20m以下时,基本都采用单室箱。如果顶宽更大,则往往分上、下行,修成双幅桥,截面为两个分离单室箱,如在高速公路上建桥。

腹板大部分采用直立式腹板。斜置式腹板有利于减小底板跨度、桥墩尺寸和温度应力等,改善视觉效果,但考虑施工方便,斜置式腹板较少采用。

2. 梁底线形参数

大跨径预应力混凝土连续刚构一般采用变高度的箱梁截面形式。梁高沿纵向的变化曲线可以是抛物线、圆曲线和样条曲线。为了与弯矩图相适应,梁底曲线通常选用抛物线。梁底采用2次抛物线的变高度曲线,往往在$L/4$～$L/8$跨附近底板混凝土会出现应力紧张,且在该截面附近的主拉应力也较紧张,因而,有将2次抛物线变更为1.5～1.8次方的抛物线,如表3-2-1列举国内几座大跨径连续刚构桥所采用梁底曲线。但是,采用低次抛物线后,要注意两相邻节段的转角变化,梁底抛物线方次取得越小,底板被崩裂的可能性就越大。

国内几座大跨径连续刚构桥所采用梁底曲线　　　　表 3-2-1

桥　名	跨径(m)	梁底曲线
苏通长江公路大桥辅桥	140+268+140	1.6 次抛物线
宁德下白石大桥	145+2×260+145	1.6 次抛物线
广州珠江大桥	138+250+138	1.6 次抛物线
宜水路金沙江大桥	140+249+140	1.5 次抛物线
广西布柳河大桥	145+235+145	1.7 次抛物线
南澳跨海大桥	122+221+122	1.65 次抛物线
云南渏街渡大桥	116+220+116	1.75 次抛物线
湖北龙潭河大桥	106+3×200+106	1.8 次抛物线
广州华南大桥	110+190+110	1.5 次抛物线
广州官洲河大桥	98+180+98	1.6 次抛物线
浙江丽水北山大桥	93+3×170+93	1.8 次抛物线
陕西老庄河大桥	95+4×170+95	2 次抛物线

3. 梁高参数

对于大跨径预应力连续刚构桥的设计，主梁高度的选取至关重要。连续刚构桥主梁截面尺寸的拟定与预应力混凝土连续梁基本相同，但由于墩梁固结，因此梁的根部高度略小于连续梁桥。从表 3-1-3 和国内外收集到的实桥统计资料分析得到初步的梁高优化结果(见图 3-2-3、图 3-2-4)。从图表中可以得出以下结果[7]。

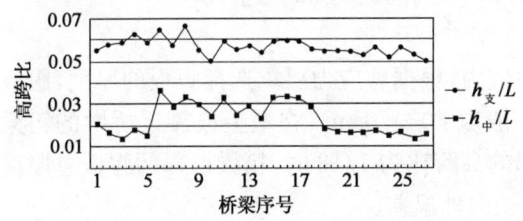

图 3-2-3　国内部分桥梁预应力混凝土箱梁高跨比

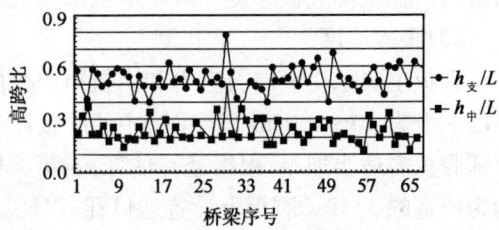

图 3-2-4　国外部分桥梁预应力混凝土箱梁高跨比($L>100$m)

(1) 国内所建预应力连续(刚构)梁桥的 $h_支/L$ 的值分布于 0.055 附近，$h_中/L$ 的值大体分布于 0.02~0.03 之间；国外所建预应力连续(刚构)梁桥的 $h_支/L$ 的值分布于 0.05 附近，$h_中/L$ 的值大体分布于 0.02~0.03 之间；

(2) 随着设计和施工技术的进步，$h_支/L$、$h_中/L$ 的值有减小的趋势。特别是国内最近几年建成的预应力连续(刚构)梁桥，$h_支/L$ 的值减小至 0.053 左右，$h_中/L$ 减小至 0.02。

因此，根据国内外连续刚构桥统计资料分析，主梁梁高可按下列数据考虑：

支点截面：$h_支=(1/17\sim1/20)L$，其中大部分为 1/18 左右；

跨中截面：$h_{中}=(1/50\sim1/60)L$，其中大多数取值为 $1/54\sim1/60$。

考虑现行新桥规《公路钢筋混凝土及预应力混凝土桥涵设计规范》(JTG D62—2004)比旧桥规《公路钢筋混凝土及预应力混凝土桥涵设计规范》(JTJ 023—85)对荷载、强度、抗裂等的控制比较严格（详见本篇第五章第三节），对于大跨连续刚构桥，宜适当增加梁高，以增加主梁刚度，改善主梁应力状态。

4. 箱梁几何参数

（1）顶板厚度

桥面顶板要有足够的厚度承受恒载和活载产生的横向弯矩和剪力。箱梁顶板厚度首先要满足布置纵横向预应力筋的构造要求。由表3-1-3可见，顶板跨中厚度一般选择25～28cm，顺桥向为等厚。

（2）底板厚度

①箱梁底板厚度

底板除承受自身荷载外，还受一定的施工荷载。用悬臂法施工箱梁时，底板还承受挂篮后吊点的反力，设计时应考虑该力对底板和腹板的作用。对于大跨度连续箱梁桥，因跨中正弯矩要求底板内须配置一定数量钢束、钢筋，考虑配置预应力钢筋，底板最小厚度可取预应力束管道直径的3倍，一般可取25～32cm。初步拟定尺寸时，对于单箱单室断面，可以根据桥面宽来初估底板厚：4车道分幅式箱梁（桥面宽约12～14m），底板厚取25～30 cm；6车道分幅式箱梁（桥面宽约15～17m），底板厚取28～32 cm，桥面宽、跨径大时取上限值。

②箱梁根部底板厚度

在T构和连续梁中，底板厚度随箱梁负弯矩的增大而逐渐加厚直至箱梁根部，以适应受压的要求。底板厚度通常从跨中到零号块渐变，并且和箱梁下缘曲线以同一样的抛物线次数变化。底板除须符合运营阶段的受压要求外，在破坏阶段还宜使中和轴保持在底板以内，并适当富余。在根部底板厚度一般可取根部梁高的 $1/10\sim1/12$，约为32～120cm。

（3）腹板厚度

腹板主要承受竖向剪应力和由扭矩产生的剪应力，根据剪应力要求选择腹板的厚度，腹板厚度一般为40～100cm。箱梁跨中的腹板厚度一般取40～50cm。在墩上或靠近桥墩的箱梁根部腹板需适当加厚，根据经验估算：当箱梁根部的高跨比为1/18时，箱梁根部的腹板总厚度约为桥宽的1/10。腹板上设置通风孔，以便减小箱内外温差。

在箱梁内的顶板、底板与腹板相交处需设置梗腋（承托），承托可以增大桥面板抵抗负弯矩的能力，还为布置预应力钢筋和设置锚头留下足够的空间。适当增加在 $L/4\sim3L/8$ 跨附近腹板总宽度，增加梗腋（承托）尺寸，使腹板的刚度与顶板刚度不至于相差悬殊，发挥横截面的框架作用。

（4）桥面板的悬臂长度

桥面板的悬臂长度也是调节板内弯矩的重要参数，在布置有横向预应力钢筋时，一般宜尽量外伸一些。在确定悬臂板根部的活载弯矩时，伸臂长度增加，集中活载的荷载纵向分布长度也随着增加，所以对根部弯矩数值影响不大，选择悬臂长度具有较大的自由度（对于较小跨径的宽桥，应注意剪力滞的影响）。

(5)横隔板构造与尺寸

横隔板的主要作用是增加箱梁的横向刚度,限制箱梁的畸变。端横隔板既作为一个末端的横隔板,同时又作为后张法预应力筋分散锚固在端部的构造要求。由于支点传递荷载较大,大多是采用实体式的刚性横隔板,中部开设人洞。中间支点横隔板要考虑桥墩的形式和布置,在连续刚构桥的墩、梁连接节点处,一般设置一道或两道(双壁墩)横隔板。当设置一道横隔板时,其厚度宜取为墩壁厚;当设置两道横隔板时,其厚度宜取为 0.7~1.0m。中间横隔板较少采用,有时将中间横隔板做成加劲型的桁架式和框架式,可以作为中间腹板的加劲和体外束预应力筋的锚固,也可以作为施工过程中临时预应力筋的锚固。

变截面连续刚构桥的总体布置及箱梁主要尺寸可参见表 3-2-2[2]。

变截面连续刚构桥的总体布置及箱梁主要尺寸   表 3-2-2

总 体 布 置	边跨/中跨	高跨比(H/L)		梁 底 曲 线
		支点	跨中	
	常用:0.5~0.6	常用:1/18	1/50~1/60	圆弧线、抛物线、样条曲线(常用:抛物线)
桥宽 B(m) 与截面形式	$B\leqslant15$ 单箱单室	$15<B\leqslant20$ 单箱双室	$18\leqslant B\leqslant25$ 分离双箱	$22<B\leqslant35$ 分离三箱
箱梁主要尺寸 (cm)	顶板 25~28(等厚)	底板 32~120(变厚)	腹板 40~100(变厚)	横隔板 70~100(实体)

二、连续刚构桥的桥墩形式和布置

1. 连续刚构桥墩柱形式和尺寸拟订的设计思路

(1)应具有适当的纵向抗推刚度,以适应纵桥向由于温度、混凝土收缩、徐变等引起的受力和变形;选择合适的"墩梁刚度比",使既能满足全桥的纵向刚度,又尽可能地改善梁体内力分布,充分发挥材料的受力效能,以达到增大跨径、节约投资的目的。

(2)为抵抗横桥向风荷载,减小偏载引起的侧向位移,提高行车舒适性(对设置轨道的桥梁),墩柱横桥向刚度应设计得较大。

(3)无论是在悬臂施工阶段还是运营阶段,横桥向风荷载均起控制作用,应尽可能减小墩柱横向迎风面积、改善气动外形以减小风载体形系数。

(4)高墩一般采用滑模或爬模施工,从施工的便捷出发,宜采用简洁的形状。

(5)山区高墩连续刚构桥体量巨大,景观效果突出,墩形选择应与环境相协调。

2. 连续刚构桥的桥墩形式和尺寸拟订

连续刚构桥的桥墩一般采用单肢或双肢的实体式或空心式桥墩。对于城市跨线桥、景区公路桥,有时为了改善桥梁的单调外形,并减小梁根部弯矩峰值,可以在顺桥或横桥方向设计成 V 形、Y 形和 X 形等形式。实体式桥墩可分单壁式和双壁式,空心式桥墩可分为单箱式和双箱式。为调节墩柱的长细比,可在箱中加竖肋呈单箱多室,或在分离式双柱之间增加横向联系构件。

从主墩结构受力特性分析,结合我国桥梁的设计经验,连续刚构桥的桥墩形式和布置见表 3-2-3[2]。

连续刚构桥的桥墩形式和布置　　　　　表 3-2-3

桥墩形式及适用主孔跨径	桥墩形式	实体式		空心式	
		单壁	双壁	单箱	双箱
	主孔跨径 L(m)	$L<60$	$L=80\sim160$	$L=100\sim200$	$L>160$
墩高布置		最小墩高:$H>L/10$		墩高差:最低/最高 $>0.2\sim0.4$	
墩壁尺寸		墩壁厚度比:墩身长边/壁厚$\leqslant15$			

大部分连续刚构桥采用双柱薄壁墩,双柱又有空心、实体式之分。实心双壁墩施工方便,抗撞击能力较强;空心双壁墩可节约混凝土 40%左右。双柱墩一个柱的厚度一般为双柱墩中距的 1/4~1/6;双柱中距一般为墩高的 1/4~1/5,而且与根部梁高相当。设计中一般利用高墩的柔度适应结构的这种变形,例如云南小湾电站库区桥主墩高度 168m,其抗推刚度已经很小(桥墩的抗推刚度和高度的三次方成反比),可以采用独柱墩形式——整体式钢筋混凝土空心墩。为保证桥墩的横向刚度和墩底强度需要,墩身横桥向变宽,双向按 80∶1 的坡度向下变宽(有时考虑施工方便,空心墩内侧不作放坡),并考虑到施工方便以及确保桥墩高精度定位问题,主墩在纵桥向未采取放坡处理。

连续刚构桥的墩高一般要求不小于跨径的 1/10,当跨径较大而墩的高度又不高时,可采用双薄壁墩和设计柔性桩基等增加墩的柔性,也可设计成刚构—连续组合梁桥。

此外,连续刚构桥的梁墩之间的刚度变化还直接影响梁、墩柱内力的变化,其刚度比必须在一个合理的范围之内。一般墩壁厚与墩顶梁高之比在 0.2~0.4,比 T 型刚构桥的墩的厚度小得多,从而减少了桥墩与基础工程的用材量。

多跨连续刚构桥由于结构上墩梁固结,为减小次内力的敏感性,必须选择抗压刚度较大、抗推刚度较小的单壁或双壁的薄壁墩,使墩适应梁结构的变形。一般情况下,在初步设计选择墩的尺寸时,其长细比可为 16~20。双薄壁墩的中距与主跨比值在 1/20~1/25 之间。

对于采用双柱式薄壁墩的连续刚构桥,墩柱高度与主跨之比一般为 1/15~1/30,墩壁厚度与墩柱顶梁高之比一般为 0.15~0.25。双薄壁墩,一般用于墩高 50m 以内的悬臂施工连续刚构桥。

对于矩形钢筋混凝土空心墩,当墩身长边 b/壁厚 $t\leqslant15$ 时,可不设横隔板,且不必考虑局部稳定问题。当矩形空心墩局部稳定检算时,可把矩形墩的每块板壁看成各自单独均匀受压,而两端有一定边界支承条件的长板看待。偏安全计,当两端作为铰支时,混凝土墩壁的临界应力为:

$$\sigma_c \approx 4\pi^2 E_c k \tag{3-2-1}$$

式中,$k=\dfrac{1}{12}\left(\dfrac{t}{b}\right)^2$,如果 $t/b=1/15$,$E_c=3.0\times10^4$ MPa(C30 混凝土),则 $\sigma_c=438.6$ MPa,此值远大于混凝土轴心抗压强度,故不会有局部稳定问题。但是由于混凝土收缩和温度应力的作用,桥墩易产生竖向裂缝,需要采取防患措施。

3.国内几座连续刚构桥的桥墩工程实例

表3-2-4为国内几座连续刚构桥的桥墩工程实例[2]。

国内几座连续刚构桥的桥墩工程实例　　　　表3-2-4

桥　名	跨径(m)	桥墩形式	墩高(m)	备　注
虎门大桥航道桥	270	双柱式空心墩	40、57、58	双肢距:9m
苏通长江大桥	268	双柱式空心墩	39.18、35.16	双肢距:9.5m
云南元江大桥	265	双柱式空心墩	122	双肢距:10m
黄石长江大桥	245	箱形空心墩	30~40	
高家花园嘉陵江大桥	240	双壁墩	61.83、59.79	双肢距:9.5m
贵州六广河大桥	240	双壁墩	90	
广西布柳河大桥	235	箱形空心墩	最高95	
杭州钱江下沙大桥	232	双壁空心墩	35	双肢距:m
云南小湾电站库区桥	220	箱形空心墩	168	
湖北龙潭河大桥	200	双壁空心墩	178	双肢距:13m
陕西徐水河大桥	200	双壁空心墩	98	双肢距:8m
来宾市红水河二桥	190	双壁空心墩+双壁墩	34.5	双肢距:8.8m
洛溪大桥	180	单壁墩、双壁空心墩	30.4、33.6、26.25	双肢距:7.8m
重庆红石梁大桥	180	双壁空心墩	101	双肢距:7.5m
重庆武隆乌江三桥	170	双壁墩	40	双肢距:m
陕西老庄河大桥	170	双壁空心墩	最高105	双肢距:m
浙江丽水北山大桥	170	箱形空心墩	70~116	壁厚60~90cm
贵州落拉河大桥	166.5	双壁墩	58	双肢距:m
陕西延安洛河大桥	160	双壁空心墩	142	双肢距:8m
嘉陵江渝澳大桥	160	双壁墩	53.4	双肢距:8m
水口大桥	160	双壁墩	62	
三门峡黄河大桥	160	双壁墩	33.57	双肢距:m
贵州构皮滩乌江大桥	160	带横联双壁空心墩	72	双肢距:6.5m
重庆构壁溪大桥	140	双壁墩	54	双肢距:4m
广东顺德南沙大桥	135	双壁空心墩	18	双肢距:m
珠海大桥	125	双壁墩	36	双肢距:m
广西六律邕江大桥	125	双壁墩	12	计入桩基柔度
南海广和大桥	120	双壁墩	6.3	计入桩基柔度
湖南安江沅水大桥	120	双壁墩	26、16	双肢距:m
重庆白沙包大桥	120	双壁墩	68	双肢距:4m
贵州沙银沟大桥	120	双壁墩	80	双肢距:8m
云阳新津口大桥	100	双壁墩	76	双肢距:8m
陕西长武黑河桥	100	箱形空心墩	57	
清水河大桥	128	箱形空心墩	最高98	铁路桥
喜旧溪大桥	88	带横联双壁墩	最高60	铁路桥

4.连续刚构桥主墩刚度的参数分析

连续刚构桥为满足上部结构在温度、混凝土收缩徐变以及地震横向力影响的纵向水平变形,常常将主墩设计为纵向抗推刚度较小的柔性墩来满足其位移要求;悬臂施工过程,不可避免要产生不平衡弯矩,对主墩要求满足必要的纵向抗弯刚度;在偏载作用和横向风力作用下,对主墩要求具有较大的抗扭刚度。

(1)连续刚构主墩刚度变化对内力的影响[8]

由表 3-2-5 可见,相同跨径的连续刚构桥,墩刚度与梁刚度之比,从 2.2 增加到 33 时,边跨的跨中弯矩逐渐减少 4.36%,中跨的跨中弯矩逐渐减少 1.87%,边跨根部弯矩逐渐增加 3.13%,中跨根部弯矩逐渐减少 3.05%。由此,可知墩的刚度变化对连续刚构主梁内力影响不大,均未超过 5%。

主墩刚度变化对连续刚构内力的影响(kN·m) 表 3-2-5

墩截面 $a \times b(\mathrm{m}^2)$	墩、梁刚度比	边跨跨中	中跨跨中	边跨根部	中跨根部	墩 底
6×2.5	2.2	30 265	27 616	−180 757	−168 984	25 51(6 964)
6×3.0	3.7	29 990	27 704	−181 305	−168 522	2 531(9 302)
6×4.0	9.1	29 703	27 630	−181 883	−166 980	23 030(1 607)
6×5.0	17.5	29 444	27 410	−182 410	−165 127	4 359(2 481)
6×5.5	25	29 011	27 303	−183 281	−164 922	55 420(2 961)
6×6.0	33	28 943	27 187	−183 423	−163 822	6 996(3 450)

注:括号内为温度变化引起的弯矩,其余各项为恒载弯矩。墩截面 a 为横桥向宽,b 为顺桥向宽。

(2)实心桥墩和空心桥墩

①单肢柱和双肢柱实心墩

在讨论主墩尺寸的拟定时,可近似将主墩高 H 按下端固结、上端为自由的悬臂柱对待。墩顶自由端 P 产生的位移为 δ,将变形能 U 对 P 求偏导数得出:

$$\delta = \frac{\partial U}{\partial P} = \frac{PH^3}{3EI} \tag{3-2-2}$$

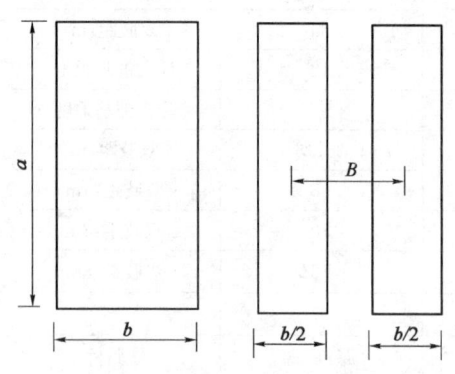

图 3-2-5 单肢柱和双肢柱桥墩截面

当纵向位移 $\delta=1$ 时,$P=K=3EI/H^3$,即为产生单位水平位移时所引起的作用力,常称为抗推刚度。

桥墩抗推刚度愈小愈能减小温度、混凝土收缩、徐变和横向地震力的影响,但是,连续刚构桥的主墩是偏心受压柱,墩身面积必须满足强度要求而不能过小,一般只能在满足强度的前提下来减少它的抗推刚度,增加它的柔性。如图 3-2-5 所示,a 为桥墩横向尺寸,b 为顺桥尺寸,H 为墩高。现对相同截面 $a \times b$ 的实心主墩进行比较。

单柱式桥墩(主墩面积 $a \times b$):

抗推刚度：
$$K=\frac{3EI}{H^3}=\frac{3E\dfrac{ab^3}{12}}{H^3}=\frac{Eab^3}{4H^3} \tag{3-2-3}$$

双柱式桥墩[主墩面积$2(a\times b/2)$]：

抗推刚度：
$$K=\frac{3E\dfrac{a(b/2)^3}{12}\times 2}{H^3}=\frac{Eab^3}{16H^3} \tag{3-2-4}$$

由上可见，同样截面桥墩，采用一分为二后，其纵向抗推刚度降低四倍，仅为单柱式桥墩的1/4。此外，双柱式墩还可减小梁的负弯矩峰值，且较单柱式墩有较大的抗弯、抗扭刚度，能有效减小梁高，增强横向抗风能力，提高特大跨径桥梁悬臂施工的安全性。说明在大跨连续刚构桥中一般采用双肢柱薄壁墩是合理的。

②双薄壁墩宽 b 的确定

应根据温度变化、混凝土收缩、徐变以及地震力引起墩顶顺桥向位移最大者进行设计，工程实际常常以温度变化位移（Δ_t）为最大，每个墩顶承受的纵向水平力为 $P/2$。由此根据温度变化最大位移所需双薄壁墩的 b 很容易求得。如图3-2-5所示，现拟双薄壁墩宽分别为 b，两薄壁实心桥墩中心距为 B。

$$\Delta_t=\alpha\Delta T\frac{1}{2}L=\frac{2PH^3}{Eab^3} \tag{3-2-5}$$

$$b=\sqrt[3]{\frac{4P}{\alpha\Delta TLEa}}H \tag{3-2-6}$$

式中：L——上部主梁全长；

H——主墩的高度；

α——混凝土线膨胀系数，按《公路桥涵设计通用规范》(JTG D60-2004)表4.3.10-1的规定采用；

a——主墩的横桥宽；

E——主墩的弹性模量。

同理，也可推导求得空心双薄壁墩宽 b。

③双薄壁墩间距 S 的确定

双薄壁墩几何参数的主要影响因素有桥梁主孔跨径 $L(m)$、墩高 $H(m)$、双壁净距 $S(m)$和壁厚 $b(m)$，它们与结构静力效应之间存在复杂的内在联系。在施工中，不可避免地要出现不平衡弯矩，还应按实际施工中出现不平衡弯矩 ΔM 考虑双肢薄壁墩间距。在对计算模型进行结构计算时，可使 H、b、S、L 的3个变量保持不变，而令另一个变量在一定范围内变化，应用结构分析软件计算各工况下墩底应力，可得到双薄壁墩的几何参数。根据已建连续刚构桥设计资料，采用数理统计中的多元线性回归拟合得到公式为[9]：

$$b=-1.3402-0.0864S+0.0816H+0.01L \tag{3-2-7}$$

双薄壁墩连续刚构桥的主要设计数据见表3-2-6。

文献[9]采用主梁与桥墩共同变形，且假定主梁在墩顶对桥墩的约束为刚性条件，得出了双薄壁桥墩的内力变形关系，由此建立了考虑桥墩强度和稳定约束的参数设计方法。参数设计由经验统计拟合上升到理论分析，具有方法系统、便于编程、计算方便等特点，在连续刚构桥设计中具有简便易用的效果。

双薄壁墩连续刚构桥墩跨数据 表 3-2-6

$(b=-1.340\,2-0.086\,4S+0.081\,6H+0.01L)$

组号	双壁净距 S(m)	墩高 H(m)	主跨跨度 L(m)	壁厚 b(m)
1	2.500	17.000 0	90.0	0.652 1
2	3.00	17.000 0	90.0	0.663 5
3	3.50	17.000 0	90.0	0.678 6
4	4.00	17.000 0	90.0	0.689 8
5	3.00	18.485 1	90.0	0.900 0
6	5.30	18.400 0	140.0	1.100 0
7	4.08	18.400 0	140.0	1.120 0
8	6.15	18.400 0	140.0	1.050 0
9	5.52	18.400 0	160.0	1.283 0
10	5.06	18.400 0	200.0	1.743 0
11	4.60	18.400 0	200.0	2.302 0

根据国内已建几座连续刚构桥的桥墩工程实例(见表 3-2-4),跨径在 160m 以上时,主墩常设置为双肢空心薄壁墩,双肢间距大多在 8m 以上;在跨径小于 160m 时,主墩大多设置为双肢实心薄壁墩,双肢间距大多在 8m 以下。

④系梁设置对稳定性影响

加设系梁的目的主要是增大高墩纵桥向稳定性。通过对施工、成桥阶段的整体稳定分析可知,一般高墩的第一阶屈曲失稳模态为侧倾;成桥阶段的稳定性比施工阶段好(屈曲临界荷载增大),表明悬臂施工阶段为稳定的最不利阶段。系梁的设置使系梁处局部受力复杂,其主拉压应力可能很大,所以在满足桥梁运营稳定性前提下,可考虑取消该系梁。施工时的稳定问题可采取临时支撑等适宜的措施来解决。这样做不但能解决系梁拉应力超标的问题,还可合理地减小连续刚构桥桥墩纵桥向的刚度,更有利于结构的受力。湖北龙潭河大桥对双薄壁墩分别设 0、1、2 道系梁进行稳定性分析,计算结果见表 3-2-7[10]。表 3-2-8 为 110m+200m+110m 跨径连续刚构桥,曲率半径 300m,墩高 120m,双薄壁墩等间距的方法分别设 1、2、3、5 道系梁进行非线性稳定性分析。从结果可以看出:在悬臂施工阶段设置 1 道系梁对稳定荷载稍有提高,但设置更多系梁,会使 T 构稳定系数随系梁个数的增加反而减小。因此,对双肢墩系梁的设置,墩高在 60~110m 之间设置 1 道系梁,在 110m 以上,设置 1~2 道系梁,即可满足施工阶段和成桥状态受力和稳定性的需要。龙潭河大桥主孔跨径 200m,墩高 178m,为了加强纵桥向空心墩双薄壁之间刚度,增加稳定性,每 60m 设 1 道系梁。

墩高 178m 时,不同系梁个数失稳荷载系数 表 3-2-7

系梁个数	0	1	2
悬臂施工特征值屈曲	6.515 7	8.717 9	8.659 4
成桥特征值屈曲	11.891	11.797	11.775
悬臂施工非线性稳定	5.402 3	5.391 8	5.291 1
成桥状态非线性稳定	5.312 7	5.387 3	5.340 3

墩高 120m，曲率半径 300m 时不同系梁个数失稳荷载系数　　　表 3-2-8

系梁个数	0	1	2	3	5
悬臂施工特征值屈曲	7.62	8.10	8.06	8.03	7.97
成桥特征值屈曲	10.15	14.32	16.65	18.53	21.50
悬臂施工非线性稳定	2.67	2.68	2.67	2.65	2.63
成桥状态非线性稳定	4.25	4.74	4.91	5.10	5.22

⑤空心桥墩

对大于 50m 的高墩，若采用双薄壁墩，则单肢截面尺寸要加大，单肢截面形式则一般采用空心薄壁形式。空心墩具有强大的抗弯、抗扭刚度，但箱形截面具有较大的纵向抗推刚度，适应结构体系纵向变形的能力较差，为了在悬浇阶段提供足够安全的抵抗纵向不平衡弯矩的作用，需要较大的纵向尺寸，而成桥运营阶段其较大的抗推刚度导致结构在收缩、徐变、温度变化等作用下产生很大的内力，对墩柱、基础均产生不利影响，使得墩柱、基础的截面尺寸和配筋显著增加，导致下部构造价增加，从而在经济性方面失去优势。在墩高 50～100m 之间有采用组合式桥墩，上部采用双薄壁，下部采用单薄壁空心墩的组合式桥墩，具有以上两种桥墩形式的优点。

对于弯桥或跨径在 160m 以上高墩连续刚构桥，施工阶段由于抗扭的需要，不宜选择太薄的薄壁墩。随着墩高的增加，主墩线刚度减小，可以满足变形的需要，选择空心薄壁墩可以提高主墩抗扭刚度和稳定性。对于弯桥可选择空心薄壁单柱墩；当主孔跨径在 160m 以上时，主墩设置为双肢空心薄壁墩，双肢间距在 8m 以上，以确保桥梁纵桥向抗弯刚度和稳定性需要。

第三节　大跨连续刚构桥的配束、配筋要点

一、预应力束布置

1. 配束基本要点

大跨连续刚构桥大多数采用最新一代的低松弛钢绞线，因其高效、经济、施工方便，使建筑构件具轻薄美观等优点，采用高强度低松弛钢绞线可比现有同类桥梁减少钢绞线用量 18%～23%。

预应力混凝土连续刚构预应力锚具通常选择"群锚"体系，"群锚"体系是目前国际上广泛采用，且很有发展前景的钢绞线锚固体系，其常用形式有：OVM 锚固体系、XYM 锚固体系、VSL 锚固体系、DM 锚固体系、XM 锚固体系及其他一些组合体系。国际上主要以 VSL 预应力体系为主，而国内应用较普遍的是 OVM 预应力体系，其施工工艺已趋于系统化、规范化。

预应力体系的布设，不仅要考虑满足短期使用荷载的要求，还应考虑长期荷载作用后有效预应力的衰减，导致梁体承载能力降低。因此，需要采取合理的纵向预应力体系和竖向预应力体系，以克服有效预应力降低导致梁体开裂及下挠。

2. 纵向预应力束布置

(1) 纵向束布置原则

大跨径连续刚构桥上部构造一般采用单箱单室三向预应力变高度箱梁。预应力束布置与大跨径连续梁桥基本类同。纵向预应力一般需设置顶板束(承受负弯矩)、底板束(承受正弯矩)、连续束(补充使用阶段承受内力)、备用束和合龙段临时束。纵向束布置时应注意以下原则:

①预应力钢束的配置与桥梁的结构体系、受力情况、构造形式以及施工方法等有着密切的关系。一般对不同跨径的梁桥结构,要选用预加力大小恰当的预应力束筋,以达到合理的布置形式,尽量避免预应力束筋"大而稀或小而密",以免受力不均匀的情况发生。采用短预应力筋束替代长预应力筋束,可减少以年为周期的温差变化引起有效预应力降低的幅度。

②顶板纵向钢束若采用平、竖弯曲相结合的空间曲线,尽可能锚固在腹板顶部承托中,顶板束采用分层布置,长束尽量布置在上层。这样,使预应力具有最大力臂,较大限度地发挥力学效应,同时由于布束位置接近腹板,预应力以较短的传力路线分布在全截面上。若悬臂施工时布置下弯束应锚固在节段上。这样,既可避免外形复杂的锯齿板构造,又可方便施工,同时减轻自重。

③底板束一般采用直线束,锚固在腹板与底板相交区附近的锯齿板上,尽可能布置在受压区内,锚固断面底板应有一定的压应力储备。底板锚固断面尽量跨过箱梁节段断面施工缝,以避免底板在锚固区附近出现横向裂缝。在变高度连续梁中要注意底板弯束引起的径向压力和垂直分力。对于箱底过宽、跨中梁高偏矮、梁底抛物线次方过小,尤其要注意纵向底板束的布置,中跨合龙束尽可能靠近腹板。

④连续束主要考虑在合龙以后承受恒、活载产生内力。分直束(沿纵向按直线布置)和弯束(伸入腹板承受主拉应力)。

⑤根据恒载零弯矩理论配束,使每个截面自重和预应力产生的弯矩差较小,这样可使成桥后期徐变产生的挠度减小。

⑥预应力筋束的布置,既要符合结构受力的要求,又要注意在超静定结构中避免引起过大的结构次内力。考虑合龙后结构次内力影响,预估弯矩束适当增加20%。

⑦预应力筋束的布置,不但要考虑结构在使用阶段的弹性受力状态的需要,而且也要考虑结构在破坏阶段的需要。

⑧中跨底板合龙束的张拉,将对边主墩产生很大的拉力。可适当增加一期钢束(顶板悬臂钢束)的用量,从而有效地减少二期钢束(中跨底板合龙束)的用量;同时,中跨底板束尽量采用短束,少用长束。这样处理后,可以大大减小中跨合龙束对边主墩产生的水平拉力。

(2) 顶板纵向束布置方式

顶板纵向束布置有全部直束布置和布置一定数量下弯束两种方式。

①全部直束布置

为使上部结构轻型化,大吨位预应力钢束和锚具的应用是当前发展趋势,减少了索孔数目,不仅方便了施工,而且减小了顶、底板的厚度及自重作用下的内力,进而减少了预应力钢束数,促进了上部结构的轻型发展。为了简化预应力束类型,简化构造,方便施工,很多大跨径梁桥采用大吨位预应力束进行直线束布置。在实际工程中,自洛溪、黄石、虎门大桥辅航道桥建设以来,很多连续刚构桥均采用了直束的布置方式,即纵向预应力钢束锚固于箱梁顶部而不下弯,如图3-2-6所示。但是近年来一些已建桥梁出现了一些工程病害,即应力集中和主拉应力裂缝,以致怀疑这样布束方式对于大跨径的适用性,关于预应力混凝土连续梁桥的配束方式在工程界有不同的意见。

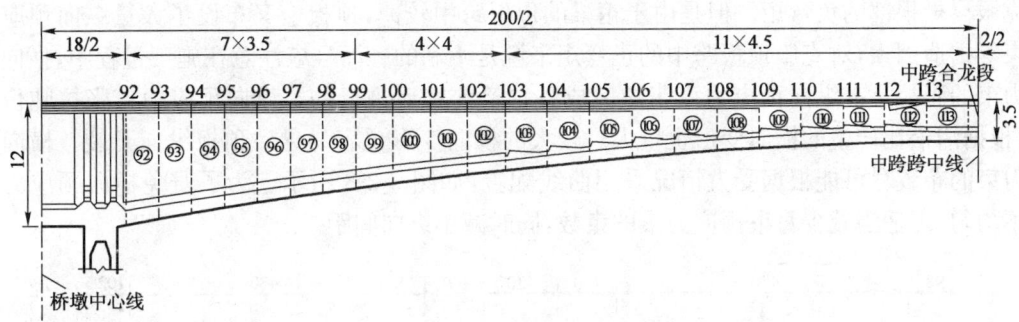

图 3-2-6　全部直束布置(尺寸单位:m)

②布置部分下弯束

传统的预应力混凝土连续梁桥配束方式多采用顶板束、底板束和下弯束,如图 3-2-7 所示。一般来说,采用纵向预应力束向下弯至箱梁截面中心附近,以提供较大的预剪力的布置方式,有助于提高箱梁的抗剪能力,限制腹板中的主拉应力,能有效防止腹板产生斜裂缝,如湖北龙潭河大桥和重庆鱼洞长江大桥等都是采用这种布束方式。但是,采用下弯束将不可避免地使腹板和肋腋厚度加大,结构自重的增大又反过来导致箱梁高度和断面的进一步加大,进而导致配索的增加等。

以上两种顶板纵向预应力钢束布置方式各有利弊,应根据具体条件综合分析确定。

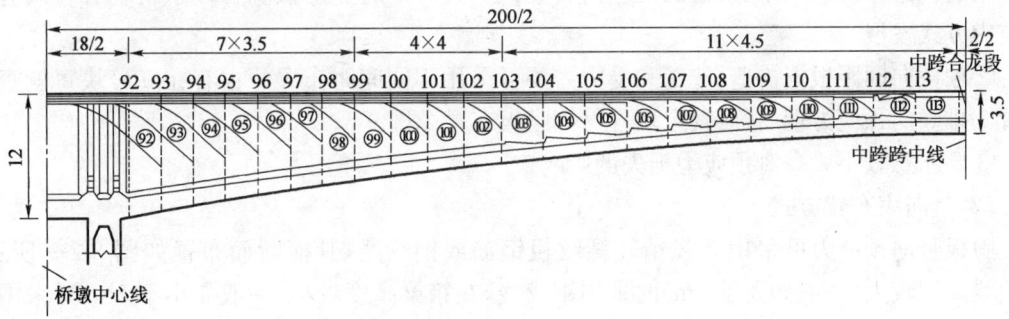

图 3-2-7　布置部分下弯束(尺寸单位:m)

3.顶板横向预应力钢束布置

(1)横向束布置原则

①顶板横向束的布置应根据结构受力需要而定,可布置直线束或曲线束。

②一般采用单端交替张拉,即一端为固定端,一端为张拉端。

③横隔板预应力束布置,既要考虑补偿对桥面板横向预应力的约束影响,又要考虑横隔板的受力需要,作为单一构件受力分析和配筋。

根据统计,我国箱梁桥宽采用横向预应力的分界线为12m。美国规范中箱梁桥宽大于9m则采用横向预应力。

(2)横向束布置方式

顶板横向束一般采用小股直径钢绞线(3 或 4 股 $\phi^s 15.2$)的扁锚体系。由于顶板厚度较薄,扁锚预应力体系是最好的选择。钢绞线标准强度为 1 860MPa,张拉控制应力或吨位按 $0.75 f_{pk}$ 设计。有采用直线布束和曲线布束两种方式。直线布束构造简单、施工方便,有利于克服翼板根部的负弯矩。但是由于箱梁的顶板跨中较薄,顶板上又布设了大量纵向预应力钢束等构造因素,对克服顶板跨中的正弯矩来说是不利的。而且应注意在施工过程中,横向预应力束的张拉是在纵向预应力束张拉完成且挂篮前移后进行的。纵向预应力束张拉吨位较大,根据泊松比产生的横向变形也较大。较大的横向变形也容易导致顶板纵向开裂。横向预应力束的布置尽可能根据受力情况采用曲线配置,如图 3-2-8 所示。为了避免横向预应力分布不均匀,可适当减少每束预应力束的束数,同时减小纵向间距。

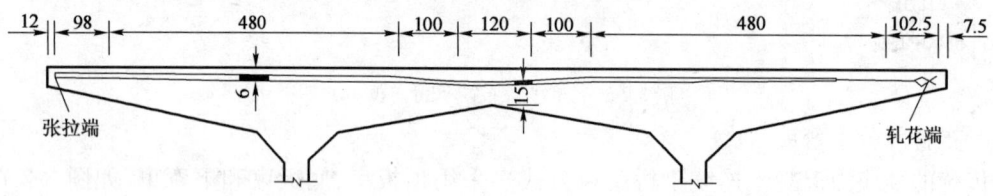

图 3-2-8　横向预应力钢束布置(尺寸单位:cm)

4.竖向预应力筋(束)布置

(1)竖向束布置原则

①竖向预应力筋一般采用高强精轧螺纹粗钢筋(当梁高较大时采用钢绞线),沿腹板的中轴布置。采用无黏结竖向预应力筋或固体干膜润滑技术处理后的预应力筋取代现有的精轧螺纹粗钢筋,可有力保障了短束力筋的竖向有效预应力。今后竖向预应力体系将朝着可调有效预应力方式发展。

②顺桥向间距根据构造、施工和受力需要可采用不同间距布置。也有在 0 号块每侧腹板布置 3 排竖向预应力钢筋,而其余块件每侧腹板布置 2 排。

③要注意较小梁高对预应力损失的影响。

(2)竖向束布置方式

腹板竖向预应力可采用高强精轧螺纹粗钢筋或钢绞线,其横断面布置如图 3-2-9 所示。在箱梁高度较大(一般如大于 6m)时采用钢绞线,在箱梁高度较小(一般如小于 6m)时采用精轧螺纹钢筋。纵向预应力束管道大多采用预埋塑料波纹管成孔,真空辅助压浆工艺。竖向预应力是克服箱梁腹板主拉应力的重要手段。但各地的施工实践反映竖向预应力钢筋的张拉锚固工艺存在很大缺陷,锚垫板与预应力钢筋不垂直、锚固螺母拧紧的力度因无标准而随意性很大。锚固后造成较大的变形,引起预应力损失。而箱梁竖向预应力筋都较短,张拉伸长量小,2～3mm 的变形占伸长量的比例较大,因而造成很大的竖向预应力损失。实测的数据中,最大的预应力损失有超过 50%。施工时必须采取有效的管理措施,设计中应留有一定安全度。

竖向预应力筋的布置一般要求顺桥向间距在 0.5～0.7m,预应力效应从端头按 26°扩散角传递,在相邻力筋之间会形成预应力的不连续,预应力空白区的高度约距离梁顶 0.58～0.81m。如果竖向预应力间距过大或梁高过小,则预应力空白区可延伸到腹板上部,可能引起腹板斜裂缝。因此，有采用整体锚垫板把腹板夹在上下锚垫板之中，预应力可通过垫板实行多点连续传递，减少或消除应力空白区，提高腹板纵向整体性和抗剪能力；也有采用预应力钢绞线代替高强精轧螺纹粗钢筋，采用 U 形布置构造形式。这种布置在腹板内采用双排 U 形竖筋，错位布置，张拉梁顶。

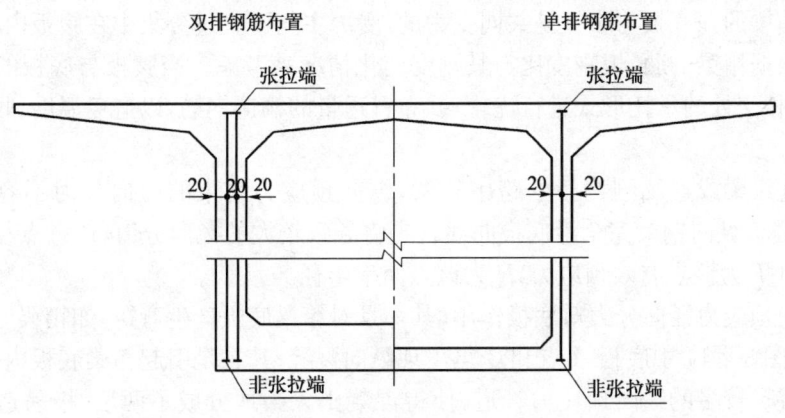

图 3-2-9　竖向预应力钢筋横向布置示意（尺寸单位：cm）

5. 体内、外混合配束

国内正在实践研究采用体内、外混合配束的方式，它的特点：I 期体内钢束竖弯加大，但数量减少；II 期体内钢束采用上弯到顶板锚固的形式以求在正弯矩区段提供竖向分力；成桥钢束采用大直径体外束，且同时提供可靠的竖向分力；不设置竖向预应力钢筋。混合配索布置方式如图 3-2-10 所示。

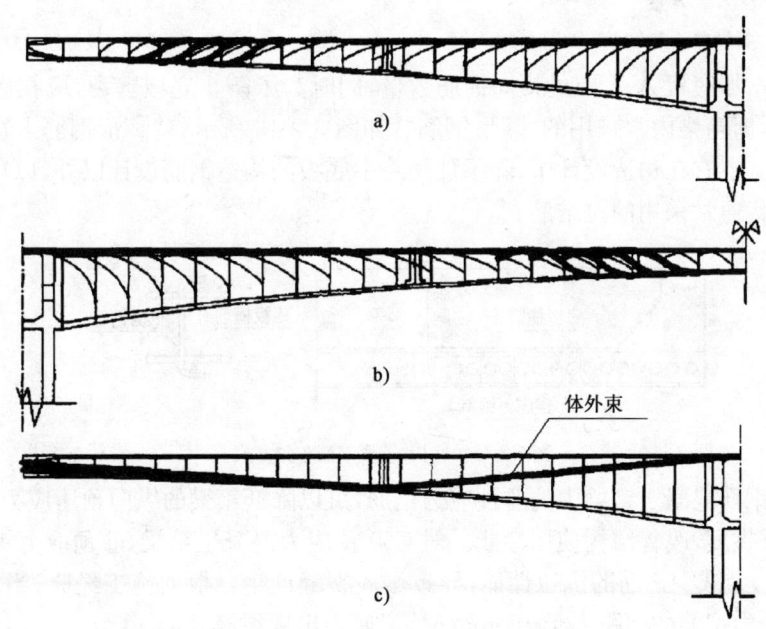

图 3-2-10　混合配索布置方式
a)体内束布置(边跨)；b)体内束布置(跨中)；c)体外束布置

二、普通钢筋配置

1. 主梁配筋

(1)箱梁配筋注意要点

①由于箱梁的顶底板与腹板是共同受力的,受力主筋不宜过分集中在腹板内,设计时主筋的布置最好根据箱梁的肋、板刚度比与其刚度变化情况来考虑。当腹板与底板的厚度差异较大时,需要对相交处的承托形式进行优化,并布置适量的构造钢筋,以避免温度、收缩和徐变引起的裂缝。

②对于连续梁或连续刚构桥的跨中箱梁,纵向预应力钢束的径向分力不容忽视。如图3-2-11所示,底板纵向钢束完全沿底板曲线行走将导致较大的径向分力,任意点径向分力集度$q=T/R$,其中T为该点有效预应力,R为该点曲率半径。

底板纵向预应力径向分力对底板作用,其一是对箱梁底板产生弯矩,如箱梁底板的横向配筋不足,将使图3-2-11中底板A点和B点出现纵向裂缝;其二是引起箱梁底板内部竖向受拉,由于底板布置了较多的纵向预应力管道,使得混凝土人为地分成了两层,极易造成混凝土劈裂,见图3-2-12,图中阴影部分较容易剥落。

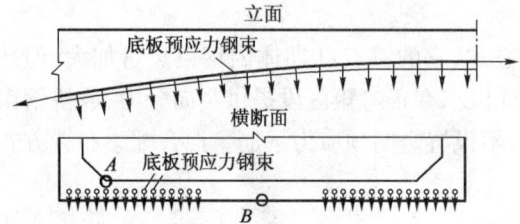

图3-2-11 底板纵向预应力径向分力对底板作用 　　图3-2-12 底板劈裂示意图

设计要求增加底板A、B点的横向钢筋数量,同时为了防止底板劈裂,应在底板内设置径向力平衡钢筋,即箱梁内常采用的"["形钢筋。如图3-2-13所示将"["形钢筋卡在底板上下外层横向钢筋上。也有在构造设计中,除了加强跨中底板的构造钢筋设计以外,以环环相套的闭合箍筋设计取代通常采用的拉结筋。

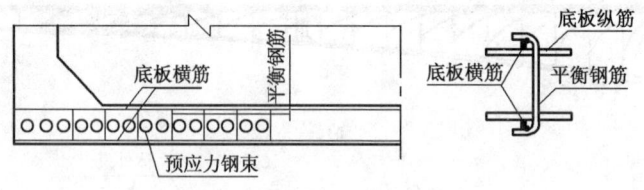

图3-2-13 底板"["形钢筋布置方式

③预应力钢筋混凝土箱梁中的非预应力钢筋,可以降低箱梁的纵向预压应力,避免出现纵向裂缝,减少反拱度,改善结构使用性能。对C50预应力混凝土箱梁,非预应力钢筋的配筋率小于0.25%时,会减少钢筋的抗拉性能,导致梁底裂缝产生。根据施工经验,当箱梁顶、底板纵、横向分布受力钢筋的间距大于150mm时,梁底会出现裂缝。

在梁、墩结合梁段应注意加强水平纵向钢筋配置,建议:水平方向的配筋率不低于0.25%~0.3%。

④注意在悬臂翼板中加强对普通钢筋配置,尤其是翼板上有刚性混凝土防撞护栏的箱梁。设计中纵向主要考虑预应力束来抵抗负弯矩,普通钢筋只是满足构造要求,而不注意考虑受力。实际上,普通钢筋的抗裂作用是很有效的,建议设计时考虑将支点至 $L/4$ 段负弯矩区段的纵向构造钢筋适当加粗加密,以使其运营使用时抵抗拉应力。在箱梁节段线附近,可相应增加防崩钢筋的数量。

⑤应注意对锚后局部应力配筋。包括齿板锚后拉应力和大吨位锚索产生的局部应力过大。

2. 桥墩配筋

(1)日本对该桥型设计要领的规定如下:桥墩的设计除分别进行在设计荷载或极限荷载作用下验算外,轴向受拉钢筋量应取由平衡条件需要量的 75% 以下,还要考虑抗震、耐久性等。

(2)由于主墩墩顶负弯矩较大,而墩、梁交接处为 2 次施工的分界点,使得该处受力不利。因此箱梁 0 号梁段的竖向预应力可延伸至墩顶以下 5~10m,以改善墩、梁交接处的受力。根据日本设计要领的要求:桥墩和主梁连接处应配置一定数量的垂直预应力钢筋。这时,应注意预应力钢筋的锚固位置应设置于地震时可能发生裂缝的位置以外。

(3)在墩身中,轴向钢筋若有断开时,必须注意其锚固位置,以保证可能开裂而引起刚度降低后的安全性。

(4)在墩身中,轴向钢筋断开时,必须满足以下几个条件:

①在同一断面断开的钢筋面积,应在全部受拉钢筋面积的一半以下。

②在计算上不需配筋处,钢筋必须延长构件的有效高度的长度后截断,另外,该区域的设计承载能力必须是设计剪力的 1.5 倍以上。

③墩身中的轴向钢筋应延伸到墩、梁结合处主梁截面形心以上一个锚固长度。

3. 桥墩构造钢筋配置

(1)为了减小混凝土的收缩,增强混凝土的抗裂性,设计中除了配置足够的受力钢筋外,尚应在主筋的外表面设置防裂钢筋网片。

(2)日本设计要领的规定[5]如下:

①桥墩断面的最小轴向配筋率不小于 $0.008A'$,A' 为桥墩必要断面积(这里所说必要断面积是指仅克服轴向力而必需的混凝土断面积);钢筋直径大于 16mm。

②桥墩配置箍筋的要求:钢筋最大直径为 25mm,最小直径为 13mm。但在墩与基础和墩、梁连接处,或者轴向钢筋量变化较大的部位,应配置比必要量多一倍的箍筋,配置范围为桥墩断面短边长度或者直径长度范围内。

另外,桥墩顶、底部配置箍筋的最大间距应为:桥墩断面短边或直径的 1/4 以下、或轴向钢筋直径的 12 倍以下、或 30cm 以下,取小值。箍筋含筋率应为 0.2% 以上。

(3)美国(AASHTO)对薄壁箱形桥墩的规定:

①截面中的纵向钢筋的截面积应不小于截面整个混凝土面积的 1%。确定最小配筋量是因为在承受轴向荷载而布筋非常稀疏的加筋结构中,混凝土的徐变和收缩可能导致钢筋被动屈服。

②截面中的每侧墩壁均应配置两层钢筋,每一层靠近一个壁面,两层钢筋的截面积应接近相等。

③纵向钢筋中心到中心的横向间距不应大于1.5倍壁厚或45cm,两者中取较小值。

④横向钢筋中心到中心的纵向间距不应大于1.25倍壁厚或30cm,两者中取较小值。

4. 箱梁构造配筋

(1) 收缩和温度钢筋配置

收缩和温度应力钢筋应设置在暴露于日夜温度变化较大的混凝土和结构性大体积混凝土的表面附近。国内外大部分规范均有对温度收缩钢筋最小配筋率的要求,但具体的控制指标却不尽相同。我国《公路钢筋混凝土及预应力混凝土桥涵设计规范》(JTG D62—2004)[11]在"构造规定"中也有具体规定(见表3-2-9),如第9.3.8条:"T形、I形截面梁或箱形截面梁的腹板两侧,应设置直径为6~8mm的纵向钢筋,每腹板内钢筋截面面积宜为$(0.001\sim0.002)bh$,其中b为腹板宽度,h为梁的高度,其间距在受拉区不应大于腹板宽度,且不应大于200mm,在受压区不应大于300mm。"这个规定已比旧《桥规》(JTJ 023—85)规定有提高[原规定:整体浇筑混凝土梁不小于$(0.0005\sim0.001)bh$;焊接骨架薄壁梁不小于$(0.0015\sim0.002)bh$]。对于箱形截面梁的底板钢筋,旧《桥规》仅对预应力混凝土结构有所规定,顺桥向和横桥向均设不小于0.25%~0.3%混凝土截面面积的钢筋。现行规定对于钢筋混凝土桥,配置不小于0.4%的混凝土截面面积的钢筋,对于预应力混凝土桥,配置不小于0.3%的混凝土截面面积的钢筋,也有所提高。由于近年来发现不少大跨径连续梁和连续刚构桥产生斜裂缝,所以对侧面防裂钢筋的布置也引起了足够的重视,从安全角度上考虑是必要的。

最低配筋率和构造要求　　表 3-2-9

构件	类别	钢筋混凝土	预应力混凝土
主梁	行车道板分布钢筋	>0.1%(占板的面积)	
		$d>$8mm,$s<$200mm(d为钢筋公称直径,s为间距)	
	超出有效宽度部分	>0.4%(占超出部分面积)	
	腹板两侧纵向钢筋	$(0.001\sim0.002)bh$,b为腹板宽,h为梁高	
		$d>$8mm,受拉区:$s<b$ 且 $s<$200mm;受压区:$s<$300mm;支点、锚固区:$s=100\sim150$mm	
	底板上、下层配筋	>0.4%(占底板面积)	>0.3%(占底板面积)
		$d>$10mm,$s>$30mm	
	箍筋配置	配筋率　R235 钢筋　>0.18%	设竖向预应力筋:$s=500\sim1000$mm
		HRB335 钢筋　>0.12%	T、I形　$d>$10mm,$s<$250mm(带肋钢筋)
		$d>$8mm,且 $>D/4$(D为主筋直径),$s>h/2$,且 $<$400mm	箱形　$d>$12mm,$s<$250mm(带肋钢筋)
			支点($>h$):采用闭合箍筋,$s>$100mm
主墩	墩身主筋	《规范》:>0.6%(一侧>0.2%),$d>$12mm	
		建议:$\geq$1.0%,$d>$16mm	
	墩身箍筋	配筋率:>0.2%,$d>$12mm	
		墩顶、底部:$\leq b$(b为墩身短边);$<$12D(D为主筋直径);$<$300mm,取小值	

说明:①本表基本取值于《规范》(JTG D62—2004),详细内容见《规范》。
　　②本表数值原则上可用于连续刚构(梁)。

(2)箱形梁构造钢筋配置实例

按新桥规连续刚构桥箱形梁构造钢筋配置实例见表3-2-10。

箱形梁构造钢筋配置实例　　　　　表3-2-10

桥　名	跨径(m)	结构	板厚(cm)		配筋		配筋率(%)	
			底板	腹板	直径(mm)	间距(cm)	底板	腹板
重庆石马河桥	106+2×200+106	连续刚构	108.5	76	16、20	10	0.48	0.30
重庆银窝滩桥	60+110+60	连续刚构	66.7	65.0	12~20	10~15	0.72	0.348
金塘大桥引桥	70+10×118+70	连续刚构	84.0	65.0	20	10	0.75	0.412

第三章 连续刚构桥的静力分析

第一节 连续刚构桥的整体结构分析

一、空间有限元分析概述

连续刚构桥是墩、梁固结的连续结构,它利用高墩的柔度来适应结构由预应力、混凝土收缩、徐变、温度变化所引起的位移。箱梁连续刚构桥具有较大的顺桥向抗弯刚度和横桥向抗扭刚度,受力性能好,跨越能力大,能充分发挥高强材料的作用。但是墩、梁连接构造复杂,悬臂施工过程对线形控制、高墩稳定性以及对连续刚构的体系转换,包括边跨和中跨合龙后两个墩的内外肢在体系转换前后的受力变化要进行研究。连续刚构桥的结构分析应包括整体结构分析和局部受力分析两部分,对整体结构分析应考虑静力分析和动力分析。

连续刚构桥的内力计算与连续梁桥相似,特别是悬臂法施工的连续梁桥、T型刚构桥与连续刚构桥在合龙之前受力基本相同,合龙以后两者的工作状态才有所区别。连续刚构桥必须考虑墩身的共同作用,有限元划分需要同时考虑。内力计算可参考第二篇第三章"连续梁桥内力计算"。有关连续刚构桥的静力分析特征将在本章予以介绍。

以往桥梁结构设计主要采用结构力学的基于平面杆系的有限元理论来求解。按平面杆系有限元分析,结构简单,分析概念清楚,计算简便,节点处理灵活,自由度数目少,且程序简单,如桥梁博士(Dr. Bridge)、GQJS和桥梁设计大师等软件,在桥梁设计中普遍得到采用。目前在方案设计和初步设计阶段拟定连续刚构桥截面尺寸时,还是有按平面分析的理论进行设计,或在施工图设计中有按平面分析设计,在个别部位按局部空间分析验算。对于箱梁横截面由翘曲扭转、剪力滞、畸变等引起的应力分布不均匀,理论上可通过经典的变分法、扭转微分方程、弹性地基比拟梁等求解,或通过上述(第一篇、第二篇)采用内力增大系数或横向分布系数来考虑。但是上述分析方法存在以下问题:①理论计算方法推演繁琐,计算不易为设计人员所掌握,而且荷载形式和边界条件也有很大的限制。②理想的理论模型与实际的真实的空间结构有出入,例如按平面分析,对于预应力计算,竖向预应力不能和纵向预应力整体计算,尤其是对三向预应力计算更无法解决。因而存在模型的误差,当这种抽象的模型误差达到一定程度,便有可能造成内力计算和受力特性的低估,甚至出现严重的设计缺陷。③采用内力增大系数的合理性,在很大程度上取决于设计人员的经验和直觉判断,有时带有很大的盲目性。特别对于大跨径连续刚构桥,箱梁横截面的扭转翘曲、剪力滞、畸变特性等非常复杂,空间效应非常显著。因此，对连续刚构桥展开空间受力分析和施工全过程仿真分析是十分必要的。

目前广泛应用的空间有限元分析方法有多种离散模型，常用的有空间梁单元法、梁格法、板壳元法、三维实体单元法等。

1. 空间梁单元法

空间梁单元是一种可用于承受拉、压、弯、扭的单轴受力单元。通用的有限元软件如 SAP 系列、ADINA、ANSYS/Civil FEM、MIDAS/Civil 等的单元库中均包含有空间梁单元。但是这些通用有限元软件直接用来进行桥梁结构分析，有很多不便。采用空间梁单元进行预应力混凝土箱梁分析，有以下不足：①不能反映箱梁纵向弯扭时的"剪力滞效应"；②不能反映"畸变效应"；③不能反映横向挠曲。

2. 梁格法

梁格法是分析桥梁上部结构比较实用的空间分析方法（在第四篇第二章将有详细述及），具有概念清晰、易于理解和使用的特点。梁格法的主体思想是将上部结构用一个等效梁格模拟。将桥梁上部结构模拟成由纵梁、横梁组成的梁格体系以后，梁格体系的计算可利用空间杆系有限元的计算方法。梁格法能从一定程度上反映箱梁受力的空间效应，对于多箱、多室的箱梁有较高的实用价值，但也存在一些不足：①对于单箱单室宽箱梁，由于梁格法仍然是建立在空间梁单元的基础上，对于这一类型的箱梁空间效应反映十分有限。②在模拟箱梁结构时，箱梁的抗扭特性模拟起来比较困难，纵梁之间的连接关系也很难模拟。它的计算精度取决于梁格和实际结构等效的程度。纵向梁格和横向梁格的截面特性需要自行计算，由此带来不便。③虚拟横向梁格的设置具有较大的随意性。

3. 板壳元法

采用板、壳有限元对预应力混凝土箱梁进行离散，当板壳单元相当密的时候，可以反映桥梁结构的各种受力行为，如弯曲变形、扭转变形和局部变形。对于精确分析箱梁的受力特征，板壳有限元能起到比较好的效果。应用板壳有限元分析预应力混凝土箱梁的难点在于：①进行预应力模拟、预应力损失模拟、施工过程模拟十分不便；由于板单元采用的是箱梁的顶板、腹板、底板的中性面位置，因此预应力索在顶板底板中的上下位置和在腹板中的横向位置对分析结果不产生任何影响，这显然是不符合实际的；对于板单元施加三向预应力，应用板平面问题和板弯曲问题理论上可以解决，但实际上几乎不可能。连续刚构桥不可能在一个题目中当两种板问题计算。②板单元沿厚度方向是近似的，不能很好地模拟桥墩与箱梁交接地方、箱梁板与板之间加腋部分和厚横隔板等部位，在这些地方是计算不准的。③板单元不能计算体积力，只能近似用面力模拟。

4. 三维实体单元法

对于大跨度、大尺寸、扁宽异形混凝土箱梁桥，由于结构受力复杂，在结构自重和使用荷载作用下的截面应力和变形特性与初等梁理论基本假定有明显的差异，按杆系结构理论计算得不到精确的应力结果。例如在支承附近的应力分布及横隔板的受力状况等。无疑是采用弹性力学三维有限元分析是一种适应性较强、计算精度较高的有效分析方法，它不但可以模拟结构的细部构造，而且也能合理地考虑各种边界条件。但是三维问题的一个显著特点，结点自由度多，需要分割的单元数量也多，因此计算量较大。目前，一般都借助于通用商业软件有限元程序如 ANSYS、Algor、Abaqus、SAP 等进行计算。但是这些软件程序缺乏专业性，箱梁实体单元建模十分繁琐,单元的网格划分亦较难控制,因此,便致力于发展用较少自由度而能获得较好结果的三维等参单元。交通运输部公路科学研究所(院)开发的三维桥梁预应力分析系统(Bridge KF)是一个有限元综合分析系统。它的特点是专业性强,尤其是结构预应力分析,如预应力与结构耦合作用机理,比现有程序、系统的处理方法更接近于实际情况。此外,还发展把三维问题化为二维问题的准平面分析以及把三维问题退化为一维问题的半解析单元。

从理论分析上,三维有限元分析的计算精度比较高,但是,由于桥梁结构的复杂性,在整体分析中还有相当难度,而且计算量大、成本高,在工程实际上不便使用。由此,提出不少三维有限元简化计算方法,既不失精度又能提高实用意义。如采用退化单元空间有限元计算、基于板梁单元的有限元计算等。以下介绍几种实用的空间有限元计算方法。

二、一维有限元薄壁箱梁分析

1. 计算原理及方法

由国内、外建成的大跨连续刚构桥工程实例(见表 3-1-2 和表 3-1-3)可知,大跨连续刚构桥的横截面绝大多数为箱室结构,箱形截面梁桥属于空间结构体系。在活载作用下,箱梁结构的受力和变形属于空间问题,对它们进行精确的分析是比较复杂的。由于其横截面尺寸与跨长相比较小,在工程实际中,大多数混凝土箱梁桥采用单箱单室,而且由于箱梁的腹板以及顶、底板都比较厚,往往就可以忽略箱形截面的畸变效应。例如,由预应力混凝土箱形连续梁桥约束扭转分析计算实例可知,刚性扭转产生的翘曲正应力与畸变翘曲正应力相比,后者要小得多,二者最大值相比约为 10∶1,这是由于箱梁腹板与上下底板较厚,具有较强的抗畸变刚度所致。故在实际计算中可以进行简化分析,如采用一种仅考虑约束扭转的空间薄壁箱梁单元[12]。

空间梁单元法是把结构离散成特殊形式的梁单元——薄壁箱梁单元来进行分析。这种薄壁箱梁单元具有空间七个方向上的位移自由度(包括三个线位移自由度、三个角位移自由度和一个翘曲位移自由度)。这种薄壁箱梁单元的特点在于:①采用了能同时适用于开口和闭口薄壁结构的有限元公式,从而具有普遍的适用性。②选择薄壁箱梁弯、扭微分方程的齐次解作为薄壁箱梁单元的位移插值函数,得到了较为精确的薄壁箱梁单元的单元刚度矩阵和几何刚度矩阵。用这种方法对箱梁进行弹性阶段的分析,可以较为精确地考虑截面的约束扭转特性,既避免了板壳元巨大的工作量,又克服了梁格分析方法物理概念模糊的缺陷。该方法的一个最大特点是可以采用动态规划的思想来进行纵向影响线加载,并把它推广到对空间七个自由度方向的影响线进行加载,计算活载影响量和活载偏载影响量的数值。这和平面分析的影响线加载方法是一样的,易被设计人员所接受。

一般来说,对空间薄壁箱梁进行结构分析时,需要考虑的因素除箱形截面的翘曲扭转效应(使截面产生沿轴线方向上的位移)外,尚需考虑畸变效应(又称扭曲变形,它是指薄壁杆件受到约束扭转时产生的截面周边弯曲变形)和剪力滞后效应(指在荷载作用下箱梁远离梁肋的翼缘板纵向变形滞后的现象)。同样可以分析计算,无非是考虑因素较多,计算比较复杂一些。

图 3-3-1 给出了这种空间薄壁箱梁单元与普通空间梁单元的比较示意图。图中,i、j 分别表示单元的左、右节点,u、v、w 分别为节点在空间三个方向上的线位移自由度,θ_x、θ_y、θ_z 为节

点在空间三个方向上的转角位移自由度，$\bar{\theta}_x$ 为节点的翘曲扭转位移自由度。从图中可以看出，前者比后者多了一个翘曲位移自由度。有关这两种单元的详细论述参见文献[13]、[14]、[15]。薄壁箱梁单元的刚度矩阵表达式如式(3-3-1)所示。

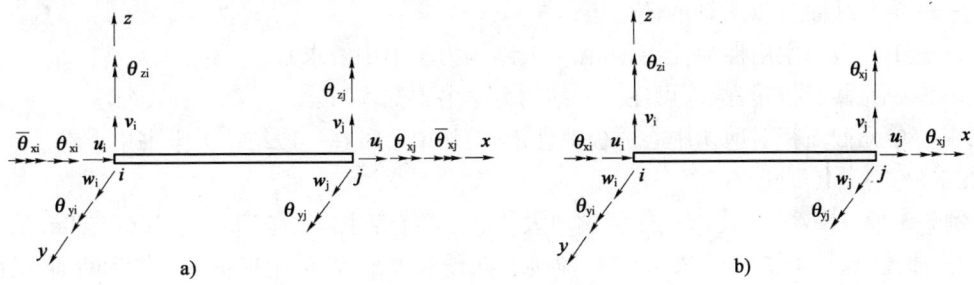

图 3-3-1 薄壁箱梁单元和普通空间梁单元的比较
a)薄壁箱梁单元；b)普通空间梁单元

$$K=\begin{bmatrix}
\frac{EA}{l} \\
0 & \frac{12EI_y}{l^3} \\
0 & 0 & \frac{12EI_z}{l^3} \\
0 & 0 & 0 & D\beta\lambda\text{sh}\lambda l \\
0 & 0 & -\frac{6EI_z}{l^2} & 0 & \frac{4EI_z}{l} & & & & \text{对 称} \\
0 & \frac{6EI_y}{l^2} & 0 & 0 & 0 & \frac{4EI_y}{l} \\
0 & 0 & 0 & D(\text{ch}\lambda l-1) & 0 & 0 & \frac{D(\beta l\text{ch}\lambda l-\text{sh}\lambda l)}{\beta\lambda} \\
-\frac{EA}{l} & 0 & 0 & 0 & 0 & 0 & 0 & \frac{EA}{l} \\
0 & -\frac{12EI_y}{l^3} & 0 & 0 & 0 & -\frac{6EI_y}{l^2} & 0 & 0 & \frac{12EI_y}{l^3} \\
0 & 0 & -\frac{12EI_z}{l^3} & 0 & \frac{6EI_z}{l^2} & 0 & 0 & 0 & 0 & \frac{12EI_z}{l^3} \\
0 & 0 & 0 & -D\beta\lambda\text{sh}\lambda l & 0 & 0 & -D(\text{ch}\lambda l-1) & 0 & 0 & 0 & D\beta\lambda\text{sh}\lambda l \\
0 & 0 & -\frac{6EI_z}{l^2} & 0 & \frac{2EI_z}{l} & 0 & 0 & 0 & 0 & \frac{6EI_z}{l^2} & 0 & \frac{4EI_z}{l} \\
0 & \frac{6EI_y}{l^2} & 0 & 0 & 0 & \frac{2EI_y}{l} & 0 & 0 & -\frac{6EI_y}{l^2} & 0 & 0 & 0 & \frac{4EI_y}{l} \\
0 & 0 & 0 & D(\text{ch}\lambda l-1) & 0 & 0 & \frac{D(\text{sh}\lambda l-\beta\lambda l)}{\beta\lambda} & 0 & 0 & 0 & -D(\text{ch}\lambda l-1) & 0 & 0 & \frac{D(\beta\lambda l\text{ch}\lambda l-\text{sh}\lambda l)}{\beta\lambda}
\end{bmatrix}$$

(3-3-1)

式(3-3-1)中符号表示如下：

λ——扭转特征参数，$\lambda = \sqrt{\dfrac{GJ_k}{\beta EI_w}}$；

β——翘曲系数，$\beta = \dfrac{I_\rho}{I_\rho - J_k}$；

$D = \dfrac{GJ_k}{2 - 2\text{ch}\lambda l + \beta\lambda l \cdot \text{sh}\lambda l}$

E——单元截面弹性模量；

G——单元截面剪切模量；

A——单元横截面面积；

l——单元长度；

I_y、I_z——单元截面对 y、z 轴的惯性矩；

I_w——单元截面主扇性惯性矩(可在一般结构力学书中查求)；

J_k——单元截面扭转常数(可在一般结构力学书中查求)；

I_ρ——单元截面相对剪切中心的极惯性矩(剪切中心可在一般结构力学书中查求)。

2. 示例

[例 3-3-1] 图 3-3-2 是靖远三滩黄河大桥的主桥布置图，它是 78m+140m+78m 的三跨预应力混凝土连续刚构，全长 296m。主梁为三向预应力结构，采用单箱单室箱形断面，梁高沿纵向按二次抛物线变化，图 3-3-3 为跨中箱梁断面。主墩采用分离式双肢矩形薄壁墩，墩身高 18.4m。基础采用圆形沉井基础，埋深 22m。边跨支座采用铰支座。设计荷载为原汽车—超 20 级(相当于新规范的公路—Ⅰ级)，车道数为 4。

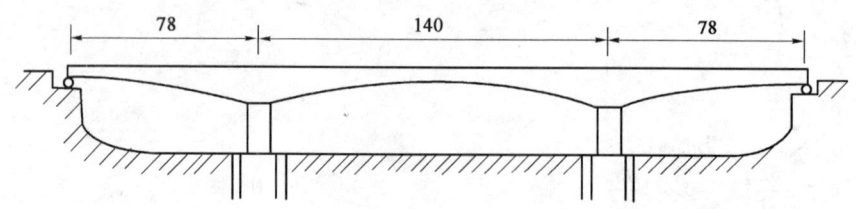

图 3-3-2 靖远三滩黄河大桥的主桥布置(尺寸单位:m)

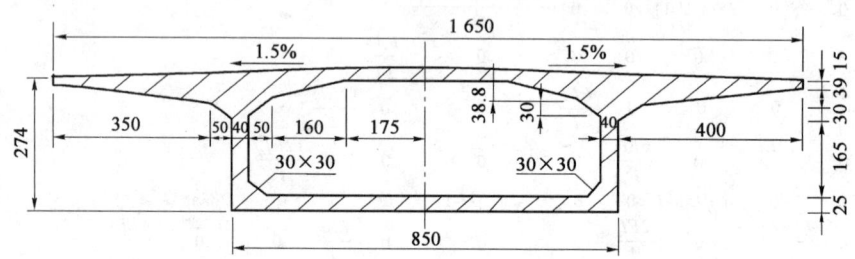

图 3-3-3 跨中箱梁断面(尺寸单位:cm)

计算模型如图 3-3-4 所示。有限元分析时，梁部结构采用考虑翘曲扭转的空间薄壁箱梁单元；墩身结构采用普通的空间梁单元。对于边跨支座则采用纵向活动线性支承来进行模拟，为抗扭支座，但挠曲自由。考虑到结构的对称性，通过估算，沿全桥共选出了 29 个标志截面做影响线以进行加载计算，这 29 个标志截面如图 3-3-5 所示。

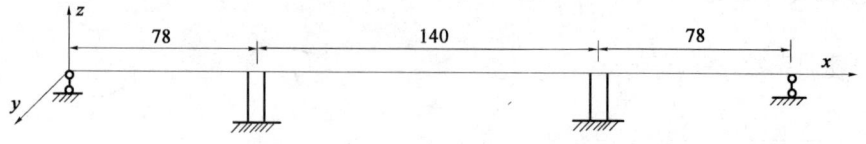

图 3-3-4 计算模型示意(尺寸单位:m)

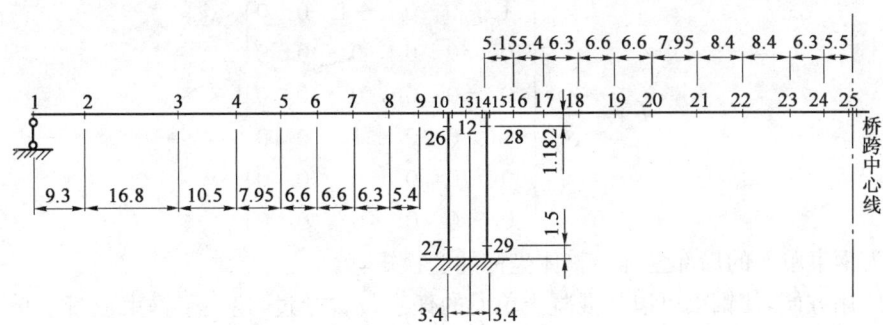

图 3-3-5 计算截面示意(尺寸单位:m)

三、三维有限元 BridgeKF 分析系统

1. 计算原理及方法

近十几年来,无论是铁路、交通和市政系统对空间有限元桥梁专用分析程序都作了很多研究,并自编空间分析程序。"连续刚构桥预应力仿真分析系统 Bridge KF 的研究"[16]是原交通部"十·五"跨世纪人才项目。该项目经过四年的研究已于 2004 年 3 月通过鉴定。该系统的核心问题是较好地解决了预应力的仿真分析问题。

该系统采用 8 节点等参元作为基本计算单元。传统方法是将预应力在结构中的作用作为外力考虑,即将预应力简化成等效节点力计算。等效节点法计算的不足是没有考虑预应力与结构的相互作用,因而在具体计算中无法解决以下两个问题:①混凝土收缩徐变产生的预应力损失无法自动计算,只能依靠经验公式;②无法考虑结构变形对预应力作用的影响,即耦合作用影响。上述两个问题前者导致预应力损失计算不准,后者导致有些部位预应力计算偏大或偏小。

(1)预应力与结构耦合作用

灌浆前预应力在结构中的作用相当于等效节点法的作用机理,灌浆后预应力与结构合为一体考虑两者相互之间的作用,即耦合作用。为简化计算,Bridge KF 系统认为灌浆后管道饱满密实,预应力钢束单元与结构单元变形一致。依据这样的计算模式,等效节点法的两个不足就因考虑耦合作用后自动解决,系统无需再根据经验公式计算收缩徐变产生的空间预应力损失。

考虑预应力与结构耦合作用机理,是在 Bridge KF 系统中加入预应力单元。它将钢束看成埋置在混凝土单元中的杆件如图 3-3-6 所示,钢束只承受轴向力:

$$N = A\sigma \quad (3\text{-}3\text{-}2)$$

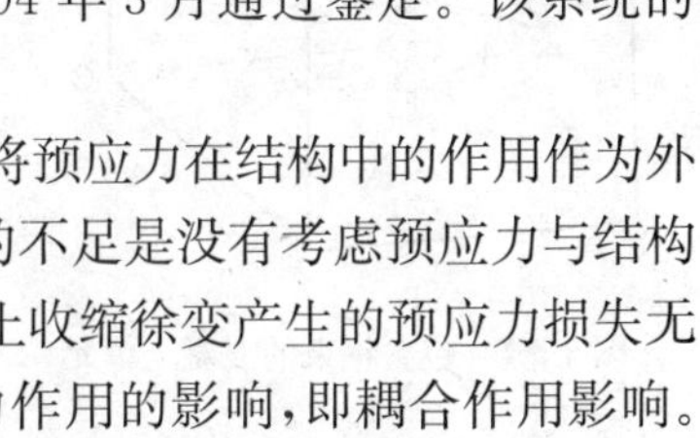

式中:N——钢束的轴向力;
  A——钢束断面积;
  σ——钢束应力。

由钢束的应力-应变关系决定。

图 3-3-6 钢束单元

$$[k] = [\alpha]^T [\bar{k}] [\alpha] \quad (3\text{-}3\text{-}3)$$

$$[\bar{k}] = \frac{AE}{l} \begin{bmatrix} 1 & 0 & 0 & -1 & 0 & 0 \\ 0 & 0 & 0 & 0 & 0 & 0 \\ 0 & 0 & 0 & 0 & 0 & 0 \\ -1 & 0 & 0 & 1 & 0 & 0 \\ 0 & 0 & 0 & 0 & 0 & 0 \\ 0 & 0 & 0 & 0 & 0 & 0 \end{bmatrix} \tag{3-3-4}$$

式中，$[\alpha]$ 为钢束单元的局部坐标与整体坐标的变换矩阵。

为了应用方便，使钢束可以从混凝土单元的任意位置穿过，建立了钢束混凝土单元，在这种单元中允许包含混凝土和钢束两种材料单元。把这两种单元的刚度矩阵加以组合，即得到钢束混凝土单元的刚度矩阵。即

$$[k] = [k_h] + [k_g] \tag{3-3-5}$$

式中：$[k]$——钢束混凝土单元刚度矩阵；
$[k_h]$——混凝土单元刚度矩阵；
$[k_g]$——钢束单元刚度矩阵。

设混凝土单元中包含有一根钢束单元，两端点的编码为 i 和 j，如图 3-3-7 所示。以钢束方向为 x' 轴建立局部坐标系 (x', y', z')，它们与整体坐标系 (x, y, z) 的坐标变换矩阵为：

$$[T] = \begin{bmatrix} \alpha_{1'1} & \alpha_{1'2} & \alpha_{1'3} \\ \alpha_{2'1} & \alpha_{2'2} & \alpha_{2'3} \\ \alpha_{3'1} & \alpha_{3'2} & \alpha_{3'3} \end{bmatrix} \tag{3-3-6}$$

式中：$\alpha_{ij} = \cos(x'_i, x_j)$

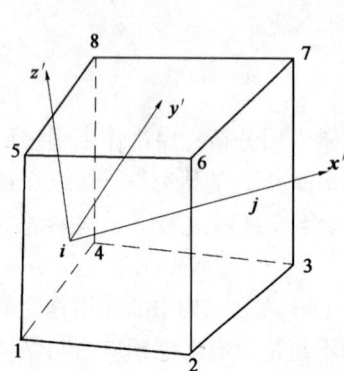

图 3-3-7 包含钢束的混凝土单元

通过推导得到钢束的附加刚度矩阵：

$$[k_g] = \int_{-1}^{1} [B]^T AE[B] h d\xi' \quad h = \sqrt{\left(\frac{\partial x}{\partial \xi'}\right)^2 + \left(\frac{\partial y}{\partial \xi'}\right)^2 + \left(\frac{\partial z}{\partial \xi'}\right)^2} \tag{3-3-7}$$

这里的 $[B]$ 矩阵如下：

$$[B] = \left[\left(l^2 \frac{\partial N_1}{\partial x} + ml \frac{\partial N_1}{\partial y} + nl \frac{\partial N_1}{\partial z} \right) \left(ml \frac{\partial N_1}{\partial x} + m^2 \frac{\partial N_1}{\partial y} + mn \frac{\partial N_1}{\partial z} \right) \right.$$
$$\left. \left(nl \frac{\partial N_1}{\partial x} + nm \frac{\partial N_1}{\partial y} + n^2 \frac{\partial N_1}{\partial z} \right) L \right] \tag{3-3-8}$$

式中：l、m、n——方向余弦，为矩阵中 $[T]$ 的第一行元素；
  A、E——分别为钢束的面积和弹性模量；
  ξ'——沿钢束方向的局部坐标。

桥梁三维 BridgeKF 预应力分析系统是使用三维埋置组合式钢筋混凝土有限元模型，能考虑穿过混凝土单元任意方向的钢筋，且混凝土单元的划分不需要考虑钢筋的具体位置。因为计算的目的在于了解结构的承载能力和整体反应，所以假定钢筋与混凝土之间是固结的，没

有相对滑移。钢筋的信息可在已形成的混凝土单元坐标信息的基础上,利用钢筋的起止点坐标连成的线段与混凝土单元耦合作用求解即可自动得出。

(2)预应力分阶段模拟计算

预应力分阶段模拟计算主要解决预应力分阶段作用和分阶段计入损失问题。前者除考虑预应力分阶段作用外,尚需考虑其他荷载分阶段计入问题,如温度、集中力、分布力等;后者则需根据预应力作用阶段分别计算收缩、徐变损失时间。Bridge KF 分析系统中收缩徐变函数表达如下:

徐变函数形式:

$$C(t,\tau) = S[k+(1-k)e^{-\gamma\tau}][1-e^{-\gamma(t-\tau)}] \tag{3-3-9}$$

式中:S——混凝土材料的徐变终值;

k——混凝土材料的弹性继效系数;

γ——混凝土材料的徐变增长速度系数。

推广到一般空间问题:

设在龄期 τ 受到应力增量 $\{\Delta\sigma\} = [\Delta\sigma_x, \Delta\sigma_y, \Delta\sigma_z, \Delta\tau_{xy}, \Delta\tau_{yz}, \Delta\tau_{zx}]^T$ 的作用,混凝土产生的徐变应变增量为 $\Delta\varepsilon^c = \{\overline{\Delta\sigma}\}C(t,\tau)$。

收缩函数形式:

$$\varepsilon^s(t,t_0) = \alpha(1-e^{-\beta(t-t_0)}) \tag{3-3-10}$$

式中:α——混凝土的收缩应变终值,一般取 0.32×10^{-3};

β——混凝土的收缩应变增长速度系数,一般取 0.32×10^{-3};

t_0——开始干燥或拆模时的龄期;

t——时间。

t_n 时段内应力引起的收缩应变增量为:

$$\Delta\varepsilon_n^s = \varepsilon^s(t_n) - \varepsilon^s(t_{n-1}) = \alpha(1-e^{-\beta(t_n-t_0)}) - \alpha(1-e^{-\beta(t_{n-1}-t_0)}) = \alpha e^{-\beta(t_{n-1}-t_0)}(1-e^{-\beta\Delta t_n}) \tag{3-3-11}$$

2. 示例

[例 3-3-2] 图 3-3-8 为杭州下沙大桥主桥上部结构 127m+3×232m+127m 的五跨刚构-连续组合梁桥布置图。应用 Bridge KF 系统对下沙大桥施工阶段一个"T"进行空间剪力滞分析。"T"结构(如图 3-3-9)共 4 344 个节点,2 262 个单元,1 488 根预应力,分 29 个阶段计算。第一阶段上薄壁墩,第二阶段上 0 号块,第 3 阶段~第 29 阶段上箱梁节段。计算荷载:仅考虑自重力和三维预应力。下沙大桥箱梁在悬臂施工过程剪力滞效应如图 3-3-10 所示。

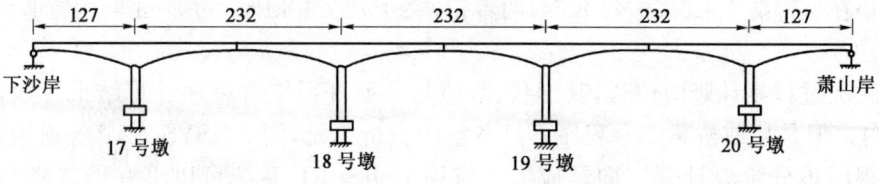

图 3-3-8 下沙大桥主桥结构布置图(尺寸单位:m)

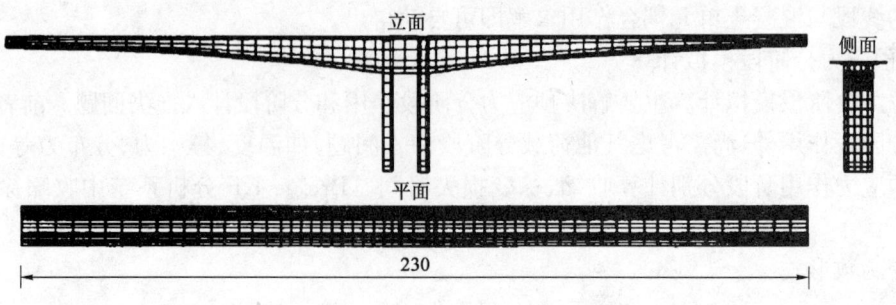

图 3-3-9　下沙大桥一个"T"构计算模型(尺寸单位:m)

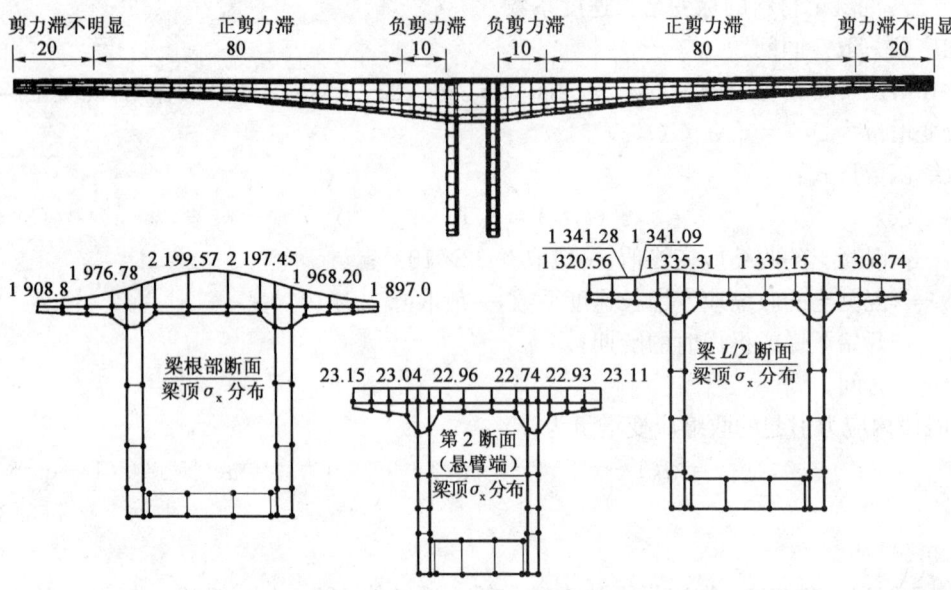

图 3-3-10　下沙大桥剪力滞效应图(尺寸单位:m,应力单位:10kPa)

图 3-3-10 表明,梁根部顶板负剪力滞效应明显,顶板中部数值比腹板顶及悬臂板数值都要大,最大(中部)与最小(悬臂端)相差 292.77×10kPa。负剪力滞效应的区段从根部起向跨中约 10m 左右。10m 以后则是正剪力滞效应区段,这段长约 80m,正剪力滞效应数值没有负剪力滞效应大,经查数据,最大正剪力滞效应基本上在跨中,最大值在腹板顶 1 341.28×10kPa,最小在悬臂端 1 320.56×10kPa,两者相差 20.72×10kPa。过 80m 再往后剪力滞效应已不明显。

箱梁悬浇过程累计竖向位移,其形状、数值与平面杆系综合程序计算结果一致,两者相差 5% 以内。但是目前桥梁综合程序不具备空间分析单元,用 ANSYS、SAP 等通用软件,又很麻烦和很困难分阶段计算三向预应力。应用 Bridge KF 系统可以很好地解决空间计算问题。

四、利用通用有限元软件对三维有限元的建模与分析

Bridge KF 系统是桥梁专用程序,建模方便、快捷,尤其适合直、弯连续梁和连续刚构;而且,三向预应力与结构耦合计算,比同类程序用节点等效方法模拟更符合实际情况;对于实体单元仍然可以进行温度、收缩徐变、预应力等分阶段计算,这是实体单元运用上的一大进步。但是 Bridge KF 系统还在发展之中,如在影响面上布置活载时,如何采用多层搜索、逐步逼近算法;如何采用高效的数据管理手段,最大限度运用内存来处理数据;如何根据结构特点采用数据压缩、计算跳转、子结构等算法来提高计算效率等,还需进一步研究和提高。目前,在连续刚构桥设计与计算中还大多采用通用有限元软件做计算分析,如 ANSYS、Algor、Abaqus、SAP 等进行计算。下面,着重介绍 Ansys 软件的应用。

1. ANSYS 软件简介

ANSYS 程序由美国 SASI 公司开发,是融结构、流体、电磁场、声场和耦合场分析于一体的软件。该软件的有限元分析技术先进,同时具备良好的前处理和后处理和二次开发功能。在分析非常规的复杂结构时,ANSYS 是强大、实用的计算工具。

(1)ANSYS 程序的前、后处理

有限元法的分析对象是将力学模型离散化后得到的有限单元模型。ANSYS 程序中可以直接输入由关键点、线、面和体构成的力学几何模型(程序称为实体模型),然后对其划分网格形成有限单元模型。程序提供了多种实体绘制工具,并能对已有实体进行拖拉、旋转,或进行加、减等布尔运算。另外,也可以利用自己熟悉的 CAD 软件建立实体模型,再通过程序接口导入 ANSYS。程序还提供了直接建立有限元模型的方法:不依赖实体模型而人工画出节点,然后在节点上布置单元。建立有限元模型的过程称之为前处理,利用主菜单下 Preprocessor 中的各级菜单命令,可方便地实现交互式输入。对有限元模型进行求解,计算结果常为量大且繁杂的数据,这就要通过后处理器 POST1、POST26 进行提取和加工,用户通过后处理器可以方便地从各个角度观察计算结果。

(2)ANSYS 程序中的单元与材料

ANSYS 中提供了两百多种单元类型,每个单元类型都有一个唯一的编号和一个标识单元类别的前缀(如 BEAM4),使用时应根据在线帮助系统中的单元说明选择适合分析目的的一种。对于桥梁结构,常用的是杆单元(LINK 系列)和梁单元(BEAM 系列),主要包括施工过程中及成桥后主要构件的主要应力和高程变化;与板壳结构对应的单元为壳单元(SHELL 系列),例如为得到桥梁结构中的主梁或主拱较为精确的内力和变形;与实体结构对应的单元为3D 实体单元(SOLID 系列),例如,墩、梁连接处、支承处、预应力筋锚固端、斜拉索锚固区等应采用实体单元模拟;2D 实体单元(PLANE 系列)则解决按平面应力或平面应变计算的一类结构。对于梁单元的选择:弹性分析时的平面框架可选择二维梁单元 BEAM3,空间框架应采用三维梁单元 BEAM4;做非线性分析时,则应该选择能考虑塑性的梁单元 BEAM23(二维)、BEAM24(三维)等,可以根据不同分析要求进行选择。

根据应用目的不同,材料可以是线性或非线性的,可以是各向同性、正交异性或非弹性;材料的特性可以定义为常数,也可定义为随着温度变化。进行一般的结构分析时,可以用 MP 命令定义材料的弹性模量、密度、泊松比等。材料的定义应该和单元相匹配,例如利用 BEAM4

单元进行线弹性分析时,可以仅仅定义材料的弹性模量,而用钢筋混凝土单元 SOLID65 分析时,则要分别定义钢筋和混凝土两种材料的特性(含非线性)以及单元分别在 X、Y、Z 三个方向的钢筋体积配筋率。

(3)加载与求解

加载就是定义有限元模型的荷载和边界条件,将荷载和位移约束加在单元和节点上。可在建立实体模型时,施加作用于实体模型的荷载及约束,然后利用 FTRAN 命令将实体模型的荷载及约束转换到有限单元或其节点上。一个实体常要划分为多个单元,所以施加实体荷载一般相对方便些,并且实体模型荷载独立于有限单元网格,即可以改变单元网格而不影响施加的实体荷载。这就允许用户更改单元网格并进行网格敏感性研究而不必每次重新加载。但有时应直接施加有限元荷载,例如:单元节点之间的自由度耦合与约束方程,只能加在单元节点上。

ANSYS 可以进行多步载荷计算,称之为载荷步。在线性静态或稳态分析中,可以使用载荷步处理不同载荷的工况组合,如在第一个载荷步中施加风荷载,在第二个载荷步中施加重力荷载等。

ANSYS 提供了多种求解器,使用时应根据分析的特点选择合适的一种。在主菜单下的 Solution 各级菜单中,可以定义分析的类型、求解器的基本设置和瞬态分析、非线性分析的一些专用控制。

2. ANSYS 在桥梁结构分析中的应用

(1)子模型的应用

子模型是得到模型部分区域中更加精确解的有限单元技术。在有限元分析中往往出现这种情况,即对于有些区域,如应力集中区域(如连续刚构桥的墩顶 0 号块),网格太疏不能得到满意的结果,而对于这些区域之外的部分,网格密度已经足够了。要得到这些区域较精确的解,可从整体有限元模型中切割出来,用较细的网格重新划分成新的有限元模型。同时把切割边界上的节点位移施加在局部区域的边界上,重新计算可以得到较精确的结果。通常细分区域边界上的节点要比粗分时切割边界上的节点多,施加细分区域的边界条件时,应该将粗分区域切割边界上的位移计算结果作插值处理后,才能施加在细分区域的边界上。

(2)子结构的应用

子结构就是将一组单元用矩阵凝聚为一个单元的过程。这个单一的矩阵单元称为超单元。在 ANSYS 分析中,超单元可以像其他单元类型一样使用。使用子结构主要是为了节省机时,并且允许在比较有限的计算机设备资源的基础上求解超大规模的问题。例如,在非线性分析和带有大量重复几何结构的分析。在非线性分析中,可以将模型线性部分做成子结构,这样这部分的单元矩阵就不用在非线性迭代过程中重复计算。在有重复几何结构的模型中(如对称箱梁的模型结构),可以对于重复的部分生成超单元,然后将它拷贝到不同的位置,这样做可以节省大量的机时。在箱梁空间有限元计算中,利用子结构法进行分析有时是很有效的。

(3)在结构体系转换中的应用

在桥梁的施工过程中,结构常常需要历经不同的结构体系。例如,对于采用悬臂浇筑或悬臂拼装的多跨连续刚构桥或连续梁桥,从开始施工到最后合龙,先后经过悬臂刚构、悬臂梁、连续刚构、多跨连续梁等不同的结构体系。在每一步的施工中，结构承载反应都会对下一个结构体系的受力产生影响，体系转换的次序不同，其内力分布及结构位移也不同。

ANSYS 程序为用户提供了"单元生死"的功能，用户可以在运算子步之间"杀死"或"激活"满足一定条件的单元。当一个单元被"杀死"时，它的刚度矩阵对总体刚度矩阵的贡献为零，并且该单元所占据的单元内部边界也被修改为外部边界；而当单元重新被激活时，将恢复它在前面计算中的刚度、质量、单元载荷等。利用"单元生死"功能，在计算过程中"杀死"或"激活"不同结构体系之间的连接单元，就可以模拟结构体系的转换过程。在每一步的转换分析中，结构将自动继承前一体系的单元初始状态。

(4) 预应力混凝土的建模和分析方法

在 ANSYS 分析中，预应力混凝土的分析方法可分为两大类，其一是将力筋的作用以荷载的形式作用于结构，即所谓的"等效荷载法"；其二是力筋和混凝土分别用相应的单元模拟，预应力通过不同的模拟方法施加，称之为"实体力筋法"。这两种方法都可根据不同的分析目的或需要，而采用不同的单元进行模拟。

① 等效荷载法

等效荷载法可采用的单元形式主要有 BEAM 系列、SHELL 系列和 SOLID 系列。作为结构受力分析或施工过程控制一般采用 BEAM 和 SHELL 系列单元，而使用 SOLID 单元系列则比较少。等效荷载法的优点是建模简单，不必考虑力筋的具体位置而可直接建模，网格划分简单；对结构在预应力作用下的整体效应比较容易求得。其主要缺点是：a) 无法考虑力筋对混凝土的作用分布和方向，难以求得结构细部受力反应，不宜进行详尽的应力分析；b) 在外荷载作用下的共同作用难以考虑，不能确定力筋在外荷载作用下的应力增量；c) 张拉过程难以模拟，且无法模拟由于应力损失引起力筋各处应力不等的因素。

② 实体力筋法

实体力筋法中的实体对混凝土结构一般采用 SOLID 单元系列，而力筋采用 LINK 单元系列。预应力的模拟方法有降温法和初应变法，降温方法比较简单，同时可以设定力筋不同位置的预应力不等，即能够对应力损失进行模拟；初应变法通常不能考虑预应力损失，否则每个单元的实常数各不相等，工作量较大。

这种方法对预应力混凝土结构的应力分析能够精确地模拟。实体力筋法在建模处理上有三种方法，即实体分割法、节点耦合法、约束方程法。实体分割法是基于几何模型的处理，力筋线型复杂时，建模比较麻烦；节点耦合法是分别建立实体和力筋的几何模型，单元划分后采用耦合节点自由度将力筋单元和实体单元联系起来；约束方程法可通过 ceintf 命令在混凝土单元节点和力筋单元节点之间建立约束方程，通过约束方程将力筋单元和混凝土单元连接为整体。节点耦合法和约束方程法建模都比较简单，在实际使用中较多采用。

3. 示例

[例 3-3-3] 某三向预应力混凝土连续刚构箱梁桥为：单箱单室，直腹板，梁高为 3.5～10m，其间按 1.8 次方抛物线变化。箱梁顶板宽 19.2m，底板宽 11.5m，腹板厚 1.0～0.5m。双薄壁墩柱，两薄壁墩柱外侧间距 10m，壁厚 2.5m，墩宽 11.3m，钻孔灌注桩基础。箱梁上施加三向预应力，其中纵向和横向采用低松弛钢绞线，纵向两端张拉，横向交错一端张拉，竖向采用 $\phi 32$ 高强精轧螺纹粗钢筋，梁顶一端张拉。主梁采用 C55 混凝土，主墩采用 C50 混凝土。

箱梁各设计材料参数列于表 3-3-1。试分析墩顶段实际受力情况。

箱梁设计材料参数　　　　　　表 3-3-1

参　数 \ 材　料	C55 混凝土	C50 混凝土	钢绞线	精轧螺纹粗钢筋
弹性模量(MPa)	3.55×10^4	3.45×10^4	1.95×10^5	2.0×10^5
重度(kN/m³)	26	26	78.5	78.5

(1)箱梁的实体建模

墩顶段的箱梁实体建模包含双薄壁桥墩、0 号块、0 号块两侧的 1 号块和 2 号块等部分作为示例,参见图 3-3-11 所示。箱梁采用 ANSYS 具有 20 节点的实体单元 Solid95 来建模,可以较为精细地模拟箱梁的倒角与横隔板等细节。由于箱梁的腹板、顶板和底板厚度沿桥纵向变化有一定规律性,故可建立一个断面所有关键点后通过在桥纵向复制并平移节点坐标获得不同断面对应的关键点。通过连接两断面间的对应关键点建立实体。划分单元网格时,在形状均匀的区域采用均匀的六面体网格,以尽可能减少单元数,降低计算消耗;在几何突变的过渡区域,如倒角的尺寸变化段等采用 4 面体填充满足形状剧烈变化的要求。

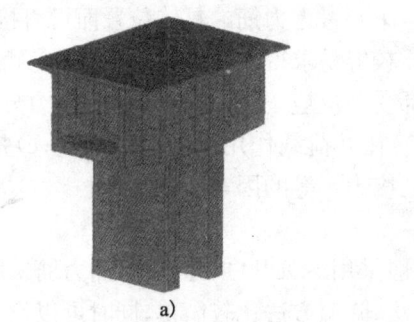

图 3-3-11　预应力箱梁的建模
a)箱梁的实体模型;b)箱梁网格划分与三向预应力

(2)预应力的处理

预应力的处理是三维分析的难点,其模拟的准确与否是此类结构分析成功与否的关键。考虑到建模便利性和与实际受力情况的吻合性,预应力处理的具体实施步骤为:

①几何建模:根据设计图提供的导线点和平、竖弯曲半径信息建立预应力束的空间导线点,如要使预应力损失计算准确一些,可适当在导线点间加一些中间点,即将线束多分一些段,按预应力束的走向依次连接空间点,得到完整的预应力束,对于预应力束有平弯和竖弯的区段可根据其半径使用 ANSYS 的线倒角命令 LFILLT 来过渡。完成几何建模后,根据钢绞线和精轧钢筋的不同几何、材料特征使用 ANSYS 的空间杆元 Link8,独立进行单元的划分。

②预应力钢束与混凝土的连接:选择预应力束节点,用约束方程命令自动选择在距离预应力束节点容许范围内的数个混凝土单元节点建立约束方程。通过多组约束方程,将预应力束单元和混凝土单元连接为整体。

③估计预应力损失:完成预应力束的建模后,开始计算预应力损失,对于后张预应力的损失,主要有摩擦损失、锚具变形损失、钢丝松弛损失、混凝土弹性压缩损失和混凝土收缩徐变损失五种。具体的计算可依据《公路钢筋混凝土及预应力混凝土桥涵设计规范》(JTG D62—2004)计算完成。需要指出的是计算时需注意预应力束的张拉方式不同对预应力损失的影响,对于每一段预应力线束其摩擦损失和锚具变形损失取长度方向的平均值。

④施加预应力:将计算获得的预应力损失,转化为温度差,利用施加线温度荷载的命令BFL,逐段施加不同的温度差来模拟预应力钢束的预应力损失。

(3)其他细节问题的处理

除了以上叙及的主要问题,预应力箱梁的计算还涉及一些其他需注意的细节:

①关于材料的非线性问题:当混凝土压应力低于抗压强度的30%范围内时,弹性模量基本没有降低,但荷载水平进一步提升后,若希望计算更精确些可以使用多线性的材料本构来模拟混凝土材料的非线性。

②关于施工阶段预应力孔道引起的截面损失问题:在施工节段,预应力管道在灌浆前均会对截面的面积和惯性矩造成损失,从而影响应力的数值。三维单元模拟这些孔道在建模和计算方面是困难的,计算表明这种误差约8%左右。

③关于施工顺序的模拟问题:对于预应力箱梁桥,大部分采用悬臂施工,涉及箱梁不同节段混凝土材料的收缩徐变。利用ANSYS的单元生死功能配合依据施工顺序划分的计算工况可方便地实现这一模拟。

(4)计算结果分析

2号节段张拉纵向预应力后,梁根部断面的实测结果、三维计算结果以及平面计算结果在图3-3-12和图3-3-13中进行了对比验证。比较表明,顶、底板总的应力分布趋势,三维计算值与实测值较吻合。具体的数值方面,在顶板翼缘区域,三维计算值与实测值的误差较小,但进入顶板箱内区域以后,误差陡然变大,实测值较计算值增大许多。分析这些差别的原因有以下几点:

①实测值不是在箱梁温度均匀的时候采集,三维有限元的计算结果没有计算温度梯度荷载,故导致实测受压和受拉应力较大。

②由于计算结果没有考虑预应力预留孔道对截面的削弱,故其应力值会偏小一些。

③顶板中是顶板束的锚固区域,应变计与顶板预应力筋相邻,受局部变形的影响大。

④实测数据采用的是含温度影响的综合应变。

受到剪力滞效应的影响,悬臂梁根部的正应力分布是不均匀的,在集中荷载和均布荷载的作用下呈现"正剪力滞"效应,即腹板处正应力最大,翼缘和板中的应力较低的双峰波浪形。图3-3-12和图3-3-13中,三维分析结果与平面分析的结果表明,平面分析不能体现正应力沿梁断面横向的这种起伏变化,在顶板的中部和底板的腹板处,三维分析结果与平面分析结果的比分别为1.72倍和1.21倍。这种低估应力的情况在设计中值得关注。当前的平面分析一般只能较好地考虑纵向预应力的作用,三向预应力间的相互影响则无法分析,对只考虑纵向预应力工况下的三维计算结果与三向预应力下的计算结果表明三向预应力间是有相互影响的,就其对梁根部正应力的影响而言,只考虑纵向预应力的作用将低估正应力,这与一般认为横向预应力对纵向预应力的卸载作用不同。从机理上理解,多轴受压的状态下,单方向的变形受到制约,由结构该方向上弹性压缩导致的预应力损失会相对较小,并且这种弹性压缩导致的损失比横向预应力对纵向预应力的卸载损失要大,于是导致在三向预应力作用下纵向有效预应力较只有纵向预应力下的有效预应力要高,单向预应力下的正应力较三向预应力下的正应力小。总之,三向预应力作用的相互影响较复杂,其规律值得深入研究。

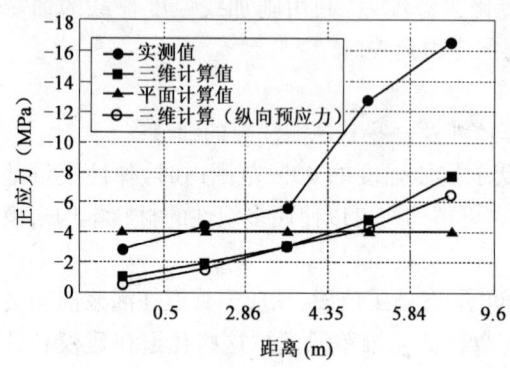

图 3-3-12　顶板正应力计算值与实测值的比较

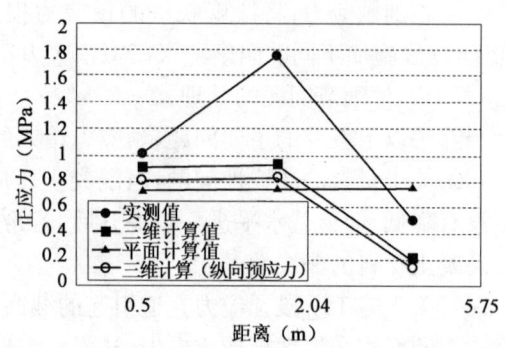

图 3-3-13　底板正应力计算值与实测值的比较

由图 3-3-14、图 3-3-15 的正应力计算结果还可以看出,纵向预应力的存在完全改变了正应力的分布。顶板中部由于直接有强大的预应力通过和锚固,腹板处的应力尖峰与预应力造成的应力变化相比已显得太小,正应力的形态由理论上的两边高中间低的双峰波浪形变为中间高两边低的中峰形态,而底板距离直接通过预应力束的地方较远,正应力的分布形态没有影响。故可认为预应力的布置与大小直接影响应力分布的形态和大小,这种结果可以理解为自重效应和预应力效应的叠加。

另外从图 3-3-16 顶板的横向应力分布来看,由于 0 号块横隔板的影响,横隔板间的中心区域出现内凹四边形受拉区,说明横隔板对横向预应力的传递存在影响。图 3-3-17 显示了下弯束提供的额外抗剪能力及其分布情况。通过图 3-3-18 顶板正应力的分布可明显看到纵向预应力由锚固区呈近 45°扩展到全断面的情况,在锚固区存在应力集中的现象。这些结果表明三维分析比平面分析能更全面地反映箱梁的受力情况和平面分析无法了解到的细节,在设计中对预应力箱梁进行三维分析是必要的。全部预应力钢束的轴力分布列于图 3-3-19,表明三维分析对预应力的处理能较好地模拟不同张拉方式和有效预应力分布。

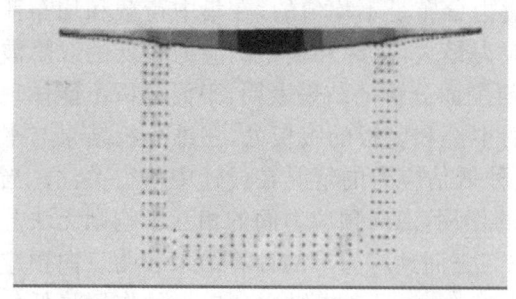

图 3-3-14　计算梁根部断面上缘正应力分布

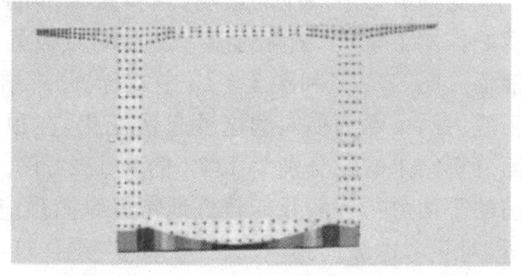

图 3-3-15　计算梁根部断面下缘正应力分布

图 3-3-16 顶板横向应力分布

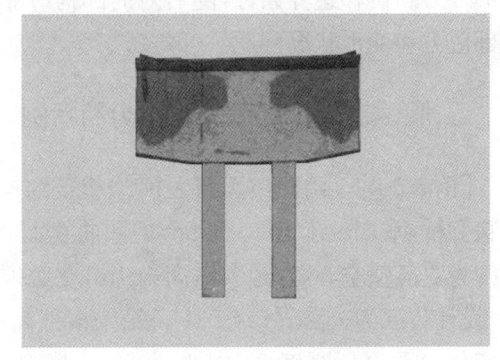
图 3-3-17 腹板竖向应力分布

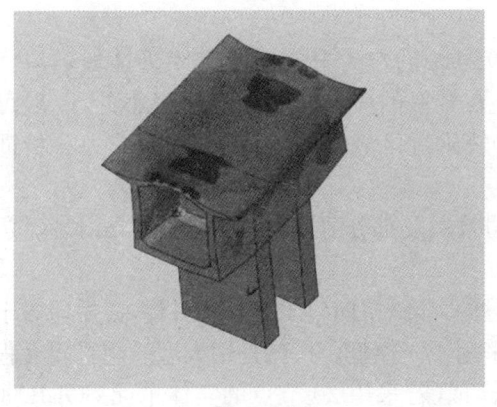
图 3-3-18 顶板正应力分布

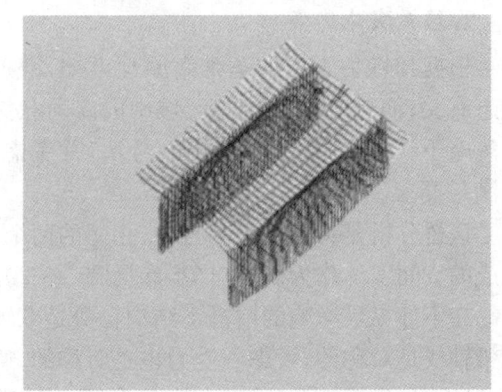
图 3-3-19 预应力钢束轴向应力

第二节 连续刚构桥的局部构造分析

一、计算方法

预应力混凝土连续刚构桥如墩梁固结段、高墩系梁连接节段以及预应力锚固区域等,都是构造形状比较复杂,应力相对集中,又是桥梁设计中需要重点考虑的关键部位。在桥梁设计中为了正确把握该部位的应力分布,需要对其进行局部应力分析。对桥梁局部结构进行空间受力分析时,主要采用通用有限元软件(如 ANSYS、MIDAS/Civil、SAP 系列程序等)进行计算。如果对桥梁整个结构进行三维有限单元离散化,可求得桥梁全部的变形和应力,但计算工作量非常巨大。为节省计算工作量,计算时一般先将整体采取粗算,如将单元网格划分粗化,随后再细化计算;或先按梁单元进行桥梁整体分析,得到桥梁整体计算结果后,再将圣维南原理在桥梁局部分析中进行应用,即采用把梁单元进行整体计算所得内力和位移作为局部切开处的外力和位移边界条件,随后对局部构造部分,进行三维有限单元离散细化,解决求解桥梁局部应力和变形状况问题。

二、墩、梁固结处的空间应力分析示例

[例 3-3-4] 山西白洞河大桥[18]上部结构为 75m+2×135m+75m 预应力混凝土连续刚构箱梁桥,平面位于 R=1 225m 的圆曲线上。由上、下行的两个单箱单室箱形断面组成,下部结构为双薄壁空心墩,最大墩高 104m,在墩顶段设 4 道 0.50m 的横隔板。公路等级为高速公路,设计荷载为公路—Ⅰ级。主桥箱梁根部高度 7.5m,跨中梁高 3.0m,其间梁高按二次抛物线变化。梁顶板厚度:跨中为 0.28m,根部为 0.4m;箱梁底板厚度:跨中为 0.3m,根部为 1.0m;箱梁顶板宽 12m,底板宽 6.5m;箱梁腹板厚跨中为 0.3m,根部为 0.8m。

1. 箱梁实体建模

根据弹性力学中的圣维南原理可知,墩顶段 0 号块的应力分布只与其附近区域的应力状态有关;而远离 0 号块的区域中的应力状态,对 0 号块的应力分布影响是很小的,一般可以忽略不计。所以,只需取出 0 号块,并考虑 0 号块附近区域的作用,进行空间应力分析即可满足要求。

该桥分析是将箱梁的 0 号块、相邻的两个"1"号块以及部分薄壁墩(墩上部的 4m 长区域)构成的空间实体作为研究对象,参见图 3-3-20。

在不计纵坡影响的前提下结构自身是双轴对称的,即纵桥向对于 0 号块对称,横桥向对于箱梁轴线是对称的,考虑到受力也是对称的,所以采用 1/4 模型。模型是用大型通用有限元程序 ANSYS 分析,用三维 8 节点等参元 SOLID45 模拟(若采用 20 节点的实体单元 SOLID90 来建模,可以更为精细地模拟箱梁的倒角与横隔板等细节,但计算工作量更大)。在建立模型时,进行的是实体局部应力分析,尽量不对结构采取简化措施。全桥共划分为 32 723 个单元,8 293 个节点。模型的约束条件为:①纵桥向对称面(0 号块中心处横截面)上所有节点的纵桥向位移为零;②横桥向对称面上所有节点的横桥向位移为零;③墩底取为固定约束即三个方向的线位移均为零。

荷载计算取两种工况,见表 3-3-2。在这些工况中荷载效应是分两步来处理的,首先用平面杆系有限元程序对桥梁作总体内力计算,在计算中计入恒载、预加力、预应力损失、各类施工荷载及次内力对结构的影响,解出各阶段"1"号块前端截面产生的弯矩、轴力和剪力;然后依据虚位移原理将截面的弯矩、轴力和剪力等效转化为截面处各单元表面的分布面力和各节点上的节点荷载,再对零号块作空间应力计算。

各种工况端部荷载　　　　表 3-3-2

工 况	桥梁状况	轴力 N(kN)	剪力 Q(kN)	弯矩 M(kN·m)
一	成桥后	117 284.59(压)	2 613.21(向下)	31 633.11(上缘受拉)
二	最不利组合	142 760.48(压)	5 719.72(向下)	34 306.52(上缘受拉)

0 号块横隔板内既有竖向预应力筋也有横向预应力筋,对此类荷载的处理方法是根据每根力筋的有效预应力,求出单根力筋的有效预加力 P_y,将 P_y 以节点荷载的形式输入,见表3-3-3。

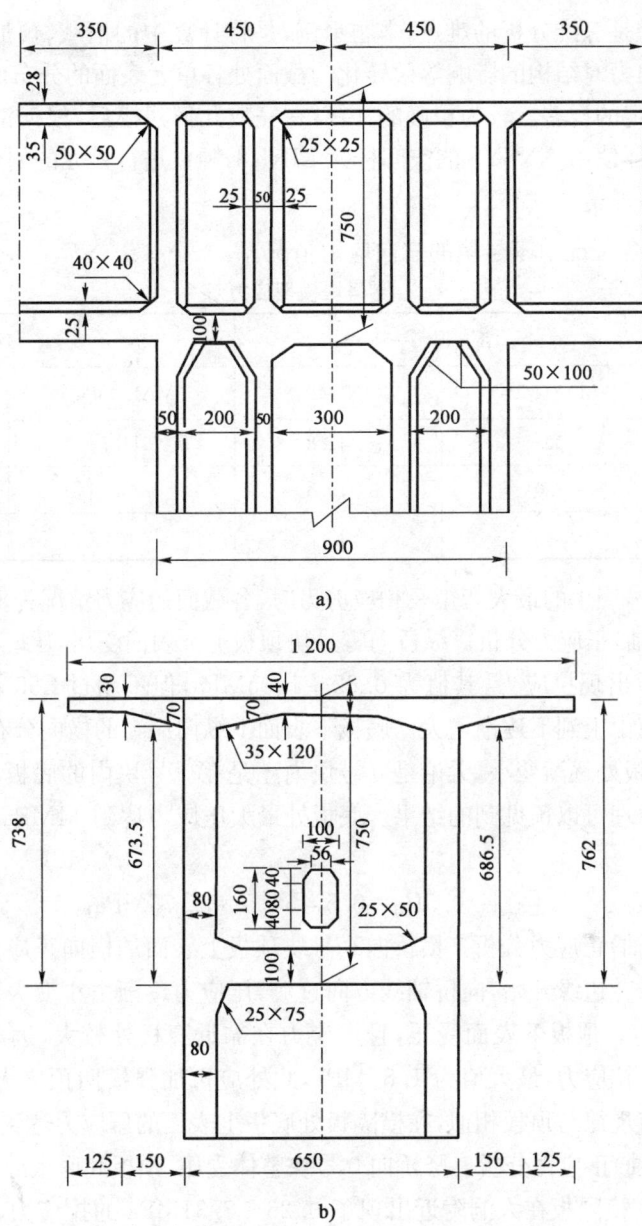

图 3-3-20 墩、梁固结处构造图(尺寸单位:cm)
a)纵断面;b)横断面

竖向和横向预应力荷载 表 3-3-3

力筋分类	钢筋	根数	张拉力 P_k(kN)	有效预加力 P_y(kN)
横隔板竖向力筋	$\phi^L 32$	16	510	408
横隔板横向力筋	$\phi^L 32$	32	510	408

预应力的处理是三维分析的难点,本题示例,是将计算中的恒载、预加力、预应力损失、各类施工荷载及次内力对结构的影响等效转化为截面处各单元表面的分布面力和各节点上的节点荷载处理,有一定的误差。较为精确的计算,在完成几何建模后,根据钢绞线和精轧钢筋的不同几何、材料特征使用 ANSYS 的空间杆元 LINK8,独立进行单元的划分。

2. 有限元分析结果

表 3-3-4 给出各工况中零号块的三向应力情况。

零号块模型应力   表 3-3-4

正应力类型	工 况 一		工 况 二	
	MAX(MPa)	MIN(MPa)	MAX(MPa)	MIN(MPa)
横桥向(SX)	10.5	−15.8	11.7	−16.6
竖桥向(SY)	3.01	−15.8	3.27	−16.5
纵桥向(SZ)	0.8	−13.5	1.4	−14.0

以第二工况中,产生的最大弯矩及相应剪力时,各截面的应力情况为例,分述如下。

①纵桥向(Z 轴)正应力分析。纵桥向零号块顶板上下表面受压,压应力较为均匀,其值为 5.62MPa。横隔板出现拉应力,其值为 0.62～1.05MPa,但不超过 C55 混凝土的抗拉应力。腹板处压应力的值由上到下逐渐增大。底板下表面上纵向应力的横向分布规律是靠近腹板处压应力大,远离腹板处逐渐变小,无论是 0 号块内还是在 1 号块内的底板均是如此,这正是按照熟知的剪力滞原理可以预见到的结果。底板处最大压应力达到 14MPa,但未超过组合Ⅰ的容许压应力。

$$[\sigma_a] = 0.5R_L = 0.5 \times 35.5 = 17.75 \text{MPa}。$$

②横桥向(X 轴)正应力分析。横桥向 0 号块顶板上表面的横向正应力基本上是压应力,其总体规律是从悬臂边缘开始,向桥轴线方向过渡,压应力逐渐由小变大,但在腹板附近出现 1.87MPa 的拉应力。顶板下表面受压,且压应力在靠近腹板处较大,远离腹板处逐渐变小。横隔板处也出现了拉应力,最大值为 1.87MPa,此处应再加强横向预应力筋。底板上表面的压应力的横向分布规律与顶板相似,在横隔板处底板上表面的压应力达到 10.6MPa。

③竖桥向(Y 轴)正应力分析。竖桥向 0 号块整体受压,顶板和底板处的压应力较为均匀,其值为 1.79MPa。横隔板在人洞附近出现了 0.26～2.31MPa 的拉应力,这是由于 0 号块构造上的特点所决定的。由于混凝土材料实际上存在的塑性性质,按弹性材料计算出来的应力峰值一般比实际应力大一些,所以上述拉应力一般不会对结构产生危害。在 1 号块顶板与腹板结合部也出现了 2.31MPa 的横向拉应力,由于此应力区出现在 1 号块前端面附近,可以认为是荷载在边界上简化处理而夸大了该处的拉应力。

三、高墩纵系梁局部应力分析示例

[**例 3-3-5**] 龙潭河大桥[19]主桥上部构造为 106m+3×200m+106m 五跨预应力混凝土连续刚构箱梁桥。主桥桥墩最高 178m。墩身采用双肢变截面矩形空心墩。在单肢空心

墩内部每30m设置1道横隔板,以加强墩身刚度。为了加强纵桥向空心墩双肢之间刚度增加稳定性,每60m设1道系梁,系梁区域的空间结构和受力都比较复杂,通常的计算分析不能满足设计的要求,必须进行详细的有限元分析,以揭示该区域的受力特性和应力分布规律。

1. 实体建模

主墩节段分析范围取自下部承台起至系梁上部10m的桥墩断面。采用通用有限元程序ANSYS分析,混凝土部分所采用的单元为SOLID45,预应力索采用LINK8单元模拟。在系梁处加密单元网格划分以精确反映这一区域的复杂受力状态。整个模型共划分为17 182个节点,11 964个单元;单元划分见图3-3-21、图3-3-22。边界情况取薄壁墩双肢底部与承台为固结约束。

整桥静力分析应用专业程序计算,考虑了混凝土收缩、徐变、多种温度模式、汽车荷载、挂车荷载、风荷载、支座沉降等因素;将横梁上部10m墩断面处的内力结果进行组合,得出最不利荷载工况,根据静力等效原则施加到有限元模型中:轴力以均布荷载的方式施加到断面上;剪力均分到断面的各节点上,以集中力的形式施加;弯矩则等代为平衡力作用于薄壁墩外侧各节点上;系梁上、下板预应力索处等效施加温度荷载以模拟预应力。

图3-3-21 整体模型

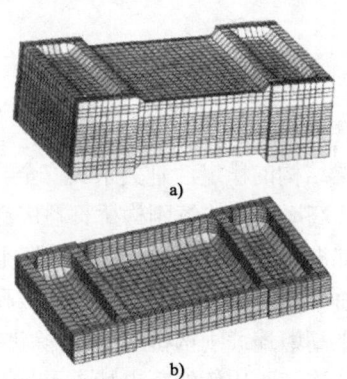

图3-3-22 系梁处局部模型

2. 有限元分析结果

对于该三维应力分析,控制设计的是第一主应力和第三主应力。图3-3-23、图3-3-24分别为系梁处第一、第三主应力云图。

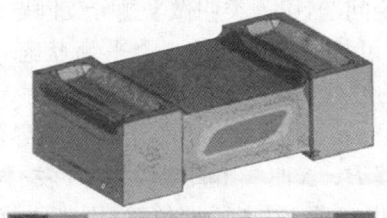

图3-3-23 系梁处第一主应力云图(单位:10^{-2}MPa)

图3-3-24 系梁处第三主应力云图(单位:10^{-2}MPa)

从结果可以看出,第一主应力最大值为 7.05MPa,位于横梁和薄壁墩右肢右壁相交处;横梁和墩壁相连倒角处拉应力均较大。第三主应力最小值为 18.48MPa,在横梁和墩壁相连倒角处。另外,系梁的 2 个竖板主拉应力也较大,达到 3.98MPa,该处的应力情况也应引起注意。

造成系梁弯曲的原因主要是薄壁墩承受着顺桥向的剪力。由所取墩断面施加的剪力方向来看,系梁会发生自身错动的弯曲变形,与薄壁墩相连的左上、右下隅受拉,左下、右上隅受压,这与计算结果是一致的。另外,当撤掉系梁沿顺桥向的预压应力后,发现其应力增大的较为明显,说明预应力的施加是必要的。

该系梁最大主拉应力为 7.05MPa,超出设计允许值。鉴于加设系梁的目的主要是增强高墩纵桥向稳定性,而通过空间分析结果来看,整桥成桥阶段一阶失稳为横向倾侧,且稳定系数仍较大,可将此系梁去掉,施工时的稳定问题可采取临时支撑等适宜的措施来解决。根据该计算结果,设计中取消了 2 个边主墩的系梁,中间两主墩由于温度及收缩、徐变等产生的内力较小,加上墩身太高,加以保留。

第三节 高墩稳定性分析

一、稳定分析的基本理论和方法

1. 连续刚构桥中稳定问题

桥梁结构的稳定性是关系其安全与经济的主要问题之一,它与强度问题有着同等重要的意义。由于高墩大跨连续刚构桥日益广泛地采用高强材料和薄壁结构,因此其稳定问题也就更显重要。如湖北省宜昌至恩施高速公路上百米以上墩高的大跨度连续刚构桥就有 4 座,其中龙潭河特大桥墩高 178m,双河口特大桥墩高 166m,大幅超越当今世界连续刚构桥的墩高记录。对于百米以上高墩连续刚构桥的设计,除进行传统的应力与强度控制外,更关键的因素是高墩稳定风载效应。连续刚构桥的突出特点是顺桥向墩的抗推刚度小,可有效地减少上部结构的内力,温度、混凝土收缩、徐变和地震的影响也较小。由于墩的截面尺寸小而高度大,因此,对稳定性分析就非常有必要。对于连续刚构桥不仅要考虑成桥后结构稳定,更重要的要考虑施工阶段的稳定性。高墩大跨连续刚构桥稳定性的最不利状态一般出现在最大悬臂施工状态。

2. 稳定分析的基本理论

结构失稳是指在外力作用下结构的平衡状态开始丧失稳定性,稍有扰动(实际上不可避免)则变形迅速增大,最后使结构遭到破坏。有两类稳定问题,第一类叫做平衡分支问题,即到达临界荷载时,除结构原来的平衡状态理论上仍然可能外,出现第二个平衡状态,如图 3-3-25a)所示的轴心受压直杆。随着压力 P 逐渐增大的过程,考察压力 P 与中点挠度 Δ 之间的关系曲线,称为 $P-\Delta$ 曲线或平衡路径,见图 3-3-25b)。当荷载值 P_1 小于欧拉临界值 P_{cr} 时,压杆处于直线形式的平衡状态。在图 3-3-25b)中,其 $P-\Delta$ 曲线由直线段 OAB 表示,称为原始平衡路径(路径Ⅰ)。如果压杆受到轻微干扰而发生弯曲,偏离原始位置,则当干扰消失后,压杆仍又回到原始平衡状态。因此,当 $P_1<P_{cr}$ 时,原始平衡状态是稳定的。当 $P_2>P_{cr}$ 时,原始平衡形式不再是唯一的平衡形式,压杆既可以处于直线形式的平衡状态,也可以处于弯曲形式的平衡状态。也就是说,这时存在两种形式的平衡状态。与此相应,在图 3-3-25b)中也有 2 条不同的 $P-\Delta$ 曲线:原始平衡路径(由直线 BC 表示)和第 2 平衡路径(根据大挠度理论,由曲线 BD 表示;如果采用小挠度理论进行近似计算,则曲线 BD 退化为水平直线 BD')。进一步还可以看出,这时原始平衡状态(C 点)是不稳定的。如果压杆受到干扰而弯曲,则当干扰消失后,压杆并不能回到 C 点对应的原始平衡状态,而是继续弯曲,直到图中 D 点对应弯曲形式的平衡状态为止。因此,当 $P_2 > P_{cr}$ 时稳定是不平衡的。

第二类是结构保持一个平衡状态,随着荷载的增加,在应力比较大的区域出现塑性变形,结构的变形很快增大。当荷载达到一定数值时,即使不再增加,结构变形也自行迅速增大而使结构破坏。这个荷载实质上是结构的极限荷载,也称临界荷载,如图 3-3-26a)具有初曲率的压杆和图 3-3-26b)承受偏心受压的杆。这两种情况的压杆从一开始加载就处于弯曲平衡状态。按照小挠度理论,其 $P-\Delta$ 曲线如图 3-3-26c)中的曲线 OA 表示。在初始阶段挠度增加较慢,以后逐渐变快,当 P 接近中心压杆的欧拉临界值 P_e 时,挠度趋于无限大。如果按大挠度理论,其 $P-\Delta$ 曲线由曲线 OBC 表示。B 为极值点,这时荷载达到极大值,这类失稳又称为极值点失稳问题。第二类稳定问题中,平衡状态不发生分支现象,即平衡形式不发生质变。第二类稳定问题实际上是极限荷载的问题。实际的结构中,所有的稳定问题都是第二类稳定问题。

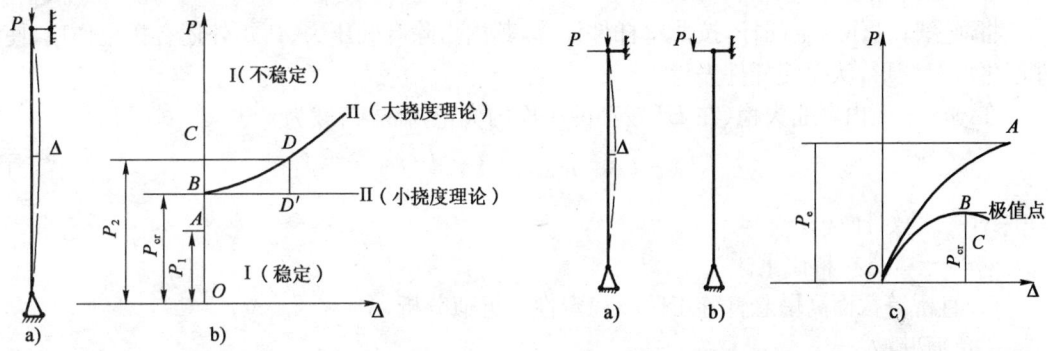

图 3-3-25 轴心受压直杆 $P-\Delta$ 曲线 　　　　图 3-3-26 具有初曲率和偏心受压直杆的 $P-\Delta$ 曲线

第一类稳定问题在理论方面有重要意义。这不仅仅是由于第一类稳定问题的力学概念比较明确,在数学上第一类稳定问题归结为特征值问题,因而求解相对较容易。更重要的一点是因为第一类稳定问题和第二类稳定问题有着良好的相关性,往往代表着第二类稳定问题的上限。所以,工程中往往以第一类稳定问题的计算结果作为设计的依据。

3. 高墩稳定性近似计算法

在一般的连续刚构桥梁的计算中,为方便起见,都把连续刚构当作是平面刚架来加以计算,模拟的单元是平面杆单元,而且没有考虑到非线性。按《公路钢筋混凝土及预应力混凝土桥涵设计规范》(JTG D62—2004)第 5.3.1 条,对于轴心受压的长柱,给出了计算其极限承载力的计算公式,公式中的纵向弯曲系数 φ 即是考虑长柱稳定问题后得出的长柱极限承载力的折减系数。对于偏心受压(压弯)的长柱,由于最终破坏是材料破坏,因此,在计算中考虑了由于构件侧向挠度而引起的二阶弯矩的影响,给出了偏心距增大系数 η 的计算方法,偏心距增大系数 η 可以看成是考虑长柱稳定问题后对其极限承载力的折减系数。

双壁式桥墩,如尚需进行单壁验算,单壁计算长度,连续刚构桥墩的底部,均作为固结考虑。墩、梁连接可按铰接或固结,但可移动,相当于一端固结一端设有转动和水平弹簧约束的构件,l 取单壁墩墩身顶、底点长度。

桩基础则可假定固结点位于地面或最低冲刷线以下 $1.8/\alpha$ 处,α 为按 m 法计算桩基时的变形系数(量纲为 1/长度)。对于桩基,柱长应自墩顶计算至假定固结点,在此范围内,有墩身截面和桩基截面,应把两者换算为一个等代截面,最后换算为一个两端为不移动铰的、等截面的柱,其长度为计算长度 l_0。

在方案设计或初步设计阶段拟定墩(柱)截面尺寸时,考虑高墩稳定性,可以采用以下公式进行近似估算[20]。

(1)等截面高墩自体稳定性的近似计算

①单薄壁墩

高墩在施工阶段,主要受自重作用,可取抗弯刚度 EI 较小的方向发生弯曲,近似按平面杆件计算。临界荷载为:

$$P_{cr} = 7.839 \frac{EI}{l^2} \tag{3-3-12}$$

式中:l——墩(柱)高度(m)。

②空心薄壁墩

将薄壁杆件作为空间杆,按薄壁杆件计算,其内力除有轴压力、弯矩外还有扭矩作用,使杆件产生弯扭变形,从而使杆件失稳。

在 yoz 平面内弯曲失稳(在 EI 较小的平面内失稳)临界荷载为:

$$(A\rho l)_{cr} = 7.842 \frac{EI_x}{l^2} \tag{3-3-13}$$

式中:A——墩身面积;
ρ——墩身材料比重。

(2)直桥等截面高墩悬臂施工阶段稳定性的近似分析

①单薄壁墩

直桥在悬臂施工阶段,由于是对称施工,所以上部结构自重及施工荷载可以简化为一集中力 N 作用于墩顶,临界荷载为:

$$P_{cr} = N = \frac{\pi EI}{4l^2} - \left(\frac{\pi^2 - 4}{2\pi^2}\right)q \tag{3-3-14}$$

式中:q——墩身荷载集度。

②双薄壁墩

a. 面外稳定

高墩结构面外失稳问题可以简化为一端固定一端自由的杆结构失稳问题。一端固定一端自由杆件在端部集中荷载 P 和自重 q 作用下的临界荷载为:

$$P_{cr} = \frac{\pi^2 EI}{4l^2} - 0.3ql \tag{3-3-15}$$

b. 面内稳定

以具有两个刚性纵平撑的双肢薄壁高墩连续刚构桥在其梁按平衡悬臂施工时的状态作为基本结构。假定墩壁的宽度、厚度不变,纵平撑按等间距设置,于是每段墩身的 EI 与长度 l 均相等。高墩结构简化如图 3-3-27 所示。两悬臂梁段的自重及吊篮等施工自重,可以简化为两个竖向力与两个弯矩,如图 3-3-27b)所示。由于刚性纵平撑杆及上部箱梁的巨大约束作用,可以认为两个弯矩作用于墩顶。薄壁墩与纵平撑杆在两端连接处无转角,且水平位移相等,从而最后简化为如图 3-3-27c)所示结构。将各柱单元的重量通过换算等效为单元末端的集中力,大小为各单元重量的一半,于是图 3-3-27c)中:

$2P_1 = 2-2'$ 纵撑杆重量+单元①重量的一半;

$2P_2 = 3-3'$ 纵撑杆重量+单元②重量的一半;

$2P_3 = $ 单元③重量的一半+上部悬臂梁重量,随悬臂安装长度的增加而增加。

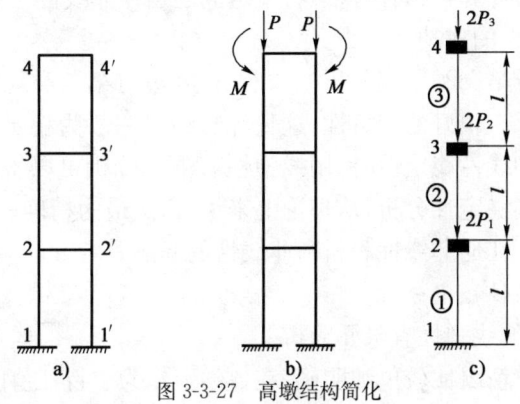

图 3-3-27 高墩结构简化

a)基本结构;b)梁自重及吊篮简化为竖向力及弯矩;c)简化图

各种情况的稳定系数见表 3-3-5。

稳 定 系 数　　　　表 3-3-5

序号	施工状态	图标	稳定系数
1	双纵平撑结构梁在平衡悬臂状态		$\lambda = \dfrac{\pi^2 EI}{(P_1+P_2+P_3)l^2}$
2	单纵平撑结构梁在平衡悬臂状态		$\lambda = \dfrac{\pi^2 EI}{(P_2+P_3)l^2}$
3	无纵平撑结构梁在平衡悬臂状态		$\lambda = \dfrac{\pi^2 EI}{P_3 l^2}$
4	施工到第二纵平撑		$\lambda = \dfrac{\pi^2 EI}{(P_1+P_2)l^2}$
5	施工到第一纵平撑		$\lambda = \dfrac{\pi^2 EI}{P_1 l^2}$

二、稳定分析的有限元求解

研究压杆屈曲稳定问题常用的方法有静力平衡法（欧拉方法）、能量法、缺陷法和振动法[21]。由于桥梁结构的复杂性，大量使用的稳定问题的近似求解方法，归结起来主要有两种类型：一类是从微分方程出发的解析解，通过数学上的各种近似方法求解，如逐次渐近法；另一类是基于能量变分原理的近似法，如 Ritz 法。有限元方法可以看成是 Ritz 法的特殊形式。当今非线性力学将有限元与计算机结合，得以将稳定问题当作非线性力学的特殊问题，用计算机程序实现求解，取得了巨大的成功。

采用有限元理论进行第一类稳定分析。如前所述，进行第一类稳定性计算所得的结果和第二类稳定性计算的结果有很好的相关性，这种计算结果一般为稳定承载力的上限。在初步设计阶段分析桥梁结构的线性稳定性时，用线弹性有限元分析可以得到令人满意的结果。采用有限元理论进行第二类稳定性分析，从理论上来说，这是最为精确的一种方法。进行第二类稳定性分析的同时计入了几何非线性和材料非线性的影响。

1. 第一类弹性及弹塑性稳定分析

(1) 第一类稳定问题的线弹性有限元分析

第一类稳定问题力学情况比较单纯明确，在数学上作为求特征值问题比较容易处理，它的临界荷载又近似地代表第二类稳定问题的上限。在此先表述第一类稳定问题，采用线弹性有限元方法来分析结构的稳定性。

有限元分析方法是通过结构刚度矩阵中组成项的考虑给出稳定问题屈曲概念。根据总体拉格朗日描述（Total Lagrangian Formulation），在整个分析过程中，以 $t=0$ 时的构形作为参考，且参考位形保持不变，T.L 列式下结构增量形式的平衡方程为：

$$({}^{0}\boldsymbol{K}_0 + {}^{0}\boldsymbol{K}_\sigma + {}^{0}\boldsymbol{K}_L)\mathrm{d}\boldsymbol{\delta} = {}^{0}\boldsymbol{K}_T \mathrm{d}\boldsymbol{\delta} = \mathrm{d}\boldsymbol{P} \tag{3-3-16}$$

式中，${}^{0}\boldsymbol{K}_T$ 是三个刚度阵之和，称为单元切线刚度矩阵，它表示荷载增量与位移增量之间的关系，也可以理解为单元在特定应力、变形下的瞬时刚度。可以由单元切线刚度矩阵按常规方法进行组集形成；${}^{0}\boldsymbol{K}_0$ 与单元节点位移无关，是单元弹性刚度矩阵；${}^{0}\boldsymbol{K}_L$ 称为单元初位移刚度矩阵或单元大位移刚度矩阵，是由大位移引起的结构刚度变化，是 $\mathrm{d}\boldsymbol{\delta}$ 的函数；${}^{0}\boldsymbol{K}_\sigma$ 称为初应力刚度矩阵，它表示初应力对结构刚度的影响。当应力为压应力时，单元切线刚度减小，反之单元切线刚度增加；$\mathrm{d}\boldsymbol{P}$ 为荷载增量。

若在建立 $t+\Delta t$ 时刻物体平衡方程时，选择的参照构形不是未变形状态 $t=0$ 时的变形，而是最后一个已知平衡状态，即以本增量步起始时的 t 时刻构形为参照构形，这种列式法称为更新的拉格朗日列式法（U.L 列式）。U.L 列式下结构增量形式的平衡方程为：

$$({}^{t}\boldsymbol{K}_0 + {}^{t}\boldsymbol{K}_\sigma)\mathrm{d}\boldsymbol{\delta} = {}^{t}\boldsymbol{K}_T \mathrm{d}\boldsymbol{\delta} = \mathrm{d}\boldsymbol{P} \tag{3-3-17}$$

在发生第一类失稳前，结构处于初始构形线性平衡状态，因此，式（3-3-16）中大位移矩阵 ${}^{0}\boldsymbol{K}_L$ 应为零。在 U.L. 列式中不再考虑每个荷载增量步引起的构形变化，所以不论 T.L. 还是 U.L. 列式，其表达形式是统一的。即

$$(\boldsymbol{K} + \boldsymbol{K}_\sigma)\mathrm{d}\boldsymbol{\delta} = \mathrm{d}\boldsymbol{P} \tag{3-3-18}$$

一般来讲,式(3-3-18)的系数矩阵是非奇异的,它只有零解 $\boldsymbol{\delta}=0$。表示原来的非挠曲的平衡是稳定平衡的。设外力按照比例增加 λ 倍,单元轴力成为 λP,由于 $\boldsymbol{K}_\sigma$ 与荷载大小有关,整体的几何刚度矩阵变为 $\lambda \boldsymbol{K}_\sigma$,整体平衡方程则为:

$$(\boldsymbol{K}+\lambda \boldsymbol{K}_\sigma)\mathrm{d}\boldsymbol{\delta} = \mathrm{d}\boldsymbol{P} \tag{3-3-19}$$

如果 λ 足够大,使得结构达到随遇平衡状态,即当 $\boldsymbol{\delta}$ 变为 $\boldsymbol{\delta}+\Delta\boldsymbol{\delta}$ 时,平衡方程式(3-3-19)也能满足,即有:

$$(\boldsymbol{K}+\lambda \boldsymbol{K}_\sigma)\mathrm{d}(\boldsymbol{\delta}+\Delta\boldsymbol{\delta}) = \mathrm{d}\boldsymbol{P} \tag{3-3-20}$$

同时满足式(3-3-19)和式(3-3-20)的条件是:

$$(\boldsymbol{K}+\lambda \boldsymbol{K}_\sigma)\mathrm{d}\Delta\boldsymbol{\delta} = 0 \tag{3-3-21}$$

由此可见,结构的稳定性分析最终归结为了广义特征值问题。$\{\Delta\delta\}=0$ 是式(3-3-21)的一组解,表示结构未发生失稳变形的情况,这组解并不是我们需要的。为了使式(3-3-21)取得非零解,则要求

$$|\boldsymbol{K}+\lambda \boldsymbol{K}_\sigma| = 0 \tag{3-3-22}$$

式(3-3-22)即为第一类弹性稳定问题的有限元计算的控制方程。稳定问题转化为求方程的最小特征值问题。因此第一类稳定问题也被称为特征值屈曲问题。若为 n 阶,在理论上可得到 n 个特征值 $\lambda_1、\lambda_2\cdots\lambda_n$,相应地可由式(3-3-21)求出 n 个特征向量,它们分别表示各阶稳定安全系数的大小及相应的屈曲模式。对于稳定问题,有实际意义的只是最小正特征值所对应的临界荷载 $\lambda_{\min}\boldsymbol{P}$。

λ 称为特征值,也叫比例因子或载荷因子,作用荷载 $\boldsymbol{P}$ 乘以它就等于临界屈曲荷载 $\boldsymbol{P}_{cr}$。作用荷载可以是任意的,如果给定荷载 $\boldsymbol{P}$ 是单位荷载,特征值即是屈曲荷载,如果给定荷载 $\boldsymbol{P}$ 是实际荷载,特征值即为该结构的屈曲安全系数(稳定安全系数)。

由于在线性弹性稳定分析中只使用结构内力形成的几何刚度矩阵,这就意味着忽略屈曲前的位移,得到的荷载为欧拉屈曲荷载。即引入两个假定:①轴向压力由线弹性分析确定;②屈曲引起位移的过程中轴向压力保持不变。即以小位移理论为基础,不考虑结构几何非线性及材料非线性影响。

在大跨径桥梁结构中,结构内力一般由施工过程确定的恒载内力(这部分必须按施工过程逐阶段计算)和后期荷载(如二期恒载、活载、风载等)引起的内力两部分组成。因此,$\boldsymbol{K}_\sigma$ 也可以分成一期恒载的初内力刚度阵 $\boldsymbol{K}_{1\sigma}$ 和后期荷载的初内力刚度阵 $\boldsymbol{K}_{2\sigma}$ 两部分。当计算的是一期恒载稳定问题,则 $\boldsymbol{K}_{2\sigma}=0$,$\boldsymbol{K}_\sigma$ 可直接用恒载来计算,这样通过式(3-3-22)算出的 λ 值就是恒载的稳定安全系数。若计算的是后期荷载的稳定问题,则恒载 $\boldsymbol{K}_{1\sigma}$ 可近似为一常量,式(3-3-22)改写成:

$$|\boldsymbol{K}+\boldsymbol{K}_{1\sigma}+\lambda \boldsymbol{K}_{2\sigma}| = 0 \tag{3-3-23}$$

形成求解式(3-3-23)的步骤可简单归结为:
①按施工过程,计算结构恒载内力和恒载几何刚度阵 $\boldsymbol{K}_{1\sigma}$;
②用后期荷载对结构进行静力分析,求出结构初应力(内力);
③形成结构几何刚度矩阵 $\boldsymbol{K}_{2\sigma}$ 和式(3-3-23);

④计算式(3-3-23)的最小特征值。

这样,求得的最小特征值 λ 就是后期荷载的安全系数,相应的特征向量就是失稳模态。

(2)第一类稳定问题的非线性有限元分析

在小变形情况下,K_σ 与应力水平成正比,由于发生第一类失稳前满足线性假设,多数情况下应力与外荷载也为线性关系。对于高墩、大跨连续刚构桥,由于桥墩很高,结构较柔,随着荷载的增加,在结构发生弹性失稳之前,部分构件已经进入塑性,荷载与应力已失去了线性关系。

为了利用第一类稳定求解的方便性,同时又要考虑材料非线性和几何非线性影响对线性稳定求解的失真度,可以将特征值问题与非线性分析结合起来求解。这就是第一类稳定问题的非线性有限元分析方法。它的基本思路是:用考虑几何非线性和材料非线性的有限元方法,将荷载逐级施加到 $\lambda_0 P$,λ_0 为期望的最小稳定安全系数,求出结构的几何刚度矩阵作为 $K_{1\sigma}$,在变形后的构形,由参考荷载按线性化稳定问题求出后期荷载的屈曲安全系数 λ_a,检验结构在后期屈曲荷载作用下是否出现新的弹塑性单元,如果出现则作迭代修正重新计算 λ_a,最后较精确的临界荷载为:

$$P_{cr} = (\lambda_0 + \lambda_a) P = \lambda P \tag{3-3-24}$$

式中:λ——结构在荷载 P 作用下较精确的稳定安全系数。

对于结构失稳前位移不大的刚性结构,往往忽略其大位移影响,于是问题就转化为第一类稳定的弹塑性问题,可以用图 3-3-28 所示的框图计算。

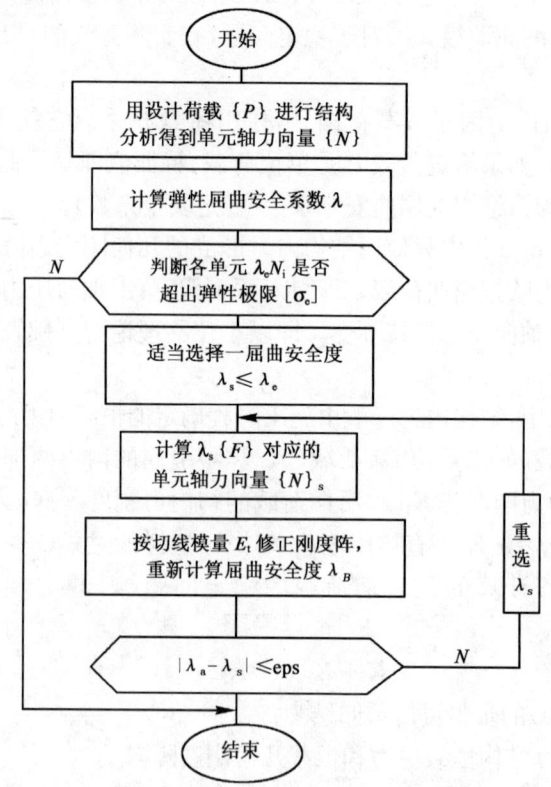

图 3-3-28 第一类弹塑性稳定问题计算流程图

虽然第一类非线性稳定计算考虑了由于结构出现弹塑性和大位移对结构刚度及其分布的部分影响,但仍然是近似的。

2.第二类稳定问题和极限承载力分析

(1)材料非线性

①稳定分析基本方程

工程中存在的稳定问题大多数属于极值点失稳,即二类稳定问题。从力学分析角度看,分析结构第二类稳定性,就是通过不断求解计入几何非线性和材料非线性的结构平衡方程,寻找结构极限荷载的过程考虑材料非线性,就是考虑混凝土弹性模量随着应力的变化而变化,随着荷载的增大,混凝土应力－应变关系并非线性变化的,截面的抗弯刚度,也都随之变化,稳定分析基本方程为:

$$(K_0 + K_\sigma)\delta = P \tag{3-3-25}$$

式中:K_0——小位移弹塑性刚度矩阵;

K_σ——初应力刚度矩阵;

δ——位移列阵;

P——节点荷载列阵。

②混凝土的应力－应变本构关系

为反映材料非线性对稳定性的影响,分析中引入基本假定:

a)平截面假定;

b)极限应变 $\varepsilon_u = 0.003$;

c)不考虑混凝土收缩徐变和环境温度、湿度等影响;

d)单轴混凝土的应力－应变本构关系采用 Hognestad 公式:

上升段($\varepsilon \leqslant \varepsilon_0$):

$$\sigma = \sigma_0 \left[2\frac{\varepsilon}{\varepsilon_0} - \left(\frac{\varepsilon}{\varepsilon_0}\right)^2 \right] \tag{3-3-26}$$

下降段($\varepsilon_0 \leqslant \varepsilon \leqslant \varepsilon_u$):

$$\sigma = \sigma_0 \left[1 - 0.15\left(\frac{\varepsilon - \varepsilon_0}{\varepsilon_u - \varepsilon_0}\right) \right] \tag{3-3-27}$$

式中:原点切线模量 $\varepsilon_0 = 2\varepsilon_a$,$\varepsilon_a$ 为割线弹性模量;应力峰值 $\sigma_0 = 0.85 f'_c$,f'_c 为圆柱体抗压强度;应变峰值 $\varepsilon_0 = 0.002$;极限应变 $\varepsilon_u = 0.003$。其应力－应变曲线关系如图 3-3-29 所示。

(2)几何非线性

几何非线性分析主要是指结构在荷载作用下,平衡方程建立在变形后的位置上,其实质就是考虑结构因变形产生的二阶效应对结构的影响。刚构桥的几何非线性属于有限位移问题,主要考虑单元初内力对单元刚度矩阵的影响和大位移对建立结构平衡方程的影响两个方面。考虑几何非线性后,结构的总体平衡方程统一地可写为:

$$(K_0 + K_\sigma + K_L)\delta = P \tag{3-3-28}$$

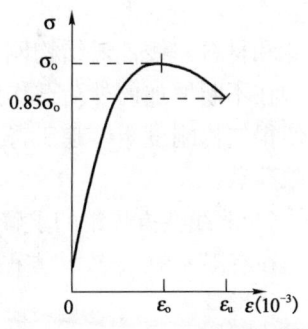

图 3-3-29 Hognestad 应力－应变本构关系

式中：K_L——位移刚度矩阵。

与材料非线性基本方程相比，几何非线性方程增加了位移矩阵，同时小位移弹塑刚度矩阵变为小位移弹性刚度矩阵。在高墩、大跨桥梁的空间梁单元几何非线性分析中，坐标变换是一个关键的问题。由于大位移矩阵很难用显式表达，故往往用拖动坐标法来考虑大变形效应引起的非线性，用几何刚度矩阵修正弹性刚度矩阵的方法来计入弯矩—轴力耦合效应引起的非线性。

(3)双重非线性

考虑双重非线性，即同时考虑材料和几何非线性的效应，其基本方程也是统一地可写为：

$$(K_0 + K_\sigma + K_L)\delta = P \tag{3-3-29}$$

式中：K_0——小位移弹塑性刚度矩阵；

K_L——大位移弹塑性刚度矩阵。

桥梁结构的桥墩大多属于压弯构件，且其组成材料有一定的弹塑性和强度极限。当荷载小于P_{cr}时，一部分材料已进入弹塑性状态或达到极限而破坏，即出现第二类弯曲失稳破坏，此时压弯杆的极限压力N_u也称压溃荷载，构件的失稳则需用压溃荷载来判别。

对于受弯矩作用的压弯杆件，当轴向压力N与初弯矩M_0成比例增加时，N和杆件中点的挠度δ的关系曲线如图3-3-30所示。图中虚线是把压弯杆视为完全弹性体的$N-\delta$曲线，以N等于欧拉力N_E的水平线为渐近线，实线$OABC$则代表弹塑性杆$N-\delta$的关系，曲线的上升段OB表示杆件处于稳定平衡，曲线下降段BC，则为不稳定平衡状态。杆件在极值点B失稳，这时荷载达到极大值。第二类稳定问题中，平衡状态不发生分支现象，即平衡形式不发生质变。根据极值点失稳的定义，第二类稳定问题可以理解为结构的极限荷载的概念。失稳时，构件截面可能边缘屈服，也可能部分进入塑性，取决于杆件的截面形状和尺寸、杆件的长细比和缺陷大小等等。

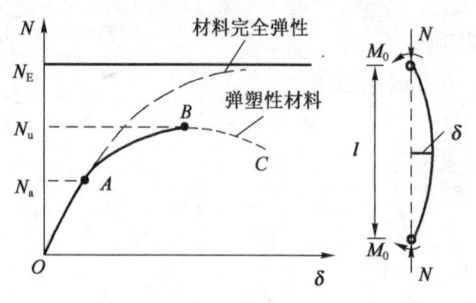

图3-3-30 压弯杆件屈曲曲线

从有限元计算的角度看，分析桥梁结构极限承载能力的实质就是通过求解计入几何非线性和材料非线性对结构刚度矩阵的影响，根据平衡方程，寻找其极限荷载的过程。桥梁结构在不断增加的外荷载作用下，结构刚度不断发生变化。当外荷载产生的压应力或剪应力使得结构刚度矩阵趋于奇异时，结构承载能力就达到了极限，此时的外荷载即为结构的极限荷载。

(4)非线性方程组的求解

在有限元中，非线性方程组的解法有三类：增量法、迭代法和混和法。

①增量法

增量法亦称为荷载增量法，是将荷载分成许多小的部分或增量，如图3-3-31a)所示。一般说来，每一级荷载增量不一定相等，在增加每级荷载增量过程中，假定结构的刚度矩阵保持不变，然后按照求解线性问题的方法解出每一级荷载增量引起的结点位移和结点力。荷载增量

法的实质是以一系列线性问题来近似非线性问题,即把非线性处理为分段线性。其计算公式(3-3-18)改写为:

$$K_i \Delta \delta_{i+1} = \Delta P_i$$
$$\delta_{i+1} = \delta_i + \Delta \delta_{i+1}$$
(3-3-30)

式中：K_i——第 i 级荷载增量区间起点处的结构整体刚度矩阵；
$\Delta \delta_{i+1}$——第 i 级荷载增量引起的结构结点位移增量；
ΔP_i——第 i 级荷载增量矩阵；
δ_i——第 i 级荷载增量区间起点处的结点位移向量；
δ_{i+1}——第 i 级荷载增量区间终点处的结点位移向量。

由增量法的图解可以看出,荷载分得越细,所得的结果越接近精确解,但是,很难正确估计荷载增量为多大时,才能得到满意的解。

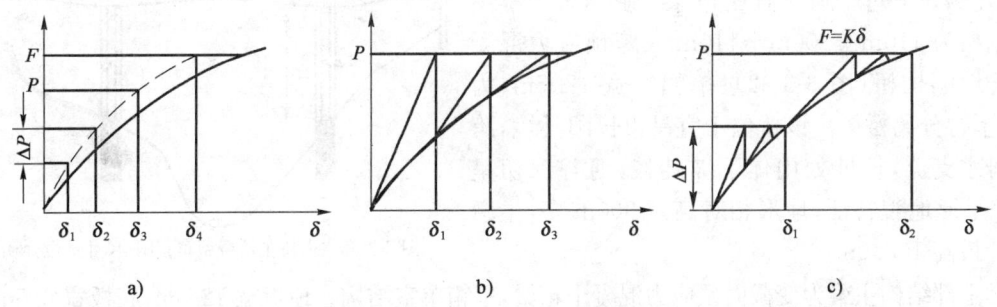

图 3-3-31 非线性分析计算方法图解
a)增量法；b)迭代法；c)混合法

②迭代法

迭代法是将荷载一次性地施加到结构上,结点位移用结构变形前的刚度矩阵求得,然后根据变形后的几何位置重新计算结构的刚度矩阵,求结点力。如图 3-3-31b)所示。由于结构变形前后的刚度矩阵不同,将产生节点不平衡力,为了满足节点平衡,需要这些不平衡作为荷载作用到各节点上,再计算相对于变形后的几何位置。反复这一迭代过程,直至节点的不平衡力小于允许值为止。该方法具有很好控制精度的优点,但用迭代法所求出的位移、应力和应变均是对应于总荷载的,得不到结构在加载过程中各量变化之间的关系。

③混合法

混合法是将增量法和迭代法综合起来的一种方法,即将荷载分成若干较小的增量,逐级施加荷载；在每一级增量中又采用迭代的方法进行计算,如图 3-3-31c)所示。逐级施加荷载,可得到结构荷载与位移、应变和应力的过程值；每一级进行迭代,可以消除不平衡力,得到满意的精度。混合法兼有增量法和迭代法的优点。在采用混合法求解非线性问题时,可以取较多的增量步而每步用较少的迭代次数,也以取较少的增量步而每步用较多的迭代次数。

非线性屈曲的基本求解方法是逐步增加外荷载增量,结构刚度随之变化,当外荷载产生的压应力或剪应力使切线刚度趋于奇异,结构趋于坍塌,此时外荷载即为极限荷载。

对多数实际工程中高墩结构的稳定性来说,应考虑结构几何和材料非线性的影响,而考虑了双重非线性影响的稳定系数可能明显低于未考虑的稳定系数,需要引起设计者的进一步关注和研究。

在公路桥梁中,传统对拱桥整体稳定安全系数要求大于 4~5 的概念来源于第一类稳定问题,本质上是针对简化的平面计算模型所给出的弹性稳定安全系数。结构稳定性的试验表明,一般情况下试验模型实测的失稳临界荷载值总是低于理论计算值。这是因为结构模型不可避免地存在一些几何偏差和缺陷,而几何缺陷对于临界荷载的影响较大。设计时通常偏安全地要求非线性稳定系数 $\lambda \geqslant 3$。

三、抗风稳定性计算示例

1. 工程实例

[**例 3-3-6**] 湖北宜昌市某公路大桥[22],主桥结构为 110m+200m+110m 三跨预应力混凝土连续刚构桥(图 3-3-32),单幅桥宽 12.5m,为上、下行分离桥梁。该桥位于宜昌市长阳县境,跨越丹水支流,桥址处山体下坡陡峻,河谷深切呈"V"字形地貌特征,地形相对高差 300m 多,主墩设计最高 108.0m。

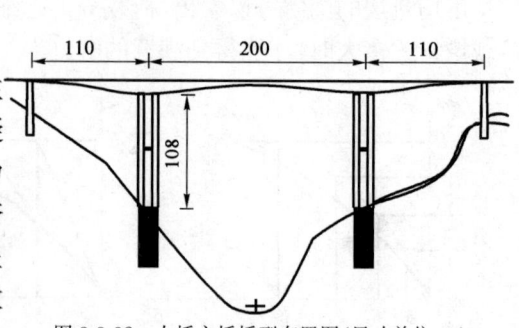

图 3-3-32 大桥主桥桥型布置图(尺寸单位:m)

上部结构主梁为变截面预应力混凝土箱梁,单箱单室结构。顶板宽 12.5m,底板宽 6.5m,悬臂长 3m,主墩支点截面处梁高 12m,跨中处截面梁高 3.5m,梁高呈 1.8 次抛物线变化。主墩墩顶箱梁各设柔性横隔板 4 道,边墩顶及跨中各设横隔板一道。采用纵、横、竖三向预应力体系。

主桥桥墩均采用双薄壁空心墩、高桩承台、12ϕ2.5m 群桩基础。右幅主墩高 108m,左幅主墩高 104m。薄壁墩两肢柱间距为 10.2m,单柱纵桥宽 3.8m,横桥宽 8.5m,短边壁厚 80cm,长边壁厚 100cm,墩身纵、横向坡度均采用 1/100。在墩、梁固接处采用两箱体正交的连接形式,在空心墩柱纵向两侧壁中心上延线的梁体部分设置两横隔板,墩柱横向侧壁中心线与箱梁腹板中心线一致。在墩柱约 1/3 处双壁间设置一道横向联结。

2. 高墩的自体稳定性验算

(1)计算模型

采用大型空间分析软件,三维梁单元计算模型。取右幅 108m 高墩为计算结构,并考虑了桩—土—结构的相互作用,取桩基自由长度 18.5m。将计算结构离散为 82 个单元,96 个节点。

(2)计算工况

分为以下两种工况进行计算:

工况 1:自重+横向风力;

工况 2:自重+纵向风力。

风荷载的计算:基本风压 $W_0=400\text{Pa}$,采用阵风荷载作为设计风荷载,纵向风力取横向风力的 70%。

加载方式:结构自重在单元内计入,风荷载以分布荷载的方式施加在对应的单元上。

(3) 稳定分析结果

各工况下的稳定特征值和墩底截面内力值如表 3-3-6 所示。

双薄壁高墩内力值、稳定特征值　　　　　表 3-3-6

工况	墩底截面					稳定特征值
	轴向压力 (kN)	纵向剪力 (kN)	横向剪力 (kN)	纵向弯矩 (kN·m)	横向弯矩 (kN·m)	
1	59 260	—	481	25 862	1 032	50.014
2	56 040 (62 480)	603 (728)	— —	19 616 —	— (21 680)	50.008

注：① 表格中括号内的数值指两肢内力的不同值；
　　② "—"表示该值为零或很小可忽略不计。

由分析结果看，高墩在各工况下的稳定特征值均大于 5，说明该墩在墩身施工阶段的稳定性满足要求。

3. 施工最大悬臂状态时结构的稳定性验算

(1) 计算模型

最大悬臂长 92m，单元和节点划分严格按照施工阶段长度及断面变化情况进行。整个结构离散为 138 个单元，153 个节点。

(2) 计算工况

分为下列几种工况进行计算：

工况 1：自重；

工况 2：自重＋横桥向风力；

工况 3：自重＋纵桥向风力；

工况 4：自重＋梁段自重差＋施工不平衡荷载＋挂篮(正常)；

工况 5：自重＋梁段自重差＋施工不平衡荷载＋挂篮(跌落，冲击系数取 2.0)。

(3) 计算荷载

主梁上的风荷载转化为横向风载、竖向风载和扭转力矩三向风力(风载计算详见本章第四节)：

横向风载：$P_H = 0.5 \rho V_g^2 C_H H$

竖向风载：$P_V = 0.5 \rho V_g^2 C_V B$

扭转力矩：$M_T = 0.5 \rho V_g^2 C_M B^2$

式中：V_g 为阵风风速，设计为 46.92m/s；C_H、C_V、C_M 数值均按照英国 BS 5400 规范取用。

主梁风荷载的加载方式按左侧加载 100%，右侧加载 0 计算[按《公路桥梁抗风设计规范》(JTG/T D60-01—2004) 第 4.5.1 条：不对称系数可取 0.5]；

悬臂两端梁段浇筑自重差，按左端增加 5%，右端减少 5% 计；

施工不平衡荷载，按悬臂左侧作用 8.5kN/m 均布荷载，并在端头作用 200kN 集中力，右侧无；

计算挂篮重量按 800kN 计。

结构自重和梁段浇筑自重差在单元内计入，其他荷载均以单元荷载或节点荷载的方式施加在相应的单元或节点上。

(4) 稳定分析结果

各工况下的失稳模态均为横桥向失稳,各工况下主要截面内力值及稳定特征值见表3-3-7。

最大悬臂状态稳定分析结果 表 3-3-7

工况	墩顶截面						稳定特征值	墩底截面					
	轴向压力(kN)	纵向剪力(kN)	横向剪力(kN)	纵向弯矩(kN·m)	横向弯矩(kN·m)	扭矩(kN·m)		轴向压力(kN)	纵向剪力(kN)	横向剪力(kN)	纵向弯矩(kN·m)	横向弯矩(kN·m)	扭矩(kN·m)
1	50 961	776	—	29 597	—	—	13.46	110 221	272	—	4 470	—	—
2	56 326	783	1 719	27 572	3 485	41 232	13.42	113 369	274	2 589	6 663	194 259	38 739
	50 488		581	24 318	26 185	40 390		107 740		632	2 340	120 735	38 709
3	50 254	776	—	33 206	—	—	13.46	106 905	394	—	15 684	—	—
	51 669		—	25 988	—	—		113 538	938	—	24 625	—	—
4	79 699	834	—	46 899	—	—	13.12	137 982	288	—	24 837	—	—
	25 393		—	16 663	—	—		85 630		—	15 367	—	—
5	93 469	835	—	54 657	—	—	13.06	151 264	288	—	35 050	—	—
	11 623		—	50 403	—	—		72 347		—	25 572	—	—

注:①表格中各个工况内两个数值指两肢内力的不同值;
②"—"表示该值为零或很小可忽略不计。

由分析结果看:风荷载对结构的静力稳定性影响不大,但对于大跨径高墩桥梁,在内力计算时特别是对高墩截面验算时必须考虑风荷载的作用;各工况下的稳定特征值均大于5,说明最大悬臂状态时结构的稳定性满足施工要求;在横向风力的作用下,对桥墩截面会产生很大的横向弯矩和扭矩,对桥墩截面的强度影响很大,需进行强度验算;工况5挂篮跌落时,使墩顶、底纵向弯矩显著增加。经验算,墩顶截面尺寸已不能满足受力要求。所以,在施工过程中要确保挂篮的安全性。

4. 成桥稳定性分析

(1)计算模型

把右幅主桥作为计算结构,离散为286个单元、315个节点,结构自重在单元内计入,其他荷载均以单元荷载或节点荷载的方式施加在相应的单元或节点上。

(2)计算工况

根据最大悬臂阶段的验算结果,未考虑风荷载的作用时,可分为以下几种工况进行计算:

工况1:自重+二期荷载;

工况2:自重+二期荷载+使高墩顶产生最不利轴力的车辆活载;

工况3:自重+二期荷载+使高墩顶产生最不利弯矩的车辆活载。

(3)稳定分析结果

各工况下的失稳模态均为横桥向失稳,各工况下主要截面内力值及稳定特征值见表3-3-8。

成桥状态稳定分析结果　　　　　　　表 3-3-8

工况	中跨跨中截面					稳定特征值
	轴向压力(kN)	竖向剪力(kN)	横向剪力(kN)	纵向弯矩(kN·m)	横向弯矩(kN·m)	
1	4 895	—	—	221 741	—	23.806
2	6 032	584	—	24 682	206	22.782
3	4 697	102	—	220 894	117	23.670

各工况下的稳定特征值均大于 5,说明成桥使用阶段结构稳定性满足要求。此阶段分析的稳定特征值明显高于最大悬臂阶段。

第四节　连续刚构桥的抗风设计

一、风荷载

1. 风对结构的作用

风对结构的作用可分为静力作用和风引起结构振动两方面。静力作用指风速中由平均风速部分施加在结构上的静压产生的效应;风的动力作用指结构在风作用下的空气弹性动力响应。风对结构的作用可以归纳为表 3-3-9。对于预应力混凝土箱梁的连续刚构桥,其重力和扭转刚度均很大,且颤振临界风速很高。根据实践经验,对于刚性较大的桥梁,风致振动很小,与静风载相比,动力风荷载是次要的,可以采用基于阵风风速的阵风荷载作为设计荷载,而不涉及结构的动力特性;而对较为轻柔的桥梁则应考虑抖振引起的惯性力作用。曾对虎门大桥的辅航道桥(主跨 270m 的连续刚构)进行了风洞试验,结果表明,桥梁无论是在施工状态还是在运营状态均不会出现振幅发散的振动。本章节主要论及风对结构的静力作用,结构在最不利的抗风状态下,验算墩底和悬臂根部的风载内力和变位,以及整体结构的抗风静力稳定性。

风对结构的作用　　　　　　　表 3-3-9

分类	现象			作用机制
静力作用	静风载引起的内力和变形			平均风的静风压产生的阻力、升力和力矩作用
	静力不稳定	扭转发散		静(扭转)力矩作用
		横向屈曲		静阻力作用
动力作用	抖振(紊流风响应)			紊流风作用
	自激振动	涡振	限幅振动	漩涡脱落引起的涡激力作用
		驰振	单自由度 发散振动	自激力的气动负阻尼效应—阻尼驱动
		扭转颤振		
		古典耦合颤振	二自由度	自激力的气动刚度驱动

2. 风载计算[23][24]

依照《公路桥梁抗风设计规范》(JTG/T D60-01—2004)中基本风压按100年重现期计算的规定,将开阔平坦地貌条件下,地面以上10m高度处,100年重现期的10min平均年最大风速作为基本风速。设计基准风速是在基本风速基础上,考虑局部地表粗糙度影响,桥梁结构或结构构件基准高度处100年重现期的10min平均年最大风速。桥梁构件基准高度处的设计基准风速可按《公路桥梁抗风设计规范》第3.2.4条中公式计算:

$$V_d = K_1 V_{10} \tag{3-3-31}$$

$$V_d = V_{s10}(Z/10)^\alpha \tag{3-3-32}$$

式中:V_d——设计基准风速(m/s);

V_{10}——基本风速(m/s);

V_{s10}——桥址处的设计风速,即地面或水面以上10m高度处,100年重现期的10min平均年最大风速(m/s);

Z——构件基准高度(m);

K_1——风速高度变化修正系数,可按规范第3.2.5条规定取用;

α——地表粗糙度系数,按规范第3.2.2条规定取用。

大跨度桥梁的抗风分析中,一般认为,在刚性较大的桥梁,可以采用基于阵风风速的阵风荷载作为设计荷载。规范中采用"静阵风"荷载概念,静阵风荷载定义为由静阵风风速算出的风荷载。静阵风风速按下式(见《公路桥梁抗风设计规范》第4.2.1条)计算:

$$V_g = G_V V_Z \tag{3-3-33}$$

式中:V_g——静阵风风速(m/s);

G_V——静阵风系数,可按规范中表4.2.1取值;

V_Z——基准高度Z处的风速(m/s)。

受到静阵风荷载作用的结构表面,所受到的静力可分为以下三个分量:①横向风载阻力P_H;②竖向风载升力P_V;③扭转力矩M_T。这些力取决于以下因素影响:①风压q;②截面形状(空气力分量的静力系数,即风载的阻力系数:C_D、C_V和C_M);③风与桥面水平线的攻角。

作用在结构单位长度上的力为(见图3-3-33):

$$P_H = C_D Qh \tag{3-3-34}$$

$$P_V = C_V qB \tag{3-3-35}$$

$$M_T = C_M qB^2 \tag{3-3-36}$$

式中:C_D、C_V、C_M分别为主梁体轴下的横向力、竖向力和力矩系数;$q = \rho V_g^2/2$(ρ为空气密度,取1.25kg/m³;V_g为静阵风风速);h为截面的高度(迎风面高度)、B为桥宽(顺风向水平投影长度)。

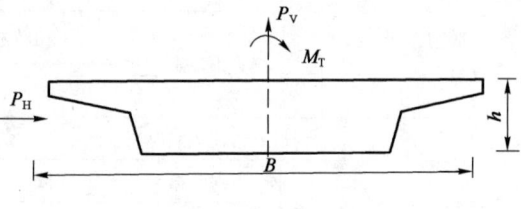

图3-3-33 风的作用力

二、连续刚构桥抗风计算示例

1. 工程实例

[例 3-3-7] 云南某高墩连续刚构桥[25]位于小湾电站库区内,为跨越水库而建。桥跨布置如图 3-3-34 所示。主桥为 116m+220m+116m 连续刚构桥,箱梁为双向预应力结构,采用单箱单室截面。箱顶板宽 9.0m,底板宽 6.0m。箱梁跨中及边跨支架现浇段梁高 4m,箱梁根部断面和墩顶 0 号梁段高为 13.5m。从中跨跨中至箱梁根部,箱高以 1.75 次抛物线变化。主墩高度为 168m,采用整体式钢筋混凝土空心墩,墩身横桥向变宽,墩顶宽 8m,双向按 80∶1 的坡度向下变宽,墩底宽达 13.6m,侧向壁厚 0.8m。纵桥向等宽 14m,正向壁厚 0.8m,中隔板厚 0.5m,每隔 13.5m 设一道 0.5m 厚的横隔板;主墩承台厚 6m,平面尺寸为 16.0m×21.0m;桩基为 12 根直径为 2.5m 的钻孔桩组成的群桩基础,嵌入弱风化岩层不小于 8m。

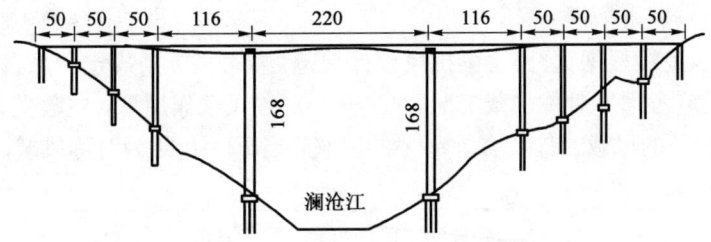

图 3-3-34 主桥桥跨布置示意(尺寸单位:m)

2. 最大悬臂施工状态抗风计算

(1)风载计算

①施工阶段的设计风速

单墩最大双悬臂施工状态属于施工阶段,根据《公路桥梁抗风设计规范》第 3.3.2 条规定:"当桥梁地表以上结构的施工期少于 3 年时,可采用不低于 5 年重现期风速;当施工期多于 3 年或桥梁位于台风多发地区时,可根据实际情况适度提高风速重现期系数值",本桥施工期约为 3 年,施工阶段基准风速采用 10 年重现期风速,即 $V_{10}=19.5$m/s(风速重现期系数 $\eta=0.84$)。成桥阶段计算基准风速按规范规定采用 100 年重现期风速,即 $V_{100}=25.8$m/s(风速重现期系数 $\eta=1$)。抗风分别以最大悬臂施工状态和成桥时的状态来进行分析。

②横桥向风载标准值

根据《公路桥涵设计通用规范》(JTG D60—2004)第 4.3.7 条,在横桥向风作用下主梁的横向设计基准风压、静风荷载(阻力)按如下公式计算:

$$F_{wh} = k_0 k_1 k_3 W_d A_{wh} \tag{3-3-37}$$

$$W_d = \frac{\gamma V_d^2}{2g} \tag{3-3-38}$$

$$W_0 = \frac{\gamma V_{10}^2}{2g} \tag{3-3-39}$$

$$V_d = k_2 k_5 V_{10} \tag{3-3-40}$$

$$\gamma = 0.012\,017 e^{-0.0\,001Z} \tag{3-3-41}$$

式中：符号及其意义详见《公路桥涵设计通用规范》的取值。

k_1为风载阻力系数，对普通实腹桥梁上部结构的风载阻力系数见《公路桥涵设计通用规范》公式(4.3.7-6)，与桥宽和梁高的比值有关。因为本桥梁高h是变值，故每一节段k_1均为不同值，其变化如图3-3-35所示。k_2为考虑地面粗糙度类别和梯度风的风速高度变化修正系数，墩的k_2取值随高度的变化如图3-3-36所示。计算得设计基准风压$W_d=777.75$ Pa。

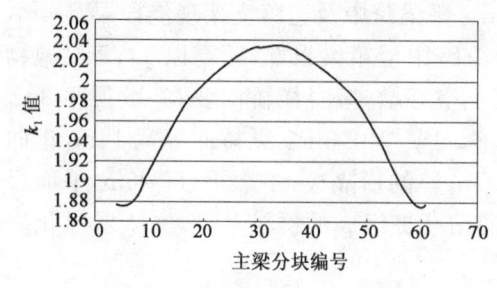
图3-3-35　风载阻力系数k_1变化

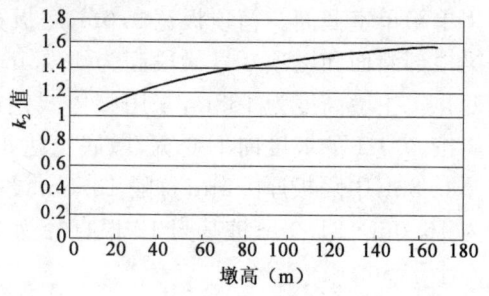
图3-3-36　修正系数k_2随风速高度的变化

施工阶段的风荷载根据《公路桥梁抗风设计规范》第4.5.1条规定："悬臂施工的桥梁，除了对称加载外，还应考虑不对称加载工况，在横向不对称风载作用下，主墩受力如图3-3-37所示。左侧承受100%的风载，右侧承受50%的风载，当$F_j=F_i$时为对称风载。

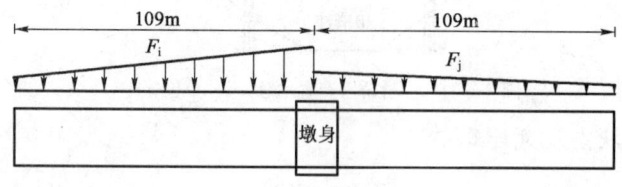
图3-3-37　横向风载示意

由于主梁在纵桥向高度不同（墩的横向截面变化），因此各点的风力值也不同，计算时以一个梁（墩）段为单位计算。

③纵桥向风载标准值

根据《公路桥涵设计通用规范》第4.3.7条："桥墩上的顺桥向风荷载标准值可按横桥向风压的70%乘以桥墩迎风面积计算。"

④竖向风载

风荷载采用两种工况组合：a)对称加载；b)不对称加载，方向相同。

梁体施加不对称风载为：左侧作用100%竖向风压，右侧作用50%竖向风压（如图3-3-38所示）。参照BS5400，竖向风压取为横向风压的0.4倍。

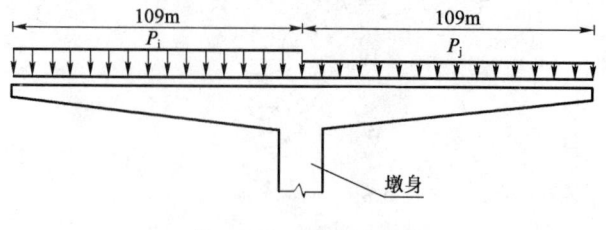
图3-3-38　竖向风载示意

(2) 计算模型及其荷载工况

①计算模型

施工阶段仿真计算一般采取有限元模型,在保证计算精度的前提下,采用合理的简化模型,以保证结构计算的速度是必要的。一般都采用梁单元,梁单元由 2 个节点构成,梁单元的每个节点都具有三个方向的线性位移和三个方向的旋转位移,因而每一个节点具有 6 个自由度;在其上作用的荷载可以有跨中集中荷载、分布荷载、温度荷载和预应力荷载等。本桥利用 ANSYS 软件和 BEAM188 三维线性有限应变梁单元建模来进行抗风计算。最大悬臂施工状态为箱梁施工达到最大悬臂时的状态,其几何模型如图 3-3-39 所示。

②施工荷载

施工荷载共考虑三种:

a) 梁段重度不均匀,一侧超出计算重度的 3%,另一侧低于计算重度的 3%;

b) 挂篮、现浇块件及施工机具的动力系数,一端采用 1.2,另一端采用 0.8,挂篮重取 1 200kN;

c) 考虑到实际施工需要,施工用临时工具材料,计算时取一侧悬臂作用 8.5kN/m 的均布荷载,并在悬臂端头有 200kN 的集中力,另一端空载。

图 3-3-39 抗风计算几何模型(最大悬臂施工状态)

③工况组合

根据荷载及不利情况按《公路桥涵设计通用规范》第 4.1.7 条进行如下工况组合:

工况组合 1:施工荷载+对称风荷载;

工况组合 2:施工荷载+不对称风荷载。

(3) 计算结果和分析

①施工荷载作用下主墩墩底内力

最大双悬臂施工状态内力最不利位置为主墩墩底空心段与实体段的交界处。计算中考虑了上述三种施工荷载同时出现,其内力叠加,计算结果见表 3-3-10。

施工荷载下主墩墩底内力   表 3-3-10

荷 载	轴 力 (kN)	纵桥向弯矩(kN·m)
施工荷载	3.31E+05	2.46E+05

②风载作用下主墩墩底内力

纵桥向、横桥向和竖向同时施加风载工况下的计算结果见表 3-3-11。

风载下主墩墩底内力   表 3-3-11

荷载工况	轴 力 (kN)	纵桥向弯矩 (kN·m)	横桥向弯矩 (kN·m)	扭 矩 (kN·m)	纵桥向剪力 (kN)	横桥向剪力 (kN)
对称风载	6.1E+02	3.7E+05	9.65E+05	4.3E+03	4.21E+03	7.69E+03
不对称风载	4.58E+02	3.68E+05	8.32E+05	3.0E+04	4.21E+03	6.90E+03

③荷载组合工况下主墩墩底内力

两种工况的组合内力见表 3-3-12。

主墩墩底工况组合内力 表 3-3-12

工况组合	轴力 (kN)	纵桥向弯矩 (kN·m)	横桥向弯矩 (kN·m)	扭矩 (kN·m)	纵桥向剪力 (kN)	横桥向剪力 (kN)
工况组合 1	3.31E+05	5.23E+05	9.65E+05	4.3E+03	4.21E+03	7.69E+03
工况组合 2	3.31E+05	4.01E+05	8.32E+05	3.0E+04	4.21E+03	6.90E+03

从表 3-3-11 可看出，施工阶段主要是墩底的横桥向起控制作用。

3. 成桥状态抗风计算

成桥阶段的几何模型如图 3-3-40 所示，计算时考虑了二期恒载，风载计算方法与施工阶段相同。成桥状态下，水平加载长度为主桥全长；按《公路桥梁抗风设计规范》，在横桥向风作用下计算主梁单位长度上的横向静阵风荷载时，主梁投影高度宜计入栏杆或防撞护栏以及其他桥梁附属物的实体高度。成桥状态纵桥向、横桥向和竖向同时施加风载工况下的计算结果见表 3-3-13。

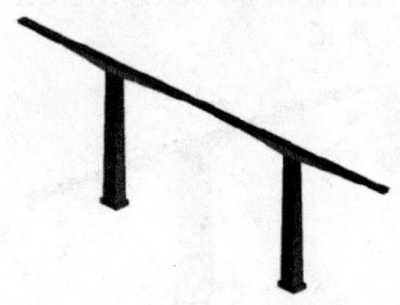

图 3-3-40　成桥阶段的几何模型

成桥状态主墩墩底内力 表 3-3-13

工况组合	轴力 (kN)	纵桥向弯矩 (kN·m)	横桥向弯矩 (kN·m)	扭矩 (kN·m)	纵桥向剪力 (kN)	横桥向剪力 (kN)
成桥状态	3.25E+05	3.07E+05	1.09E+06	1.24E+04	4.01E+03	8.65E+03

由于成桥阶段的基准风速远大于施工阶段的基准风速，计算结果表明，成桥阶段风载产生的内力大于施工阶段。单墩最大双悬臂施工阶段和成桥阶段的最大横桥向弯矩分别为 9.65E+05kN·m 和 1.09E+06kN·m。

第四章 连续刚构桥的动力分析

第一节 连续刚构桥动力特性计算

一、动力分析方法及原理

动力分析是结构分析的一大分支,有其自身的一套理论体系和求解方法。瞬态动力分析,有时也叫时间历程分析,是用来确定结构在随时间变化的荷载下的结构动力响应的方法。因此可以用它来分析随时间变化的位移、应变、应力以及力荷载下的结构响应。在加载时间内,惯性和阻尼效果的作用较大,不能被忽略时选择采用瞬态动力分析,否则采用静力分析即可。

桥梁结构动力特性是评价桥梁运营状态和承载能力的重要指标。桥梁结构的振动特性主要取决于它的各阶自振频率和主振型等。自振频率首先是表征结构刚性的指标,同时也是判断结构在动力作用下是否会发生车桥共振的依据。桥跨结构的固有自振特性和受迫振动响应,是动力分析的主要内容。

多自由度体系的桥梁的动力方程可写为:

$$\boldsymbol{M\ddot{\delta}} + \boldsymbol{C\dot{\delta}} + \boldsymbol{K\delta} = \boldsymbol{F}(t) \tag{3-4-1}$$

式中:$\boldsymbol{M}$、$\boldsymbol{C}$、$\boldsymbol{K}$——桥梁结构的质量、阻尼、刚度矩阵;

$\boldsymbol{\ddot{\delta}}$、$\boldsymbol{\dot{\delta}}$、$\boldsymbol{\delta}$——桥梁结构的加速度、速度和位移矢量;

$\boldsymbol{F}(t)$——作用于桥梁空间梁单元的荷载矢量。

和静力学分析方程不同的是,方程中多了质量矩阵和阻尼矩阵,并且引入了位移矢量的微分项,比静力分析要复杂得多。一般都采用通用有限元软件进行计算。

当求桥梁自由振动特性时,一般不考虑阻尼的影响,令 $\boldsymbol{C}=0$,$\boldsymbol{F}(t)=0$,则得到其无阻尼自振方程,即:

$$\boldsymbol{M\ddot{\delta}} + \boldsymbol{K\delta} = 0 \tag{3-4-2}$$

假设是单自由度体系的运动,并设 $\delta = A\cos\omega t$(A 是与初始位移相关的常数),那么上式可以表示为如下的形式:

$$(-m\omega^2 + k)A\cos\omega t = 0 \tag{3-4-3}$$

为了使上述方程恒成立,左边括号内的值必须为 0,这时方程的特征值就可以表示为以下形态：$\omega^2 = \dfrac{k}{m}, \omega = \sqrt{\dfrac{k}{m}}, f = \dfrac{\theta}{2P}, T = \dfrac{1}{f}$。式中：$\omega^2$ 表示特征值，θ 表示角速度，f 表示自振频率(固有频率)，T 表示自振周期。

对于多自由度体系的运动，式(3-4-2)具有非零解的条件为：

$$\boldsymbol{K}\omega^2\boldsymbol{M} = 0 \qquad (3\text{-}4\text{-}4)$$

也就是式(3-4-2)的特征方程(频率方程)为：

$$\boldsymbol{K}\omega_n^2\boldsymbol{M}\boldsymbol{\delta}_n = 0 \qquad (3\text{-}4\text{-}5)$$

式中：$\boldsymbol{K}$、$\boldsymbol{M}$——含义同式(3-4-1)；

ω_n^2——第 n 阶振型的特征值(自振频率)；

δ_n——第 n 阶振型向量，即主振型(模态)。

对于式(3-4-4)广义特征值问题求解方法比较多，常用的有 Lanczos 向量迭代法、逆迭代法、Rayleigh-Ritz 法、广义 Jacobi(雅可比)法、Ritz 向量迭代法、子空间迭代法等。子空间迭代法是 Rayleigh-Ritz 法和逆迭代法的联合，子空间迭代法的具体求解步骤可查有关文献。由于它吸收了 2 个方法的优点，既利用 Rayleigh-Ritz 法来缩减自由度，又在计算过程中利用逆迭代法使振型逐步趋近其精确值，因而计算效果也比较好。经验表明，这是目前求解大型结构自振频率和振型最有效的方法之一。

二、连续刚构桥自振频率及其模态分析算例

[例 3-4-1] 某桥主桥为 96m+160m+96m 的 3 跨连续刚构桥[26]。箱梁为双向预应力混凝土结构，采用单箱单室断面，箱顶板宽 9.1m，底板宽 5.6m，跨中箱梁高及边跨梁现浇段高 3.7m，根部梁高 9.2m，箱梁腹板厚 45～100cm，箱梁顶板厚 30cm，箱梁底板厚从跨中 30cm 按二次抛物线变化至根部 100cm。主梁采用 C60 混凝土。主墩采用双肢薄壁墩，壁厚 2m，薄壁墩的两肢之间净距为 6m，中间设系梁，墩身及系梁采用 C50 混凝土。计算该桥固有自振频率，并对其进行模态分析。

该桥梁动力有限元模型中主梁结构均采用变截面的三维空间梁单元进行模拟，梁单元的刚度即为纵梁本身的刚度。但梁单元的质量为桥面系的所有质量，除了纵梁本身的质量外，桥面铺装及桥面附属物也作为均布质量分配于主梁梁单元中，不改变主梁梁单元的其他性质。桥墩采用等截面的三维空间梁单元进行模拟。为简化计算，模型中未考虑桩—土效应，将各墩在相应的扩大基础顶或承台顶处直接固结。本例采用大型桥梁专业分析软件 MIDAS 建立该桥连续刚构动力特性的有限元计算模型。桥跨结构和桥墩采用三维空间梁单元(采用空间梁单元计算的频率可能比按三维实体单元计算的结果大，因为在梁模型中，墩、梁连接处被处理为刚性连接，刚度被加大，导致总体刚度变大)，结构空间动力计算具体模型如图 3-4-1 所示。通过模态分析，得到自振频率和模态形状，这有助于理解在这些模态被激发情况下的结构响应。

表 3-4-1 和图 3-4-2 列出了本桥前 10 阶模态自振频率和本桥前 9 阶振型图。

图 3-4-1 桥梁有限元模型

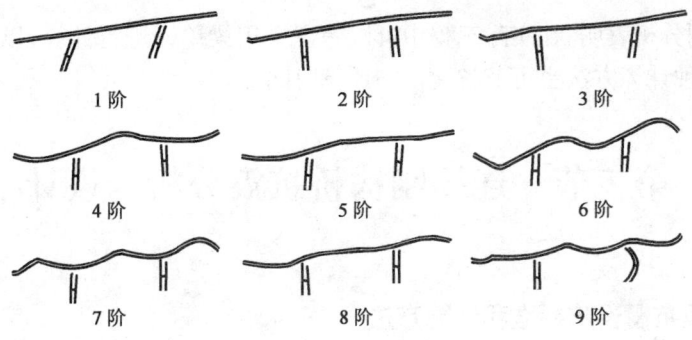

图 3-4-2 全桥前 9 阶的振型示意

全桥前 10 阶的自振特性　　　　　　　　　表 3-4-1

阶　数	自振频率(Hz)	振型特性
1	0.233 428	主梁纵漂、主墩纵桥向 1 阶反对称
2	0.340 494	主梁 2 阶横弯、主墩横桥向正对称 1 阶侧弯
3	0.653 690	主梁 3 阶横弯、主墩横桥向反对称 1 阶侧弯
4	0.939 636	主梁 3 阶竖弯、主墩顺桥向正对称 1 阶竖弯
5	1.330 655	主梁 3 阶横弯、主墩横桥向正对称 2 阶侧弯
6	1.483 050	主梁 3 阶纵弯、主墩顺桥向反对称 2 阶竖弯
7	1.823 209	主梁 3 阶竖弯、主墩顺桥向反对称 1 阶竖弯
8	2.334 620	主梁横桥弯扭转、主墩顺桥向反对称 2 阶竖弯
9	2.503 432	主梁纵漂,3 阶竖弯、右主墩顺桥向 2 阶竖弯
10	2.573 452	主梁 3 阶竖弯、主墩顺桥向正对称 2 阶竖弯

由以上计算结果可看到：

(1)该桥基频为 0.233Hz,第 1 阶振型是以墩为主的纵向面内振动,薄壁双肢墩振动同向,主梁纵漂无变形,反映了薄壁墩对该桥的动力特性有较大的影响。由于桥位较高,纵桥向保持一定的柔性对桥梁是有好处的,一般来说,纵桥向刚度在满足桥梁施工、运行稳定性要求的前提下要尽量小。从计算结果来看,振动的第 1 阶为纵桥向,与设计要求是相吻合的。同时,这一振型表明连续刚构桥的固有振动首先出现在刚度较小的部位,如双肢薄壁墩处。另外,这一振型对结构在横向荷载(包括横向地震力、横向风载)作用下是偏于有利的,但为了使结构对纵向地震的反应贡献较大,宜通过在设计和施工中采取相应的措施以满足抗震设计要求。

(2)振动的第 2 阶、第 3 阶出现主梁和主墩的面外振动,即主梁横桥向弯曲和主墩的侧倾。全桥的最大振幅均出现在墩顶位置。因大跨高墩连续刚构桥在横桥向的约束很弱,桥梁在横向不平荷载或风载作用下,易产生扭曲、变位,为了提高桥梁的侧倾稳定性,桥梁的横向刚度应该大一些。

(3)该桥在第 4 阶出现了主梁的竖弯,说明该刚构桥的竖向刚度小于横向刚度,使得竖向振型晚于横向振型出现。

(4)第 8 阶出现了墩和主梁在面外的强耦合的振动。主梁不仅有竖向挠曲变形,还有横向扭转变形。

(5)通过实例分析表明,在实际工程中可以考虑采用梁单元进行计算,以满足工程实际要求,同时,采用这种计算方法也可节省建模和计算时间。

第二节 连续刚构桥抗震分析与设计

一、公路桥梁抗震设防标准和计算方法

1. 抗震设防标准

2008年10月1日正式实施了《公路桥梁抗震设计细则》(JTG/T B02-01—2008)[27](以下简称《抗震细则》),它较《公路工程抗震设计规范》(JTJ 004—89)(以下简称《原规范》),在设计思想、安全设防标准、设计方法、设计程序和构造细节等诸多方面均有很大的变化和深入。

《抗震细则》参照国外桥梁抗震设防的性能目标要求,同时考虑了和《原规范》中桥梁抗震设防性能目标要求的延续性和一致性,规定:A类桥梁的抗震设防目标是中震(E1地震作用,重现期约为475年)不坏,大震(E2地震作用,重现期约为2 000年)可修;B、C类桥梁的抗震设防目标是小震(E1地震作用,重现期约为50~100年)不坏,中震(重现期约为475年)可修,大震(E2地震作用,重现期约为2 000年)不倒;D类桥梁的抗震设防目标是小震(重现期约为25年)不坏。

《抗震细则》中桥梁的分类情况如表3-4-2所示。

各桥梁抗震设防类别适用范围　　　　　　　　　　　　　　表3-4-2

桥梁抗震设防类别	适 用 范 围
A类	单跨跨径超过150m的特大桥
B类	单跨跨径不超过150m的高速公路、一级公路上的桥梁,单跨跨径不超过150m的二级公路上的特大桥、大桥
C类	二级公路上的中桥、小桥,单跨跨径不超过150m的三、四级公路上的特大桥、大桥
D类	三、四级公路上的中桥、小桥

各抗震设防类别桥梁的抗震设防目标如表3-4-3所示。

各抗震设防类别桥梁的抗震设防目标　　　　　　　　　　表3-4-3

桥梁抗震设防类别	设 防 目 标	
	E1地震作用	E2地震作用
A类	一般不受损坏或不需修复可继续使用	可发生局部轻微损伤,不需修复或经简单修复可继续使用
B类	一般不受损坏或不需修复可继续使用	应保证不致倒塌或产生严重结构损伤,经临时加固后可供维持应急交通使用
C类	一般不受损坏或不需修复可继续使用	应保证不致倒塌或产生严重结构损伤,经临时加固后可供维持应急交通使用
D类	一般不受损坏或不需修复可继续使用	

从抗震设防的目标值来讲,由过去的"一水平"过渡到目前的以概率理论为基础的"二水平",在实现手段方面,由过去的"一阶段设计"过渡到"两阶段设计"。第一阶段的抗震设计,采用弹性抗震设计;第二阶段的抗震设计,采用延性抗震设计方法,并引入能力保护设计原则。通过第一阶段的抗震设计,即对应 E1 地震作用的抗震设计,可达到和《原规范》基本相当的抗震设防水平。通过第二阶段的抗震设计,即对应 E2 地震作用的抗震设计,来保证结构具有足够的延性能力,确保结构构件的地震破坏只发生在预定的部位,而且是可控制的,不发生脆性的破坏模式。具体来说,就是要选择理想的塑性铰位置并进行仔细的配筋设计以保证其延性抗震能力;而不利的塑性铰位置或破坏机制(脆性破坏)则要通过提供足够的强度加以避免。

2. 地震作用和地震动输入

《抗震细则》(JTG/T B02-01—2008)地震作用部分,修订了水平设计加速度反应谱,反应谱周期由 5s 增加到 10s,增加了场地系数、阻尼调整系数、竖向设计加速度反应谱等内容,增加了地震作用分量组合、设计地震动时程等有关规定,取消了综合影响系数,详见《抗震细则》第五章。

地震作用可以用设计加速度反应谱、设计地震动时程和设计地震动功率谱表征。功率谱的规定是我国抗震设计规范中地震作用面临的一个新问题。具体内容分别见《抗震细则》第 5.2 节、第 5.3 节和第 5.4 节。

地震动输入是进行结构地震反应分析的依据,对结构的地震反应影响很大。结构的地震反应以及破坏与否,除和结构的动力特性、弹塑性变形性质、变形能力有关外,还和地震动的特性(幅值、频谱特性和持续时间)密切相关。地震地面运动在时间和空间上都具有高度的变化性,在一般的结构地震反应分析中,往往只考虑它们的时间变化性,而不考虑它们的空间变化性。因此,在结构地震反应分析中,通常都假定各支承点的地面运动是相同的。

在大跨度桥梁抗震设计中,建立多节点自由度的结构空间有限元动力计算图式,直接输入地震强迫振动的激振—地震加速度时程,应用专用计算程序对结构进行空间地震时程分析,首要问题是地面运动输入,即地震加速度输入。从 20 世纪 70 年代初以来,各国在地震加速度输入方式上大约有下列几种:

(1)国内、外常用的地震加速度记录,如 EL-centro 波、天津波、Taft 波等;

(2)桥址附近同类地质条件下的强震记录,即地震加速度幅值、卓越周期和持续时间;

(3)采用规范中设计反应谱拟合成人工地震波。我国《抗震细则》第 5.2 节提供了设计加速度反应谱曲线,分水平和竖向设计加速度反应谱,它与场地条件因素有关(桥梁工程场地划分为四类,详见《抗震细则》第 4.1.8 条);

(4)采用桥址场地地震危险性分析,提供基岩面上地震运动参数(地震加速度峰值、反应谱及持续时间等),生成基岩面上人工地震波。

其中,如能获得桥址场地附近同类地质条件下的强震记录为最佳选择。为考虑地震动的随机性,地震危险性分析所提供的人工地震波不能少于三组(见《抗震细则》第 5.3.2 条)。

3. 抗震计算方法

目前,国内外现有的绝大多数桥梁工程抗震设计规范,只适用于中等跨径的普通桥梁,如美国 AASHTO 规范和我国《公路工程抗震设计规范》(JTJ 004—89)的适用范围为 150m,日本为 200m，超过适用范围的大跨度桥梁的抗震设计，则无规范可循。与中等跨径普通桥梁相比，大跨度桥梁的地震反应比较复杂，相应地，抗震设计也比较复杂。如高阶振型的影响比较明显，以及需要考虑多点激振和行波效应、各种复杂的非线性因素、桩—土—结构相互作用等。因此，大跨度桥梁的抗震设计目前还比较困难，在《抗震细则》中列为"特殊桥梁抗震设计"（第9章），仅给出了抗震设计原则和有关规定。

目前，一般桥梁最常用的分析方法是采用反应谱法（详见《抗震细则》6.4 节）；对于重点桥梁、技术复杂及新结构桥梁应采用时程反应分析法（详见《抗震细则》6.5 节），考虑罕遇地震的设防标准应作非线性时程反应分析。对于大跨度、高桥墩连续刚构桥，分析过程不同于一般桥梁结构，尤其是高墩在强震作用下墩身承受的弯矩特别大，常发生以弯曲为主的塑性变形。由于高墩在地震作用下具有明显的非线性特征，因此规范中的线弹性反应分析已不能满足高桥墩抗震分析的要求，应采用弹塑性结构地震反应分析，即梁桥延性抗震设计（详见《抗震细则》6.2 节）。

1）反应谱法

（1）反应谱法特点

动力反应谱法是采用"地震荷载"的概念，从地震动出发求结构的最大地震反应，但同时考虑了地面运动和结构的动力特性，比静力法有很大的进步。反应谱是不同频率的单质点体系在一定阻尼系数的条件下输入不同地面运动后得到的位移反应、速度反应和加速度反应最大值的外包络曲线。反应谱方法的优点是：概念简单，计算方便，可以用较少的计算量获得结构最大反应值。当获得所需的地震谱以后，计算工作主要集中在将结构振型方程进行分解，最后，通过适当的方法将各振型反应最大值组合起来得到结构反应的最大值。此外，地震动的能量主要集中在 20Hz 以下的频率，激发的建筑结构反应的振动频率较低。应用反应谱法，只取少数几个低阶振型就可以求得较为满意的结果，计算量少。再者，反应谱法将时变动力问题转化为拟静力问题，易于为工程师所接受。

反应谱法的缺点是：

①在所有的支承处只能假定地震动完全相同，不能考虑多点激励，这会给复杂地质条件的大跨度桥梁带来局限性。如主墩设在不同地质条件的地基上或主墩之间距离较大时，所有支承处输入相同的地面运动是不恰当的。

②不能进行非线性地震反应分析。到目前为止，反应谱理论只限于线弹性范围，还没有真正意义上的弹塑性谱曲线。

③计算结果只能给出最大反应值，而不能给出发生反应的全过程。在抗震设计中最大的内力反应是最受关注的，但相邻截面的最大反应或即使在同一截面上各个内力的最大反应发生的时刻也各不相同，在结构强度或应力验算中应取发生在同一时刻的反应值，如最大弯矩相应的轴力和剪力，或最大轴力相应的弯矩和剪力等。这一点反应谱法无法做到。

④长周期结构采用规范设计反应谱或由地震危险性分析给出的场地设计反应谱计算所得的地震反应结果偏大。

⑤当所取的频率阶数不足时，会使某些截面的反应值失真，导致不安全的结果。这种情况发生在对结构某些部位的反应贡献最大的振型出现在高阶范围时。

目前，尽管大多数工程抗震设计规范都指出对大跨度桥梁要进行特殊抗震设计，应采用动态时程分析法，但反应谱法在大跨桥梁抗震设计中还是有应用价值的。因为，大跨度桥梁的主体结构应在未来地震中不发生大的破坏，基本在弹性或轻微非弹性状态工作。

(2)反应谱理论

反应谱理论是建立在以下基本假定的基础上：

①结构的地震反应是线弹性的，可以采用叠加原理进行振型组合；

②结构物所有支承处的地震动完全相同；

③结构物最不利地震反应为其最大地震反应；

④地震动的过程是平稳随机过程。

以上假设，第①，②项实际上是振型叠加法的基本要求，第③项是需要采用反应谱分析的前提，第④项是振型分解理论的自身要求。

反应谱方法用于抗震计算包括三个基本步骤：第一步是获得地震动反应谱；第二步是将结构振动方程进行振型分解，将物理位移用振型广义坐标表示，而广义坐标的最大值由第一步中所得的反应谱求得；第三步，反应量的最大值可通过适当的方法将各振型反应最大值进行线性叠加得出。

(3)反应谱法计算

采用有限元法，可以得到多质点体系的地震振动方程：

$$M\ddot{\delta} + C\dot{\delta} + K\delta = -MI_x\ddot{\delta}_g(t) \tag{3-4-6}$$

如果左端项的质量、阻尼和刚度矩阵是常系数的，称为线性地震反应分析；如果上述矩阵是变系数的，则称为非线性地震反应分析。

对于这一联立方程组，可利用振型分解法分解成一系列相互独立的振动方程，于是将多质点体系的复杂振动分解为各个振型的独立振动，从而可以采用单质点体系的反应谱理论来计算各振型的最大反应。最后，将各个振型的最大反应按适当的方法相组合，即可得到多质点体系的各项反应值。其中最简单而又最普遍采用的是平方和开方法，即 SRSS 法（Square Root of Sum of Squats），该法对于频率分离较好的平面结构的抗震计算具有良好的精度。但是对于频率密集的空间结构由于忽略了各振型间的耦合影响，因此常过高或过低地估计结构的地震反应。

2)时程分析法

(1)时程分析法特点

时程分析法从选定合适的地震动输入（地震动加速度时程）出发，采用多节点多自由度的结构有限元动力计算模型建立地震振动方程，然后采用逐步积分法对方程进行求解，计算地震过程中每一瞬时结构的位移、速度和加速度反应，从而可以分析出结构在地震作用下弹性和非弹性阶段的内力变化以及构件逐步开裂、损坏直至倒塌的全过程。这一计算过程相当冗繁，须借助专用计算程序完成。时程分析法可以精确地考虑地基和结构的相互作用、地震时程相位差及不同地震时程多分量多点输入、结构的各种复杂非线性因素（包括几何、材料、边界连接条件非线性）以及分块阻尼等问题，建立结构动力计算图式和相应地震振动方程，使结构的非线性地震反应分析更趋成熟与完善。

此外，时程分析法可以使桥梁的抗震设计从单一的强度保证转入强度、变形（延性）的双重保证，同时使桥梁工程师更清楚结构地震动力破坏的机理和正确提高桥梁抗震能力的途径。

此方法的主要优点是既可以做线性分析，又可以做弹塑性动态分析，概念明确。其主要缺点是计算结果过度依赖于所选取的加速度时程曲线，离散性很大。为得到较可靠的计算结果常要计算许多时程样本，并加以统计评论，为此需要进行大量的计算，实际上只对特别重要的大跨度结构才使用该法。

(2) 时程分析法的计算

结构的有限元离散将导致一个阶次很高的二阶常系数(线性)或变系数(非线性)的微分方程组[式(3-4-6)]，由于地震波是不规则的，地震动是难以用简单解析函数描述的复杂过程，因此得不到结构地震反应的解析表达式，所以一般都采用数值分析方法。运动方程的时域求解方法有振型分析法、直接积分法和增量平衡方程逐步积分法三类。振型分析法只适用于线性地震反应分析，即其地震动方程是二阶常系数微分方程组，采用振型坐标对微分方程组解耦，使其成为每个振型的独立微分方程，然后对每个振型(实用上常取前几个振型)进行杜哈梅(Duhamel)积分，一般可采用分段数值积分。振型分析法亦称振型叠加法，因为采用振型叠加法只需计算少数几阶振型即可获得满意的求解精度，因此采用振型叠加法比其他两种方法求解效率要高，但只适用于线性分析。而且对于大跨度桥梁来说，由于其振型较为密集，很多阶振型都可能对结构响应有较大贡献，究竟需计入多少阶振型才合理必须经计算比较后才能确定，因此在大跨度桥梁的计算中振型叠加法求解效率高的优点并不突出。一般采用直接积分法和增量平衡方程逐步积分法。

增量平衡方程逐步积分法是将桥梁振动方程表示为 Δt 时间间隔内的增量平衡方程，然后采用迭代的数值分析求结构反应的时程解。其实，这些积分法的基本思路都是将地震动持时 T 分为若干相等的时间步长 Δt，假定在一个时间步长 Δt 内加速度的变化规律及加速度、速度、位移之间的关系，以前一时间步长末的结果作为本步长计算时的初始条件，将二阶微分方程化为代数方程求解得到本时间步长末的响应。由于加速度、速度、位移之间的关系假定的不同，派生出多种积分格式。

直接积分法不通过坐标变换，用数值积分法对线性或非线性地震振动方程求结构反应的时程解。主要有：中心差分法、线性加速度法、Wilson-θ 法、Newmark-β 法，前两种方法是条件稳定的，后两种方法是无条件稳定的。条件稳定的算法只适宜用来求解小规模结构的动力响应。Wilson-θ 法和 Newmark-β 法可用于结构的非线性时程动力分析，这两种算法也是当今大跨度桥梁结构时程分析的常用算法。这些计算方法的基本步骤是相似的：①在待求解的时间段[0,T]设定若干离散点(一般为等间距 Δt 布置)；②在这些离散点上须满足动力平衡；③在 Δt 时间段内，假定某些反应量的变化规律；④假定 t 时刻的位移、速度、加速度为已知量，由前三个步骤得出 $t+\Delta t$ 时刻的反应量。

3) 计算示例

[例 3-4-2] 某大桥其主梁采用 106m+200m+106 m 预应力混凝土连续刚构桥。主桥桥墩墩身纵向由两片等截面矩形空心薄壁墩组成，钻孔灌注桩基础。桥型示意图如图 3-4-3。本桥处于 II 类场地，设防烈度为 7 度，计算模型中输入 EL-Centro 波 NS 分量(EL-Centro 波位移时程曲线见本章"第三节"图 3-4-14)，其峰值加速度为 0.356 9g，根据本桥的设防烈度对其峰值加速度进行适当调整。在计算中，沿桥梁的纵横水平方向分别输入地震波进行计算，不考虑竖向地震作用。用反应谱法和时程分析法计算了该桥的地震响应。

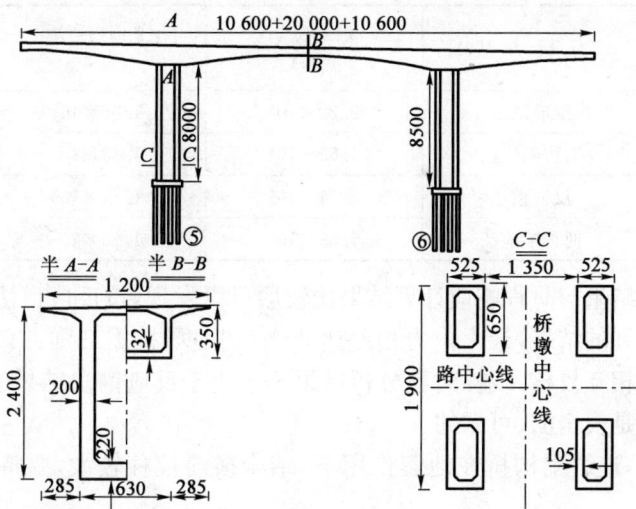

图 3-4-3　桥型示意(尺寸单位:cm)

(1)计算模型

地震反应分析时,采用的计算模型必须真实模拟桥梁结构的刚度和质量分布及边界连接条件。在此采用有限元软件 Midas/Civil 建立有限元模型进行空间地震响应分析,桥墩和主梁都采用空间梁单元模拟,桥墩与主梁之间的固结采用刚性连接单元模拟,并假设墩底固结。主梁两端设置为沿桥梁方向的滚动支座。

(2)桥梁结构的自振特性计算

首先对该桥的动力特性进行了分析,计算了前 25 阶纵横向振型和频率,表 3-4-4 列出了前 10 阶的频率和周期。

结构自振特性表　　　　　　　　　　　表 3-4-4

模态序号	频率（Hz）	周期（s）
1	0.197 4	5.066 5
2	0.201 4	4.964 3
3	0.452 4	2.210 2
4	0.654 6	1.527 7
5	0.718 0	1.392 8
6	0.904 7	1.105 4
7	1.176 0	0.850 4
8	1.263 2	0.791 6
9	1.460 9	0.684 5
10	1.649 2	0.606 4

(3)地震响应结果及分析

内力(单柱内力)计算结果见表 3-4-5。采用反应谱法计算主梁最大横向位移为41.6cm,纵向位移为 31.2cm,采用时程响应法计算主梁的最大横向位移为 28.7cm,纵向位移为 19.6cm。

内力计算结果表　　　　　　　　　表 3-4-5

墩 号	分析方法	最大轴力 (kN)	平面内弯矩 (kN·m)	出平面弯矩 (kN·m)
1	反应谱法	2.22×10^4	1.96×10^5	3.78×10^5
1	时程响应法	1.65×10^4	1.38×10^5	3.56×10^5
2	反应谱法	2.14×10^4	1.84×10^5	2.65×10^5
2	时程响应法	1.58×10^4	1.26×10^5	2.10×10^5

将反应谱计算结果与时程响应计算结果比较后可以发现，按反应谱法计算得到的结果大于按时程法计算得到的结果，最大内力相差达 30%。根据《抗震细则》第 9.3.1 条，时程分析结果应与反应谱法相互校核，线性时程分析结果不应小于反应谱法结果的 80%，所以大桥按反应谱分析计算还是安全的、可靠的。

通过计算可知，连续刚构桥在地震作用下，结构横向位移较大，要特别注意其横向地震响应。

在地震荷载作用下，连续刚构桥的地震反应取决于其刚度、质量的分布情况。主梁的惯性力按各柔性墩的刚度分配给各墩承受。如果有多个相同设计的桥墩，则希望各墩的受力较为均匀，这样有利于结构的整体抗震。

二、大跨度桥梁的抗震设计方法

《抗震细则》第 3.3 节给出了抗震设计总流程图，对于大跨度桥梁的抗震设计，文献[28]研究提供了一套大跨度桥梁抗震设计实用方法，可供参考，其设计流程参见图 3-4-4。

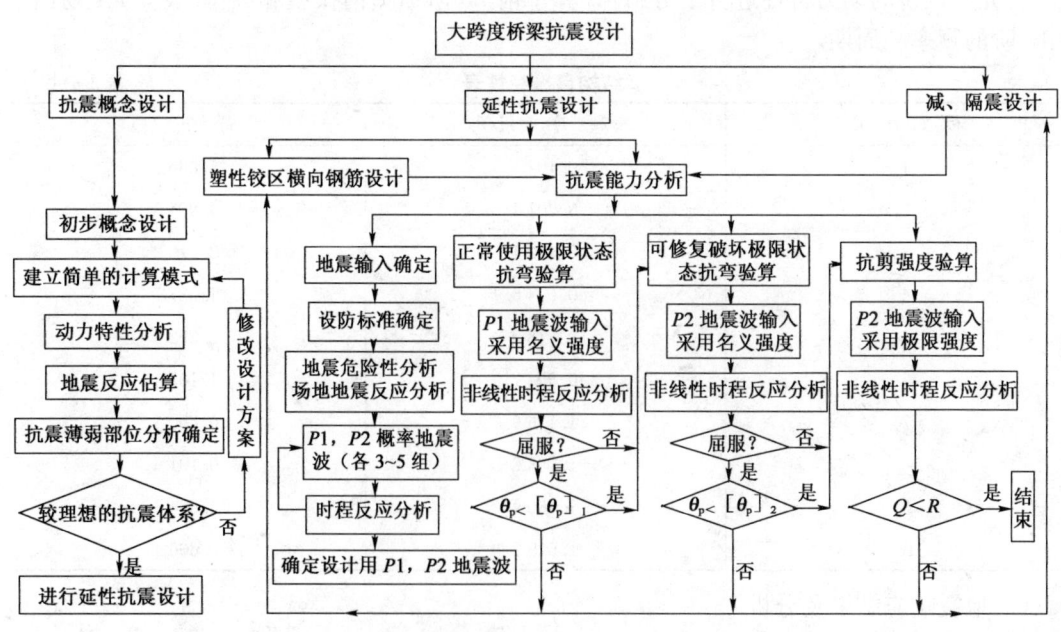

图 3-4-4　大跨度桥梁抗震设计流程

大跨度桥梁的抗震设计分两阶段进行:①在方案设计阶段进行抗震概念设计,选择一个较理想的抗震结构体系;②在初步或技术设计阶段进行延性抗震设计,并根据能力设计思想进行抗震能力验算,必要时要进行减隔震设计提高结构的抗震能力。

1. 抗震概念设计

在桥梁的方案设计阶段,不能仅仅根据功能要求和静力分析就决定方案的取舍,还应考虑桥梁的抗震性能,尽可能选择良好的抗震结构体系。在进行抗震概念设计时,特别要重视上、下部结构连接部位的设计,桥墩形式的选取,过渡孔处连接部位的设计,以及塑性铰预期部位的选择。为了保证所选定的结构体系在桥址的场地条件下确实是良好的抗震体系,须进行简单的分析(动力特性分析和地震反应估算),然后结合结构设计分析结构的抗震薄弱部位,并进一步分析是否能通过配筋或构造设计保证这些部位的抗震安全性。最后,根据分析结果综合评判抗震结构体系的优劣,决定是否要修改设计方案。

[**例 3-4-3**] 某大桥为跨径组合为 130m+205m+130m 的预应力混凝土连续刚构桥。该桥桥面宽 17.0m,主梁采用单箱单室预应力混凝土箱梁,主墩为钢筋混凝土双薄壁墩,墩身为 2.5m×9.0m 的实体矩形截面。主墩基础为每墩 18ϕ2.5m 钻孔灌注桩。

连续刚构桥的主梁与墩刚结,因此,在进行抗震概念设计时,重点应放在塑性铰位置的选取上。对于桥梁结构,通常希望塑性铰出现在便于检查和易于修复的,并且经过特殊配筋的墩柱处。图 3-4-5 根据地震反应分析得出在横向地震作用下的内力反应包络图。根据内力反应包络图与结构设计图纸,可以判断出预期会产生塑性铰的部位(抗震薄弱部位)为墩柱根部(见《抗震细则》第 6.2.2 条,连续刚构桥墩柱的端部区域一般为塑性铰区域),而这一部位的抗震安全性,完全可以通过正确的配筋设计得到保证,故无需修改设计方案。

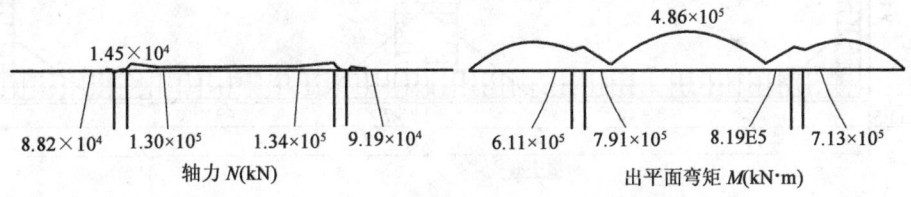

图 3-4-5 在横向地震作用下的内力反应包络图

2. 延性抗震设计

所谓延性抗震,就是材料达到屈服后,依靠结构塑性变形的能力来消耗地震能量,从而保证结构安全性的设计思想。其实质是通过限制结构的变形不大于某个限值来保证结构的安全性,是以位移为基准的设计思想。桥梁延性抗震设计见《抗震细则》第 6.2 节。

对钢筋混凝土结构而言,影响构件延性的主要因素是纵向钢筋配筋率和箍筋(横向钢筋)对构件延性的贡献。纵向受拉钢筋配筋率直接关系到截面受压区高度。理论上,当构件的纵向配筋率取为平衡配筋率时,纵向受拉钢筋屈服与受压区混凝土压碎同时发生,截面延性系数为零。因此,应限制纵向受拉钢筋配筋率,保证构件具有足够的延性。混凝土受压区配置受压钢筋,可以减小相对受压区高度,改善构件延性。箍筋对构件延性的贡献,主要是依赖箍筋对核心混凝土形成有效约束,从而使混凝土的极限压应变大幅度提高来实现的,为达到这一目的,必须设置足够的有效箍筋。

桥梁的延性抗震设计可分两个步骤进行：①对于预期会出现塑性铰的部位仔细进行配筋设计；②对整个桥梁结构进行抗震能力分析验算，确保抗震安全性。这两个步骤可以有反复，直到通过抗震能力验算(或者进行减、隔震设计以减小地震反应)。

1) 塑性铰区横向钢筋设计

横向钢筋不仅约束混凝土，保证截面的延性，而且要保证纵向钢筋不压溃屈曲。因此，塑性铰区的横向钢筋配置要同时满足这两个要求。各国抗震设计规范对塑性铰区域横向钢筋的最小配筋率都进行了具体规定。如美国 AASHTO 规范和欧洲规范(Eurocode 8,part 2)对体积含箍率的规定比较一致，特别是欧洲规范对横向约束钢筋的配置有非常详细的规定。欧洲规范将结构分为延性结构、有限延性和基本弹性结构 3 类。它们的最小位移延性水平要求分别为 3.0、1.5 和 1.0；要求延性结构塑性铰截面最小曲率延性为 13.0；塑性铰区范围内最小力学配箍率为 0.12(圆形截面为 0.168)。位移延性的定义为延性构件的极限位移(等于屈服位移和由于塑性铰转动产生的塑性位移之和)和延性构件的屈服位移之比；曲率延性的定义为塑性铰区截面的极限曲率和屈服曲率之比。《抗震细则》第 8.1.2 条，结合我国的实际情况，对横向钢筋最小配筋率也提出了明确规定。

由上已知，该桥预期的塑性铰区在墩柱根部，需仔细地对其进行配筋设计。原设计提供的主墩截面配筋图，箍筋的纵向间距为 15cm。为了提高延性，对主墩进行加强箍筋设计，如图 3-4-6 所示，箍筋的纵向间距减为 10cm。

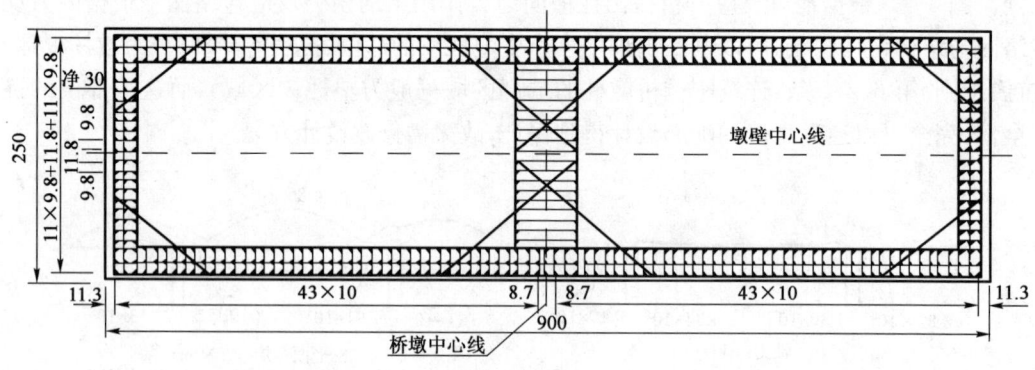

图 3-4-6　墩柱截面配筋图(加强箍筋，尺寸单位：cm)

2) 桥梁结构抗震能力验算

桥梁结构抗震能力验算的任务是通过非线性时程分析以及正确的抗震验算，确保整体结构与薄弱部位的抗震安全性。因此，首先要确定抗震设防的两个水平及对应的地震输入，再分别计算出结构的地震反应，并根据两个水平地震作用下结构的性能要求，验算结构的抗弯强度及弯曲延性，还要特别验算结构的剪切强度，确保不出现剪切脆性破坏。该部分详细内容可参见《抗震细则》第 7 章。

(1) 地震输入确定

① 抗震设防标准

根据《抗震细则》的规定，B、C 类桥梁的抗震设防目标是小震不坏，E1 地震作用，重现期约为 50～100 年。抗震设计只进行 E1 地震作用下的弹性抗震设计和 E2 地震作用下的延性抗震设计，满足了这两个阶段的性能目标要求后，中震(重现期约为 475 年)可修的目标即认为已隐含满足。这和《公路工程抗震设计规范》(JTJ 004—89)中桥梁抗震设防的性能目标要求是一致的。对于大跨度桥梁(单跨跨径150m以上的连续刚构桥)应按特殊桥梁进行抗震设计,以A类桥梁作为抗震设防目标(参见表3-4-3)。

②地震输入

在进行大跨度桥梁的地震反应分析时,通常要进行地震危险性分析,提供相应于两个设防水平(E1,E2)的人工地震波。即选择与所建桥梁场址具有类似的地质环境、相近震级(一般采用相同地震加速度峰值)条件下的地震记录作为输入地震波。考虑到土动力特性参数比较复杂,在地震危险性分析中所应用的一些主要参数均有一定区间,因此地震危险性分析必须提供3~5组人工地震波以供比较分析(采用时程分析法,见《抗震细则》第6.5.2条或第9.3.5条)。将所得的几组地震波,分别作为地震输入,对桥梁结构进行时程反应分析,选取能激起结构最大(或平均值)反应的那一组地震波,作为结构的地震输入。

(2)正常使用极限状态抗震验算

对于B类、C类桥梁可按《抗震细则》第7.3.1条,顺桥向和横桥向E1地震作用效应和永久作用效应组合后,按现行的公路桥涵设计规范相关规定验算。通常认为:①保护层混凝土不发生剥落;②裂缝宽度较小,经简易修复就可正常使用,一般认为不超过2mm。

对大跨度的特殊性桥梁(A类桥梁),《抗震细则》第9.4.1条要求在E1地震作用下,结构不发生损伤,保持在弹性范围内。

(3)可修复破坏极限状态抗弯验算

可修复破坏极限状态是桥梁在震后经过表面修复,仍然可以正常使用的临界状态。混凝土的极限压应变ε_{cu}可按《抗震细则》第7.4.5条式(7.4.5-1)计算。在E2地震作用下,允许桥梁结构发生显著破坏(如产生较宽的弯曲裂缝,发生保护层混凝土的严重剥落),但是,不允许发生横向约束钢筋的断裂和纵向钢筋的压溃屈曲,核心混凝土要保持完整,不需置换。可以说,横向钢筋开始发生断裂是桥梁墩柱可修复与否的临界条件,可按《抗震细则》第7.4.2条进行墩柱塑性铰区域沿顺桥向和横桥向的塑性转动能力的验算。否则,要修改延性设计或进行减、隔震设计,重新进行抗震能力分析验算。

桥梁结构在E2地震波作用下的地震反应,可以通过非线性地震反应分析程序获得,如结构已屈服,产生的塑性转角定义为θ_p。如果$\theta_p < \theta_u$(塑性铰区域的最大容许转角),则仍然满足要求,否则,要修改延性设计或进而作减、隔震设计,重新进行抗震能力分析验算。

塑性铰区域的最大容许转角按《抗震细则》第7.4.3条,根据极限破坏状态曲率能力(详见"条文说明"),按下列公式计算:

$$\theta_u = L_p(\phi_u - \phi_y)/K \tag{3-4-7}$$

式中:ϕ_y——截面的等效屈服曲率,按《抗震细则》第7.4.4条或附录B计算;

ϕ_u——极限破坏状态曲率,按《抗震细则》第7.4.5条或附录B计算;

K——延性安全系数,取2.0;

L_p——等效塑性铰长度(cm),可取以下两式计算结果的较小值;

$$L_p = 0.08H + 0.022 f_y d_s \geqslant 0.044 f_y d_s \tag{3-4-8}$$

$$L_p = \frac{2}{3}b \tag{3-4-9}$$

H——墩的高度或塑性铰截面到反弯点的距离(cm);

B——矩形截面的短边尺寸或圆形截面直径(cm);

f_y——纵向钢筋抗拉强度标准值(MPa);

d_s——纵向钢筋的直径(cm)。

(4)抗剪强度验算

在 E2 地震作用下,如结构未进入塑性工作范围,延性墩柱沿顺桥向和横桥向的剪力设计值 V_{c0} 可按《抗震细则》第 6.8.2 条规定公式计算。

根据能力设计思想,在强震作用下,为了依靠墩柱塑性铰的塑性变形能力耗散能量,必须保证在塑性铰区或结构的其他部位绝不出现剪切破坏,这就要求墩柱的剪切强度要大于墩柱可能承受的最大剪力(对应于塑性铰处截面可能达到的最大弯曲强度)。

为了求出墩柱可能承受的最大剪力,在输入概率水平为 E2 的地震波进行非线性地震反应分析时,钢筋和混凝土的强度要采用极限强度。钢筋和混凝土的极限强度可分别取 $f_{y0} = 1.3 f_y$,$f'_{cc} = 1.7 f_c$,其中,f_y、f_c 分别为钢筋的屈服强度和混凝土的圆柱体标准强度。

墩柱可能承受的最大剪力定义为 Q,墩柱的抗剪强度(延性系数的函数)定义为 R,如 $Q < R$,则墩柱的抗剪强度满足要求,不会发生剪切破坏,否则,要修改设计或进行减、隔震设计,重新进行抗震能力分析验算。

第三节 减、隔震技术在连续刚构桥中的应用

一、桥梁减、隔震设计

减、隔震技术作为一种主动应对地震的新对策得到了国内外地震工程界的高度关注,并成为地震工程领域研究的热点。在国外,一些国家的桥梁隔震技术已经趋于成熟,意大利已建成了隔震桥梁 200 多座,美国既有高速公路和高等级公路桥梁广泛采用铅芯橡胶支座替代原有支座,新西兰、美国、日本和意大利等国已经制定了桥梁隔震规范;我国也有不少单位对此进行了相关研究,隔震产品已有了专业化的生产和相应的产品标准。修订后的我国《公路桥梁抗震设计细则》(JTG/T B02-01—2008)也增加了减、隔震桥梁设计原则和有关规定。

采用减、隔震技术是利用隔震器和阻尼器来隔离、吸收和耗散地震能量,减小结构的地震反应。减、隔震技术是简便、经济、先进的工程抗震手段。减、隔震体系通过增大结构主要振型的周期,使其落在地震能量较少的范围内或增大结构的能量耗散能力来达到减小结构地震反应的目的。在进行抗震设计时,要根据结构特点和场地地震波的频率特性,通过选用合适的减、隔震装置、相应参数以及设置方案,合理分配结构的受力和变形。一方面,应将重点放在提高吸收能量能力从而增大阻尼和分散地震力上,不可过分追求加长周期。另一方面,应选用作用机构简单的减、隔震体系,并在其力学性能明确的范围内使用。

减、隔震设计的效果,同样需要进行非线性地震反应分析来验证。因此,对经过减、隔震设计的桥梁结构,依然要进行抗震能力分析验算。如果验算不通过,则应修改减、隔震设计,重新进行抗震能力分析验算,直到满足要求为止。

隔震与非隔震的连续刚构桥有限元分析的主要区别是:后者的离散系统中,只有普通的梁、柱、杆单元,结构的总刚度矩阵可以是弹性的,也可以是非弹性的;而前者的离散系统中,除

普通的梁、柱、杆单元外,还有描述隔震层特性的特殊单元,它是非线性的,因此结构刚度矩阵具有随时间和隔震层变形而变化的非线性特征。确定隔震层本构关系,进而确定其单元刚度矩阵是计算隔震结构动力响应的关键。下面将通过一个设计示例来说明此问题。

二、桥梁减、隔震设计示例

[例 3-4-4] 某公路大桥的桥孔布置如图 3-4-7 所示[29],为 105m+4×160m+105m 的预应力混凝土连续刚构,主梁截面为单箱单室,梁高顺桥向呈二次抛物线变化,桥面宽 17m,边跨梁端分别通过两个 9 000kN 的盆式橡胶支座支承在南北桥台上,双柱式桥墩高约 30m,基础为群桩,最大桩长接近 60m。该桥的地震设计烈度为 8 度(地震动峰值加速度系数为 0.2g)。

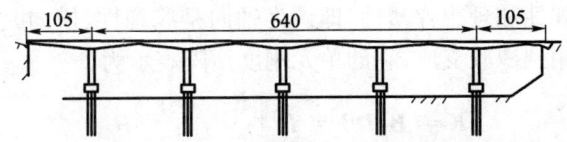

图 3-4-7 桥梁立面布置图(尺寸单位:m)

由于地震波的复杂性,根据大桥的设计资料,分别计算了桩—土—结构相互作用和行波效应的组合对结构物的影响。为了比较隔震与非隔震结构对地震力的响应,建立了每一种组合下相对应的两个力学模型:模型Ⅰ和模型Ⅱ。模型Ⅰ没有设隔震系统,模型Ⅱ在每个桥墩柱的底部与承台之间设置橡胶隔震支座,这就是隔震层。它们有限位移理论分析的区别在于,模型Ⅱ的每个承台上增加了描述隔震层特性的单元—橡胶支座单元。为简化分析,两个模型对结构进行分析都采用平面杆系有限元模型,其桥墩与梁体通过刚域连接,承台也简化为刚域,群桩按等刚度原则简化成单桩,主梁两端为可动支座。通过采用同样的方式输入同样的地震波,来比较两者的振动特性,这些工作是由专业编制的程序(华中科技大学编制的 IBS97 程序)来完成的。

1.结构单元分析

(1)带刚域构件的单元刚度矩阵

在结构的离散系统中,除普通的梁和柱单元外,还有两个带刚域构件单元。首先是将承台简化成刚域,与承台底部相连的是一段弹性桩,将这段弹性桩与刚域承台组成的构件称为带刚域 T 型单元;其次是桥墩通过刚域与梁体相连,把这段与梁体连接的桥墩柱称为带刚域柱单元。确定各单元刚度矩阵是结构矩阵分析中的重要环节,为此,利用主从变换和逆步变换[30],分别推演了刚域 T 型单元和带刚域柱单元的刚度矩阵。图 3-4-8 和图 3-4-9 分别给出了它们的示意图。

经过变换后,T 型单元和柱单元的刚度矩阵可表达为:

$$\boldsymbol{K}_1 = \boldsymbol{T}_1^\mathrm{T} \boldsymbol{K}_1^e \boldsymbol{T}_1 \tag{3-4-10}$$

$$\boldsymbol{K}_2 = \boldsymbol{T}_2^\mathrm{T} \boldsymbol{K}_2^e \boldsymbol{T}_2 \tag{3-4-11}$$

式中:$\boldsymbol{T}_1$、$\boldsymbol{T}_2$——分别为它们的变换矩阵;

$\boldsymbol{K}_1^e$、$\boldsymbol{K}_2^e$——分别为其弹性部分在局部坐标系下的单元刚度矩阵。

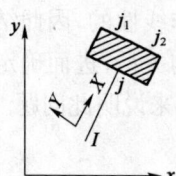
注：I, j 为从节点；
I, j_1, j_2 为主节点。

图 3-4-8 带刚域 T 型单元

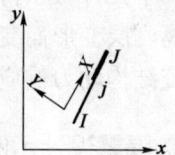
注：I, j 为从节点；
I, J 为主节点。

图 3-4-9 带刚域柱单元

(2)隔震层本构关系及单元刚度矩阵

鉴于橡胶隔震支座能够承受较大的轴向荷载，而又能耐受较大的剪切变形，IBS97 程序兼容了两种本构关系：线弹性和理想弹塑性，即认为轴向是线弹性、横向是理想弹塑性的本构关系。在隔震结构中，要用到橡胶支座，它的单元刚度矩阵表示为：

$$K = B^T DB = B^T \begin{bmatrix} K_H & 0 \\ 0 & K_V \end{bmatrix} B \tag{3-4-12}$$

式中：B——应变矩阵；

D——弹性矩阵；

K_H, K_V——分别为橡胶隔震支座的抗剪刚度和抗压刚度。

所谓线弹性，是指轴向变形 V 与轴向荷载 N 永远按直线规律变化，因而其轴向抗压刚度 K_V 总是一常数。

理想弹塑性恢复力曲线分成弹性阶段和塑性阶段两个阶段。弹性阶段的加载或卸载时，隔震橡胶支座的剪切刚度 K_H 都为常量，并且 $K_H = q_y/d_y$，当横向位移一旦越过 d_y，即进入塑性阶段，此时 $K_H = 0$。图 3-4-10 和图 3-4-11 分别为橡胶隔震支座和它在水平方向理想弹塑性恢复力曲线示意图。

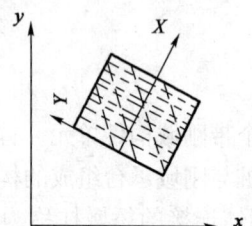

图 3-4-10 橡胶隔震支座

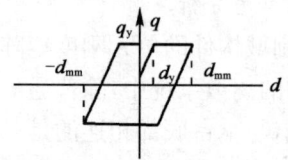

图 3-4-11 理想弹塑性恢复力曲线

2.结构振动特性分析

(1)不考虑桩—土—结构相互作用和行波效应

假定桩基与基岩为刚性连接，此时基岩假想位于河床最大冲刷线处。用于地震反应分析的力学模型 I 与模型 II 如图 3-14-12 所示。

根据桥梁的动力方程式，对于多自由度体系的地震振动方程可写为：

$$M_1 \ddot{\boldsymbol{\delta}}_1 + C_1 \dot{\boldsymbol{\delta}}_1 + K_1 \boldsymbol{\delta}_1 = M_1 I_x \ddot{\boldsymbol{\delta}}_g \tag{3-4-13}$$

$$M_2 \ddot{\boldsymbol{\delta}}_2 + C_2 \dot{\boldsymbol{\delta}}_2 + K_2 \boldsymbol{\delta}_2 = M_2 I_x \ddot{\boldsymbol{\delta}}_g \tag{3-4-14}$$

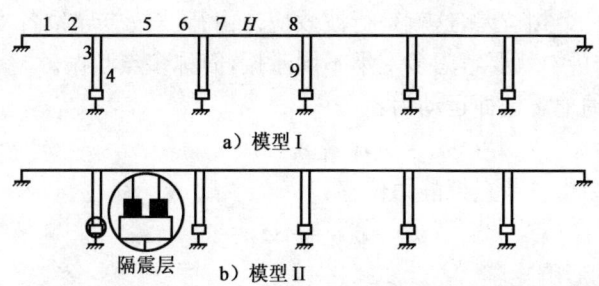

图 3-4-12　不考虑桩—土—结构相互作用模型

式中：M_1、M_2——模型 I 与模型 II 结构的总质量矩阵，它们是按照堆聚质量法得到的；

　　　C_1、C_2——总阻尼矩阵，通常在结构振动分析中采用的简单的瑞雷（Rayleigh）阻尼模型。必须指出，在隔震结构中，由于隔震层具有较大阻尼（如隔震层阻尼系数取为 0.15），而其他结构部分和非隔震结构阻尼较小（如将各阶阻尼比统一取为 0.05），所以 $[C_1]$、$[C_2]$ 的建立是有区别的；

　　　K_1、K_2——分别为模型 I 与模型 II 结构的总刚度矩阵；

　　　δ_1、δ_2——两种模型各节点自由度的相对位移列阵；

　　　$\ddot{\delta}_g$——地震加速度列阵。

根据大桥设计资料，建立各方程系数矩阵，并从结构支承处输入水平向 EL-Centro 波（峰值经过调整，使地表最大加速度峰值为 $0.20g$），利用 Wilson-θ 法或 Newmark-β 法求解方程（下同），得到隔震与非隔震结构各节点自由度反应时程，进而求得各单元内力。表 3-4-6 分别是两种模型在此种情况下部分单元最大弯矩值，表中的负号表示弯矩的方向绕杆端顺时针，单元位置如图 3-4-12 所示。图 3-4-13 表示第三跨中结点 H 水平方向绝对位移反应时程，其中粗实线代表模型 I（下同）。从图中可以看出，代表模型 II 的细实线出现峰值的次数明显要少，这说明隔振层使结构的振动变得平稳，在下面的讨论中仍然可以看到这个规律。

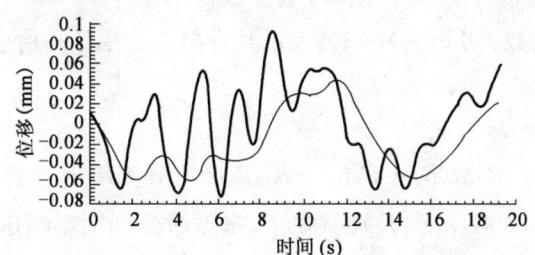

图 3-4-13　第三跨中结点 H 水平方向绝对位移反应时程曲线

部分单元最大弯矩值（单位：$\times 10^7$ N·m）　　　表 3-4-6

单元位置	1	2	3	4	5	6	7	8	9
模型 I	−2.701	−3.125	3.294	−3.540	−1.783	−5.973	−3.209	3.426	−5.044
模型 II	1.480	2.397	−2.769	1.598	−0.426	3.495	−2.022	2.088	−1.615

（2）不考虑桩—土结构相互作用、考虑行波效应

许多大跨刚构桥跨径都在 100m 以上，而典型的地震波波长为百余米至数百米。大量研究表明，当结构的跨度达到或超过地震波长的 1/4 时，就不能认为结构的所有地面节点是均匀一致运动的。因此，对于大跨桥梁结构，由于地震波沿桥轴纵向先后到达的时间不一致，各支

承处输入的地震波有一个相位差,这就是行波效应。由行波效应导致各支承处输入的地震波不相同,准地震反应分析中就要考虑多支承不同激振,简称多点激振。

设输入 n 个支承的地震地面运动为:

$$\boldsymbol{\delta}_g = \{\delta_{g1}\delta_{g2}\delta_{g3}\cdots\cdots\delta_{gn}\}^T \tag{3-4-15}$$

支承处地面运动引起结构各节点拟静力位移:

$$\boldsymbol{\delta}_{OB} = \boldsymbol{R}\boldsymbol{\delta}_g \tag{3-4-16}$$

式中:$\boldsymbol{R}$——$\boldsymbol{\delta}_g$ 对 $\boldsymbol{\delta}_{OB}$ 的影响矩阵。

结构总位移 $\boldsymbol{\delta}$ 应包括结构的动力反应相对位移 $\boldsymbol{\delta}_B$ 和拟静力位移 $\boldsymbol{\delta}_{OB}$,如将结构的全位移矢量 $\boldsymbol{\delta}_{tot}$ 以非支承处与支承处进行矩阵分块,并各以下标 Bt 与 g 表示,则

$$\boldsymbol{\delta}_{tot} = \begin{Bmatrix} \boldsymbol{\delta}_{Bt} \\ \boldsymbol{\delta}_g \end{Bmatrix} = \begin{Bmatrix} \boldsymbol{\delta}_B \\ 0 \end{Bmatrix} + \begin{Bmatrix} \boldsymbol{\delta}_{OB} \\ \boldsymbol{\delta}_g \end{Bmatrix} \tag{3-4-17}$$

结构多点激振的地震振动方程写成矩阵形式:

$$\begin{bmatrix} \boldsymbol{M}_B & 0 \\ 0 & \boldsymbol{M}_g \end{bmatrix} \begin{Bmatrix} \ddot{\boldsymbol{\delta}}_{Bt} \\ \ddot{\boldsymbol{\delta}}_g \end{Bmatrix} + \begin{bmatrix} \boldsymbol{C}_B & \boldsymbol{C}_{Bg} \\ \boldsymbol{C}_{Bg}^T & \boldsymbol{C}_g \end{bmatrix} \begin{Bmatrix} \dot{\boldsymbol{\delta}}_{Bt} \\ \dot{\boldsymbol{\delta}}_g \end{Bmatrix} + \begin{bmatrix} \boldsymbol{K}_B & \boldsymbol{K}_{Bg} \\ \boldsymbol{K}_B^T & \boldsymbol{K}_g \end{bmatrix} \begin{Bmatrix} \boldsymbol{\delta}_{Bt} \\ \boldsymbol{\delta}_g \end{Bmatrix} = \begin{Bmatrix} 0 \\ 0 \end{Bmatrix} \tag{3-4-18}$$

式中:$\boldsymbol{\delta}_{Bt}$——结构非支承处自由度的绝对位移矢量;

$\boldsymbol{M}_B$、$\boldsymbol{C}_B$ 和 $\boldsymbol{K}_B$——相应的质量、阻尼和刚度矩阵。

利用分块矩阵的乘法,可以得到:

$$\boldsymbol{M}_B\ddot{\boldsymbol{\delta}}_B + \boldsymbol{C}_B\dot{\boldsymbol{\delta}}_B + \boldsymbol{K}_B\boldsymbol{\delta}_B = \boldsymbol{M}_B\boldsymbol{R}\ddot{\boldsymbol{\delta}}_g - (\boldsymbol{C}_B\boldsymbol{R} + \boldsymbol{C}_{Bg})\dot{\boldsymbol{\delta}}_g - (\boldsymbol{K}_B\boldsymbol{R} + \boldsymbol{K}_{Bg})\boldsymbol{\delta}_g \tag{3-4-19}$$

上式为结构非支承节点系统的动力相对位移分量的地震振动方程,上式右端第二项很小,一般可忽略。而式(3-4-19)右端最后一项是反映拟静力位移的静力平衡条件,因而

$$(\boldsymbol{K}_B\boldsymbol{R} + \boldsymbol{K}_{Bg})\boldsymbol{\delta}_g = 0 \tag{3-4-20}$$

所以,影响矩阵:

$$\boldsymbol{R} = -\boldsymbol{K}_B^{-1}\boldsymbol{K}_{Bg} \tag{3-4-21}$$

式(3-4-21)为拟静力函数。矩阵其每一列表示某一单位支承位移所引起的非支承自由度的位移。

由此,式(3-4-19)演变为:

$$\boldsymbol{M}_B\ddot{\boldsymbol{\delta}}_B + \boldsymbol{C}_B\dot{\boldsymbol{\delta}}_B + \boldsymbol{K}_B\boldsymbol{\delta}_B = -\boldsymbol{M}_B\boldsymbol{R}\ddot{\boldsymbol{\delta}}_g$$

它与式(3-4-14)和式(3-4-15)的差别就在于,多点激振利用影响矩阵将地面运动输入 $\ddot{\boldsymbol{\delta}}_g$ 转换成为各节点位移加速度输入 $\ddot{\boldsymbol{\delta}}_{OB} = \boldsymbol{R}\ddot{\boldsymbol{\delta}}_g$。结构反应的总位移即绝对位移为:

$$\boldsymbol{\delta}_{Bt} = \boldsymbol{\delta}_B + \boldsymbol{\delta}_{OB} = \boldsymbol{\delta}_B + \boldsymbol{R}\boldsymbol{\delta}_g \tag{3-4-22}$$

结构节点内力反应可由刚度矩阵乘总位移求得,即

$$\boldsymbol{f}_B = \boldsymbol{K}_B\boldsymbol{\delta}_{Bt} + \boldsymbol{K}_{Bg}\boldsymbol{\delta}_g \tag{3-4-23}$$

必须指出,考虑多点激振时,结构各节点位移和内力均由两部分构成:与惯性力相关的动力反应引起的部分和拟静力位移引起的部分。其中前者由式(3-4-19)得到,后者根据影响矩阵及各支承处地震位移记录求得。IBS97 程序里有 ZLDZB 模块,能够完成整理地震波的任务,将各支承处地震波的量值与其位置和时刻做到一一对应。这样,通过影响矩阵[R]可以很方便地计算等效节点力。

图 3-4-14 为通过数值积分(即将地震波的加速度变成二阶差分格式)获得的 EL-Centro 波位移时程曲线(时间步长 0.02s,持续时间 19.2s,加速度峰值 0.2g)。

由于行波效应,地震波在该桥相邻桥墩间传播的时间间隔为 0.52s。力学模型同图 3-4-12,模型 I 与模型 II 多点激振的地震振动方程为:

$$M_{B1}\ddot{\delta}_{B1} + C_{B1}\dot{\delta}_{B1} + K_{B1}\delta_{B1} = M_{B1}R_1\ddot{\delta}_g \qquad (3-4-24)$$

$$M_{B2}\ddot{\delta}_{B2} + C_{B2}\dot{\delta}_{B2} + K_{B2}\delta_{B2} = M_{B2}R_2\ddot{\delta}_g \qquad (3-4-25)$$

表 3-4-7 和图 3-4-15 对照性地给出了隔震与非隔震结构部分单元(位置同图 3-4-12)最大弯矩和结点 H 水平位移反应时程曲线。

部分单元最大弯矩值(单位:$\times 10^7 \text{N} \cdot \text{m}$)　　　　表 3-4-7

单元位置	1	2	3	4	5	6	7	8	9
模型 I	4.391	−4.888	4.532	4.919	2.182	7.077	3.665	4.267	−5.331
模型 II	0.963	1.531	−1.741	−0.988	−0.620	2.124	1.233	1.431	−1.032

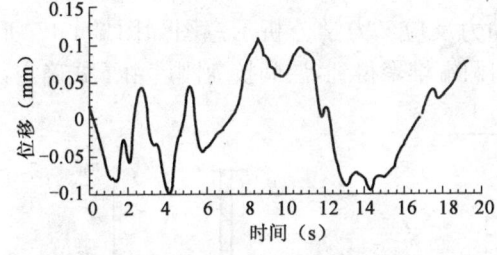

图 3-4-14　EL-Centro 波位移时程曲线　　　图 3-4-15　结点 H 水平位移反应时程曲线

(3)考虑桩—土—结构相互作用、不考虑行波效应

考虑桩—土—结构相互作用的桩基桥梁结构地震反应分析,目前国内外广泛采用的是质—弹性论,即集中质量法。基本方法是将桥梁上部结构多质点体系和桩—土多质点体系联合作为一个整体,来建立整体耦联的地震振动微分方程进行求解。关键在于将桩—土体系的质量按一定厚度简化并集中为一系列质点,离散成一理想化参数系统,用弹簧和阻尼器模拟土介质的动力特性,形成一个地下部分多质点体系。一般来说,这个方法可以考虑土介质的层理性、非线性、土阻尼特性等。依据这个思想,建立该桥在考虑桩—土—结构相互作用地震反应分析模型时,采用如下假定:

①地基土水平成层。

②远离结构物的地基土可近似地视为半无限体,它不受结构物存在的影响,并称为自然土体系。因此,自然地基土的振动可以用一单位面积土柱简化成的多质点体系来描述,并假定振动时,土的变形为剪切变形。

③靠近结构物的地基土与结构有同步的振动,这部分土体称为等价土体,等价土体对结构物影响表现为附加质量影响,即桩质点质量都增加了一个等价土体的附加质量。附加质量计算公式为:

$$m_i = \frac{\rho_i b_p^2 H_i}{2} + \frac{\rho_{i1} b_p^2 H_{i1}}{2} \qquad (3-4-26)$$

式中:ρ_i——土层密度;

　　　H_i——土层厚度;

b_p——桩的计算宽度。

④在自然地基体系与等价土体系之间用水平弹簧和阻尼器相连，在力学图示上，水平弹簧和阻尼器单元用二力杆表示。二力杆的弹性模量 E 取上部结构主要单元的值，其刚度为：

$$K_s = ab_p mz \tag{3-4-27}$$

式中：a——土层厚度；
　　　b_p——桩的计算宽度；
　　　m——地基系数；
　　　z——土层深度。

如以 L 表示二力杆长度，则根据等刚度原则，可求出二力杆等效面积 F：

$$F = \frac{ab_p mzL}{E} \tag{3-4-28}$$

图 3-4-16 是考虑桩—土—结构相互作用地震反应分析模型。

由于同一桩位处每层地基土都有各自的振动规律，显然这也是一个多点激振问题。具体计算时分两步：

第一步，确定每一个桥墩处自然地基本身的动力反应。力学分析示意图如图 3-4-17 所示，它是单位面积土柱，质点质量由每段土柱质量向两端堆聚得到，层间抗剪刚度由下式确定：

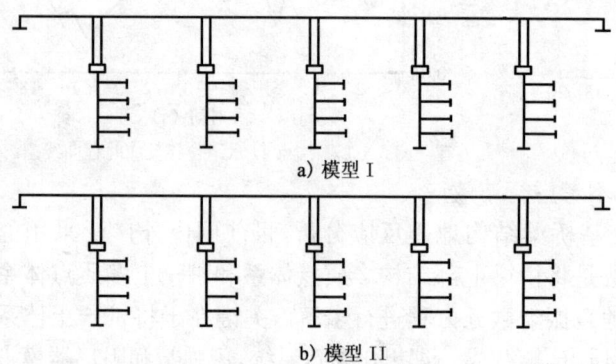

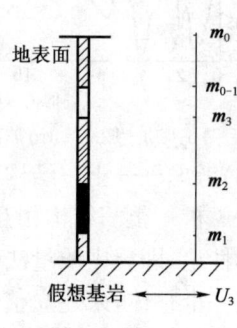

图 3-4-16　考虑桩—土—结构相互作用模型　　图 3-4-17　层间剪切模型

$$k_i = \frac{G_{si}}{H_i} \quad G_{si} = \frac{\gamma_{si}}{g} v_s^2 \tag{3-4-29}$$

式中：H_i——第 i 土层厚度；
　　　G_{si}——第 i 土层剪切模量；
　　　γ_{si}——第 i 层土壤重度；
　　　v_s——剪切波速。

自由场地震运动的动力平衡方程为：

$$M\ddot{U} + C\dot{U} + KU = MI_x \ddot{U}_g \tag{3-4-30}$$

式中：M 和 K——通过计算获得；
　　　C——采用瑞雷阻尼。

通过从基岩处输入 EL-Centro 波，得到五个桥墩处自由场各质点反应时程。这一步骤是利用 IBS97 程序中的 ZYCD 模块来完成的。

第二步,将第一步计算得到的自然地基各质点反应时程通过二力杆传给结构。式(3-4-24)和式(3-4-25)对于此时的模型 I 与模型 II 仍然适用。表 3-4-8 和图 3-4-18 分别为此种情况下部分单元(位置同图 3-4-12)最大弯矩值和结点 H 水平位移反应时程。

部分单元最大弯矩值(单位:$\times 10^7$ N·m)　　　　　　表 3-4-8

单元位置	1	2	3	4	5	6	7	8	9
模型 I	−2.744	−10.171	4.269	3.984	−1.897	−6.278	−3.860	−3.766	3.917
模型 II	−0.737	2.360	−1.847	−0.798	0.471	−1.749	1.462	1.255	−0.775

(4)考虑桩—土—结构相互作用和行波效应

对于带桩基长大跨结构,往往既要考虑桩—土—结构相互作用,又要考虑行波效应。同样,这是一个地震波多点激振问题。地震反应分析力学模型同图 3-4-16,振动方程与式(3-4-24)、式(3-4-25)形式相同。计算结果分别见表 3-4-9 和图 3-4-19。

部分单元最大弯矩值(单位:$\times 10^7$ N·m)　　　　　　表 3-4-9

单元位置	1	2	3	4	5	6	7	8	9
模型 I	1.532	5.775	−4.452	3.084	1.481	6.971	2.739	2.984	−3.164
模型 II	−0.524	1.803	−1.914	−0.734	0.456	2.070	1.227	0.779	−0.666

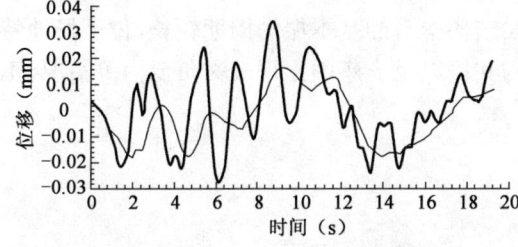

图 3-4-18　结点 H 水平位移反应时程曲线

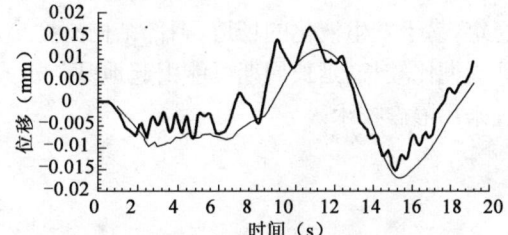

图 3-4-19　结点 H 水平位移反应时程曲线

3. 结论

通过对设置隔震系统与不设置隔震系统的连续刚构桥地震反应分析可知:

(1)不考虑行波效应时,设置隔震层使桥墩及上部结构的绝对位移反应峰值明显减小。

(2)从四个位移图中可以看出,隔震的四条曲线较平顺,这和隔震层上部结构地震加速度反应减小的结论是一致的。

(3)考虑桩—土—结构相互作用或行波效应,对该桥上部结构的绝对位移反应有减小的趋势,但是结构内力,特别是梁中的内力普遍增长,对连续刚构的主梁不利,因此在进行大跨连续刚构桥主梁的地震反应分析时,应考虑行波效应的影响。

(4)从四个表列计算结果可知,设置隔震层无一例外地使结构内力大幅下降,尤其是多点激励情况下内力下降更多,这说明被隔震的连续刚构桥具有很好的抗震能力。只要隔震系统的参数选择适当,隔震层可以起到很好的隔离、吸收和耗散地震能量的作用,特别是屏蔽桩—土的作用和行波效应对结构物的影响。因而在结构的抗震设计中,采用隔震技术不失为一种很好的选择方法。

(5)在地震力作用下,由于场地土对地震波的滤波和放大效应,使得输入结构基础上的地震波较基岩中的地震波产生了很大的变化。其次,在地震动输入下,由于基础周围土的约束作用,使得桩基础不能自由变形,而自由场地土的存在使得体系的质量效应加大,桩周土的阻尼效应也突显出来。桩—土相互作用对桥梁地震响应的主要影响:

①在地震作用下,考虑桩—土相互作用,体系刚度有下降;

②考虑桩—土相互作用时,结构产生水平运动和刚体转动,使墩顶位移增大,对结构整体稳定性产生不利影响;

③桥梁的抗震研究中,有一种处理方法是将桩视为弹性地基上的连续梁,而将桩周围的土按等刚度原则简化为抗压弹簧,弹簧一端固定,另一端与桩相连,并没有考虑各桩之间因土的共同振动而导致的相互影响——桩土连续梁模式。这种模式因没有考虑桩土共同振动的影响,因而导致桩与土整体刚度的降低,计算出的地震力响应值一般偏小。当桩的间距较大,而且是钻孔灌注桩时,采用桩土连续梁模式是合理的。

(6)对于桥墩较高且质量比较大,自身振动特性控制其设计情况,当场地条件等允许时,宜考虑在桥墩底部引入隔震装置。但是墩底隔震桥梁在横桥向必须进行倾覆稳定验算。对于使用支座的普通梁桥(如连续梁桥),一般在桥墩顶部设置隔震支座,只需用隔震支座代替普通支座即可,比较经济可行。

应当注意,上述示例还不够完整,只是作了少量分析和验证,对其减震规律变化和经济合理性都有待深入论证。并且,隔震技术的应用并不是在任何情况下均适用。对于基础土层不稳定,易于发生液化的场地,下部结构刚度小、桥梁结构本身的基本振动周期较长,位于场地特征周期比较长、延长周期可能引起地基与桥梁结构共振以及支座中出现较大负反力等情况,不宜采用隔震技术。

第五章 连续刚构桥设计要点

第一节 连续刚构桥的温度效应

一、混凝土连续刚构桥箱梁的温度效应

混凝土桥梁结构在太阳辐射和气温变化等环境因素的影响下,引起随时间变化的非线性温度分布,将会产生温度应力和温度位移。对于墩、梁固结的多次超静定的连续刚构桥,不论是上部结构梁体整体温差、日照温差还是桥墩的温差,均会对全桥的内力分布产生重要影响。随着桥梁跨度的增大,箱梁的断面尺寸也相应越来越大,高强混凝土的应用更加普遍,水泥用量增大,由此而带来的水化热效应也愈加突出,因此如何有效地监控和预防由温度应力导致的混凝土早期开裂也显得尤为重要。

由于自然环境条件变化所产生的温度作用一般分为日照温变、骤然降温和年气温变化三个类型。它们的不同特点见表3-5-1。

各种温度作用的特点   表3-5-1

温度类型	主要影响因素	时间性	作用范围	分布状态	对结构影响	复杂性
日照温变	太阳辐射	短时急变	局部性	不均匀	局部应力大	最复杂
骤然降温	强冷空气	短时变化	整体	较均匀	应力较大	较复杂
年气温变化	缓慢温变	长期变化	整体	均匀	整体位移大	简单

影响桥梁结构日照温度变化的主要因素是太阳辐射强度、气温变化和风速。骤然降温一般只要考虑气温变化和风速这两个因素,可以忽略太阳辐射的影响。骤然降温温度作用变化较日照温度变化作用缓慢、作用时间长。在混凝土箱形截面桥梁中,沿箱梁顶板表面温度分布比较均匀,但沿腹板表面的温度分布则随时间而变。混凝土墩柱结构的垂直表面的温度分布,随其表面的朝向、太阳方位角的变化而异。年气温变化较简单,规范称为均匀温度作用,在均匀温度场作用下,连续刚构预应力混凝土箱梁产生的应力与墩的抗推刚度和边跨的支座摩阻力有关。改善均匀温度力作用下对预应力混凝土箱梁的影响,可以通过减小墩的抗推刚度和减小支座摩阻力来实现。日照温变使结构沿高度形成非线性的温度梯度,规范称为梯度温度作用,是不均匀温度场效应,它能引起箱梁的弯曲变形,导致结构产生次内力,并且产生较大的温度自内力。

高墩大跨连续刚构桥通常墩底的面积设计较大,桥梁大体积混凝土浇筑后,在水泥水化作

用下,将产生大量的水化热,由于混凝土的导热性很差,水化热将在混凝土内部形成不均匀、非稳态温度场。因内外温升不一致,形成较大的温度梯度,在内外混凝土相互约束作用下产生拉应力,当温度应力超过混凝土初期的抗拉强度时就会产生裂缝。与此同时,随着热量不断向外散发,待混凝土达到最高温度后,混凝土温度逐渐下降,体积收缩,在约束条件下形成温度拉应力,也可能产生裂缝。这些裂缝影响到结构的整体性和耐久性,直接关系到混凝土的施工质量。国内外对水泥水化热引起的开裂问题的研究还相对较少,有采用 ANSYS 软件的热分析进行应力分析的,控制拉应力的限值,关键是要准确预测混凝土内部温度场和应力场分布规律。

二、混凝土箱梁温度效应分析

1. 温度梯度模式

《桥规》(JTG D60—2004)规定的竖向温度梯度模式在以上两篇中都有述及。各国在桥梁规范中,对箱梁的温度分布提出了各自的温度梯度模式。图 3-5-1 为国外规范的一些温度梯度曲线,图 3-5-2 为国内公路与铁路桥规采用的一些温度梯度曲线。英国规范(BS-5400)中对于温度作用的规定如图 3-5-1 所示,其中 a)图是箱梁桥面板升温图,b)图是箱梁桥面板降温图,其沿梁高的温度分布形式为折线形,各特征点的温度值按相应的表格选取;美国规范(AASHTO)如图 3-5-1c)所示;新西兰桥梁规范中就闭合箱梁的桥面作了单独规定,其温度呈线性递减,而腹板、悬臂板的温度分布则为 5 次抛物线形式,如图 3-5-1d)所示,对于无铺装层的箱梁,规定的最大温差达到 32℃。从以上的各国规范中温度模式的规定可以看出:① 各国规范中温度场的分布函数都是一维函数,而且不随时间变化;② 除中国规范(JTG D60—2004)和美国规范(AASHTO)有相似之处以外,各国关于温度场的分布模式都不相同,这是由于各国的环境不同所造成的;③ 对于因外部环境的变化例如大气温度的突然上升,对结构造成的影响,各国规范都无详细描述。因此,由于混凝土箱梁的布置特点和地区间自然环境的差别,在实际应用中不能简单套用温度梯度模式,而最好通过实测来分析某一地区混凝土箱梁的温度梯度模式。

《公路桥涵设计通用规范》(JTG D60—2004)(新规范)比 JTJ 021—89(旧规范)已做了较大改进,"JTJ 021—89 规范"中温度梯度的规定借鉴了原日本道路桥梁设计标准(1978 年)中温度变化的范围,根据不同地区的平均气温确定,一般情况下温度升降可分别采用 15℃;根据桥面板和其他部分的温度差计算断面内的应力时,温差以 5℃为标准,温度分布在桥面和其他部分内分别认为是均匀的,如图 3-5-2a)所示。我国铁路桥涵设计规范对箱梁沿梁高、梁宽方向的温差分布曲线,如图 3-5-2b)所示,另外,还规定了箱梁沿板厚的温差分布曲线,以及考虑降温温差荷载和对特大桥的设计时,温差 T_0 的取值。我国公路桥梁新规范竖向温度梯度曲线详见该规范第 4.3.10 条,主要是采用了美国 AASHTO 规范,将温差曲线改为折线模式,如图 3-5-2c)所示,温度曲线比较简单,计算比较方便。而且,通过对比可以看出新公路桥规 T_1 和 T_2 的取值直接套用了美国 AASHTO 规范提供的第二气候区的数值。但是没有规定计及横桥向温度梯度的作用,主要是考虑公路桥梁都带有较长的悬臂,两侧腹板受太阳直接辐射较少,梁底终日不受日照,所以,设计时认为只有梁顶全天日照。该温度梯度模式是否合理,T_1 和 T_2 的取值大小是否适合我国的实际情况,还应该做进一步的研究和探讨。

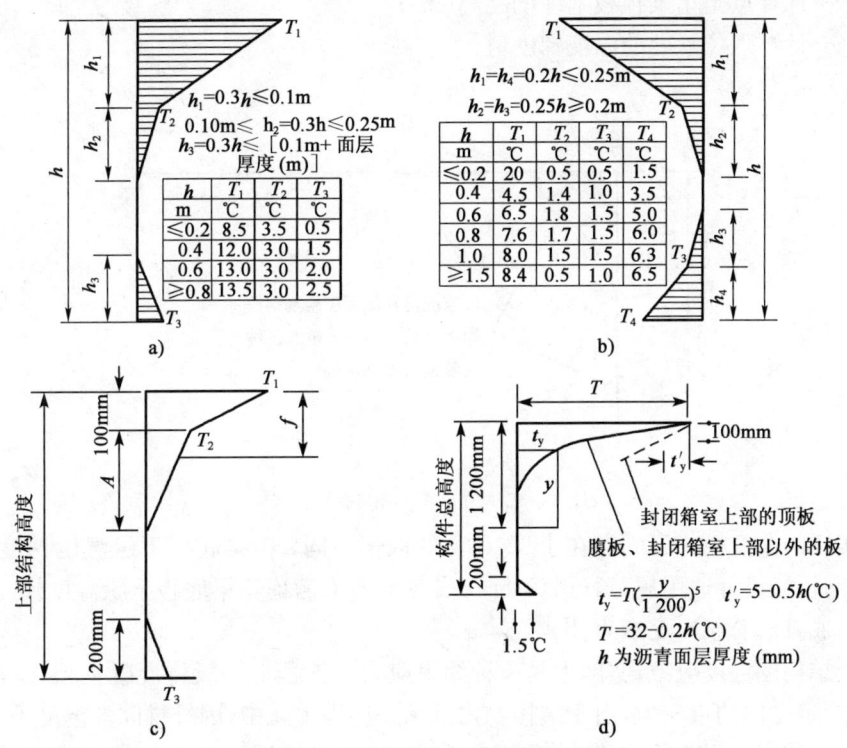

图 3-5-1 国外规范的一些温度梯度曲线

a)英国 BS-5400 规范箱梁顶板升温温差分布；b)英国 BS-5400 规范箱梁顶板降温温差分布；c)AASHTO LRFD-2007 SI 混凝土上部结构内竖直正温度梯度；d)新西兰规范

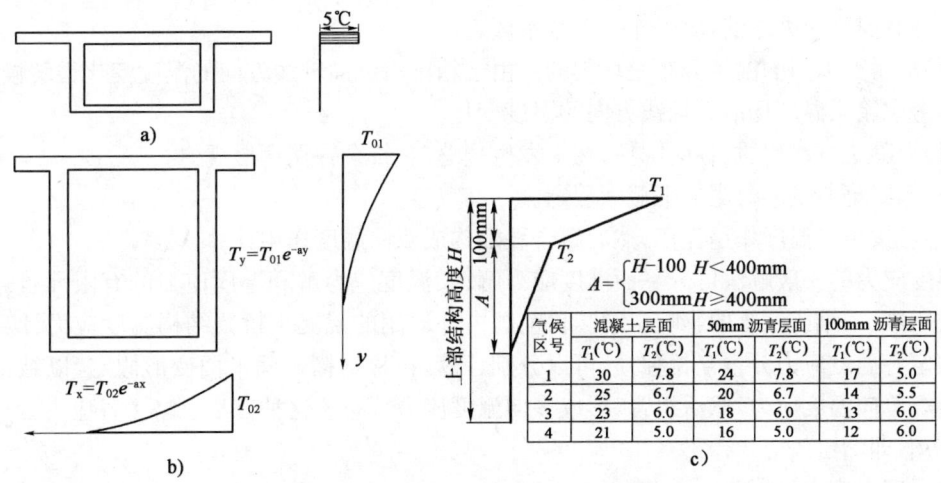

图 3-5-2 国内公路与铁路桥规竖向温度梯度模式

a)公路旧桥规(JTJ 021—89)；b)铁路桥规(TB 10002.3—2005)；c)公路新桥规(JTG D60—2004)

广东虎门辅航道连续刚构桥和南京长江第二大桥北汊桥实测的混凝土箱梁沿断面高度的温度梯度分布形式类似(如图 3-5-3 所示)：

$$T_y = T_0 e^{-ay} \tag{3-5-1}$$

式中：T_0——箱梁断面梁高方向的最大温差；

y——计算点至箱梁顶板上缘的距离(m);
T_y——计算点位置处的温度梯度值;
a——系数。

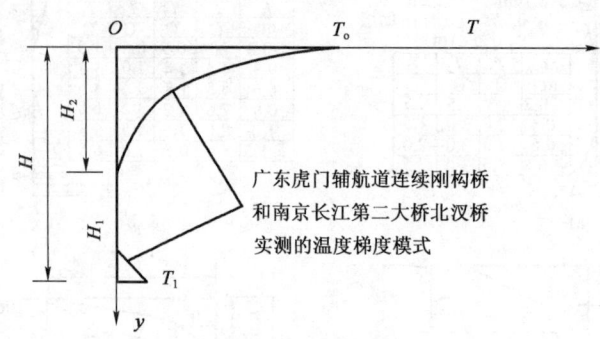

图 3-5-3 两桥实测的温度梯度模式

两个实测的温度模式不同点在于 T_0 和 a 的取值不同,箱梁底板下缘温度梯度模式也不相同。《公路桥涵设计通用规范》(JTG D60—2004)没有考虑箱梁底板下缘温度梯度。

2．上部混凝土箱梁温度应力计算

混凝土结构的温度应力,实际上是一种约束应力。工程上一般将混凝土箱梁桥的温度应力分为两类:一是内约束应力,由于结构物内部某一构件单元中,因纤维间的温度不同,所产生的应变差受到约束而引起的应力,也称温度自应力;二是外约束应力,由于结构超静定(连续梁、连续刚构桥等)产生多余的外界约束而引起的温度次内力。上部混凝土箱梁温度应力计算在第二篇中也有述及。

在计算温度应力之前,应先作以下基本假定:

(1)沿桥梁纵向的温度分布是均匀的。由于箱梁沿纵向轴线方向的温度变化很缓慢,所以可以不考虑箱梁温度场沿其轴线方向的温度变化。

(2)混凝土材料均质、各向同性,在未发生裂缝前,符合弹性变形规律。

(3)箱梁挠曲变形时服从平截面假定。

(4)可按单向温度作用计算,然后组合叠加构成双向温度作用计算。

温度应力的一般解法可分平面温度应力解、梁温度应力解和温度应力的有限元解。也可以考虑一维、二维或三维的影响求解。目前国内外通用的混凝土桥梁结构温度应力计算方法都是假定各温度应力分量互相独立,可以分别计算,再根据横截面平面变形假定,以结构力学方法计算单向温度应力,然后组合,形成多向温度应力分布。这种方法忽略了各应力分量间的耦合作用,即泊松效应。

1)温度自应力计算

箱梁的温度自应力包括纵向温度自应力和横向温度自应力,前者是由于截面在非线性温度梯度作用下,梁内各纵向纤维的变形受到截面整体变形的约束而产生的自相平衡的纵向约束应力;后者是由截面横向纤维间自约束应力和横向框架约束应力组成的。

(1)纵向温度自应力

如图 3-5-4,若箱形截面上只存在竖向温差 $T(y)$,则当纵向纤维之间互不约束,各自作自由伸缩时，截面上各点的温度应变为：
$$\varepsilon_T(y) = \alpha T(y) \tag{3-5-2}$$
式中：α——材料的线膨胀系数，取 1.0×10^{-5}。

实际上梁截面的变形服从平截面假定，实际应变可表示为：
$$\varepsilon_a(y) = \varepsilon_0 + \psi_x \bar{y} \tag{3-5-3}$$
式中：ε_0——截面形心位置的应变；

ψ_x——梁竖向挠曲的曲率；
$$\bar{y} = y - y_c$$

y_c——截面形心的纵坐标。

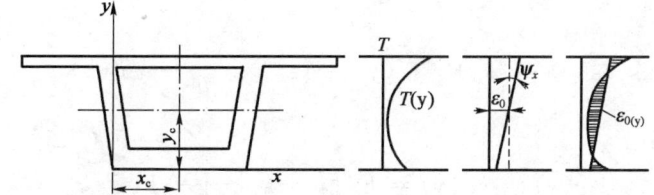

图 3-5-4　纵向温度自应力计算示意图

式(3-5-2)与式(3-5-3)的应变之差，即图 3-5-4 中的阴影部分的应变，是由纵向纤维之间的约束产生的，即纵向温度自应变 $\varepsilon_\sigma(y)$：
$$\varepsilon_\sigma(y) = \varepsilon_T(y) - \varepsilon_a(y) = \alpha T(y) - (\varepsilon_0 + \psi_x \bar{y}) \tag{3-5-4}$$
由此可得纵向温度自应力为：
$$\sigma(y) = E\varepsilon_\sigma(y) = E[\alpha T(y) - (\varepsilon_0 + \psi_x \bar{y})] \tag{3-5-5}$$
式中：E——混凝土的弹性模量，取 $3.5 \times 10^4 \mathrm{MPa}$。

由于截面上无外荷载作用，因此温度自应力在截面上是自平衡状态的应力，故可根据截面应力总和为零、对截面中性轴的力矩为零两个条件求出 ε_0 和 ψ_x：
$$N = \iint_\Omega \sigma(y) dxdy = E\iint_\Omega [\alpha T(y) - (\varepsilon_0 + \psi_x \bar{y})] dxdy = 0 \tag{3-5-6a}$$
$$M = \iint_\Omega \sigma(y) \bar{y} dxdy = E\iint_\Omega [\alpha T(y) - (\varepsilon_0 + \psi_x \bar{y})] \bar{y} dxdy = 0 \tag{3-5-6b}$$
求解式(3-5-6a 和 b)可得：
$$\psi_x = \frac{\alpha}{I_x} \int_\Omega T(y)(y - y_c) dxdy \tag{3-5-7a}$$
$$\varepsilon_0 = \frac{\alpha}{F} \int_\Omega T(y) dxdy \tag{3-5-7b}$$
式中：$y_c = \frac{1}{F} \int_\Omega y dxdy$；

$F = \int_\Omega dxdy$，为截面面积；

$I_x = \int_\Omega y(y - y_c) dxdy$，为对截面形心轴 y_c 的惯性矩。

若单室箱形梁断面尺寸简化如图 3-5-5 所示,沿梁高方向的温差分布为指数曲线,根据上述原理可以直接推导得自约束应变和自约束应力。

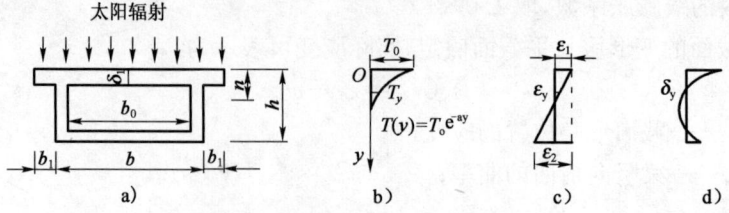

图 3-5-5　单室箱梁横截面尺寸和温度分布
a)截面;b)温度分布;c)应变;d)应力

自约束应变为:

$$\varepsilon(y) = \varepsilon(y) - \varepsilon_T(y) = \left(\varepsilon_1 - \varepsilon_2 \frac{y}{h}\right) - \alpha T(y) \tag{3-5-8}$$

自约束应力为:

$$\sigma(y) = E\varepsilon(y) = E\left[\left(\varepsilon_1 - \varepsilon_2 \frac{y}{h}\right) - \alpha T(y)\right] \tag{3-5-9}$$

式中:E——材料弹性模量。

考虑自平衡状态,利用 $\sum M = 0$,$\sum N = 0$ 的平衡条件,可得单室箱梁纵向自约束应力:

$$\sigma_0 = \alpha T_0 E\left[\frac{\eta_1}{F} + \frac{\eta_2}{I}(n-y) - e^{-ay}\right] \tag{3-5-10}$$

$$\eta_1 = (bk_1 - b_0c_1 + 2b_1r_1), \eta_2 = (bk_4 - b_0c_4 + 2b_1r_4);$$

$$k_1 = \frac{1-e^{-ah}}{\alpha}, k_2 = \frac{1-e^{-ah}(1+\alpha h)}{\alpha^2}, k_3 = \frac{k_2}{k_1}, k_4 = k_1(n-k_3);$$

$$c_1 = \frac{e^{-a\delta}-e^{-a(h-\delta)}}{\alpha}, c_2 = \frac{e^{-a\delta}(1+a\delta)-e^{-a(h-\delta)}[1+\alpha(h-\delta)]}{\alpha^2}, c_3 = \frac{c_2}{c_1}, c_4 = c_1(n-c_3);$$

$$r_1 = \frac{1-e^{-a\delta}}{\alpha}, r_2 = \frac{1-e^{-a\delta}(1+\alpha\delta)}{\alpha^2}, r_3 = \frac{r_2}{r_1}, r_4 = r_1(n-r_3)$$

式中:h——梁高,以米计;

　　　b——底板宽度;

　　　b_1——两侧翼缘板宽度;

　　　b_0——截面中空部分宽度;

　　　δ——顶板、底板厚度;

　　　n——截面重心距梁顶面的距离;

　　　F——截面面积;

　　　I——截面重心轴惯性矩。

(2)横向温度自应力

我国铁路桥涵设计规范(TB 10002.3—2005)中关于温度荷载的规定:日照温差箱梁沿梁高、梁宽方向的温差曲线按下式计算[图 3-5-2b)]:

$$T_y = T_{01} e^{-ay} \tag{3-5-11}$$
$$T_x = T_{02} e^{-ax} \tag{3-5-12}$$

式中：T_y、T_x——计算点 y、x 处的温度（℃）；

　　T_{01}、T_{02}——箱梁梁高方向、梁宽方向的温差，可参照表 3-5-2（℃）；

　　y、x——计算点到箱梁外表面的距离（m）；

　　a——指数系数，参照表 3-5-2 取值（m^{-1}）。

日照温差曲线的 a 与 T_0 的取值　　　　　　　表 3-5-2

取值位置	无碴桥面		取值位置	有碴桥面	
	a	T_0		a	T_0
沿梁高	5	20	沿梁宽	7	16
沿梁高、梁宽	7	16			

因受寒流降温影响，箱梁沿各壁板厚度方向的温差分布曲线按下式计算：

$$T'_y = T'_0 e^{-a'y} \tag{3-5-13}$$
$$T'_0 = T_0 (1 - e^{-a\delta}) \tag{3-5-14}$$

式中：δ——板厚（m）；

　　a'——指数系数，参照表 3-5-3 取值（m^{-1}）。

沿板厚温度曲线的指数系数 a'　　　　　　　表 3-5-3

板厚 δ(m)	0.16	0.18	0.20	0.24	≥0.26
a'(m^{-1})	15	14	14	11	10

对于降温温度作用，箱梁沿顶板、外腹板板厚温差曲线的指数系数 a' 采用 14，相应的温度采用 -10℃。这就是说，在考虑降温过程中，由于底板终年不受日照，底板的温度比较低，所以顶板、腹板温差略高于底板，因此在降温过程中，底板内外表面的温度变化也较小，可略去底板微小温度变化影响。这种降温分布情况下，箱梁中一般不会发生因温差变形引起的纵向温差应力，然而在大多数的降温温差分布状况中，顶板、底板以及腹板的降温温差并不是一致的，但由此不均匀温差分布产生的纵向温差应力很小，在实际工程中可以略去不计。

下面以单箱单室的箱梁为例，说明横向温度应力的求解过程。箱梁的截面尺寸及其温度荷载如图 3-5-6 所示。规范（TB 10002.3—2005）中指出横向温度应力由横向局部温度自约束应力与横向框架约束温度应力组成。

横向局部温度自约束应力可按上述非线性温度分布下的矩形厚板条的局部温度自约束应力计算，其原理与计算纵向温度应力相同，都是按梁模型计算，若考虑横向温差，则有

$$\psi_y = \frac{\alpha}{I_y} \int_\Omega T(x)(x - x_c) dx dy \tag{3-5-15}$$

其中：$I_y = \int_\Omega x(x - x_c) dx dy$，为对截面形心轴 x_c 的惯性矩。

由此叠加可得，在双向温度效应作用下，截面上任一点的纵向温度自应力为：

$$\sigma(x, y) = E[\alpha T(x, y) - \varepsilon_0 - \psi_x \bar{y} - \psi_y \bar{x}] \tag{3-5-16}$$

式中：$\sigma(x, y)$——截面上点 (x, y) 处的纵向温度应力；

　　$T(x, y)$——该点的温差值；

$$\left.\begin{aligned}\varepsilon_0 &= \frac{\alpha}{A}\iint_\Omega T(x,y)\,\mathrm{d}x\mathrm{d}y \\ \varphi_x &= \frac{\alpha}{I_x}\iint_\Omega T(x,y)(y-y_c)\,\mathrm{d}x\mathrm{d}y \\ \varphi_y &= \frac{\alpha}{I_y}\iint_\Omega T(x,y)(x-x_c)\,\mathrm{d}x\mathrm{d}y\end{aligned}\right\} \tag{3-5-17}$$

2)外约束温差应力(即温度次内力)计算

(1)纵向外约束温差应力计算

由于温差作用引起的截面自约束作用,桥梁构件将发生变形,当结构为超静定结构时,外部多余约束将产生相当大的约束应力。线性温差分布下超静定结构的温差应力分析可以参照结构力学方法求解,然而实际工程中的温差分布一般都是非线性的(如铁路桥规规定日照温差按指数规律分布),超静定结构的温差应力分析就非常复杂,文献[32]中介绍了先按线性温差分布分析计算,然后乘以非线性温差分布修正系数 μ_0 的方法。

如图3-5-7所示,t_1 为箱梁横截面上的实际温差分布曲线,t_2 为等效线性温差分布曲线。假定两种温差分布状态使箱梁产生同样的弯曲变形,据此可以求得 μ_0 的值(推导公式略)。

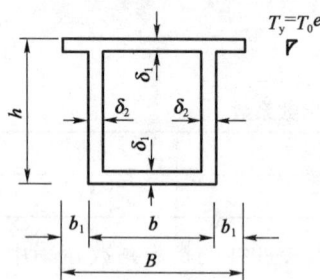

图3-5-6 箱梁的截面尺寸及其温度荷载

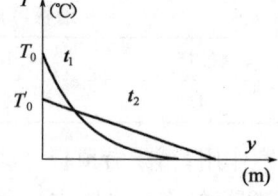

图3-5-7 非线性温差换算

$$\mu_0 = -\frac{h}{I}(bk_4 - b_0 c_4 + 2b_1 r_4) = -\frac{h}{I}\eta_2 \tag{3-5-18}$$

μ_0 即为箱梁在计算超静定温差应力时,截面的非线性温差分布 T_0 换算成等效线性温差分布 T'_0 的修正系数。

(2)单室箱梁横向框架约束应力计算

箱梁横向框架约束应力的计算方法,与纵向外约束应力计算方法相似,可采用结构力学的方法(图3-5-8)或有限元方法计算分析。在文献[32]中提到横向框架约束应力可以先求出线性温差分布下的框架约束应力,然后乘以非线性温差分布的修正系数 K,从而求得箱梁在非线性温差分布下的横向框架约束应力。

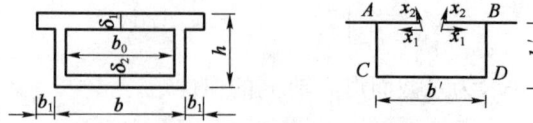

图3-5-8 横向框架约束应力计算图式

由图3-5-8所示的单室箱梁框架基本体系,可得方程组:

$$\begin{cases} x_1\delta_{11} + x_2\delta_{12} + \Delta_{1t} = 0 \\ x_1\delta_{21} + x_2\delta_{22} + \Delta_{2t} = 0 \end{cases} \tag{3-5-19}$$

由此可以解得 x_1、x_2，并计及非线性温差分布修正系数 K，得下式：

$$\begin{cases} x_1 = \dfrac{r(3r+2)}{(r+1)(3r+1)} \dfrac{\alpha T_0 EI}{\delta} K \\ x_2 = \dfrac{3r}{(3r+1)h'_\phi} \dfrac{\alpha T_0 EI}{\delta} K \end{cases} \qquad (3\text{-}5\text{-}20)$$

式中：$r = \dfrac{b'}{h'}$；$b' = \dfrac{b_0+b}{2}$；$h' = h-\delta$；$b'_1 = b_1 + \dfrac{\delta}{2}$。

箱梁顶板横向约束应力为：

$$\sigma_2 = \pm \dfrac{\alpha T_0 EK(3r+2)}{2(r+1)(3r+1)} \qquad (3\text{-}5\text{-}21)$$

箱梁底板横向约束应力为：

$$\sigma'_2 = \mp \dfrac{r\alpha T_0 EK}{2(r+1)(3r+1)} \qquad (3\text{-}5\text{-}22)$$

3. 下部墩柱的温差应力计算

1) 墩柱的温差分布

在连续刚构桥柔性墩柱的设计计算中，因日照辐射和气温变化而产生的温差应力，往往成为设计的控制因素。因日照辐射温度变化沿墩壁厚度的温差分布，在规范中没有作具体规定。根据国内外实测资料分析，沿桥墩壁板厚度方向的非线性温度分布，温差高达 15℃ 以上。图 3-5-9 为实板式墩身截面的温差及应变分布。

(1) 实板式墩身截面的温差分布

$$T(y) = T_{01} e^{-ay} \qquad (3\text{-}5\text{-}23)$$

式中：T_{01}——向阳与背阳墩壁的温差，一般取值约为 20℃；

a——指数系数，一般取 7，(壁深)；

y——沿墩壁截面深度 (m)。

(2) 箱形墩身截面的温差分布

如图 3-5-10 所示，箱形桥墩的横截面为矩形空心截面，其截面高度为 h，宽度为 b，空心部分宽度为 b_0，壁板厚度均为 δ。在日照作用下，正晒时，沿横截面高度方向的温度分布，按指数函数规律变化（当太阳斜晒时可采用两个方向的温差 T_{0x}、T_{0y}，分别按正晒情况计算，然后再组合叠加），略去两侧壁板内外表面温度的很小差别和沿墩高方向的微小温差，沿横截面温度分布规律如同实体墩壁截面（以 y 方向为例）：

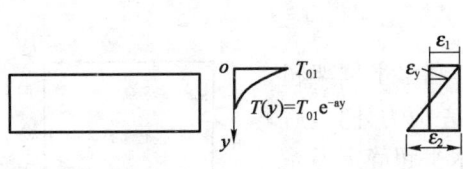

图 3-5-9 实板式墩身截面的温差及应变分布

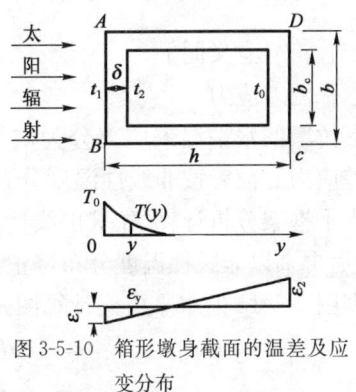

图 3-5-10 箱形墩身截面的温差及应变分布

$$\begin{cases} T(y) = T_{0y} e^{-a_y y} \\ T(x) = T_{0x} e^{-a_x x} \end{cases} \tag{3-5-24}$$

式中：T_{0y}、T_{0x}——沿墩身断面高度和宽度方向的温差；

$\quad\quad y$、x——计算点至受热表面的距离(m)；

$\quad\quad a_y$、a_x——指数系数，随结构形式、部位、方位、计算时刻等因素而异。根据大量实测数据的统计分析，箱梁沿梁高方向的温度差达到最大时，亦即地方时间14时前后的温差分布曲线的指数$a_y = 5.0$，沿梁宽方向的温度差达到最大时，亦即地方时间10时前后的温差分布曲线的指数$a_x = 7.0$。

2) 墩柱的温差应力计算

(1) 日照温差内应力

日照温差引起的截面自约束应力的计算原理上同上部结构，根据平截面假定条件及截面自约束应力的平衡条件，可得到水平自约束应力。对于箱形墩身截面的温差应力可推导得：

$$\sigma_0 = \alpha T_0 E \left[\frac{1}{F_0}(bk_1 - b_0 c_1) - \frac{(y-n)}{I_0}(bk_4 - b_0 c_4) - e^{-ay} \right] \tag{3-5-25}$$

式中：$F = h \times b$，$F_1 = b_0(h - 2\delta)$，$F_0 = F - F_1$，$n = h/2$；

$$k_1 = \frac{1 - e^{-ah}}{\alpha}, k_2 = \frac{1 - e^{-ah}(1 + \alpha h)}{\alpha^2}, k_3 = \frac{k_2}{k_1}, k_4 = k_1(n - k_3);$$

$$c_1 = \frac{e^{-a\delta} - e^{-a(h-\delta)}}{\alpha}, c_2 = \frac{e^{-a\delta}(1 + a\delta) - e^{-a(h-\delta)}[1 + \alpha(h-\delta)]}{\alpha^2}, c_3 = \frac{c_2}{c_1}, c_4 = c_1(n - c_3)。$$ 应力符号："−"号为压应力，"+"号为拉应力。

(2) 日照温差外约束应力

① 竖向支承外约束应力

一般在桥平面外的横向变形都是自由的，但是在纵向由于桥梁上部结构和支座的作用，有不同的约束作用，即使是在活动支座情况下，也具有约束作用。由于上述约束产生的支承约束温差应力，可按一般超静定结构分析计算，然后再乘以非线性温度分布的修正系数μ_0，即为箱形桥墩在日照温度作用下，按线性温度分布曲线计算支承约束温度应力时，非线性温度分布的修正系数。对于不同的截面形式，非线性修正系数也会不同。对于箱形墩的非线性温度分布修正系数，按等效换算方法求解μ_0，得：

$$\mu_0 = \frac{h}{I_0}(bk_4 - b_0 c_4) \tag{3-5-26}$$

式中各符号意义同上。

② 水平温差应力

箱形桥墩的水平温差应力分为水平温差内应力和水平框架超静定温差应力。前者按非线性温度分布下的厚板温差应力计算，后者可按水平框架分析计算，先求出线性温度分布时水平超静定温差应力，然后再乘以非线性温度分布修正系数μ_0。

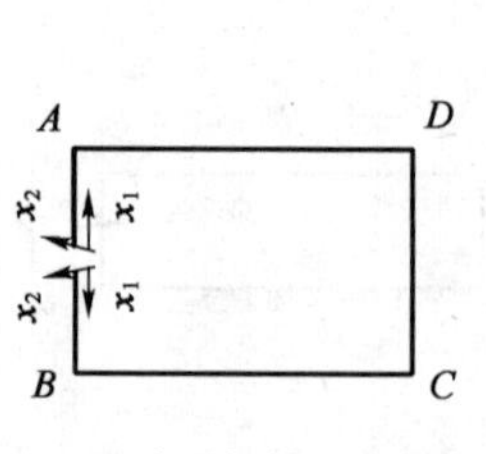

图3-5-11 水平框架温差应力计算

根据图3-5-11的水平框架计算图式，可得到以下方程组：

$$\begin{cases} x_1 d_{11} + x_2 d_{12} + \Delta_{1t} = 0 \\ x_1 d_{21} + x_2 d_{22} + \Delta_{2t} = 0 \end{cases} \tag{3-5-27}$$

设 $r=b/h$,求解上述方程得:

$$\begin{cases} x_1 = \dfrac{-3r \cdot \alpha T_0 EI_0}{(3b+h) \cdot \delta} \\ x_2 = \dfrac{bh(3b+2h) \cdot \alpha T_0 EI_0}{(b+h)(3b+h) \cdot \delta} \end{cases}$$

考虑非线性温度分布的修正系数 μ,则 AB 板、CD 板的温差弯矩为:

$$\begin{cases} M_{AB} = \dfrac{r(3r+2) \cdot \alpha T_0 EI_0}{(r+1)(3r+1) \cdot \delta} \cdot \mu \\ M_{CD} = \dfrac{r \cdot \alpha T_0 EI_0}{(r+1)(3r+1) \cdot \delta} \cdot \mu \end{cases} \qquad (3\text{-}5\text{-}28)$$

相应的温差应力为:
向阳板 $\qquad\qquad\qquad\qquad\sigma_1 = M_{AB}/W_{AB}$
背阳板 $\qquad\qquad\qquad\qquad\sigma_2 = M_{CD}/W_{CD}$

三、连续刚构混凝土箱梁桥温度计算示例

[例 3-5-1] 陕西合阳境内某高速公路主桥为 110m+2×200m+110m 预应力混凝土连续刚构桥,桥面总宽 28m,上部采用双幅单室箱梁,墩顶截面梁高 11m,跨中截面梁高 4m;下部采用双薄壁式空心墩,钻孔灌注桩基础,主桥中间三个桥墩:8 号墩墩高 49m;9 号墩墩高 98m;10 号墩墩高 89m。

桥址区受东亚季风气候影响,有关温度的气象特征如下:
①极端最高气温:40.1℃(1962 年 7 月 11 日);
②极端最低气温:−20.1℃(1967 年 1 月 16 日);
③多年月平均最高气温:24.8℃;
④多年月平均最低气温:−3.2℃。
查《公路桥涵设计通用规范》(JTG D60—2004),陕西合阳位于寒冷地区。

1. 上部箱梁的日照温作用计算

上部箱梁的截面尺寸如图 3-5-12 所示,混凝土采用 C50 混凝土,采用三向预应力结构。

(1)计算模型的建立

通用软件 MADIS/Civil 程序把温度作为二维梁、板单元的荷载对模型进行加载计算,系统提供了系统温度、节点温度、单元温度、温度梯度、梁截面温度五种温度作用加载方法。下面应用 MADIS/Civil 中的温度荷载,模拟公路新桥规(JTG D60—2004)和铁路桥规(TB 10002.3—2005)及其实际温度荷载情况,对模型进行温度作用加载计算。

模型一,先用梁单元模拟全桥的成桥阶段模型,主桥上部箱梁结构(110m+2×200m+110m)共划分了 196 个单元,197 个节点;下部空心薄壁墩共划分了 116 个单元,122 个节点,全桥总共建立 312 个单元,319 个节点。全桥的模型示意如图 3-5-13 所示。

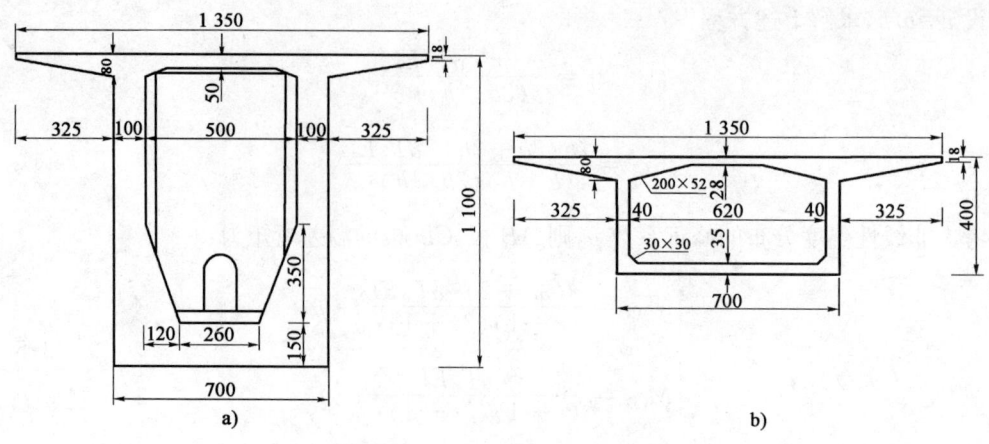

图 3-5-12 上部箱梁的截面(尺寸单位:cm)
a) 箱梁墩顶截面尺寸;b) 箱梁跨中截面尺寸

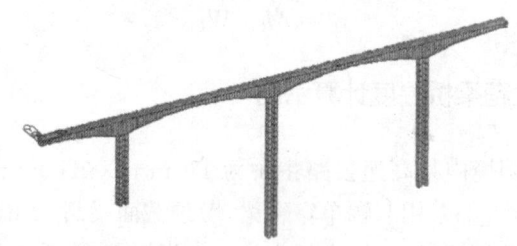

图 3-5-13 全桥模型示意

上部箱梁边跨单元划分如图 3-5-14 所示,上部箱梁 1/2 中跨单元划分如图 3-5-15 所示。

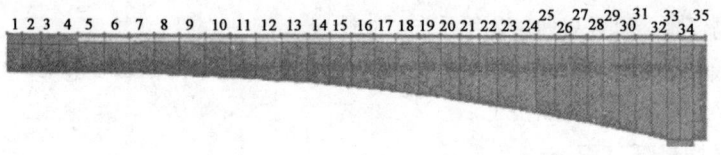

图 3-5-14 上部箱梁边跨单元划分示意

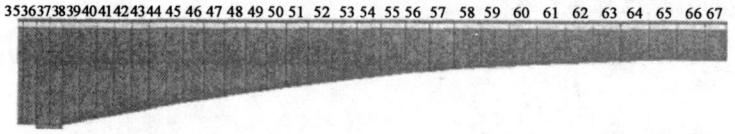

图 3-5-15 上部箱梁 1/2 中跨单元划分示意

模型二,选取第二主跨跨中单元(67 号单元),建立板单元模型,如图 3-5-16a)所示,分析其温度效应。该梁段划分为顶板板单元(厚度 50cm)800 个,腹板板单元(厚度 40cm)600 个,底板板单元(35cm)400 个,总共划分了 1 800 个板单元。

模型三,选取 8 号墩墩顶 0 号块(35 号单元),建立板单元模型,如图 3-5-16b)所示,分析其温度效应。该梁单元改划分为顶板板单元(厚度 50cm)432 个,腹板板单元(厚度 100cm)640 个,底板板单元(150cm)192 个,总共划分了 1 264 个板单元。

板单元与梁单元利用 MIDAS 提供的刚性连接进行连接。

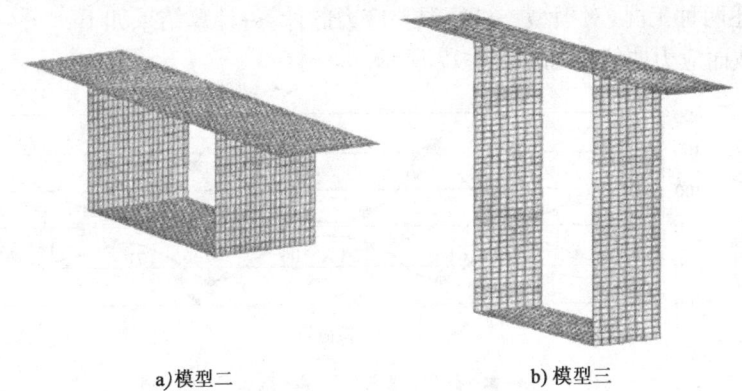

a) 模型二　　　　　　　　　b) 模型三

图 3-5-16　模型二、三的板单元划分示意

(2) 温度场模式确定

工况 I 按公路桥规(JTG D60—2004)规定的温差曲线模式

根据实桥的截面尺寸,可得实桥上部箱梁顶板的温差曲线模式,其温度参数利用差值得:$A=300$mm,$T_1=18.8$℃,$T_2=64.6$℃。

工况 II 按铁路桥规(TB 10002.3—2005) 规定的温差曲线模式

桥址的地理纬度 $\Phi=35°15'$,位于我国西北的黄土高原,大气透明度 $P=0.8$(因在高原地区取较高值),查看规范,沿梁高温差 $T_0=21.7$℃,考虑双向温差荷载时,当腹板方位角 $\alpha_w=90°$时,查看规范的图可得 $T_0=13.8$℃。

铁路桥梁没有桥面铺装层,考虑公路桥梁桥面铺装层的遮阳减温作用,乘以 0.8 的折减系数,沿梁高方向的温差为:$T_0=21.7$℃$\times 0.8=17.4$℃。

沿梁宽方向温差,查看规范的图可计算,其中地理纬度 $\Phi=35°15'$,腹板方位角 $\alpha_w=90°$,得 $T_0=15.9$℃。

综上所述,忽略全桥沿桥纵向的温差分布,得到上部箱梁的温差分布曲线:

①沿梁高方向的温差分布:$T_y=17.4e^{-5y}$;顶板上下缘的温差 $T_0=17.4(1-e^{-5\delta})$,δ 为顶板厚度,模型二与模型三的顶板厚度 δ 均取 50cm,所以顶板温差 $T_0=15.9$℃。

②沿梁宽方向的温差分布:$T_x=15.9e^{-7x}$;腹板内外侧的温差 $T_0=15.9(1-e^{-7\delta})$,δ 为腹板厚度,模型二与模型三的腹板厚度 δ 分别为 40cm 和 100cm,所以模型二与模型三的腹板温差分别取 14.9℃和 15.8℃。

在对模型一的温度效应计算分析时,只考虑沿梁高方向的温差分布,按两种规范制定的温差曲线计算上部箱梁的日照温度效应。

在对模型二和模型三的温度效应计算分析时,同时考虑沿梁高、梁宽两个方向的温差分布。

模型二和模型三中的梁单元用工况 II 的温度场计算模式进行梁截面温度荷载加载。细部的板单元考虑双向温差作用,模型二、三的顶板单元以 15.9℃的温差进行板单元温度梯度荷载加载;模型二、三受太阳直接辐射的右侧腹板单元分别以 14.9℃、15.8℃的温差进行板单元温度梯度荷载加载。

(3)上部箱梁的日照温度效应计算

①根据上述两种工况,对模型一进行温差应力的计算,计算结果如下:

工况Ⅰ的截面应力曲线图如图 3-5-17 所示。

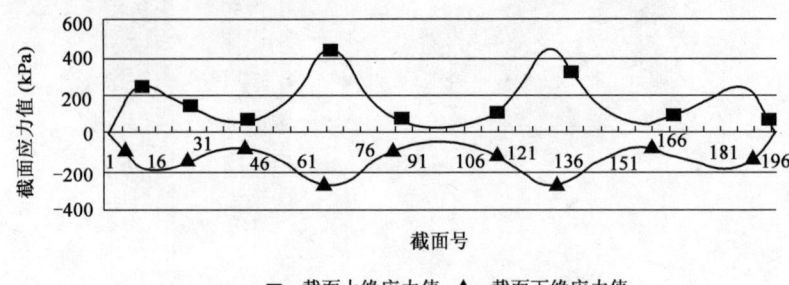

图 3-5-17 工况Ⅰ的截面应力曲线

工况Ⅱ的截面应力曲线图如图 3-5-18 所示。

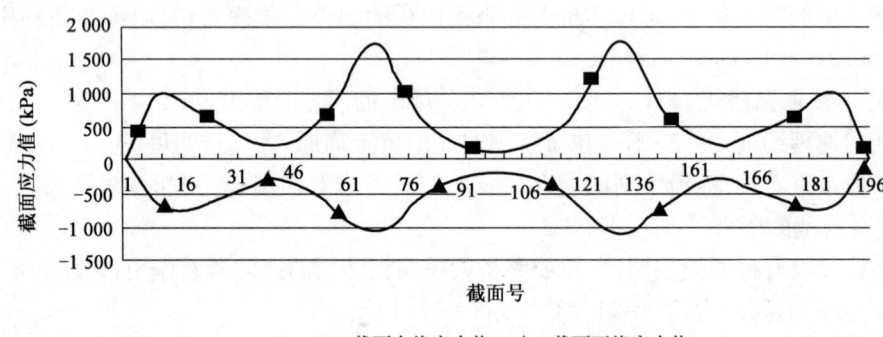

图 3-5-18 工况Ⅱ的截面应力曲线

上部箱梁受太阳辐射影响,由此引起上部箱梁结构产生温差应力,选取上部箱梁结构主要截面的温差应力值列于表 3-5-4。

上部箱梁的主要截面的应力(单位:MPa)　　　　表 3-5-4

节点号	工况Ⅰ		工况Ⅱ	
	截面上缘	截面下缘	截面上缘	截面下缘
1	0.000	0.000	0.000	0.000
15	−0.188	0.238	−0.755	0.953
39	−0.065	0.051	−0.258	0.204
67	−0.268	0.446	−1.060	1.770
96	−0.043	0.033	−0.173	0.131
131	−0.269	0.452	−1.070	1.800

续上表

节点号	工况	工况 I		工况 II	
		截面上缘	截面下缘	截面上缘	截面下缘
159		−0.060	0.048	−0.239	0.191
183		−0.189	0.238	−0.757	0.955
197		0.000	0.000	0.000	0.000

注：①表中负号表示压应力，正号表示拉应力；
②表中：1号、197号节点为两个边跨支点截面；15号、183号节点为两边跨跨中截面；67号、131号节点为两主跨跨中截面；39号、96号、159号为主墩附近截面。

②模型一的细部温差应力分析，考虑双向温差作用，顶板单元温差15.9℃，受太阳直接辐射侧腹板单元温差14.9℃，计算结果如下。

模型一是对上部箱梁的第二跨跨中67号单元作板单元划分后，在顶板和右侧腹板加载温差荷载，经计算得其细部各板单元的顶面与底面的最大主应力和最小主应力，如图3-5-19～图3-5-22所示。

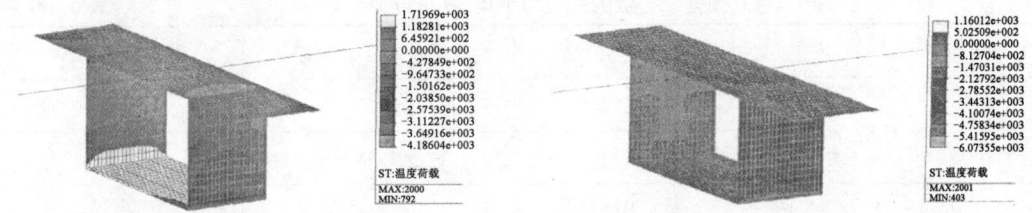

图3-5-19 顶面最大主应力(单位：10^3Pa)   图3-5-20 顶面最小主应力(单位：10^3Pa)

模型一的顶板、左右腹板、底板的最大主应力与最小主应力的平均值列于表3-5-5。

模型一各板的主应力平均值(单位：MPa)   表3-5-5

位 置		最大主应力平均	最小主应力平均
顶板	板单元上缘	−2.75	−3.85
	板单元下缘	2.94	2.07
右腹板	板单元上缘	−2.39	−2.90
	板单元下缘	3.39	2.73
左腹板	板单元上缘	0.48	−0.12
	板单元下缘	0.44	−0.11
底板	板单元上缘	1.45	0.22
	板单元下缘	1.41	−0.05

注：①表中的负号表示压应力，正号表示拉应力。
②图3-5-19～图3-5-22及表3-5-5中的拉应力较大，有的已经超过了混凝土的抗拉极限强度，主要原因有两点：一是建模时用板单元模拟与实际尺寸有误差，忽略了梗腋的作用，由此会引起应力的过于集中；二是建模时没有计入钢筋的作用，是一素混凝土模型。
③以上说明与模型二计算的说明相同。

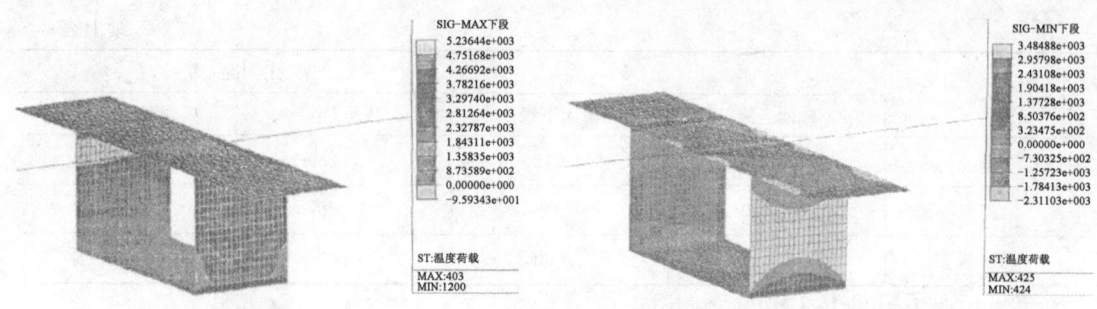

图 3-5-21 底面最大主应力(单位：10^3Pa)　　　　图 3-5-22 底面最小主应力(单位：10^3Pa)

③模型二的细部温差应力分析，分析过程与模型一相似，考虑双向温差作用，顶板单元温差 15.9℃，受太阳直接照射侧腹板单元温差 15.8℃，计算结果如下。

模型二是对 8 号墩墩顶上部箱梁的 35 号单元作板单元划分后，在顶板和右侧腹板加载温差荷载，经计算得其细部各板单元的顶面与底面的最大主应力和最小主应力的平均值列于表 3-5-6。

模型二各板的主应力平均值(单位：MPa)　　　　表 3-5-6

位　　置		最大主应力平均	最小主应力平均
顶板	板单元上缘	−0.50	−1.51
	板单元下缘	1.43	0.54
右腹板	板单元上缘	−2.95	−3.20
	板单元下缘	3.28	3.10
左腹板	板单元上缘	−0.07	−0.18
	板单元下缘	0.00	−0.05
底板	板单元上缘	0.27	−0.02
	板单元下缘	−0.01	−0.35

④温差应力的计算结果分析

a. 两种工况，全桥的温差应力具有相同的分布规律，均是在跨中截面的温差应力较大，支点截面温差应力较小。

b. 在截面形式相同的情况下，无论是上缘的压应力还是下缘的拉应力，都是工况 I，即以公路桥规规定的温差曲线计算出来的温差应力较小；而工况 II，即以铁路桥规规定温差曲线计算出来的温差应力较大，前者的计算值只为后者的 1/3 左右。

c. 受太阳辐射作用的壁板(即模型一、模型二中的顶板、右腹板)，板的外侧(受热面)均产生较大压应力，而其内侧产生较大的拉应力，由于内外侧的温差较大，产生的拉应力都很大，有的超过了混凝土的抗拉极限强度，主要原因有两点：一是建模时用板单元模拟与实际尺寸有误差，忽略了梗腋的作用，由此会引起应力的过于集中；二是建模时没有计入钢筋的作用，是一素混凝土模型。但是内侧拉应力较大是肯定的，这也说明了许多箱梁桥顶板和腹板内侧有可能出现较多的裂缝，日照温差是其主要因素。

d.应力值较大的位置一般都是在右腹板和顶板的连接处,也就是在双向温差作用的位置,其应力状况较为复杂。

2.下部空心薄壁高墩的日照温度效应计算

(1)计算模型的建立

下部空心薄壁墩共划分了 116 个单元,122 个节点,三个主墩的模型及单元示意图如图3-5-23 所示。

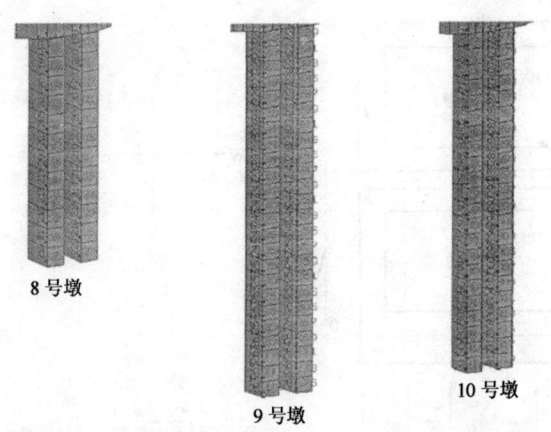

图 3-5-23 下部单元划分示意

注:自上而下 8 号墩 24 个单元(197～220),9 号墩 48 个单元(221～269),10 号墩 41 个单元(270～314)

桥梁走向是纵桥向为南北方向,横桥向为东西方向。根据铁路桥规(TB 10002.3—2005)的温差曲线计算模式,温差应力可按以下三种工况进行计算,截面尺寸及工况分类如图3-5-24～图 3-5-26 所示。下部结构的混凝土均采用 C40 混凝土。

(2)温度场模式确定

工况 I 如图 3-5-24 所示,只考虑单向受太阳照射的情况,主要是考虑上午太阳升起时东西向温差对高墩产生的影响,由于东西向的太阳照射,A 墩和 B 墩同时受到太阳照射的作用影响,其温度场模式采用以下模式:

$$T_{1y} = T_{10}e^{-5y}, T_{10} = 15.9℃,所以:T_{1y} = 15.9e^{-5y}。$$

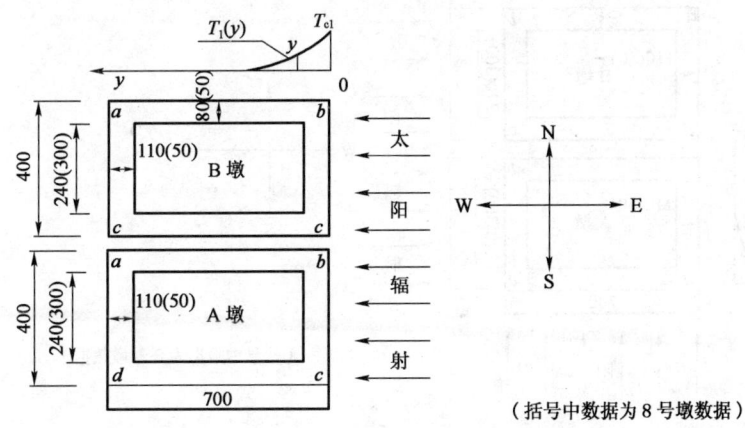

图 3-5-24 工况 I:东西向单向受热示意(尺寸单位:cm)

工况 II 如图 3-5-25 所示，只考虑单向受太阳照射的情况，主要是考虑中午太阳南北正射时南北向温差对高墩产生的影响，由于南北向两个桥墩（A、B 两墩）的位置较近，所以只考虑南侧的 A 墩受到太阳照射影响，其温度场模式采用以下模式：

$$T_{2x}=T_{20}\mathrm{e}^{-5x}, T_{20}=15.9℃，所以：T_{2x}=15.9\mathrm{e}^{-5x}。$$

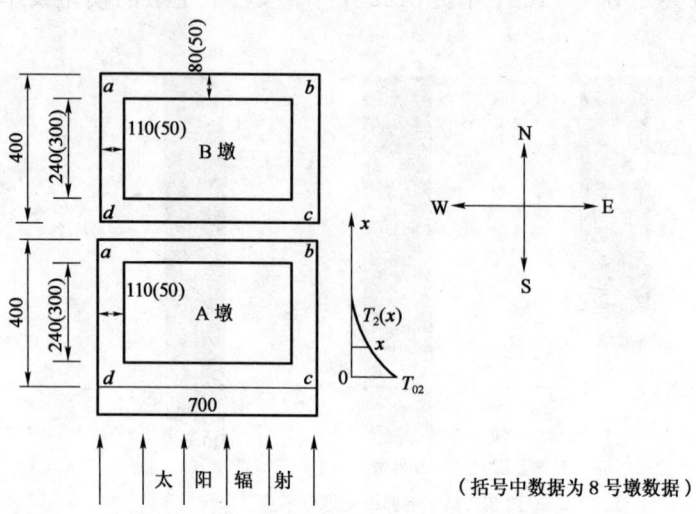

图 3-5-25 工况 II：南北向单向受热示意（尺寸单位：cm）

工况 III 如图 3-5-26 所示，考虑双向受太阳照射的情况，主要考虑太阳斜晒对于高墩的影响，东西向 A、B 两墩均受太阳照射，南北向只考虑 A 墩受到太阳照射，其温度场模式采用以下模式：

东西向　　$T_{3y}=T_{30}\mathrm{e}^{-7y}, T_{30}=15.9℃，所以：T_{3y}=15.9\mathrm{e}^{-7y}$；

南北向　　$T_{4x}=T_{40}\mathrm{e}^{-7x}, T_{40}=9.5℃，所以：T_{4x}=9.5\mathrm{e}^{-7x}$。

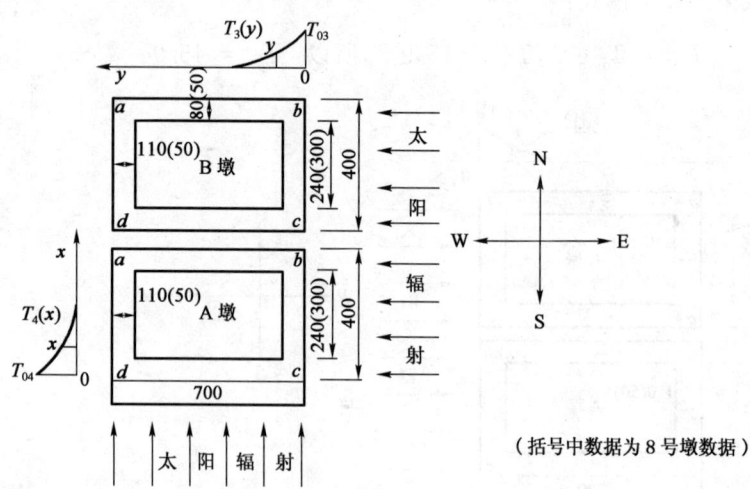

图 3-5-26 工况 III：斜晒双向受热示意（尺寸单位：cm）

(3)下部空心薄壁高墩的日照温度效应计算

①根据上述三种工况,计算下部双空心薄壁高墩由于日照温差荷载引起的温差应力,选取 8 号、9 号墩主要截面的计算结果列于表 3-5-7。

下部各墩主要截面的日照温差应力值(单位:MPa)　　　　　表 3-5-7

工况	墩号	截面	σ_a	σ_b	σ_c	σ_d
工况Ⅰ	8号A墩	墩顶截面	−0.01	0.01	0.01	−0.02
		墩中截面	0.04	−0.05	−0.05	0.04
		墩底截面	0.10	−0.10	−0.10	0.10
	9号A墩	墩顶截面	0.01	−0.01	−0.01	0.01
		墩中截面	0.04	−0.04	−0.04	0.04
		墩底截面	0.07	−0.07	−0.07	0.07
	8号B墩	墩顶截面	0.04	−0.03	−0.03	0.03
		墩中截面	0.03	−0.02	−0.02	0.02
		墩底截面	0.01	−0.01	−0.01	0.02
	9号B墩	墩顶截面	0.01	−0.01	−0.01	0.01
		墩中截面	0.04	−0.04	−0.04	0.04
		墩底截面	0.06	−0.06	−0.06	0.06
工况Ⅱ	8号A墩	墩顶截面	0.45	0.45	−0.78	−0.78
		墩中截面	0.47	0.47	−0.80	−0.80
		墩底截面	0.49	0.49	−0.81	−0.81
	9号A墩	墩顶截面	0.42	0.42	−0.65	−0.65
		墩中截面	0.41	0.41	−0.64	−0.64
		墩底截面	0.40	0.40	−0.64	−0.64
	8号B墩	墩顶截面	0.18	0.18	0.15	0.15
		墩中截面	0.19	0.19	0.14	0.14
		墩底截面	0.20	0.20	0.13	0.13
	9号B墩	墩顶截面	0.14	0.14	0.09	0.09
		墩中截面	0.13	0.13	0.11	0.11
		墩底截面	0.12	0.12	0.12	0.12

续上表

工况	墩号	截面	σ_a	σ_b	σ_c	σ_d
工况 III	8号A墩	墩顶截面	0.44	−0.78	−0.77	0.45
		墩中截面	0.50	−0.76	−0.83	0.43
		墩底截面	0.56	−0.74	−0.89	0.41
	9号A墩	墩顶截面	0.42	−0.65	−0.66	0.41
		墩中截面	0.44	−0.62	−0.67	0.38
		墩底截面	0.45	−0.58	−0.69	0.35
	8号B墩	墩顶截面	0.20	0.18	0.13	0.15
		墩中截面	0.20	0.16	0.13	0.17
		墩底截面	0.21	0.14	0.12	0.19
	9号B墩	墩顶截面	0.15	0.10	0.08	0.13
		墩中截面	0.16	0.14	0.08	0.10
		墩底截面	0.16	0.17	0.07	0.07

注：①表中正号表示拉应力，负号表示压应力。
②表中的 σ_a、σ_b、σ_c、σ_d 的位置参考图 3-5-2-24 ～ 图 3-5-2-26。

②根据上述三种工况，计算由于下部双空心薄壁高墩日照温差荷载作用导致的上部箱梁结构的相应应力，选取主要截面的计算结果列于表 3-5-8。

下部各墩温差荷载作用引起的上部结构主要截面应力值（单位：kPa）　　表 3-5-8

截面号		1	15	37	67	96	131	163	183	197
工况 I	左上缘应力	−146	−106	−2	64	77	149	63	−146	−246
	右上缘应力	146	118	5	−63	−77	−147	−57	160	246
	右下缘应力	146	105	2	−64	−77	−149	−62	144	246
	左下缘应力	−146	−119	−5	63	77	147	57	−162	−247
工况 II	左上缘应力	0	46	3	−3	32	3	9	−38	−2
	右上缘应力	0	46	3	−3	32	3	9	−38	−2
	右下缘应力	0	−58	−2	10	−27	−4	−7	48	3
	左下缘应力	0	−58	−2	10	−27	−4	−7	48	3
工况 III	左上缘应力	−110	−34	2	45	90	116	56	−148	−191
	右上缘应力	110	135	7	−50	−26	−107	−34	82	191
	右下缘应力	110	21	−1	−38	−85	−116	54	157	191
	左下缘应力	−110	−148	−5	57	31	107	36	−73	−191

注：①左侧指朝东受太阳直接照射侧。
②表中正号表示拉应力，负号表示压应力。

③下部空心薄壁高墩的日照温差应力的计算结果分析

a. 截面温差应力的压、拉与是否直接受太阳照射作用有关,一般都是直接受太阳照射作用的面出现压应力,而没有直接受太阳照射作用的面出现拉应力。

b. 对三种工况的计算结果进行比较,工况Ⅰ的应力值较小,而工况Ⅱ、Ⅲ的应力值较大。原因在于工况Ⅰ计算时,东西向的截面惯性矩较大,而工况Ⅱ、Ⅲ计算时,南北向的截面惯性矩较小。

c. 工况Ⅲ,双向受太阳直接照射作用,且东西向温差比南北向温差大,截面的应力分布较为复杂,$\sigma_c > \sigma_b > \sigma_d > \sigma_a$,说明结构产生了扭转。

d. 三种工况引起上部结构的截面应力值都较小,相对而言工况Ⅰ和工况Ⅲ引起的截面应力值稍大,而工况Ⅱ引起的上部结构的截面应力值很小。

第二节 连续刚构桥的预拱度控制

一、影响预拱度的主要因素

连续刚构桥预拱度可分为施工预拱度和成桥预拱度。设置施工预拱度主要是为消除施工过程中各种荷载对线形的影响。成桥预拱度主要是为消除后期运营过程中的收缩徐变、后期预应力的损失、活载变形等而设置。连续梁桥的预拱度设置在第二篇第四章中已有详细述及。

大跨径连续刚构桥多数采用挂篮悬臂现浇施工,在施工过程中,挠度计算不仅与结构计算分析模型有关,而且与许多其他因素有关,这些因素主要包括:施工阶段的一期恒载(包括节段自身重量和预加应力);施工临时荷载(包括挂篮和模板机具设备重量);温度变化、风荷载;混凝土材料的收缩徐变;桥墩变位、基础沉降;施工工艺和施工工期的不确定性;当体系转换后,还有二期恒载和次内力的影响等。在设置预拱度时,主要应考虑表 3-5-9 中几个方面的因素。

连续刚构桥施工预拱度的主要影响因素 表 3-5-9

预拱度	影响因素	设置方向	预拱度设置方法
施工预拱度	一期恒载	+	通过正装计算、施工过程模拟,逐段叠加计算
	预应力	−	
	二期恒载	+	
	结构体系转换	+、−	
	挂篮变形	+	
	前期收缩徐变	−、+	
	墩身压缩	+	
	温度影响	+或−	
	墩顶转角位移	+或−	
	施工荷载	+或−	

续上表

预拱度	影响因素	设置方向	预拱度设置方法
成桥预拱度	后期收缩徐变	+、-	曲线分配法、公式算法
	活载	+	

注：表中"+"号表示向上设置预拱度，"-"号表示向下设置预拱度。

连续刚构桥预拱度的控制是通过每个阶段的节段立模高程来实现的，采用预拱度总量控制，梁段浇筑时各节段立模高程为：

$$H_i = H_{0i} + f \tag{3-5-29}$$

式中：H_i——待浇筑箱梁底板前端立模高程；
H_{0i}——待浇筑箱梁底板前端设计高程；
f——预拱度值。

根据表3-5-9，连续刚构桥预拱度的计算公式为：

$$f = f_{si} + f_c \tag{3-5-30}$$

施工预拱度
$$f_{si} = \sum f_{1i} + \sum f_{2i} + f_{3i} + f_{4i} + f_{5i} + f_{gl} + f_e \tag{3-5-31}$$

式中：$\sum f_{1i}$——本阶段块件生成后和以后各阶段挠度累计值；
$\sum f_{2i}$——本次浇筑梁段及后浇梁段纵向预应力张拉后对该点挠度影响值；
f_{3i}——混凝土收缩、徐变在第 i 节段产生的挠度总和；
f_{4i}——施工临时荷载在第 i 节段产生的挠度总和；
f_{5i}——温度影响；
f_{gl}——挂篮变形影响；
f_e——体系转换与二期恒载产生的挠度；
f_c——成桥预拱度。

二、施工预拱度的计算

1. 温度变化的影响（f_{5i}）

在连续刚构桥分段施工过程中，其几何线形的实测值中都包含温度荷载的影响。尽管测量时间可以选择在温度较为稳定的时段，如深夜或凌晨，但是，大多时间难以避开日照温差的复杂影响。

日照温差对悬臂端挠度的影响可以通过各施工阶段的温度敏感性分析得到结构随温度改变的变形曲线，根据实际温度变化进行插值计算，对结构变形进行修正。

2. 挂篮变形的影响（f_{gl}）

可分为对已浇筑节段和对现浇节段的影响两部分来分析挂篮的影响。

对于已浇筑节段，挂篮自重使其产生弹性变形，挂篮拆除后变形恢复，不必考虑其影响。但此变形对于现浇节段的立模高程会产生影响，设置此节段施工预拱度时应该预先剔除这部分影响。其次，由于本节段刚度还未形成，自重由挂篮承担，在挂篮、节段混凝土自重的作用下,挂篮自身会产生挠曲变形,使现浇节段混凝土也产生与其相同的、挂篮拆除后不可恢复的挠曲变形。因此,必须计入这部分的影响,其值一般由现场挂篮预压试验确定。

3. 体系转换、二期恒载的预拱度(f_e)

进行体系转换时,一般采取压重、顶推的方式。压重时,与混凝土等量置换的那部分配重随合龙段混凝土的浇筑同步卸除,设置施工预拱度时剔除其影响;但是为了调整合龙段两端的高程而设置的附加配重要等到合龙段的混凝土达到规定强度后才卸载,其作用在合龙前后两种不同体系上,卸载前后对桥梁的影响不能相互抵消。为改善桥墩受力,常采取中跨合龙前顶推的方法。由于预拱度的设置,顶推会使主梁各截面发生竖向变形,这部分变形在设置施工预拱度时也应该考虑。

二期恒载预拱度,应将计算所得的挠度值反向设置。

4. 结构自重作用和预应力作用下预拱度($\sum f_{1i}$和$\sum f_{2i}$)

结构自重的计入方法是本阶段块件生成后和以后各阶段挠度累计值,特点是先浇节段已完成了本身自重变形,不再对后浇节段产生影响;预应力作用计入方法是本次浇筑梁段及后浇梁段纵向预应力张拉后对该点挠度的影响值,特点是需要计入后张拉预应力对已生成节段产生的影响。因此节段i在结构自重作用下的预拱度值$\sum f_{1i}$为:

$$\sum f_{1i} = f_{1i} + f_{1i+1} + f_{1i+2} + \cdots + f_{1n} \qquad (3\text{-}5\text{-}32)$$

(下标 1 表示结构自重的影响)。

节段i在预应力作用下的预拱度值$\sum f_{2i}$为:

$$\sum f_{2i} = f_{2i} + f_{2i+1} + f_{2i+2} + \cdots + f_{2n} \qquad (3\text{-}5\text{-}33)$$

(下标 2 表示预应力作用的影响)。

5. 施工荷载的影响(f_{4i})

施工荷载属于临时荷载,在后续阶段卸载。因此,临时荷载引起的墩身压缩、挂篮自重使现浇段产生的弹性变形、温度梯度影响、偏载引起墩顶转角影响等都属于加卸载过程,都应该在立模高程中剔除其影响。

6. 施工期收缩、徐变的影响(f_{3i})

现行《公路钢筋混凝土及预应力混凝土桥涵设计规范》(JTG D62—2004)第 6.5.6 条规定,"预应力混凝土受弯构件当需计算施工阶段变形时,可按构件自重和预加力产生的初始弹性变形乘以$[1+\Phi(t,t_0)]$求得"。因此,前期徐变可以按规范规定计算,收缩按规范规定计入影响。但是在专业有限元程序计算中(如《桥梁博士》和 MIDAS 等有限元程序),对$\sum f_{1i}$,$\sum f_{2i}$,f_{3i}和f_{4i}在正装计算和倒装计算中已经加以考虑,倒装计算输出结果中的预拱度就是这 4 项挠度的总和。

正装计算法按照施工顺序进行计算分析,能较好地考虑一些与桥梁结构形成历程有关的因素,如结构的非线性问题和混凝土的收缩、徐变问题。但是正装计算法有其缺点,例如正装法对初始高程的确定即是一个难题,而倒装计算法可以根据理想成桥状态,反推各施工阶段合理的控制参数,即可以反推出与之相对应的各施工状态。但是倒装计算法不能倒推时间,无法计算混凝土收缩、徐变,也无法考虑初始应力。现较多采用倒算法与正装法联合应用的方法,称为联合算法[33],即先以设计高程按正装算法进行计算,求出成桥内力,然后据此内力和设计高程来进行倒装计算,以获得施工阶段的控制参数。但是,这样的计算较烦琐,工作量大,而且,这种联合算法的理论不严密,联合算法模型的内力和高程会产生"不匹配"的情况,如对应于倒装法初始高程(设计高程)的真正内力并不是正装算法计算得到的成桥内力(即倒装法采用的初始内力)。当正装算法理论计算模型与实际结构不符时,可以进行修正和迭代处理,即以施工高程作为初始高程重新建立计算模型,并再次计算理论挠度高程,这样反复计算 2~3 次即可。而且整个建模只需此一次迭代,比起倒算法,无论在迭代次数上还是收敛速度上,都要明显优越得多。以重庆龙溪河大桥为工程实例,主桥跨径为(140m+240m+140m)预应力混凝土连续刚构桥,通过对高程的修正迭代计算,其结果是相当满意的。甚至不用对正算法理论模型中的初始高程做修正,其计算精度也足以满足工程要求。尤其是跨径不大的连续刚构桥单独应用正算法也可以达到施工控制的精度要求,计算上要简单得多。

三、成桥预拱度的计算

设置施工预拱度以消除短期挠度,设置成桥预拱度以消除长期挠度。长期挠度值是通过经验法或半理论半经验的方法求得,在施工过程中又不能对长期挠度值进行识别、修正,因此,在正确进行施工模拟的前提下,成桥预拱度的设置成为线形控制的关键,直接影响桥梁建成后的外观及使用性能。

1. 规范对长期挠度设置的规定

按《公路钢筋混凝土及预应力混凝土桥涵设计规范》(JTG D62—2004)规定:

(1)第 6.5.3 条规定,受弯构件在使用阶段的挠度应考虑长期效应的影响,即按荷载短期效应组合的挠度值乘以挠度长期增长系数 η_θ 计算。挠度长期增长系数如表 3-5-10。

挠度长期增长系数   表 3-5-10

强度等级	<C40	C40	C50	C60	C70	C80
η_θ	1.6	1.45	1.425	1.4	1.375	1.35

(2)第 6.5.4 条规定,预应力混凝土受弯构件预加力引起的反拱值,可用结构力学方法按照刚度 $E_c I_0$ 进行计算,并乘以长期增长系数 η_θ。计算使用阶段预加力反拱值时,预应力钢筋的预加力应扣除全部预应力损失,长期增长系数取用 2.0。

(3)第 6.5.5 条规定,当预加力产生的长期反拱值大于按荷载短期效应组合计算的长期挠度时,可不设预拱度;当预加力产生的长期反拱值小于按荷载短期效应组合计算的长期挠度时应设预拱度,其值应采用该项荷载的挠度值与预加力长期反拱值之差。预拱度的设置应按最大的预拱度值沿顺桥向做成平顺曲线。

根据《公路桥涵设计通用规范》(JTJ D60—2004)规定,作用短期效应组合为:

$$S_{sd} = \sum_{i=1}^{m} S_{Gik} + \sum_{j=1}^{n} \psi_{1j} S_{Qik} \tag{3-5-34}$$

式中：S_{sd}——作用短期效应组合设计值；

S_{Gik}——第 i 个永久作用效应的标准值；

ψ_{1j}——第 j 个可变作用效应的频遇值系数，如果为汽车荷载（不含冲击力）$\psi_1=0.7$，如果为人群荷载 $\psi_1=1.0$；

$\psi_{1j} S_{Qik}$——第 j 个可变作用效应的频遇值。

2. 预应力的长期效应

大跨径连续刚构桥预应力束较长（许多顶板束长度与跨径大小相当），预应力损失较大，实际效果往往比计算值偏小，且在施工中也存在张拉不到位等问题，有效预应力较小。因此，乘以长期增大系数的方法可能不符合大跨径连续刚构桥的实际情况。

连续刚构桥恒载所占比例大，普遍采用悬臂施工，顶、底板都配置预应力束；张拉顶板束使主梁上缘的压应力增大，由于徐变影响，顶板预应力效应使主梁产生下挠度；张拉底板束使主梁下缘压应力增大，理论上将产生徐变上挠度变形，但是，张拉底板束后，很快就进行二期铺装施工，反拱被抵消。可见，对于连续刚构桥来讲，预应力反拱度应该是逐渐减小的，更不会长期增长；相反，特别是顶板预应力更是"助长"了混凝土的徐变变形，产生更大的下挠度。并且，大跨径宽箱梁连续刚构桥通常配有顶板横向预应力，其徐变变形也会加大混凝土的下挠。因此，连续刚构桥的预应力长期效应的长期增长系数可取为 1，即不考虑预应力长期增长效应。是否合理可作进一步研究。

3. 成桥最大预拱度

依据《公路钢筋混凝土及预应力混凝土桥涵设计规范》（JTG D62—2004），结合连续刚构桥的长期变形特点，提出运用长期增大系数法设置成桥预拱度，公式为：

$$f_c = -\eta_0 \left(\sum_{i=1}^{m} S_{Gik} + \sum_{j=1}^{n} \psi_{1j} S_{Qik} \right) - S_y \tag{3-5-35}$$

式中：S_y——预应力效应（即长期效应增长系数取 1.0）。

4. 成桥预拱度值的分配

在求得跨中最大成桥预拱度后，需要按某种曲线向墩顶分配。经验曲线分配法是根据经验确定跨中最大预拱度（一般取 $L/1500 \sim L/1000$ 左右），按某种曲线（大多采用二次抛物线）向全跨分配。但是，根据有限元计算结果，三跨连续刚构桥的弹性应变在中跨 $L/4$ 处产生的变形约为跨中的 1/2；因此，线性徐变变形亦应符合相类似的规律。而应用二次抛物线分配预拱度时，跨中与 $L/4$ 处的预拱度比为 3/4，这与简支梁计算结果吻合较好，但偏离连续刚构桥理论计算值。因此有提出按余弦曲线分配预拱度的方法[34]（图 3-5-27）。余弦曲线在各墩顶两曲线相接处、最大预拱度处的切线为零，因此，满足平顺的要求。而且余弦曲线在 $L/4$ 处为预拱度最大处的 1/2，与有限元计算结果吻合较好。如图 3-5-27 中所示坐标系，中跨成桥预拱度余弦曲线方程为：

$$y = \frac{f_{cz}(1 - \cos 2\pi x/L)}{2} \tag{3-5-36}$$

式中：L——中跨跨径；

f_{cz}——中跨跨中成桥预拱度。

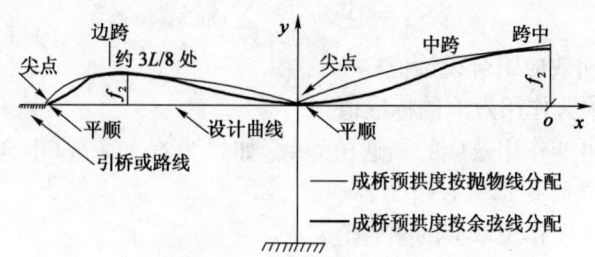

图 3-5-27 成桥预拱度的分配曲线

由于徐变作用,后期运营过程中墩顶将向中跨发生偏移,刚构桥墩梁固结,由变形协调知边跨上挠。因此,边跨成桥预拱度一般设置较小或不设。如采取中跨合龙前压重或顶推的方法,使墩顶在成桥时就有一定的向边跨的预偏量,那么边跨也可按长期增大系数法适当设置预拱度。如图 3-5-27 所示,大约在边跨 $3L/8$ 处设置大小约为 $f_{cz}/4$ 的预拱度,同样采用余弦曲线分配便可。

5. 成桥预拱度设置示例

[例 3-5-2] 某预应力混凝土连续刚构桥,跨径组合为:95m+170m+95m,主梁采用单箱单室截面,桥面全宽 22.5m,主墩采用双薄壁结构,采用悬臂浇筑法施工。上部结构划分成 152 个单元,运用平面杆系有限元进行施工过程模拟正装计算。

经有限元计算,$\sum_{i=1}^{m} S_{Gik} = -13.52\text{cm}$;$S_y = 7.15\text{cm}$;$\sum_{j=1}^{n} \psi_{1j} S_{Qik} = 0.37 \times 0.7 = 0.26\text{cm}$。查表 3-5-10 得 $\eta_0 = 1.425$,由式(3-5-35)求得跨中最大预拱度为 $S_{\max} = 1.425 \times (13.52 + 0.26) - 7.15 = 12.49$ cm,约为 $L/1361$,然后按余弦曲线向墩顶分配即可。

按正装计算结果如图 3-5-28 所示,成桥挠度是刚竣工时的计算结果,后期挠度值是收缩徐变阶段完成后的计算结果与成桥时计算结果的差值。

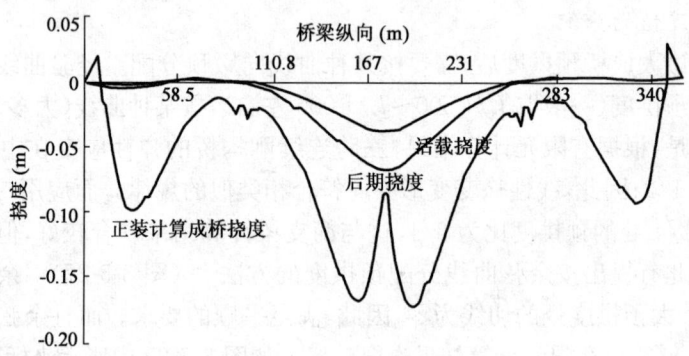

图 3-5-28 按正装计算结果

图 3-5-29 中所得的施工预拱度仅是前期理论预测值,在施工监控过程中还需要结合施工中主梁实测变形及其他实测参数、环境影响(特别是温度)对其进行实时修正,并运用误差调整理论,如卡尔曼滤波法、灰色系统、最小二乘法、神经网络系统等,对施工中产生的误差不断进

行识别、反馈、调整,以确定更为准确的预拱度。图中成桥预拱度的两条曲线是分别按照经验曲线分配法和式(3-5-36)算法得到的,可见,跨中最大成桥预拱度取值相同时,两者只是分配曲线不同,但在数值上差别不大,跨中基本重合,边跨差别稍大。总预拱度便是施工预拱度和成桥预拱度的和,预拱度加到设计高程上得到指导悬臂施工的立模高程。

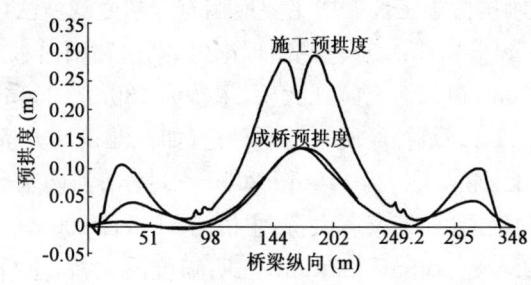

图 3-5-29 预拱度设置

四、立模高程和施工监控

1. 立模高程的设置

混凝土连续刚构桥截面是一个梁刚、索柔的体系,无法像斜拉桥那样通过斜拉索的张拉来调整主梁的线形,一旦误差产生将很难进行有效的调整,因此,挂篮的准确定位就显得尤为重要。理论上,立模高程等于设计高程加上预抛高以抵消施工中产生的各种变形,而实际操作过程中,采用如下计算公式:

$$H_{id} = h_{i0} + f_{ipc} + f_{ig} + \Delta f_{icc} + \Delta f_{ipl} - \Delta i \qquad (3\text{-}5\text{-}37)$$

式中:H_{id}——为悬浇第 i 节段挂篮前端点底端定位高程;

h_{i0}——为悬浇第 i 节段主梁底板设计高程;

f_{ipc}——为悬浇第 i 节段设计预拱度;

$$f_{ipc} = \sum f_{gi} + \sum f_{cci} + \sum f_{pi}$$

$\sum f_{gi}$——后期施工荷载在第 i 节段产生的挠度总和;

$\sum f_{cci}$——混凝土徐变、收缩在第 i 节段产生的挠度总和;

$\sum f_{pi}$——预应力效应在第 i 节段产生的挠度总和;

f_{ig}——悬浇第 i 节段产生的挂篮变形,通过挂篮加载试验及施工过程实测变形得到;

Δf_{icc}——悬浇第 i 节段梁体下挠值修正;

Δf_{ipl}——悬浇第 i 节段预应力张拉上挠值修正;

Δi——悬浇第 i 节段角度影响修正。

温度影响,主要是日照温差、季节温变的影响,它影响立模的放样、复测精度等。因此,放样和复测等高程状况控制必须选在清晨温度比较稳定的时间进行,否则应予以修正。可根据实测温度变化对挠度的影响规律来调整。

2. 线形误差调整方法

(1)连续刚构桥施工常用控制方法

由于设计、施工等各种因素引起的误差,施工实际挠度与理论挠度不可避免地会存在偏差,只要这种差值在允许的范围内,就说明设计与施工处于吻合状态,否则就需要监控调整,即对下一阶段的预抛高做出相应修正。

误差调整应从两个方面着手解决:首先要进行设计参数误差的调整,通过前几个块件的施工,来确定实际设计参数值,根据实际设计参数值来计算结构的理论状态;其次再进行施工误差的调整。目前,在连续刚构桥施工控制中主要应用有卡尔曼滤波法(如重庆黄花园嘉陵江大桥,主桥为137m+3×250m+137m)、灰色控制理论(如湖南祁阳白水湘江大桥,主桥为36m+78m+2×120m+78m+36m;白果渡嘉陵江大桥,主桥为130m+230m+130m;柏溪金沙江大桥,主桥为140m+249m+140m)、神经网络控制理论(如三滩黄河大桥,主桥为78m+140m+78m)、预测控制法(如涪江三桥,主桥为110m+200m+110m;河南水磨湾大桥,主桥为65m+110m+65m)、自适应控制理论(如韩家店大桥,主桥为110m+200m+200m+110m;广珠高速公路珠江大桥,主桥为92.5m+165m+92.5m;三明猫坑溪大桥,主桥为85m+150m+85m;白涧河大桥,主桥为75m+2×135m+75m)等。也有通过卡尔曼滤波法与灰色理论的结合对施工监控的线形进行预测(如广州沙湾大桥,主桥为70m+2×120m+70m),或应用参数识别与灰色理论预测结合的方法进行控制(如云南大保高速公路连续刚构桥主桥为77m+140m+77m),充分发挥各自所长。应用参数识别与灰色理论预测结合的方法,其思路是:在施工阶段,根据状态变量(控制点位移、控制截面内力)的实测值与相应理论值,运用参数识别法对影响参数进行识别和修正,重新给出理论期望值;然后根据理论期望值与实际值的差别运用灰色预测法对下一节段的误差进行预测。这样既消除了产生偏差的主要因素,又将控制系统本身的误差及其他难以精确计算的随机因素的影响降到最小。

卡尔曼滤波法和灰色控制理论都是纠偏终点控制法,即在施工过程中,对产生主梁线形偏差的因素进行跟踪控制,随时纠偏,最终达到理想线形。这种方法效果虽然理想但工作量大。神经网络控制理论通过对若干样本的自学习,建立网络输入变量与输出变量之间的全局非线性映射关系。由于引起施工实测高程与理论计算值偏差的原因是多方面的,涉及几十种参数,要寻求对全部样本数据均有较好响应的非线性映射关系尚需要有一个过程。预测控制法是指在全面考虑影响桥梁结构状态的各种因素和施工所要达到的目标后,对结构的每一个施工阶段(节段)形成前后的状态进行预测,使施工沿着预定状态进行。自适应控制法,即对施工过程的高程和内力的实测值与预测值进行比较,对结构的主要参数进行识别,找出产生偏差的原因,从而对参数进行修正,达到控制的目的。预测控制法和自适应控制法易于广大工程技术人员理解和掌握,在多座桥梁的建设中成功应用。以下主要介绍自适应控制法。

(2)自适应施工控制法

①自适应施工控制原理

所谓"自适应施工控制",是指控制开始时,控制系统的某些设计参数与实际情况不完全相符,系统不能按设计要求得到符合实际的输出结果,但是,在系统的运行过程中,通过系统识别或参数估计模块,不断地修正设计参数,使设计输出与实际输出相符,使控制系统自动地适应实际问题的控制。例如,在预应力混凝土连续梁或连续刚构桥施工过程中,施工工况的变形和受力状态达不到设计所确定的理想目标,除了实际施工与设计时不完全相同的原因外,重要的原因是有限元计算模型中的计算参数取值,主要是混凝土的弹性模量、材料的重度、徐变系数、挂篮刚度等,与施工中的实际情况有一定的差距。当测量到的结构受力状态与模型计算结果不相符时,把误差输入到参数辨识算法中去调节计算模型的参数,使模型的输出结果与实际测量结果相一致。计算模型经过参数修正后,重新计算各施工阶段的理想状态,根据此目标再按反馈控制的思路进行施工控制。计算模型与实际结构磨合一段时间后,自动适应的精度得到逐步提高,以使其达到最终控制的目标。自适应控制理论与计算机相结合的施工控制过程如图 3-5-30 所示。自适应控制的基本原理如图 3-5-31 所示。

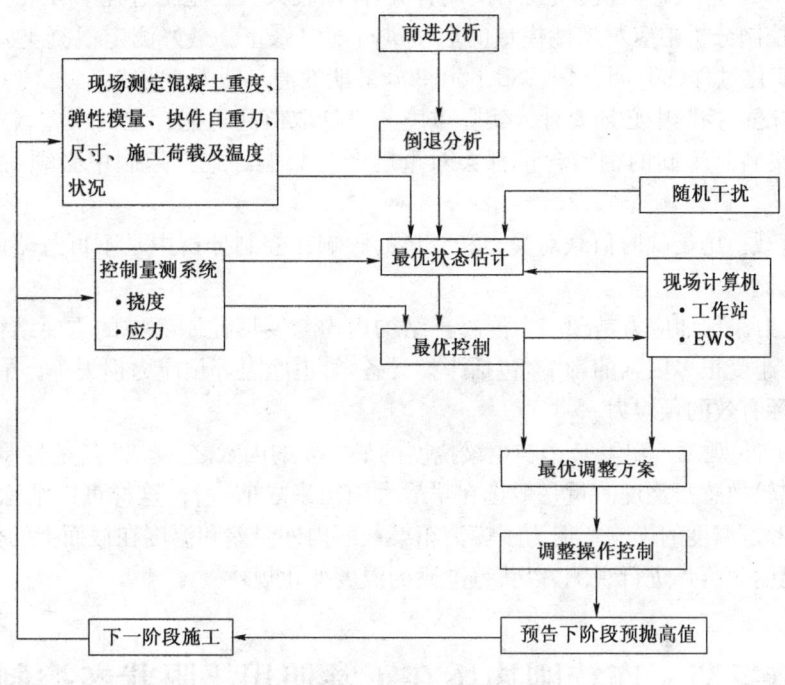

图 3-5-30　施工控制流程

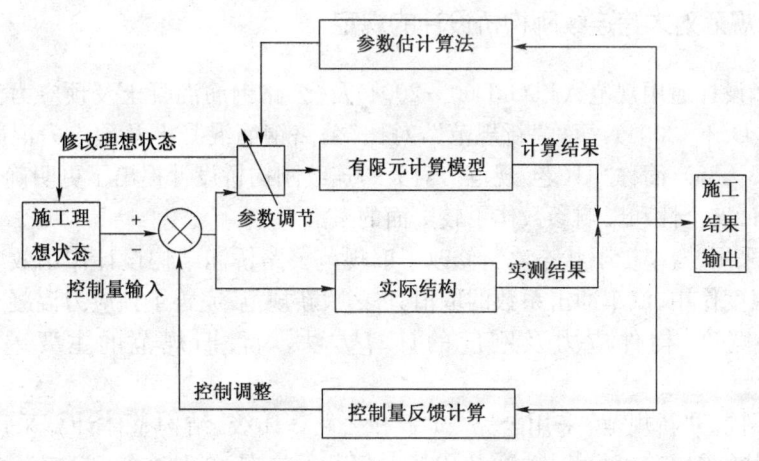

图 3-5-31　自适应控制的基本原理

②参数识别

对于预应力混凝土连续梁桥或连续刚构桥主要的设计参数有以下几个方面：

a.结构构件截面尺寸。任何施工都可能存在截面尺寸误差，验收规范中也允许出现不超过限值的误差，而这种误差将直接导致截面特性误差，从而直接影响结构内力和变形的分析结果。所以，控制过程中要对实际结构尺寸进行测量取值和误差分析。

b.结构材料弹性模量。结构材料弹性模量和结构变形有直接关系。特别是对于现浇混凝土梁，混凝土的强度和弹性模量还与龄期有关，波动较大。在施工过程中必须经常进行现场抽样试验，在控制分析中应对弹性模量的取值进行随时修正。最好测定混凝土弹性模量（E）随时间（t）的变化过程（3d、7d、14d、28d、60d、90d 龄期的值），即 E-t 曲线。

c.材料重度。控制中必须要计入实际重度与设计取值间可能存在的误差，特别是混凝土材料，不同的集料与不同的钢筋含量都会对重度产生影响。施工控制中必须对其进行准确识别。

d.施工荷载。施工临时荷载对受力和变形的影响在控制分析中是不可忽略的，一定要根据实际进行取值。

e.预加应力。预加应力是预应力混凝土结构内力与变形控制考虑的重要结构参数，但预加应力值的大小受很多因素的影响，包括张拉设备、管道摩阻等预应力损失等。最好在现场测试，以确定实际有效的预应力。

f.温度影响和观测。温度是影响主梁挠度的最主要的因素之一。尤其是日照温差对主梁的挠曲影响比较敏感。挠度测量一般选在早晨太阳出来之前进行，这样可以消除日照温差影响，故可以不考虑温度的影响。但为了摸清箱梁截面内外温差和温度在截面上的分布情况，在梁体上布置温度观测点进行观测，以获得准确的温度变化规律。

第三节　连续刚构桥在正常使用极限状态控制

一、新、旧规范对大跨连续刚构桥设计的规定

《公路桥涵设计通用规范》(JTG D60—2004)及《公路钢筋混凝土及预应力混凝土桥涵设计规范》(JTG D62—2004)，简称"新规范"，对比《公路钢筋混凝土及预应力混凝土桥涵设计规范》(JTJ 023—85)，简称"旧（老）规范"，对大跨连续刚构桥设计提出了更明确、具体的规定，总体上说对设计安全性和影响参数作了较全面的考虑。

"新规范"采用"概率极限状态法"，修改了旧规范公路桥涵结构设计作用效应的组合方式及汽车作用、温度作用、汽车冲击系数的取值方法，"新规范"完善了预应力混凝土受弯构件抗裂限值、裂缝宽度、构件应力及刚度的计算方法。新、旧规范的主要差异在以下几方面[35][36][37]：

(1)活载不同。"新规范"采用公路—Ⅰ级和公路—Ⅱ级，结构整体计算采用车道荷载模式，局部分析计算采用车辆荷载模式，替代了旧规范的汽车—超 20 级和汽车—20 级。同时，将汽车冲击系数以跨径为主要影响因素的计算方法修订为以结构基频为主要因素的计算方

法,"旧规范"45m以上跨径梁式桥不考虑冲击系数的影响,"新规范"即使是100m以上跨径的梁式桥冲击系数仍有0.05。图3-5-32绘出了三车道100m以上跨径连续梁桥在新、旧规范汽车荷载作用下,跨中弯矩的计算结果。

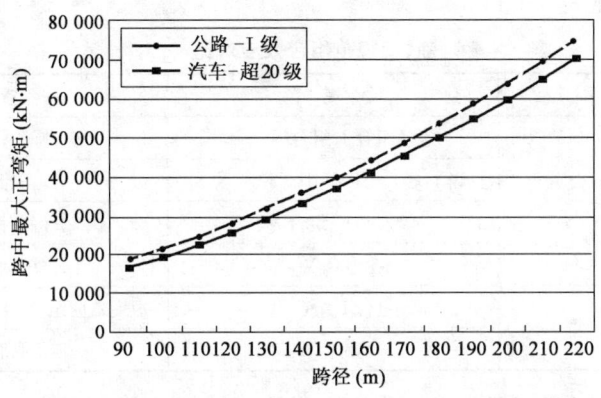

图3-5-32 新、旧规范汽车作用跨中弯矩比较

由图3-5-32的对比可见,对于跨径$L \geqslant 100$m的连续梁桥,"新规范"汽车作用产生的跨中弯矩较"旧规范"的大,跨径100～200m汽车作用效应总体向上浮动系数在0.08左右。以某桥5跨(75m+3×130m+75m)预应力混凝土连续刚构桥为例,主梁采用单箱单室,箱梁全宽12.0m,底板宽5.6m,墩顶梁高7.0m,跨中梁高2.5m;主墩采用双薄壁墩,中心间距4.8m,最大墩高45m。按新、旧规范计算主梁汽车荷载弯矩,"新规范"与"旧规范"相比,主梁墩顶截面最大负弯矩减少0.7%,跨中截面最大正弯矩增加6.4%。

(2)徐变收缩的模式和计算时间不同。"新规范"在使用阶段按3 650d计算;"旧规范"在使用阶段按1 000d计算。"新规范"徐变随时间变化曲线较"旧规范"要平缓,可以考虑的时间历程也较长。"新规范"考虑的因素更全面、更科学、更合理。

(3)竖向温度梯度不同。"新规范"按《公路桥涵设计通用规范》(JTG D60—2004)第4.3.10条确定,在升温情况下,桥面板顶面温度(按10cm沥青混凝土铺装层)为14℃,其下10cm处为5.5℃,再下30cm处为0℃,其间按线性变化;降温情况下的反温差为正温差乘以-0.5。"旧规范"考虑箱梁顶板升温5℃,降温-5℃。按照梯度温度公式计算的应力幅值"新规范"较"旧规范"标准有大幅度的提高。据计算分析,顶板升、降温(温度梯度荷载)时在主梁截面上缘产生较大应力,对主梁截面下缘则影响较小。顶板升温时,主梁上缘最大压应力增加达到240%;顶板降温时,主梁上缘最大拉应力增加达到70%。"新规范"对梯度温度取值的修订,结构温差应力效应明显,对工程设计影响较大,但有助于提高结构抗裂性。

(4)混凝土设计强度取值不同。以"旧规范"50号混凝土为例,其轴心抗压标准强度为35MPa,根据"新规范"混凝土强度等级及标号换算关系,对等的C48混凝土轴心抗压标准强度为31.3MPa,"旧规范"在考虑温度效应作用的情况下,最大压应力要求$\sigma_{ha} \leqslant 0.6R_{ab}$(组合Ⅱ),"新规范"各种效应标准组合$\sigma_{kc}+\sigma_{pt} \leqslant 0.5f_{ck}$,"旧规范"50号混凝土最大压应力可以用到21MPa,"新规范"对等的C48混凝土最大压应力仅能用到15.65MPa。

(5)荷载组合不同。"新规范"引入结构设计的持久、短暂和偶然三个设计状况,分别进行相应的极限状态计算。在承载能力极限状态中规定基本组合和偶然组合两种组合形式,在正常使用极限状态中规定了短期效应组合、长期效应组合及标准组合(组合系数采用1.0)。新、旧规范组合效应对比见表3-5-11。

新、旧规范组合效应对比 表3-5-11

极限状态	旧规范	新规范
承载能力	组合I,组合II	持久状况基本组合
	组合III	取消验算荷载
	组合IV、组合VI	持久状况偶然组合
	组合V	短暂状况基本组合
正常使用	组合I,组合II	短期效应组合、长期效应组合及标准组合
	组合III	取消验算荷载

"新规范"中除了因废除验算荷载带来的变化外,还包含"旧规范"中的其他全部组合,根据不同种类作用对桥涵结构的影响,"新规范"考虑持久、短暂与偶然三种结构设计状态。对于承载能力极限状态,"旧规范"采用荷载安全系数与荷载标准值乘积作为设计代表值,"新规范"引进结构重要性系数、作用效应分项系数、组合系数与各项作用标准值来计算组合效应设计值。对于正常使用的极限状态,"旧规范"采用标准值计算,"新规范"则修订为按短期效应组合、长期效应组合的频遇值、准永久值计算。"旧规范"在组合I状态下可不考虑温度效应的影响,"新规范"则要求根据可能发生的实际状态进行组合。

(6)预应力混凝土应力限值不同。"新规范"对混凝土的应力限值作了修改,修改后的限值较"旧规范"有所降低,新、旧规范对运营荷载作用下混凝土主拉应力限值比较,见表3-5-12(混凝土强度等级已折算为同一标准)。

在运营荷载作用下混凝土主拉应力的限值比较(单位:MPa) 表3-5-12

混凝土强度等级	"旧规范"		"新规范"	
	组合I	组合II或III	全预应力构件	
			预制	现浇
C40	2.14	2.41	1.44	0.96
C50	2.46	2.77	1.59	1.06
C60	2.78	3.13	1.71	1.14

二、预应力混凝土连续刚构桥的抗裂验算

近年来,检查发现有不少公路大跨径连续梁和连续刚构桥发生裂缝,裂缝的出现与设计、施工、养护、超载、环境条件等多种因素有关,其中腹板主拉应力裂缝严重影响结构的安全性和耐久性。而设计计算中对主拉应力的分析不够充分,主拉应力的安全储备不足,是其中一个主要影响因素。"新规范"在斜截面抗裂性能验算方面提高了要求,有利于提高桥梁的抗裂性能,减少裂缝的发生。

1. "新规范"对腹板主拉应力的计算

根据"新规范"第 6.1.2 条规定,跨径大于 100m 的连续刚构桥应按全预应力混凝土设计。按"新规范"第 6.3.3 条,预应力混凝土受弯构件由作用短期效应和预加力产生的混凝土主拉应力 σ_{tp} 和主压应力 σ_{cp} 应按下列公式计算:

$$\genfrac{}{}{0pt}{}{\sigma_{tp}}{\sigma_{cp}} = \frac{\sigma_{cx}+\sigma_{cy}}{2} \mp \sqrt{\left(\frac{\sigma_{cx}-\sigma_{cy}}{2}\right)^2+\tau^2} \quad (3\text{-}5\text{-}38)$$

$$\sigma_{cx} = \frac{N_s}{A_0} + \frac{M_s y_0}{I_0} \quad (3\text{-}5\text{-}39)$$

$$\sigma_{cy} = 0.6 \frac{n\sigma'_{pe}A_{pv}}{bs_v} \quad (3\text{-}5\text{-}40)$$

$$\tau = \frac{V_s S_0}{bI_0} - \frac{\sum \sigma''_{pe} A_{pb} \sin\theta_p \cdot S_n}{bI_n} \quad (3\text{-}5\text{-}41)$$

式中:σ_{cx}——由主应力计算点处各种作用(如:自重、外荷载、支座沉降、体系转换、预应力、混凝土收缩及徐变等)产生的轴力 N_s 和弯矩 M_s 按材料力学公式计算的混凝土法向应力;

σ_{cy}——主应力计算点处由竖向预应力钢筋预加力产生的混凝土竖向压应力;

τ——主应力计算点预应力弯起钢筋预加力和作用短期效应组合剪力 V_s 产生的混凝土剪应力;

n——在同一截面上竖向预应力钢筋的肢数;

σ'_{pe}、σ''_{pe}——竖向预应力钢筋、纵向预应力钢筋扣除全部预应力损失后的有效预应力;

A_0——换算截面面积;

y_0——换算截面重心轴至主应力计算点处的距离;

I_0——换算截面惯性矩;

S_0、S_n——主应力计算点以上(或以下)部分换算截面面积对换算截面重心轴、净截面面积对净截面重心轴的面积矩;

b——主应力计算点处构件腹板的宽度;

A_{pv}——单支竖向预应力钢筋的截面面积;

A_{pb}——计算截面上同一弯起平面内预应力弯起钢筋的截面面积;

θ_p——计算截面上预应力弯起钢筋的切线与构件轴线的夹角;

s_v——竖向预应力钢筋的间距。

式(3-5-38)～式(3-5-41)中 y_0、A_0 和 I_0 是全截面的换算截面几何参数,同一截面上每个主应力计算点处该参数不变,而 S_0 则随主应力计算点位置不同而有所不同。一般全桥要划分几十个甚至几百个单元,由于主应力计算点较多,运算量比较大。一般桥梁结构分析软件计算剪应力时多不考虑钢筋换算截面面积对换算截面重心轴的面积矩的影响。这样当顶板预应力钢筋配置较多时,钢筋换算截面对剪应力计算结果还是有一定影响的。

按照"新规范"第 4.2.7 条规定,计算变高度梁的剪应力时,应考虑弯矩、轴向力引起的附加剪应力。弯矩、轴向力引起的附加剪应力计算公式如下(对于箱梁底板呈二次抛物线变化的梁):

$$\tau_c = \tau + c_1 N + c_2 M \tag{3-5-42}$$

$$c_1 = \frac{1}{b}\left(\frac{S_c A_l}{AI} - \frac{bA_c}{A^2}\right)\tan\beta + \frac{1}{b}\left(\frac{S_c A_v}{AI} - \frac{b'A_c}{A^2}\right)\tan\beta' \tag{3-5-43}$$

$$c_2 = \frac{1}{b}\left(\frac{A_c A_l}{AI} - \frac{2S_c S_l}{I^2}\right)\tan\beta + \frac{1}{b}\left(\frac{A_c A_v}{AI} - \frac{2S_c S_v}{I^2}\right)\tan\beta' \tag{3-5-44}$$

式中：τ_c——变高度梁考虑弯矩、轴向力引起的附加剪应力修正后的混凝土剪应力；

A_c——计算剪应力点以上部分截面面积；

A_l、S_l——计算截面重心轴以下部分截面面积及该面积对计算截面重心轴的面积矩；

A_v、S_v——为计算截面重心轴以下挖空部分截面面积及该面积对计算截面重心轴的面积矩；

b'——扣除所有腹板宽度后的底板净宽度；

β——验算截面底板下缘切线与水平线的夹角；

β'——验算截面底板上缘切线与水平线的夹角。

式(3-5-42)～式(3-5-44)中的截面几何参数计算很复杂，因此在考虑变高度梁弯矩、轴力修正又考虑钢筋换算截面修正时，必须仔细计算剪应力和主应力，最好通过应力云图详查结构各部位主应力是否符合规范要求。

通过计算实例分析表明，考虑变高度梁弯矩、轴力修正对剪应力、主拉应力影响较大，竖向预应力作用对主拉应力影响也比较大。钢筋换算截面对剪应力、主拉应力有一定影响，但相对较小。"新规范"对斜截面抗裂性能验算方面已提高了要求。

2. 横向因素对腹板主拉应力的影响

前述已提及，"新规范"对混凝土应力限值已做了修改，减小了主拉应力限值，但仍沿袭"旧规范"中用单向主拉应力控制二向应力状态下的腹板混凝土开裂。上述公式也仅从纵向和竖向二维来分析主拉应力，实际箱梁是三维受力模式，应该考虑横向因素的影响。箱梁是框架结构，由于底板的自重以及上翼缘的悬臂，箱梁腹板在自重、活载、温度荷载、张拉横向预应力束、张拉纵向预应力束引起的径向力等荷载作用下，腹板各断面受力不同，有的断面受拉，有的断面受压，通常是腹板内侧拉应力较大，在计算主拉应力时，应考虑上述因素对腹板主拉应力的影响，即 σ_{cy} 值应由竖向预应力筋提供的压应力减去温度、活载、张拉横向预应力束和张拉纵向预应力束引起的径向力等荷载产生的拉应力。即：

$$\sigma_{cy} = \sigma_{cy1} - \sigma_{cy2} - \sigma_{cy3} - \sigma_{cy4} - \sigma_{cy5} - \sigma_{cy6} \tag{3-5-45}$$

式中：σ_{cy1}——竖向预应力在腹板产生的应力；

σ_{cy2}——考虑箱梁自重在腹板产生的应力；

σ_{cy3}——考虑箱梁室内外温差对腹板产生的应力；

σ_{cy4}——考虑活载、活载偏载在箱梁腹板产生的应力；

σ_{cy5}——考虑张拉箱梁顶板横向预应力束在腹板产生的应力；

σ_{cy6}——考虑底板纵向预应力束的径向力对腹板产生的应力。

按照上述公式分别计算腹板内侧、外侧的 σ_{cy} 值，取不利的数值作为 σ_{cy} 来计算腹板的主拉应力。通过计算分析可知，考虑横向应力的影响，必然使计算的主拉应力值增大。因此计算主梁的主拉应力时，横向因素是不容忽视的。

3. 竖向预应力筋的有效应力及其对腹板作用

"新规范"对竖向预应力筋的有效应力也作了修改，考虑到竖向预应力筋应力损失较大，施工又难以保证质量,设计时将"旧规范"计算 σ_{cy} 的公式乘以 0.6 的折减系数。计算表明竖向预应力对控制腹板的主拉应力作用非常显著,由于连续刚构桥主梁高度的不同、预应力束的布置、预应力束的材料和张拉吨位等,均会引起不同的有效应力,因此应充分考虑各种因素,确定出合理的竖向预应力筋的有效应力,以保证结构的安全。

根据混凝土箱梁桥力学性质,在中性轴附近剪应力最大,施加竖向预应力的目的是抵消按式(3-5-38)计算的主拉应力。但通过局部计算(有限元)分析表明:在单根竖向预应力筋的作用下,在腹板顶面除预应力筋锚固处±0.16m 内为压应力,其他范围均为拉应力,拉应力值为 0.03mPa 以下。很明显在预应力筋之间竖向预应力筋不能在腹板表面产生压应力反而有产生拉应力的趋势。这类拉应力将加剧箱梁腹板与顶板过渡部位的开裂(水平裂缝)。对此设计时应引起注意,应采取如增加分布钢筋的密度,适当减小分布钢筋的直径,局部(如顶板与腹板过渡段)提高配筋率等措施。

4. 纵向预应力的有效应力对腹板主拉应力的影响

纵向预应力的有效应力不仅对跨中挠度影响较大,而且影响结构的主拉应力,如通过某桥(110m+200m+110m 三跨连续刚构桥)计算分析表明,不同的纵向预应力损失程度对主梁最大主拉应力的影响较大,见表 3-5-13。

不同纵向预应力损失程度对应的主梁最大主拉应力(MPa) 表 3-5-13

纵向预应力束	现行规范(潮湿度取 0.8)
原钢绞线不计应力损失	1.6
相当于原有钢绞线应力损失 10%	1.73
相当于原有钢绞线应力损失 30%	5.85
相当于原有钢绞线应力损失 50%	11.2

5. 腹板厚度变化对主拉应力的影响

在大跨度连续刚构桥设计中,腹板常采取变厚度形式,而变化又是多种形式。通过实例计算表明,腹板厚度变化对主拉应力有较大影响。如以一座 75m+120m+75m 的三跨悬浇连续刚构桥为背景,采用四种常见的腹板厚度变化类型(表 3-5-14),用平面分析软件计算各种变化类型 1/2 梁高处的腹板主拉应力。全桥上部结构划分 87 个单元、88 个节点。图 3-5-33 为结构计算模型。

腹板厚度变化方式 表 3-5-14

类型	腹板厚度变形式
A	自墩顶向左右对称的 0~3 号块腹板厚 70cm,4~8 号块腹板厚从 70cm 变为 40cm,其余梁段腹板厚为 40cm,梁端 55cm
B	自墩顶向左右对称的 0~3 号块腹板厚 70cm,4 号块腹板厚从 70cm 变为 40cm,其余梁段腹板厚为 40cm
C	墩顶 0 号块腹板厚 70cm,自墩顶向左右对称的 1 号块腹板厚自 70cm 变为 40cm,其余梁段腹板厚为 40cm
D	全部梁段腹板厚为 40cm

计算荷载中计入了混凝土收缩徐变、预加力、温度变化等影响力。图 3-5-34 中仅示出了左半桥(0~135m)各截面 1/2 梁高处腹板的主拉应力。从图 3-5-34 中可以看出：腹板厚度变化形式对主拉应力产生较大影响的区域位于距离梁左端 46~106m。即桥墩中心线以左 $0.4L_1$ 边跨到桥墩中心线以右 $0.5L_2$ 中跨范围内（L_1、L_2 分别是边孔跨长和中孔跨长）。在腹板厚度保持不变的情况下（D 型），腹板主拉应力随纵桥向的总体变化趋势是在桥墩处最大，向桥墩两侧逐渐减小，在距离梁左端 $L_1/4$ 边跨区域内又逐渐增大。A、B、C、D 类型相比较，D 型最不利，在梁根部（距梁端 72.15m）产生最大的主拉应力值达 3.29MPa。

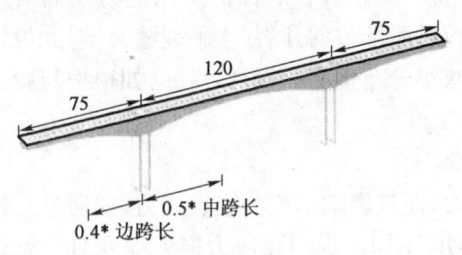

图 3-5-33　结构计算模型（尺寸单位：m）

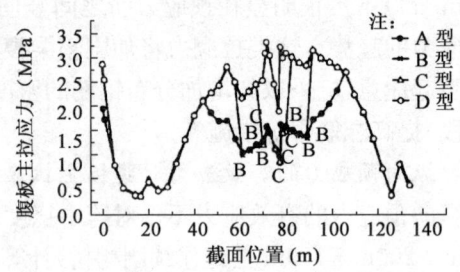

图 3-5-34　左半桥各截面 1/2 梁高处腹板的主拉应力曲线

腹板厚度采用不同的变化形式，将对主拉应力产生较大的影响。比如采用 A 型（或 B、C 型）时，在梁根部处的主拉应力比 D 型情况将会减小 53%；采用 B 型时，在悬浇 1~4 号块（距梁端 58.0~70.0m）范围内的主拉应力比 C 型情况减小 54%；A 型和 B 型相比，在腹板厚度变化区段内（距梁端 44.0~61.0m），A 型比 B 型腹板主拉应力平均减小 39.4%。当采用 C 型，即将腹板厚度变化段布置在箱梁根部附近，且采用较短距离变化时，将在梁根部附近产生一个较为不利的主拉应力，最大值为 3.13MPa。由此可见，对于大跨径箱梁桥，对截面腹板厚度的变化处理方式应慎重考虑，应尽量采用较为缓和的变化方式。

三、预应力混凝土连续刚构桥的挠度验算

梁的挠度验算使其计算值不超过规定的限值，这是为了检验梁是否具有足够的刚度，而梁的预拱度设置则是谋求桥梁建成后有一个平顺的行车条件。"旧规范"对预应力混凝土桥梁的预拱度未作规定，根据"新规范"第 6.5.3 条的规定，对于预应力混凝土受弯构件，在消除结构自重产生的长期效应影响后的最大挠度不应超过计算跨径的 1/600。但是对于大跨径预应力混凝土箱梁桥普遍存在主梁下挠过大的问题。表 3-5-15 为世界上一些典型大跨径预应力混凝土箱梁桥的下挠情况。国内一些大跨径连续刚构桥也同样存在这个问题。

（1）虎门大桥辅航道桥为一座三跨预应力混凝土连续刚构桥，跨径布置为 150m+270m+150m，于 1997 年建成通车。主跨跨中挠度因混凝土收缩徐变等因素而逐年增长，如表 3-5-16 所示（只列出右幅桥的主跨跨中挠度的数据），而且尚未停止。2003 年 12 月测量数据表明，与成桥时相比，左幅桥跨中累计下挠达 22.2cm，右幅桥跨中累计下挠达 20.7cm。

（2）黄石大桥为一座五跨预应力混凝土连续刚构桥，跨径布置为 162.5m+3×245m+162.m，连续长度达 1 060m，于 1995 年建成。该桥通车运营 3 年后，跨中仍然持续下挠。该桥运营 7 年后，各跨跨中均有明显下挠，与成桥时相比，大桥北岸次边跨 2 号墩和 3 号墩之间主梁跨中下挠累计已达 30.5cm，中跨 3 号墩和 4 号墩之间主梁跨中下挠已达 21.2cm，南岸次边

跨 4 号墩和 5 号墩之间主梁跨中下挠累计已达 22.6cm。

(3) 三门峡黄河公路大桥主桥为一座六跨预应力混凝土连续刚构桥,跨径布置为 105m+4×140m+105m,于 1992 年建成通车。2002 年 6 月对该桥的检查发现,跨中区域下挠最大达到 22cm。

(4) 广东南海金沙大桥主桥为一座三跨预应力混凝土连续刚构桥,跨径布置为 66m+120m+66m,于 1994 年建成通车。2000 年底对该桥进行检查时发现,主跨跨中挠度达 22cm。除了混凝土收缩徐变对长期挠度的影响之外,尚存在其他各种影响因素,包括结构体系存在的缺陷,在设计和施工时必须引起注意。

世界典型大跨径预应力混凝土连续箱梁桥的下挠情况 表 3-5-15

桥名	桥型	属国	施工方式	竣工年	时间(年)	主跨(m)	下挠(mm)
Stolma	连续刚构	挪威	悬浇	1998	3	301	92
Stovset	连续刚构	挪威	悬浇	1993	8	220	200
Parrotts	连续刚构	美国	悬浇	1978	12	195	635
虎门大桥铺航道桥	连续刚构	中国	悬浇	1997	7	270	223
Grand-mere	连续梁	加拿大	悬浇	1977	9	181.4	300

虎门大桥辅航道桥主跨跨中累计挠度实测数据 表 3-5-16

时间(年—月)	1997—12	1998—05	1999—03	2000—01	2000—11	2001—12	2002—12	2003—12
挠度(mm)	0	21.56	76.07	111.7	146.2	175.9	192.7	222.48

大跨径预应力混凝土箱梁桥下挠过大现象的主要因素有[38-39]以下几个。

1. 混凝土收缩徐变对长期挠度的影响

(1) 混凝土的收缩徐变有较大的不确定性,是影响大跨径预应力混凝土箱梁桥长期挠度预测准确性的最大问题。尽管目前收缩徐变的研究取得了很大进展,公路桥梁新规范采用了 CBE-FIP(MC90) 模型等,但其预测仍然没有到达理想程度。理论预测的徐变柔量,其变异系数最好的可高达 20% 以上,收缩应变则可以相差 35% 以上。

(2) 近年来高强混凝土的出现使混凝土的收缩、徐变问题变得更为复杂,特别是其长期变形特性,相应的试验结果非常少,理论模型与实际差别较大,通常适用于普通强度混凝土的收缩徐变的经验不再适合。对于大体积的高强混凝土仅考虑干燥收缩可能严重低估了收缩的影响。

(3) 对于大跨径预应力混凝土箱梁桥而言,断面各部位的板厚与环境条件差异较大——顶板薄且受阳光直射,其收缩远比无阳光直射的厚的底板大得多。顶板的收缩大部分完成时,底板则刚开始释放大部分的收缩变形,这种收缩变形的差异将导致主梁曲率长期的增加,另外合龙后为抵抗这种变形差异产生的具有时变特性的次内力,其量值可能会达到很高的程度,其结果也将影响到成桥后的应力状态。研究表明箱梁这种顶底板收缩差异所造成的对结构内力和挠度的影响不容忽视,但目前在设计中基本上没有考虑。

2. 预应力对长期挠度的影响

(1) 预应力体系作用效应对长期挠度的影响方面,主要存在有效预应力的准确估计问题和预应力的合理布置问题。有效预应力也有时间相关性,有实测结果表明 8 年内预应力的长期损失较成桥时的有效预应力可达 16%,除了混凝土收缩徐变造成预应力损失外,桥梁承受的长期动载等其他方面对有效预应力也有影响。这方面研究还不够。

(2) 预应力的合理布置对梁桥的长期挠度也是有较大影响的。国内布束设计时往往考虑控制的是施工和正常使用状态下的结构应力状态是否安全,对布束影响结构长期挠度的问题基本上都没能注意到。实际上某些不合适的布束不但不能减少长期挠度可能还会造成相反的作用。就国内梁桥设计普遍采用的箱梁顶板设悬浇束的布束方式而言,其对于控制悬臂状态的挠度绝对是最有效的,但这种方式对于减小成桥后结构长期挠度是不是最有效的布置方式值得研究。

3. 不同施工方法对长期挠度的影响

(1) 我国大跨径预应力混凝土箱梁桥广泛采用的是现浇悬臂施工方法,不但混凝土的加载龄期较短,而且移挂篮、浇筑梁段和张拉预应力的施工过程加上日温度的变化,对于已浇梁段,实际上是一种反复循环加载的效应,尽管这种反复荷载可能量值不大,但已知新浇混凝土一般对任何形式的加载都是敏感的,在很短的龄期后就承受反复荷载的作用,线性徐变叠加理论是否仍然适用值得进一步研究。

(2) 单从收缩、徐变的角度来看,悬浇施工比悬拼施工不利得多。悬拼施工至少在保障材料收缩徐变对结构长期挠度的影响方面是有较大优势的,收缩、徐变引发的超静定结构次内力与复杂的断面重分布应力在预制场上大部分被释放掉了,而悬浇施工则必须应对这些复杂因素造成的结构长期挠度进行可靠的研究。

4. 在设计计算方面对长期挠度的影响

(1) 大跨径预应力混凝土箱梁桥通常采用分节段悬臂浇筑施工,节段与节段之间必然存在相对受力性能较弱的竖向接缝,当接缝面剪力较大时,质量不良的接缝会产生较大的剪切变形,在长期荷载作用下产生过大的剪切徐变而造成长期挠度,目前在设计上通常没有考虑这些影响,结构分析时均按无接缝的理想整体结构进行计算。另外现行设计计算规范的收缩、徐变模型对长期计算的修正也没有相应的规定。

(2) 规范规定对于大跨径预应力混凝土箱梁桥应按全预应力设计,不允许开裂。但"新规范"仍保留"旧规范"的计算方法,只是将构件的刚度作了适当调整,采用全截面的抗弯刚度为 $B_0=0.95E_cI_0$(E_c 为混凝土弹性模量;I_0 为全截面换算截面惯性矩)。但据国内数座桥梁的调查,凡是下挠过大的连续刚构桥都伴随有开裂。一旦出现结构开裂,结构的下挠变化的机理将变得异常复杂,下挠现象也会迅速恶化。由于特大跨径预应力混凝土连续刚构桥采用了大吨位群锚,箱梁局部并不是完全处于受压状态。在成桥荷载试验时,就观察到顶板与腹板交界的梗腋处在合龙段范围内有明显纵向裂纹。随着时间的流逝,裂缝不断地增加,中跨跨中挠度也不断增加。箱梁的开裂从两个方面来影响跨中下挠,一个是降低箱梁的抗弯和抗剪刚度,另一个是开裂部位几何变形引起的跨中下挠。运营阶段出现的裂缝对跨中下挠的影响是显著的。因此,控制开裂也是最基本的要求,但实际上有许多不确定性和耦合因素导致梁体开裂,箱梁的开裂对大跨径预应力混凝土箱梁桥的长期挠度有极重要的影响。

(3) 混凝土施工超方对结构挠度的影响

虽然各国规范一般都对混凝土超方进行了限定,以避免过量超方,显著影响结构的自重作用效应,但实际中有关箱梁混凝土超方尚缺乏有指导价值的统计资料,设计计算中无法准确考虑超方对结构挠度的影响。

因此,在设计计算时除了按规范规定验算刚度要求外,应避免在使用期梁体过度下挠现象。

第四节 桥墩与基础的防撞设计

一、船撞桥风险和船撞力的计算

1. 船撞桥风险

高墩大跨连续刚构桥由于桥墩较柔,刚度较小。在通航河道,尤其是大江大河的中下游和出海口河段,需要考虑船舶对桥墩的撞击,有必要采取防撞措施。国内外对此都十分重视,国际桥梁和结构工程协会(IABSE)于1983年召开了国际会议研讨此问题。1991年发表了《交通船只与桥梁结构的相互影响》(综述与指南)。1993年IABSE又出版了"船舶碰撞桥梁"专册,美国州公路和运输官员协会(AASHTO)也于1991年出版了"船舶碰撞公路桥梁设计指南"。我国除了不断修订桥梁通航标准,还规定建在通航河流上的桥梁必须计算船舶碰撞力,对特定的桥墩应设置各种避碰吸能装置。

船撞桥的安全问题应主要从桥位选址、航道规划、航运指挥、桥梁跨度等概念设计方面加以解决,而且这些应当是解决船撞桥问题的主要手段。船撞桥风险是指在上述有效方法都得到考虑之后仍然存在的船舶撞击桥梁的风险。船撞概率风险模型一般可以表示为下述乘积形式:

$$P_f = \sum_i N_i P_{Ai} P_{Gi} P_{Ci} \tag{3-5-46}$$

式中:P_f——桥墩倒坍的年概率;

N_i——每年穿过桥梁的某种类型(i)船只的数量;

P_{Ai}——船舶偏航概率;

P_{Gi}——"几何概率",与船只实际分类有关,$N_i P_{Ai} P_{Gi}$ 是 i 类船只的碰撞预计数;

P_{Ci}——碰撞发生时桥墩的倒塌概率(或处于某种指定状态的概率)。

桥下驶过的某类船舶数 N_i 根据船舶尺度(通常表示为载重吨位,DWT)、类型(诸如油轮和货轮、舱面驳和底卸式驳等)及负载状态(空载、压载、部分装载或满载)来确定。偏航概率 P_{Ai} 代表船舶偏离正常航道,会撞击桥梁的统计概率。几何概率 P_{Gi} 是船舶在桥梁附近失控(即偏航)而撞击桥墩的状态性概率。根据桥梁碰撞的历史资料,采用普通分布图来模拟偏航船舶在水路上的位置。设定标准偏离量 σ 等于船舶或拖驳的总长 L,并以船舶在桥下通过时所取的航道为中心线(通常就是结构主跨的中心线),如图3-5-35所示。P_{Gi} 就是普通分布图中由不在船舶正常航道上的桥墩位置来界定的那块区域,它以桥墩宽度加桥墩两侧半个船舶宽度为界限。倒塌概率 P_{Ci} 是许多变量的函数,这些变量包括:船舶大小、类型、艏尖舱的压载和形状、速度、撞击的方向及质量。倒塌概率亦取决于桥墩的极限侧向载荷强度(尤其是受到船舶首部撞击的那部分桥墩),可以根据试验和理论分析确定。图3-5-36是AASHTO指南给出的 H/P(H 为构件的极限强度;P 为船舶冲击力)与倒塌概率 P_C 之间的关系。

AASHTO指导规范把桥梁分为重要类和普通类。对应于这两类桥梁的设计目标失效概率分别是:$P_f = 0.0001$(重要桥梁),$P_f = 0.001$(普通桥)。

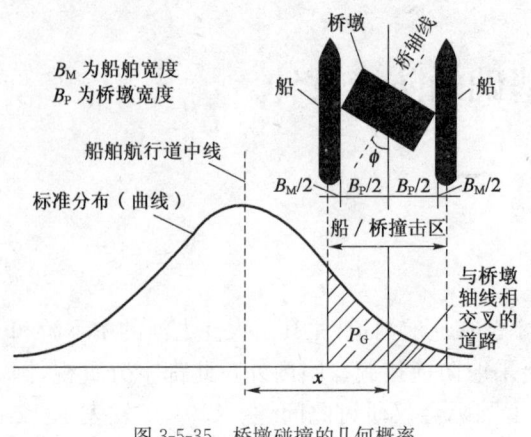

图 3-5-35　桥墩碰撞的几何概率

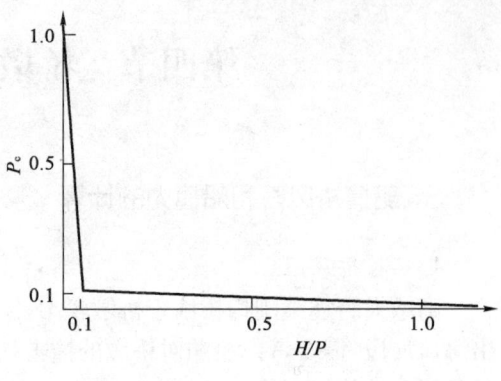

图 3-5-36　倒塌概率分布

2. 船舶撞击力

船舶或漂流物对桥墩的撞击力计算涉及的因素较多,碰撞过程十分复杂,与碰撞时的环境因素(风浪、气候、水流等)、船舶特性(船舶类型、船舶尺寸、行进速度、装载情况以及船首、船壳和甲板室的强度和刚度等)、桥梁结构因素(桥梁构件的尺寸、形状、材料、质量和抗力特性等)及驾驶员的反应时间等因素有关,因此,精确确定船舶或漂流物与桥梁的相互作用力十分困难。船舶与桥梁的撞击作用,如有实测资料,宜采用实测资料;如有针对本项目开展的研究成果,在经审批及其他手续后可采用研究成果确定的作用值。

(1)《公路桥涵设计通用规范》(JTG D60—2004)规定

规范将桥的船撞力处理为偶然荷载,将动力作用等效为一个水平静力作用。内河船舶对桥墩的撞击作用按"静力法",即假定作用于桥墩台上的有效动能全部转化为静力功并采用一些经验系数经计算得到。顺桥向撞击力标准值约为横桥向撞击力标准值的3/4。如无实际资料时,内河上船舶撞击作用的标准值可参照表3-5-17采用。

内河船舶撞击作用标准值　　表 3-5-17

内河航道等级	船舶等级 DWT(t)	横桥向撞击作用(kN)	顺桥向撞击作用(kN)
一	3 000	1 400	1 100
二	2 000	1 100	900
三	1 000	800	650
四	500	550	450
五	300	400	350
六	100	250	200
七	50	150	125

近海通行海轮的区域的船舶与桥梁墩台的碰撞作用与内河上船舶与桥梁墩台的碰撞作用有许多不同之处。规范上所列海轮的船舶撞击力标准值,是在对国内外有关船舶撞击力计算公式及有关研究成果进行综合分析、比较的基础上综合确定的。顺桥向的撞击力标准

值取横桥向撞击力标准值的 1/2。当缺乏实际资料时，海轮撞击作用的标准值可按表 3-5-18 采用。

海轮撞击作用的标准值　　　　　表 3-5-18

船舶等级 DWT(t)	3 000	5 000	7 500	10 000	20 000	30 000	40 000	50 000
横桥向撞击作用(kN)	19 600	25 400	31 000	35 800	50 700	62 100	71 700	80 200
顺桥向撞击作用(kN)	9 800	12 700	15 500	17 900	25 350	31 050	35 850	40 100

内河船舶的撞击作用点，假定为计算通航水位线以上 2m 的桥墩宽度或长度的中点。海轮船舶撞击作用点需视实际情况而定。

漂流物横桥向撞击力标准值可按下式计算：

$$F = \frac{Wv}{gT} \tag{3-5-47}$$

式中：W——漂流物重力(kN)，应根据河流中漂流物情况，按实际调查确定；
　　　v——水流速度(m/s)；
　　　T——撞击时间(s)，应根据实际资料估计，在无实际资料时，可用 1s；
　　　g——重力加速度，$g=9.81(\text{m/s}^2)$。

漂流物的撞击作用点假定在计算通航水位线上桥墩宽度的中点。

(2) AASHTO 规范(1991)设计船撞力的确定方法

美国"公路桥梁防船舶碰撞设计的指导规范和编制说明"(AASHTO 1991)，为船舶或驳船头部与桥梁相撞时其当量静态撞击力的计算提供了如下经验关系：

$$P_S = 0.98(\text{DWT})^{\frac{1}{2}} \frac{v}{16} \tag{3-5-48}$$

式中：P_S——当量静态撞击力(MN)；
　　　DWT——船舶的载重吨位；
　　　v——船舶的撞击速度（节）。

(3) 欧洲统一规范对船撞力的确定方法

欧洲规范假定桥梁结构是刚性且不可移动的，碰撞体(船舶)用一个准弹性单自由度系统来模拟，见图 3-5-37。在这种简化情况下，最大的相互作用力 F 按下式计算：

$$F = v\sqrt{km} \tag{3-5-49}$$

式中：v——船舶的速度；
　　　k——等效刚度；
　　　m——等效质量。

在欧洲规范中，当量设计船撞力按式(3-5-49)计算。对于内陆航道船舶，质量应取所在组的中间值，速度取为 3m/s，$k=5$MN/m；对于远洋船舶，速度取 3m/s，$k=15$MN/m。

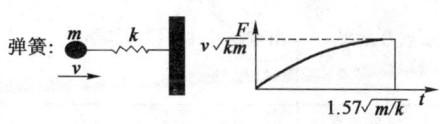

图 3-5-37　碰撞体的弹簧模型

二、主墩防撞设施设计

1. 防撞设施设计原则

由于桥、船和防撞设施都是造价昂贵的工程建筑物,设计中应尽可能按以下原则处理。

(1)大桥的破坏后果最为严重,确保桥梁安全是防撞设施设计的首要目的。对碰撞的船舶能量进行消能缓冲,使船舶不能直接撞击桥墩,或使船舶碰撞力控制在安全范围内。

(2)防撞设施的损坏是允许的,但设计应考虑经久耐用、功能可靠,且易于修复,并应尽可能在现场修复,以使大桥不失受保护状态。

(3)对船舶的保护在防撞设施的设计也应给予必要的适度考虑,应避免沉船事故。防撞装置能被桥梁、船舶运输和港航管理三方面共同接受。

(4)防撞装置应适应水位变化的要求,如要适应枯水、洪水、涨潮、退潮等情况。

(5)防撞设施不能影响航道的通航,尽量少占用航道。

2. 防撞设施类型

桥墩防撞设施根据设置位置或作用力的承受点可分为直接构造和间接构造两大类,直接构造指其直接设置于桥墩上而言。两大类内再按吸收船舶碰撞能量的方式分为弹性变形型、压坏(弹塑性)变形型和变位(重力和阻力)型,可分8种类型,如表3-5-19所示。

防撞设施类型　　　　　　　　　表3-5-19

防撞设施	直接构造	间接构造
弹性变形型	护舷方式　绳索方式	桩方式
压坏变形型	缓冲体方式	沉箱　人工岛方式
变位型	重力式	浮体系泊缆方式

各种类型的桥墩防撞设施,其基本原理都是基于能量吸收、动量缓冲而设计的,其构造及主要特点见表3-5-20。各种类型的防撞装置都有其自身的优缺点,结构优化、多种类型的装置巧妙结合通常是解决桥墩防撞问题的好方法。

各种防撞类型构造及主要特点　　　　　　　　　表3-5-20

类　型	构　造	能量吸收	特点和适用性
缓冲材料	采用木材、橡胶等材料,形成桥墩周围的缓冲保护层	主要由木材、橡胶变形消能	适用于小型船舶碰撞情况,或在其他防撞方式设施中配套使用
缓冲设施工程	采用木材、钢结构、钢筋混凝土等形成的防撞结构体系	防撞设施与防撞船舶的钢板、骨材变形破裂,吸收消能	适应性强,用途较广,规模可大可小,主要用于中型、大型防撞设施工程
重力方式	由重物及其支撑结构组成	通过重物的移动,把船舶的撞击能量转化为重物的势能、周围水动能	设施规模较大,宜设在较开阔的水域,抵抗中型船舶的撞击,碰撞损坏后维修较困难
桩基方式	通常由群桩组成,群桩间用缓冲梁连接	主要靠群桩联合变形缓冲吸能	小能量碰撞时使用较为合理,碰撞损伤后维修较困难

续上表

类　型	构　造	能量吸收	特点和适用性
人工岛	在坚实的岩石层上由砂、石块构砌而成	人工岛发生变形损伤的同时,船舶的势能变化吸能	使用寿命长,无需保养,但工程量大,会影响航道。适用于大型船舶的高能量碰撞
薄壳砂围堰或沉箱	在钢板桩围堰中填砂或混凝土,顶部设盖板	通过钢板桩变形破损和内部的填充物消能	工程量大,在深水情况,通常不能封闭所有的碰撞角度
浮体系泊方式	由浮体、钢丝绳、锚定物组成	浮体移动、钢丝绳变形、锚定物在碰撞力作用下移动等消能	缓冲变形量大,对碰撞船舶有较好的保护作用,对航道有一定影响

3.防撞设施设计示例

(1)黄石长江大桥主墩防撞设施设计

[例3-5-3]　黄石长江大桥为162.5m+3×245m+162.5m的预应力混凝土连续刚构桥,三个通航主孔跨各为245m。水位落差可达17m,要求保证主墩间通航净距不小于220m。桥位于长江航道弯曲段,受下水船舶碰撞机会较大,在施工过程中已发生6次航行船舶碰撞施工作业船舶和4号钢围堰的事故。设计采用浮式消能防撞设施,它由一钢质箱形浮体和安装于其上的各种橡胶护舷件组成,见图3-5-38。

钢质浮体平面形状呈长圆形,设有两个上下贯通的矩形开孔,从中穿过墩身断面。钢质浮体的主要参数:横桥向长度30.44m;顺桥向宽度21.7m;深度4.0m;水下部分高2.0m;自重约350t。钢质浮体在其长度方向上被分作两个部分制造,运输至桥墩位置后分别嵌套到桥墩上,再用联结件将两个半体紧固成一体。

防撞设施主体的结构类似于船体结构,由内、外围壁,底板,上甲板,下甲板,纵、横舱壁等板架构件组成,这些构件将浮箱分隔为若干个水密区域,防撞设施的主要构造见图3-5-39。

图3-5-38　黄石长江大桥主墩浮式消能防撞设施图

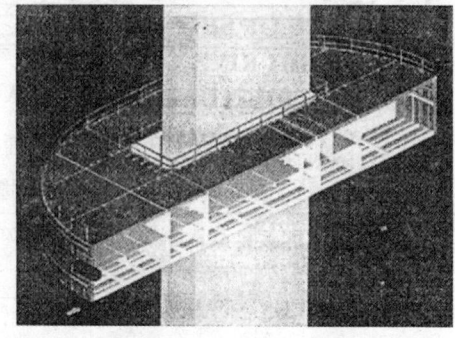

图3-5-39　防撞设施部分构造

防撞设施的主体设计考虑在严重碰撞程度情况下,由于防撞设施自身的变形和破坏充分吸收船舶动能,减少对桥墩的碰撞力;当受到较小的碰撞时又能有足够的强度和抗变形能力,尽可能保持防撞设施的整体完好性。黄石长江大桥主墩在严重碰撞状况下,按5 000t级货轮以6m/s速度(船舶动能144.90MJ)发生的横桥向对中正撞计算,作用于主墩的最大碰撞力可达32 000kN。当作用于主墩的最大碰撞力为23 200kN(为计算碰撞力的86%)时,根据计算,其设施变形和破坏吸能为48.25MJ(为船舶撞击动能的33.3%),防撞设施损坏长度约为4m,但设施不致沉没,有可能现场修复;此时,船体变形和破坏吸能为85.24MJ(为船舶撞击动能的58.8%),但船舶损坏长度小于6m,不损及防撞舱壁,船舶不致沉没;鼓形橡胶护舷吸能仅为3.2MJ(为船舶撞击动能的2.2%),对较高速度大吨位船舶,对此类碰撞橡胶物所起作用甚少。

防撞设施的主体设计尚应考虑:在无事故发生时具有充分的浮力,灵活、方便地使用压载时使防撞设施保持良好的浮态;在受撞破损后,能使破损范围限制在一定区域内,防撞设施仍可保持必需的浮力和必要的浮态,不发生沉没,使防撞设施修复方便。

(2)东海大桥副通航孔桥墩防撞设计[40]

[**例 3-5-4**] 东海大桥副通航孔桥为四跨一联(90m+160m+160m+90m)的预应力混凝土连续梁,共3个主墩,每墩采用19根2.5m钻孔灌注桩基础。主墩按1 000t级防撞,撞击速度 $v=4.0$ m/s,墩首正撞时的撞击力为15 200kN,墩侧斜撞时的撞击力为7 600kN。防撞体考虑防撞消能20%~30%,墩首正撞时的撞击力降低20%以上。桥墩在顺桥向、横桥向均设置悬挂式三维带孔防护钢套箱,结构设计满足沿海钢质海船的规范要求。防撞设施主体结构由内、外围壁,底板,上甲板,下甲板,纵、横舱壁等板架构件组成,详见图3-5-40。钢箱形的防撞设施主要利用钢结构变形和破损消能,防撞设施既可减少船舶碰撞力,又使碰撞时船舶不直接碰撞桥墩,达到保护桥墩和减少船舶损伤的效果,减少船舶破损长度,避免船舶前伸部分触及桥墩上部结构,同时保护桩基。

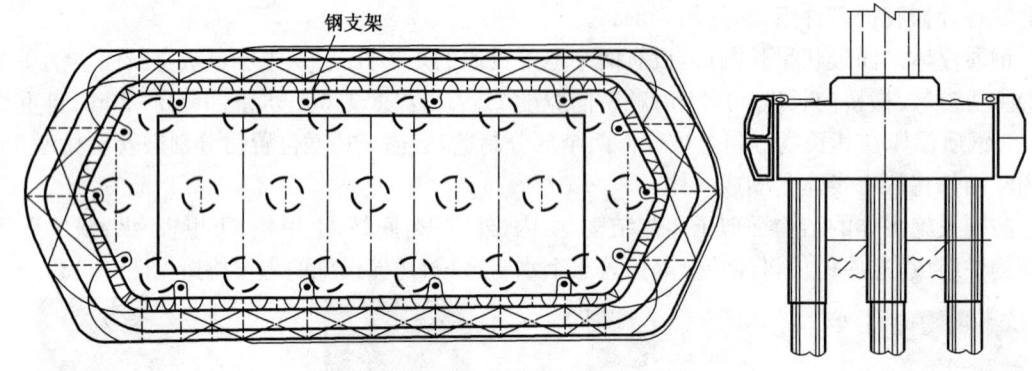

图3-5-40 东海大桥副通航孔桥防撞设施布置

在设计中,利用碰撞模拟的方法对防撞设施的防撞效能进行了计算验证,见表3-5-21。

受1 000t货船碰撞时设施的碰撞力和损伤表 表3-5-21

船撞速度 v(m·s^{-1})	撞击角度(°)	潮位(m)	最大碰撞力(MN)	设施损坏长度(m)	船首损坏长度(m)
4.0	90	1.86	9.82	1.65	1.31
		-1.34	8.50	1.97	1.19
		2.48	9.78	1.95	1.30
	70	1.86	9.83	1.57	1.31
		-1.34	8.58	1.89	1.19
		2.48	9.62	1.82	1.29
	60	1.86	8.99	1.36	1.23
		-1.34	8.24	1.61	1.16
		2.48	8.76	1.63	1.21

续上表

船撞速度 $v(\text{m} \cdot \text{s}^{-1})$	撞击角度(°)	潮位(m)	最大碰撞力(MN)	设施损坏长度(m)	船首损坏长度(m)
5.0	90	1.86	12.7	2.21	1.57
		−1.34	10.4	2.76	1.36
		2.48	12.6	2.51	1.56
	70	1.86	12.3	2.05	1.53
		−1.34	10.7	2.65	1.39
		2.48	12.1	2.30	1.51
	60	1.86	11.6	1.74	1.47
		−1.34	10.1	2.16	1.33
		2.48	11.4	2.01	1.45

由以上计算结果可看到，防撞设施在遭受船舶碰撞时可使桥墩避免与船舶直接接触。碰撞力也有相当的降低，基本达到了设计预期目的。在不同潮位(水位)情况下碰撞力数值有些变化，但相差不大，在平均低潮位时稍低。在非直角碰撞时，横桥向的碰撞力可能降低，但合力不一定减少，基本上变化不大。

实践证明防撞设施还可以作为承台施工用钢套箱，一举两得，可产生较好的经济效益。

(3)洛溪大桥主墩防撞设计

[例3-5-5] 洛溪大桥主桥为四孔一联(65m+125m+180m+110m)连续刚构桥，下部结构采用双柱式柔性墩，航运要求通过5 000t并兼顾7 000t海轮，设计采用人工岛防撞结构。此结构为了不增加桩基的附加重量，同时避免船舶撞击对桩基的影响，采用了Y形的双层钢围堰与桩基及承台的分离结构方案，即双层钢围堰不与桩基及承台连接，从而避免日后双层围堰下沉时增加桩的附加荷载。由此双层钢围堰下沉到设计高程后不用水下混凝土封底，不仅节约了材料而且降低了施工难度。上直径为28m、下直径为23m的Y形双层钢围堰下沉到设计高程后，为了减少船舶对双层钢围堰的冲击力，同时也减轻船舶的破坏程度，也为了便于人工岛在经受船舶撞击破坏后的修复，在双层钢围堰两壁内浇筑混凝土，堰内回填砂土形成人工岛，采用二次撞击构思进行设计。

由于双层钢围堰总高度仅20m，高度并不大，有利于双层钢围堰的施工，同时能确保桥梁的安全，造价又较低。加之双层钢围堰到达设计高程后，桩基和承台的水下施工条件改变为水上施工，缩短了周期，节约了大型承台施工的围水设备，减少了桩基和承台的施工难度，双层钢围堰各部分尺寸见图3-5-41。

(4)温州洞头跨海大桥主墩防撞设计

[例3-5-6] 温州洞头跨海大桥主桥为72m+128m+72m的预应力混凝土连续刚构桥，主墩为双薄壁型，基础采用承台尺寸为18.6m×12.6m×5m。主墩处的水深为20m左右，设计要求通航满载1 000t的船舶。该桥的主墩上设置角钢支承钢管架形式的防撞消能装置，设计如图3-5-42和图3-5-43所示。该防撞消能装置钢材采用A3钢，其中钢管直径为800mm，厚度为10mm，所有角钢支架的型号为100mm×100mm×10mm，节点钢板厚度除1～6钢板为20mm，其余均为10mm。

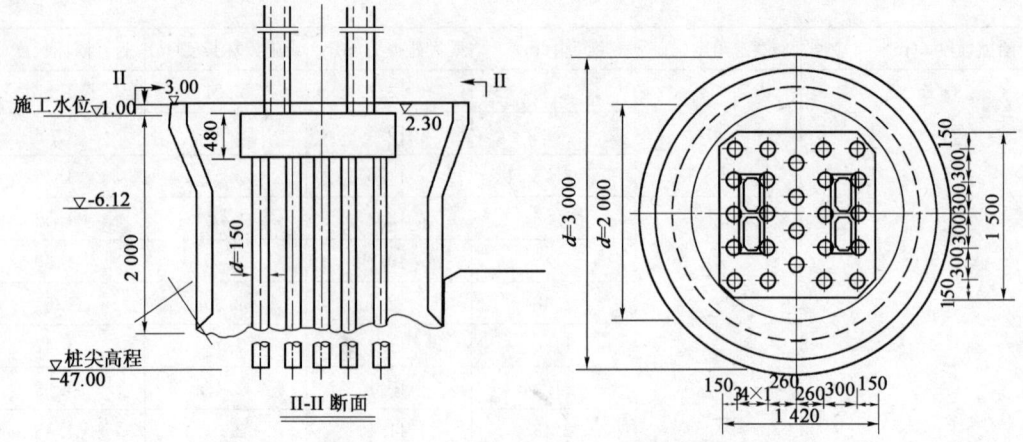

图 3-5-41 洛溪大桥主墩防撞岛构造图(尺寸单位:cm,高程单位:m)

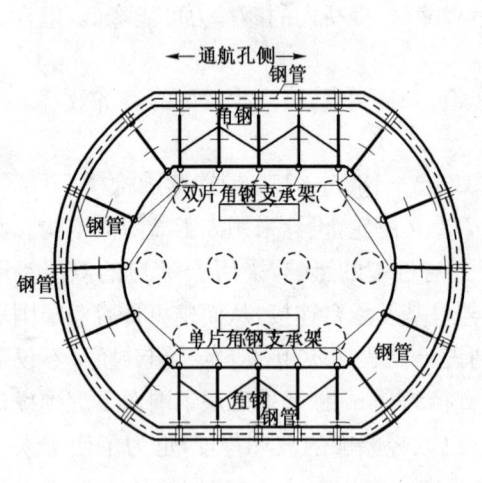

图 3-5-42 洞头大桥防撞消能装置布置俯视

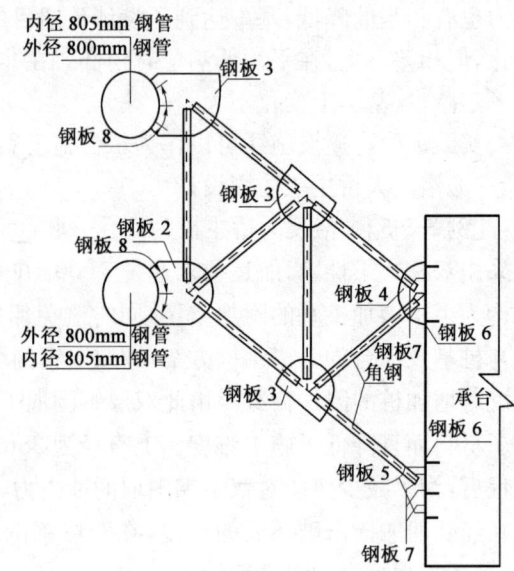

图 3-5-43 洞头大桥防撞消能装置布置局部构造

本篇参考文献

[1] 中华人民共和国行业标准. JTG D60—2004 公路桥涵设计通用规范. 北京:人民交通出版社,2004.

[2] 中华人民共和国行业标准. JTG/T D60-01—2004 公路桥梁抗风设计规范. 北京:人民交通出版社,2004.

[3] 刘效尧,赵立成. 公路桥涵设计手册 梁桥(下册). 北京:人民交通出版社,2000.

[4] 周军生,楼庄鸿. 大跨径预应力混凝土连续刚构桥的现状和发展趋势. 中国公路学报,2000.

[5] 日本道路公团. 设计要领第二集—桥梁,1900年(平成2)年7月.

[6] 范立础. 桥梁工程(上册). 北京:人民交通出版社,2001.

[7] 李杰,徐岳,郑凯锋. 预应力混凝土连续刚构桥结构参数分析,广西交通科技,2003,28(5).

[8] 徐君兰,顾安邦. 连续刚构桥主墩刚度合理性的探讨. 公路交通科技,2005,22(1).

[9] 徐岳,郝宪武,张丽芳. 连续刚构桥双薄壁墩参数设计方法研究. 中国公路学报,2002,15(2).

[10] 罗玉科,冯鹏程. 龙潭河特大桥设计. 桥梁建设,2005(2).

[11] 中华人民共和国行业标准. JTG D62—2004 公路钢筋混凝土及预应力混凝土桥涵设计规范. 北京:人民交通出版社,2004.

[12] 郭薇薇,夏禾,张楠. 单室薄壁箱梁考虑偏载影响的活载加载计算分析. 土木工程学报. 2004,37(12).

[13] 张元海. 桥梁结构理论分析. 北京:人民交通出版社,2005.

[14] 谢旭,黄剑源. 薄壁箱形梁桥约束扭转下翘曲、畸变和剪力滞效应的空间分析. 土木工程学报. 1995,28(4).

[15] 高亮,杨绿峰,赵艳林. 一维离散有限元法计算箱形梁剪力滞效应. 广西大学学报(自然科学版). 2003,28(3).

[16] 杨昀,陈国荣. 桥梁预应力三维分析系统//第十二届全国混凝土及预应力混凝土学术会议论文集. 2003.

[17] 谭建国. 使用 ANSYS6.0 进行有限元分析. 北京:北京大学出版社,2002.

[18] 时蕊,张和. 高墩大跨连续刚构桥零号块的空间应力分析. 山西建筑,2007,33(2).

[19] 冯鹏程,吴游宇,罗玉科. 龙潭河特大桥高墩系梁局部应力分析. 桥梁建设,2005(2).

[20] 李开言,陈政清,韩艳. 双肢薄壁高墩施工过程稳定性分析的快速算法. 铁道学报. 2004,26(5).

[21] 项海帆. 高等桥梁结构理论. 北京:人民交通出版社,2001.

[22] 刘志宏,詹建辉,黄宏力. 高墩大跨径连续刚构桥的稳定性分析. 中外公路,2005,25(6).

[23] 《桥梁设计常用数据手册》编写委员会. 桥梁设计常用数据手册. 北京:人民交通出版社,2005.

[24] 杨高中,杨征宇,等. 连续刚构桥在我国的应用和发展. 公路,1998.

[25] 宁晓骏,杨昌正,张黎慌,安潇竹.超高墩连续刚构桥梁的抗风计算与分析.交通标准化. 2007(6)(总第166期).

[26] 杨永贤,王福敏,周筠莉.城市轻轨连续刚构桥动力特性分析.公路交通技术.2007年4月.

[27] 中华人民共和国行业标准.JTG/T B02-01—2008 公路桥梁抗震设计细则.北京:人民交通出版社,2008.

[28] 叶爱君,胡世德,范立础.大跨度桥梁抗震设计实用方法.土木工程学报.2001,34(1).

[29] 万信华,唐家祥,司马玉洲.隔震技术在连续刚构桥中的应用.工程抗震,1999(2).

[30] 张玉良,匡文起.结构矩阵分析.沈阳:辽宁科技出版社,1987.

[31] 胡狄,陈政清.预应力混凝土桥梁徐变效应分析的全量形式自动递进法.工程力学,2004, 21(5).

[32] 刘兴法.混凝土结构的温度应力分析.北京:人民交通出版社,1991.

[33] 余志武,谈遂.预应力混凝土桥梁施工控制结构分析计算方法.铁道科学与工程学报, 2006,3(6).

[34] 张永水,曹淑上.连续刚构桥线形控制方法研究.中外公路,2006,26(6).

[35] 方贤平,雷波.特大跨径连续刚构新旧规范设计对比.公路,2007(9).

[36] 李振军.采用新、旧规范计算大跨连续刚构桥的差别.黑龙江交通科技,2007(7).

[37] 吕建鸣,陈可.预应力混凝土箱梁腹板主应力分析.公路交通科技,2005年10月.

[38] 谢峻,王国亮,郑晓华.大跨径预应力混凝土箱梁桥长期下挠问题的研究现状.公路交通科技,2007,24(1).

[39] 陈宇峰,徐君兰,余武军.大跨PC连续刚构桥跨中持续下挠成因及预防措施.重庆交通大学学报(自然科学版).2007年8月.

[40] 谢尉鸿,李振岭.东海大桥主、副通航孔桥墩防撞体设计与模型试验.世界桥梁.2004年增刊.

第四篇 斜桥、弯桥及异形桥

第一章 概 述

第一节 建设概况

近年来,公路及城市道路交通运输急剧增加,使得立交枢纽工程和城市高架桥建设的规模越来越大,功能越来越全,层次越来越多,线形越来越复杂,相应的各种斜桥、弯桥及异形桥比重增大。20世纪80年代中期以来,全国各地在建设中积累了许多宝贵经验。例如,上海市在建设全高架内环线工程和外环线工程中大量修建不同规模的高架立交工程,其中内环线罗山路立交和共和新路立交,地面以上有4层;外环线莘庄立交,地面以上共5层,桥下净高都在14～20m之间,一般跨径为30～41m,多为预应力混凝土曲线箱形梁桥。天津市在建的中环线、外环线和10条放射线,以及京津塘高速公路、津港公路、京津公路、港塘公路、山广高速公路、京福公路,也已建成上百座立交桥工程。各地立交枢纽工程建设蓬勃发展,日新月异,这对于缓解公路与城市道路交通阻塞、美化城市环境都起到了重要作用。

立交桥和城市高架桥的桥形结构,通常以梁式桥为主,多由斜、弯、坡及异形结构组成,由立交功能与性质所决定。梁截面形式常用的有预应力混凝土空心板梁、T形梁和箱形梁。预制装配式空心板梁形式的桥梁,具有施工制作容易、安装架设方便、建筑高度小、桥下平整美观的优点,改变了过去T形梁视觉效果欠佳的缺点。先张预应力混凝土空心板梁跨径一般为18～22m,最大达30m,梁高0.8～1.10m,中间空心为圆形和多角形。在城市环线高架桥中,较多采用跨径20～25m的预应力混凝土空心板梁,中间空心为长圆形或圆形。跨径达25m的后张预应力混凝土空心板梁,适用于需要量大,张拉台座较少,交通运输不便的地区,特别是在软土地基、桩基费用高的区域更为适宜,1994年首次成功应用于天津开发区的高速公路高架桥上,共52孔,梁高1.05m。空心板梁由于跨径小,通常多通过预制与现浇相结合,先简支后辅以桥面连续铺装的途径,来增大伸缩缝间距,达到桥面行车平稳舒适的目的。

T形梁的优点是可以预制装配、工程造价低、施工周期短;缺点是建筑高度大、桥下外观不好。特别是城市立交桥,一般桥下净空高度为4.5～5.0m,当T形梁跨度增大,梁的高度相应增加时,梁高与桥下净高会比例失调,呈现压抑感。箱形梁是城市高架桥和立交桥常用的形式,其整体刚度大,翼缘板伸臂长,外形美观,大多数应用于跨径较大的曲线和异形结构桥梁。

第二节 建 设 实 例

一、上海南浦大桥引桥

图 4-1-1 为 1991 年建成的南浦大桥西主引桥为单环双层螺旋形预应力钢筋混凝土引桥，全长 1 820.72m，圆环半径分别为 100m、110m、125m。下部结构为钢筋混凝土打入桩、混凝土承台、空心桥墩以及倒 T 形部分预应力混凝土上盖梁，上部桥面由 159 片预应力混凝土曲线箱梁组成，两端通过梁底的盆式支座分别置于盖梁上，标准孔跨 37.5m，每标准跨桥面由六片箱梁组成，现场预制吊装法施工。

图 4-1-2 为南浦大桥浦东南路全现浇预应力连续曲梁高架桥，在平面内呈双人字形布置，整个立交由 4 座 90m 半径的预应力混凝土箱形截面曲线连续梁桥组成。连续曲梁长度分别为 121m（4 跨）和 95m（3 跨），中心轴曲率半径为 90m，曲梁底宽 6m，高 2m，下由 1.8m×1.8m 方形墩柱支承曲梁，纵向坡度 3.5%，横向坡度 2%。每联曲梁内约有 260 束预应力筋，每束由 $\phi 24-\phi 5$ 低松弛高强钢丝组成，最长 65m。预应力孔道采用 $\phi 50$ 金属软管成孔。整个曲线箱梁呈空间弯曲，犹如空中长虹，造型别致，该曲梁无论从跨度、曲率半径，还是预应力束的布置和张拉，在我国桥梁史上尚属首次。

图 4-1-1　上海南浦大桥浦西引桥　　　　　图 4-1-2　上海南浦大桥浦东南路曲线高架桥

4 座曲线梁桥平面上布置成完全对称的两组。其中 A 组为（23.918+30+42+24.9）m，全长为 120.818m；B 组为（28.096+42+24.5）m，全长为 94.596m。箱梁为等高度单箱双室截面，顶板宽 9.45m，底板宽 6m，梁高 2m。为了适应受力需要，箱梁腹板和底板在距各支点 5m 处开始向支座处逐渐加厚。为了增强箱梁刚性，防止截面畸变，除在支点处设置厚 1.00m 端横隔板外，尚在每跨内设置 2~3 道厚 0.25m 的中横隔板。下部结构采用 1.8m×1.8m 八角形纤细的独柱式桥墩，各墩上只设一个可多向滑动的盆式橡胶支座，支座中心均向梁轴外侧预设偏心 0.05~0.29m，借以调整全桥的扭矩分布，使两端由恒载和预加力引起的支点扭矩值分别降低至原值的 25% 和 6%。

二、上海莘庄立交桥

上海莘庄立交（图 4-1-3），位于上海市外环线西南段，是四条高等级道路相交的六岔路口立交，桥梁建筑面积 8.4 万 m²，占地面积 45.8hm²，立交总高度 22m，为上海市建成的最大立交，与外环线、内环线、延安路高架、沪闵路高架、沪嘉高速公路、莘奉金高速公路以及始于闵行区的沪杭、沪宁两条高速公路等盘桓相连。在软土地基中首次使用直径1.5m的钻孔桩,所使用的31m后张板梁首次全部在现场预制。在架梁过程中各种型号吊车与自行设计的单导梁架桥机相结合,安全、优质、高效地完成了跨铁路、跨地铁梁体架设。立柱、盖梁、防撞墙均采用定型钢模板,达到了内实外美的质量要求。

图4-1-3 上海莘庄立交

三、四川涪陵乌江二桥螺旋匝道桥

涪陵乌江二桥西桥头立交(图4-1-4),是涪陵乌江二桥工程的重要组成部分,位于乌江与长江汇合口处上游约500m,涪陵主城区一侧,紧靠着作为乌江二桥建成后过江主要通道的滨江路。涪陵乌江二桥螺旋匝道桥采用双层环形结构,道路中心线半径45.0m。双向四车道,桥面宽度为23.5m(0.5m防撞护栏+9m车行道+3m中央分隔带+9m车行道+2m检修道);全桥位于4.5%单向纵坡,车行道为单向4.0%超高横坡,检修道为单向横坡1.0%;螺旋匝道沿道路中心线展开为2层26跨,由下至上第2层为1~13跨,第一层为14~26跨,桥墩均设置于内、外幅匝道之间,内、外幅箱梁通过大悬挑横梁与桥墩连为一体实行墩梁固结,整体协同受力,内、外幅主梁在全桥范围内均为连续结构。

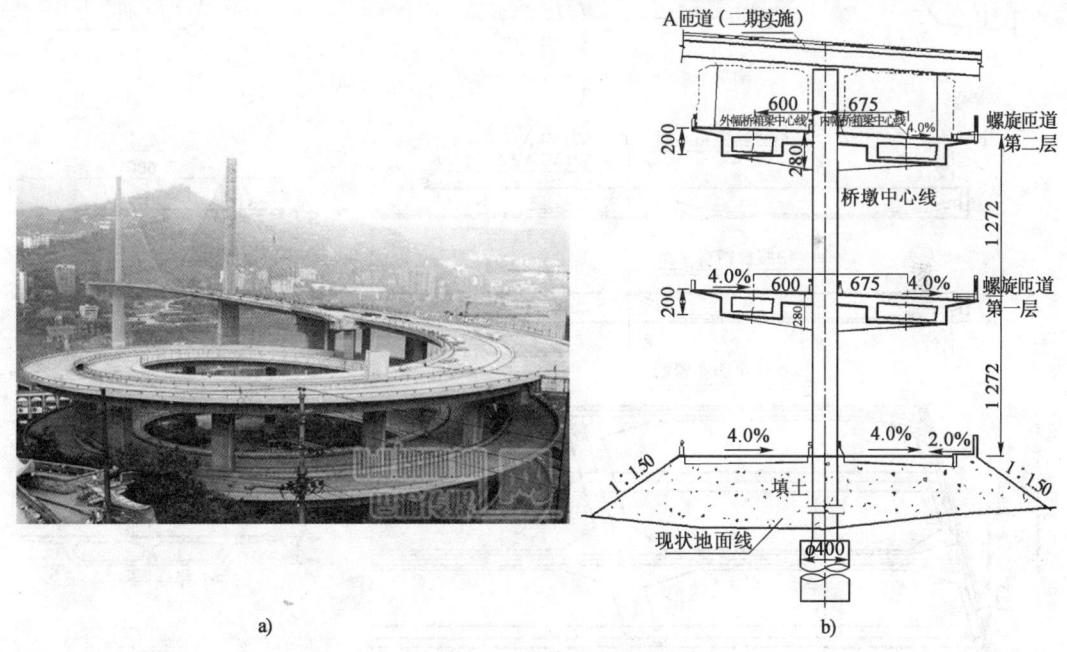

图4-1-4 涪陵乌江二桥螺旋匝道桥(尺寸单位:cm)
a)实桥照片;b)横断面布置

四、南京麒麟互通式立交桥

该桥跨越沪宁高速公路(K270+145),为整体现浇连续斜箱梁桥,单箱双室断面,梁高1.44m,桥宽16m,跨径20m+2×30m+20m,全长105m,斜交角$\varphi=25°$,边墩为双柱支承,中墩为独柱支承,每个桥台设2个支座,整体布置见图4-1-5。

该桥在配束方面的特点是腹板预应力筋全部采用连续通长的 $\phi^s15.2$ 钢绞线,共 19 束,每束 12 根,钢绞线 $R_y^b=1\,860\text{MPa}$,钢束布置见图 4-1-6。

该桥例的主要特色体现在桥梁总体布置方面。如果要一孔桥跨过沪宁路,正交桥跨径需 60m 左右,斜向跨径需 50m 左右,这里采用在沪宁路 3m 分隔带上设独柱是一个很好的设想。边墩设双柱支承是为了平衡荷载偏心引起的扭矩。由于双柱连线与沪宁路平行,给人以美感及安全感。

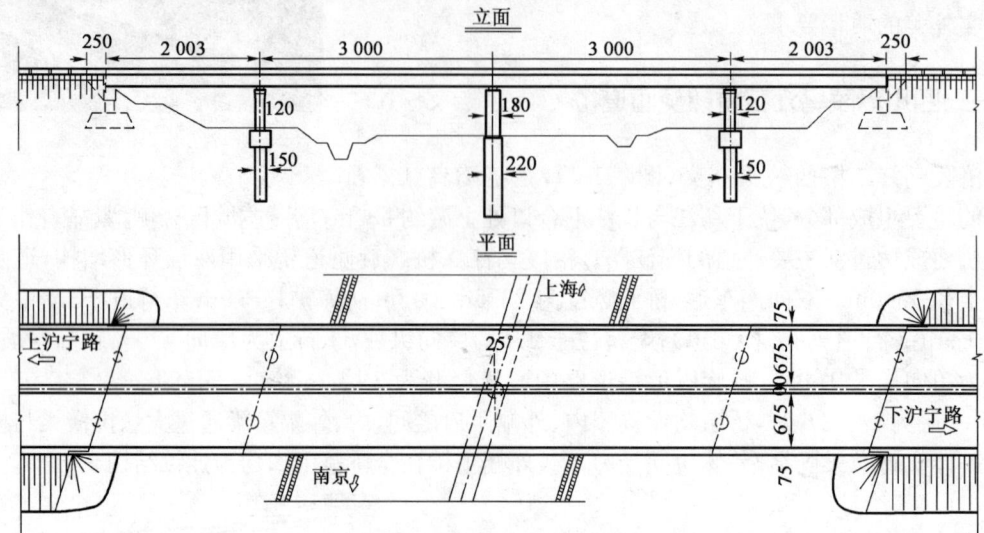

图 4-1-5 麒麟互通立交总体布置(尺寸单位:cm)

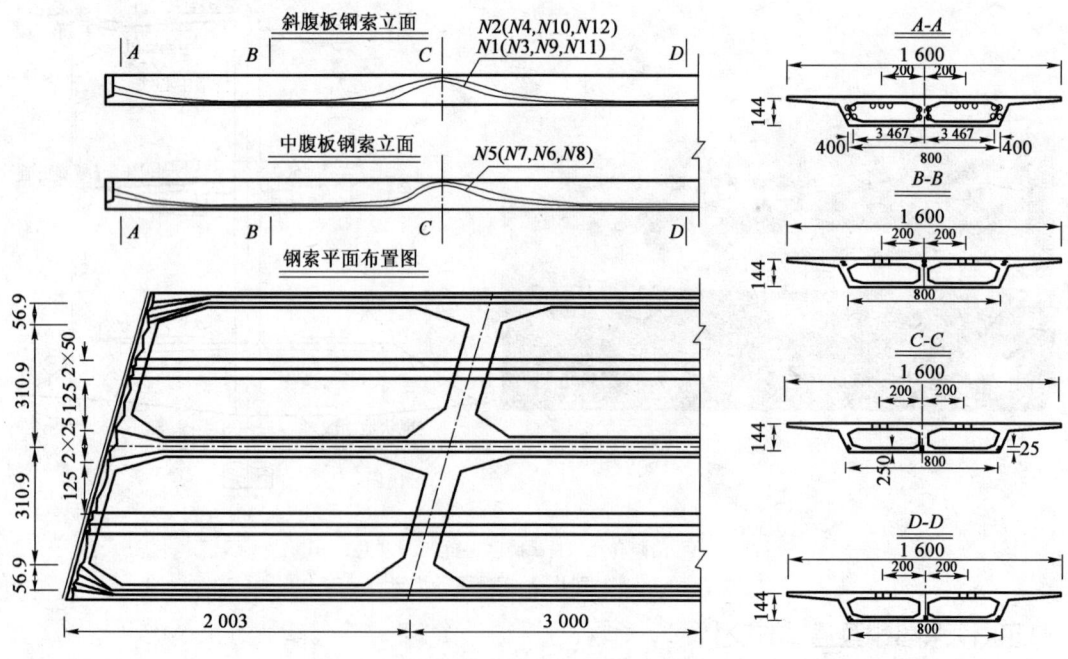

图 4-1-6 麒麟互通立交钢束布置(尺寸单位:cm)

该桥采用整体现浇施工法,跨越沪宁路部分采用钢板梁支架,直接支承于桥墩(同时设有辅助支架)上,以尽量减少对桥下净空的占用。

第二章 有限元分析方法

在计算机硬件及软件技术高度发展和普及的今天,有限元方法是分析斜桥、弯桥及异形桥最有效、最常用的方法。

第一节 有限元分析方法概述

从分析建模的层次上划分,弯斜桥有限元分析可分为三自由度平面杆系法、六(或大于六)自由度空间杆系法、梁格法及全桥结构仿真法等,这四种方法各有优缺点。

一、三自由度平面杆系法

三自由度平面杆系法将弯斜结构简化为集中在构件轴线上的平面杆系进行受力分析。该法不考虑截面内部剪应力的超静定,故一般采用开口截面计算方法计算截面剪应力(采用开口截面剪应力计算方法对单箱单室截面的腹板剪应力是正确的)。该法参照矩形、T形或圆形截面设计的有关规定进行配筋和验算。

三自由度平面杆系方法采用荷载横向分布系数近似考虑荷载空间分布和传递,采用经验放大系数考虑截面扭转、畸变和翘曲等引起的应力。对单箱单室截面,横向分布和放大系数一般综合考虑取为 1.15。这个 1.15 的经验系数是过去较窄的直箱梁桥工程实践得到的,对现在的 3~4 个行车道的宽箱梁,1.15 的经验系数明显偏小。

该法采用平截面假定,剪力滞效应通过有效分布宽度考虑;对箱梁的横向框架效应和桥面板局部的受力分析,是与纵向效应分开单独建立模型分析,与整体分析配合使用。

三自由度平面杆系法可以足够精确地模拟简单、规则桥梁的力学行为,然而对宽桥、斜桥、弯桥及异形桥则可能会产生较大误差。

三自由度平面杆系法虽然"算不太清楚",但由于简单易行,所以仍然是设计单位乐于采用的基本计算方法。

二、六(或大于六)自由度空间杆系法

采用六自由度空间杆系法可以模拟空间杆系结构,可以考虑偏心荷载下的扭矩,并可采用薄壁效应算法计算截面的自由扭转剪力流。增加截面上的约束扭转双力矩作为第七个自由度,便可以计算箱梁截面的约束扭转效应,包括约束扭转剪应力和约束扭转翘曲正应力。再增

加截面上的畸变双力矩作为第八个自由度,便可以计算箱梁截面的畸变效应,包括畸变剪应力和畸变翘曲正应力。

对于箱梁的横向框架效应和桥面板局部的受力分析,仍是与纵向效应分开单独建立模型分析,与整体分析配合使用。

该法仍采用平截面假定,所以对较宽的箱梁会有较大误差,且仍不能有效地模拟不规则桥梁。

三、梁格法

梁格法是将桥梁上部结构用一个等效梁格系来代替,分析后再将结果还原到原结构中,就得到所需结果。梁格法采用经过慎重选择的横梁剪切面积,来近似模拟箱梁截面的畸变。梁格法能够考虑截面的空间效应,整个截面不需要满足平截面假定,特别适合多室宽箱异形截面。梁格法可将复杂桥梁简化成柔细单梁,将扭转转化为腹板剪力,从而较好地解决了宽箱梁腹板的剪力计算问题。

梁格法概念清晰,易于理解,便于使用,而且比较准确。梁格法不仅适用于由主梁和横梁组成的格子梁桥,而且也能适用于板式(包括实心板和空心板)、肋板式及箱形截面等大部分梁桥以及结构不规则、支承不规则的桥梁。

梁格法中横梁的主要功能是荷载在横向的传递,而不能直接得到截面横向框架效应、桥面板效应和箱梁横向畸变效应。

梁格法介于平面杆系法与全桥结构仿真法之间,非常适合于设计工程师掌握和应用。仔细考虑建模的结构模拟、网格划分、刚度模拟、结果还原等关键问题,梁格法可以用来模拟大部分复杂结构,是一种很值得推广的分析方法。

四、全桥结构仿真

复杂的桥梁结构分析通常划分成3个层次分别进行:第1层次指全桥结构总体分析,即采用索单元、杆单元、梁单元建立各主要受力构件组成的模型,能代表全桥的整体结构行为;第2层次指在某主要构件范围内的结构分析,例如,梁段和塔柱段的计算分析,包括常见的梁结构的计算,考虑梁段应力和桥面作用效应(如钢箱梁的正交异性板桥面体系)在内;第3层次指复杂细节或局部构造的结构计算,如斜拉桥的索梁锚固构造计算、索塔锚固构造计算等。实际结构是共同作用的,不可能绝对区分不同层次,因此需要把不同层次的计算结果作必要的叠加与组合。常规的桥梁结构分析采用了许多假定(包括平截面假定),忽略了许多次要因素,对复杂桥梁可能产生较大误差。

近年来兴起的全桥结构仿真技术(Structural Simulation for Entire Bridge),摒弃了多年来桥梁计算所采用的人为假设,建立完整、统一的整座桥梁结构分析体系,该体系准确模拟构件的位置、尺寸、材料、连接、荷载及缺陷等,应用"限制变形—还原内力"原理建立结构仿真分析的初始形态,在此基础上进行大规模的全桥结构效应分析计算,由此得到相对详尽、精确、可靠的分析结果。通过全桥结构仿真技术,可以针对各种条件和要求,构造各种结构体系桥梁或者各种体系的不同形式构件组成的桥梁,模拟相应的荷载工况进行分析。全桥结构仿真分析可更灵活地得到比常规结构计算更充分、直接、精确、实用的结果。

全桥结构仿真分析所采用的结构模型必须准确、详尽,较传统的结构计算模型有实质性的提高和改善。在仿真建模中,结构数学模型的真实性表现为3个方面:(1)采用全桥空间结构模型能够真实模拟结构及构件长、宽、高3个方向的实际尺寸,可对结构性部件细节进行较真实模拟;(2)模型边界的真实性表现为其边界条件真实地模拟结构的支承和约束情况;(3)模型加载的真实性表现为能够真实模拟实际荷载的数量、荷载在结构上的实际空间位置,包括轮轴荷载的大小和位置等。因此,尽管全桥仿真分析的数学模型复杂、仿真分析计算的工作量巨大,分析结果却相对精确、可靠和详尽,能够克服常规结构计算存在的不足,甚至可以得到常规结构计算、结构试验难以得到的结果。

由于以下原因,全桥结构仿真方法在实际设计工作中实施起来有一定的难度:

(1)建模太复杂。空间板壳实体单元建模技术要求较高,前后处理所需时间太长。尤其对RC或PSC结构,如采用分离式模型,将普通钢筋或预应力钢筋模拟成桁架单元,其节点需与模拟混凝土的板壳块体单元的节点耦合,需要软件具有满足这一要求的自动网格划分功能;如采用组合式或整体式模型,钢筋信息的前处理工作也较繁琐。

(2)计算规模太大。对长大桥梁,全桥采用板壳、块体单元模拟可能需要几百万个甚至更多节点,即使采用当今最先进的个人计算机,也只能对付线弹性问题。如碰到影响线/面加载、几何非线性、材料非线性、界面非线性、接触非线性、裂缝的发生、扩展与闭合、动力问题,其计算时间是不可忍受的;甚至超出PC操作系统和内存、硬盘限制,不能运行。

(3)一些桥梁结构独有的问题难以解决,如多施工阶段模拟、预应力效应、活载分析、混凝土收缩徐变等。

(4)计算结果将整体效应和大量局部效应混淆在一起,按工程习惯查看结果非常不方便;与规范的"原型结构"不相容,难以直接交付配筋或承载能力验算,需要经过较繁琐的换算。故大多作为局部分析采用。

2008年韩国推出的Midas FEA软件,简化了以上(1)、(3)、(4)问题的处理,具有以下特点和优点:

(1)可采用植入式钢筋/钢束(非协调),即钢筋/钢束不是具有节点的单元来模拟,而是采用将钢筋/钢束刚度添加到母单元中的方法。植入式钢筋/钢束可不考虑单元分割独立建模,且可方便地计入预应力损失。软件提供总应变裂缝模型。

(2)也可采用离散模型,即"钢筋杆单元+界面+混凝土单元"模型。可考虑钢筋和混凝土的黏结滑移等两种介质界面的受力特性,可考虑离散裂缝。

(3)软件提供"印刻"功能,划分混凝土网格时,可考虑其内部的钢筋/钢束。

(4)能与桥梁杆系软件一样方便地定义施工阶段,能计入收缩徐变,准确模拟预应力张拉。

(5)提供了曲线图和局部方向内力合力等后处理功能,使用户较方便地按工程习惯查看结果。

图4-2-1是采用Midas FEA建立的3×70m连续变宽箱梁全桥结构仿真模型及部分计算结果。

五、小结

桥梁工程结构的发展,使全截面的平截面假定不再完全适用,且结构本身与规范柔细单梁的"原型结构"差异较大。这使得基于柔细单梁的混凝土结构规范"不堪重负"。

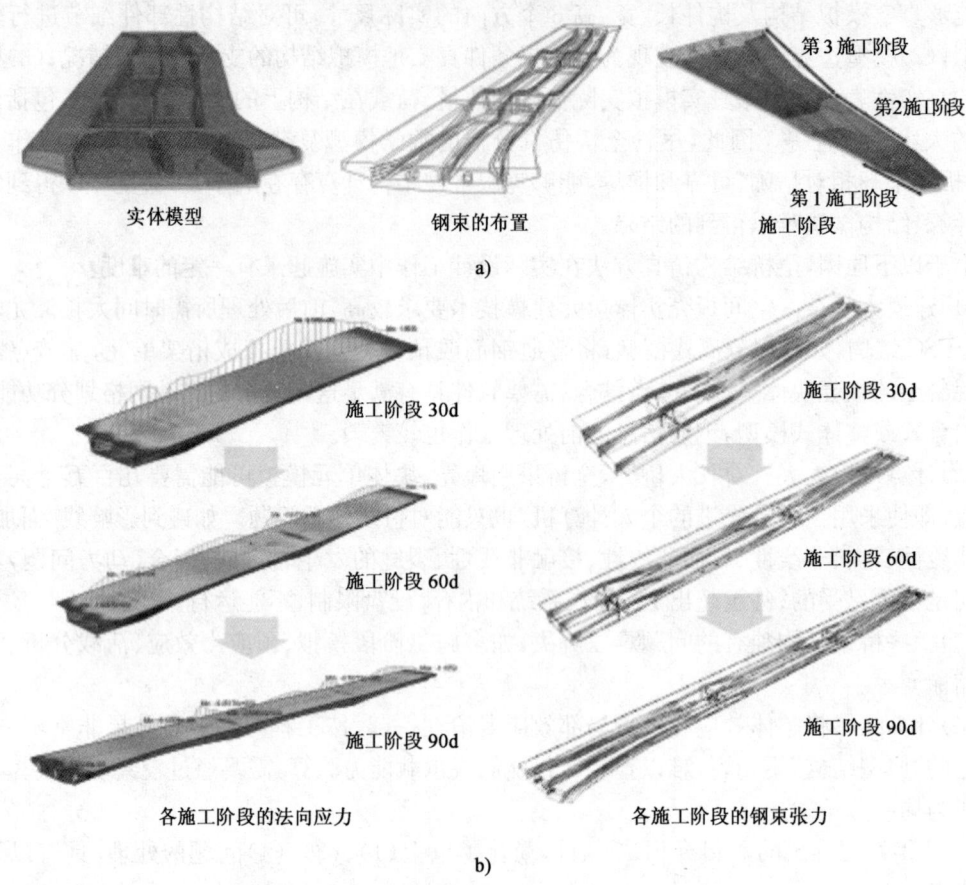

图 4-2-1　Midas FEA 分析 3×70m 连续变宽箱梁
a)有限元模型；b)分析结果

为了将规范更广泛地应用于所有结构,规范制定部门和设计单位均作了大量的努力。一方面采用设计计算向规范"靠拢"的方法,如采用放大系数来综合考虑结构的空间效应,采用有效分布宽度将宽桥"变窄"以适应规范柔细单梁的全截面配筋方法,使结构设计与规范尽量吻合;另一方面,采用规范"外延"的方法,以尽量扩大规范的适用范围,如我国规范中将抗剪设计方法中的剪跨比广义化,使之能同样应用于连续梁桥及其他复杂体系桥梁。

规范和设计计算"两边靠拢"的方法,使现行规范体系继续适用于不同的桥梁结构体系,也使得"算不太清楚"的平面杆系法具有顽强的生命力。平面杆系计算方法虽然"算不太清楚",但在交付配筋方面对于规范是基本完整的,所以仍然是设计单位乐于采用的基本计算方法。

许多采用板壳、块体单元的细部有限元分析在"算清楚"方面非常先进,但对于施工过程非常复杂的 PSC 桥梁结构,似乎没有完全"对口"。同时,其计算结果将整体效应和大量局部效应混淆在一起,与规范的"原型结构"不相容,难以直接交付配筋。故这些软件大多作为局部分析采用。

显然,好的设计计算方法应能够"算清楚",并能够尽量简化交付配筋的结构构件,即可以将所有类型的复杂桥梁结构"简化"为最少的基本构架类型。

梁格法介于杆系法与全桥结构仿真法之间,既能够较好地"算清楚",又能较好地与规范"对口",是一种很值得推广的分析方法。

第二节　梁格分析方法

一、基本原理

梁格法是借助计算机分析桥梁上部结构的一种有效实用方法,易于理解和使用,在桥梁结构设计中得到了广泛的应用,适用于板式、梁板式、箱梁上部结构及各种组合体系桥梁。

梁格法的主要思路是将上部结构用一个等效梁格来模拟,见图 4-2-2。将分散在板式或箱梁每一区段内的弯曲刚度和抗扭刚度集中于最邻近的等效梁格内,实际结构的纵向刚度集中于纵向梁格构件内,而横向刚度则集中于横向梁格构件内。从理论上讲,梁格必须满足以下等效原则:当原型实际结构和对应的等效梁格承受相同荷载时,两者的挠曲应是恒等的,而且在任一梁格内的弯矩、剪力和扭矩应等于该梁格所代表的实际结构部分的内力。由于实际结构和梁格体系有着不同的结构特性,上述"等效"的理想状况是难以达到的,模拟只能是近似的。这种特性表现在以下几方面:

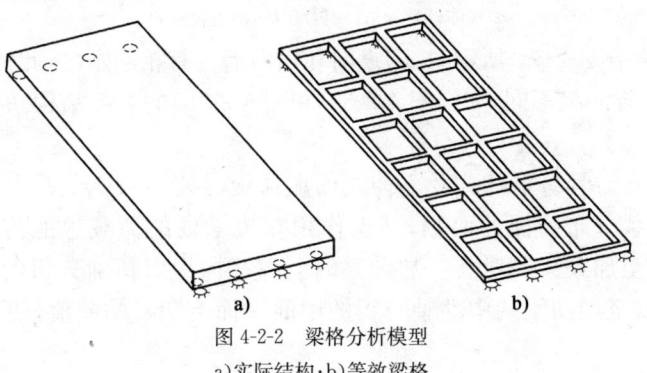

图 4-2-2　梁格分析模型
a)实际结构；b)等效梁格

(1)梁格法中任意梁内的弯矩严格与其曲率成正比,而在原结构如板结构中,任一方向上的弯矩和该方向以及正交方向上的曲率有关。对钢筋混凝土构件或预应力混凝土构件而言,一般按纵向、横向双向配筋,同时混凝土泊松比较小($\mu=0.2$),所以用梁格法导出的纵向弯矩和横向弯矩对结构设计是足够精确的。

(2)实际板结构中,任一单元的平衡要求扭矩在正交方向上是相等的,而且扭率在正交方向上也是相同的。在等效梁格中,由于两类结构特性不同,无法使扭矩和扭率在正交方向的节点上相等。然而当梁格网格相当细密时,梁格随着挠曲而成一曲面,在正交方向上可近似相等。

二、梁格划分及截面特性

(一)板

当桥梁跨度较小时,可以用板结构作为承重结构。若为组合体系桥梁,如系杆拱桥、板式截面斜拉桥等,板式截面也可作为纵梁,通过拱梁、吊杆或塔梁拉索组成传力体系。在分析这类结构时,也可采用梁格法离散桥面结构。

1. 结构类型

图 4-2-3 表示桥面板的某些普通类型。图 4-2-3a)为实体的钢筋混凝土板。在图 4-2-3b)中,则在板的高度范围内浇成空心来减轻质量,这种上部结构称为"空心板"。若空心的高度超过板的高度 60%,则板不再像单块板那样,而是与分格式上部结构相似,其分析方法将在 2.4 节中叙述。板式上部结构可以建造成组合式构造,如图 4-2-3c)和图 4-2-3d)所示。在图 4-2-3c)中用混凝土填充密排的各梁之间,顶部和底部配置连续的横向钢筋而构成整体板。在图 4-2-3d)中,上部结构用密排的箱梁构成,在横向上用后张法使板具有抗弯矩的连续性。

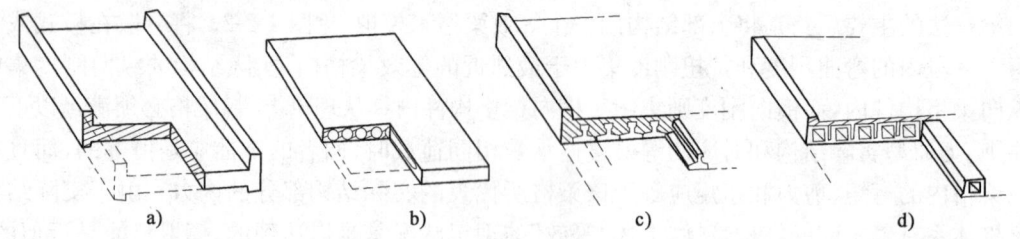

图 4-2-3 板式上部结构
a)实体;b)空心;c)组合实体;d)组合空心

板式上部结构如图 4-2-3a)所示时,则纵向和横向上具有相同刚度,此种板称之为"各向同性"。若刚度在两个方向上不同,如同图 4-2-3c)和图 4-2-3d)的上部结构一样,则该板称为"正交异性"。

板式上部结构有时具有上伸式及下伸式的加劲梁,如图 4-2-3a)所示。这种结构能够把作用在中央处的荷载分布到板的两侧,甚至作用在边缘处的荷载也能传递一部分至板上,而另一部分则传递至加劲梁。对具有加劲梁的上部结构提出精确分析的问题时,除非上伸或下伸部分较大,以至加劲梁的中性轴与板的中面平面有明显的差值,使用后述的近似方法并不复杂。

2. 结构作用

(1)力的平衡

对于任一单元,在外力作用下截面应力状态可以通过一组力偶及垂直于中面的剪力表示。图 4-2-4a)、b)为在外载荷 $q = q(x,y)$ 作用下的板单元受力图。剪力 Q_x、Q_y、Q_z 与弯矩 M_x、M_y、M_{xy},均为单位宽度内的力,为了说明方便,将其分别表示为图 4-2-4a)、b),其实它们是作用在同一单元上的力。图 4-2-4a)为单位长度弯矩,图 4-2-4b)为单位长度剪力。

根据 z 轴方向上力的平衡及对 x、y 轴取矩,可列出方程式:

$$\frac{\partial Q_x}{\partial x} + \frac{\partial Q_y}{\partial y} = -q \tag{4-2-1}$$

$$Q_x = \frac{\partial M_x}{\partial x} - \frac{\partial M_{xy}}{\partial y} \tag{4-2-2}$$

$$Q_y = \frac{\partial M_y}{\partial y} - \frac{\partial M_{xy}}{\partial x} \tag{4-2-3}$$

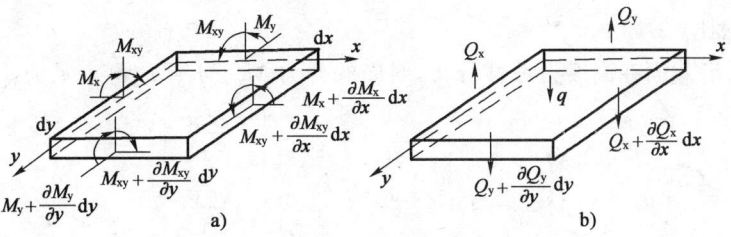

图 4-2-4　在外载荷 q 作用下的板单元受力图式
a)单位长度弯矩；b)单位长度剪力

由以上方程可知,板的平衡方程与单根梁的方程有明显差别,剪力不再是弯矩的简单微分。在梁格分析中弯曲和扭转引起的剪力可表示为：

$$Q_{M_x} = \frac{\partial M_x}{\partial x} \qquad Q_{T_x} = -\frac{\partial M_{xy}}{\partial y} \tag{4-2-4}$$

于是有：

$$Q_x = Q_{M_x} + Q_{T_x} \tag{4-2-5}$$

(2)弯矩—曲率方程

根据板弯曲的基本假设,弯曲前的平截面弯曲后仍保持平截面,且与中面垂直,于是,横向位移 u、v 与竖向位移 w 的关系有：

$$u = -z\frac{\partial w}{\partial x} \qquad v = -z\frac{\partial w}{\partial y} \tag{4-2-6}$$

如图 4-2-5 所示,从而可知：

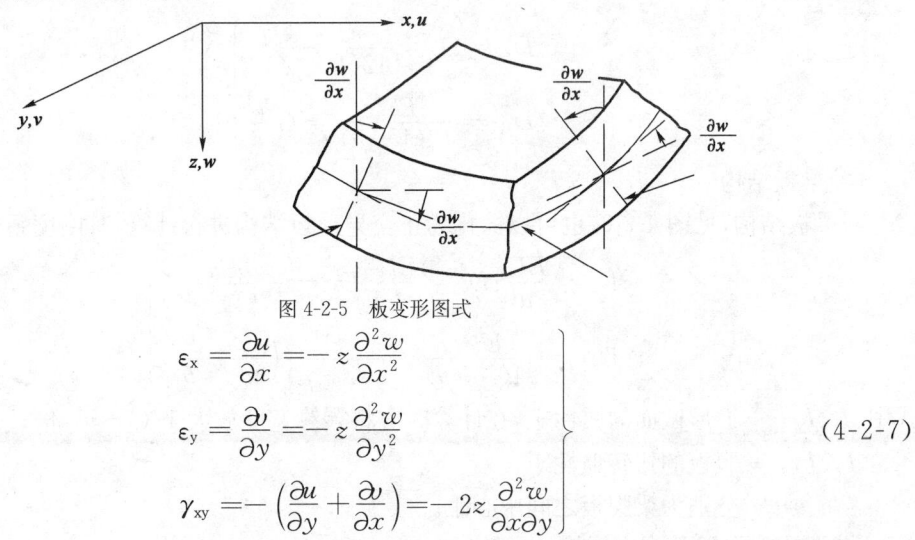

图 4-2-5　板变形图式

$$\left.\begin{array}{l}\varepsilon_x = \dfrac{\partial u}{\partial x} = -z\dfrac{\partial^2 w}{\partial x^2} \\[6pt] \varepsilon_y = \dfrac{\partial v}{\partial y} = -z\dfrac{\partial^2 w}{\partial y^2} \\[6pt] \gamma_{xy} = -\left(\dfrac{\partial u}{\partial y} + \dfrac{\partial v}{\partial x}\right) = -2z\dfrac{\partial^2 w}{\partial x \partial y}\end{array}\right\} \tag{4-2-7}$$

对弹性材料,其应力应变关系为:

$$\left\{\begin{array}{c}\sigma_x\\ \sigma_y\\ \tau_{xy}\end{array}\right\}=\frac{E}{1-\mu^2}\begin{bmatrix}1&\mu&0\\ \mu&1&0\\ 0&0&\dfrac{1-\mu}{2}\end{bmatrix}\left\{\begin{array}{c}\varepsilon_x\\ \varepsilon_y\\ \gamma_{xy}\end{array}\right\} \quad (4\text{-}2\text{-}8)$$

式中:E——弹性模量;
μ——泊松比。

若 σ_x、σ_y、τ_{xy} 沿截面在高度上线性分布,对应的合力 M_x、M_y、M_{xy} 可表示为:

$$\left\{\begin{array}{c}M_x\\ M_y\\ M_{xy}\end{array}\right\}=D\begin{bmatrix}1&\mu&0\\ \mu&1&0\\ 0&0&\dfrac{1-\mu}{2}\end{bmatrix}\left\{\begin{array}{c}-\dfrac{\partial^2 w}{\partial x^2}\\ -\dfrac{\partial^2 w}{\partial y^2}\\ 2\dfrac{\partial^2 w}{\partial x\partial y}\end{array}\right\} \quad (4\text{-}2\text{-}9)$$

由此可见,对于板结构,M_x 并非严格与其曲率成正比。若是正交异形板,则弹性模量 E 及泊松比 μ 在两个方向并不相同,此时,式(4-2-9)可表示为:

$$\left\{\begin{array}{c}M_x\\ M_y\\ M_{xy}\end{array}\right\}=\begin{bmatrix}D_x&D_1&0\\ D_1&D_y&0\\ 0&0&D_{xy}\end{bmatrix}\left\{\begin{array}{c}-\dfrac{\partial^2 w}{\partial x^2}\\ -\dfrac{\partial^2 w}{\partial y^2}\\ 2\dfrac{\partial^2 w}{\partial x\partial y}\end{array}\right\} \quad (4\text{-}2\text{-}10)$$

3. 板的刚度系数

(1) 实体板

对钢筋混凝土及预应力混凝土实体板,一般按正交各向同性板计算,其刚度系数由式(4-2-9)知:

$$\left.\begin{array}{c}D_x=D_y=\dfrac{Eh^3}{12(1-\mu^2)}\\ D_{xy}=\dfrac{Eh^3}{12(1+\mu)}=G\dfrac{h^3}{6}\end{array}\right\} \quad (4\text{-}2\text{-}11)$$

(2) 梁板结构

对梁板结构,见图 4-2-6,也可以简化为正交异形板结构进行计算,其刚度系数为:

$$\left.\begin{array}{c}D_x=\dfrac{EI_x}{a};D_y=\dfrac{EI_y}{b};D_1=\dfrac{\mu Eh^3}{12(1-\mu^3)}\\ D_{xy}=\dfrac{Eh^3}{24(1+\mu)}+\dfrac{E}{8(1+\mu)}\left(\dfrac{J_x}{a}+\dfrac{J_y}{b}\right)\end{array}\right\} \quad (4\text{-}2\text{-}12)$$

式中:I_x、I_y——T 形截面的惯性矩,在计算时应将翼缘宽度放大 $1/(1-u^2)$ 倍;
J_x、J_y——腹板的扭转惯性矩;
a、b——分别为梁腹板之间中心距。

(3) 具有横隔梁的多室结构

对于具有较密横梁的多室结构，由于横梁的作用，格室间不发生局部变形，见图 4-2-7。弯曲刚度系数与梁结构的计算方法相同，在计算时将翼缘宽度放大 $1/(1-u^2)$ 倍。

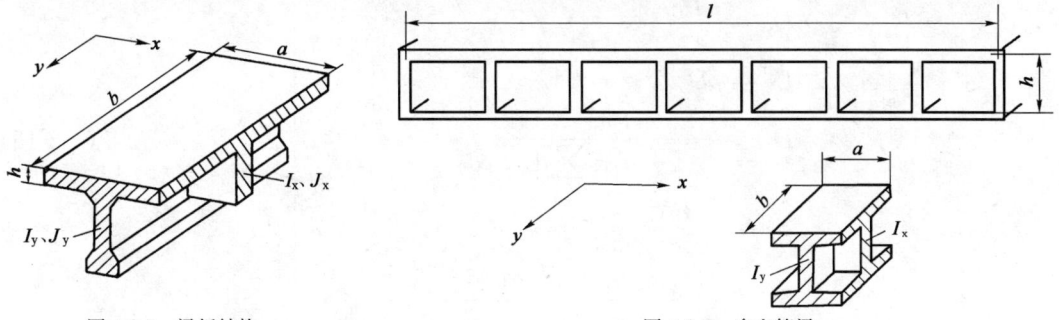

图 4-2-6　梁板结构　　　　　图 4-2-7　多室箱梁

$$D_x = \frac{EI_x}{a} \quad D_y = \frac{EI_y}{b} \quad D_1 = u\sqrt{D_x D_y} \tag{4-2-13a}$$

多室结构因扭转引起的剪应力沿周边分布，其扭转刚度按薄壁构件公式计算：

$$D_{xy} = \frac{EA^2}{2(1+\mu)w\sum ds/t} \tag{4-2-13b}$$

式中：A——周边中线所围面积，$A = d \cdot w$；

d——翼板中心线距离；

w——外腹板中心线距离；

ds/t——组成截面的周边长度与厚度之比（若翼缘与腹板厚相同，则 $\sum \frac{ds}{t} = 2(w+d)/t$。

(4) 空心板

对在一个方向具有圆形空心的板，挖空率 $d/h = 0.47 \sim 0.81$ 之间时，用下列公式计算，取得较好的结果，见图 4-2-8。

$$\left. \begin{aligned} D_x &= \frac{Eh^3}{12(1-\mu^3)}\left[1 - \left(\frac{d}{h}\right)^4\right] \\ D_y &= \frac{EI_y}{s(1-\mu^2)} \\ D_1 &= \mu D_x \\ D_{xy} &= \frac{Eh^3}{24(1+\mu)}\left[1 - 0.85\left(\frac{d}{h}\right)^4\right] \end{aligned} \right\} \tag{4-2-14}$$

(5) 没有横梁的多室板结构

随着截面的挖空率增大，空心部分形状一般做成矩形，空心板逐渐过渡为多室结构，见图 4-2-9。多室结构与空心板的主要区别是由于局部变形引起的横向弯曲，此时不仅要考虑弯曲刚度，还要考虑剪切刚度。

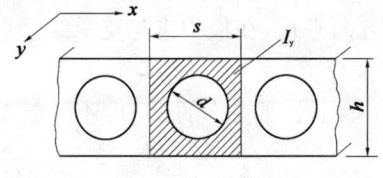
图 4-2-8　空心板

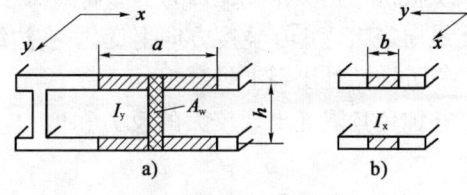
图 4-2-9　箱形梁纵截面

$$\left.\begin{aligned}D_x &= \frac{EI_x}{1-\mu^2}\\ D_y &= \frac{EI_y}{a}\\ D_1 &= \mu D_x\\ D_{xy} &= \frac{EA^2}{2(1+\mu)w\sum ds/t}\\ S_y &= \frac{EA_w}{2(1+\mu)a}\\ S_x &= \frac{12E}{\frac{ah}{I_3}I + a^2\left(\frac{3hI_1}{12hI_1I_2} + \frac{3hI_2}{aI_1I_2} + \frac{aI_3}{aI_2I_3}\right)}\end{aligned}\right\} \qquad (4\text{-}2\text{-}15)$$

式中：A_w——腹板面积；

I_1、I_2、I_3——分别为上翼板、下翼板、腹板绕其自身中性轴惯性矩。

其余符号如图 4-2-9 所示。

4. 板式结构的梁格网格

利用刚度等效原则对板式结构进行梁格划分时，由于上部结构截面形状和支点布置方式的多样化，网格划分很难得到统一的规律，一般根据板结构布筋方向及结构形式来定。

(1)等宽正交板网络划分

对等宽正交板，网格划分可参考下列原则进行：

①纵向梁格的数目可根据桥梁总宽确定。梁格间距可在 2～3 倍板厚至 1/4 有效跨径之间。若板较窄，可视为一根梁，即一根梁格；若板很宽，可设置若干根梁格，当梁格间距较小时，可以不考虑荷载局部作用对内力的影响。当梁格间距较大时，仅能得到板内力最大值。

②纵向边梁格位置的设置原则为：实体板一般设在距板边缘 0.3 倍板厚处；空心板或肋板，应设在边肋的中心线上。这是因为板边缘处的垂直剪力流分量 Q_x 一般由边缘梁格承受，这样设置和实际结构力的分布较为一致。

③横向梁格间距应尽量与纵向梁格一致，间距约小于有效跨径的 1/4。

④在受力较大处的部位或内力突变区，如支点附近，应加密梁格网格，见图 4-2-10。

⑤横向梁格与纵向梁格应成直角。

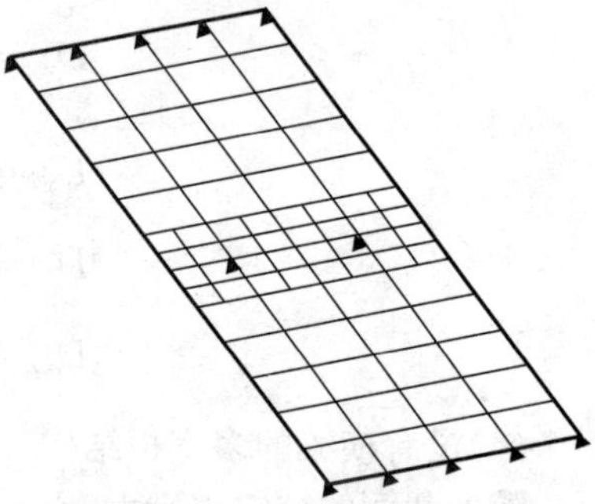

(2)斜交板网格划分

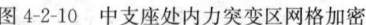

图 4-2-10 中支座处内力突变区网格加密

斜交板桥与正交桥相比内力分布特点有很大不同。其特性见图 4-2-11，主要表现为：

①纵向最大弯矩在宽度方向上变化，在边缘处与斜跨方向平行，在板中央与支承线垂直。

②靠近钝角处出现上拱弯矩。

③在钝角角隅处出现较大的反力和剪力，而在锐角角隅处出现较小的反力，还可能发生翘起。

④上部结构承受很大的扭转。

由于以上受力特性,斜交板桥的梁格划分应尽量与力的作用方向或结构内配筋方向一致。当斜交角较小(一般斜交角小于 20°)时,可采用斜交网格如图 4-2-12a);当桥面较窄且斜交角较大时,梁格划分应平行设计强度线,见图 4-2-12b);当桥台宽度大于跨度时,梁格划分按图 4-2-12c)是比较合适的。梁格间距可参考正交桥所述原则。

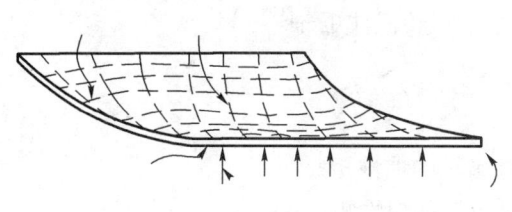

图 4-2-11 斜交板受力特性

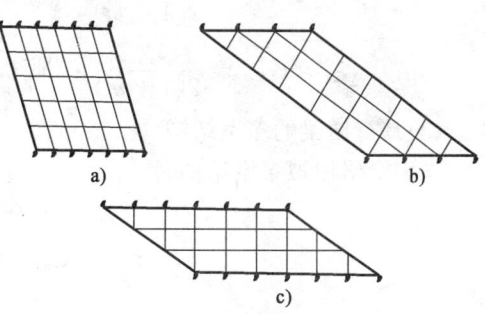

图 4-2-12 斜板网格划分
a)斜网格;b)垂直跨长网格;c)垂直支承网格

(3)变宽式板及扇形板

在立交桥中,经常用到变宽形式的上部结构,见图 4-2-13。用梁格法分析时,不需作特殊考虑,唯一的问题是梁格构件的特性必须沿着构件轴线递增,准备数据比较麻烦。在实际分析中,微小的变宽可以忽略不计,因为它对上部结构内力影响甚微,若上部结构具有较大的斜角,则必须用变宽梁格模拟。

用梁格法分析弯板或扇形结构时,见图 4-2-14,辐射式构件之间的夹角做成不大于 15°,梁格网格接近于正方格形,辐射式构件的刚度等效于位于其长度中点的截面刚度。

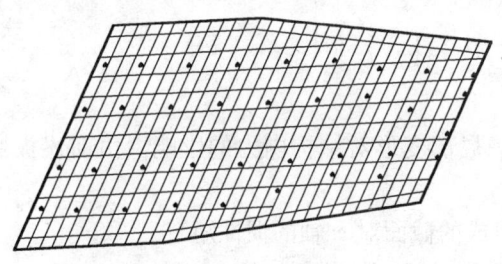

图 4-2-13 变宽板网格划分

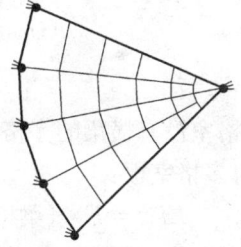

图 4-2-14 弯板或扇形板网格划分

5.梁格构件的截面特性

(1)实体板

对于平行于正交坐标轴 (x,y) 的梁格构件,可采用下列参数:

$$\left.\begin{array}{l}EI_x = Da ; EI_y = Db \\ GJ_x = 2Db ; GJ_y = 2Da\end{array}\right\} \quad (4\text{-}2\text{-}16a)$$

式中:a、b——分别为 x 轴和 y 轴方向梁格构件代表的板宽。

正交异形板中,正交方向应具有相同的扭转刚度,但由于梁格没有物理上和数学上的连续性,所以正交方向会有不同的抗扭刚度。为了克服这一缺点,可设:

$$GJ_x = GJ_y = 2G\sqrt{I_x I_y} \quad (4\text{-}2\text{-}16b)$$

由于梁格法不能模拟泊松比影响,所以 $D_1 = 0$。

(2) 梁板结构

$$\left.\begin{array}{l}EI_x = E \cdot (\text{组合截面对 } x \text{ 轴的惯性矩}) \\ EI_y = E \cdot (\text{组合截面对 } y \text{ 轴的惯性矩}) \\ GJ_x = \dfrac{E}{2(1+m)} \cdot \left(\text{腹板对 } x \text{ 轴的扭转惯性矩} + \dfrac{bh^3}{6}\right) \\ GJ_y = \dfrac{E}{2(1+m)} \cdot \left(\text{腹板对 } y \text{ 轴的扭转惯性矩} + \dfrac{ah^3}{6}\right) \end{array}\right\} \quad (4\text{-}2\text{-}17)$$

(3) 具有横梁的多室结构

当用梁格模拟多室结构时：

$$\left.\begin{array}{l}EI_x = E \cdot (\text{组合截面对 } x \text{ 轴的惯性矩}) \\ EI_y = E \cdot (\text{组合截面对 } y \text{ 轴的惯性矩}) \\ GJ_x = \dfrac{Ea^2 b}{(1+m)w\sum \mathrm{d}s/t} \\ GJ_y = \dfrac{Eb^2 a}{(1+m)w\sum \mathrm{d}s/t} \end{array}\right\} \quad (4\text{-}2\text{-}18\mathrm{a})$$

(4) 空心板结构

$$\left.\begin{array}{l}EI_x = \dfrac{Eh^3}{12}\left[1-\left(\dfrac{d}{h}\right)^4\right]b \\ EI_y = \dfrac{EI_x a}{s} \\ GJ_x = \dfrac{Eh^3}{12(1+\mu)}\left[1-0.85\left(\dfrac{d}{h}\right)^4\right]b \\ GJ_y = \dfrac{Eh^3}{12(1+\mu)}\left[1-0.85\left(\dfrac{d}{h}\right)^4\right]a \end{array}\right\} \quad (4\text{-}2\text{-}18\mathrm{b})$$

(5) 多格室板

对于大格室没有横梁的多格室结构，必须考虑局部变形对结构内力的影响。由前述板弯曲理论知，对多格室板：

$$EI_x = E \cdot (\text{梁格构件的翼缘板组成的截面对 } x \text{ 轴的惯性矩})$$
$$EI_y = E \cdot (\text{梁格构件代表的截面对 } y \text{ 轴的惯性矩})$$

$$\left.\begin{array}{l}GJ_x = \dfrac{Ea^2 b}{(1+\mu)w\sum \mathrm{d}s/t} \\ GJ_y = \dfrac{Eb^2 a}{(1+\mu)w\sum \mathrm{d}s/t} \end{array}\right\} \quad (4\text{-}2\text{-}19)$$

(二) 梁板

1. 结构类型

大多数梁板式上部结构，在桥台之间置有多根纵梁，而横向上用一薄板横盖其顶面，如图 4-2-15 所示。对于小跨径，纵梁通常是密排的，如图 4-2-15a)所示，但对于较大跨径，其设置见图 4-2-15b)和图 4-2-15c)，并在支点上设置称之为"横隔板"的横梁，以连接纵向梁，有时也在沿跨径各处设置如图 4-2-15d)所示形式。桥面可以有较大的斜交角，纵梁距离可以彼此不一致,也可布置为加宽式,弯桥通常用板的边宽来调节成合适的弯度,但支承在每跨为直线的梁上。有时也把纵梁做成曲线的。

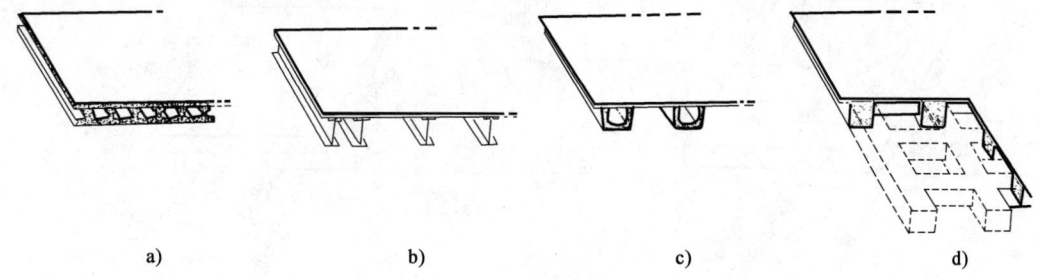

图 4-2-15 梁板式上部结构
a)密排式;b)稀排式工字梁;c)稀排式箱形梁;d)格梁

2. 结构作用

如图 4-2-16 中所示,跨中没有横隔梁的上部结构的情况,可以考虑纵向为梁而横向为板的简化组合体系。对于纵向弯曲,板作为梁的上翼缘,而上部结构可以考虑(有时制成 T 形)为许多沿翼缘边连接起来的 T 形梁,因为板仅具有梁的一部分弯曲刚度,它以横向曲率大于纵向而弯曲,可视为横跨于纵梁间有许多横向的板条的性能。只有在直接承受集中荷载附近的板内纵向弯矩和扭矩在数值上与横向弯矩才有较大的差值。一般可以把由集中荷载的两维分布引起的局部弯矩与梁相对挠度和转角对板内产生的横向弯矩相叠加。

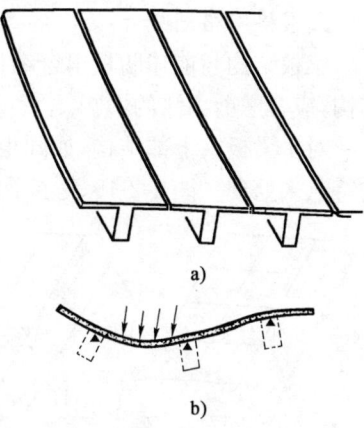

图 4-2-16 梁板式上部结构的板的作用
a)作为 T 形梁翼缘的纵向弯曲;b)作为连续梁的横向弯曲

图 4-2-17 表示一上部结构单元,它支承着局部荷载微量 dW,梁传递弯矩 M_x、剪力 S_x 和扭矩 T_x,而板只是有效的传递横向弯矩 M_y 和剪力 S_y(每单位板宽)。由下列方程式给出了这些力之间的关系:

$$\frac{\mathrm{d}S_x}{\mathrm{d}x} + \Delta S_y = -W\Delta y$$

$$\frac{\mathrm{d}M_x}{\mathrm{d}x} = S_x$$

$$\Delta M_y + \frac{\mathrm{d}T_x}{\mathrm{d}x} = S_y \Delta y \tag{4-2-20}$$

由于扭转在薄板内是比较小的,所以板内扭矩略去不计,另外,假如纵梁为十分单薄的工字形截面,它的抗扭刚度也十分小,则 T_x 实际上等于零,因而板就像在每根纵梁处支承在弹性支点上的连续梁一样。反之,假如梁有大的抗扭刚度,则 T_x 不能略去,而位于梁上的板内弯矩是不连续的。

当上部结构有横梁(见图 4-2-18)时,则力的关系为:

$$\Delta S_x + \Delta S_y = -W\Delta x \Delta y$$

$$\Delta M_x + \Delta T_y = S_x \Delta x$$

$$\Delta M_y + \Delta T_x = S_y \Delta y \tag{4-2-21}$$

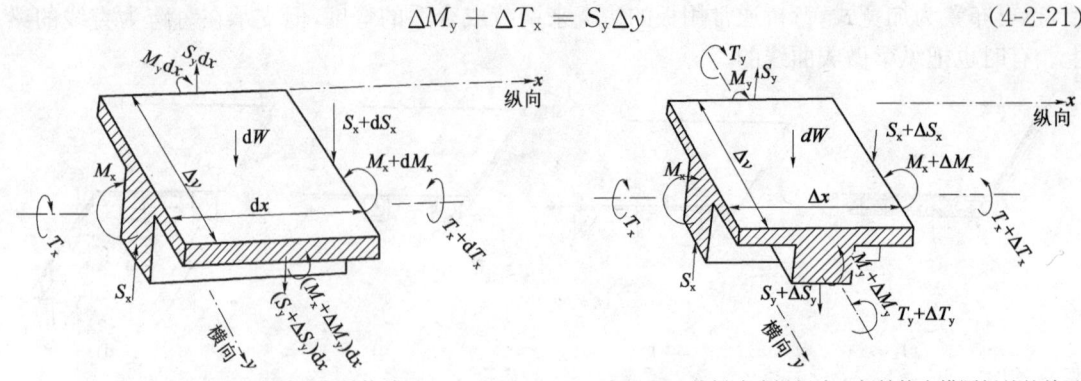

图 4-2-17　梁板式上部结构单元　　　　图 4-2-18　格梁式或梁板式上部结构在横隔板处的单元

扭矩 T 在两个方向上是不等的,并且视两个方向不同的扭转和刚度而定。

3. 梁格网格划分

梁板结构与前述肋板组合结构基本相同,但对梁高较大且肋板间距不受限制的桥梁上部结构,应考虑剪力滞的影响。

对于梁板式上部结构,如同板式结构一样,决定适当的梁格网格最好要结合具体的上部结构特点来处理。图 4-2-19 表示了四种上部结构形式适宜的网格划分。

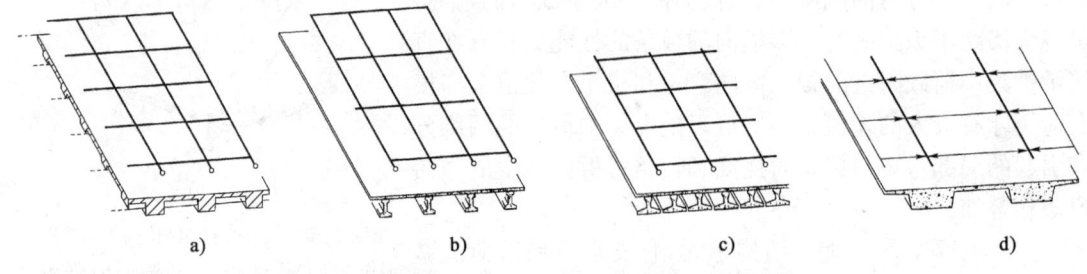

图 4-2-19　梁板结构的模拟梁
a)纵梁与横梁；b)稀排纵梁；c)密排纵梁；d)双纵梁

在图 4-2-19a)中,上部结构实际是纵梁和横梁的梁格。因为平均纵向弯曲刚度和横向弯曲刚度相差不大,承受局部荷载时,受力行为类似于前节所述受扭的柔性板。梁格可采用与原型梁中心线相重合的构件模拟。

在图 4-2-19b)中,纵向梁格与纵梁中心线相重合,实际结构中由于没有中横梁,横向梁格选取具有任意性,但一般约取有效跨径的 1/4~1/8。若支点处有横隔板,则必须在该处设置一根横向梁格。

图 4-2-19c)中,由于密排式上部结构梁之间的间距较小,若采用图 4-2-19a)、图 4-2-19b)中的分析方法处理,则输入和输出数据均比较麻烦。这时,可以采用一根梁格代表一根以上的纵梁,但其间距一般不超过有效跨径的 1/10。

在图 4-2-19d)中,上部结构具有纵向大梁,且相邻纵梁宽度较大,横向构件要由串联的构件构成,它的不同刚度代表原型中的不同刚度。这种结构也可按图 4-2-20 每根主梁用多根纵向梁格表示。同是为了正确描述荷载对结构的作用(图 4-2-20),一般采用图 4-2-20c)所示的荷载分布法。

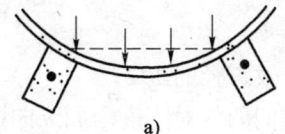 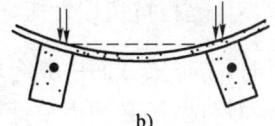 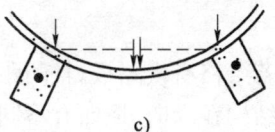

图 4-2-20 静力荷载分布引起的误差
a)荷载；b)引起较大误差的荷载分布；c)增加虚拟构件，改进荷载分布

4. 梁格构件截面特性

(1) 纵向梁格构件截面特性

每一梁格构件截面抗弯刚度 EI_y 按截面形心计算：

$$EI_y = E \cdot (梁格构件代表面积对 y 轴的惯性矩) \tag{4-2-22}$$

在实际桥梁结构中，边梁腹板一般比中板厚，内梁格构件和边梁格构件截面形心处在不同水平线上，这种差距一般不计；有必要时，可用偏心刚臂模拟。

若上部结构梁的间距大于有效跨径的 1/6，或若边梁悬臂长度超过有效跨径的 1/12，这时由于剪力滞的影响，梁的翼缘有效宽度明显减小。这时截面的惯性矩必须用折减后的特性计算。截面翼缘有效宽度计算参见《公路钢筋混凝土及预应力混凝土桥涵设计规范》(JTG D62—2004)。

每一梁格构件的抗剪刚度：

$$GA_s = G \cdot (梁格代表的纵梁肋板面积) \tag{4-2-23}$$

每一梁格的抗扭刚度：

$$GJ_x = G \cdot (纵梁抗扭惯性矩 + 板抗扭惯性矩) \tag{4-2-24}$$

对如图 4-2-21 所示的中间虚拟梁格，其抗扭刚度设为 $J_x = bh^3/6$，其中 b 为该梁格代表的板宽，h 为板的厚度。

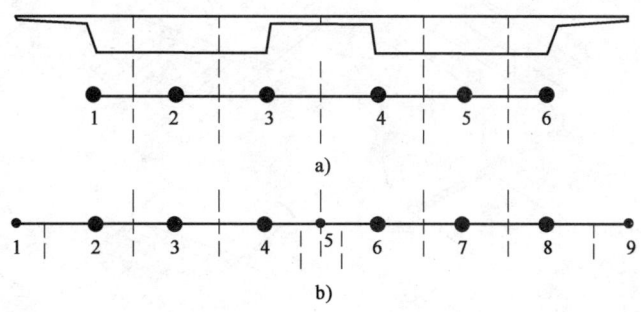

图 4-2-21 中间虚拟梁格

(2) 横向梁格构件截面特性

① 若梁格无横隔板，横向梁格用板表示：

$$EI_x = \frac{Ebh^3}{12} \tag{4-2-25}$$

$$GJ_x = \frac{Gbh^3}{6} \tag{4-2-26}$$

② 若梁格有横隔板，且间距不大时：

$$EI_x = E \cdot (T 形截面对 x 轴的惯性矩) \tag{4-2-27}$$

$$GJ_x = G \cdot \left(\text{隔板抗扭惯性矩} + \frac{bh^3}{6}\right) \tag{4-2-28}$$

③若梁格有横隔板,且间距较大时,T形梁截面中翼缘取有效跨径的1/2。

若结构在纵向、横向有不同的截面特性,则必须谨慎计算它们的相对刚度。如纵向配置预应力的梁板结构,纵向为预应力混凝土,而横向为普通钢筋混凝土。所以,纵向按全截面工作,而横向只有部分截面参加工作。

(三)箱梁

对于多室箱梁上部结构,剪力柔性梁格法是最适宜的,可以用于仅有一个或几个格室的结构及具有斜腹板的上部结构。上部结构在平面上也可以是曲线或是变宽度的。

1. 结构类型

图 4-2-22 示出可以用剪力—柔性梁格分析的多种分格式结构。对于具有薄板封闭式,矩形宽的多格式上部结构,如图 4-2-22a)所示,这种分析方法是最适宜的。还可用于仅有一个或少数几个格室的上部结构,及具有斜腹板,如图 4-2-22c)所示上部结构的分析,均可得到令人满意的精度,还可以用于具有大量的圆柱形空洞式上部结构,如图 4-2-22d)所示。可以考虑到结构高度或板的厚度的变化,但不能考虑到在梁腋处的拱式作用。上部结构在平面上还可以是弯的或变宽度的。横隔板可以设在任何位置,并与纵向腹板成直交或斜交。

2. 梁格网格划分

(1)等宽多室箱梁结构

用梁格法模拟箱梁结构时,假定梁格网格在上部结构弯曲的主轴平面内,纵向构件的位置均与纵向腹板相重合,这种布置可使腹板剪力直接由横截面上同一点的梁格剪力来表示,见图 4-2-23。在悬臂板边缘纵向应设置一个纵向构件,以便于计算悬臂处的荷载。

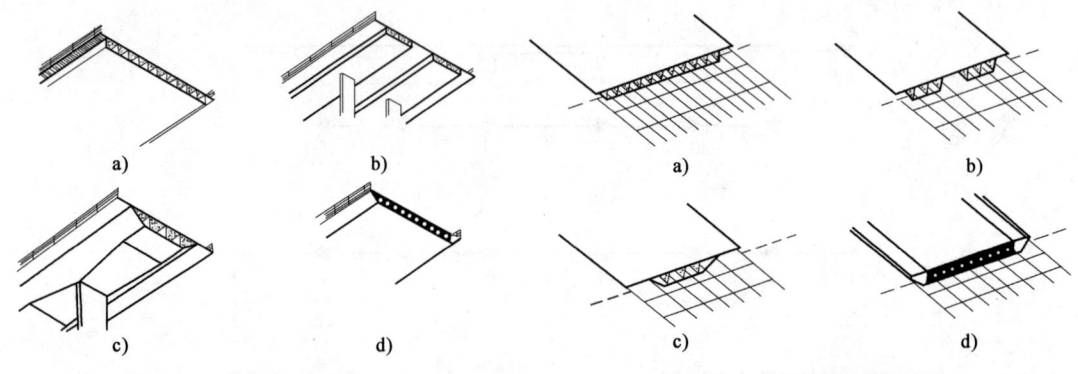

图 4-2-22 分格式上部结构　　　图 4-2-23 箱梁结构的模拟梁格

对单箱单室横向施加预应力的截面或双箱截面,在顶板上应增设纵向梁格构件,用虚拟构件改善上部结构内的静力分布,其设置方式和上节板式及梁板式结构相同。

对于具有斜腹板的上部结构,代表斜腹板的梁格的位置具有一定的随意性,对一个五室箱梁的分析结果表明,将斜腹板对应的梁格设置在水平投影长度的中心处,可以得到满意的结果。

横向梁格设置应视结构的实际情况确定。若横隔板相当多(如系杆拱桥),这时横向构件应与横隔板重心重合。若横隔板间距较大,则必须增加横向虚拟梁格,其间距一般为反弯点之间距离的1/4。较密的间距使结构模型具有连续性,可得到内力分析较详细的细节。

(2)曲线形箱梁结构

曲线箱梁结构可以用图4-2-24中曲线式构件或直线构件所组成的梁格进行分析,研究结果表明,曲线式梁格构件与直线式梁格构件相比,精度上的改善并不显著,曲线式梁格不易形成有限元通用格式,因此一般采用直线构件进行梁格分析。

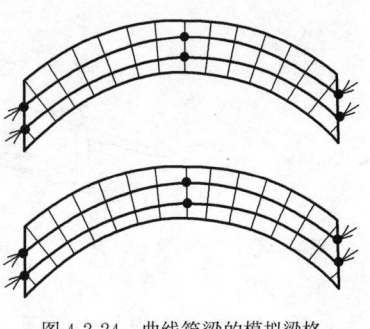

图4-2-24 曲线箱梁的模拟梁格

按前几节所述原则进行纵向和横向梁格设置时,梁格在节点处方向最大误差值一般均小于5°,当满足这一条件时,曲线梁与直线梁格的"曲线"模拟在性能上没有明显差别。在原型结构内,弯矩和扭矩相互影响,在直线式梁格内,这些影响只发生在每个节点上。

3.结构作用

(1)箱梁的受力特性

图4-2-25所示,箱梁在偏心荷载作用下的变形与位移,可分成四种基本状态:纵向弯曲、横向弯曲、刚体扭转及扭转变形(即畸变)。箱梁在偏心荷载作用下,因弯矩作用在截面上将产生纵向正应力与剪应力,因横向弯曲和扭转变形在箱梁各板中将产生横向弯曲应力与剪应力。

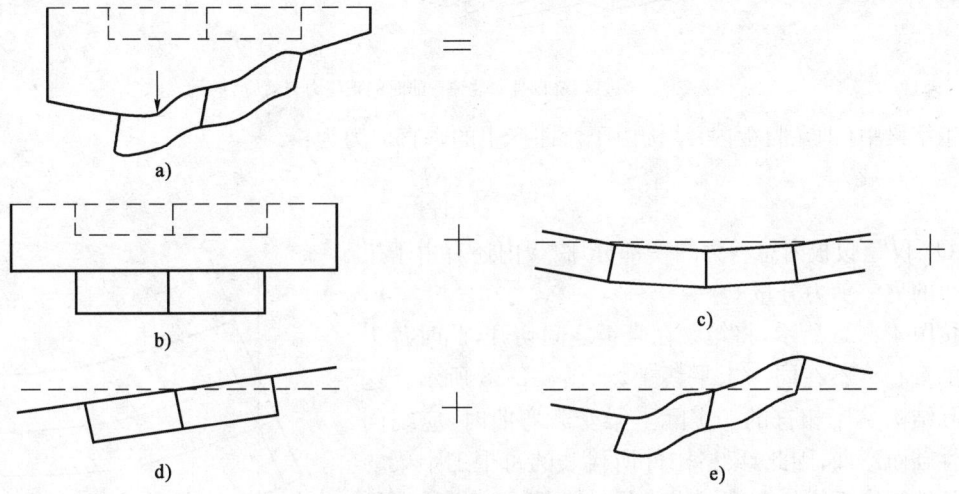

图4-2-25 箱梁结构变形基本状态

a)箱梁在偏心荷载作用下的变形与位移;b)纵向挠曲;c)横向挠曲;d)刚体扭转;e)扭转变形(畸变)

用剪力柔性梁格法模拟箱梁结构的原理是:当梁格节点产生挠度和转角时,由梁格构件刚度产生的内力,局部等效于实际结构内力。因此可以得到箱梁结构的总性能,但对顶板、底板及腹板的受力不能正确模拟。在实际应用时,依据上述原理,可推出梁格构件的等效截面刚度。

(2)纵向梁格构件截面特性

①弯曲刚度

假设把箱梁结构在顶板、底板纵向切开成许多工字梁,如图4-2-26所示。

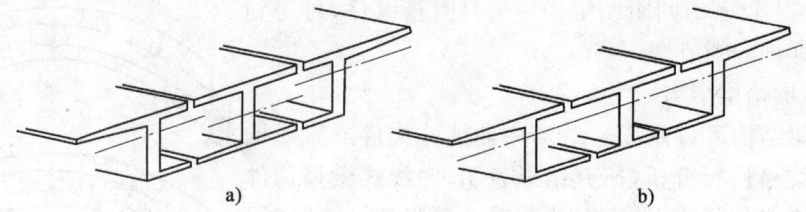

图 4-2-26　箱梁从顶板、底板切开成工字梁
a)对中切开；b)保证中性轴一致

根据梁格等效的基本原理,图 4-2-27 中梁格构件中的弯曲应力分布应与简单梁理论结果相似：

$$\frac{\sigma}{z} = \frac{M}{I} = \frac{E}{R}$$

$$\tau = \frac{Q_M A \bar{z}}{I} \tag{4-2-29}$$

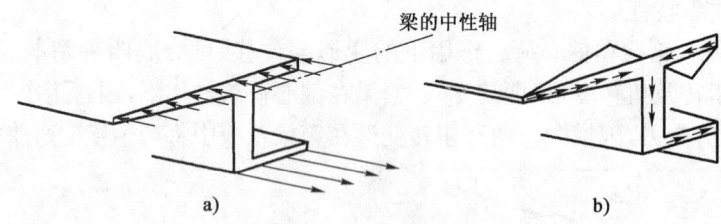

图 4-2-27　"边梁"绕自身中性轴弯曲时的正应力与剪应力

工字梁中（即在腹板内）结构由于弯曲产生的垂直剪力为：

$$Q_M = \frac{dM}{dx} \tag{4-2-30}$$

Q_M 仅是腹板内总剪力的一部分,腹板内还有由于扭转产生的另一剪力分量 Q_T。

按图 4-2-26 所示,将箱梁在腹板之间切开,此时各工字梁的重心将不在同一水平线上,如图 4-2-28 所示。这与实际结构是不相符的。实际上梁受载弯曲时,应绕同一中性轴而弯曲,因此,梁格构件所代表的每根工字梁的截面特性应绕整体的上部结构中性轴计算。这样尽管悬臂板可能较大,以及边腹板与中腹板厚度不同,上部结构沿纵向梁格间切开仍是合适的。当翼缘较宽或悬臂板较大时,应考虑截面有效宽度影响。

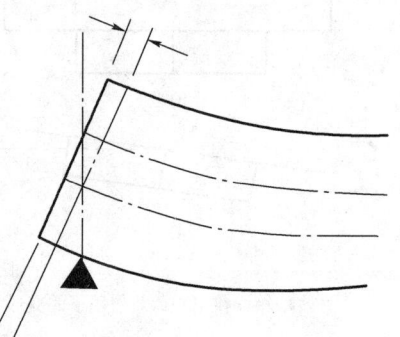

图 4-2-28　中性轴不一致引起梁端"位移"

综上所述,纵向梁格构件的弯曲刚度为：

$$EI_y = E \cdot （梁格构件所代表的截面对箱梁整体截面的 y 中性轴的惯性矩） \tag{4-2-31}$$

②扭转刚度

这里所谓扭转,仅指图 4-2-25d)所示情况,不考虑图 4-2-25e)中横截面畸变的影响。当箱梁结构作整体扭转时,环绕顶板、底板和腹板呈现剪力流网络,见图 4-2-29。大多数的剪力流通过顶板、底板和腹板的周界流动，少量通过中间腹板。在比拟的梁格体系受扭时，在横截面上，总的扭转由两部分组成，一部分是纵向构件的扭转，另一部分是由各梁格间相反的剪力组成，见图 4-2-29，这些剪力将与横向构件内的扭转相平衡，见图 4-2-30。由此可见，图 4-2-31a)与图 4-2-31b)所示力系非常相似。若在两腹板之间将箱梁切开，箱梁内总扭矩由各梁格扭矩及梁格剪力 Q_T 进行合成，其中梁格扭矩代表了由于顶板和底顶内相反的剪力流在上部结构内形成的扭矩，而梁格剪力 Q_T 代表腹板内的剪力流。

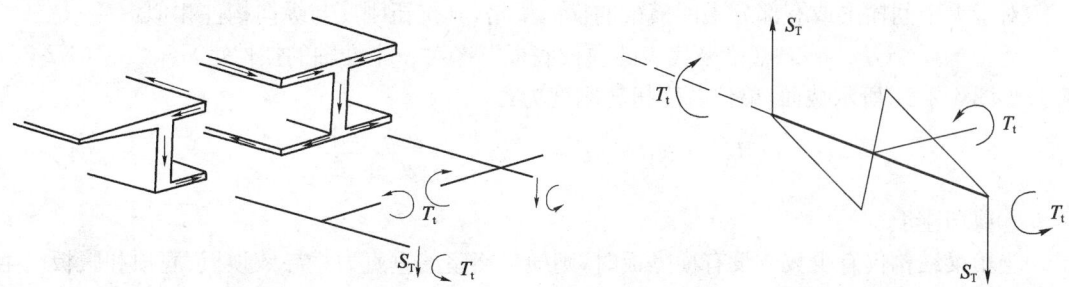

图 4-2-29　截面受扭时剪力分布　　　　图 4-2-30　梁格节点的内力平衡

因此纵向梁格构件的扭转刚度为：

$$GJ_x = G \cdot (梁格代表的顶板底板翼缘对 x 中性轴的惯性矩) \tag{4-2-32}$$

图 4-2-31 所示截面单位宽度内的扭转刚度：

$$GJ_x = 2G(h'^2 d' + h''^2 d'') = \frac{2Gh^2 d' d''}{(d' + d'')} \tag{4-2-33}$$

式中：d'、d''——分别为顶、底板厚度；
　　　h——顶底板中心距。

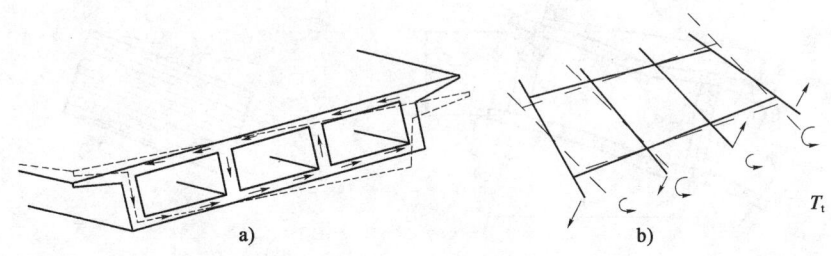

图 4-2-31　箱梁等效梁格及力

③剪切刚度

如前所述，腹板内的剪力流由弯曲剪力流和扭转剪力流组成 $Q = Q_M + Q_T$。由于剪力流使腹板产生剪切变形，纵向梁格的剪切面积应等于腹板的横截面积。

(3) 横向梁格构件截面特性

①弯曲刚度

如图 4-2-25b)所示，箱梁在横向也产生弯曲变形，根据板的弯曲理论，由于泊松比的影响，纵向弯矩将使横向弯矩较简单梁理论计算结果会产生一定误差，众多文献资料表明，对混凝土结构通常可以略去泊松比影响。因此横向梁格弯曲刚度为：

$$EI_x = E \cdot (横向梁格所代表的截面对 x 中性轴的惯性矩) \tag{4-2-34}$$

若横向梁格内包括有横隔板，则惯性矩应计入横隔板影响。如图 4-2-31 所示，每单位宽度内抗弯刚度为：

$$EI_x = (h'^2 d' + h''^2 d'') = \frac{h^2 d' d''}{d' + d''} \tag{4-2-35}$$

②扭转刚度

对于无中间横梁或有部分中间横梁的横向梁格，其抗扭刚度与纵向构件相似：

$$GJ_y = G \cdot (梁格代表的顶板底板翼缘对 y 中性轴的惯性矩) \tag{4-2-36}$$

如图 4-2-31 所示截面，单位宽度扭转刚度为：

$$GJ_y = 2G(h'^2 d' + h''^2 d'') = \frac{2Gh^2 d' d''}{d' + d''} \tag{4-2-37}$$

③剪切刚度

当箱梁结构仅有少数或没有横隔板时，则横贯格室的垂直力将导致顶板、底顶和腹板发生局部变形，如图 4-2-25e)所示的扭转变形或畸变。这种受力情况可以由剪切刚度较小的横向梁格来模拟，即选择横向梁格构件的剪切刚度，使箱梁承受同样的剪力时，梁格构件与实际结构产生同样的变形。

为了求出横向梁格的等效剪切面积，必须建立垂直剪力 Q 与剪切位移 W_s 之间的关系，见图 4-2-32。用精确方法建立该式是相当复杂的，假定剪力在顶板、底板之间按其弯曲刚度比例分布，并且腹板中间有反弯点，则剪切公式见式(4-2-40)，对图 4-2-32 所示截面，则得：

$$Q = \frac{d'^3 + d''^3}{C^3} \left[\frac{d_{wL}^3}{d_{wL}^3 + (d'^3 + d''^3)h} \right] EW_s \tag{4-2-38}$$

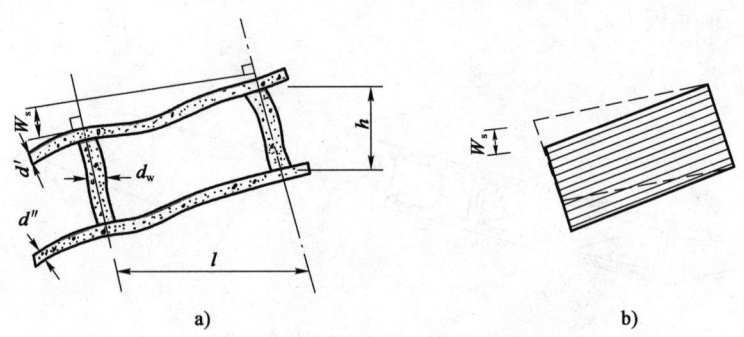

图 4-2-32 箱梁和等效梁格的横向剪切变形
a)箱梁畸变；b)剪切变形

对于柔性剪力梁格构件，剪力和位移的关系：

$$Q = \frac{A_s G W_s}{l} \tag{4-2-39}$$

于是横向梁格构件等效剪切刚度：

$$GA_s = \left(\frac{d'^3 + d''^3}{l^2} \right) \frac{d_W^3 l}{d_W^3 l + (d'^3 + d''^3)h} E \tag{4-2-40}$$

若箱梁内有横隔板，A_s 中还应包括横隔板面积。

若上部结构内的腹板比实际设置的纵向梁格的间距小得多,则横向的 A_s 仍然用实际的格室和腹板尺寸来计算。

严格地说,方程式(4-2-40)仅适用于矩形横截面格室。若上部结构有三角形或梯形格室,则不适用。抗剪刚度必须从同样形状的框架分析导出,框架尺寸取上部结构的单位长度。对于复杂的横截面,使用计算机做平面框架分析是十分方便的。当框架支承如图 4-2-33 所示时,因为它不能转动而承受扭转剪力 Q,每一格室的抗剪刚度则为 Q 除以横贯格室的相对垂直移动。令其等于式(4-2-39)中的刚度 A_sG/l,则求出横贯格室的梁格构件的等效剪切面积。

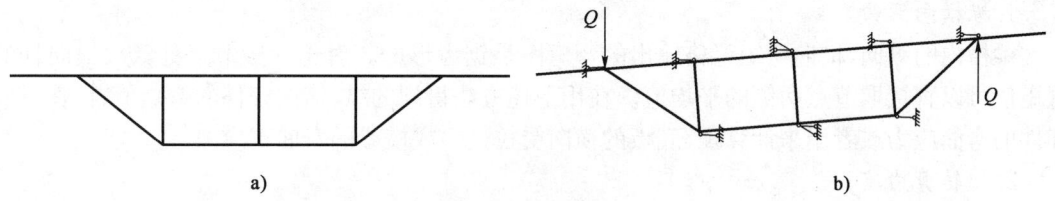

图 4-2-33 梯形格室的抗剪刚度的平面框架分析
a)上部结构横截面;b)承受扭转变形的平面框架

[**例**] 对于具有斜腹板的结构,采用 C50 混凝土,可将其横截面形式简化为如图 4-2-34 所示,建立有限元结构模型,承受扭转剪力 Q,每一格室的抗剪刚度则为 Q 除以横贯格室的相对垂直位移 Δ_Z,即 $A_s = \dfrac{Ql}{G\Delta_Z}$。顶板各部分离散成的单元节点编号见图 4-2-34。

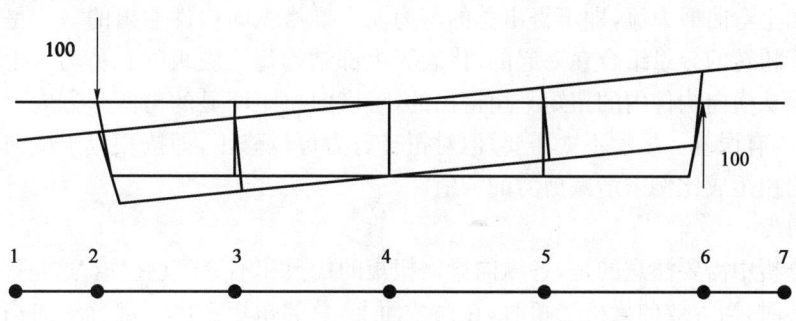

图 4-2-34 有限元模型(单位:kN)

第一跨:

$Q=100\text{kN}$;

$\Delta_{Z2.3}=0.0025\text{m}$; $\Delta_{Z3.4}=0.0038\text{m}$; $\Delta_{Z4.5}=0.0038\text{m}$; $\Delta_{Z5.6}=0.0039\text{m}$。

$l_{2.3}=3.15$; $l_{3.4}=3.73$; $l_{4.5}=3.73$; $l_{5.6}=3.70$。

$A_{s2.3}=0.0091\text{m}^2$; $A_{s3.4}=0.0071\text{m}^2$; $A_{s4.5}=0.0071\text{m}^2$; $A_{s5.6}=0.0069\text{m}^2$。

若横向梁格的等效剪切面积若仍采用式(4-2-40)计算,计算结果如下:

$A_{s2.3}=0.0093\text{m}^2$; $A_{s3.4}=0.0068\text{m}^2$; $A_{s4.5}=0.0068\text{m}^2$; $A_{s5.6}=0.0069\text{m}^2$。

第二跨:

$Q=100\text{kN}$;

$\Delta_{Z2.3}=0.0064\text{m}$; $\Delta_{Z3.4}=0.0083\text{m}$; $\Delta_{Z4.5}=0.0083\text{m}$; $\Delta_{Z5.6}=0.0084\text{m}$。

$l_{2.3}=4.41$; $l_{3.4}=4.87$; $l_{4.5}=4.87$; $l_{5.6}=4.84$。

$A_{s2.3}=0.005\ 0\text{m}^2$；$A_{s3.4}=0.004\ 3\text{m}^2$；$A_{s4.5}=0.004\ 3\text{m}^2$；$A_{s5.6}=0.004\ 2\text{m}^2$。

若横向梁格的等效剪切面积若仍采用式(4-2-40)计算,计算结果如下:

$A_{s2.3}=0.005\ 0\text{m}^2$；$A_{s3.4}=0.004\ 1\text{m}^2$；$A_{s4.5}=0.004\ 1\text{m}^2$；$A_{s5.6}=0.004\ 2\text{m}^2$。

可见,对于本示例具有斜腹板的箱梁结构,采用两种方法计算的横向梁格等效剪切面积非常接近。进一步分析表明,由此引起的结构效误差应在2%以内。

三、计算结果处理

1. 纵横向弯曲

梁格内的纵向、横向弯矩梁格输出的弯矩图是锯齿形的。对于一般节点处,纵、横向杆的弯矩值可以直接取节点两侧的平均值。在用上述方法得到的纵、横向杆件的弯矩值,计算纵向杆件的弯曲应力或者用来计算顶、底板的横向受拉(压)或横梁的弯曲正应力。

2. 扭转剪力流

当受扭转变形的箱形梁上部结构的扭转在两个方向上不同时,在顶板和底板内横向和纵向的剪力流仍然是互等的,因此,每单位宽度和每单位长度的扭转仍然相等。确切地说,梁格不能够代表这个性能,因为在梁格中纵向和横向扭转之间互无影响。然而,若梁格的纵向和横向构件承受和分格室结构相同的纵向和横向扭转,则梁格扭矩仍然可以与分格室结构内的剪力流静力等效。板内扭转剪力流必须从横向和纵向梁格每单位宽度的平均扭矩来计算,用板的中面间的距离来除这些格室每单位宽度的平均扭矩,则得出板内扭转剪力流。把计算出的扭转剪力流加上弯曲剪力流,即可得出总的剪力流。梁格纵向构件输出的剪力是把由于弯曲的分量和由于扭转的分量组合在一起的,代表了上部结构每块腹板的总剪力。由于纵向构件内扭转剪力是从横向构件内的扭矩平衡得出的,若横向扭矩明显的与两个方向上的扭矩的平均值有差别,则有误差。尽管不太需要,但对扭转剪力可以修正,即按相应于横向扭矩的超出值与整个平均扭矩成比例来增减剪力的数值。

3. 注意问题

在梁格分析中需要注意的是,各纵向梁格扭矩的代数和不等于总扭矩,这是因为当上部结构做整体扭转时,当等效的梁格受扭时,在横截面上,总的扭矩系由一部分纵向构件的扭矩和一部分上部结构两侧的相反的剪力构成,纵向构件扭矩仅提供横截面上总扭矩的一半,另一半则由上部结构对边上相反的垂直剪力来提供。虽然在上部结构内的扭矩,和按一个方向的构件计算得到的梁格扭矩有明显的不同,但它应接近从纵向和横向构件两者所计算的平均扭矩,因此在梁格数据的整理过程中,每单位格室的宽度和长度的扭矩值对于局部的纵向和横向构件(每单位构件宽度)应采取输出扭矩的平均值来计算。纵向梁格扭矩仅代表顶底板内剪力流组成的扭矩,总扭矩应为各梁格扭矩与梁格剪力不平衡项对梁轴线扭矩的代数和。因此,在结构设计时,扭矩应取全截面的扭矩进行抗扭设计。

第三章 斜　桥

为了适应改善道路线形,或者当线路受到相交道路、建筑物、地下管线及其他障碍物的限制时,往往需要修建斜桥。在某些情况下建造斜桥,不但能使整个线路美观流畅,而且能缩短桥长,节省投资和材料,提高经济效益,因此,斜桥结构已广泛用于高等级公路、城市道路和立交枢纽中。

第一节　斜桥总体布置

1. 从结构形式分

从结构形式分有单跨斜梁桥、多跨连续斜梁桥和悬臂斜梁桥。

连续体系具有比简支体系更为优越的特性,当斜交角 α 和跨径 L 相同时,连续斜梁在荷载作用下的最大弯矩(或弯矩包络图面积)要比相应的多跨简支梁小,故材料用量较经济,跨越能力较大,适应性较广。与多跨简支斜桥相比,活载的冲击作用较小,伸缩缝和支座布置较少,高速行车时更平稳。因此连续斜梁桥具有相当广泛的适用场合和应用前景。

2. 从外形分

从外形分有平行四边形斜桥、梯形斜桥(含直角梯形和等边梯形斜桥)和任意四边形斜桥,见图 4-3-1 所示斜桥的几种外形。在一座外形复杂的连续斜桥中可能会同时含有以上几种外形,甚至与曲桥相连接,见图 4-3-2 所示。

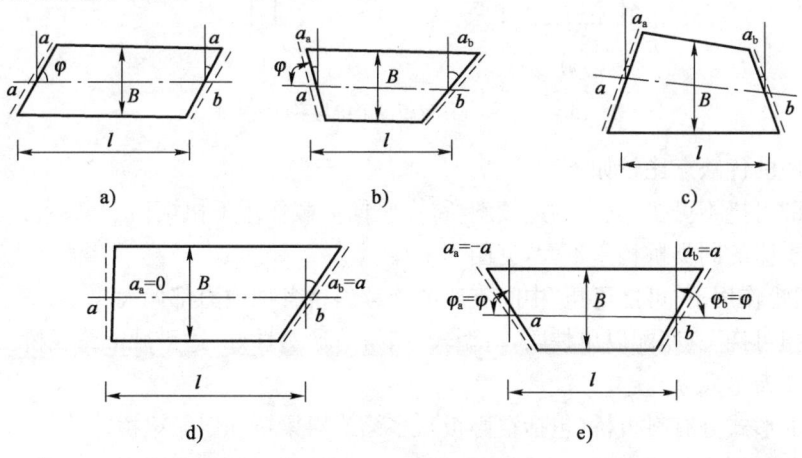

图 4-3-1　斜桥的几种外形

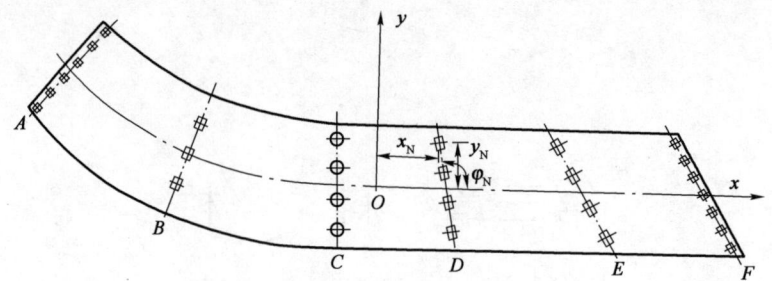

图 4-3-2 斜弯连续梁桥

3. 从支座布置形式分

从支座布置形式分有(1)梁在支座处可以挠曲但是不可扭转；(2)梁在支座处可以挠曲也可以扭转。在后一种情况下全桥至少一个支点设"可挠不可扭"支座，一般是在连续梁的两端都设"可挠不可扭"支座，在中间支座上设一部分或全部为"可挠可扭"支座。"可挠不可扭"支座在墩台帽上至少有两套或两套以上支座组成；而"可挠可扭"支座在墩台帽上只有一套支座组成，常常配以独柱式墩台。可扭与不可扭支座布置见图 4-3-3。

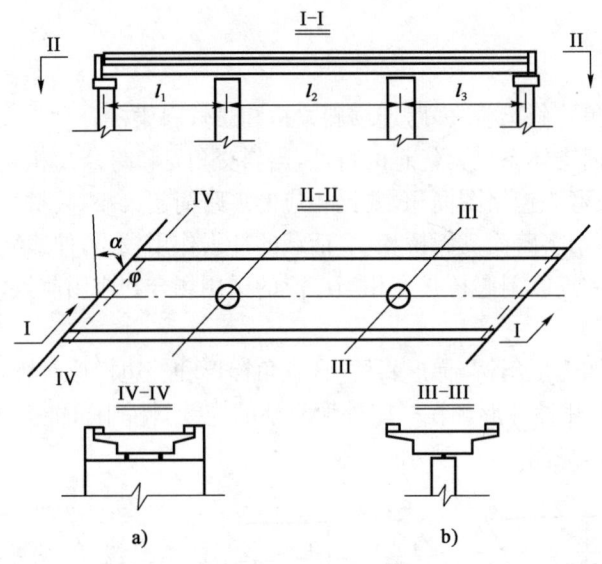

图 4-3-3 斜连续梁桥的可扭与不可扭支座

两种支座的优缺点比较如下：

(1) 全部"可挠不可扭"支座的连续斜桥，在竖向荷载作用下扭矩很小；剪力、弯矩与中间设"可挠可扭"支座的同类桥相差不大，见图 4-3-4。

(2) 在扭矩作用下"可挠可扭"中间支座的连续斜桥各项内力都偏大。

(3) "可扭可挠"支座配以单柱墩，造型较好，桥下通透性好，适于城市跨线桥。

4. 从横截面形式分

从横截面形式分有斜板桥(包括空心板)、多梁式斜梁桥和斜箱梁桥。

斜板桥截面形式与正交桥没有什么区别，分为整体现浇板及装配式板，实心板及空心板。

钢筋混凝土板及预应力混凝土板等一般不宜采用整体现浇板,而宜采用装配式。斜板桥一般只适用于中小跨度,即跨径 $10\sim20m$ 之间。当桥长较大时,还可以做成多孔连续斜交板桥。

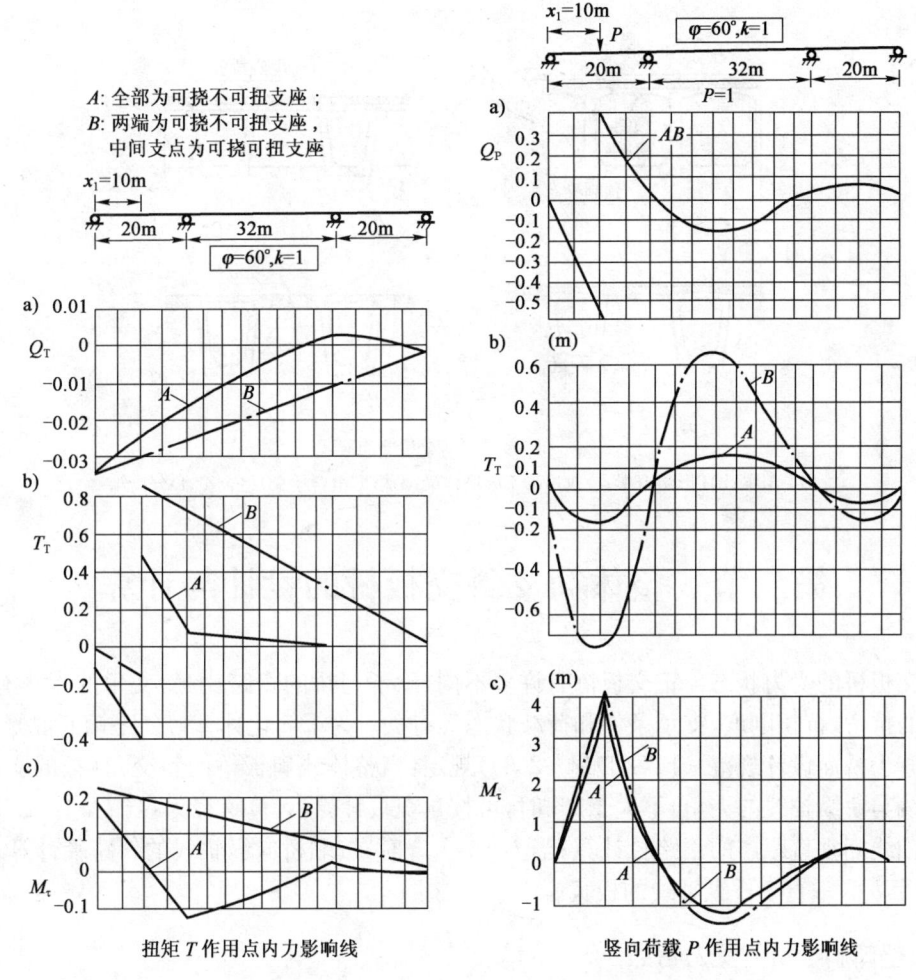

图 4-3-4 可扭与不可扭支座斜桥内力影响线比较

多梁式斜梁桥可由不同断面形式的主梁与行车道板组成,通常有 T 形梁(见图 4-3-5a)、I 形组合梁(见图 4-3-5b)、改进形 I 形组合梁(见图 4-3-5c)、槽型组合梁(见图 4-3-5d)、组合箱(见图 4-3-5e),以及分离箱(见图 4-3-5f)等多种形式。T 形梁因其吊装重量过大而影响其跨越能力,一般跨径不超过 40m。I 形组合梁少了 T 形梁的翼板,吊装重量变轻,其经济跨径可达 50m,在单跨及连续斜梁桥中均被广泛采用。槽型基本上不在连续斜支承梁中使用。箱形组合梁既可用于单跨,也可用于连续多跨斜梁桥中。由于箱形断面抗扭刚度大,可不设端横梁及中横梁。因此,这一断面形式不宜在跨度小($l<20m$)及斜交角($\alpha>45°$)大的斜梁中使用。

斜箱梁桥形式与正交桥无异,一般采用单箱单室及双室截面,单箱多室的截面在斜梁桥中并不多见。箱形截面在单跨斜梁桥中较少见,较多为多跨连续梁桥。

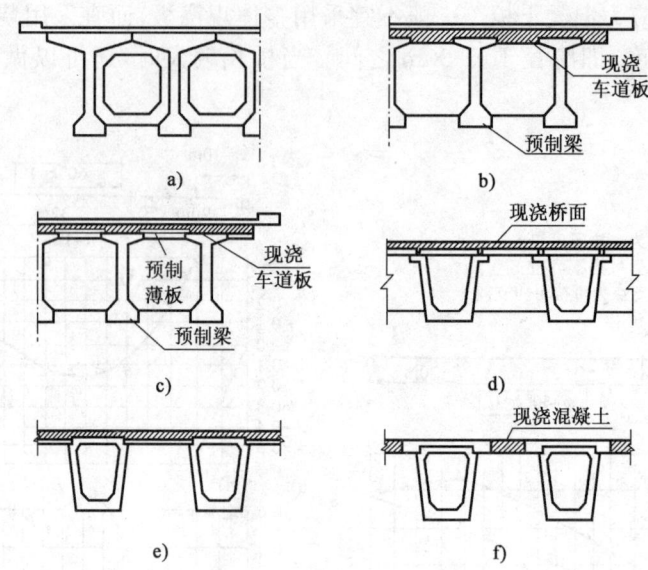

图 4-3-5 多梁式斜梁桥断面形式
a)T形梁;b)I形组合梁;c)改进形I形组合梁;d)槽形组合梁;e)组合箱;f)分离箱

第二节 整体简支斜交板桥的设计与计算

斜交板桥的受力状态与正交板桥有许多不同,除了与桥的宽跨比、斜交角的大小有关外,还与板的抗弯、抗扭刚度,支承条件和荷载状态等有关。为了简化计算,《公路钢筋混凝土及预应力混凝土桥涵设计规范》(JTG D62—2004)规定:当整体式斜板桥的斜交角(板的支承轴线的垂直线与桥纵轴线的夹角)不大于15°时,可按正交板计算,计算跨径为:当 $l/b \leqslant 1.3$ 时,按两支承轴线间垂直距离的正跨径计算;当 $l/b > 1.3$ 时,按顺桥向纵轴线的斜跨径计算;以上 l 为斜跨径,b 为垂直于桥纵轴线的板宽。

一、整体斜板桥的受力特点

简支斜交板桥在受力上有如下特征:

(1)斜板的荷载一般有向支承边的最短距离传递分配的趋势。宽跨比较小的情况下,主弯矩方向朝支承边的垂直方向偏转;宽跨比较大的情况下,板中央的主弯矩几乎垂直于支承边,边缘的主弯矩平行于自由边(图 4-3-6)。

(2)纵向最大弯矩的位置,随着斜交角的增大从跨中向钝角部位转移。图 4-3-7 中板面上的实线,表示 $\alpha=50°$ 时的最大弯矩位置,图中还示出了 $\alpha=30°$ 和 $\alpha=70°$ 时的相应位置。

(3)斜交板除了跨径方向的纵向弯矩外,在钝角处还产生相当大的垂直于钝角平分线的负弯矩,其值随着斜交角的增大而增大(图 4-3-7),但影响范围并不大。

(4)斜交板支承反力的分布很不均匀,钝角角隅处的反力会比正交板大几倍,而锐角的角隅处反力变小,甚至会出现负值。

(5)斜交板的最大纵向弯矩,一般比与斜跨径相等的正交板要小,而横向弯矩则要大得多。

(6)斜交板的扭矩变化很复杂,沿板的自由边和支承边上都有正负扭矩交替产生,抗扭刚度对扭矩的影响与正桥有很大区别。

了解以上受力特征后,在配置构造钢筋,设置支座,确定截面尺寸时应充分引起注意。

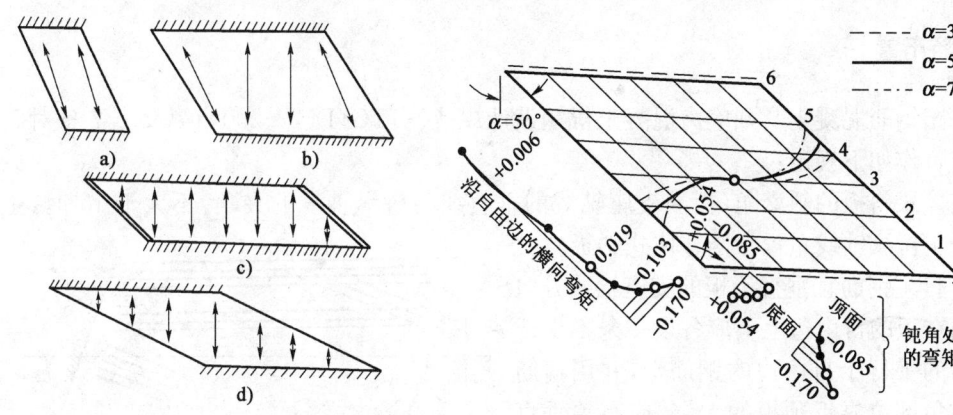

图 4-3-6 斜板中的主弯矩方向　　　　图 4-3-7 均布荷载下最大弯矩位置的变动和钝角处弯矩分布

二、基本方程

对于均匀等厚的实体斜交板桥,由于双向配筋差异所引起的双向异性甚微,可以看成各向同性斜交板;而对于加肋板、Π形板、空心板等,双向材料差异甚大时,可以看成斜交各向异性板。采用如图 4-3-8 所示的坐标系,可得到斜交板的挠曲微分方程。

1. 斜交各向同性板的微分方程

$$\frac{\partial^4 w}{\partial x^4} - 4\cos\alpha \frac{\partial^4 w}{\partial x^3 \partial y} + (2 + 4\cos^2\alpha)\frac{\partial^4 w}{\partial x^2 \partial y^2} - 4\cos\alpha \frac{\partial^4 w}{\partial x \partial y^3} + \frac{\partial^4 w}{\partial y^4} = \frac{q}{D}\sin^4\alpha \quad (4\text{-}3\text{-}1)$$

式中:D——板的刚度,$D = \dfrac{Et^3}{12(1-v^2)}$;

E、v——板的弹性模量及泊松比;

t——板的厚度;

q——荷载集度;

w——板中面挠度;

α——支承轴线与桥纵轴线的夹角,α 与斜交角之和等于 $90°$。

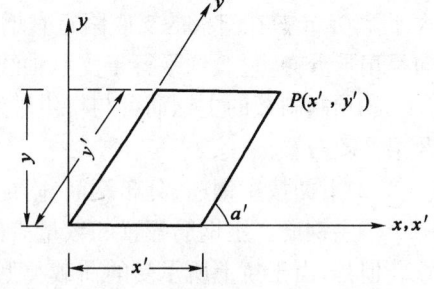

图 4-3-8 正交板与斜交板的坐标转换

2. 各向异性斜交板的弯曲微分方程

$$\begin{aligned}(B_1 + H\tan^4\alpha + B_2\tan^2\alpha)\frac{\partial^4 w}{\partial x^4} - \left(4B_2\frac{\cos^3\alpha}{\sin^4\alpha} + 2H\frac{\cos\alpha}{\sin^2\alpha}\right)\cdot \frac{\partial^4 w}{\partial x^3 \partial y} \\ + \left(6B_2\frac{\cos^2\alpha}{\sin^4\alpha} + \frac{H}{\sin^2\alpha}\right)\frac{\partial^4 w}{\partial x^2 \partial y^2} - 4B_2\frac{\cos\alpha}{\sin^4\alpha}\frac{\partial^4 w}{\partial x \partial y^3} + \frac{B_2}{\sin^4\alpha}\frac{\partial^4 w}{\partial y^4} = q\end{aligned} \quad (4\text{-}3\text{-}2)$$

式中:$B_1 = \dfrac{E_x t^3}{12(1-v_x v_y)}$;$B_2 = \dfrac{E_y t^3}{12(1-v_x v_y)}$;

$\kappa_{xy} = \dfrac{t^3}{12}G_{xy}$;$H = v_x B_2 + v_y B_1 + 4\kappa_{xy}$。

其余符号意义同前。

直接利用上述两个微分方程式求解斜交板的内力是很复杂的,在设计上难以实现,所以目前在设计中各国都是采用近似计算。使用较多的是有限元法,如三角形薄板单元,四边形薄板等参元等都具有良好的模拟功能,不但容易满足边界条件,而且精度较高。

三、钢筋布置

(1)《公路钢筋混凝土及预应力混凝土桥涵设计规范》(JTG D62—2004)第9.2.7条对斜板的钢筋布置作如下规定:

①当整体式斜板的斜交角(板的支座轴线的垂直线与桥纵轴线的夹角)不大于15°时,主钢筋可平行于桥纵轴线布置。当整体式斜板斜交角大于15°时,主钢筋宜垂直于板的支座轴线方向布置,此时,在板的自由边上下应各设一条不少于三根主钢筋的平行于自由边的钢筋带,并用箍筋箍牢。在钝角部位靠近顶板的上层,应布置垂直于钝角平分线的加强钢筋,在钝角部位靠近板底的下层,应布置平行于钝角平分线的加强钢筋,加强钢筋直径不宜小于12mm,间距100~150mm,布置于以钝角两侧1.0~1.5m边长的扇形面积内(图4-3-9)。

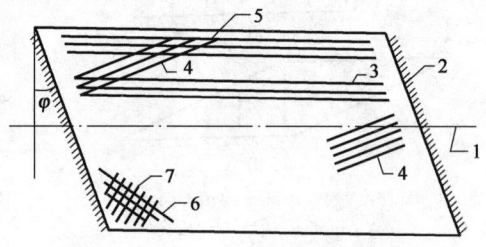

图4-3-9 斜板桥钢筋布置
1-桥纵轴线;2-支承轴线;3-顺桥纵轴线钢筋;4-与支承轴线正交钢筋;5-自由边钢筋带;6-垂直于钝角平分线的钝角钢筋;7-平行于钝角平分线的钝角钢筋

②斜板的分布钢筋宜垂直于主钢筋方向设置,其直径、间距和数量可按本规范9.2.5条办理。(第9.2.5条:行车道板内应设置垂直于主钢筋的分布钢筋。分布钢筋设在主钢筋的内侧,其直径不应小于8mm,间距不应大于200mm,截面面积不宜小于板的截面面积的0.1%。在主钢筋的弯折处,应布置分布钢筋。人行道板内分布钢筋直径不应小于6mm,其间距不应大于200mm。)在斜板的支座附近宜增设平行于支座轴线的分布钢筋;或将分布钢筋向支座方向呈扇形分布,过渡到平行于支承轴线。

③预制斜板的主钢筋可与桥纵轴线平行,其钝角部位加强钢筋及分布钢筋宜按照第1款及第2款布置。

(2)下面按主钢筋、分布钢筋、附加钢筋及锚固钢筋分别说明其布置的原则及形式。

①主钢筋。主钢筋配置的数量应依主弯矩的大小来定;配置方向应与主弯矩方向保持一致。但是,由于桥上所承受的荷载类型、大小、位置等的不断变化,在板的不同位置其主弯矩方向亦不同。所以,在斜板桥上完全按主弯矩配筋是不可能的,只能选择控制截面的主弯矩方向或与主弯矩方向夹角δ尽量小的方向来配置主钢筋。为了简化施工,可以按下面的方式配置钢筋:当板的斜跨长l与板桥垂直宽度b的比$l/b \geqslant 1.3$时,主筋沿斜跨方向配置,如图4-3-10a)所示。当$l/b < 1.3$时,中部主筋沿与支承边相垂直的方向配置,靠近自由边的局部范围内(即$l\sin\varphi$)沿斜跨方向布置,如图4-3-10b)所示。

②分布钢筋。即横向的受力钢筋,按钢筋方向的弯矩值进行配置。当$l/b \geqslant 1.3$时,从钝角起以垂直于主筋的方向配置到对边的钝角处;靠近支承边的区域内,以平行于支承边配置,如图4-3-10a)所示,到与中间部分的分布钢筋相衔接为止。当$l/b < 1.3$时,分布钢筋沿平行于支承边布置,如图4-3-10b)所示。配置在截面上缘的分布钢筋,其沿桥轴方向每米长的数量为下缘的1/3。

③附加钢筋。由于斜桥受力状态复杂,内力变化剧烈,所以,除了上面通过计算所配钢筋外,在内力变化剧烈和扭矩作用突出的地方再适当增加一些钢筋。

a. 钝角顶面

由于负弯矩的作用,在钝角部分板的顶面,与钝角二等分线呈直角的方向,会产生很大的拉力,所以在该部分必须配置附加钢筋 A_{g1}(图 4-3-11),其经验公式为:

$$A_{g1} = k \cdot A_g \tag{4-3-3}$$

式中:A_g——每米宽的主筋数量;

k——与 φ 交角有关的系数,按表 4-3-1 取用。

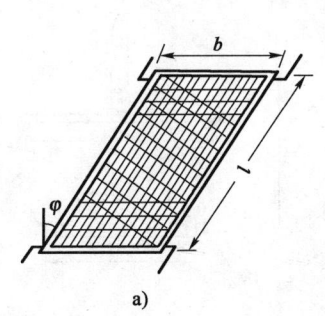
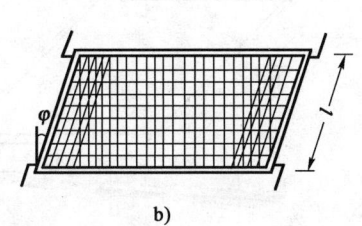
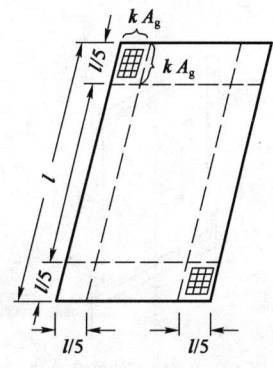

图 4-3-10 钢筋配置图
a) $\dfrac{l}{b} \geqslant 1.3$;b) $\dfrac{l}{b} < 1.3$

图 4-3-11 附加钢筋的配置

系数 k 值表　　　　　　　　　　　　　　　表 4-3-1

φ	k	φ	k
0°~15°	0.6	30°~45°	1.0
15°~30°	0.8		

也可在钝角顶面设置与钝角等分线垂直的附加钢筋。

b. 自由边顶面

为了抵抗扭矩,在每边约 $l/5$ 的范围内,要设置附加钢筋(纵向钢筋及分布钢筋)。

c. 钝角底面

钝角处有平行于钝角等分线方向的正弯矩,所以在平行于钝角等分线方向要设置附加钢筋。钝角处支反力很大,也有必要适当设置一些加强钢筋。

④锚固钢筋。斜板桥在使用过程中,在平面内有向锐角方向蠕动的趋势,如图 4-3-12 所示,所以设置的支座要有充分的锚固作用;否则,应该加强锐角处桥台耳墙或墩台挡块,以免被挤裂。故需要在台帽上设置锚固斜板的锚固钢筋或在锐角处耳墙中增加抗挤钢筋。

四、计算示例

(一)计算资料

设计荷载:公路—Ⅰ级。

斜交跨径:$l_{45°} = 10\text{m}$。

板垂直宽度：$b=8\mathrm{m}$。
斜交角：$0°$、$30°$、$45°$。
结构：钢筋混凝土实心板，板厚 $0.5\mathrm{m}$。
铺装：混凝土垫层厚 $0.07\mathrm{m}$，沥青桥面厚 $0.08\mathrm{m}$，共厚 $0.15\mathrm{m}$。

(二)建模要点

采用四边形薄板单元建立有限元模型，在 x、y 方向上分别以 $0.5\mathrm{m}$ 划分一个单元，边界条件采用刚性支承模拟。二期恒载按照相应位置以压力荷载加到桥面上。斜交角 $45°$ 的有限元模型如图 4-3-14 所示。

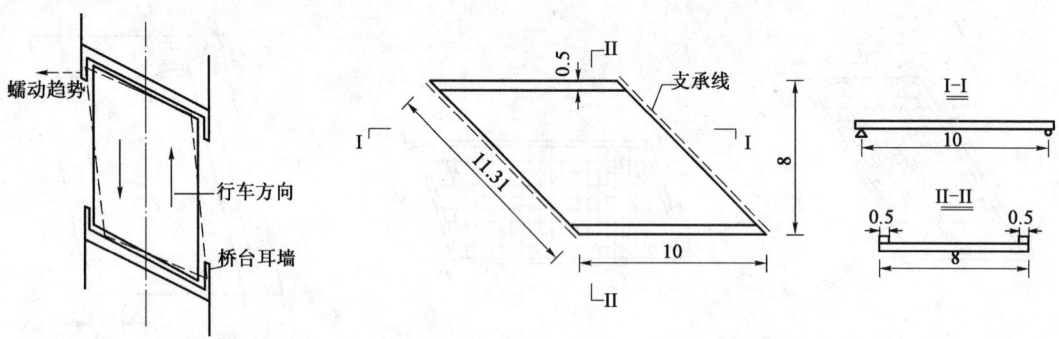

图 4-3-12　斜板的蠕动趋势　　　　图 4-3-13　斜板的主要尺寸示意(尺寸单位：m)

(三)计算结果

1.结构重力

结构重力指(自重+二期)。

简支斜板的主弯矩比跨径为斜跨长 l_φ、宽度为 b 的矩形板小，并随着斜交角 φ 的增大而减小。图 4-3-15 显示了简支斜板宽跨比 $b/l=1.13$、$b=8\mathrm{m}$，在均布荷载作用下的主弯矩与相应矩形板的主弯矩的比值随斜交角 φ 的变化规律。

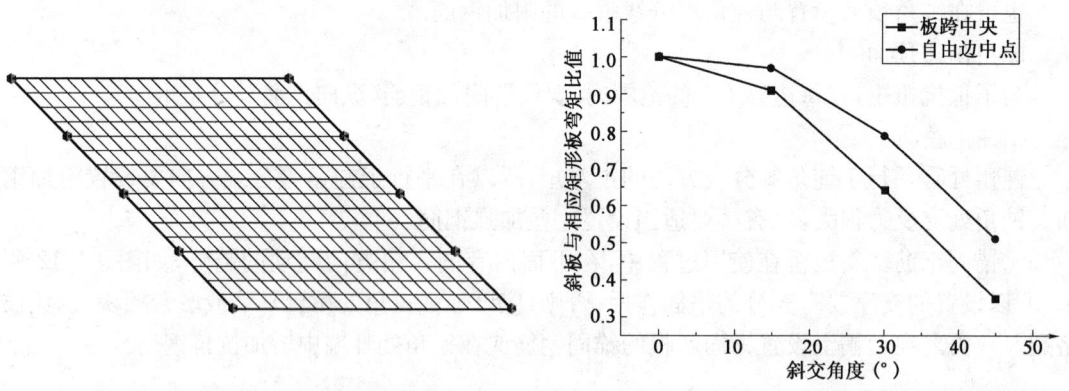

图 4-3-14　斜交角 $45°$ 斜板有限元模型　　　　图 4-3-15　斜板与正板在均布荷载作用下弯矩比较

图 4-3-15 可以看出，自由边主弯矩及板跨中央主弯矩斜板均小于相应正板，且随着斜交角的增大而减小。当斜交角小于 $15°$ 时，折减系数比较平缓，相应的主弯矩折减系数大于 0.9，这也验证了《公路钢筋混凝土及预应力混凝土桥涵设计规范》(JTG D62—2004)建议"当整体式斜板桥的斜交角不大于 $15°$ 时，可按正交板计算"的合理性。而随着斜交角的增大，折减系

数曲线坡度变得较陡,折减系数加速减小。

斜板的荷载,一般有向支承边的最短距离传递分配的趋势,图 4-3-16 给出斜交角分别为 0°、30°、45°的斜板桥,在二期恒载作用下的最大最小主弯矩矢量图。图中矢量含义为板单元中心处最大最小主弯矩方向(向量)及最大最小值。

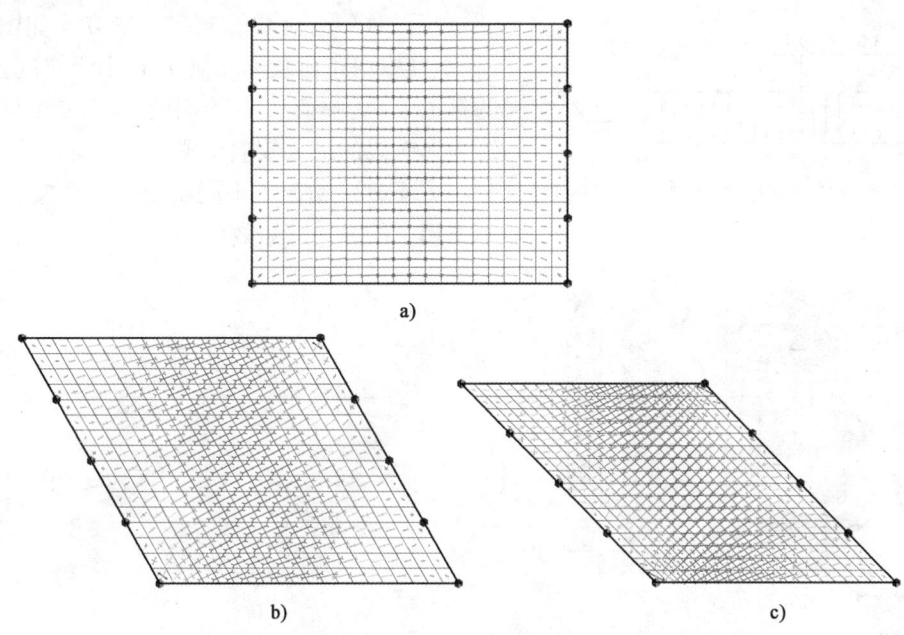

图 4-3-16 二期恒载下主弯矩矢量图
a)斜交角 0°;b)斜交角 30°;c)斜交角 45°

可以看出随着斜交角度的增大,自由边的最大弯矩向钝角方向偏移,自由边中点的弯矩值不再是最大值,30°时偏移约 1m,45°时偏移约 2m。斜交角小于 30°时,主弯距方向几乎近似平行于自由边。斜交角大于 30°时,板中央主弯矩近似垂直于支承边,边缘平行于自由边。

图 4-3-17、图 4-3-18 为不同斜交角的斜板桥,在恒载作用下的各支座反力图。可以看出,斜交角度对中间支承反力 3 号影响不大,但钝角处 1 号、2 号,锐角处 4 号、5 号反力变化剧烈。整体斜交板桥应优先选用厚度较大的板式橡胶支座,通过支座的竖向弹性刚度来使各支座反力分配得更均匀一些。

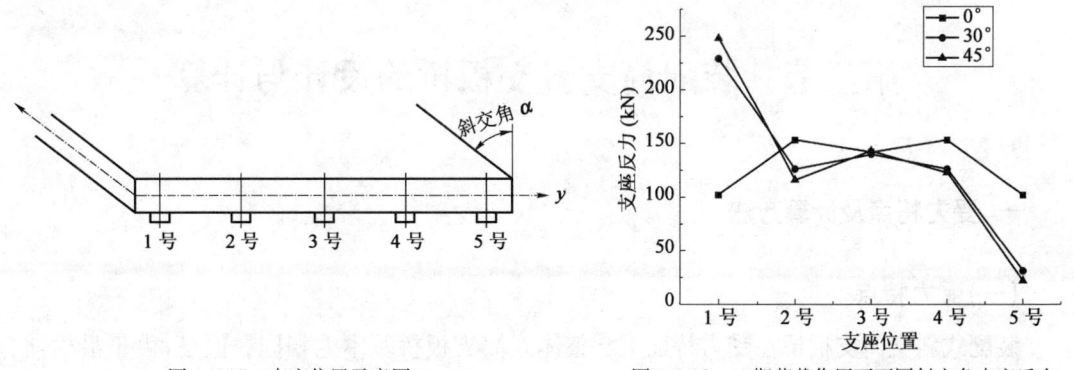

图 4-3-17 支座位置示意图   图 4-3-18 二期荷载作用下不同斜交角支座反力

2. 汽车作用

车道荷载的均布荷载标准值应满布于使结构产生最不利效应的同号影响线上；集中荷载标准值只作用于相应影响线中一个最大影响线峰值处。车道荷载仅是对于梁单元来布置的，对于板壳模型空间加载没有规定横向加载形式。现参考《城市桥梁设计荷载标准》(CJJ 77—98)规范，对车道荷载的横向布置方式如图 4-3-19 所示，其中均布荷载标准值 q_k 作用于宽度为 3.0m 的车道上，集中荷载 p_k 作用于以 3.0m 车道中心线为影响线的最大效应位置上。

图 4-3-20 给出了不同斜交角的简支斜板在汽车作用下的纵向弯矩效应图。

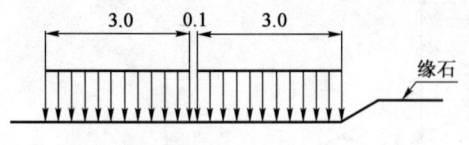

图 4-3-19　车道荷载空间加载模式(尺寸单位：m)

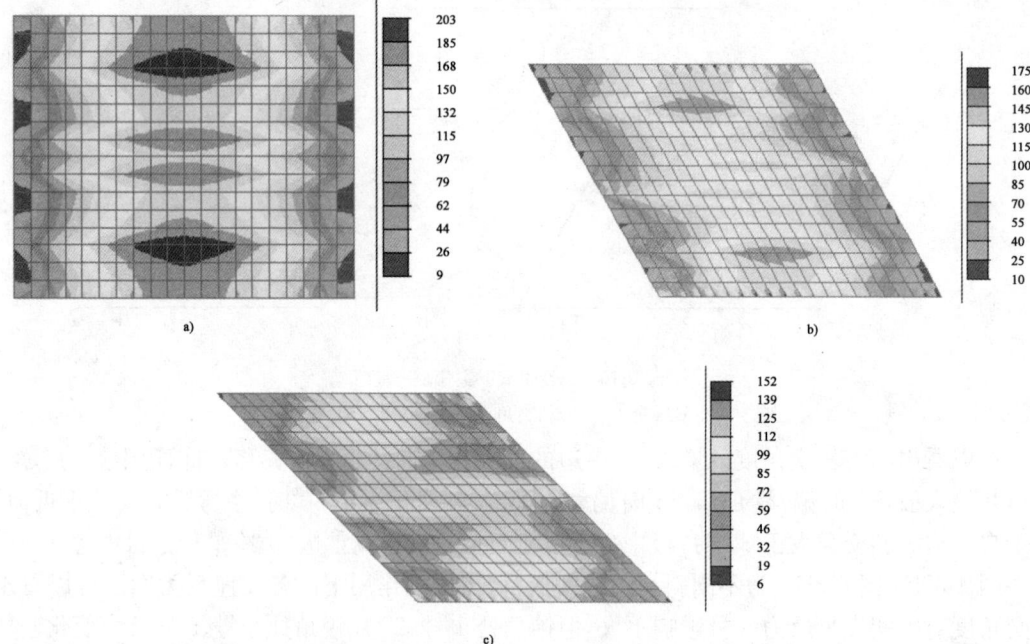

图 4-3-20　汽车作用下不同斜交角纵向弯矩图(尺寸单位：kN·m)
a)斜交角 0°；b)斜交角 30°；c)斜交角 45°

第三节　装配简支斜交板桥的设计与计算

一、受力特点及计算方法

(一)受力特点

装配式斜交简支板桥在受力特征上与整体式简支板桥基本上相同。但是，由于沿横向分割切开，在单块板的受力上又带有装配式正交板桥的一些特征。通过对铰接斜板桥的模拟试验和理论分析表明：

(1)单位荷载作用于跨中中央板块时，整个板面上纵向弯矩场的等值线脊线趋向于垂直斜板的自由边。用有限元法对正交板及斜交板进行的计算表明，均存在如图 4-3-21 所示的倾向。这样，从中就可以大致看出荷载的横向分布。

(2)斜交板的跨中最大弯矩值随着斜交角的增大而趋向减小。相应于横向弯矩则随着斜交角的增大而增大。这一特性随着板的抗扭刚度的增大而变得更加突出。抗扭刚度对边板的影响比对中板的影响更加突出。

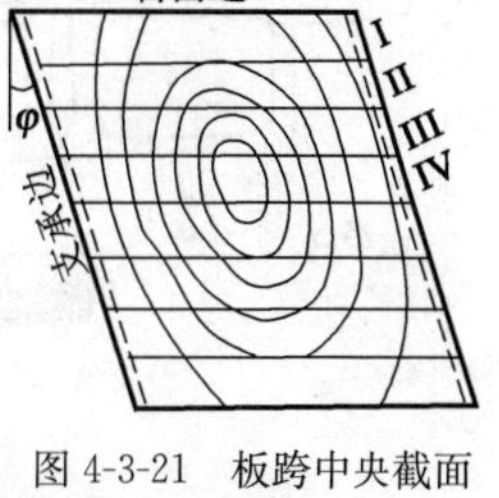

(3)斜交板桥的最大弯矩并不发生在跨中，而向钝角方向偏移，且形状不对称，随着斜交角的增大变得更加突出。

(4)一般斜交角 $\varphi \leqslant 15°$ 时，几乎与正交板桥受力一样(也有些国家规定 20°)，可以不考虑斜交的影响。但是，根据大量的试验资料指出：即使斜交角 $\varphi > 15°$，但在板块的宽跨比 $B/L < 0.25$ 时，斜交的影响也很小。这一特点对装配式板来说，在板宽 1m，跨径在 4m 以上者均表现出其特性。

图 4-3-21 板跨中央截面弯矩场

(二)计算方法

《公路钢筋混凝土及预应力混凝土桥涵设计规范》(JTG D62—2004)第 4.1.4 条的解释性条文中提到，装配式斜板桥为横向铰接，其单块预制板是跨宽比较大的窄板，相邻铰接板之间仅考虑传递剪力，属于斜跨/板宽(即 l/b)大于等于 1.3，斜交角 φ 小于等于 40°的情况，故凡斜交角 φ 小于等于 40°的装配式斜板桥均可按计算跨径为斜跨的正交板桥计算。

二、计算示例

(一)工程简介

某 20m 预应力混凝土简支空心板桥，桥面宽度 0.5m+11.25m+0.5m=12.25m。预制板高 0.95m，宽 1.5m，C50 混凝土，预应力钢束采用高强度低松弛钢绞线，直径 15.2mm，公称面积 140mm²。后张法施工，预制梁的强度达到 90% 标准强度后，方可张拉预应力钢束，两端同时张拉，锚下控制应力为 $0.75 f_{pk} = 1395$MPa。桥面铺装：9cm 沥青混凝土+10cm 钢纤维水泥混凝土(调平层)。每片空心板横向布置两个橡胶支座。斜交角：0°，30°，45°，见图 4-3-22 ~图 4-3-24。

(二)建模要点

建立空间梁格模型，7 片空心板分别建立 7 条纵梁，以 1m 为单位划分纵梁，并在一些变化比较大的地方，如梁肋分叉处、腹板或顶底板厚度突然变化处等适当加密梁格。虚拟横梁采用正交于跨度布置，1m 一道。见图 4-3-25。

根据第二章介绍的方法计算纵梁及虚拟横梁的刚度。

建模点为梁的顶点，支座处梁的顶点与梁的底点之间用刚性连接模拟，支座用弹性连接模拟。斜桥的边界条件中要注意支座位移方向应平行于行车道中心线。

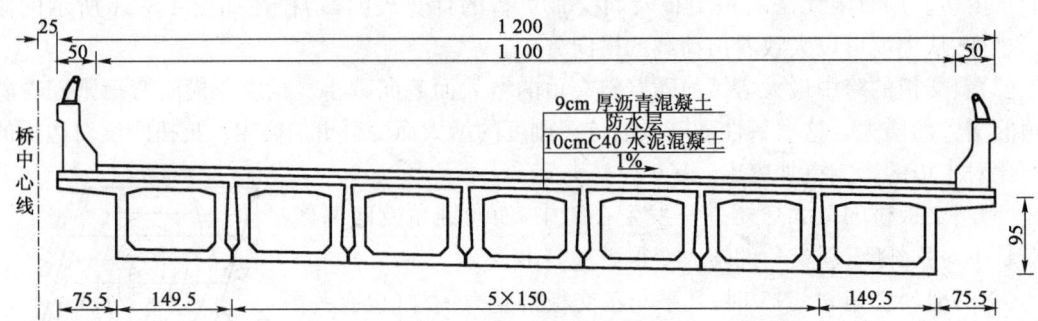

图 4-3-22　跨中横断面(尺寸单位:cm)

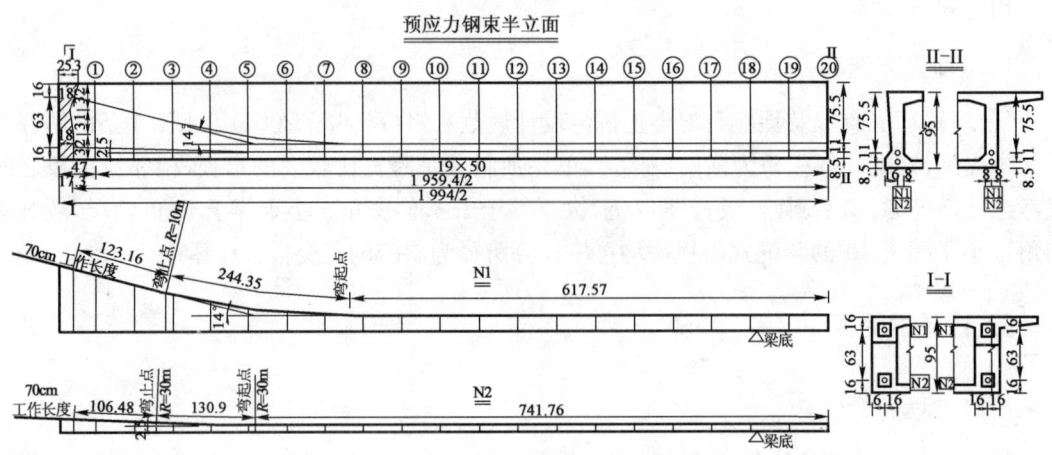

图 4-3-23　预应力钢束布置图(尺寸单位:cm)

车道通过纵梁单元定位,为更好地反映实际的汽车荷载传递,将车道荷载通过虚拟横梁加载在纵梁上,即定义车道时在车辆荷载的分布中选择虚拟横向联系梁。考虑横向轮距1.8m的影响,考虑中载和偏载情况,按各车道影响线加载,取其包络。

(三)结构位置编号

为便于说明,对结构构件作如图 4-3-26 编号。

(四)计算结果

1. 结构重力

结构重力指(自重+二期)。

从表 4-3-2 中可以看出,随着斜交角度增大,简支梁跨中弯矩减小,墩顶处负弯矩绝对值增大,跨中及墩顶处扭矩均增大。支座位置见图 4-3-27。

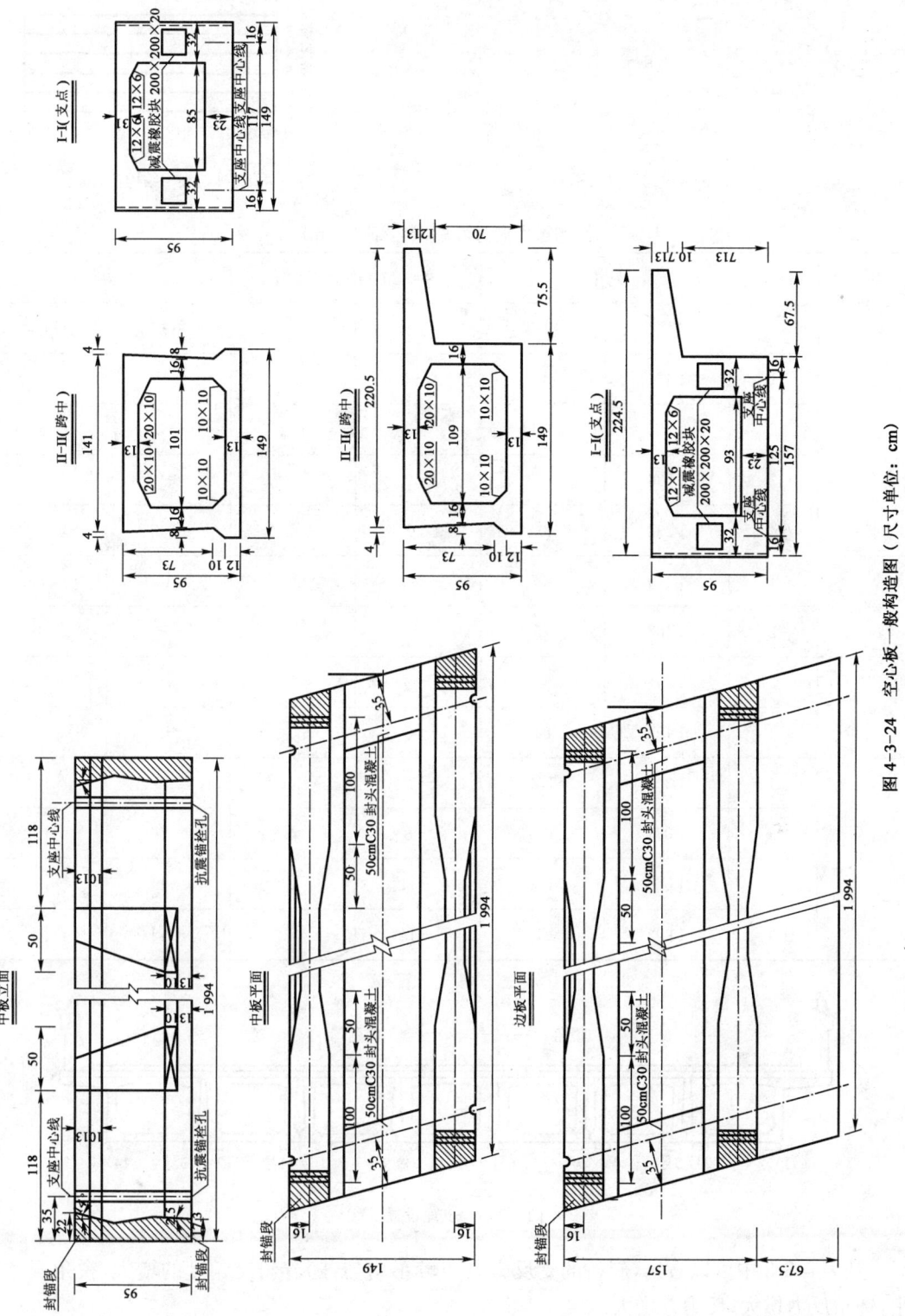

图 4-3-24 空心板一般构造图（尺寸单位：cm）

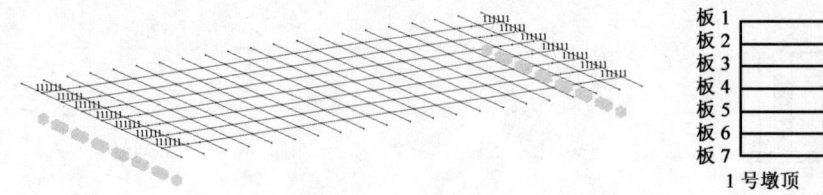
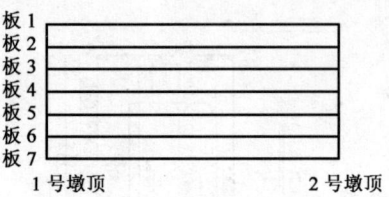

图 4-3-25 梁格模型　　　　　　　　　　　　图 4-3-26 结构位置示意

结构重力内力汇总(单位:kN·m)　　　　　　　　　　　表 4-3-2

斜交角	板 号	跨中		1号墩顶		2号墩顶	
		弯矩	扭矩	弯矩	扭矩	弯矩	扭矩
0°	1	1 474	33	−2	25	−2	−4
	2	1 228	−1	−3	−10	−3	3
	3	1 236	0	−2	−3	−2	1
	4	1 238	0	−2	0	−2	0
30°	1	1 416	105	−17	26	1	1
	2	1 182	75	2	−5	−6	6
30°	3	1 191	81	−3	1	−5	5
	4	1 195	84	−5	5	−5	5
45°	1	1 307	174	−32	30	−8	10
	2	1 084	143	−8	4	−16	13
	3	1 089	152	−11	9	−15	13
	4	1 092	156	−14	12	−15	13

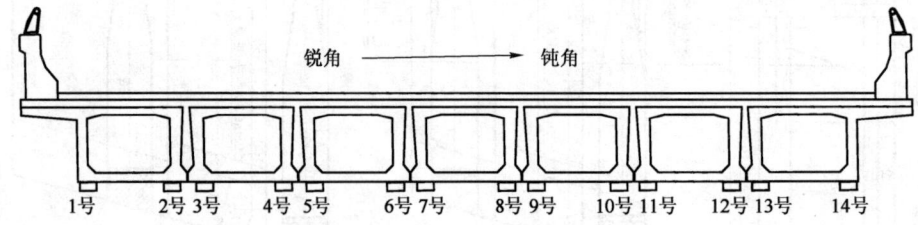

图 4-3-27 支座设置示意

从表 4-3-3 中可以看出,斜桥的支反力分布较不均匀,随着斜交角度的增大,锐角反力减小,钝角反力增大,反力差增大。

恒载作用下支反力汇总（单位：kN）　　　　　　　　　　　　表 4-3-3

墩	支　座	恒　载		
		0°	30°	45°
1号墩	支座1	174	118	107
	支座2	152	185	165
	支座3	145	99	100
	支座4	133	178	173
	支座5	141	96	99
	支座6	135	181	177
	支座7	139	94	97
	支座8	137	184	180
	支座9	137	91	94
	支座10	139	186	183
	支座11	135	89	92
	支座12	142	189	193
	支座13	154	116	125
	支座14	170	229	252

2. 汽车作用

从表 4-3-4 中可以看出，在公路—Ⅰ级荷载作用下，随斜交角度增大，最大正弯矩减小，最大负弯矩绝对值增大。

汽车作用内力汇总（单位：kN·m）　　　　　　　　　　　　表 4-3-4

效　应	位　置	梁　肋	公路—Ⅰ级		
			0°	30°	45°
弯矩(kN·m)	最大正弯矩	1	1 127	1 033	834
		2	876	801	635
		3	951	911	543
		4	743	684	520
	最大负弯矩	1	−62	−83	−198
		2	−56	−67	−146
		3	−101	−99	−132
		4	−61	−79	−117
剪力(kN)	最大剪力	1	301	307	344
		2	239	235	245
		3	435	418	224
		4	235	236	228

从表4-3-5中可以看出随着斜交角度的增加,锐角处的支反力减小,钝角处支反力增加。

不同斜交角度支反力汇总(单位:kN)　　　　　表4-3-5

墩	支座	公路—Ⅰ级		
		0°	30°	45°
1号墩	支座1	198	150	118
	支座2	134	151	138
	支座3	160	145	133
	支座4	153	158	141
	支座5	167	123	111
	支座6	140	161	154
	支座7	167	133	128
	支座8	143	176	164
	支座9	254	221	103
	支座10	254	272	189
	支座11	160	139	127
	支座12	151	186	193
	支座13	135	114	104
	支座14	191	248	295

第四节　斜梁桥的受力特点

一、斜梁桥的力学特点

斜梁桥的受力特点与正交桥有很大的区别,与弯桥有很多相似之处。

1. 弯扭耦合

当集中力作用于单跨斜梁的梁轴线时,除了产生弯矩外,还要产生扭矩,这说明斜桥与弯桥一样也具有弯扭耦合特性。

2. 反力分布

根据理论计算及试验结果可知:对于单跨斜梁,钝角反力大于锐角反力,且两者的反力差与斜交角 φ 及抗扭刚度比 k 有关。斜交角度越大,两者反力差越大;弯扭刚度比越小(抗扭刚度越大),二者反力差越大。即在钝角反力增大的同时,锐角的反力在减小,甚至可能出现负反力。

单跨斜梁反力的这一特性在斜板桥及多梁式斜桥中均是如此,具体表现在多个支座时,各支座的反力分布不均,钝角区域的反力比锐角区域的反力大。

活载的最大支反力发生在钝角支点上,且各支承反力分布不均。这一现象主要是由两个因素引起的,一是荷载偏心,这和正桥是相同的;二是斜交角。当荷载作用于斜梁桥的平面形心时,反力分布仍不是对称的。由于斜交角的影响,翼板中缝产生的横向弯矩(对主梁为扭矩)及竖向剪力并不对称,故支反力分布出现不均匀现象。斜交角对反力分布的影响直接与主梁支承刚度相关联。支承刚度越大,主梁扭矩越大,扭矩增大势必使反力分布更不均匀。由于支反力的不均匀分布又使主梁产生扭矩,因此,在工程中采用较小的端横梁及刚度较小的支座对反力分布是很有必要的。

3. 跨中弯矩折减

斜梁桥弯扭耦合直接导致跨中弯矩折减,即相对正交简支梁而言,它的弯矩要小。斜交角(指支承边与桥轴线法线之间的夹角)越大弯矩折减就越大,弯扭刚度比 k 越大,弯矩折减也就越大。

4. 平面内位移

和弯桥一样,在外界因素(如温度变化、混凝土收缩、徐变、预加力等)发生变化时,斜桥在其行车道平面内的各点将有应变产生,在各支承(支座)处将产生变位,即在支承上产生约束反力(与行车道平面平行),这些力可能会产生一个不平衡的旋转力矩,从而引起斜桥在平面内有向锐角方向蠕动的趋势;另一方面,斜桥在外荷载(如制动力、风力、地震力等)作用时,如果这些力的合力不通过转动中心,则会对转动中心产生不平衡的力矩及合力,引起斜桥在其平面内的转动及平移。

5. 斜交角 α 和弯扭刚度比 k

斜交角 α 是斜梁桥中最重要的一个指标,斜交角影响反力分布也影响弯矩折减。对斜桥影响除了斜交角 α 外,对反力和内力影响的固有因素还有弯扭刚度比 k,当斜交角一定时,k 值越小,弯扭耦合越明显,即扭矩越大,反力分布越不均匀。k 是斜梁桥中又一重要物理量。一般来说,箱梁桥的弯扭刚度比较小,一般在 0.5~5.0 之间,而肋梁桥的弯扭刚度比较大,一般在 10~100 之间。

二、斜梁桥的内力特征

下面分简支斜桥与连续斜桥进行说明。

(一)简支斜梁桥

(1)斜桥与正桥弯矩图相似而且有所减小,但在斜桥中有扭矩存在,图 4-3-28a)、b)分别画出了几种特殊斜梁当 P 作用在跨中和四分点时的弯矩图和扭矩图。

(2)等腰梯形斜桥在对称荷载下内力图与正桥相同,见图 4-3-28b)。

(3)从图 4-3-28 可以看出,简支斜梁的受力特性介于简支正梁和固端梁这两种极端情况之间,这一性质可以作为判断斜梁内力正确性的一个依据。

(4)图 4-3-29 表示 4 种特殊斜梁在跨中集中荷载 $P=1$ 作用下的跨中弯矩和扭矩随 k 值的变化规律。从图中可以看出,当简支斜梁的抗扭刚度增大(k 减小)时,跨中弯矩明显减小,故单梁式斜梁桥通常采用抗扭刚度大的箱形截面的形式。弯矩的减小往往伴随着扭矩绝对值的增加,这是斜梁的一个很重要特性。

(5)从图 4-3-30 中可见斜交角 α 与弯矩减小百分率的关系,当 α 较小时,斜梁与正梁弯矩差值很小,一般在下列情况下可直接按正梁计算内力:

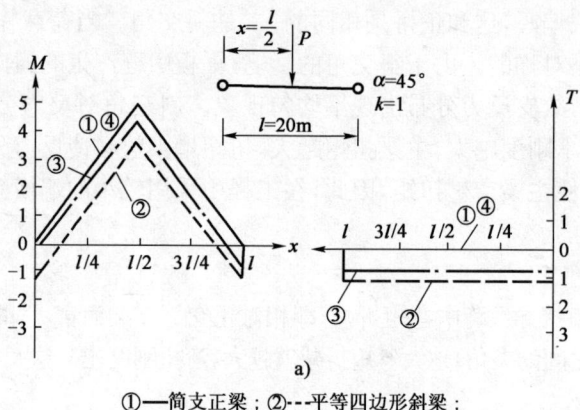

①—简支正梁；②---平等四边形斜梁；
③-··直角梯形斜梁；④——等腰梯形斜梁

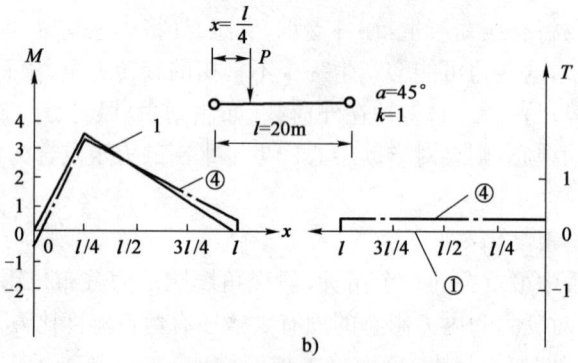

①-简支正桥；④-等腰梯形斜桥

图 4-3-28　集中荷载作用下单跨简支斜梁内力图

a)集中荷载 P 作用在 $l/2$ 时的内力图；b)集中荷载 P 作用在 $l/4$ 时的内力图

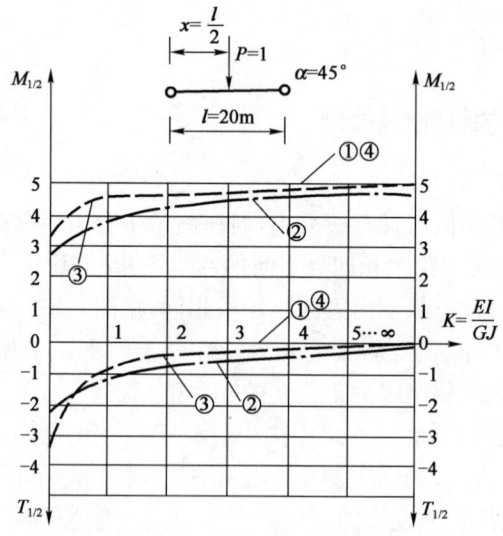

图 4-3-29　斜梁内力与 K 的关系

平行四边形斜梁：$\alpha \leqslant 15°$ 或 $\varphi \geqslant 75°$；

直角梯形斜梁：$\alpha \leqslant 25°$ 或 $\varphi \geqslant 65°$；

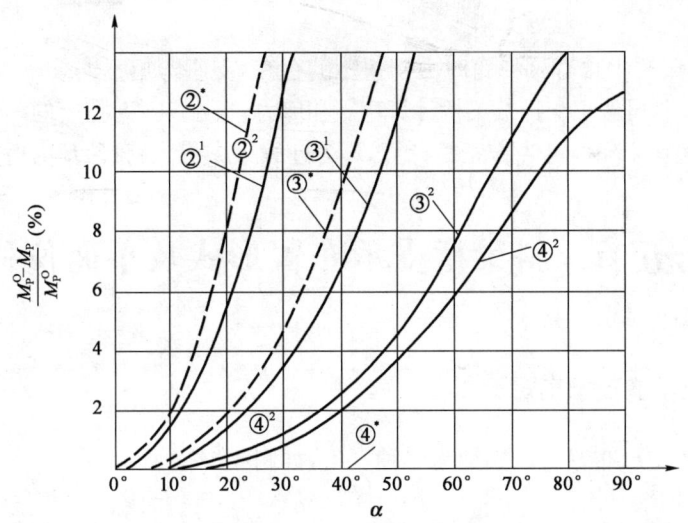

图 4-3-30 斜交角 α 与弯矩减小百分率的关系

等腰梯形斜梁:$\alpha \leqslant 40°$ 或 $\varphi \geqslant 50°$。

此时,所计算的斜梁内力的误差一般均在 4‰~5‰ 以下。

(6)从图 4-3-29 可以看出,当 K 较大时,可当作正梁计算内力。因此,当 $B/L \leqslant 0.25$ 时,可当作正桥计算,B 为桥宽,L 为跨径。

(二)连续斜梁桥

对图 4-3-31 所示斜交角为 0°、30°、45°、60° 两跨连续梁进行了计算,计算结果示于图 4-3-32。

从图 4-3-32 可以看出:

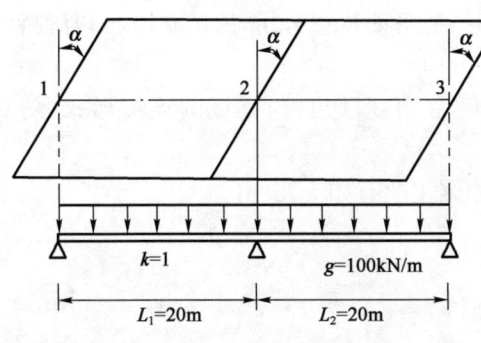

图 4-3-31 两跨连续梁计算简图

(1)控制截面(跨中和中支点处)弯矩的绝对值均随斜交角的增加而减小,变化速率从缓变急。

(2)边支点剪力随斜交角增加而增大,中支点剪力的绝对值则随斜交角增加而减小,但剪力变化的幅度均较小。

(3)扭矩的变化规律近似于一条直线。

(4)边支点处存在负弯矩,其绝对值随斜

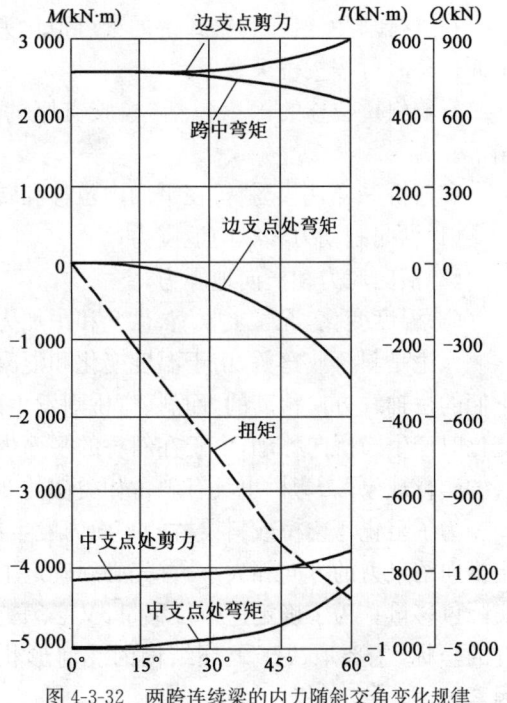

图 4-3-32 两跨连续梁的内力随斜交角变化规律

交角的增大而增大。

(5)当连续斜梁桥中含有梯形跨时由于扭矩的存在,支座弯矩不连续。
(6)当 $\alpha \leqslant 30°$ 时可按正交连续梁桥计算弯矩和剪力,当 $\alpha > 15°$ 时扭矩的影响是必须考虑的。
(7)当 $B/L \leqslant 0.25$ 时,可当作正桥计算,L 为连续梁中最大跨径,B 为桥宽。

第五节 斜梁桥支承布置形式及平面位移

一、斜连续梁桥的支承布置

斜连续梁桥的支承布置可以归纳为三种类型,如图 4-3-33 所示。

1. A 型连续斜梁

如图 4-3-33a)所示,所有支点均为抗扭斜支承的连续斜梁。

2. B 型连续斜梁

如图 4-3-33b)所示,是两个端支点(即两个桥台)为抗扭斜支承,中间支点均为点支承的多跨连续斜梁。

3. 混合型连续斜梁

如图 4-3-33c)所示,其是抗扭斜支承和点支承可交替出现且为任意排列的连续斜梁。

二、斜板梁桥的平面位移

在进行某些分析时,梁式桥的梁可拟化为板,如斜桥平面位移分析,因此在考察斜梁桥的平面位移时可按板桥来考虑。

影响斜桥位移的因素包括:橡胶支座的刚度、墩台刚度、墩台与梁板的连接形式、斜交角等。

和弯桥一样,引起斜桥在平面内位移和转动的原因主要有如下几种:
(1)纵向制动力和纵向地震力;
(2)横向风力和横向地震力;
(3)温度变化,混凝土收缩、徐变和预加力。

无论是斜桥或弯桥,由于温度变化和混凝土收缩,将引起桥梁在平面内位移。直桥是沿着它们的桥轴线方向移动的,而斜、弯桥则发生两个方向的位移,如图 4-3-34 所示。斜桥在温度变化时产生横桥向移动,由于在斜桥的平面内会产生一个不平衡的旋转力矩,从而导致了"斜桥的爬行现象"。弯桥也具有斜桥相类似的变形性质。

为了阻止弯梁桥或斜梁桥的平面内发生旋转,需在横桥向施加一个横向约束力。为了确定横向约束力的方向和大小,首先必须确定上部结构在温度变化和混凝土收缩影响下产生的实际位移量。为了确定这个位移量,又必须首先确定斜、弯梁桥结构的不动点位置。不动点位置的坐标,主要取决于上部结构的几何形状、桥墩位置、支座布置方式、支座的剪切刚度等因素。

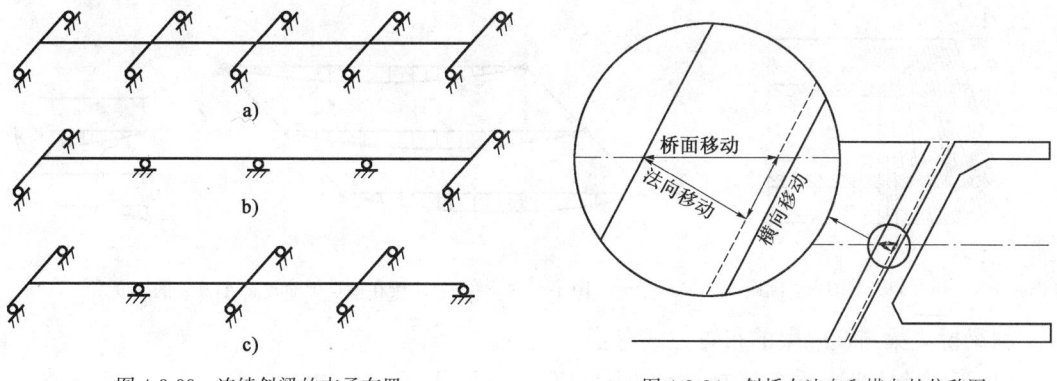

图 4-3-33 连续斜梁的支承布置　　　　图 4-3-34 斜桥在法向和横向的位移图

第六节　斜梁桥的受力及构造、结构布置及施工特点

一、受力及构造特点

斜梁桥的主要受力特征是：在竖向荷载作用下，弯曲时产生扭矩，同时弯曲而产生的内力要比与斜跨径相同跨径的正交梁排要小；在扭矩荷载作用下，扭矩又伴随着弯矩而产生。因此在斜梁桥中，要妥善考虑弯、扭、剪的共同作用。

在斜梁桥中，随着 φ（桥轴线与支承边的交角）变小，主梁跨中弯矩减少，而横隔梁、桥面板的弯矩增大。并且抗扭刚度越大，对斜交角的变化就越敏锐，主梁弯矩减少就越多，横向弯矩就越增大。由扭曲引起的影响对边梁很显著，对中央部分则甚微。

斜交角 $\varphi \geqslant 70°$ 的斜梁桥，由于抗扭刚度小，横向的抗弯刚度（对 T 形梁翼缘板而言）也小，斜交角的影响较小，其受力特性仍与正交桥相近，可足够精确地如同正交梁桥一样进行设计和计算。只是钝角处的端支座，应按竖向荷载增大约 $1/\sin\varphi$ 进行设计。车道板的配筋在端部范围内扇形散开，这就自然形成钝角处较密的上部配筋，以承受支承横梁处的嵌固弯矩（图 4-3-35）。

当 φ 很小时，垂直于梁轴线上各主梁的挠度有显著区别（图 4-3-36）。车道板在主梁腹板上的固结程度决定腹板扭矩的大小。主梁的抗扭刚度与抗弯刚度的比值 $r = k_T/k_B$ 越大，扭矩也越大。这种扭矩为赘余扭矩，当结构物向承载力极限状态过渡时，随着裂缝的形成，扭矩将显著减小，因而对极限承载力不会带来重大影响。然而这一扭矩却可能在使用阶段就首先使附加力矩大的车道板开裂。因此可通过适当选择承载构件的刚度来尽量减小这种赘余扭矩，同时也避免不必要的建筑材料和预应力的消耗。这可通过下列措施来实现（图 4-3-37）：

(1) 不设刚性支承横隔梁，而在车道板边缘设置边肋。
(2) 加大主梁间距，使车道板相对做得比较柔性。
(3) 主梁采用抗扭刚度小的薄腹板。
(4) 锐角处的边梁下设水平可移动和转动的支座，使梁转动仅受很小的阻碍。
(5) 在横向固定支座上的腹板，设加劲肋加强，使车道板产生的水平力可靠地传递到固定支座上。

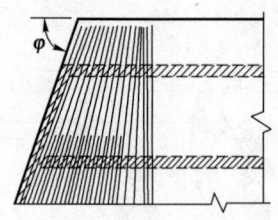

图 4-3-35　桥梁斜交端的扇形配筋

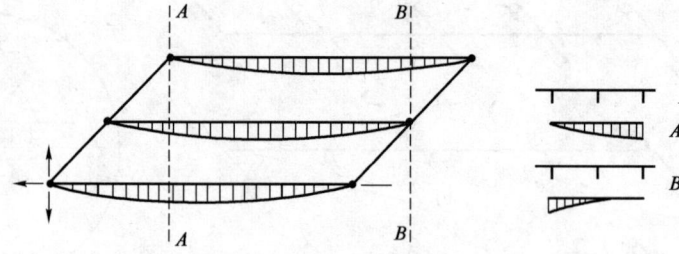

图 4-3-36　斜交桥主梁在垂直梁轴截面 A、B 处的挠度差

斜梁桥主梁与横隔梁的布置方式有：

(1) 当斜跨 l 小而桥宽 b（指桥台方向）较大（$b/l>1.5$）时，可采用图 4-3-38a) 的方式布置。

(2) 当梁跨 l 大而桥宽 b 小（$b/l<0.5$）时，多采用图 4-3-38b) 的方式布置。

(3) 当 b/l 在 0.5 到 1.5 之间且 $\varphi \geqslant 70°$ 时，可采用图 4-3-38c) 的方式布置；当 $\varphi<70°$ 时宜采用图 4-3-38b) 的方式布置，横隔梁与主梁尽量做成正交。

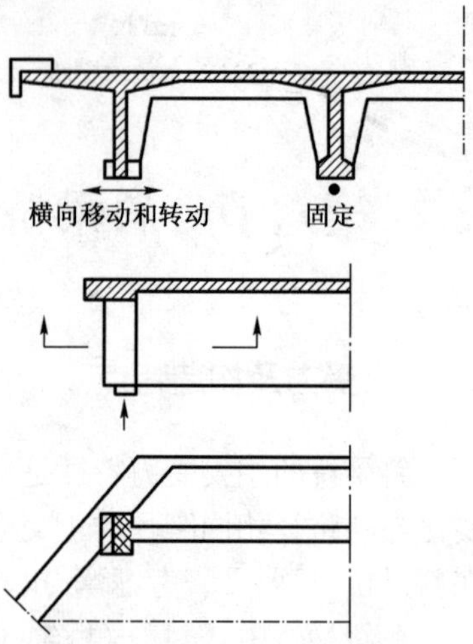

二、结构布置

斜梁桥的结构布置特点包括：支座设置特点；上下部结构必须构成有利于抵抗弯扭剪复合作用的特点；构造上必须适应纵横向平面位移及转动的特点；桥型布置上应适应不同斜交角的特点；多梁式桥中各主梁长度可能不同的特点等；主梁梁端构造特点、横梁设置特点等。

图 4-3-37　减少斜梁桥中赘余扭矩的措施

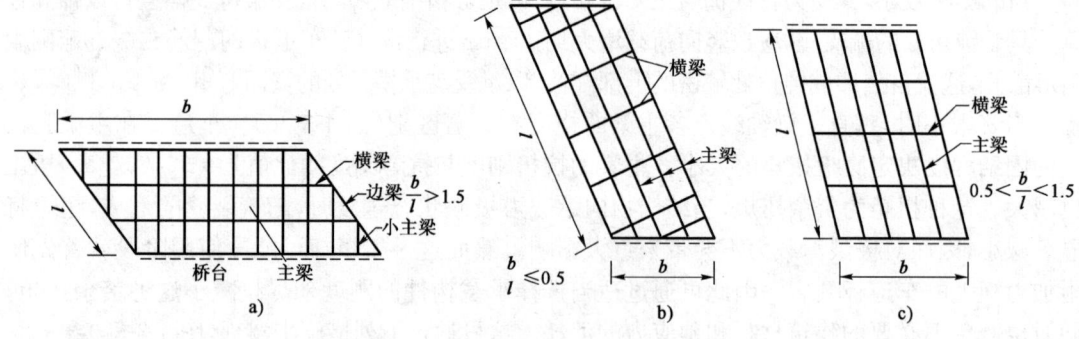

图 4-3-38　斜梁桥主、横梁布置方式

(1) 无论是梁式桥或是板式桥，均应采用可以各方向转动的橡胶支座，如圆板及球冠支座。斜桥中应尽可能地采用厚度较大的支座以减小支座刚度，使支座有足够的变形。

在简支斜交箱梁桥中，支承在斜角处的支座，受力悬殊，钝角处的支座所承受的荷载总是要大于其他支座，而锐角支座处甚至会出现上拔力。要精确地计算支座反力是很困难的，因为在支座内部，上部或下部即使有微小的变形也会剧烈地影响反力分布。因此斜桥支座设计一一般总要留有余地,可按三条腿的方式设置。即在一端设置两个均有储备的支座,而在另一端的钝角处设支座,将锐角处作为悬出部分或仅设一个小型橡胶专座(图4-3-39)。

梁板桥均应设置防转动措施,以阻止梁板的"爬移"即在梁板锐角支承处设侧向挡块,挡块与梁板间以侧向橡胶支座相隔。相应地,墩台挡块或桥台耳墙必须有足够的配筋,以免挤裂。

多梁式斜梁桥中可不设抗拉支座,钝角支承吨位应较大,且应有足够的安全度;板桥中宜在锐角区域设抗拉支座,但应配以相应的桥面钢筋;箱梁桥中不能设抗拉支座,钝角支座设计应有足够的安全储备。

(2)在某些立交、跨线桥梁中,由于通车净空及地形的要求,可能会出现正交桥过渡到斜桥、或由斜桥过渡到正交桥的情况(图4-3-40)。如果采用多梁式简支体系时,至少有一孔是直角梯形斜梁桥,也就是说各主梁长度不同。当斜交角较大或行车道板太宽时,内外边梁的长度可能会相差很大,由于荷载分布不均,会给设计带来极大的困难。因此,有时需要多孔过渡,以使内外边梁长度差减小,主梁在构造上也较易处理,同时下部结构的墩柱排列也显得比较均匀、整齐。

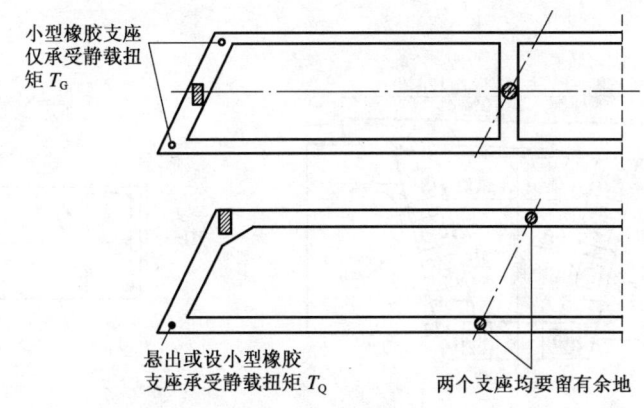

图4-3-39 斜交箱梁的支座布置

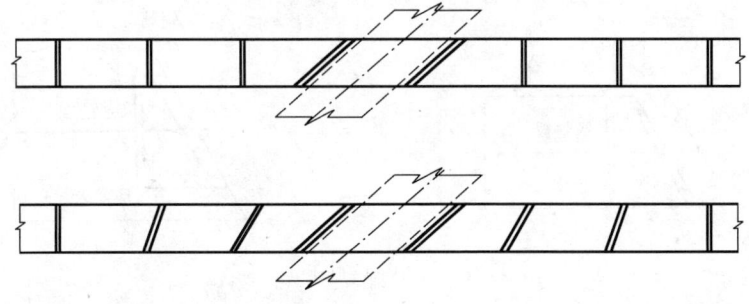

图4-3-40 正斜桥的过渡

(3)关于主梁构造,与正交梁的区别主要在端部。无论是钢筋混凝土梁,还是预应力混凝土梁,其梁端至支承中心的距离较正交桥大。以预应力混凝土箱梁为例(图4-3-41),封锚端既要满足封锚要求,又要形成斜交角,同时梁端部分还需满足支座设置的要求及端横梁斜置要求。在斜板桥及斜箱梁桥中,都应该注意因斜交角造成构造上的不同。

(4)斜梁桥的横向刚度问题也是比较特殊的。中横梁的道数越多,整体横向刚度越大,跨中弯矩就越小,钝角支点附近的扭矩及剪力(反力)也就越大。当横梁数目增加到一定程度时,继续增加中横梁对全桥影响就不明显了。斜交角较大($\varphi \geqslant 30°$)时,不宜设斜交中横梁,不宜采用整体现浇板,而宜采用装配式铰接板。端、中横梁内弯矩变化大,宜采用对称配筋,且应布置足够的纵向钢筋及箍筋,以满足弯扭剪复合受力。

三、施工特点

应该说,凡是适合正交桥的施工方法,对斜桥基本上也是适用的。在此主要讨论斜梁桥的施工特点及一般应注意的问题。

首先应当注意施工方法将直接影响到结构内力,这不仅对多跨连续斜梁桥,对单跨斜梁桥也是如此。和正桥不同的是,斜梁桥在恒载作用下也存在荷载分布的问题。如单跨梁(板)桥,若主梁(板)采用预制构件,则在一期恒载作用时单梁(板)内力按正交简支梁计算,只有二期恒载应按斜交结构计算,即二期恒载作用时,也应考虑恒载的横向分布。这与正交桥是完全不同的。因此,在斜交桥中,不提倡采用整体现浇的施工方法,特别是在斜交角较大的板桥中。

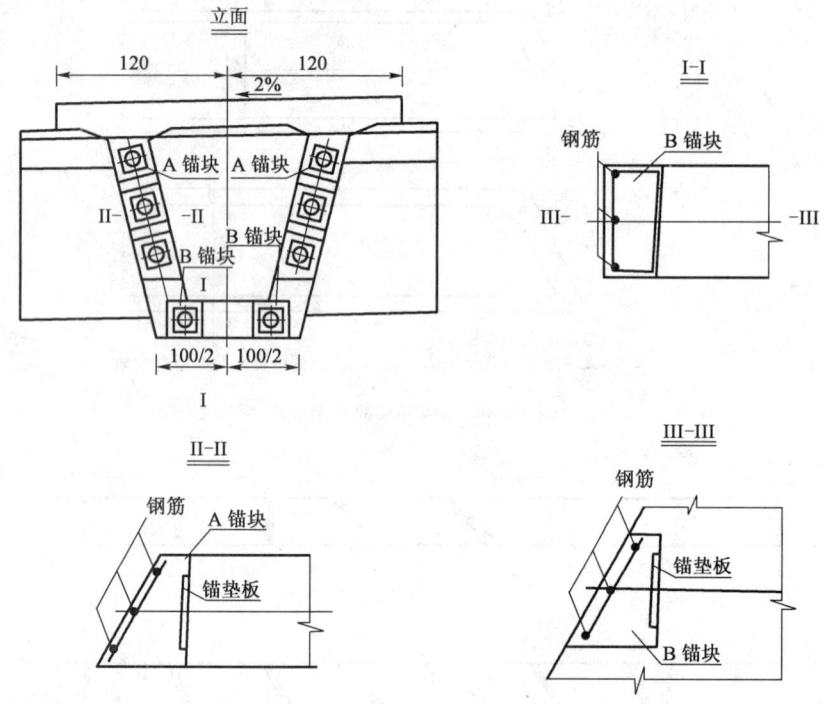

图 4-3-41 梁端构造(尺寸单位:cm)

在肋梁桥中,组合截面是适宜的。T形梁翼板对腹板的约束要强于组合截面,而组合截面的翼板允许腹板有一定转动,这对结构是非常有利的。

肋梁在安装过程中易发生倾覆,特别是斜交角较大的梁。国内已出现过数次落梁事故,故应当引起重视。这是由于单跨斜梁在自重作用下可能会产生转动造成的,故在安装过程中应有相应的临时措施,以保证梁体在吊装过程中自重关于梁轴是对称均衡的。如将主梁和部分横梁同时预制,就不能保证这一点。此外,在安装就位后,应在墩台上设临时支挡。

单跨斜梁(板)的施工与正交梁在端部有很大区别,其一是梁板端部的箍筋或分布筋比正交梁多一层,故此区域应保证钢筋有足够的保护层。由于端部钢筋密集,浇注混凝土时应注意振捣。另外,由于斜交角的影响,梁端部出现锐角,锐角部分的混凝土很难捣实,且端头很薄弱,故架设模板时应设倒角。

在预应力混凝土梁中,由于锚垫板必须与桥轴垂直布置,故锚垫板不一定在同一平面上,可能形成锚固台阶(如图 4-3-42)。这就要求每个台阶有足够的尺寸放置锚板,还应有足够的尺寸放置千斤顶。

在连续梁施工中,一般采用拼接梁法或简支变连续的施工方法,这和斜梁特性及跨度有关。由于支承不与梁轴垂直,若采用顶推法施工则对墩台极为不利,故不能采用此类施工方法。由于连续斜梁桥均为中小跨度,故也不宜采用悬拼及悬浇的施工方法。

简支变连续的施工方法同正交桥。这一方法特别适合多梁式连续斜梁桥。一方面这种体系转换对斜桥受力有利,及前述的一期恒载内力与正交桥相同;另一方面,由于斜交角影响,各片预制梁在纵向均有一个位置差,宜采用分片分孔施工。

在连续箱梁的施工中可采用整体现浇,或采用前述简支变连续或者单悬臂梁逐跨施工。采用后两种方法均可将箱梁的施工化整为零进行,如横向先施工箱的腹板,然后在纵向形成连续梁,再施工箱的顶板和底板(图 4-3-43)。简支变连续与单悬臂梁逐跨施工的主要区别在于预制件接头位置不同,前者在支座处,后者在弯矩最小处。

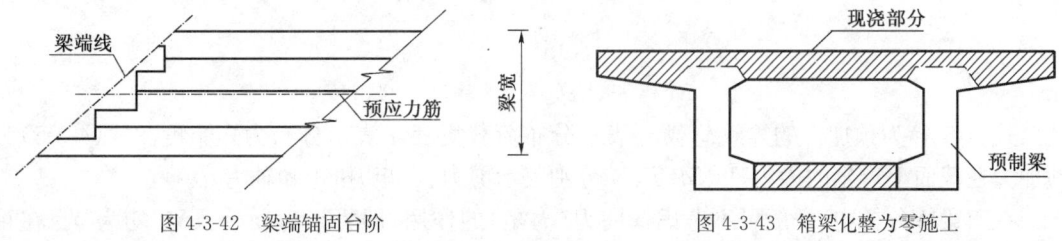

图 4-3-42　梁端锚固台阶　　　　　　　　图 4-3-43　箱梁化整为零施工

在多梁式斜梁桥中,由于同一个正交断面(相对桥轴线)上各主梁距支点的距离不同,在荷载作用下,同一正交断面上的位移也不同。特别是在预应力混凝土结构中,预加力作用的反拱不同。如果反拱过大或在施工中不采取一定措施,很难使行车道板浇注平整,可能造成有些地方的行车道板过厚,有些地方的行车道板过薄。这一问题除了在设计中应注意外,施工中应更加小心。

第七节　斜梁桥的预应力设计与构造要求

一、预加力引起的内力

目前对正桥及弯桥梁配束的研究已经很完善,但对斜桥,若工程中常按正桥的配束方式对斜桥进行配束,会引起不少问题。与正桥不同,单跨斜梁桥为超静定结构,预加力、温度变化、支座位移等因素必将引起结构的二次内力。斜梁桥采用不同的断面形式,就会采用不同的配束形式,预应力产生的内力与次内力就不同,这也是和正桥所不同的。

斜桥的受载特征与弯桥是一致的。图4-3-44表示为一斜主梁断面,取微段 $\mathrm{d}x$ 为研究对象,根据《公路桥梁荷载横向分布计算》(第二版)(李国豪,石洞. 北京:人民交通出版社,1987)中式(10-12)和式(10-13),令 $R \to \infty$,可导得:

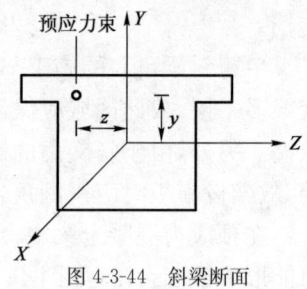

图4-3-44 斜梁断面

$$\left. \begin{aligned} q_y &= F \cdot \frac{\mathrm{d}^2 y}{\mathrm{d}x^2} \\ q_z &= -F \cdot \frac{\mathrm{d}^2 z}{\mathrm{d}x^2} \\ t_x &= F\left(\frac{\mathrm{d}^2 y}{\mathrm{d}x^2} \cdot z - \frac{\mathrm{d}^2 z}{\mathrm{d}x^2} \cdot y\right) \end{aligned} \right\} \quad (4\text{-}3\text{-}4)$$

$$\left. \begin{aligned} V_y &= -F \frac{\mathrm{d}y}{\mathrm{d}x} \\ M_z &= Fy \\ T_x &= F\left(\frac{\mathrm{d}y}{\mathrm{d}x} \cdot z - \frac{\mathrm{d}z}{\mathrm{d}x} \cdot y\right) \\ N &= -F \\ V_z &= -F \cdot \frac{\mathrm{d}y}{\mathrm{d}x} \\ M_y &= -Fz \end{aligned} \right\} \quad (4\text{-}3\text{-}5)$$

式(4-3-4)为预加力的等效荷载,q 表示分布荷载集度,t 表示分布力矩集度。式(4-3-5)为预加力在截面上产生的内力,V、M、T、N 分别表示剪力、弯矩、扭矩和轴力。

在斜梁桥分析中,一般可不考虑横向力(力矩)的作用,即可认为 q_z、V_z、M_z 均为0。在箱室断面的斜梁桥中,若在顶底板内配置水平弯曲预应力束时,这三项是不能忽略的。

在多梁式斜梁桥中,梁肋(马蹄)较窄,预应力束在水平面内的弯曲一般也是构造上的需要造成的,这就是说式(4-3-4)、式(4-3-5)中的 y 及 z 的变化都可能很小。如果不考虑这些因素,即 $t_x = 0$,则式(4-3-4)仅剩下 q_y 这一项,即等效荷载与正桥完全相同,但它们产生的内力及次内力却是完全不同的。在箱形斜梁桥中,如果腹板内的预应力束的重心线(c·g·s)是关于 Y 轴对称布置的,则 $t_x = 0$;但为了抵抗外荷载扭矩,预应力束通常是不能对称 Y 轴布置的。

如果预应力束曲线的二阶导数不存在(一阶导数总是存在的),可以证明式(4-3-4)中的 q_y、q_z、t_x 在二阶导数不存在处为集中荷载,即:

$$\left. \begin{aligned} P_y &= F(y'_R - y'_L) \\ P_z &= -F(z'_R - z'_L) \\ T_x &= F[(y'_R - y'_L) \cdot z - (z'_R - z'_L) \cdot y] \end{aligned} \right\} \quad (4\text{-}3\text{-}6)$$

式中:L、R —— y'、z' 变化处的左右端。

二、斜梁预应力设计

斜梁预应力的设计与正交梁的设计基本相同,首先必须弄清预加力引起的内力与次内力,以利用合理配束来抵消外荷载作用下的内力。其次,必须弄清作为正交梁的设计原则如线性转换及吻合束的概念是否仍对斜支承梁起作用。斜交梁的设计较正交复杂,因为正交仅与M、Q有关,而斜交是弯、剪、扭复合作用。

(一)吻合束及线性变换

所谓吻合束,即能够产生和预应力钢筋重心线(c·g·s线)相重合的压力线的一根c·g·s线。此时预加力的总预矩不变,而次力矩为零。对于斜桥,当预应力束的c·g·s线关于梁轴竖面对称时,斜梁在任意外荷载作用下弯矩图形的相似形都为吻合束线形。对于曲线形构件(如连续曲梁等),吻合束定理不再适用。应当注意,当预应力束c·g·s线不对称于梁轴竖面时,预加力在梁内产生的初扭矩不为零,前述吻合束特性即不存在。但梁式桥中的这种不对称多是构造因素构成的,此时预加力产生的初扭矩总是很小,故其影响也很小可不考虑。吻合束定理不仅在一定条件下适用于刚性支承(包括正交支承、斜支承)连续梁等超静定结构,而且也适用于弹性支承的梁。当预加力沿梁长变化时,经适当修正后吻合束定理也可应用。

在预应力混凝土连续斜梁中,预应力钢筋重心线(c·g·s线)经过线性变换,其压力线仍保持不变。在斜梁桥设计中,允许在不改变梁内混凝土压力线位置的条件下调整预应力重心线的位置,以适应结构构造上的要求。

很显然,利用合理配束不仅可以完全抵消斜梁沿梁轴作用荷载引起的所有内力,而且也能抵消大部分由偏心荷载引起的内力。虽然斜梁中存在弯扭耦合效应,但通过合理配束后可获得沿梁轴作用荷载的吻合预应力;对于偏心荷载,在得到某种内力的吻合预应力的同时,往往也能抵消大部分由外荷载引起的其他各项内力。

(二)弯剪扭复合受力构件的配筋设计

1. 截面尺寸的限制条件

试验表明,受扭构件当抗扭钢筋配置过多时,可能出现混凝土被压坏而钢筋达不到屈服强度,必须限制截面的最小尺寸。对弯剪扭构件,由于其受力的复杂性,目前只能将扭矩产生的剪应力与弯剪产生的剪应力叠加起来。使其不超过混凝土强度的规定限值。根据《公路钢筋混凝土及预应力混凝土桥涵设计规范》(JTG D62—2004)第5.5.3条规定,矩形和箱形截面承受弯、剪、扭的构件,其截面应复核下列公式要求:

$$\frac{\gamma_0 V_d}{bh_0} + \frac{\gamma_0 T_d}{W_t} \leqslant 0.51 \times 10^{-3} \sqrt{f_{cu,k}} (kN/mm^2)$$

式中:V_d——剪力组合设计值(kN);

T_d——扭矩组合设计值(kN·mm);

b——垂直于弯矩作用平面的矩形截面宽度或箱形截面腹板总宽度(mm);

h_0——平行于弯矩作用平面的矩形或箱形截面的有效高度(mm);

W_t——截面受扭塑性抵抗矩(mm^3)。

当符合下列条件时:

$$\frac{\gamma_0 V_d}{bh_0} + \frac{\gamma_0 T_d}{W_t} \leqslant 0.50 \times 10^{-3} \alpha_2 f_{td} (\text{kN/mm}^2)$$

式中符号意义同上。可不进行构件的抗扭承载能力计算,仅需按《公路钢筋混凝土及预应力混凝土桥涵设计规范》(JTG D62—2004)第9.3.14条规定配置构造钢筋。

2. 剪扭构件承载能力计算

混凝土斜梁桥的主梁处于弯、剪、扭耦合受力状态,目前钢筋混凝土剪扭构件的承载力一般按受扭构件承载力和受剪构件承载力分别进行计算,然后叠加起来。但是共同承受剪扭的构件,其剪力和扭矩对构件内的混凝土和箍筋均有一定影响。如果采取简单的叠加,是偏于不安全的。试验表明,构件在剪扭共同作用下,其截面的某一受压区域内承受剪切和扭转应力的双重作用,这必将降低构件内混凝土的抗剪和抗扭能力。由于受扭构件受力情况比较复杂,现行《公路钢筋混凝土及预应力混凝土桥涵设计规范》(JTG D62—2004)采取箍筋所承担的剪力进行简单叠加,而混凝土的承载能力则在受剪构件和受扭构件承载力的计算公式中均引入了一剪扭构件混凝土抗扭承载力降低系数 β_t,规定对矩形和箱形截面剪扭构件,其抗剪扭承载力应按下式计算:

抗剪承载力: $\gamma_0 V_d \leqslant \alpha_1 \alpha_2 \alpha_3 \dfrac{(10-2\beta_t)}{20} bh_0 \sqrt{(2+0.6P)} \sqrt{f_{cu,k}} \rho_{sv} f_{sv}$ (N)

抗扭承载力: $\gamma_0 V_d \leqslant \beta_t \left(0.35\beta_a f_{td} + 0.05 \dfrac{N_{p0}}{A_0}\right) W_t + 1.2\sqrt{\zeta} \dfrac{f_{sv} A_{sv1} A_{cor}}{S_V}$ (N·mm)

$$\beta_t = \frac{1.5}{1 + 0.5 \dfrac{V_d W_t}{T_d bh_0}}$$

式中:β_t——剪扭构件混凝土抗扭承载力降低系数,当 $\beta_t < 0.5$ 时,取 $\beta_t = 0.5$;当 $\beta_t > 1.0$ 时,取 $\beta_t = 1.0$;

W_t——截面受扭塑性抵抗矩,当为箱形截面剪扭构件时,应以 $\beta_a W_t$ 代替;

b——矩形截面宽度或箱形截面腹板宽度。

对于T形、I形和带翼缘箱形截面的受扭构件,可将其截面划分为矩形截面进行抗扭承载力计算。规范中亦有计算公式,按照这些公式即可计算相应的钢筋数量。

3. 弯剪扭构件纵向钢筋和箍筋的配置

《公路钢筋混凝土及预应力混凝土桥涵设计规范》(JTG D62—2004)第5.5.6条对矩形、T形、I形和带翼缘箱形截面的弯剪扭构件,其纵向钢筋和箍筋应按下列规定计算,并分别进行配置:

(1)按受弯构件正截面抗弯承载力计算所需的钢筋截面面积配置纵向钢筋。

(2)矩形截面、T形和I形截面的腹板、带翼缘箱形截面的矩形箱体,应按剪扭构件计算纵向钢筋和箍筋:

按本规范第5.5.4条抗扭承载力计算所需的纵向钢筋截面面积,并沿周边均匀对称布置。

按本规范第5.5.4条抗剪承载力和抗扭承载力计算箍筋截面面积。

(3)T形、I形和带翼缘箱形截面的受压翼缘或受拉翼缘应按本规范第5.5.1条抗扭承载力计算所需纵向钢筋和箍筋截面面积,其中纵向钢筋应沿周边对称布置。

承受弯剪扭的构件的箍筋和纵筋还应符合下列要求:

(1)箍筋应采用闭合式,箍筋末端做成135°弯钩。弯钩应箍牢纵向钢筋,相邻箍筋的弯钩接头,其纵向位置应交替布置。

(2)承受扭矩的纵向钢筋,应沿截面周边均匀对称布置,其间距不应大于300mm。在矩形截面基本单元的四角应设有纵向钢筋,其末端应留有按《公路钢筋混凝土及预应力混凝土桥涵设计规范》(JTG D62—2004)第9.1.4条规定的受拉钢筋最小锚固长度。

(3)箍筋的配筋率 ρ_{sv} 对剪扭构件(梁的腹板)不应小于 $\left[(2\beta_t-1)(0.055\dfrac{f_{cd}}{f_{sv}}-c)+c\right]$,其中 β_t 按《公路钢筋混凝土及预应力混凝土桥涵设计规范》(JTG D62—2004)第5.5.4条规定计算,c 值当采用R235钢筋时取0.0018,当采用HRB335钢筋时取0.0012;对纯扭构件(梁的翼缘)ρ_{sv} 不应小于 $0.055 f_{cd}/f_{sv}$。

(4)纵向钢筋的配筋率,不应小于弯钩构件纵向受力钢筋的最小配筋率与受扭构件纵向受力钢筋的最小配筋率之和。对受弯构件,其纵向受力钢筋的最小配筋率应按《公路钢筋混凝土及预应力混凝土桥涵设计规范》(JTG D62—2004)第9.1.12条采用;对于受扭构件,其纵向受力钢筋的最小配筋率 $[A_{st,min}/(bh)]$,当受剪扭时可取 $0.08(2\beta_t-1)f_{cd}/f_{sd}$,当受纯扭时可取 $0.08 f_{cd}/f_{sd}$,此处,$A_{st,min}$ 为纯扭构件全部纵向钢筋最小截面面积,h 为矩形截面基本单元长边长度,b 为短边长度,f_{sd} 为纵向钢筋抗拉强度设计值。

三、预应力混凝土斜梁桥配筋小结

(一)配束特点

预应力斜梁的设计原则与正梁相似,但需考虑到斜梁的具体构造特点。

(1)由于斜梁中存在的弯扭剪耦合效应,故配束时应考虑弯扭剪复合作用。

(2)设计时可以只考虑预加应力等效荷载抵消弯矩的设计值(暂不考虑扭矩和剪力);未被抵消的扭矩可以采用将预应力筋作相对调整的方法或设置附加的抗扭力筋来抵消。

(3)如果需要平衡全部或部分恒载时,利用合理配束可以完全抵消相应的内力(包括弯矩、扭矩和剪力),即荷载平衡法。预应力束尽量对称布置,有时还得同时调整截面上下缘的预应力束数量,以提高截面承载力。

(4)线性转换为预应力混凝土连续斜梁的c·g·s线的布置提供了许多可能。

(5)吻合束的应用不仅便于预应力混凝土斜梁的分析,而且对于c·g·s线位置的选择也是很有用的。

(6)斜梁桥中预应力筋的构造细节(尤其是支承部位)需要仔细而慎重地考虑。锚下混凝土中产生很大的局部应力,一般采用箍筋或螺旋筋加强,因为配筋不足,可能会因横向拉力而产生纵向裂缝。

(7)对于斜交箱型连续梁,梁端附近预应力束平弯时,预应力束距内侧腹板较近,张拉时预应力束将产生法向分力而有可能破坏混凝土保护层,应设防崩钢筋以防止混凝土保护层脱落。

(二)构造配筋

桥面板在支承处钝角区域的上侧必须按构造要求配置辅助钢筋。因为此区域受力状态复杂,内力变化剧烈,特别是连续式的斜梁桥,在中间支承区域影响是显著的。辅助钢筋的布置可以参考"斜交板的附加钢筋布置"。辅助钢筋的布置范围为板斜跨的五分之一。

对于单点支承的连续斜箱梁桥,在单点支承处,箱梁截面弯矩和剪力最大,同时又承受着巨大的承压力,这种承压力会使混凝土产生局部的拉应力,所以在支座上方必须配置辅助钢筋。设计时应尽可能使在自重和预应力的作用下,支点截面下缘混凝土中不产生拉应力。

第八节 斜桥常见病害、对策及实例

目前斜桥理论方法体系的建立,尤其是对理论方法的正确理解和应用,大大滞后于中国桥梁建设的需要。加上设计、施工周期的限制,大幅度增长的交通运输荷载及流量,使大量斜桥超负荷运营,这些不利因素导致部分斜梁桥出现了严重病害现象,不仅影响了行车速度和行车安全,同时也缩短了斜梁桥使用寿命。因此,对病害斜梁桥进行病害分析及对策研究就十分必要了。

计算机和有限元理论的发展以及新技术、新设备、新材料的研发使人们对包括斜梁桥在内的桥梁病害分析方面有了更加深刻的认识。斜梁桥和其他桥梁一样存在多种多样的病害,它与桥梁自身的强度、刚度和稳定性有关系,同时也与桥梁所处的自然环境和使用环境有关。病害发生的部位不同,表现也不一样。斜梁桥的常见病害包括:纵梁底部裂缝,横梁底部裂缝,纵梁和横梁连接处裂缝,沥青混凝土铺装层发生裂隙、沥青混凝土铺装层和桥面板的相对位移、混凝土桥面板钝角处产生拉裂裂缝等。

分析斜桥病害的目的,在于为完善设计启迪思路、提供借鉴并积累经验。

下面以两斜桥病害实例具体说明。

一、实例1

(一)工程概况

某斜交桥斜交角达41°。主桥为四跨一联的普通钢筋混凝土箱梁,桥跨布置为(29+35+35+29)m,桥梁总长为132m。主梁结构上、下行两幅完全分离,断面为单箱单室。

(二)主要病害

该桥主桥的病害缺陷主要表现在以下几个方面。

1. 梁体错位

主梁梁端与桥台之间错位,这是该桥最为明显的破坏形态。从桥面上看,梁体相对于桥台向主梁的锐角方向错位,见图4-3-45。

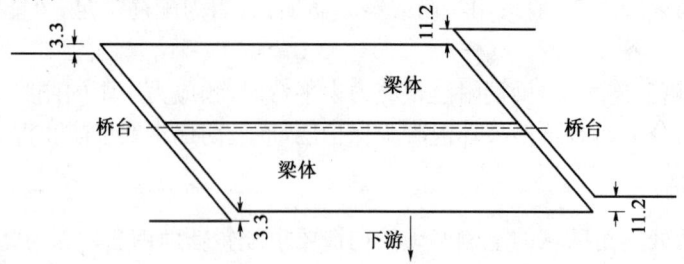

图4-3-45 梁体错位(尺寸单位:cm)

2. 支座横向偏移

两梁端桥台处的支座发生了严重的横向偏移。梁体相对于桥台,发生了明显的向主梁锐角侧的偏移,导致设置在桥台处的盆式橡胶支座因位移量过大而破坏。

3. 桥头搭板位移

桥头搭板相对于桥台有向河中偏移的倾向。

4. 主梁裂缝

主梁裂缝主要分布在腹板、底板及顶板上,尤以腹板最多,且超过 0.2mm 的裂缝也多位于腹板上。腹板裂纹主要是剪切区(跨支座 1/4 跨范围)剪切斜裂纹,正弯矩区(跨中 1/2 跨范围内)的竖向弯曲裂纹和支座附近负弯矩区的竖向裂纹(发源于腹板位置)。

另外,剪切区还有一些竖向裂纹。底板裂纹相对较少,宽度也较小;顶板裂纹数量较多,但一般都比较细小。

5. 两端伸缩缝被杂物堵死,已经失去伸缩性能

略。

6. 梁体外观

下游第 2 跨底板有大面积露筋现象,钢筋锈蚀,混凝土脱落或变粉。这是由于此处底板没能有效地设置钢筋保护层,有些地方甚至没有保护层,而有些部位保护层太薄。此种现象显然是施工时保护层垫块失效导致钢筋直接放置在模板上造成的。在下游第 3 跨底板上有局部混凝土松散层,松散混凝土呈灰褐色,似碎树叶,用小锤即可轻轻敲掉。

7. 桥面状况

由于桥面有裂纹,导致桥面防水功能的降低,特别是下游梁桥面裂纹宽度较大,雨水渗过桥面防水层侵蚀梁体。下游梁桥面铺装层已丧失防水能力。

8. 其他

梁上栏杆与搭板上的栏杆之间有与梁端相似的错位,而且,因两者抵触,接缝处栏杆已破坏。栏杆的病害原因与引起梁端错位的原因是一致的。

(三)病害原因分析

1. 梁体错位

梁体错位是最明显、直接的破坏形态,其他破坏情况均与此有或多或少的关系。梁体错位产生的原因是复杂的,通过空间计算分析,认为是下面的因素:

本桥为一大角度的斜交桥,与一般的正交桥相比,斜交桥在平面内有位移(爬行蠕动)的特性,本桥梁体错位的病害形态充分地说明了这一特点。根据前面平面位移部分的介绍,可知引起斜桥在平面内位移和转动的因素有:纵向制动力,横向风力和温度变化,混凝土收缩及徐变等。

通过计算得知,其中温度变化是引起斜桥在平面内位移和转动的最主要原因,这与养护部门的梁体横向错位在夏季的升温季节发展最快的观察报告是吻合的,因此可以判断梁端错位与温度变化有关。

2. 梁体开裂

在箱梁结构中,腹板的受力是最复杂的,所以也最容易出现问题的。对于钢筋混凝土箱梁,腹板上最易出现开裂,本桥也是腹板开裂最为严重。从受力上来看,腹板不仅主要承担剪

力,同时还要承担部分弯矩,腹板会因弯剪作用产生主拉应力而开裂。腹板上的大部分斜向裂缝和跨中附近的竖向裂缝主要是由于梁体受弯剪或单独受弯产生的,由于竖向剪力的作用使得裂纹从跨中竖直向两侧逐渐变成倾斜。

温度应力也是引起腹板开裂的重要因素,有时甚至是主要因素。另外,施工期间的施工临时荷载或支架下沉,亦或由以上各因素的联合作用,也会引起梁体开裂。

从梁体裂缝分布来分析,腹板上的大部分裂纹是由于梁体受弯剪产生的,由于竖向剪力的作用使得这些裂纹从跨中竖直向两侧逐渐变成倾斜,而温度等非荷重因素影响,会加剧开裂或改变这些裂纹的方向和长度。

底板裂缝大部分是因梁抗弯底板受拉产生的。底板上也有一些非受力原因产生的裂纹,这些裂缝与腹板上的非受力裂缝应是同时产生的。

顶板的主要裂纹显然不是受力裂纹,因为这些裂纹主要集中在顶板受压的正弯矩区,受压的顶板是不会产生这些横向裂纹的,因此可认为这些裂纹产生的原因与时间同腹板上非受力裂纹是一致的。

3. 伸缩缝破坏

原设计伸缩量过小是导致伸缩缝破坏的主要原因。位于伸缩缝处的纵向位移包括:(1)由 H_0、V_0 产生的位移 Δ_x、Δ_y;(2)由温降,混凝土收缩、徐变引起的位移;(3)由于以上两项引起的平面转动 θ,从而产生在锐角处的位移。

(四)病害防治措施

该斜交桥出现各种病害的直接原因是在两端桥台处未设置横向限位结构,而最根本的原因是对斜交桥的基本特性了解不到位(在桥面平面内有位移是斜交桥的基本特性之一),设计时应充分把握其受力特点,优化设计。

二、实例2

(一)工程概况

某高速公路上的一座 8×30m 简支预应力混凝土装配式斜交空心板桥,斜交角为 45°。大桥由上下行两座独立的桥梁组成,中央设有 1.5m 的分隔带,桥梁横断面布置与尺寸,见图4-3-46。

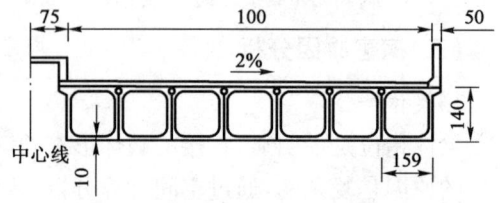

图 4-3-46 桥梁横断面布置图(尺寸单位:cm)

(二)主要病害

1. 桥面系

该桥虽然营运时间不长,但桥上防撞墙在梁端处已经断开;桥面变形缝附近有贯穿的斜裂缝;桥头路面沉陷。

2. 主梁

除第一孔情况较好之外,其他各孔均有不同程度的病害。空心板与空心板之间的接缝混凝土基本上全部脱落,空心板麻面、露筋现象严重。单个最大麻面面积达 0.1m²;50%的梁存在纵向裂缝,其宽度一般在 0.1mm 左右,全桥有 70%的梁在跨中附近底板上存在横向裂缝,尤其以第 4 孔左幅较为严重,该幅 7 块空心板都有横向裂缝,其中边梁的横向裂缝沿腹板高度开裂接近顶板,横向裂缝的最大宽度为 0.4mm;第 4 跨左幅底板横向裂缝,见图4-3-47a),第 4 跨左幅边梁跨中竖向裂缝,见图 4-3-47b),混凝土开裂后出现了一些结晶体;在第 8 孔右幅的 1 号梁端出现斜裂缝,从支座附近向上发展,裂缝的宽度为 0.1mm,见图4-3-47c)。

(三)病害原因分析

根据空间受力分析计算结果及该桥病害的实际情况,认为病害的主要原因为:

(1)预加力不够。一方面,该桥的预应力钢筋数量偏少;另一方面,空心板壁厚太小,张拉预应力筋时,底板出现了纵向裂缝,致使预应力张拉不到位,因而空心板在通车后不久就出现了横向裂缝。该桥的交通量大,超载现象十分严重,导致空心板的横向裂缝逐渐扩展,桥梁的承载力明显下降。

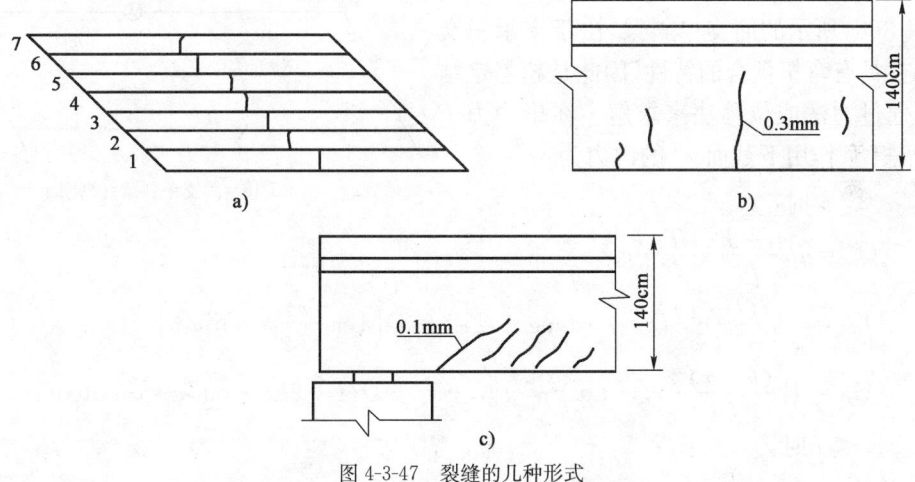

图 4-3-47 裂缝的几种形式
a)底板横向裂缝;b)跨中竖向裂缝;c)梁端斜裂缝

(2)保护层较薄。该桥采取优化设计方案,结构的截面比较薄弱,跨中截面的顶底板厚度仅有 10cm,还要在其中铺设钢筋网和布置预应力孔道,故出现了严重的露筋现象。

(3)桥面铺装比较薄弱,加上空心板铰缝混凝土基本脱落,空心板的横向联系弱,实际横向分布系数大,桥梁的整体性差。变形缝深度不够,混凝土胀裂。

(4)荷载作用时,斜交空心板桥锐角处梁体有上翘趋势(支点反力为负),但该桥锐角处无抗拔支座,导致防撞墙中的剪力过大,从而在支座处破坏。斜交空心板桥钝角处的支座受力远大于正桥的支座受力。故部分支座变形较大,并导致个别支座破损。

(5)抗扭、抗剪钢筋数量不足。该桥是斜交桥,空心板跨中截面弯矩较同跨径的正桥小,但支座附近的剪力比同跨径的正桥大,空心板中有扭矩存在,并且这两者随斜交角的增大、空心板抗弯抗扭刚度比的减小而增大,扭矩的存在和支座附近的剪力较大导致支座附近产生了斜向裂缝。

(四)病害防治措施

斜交空心板桥与正交桥的受力有本质区别,设计时应充分考虑弯扭耦合效应、蠕变及支座反力分布不均等受力特性。重点研究温度作用、预加力及支座布置的影响,优化设计,才能减少斜桥病害的出现。

第九节 斜梁桥分析方法

一、结构力学方法求解单斜梁

按杆系结构力学方法,把斜梁桥模拟成如图 4-3-48 所示具有斜向支承的单斜梁,计算斜桥的内力简单明了,也能粗略反映斜桥的受力性能。但是,该法较难反应斜桥的横向受力性能及支承附近截面的受力性能。

(一)简支斜梁

图 4-3-48 所示的简支单斜梁,由于支承斜交角的影响,具有弯扭耦合的特性,因此是超静定结构,需要通过力法或位移法来求解。在集中力 P 和集中扭矩 T 作用下截面 x_z 的内力为:

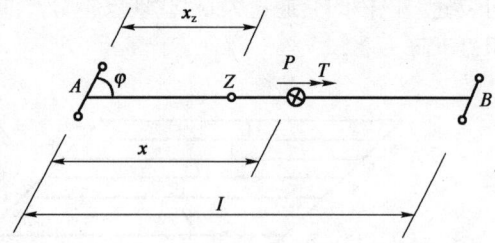

图 4-3-48 简支单斜梁计算图示

$0 \leqslant x_z \leqslant x$ 时:

$$\left. \begin{aligned} Q_x &= P\frac{l-x}{l} - \frac{T}{l} \cdot \cot\varphi \\ T_x &= -P\frac{(l-x)}{l}D \cdot x \cdot \tan\varphi + T\left[1 - D\left(1 + \frac{2kx}{l} \cdot \tan^2\varphi\right)\right] \\ M_x &= P\frac{(l-x)}{l}(x_z - Dx) + \frac{T}{l}[l - x_z - D(l + 2kx \cdot \tan^2\varphi)] \cdot \cot\varphi \end{aligned} \right\} \quad (4\text{-}3\text{-}7)$$

$x \leqslant x_z \leqslant l$ 时:

$$\left. \begin{aligned} Q_x &= P\frac{x}{l} - \frac{T}{l} \cdot \cot\varphi \\ T_x &= -P\frac{(l-x)}{l}D \cdot x \cdot \tan\varphi - TD\left(1 + \frac{2kx}{l} \cdot \tan^2\varphi\right) \\ M_x &= P\frac{x}{l}[l - x_z - D(l - x)] + \frac{T}{l}[l - x_z - D(l + 2kx \cdot \tan^2\varphi)] \cdot \cot\varphi \end{aligned} \right\} \quad (4\text{-}3\text{-}8)$$

式中:$D = \dfrac{1}{2(1 + k \cdot \tan^2\varphi)}$,$k = \dfrac{EI}{GI_d}$

E、G——弹性模量和剪切弹性模量;

I、I_d——抗弯惯矩和抗扭惯矩。

从剪力公式可以看出,单斜梁的剪力影响线与正交支承梁相同,利用上述公式得到斜梁的内力影响线,可以供设计参考使用。

(二)连续单斜梁

常见的连续单斜梁有两种形式:全抗扭支承和中间点铰支承。

对于前者,可以将中间支点截开,取截面扭矩为赘余力,以多个简支斜梁为基本体系,采用力法来求解(见图 4-3-49)。

对于后者,可以以中间支点的竖向反力为赘余力,以连续梁跨径的简支斜梁为基本体系来

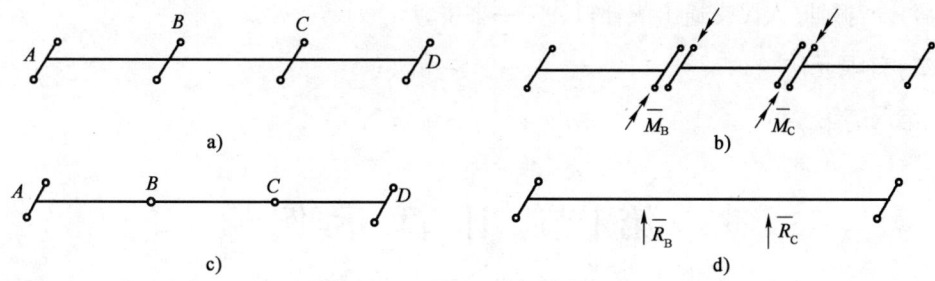

图 4-3-49　连续单斜梁计算图示

求解。经比较,两者在竖向荷载作用下剪力和弯矩相差不大,由于采用中间点铰支承时抗扭跨径大,所以扭矩比全抗扭支承大。在扭矩荷载作用下,采用中间点铰支承,各项内力均比全抗扭支承大得多。

二、常用计算方法

目前用于斜桥的计算方法主要有以下两种。

(一)简化方法

对于单跨简支斜梁桥,可利用已有的简化计算公式和相应的表格进行内力计算,使工程设计计算大大简化,同时又具有一定的精度。

对于多梁式或板式斜连续梁桥,其受力呈空间特性,为简化计算,可以简化成等效单跨简支梁计算横向分布系数,将三维空间问题分离为纵向和横向两个方向的平面弯曲问题。

斜梁桥的横向分布计算理论,和正交梁桥一样,也可分为板理论和梁理论。下面简单介绍几种实用的计算方法:

1. G-M 修正法

基本思想是以 G-M 法计算正桥的弯矩为基础,将斜梁桥先当作正桥计算,求得的弯矩 M 值用修正系数 K 进行修正,得出斜梁桥的弯矩。

本法可应用于横隔梁与主梁配置成直角的正交斜梁桥,也可用于正交斜梁桥的其他按板理论计算的正桥修正,只是需用的抗扭刚度系数的算法不同。

2. 刚性横梁法

本方法考虑了斜梁桥的力学特性,按刚性横梁法原理导出了斜梁桥荷载横向分布影响线的计算公式,可以用以计算任意斜主梁荷载的横向分布系数,从而可以计算出任意斜主梁、横梁的内力。

3. 实用梁格计算法

梁格法将桥面比拟成由纵梁与横梁组成的梁格。Leonhardt-Homberg 梁格法的基本思路是,在并列斜交主梁中间插入一根与主梁垂直的分配横梁,将此作为梁格来求出荷载分配系数 k_{ik},再由 k_{ik} 算出截面的内力。

4. 横向铰接斜梁(板)桥的实用计算法

由于斜交铰接板不满足荷载比、挠度比及内力比均相等的条件,所以直接将铰接板法应用在斜向铰接板中有一定困难。国内学者通过斜交铰接板和正交铰接板在车列最不利荷载作用下的弯矩对比,拟合出斜交角折减系数,折减系数已列在《横向铰接斜梁(板)桥的实用计算法》

(第二版),席振坤.人民交通出版社,1990)一书中。

(二)有限元法

见第六篇第二章。

第十节 计 算 示 例

一、工程简介

某混凝土连续斜梁桥,跨径组合为30m+30m+30m。其左右幅错开布置,桥面宽度2×净—15.25m;斜交角α=0°、30°、45°。桥梁纵向按平坡设计,横向坡度均为2%。采用先简支后连续的结构体系,箱梁为部分预应力混凝土A类构件,主梁沿纵向外轮廓尺寸保持不变,为了满足锚具布置的需要,箱梁端部在箱内侧方向加厚。每联端部横梁与箱梁同时预制,各中间墩顶横梁采用现浇。主梁截面为5个单室小箱梁如图4-3-50、图4-3-51和图4-3-52。梁高1.6m,中梁宽2.4m,边梁宽2.85m,桥面铺装为10cm厚沥青混凝土,为使桥面平整,箱梁顶面设置6cm厚水泥混凝土调平层。

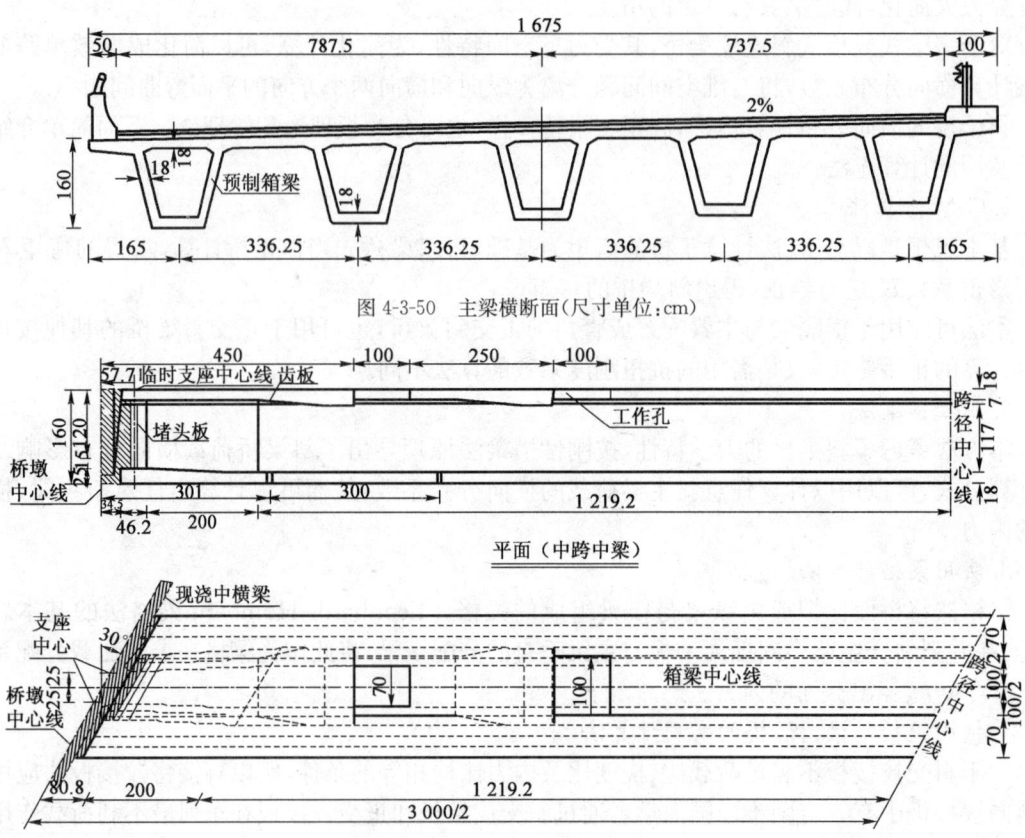

图4-3-50 主梁横断面(尺寸单位:cm)

平面(中跨中梁)

图4-3-51 箱梁一般构造图(尺寸单位:cm)

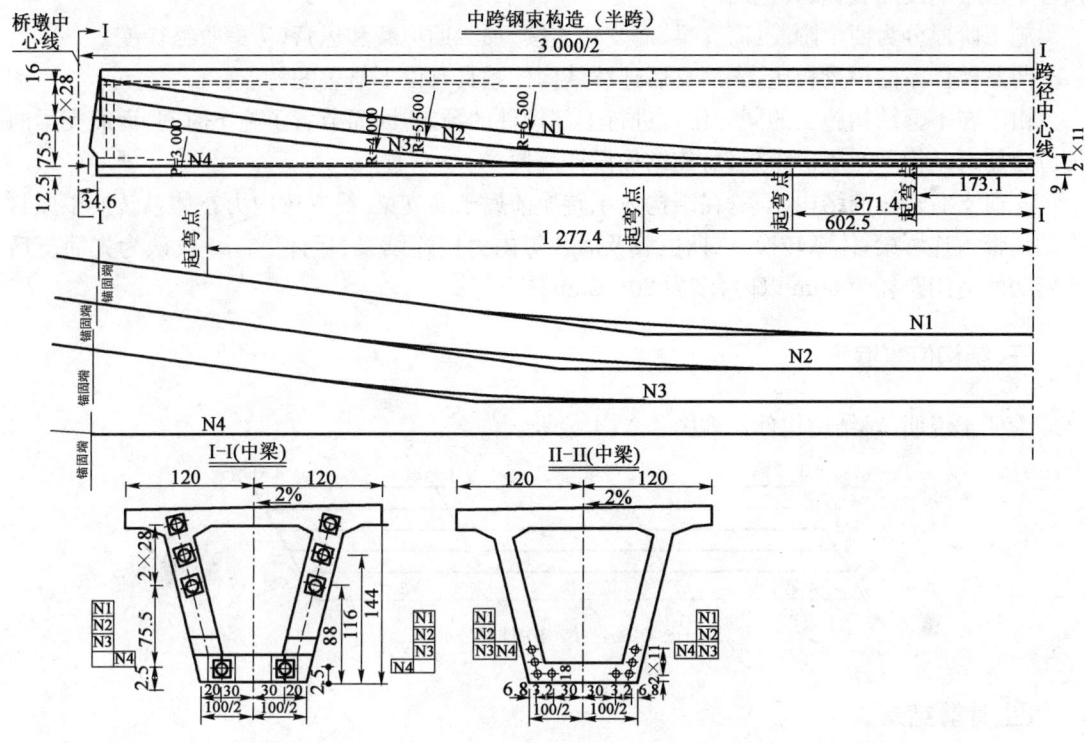

图 4-3-52　钢束配置图(尺寸单位:cm)

二、建模要点

采用空间剪力柔性梁格法建立有限元模型。纵梁、横梁和虚拟横梁组成梁格体系,5 片小箱梁分别建立 5 条纵梁,以 1m 为单位划分纵梁,并在一些变化比较大的地方,例如,梁肋分叉处、腹板或顶底板厚度突然变化处等适当加密梁格。虚拟横梁采用正交于跨度布置,相隔 1m 一道,每跨的端部建立斜端横梁,分别建立斜交角为 0°、30°、45°模型,见图4-3-53。

根据第二章介绍的方法计算纵梁、横梁及虚拟横梁的刚度。

建模点为梁的顶点,支座处梁的顶点与梁的底点之间用弹性连接的刚性模拟,支座用弹性连接模拟。斜桥的边界条件中要注意支座位移方向应平行于行车道中心线。

车道通过纵梁单元定位,为更好地反映实际的汽车荷载传递,将车道荷载通过虚拟横梁加载在纵梁上,即定义车道时在车辆荷载的分布中选择虚拟横向联系梁。考虑横向轮距1.8m 的影响,考虑中载和偏载情况,

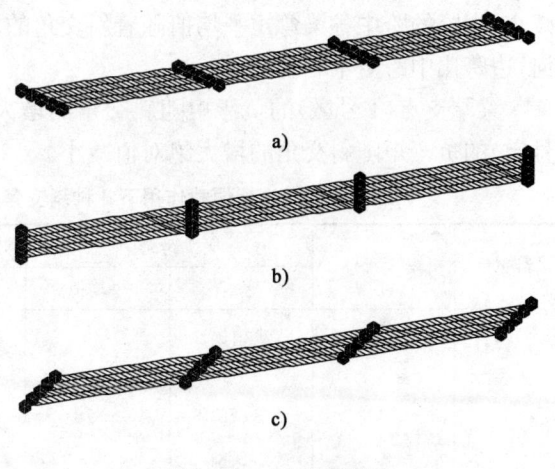

图 4-3-53　空间梁格模型
a)斜交角 0°;b)斜交角 30°;c)斜交角 45°

按各车道影响线加载,取其包络。

施工阶段分为四个阶段:简支梁、简支转连续、加二期恒载和运营(考虑收缩徐变)。

与其他体系的桥梁相比,先简支后连续结构体系具有以下显著的特点:

由于在下部结构施工的同时便可进行上部构件的预制,因而节省了施工时间,而简支梁的预应力筋对结构不产生次力矩,可使结构设计简便。

先简支后连续的结构体系,在结构体系转换前属于简支梁,简支梁内力在体系转换中原封不动地带入连续梁,体系转换、二期恒载及活载等内力按连续梁、板计算。一般认为先简支后连续法的适用跨径为50m以内,多为20～35m。

三、结构位置编号

为便于说明,对结构构件作如图4-3-54编号。

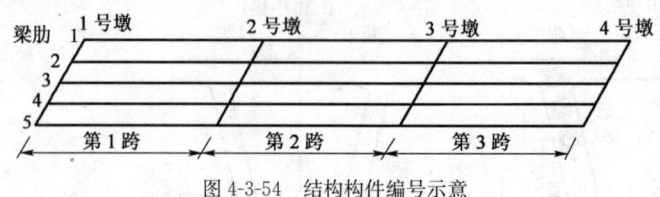

图 4-3-54 结构构件编号示意

四、计算结果

(一)二期恒载

小箱梁自重状态受力与正桥相同。为了说明斜交角度对斜桥受力的影响,分别采用斜交角0°,30°,45°三种模型来比较。以二期恒载作用为例,将各片弯矩及挠度整理见表4-3-6和表4-3-7。

从表4-3-6中可以看出:

对于三跨连续斜交梁,在二期恒载作用下,边跨跨中各梁弯矩平均值随着斜交角的增大而减小,中跨的跨中各梁弯矩平均值随着斜交角的增大而增大。从弯矩数值来看,无论斜交角如何,边跨比中跨更不利。

梁端支点(1号墩)的负弯矩随斜交角的增大绝对值增大。正交时,其值为零。中支点(2号墩)的负弯矩随斜交角的增大绝对值减小。

二期恒载作用下3种斜交角斜梁弯矩(单位:kN·m)　　　　表4-3-6

斜交角	梁号	第1跨跨中		第2跨跨中		1号墩顶	2号墩顶
		弯矩	平均值	弯矩	平均值	弯矩	弯矩
0°	1	3 878		1 339		0	−5 274
	2	3 878		1 339		0	−5 274
	3	3 878	3 878	1 339	1 339	0	−5 274
	4	3 878		1 339		0	−5 274
	5	3 878		1 339		0	−5 274

续上表

斜交角	梁号	第1跨跨中		第2跨跨中		1号墩顶	2号墩顶
		弯矩	平均值	弯矩	平均值	弯矩	弯矩
30°	1	3 386	3 638	1 377	1 386	−182	−4 789
	2	3 543		1 382		−233	−4 894
	3	3 617		1 385		−233	−4 980
	4	3 713		1 394		−233	−5 071
	5	3 931		1 392		−211	−5 190
45°	1	2 937	3 263	1 485	1 485	−434	−4 421
	2	3 124		1 477		−525	−4 523
	3	3 202		1 473		−513	−4 611
	4	3 342		1 494		−520	−4 739
	5	3 712		1 498		−450	−4 942

中跨及边跨跨中挠度的变化规律同其弯矩变化规律,见表 4-3-7。

二期恒载作用下三种斜交角斜梁挠度(单位:mm)　　表 4-3-7

斜交角	梁号	第1跨跨中		第2跨跨中	
		挠度	平均值	挠度	平均值
0°	1	−22.9	−22.9	−2.8	−2.8
	2	−22.9		−2.8	
	3	−22.9		−2.8	
	4	−22.9		−2.8	
		−22.9		−2.8	
30°	1	−19.8	−21.2	−3.4	−3.5
	2	−20.7		−3.5	
	3	−21.1		−3.5	
	4	−21.7		−3.6	
	5	−22.9		−3.5	
45°	1	−16.8	−18.7	−4.5	−4.6
	2	−17.8		−4.6	
	3	−18.3		−4.6	
	4	−19.2		−4.7	
	5	−21.2		−4.7	

下面比较一下三种斜交角的斜梁桥在二期恒载作用下支点反力的大小。

以第一跨为例,支座位置示意见图 4-3-55。

从表 4-3-8 中可以看出,在二期恒载作用下斜梁桥钝角处的反力大于锐角处的反力,且随着斜交角的增大,反力差越来越大。将上表绘成图 4-3-56。

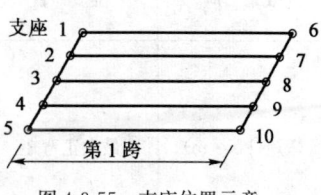

图 4-3-55　支座位置示意

二期恒载作用下支反力(单位:kN)　　　　表 4-3-8

墩	支　座	二 期 恒 载		
		0°	30°	45°
边墩	支座 1	693	875	942
	支座 2	693	645	631
	支座 3	693	695	694
	支座 4	693	768	814
	支座 5	693	498	414
中墩	支座 6	1 926	1 664	1 582
	支座 7	1 926	1 942	1 948
	支座 8	1 926	1 912	1 909
	支座 9	1 926	1 831	1 806
	支座 10	1 926	2 198	2 296

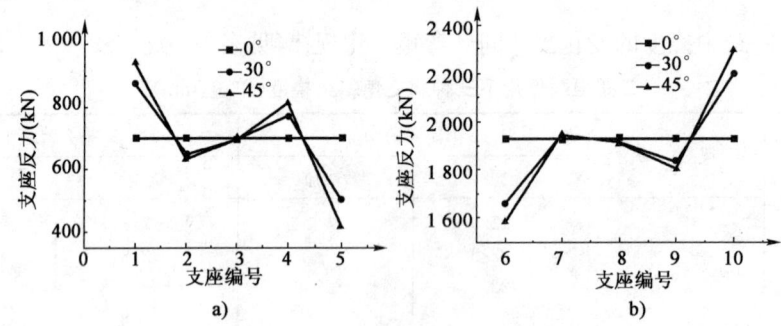

图 4-3-56　三种斜交角支反力对比
a)支座 1~5 支反力；b)支座 6~10 支反力

从图 4-3-56 中可见,在二期恒载作用下,支座 1、4、7、10 的支反力随斜交角增大而增大,支座 2、5、6、9 的支反力随斜交角增大而减小,而支座 3 和支座 8 的支反力几乎不变化。

(二)汽车作用

表 4-3-9 列出了斜交角 30°三跨连续斜梁桥在公路—I 级作用下,各跨及各梁肋的内力值。

汽车作用内力汇总表(斜交角 30°)　　　　表 4-3-9

效　应	位　置	梁　肋	公路—I 级		
			第一跨	第二跨	第三跨
弯矩(kN·m)	最大正弯矩	1	2 445	2 150	2 626
		2	1 967	1 695	2 072
		3	1 931	1 689	1 930
		4	2 058	1 702	1 974
		5	2 612	2 155	2 460

续上表

效应	位置	梁肋	公路—I级		
			第一跨	第二跨	第三跨
弯矩(kN·m)	最大负弯矩	1	2 216	2 340	2 340
		2	1 757	1 782	1 782
		3	1 786	1 786	1 720
		4	1 822	1 822	1 716
		5	2 481	2 481	2 120
剪力(kN)	最大剪力	1	646	680	705
		2	594	600	615
		3	597	584	595
		4	581	561	570
		5	710	681	646

从表 4-3-9 中可以看出弯矩值以中梁（3 号梁）为中心向两边递增。在活载作用下，斜交梁与正交梁一样，都是边梁最不利。

作为比较，列出斜交角 45°的三跨连续梁的活载内力，见表 4-3-10。

汽车内力汇总表（斜交角 45°） 表 4-3-10

效应	位置	梁肋	公路—I级		
			第一跨	第二跨	第三跨
弯矩(kN·m)	最大正弯矩	1	1 656	1 544	1 868
		2	1 286	1 185	1 308
		3	1 292	1 182	1 286
		4	1 310	1 184	1 289
		5	1 863	1 551	1 672
	最大负弯矩	1	1 756	1 850	1 850
		2	1 303	1 303	1 233
		3	1 279	1 279	1 227
		4	1 285	1 285	1 249
		5	1 956	1 664	1 664
剪力(kN)	最大剪力	1	539	561	571
		2	453	465	467
		3	482	479	480
		4	469	463	452
		5	574	561	548

对表 4-3-9 和表 4-3-10 进行比较，可以看出随斜交角的增大，活载效应下，主梁的最大弯矩值减小，且边梁减小值较中梁大。

(三)温度作用

《公路桥涵设计通用规范》(JTG D60—2004)第 4.3.10 条对如何考虑温度作用做出了相关规定,其中第三条指出:计算桥梁结构由于温度引起的效应时,可采用图 4-3-57 所示的竖向温度梯度曲线,其桥面板表面的最高温度 T_1 规定见表 4-3-11。对于本例混凝土结构,当梁高 H 小于 400mm 时,图 4-3-57 中 $A = H - 100$mm;梁高 H 等于或大于 400mm 时,$A = 300$mm。

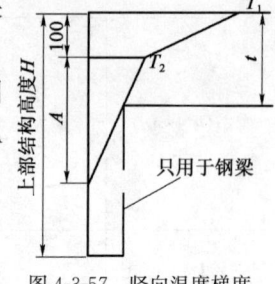

图 4-3-57 竖向温度梯度

斜梁桥在温度作用下与正交桥不同的是会产生平面转动,例如,在温度梯度这种均布力作用下,正交梁内仅产生由弯矩引起的变形,而斜梁桥除了有弯矩还有由弯矩引起的扭矩,因而其变形也是两种叠加。

竖向日照正温差计算的温度基数 　　　　表 4-3-11

结 构 类 型	T_1(℃)	T_2(℃)
混凝土铺装	25	6.7
50mm 厚沥青混凝土铺装层	20	6.7
100mm 厚沥青混凝土铺装层	14	5.5

第四章 弯　桥

立交桥大多位于城市主要干道交叉口或高等级公路相交点的交通枢纽处,为了满足道路线形的要求,需要设置很多曲线桥。近年来,许多城市曲线高架桥多采用独柱单支点连续箱梁桥结构,通过恰当设置独柱支点的预偏心来调整主梁扭矩,有效地改善桥梁受力状态,取得良好的效果。这种结构桥下墩柱少,空间视野开阔,而且整体桥型美观轻巧,富有时代感。

第一节　受力特点

一、力学特征

弯桥最主要的受力特征是,由于曲率的影响,在发生竖向弯曲时必然产生扭转,而这种扭转作用又将导致挠曲变形,这被称之为"弯—扭"耦合作用。这一作用使弯桥具有以下各项受力特点:

(1)弯桥的变形比同样跨径直线桥要大,外边缘的挠度大于内边缘的挠度,而且曲率半径越小,桥越宽,这一趋势越明显。

(2)弯桥即使在对称荷载作用下也会产生较大的扭转,通常会使外梁超载,内梁卸载,内外梁产生应力差别。

(3)弯桥的支点反力与直线桥相比,有曲线外侧变大、内侧变小的倾向,内侧甚至产生负反力。当曲率半径小,恒载较小时,应注意在设计上控制内侧支点的负反力,必要时应在构造上采取相应的措施,设置拉压支座,同时应防止外侧支座超载。

(4)弯桥的中横梁,除具有直线桥中的功能外,还是保持全桥稳定的重要构件,与直线桥相比,其刚度一般较大。

(5)弯桥中预应力效应对支反力的分配有较大影响,计算支座反力时必须考虑预应力效应的影响。

二、平面曲线梁的变形微分方程

图 4-4-1 所示弧段为流动坐标系 xyz 中的曲梁微段,z 轴沿曲梁的切线方向,x 轴沿半径方向,y 轴向下。微段上作用有任意分布力 q_x、q_y、q_z 和任意分布力矩 m_x、m_y、m_z,截面上有六

个方向的内力,即轴力 N、剪力 Q_x 和 Q_y、弯矩 M_x 和 M_y 以及扭矩 T。利用三个力和三个力矩内外力平衡,可以推导出曲线的静力平衡微分方程如下:

$$\frac{\partial M_y}{\partial z} + Q_x + m_y = 0$$

$$\frac{\partial Q_x}{\partial z} + \frac{N}{R} + q_x = 0$$

$$\frac{\partial N}{\partial z} - \frac{Q_x}{R} + q_x = 0$$

$$\frac{\partial M_x}{\partial z} + \frac{T}{R} - Q_y + m_x = 0$$

$$\frac{\partial T}{\partial z} - \frac{M_x}{R} + m_z = 0$$

$$\frac{\partial Q_y}{\partial z} + q_y = 0$$

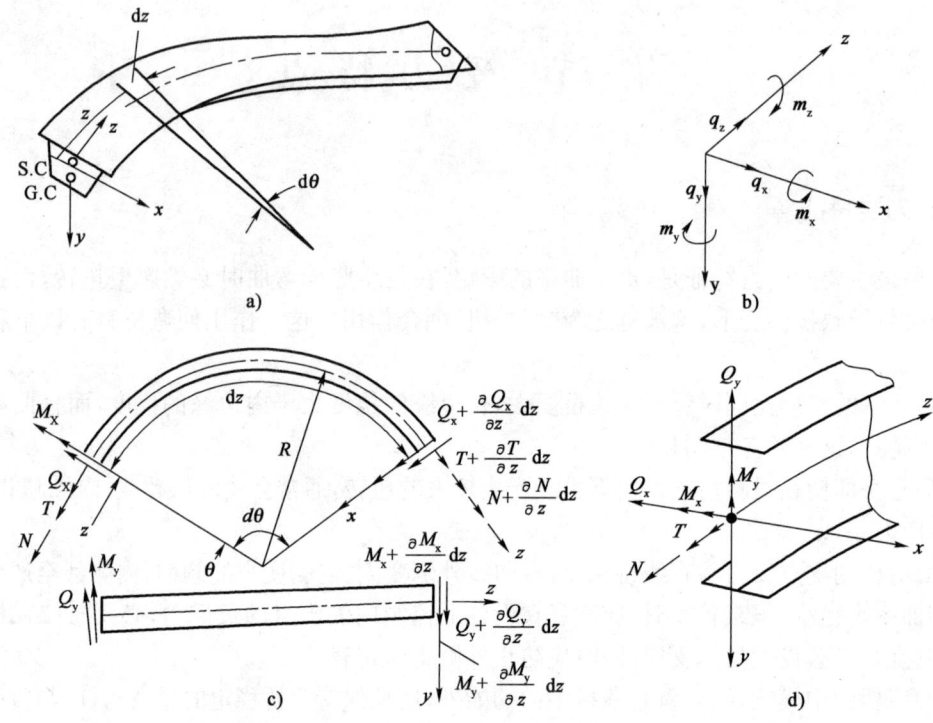

图 4-4-1 流动坐标系中曲梁受力示意
a)流动坐标系;b)荷载方向;c)曲梁微段;d)内力方向

上述六个平衡方程消去 N、Q_x 和 Q_y 后,可以化简为:

$$\frac{\partial^3 M_y}{\partial z^3} + \frac{1}{R^2}\frac{\partial M_y}{\partial z} = \frac{\partial q_x}{\partial z} - \frac{\partial^2 m_y}{\partial z^2} - \frac{q_z}{R} - \frac{m_y}{R^2} \tag{4-4-1}$$

$$\frac{\partial^2 M_x}{\partial z^2} + \frac{1}{R}\frac{\partial T}{\partial z} = -q_y - \frac{\partial m_x}{\partial z} \tag{4-4-2}$$

$$\frac{\partial T}{\partial z} - \frac{M_x}{R} = -m_z \qquad (4\text{-}4\text{-}3)$$

曲梁轴线上任一点在 xyz 方向的位移分别为 u、v、w，梁的扭角为 φ（图 4-4-2）。曲梁的几何方程为：

$$k_y = \frac{d^2 u}{dz^2} + \frac{u}{R^2} \qquad (4\text{-}4\text{-}4)$$

$$k_x = \frac{d^2 v}{dz^2} - \frac{\varphi}{R} \qquad (4\text{-}4\text{-}5)$$

$$k_z = \frac{d\varphi}{dz} + \frac{1}{R}\frac{dv}{dz} \qquad (4\text{-}4\text{-}6)$$

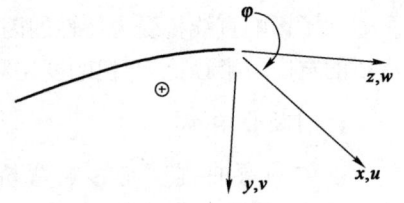

图 4-4-2 曲梁的位移和扭角

式中：ε_z——轴向应变；

k_y、k_x——绕 x、y 轴的曲率；

k_z——绕 z 轴的扭转曲率。

对于弹性材料，考虑截面内力与应变之间的关系，并将几何方程式(4-4-4)～式(4-4-6)代入得：

$$M_y = EI_y k_y = EI_y\left(\frac{d^2 u}{dz^2} + \frac{u}{R^2}\right) \qquad (4\text{-}4\text{-}7)$$

$$M_x = -EI_x k_x = -EI_x\left(\frac{d^2 v}{dz^2} - \frac{\varphi}{R}\right) \qquad (4\text{-}4\text{-}8)$$

$$T = -EI_\omega \frac{d^2 k_z}{dz^2} + GI_d k_z = -EI_\omega\left(\frac{d^3\varphi}{dz^3} + \frac{1}{R}\frac{d^3 v}{dz^3}\right) + GI_d\left(\frac{d\varphi}{dz} + \frac{1}{R}\frac{dv}{dz}\right) \qquad (4\text{-}4\text{-}9)$$

式中：E、G——弹性模量和剪切模量；

I_y、I_x——绕 x、y 轴的抗弯惯性矩；

I_d——绕 z 轴的扭转惯性矩；

I_ω——截面的扇性惯性矩；

其余符号意义同上。

将式(4-4-7)～式(4-4-9)代入式(4-4-1)～式(4-4-3)，即可得描述曲梁位移、扭角与外荷载关系的基本微分方程，即符拉索夫方程：

$$EI_y\left(u^V + \frac{2}{R^2}u''' + \frac{1}{R^4}u'\right) = \frac{\partial q_x}{\partial z} - \frac{\partial^2 m_y}{\partial z^2} - \frac{q_z}{R} - \frac{m_y}{R^2} \qquad (4\text{-}4\text{-}10)$$

$$\frac{EI_\omega}{R}v^{IV} - \frac{EI_x + GI_d}{R}v'' + EI_\omega \varphi^{IV} - GI_d \varphi'' + \frac{EI_x}{R^2}\varphi = m_z \qquad (4\text{-}4\text{-}11)$$

$$\left(EI_x + \frac{EI_\omega}{R^2}\right)v^{IV} - \frac{GI_d}{R^2}v'' + \frac{EI_x}{R}\varphi^{IV} - \frac{EI_x + GI_d}{R}\varphi'' = q_y + \frac{\partial m_x}{\partial z} \qquad (4\text{-}4\text{-}12)$$

符拉索夫方程揭示了曲梁平面弯曲变形、竖向挠曲变形和扭转支架的关系。曲梁的平面弯曲变形 u 可以由方程式(4-4-10)独立求出，而竖向挠度 v 和扭转角度 φ 必须由方程式(4-4-11)和式(4-4-12)联立求解，说明曲线梁竖向弯曲和扭转是耦合的。因此，在平面内荷载作用下的曲梁可以按拱的理论进行单独分析，而把分析重点放在平面外的荷载上。对于实际结构，上述微分方程的求解很难，符拉索夫方程直接应用与弯桥设计分析有一定的困难。

三、影响弯桥受力特性的主要因素

除了影响直线桥受力特性的因素,如跨长、抗弯刚度外,与弯桥有关的主要因素有圆心角、弯桥的宽度与半径比、弯扭刚度比和扇性惯性矩。

(一)圆心角 φ_0

主梁的弯曲程度是影响弯桥受力特性最重要的因素,但是曲率半径并不能全面地反映弯曲程度,曲率半径相同时,跨径越大弯曲程度越大。能全面反映主梁弯曲程度的参数是圆心角,它是跨长与半径的比值,反映了与跨径有关的相对弯曲,如果桥梁跨长一定,主梁圆心角的大小就代表了梁的曲率,圆心角越大,曲率半径就越小,所显示的弯桥受力特点就越明显。如图 4-4-3 所示的简支超静定曲梁,跨中挠度影响线:

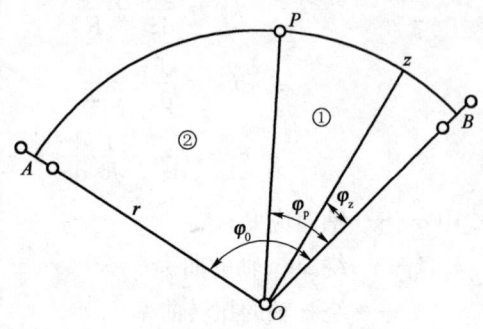

图 4-4-3 集中荷载 P 作用下的变形计算

$$\eta_{CP}^{W} = W(\varphi_Z = \frac{\varphi_0}{2}, P=1, \varphi_P)$$
$$= \frac{r^3}{EI}(c_{10} + kc_{11})$$

式中:c_{10}、c_{11}——与圆心角 φ_0、单位力作用位置 φ_P 有关的系数,c_{10} 与扭转无关,c_{11} 与扭转角有关;

k——弯扭刚度比,$k = \dfrac{EI}{GI_P}$;

其余符号意义同上。

图 4-4-4 所示是 c_{10}、c_{11} 与 φ_0 的关系曲线。从图中可以看出:当圆心角 φ_0 较小($\varphi_0 \leqslant 30°$)时,c_{11} 极小,也即当 $\varphi_0 \leqslant 30°$ 时可以忽略扭转对挠度的影响。实际上当($\varphi_0 \leqslant 50°$)时,弯梁的纵向弯矩可以足够精确地用跨径为 $l = r\varphi_0$ 的直线梁计算。

图 4-4-5 所示是 $4 \times 49 m$ 连续弯梁桥,当弯曲半径 $r=50m$、$150m$、$250m$、$350m$ 及 ∞(直桥)时,在竖向集中力 $P=1$ 作用下,严格按比例绘制的内力影响线。可以看出,不同 r 时的弯矩和剪力影响线的形状同直桥相似,且 r 越大,圆心角 φ_0 越小时,越趋近于直桥。随着曲率半径 r 减小,圆心角 φ_0 增大,弯矩、剪力、扭矩均增大,说明在相同跨径下,弯桥的内力要比直桥大。不同 r 对弯矩和剪力影响线数值影响很小,但对扭矩影响线数值影响很大。

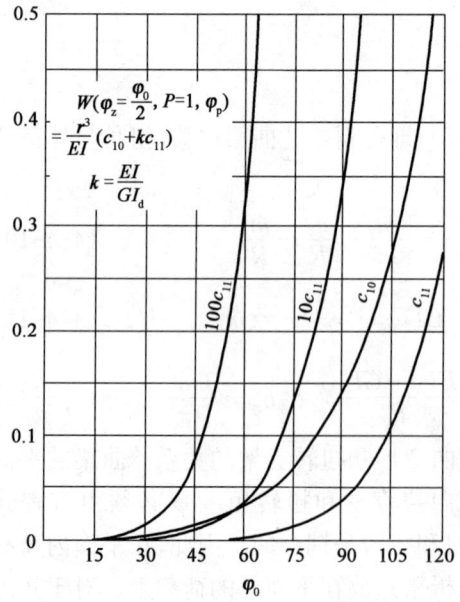

图 4-4-4 跨中截面挠度与 φ_0 的关系曲线

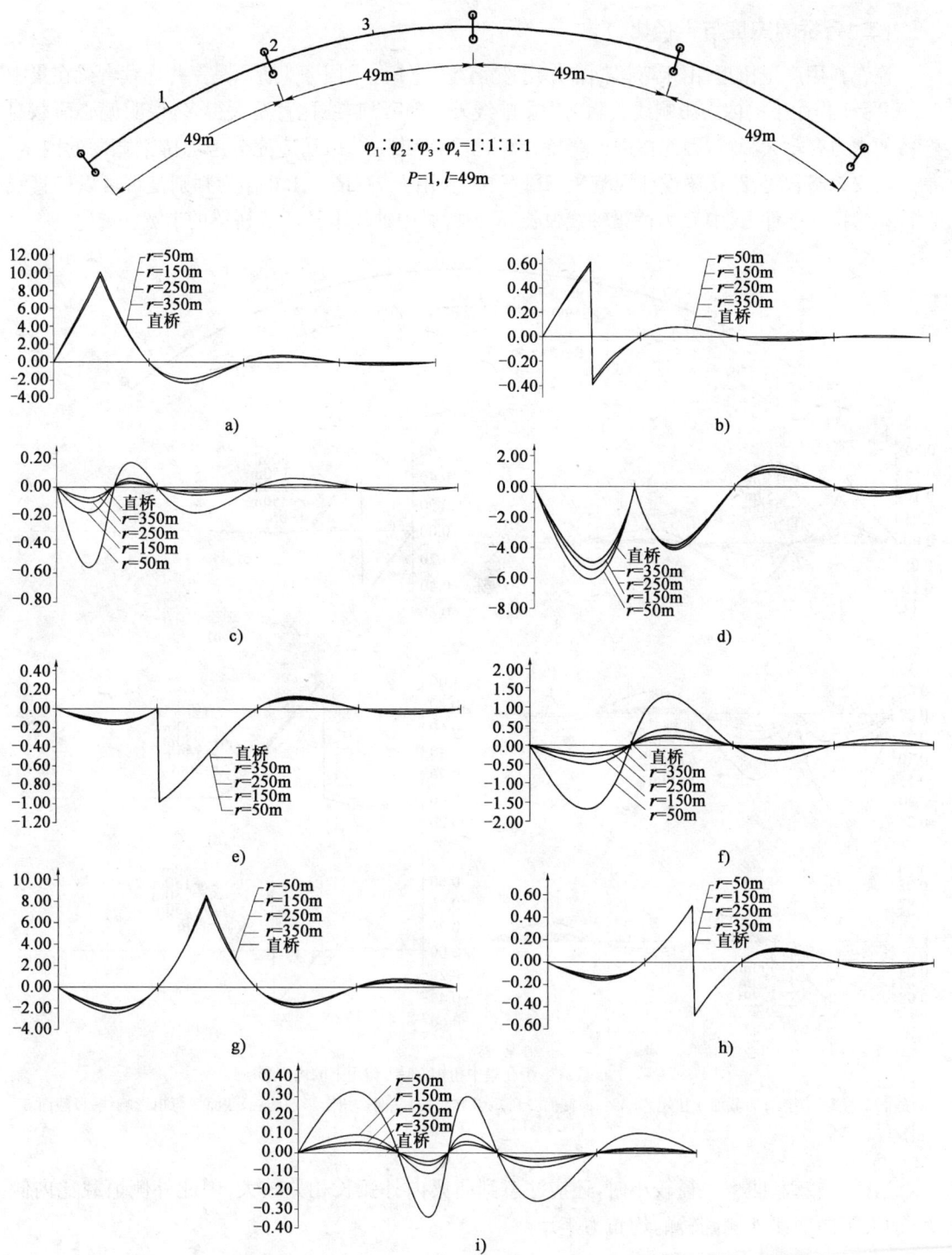

图 4-4-5 4×49m 连续梁在竖向集中力 $P=1$ 作用下的内力影响线

a)截面 1 弯矩影响线;b)截面 1 剪力影响线;c)截面 1 扭矩影响线;d)截面 2 弯矩影响线;e)截面 2 剪力影响线;f)截面 2 扭矩影响线 g)截面 3 弯矩影响线;h)截面 3 剪力影响线;i)截面 3 扭矩影响线

(二)弯桥的宽度与半径比

汽车作用产生扭矩,由于弯扭耦合作用又将产生弯矩。图4-4-6所示是三跨连续弯梁在集中扭矩 $T=1$ 作用下的内力影响线。除剪力影响线外,弯矩影响线比直桥大得多,说明偏心荷载对弯桥的内力有较大影响,因此在进行弯桥计算时,除考虑 φ_0 外,还应充分考虑桥梁宽度的因素。加拿大安大略省《公路桥梁设计规范》OHBDC 中,采用 $L^2/(bR)<1.0$ 作为判别是否可以按直线桥计算弯桥的条件,式中 L 为桥梁轴线弧长,R 为桥梁中轴线半径,b 为桥梁的半宽。

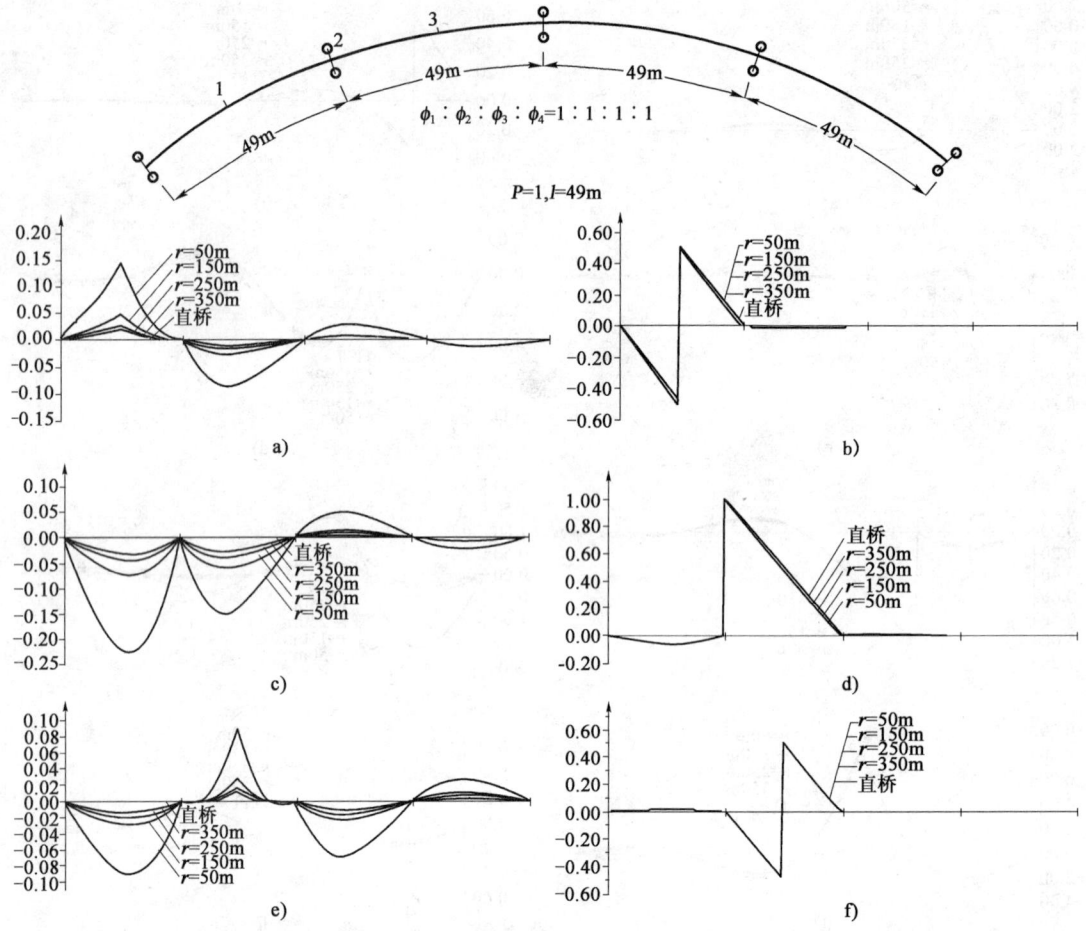

图4-4-6 $4\times49\mathrm{m}$ 连续弯桥在集中扭矩 $T=1$ 作用下的内力影响线
a)截面1弯矩影响线;b)截面1扭矩影响线;c)截面2弯矩影响线;d)截面2扭矩影响线;e)截面3弯矩影响线;f)截面3扭矩影响线

当桥宽较大、曲率半径较小时,还应注意到曲梁内外弧长相差较大,因此外侧恒载比内侧大,加大了向曲线外侧翻转的均布力矩。

(三)弯扭刚度比

在弯桥中主梁的弯扭刚度比与结构的受力和变形状态有直接的关系。图4-4-4示出了集中荷载 $P=1$ 作用下简支超静定曲梁的跨中挠度系数,在 $k=1、10、100$ 时的3根曲线 c_{11}、

$10c_{11}$、$100c_{11}$,随 k 值增大,由于曲率因素而导致的扭转变形显著增大。因此,对于弯桥,在抗弯刚度 EI 满足要求的前提下宜尽量增大截面抗扭刚度 GI_d,以减小扭转引起的变形,所以在曲线桥梁中宜采用抗扭惯矩较大的箱形断面。

(四)扇性惯性矩

严格地说,曲梁除圆形或正方形的截面外,变形后截面不能保持为平面,在结构分析中应考虑薄壁效应。但对于混凝土结构,薄壁效应并不明显,且一般箱形梁的形状接近于正方形,如果 $k=L\sqrt{GI_d/EI_w}\geqslant 30$,则横截面的翘曲变形不大,可以不考虑薄壁效应。

第二节 总 体 布 置

(一)结构体系

按结构体系分,可分为单跨简支弯桥和多跨连续弯桥。

主梁的扭矩可通过支座的弯曲嵌固以及多跨连续而大大减小。在单跨梁板式梁桥中,圆心角 φ_0 不应大于 $20°$,而在多跨连续梁中,每跨圆心角不应超过 $40°$。

(二)纵轴线形式

按纵轴线的平面曲线形状分,分为等曲率弯桥和变曲率弯桥;通常前者为圆曲线,后者可以拟合成多心圆;缓和曲线上桥梁是变曲率桥。

处于平曲线上的装配式多片主梁形式的桥梁,沿测设中心线尽量采用标准跨径,墩、台中心线径向布置。对平面弯曲程度不大的桥梁,可采用直线预制梁多段逼近平曲线,同时边梁外悬臂随圆弧线变化。为适应内、外侧梁长不一致的情况:①当梁长变化在±150mm 范围内时,可由同等长度的装配式直线梁组成,见图 4-4-7c)。对连续梁采用调整现浇连续段长度的方式布梁;对简支梁采用预制梁支承在宽度不等的墩帽(或盖梁)上,内外弧长差用封锚块调整,或者在墩顶作楔形块来调整。②当梁长变化在±500mm 范围内时,采用各预制梁变梁长、现浇连续段长度保持不变的方式布梁,见图 4-4-7b)。梁长变化段应设置在靠梁端的第一个中横隔梁与腹板变宽点间,但预制梁内预应力钢束变化段应设置在跨中直线段内,这样仍可套公路桥梁通用图。③当梁长变化超过±500mm 时,则需根据各桥具体情况进行调整。

对平面弯曲程度较大的桥梁,腹板建议做成曲线形,见图 4-4-7a),因为弯曲的腹板不仅外形美观、与力学模型一致,而且对于施工也便利,车道板的支架、模板、配筋均可全长一致;缺点是同一套模板不能适应不同曲线半径的情况。

(三)平面形式

弯桥有等宽弯桥、变宽弯桥和异形弯桥。一般弯桥多为等宽度形式,如图 4-4-8 所示弯箱梁的布置,但在互通立交桥上常常有变宽度弯桥、异形弯桥,见图 4-4-9。

(四)横截面形式

一般来说,弯桥的横截面形状可以采用直线桥的横截面形状,但是由于弯桥的工作特性与直线桥不同,横截面的刚度应设计得比同类直线桥大。

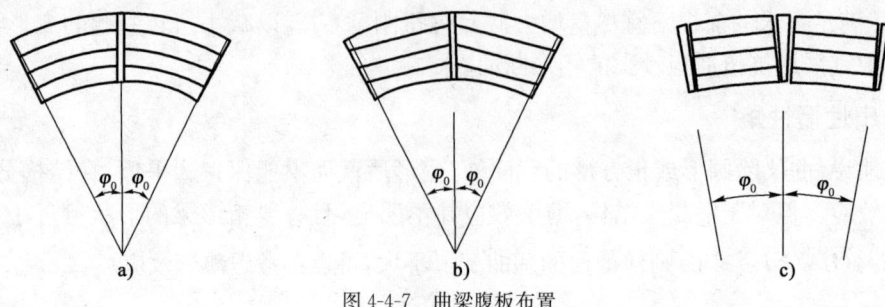

图 4-4-7　曲梁腹板布置
a)曲线桥;b)用直 T 形梁组成的弯桥(用封锚块调整);c)用直 T 形梁组成的弯桥(墩顶楔形块调整)

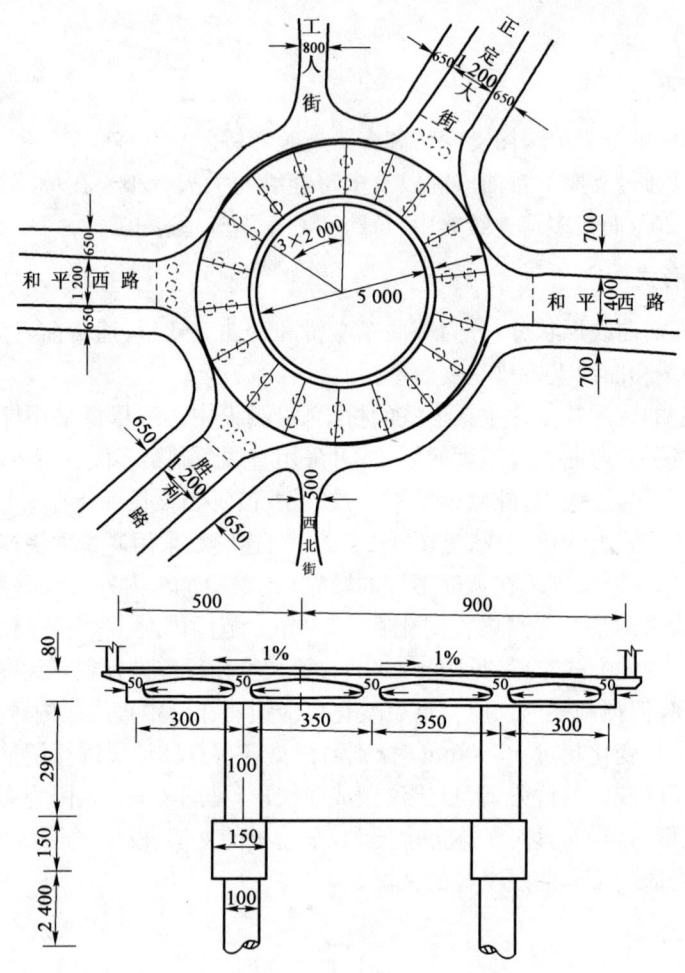

图 4-4-8　等宽弯桥及横剖面示意(尺寸单位:cm)

按横截面形式可分为板式截面,装配 T 形、I 形或小箱形截面和箱式截面。

1. 板式截面

板式桥梁是公路桥梁中应用最广的常用桥型,具有构造简单、施工方便、受力明确、桥下平

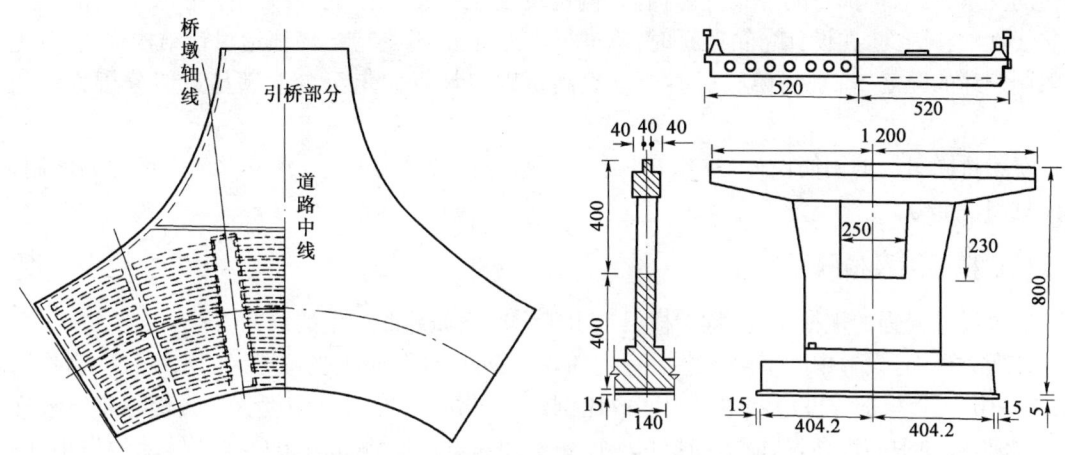

图 4-4-9 异形弯桥及横剖面示意(尺寸单位:cm)

整美观、造价低,可采用钢筋混凝土和预应力混凝土结构,可做成实心和空心,易实现标准化和工厂施工,能适应各种形状的弯、坡、斜桥等特点,因此,在高速公路、一般公路和城市桥梁中都得到十分广泛的采用,其常见跨径为 6~20m。尤其是在建筑高度受到限制的条件下和平原微丘地区的中、小跨径桥梁,因其可以有效降低路堤填土高度,具有节省土方、少占耕地等优点,特别受到欢迎。

预制预应力混凝土空心板梁得到广泛应用,但应特别注意预制板梁间横向联结的整体性。早期修建的这种空心板梁,有的已出现预制空心板之间沿铰缝开裂、剥落现象,造成单板受力。设计中可考虑以下三种改进措施:①采用深铰缝;②增大剪刀型加强钢筋的直径;③增加桥面混凝土现浇层的厚度至 10cm(公路—Ⅰ级荷载)。另外,大量采用空心板梁对桥梁的抗震也会产生不利的影响。

2. 装配 T 形、I 形或小箱形截面

装配式桥梁的优点有:①将主梁划分成多片标准化预制构件,简化了模板,工厂可成批生产,提高预制质量,降低运输、安装费用;②上下部平行作业,缩短工期,节省大量支架。

T 形梁的优点是预制方便,缺点是建筑高度大、桥下外观不好。特别是城市立交桥,一般桥下净空高度为 4.5~5.0m,当 T 形梁跨度增大,梁的高度相应增加时,梁高与桥下净高会比例失调,呈现压抑感。

3. 箱式截面

箱形梁是城市高架桥和立交桥常用的形式之一,箱式截面具有挖空率高、材料用量少、抗扭刚度大、翼缘板伸臂长、外形美观,大多数应用在跨径较大以及曲线和异形桥梁结构上,目前跨径均在 20m 以上。对于城市立交桥或有通航要求的桥梁,常采用具有较小建筑高度的"扁箱截面",或采用多室结构。桥宽在 14m 以下,多采用单箱单室截面,受力明确,施工方便,材料用量少。从美观上着眼,从减小箱梁底板宽度以使与窄墩相配合,常采用具有斜腹板式的梯形箱截面。

精确地计算弯箱梁桥的截面内力是比较困难的,因为它受多种参数的影响,如抗弯刚度和抗扭刚度之比 EJ_B/GJ_T 或 k_B/k_T、圆心角 φ_0、曲率半径 R、箱梁宽度 b_0,尤其是 $b_0:R$、弯曲和扭转的支承方式、预加力的方式等。而且,问题的复杂性还在于在开裂状态中,k_B/k_T 的比例是非线性的。因此,在设计弯箱梁桥时,除进行内力分析外,还应当谨慎地设计结构构造,首先是限制裂缝的配筋(特别当薄腹板时要求更高),以使计算假定至少能满足近似分析方法的要求。

弯梁桥同斜桥的钢筋设计一样,需考虑弯、剪、扭耦合受力状态,并考虑截面尺寸的限制。具体见斜桥部分。

(五)横隔梁及横隔板

应该设置较强的端横梁,注意端横梁上由于纵梁截面翘曲产生的纵向力。

在弯梁桥中,设置中间横隔梁总是适宜的,横梁可以减轻腹板受拉翼缘的水平径向力作用(图 4-4-10)。腹板的厚度应和主梁高度成比例,以提供一定的扭转刚度。当腹板与车道板连成一体时,转动中心提高,从而增加抗扭刚度。中间横梁同时也起着阻碍梁肋转动的作用(图 4-4-11)。

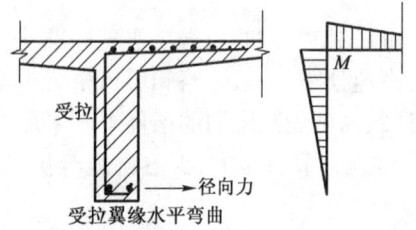

图 4-4-10 受拉翼缘的水平径向力使腹板受弯

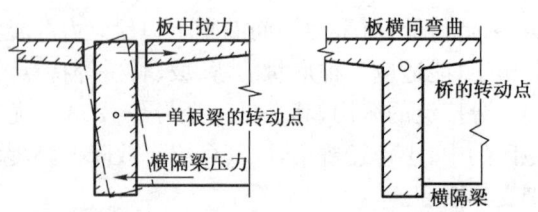

图 4-4-11 跨间横隔梁阻碍主梁转动而产生反力

根据《公路钢筋混凝土及预应力混凝土桥涵设计规范》(JTG D62—2004)第 9.3.2 条规定,内径半径小于 240m 的弯箱梁应设跨间横隔板,其间距对于钢筋混凝土箱形截面梁不应大于 10m;对于预应力箱形截面梁则需经结构分析确定。

(六)支承线设置

正交弯桥和斜交弯桥布置见图 4-4-12。一般仅在墩台方向受限制时才设计成斜交弯桥。

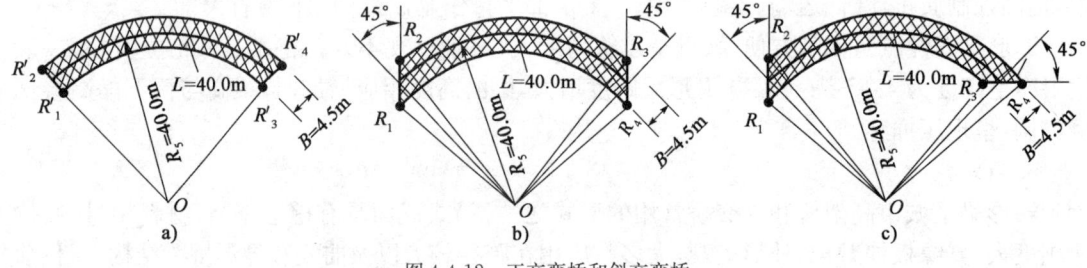

图 4-4-12 正交弯桥和斜交弯桥

正交弯桥和斜交弯桥支承线的设置,可体现如下内力特征:

(1)在相同半径和中心角情况下,除扭矩外斜交弯桥的内力和挠度都比正交小,其中剪力差别要小些。

(2)对称斜交和不对称斜交内力和挠度比较接近。

图 4-4-13 是均布荷载作用下内力的挠度图,在集中荷载下也有类似的内力和挠度分布。

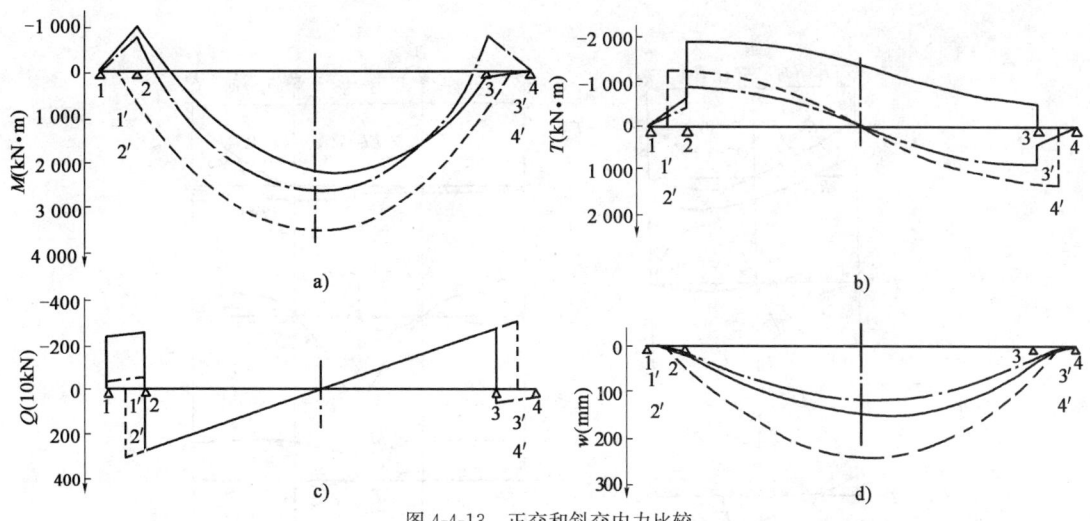

图 4-4-13 正交和斜交内力比较

虚线为图 4-4-12a),点画线为图 4-4-12b),直线为图 4-4-12c)
a)弯矩 M;b)扭矩 T;c)剪力 Q;d)挠度 w

(七)支座布置

按支座布置可分为可挠可扭支座和可挠不可扭支座。在连续弯桥中,这两种支座有三种组合。

1. 全桥支座均为可挠不可扭支座

其特征影响线见图 4-4-14,影响线外形与直线连续梁桥相似。

2. 全桥均为可挠可扭支座

其垂直荷载影响线与上述(1)条相似,但扭矩荷载的影响线全桥无零点。由于全桥没有抗扭支座,桥梁的稳定性完全依赖于支承点所包围的面积大小,所以这种支座布置方式适用于多联大曲率弯桥,见图 4-4-15。

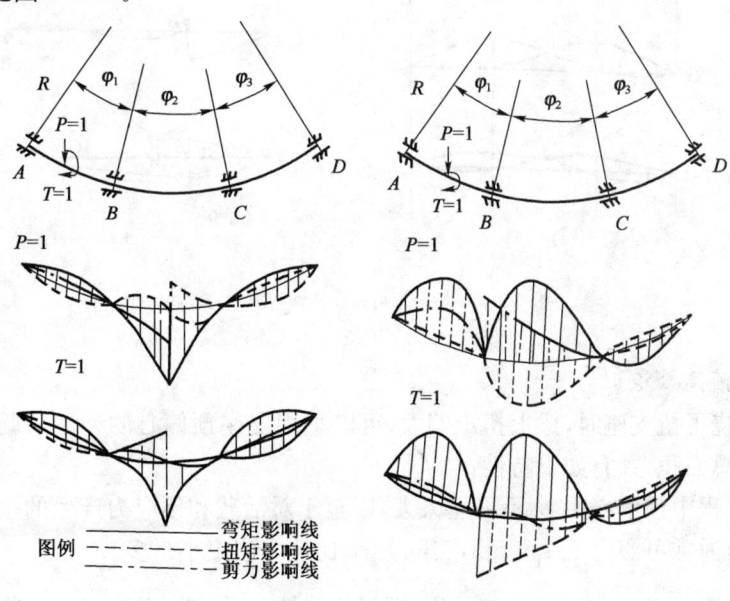

图 4-4-14 全不可扭支座弯桥典型影响线

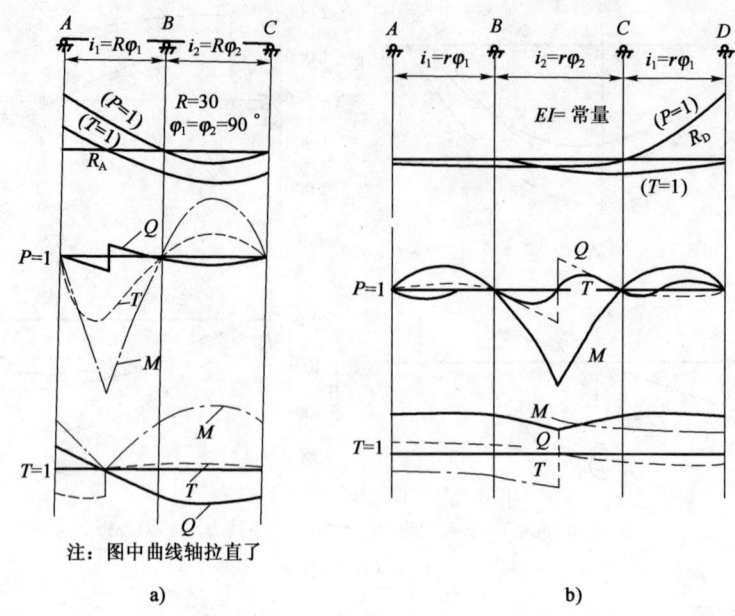

图 4-4-15　全可扭支座弯桥典型内力影响线
a)两孔梁边跨跨中影响线；b)中跨内力影响线

3. 全桥中设有部分可挠不可扭支座

一般在桥台上设不可扭支座，在中间桥墩上设可扭支座，并配以独柱墩，其特征影响线外形介于以上两种情况之间，见图 4-4-16。

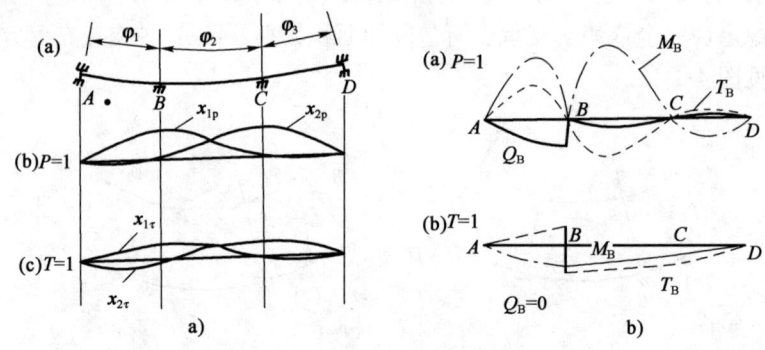

图 4-4-16　桥台不可扭支座弯桥典型影响线
a)中间支点赘余力影响线；b)B 支座内力影响线

4. 支座的预偏心距

当设置可挠可扭支座时，梁上扭矩偏大，可以采用支座预偏心的办法来调整梁的扭矩图，以减小扭矩图总面积，并有如下特性：

(1)实际工程中预偏心距 e_k 不可能太大，以至于对活载和预应力产生的扭矩影响也不大，可以忽略不计，通常可假定 $e_k \leqslant 1.5\text{m}$，实际上 e_k 比这个假定小得多。

(2)预偏心距 e_k 产生的附加扭矩 ΔT_k 近似为线性关系，即 $\Delta T_k = \dfrac{C_1}{R} e_k$，式中 R 为半径，C_1

为与结构、荷载组合、支座位置有关的状态系数。

（3）通过支座预偏心一般只可对扭矩图（或扭矩包络图）作跨内竖向平移，所以只能减小扭矩图与小平轴所包围的面积，而不能减小扭矩包络图的面积，见图4-4-17。

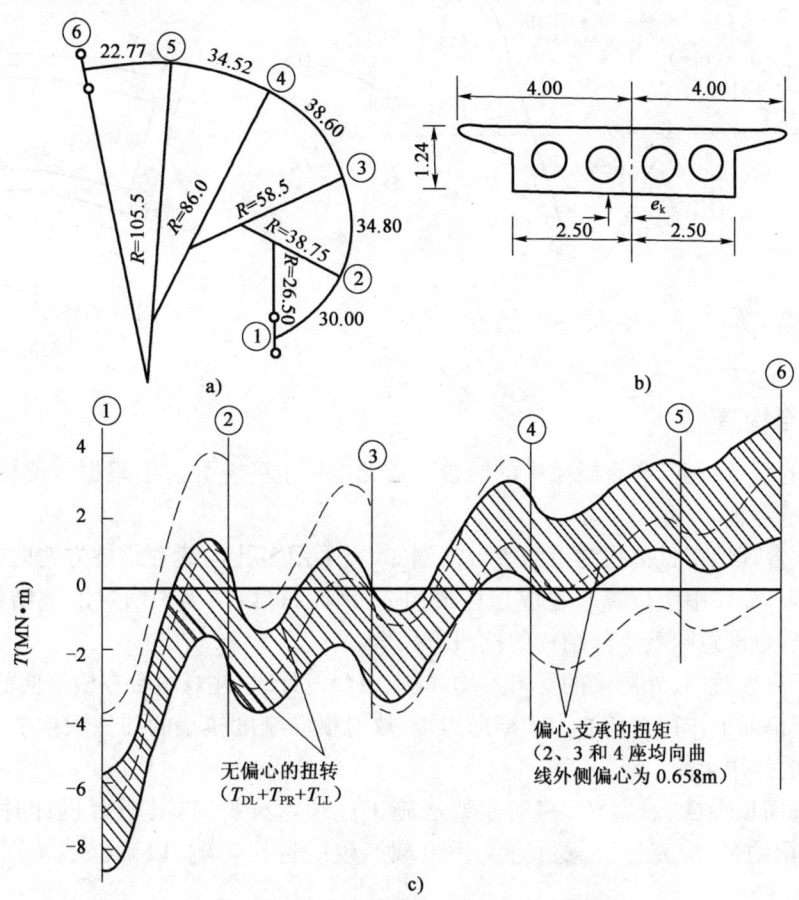

图4-4-17　扭矩包络图示意（尺寸单位：m）

T_{DL}-恒载扭矩；T_{PR}-预应力扭矩；T_{LL}-活载扭矩

（4）对于中间支座是可扭支座的连续梁桥，可通过支座预偏心的设置，大幅度减小端跨的扭矩。对于扭矩变号的中跨扭矩调整幅度很小，见图4-4-18，但是能起到内力重分布的效果，从而获得一定的经济效益。

（5）由于线性假设，以采用以下方法预估偏心值e_k。当可扭支座有$K=1,2,\cdots,n$个时，可以在某个可扭支座K上作用单位偏心距$\Delta e_k=1$，计算支座i上梁的扭矩影响量$T_{ik}(i=1,2,\cdots,n)$；确定各个支座处期望调整的扭矩量ΔT_i，通过解方程$[T_{ik}]\{e_k\}=\{\Delta T_i\}$可以得到支座$K$的预估偏心值$e_k$；反复调试可以使扭矩图尽可能靠近零轴线。

当扭矩较大时，各支座的反力值相差会很大，有时甚至产生反方向的力；同时，对同一支座，由于活载在横截面的位置不同，不仅扭矩的符号要发生变化（特别是宽桥），且反力值也会相差很大，甚至是反方向的。因此，可以将一个支座设置在外主梁外侧的端横梁下（图4-4-19），起支座反力重分布作用。也可以设置具有一定弹性的橡胶支座，通过支座之间不同的弹性变形使支座反力重分布,还能降低支座附近梁板内由于剪力和扭转形成的剪应力。

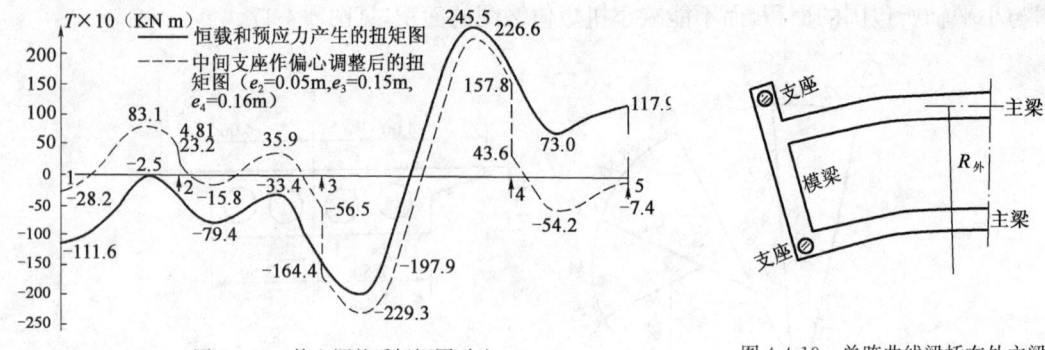

图 4-4-18 偏心调整后扭矩图对比

图 4-4-19 单跨曲线梁桥在外主梁外侧端横梁下设置支座

(八)墩台构造

弯梁桥的墩台构造,与直梁桥中的墩台形式无本质上的差异。但根据弯梁桥的受力特点在设计时应予考虑。

(1)必须合理地布置抗扭约束的墩台。例如,当采用多孔连续弯梁桥方案时,常在桥台上设置抗扭约束,而在中墩位置布置成独柱式构造,因此,可以认为中墩对上部结构没有(或很小)抗扭约束,也即意味着上部结构的抗扭跨径增大。

(2)由于弯梁桥内、外侧梁的受力不均,故在墩台设计时,注意墩台在横桥向的受力不均。

(3)由于桥面上作用着离心力和横向力矩,故对横向刚度较小的独柱墩构造,尤应注意此项横向荷载的作用影响。

(4)如采用顶推法、悬臂法、移动模架法施工连续弯梁桥时,其墩台设计时都应考虑施工过程的抗扭约束,应充分注意由弯梁桥恒载产生的弯扭影响,以确保施工期间墩台的稳定性。

(5)合理地选择桥梁下部结构的造型,能使上下部结构协调一致,轻巧美观。尤其对于城市立交桥和高架桥结构来说,一般均应选用桥下透空度较大的柔性式轻型墩台,以满足城市交通和居民心理的要求。

近年来,将墩身直接支承在上部结构底面,不设墩帽的构造已日趋增多。其特点是为了减少结构层次,传力明确,桥下净空比较简洁流畅。立交桥结构如采用体形较粗大的中墩,并把实体式桥台紧挨着车道边缘时,则这种布置方式在技术上、经济上、安全和美观等方面常是欠妥的。因为这种布置方式对高速行驶中的车辆驾驶员来说是不利的,视野狭窄,必须谨慎地穿越一个窄巷,心理上受到压抑。因此,近年来已日趋采用视野开阔的长跨桥梁,改用轻型的溜坡式桥台,如果条件容许,则尽可能在中间带上不设中墩。但是,如果每侧单向行驶的车道较多(4~6车道),则正中间带上设置柔细的中墩是常见的,尤其对于弯梁桥结构,如设置中墩后即可明显减小跨间弯矩和挠度,对结构受力十分有利。

独柱式墩在弯梁桥中已日趋广泛使用,尤其当连续曲线箱梁桥的半径较小时应用最多,它有利于立交桥的墩位布置,占地范围小。如在河中则阻水小,使桥下空间的视野开阔,有利于整个桥型的美观。但当桥梁的曲率半径较大时，则需视具体情况，在适当的墩位处将连续弯梁的桥墩做成具有一定抗扭能力的结构构造，以确保全侧倾稳定性。由于独柱墩上的竖向反力很大，因而在支墩上方的梁体内都设置有十分刚劲的横梁结构，也称暗盖梁，但这种构造常用于连续式和悬臂式体系中，有时也应用于简支梁构造。

选定桥梁的墩台结构，应遵循：安全、耐久、满足交通要求、造价低、维修养护少、施工方便、工期短、与周围环境协调、造型美观等基本原则。尤其要注意上下部结构之间的协调配合。

第三节 支座设置及平面位移

一、支座的平面布置

对于单跨弯桥，也可以采用多种形式，一种为简支静定结构，另一种为简支超静定曲梁。图 4-4-20 显示了圆心角为 90°的单跨梁，在均布荷载 q 作用下的扭矩 $N_T(\varphi)$。其支承条件为：a)纵向无嵌固；b)纵向弯曲单侧嵌固；c)纵向弯曲双侧嵌固。从图中可以看出，约束条件 a)下的扭矩远大于 b)和 c)，说明改变支承条件是调整结构内力的有效方法之一。本例中仅对弯曲进行了约束，由于弯扭耦合作用，支承断面的扭矩却减小了很多。静定形式的简支弯桥在实际中是不可取的，因为不抗扭的梁端将产生扭转变形，这给设置伸缩缝带来困难。采用何种支承形式，应根据具体设计条件而定。

对于弯连续梁桥支座布置与直桥不同。在设计平弯桥位移时有两种设想：一种是弯桥各部分位移都朝向一个设定的固定点，另一种是弯桥各部分位移都切于弯曲半径。前者适用于圆曲线和复曲线，后者只适用于圆曲线。

图 4-4-21 为一个圆曲线弯桥的例子，是按弯桥各部分位移都朝向一个固定点设计的。

在支座布置上有三种情况可供选择：

(1)弯桥桥面支承在柔性圆柱墩上，并用固定支座锚在桥中间 6 个立柱上，固定的理论点是中间一对立柱的中心处，各墩上的滑动支座都朝向这一点，见图4-4-21a)。

(2)在桥台上设固定支座，由于桥台为锚定支座，其他都是自由滑动支座。滑动方向都朝向这一固定点，见图 4-4-21b)。

(3)桥面支承在橡胶支座上，在中墩的中心放置无垂直荷载的推力销钉支座作为固定点，桥中间 6 个支座安置自由橡胶支座，其他各墩台上设导向橡胶支座，见图4-4-21c)。

图 4-4-22 是按弯桥各部分位移都切于弯曲半径而布置支座。也有三种情况可供选择：

(1)固定支座设在中间墩上，其他墩台上设导向支座或滑动支座，见图 4-4-22a)。

(2)固定支座设在一个桥台上，桥墩和另一桥台上设滑动支座，见图 4-4-22b)。

(3)桥面完全支承在刚性桥墩上，固定支座设在桥台上，另一桥台和墩上一边设自由滑动支座，另一边设导向支座，见图4-4-22c)。

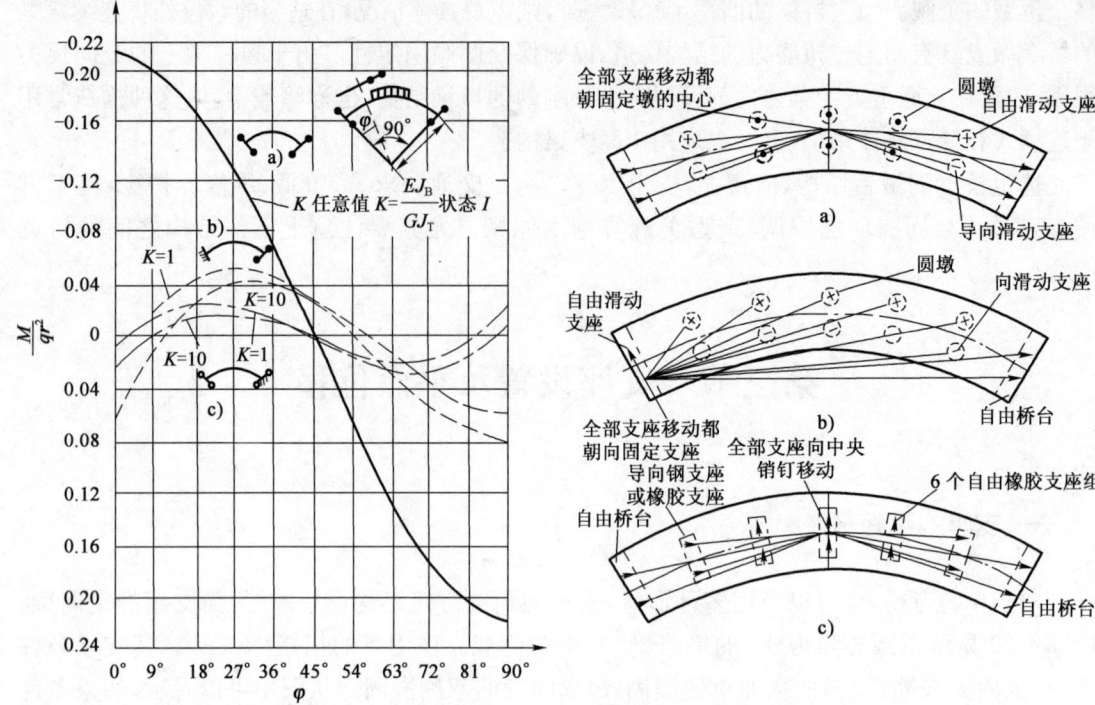

图 4-4-20　圆心角为 90°的单跨梁在均布荷载 q 作用下的扭矩 $N_T(\varphi)$

支承条件为：a)纵向弯曲无嵌固；b)总线弯曲单侧嵌固；c)纵向弯曲双侧嵌固

图 4-4-21　平面弯桥支座布置示意(1)

a)在中间 6 个墩上设固定支座；b)桥台一个固定支座的锚定结构；c)用无垂直荷载的推力销钉锚定结构

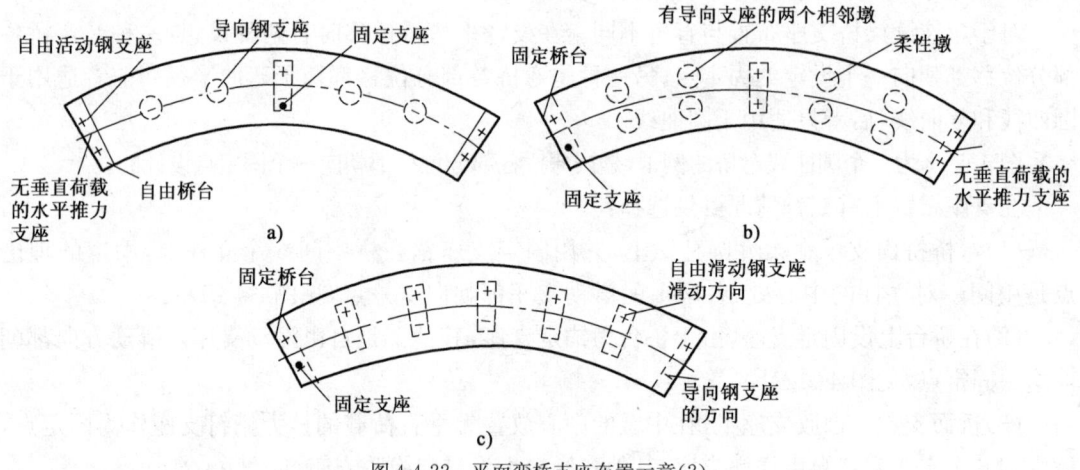

图 4-4-22　平面弯桥支座布置示意(2)

a)在中间墩锚定结构；b)在桥台上锚定结构；c)在固定桥台上锚定结构

二、支座和梁的横向布置

平弯梁桥一般都设有超高，桥面有一定的横坡向内倾斜，可采用下列几种方法：

(1)多梁式桥，各梁的高度保持相同，在桥墩顶上设不同高度的垫块，使各支座垫块的高差,适合于桥面横坡,见图 4-4-23。垫块高度保持与桥面横坡一致,以使各梁受力均匀。

(2)桥墩顶上支座保持相同高度,而将各梁做成不等高度。如为箱形梁,则将腹板做成不等高,见图 4-4-24,由于梁高不等,梁本身制造复杂,但架梁容易。

(3)桥墩顶面做成阶梯形,梁的底面相应地做成阶梯形,支座保持水平位置,这种方法施工简易,见图 4-4-25。

(4)桥面很宽采用分离式桥墩,用不同的墩高来调整桥面的横坡,见图 4-4-26。

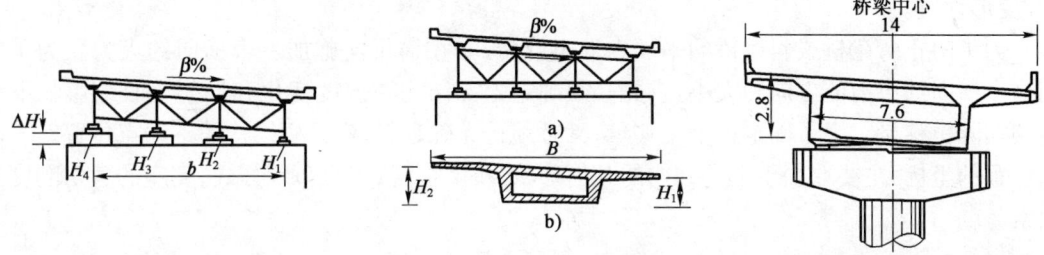

图 4-4-23 墩上加支座垫块的桥面超高图示　　图 4-4-24 不同梁高的桥面超高示意　　图 4-4-25 利用盖梁顶面台阶的超高示意(尺寸单位:m)

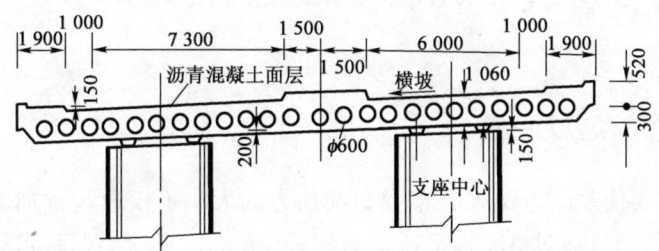

图 4-4-26 用分离式桥墩的墩高调整横坡(尺寸单位:mm)

三、弯桥的平面位移

弯桥的平面内变形可以分为两种类型:由温度变化和混凝土收缩引起的变形属于弧段膨胀或缩短,见图 4-4-27a),变形后圆心角不变,曲率半径由 $r_0 \rightarrow r$;由预加力和混凝土徐变引起的属于切向变形,见图 4-4-27b),其曲率半径不变,圆心角由 $\varphi_0 \rightarrow \varphi$。后者没有横桥向的变形,与通常的支座和伸缩缝布置不矛盾,前者在各活动支座处引起纵桥向和横桥向的变形,给伸缩缝的活动带来困难。

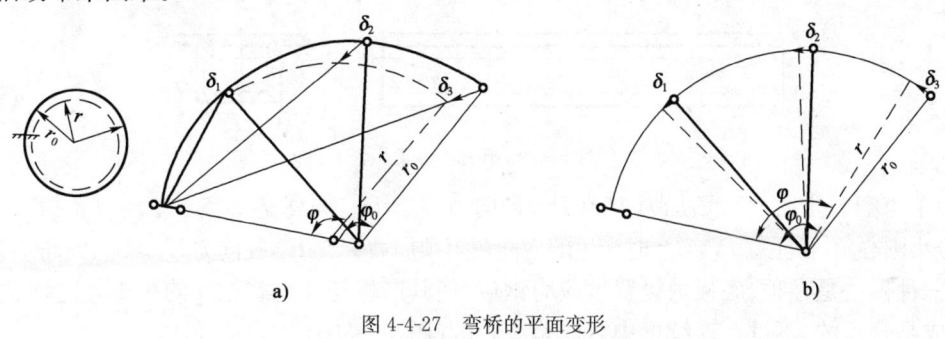

图 4-4-27 弯桥的平面变形
a)径向变形;b)切向变形

以上情况仅适用于固定支座(不动点)设置在左桥台,且为等半径圆环的情况。如果在桥台不设置固定支座,且各支撑承点(墩)具有不同的抗推刚度时,则其不动点并非在左桥台上了。因此,根据支承布置方式的不同,应首先计算出平面内变形时的"不动点"位置,然后才能计算出各墩处的变形大小和方向。

无论是斜桥或弯桥,由于温度变化和混凝土收缩,将引起桥梁在平面内位移。直桥是沿着它们的桥轴线方向移动的,而斜、弯桥则发生两个方向的位移,弯桥也具有斜桥相类似的"爬行"变形性质。

为了阻止弯梁桥或斜梁桥的平面内发生旋转,需在横桥向施加一个横向约束力。为了确定这个横向约束力的方向和大小,首先必须确定上部结构在温度变化和混凝土收缩影响下产生的实际位移量。为了确定这个位移量,又必须首先确定斜、弯梁桥结构的不动点位置。不动点位置的坐标,主要取决于上部结构的几何形状、桥墩位置、支座布置方式、支座的剪切刚度等因素。

第四节 预应力配置及构造要求

一、单跨弯梁桥的预应力配筋

预加力时,自然要使预应力钢束的布置和预加力的大小不仅通过预加力产生的弯矩 M_P 来平衡荷载弯矩 M_B,而且通过 M_P 来平衡荷载扭矩 M_T。这里给出两种可行方案,分别见图 4-4-28 及图 4-4-29。

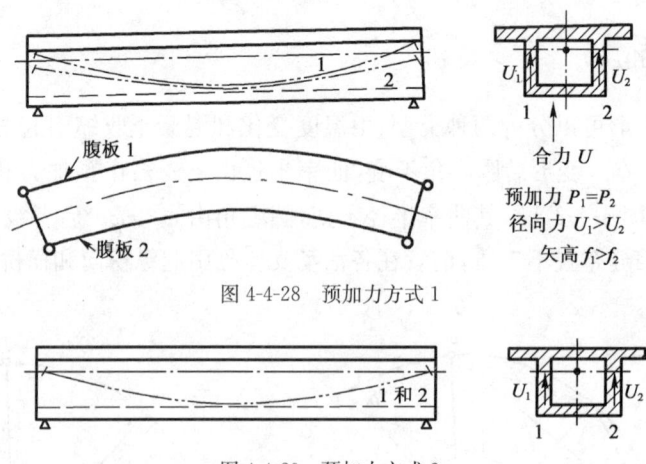

图 4-4-28 预加力方式 1

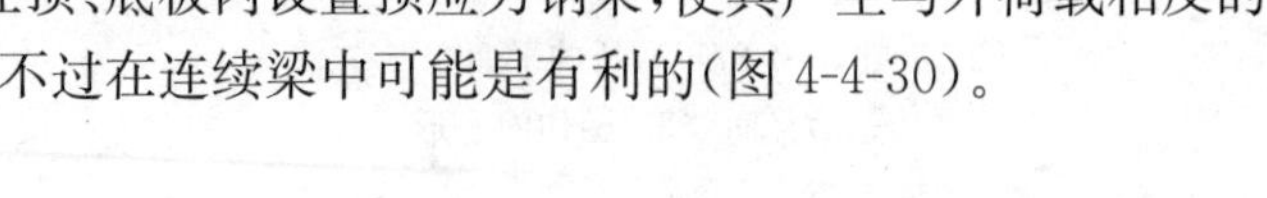

图 4-4-29 预加力方式 2

(1)单跨圆心角约 50°,预加力 $P_1=P_2$,径向力 $U_1>U_2$,矢高 $f_1>f_2$。

(2)小圆心角,要注意 $P_1\neq P_2$ 时产生的横向弯矩预加力 $P_1>P_2$,径向力 $U_1>U_2$,矢高 $f_1>f_2$。

第三种做法是在顶、底板内设置预应力钢束,使其产生与外荷载相反的扭矩。这种做法很少被看成是合适的,不过在连续梁中可能是有利的(图 4-4-30)。

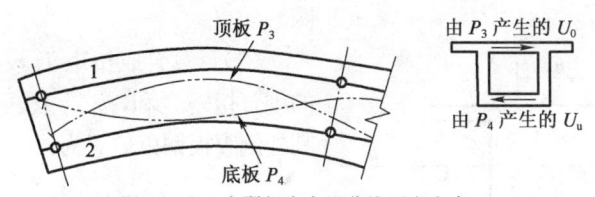

图 4-4-30 在翼板内布置曲线预应力束

当圆心角 φ_0 较大时,为降低自重作用下的扭矩 M_T,可按图 4-4-31 所示的预应力钢束布置,并根据不同的 φ_0 值选用布置方式。其中图 4-4-31b)为 φ_0 很大时采用。不过,两种情况下的预应力筋张拉力都必须满足 $P_1 > P_2$。

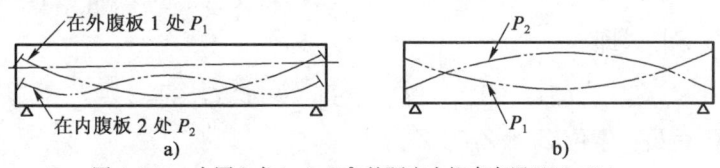

图 4-4-31 大圆心角($\varphi_0 > 50°$)的预应力钢束布置($P_1 > P_2$)

用预应力来减小恒载下的扭矩 M_T 是一种很重要的方法,特别是在薄底板中,当使用荷载作用下,因扭转剪应力 τ_T 产生的斜向主拉应力超过 $\sigma_1 = 0.6R_t$(0.6 倍混凝土抗拉强度)时,采用上述方法就很必要了,因为在这样的底板中,在使用阶段,因温度和混凝土收缩所引起的不可避免的 σ_2 也可能引起裂缝。

二、连续弯梁桥的预应力配筋

(一)弯连续梁桥的预应力配筋原则

(1)关于曲线梁桥的预应力配筋问题,与一般直线梁桥的不同之处,主要在于考虑如何人为地去抵抗外扭矩的问题。在设计时必须综合地考虑到弯矩、剪力、轴力与扭矩等在各方面的要求,更必须充分考虑在构造上、施工上的方便和可能。

(2)连续直梁桥的二次弯矩呈线性性质,故可以进行线性变换,钢束在中支点处变动竖向位置仍可保持梁内总预矩不变。但是,对于连续弯梁桥束位的任何变化都会影响到附加弯矩的改变,从而导致了压力线位置的改变,也即在弯梁桥中已不能应用线性变换原理来移动中支点处的钢束竖坐标,而保持连续梁中压力线的形状。在预配束时,可根据设计者的实践经验,取用恒载再叠加部分均布荷载作为预配束时的设计荷载。

(3)在连续弯梁桥中的预应力损失问题,主要在于摩擦损失(δ_{S1})的计算和直梁桥中略有不同。由于曲线梁桥的钢束具有双向曲率,故其摩擦损失较大。特别在连续弯梁中采用长束方案时,在预估应力损失时,要根据实际情况选用。

(二)弯连续梁配束设计步骤

(1)计算连续弯梁桥的内力包络图(M_{env}、T_{env}、Q_{env})。

(2)计算恒载(或恒载+1/2活载)的内力图(M_g、T_g、Q_g)。

(3)根据 M_g 图配置钢束位置($C.G.S$——预应力钢束合力重心)记为 $[C.G.S]_{M_g}$,可参照连续直梁桥的方法进行;记左侧和右侧钢束的位置和索力分别为 Z_{L1}、Z_{r1} 和 F_{L1}、F_{r1},见

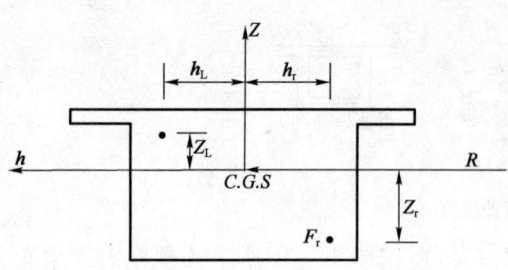

图4-4-32 预应力筋在截面内的位置

图4-4-32。

(4) 计算合成扭矩 $\tilde{T}_g$，$\tilde{T}_g$ 为 T_g 与次弯矩产生的耦合扭矩之和，按 $\tilde{T}_g$ 图配束位，记为 $[C.G.S]_{T_g}$，其外侧腹板钢束位置为：

$$Z_{L2} = \int_0^\theta \frac{\tilde{T} \cdot (R+h_L) \cdot (R-C_T h_l)}{F_{L2} b R (1+G_T)} d\theta + C$$

式中，可取 $F_{L2}=F_{L1}$，$C_T=-h_r/h_L$，常数 C 需由边界条件确定。解出后，$Z_{r2}=-G_T Z_{L2}$。

(5) 将 $[C.G.S]_{M_g}$ 和 $[C.G.S]_{T_g}$ 叠加可得预应力束曲线 $[C.G.S]_{sum}$，即

$$[C.G.S]_{sum} = [C.G.S]_{M_g} + [C.G.S]_{T_g}$$

左侧索力 $F_{L1}=F_{L2}$，索位 $Z_L=Z_{L1}+Z_{L2}$；
右侧索力 $F_{r1}=F_{r2}$，索位 $Z_r=Z_{r1}+Z_{r2}$。

以上过程见图 4-4-33。该过程先逐跨分别进行，然后再全桥综合。

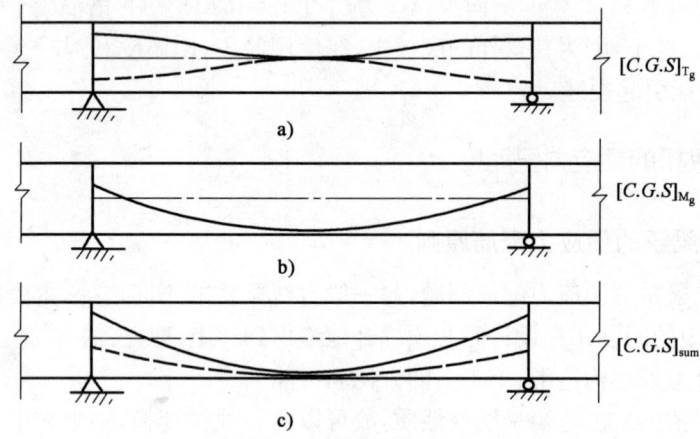

图 4-4-33 连续曲梁的布束

(6) 在平、纵横截面上具体布束，确定每根钢束位置坐标。

(7) 计算各根钢束的预应力损失，校正初始假定值，根据控制应力计算各阶段的有效预应力。

(8) 计算配束后实际承载能力，包括 M_g、T_g、Q_g、N_g；进行各截面不同阶段的应力状态验算和变形验算。

(9) 检查配置钢束能否满足外荷载组合作用下的内力包络图，必要时可进行局部补充和调整。

(10) 对不能满足的剩余内力，如 ΔT、ΔQ 等，可用非预应力钢筋来承担，若有局部抗弯强度不足处也可用非预应力钢筋来承担。

注意：①尽量不采用顶、底板中的水平弯曲束抵抗扭矩，以免造成布束困难；②必要时也可假定 $F_r \neq F_L$，以适应内外腹板内力差。

(三) 空间曲线束预应力摩阻损失计算

摩阻应力损失计算公式：
$$\delta_{S1} = \delta_K [1 - e^{-(\mu\beta + KS)}]$$

式中：β——张拉端预应力钢束曲线的切线与计算处切线的夹角，称包角；

S——张拉端至计算处预应力钢束的曲线长度。

以上 β 可用近似方法计算：
$$\beta = \sum_i \sqrt{\theta_{Hi}^2 + \theta_{Vi}^2}$$

式中：θ_{Hi}——空间曲线在水平面上投影包角；

θ_{Vi}——空间曲线在竖向圆柱面的展开平面上投影包角；

i——曲线分段。

(四) 侧向防崩钢筋的设置

由梁曲率 $1/R$ 引起的预应力钢束的水平径向力，将与混凝土内所产生纵向压应力的径向力相平衡。由于预应力的水平径向力 U_{HP}，是以纵向线荷载的形式作用的，而混凝土由 σ_X 所产生的水平径向力 U_{HC} 是沿着腹板纵向和高度方向分布的，因而腹板将横向受弯。设计时对水平径向力应给予细致的分析。除考虑预应力筋之间以及预应力筋和混凝土之间的局部承压作用外，还要考虑预应力筋和腹板内侧之间的混凝土必须有足够的厚度，以防止预应力筋的崩弹作用。所以有必要将预应力筋适当布置在靠近腹板外侧，可以避免预应力筋外侧的腹板沿径向产生拉应力（图 4-4-34）。当预应力筋布置的过于接近腹板内侧面时，应该设置一定数量的防崩钢筋，以使径向力传递给混凝土或传递到外侧的普通钢筋上去。

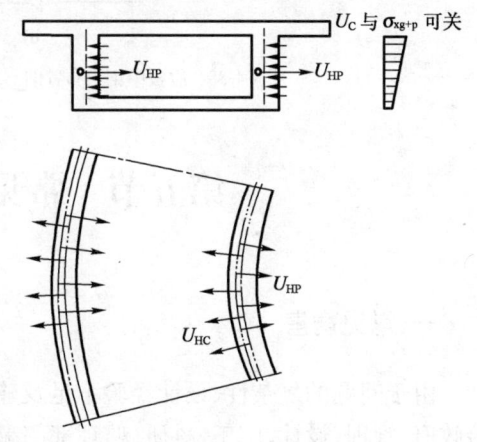

图 4-4-34 腹板曲率产生的预应力钢束水平径向力 U_{HP} 以及混凝土内纵向压应力 σ_x 产生的 U_{HC}

1. 防崩箍筋简化计算

(1) 将单位长度的腹板视作嵌固于顶、底板之间的梁。

(2) 计算预应钢束的侧向力 w：
$$w = \frac{F_0}{R}$$

式中：F_0——扣除预应力损失后的预应力；

R——钢束的水平弯曲半径。

(3) 将 w 作用在嵌固梁的相应位置上计算弯矩。可按简支梁计算，但考虑到顶、底板的固结作用，应将简支梁的计算最大弯矩乘以 0.8，以之作为设计弯矩。

(4) 计算腹板箍筋配置量，由上述设计弯矩计算出的箍筋中应力应该与剪力作用应力相叠加。

(5)一般可取 w 作用于腹板半高处计算。

2. 钢筋布置时需注意事项

(1)钢束尽可能布置在腹板外侧,体内侧留有足够的抵抗厚度,见图 4-4-35。

(2)为防止产生过大的径向力,尽量避免使用大吨位钢束。

(3)布置足够的横隔板以提高横向刚度。

(4)布置防崩钢筋,防崩钢筋要钩住预应力筋并扎牢;要有足够的锚固长度,并与钢筋骨架扎牢,见图 4-4-36。

(5)合理地布置顶、底板和腹板之间的梗肋。

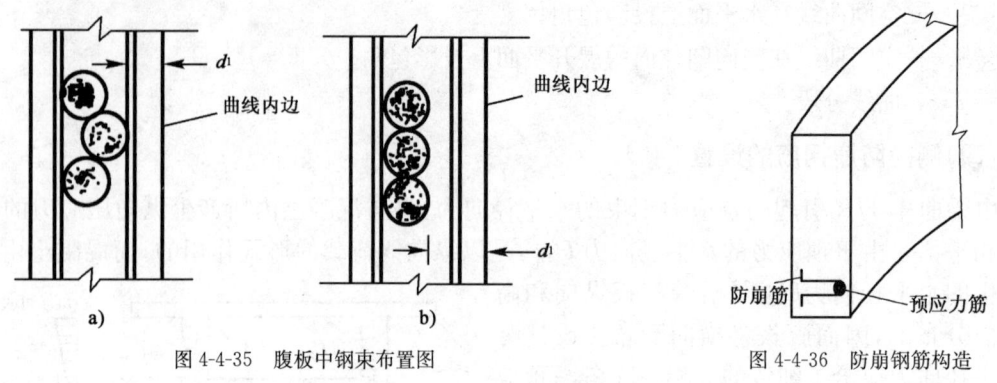

图 4-4-35 腹板中钢束布置图　　　　　图 4-4-36 防崩钢筋构造

第五节　常见病害、对策及实例

一、常见病害

由于问题的复杂性、设计经验不足及建设周期限制,全国各地弯桥建设出现了许多病害,给政府、管理、设计、施工、科研、监理部门敲响了警钟。例如,南方某发达城市一两年内处理了几十座弯桥的病害。

弯桥常见病害包括梁体产生扭转变形、侧向变形、外沉内翘,如果梁端抗扭支座距离较小,在温度、预应力等效作用下产生的扭矩将导致内侧支座压力储备不足或脱空,会由此产生"爬坡"现象。由于受力不利进而导致产生裂缝。

分析弯桥病害的目的,在于完善设计、启迪思路、提供借鉴并积累经验。

1. 径向位移

弯桥中有很多问题都是由温度引起的,温度荷载在弯桥中的不利影响比在直桥中更为显著。图 4-4-37 通过简支静定弯梁和直梁在温度变化时的不同反应,来简单说明温度荷载对弯梁内力的影响,当温度变化时,直梁只发生轴向的伸缩;而弯梁则发生弧段的膨胀或缩短,弧段的半径 r 改变而圆心角 f 不变,不仅引起轴向位移 δ_L,而且产生径向位移 δ_r。所以如果选择的施工时间不当,会造成施工阶段与运营状态下温差较大,并且梁的半径较小,联长较大的话,则梁将产生较大的径向位移。如果将梁进行径向约束,而梁的横向刚度又比较大,将不可避免地产生比较大的横向力,造成结构破坏。

2. 扭转变形

对曲线梁而言,由于平弯曲率的影响,再加上主梁曲线外侧弧长大于内侧弧长,故重心向曲线外侧偏移一定的距离,从而梁的自重将引起截面向外侧翻扭。

在曲线梁中配置的预应力钢束,其预应力效应不仅表现在平衡曲线梁的竖向荷载方面,同时在曲线梁所在平面,预应力也会引起对梁的水平径向力。跨中截面水平径向力对梁截面弯曲中心的偏心引起截面扭转,使梁向外侧扭转。

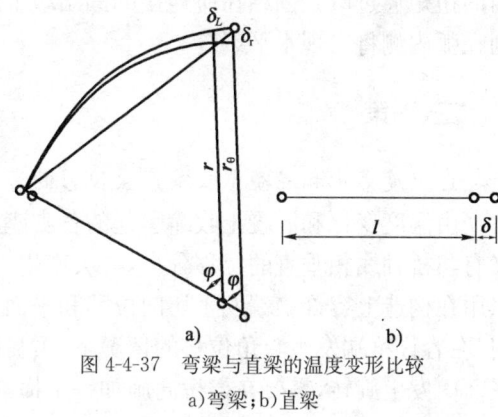

图 4-4-37 弯梁与直梁的温度变形比较
a) 弯梁;b) 直梁

汽车荷载的偏心布置及其行驶时的离心力,也会造成曲线梁桥向外偏转并增加主梁扭矩和扭转变形。

3. 支座脱空

主梁的扭矩传递到梁端部时,会造成端部各支座横向受力分布严重不均,甚至使支座出现负反力,从而导致支座脱空。另外如果梁端抗扭支座距离较小,在温度、预应力等效应作用下产生的扭矩,也将导致内侧支座压力储备不足或脱空。

4. 混凝土裂缝

弯桥裂缝的主要类型有:支点附近腹板的斜向裂缝、跨中附近处的横向裂缝、翼板的横向裂缝、底板的纵向裂缝、横向施工缝及不规则的收缩裂缝。由于长期重车的偏载与离心作用,造成的墩、梁连接处的抗震钢桩出现了不同程度的与桥墩压紧、甚至断裂的现象。

预应力混凝土曲线箱梁在张拉纵向力筋时,将在腹板中产生横向力,使钢筋混凝土腹板超载,造成混凝土破坏,产生腹板混凝土裂缝,严重者甚至能使力筋拉直,并从腹板内透出。若平面曲线箱梁的曲率较大、力筋的混凝土保护层很薄、许多大型力筋束紧靠在一起等情况同时出现时,腹板开裂的可能性更大。

张拉力筋时,薄腹板中在离锚头一定距离处易产生顺着曲线形力筋走向的裂缝;如果水分渗入这些裂缝,继而冰冻,会导致力筋腐蚀,混凝土发生剥裂。虽然这种裂缝出现在薄腹板中,但在力筋有平面曲率的地方,也可能发生在薄的翼板内,这种裂缝一般出现在力筋有显著曲率和有多股钢绞线力筋的地方。在力筋弯曲的地方,就会产生与力筋轴线垂直和在弯曲平面内的侧向压力,当预应力低于在锚固区引起裂缝所需要的值时,这种侧向分布压力可能产生顺着力筋线形的裂缝。

张拉的多股钢绞线中的力筋,有向着力筋曲率内侧拉直的趋势,这一作用就在管道和边缘保护层上引起导致裂缝或剥裂的很大的侧向力。由于弯曲区域内多股钢绞线的挤压,可能出现劈裂裂缝。层状裂缝本身或与劈裂裂缝一起,经过一段时间将延伸到表面,并产生混凝土剥裂。

曲线梁桥的固结墩易出现水平裂缝。由于弯梁桥内外弧的长度不同,而且为了构造路线超高,常常将梁外侧腹板做得比内侧腹板高,同时外侧防撞栏也长于内侧,这样就使上部梁体的重心向外偏离桥轴线,在梁内产生扭矩;又由于弯桥的"弯扭耦合"作用,产生耦合扭矩。梁内的扭矩通过墩梁固结在所连接的固结墩上形成平面内的横向弯矩,如果墩的截面强度不足,则在弧内侧将出现水平裂缝。

二、对策

1. 温度变化和混凝土收缩产生位移的考虑

由温度变化和混凝土收缩引起的各支座点处的弦向位移,既有沿桥轴线方向的纵向位移,又有与桥轴线相垂直的位移分量,并会产生一个平面扭矩,使整个桥面发生旋转。在活动端可采用在构造上容许梁端发生切向位移和平面内旋转的变形,但限制其径向位移。计算结果表明,在容许梁端发生转角位移的情况下,可显著减小垂直轴线方向的约束力。为阻止曲线梁桥平面内发生旋转,需要在横桥向施加一个横向的约束力,为了确定这个横向约束力的方向和大小,首先必须确定上部结构在温度变化和混凝土收缩下所产生的实际位移量。对单柱式铰点支承处,给予一定的横向预偏心,可以调整梁内的扭矩分布,但要使桥墩具有足够的横桥向刚度。对于弯梁伸缩缝构造的设计,必须与实际的变形紧密结合进行。

2. 预应力的计算和设计

预应力的设置,有利于改善弯梁在使用阶段的性能,但由于曲率的存在而产生径向力,从而产生扭矩和附加力矩,因此,曲线梁预应力配束不能简单地应用直线梁的线性位移原理,要利用计算机试算配束。根据曲线梁的总弯矩包络图,以满足不出现拉应力为目的,先假设所有预应力钢束的有效预加力值、钢束的形状与位置,再把钢束转化成等效作用力施加于结构进行验算。若结构的应力状态不理想,则修改部分钢束的预加力值、形状与位置,重新验算,经过反复调整、验算,直至结构在任何情况下都不出现拉应力为止。最后检验使用荷载下及抗弯钢束预加力作用下曲线梁的内力矩。预应力钢束为三维空间曲线,其预应力摩阻损失较直线梁大得多,尤其对腹板内通长束,更应重视。

3. 普通钢筋的计算和设计

曲线箱梁的钢筋设计,应考虑其弯曲、扭转、剪力的复合受力作用。特别要考虑内外腹板剪力的不均匀性和支座处的剪力集中对箍筋加密及抗剪钢筋的设计,并采用普通钢筋抵抗内力矩。

曲梁的抗扭配筋应包括抗扭箍筋和抗扭纵筋,在配置箍筋的同时,必须同时配置与曲梁轴线方向平行的抗扭纵筋。抗扭纵筋直径应不小于箍筋直径,确定抗扭纵筋数量后在腹板箍筋内侧四周均匀布置,在支点附近需加密布置。除此之外,由于曲线预应力会对弯梁内侧的径向产生压力,如不采取防崩裂措施,可能会将箱梁腹板混凝土崩裂,国外已出现此类情况。因此,必须在梁体腹板内设置防崩裂的构造钢筋。对管壁抗冲剪强度进行验算,并计算张拉端附近单位长度钢束的水平冲切力。

4. 弯桥病害预防措施

(1) 采用合理的支座约束。尽可能设双支座并考虑主梁扭转对桥墩的径向弯矩;单支座应留适当的预偏心。适当约束径向位移。

(2) 充分考虑预应力引起的主梁扭转效应。当跨径不大(一般可按连续梁跨径小于25m控制),有条件做成普通钢筋混凝土构件时,尽量做成钢筋混凝土构件。

(3) 充分调整预应力筋曲率,曲线管道之间为防止混凝土挤碎应留有足够的净间距;力筋束尽量分散布置,保证力筋的混凝土保护层厚度。保证在力筋弯曲的部位、管道不出现尖弯,在构造上要减小张拉操作引起的预应力损失。

(4)考虑剪力滞的影响。在翼板与腹板的交角处的主筋应适当加密布置,并采用较小的直径。

(5)分析腹板受力时,可假定长度等于顶底板之间净距的竖梁,以腹板跨中高度处最大侧向预加力为条件来计算极限弯矩;箍筋应满足承受腹板的极限剪力的要求。

(6)在易开裂部位可用钢纤维混凝土代替普通混凝土。如在锚具周围及支座腹板处等。

三、实例

(一)工程概况

某 A 匝道桥为一定向匝道,主联为 6 孔连续曲线预应力混凝土箱梁桥。曲线半径为 255m,全长 239.75m。跨径(中心弧跨)组成为(22.813+35+55+39.938+55+32)m,跨越的桥墩编号为 A5～A11。箱梁室底面宽 5.0m,箱室高 2.2m,桥面宽 9m。支座布置为:联间共用墩 A5 及 A11 各采用 2 块橡胶支座,A6～A10 各采用 1 个双向活动盆式支座,梁端桥中线处设有抗震锚栓。A6、A10 设预偏心。每墩均为 4 根 $\phi1.2m$ 钻孔灌注桩基础,中间墩采用 $\phi1.6m$ 单柱墩,联间墩为 $\phi1.3m$ 双柱墩。

(二)主要病害

1. 梁体位移

经现场实测,梁体径向位移最大值发生在 A8 墩,最大位移量为 47cm;切向最大位移位于 A5 墩,最大位移量为 16cm;扭转位移最大量发生在 A5 墩,向外扭转 2.42°,见图 4-4-38。

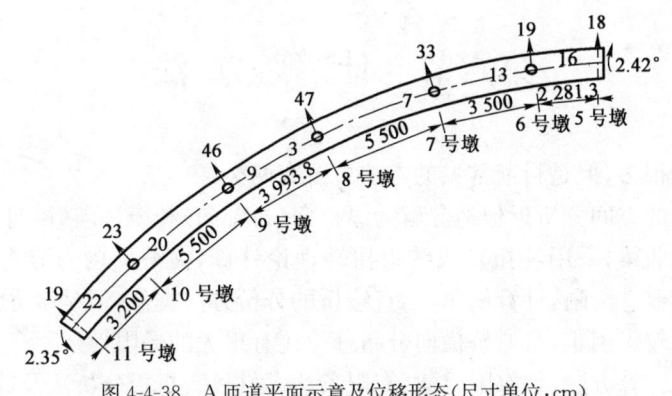

图 4-4-38 A 匝道平面示意及位移形态(尺寸单位:cm)
注:箭头表示位移方向

2. 支座破坏

经检查,主梁突然发生变位后,各墩顶的橡胶支座均受到不同程度的过量变形和损坏;A5 和 A11 墩内侧(圆心侧)的板式橡胶支座脱空,造成外侧的板式橡胶支座超压变形;A6 和 A10 墩盆式橡胶支座的部分橡胶从内侧挤出盆位;A7、A8、A9 墩盆式橡胶支座的大部分橡胶从内侧挤出盆位。

3. 桥面横坡及梁轴曲率出现有害变化

经检查,桥由向内侧 2%的设计横坡度变为向外侧的横降坡,桥面在 A6～A10 墩柱中心处梁的坡度，依次为 -0.7%、-1.7%、-1.8%、-1.7%、-1.4%。梁轴曲率 R 由 255m 变为 250m。

(三)病害原因分析

1. 支座系统的设置存在的问题

在扭转跨度较大情况下(240m)，中间 5 个墩柱均为独柱单支座，特别 A8 墩原设计为单向活动盆式橡胶支座，施工时又改为双向活动盆式支座，梁体抵抗水平力作用和变形能力较差。计算表明：当摩阻系数 $\mu \leqslant 0.015$ 时，在温度作用下 A6、A10 墩水平力均超过支座摩阻力而发生滑动。

2. 温度变化引起的累加位移问题

在温度变化长期作用下，曲线梁体因两端约束较大，其中间部位全在平面内缓慢向外侧移动和转动，升温时侧向位移为 Δ_1（朝圆心外），降温时位移为 Δ_2（朝圆心方向）。在降温时，由于重力分力作用，$\Delta_2 < \Delta_1$，如此循环，整个梁体不断向外位移，移动到偏心一定量后，梁体开始整体向外侧扭转，梁体的水平分力大于支座的摩擦力，曲线梁体突然整体下滑。

(四)病害防治措施

弯桥的受力及变形、位移比直桥复杂得多，梁体内力不均匀，其内力与梁的竖向弯曲刚度、扭转刚度、梁的抗裂强度以及支座性能等许多因素有关，而这些因素的考虑和确定是非常复杂的，因此致使所谓精确方法的计算结果也与实际情况不相符，甚至相差较大。在弯桥分析中，对温度变化的作用、预加力及混凝土徐变的影响，需进行深入研究。设计中要充分考虑到这些因素，才能减少弯桥病害的出现。

第六节 计 算 方 法

弯桥计算方法很多，但是目前常见的方法主要有两类：

一类是把弯桥的空间分析近似地分解为纵桥向（桥轴向）和横桥向（径向）来分别处理。将弯桥模拟成一根单曲梁，采用纯扭转或约束扭转理论计算，横截面内力分析采用横向分布理论。这类方法力学概念清晰，计算简单，与直线桥的分析方法类似，但是该方法对于变截面、变半径弯桥的分析有较大困难，且弯桥横向分布理论还有很大的局限性。

另一类是数值计算方法，如有限元法、有限条法、梁格法、折板分析法及等效平板法等。

(1)有限条法是一种原理简单、计算量小的实用方法，实际上是解析法和有限元法之间的过渡，是一种半解析法。有限条法可以应用于几乎所有的等截面弯桥的分析，以及横隔板为正交或斜交，以及具有各种不规则的中间支承的简支、连续弯桥的分析。但是有限条法也存在自身的局限性，如不能很好地解决变高度梁和不规则结构分析问题等。

(2)折板分析法是一种精确方法，其使用范围与有限条法几乎相同。所选的结构也是没有内横隔板和中间支承的等截面简支弯桥。折板分析法与有限条法不同点在于：前者在弹性理论假定的范围内提供一个精确解，而后者（有限条法）则作了表示单元特性的补充假定，因此只能提供近似解。

(3)等效平板法,是将实际节后模拟成平板进行分析的方法。将弯桥模拟成平板后,就可利用分析弹性平板的某些有效方法求解。

应用最为广泛的还有有限元分析方法,见本篇第二章。

第七节 计 算 示 例

一、工程简介

某大型立交桥匝道,采用 PC 连续箱梁,跨径布置为 $4\times 49m=196m$。主梁为等高等宽单箱单室箱梁,独柱桥墩,中墩与主梁刚接,其余为双支座抗扭支承。曲率半径 $R=350m$。采用移动模架(MSS)施工。

主梁横截面为单箱单室箱梁,全宽 10m,见图 4-4-39。横断面布置为:0.5m(防撞护栏)+9m(行车道)+0.5m(防撞护栏)。箱梁顶板宽 10m,底板宽 4.8m,腹板向外倾斜角 15.64 度,两侧悬臂长 1.9m,梁高 3.0m,桥面铺装为 0.13m 厚沥青混凝土。

梁高 3m,顶板厚从 0.6m 经过渡段逐渐变化到 0.28m;底板厚从 0.6m 经过渡段逐渐变化到 0.28m;腹板厚从 0.9m 经过渡段逐渐变化到 0.5m,见图 4-4-40。

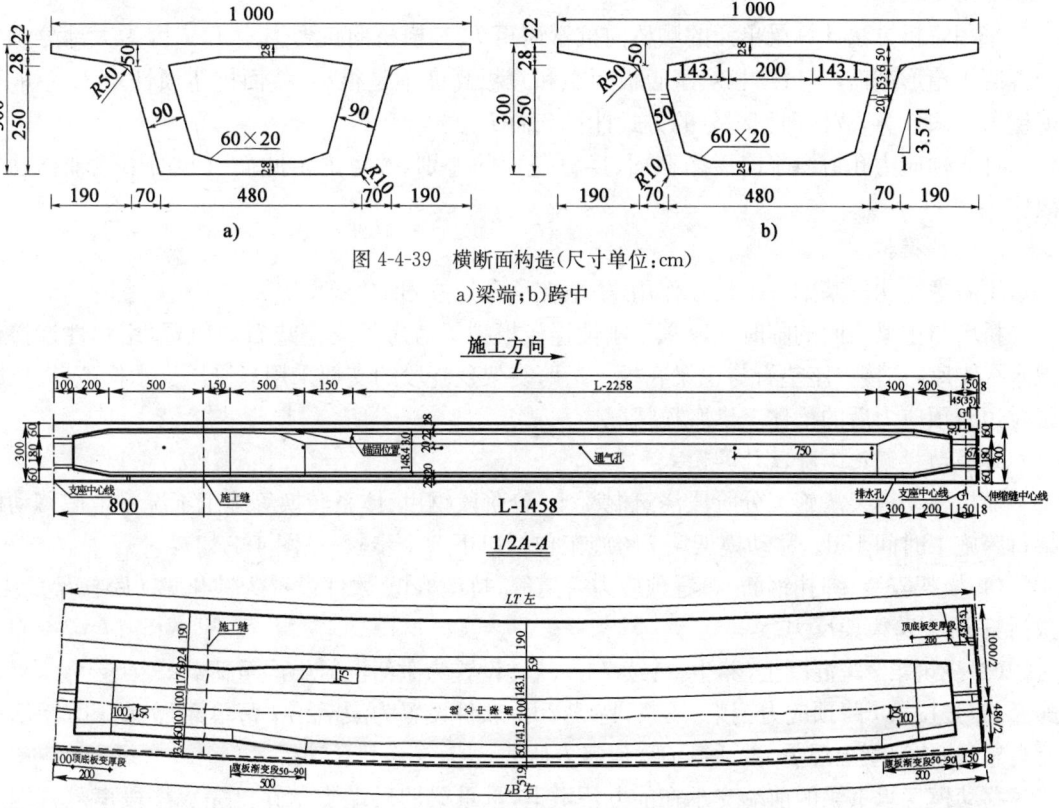

图 4-4-39 横断面构造(尺寸单位:cm)
a)梁端;b)跨中

图 4-4-40 箱梁一般构造(尺寸单位:cm)

二、建模要点

目前,大多数有限元软件采用不考虑翘曲作用的直线单元。当弯桥截面板壁较薄且无内横隔梁或内横隔梁较少时,则需考虑界面畸变的影响;相对于曲线梁单元,直线梁单元具有通用性。一般来说,只要每个直线单元所对圆心角在 3°~4°以下时,"以直代曲"的误差很小。

以下计算模型采用不考虑翘曲作用的直线单元。

1. 几何模拟

采用变截面 Timoshenko 梁单元,建立全桥的空间模型,见图 4-4-41。

全桥共 321 个节点,299 个梁单元。

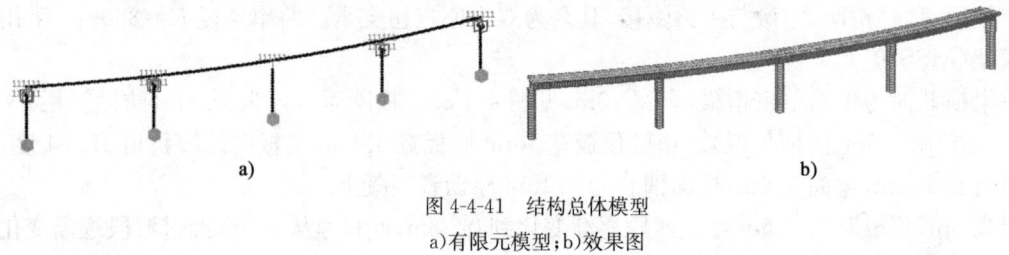

图 4-4-41 结构总体模型
a)有限元模型;b)效果图

2. 刚度模拟

采用解析方法计算梁单元的顺桥向抗弯惯矩 I_{yy} 和横桥向抗弯惯矩 I_{zz}。因为大部分预应力混凝土箱形截面,其壁厚相对于腹板间距和腹板高度不是很小,截面抗扭惯性矩 I_{xx} 不能按薄壁截面来计算,故按面积积分的方式计算截面 I_{xx}。

计入预应力孔道灌浆前后净截面、换算截面的差别,并考虑由此而引起的中性轴移动的效应。

3. 边界模拟

不考虑结构—基础—土相互作用,桥墩在承台处按固结处理。

桥墩与主梁之间的临时支座采用刚性连接模拟。考虑了支座垫石的位置,用弹性连接模拟永久支座,连接支座垫石与主梁底板。边跨支架现浇段的支架采用只受压支承模拟,以反映张拉边跨预应力后的梁体上拱脱模情况。

4. 移动模架施工阶段计算图式

模拟移动模架法施工分阶段浇筑混凝土、分阶段钢束、体系转换等施工工况。考虑移动模架每跨施工时间 15d。移动模架第 i 跨施工包括以下 3 个步骤(见图 4-4-42):

(1)模架安装、绑扎钢筋、布置预应力管道等,持续 6d。软件设置为钝化第 i 跨模架反力,激活第 $i+1$ 跨模架反力。

(2)浇筑第 i 跨混凝土,养生,持续 7d。软件设置为激活混凝土湿重荷载。

(3)张拉第 i 跨预应力钢束、压浆,持续 2d。软件设置为激活第 i 跨单元,龄期 5d,激活单元自重,钝化混凝土湿重,激活第 i 跨预应力荷载。

移动模架承重梁的前端支承在前方桥墩上,承重梁的后端支承在已完成梁段离悬臂端约 1m 处。这样使得 MSS 主梁跨径减小 7m,同时减少新老混凝土结合面的竖向挠度,保证该处

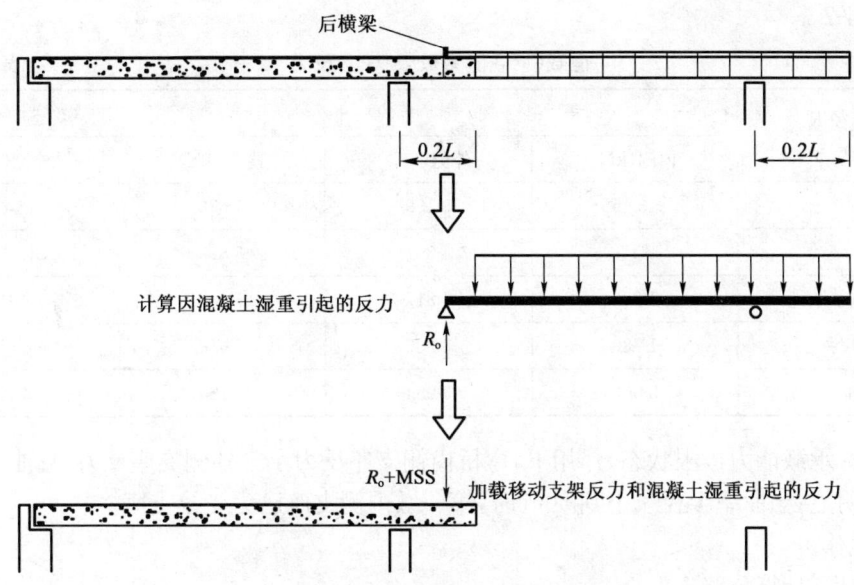

图 4-4-42 移动模架后横梁反力模拟

混凝土初凝过程中不产生裂纹。施工阶段分析必须正确模拟移动模架承重梁的后横梁对已完成梁段的作用力(又称为后横梁反力)。后横梁反力由模架自重、混凝土湿重引起。正在施工跨的混凝土湿重引起的反力可根据桥梁自重计算得到。(假设 $P=3\,500\text{kN}$ 计,作用点位于离施工缝 1m 处)

三、计算结果

为了说明曲率半径对弯桥受力的影响,在曲线跨长相同的前提下,分别采用曲率半径 50m、150m、250m、350m 以及直桥五种模型来比较。

1. 结构重力

结构重力指(自重+二期),见表 4-4-1。

结构重力内力 表 4-4-1

曲率半径 R (m)	第 一 跨			第 二 跨		
	弯矩(kN·m)		扭矩(kN·m)	弯矩(kN·m)		扭矩(kN·m)
	最大正弯矩	最大负弯矩		最大正弯矩	最大负弯矩	
50	46 342	−91 362	17 204	14 736	−54 494	10 656
150	43 527	−86 263	4 961	11 903	−60 409	3 402
250	43 279	−85 967	2 893	11 661	−60 822	2 045
350	43 209	−85 761	2 054	11 590	−60 930	1 569
直桥	43 194	−85 658	—	11 473	−60 971	—

在结构重力作用下,随着弯桥曲率半径的减小,除第二跨负弯矩效应外,其他效应逐渐增大。定义恒载(承载能力极限状态)为:1.0×结构重力+1.0×预应力二次效应+1.0×收缩徐

变,见表4-4-2。

恒载(承载能力极限状态)反力 表4-4-2

曲率半径R (m)	第 一 墩		第 二 墩	
	内侧(kN)	外侧(kN)	内侧(kN)	外侧(kN)
50	−3 455	9 199	1 636	13 256
150	217	5 847	3 879	10 438
250	1 280	4 817	5 133	9 139
350	1 780	4 326	5 688	8 573
直桥	3 062	3 054	7 126	7 118

在恒载(承载能力极限状态)作用下,弯桥内侧支座反力小于外侧支座反力,且曲率半径越小,趋势越明显;当曲率半径减小到50m时,第一墩内侧支座已为受拉支座。

2. 汽车作用

汽车作用:计算公路—Ⅰ级。

可以看出,在公路—Ⅰ级作用下,弯桥随曲率半径的减小,正负弯矩、扭矩、跨中挠度均增大,见表4-4-3。

汽车作用内力 表4-4-3

曲率半径R (m)	第 一 跨			第 二 跨		
	弯矩(kN·m)		扭矩(kN·m)	弯矩(kN·m)		扭矩(kN·m)
	最大正弯矩	最大负弯矩		最大正弯矩	最大负弯矩	
50	16 036	−16 958	6 440	13 612	−17 018	4 776
150	15 634	−13 824	3 325	12 738	−13 832	3 068
250	15 591	−13 397	2 899	12 626	−13 401	2 882
350	15 580	−13 248	2 738	12 586	−13 248	2 796
直桥	15 620	−12 918	2 400	12 500	−12 918	2 586

由表4-4-4可以看出,在公路—Ⅰ级作用下,弯桥随曲率半径的减小,跨中挠度均增大。

汽车作用挠度 表4-4-4

曲率半径R (m)	第一跨最大挠度 (mm)	第二跨最大挠度 (mm)	曲率半径R (m)	第一跨最大挠度 (mm)	第二跨最大挠度 (mm)
50	14.19	9.54	350	9.80	7.37
150	10.41	7.59	直桥	9.80	7.28
250	10.09	7.42			

由表4-4-5可以看出,随着曲率半径的减小,第一跨内侧支座压力逐渐减小,拉力逐渐增大;而外侧支座压力逐渐增大,拉力逐渐减小。第二跨内外侧支座的压力、拉力均随曲率半径减小而减小。

汽车作用支座反力　　　　　　　　表 4-4-5

曲率半径 R (m)	第 一 跨				第 二 跨			
	内侧(kN)		外侧(kN)		内侧(kN)		外侧(kN)	
	最大	最小	最大	最小	最大	最小	最大	最小
50	1 217	−1 100	2 178	−486	1 984	−196	1 968	−177
150	1 504	−748	1 852	−570	2 369	−574	2 418	−579
250	1 584	−684	1 798	−614	2 408	−605	2 436	−605
350	1 619	−668	1 770	−622	2 420	−614	2 440	−616
直桥	1 697	−635	1 697	−635	2 439	−625	2 439	−625

第五章 异 形 桥

我国城市高架桥和立交桥的建设,始于改革开放后的 20 世纪 80 年代,与美国、英国、日本、德国相比,虽然起步较晚,但随着我国经济的快速增长,城市的不断扩张,交通量的快速增长,高等级公路、铁路、城市道路和大型立交枢纽的兴建,旧的交通系统已经不能满足实际交通出行需求。城市高架桥和立交枢纽工程是解决现代城市交通问题的有效途径之一,作为现代城市的重要组成部分,除了基本的功能外,还成为城市一道亮丽的风景。这时,传统的规则梁、板构件已不能适应桥梁对线形的要求。尤其是各种类型的城市立交桥,为了满足结构设计经济合理和适应车道变化的桥梁宽度要求,往往需要各种平面异形的板或梁。在主桥通往匝道或匝道通往主桥的分岔联结段多采用异形变截面曲线桥,为了满足力学和美学上的双重要求,立交桥采用了多种曲线和异形的箱形梁结构,支承条件任意,受力状态复杂。由于构造的特点造成了异形箱梁桥与一般箱梁桥有着很大的差别,构成了其独有的受力特点,其结构空间效应显著,具有弯扭耦合的特性;分叉桥上行车线路各异,活载作用下的相互影响会造成端部各支座横向受力分布不均,甚至出现超载或脱空现象。按照传统的结构计算理论和方法,无法对这种复杂结构做出准确和有效的计算和分析。因此,了解此类桥梁的空间受力特性,是确保设计质量的基础。

以下按异形板桥和异形梁桥分别加以介绍。

第一节 异 形 板 桥

一、总体布置

在桥梁工程上除了正交、斜交之外,还可能遇到平面形状不规则的异形板桥,如立交桥变宽段、匝道出入口分叉处、多跨连续反弯"S"形段等,其形状如图 4-5-1 所示。

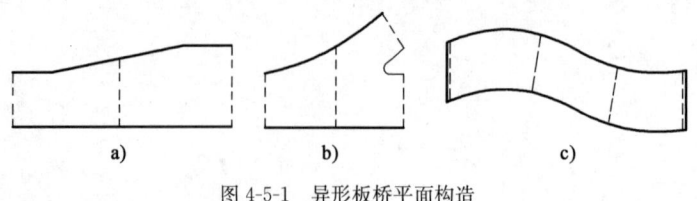

图 4-5-1 异形板桥平面构造
a)渐变段;b)分叉处;c)S形

另外,为了桥下具有最大限度的净空或者不容许较多地占用桥下地面,则往往采用墩柱来支承板,使板变成一个由局部的、不一定规则的小面积来支承的结构,这样使板的内力分布更加复杂化。对于这种墩柱支撑板桥,即使上部结构为规则形式,由于桥位路线布置需要,作为支撑的下部墩柱分布不规则时也应作为异形板桥进行处理。

用几排桩柱式下部构造直接支承着连续板式的上部结构,桩柱顶上没有盖梁的板桥称其为无梁板桥,此次叙述的异形板桥包括异形无梁板桥。

二、受力特点

墩柱支承板桥是横桥向用两根或几根(也可以是单根)柱体与板固结的桥,在国外多称为菌形板桥,国内也有称为无梁板桥的。结构形式的变化导致了其独有的受力特点。

板内力绝对值的峰值总是发生在墩柱顶部的板中,随着柱体纵向、横向间距的加大而增大。这可以理解为是平面形状相同的整体式连续板桥的线支承被收缩成小块局部面积支承后,其支承处内力亦相对集中而加大。因而在设计上,支承墩柱的顶部需要扩大。

支承墩柱的抗推刚度愈小,板的内力分布则愈均匀。这一特点类似于连续刚架的受力特性。

墩柱的变形及墩柱和板固结的程度直接影响到板的内力分布。由于荷载的不均匀及温度的变化,墩柱会产生微小位移。这相当于给板施加了一个反力矩,使柱体顶部的弯矩一边增大,另一边减小。

所以,在设计墩柱支承板桥时,除了应加强墩顶板体之外,应考虑板、墩柱的共同作用及相互影响。

对于在盖梁设置支座支承的异形桥,由于板桥平面形状的变化所带来内力的变异,仍然具有与线支承平面形状变化所具有的特性。如平面斜交,主弯矩亦向钝角偏移,平面弯曲,外侧弯矩加大,扭矩增大等。

三、适用场合

可以做成任何形状的特殊异形板桥,对于线形复杂的城市立交,尤为适用。

板桥整体受力好,减小了上部构造高度,这对一般桥梁尤其是多层立交桥会引起一系列良性循环反应。如减小上跨高架桥和匝道桥长度,从而减少了占地、拆迁以及对地面、地下建筑物的干扰等。据北京市估计,和梁桥相比,异形板式桥建筑高度可降低 35%。

目前立交桥和高架桥很多采用预制空心板,跨径 16m 以下一般用钢筋混凝土板,高 0.75m,跨径 20m 采用预应力板,高 0.85m 应采用盖梁支撑板结构体系。当为弯、坡、斜等异形复杂线形时,将导致预制板尺寸不规则,种类多,变化大,可考虑满堂支架现浇施工,采用无梁板结构体系。

总的来说,异形板桥适用于跨径 30m 以内,要求建筑高度小,桥下净空大的各种场合,尤其适用于各种复杂平面线形、特异平面形式和高层立交桥梁,具有良好的技术和经济优越性。

四、计算方法

虽然扇形板桥在理论上已有求解方法，而别的形状至今仍无理论解。但是，在统计中，即使是扇形板桥，也难以使用理论解。包括扇形板桥在内的异形板桥，在设计与计算上仍然依赖于近似解。

近似解的方法很多，其中有有限差分解、有限元解、有限条解及其他一些方法等，考虑到方法的通用性，有限元和有限条法具有更突出的优点。

在有限元法中，三角形板单元具有简单、适应性强的优点，它可以使用在各种形状的边界上；四边形板的等参元则有单元功能更强，对各种边界也都适用的优点，同样也是一种很好的理想单元；当然，针对具体形状，还可以使用不同功能的其他单元。

有限条法虽然具有单元少的优点，但在复杂形状的板以及两端非简支的板中使用则受到了限制。如果采用样条有限条法，在曲线板桥的应用分析上更加有效，它兼有有限元法和有限条法两者的优点；但对于不能划分成规则条的异形板桥，有限条法是不能适用的。

分析异形板桥时还可以采用梁格法，详见第三章。

有限元法和样条有限元的具体做法可参看有关论著，这里不再介绍，仅用计算例题来说明它的功能。

[例 4-5-1] L·H·South 跨线桥是一座四跨连续柱体支承板桥，其 1/30 的模型如图 4-5-2 所示。分别用有限元法和样条有限元法进行内力计算，在恒载作用下，沿桥轴线的竖向挠度曲线、纵向弯矩 M_y 的分布和实验结果一并绘于图 4-5-3 中，从中可以看到已达到非常理想的一致。

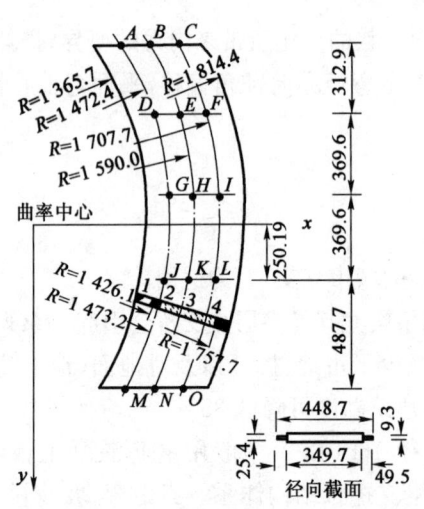
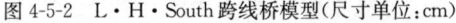

图 4-5-2 L·H·South 跨线桥模型（尺寸单位：cm）

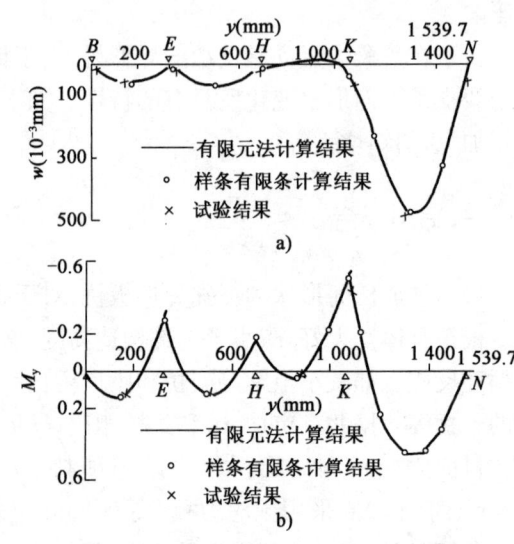

图 4-5-3 跨线桥模型（恒载作用下）

[例 4-5-2] 一座两跨连续板桥，平面形状为 S 形，如图 4-5-4 所示，两端及中间均为线支承。用有限元法和样条有限元法分别进行了计算，将其结果绘于图 4-5-5 中，则两者反映出来的效果均很理想。

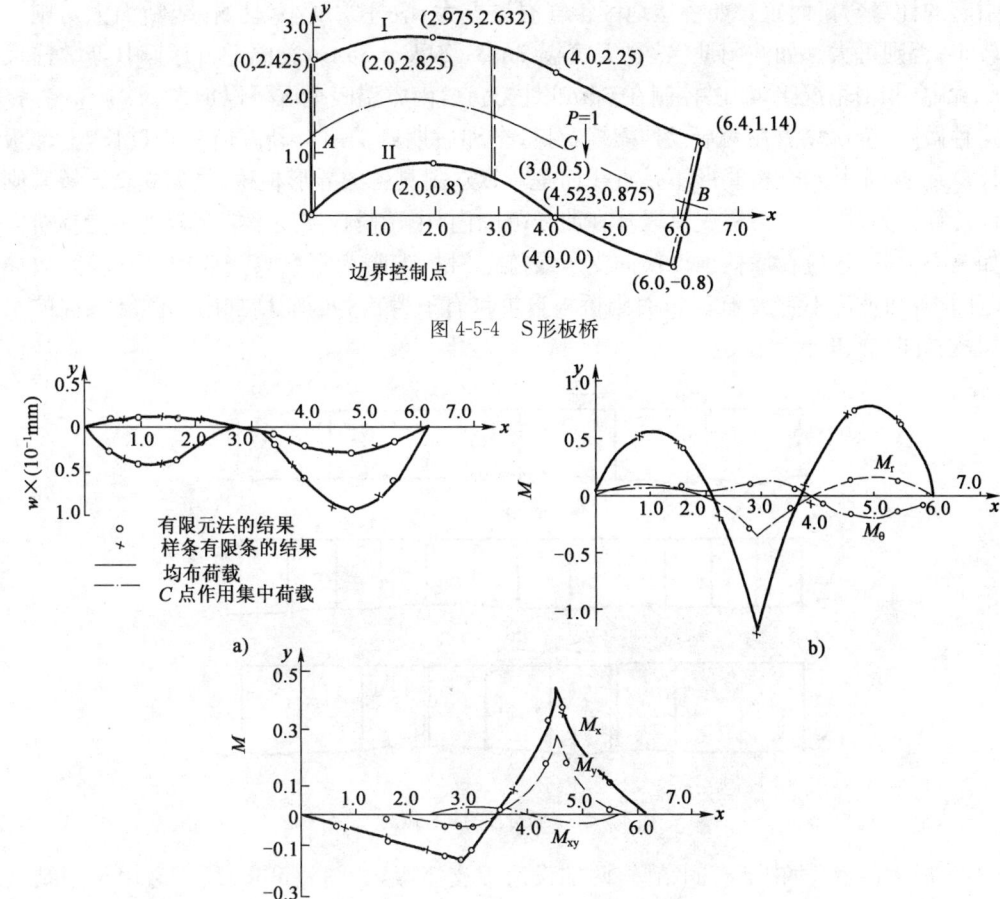

图 4-5-4 S形板桥

图 4-5-5 S形连续板桥的挠度和弯矩

五、关键设计问题

(一)结构构造和计算图式的拟定

和设计其他任何桥梁一样,在设计异形板桥时应先拟定桥梁的结构构造和计算图式,这里需要注意的有如下一些问题。

1. 最大跨径的选择

根据当前的实践经验,无梁板桥的经济跨径一般在 30m 以内。由于是实心断面,跨径越大,板厚增加,自重也越大,恒载耗用的结构承载能力也越多。跨径超过 30m 时宜与其他结构形式比较后决定。

2. 长桥的分段

多孔无梁板长桥一般可以有几种做法:

(1)全桥一联,中间几孔墩柱与板固结,两端各孔则以滑板支座联结,目的是消除对墩柱过大的温度推力,如图 4-5-6a)所示。固结孔的总长度 L_s 视两端墩柱 i、n 由制动力、温度力等水平力引起的柱身弯矩而定。如桥位地区年气温温差大、墩柱柔度小(柱身矮,断面大),则这个长度较小;否则可大。如沈阳地区,夏天气温 35℃,冬天－25℃,总温差 60℃,中等墩柱尺寸(厚 0.7m,高 5m)情况下,L_s 以控制在 60m 以内为宜,南方温暖地区可以加大。

这种做法,全桥只需在两端设伸缩缝,对行车和后期养护最有利。但一联过长,上部板身整体计算复杂,尤其当全桥线形不是直线而是弯、坡、斜具备的异形板桥时(如立交道桥),则更难整体计算。另外,如果滑板支座段落在曲线范围内,由于滑板支座不能有效地承受横桥向水平力如离心力等,还应在墩柱顶设横向支承设施。滑板支座摩阻系数一般按 0.05 计,故如在坡桥范围,桥面坡度不宜大于 5%,否则桥板自重将有下滑趋势因而增加中部固结墩柱的水平力负担,设计时应适当考虑。

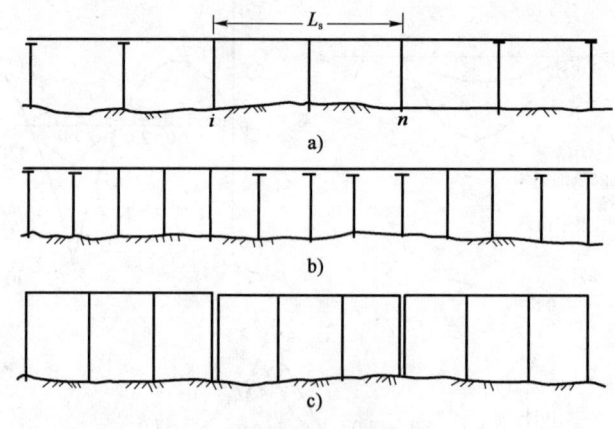

图 4-5-6 长桥分段的几种做法

(2)分成大段,每段中部有固结墩,两端设滑板支座墩,如图 4-5-6b)所示。由于固结墩之间的控制长度已可在 60m 左右,因此每段长度可达百米以上。分段位置宜与全桥整体线形结合考虑。虽然无梁板本身弯、坡、斜连在一起设计分析并无任何不便,但就长桥分段而言,如果按弯桥和直桥、坡桥和平桥、斜桥和正桥之间的界线来分段,如图 4-5-7 所示,则在结构受力方面较为单纯,设计和施工皆较方便。图 4-5-7c)所示为无梁板桥的一个最有利的布局方法,一高架桥斜跨一条 6 车道、路基宽 33m 的高速公路,采用 4 孔跨径(10＋20＋20＋10)m 无梁板斜桥跨越。中墩 c 设在下穿路线的分隔带上,bc 和 cd 为两跨斜孔,而 ab 和 de 则为由斜过渡到正的异形板边孔,过了 a 和 d 之后则可全部由正无梁板桥(或其他形式正桥)来建造。用无梁板桥来解决这种斜、正的交接是十分合理、简易而经济的。

在立交桥匝道分岔处也宜划段,但具体做法应仔细考虑。某立交匝道无梁板桥在分岔处划段如图 4-5-7d1)所示,划段正在分岔 cmh 处,虽然 m 处设计成很大圆角,施工过程中仍出现了多条裂缝,其原因主要由分岔处两边匝道板身各自的横向收缩和应力集中引起。改造的方法如图 4-5-7d2)所示,将柱直接设在岔口处,最好柱身能与板固结,并加强横桥向的配筋。或者如图 4-5-7d3)那样,将 $bcd\sim ghi$ 单独作成一块异形无梁板,ab、dc、fg、hi 各段各自为另一联。用一块异形无梁板来解决这个分岔点问题,更为合理,这时由于总桥跨不大,各墩柱皆可与板固结。

(3)分成小段,各排墩柱皆与板固结,如图 4-5-6c)所示,这是一种较为特殊的做法,如北票

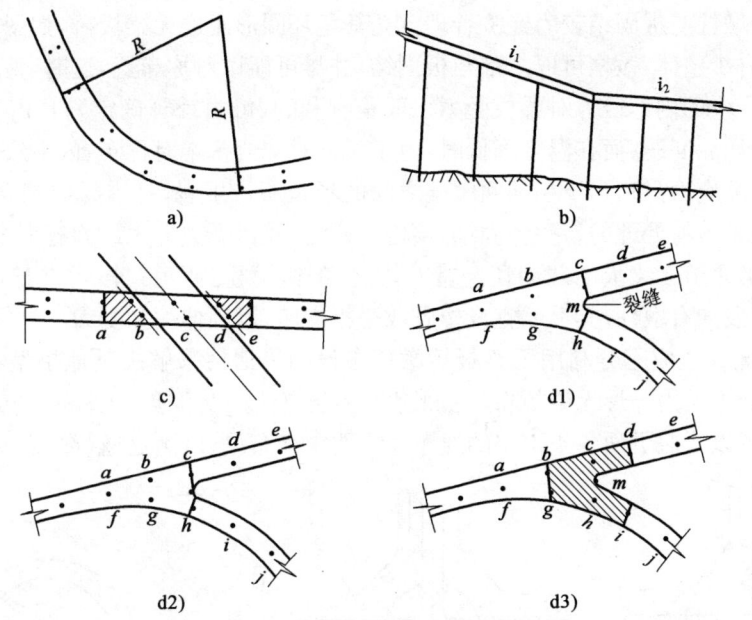

图 4-5-7 无梁板长桥的分段位置

市台吉营盲牛河漫水桥,那里因桥面允许漫水,故不宜设置支座。这种做法桥面接缝较多,但可用一种新型弹性接缝料来解决,在国外为英国的索马接合料(Thormajoint),在国内如西安自力化学工业公司生产的 TST 结合料,具体做法如图 4-5-8 所示,在两边梁板的接缝处搭置一块钢板,在其上 50cm 宽的路面铺装带里使用这种结合料拌和石料铺筑。由于结合料富有弹性,可以提供达 50mm 的总伸缩量,因而满足接缝伸缩的结合料铺装求。这种做法保持整个桥面铺装的连续性和平整性,不需另设特殊的伸缩缝装置,是一种比较理想的解决中小桥跨伸缩缝的方法(每梁长 10m 的总伸缩量,即使在沈阳地区的极限总温差达 60℃情况下,也只有 6mm。因此 50mm 的容许伸缩量,如果考虑一部分混凝土本身的收缩徐变,也可满足梁长 50~80m 伸缩之用)。

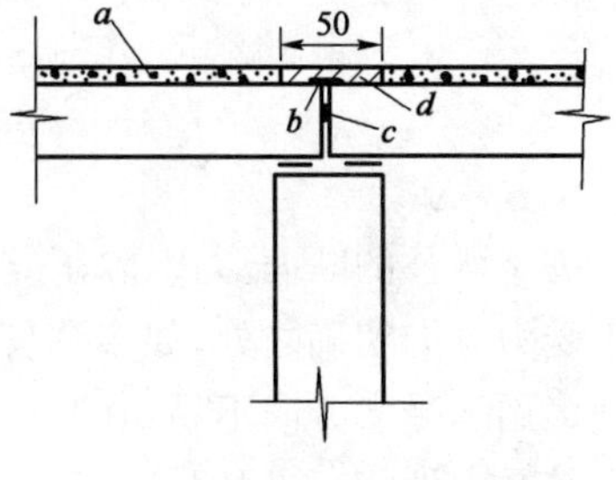

图 4-5-8 新型弹性结合料铺装的伸缩装置(尺寸单位:cm)
a-正常桥面;b-小钢板;c-泡沫型料塞;d-高弹性结合料铺装

3. 墩柱与板的连接

墩柱一般应尽可能与板固接,这样既可挖掘下部构造的支承潜力,参与上部构造共同受力,减小上部构造的截面,又可节省支座费用。只有必须使用支座的时候才宜使用支座。

板柱固结的作法一般用于小跨,对于桥梁来说,板、柱固结时冲剪验算一般都可通过。如不能通过,则须扩大柱顶,或配置钢筋。

板、柱之间设置橡胶支座时,在支座剪切位移方向明确的地方(如正桥)使用一般的矩形支座,在有双向位移(如弯桥、斜桥)或位移方向不明确的地方(如异形板)应使用圆形支座或球冠形支座。

一些地方修建异形无梁板桥时,墩柱上全部设支座,一个固结墩柱也不设,这个做法似宜改进,仍以部分墩柱与板固结较为经济合理。尤其是环圈形匝道无梁板桥,如图4-5-9b)所示,环圈可以作为一个整体,墩柱可以全部与板固结,并尽可能以对称布置,这时,整个混凝土环圈在温度升高时产生的内部压力对梁板受力一般是有利的(可由计算确定),且由于混凝土板断面大,不会发生压屈问题;而在温度降低时,由于墩柱对称或基本对称布置,不致向一侧发生偏移,收缩量和收缩应力只相当于相邻两墩柱之间的板长所产生者,是容易明确算得的,而且由于跨度不大,也是容易处理的。整体固结,结构上最为经济,受力上也最为有利。

由于环圈形匝道无梁板的四面还经常有进、出的匝道桥,匝道口段常常与环圈板连在一起,这些匝道口段如有墩柱,其上才宜设橡胶或滑板支座,以利伸缩和受力。

在许多情况下还应充分利用无梁板桥墩柱布设的灵活性来解决其他桥型难以解决的问题,例如,立交处上层为异形无梁板桥,下面跨越多条道路的交汇点,见图4-5-10,这时异形板下的墩柱完全可以按照下面各条道路的通车净宽要求来布设,以满足通行的需要。

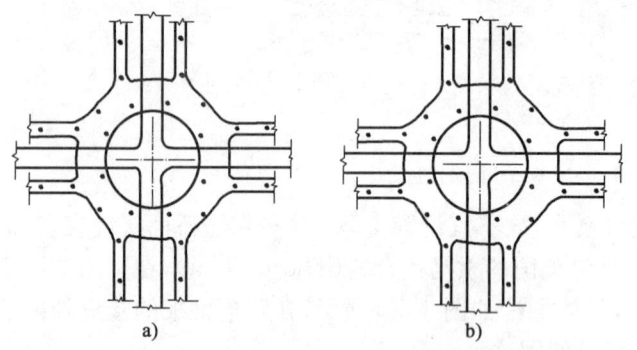
图 4-5-9 环圈形匝道无梁板桥
a)支座;b)固结

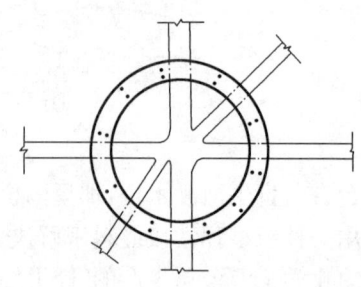
图 4-5-10 无梁板桥墩柱布置灵活性的运用
(上层异形板立交桥下多条道路净宽要求的保证)

关于墩柱的断面形式,除了立交桥有特殊美学要求外,一般不外矩形和圆形两种。矩形适用于受力方向明确之处,如多孔长桥,易作成薄壁断面(厚 40~70cm)以保证墩柱的柔性。圆形则多用于受力方向不易明确,或可能多向受力之处,如异形板。为了提高圆形墩柱的柔性和改进其受力性能,采用钢管混凝土作墩柱是经济合理的。混凝土在钢管围箍之内,其抗压强度能提高 1.5~3.0 倍,从而可以适当减小墩柱的直径。

4.施工方法的选择

前面已提及,异形板桥常用的施工方法有预制安装法和满堂支架浇筑法。这里需要强调的是,设计过程中的内力计算必须与施工方法相匹配,以确保设计结果的正确性和适用性。

(二)配筋注意事项

1.配筋弯矩曲线

根据各单元形心处的主弯矩算出单元形心处的配筋弯矩之后,最好连结各形心的配筋方向轴线,以此为坐标,在各形心点标明配筋弯矩,连成配筋弯矩曲线,以便布置配筋。

无梁板桥纵横方向都有较大的弯矩,横向钢梁不能当成一般所谓的分布钢筋对待,也应按主筋画出配筋弯矩图,计算配筋。

2. 异形无梁板桥

异形板桥形状各异,无规律可言,划分单元时应尽可能按其主导方向设置总体坐标轴,并照顾到配筋方向,使将来可以基本按照单元的局部坐标轴进行配筋。图4-5-11所示为一匝道分岔异形板,匝道直线段 AB 分出一弯道段 AC。取直线段 AB 方向作坐标主轴 x。AB 段采用矩形四边形单元。AC 段采用梯形四边形单元,两侧边缘部分用折线拟合曲线。AD 段为三角区,用不规则四边形单元和三角形单元(由四边形单元蜕化而成)。这样,将来配筋,AB 段基本按总体坐标方向,AC 段按径向和切向方向,十分方便。

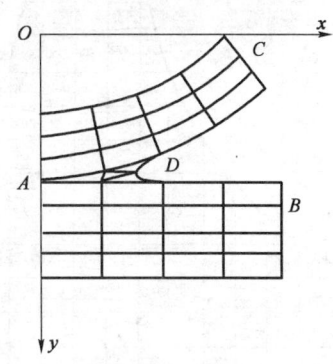

图4-5-11 异形板的单元划分和配筋方向

北京市做了较多的异形无梁板桥,在沈中治的《点支承异形板桥的设计和计算》一文中介绍了若干有价值的经验。图 4-5-12 为广渠门立交桥东异形板的单元划分。该异形板按总体坐标轴 x、y 剖分单元,亦按 x、y 轴方向配筋。图上同时示出了 y 轴方向配筋弯矩曲线图,为了简明,图上只注出了最大配筋弯矩值(x 轴方向配筋弯矩曲线另有类似一图,略)。

在异形板的配筋上,北京市还采用了如下一些做法:

(1)由于异形板的活载最大弯矩很难求出(主要是产生最大弯矩的活载位置难以确定),故根据若干计算经验,取静载内力的 33% 作为活载内力(相当于静载内力占总内力之 75%,活载占 25%),再在少数控制截面(跨中、支点)加算少量荷载工况进行弥补。

(2)考虑对异形板的温度、收缩(主要是变形的方向)以及预应力方向等均有近似,故将钢筋容许应力适当降低,Ⅱ级钢筋由 185MPa 降低到 170MPa(降低约 8%)。

(三)冲切验算

《公路钢筋混凝土及预应力混凝土桥涵设计规范》(JTG D62—2004)第 5.6.1 条规定,板抗冲切承载能力(图 4-5-13)按以下规定验算。

集中反力作用下不配置抗冲切钢筋的钢筋混凝土板,其抗冲切承载力可按下列公式计算:

$$\gamma_0 F_{ld} \leqslant (0.7\beta_h f_{td} + 0.15\sigma_{pc,m})U_m h_0 \tag{4-5-1}$$

式中:F_{ld}——最大集中反力设计值。当计算由墩柱支承的板的抗冲切承载力时,可由墩柱所承受的最大轴向力设计值减去柱顶冲切破坏锥体范围内的荷载设计值;

$\sigma_{pc,m}$——设有预应力钢筋的板的截面上,由预加力引起的混凝土有效平均压应力,其值宜控制在 1.0~3.5MPa 范围内;

β_h——截面高度尺寸效应系数,当 $h\leqslant 300$mm 时,取 $\beta_h=1.0$;当 $h\geqslant 800$mm 时,取 $\beta_h=0.85$,其间按直线插入取值,此处,h 为板的高度;

U_m——距离集中反力作用面 $h_0/2$ 处破坏锥体截面面积的周长,当墩柱为圆形截面时,可将其换算为边长等于 0.8 倍直径的方形截面墩柱再取 U_m;

h_0——板的有效高度。

《公路钢筋混凝土及预应力混凝土桥涵设计规范》(JTG D62—2004)第 5.6.2 条规定,在集中反力作用下,当抗冲切承载力不满足式(4-5-1)的要求且板厚受到限制时,可配置抗冲切钢筋,此时,受冲切截面应符合下列要求:

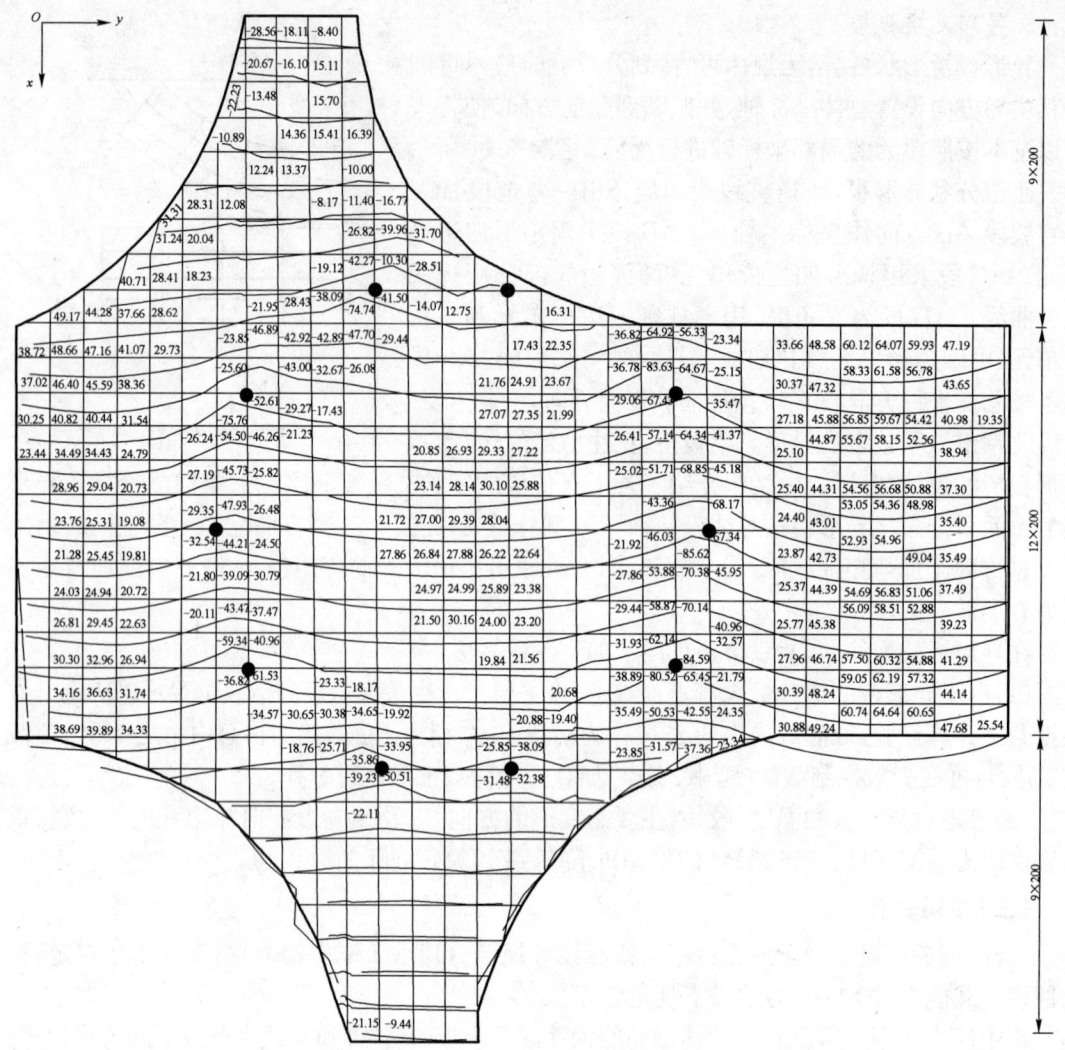

图 4-5-12 异形板单元剖分和配筋弯矩曲线图(尺寸单位:kN·m)

$$\gamma_0 F_{ld} \leqslant 1.05\beta_h f_{td} U_m h_0 \tag{4-5-2}$$

混凝土板配置抗冲切钢筋时的抗冲切承载力,可按下列规定计算:

1. 当配置箍筋时

$$\gamma_0 F_{ld} \leqslant (0.35\beta_h f_{td} + 0.15\sigma_{pc,m})U_m h_0 + 0.75 f_{sv} A_{svu} \tag{4-5-3}$$

2. 当配置弯起钢筋时

$$\gamma_0 F_{ld} \leqslant (0.35\beta_h f_{td} + 0.15\sigma_{pc,m})U_m h_0 + 0.75 f_{sd} A_{sbu} \sin\theta \tag{4-5-4}$$

式中:A_{svu}——与冲切破坏锥体斜截面相交的全部箍筋截面面积;

A_{sbu}——与冲切破坏锥体斜截面相交的全部弯起钢筋截面面积;

f_{sv}——箍筋抗拉强度设计值;

f_{sd}——弯起钢筋抗拉强度设计值;

θ——弯起钢筋与板底面的夹角。

对配置抗冲切钢筋的冲切破坏锥体以外的截面,尚应按《公路钢筋混凝土及预应力混凝土桥涵设计规范》(JTG D62—2004)第5.6.1条进行抗冲切承载力验算,此时U_m应取冲切破坏锥体以外$0.5h_0$处最不利周长。

注:混凝土板中配置的抗冲切箍筋或弯起钢筋的构造应符合《公路钢筋混凝土及预应力混凝土桥涵设计规范》(JTG D62—2004)第9.2.10条的规定。

(四)其他问题

1. 墩柱顶面设劲性钢骨架

北京、四川一些异形无梁板桥,有时在墩顶局部设型钢劲性骨架,以加强那里的结构承载能力。

北京市劲松立交所设墩顶托梁如图4-5-14所示。设置原因是由于冲剪验算不能通过,故设托架以扩大冲切面,减小冲剪应力,并缓和柱顶弯矩峰值。成都市玉带立交桥的柱顶托架则用10号槽钢在柱顶部半径2m范围内辐射形布置,其目的是:①抵抗墩柱顶面负弯矩。支点顶面计算负弯矩$0.656M_0$,跨中计算正弯矩$0.334M_0$(M_0为简支跨中正弯矩)。负弯矩在支点顶面2m范围内衰减很快。②增加无梁板负弯矩刚度,使跨中正弯矩和挠度减小,相应减小裂缝宽度和挠度时效值。

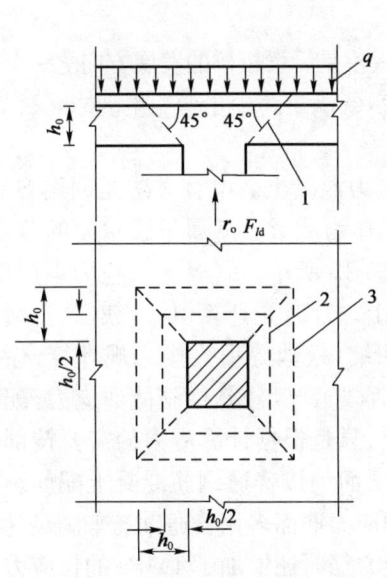
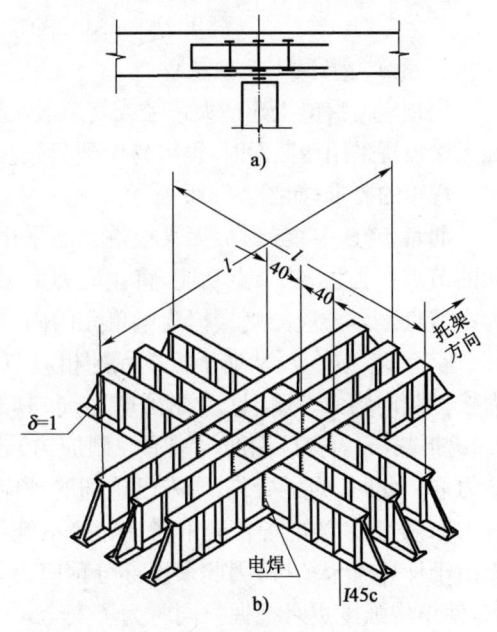

图4-5-13 板抗冲切承载力计算
1-冲切破坏锥体的斜截面;2-距集中反力作用面$h_0/2$处破坏锥体截面周长;3-冲切破坏锥体底面线

图4-5-14 墩柱顶设托架(北京市劲松立交)
(尺寸单位:cm)
a)托架布置;b)托架构造

根据一些其他桥梁类似做法的经验,强大的型钢骨架在骨架终止处会出现混凝土结构刚度的突变,反而容易在那里引起裂缝。根据计算经验,无梁板桥的墩柱如采用一些适当的方法扩大柱顶,冲剪验算是不难通过的。如墩顶与板间设支座,还可将一个大型支座改成2~4个小型支座以扩大支座支承垫板面积,从而扩大抗冲剪面积。这样,劲性骨架仍以省去为宜。

2. 边加劲梁

从抚顺石油一厂桥的实验和计算结果可见,无梁板桥在板的两边缘常常出现较大的挠度,对既弯且斜的无梁板桥的锐角长边部分挠度最大。为改善此种情况,有时可在板的两边加设边加劲梁,如图 4-5-15a)所示。边加劲梁可以对板身横向起着弹性支承的作用。加劲梁处板厚应适当加大,才能提高板边缘的刚度。如果只增加钢筋而不增加板厚,见图 4-5-15b),则只能提高板边部分的抗弯能力,对减小挠度效果不大。

在弯、斜桥和异形板外边缘部位,扭矩一般较大。特别在线形变化处,受力更为复杂。故一些设计者常在一定宽度(约 1m)范围内配置箍筋,以加强那里的抗扭剪能力。

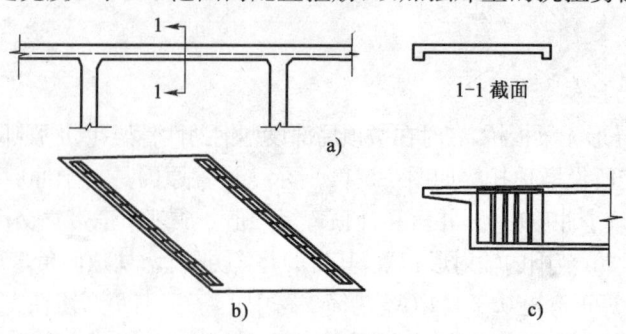

图 4-5-15 板边设加劲梁

a)半边设加劲梁;b)板边只设加劲钢筋;c)外边缘部分配置箍筋

3. 预应力混凝土无梁板桥

用预应力混凝土建造大跨径或复杂形状异形板无梁板桥是无梁板桥的发展方向之一。大跨径无梁板桥采用变截面时,很容易做到只张拉直线钢丝束,既满足跨中正弯矩的要求,又满足墩顶负弯矩的要求,如图 4-5-16 所示。

北京市在一些异形板无梁板桥上已采用了部分预应力混凝土。电算方法是利用 SAP 单元的节点作为主、从节点功能,将预应力束梁单元的节点作为从节点从属于板单元的节点(作为主节点)上,预应力则模拟为梁单元的固端力。如图 4-5-17 所示,ab/cd 为预应力束梁单元,其节点 i'、j'、k'、l' 从属于板单元的相应节点 i、j、k、l 上。计时先计算恒、活载内力(活载内力按恒载内力 0.33 倍计),配预应力筋,其摩阻、锚头回缩、松弛等损失按常规计算,徐变按 $0.1\sigma_k$ 折减(σ_k 为张拉钢筋时锚下控制应力)。然后布置活载工况,计算控制截面应力,配非预应力筋。此时,为了简化,原来已施加的预应力不再调整,只是根据计算应力的需要按部分预应力 A 类或 B 类配置普通钢筋。那些不施加预应力的断面则按普通钢筋混凝土配筋。异形板由于计算难于精确,因此采用部分预应力,以便少用预应力筋而多用普通钢筋来满足受力要求,使结构强度更有把握。同时为了安全,在计算非预应力筋时还增加了 1MPa 的拉应力值来作为储备。

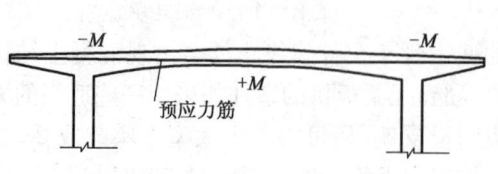

图 4-5-16 大跨径变截面无梁板桥采用直线预应力钢丝束

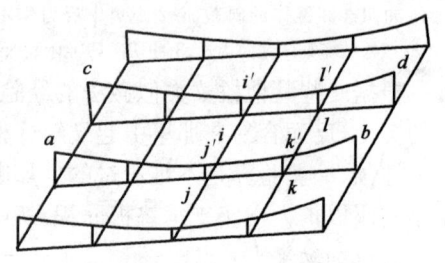

图 4-5-17 用主、从节点法计算异形板预应力束

六、工程实例

1. 黑龙江省牡丹江市光华街立交——全无梁板桥式立交

这是一座全部采用无梁板结构的互通式立交桥,位于牡丹江市东西中轴线光华街和重要干道东西四条路的交叉口。光华街和东四条路红线各宽 40m 和 32m,皆为三块板,中间机动车道 12m。为了充分利用现有地形,并避免重要建筑物拆迁,将立交中心适当北移,将光华街直行主线做成曲线形,并布设成对称于东四条路的异形苜蓿叶形,同时利用地形高差的关系将北—东(西—北)左转匝道与西—南(南东)右转匝道中段和并,得到了十分经济合理的效果,造型也很美观。整个立交平面布置如图 4-5-18 所示。

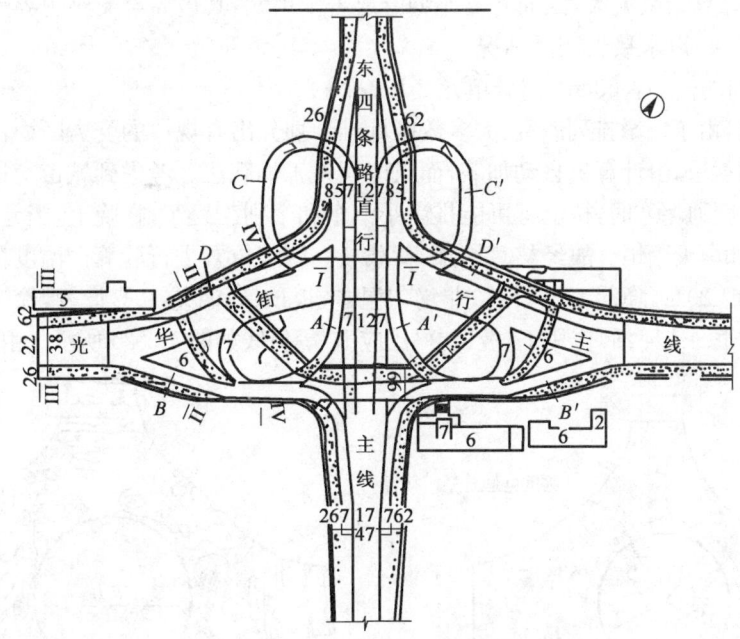

图 4-5-18　全部匝道桥梁皆为无梁板桥的牡丹江市光华街立交桥(尺寸单位:cm)(有黑点为非机动车道)

该立交于 1993 年 4 月 20 日开工,要求 9 月 30 日竣工,工期仅为五个半月。要求工期快速,桥梁结构与复杂的匝道线性配合协调。经设计多方比较,决定上部全部采用无梁板,下部配以 V 形和 Y 形薄壁墩,原因是:

(1)无梁板桥是连续板和桥墩刚性连接的三维结构,受力大大优于连续梁或连续刚架之类的二维结构,尺寸可以更为节省。

(2)立交各匝道皆为坡度甚大而半径较小的弯、坡、斜桥,且互相交汇或分离,用无梁板桥最容易处理。

(3)立交最高点仅高于地面 6m,且宽达 22m,如采用无梁板,厚度只有 0.4～0.7m,可以弥补桥下净空的不足,并使立交整体轻盈透空。

(4)板的外形简单,内部既无内膜又无主梁骨架,设计简单,施工快速,一次浇筑即可成形。

2. 四川省成都市顺城街立交环道桥

该处由于四周建筑环境和地形条件的制约,只能修建双层环道小型立交桥。慢车环道在地面,快车环道在空中,采用整体式现浇 C30 钢筋混凝土无梁板,平面形状如图 4-5-19 所示,面积 3 850.11m², 板厚 60cm。桥墩为 C25 钢筋混凝土圆柱墩,直径 80cm,共计 33 个,墩与墩之间最大净跨 17.88m,最小净跨 6.20m。桥台为 C20 钢筋混凝土重力式桥台,共 4 个,在四个方向的桥台与上部结构间各设一条板式橡胶伸缩缝短缝。墩台基础为 C20 钢筋混凝土挖孔灌注桩,桩径 1.2m,桩长 5.0~6.0m。桥墩为单桩基础,桥台为群桩基础。

计算用有限单元法。网格划分时由板的受力特性分为三个区:

A 区:墩内侧悬臂部分,由于整个环道是一个带圆孔的板,圆孔四周属高应力区,因而该区网格适当加密,以提高计算精度。

B 区:桥墩顶部承托处板厚 70cm,支座有一定面积,如果只在支座中心设一个约束,会使计算跨径增大,计算结果偏大,因而将支座划分成若干单元,其边界与支座边界重合,并在所有节点上都加上约束,以求接近实际情况。

C 区:其余部分,板厚 60cm,划分单元 2 102 个。

活载加载时,由于桥墩排列凌乱,大多数区域难以划分出有规律的受力断面,故不能采用通常的动态规划加载法,由计算机自动加载,而只能用人工加载法。考虑到城市交通特点,当白天附近交叉口发生交通堵塞时,桥上有可能排满小汽车和个别工程车;在晚上,当允许大货车进城时,其交通已不如白天繁忙。故经核算结果,荷载放在特定位置进行验算。温度荷载:均匀温差按常温 15℃,升温 20℃,降低 15℃计算;非均匀温差,板顶、底温差 15℃计算,徐变按 3 年计算。在使用荷载(1.2 恒+1.4 活)作用下,板顶"冯氏应力"等值线如图 4-5-20 所示。由图可见:

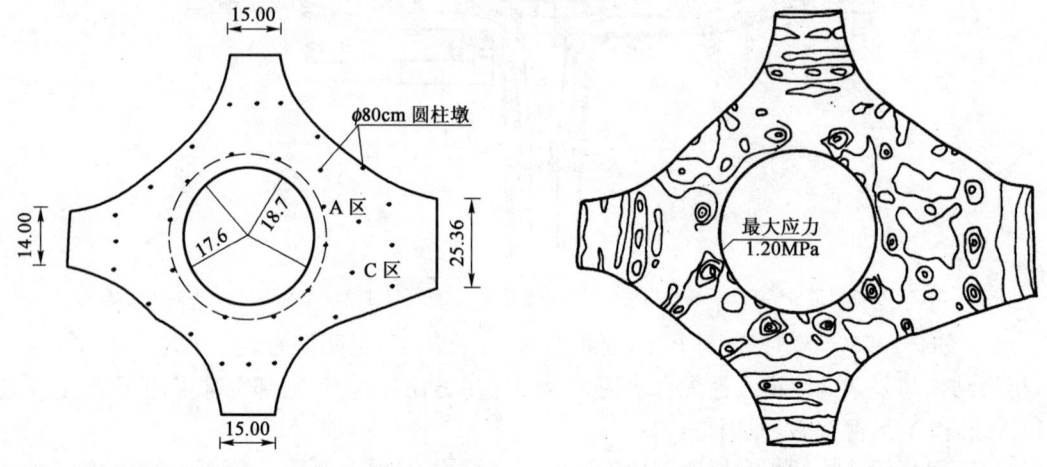

图 4-5-19 四川省成都市玉带立交无梁板环道(尺寸单位:m)　　图 4-5-20 板顶面应力等值线图

①力线较为紊乱,没有规律的受力截面;②拉力区范围小,衰减快;③结构应力比较均匀,峰值比简支梁大为减小。

为使板的受力更加合理,加强其抗裂能力和提高刚度,设计还采用了如下措施:

(1)在支点顶部半径 2m 范围内,设置 10 号槽钢劲性骨架,辐射状布置。计算表明:对内跨而言,支点负弯矩为 $0.655M_0$,跨中正弯矩为 $0.344M_0$(M_0 为对应简支板跨中弯矩),且负弯矩在支点周围 2m 范围内衰减很快。劲性骨架能承担大部分负弯矩,增加负弯矩刚度,使跨中正弯矩减小,可减小跨中裂缝和挠度时效值。

(2)支座处设盆式橡胶支座,承重能力为 4 000~6 000kN,满足多向性变形要求,且使结构受力均匀。

(3) 板角处加配防裂钢筋和钢板,以抵抗由于较大的扭矩 M_{xy} 引起的上、下自由挠曲。

第二节 异 形 梁 桥

一、总体布置

城市高架桥和立交桥在主桥通向匝道,或匝道通往主桥的分岔连接段为异形桥梁结构。根据道路线形布置的要求以及道路纵、横向坡度的变化特点,在桥梁总体布置设计中,应尽可能把匝道连接处复杂的异形区段简化成线形规则的异形变宽曲线桥,就像两条以上多匝道相连的异形叉道桥或异形变宽桥。这种异形桥梁结构为主线桥梁与匝道桥梁的连接结构,表现为"人"字形和"裤衩"形结构,一般由直线梁和曲线梁组成,根据路线走向以各种方式相结合,跨径大都在 20~40m。如采用预制结构,构件种类繁多,模板复杂,施工麻烦,故多采用现浇连续板式异形结构或多室箱梁异形结构。其具有整体性好,箱梁翼缘伸臂长,结构抗扭刚度大,外观简洁,建筑高度小和便于按格子梁分析的优点,在城市弯、坡、斜异形桥中比较适用。如北京广安门立交中首次采用了多点支承双向预应力异形连续板结构。由于采用了预应力,使这类结构受力性能得到改善,又减少了钢材用量。这种桥型具有结构高度小、方便施工的优点,又为桥下提供了良好空间,是立交桥可选用的较好的桥型之一。又如天津市一高架立交桥第三层主桥与两条匝道的分岔连结段异形结构,采用跨径为 $(25.0+2\times40.0+30.0)$m 四孔连续异形箱梁桥,梁高 1.6m,为预应力钢筋混凝土结构。当在城市内建桥工期要求紧迫时,也有采用部分预制、部分现浇的组合式结构。其中预制部分多采用等宽度 T 形梁和大跨度空心板梁等简支结构;而现浇部分则采用单箱多室变宽箱梁连续结构或板梁连续结构。

图 4-5-21 所示为一城市快速干道网工程中采用的异形变宽桥的一般构造图。桥跨结构为三跨钢筋混凝土单箱多室连续梁 3×20m,其中直线部分长度为 32m,曲线凹弧侧相应曲率半径为 42m。箱梁横断面由 3 室逐渐变宽为 4 室组成,并在曲线分岔处另设一室共计 5 室。

异形多室箱梁高度主要决定于带有悬臂的边室箱梁的高度,考虑到全桥各跨度不一,为使桥梁外形平整美观,而多采用箱梁各室高度一致。梁顶道路中心线两侧设有横坡,横坡的设置方法大体上有结构调坡和铺装调坡两种。当采用结构调坡时,可通过使异形多室箱梁各室顶板变厚或腹板变高的方法调整横坡。

考虑到异形变宽箱梁桥为一平面形状不规则的桥梁,结构受力十分复杂,故其支座布置宜相应增多,图 4-5-21 桥例采用圆形板式橡胶支座,其中每一支承横断面设置 3~4 个支座,另外在岔道处又增设 2 个支座。对于多室箱梁,支座通常布置在各室腹板的下端,但由于支座处横隔板设置因素,考虑到构造的需求,也可布置在箱式的中心。

根据异形多室箱梁伸臂大的构造特点与承受偏心扭转荷载的受力要求,异形箱梁腹板靠外侧的厚度一般设计得比较厚,而靠内侧的腹板、与岔道箱梁连接的腹板厚度则较薄。异形桥根据联内桥宽变化幅度,中腹板定位方式分为平行外腹板和折线过渡两种方式。横隔板的布置对于保证箱梁各室的共同工作与防止多室箱梁横断面的畸变关系甚大,图 4-5-21 所示在连

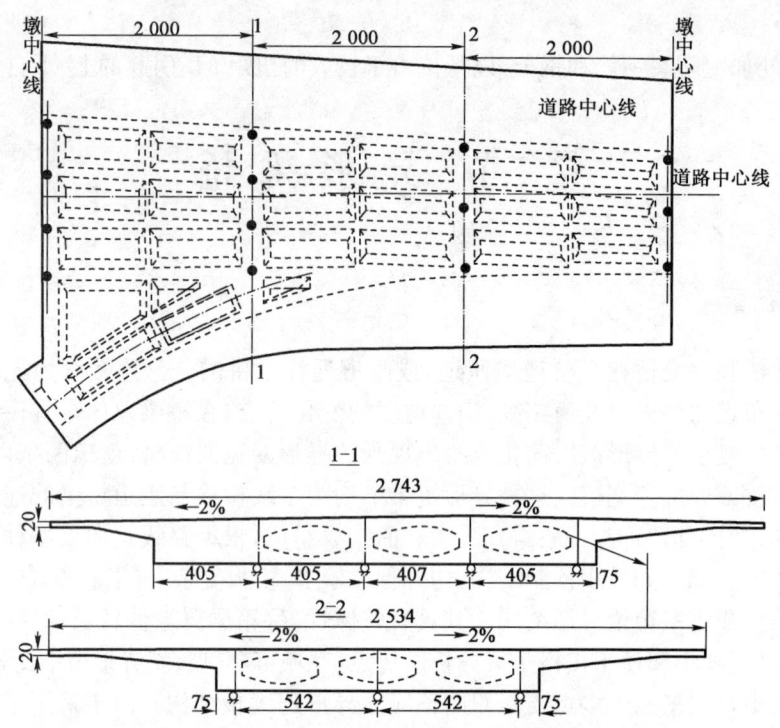

图 4-5-21 异形变宽多室箱梁桥一般构造(尺寸单位:cm)

续梁两中间支座处设计强劲的横隔板,而在两端部支座处的横隔板厚度则可略为减小,此外还在 3 跨连续梁各跨的中间设置 3 道横隔板。

由于异形多室箱梁的建筑高度往往受到城市已有线路高程以及桥下道路净空的限制,不容许设置多个墩柱,故其结构形式往往出现既是宽扁平,又是大曲率、长悬臂的异形结构。为了改善这种异形多室箱梁结构的受力条件,在两侧长伸臂与多室箱梁顶板内设置必须的横向预应力筋束,见图 4-5-22。横向预应力束沿着桥梁纵向均匀布置,张拉端和锚固端沿纵向应交错布置。

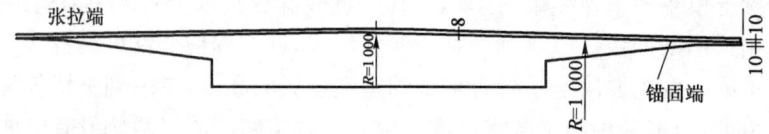

图 4-5-22 桥面板预应力横向布置(尺寸单位:cm)

异形多室箱梁各室中纵向受力钢筋、横向钢筋、箍筋、水平分布钢筋以及各室抹角八字筋的布置与单室箱梁的基本相同。此外,沿异形多室箱梁支座附近各腹板在箱梁顶、底板纵向受力钢筋之间根据主拉应力的需要尚需布置附加斜筋。图 4-5-23 示为图 4-5-21 桥例的普通钢筋布置图。

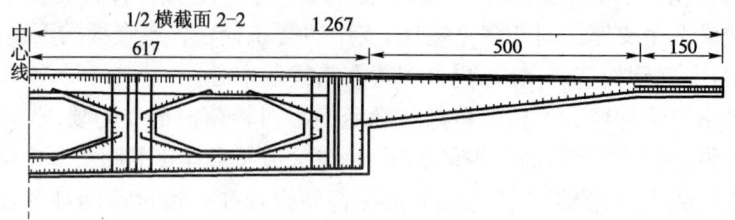

图 4-5-23 异形多室箱梁横截面 2-2 普通钢筋布置(尺寸单位:cm)

对于异形多室箱梁的结构设计,目前的经验尚不足。特别是对于桥面很宽的多室异形箱梁桥的活载横向分配与受扭分析问题需要仔细考虑。

城市高架桥下部结构的选型对桥梁的体形美影响很大,设计时要和上部结构相协调,要考虑上部结构采用的形式、跨径的大小、主梁的高度以及桥下净空的高低等因素。

二、受力特点

由于交通功能的要求和地形条件的限制,异形桥梁通常采用现浇的单箱多室变截面连续箱梁结构,其线型变化多端,结构受力复杂,除了承受弯矩和剪力外,还有较大的扭矩和翘曲双力矩作用,因此,即使外荷载的作用通过梁的剪切中心,也将发生弯、扭组合变形,同时还伴随有截面的翘曲和畸变,而且对于宽翼箱梁,其"剪力滞"现象也不可忽视,这些变形往往是耦合的。

总的来说,异形桥结构在结构受力上,既具有直梁桥的受力特点,又同时具有弯桥和斜桥的受力特点。

三、分析特点

异形桥的受力复杂,不易分析,在设计与计算中都离不开电子计算机,包括有限差分解、有限元解、有限条解等。考虑到方法的通用,有限元法具有突出的优点,具体见第二章。

四、计算示例

(一)示例一

1. 工程简介

某大型立交桥匝道桥,采用60m+60m异形连续箱梁。主梁由等高变宽单箱双室箱梁逐渐过渡为等高变宽单箱三室箱梁,桥面宽度从21.579m变化到28.422m,全预应力结构,主梁采用C50混凝土,满堂支架施工。

梁高3.5m,顶板厚从0.6m经过渡段逐渐变化到0.3m;底板厚从0.6m经过渡段逐渐变化到0.25m;腹板厚从0.9m经过渡段逐渐变化到0.5m;全桥共三道横梁:1.5m端横梁、2m中横梁和1.5m端横梁。结构一般构造见图4-5-24。

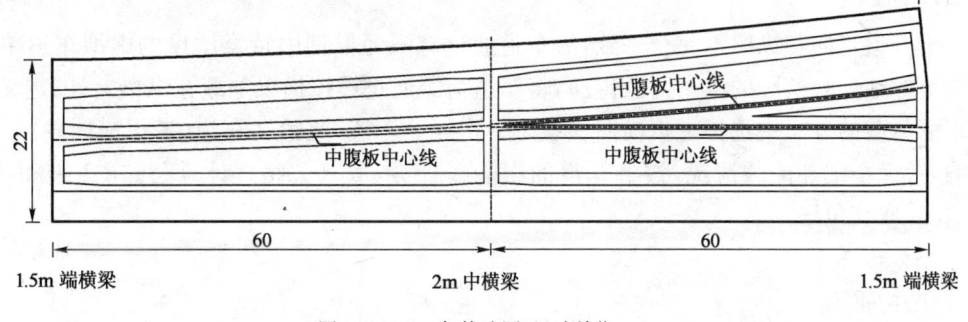

图4-5-24 一般构造图(尺寸单位:m)

2. 结构位置编号

为了便于说明,对结构构件做如图 4-5-25 所示的编号,梁肋 1、梁肋 5 见图所示,梁肋 1 与梁肋 5 之间依次为梁肋 2、梁肋 3 和梁肋 4,且梁肋 2、3、4 的第一跨和第二跨的划分同图中梁肋 1 和 5 的划分方式。

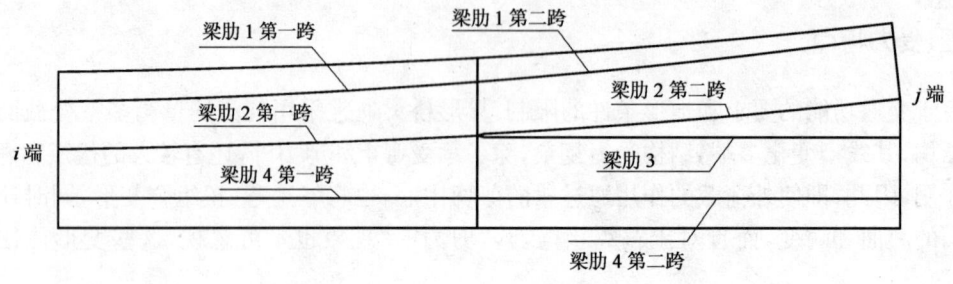

图 4-5-25　结构构件编号示意图

3. 建模要点

使用空间剪力柔性梁格法建立有限元模型(图 4-5-26)。

纵梁、横梁和虚拟横梁组成梁格体系,4 条梁肋建立 4 条纵梁,以 1m 为单位划分纵梁,并在一些变化比较大的地方,如梁肋分叉处、腹板或顶底板厚度突然变化处等适当加密梁格。

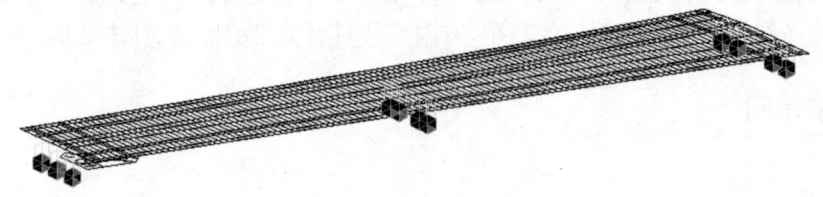

图 4-5-26　空间梁格有限元模型

以 1m 间距为单位建立横向联系虚拟横梁(等效横向刚度),若结构的横截面矩形横截面,即箱梁的腹板都为直腹板,则虚拟横梁的截面特性采用第二章中的公式计算,若结构的横截面有三角形或梯形格室,即结构的横截面具有斜腹板,则可根据第二章最后介绍的方法建立横截面的模型,根据扭转剪力 Q 和横贯格室的相对垂直移动来求出横贯格室的梁格构件的等效剪切面积。

建模点为梁的顶点,支座处梁的顶点与梁的底点之间用弹性连接的刚性模拟,支座用弹性连接模拟。

由于车道走向与纵梁不完全一致,故车道通过有限元模型中特意增设的虚拟车道单元定位。为更好地反映实际的汽车荷载传递,将车道荷载通过虚拟横梁加载在纵梁上,即定义车道时在车辆荷载的分布中选择虚拟横向联系梁。主线 3 车道,匝道 3 车道,考虑横向轮距 1.8m 的影响,考虑中载和偏载情况,按各车道的影响线加载,取其包络。计算公路—Ⅰ级和城—A 两种情况,取其包络。

4. 计算结果

(1)结构重力

在结构重力作用下,最大负弯矩 1.2×10^5 kN·m,最大正弯矩 5.8×10^4 kN·m,最大剪力

为 9.7×10^3 kN,详见表 4-5-1。

结构重力内力汇总表　　　　　　　　　　　　　表 4-5-1

效应	位置	梁肋	结构重力效应	
			第一跨	第二跨
弯矩 (kN·m)	最大正弯矩	1	36 818	37 738
		2	58 169	45 849
		3		45 452
		4	42 628	52 267
	最大负弯矩	1	−68 065	−66 006
		2	−122 630	−65 859
		3		−63 260
		4	−80 331	−80 103
剪力 (kN)	最大剪力	1	5 862	6 005
		2	9 678	6 139
		3		5 281
		4	6 954	7 390

(2)汽车作用

公路—Ⅰ级荷载作用下,最大负弯矩 1.4×10^4 kN·m,最大正弯矩 1.5×10^4 kN·m,最大剪力为 1.7×10^3 kN;城—A 作用下,最大负弯矩 1.3×10^4 kN·m,最大正弯矩 1.3×10^4 kN·m,最大剪力为 1.8×10^3 kN,见表 4-5-2。

汽车作用内力汇总表　　　　　　　　　　　　　表 4-5-2

效应	位置	梁肋	公路—Ⅰ级		城—A级	
			第一跨	第二跨	第一跨	第二跨
弯矩 (kN·m)	最大正弯矩	1	12 063	11 563	10 653	10 213
		2	11 292	7 487	10 015	6 613
		3		7 463		6 599
		4	13 341	15 170	11 792	13 422
	最大负弯矩	1	−11 564	−11 690	−10 540	−10 693
		2	−10 187	−5 998	−9 312	−5 424
		3		−5 880		−5 383
		4	−13 078	−13 815	−11 943	−12 587
剪力 (kN)	最大剪力	1	1 544	1 530	1 582	1 565
		2	1 250	820	1 265	768
		3		847		798
		4	1 699	−1 728	1 752	1 793

公路—Ⅰ级汽车作用正应力汇总见表 4-5-3。

公路—I级汽车作用正应力汇总表 表4-5-3

效应	位置	梁肋	第 一 跨			第 二 跨		
			K_i	平均值$\overline{K}$	$K_i/\overline{K}$	K_i	平均值$\overline{K}$	$K_i/\overline{K}$
顶板正应力(MPa)	最大拉应力	1	1.2	1.2	1.0	1.2	1.3	1.0
		2	0.9		0.8	1.1		0.9
		3				1.1		0.9
		4	1.4		1.2	1.6		1.3
	最大压应力	1	−2.0	−1.7	1.2	−1.8	−1.6	1.1
		2	−1.5		0.9	−1.2		0.7
		3				−1.5		0.9
		4	−1.6		0.9	−2.0		1.2
底板正应力(MPa)	最大拉应力	1	3.3	2.8	1.2	3.4	2.4	1.4
		2	1.8		0.6	1.3		0.5
		3				1.6		0.7
		4	3.3		1.2	3.4		1.4
	最大压应力	1	−2.5	−2.0	1.3	−2.7	−1.9	1.5
		2	−1.1		0.6	−1.1		0.6
		3				−1.3		0.7
		4	−2.3		1.2	−2.3		1.2

由表4-5-3可见,在公路—I级作用下主梁顶板在跨中有最大拉应力1.6 MPa,最大压应力2.0MPa,底板在跨中有最大拉应力3.4 MPa,最大压应力2.7MPa。

城—A级汽车作用正应力汇总见表4-5-4。

城—A级汽车作用正应力汇总表 表4-5-4

效应	位置	梁肋	第 一 跨			第 二 跨		
			K_i	平均值$\overline{K}$	$K_i/\overline{K}$	K_i	平均值$\overline{K}$	$K_i/\overline{K}$
顶板正应力(MPa)	最大拉应力	1	1.1	1.1	1.0	1.1	1.2	1.0
		2	0.8		0.8	1.0		0.9
		3				1.0		0.9
		4	1.3		1.2	1.5		1.3
	最大压应力	1	−1.8	−1.5	1.2	−1.6	−1.4	1.1
		2	−1.3		0.9	−1.0		0.7
		3				−1.3		0.9
		4	−1.4		0.9	−1.8		1.3
底板正应力(MPa)	最大拉应力	1	2.9	2.5	1.2	3.0	2.2	1.4
		2	1.6		0.6	1.2		0.6
		3				1.4		0.6
		4	2.9		1.2	3.1		1.4
	最大压应力	1	−2.3	−1.8	1.3	−2.4	−1.7	1.4
		2	−1.0		0.6	−1.0		0.6
		3				−1.2		0.7
		4	−2.1		1.2	−2.1		1.3

由表 4-5-4 可见,城—A 作用下顶板最大拉应力 1.5MPa,最大压应力 1.8MPa,底板最大拉应力 3.1MPa,最大压应力 2.4 MPa。

对比公路—I 级与城—A 的内力和应力汇总表,可见城—A 作用下主梁的内力和应力均比公路—I 级作用下产生的内力和应力稍小。

比较汽车作用正应力不均匀系数 $K_i/\overline{K}$,可见两条边肋的不均匀系数比中肋的大,各肋受力很不均匀。如采用平面杆系加偏载系数的方法,则对边肋可能偏于不安全,而对中肋则可能过于保守。

(二)示例二

1. 工程简介

某大型立交桥匝道桥,跨径布置为 26m+26m,采用等高变宽单箱 4 室连续箱梁,桥面宽度从 16.886m 变化到 25.965m,全预应力结构,主梁采用 C50 混凝土,采用满堂支架施工。

主梁梁高 2m,顶板厚从 0.58m 经过渡段逐渐变化到 0.28m;底板厚从 0.58m 经过渡段逐渐变化到 0.28m;腹板厚从 0.8m 经过渡段逐渐变化到 0.5m;全桥共三道横梁:1.5m 端横梁、2m 中横梁和 2m 端横梁,结构一般构造见图 4-5-27。

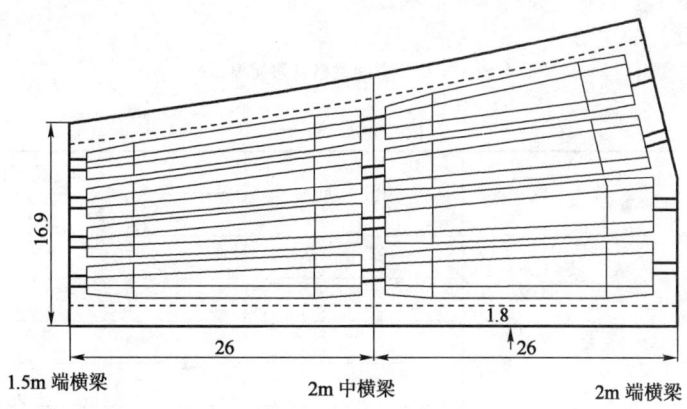

图 4-5-27 一般构造图(尺寸单位:m)

2. 结构位置编号

为了便于说明,对结构构件做如图 4-5-28 编号,梁肋 1、梁肋 4 如图所示,梁肋 1 与梁肋 4 之间依次为梁肋 2 和梁肋 3。

3. 建模要点

使用空间剪力柔性梁格法建立有限元模型(图 4-5-29),具体建模要点同示例一。

4. 计算结果

(1)结构重力

在结构重力作用下,最大负弯矩 1.3×10^4 kN·m,最大正弯矩为 1.0×10^4 kN·m,最大剪力为 3.1×10^3 kN,见表 4-5-5。

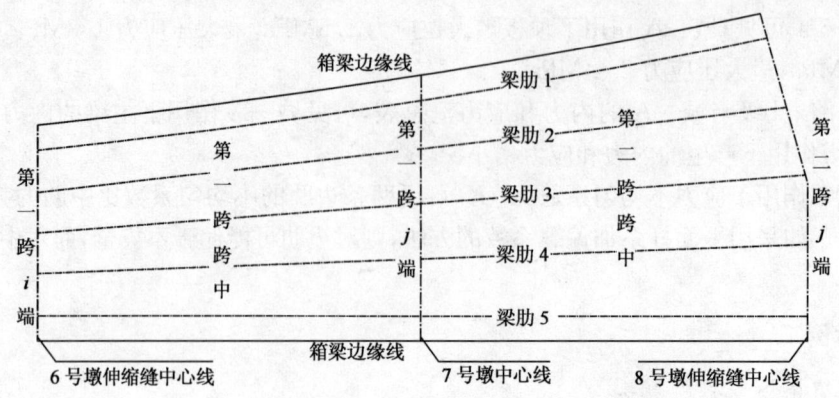

图 4-5-28　结构构件编号示意图

图 4-5-29　空间梁格有限元模型

内力汇总表　　　　　　　　　　　　　　　表 4-5-5

效应	位置	梁肋	恒载内力	
			第一跨	第二跨
弯矩 (kN·m)	最大正弯矩	1	2 772	6 402
		2	3 527	9 139
		3	3 962	10 394
		4	3 636	9 512
		5	3 256	7 379
	最大负弯矩	1	−8 032	−7 920
		2	−10 980	−11 182
		3	−13 176	−13 216
		4	−11 471	−11 740
		5	−9 912	−9 800
剪力 (kN)	最大剪力	1	1 442	1 950
		2	1 859	2 602
		3	2 202	3 105
		4	1 892	2 681
		5	1 737	2 274

(2)汽车作用

考虑公路—Ⅰ级和城—A。

由表 4-5-6 可见,公路—Ⅰ级荷载作用下,最大负弯矩为 2.7×10^3 kN·m,最大正弯矩为 3.0×10^3 kN·m。最大剪力为 8.2×10^2 kN。

城—A 作用下,最大负弯矩为 2.8×10^3 kN·m,最大正弯矩为 3.2×10^3 kN·m,最大剪力为 9.1×10^2 kN。

汽车作用内力汇总表 表 4-5-6

效应	位置	梁肋	公路—Ⅰ级		城—A级	
			第一跨	第二跨	第一跨	第二跨
弯矩 (kN·m)	最大正弯矩	1	1 892	2 573	2 064	2 783
		2	1 668	2 394	1 816	2 594
		3	2 081	2 086	2 263	2 256
		4	2 034	2 526	2 199	2 737
		5	2 730	3 000	2 964	3 243
	最大负弯矩	1	−1 979	−2 118	−2 078	−2 223
		2	−1 697	−1 898	−1 775	−1 988
		3	−1 894	−1 960	−1 975	−2 043
		4	−2 005	−2 078	−2 086	−2 165
		5	−2 568	−2 696	−2 674	−2 811
剪力 (kN)	最大剪力	1	644	697	703	771
		2	635	687	683	749
		3	663	680	723	741
		4	685	708	743	774
		5	792	816	877	905

公路—Ⅰ级汽车作用正应力汇总见表 4-5-7。

公路—Ⅰ级汽车作用正应力汇总表 表 4-5-7

效应	位置	梁肋	第一跨			第二跨		
			K_i	平均值$\overline{K}$	$K_i/\overline{K}$	K_i	平均值$\overline{K}$	$K_i/\overline{K}$
顶板正应力 (MPa)	最大拉应力	1	0.9	0.8	1.2	1.0	0.8	1.2
		2	0.6		0.8	0.7		0.9
		3	0.6		0.8	0.6		0.7
		4	0.7		0.9	0.7		0.9
		5	1.0		1.3	1.0		1.3
	最大压应力	1	−1.2	−1.1	1.1	−1.3	−1.1	1.2
		2	−0.9		0.8	−1.1		1.0
		3	−1.0		0.9	−0.8		0.7
		4	−1.1		1.0	−1.1		1.0
		5	−1.3		1.2	−1.2		1.1

续上表

效应	位置	梁肋	第 一 跨			第 二 跨		
			K_i	平均值$\overline{K}$	$K_i/\overline{K}$	K_i	平均值$\overline{K}$	$K_i/\overline{K}$
底板正应力(MPa)	最大拉应力	1	1.6	1.4	1.1	1.9	1.4	1.4
		2	1.0		0.7	1.1		0.8
		3	1.0		0.7	0.8		0.6
		4	1.2		0.9	1.1		0.8
		5	2.2		1.6	2.0		1.4
	最大压应力	1	−1.3	−0.9	1.4	−1.4	−1.0	1.4
		2	−0.6		0.6	−0.7		0.7
		3	−0.6		0.6	−0.7		0.7
		4	−0.7		0.7	−0.7		0.7
		5	−1.5		1.6	−1.5		1.5

由表 4-5-7 可见,在公路—Ⅰ级作用下主梁顶板最大拉应力为 1.1MPa,最大压应力为 1.3MPa,底板最大拉应力为 2.2MPa,最大压应力为 1.5MPa。

城—A 级汽车作用正应力汇总见表 4-5-8。

城—A 级汽车作用正应力汇总表　　　　　表 4-5-8

效应	位置	梁肋	第 一 跨			第 二 跨		
			K_i	平均值$\overline{K}$	$K_i/\overline{K}$	K_i	平均值$\overline{K}$	$K_i/\overline{K}$
顶板正应力(MPa)	最大拉应力	1	1.0	0.8	1.2	1.0	0.8	1.2
		2	0.7		0.9	0.7		0.8
		3	0.7		0.9	0.7		0.8
		4	0.7		0.9	0.7		0.8
		5	1.0		1.2	1.1		1.3
	最大压应力	1	−1.3	−1.2	1.1	−1.5	−1.2	1.3
		2	−1.0		0.8	−1.1		0.9
		3	−1.1		0.9	−0.8		0.7
		4	−1.2		1.0	−1.2		1.0
		5	−1.4		1.2	−1.3		1.1
底板正应力(MPa)	最大拉应力	1	1.8	1.5	1.2	2.0	1.5	1.4
		2	1.1		0.7	1.1		0.8
		3	1.1		0.7	0.9		0.6
		4	1.3		0.8	1.2		0.8
		5	2.4		1.6	2.1		1.4
	最大压应力	1	−1.4	−1.0	1.4	−1.5	−1.0	1.4
		2	−0.6		0.6	−0.7		0.7
		3	−0.7		0.7	−0.7		0.7
		4	−0.7		0.7	−0.7		0.7
		5	−1.6		1.6	−1.6		1.5

由表 4-5-8 可见,城—A 作用下顶板最大拉应力为 1.1MPa,最大压应力为 1.5MPa;底板最大拉应力为 2.4MPa,最大压应力为 1.6MPa。

对比公路—Ⅰ级与城—A 的内力和应力汇总表,可见城—A 作用下主梁的内力和应力均比公路—Ⅰ级作用下产生的内力和应力稍大。

汽车作用正应力不均匀系数 $K_i/\overline{K}$ 最大为梁肋 5 的 1.6,最小为梁肋 2 的 0.6。可见,各肋受力很不均匀。

本篇参考文献

[1] 中华人民共和国行业标准.JTG D60—2004 公路桥涵设计通用规范[S].北京:人民交通出版社,2004.
[2] 中华人民共和国行业标准 JTG D62—2004 公路钢筋混凝土及预应力混凝土桥涵设计规范[S].北京:人民交通出版社,2004.
[3] 刘效尧,赵立成.梁桥(下册),公路桥涵设计手册[M].北京:人民交通出版社,1998.
[4] F·莱昂哈特.混凝土桥梁结构[M].周正安,等译.长沙:湖南大学出版社,1989.
[5] 戴公连,李德建.桥梁结构空间分析设计方法与应用[M].北京:人民交通出版社,2001.
[6] 范立础.桥梁工程(上)[M].北京:人民交通出版社,2001.
[7] 何柏雷."太阳把桥晒跑了?"——深圳市某立交 A 匝道桥事故分析[J].城市道桥与防洪,2002,(2):39-43.
[8] 胡佳安,徐伟.汉施公路某桥病害分析及处理措施[J].桥梁建设,2003,(3):49-52.
[9] 黄剑源,谢旭.城市高架桥的结构理论与计算方法[M].北京:科学出版社,2001.
[10] 黄平明.混凝土斜梁桥[M].北京:人民交通出版社,1999.
[11] 李国豪,石洞.公路桥梁荷载横向分布计算[M].2 版.北京:人民交通出版社,1987.
[12] 刘来君,王东阳.预应力混凝土平面曲线箱梁裂缝[J].长安大学学报:自然科学版,2004,24(3):35-38.
[13] 刘小燕,等.斜交空心板桥裂缝原因分析及处理[J].长沙电力学院学报:自然科学版,2004,19(2):89-91.
[14] Hambly E C. Bridge deck behaviour[M]. 3rd ed. London:E & FN Spon,1991.
[15] 邵容光.混凝土弯梁桥[M].北京:人民交通出版社,1994.
[16] 王伯惠,张亚军.无梁板桥[M].北京:人民交通出版社,1998.
[17] 王钧利.曲线箱梁桥的病害分析及设计对策[J].中外公路,2005,25(4):102-105.
[18] 王卫锋,韩大建.某立交曲线匝道桥事故分析[J].华南理工大学学报:自然科学版,1999,27(11):104-107.
[19] 谢智敏,曹卫力.弯梁桥常见问题分析[J].广西交通科技,2003,28(2):49-51.
[20] 徐栋.桥梁体外预应力设计技术[M].北京:人民交通出版社,2008.
[21] 杨党旗.华强立交 A 匝道独柱曲线梁桥病害分析及加固[J].桥梁建设,2003(2):58-61.
[22] 姚玲森.曲线梁[M].北京:人民交通出版社,1989.
[23] 郑凯锋,陈宁,张晓翘.桥梁结构仿真分析技术研究[J].桥梁建设,1998(2):10-15.

第五篇　门式及斜腿刚构桥

刚构桥墩梁固结,共同工作,可以是单跨或多跨结构,主要类型有:门式刚构桥、斜腿刚构桥、V 形墩身刚构桥、T 型刚构桥、连续刚构桥等。其中 T 形刚构桥墩梁固结,在跨中设简支挂梁,为静定体系(也有的在跨中设剪力铰),无水平推力。由于跨中挠度较大,近 30 年来很少采用。连续刚构桥也是墩梁固结,为满足多跨梁的水平变形,桥墩抗弯刚度较小,墩部基本不提供推力,其特性基本符合梁桥在垂直荷载作用下支座只产生垂直反力而无水平推力的特点。连续刚构桥已广为使用,本手册将单独成篇进行详细阐述。

门式刚构桥可分为单跨门构、双悬臂单跨门构、多跨门构和三跨两腿门桥。前三种跨越能力不大,适用于跨线桥,要求地质条件良好,可采用钢和钢筋混凝土结构。三跨两腿门构桥,在两端设有桥台,采用预应力混凝土结构时,跨越能力可达 100 多米。但由于门式刚构结构的温度附加应力比普通结构大得多,通常情况下门式刚构结构不宜采用较大的跨径。目前,国内仅建成几座中小等跨径的门式刚构桥梁,最大跨径为 65m。图 5-0-1 为德国的 Rosenstein 桥,跨径为 68m。

图 5-0-1 门式刚构桥

斜腿刚构是由刚构演变而来的,将刚构的立柱做成斜的就成为斜腿刚构。斜腿刚构桥的工作情况与拱桥接近。其梁与腿中的弯矩比门式刚构桥要小,但支承反力却有所增加。由于桥墩置于岸坡上,有较大斜角,在主梁跨度相同的条件下,斜腿刚构桥的跨度比门式刚构桥要大得多。跨越陡峭河岸和深邃峡谷时,采用斜腿刚构桥是经济合理的方案。1982 年建成的陕西安康汉江桥,是我国第一座铁路钢斜腿刚构桥,跨度达 176m,在世界同类铁路桥中,居于首位。法国 1974 年建成的 Bonhomme 桥,是世界跨度最大的公路预应力混凝土斜腿刚构桥,两支承铰的间距为 186.25m,桥高 23m,主梁为单箱,基础设有支承铰。

目前我国高速公路上已建有多座斜腿刚构桥,如图 5-0-2 所示,不仅造型轻巧美观,施工也较拱桥简单。

图 5-0-2 斜腿刚构桥

V形刚构桥也是一种连续刚构桥,所不同的是将桥墩做成 V 形,如图 5-0-3 所示,它具有连续刚构桥和多跨斜腿刚构桥的受力特性和共有的优点。1988 年建成、位于漓江风景区的广西桂林漓江桥,为三跨连续的预应力混凝土 V 形刚构桥,主跨 95m,外形美观,别具一格。桥墩较高时,V 形墩腿以下部分可连接一段竖墩,形成 Y 形刚构,如图 5-0-4 所示,其工作性能与 V 形刚构相同。

图 5-0-3　V 形刚构

图 5-0-4　施工中的 Y 形刚构

第一章　门式及斜腿刚构桥的构造、特点及适用场合

门式及斜腿刚构桥是介于梁与拱之间的一种结构体系,是由受弯的上部梁(或板)结构与承压的下部结构柱(或墩)整体结合在一起的结构。整个体系既是压弯结构,又是推力结构。这类桥梁在结构上兼备梁和拱的特点和优势而呈现出良好的力学性能,在桥型构造上运用少量构件,几何图形简单明了,以简洁生动、纤细有力的桥梁形态,使人在视觉和精神上产生美学效应。

斜腿刚构桥因其具有呈水平向的梁式构件和斜向支承构件,而在力学行为上兼具梁式刚构特性(构件受弯并按刚度比例分配其值大小)和拱的特性(构件偏心受压),且在桥型构件的组成上使受力较大的区域(跨中附近)产生压力使构件偏心受压,而在其受力较小的区域(近端部)让其纯弯。这样合理地解决了桥梁构件中受力不均匀的问题,使桥梁各组成构件变得匀称。同时,整个桥梁上下部各构件相互固结形成坚固几何形态的整体结构,共同受力抵抗外荷载。因此,桥梁的整体性和刚度均得到提高,并大大削弱了组成构件的内力峰值而使构件受力较小,使各构件的体量和尺度变得轻巧和纤细。所以,斜腿刚构桥梁从力学性能和经济性上比传统的梁式和拱式结构具有优势。

与连续梁桥比较,V形刚构桥在设计上斜腿减小了主梁的高度,使梁的最大正负弯矩峰值明显降低,从而使梁的建筑高度显著减小;同时,因为设置了V形墩,加大了同设计值下的跨度;跨中和支点弯矩较小,在结构外观上更显轻巧美观。特别是在立体交叉或桥下有通航净空要求的情况下,对降低连接路堤高度和缩短引桥长度的作用十分突出。V形墩刚构桥用料省、自重轻,适应在软土地基上。

随着桥梁设计技术的提高、计算软件的完善,对桥梁景观设计的要求越来越高。单孔桥除选用简支梁桥以外,还有门式刚构桥和斜腿刚构桥等。门式刚构桥线条简洁,是较好的可选桥型,特别是当桥面高程受到限制且河中不允许设置桥墩时尤其适用。

第一节　门式刚构桥

门式刚构桥的腿和梁垂直相交呈门形构造,将三孔连续刚构的两个边孔向下转90°形成,原来在两个墩顶上的负弯矩便转移到门式刚构的"双肩"上。这种结构通常通过预应力钢筋来主动控制各部弯矩进行设计,而采用钢筋混凝土结构时,即使在小跨度桥梁中多配普通钢筋也很难消除双肩上的裂缝。

单跨门式刚构适用于跨越运河及其他小河流的单跨桥梁,无需设置水中墩,它与同等跨径的拱桥相比,具有较大的通航净空;此外还适用于跨线桥,桥头路堤的填土有利于抵抗结构的水平推力,但增大了立柱的内力。小跨径的框架式门式刚构桥可以采用顶进施工,施工期间可以不中断现有的道路交通,因此在下穿铁路和重要城市道路工程中得到了广泛应用。具体类型见图5-1-1所示。

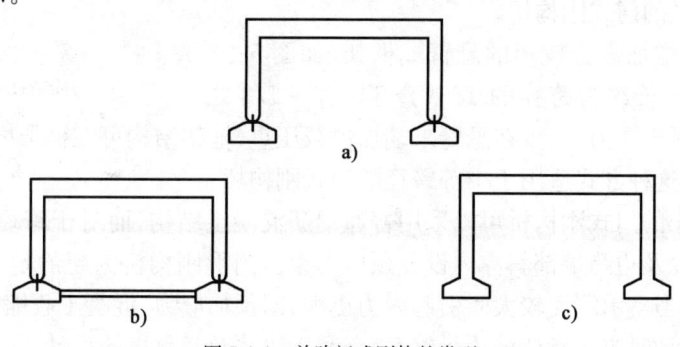

图5-1-1　单跨门式刚构的类型

单跨门式刚构主梁截面的形状与梁桥相同,可以有板、肋、箱梁等多种形式。主梁在纵方向上可以做成等截面、等高变截面和变高度三种。立柱通常采用板式或薄壁结构,对大跨径单跨门构,立柱设计时一定要保证其变形能力,否则结构会产生较大的附加内力。主梁与立柱相连接的地方称之为节点,该节点必须具有强大的刚度,以保证主梁与立柱的刚性连接。由于混凝土对角力产生劈裂作用,节点连接时应加设梗腋,以改善受力情况。另外,节点外缘钢筋必须连续绕过隅角之后加以锚固。门式刚构的节点构造见图 5-1-2 所示。

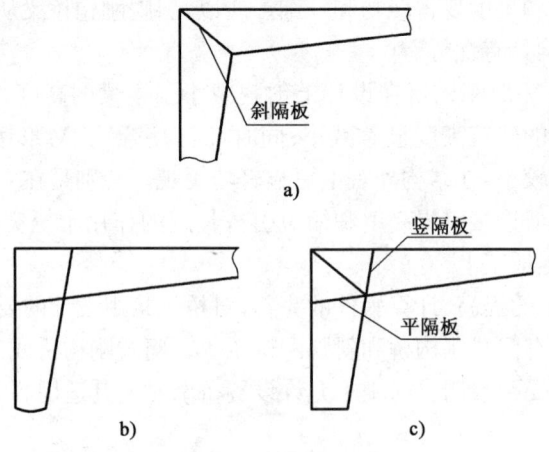

图 5-1-2 门式刚构的节点构造

单跨门构当受到地基承载力条件的限制时,若柱脚采用固结构造,将使基底的边缘应力和偏心距超过规范容许值;若采用铰支构造时,基础将主要处于受压工作状态,铰处剪力 Q 对基底产生的力矩一般较小。为此,通常将单孔门式刚构的立柱与基础之间设计成铰支结构,如图5-1-3b)所示。在相同梁柱刚度比(I_2/I_1)的情况下,固结构造方案的角隅弯矩 M_B 将比铰支方案的 M_C 大。为了改善角隅处的局部应力状态,将柱脚也改成铰支方案,如图 5-1-3 所示。

门式刚构的水平推力可以采用以下两种方式来减小。

(1)在铰的外侧加压重,改变压力线,减小推力。这种方式适用于小跨径的门式刚构桥。

(2)两腿两侧增加设置较短的悬臂或框架,如图 5-1-4 所示。悬臂或框架长约为跨径的 1/5(介于 1/7~1/3 之间),既可消除水平土压力,又可在悬臂末端加恒载压重(框架结构可在框架内填土压重),外形类似于连续刚构,这种方式适用于中等跨径的门式刚构桥。

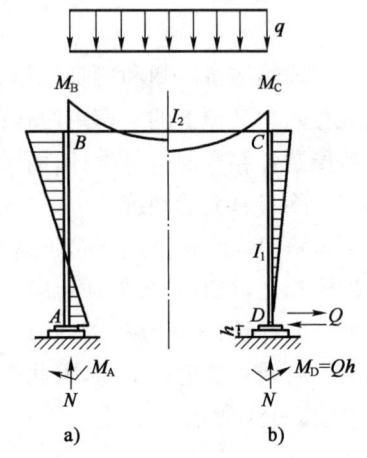

图 5-1-3 固结与铰支门式刚构的内力对比
a)固结;b)铰支门式

对于跨径较小的门式刚构桥可以采用普通钢筋混凝土结构,而对于跨径较大的门式刚构桥则需要在梁体以及边跨端部斜撑内设置预应力束。门形刚构桥为超静定结构,在附加荷载作用下会产内力,当支承刚度较大时引起内力更大,即预加应力、混凝土收缩、徐变以及结构温度产生的效应,设计时应尽量让结构足够柔,有利于梁体及竖斜撑的设计。

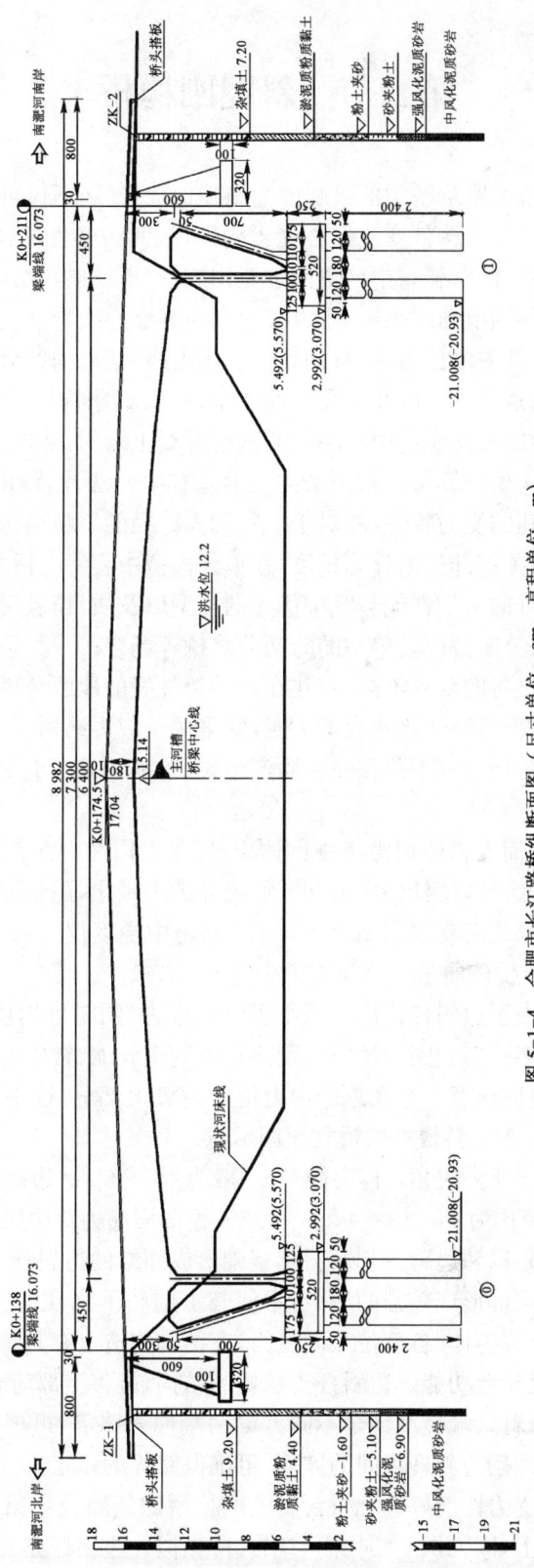

图 5-1-4 合肥市长江路桥纵断面图（尺寸单位：cm；高程单位：m）

第二节　斜腿刚构桥

斜腿刚构桥是将传统的刚构桥中的直腿改为斜腿而成,斜腿不仅可分担梁部弯矩,且对中跨梁体提供压力而使其从纯弯构件变成偏心受压构件,故其力学性能比传统梁式桥优越。从桥梁的形态和力学角度看,两斜腿与中跨主梁近似构成一"折线拱式结构",其力学行为呈现拱的偏心受压特点。传统的圆滑曲线拱桥,压力线通常与其形心线吻合较好,截面弯矩很小。但斜腿刚构类似折线拱,构件中的压力线(特别是恒载压力线)偏离构件形心线较大,截面会产生较大弯矩,这又向梁的特点靠近。因此从受力性能来讲,斜腿刚构桥并不比拱桥优越,也正鉴于此,在我国通常将斜腿刚构桥做成中小跨径的钢筋混凝土结构,并未大规模地采用预应力钢筋混凝土结构。斜腿刚构桥计算可以采用结构力学或有限元法计算,由于斜腿刚构桥的斜腿倾角直接影响全桥和斜腿的受力特性,故对于一些较大跨径的斜腿刚构桥,为了更好地模拟结构的实际受力状态,提高关键部位的计算精度,在单元模拟中宜将全桥划分为四边形壳单元。

斜腿刚构桥具有良好的力学性能与纤细优美的造型以及质量轻、材料省等特点,被广泛用于高速公路支线上跨桥、公园桥以及单独的跨河公路桥等场合。

斜腿刚构桥对施工设备的要求不高,宜建在地址条件好的地区,特别是山区。跨径在30m以内时可用普通钢筋混凝土结构;当跨径增大时,常采用预应力结构。由于在软土地基上修建拱式结构时,随时间推移,桥台水平位移使主肋产生裂缝,所以应尽量避免在软土地基上修建此类桥型。

在同跨径条件下,与简支梁桥相比,斜腿刚构因其在主构件中存在较大的压力(免费的预应力)和全桥整体受力的特性,使杆件内力和截面尺寸大为减小,而整体性和刚度却得到增强。斜腿刚构跨中最大弯矩仅为简支梁的20%～30%,而跨中挠度仅为简支梁的约10%,用钢量为简支梁的60%～70%,桥体质量可比简支梁少约50%。

无桥台斜腿刚构桥由于边斜杆作用可减小桥台的推力,同时可用块石护坡代替笨重的桥台而被广泛应用。对于多孔斜腿刚构桥应特别注意混凝土收缩、常年温差、桥台水平位移引起的内力,在跨径较大时更应注意。它在总的内力值中占极大部分,往往在跨中设置吊梁,以消除这类附加内力。图5-1-5为斜腿刚构桥立面图示意。

斜腿中心线与水平线所夹锐角α称为倾角,一般为$40°\sim60°$。边跨L_1为中跨L_2的$0.45\sim0.60$倍,跨中梁高与中跨比为$H_1/L_2=1/25\sim1/35$,根部梁高为跨中梁高的$1.5\sim2.0$倍。

无桥台斜腿刚构桥是以和边跨端部及斜腿基础形成固结的边斜杆在斜腿和边跨形成稳固的三角形结构而对边孔端部形成较强的约束,不使其上翘和下挠,以满足使用需要,可省去桥台。由于上、下部结构连成整体,各部位共同受力,在结构构造上有其特殊之处。

(1)不设桥台而满足桥台功能。边斜杆支承桥跨结构,能将上部荷载传递到桥墩上去。梁端部弹性变形很小,与悬臂梁端挠度完全不同。梁两端伸入路堤,可根据需要设置搭板,使路桥衔接匀顺、行车平稳;铺砌边斜杆之间的坡面,可确保路堤的稳定。

(2)桥型结构合理,受力性能好。无桥台斜腿刚构桥的斜腿及主梁为压弯构件,与折线拱的受力相似。但在构造上,因无拱上结构而与梁式桥相似。边斜杆亦为压弯构件,杆中轴向压力的水平分力,可以抵消斜腿中的部分水平分力,而其竖向分力又作用于边墩上,使边墩承受的竖向压力大、水平推力小。与斜腿刚构桥相比,显著地改善了边墩的受力。

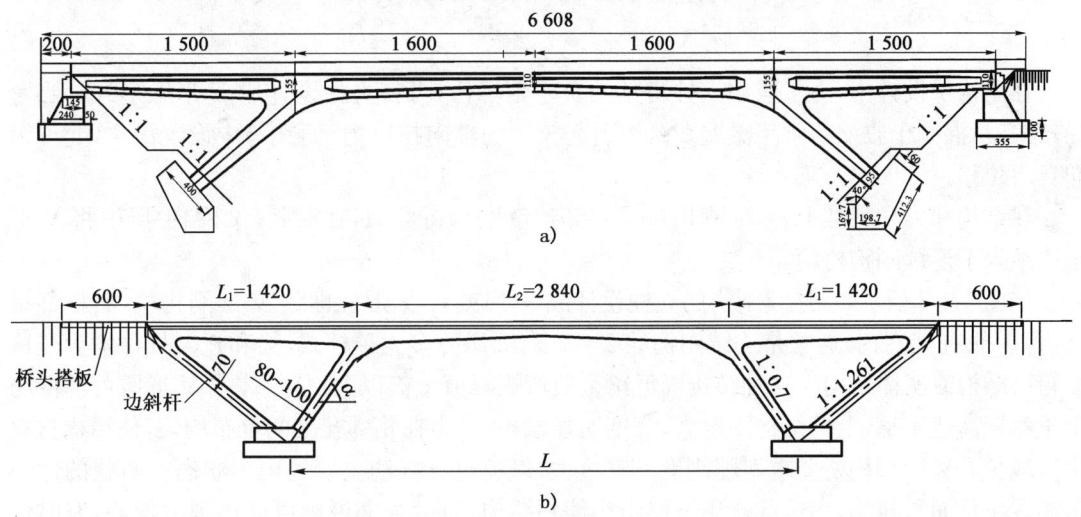

图 5-1-5　斜腿刚构桥立面图(尺寸单位:cm)

(3)跨越能力大。由于主孔主梁为压弯构件,斜腿又有增大跨径的作用,其跨径可达到连续梁的 1.6 倍。

对于无桥台斜腿刚构桥,设置边斜杆起拉杆作用,使斜腿呈 V 形刚构形式,边跨 L_1 为中跨 L_2 的 0.65～0.80 倍。

通常斜腿倾角会直接影响全桥和斜腿的受力特性,图 5-1-5a)为安徽铜宣高速公路支线的上跨桥梁,在恒载作用并产生最大负弯矩时的受力情况是此类桥梁结构设计中应着重考虑的问题。取斜腿倾角 α 变化范围 35°～60°,斜腿最大正负弯矩变化曲线如图 5-1-6 所示。

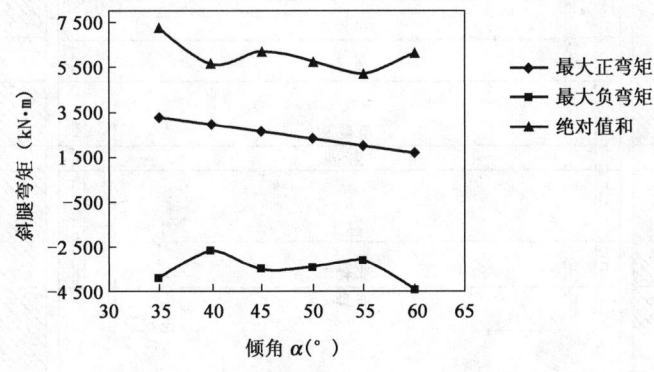

图 5-1-6　斜腿弯矩随倾角 α 的变化曲线图

从图 5-1-6 可以看出,正负弯矩绝对值之和在 35°～55°之间,总的趋势是随着倾角的加大而减小,在 45°时稍有增加,55°～60°时有增大趋势,说明倾角的继续加大对斜腿的受力不利。

第三节　V形刚构桥

在刚构桥设计中,为了减小支柱肩部的负弯矩峰值,可将立柱设计成V形墩形式。当跨径较大时,混凝土收缩与常年温差在跨中引起较大的轴向拉应力,而在跨中设置吊梁,允许纵向自由位移。

在结构和力学特性上,V形刚构桥基本和连续刚构桥类似,在前版《梁桥》手册中将V形刚构纳入了连续刚构桥篇。

如图5-1-7所示,将连续刚构的立柱设计成V形或者Y形柱即为V形刚构桥,其根部梁高(含V形托架在内)通常是连续刚构的2~2.5倍,墩身多为单柱式,梁和托架杆件均为变截面箱形结构或实体结构。这种结构降低梁上负弯矩峰值1倍以上,且整体式V形墩可降低跨中正弯矩高达1倍,上部结构刚度大,挠度明显减小,内力在相邻孔之间分布均匀,使结构材料用量减少。V形刚构桥要求斜腿刚度不宜过大,以免过分扰动主梁的内力状态。斜腿的弯矩影响线正负面积相当,在恒载作用下属于小偏心结构,对活载来说则可能出现大偏心,有时候会出现拉应力;但是对于轴力影响线压力面积大于拉力面积时,只要截面选择适当,可只配置普通钢筋来满足应力要求。

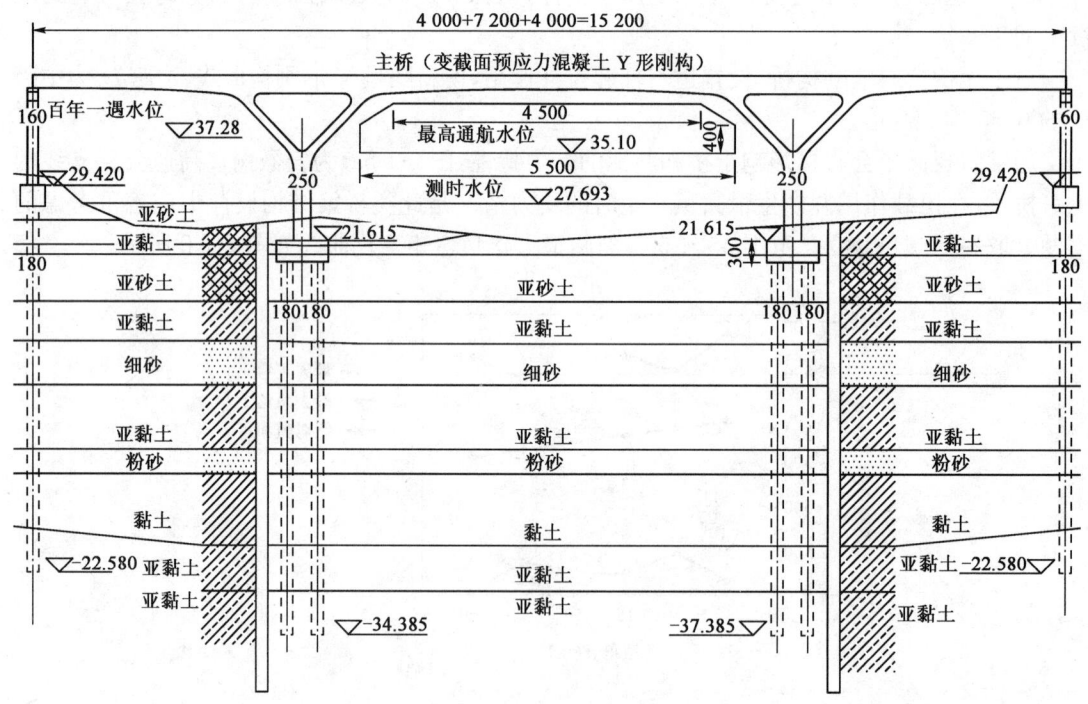

图5-1-7　桥型布置图(尺寸单位:cm;高程单位:m)

第二章　门式及斜腿刚构桥的设计

门式及斜腿刚构桥在结构构造上的一个重要特点是在主梁和立柱相连接的地方,存在角隅节点。该节点要求具有强大的刚度,能承受较大的负弯矩,使刚构桥跨中的正弯矩达到卸载的目的。但是,使该节点内缘承受很高的压应力、外缘承受很高的拉应力,如果处理不当会导致外缘开裂或者内缘混凝土被压溃。因此,外缘常用连续绕过角隅并设置锚固受力钢筋加以保证,内缘增加混凝土斜托或梗腋缓解应力集中,并布置斜向钢筋提高内缘混凝土的抗压强度。

第一节　构造与配筋设计

一、门式刚构桥构造设计

单跨门式刚构桥在构造上分铰支承和固定支撑两种。为了抵抗结构产生较大的水平推力,通常设计成拉杆连接两根支柱的底部或为封闭式刚构,采用普通钢筋混凝土结构,其最大跨径一般在40m左右。对于跨径超过25m的门式刚构桥需考虑立柱高度与主梁跨度之间的关系,一般通过结构试算来确定。跨径较大的门式刚构桥需适当设置小边跨,并通过斜拉杆来连接,如图5-2-1所示。

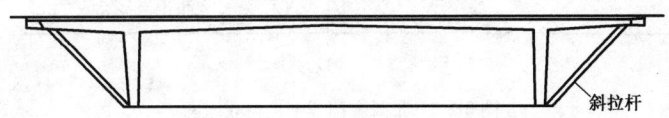

图 5-2-1　带拉杆的门式刚构

门式刚构桥有水平推力,可采用以下方式平衡和减小水平推力。

(1)对于较小跨径的门式刚构桥,在铰的外侧加压重,改变压力线形状,减小推力,如图5-2-2所示。

(2)但对于跨径较大的门式刚构桥通常采用带短悬臂的预应力混凝土结构,且当短悬臂门式刚构有压重时,可以设置支座,如图5-2-3a)所示。如仅仅带有短悬臂且无压重时,一般不设置支座,如图5-2-3b)所示。

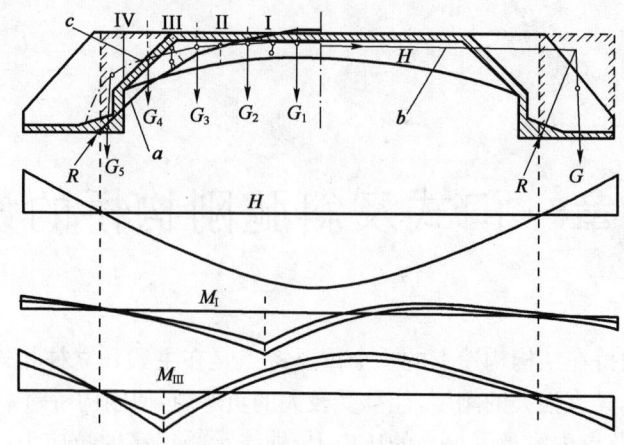

图 5-2-2 泽普林(Zeppelin)桥
a-跨间恒载压力线;b-压重压力线;c-合成压力线;H-水平推力影响线;
M_I-截面 I 弯矩影响线;M_{III}-截面 III 弯矩影响线

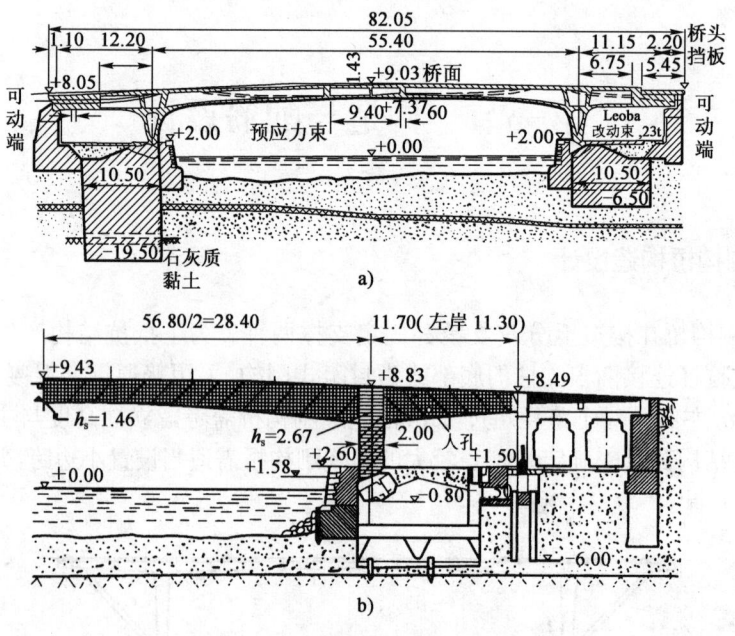

图 5-2-3 带悬臂门式刚构桥立面图
a)Schweden 桥(维也纳)立面图(尺寸单位:cm,高程单位:m);
b)Marien 桥(奥地利)立面图(尺寸单位:cm,高程单位:m)

二、斜腿刚构构造设计

(一)跨径组合

斜腿刚构桥的结构布置如图 5-2-4 所示,其中 L_2 区段称为主孔,L_1 区段称为副孔。

单孔不设铰的无桥台斜腿刚构桥如图 5-2-4a)所示,受力类似于三跨连续梁的受力模式。通常也是按照边跨与中跨最大弯矩趋于相等的原则来确定,使边跨与中跨的梁高与配筋协调

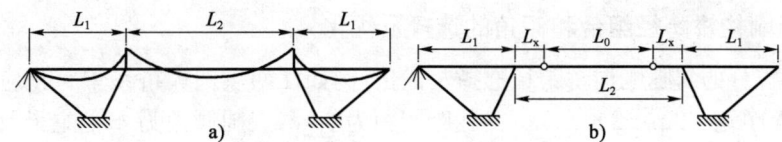

图 5-2-4 桥型结构与受力分析

一致。即主梁部位弯矩分布规律基本相同,但主孔中有较大的轴向压力,对结构受力有利,主孔跨径可以相应增大一些;副孔中存在一定的拉力,属弯拉受力构件,对结构受力不利,所以跨径宜减小一些。对于高路堤填土情况或高速公路跨线桥,进一步增大主孔跨径而减小副孔跨径,可获得较大的桥下净空,桥型结构显得轻巧美观。

对于 T 形截面的装配式简支梁桥,采用焊接钢筋骨架,梁肋宽 $b=20$ cm 左右,其单孔跨径一般不超过 25m。再增大跨径,虽然刚度可以满足要求,但裂缝宽度可能超过规范规定的容许值。对于无桥台斜腿刚构的主孔,其正弯矩区段一般为 $0.65L_2$,考虑到中孔虽然为压弯构件(对结构受力有利),但如果采用整体现浇法施工,梁肋宽度最小为 25~30cm,自重加大导致弯矩增大(对结构受力不利)。综合考虑认为:中孔正弯矩区段最大为 25cm,所以对于普通钢筋混凝土结构,中孔最大跨径可近似估算:$L_{2max}=25/0.65=38.5$m。

初步考虑:若梁肋宽 $b=20$ cm 左右时,中孔最大跨径为 $L_{2max}=40$m;若梁肋宽度 $b=30$~65cm,$L_{2max}=35$m 左右。副孔中正弯矩区段一般为 $0.8L_1$,$L_{1max}=20/0.8=25$m,考虑到副孔有一定的轴向压力,且梁肋宽一般为 $b=30$~65cm,所以副孔最大跨径 $L_{1max}=20$m。

对于设铰的无桥台斜腿刚构桥,如图 5-2-4b)所示,主孔中的挂孔可以采用预制拼装简支梁(板),对于 T 梁挂孔最大跨径 $L_{0max}=20$m,按 $L_{2max}=35$m 考虑,则估算 $L_{xmax}=(L_2-L_0)/2=7.5$m。而 $L_x/L_2=7.3/35=0.21$,铰的位置正好在不设铰情况下弯矩为零的位置附近,所以最大 L_x 以 7.5m 为宜。此外,调整铰的位置可以能动地调节主梁中各截面内力的变化,使各截面受力趋于合理和接近最优状态。

(二)斜腿刚构斜腿倾角的确定

斜腿倾角一般取为 $\alpha=35°$~$45°$。斜腿倾角变化对主梁弯矩和剪力影响小,对轴力影响大。斜腿越坦,主孔中轴力越大(对主孔受力有利),但在副孔中拉力也相应增大(对副孔受力不利)。边斜杆埋入路堑边坡,与边坡同坡度取用 $\alpha=45°$。由于斜腿及边斜杆轴力较大,弯矩较小,其截面高度比主梁高度可适当小一些。但对于高斜腿,若截面尺寸过小,纵、横向稳定性难以满足,或其配筋率过大而不经济。

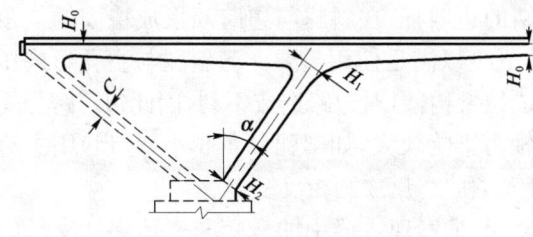

图 5-2-5 斜杆截面示意

通常边斜杆设计成等高度(如图 5-2-5 所示),一般 $C=(0.4$~$0.8)H_0$;斜腿下端 $H_2=(0.4$~$0.8)H_0$。此外,H_0 为主孔跨中梁高;斜腿下端弯矩小于上端,一般 $H_1=(1.2$~$1.5)H_2$,这样也使整个桥型显得轻巧美观。对于主梁为 T 梁的情况,当采用一片斜腿支撑一片主梁,并且斜腿较长时(称为肋式高斜腿),拟定截面尺寸应考虑稳定性问题,截面高度一般要比上述截面大一些,具体由计算确定。

(三)斜腿刚构桥跨径组合和倾角的选择及优化

对于无斜拉杆的斜腿刚构桥跨径选择及优化,例如江西洪门大桥系单跨预应力混凝土斜腿刚构桥,桥面净宽-9m+2×0.5m,两腿趾间距为60m,斜腿倾角为42°,主梁及斜腿均为单箱截面,各部尺寸详见图5-2-6所示。

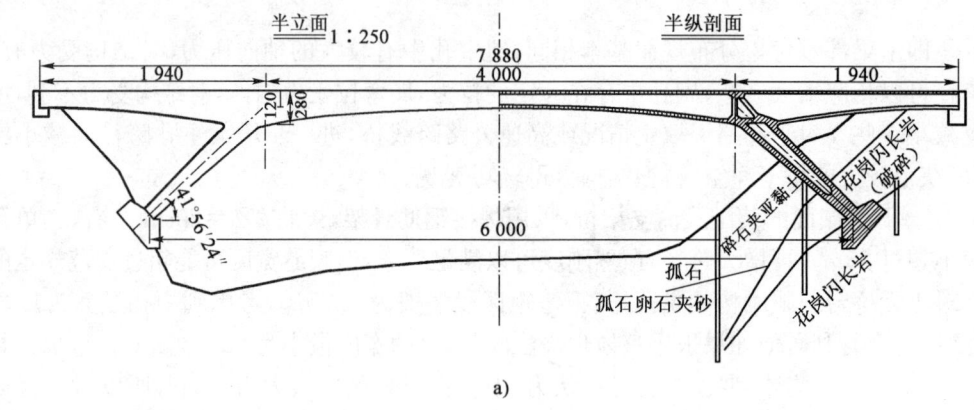

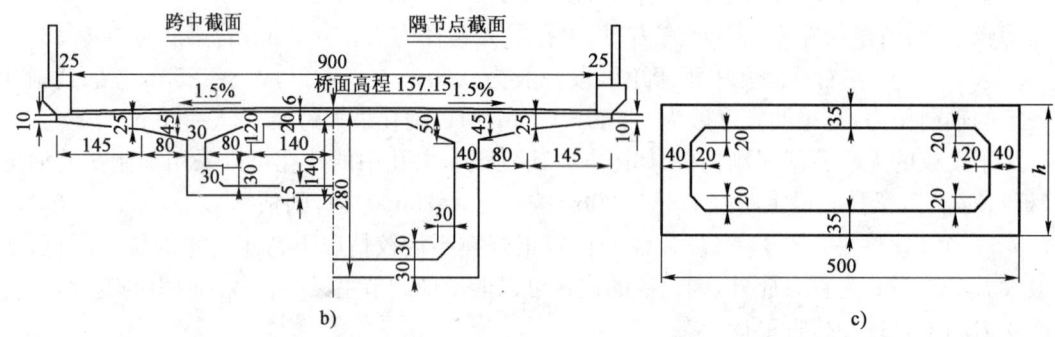

图 5-2-6 洪门大桥构造图(尺寸单位:cm)
a)总体配置图;b)主梁截面图;c)斜腿截面图

通过对洪门桥中跨跨径L_2和边跨L_1、斜腿倾角α进行系统的比较后,得出L_1/L_2是影响斜腿内力的主要因素,而α只对轴力影响较大,比较曲线如图5-2-7所示。

对于无桥台斜腿刚构桥,采用斜拉杆代替了两端的桥台设计,在路堤较高或地基覆盖层较厚而需大体积桥台时,采用较薄的斜拉杆代替桥台以节省混凝土量,如图5-2-8所示。桥梁全长($2L_1+L_2$)为58.3m,桥面净宽7.5m+2×1.0m,斜腿顶端梁高为2.0m,跨中截面高为1.2m。本桥是以和边跨端部及斜腿基础形成固结的边斜杆,在斜腿与边跨间形成稳固的三角形结构而对边跨端部形成约束,而不使其上翘或下挠以满足使用需要。当斜腿与主孔形成压力时,因边跨端部被约束,边跨将产生拉力而形成拉弯构件,对边跨造成不利,因此边跨跨径受到了限制。同时斜腿倾角变化对边跨和主跨的轴力影响较大,如斜腿倾角越小(越坦)则主跨压力越大(对主跨有利),而边跨拉力越大(对边跨不利)。反之则相反。

在绘制该桥弯矩包络图(如图5-2-9所示)时,不难发现主梁中的弯矩与三跨弹性支承的连续梁相似。当边跨偏小时,中跨主梁的最大正负弯矩(M_O、M_{BO})均较大,由于M_{BO}比M_{BA}大

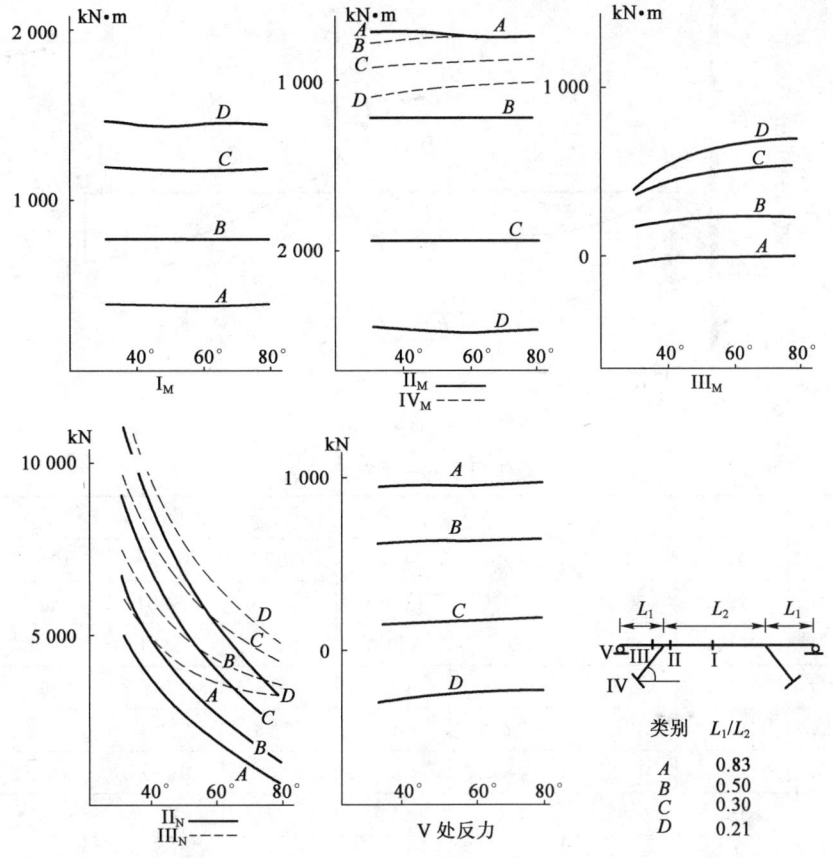

图 5-2-7 内力随 α 和 L_1/L_2 变化的曲线图

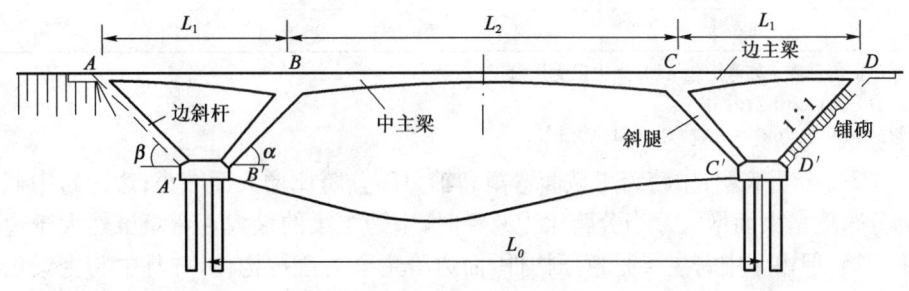

图 5-2-8 无桥台斜腿刚构桥

得多,故斜腿上部的弯矩 $M_{BB'}$ 也较大。反之,中跨偏小,中跨主梁的正负弯矩减小,而边跨主梁的正负弯矩增大。由于边跨主梁为弯拉构件,不能承受过大弯矩,为此,寻求一个合理的分跨比显得尤为重要。

通过对本桥试取不同的分跨比($L_1:L_2=0.3、0.4、0.5……1.0$),同时为取得同等的比较条件,假定不同分跨比时,结构的尺寸、斜腿倾角($\alpha=55°$、边斜杆 $\beta=45°$)、材料类型、地基作用及荷载均相同,计算的结构轴力和弯矩如表 5-2-1 所示。

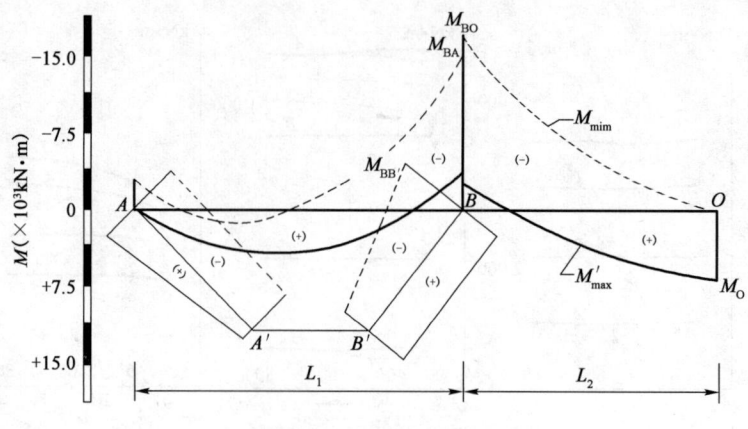

图 5-2-9 弯矩包络图

恒载作用下的主要截面内力 表 5-2-1

截面		$L_1:L_2$							
		0.3	0.4	0.5	0.6	0.7	0.8	0.9	1.0
边跨跨中	M	−290.8	307.9	814.0	1 219.0	1 549.0	1 824.0	2 052.0	2 244.0
	N	181.4	427.3	560.4	640.0	692.4	729.4	756.2	776.5
边跨支点	M	−5 933.5	−4 891.7	−4 397.0	−4 206.0	−4 178.1	−4 244.2	−4 362.3	−4 508.0
	N	181.4	427.3	560.4	640.0	692.4	729.4	756.2	776.5
中跨支点	M	−10 185.0	−8 225.6	−6 862.3	−5 914.0	−5 239.4	−4 750.5	−4 404.2	−4 162.7
	N	4 388.0	3 353.0	2 550.0	1 912.0	1 382.0	925.1	527.1	172.3
中跨跨中	M	−2 147	−1 570	−1 174	−883	−657.3	−475.8	−329.9	−210.7
	N	4 388.0	3 353.0	2 550.0	1 912.0	1 382.0	925.1	527.1	172.3
斜腿顶端	M	−1 335	−833	−294.5	198.1	629.8	1 003	1 318	1 582
	N	−3 562	−3 147	−2 864	−2 657.3	2 596.6	−2 367.5	−2 264	−2 178.2

注：①弯矩正负号规定如弯矩包络图，轴力以受拉为正。
②内力为全截面恒载内力。
③弯矩 M 单位为 kN·m；轴力 N 单位为 kN。

由表 5-2-1 分析表明：中跨跨中截面弯矩和轴力随分跨比增大而减小；边跨跨中截面弯矩和轴力随分跨比增大而增大。当分跨比为 0.6 时，中跨主梁的最大正弯矩虽然大于边跨主梁的最大正弯矩，但由于中跨主梁是弯压构件，而边跨主梁为弯拉构件，并且中跨主梁仍保留着较大的轴向压力；同时，主梁中最大正负弯矩之比绝对值为 3.09，中支点截面的抗弯刚度明显大于跨中截面的抗弯刚度，因而，中支点承受负弯矩的能力明显大于跨中截面承受正弯矩的能力，这样的受力模式是合理的。

边斜杆和斜腿截面的弯矩随分跨比增大呈现受双向异号弯矩。对比计算证明，当分跨比为 0.5~0.6 时，其弯矩绝对值达到较小值，并且边斜杆和斜腿始终处于受压状态，二者的压力随分跨比的增大而增大。下部基础的水平推力随分跨比的增大而减小；主梁的竖向挠度在分跨比为 0.5~0.8 之间均较小，且满足规范要求。综上所述，一般建议分跨比取 0.6 左右为宜。

边斜杆一般是沿着路堤斜坡设置，因为倾角 α 是指斜腿的倾角而不是边斜杆的倾角 β。

由弯矩包络图可知,斜腿的主要作用有两个:一是斜腿的轴向力分解为水平力使中跨主梁承受压力,以提供"免费的预应力"作用,二是斜腿支承主梁可加大桥梁的跨越能力。当斜腿的倾角很大时,水平分力很小,接近连续刚构桥;当斜腿倾角很小时,水平分力过大,对桥墩和边跨不利,在温度变化、混凝土收缩及墩台变位等因素作用下,桥梁的受力不利。以固定分跨比 0.6、边斜杆倾角 $\beta=45°$,分别取斜腿倾角 $\alpha=35°\sim70°$,进行结构弯矩、轴力计算,如表 5-2-2 所示。

恒载作用下的主要截面内力 表 5-2-2

截面		斜腿倾角 α							
		35°	40°	45°	50°	55°	60°	65°	70°
边跨跨中	M	1 463.3	1 395.5	1 332	1 274.2	1 219	1 168	1 120	1 074
	N	683.3	671.3	660.1	649.7	640	630.9	622.2	641
边跨支点	M	−3 338	−3 588	−3 810	−4 016	−4 206	−4 381	−4 546	−4 700
	N	683.3	671.3	660.1	649.7	640	630.9	622.2	641
中跨支点	M	−5 676	−5 756	−5 819	−5 871	−5 914	−5 952	−5 985	−6 014
	N	−2 007	−1 674	−1 381	−1 120	−883	−665	−463	−271
中跨跨中	M	1 756	1 794	1 833	1 873	1 912	1 951	1 989	2 027
	N	−2 007	−1 674	−1 381	−1 120	−883	−665	−463	−271
斜腿顶端	M	1 030	767	548	361	198	52.4	−80.2	−203.7
	N	−3 418.6	−3 168.9	−2 963	−2 796	−2 657	−2 544	−2 453	−2 380

注:①弯矩正负号规定如弯矩包络图,轴力以受拉为正。
②内力为全截面恒载内力。
③弯矩 M 单位为 kN·m;轴力 N 单位为 kN。

由表 5-2-2 可以看出,斜腿倾角由 35°增大到 70°时,中跨主梁弯矩和边跨主梁轴力变化不大;中跨跨中截面弯矩增大了 15.4%,边跨跨中截面弯矩减小了 26.6%。随着倾角的增大,中跨主梁的轴压力迅速减小,中跨主梁的弯矩和边主梁的拉力变化不明显,而中跨主梁却能获得较大的轴向压力,以提供"免费的预应力"作用,可见倾角的增大是不利的;但是随着倾角的减小,下部结构承受较大的水平推力,造成下部基础不利。根据不同地质情况,建议竖向角度为 45°~55°为宜。

(四)主梁梁高的确定

在梁高不受限制范围内,应根据具体情况寻求经济的梁高。减小梁高,混凝土用量降低,钢材用量增加;反之,增大梁高,钢材用量较少,混凝土用量增加。"经济梁高"要求其总造价为最低时的梁高。同时还需根据具体情况进行分析判别。

斜腿刚构桥主梁一般采用变截面梁高,当桥墩中跨 L_0 在 25m 以下时,梁底可设计成折线形,可使得构造简单,施工方便;当 L_0 在 25m 以上时,梁底宜设计成曲线形或曲线形与折线形合成。曲线形通常采用二次抛物线或圆曲线,比较美观。

参照连续梁的高跨比,其主孔跨中梁高通常取 $H_0=(1/22\sim1/28)L_2$。考虑到主孔中有轴向压力,与受弯构件相比可较少使用钢筋用量,故主孔跨中梁高可偏低取值,建议主孔 $H_0=(1/25\sim1/35)L_2$。对于副孔,虽然其跨径比主孔小,但为拉弯构件,且考虑到协调美观及梁底纵向钢筋布设方便,其跨中梁高采用与主孔相等的跨中梁高,其端支点负弯矩很小,从跨中至端支点均采用相同的梁高。对于斜腿支承处的主梁,因承受较大的负弯矩和剪力,其梁高一般取用跨中梁高的 1.5~2.0 倍。

参考门式刚构桥设计资料,一般情况下,跨中梁高与主梁跨度的比值可取 1/30~1/35,而根部梁高与跨中梁高之比一般在 1.2~2.5。跨径较大的门式刚构桥由于跨中高度偏小,也就是说梁部抗弯刚度较小,此时如果采用的支承刚度偏小,则梁部的处理相当困难,而采用斜撑和竖撑的组合支承具有较大的刚度,可以方便梁部正弯矩区预应力束的布置。

(五)截面、隔板及梁端设计

刚构桥主梁截面随着跨度的增加,依次采用板式、肋式、箱形截面,如图 5-2-10 所示。纵桥向通常设计成等截面、等高度截面、变高度截面等形式,以适应主梁内力的变化。其中,变高度主梁底部的线形可以是曲线形、折线形、曲线加直线形等,具体形式应根据主梁内力的分布情况,按截面等强度的原则进行确定。

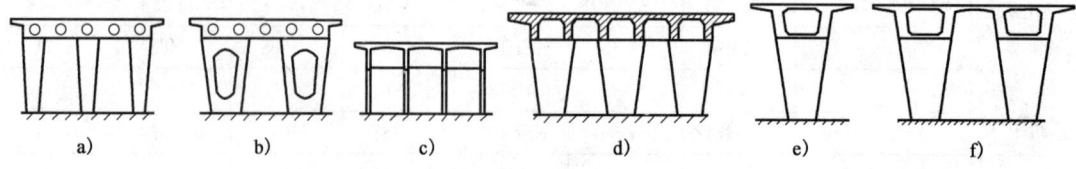

图 5-2-10 刚构桥主梁截面形式

图 5-2-10a)、b)为板式截面,其节点处应在内侧加梗腋,以改善内缘受力,且可减小配筋,方便施工。节点外缘钢筋须绕过角隅之后方可锚固。

图 5-2-10c)、d)为肋板式截面,其节点处增设梗腋的方式有三种:只在桥面板增设梗腋;只在梁肋增设梗腋;在桥面板和梁肋同时增设梗腋。

图 5-2-10e)、f)为箱形截面,此时的立柱通常采用箱形截面。在其箱梁内节点的处理也有三种形式:仅设置斜隔板;设置竖隔板和平隔板;设置竖隔板、平隔板和斜隔板。柱式腿可固定在横隔板下的承托上,如图 5-2-11 所示。箱形截面立柱可伸入梁内作为横隔板,薄壁式斜腿固结在设有横隔板处的主梁下缘,如图 5-2-12 所示。

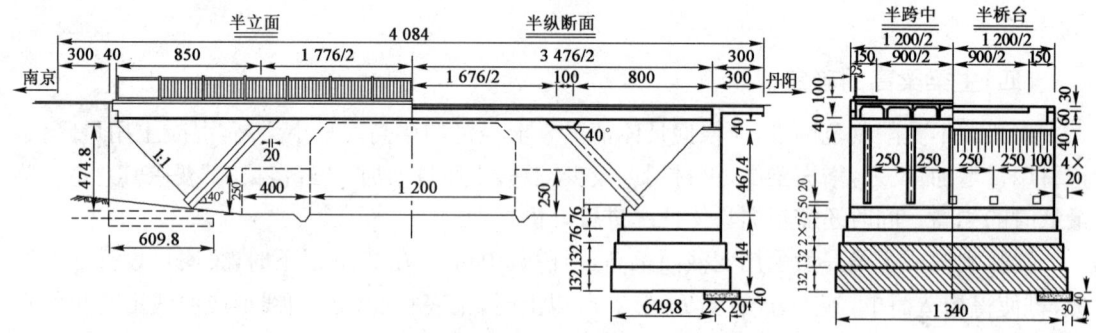

图 5-2-11 江苏乔家门立交桥(尺寸单位:cm)

斜腿与主梁固结,斜腿上端横向宽可与 T 形梁梁肋或箱形梁底板同宽,一般比梁肋或底板宽略小为宜,便于斜腿主筋伸入主梁。

对于矮肋式截面和箱形截面,斜腿宜设计为上端宽、下端窄的形式,符合弯矩上大下小的

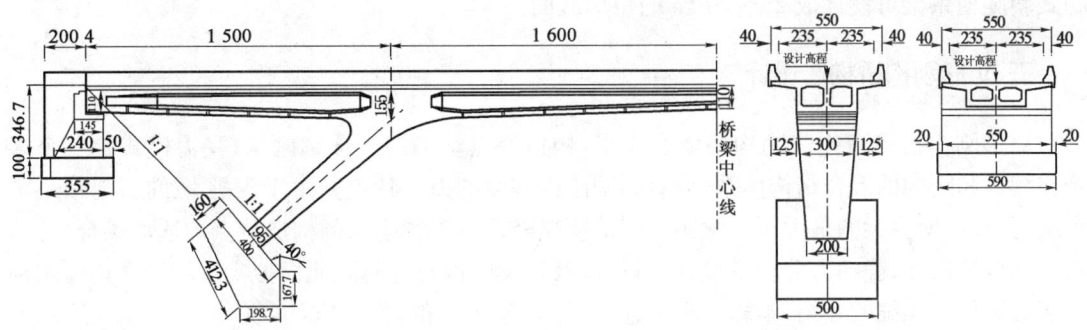

图 5-2-12　铜宣高速上跨桥(尺寸单位：cm)

力学原理，以节省混凝土用量，同时造型轻巧美观，坚实稳重。对于 T 形截面，斜腿上下端横向可设计为相同宽度，当斜腿高度超过 10m 时，可在斜腿中部增设一道横系梁，以减小柱的长细比，增强其纵横向稳定性；当 T 梁片数较多时，可采用宽斜腿方案，即 1 片斜腿支撑 2 片 T 梁，斜腿设计成上宽下窄的形式。

从截面抗弯性能要求，一般宜尽量减薄腹板宽度，增大主梁高度，以减轻自重并获得较大的截面抵抗弯矩。对无桥台斜腿刚构桥的主梁，由于要承受正、负弯矩，要求横截面上下缘部分均要提供足够的承压面积，这对于板式(含矮肋式)和箱形截面均能满足要求。对于 T 形截面，与斜腿固结处的主梁有较大的负弯矩和剪力，从满足承担负弯矩和抗剪截面最小尺寸要求，梁肋宽度均不能过小。对于现场浇筑 T 形截面，为便于绑扎钢筋及浇筑混凝土，梁肋宽度一般不小于 25～35cm，跨径较大时可采用 50～60cm。由于梁肋较宽，又为整体现浇法施工，主梁之间的间跨可偏大取用，一般为 2.0～3.0m(但要设置承托)，以减轻自重。对于宽桥，横坡可通过各主梁高差形成，以减轻桥面铺装自重，设计和施工稍趋复杂。

(六)横系梁及牛腿设置

横系梁可使各片主梁连接成整体，在荷载作用下使各片主梁能共同工作。对于无桥台斜腿刚构桥，边斜杆及斜腿上端与主梁固结，固结处有较大的支承反力，且受力复杂。所以无论是矮肋式 T 形截面，还是箱形截面，固结处的横系梁都必不可少。对于 T 形截面情况，主孔部分属于偏压构件，主梁中有较大的轴向压力，而 T 梁沿横向抗弯刚度较低，为了防止其横向失稳，跨中一般要设置横系梁；且主孔跨径较大时考虑在主孔 1/4 处增设横梁；副孔虽然为弯拉构件，但由于 T 梁主梁横向间距较大(一般为 2.0～3.0m)，为了改善板的受力状态，一般也在副孔跨中增设一道横梁，仅当副孔跨径较小时(4.0～6.0m)可不设。对于箱形截面情况，由于其本身抗弯刚度(纵横向)和抗扭能力均较大，故在主孔、副孔跨中可不设中横梁。

对于边斜杆上端的端横梁，由于设置搭板与路堤衔接，可设计成牛腿形式；对于跨中设铰情况，设铰处的横梁也设计成牛腿形式；对于肋式高斜腿，为增强其横向稳定性，须设置横系梁；对于宽斜腿情况，不必设置，但应注意到边斜杆端横梁与路堤在横向不能有横向位移。

主梁横梁可设计成与主梁同高或 3/4 主梁高度，对于 T 形截面情况，主梁肋宽一般不小于 25～30cm，且主梁间距较大(2.0～3.0m)，所以横梁肋宽不小于 25cm，一般为 25～60cm。跨中一般为 25～30cm，斜腿固结处及牛腿端横梁可设计为 40～60cm，以加强固结处的刚度。

肋式斜腿横系梁可设计成 25~30cm 的矩形截面。

三、V 形刚构桥构造设计

V 形刚构桥是由连续刚构桥演变而来,构造特点均类似于连续刚构,受力模式是一个多跨连续梁和刚构的混合结构体系,兼有斜腿刚构和梁的力学特点。由于 V 形墩的斜腿减小了主梁的跨度,使主梁的最大正负弯矩的峰值明显降低。连续刚构的构造特点和适用场合、总体布置和构造尺寸、静动力分析及设计要点、以及连续刚构桥的有限元模拟实现均已在连续刚构桥部分进行了详细的介绍,本篇不再赘述,只补充 V 形墩的设计注意事项。

V 形墩通常由墩座、斜腿、0 号块和横隔板四部分组成,构造如图 5-2-13 所示。

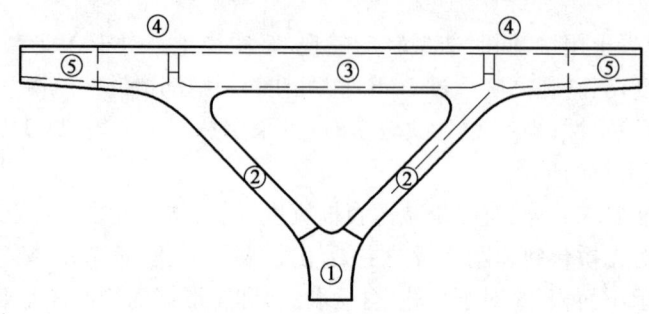

图 5-2-13　V 形墩构造
①墩座;②斜腿;③0 号块箱梁;④横隔板;⑤主梁

1. 墩座设计

利用平面有限元法,按照各种工况分析墩座在不承受荷载条件下的受力状态,保证墩座底面与承台接触面均不出现拉力或拉力在允许范围内,由于斜腿与立柱直接的混凝土截面突变,设计计算时应注意内斜腿与墩座上面相交凹角处的应力集中情况。

2. 斜腿设计

斜腿是以受挠曲为主的构件,为了增大斜腿轴向压力,可在每个斜腿横截面中心线上设置预应力,计算时按照普通钢筋混凝土构件考虑。最大悬臂段施工为斜腿的控制设计条件,斜腿内力组合分为最大弯矩与相应轴向力、最小轴向力与相应弯矩两种,一般前者控制设计。另外,内外斜腿上、下端截面的钢筋和混凝土最大应力随计算步骤的变化十分明显,其最大应力一般分别出现在不同的计算步骤中,而不是在某一个计算步骤中同时出现。计算时应按照施工顺序,分阶段查看计算结果,以指导设计。

3. 0 号块设计

V 形墩上方的 0 号块箱梁受力状态与连续刚构不同。在外部荷载作用下除了承受弯矩和剪力外,还将沿着轴向产生拉力。尽管 0 号块箱梁在外部荷载作用下产生轴向拉力,但由于 0 号块箱梁沿纵向施加了预应力,结构通常仍处于受压状态,设计过程中需注意观察内力变化。

4. 横隔板设计

0 号块箱梁内部横隔板通常为侧斜、菱形、竖直实体梁等形式。通常为了计算受力明确,将横隔板设计成与桥面板分离,这种不相连接以保持横隔板范围内的桥面板原有受力条件,即仍按照单向板计算与配筋,同时简化了桥面板、腹板和横隔板相接部位的配筋设计,便于横隔板的施工和分析计算。

四、配筋设计

(一)门式刚构

1. 普通钢筋

在小跨径门式刚构桥中,可以采用钢筋混凝土结构,梁柱可分别按计算内力配筋。梁的配筋在角隅处不能内弯到立柱中,同时还需增设斜向受拉钢筋,如图 5-2-14 所示。

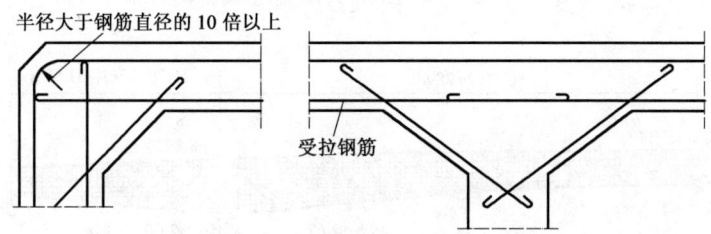

图 5-2-14 角隅和梗腋钢筋

在梁与柱相交处内力复杂,应以构造钢筋进行补强,且立柱主筋应伸入主梁隔板中,如图 5-2-15 所示。

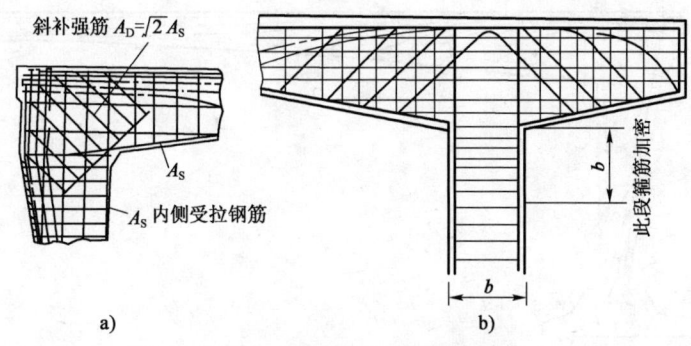

图 5-2-15 门式刚构节点构造补强钢筋
a)角隅节点的加强;b)节点处的加强

在矮柱中可只配直筋,在较细长的柱腿中还需配置弯起钢筋,如图 5-2-16 和图 5-2-17 所示。

2. 预应力钢筋

对于较大跨径的门式刚构桥通常需要在柱和梁中配置预应力钢筋,如图 5-2-18a)、b)所示。需要注意锚固后预应力损失造成预应力不足,如图 5-2-18c)所示,损失应力根据计算结果采用普通钢筋予以弥补。

带短悬臂或斜拉杆的门式刚构梁中的配筋与连续刚构相似,如图 5-2-19 和图 5-2-20 所示。

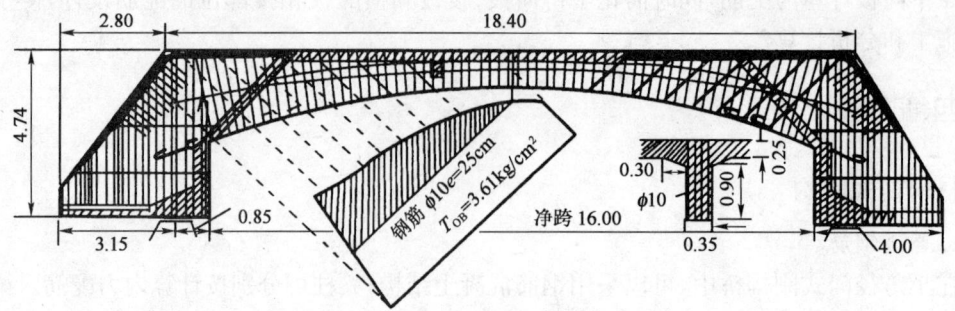

图 5-2-16 泽普林(Zeppelin)桥配筋图(尺寸单位:m)

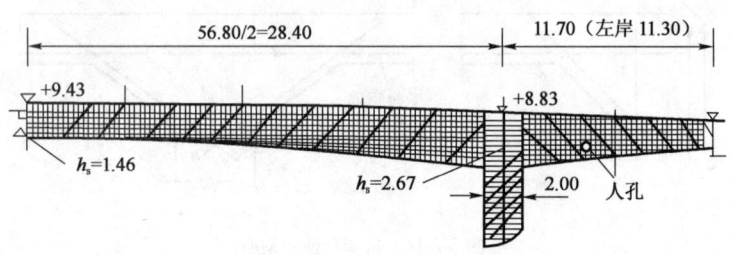

图 5-2-17 马赖恩(Marien)桥配筋图(尺寸单位:m)

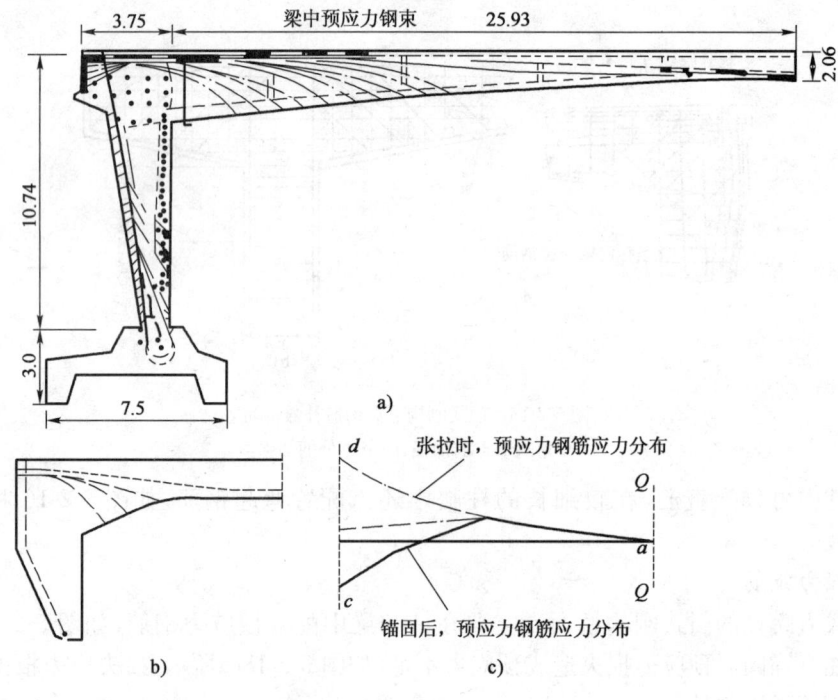

图 5-2-18 预应力钢筋的布置及应力分布曲线(尺寸单位:m)

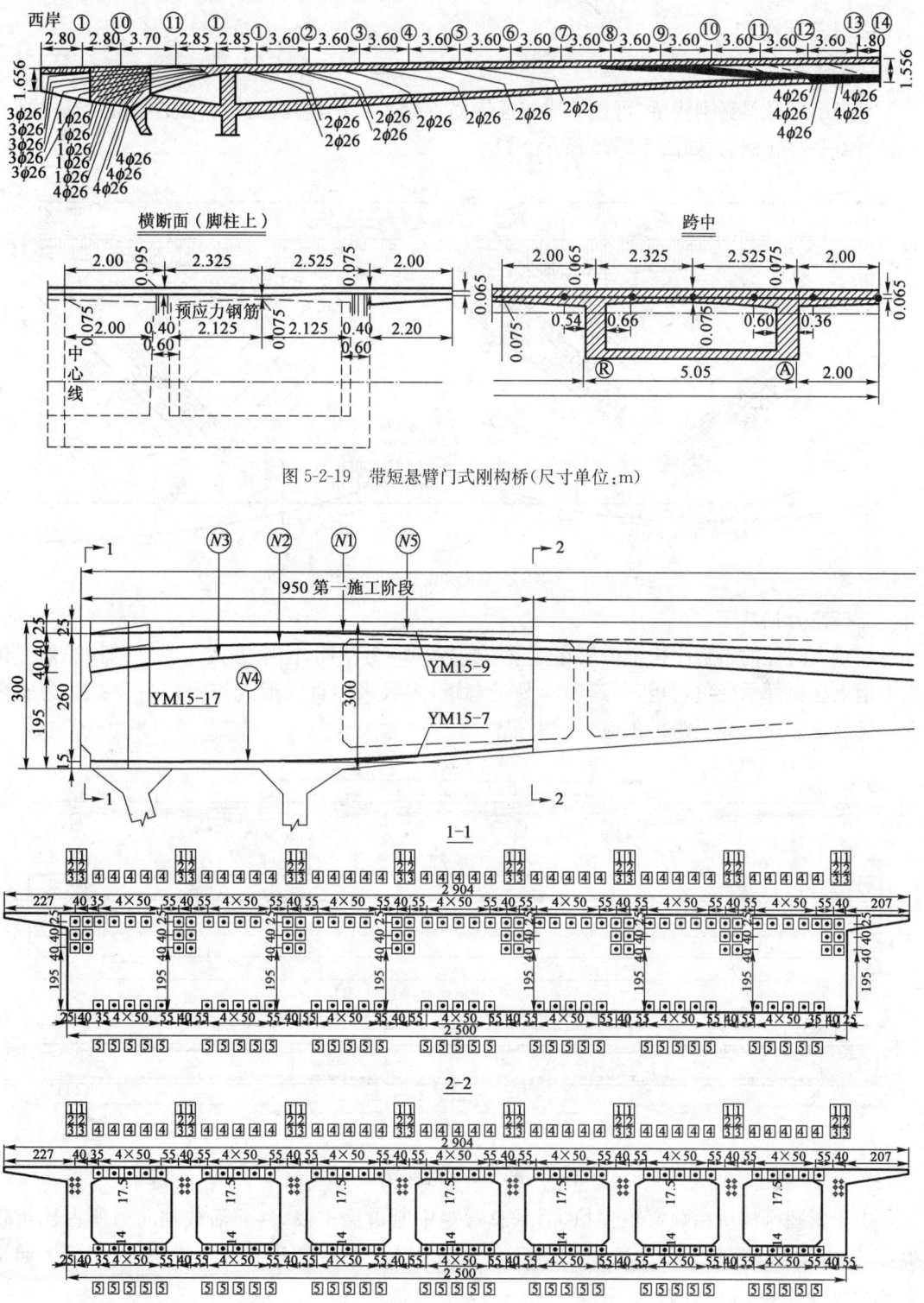

图 5-2-19 带短悬臂门式刚构桥(尺寸单位:m)

图 5-2-20 合肥市长江路桥配束(尺寸单位:cm)

(二)斜腿刚构

1.普通钢筋

对于小跨径斜腿刚构桥,可设计成普通钢筋混凝土结构,斜腿可设计成小偏心受压构件,一般不需要弯起钢筋,如图 5-2-21 所示。

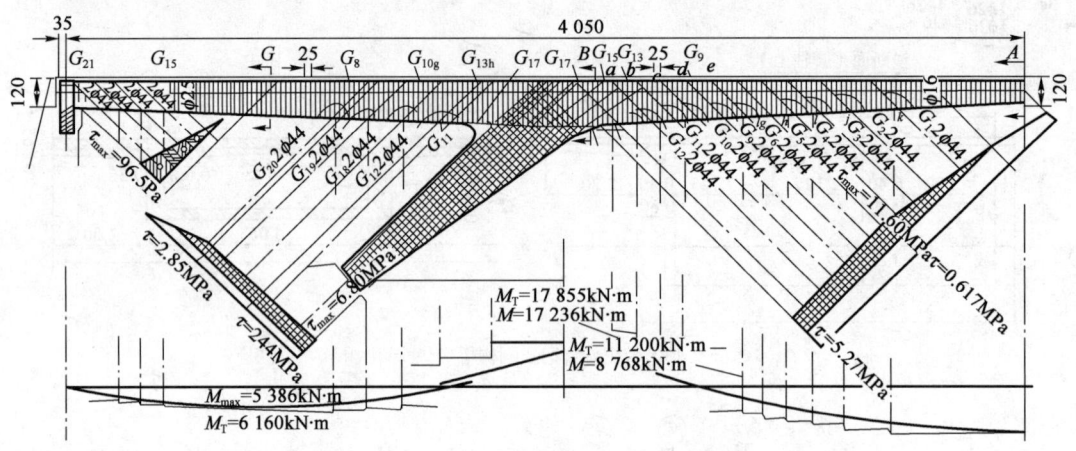

图 5-2-21　小跨径斜腿刚构配筋图(尺寸单位:cm)

2.预应力钢筋

在较大跨径的斜腿刚构中需要在主梁中配置预应力钢筋,配束方式与连续刚构类似。预应力钢束在根部承受负弯矩,在跨中承受正弯矩,多数采用直线形式布置。图 5-2-22 为安徽省铜汤高速公路支线上跨桥预应力钢束布置图。

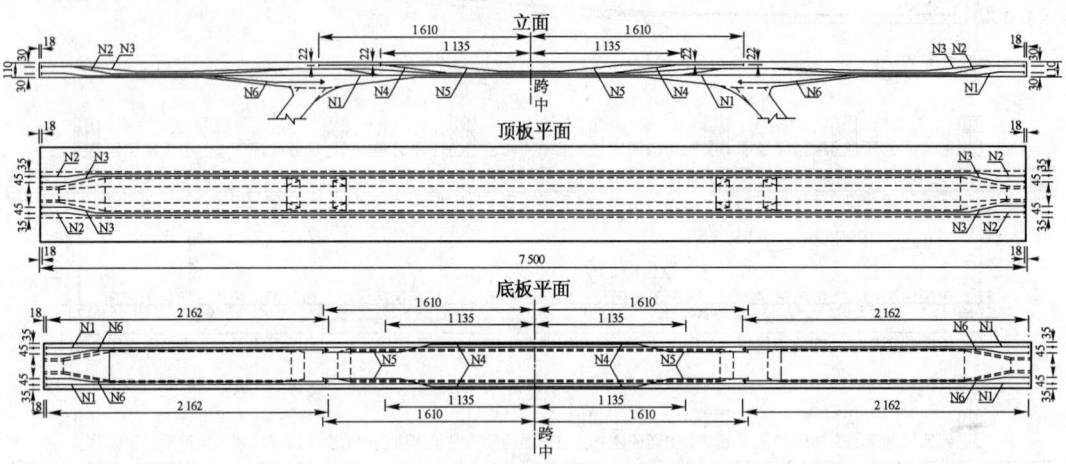

图 5-2-22　斜腿刚构预应力钢束布置图(尺寸单位:cm)

由于斜腿刚构桥活载弯矩在恒、活载总弯矩中所占比重较大,而活载轴向力所占比重较小,需要承受正负弯矩的截面较多,主梁上绝大多数上下缘均需配置预应力钢筋,斜腿上通常也需要对称配筋。

例如图 5-2-6 江西洪门大桥主梁采用Ⅴ级精轧螺纹粗钢筋为预应力钢筋,采用悬臂拼装施工,悬拼时的先期预应力钢筋设于箱梁顶板及腹板预留孔道内,合龙后张拉设于锚座上的体外预应力钢筋(以套管压浆加以保护)。斜腿为钢筋混凝土构件,在支架上现浇施工,斜腿采用固定支承方式,为了减少施工时次内力的影响,采用临时铰支,施工最后阶段封固。

固定支承的斜腿刚构的温度内力相当大,在跨中、边跨中部和腿趾等截面上尤其明显。洪门大桥计入温度内力的组合弯矩是不计温度的恒活载组合弯矩的 1.6~3.6 倍,均成为控制内力。

如表 5-2-3 所示,就均匀温度变化而言,中跨与斜腿部分类似于拱,如降温时跨中轴向力为负、弯矩为正,脚趾处弯矩为负等,但其数值要比拱大很多。对于边跨,均匀升温产生正弯矩,降温产生负弯矩,基本上无异号弯矩截面,且数值均不小。就桥面上缘升温、下缘降温的温差内力而言,其轴向力一般不大。其弯矩的特征为:在边跨及斜腿部分与均匀升温的弯矩同号,在中跨与均匀降温的弯矩同号,故与均匀温度内力叠加后,使边跨和腿趾出现最大温度内力,而与均匀降温内力叠加后又使跨中出现最大温度内力。

温度内力 表 5-2-3

截 面	1		2		3		4		5	6
内 力	N	M	N	M	N	M	N	M	M	M
日照+均升	1 260	−320	1 260	550	640	−3 420	640	7 790	7 030	2 500
日照+均降	−660	2 740	−660	2 280	−490	570	−490	−3 630	−30	−10

注:表中轴力 N 单位为 kN,弯矩 M 单位为 kN·m。

恒载、汽车活载与温度内力所占比例如表 5-2-4 所示,温度引起的内力在某些截面控制配筋,同时要考虑混凝土后期收缩值与桥面存在水平位移引起的内力。预应力张拉引起的二次弯矩一般会产生反向有利影响,因此预应力配置需要通过试算确定。

恒载、汽车活载与温度内力所占比例 表 5-2-4

截 面		1		2		3		4		5	6
内 力		N	M	N	M	N	M	N	M	M	M
组合 I	恒载(%)	85	42	34	−78	87	3	90	23	−76	2
	汽车(%)	15	58	16	−22	13	97	10	72	−24	98
组合 II	恒载(%)	85	26	84	−78	82	1	85	8	−75	1
	汽车(%)	15	36	16	−22	12	−40	9	20	−24	39
	温度(%)	−8	38	−8	9	0	−60	6	72	−1	60

注:①表列数字均为在该组合中所占百分比;
②负号表示轴力为拉力或弯矩为负值;
③在三项组合中,若某项异号,则该项数值为其内力占另两项内力和的百分比。

第二节 斜腿与基础的连接方式

一、基础设计

刚构桥是有推力的桥梁结构,基础必须具有足够的抗水平位移的能力。在坚硬地基上可以选用扩大基础,深基础可以采用群桩基础、沉井基础和沉箱基础。图 5-2-23 为高速公路跨线桥浅基础示意图。

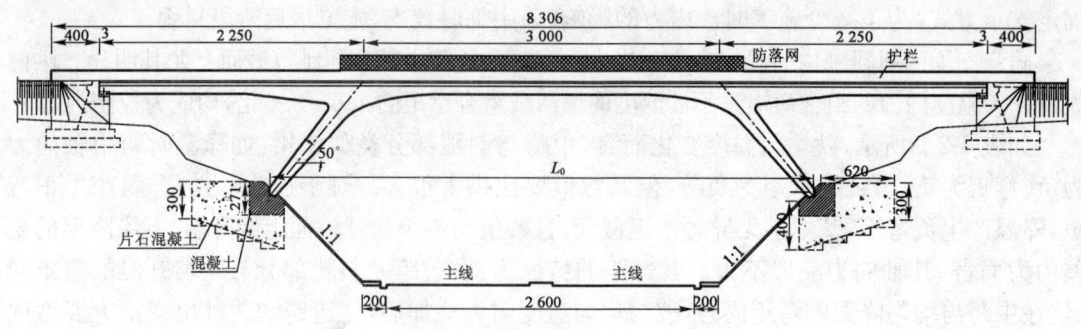

图 5-2-23　高速公路上跨桥浅基础(尺寸单位:cm)

二、斜腿的支承方式

刚构桥的斜腿可以采用固定支承和铰支承两种方式。固定支承计算时不考虑基础的转动,但要保证基础的刚性,如图 5-2-24,a)的形式比 b)的形式好。

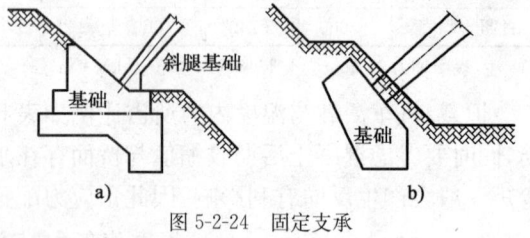

图 5-2-24　固定支承

通常,将斜腿刚构桥的斜腿和基础之间设计为铰支承。根据力的传递大小,分为真铰和假铰。当假铰的面积较大时,还存在由于转动导致一定的抵抗弯矩,但是一般情况下可当真铰计算。根据所采用的材料分为铅板铰、钢铰和混凝土铰。

1. 铅板铰

铅板铰就是在斜腿底面和基础顶面之间垫一块铅板,铅板中间设置销钉,销钉的上半截伸入斜腿内,下部插入基础内,如图 5-2-25a)所示,充分利用铅材易变形来形成铰的转动作用。铅板的承压强度较低,一般仅容许承受 100~150MPa 的压应力,其造价高于混凝土铰,桥梁运营养护也比较麻烦。

2. 钢铰

由铸钢制成的钢铰同梁式桥的弧形钢板固定支座如图 5-2-25b)所示,或拱桥的弧形铰支座,如图 5-2-25c)所示。

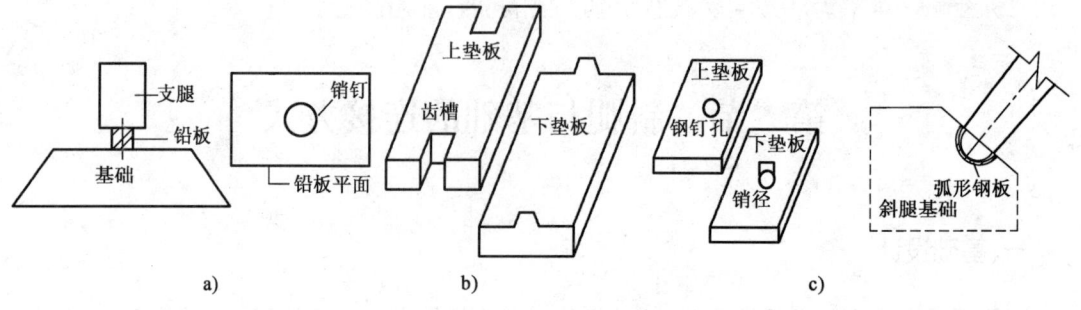

图 5-2-25　铰支承构造图

3. 混凝土铰

混凝土铰是在刚构桥需要设置铰的位置将混凝土截面骤然减小,也称颈缩,使截面的刚度大大降低,可产生结构所需的转动,形成铰的作用。混凝土铰可设计成颈缩处截面为矩形的线形铰,仅围绕其长度方向转动;也可设计成圆形铰,可在任意方向上实现转动。

由于混凝土铰截面处骤然颈缩,相应产生横向力。该横向力对混凝土铰颈起到一定的套箍作用,使该处混凝土处于多向受压状态,从而大大提高了铰颈混凝土的抗压强度,铰颈截面能承受很高的压力。

铰颈截面可不配钢筋,也可配置直径小的纵向钢筋。钢筋应穿过铰颈截面的转动轴,以尽量减小对铰颈转动的阻碍。

混凝土铰构造简单,不需要长期养护。但是转角较大时,容易产生裂缝。

图 5-2-26 给出了三个铰的构造实例。

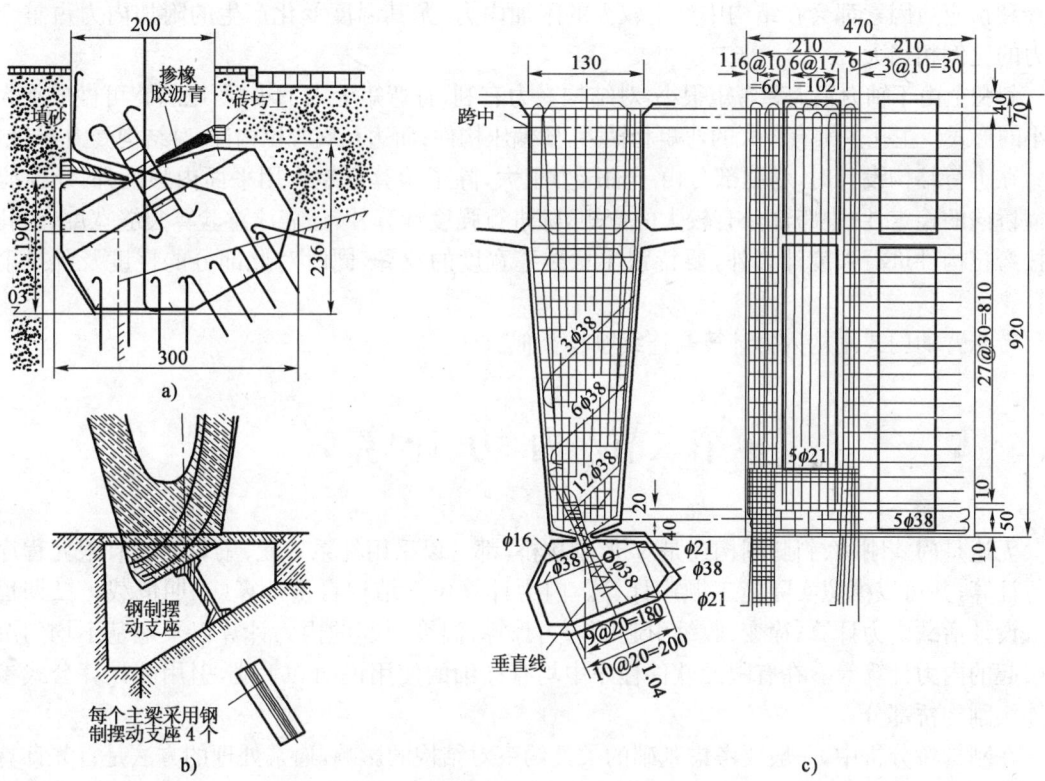

图 5-2-26 铰支承构造(尺寸单位:cm;高程单位:m)

第三章 门式及斜腿刚构桥设计计算

第一节 受力特点

门式及斜腿刚构桥大多做成超静定的结构形式,混凝土收缩徐变、温度变化、墩台不均匀沉降和预应力因素都会在结构中产生较大的附加内力,尤其温度变化产生的附加内力占整个内力的比例相当大。

斜腿上由于轴力很大和弯矩很小,对结构受力有利,且弯矩上大下小,所以斜腿可做成上大下小的形式。主孔主梁有较大的弯矩和轴力,属偏压构件;而边孔属弯拉构件,对结构受力不利。

在进行结构设计时,斜腿部分由于轴压力很大,除了验算弯矩作用平面内强度外,还需验算横桥向的稳定性;中跨部分有较大的弯矩,除进行强度计算外,还需注意验算裂缝宽度;边孔除按弯拉构件进行强度计算外,要特别注意裂缝宽度的验算,同时对此部分的挠度及预拱度计算。

带悬臂的门式刚构内力计算与连续刚构类似。

第二节 内力计算

无论是门式刚构、斜腿刚构还是 V 形刚构桥,都可以采用杆系单元、梁单元的有限元程序进行计算,并可以模拟实际施工顺序计算。内力计算包括结构自重计算(一期恒载+二期恒载);设计活载内力计算;徐变、收缩引起的内力计算;温度引起的内力计算以及地基不均匀沉降引起的内力计算等。在有限元软件程序中均有详细的使用说明和手册,引用的计算公式参考连续刚构桥部分。

在刚构桥分析中,一般要考虑基础的柔性约束对结构的影响,通常处理的方法是首先计算基础的柔度系数(弹性约束系数),将基础约束假定为弹簧约束,计算时输入相应的弹性约束系数来模拟基础对结构的影响。

具体的结构设计计算内容和方法、预应力体系的选择和配束原则、截面预应力钢束估算、结构挠度计算与预拱度设置均可参考连续梁或连续刚构篇。

一、门式刚构桥内力计算

(一)计算轴线的确定

门式刚构桥的梁柱计算跨径和高度均以构件的轴线计算。例如,梁的跨径计算到柱轴线,柱的高度从梁的轴线到铰支点或基础顶面,如图 5-3-1 所示。

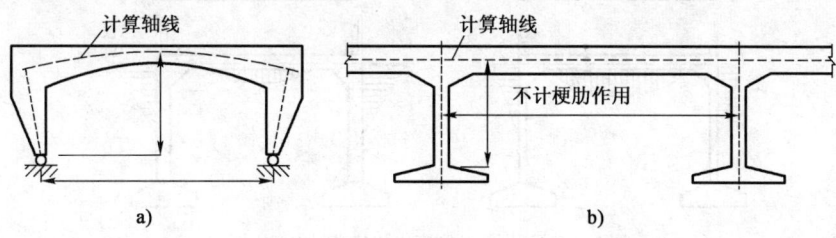

图 5-3-1 计算轴线

一般情况下确定计算轴线时,不计梗肋作用。当梗肋较大时,可按照图 5-3-2 方法进行确定。

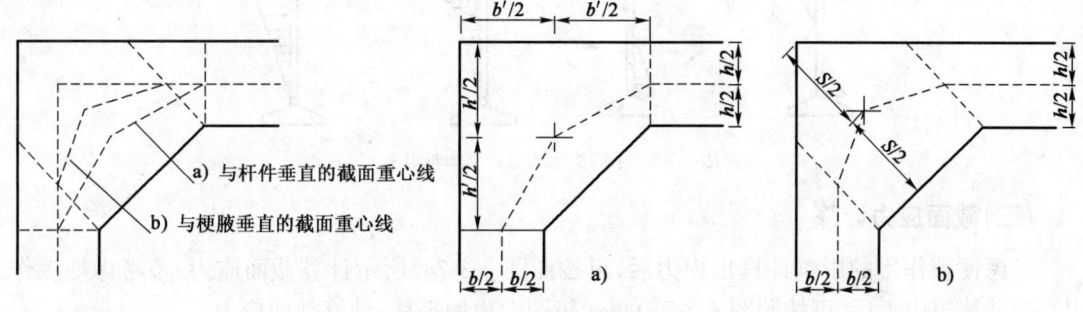

图 5-3-2 梗肋轴线确定

计入梗肋时梁的计算轴线可按照等面积原则向下平移,如图 5-3-3 所示。加大梗腋有利于增加刚构的总体刚度,减小梁的应力或截面积,考虑和不考虑梗肋作用时的弯矩比较如图 5-3-4 所示。当梗肋长度小于跨度的 1/10 或小于梁高的 1/2 时,一般不考虑梗肋的作用。

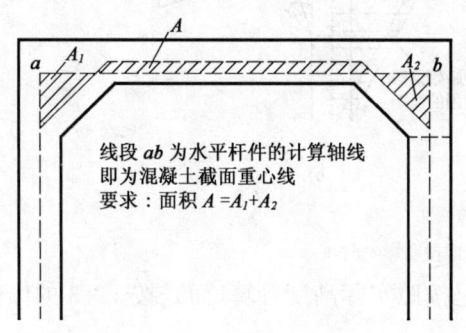

图 5-3-3 考虑梗肋时的计算轴线

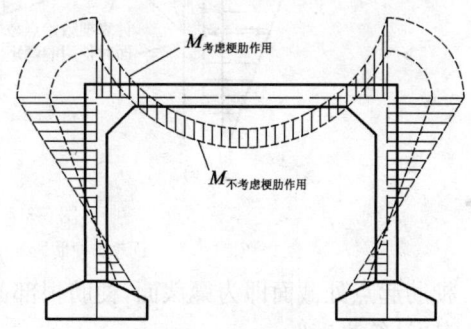

图 5-3-4 考虑与不考虑梗肋作用的弯矩比较

(二)梁柱刚度比和支承的选择

刚构的弯矩与其刚度比及支承构造有很大关系,选择适当的刚度比及支承方式尤为重要。当门式刚构水平梁的高度较小时,如果加大柱的刚度,则跨中正弯矩减小,如图 5-3-5 所示。当梁高度较小,同时又承受较大的水平荷载作用时,固定支承构造比铰支承构造的节点弯矩要小,如图 5-3-6 所示。而温度变化及混凝土收缩的影响对铰支承构造的节点弯矩比固定支承构造的节点弯矩小。

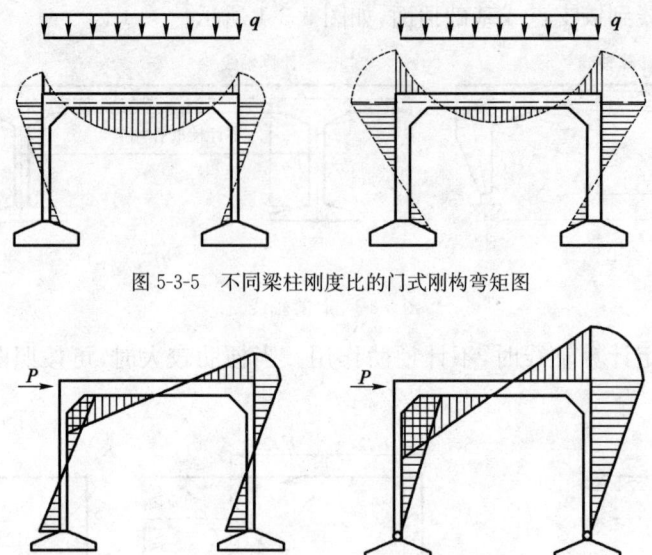

图 5-3-5　不同梁柱刚度比的门式刚构弯矩图

图 5-3-6　不同支承的门式刚构弯矩图

(三)截面应力计算

考虑梗腋作用的影响计算出内力后,可按照图 5-3-7a)所示计算截面应力;不考虑梗腋作用影响计算出内力后,可按照图 5-3-7b)将弯矩图向内侧平移,计算截面应力。

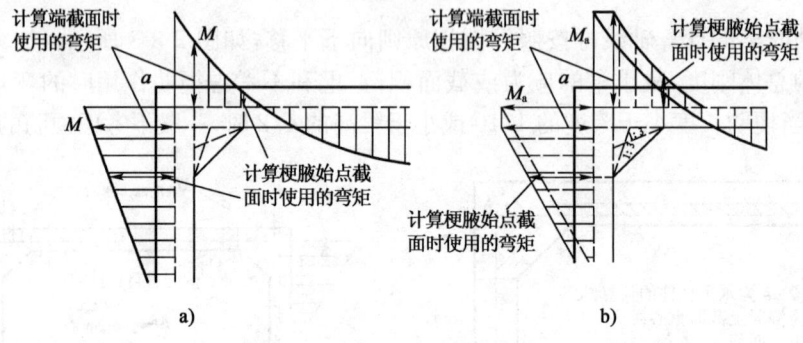

图 5-3-7　节点计算弯矩
a)考虑梗肋影响时;b)不考虑梗肋影响时

梗肋起点处截面即为梁截面,梗肋根部截面不是按照实际高度计算,而是按 1∶3 的倾角计入其"计算高度"。

二、斜腿刚构桥内力计算

(一)计算模型

固支斜腿刚构桥属五次超静定结构,梁、腿截面均为变高度的,一般采用有限元法程序完成其结构内力分析。其计算模型除斜腿为斜置单元外,其他均与三跨连续刚构桥相同,即对隅节点处,采用刚臂单元,如图 5-3-8 所示。单元的划分一般要结合所采用的施工方案考虑,例如设备起吊能力、保证斜腿左右侧悬臂梁的受力基本平衡等。

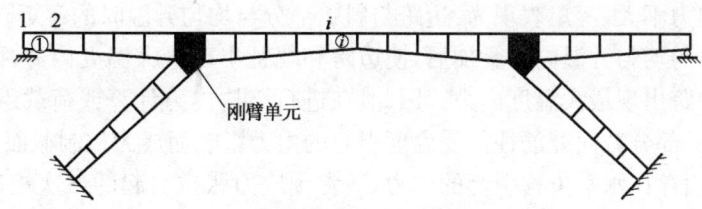

图 5-3-8 斜腿刚构桥的单元划分示意

(二)恒载内力计算

恒载内力计算与所采用的施工方法密切相关,以表 5-3-1 所示的悬臂拼装法概述其计算要点。

1. 阶段 1:在支架上现浇斜腿及隅节点单元

首先修建临时桥墩和搭设临时支架,并要求这些临时设施在整个施工过程中具有侧向稳定性,使临时墩墩顶上的临时支座要承受主竖向力。该阶段,斜腿结构接近处于无应力状态。

2. 阶段 2:平衡悬臂拼装

首先拆除临时支架及模板,保证临时墩的稳定性,应用悬臂吊机将预制的主梁节段从刚臂两端逐段地、对称悬臂拼装,并在接缝中灌注砂浆,待达到 75% 以上强度后,张拉预应力筋。该阶段属于静定结构体系,预加力不会使结构产生二次内力。

3. 阶段 3:合龙阶段

所有悬臂拼装梁段结束后,同样先进行接缝灌浆,待达到设计强度后,张拉预应力筋,使结构由静定体系转换为三次超静定体系,此时应计入的力有:

(1)使结构形成三次超静定结构时所施加的预应力;
(2)合龙梁段的自重;
(3)吊机退出后的卸载重力;
(4)拆除临时墩时,从临时支点转加到梁上的反力;
(5)其他临时施工设备重力等。

4. 阶段 4:二期恒载的施工

如果斜腿下支点不进行封固处理,则按三次超静定结构体系分析二期恒载产生的内力。

5. 阶段 5:斜腿下支点的固结处理

按照设计设置补充构造钢筋,然后立模浇筑混凝土,使结构由三次超静定转换到五次超静定,以承担后期各种汽车荷载产生的内力。

斜腿刚架桥采用其他施工方法如满堂支架法、悬臂浇筑法等,其计算步骤基本类似,结合具体情况进行拟定。由于结构受力类似于连续梁和连续刚构桥,结构内力、次内力及其应力计算与验算参考连续梁和连续刚构桥篇。

斜腿固结的刚构桥温度应力不容忽视,在中跨、边跨中部和脚趾等截面上尤其明显。通常,计入温度内力的组合弯矩是不计温度内力的恒活载组合弯矩的 1.5~4 倍,而成为控制内力。在温度均匀变化的情况下,中跨与斜腿组合类似于拱圈,温度下降使得跨中轴向力为负、弯矩为正,腿趾处弯矩为负等;但数值要大于拱结构内力数值。均匀升温时,边跨产生正弯矩,均匀降温时,边跨产生负弯矩,但是基本上无异号弯矩截面。桥面上缘升温、下缘降温时的温差内力下,其轴向力不大,弯矩表现为:边跨与斜腿部分与均匀升温时的弯矩同号,中跨与均匀降温的弯矩同号,与均匀升温内力叠加后,使边跨和腿趾出现最大温度内力,而与均匀降温内力叠加后,又使中跨出现最大温度内力。因此,在进行结构内力计算或荷载组合时,尤其注意温度内力的影响。部分截面配筋往往受温度引起的内力影响而成为控制截面,同时,考虑混凝土后期收缩与桥面存在水平位移引起的内力,通常预应力张拉引起的二次矩产生反向有利影响,综合考虑,预应力钢筋的配置需要多次调整才能最后确定。

斜腿刚构悬臂施工示意　　　　　　　　　　　　表 5-3-1

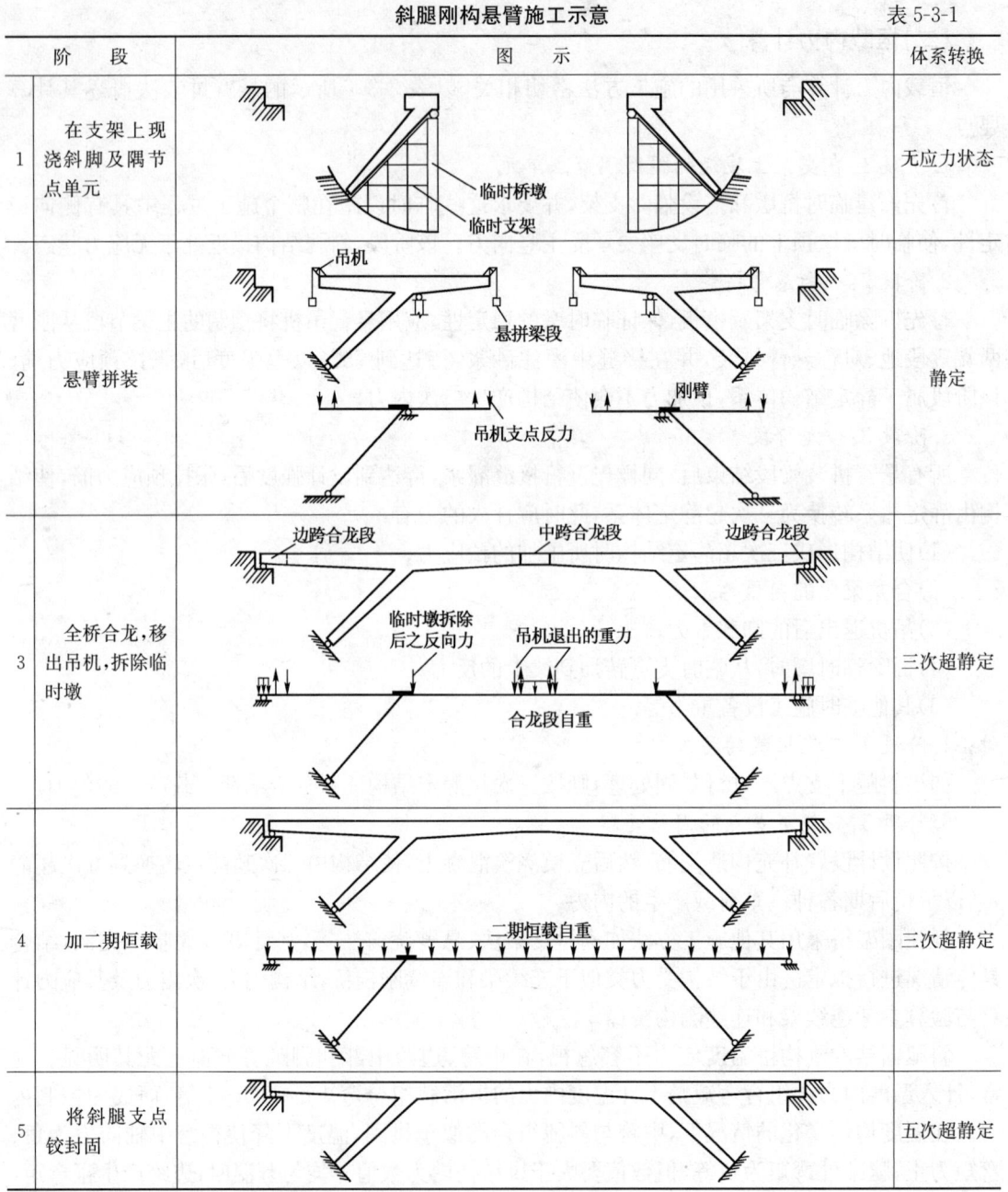

图 5-3-9　悬臂施工斜腿刚构

第三节 铰与支座的计算

一、平面接触支座

平面接触支座可以按照局部承压验算,并在局部承压区混凝土内用钢筋网进行加强。计算方法参见《公路钢筋混凝土及预应力混凝土桥涵设计规范》(JTG D62—2004)第 5.7 条。

平面接触支座是不完全铰,可以承受一定的弯矩,如图 5-3-9 所示。在弹性状态下,由于转动产生的抗力矩为:

$$M = 2\theta a^2 L/3K \quad (5\text{-}3\text{-}1)$$

式中:θ——支座部位上下两部分相对转角;
　　a——支座半宽;
　　L——支座长度;

$$K = 4(1/E_1 + 1/E_2)/\pi + t/aE_p \quad (5\text{-}3\text{-}2)$$

E_1、E_2——上下部材料的弹性模量;
　　E_p——支座垫块的弹性模量;
　　t——支座垫块的厚度。

当 M 足够大时,应考虑 M 对斜腿应力的影响。

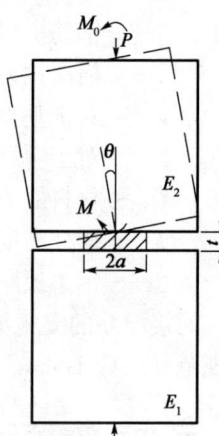

图 5-3-9　计算简图

二、线接触圆柱形铰

1. 线接触圆柱形铰

圆柱形铰受压面上的平均应力按 $\sigma = \sigma_{max}/1.27$ 计算,平均应力不大于局部承压强度 f_c。对于混凝土,$f_c = 0.9\eta_s\beta f_{cd}$,其中混凝土局部承压强度提高系数 β 按局部承压规定计算。

铰的接触线上的最大应力按下式计算:

$$\sigma_{max} = 0.423\sqrt{PE_h(1/r_2 \pm 1/r_2)/l} \quad (5\text{-}3\text{-}3)$$

式中:P——铰上的压力;
　　E_h——材料受压弹性模量;
　　l——铰的长度;
r_1、r_2——上、下圆柱体接触线上的半径,当圆柱体与平面接触时,其中之一为 ∞。

压力传递面的宽度 $b = P/\sigma l$。

当弧线内切时取负号,当弧线外切和弧线与平面相切时取正号。

2. 钢筋混凝土摆柱支座

当采用满布弧形钢垫板时,如图 5-3-10 所示,摆柱高度取弧形半径的 2 倍,弧形钢板半径 r 为:

$$r = P/2lR_{ck} \quad (5\text{-}3\text{-}4)$$

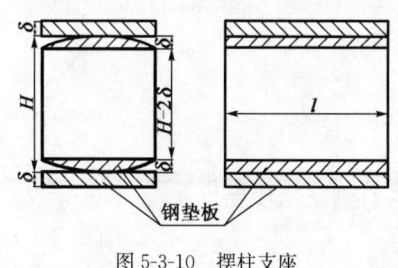

图 5-3-10　摆柱支座

式中：P——支座竖向作用力；
R_{ck}——自由接触时钢的径向承压强度，3号钢 $R_{ck}=5.5$MPa，5号钢 $R_{ck}=6.5$MPa，16锰钢 $R_{ck}=8.0$MPa；
l——摆柱长度。

摆柱宽度 a 为：

$$a = 1.7P/lf_{cd} \tag{5-3-5}$$

式中：f_{cd}——混凝土轴心抗压设计强度。

摆柱所需水平钢筋面积 A_g 可计算为：

$$A_g = 1.05Z/f_{sd} \tag{5-3-6}$$

式中：f_{sd}——钢筋抗拉设计强度；
Z——横向拉力，按下式计算：
对于垂直于桥的截面　$Z=f_{cd}v(H-2\delta)l$；
对于顺桥的截面　$Z=f_{cd}v(H-2\delta)a$；
v——材料的泊松比，可取 1/6；
H——摆柱高度；
δ——钢垫板厚度。

间接配筋的支座垫板下的局部承压强度可按照《公路钢筋混凝土及预应力混凝土桥涵设计规范》(JTG D62—2004)第5.7.2条进行计算，垫板上压力传递面的宽度为 $b=P/\sigma l$。

三、板式橡胶支座

1. 基本数据

(1) 平均容许压应力 $[\sigma]$：
当支座形状系数 $S>8$ 时，$[\sigma]=10$MPa；
当 $5 \leqslant S \leqslant 8$ 时，$[\sigma]=7.0 \sim 9.0$MPa；

$$S = ab/2t(a+b) \tag{5-3-7}$$

式中：a——支座短边长；
b——支座长边长；
t——中间层橡胶片厚度。

(2) 橡胶支座的弹性模量 E、剪切模量 G 由试验确定。如无试验数据，对于邵氏硬度为 $55° \sim 60°$ 的氯丁橡胶支座，其 E 值可根据形状系数 S 按图 5-3-11 查找，$G=1.1$MPa。

(3) 支座橡胶片容许剪切角正切值为 $0.5 \sim 0.7$。

2. 板式橡胶支座设计

(1) 支座承压面积 A：

$$A \geqslant R_{max}/[\sigma] \tag{5-3-8}$$

式中：R_{max}——支点最大反力（最大使用荷载）。

(2) 计算橡胶层总厚度 $\sum t$（不大于 $0.2a$）和平均压缩变形 δ，确定支座厚度。

不计汽车制动力时　　$\sum t \geqslant 2\Delta_D$ (5-3-9)

计入汽车制动力时　　$\sum t \geqslant 1.43(\Delta_D + \Delta_L)$ (5-3-10)

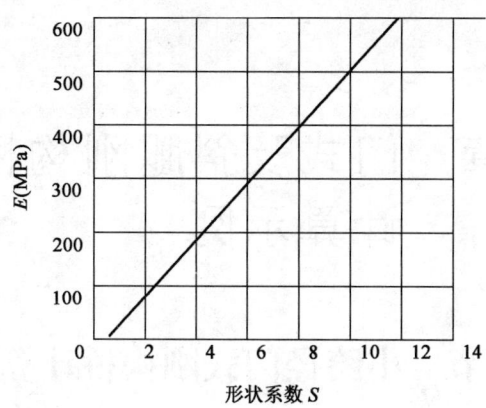

图 5-3-11 板式橡胶支座弹性模量与外形系数关系图

$$\delta=(\sigma\sum t)/E \tag{5-3-11}$$

$\delta \geqslant a\theta/2$,但不大于 $0.05\sum t$。

式中:Δ_D——由上部结构温度变化、桥面纵坡等因素引起的支座顶面相对于底面的水平位移;

Δ_L——由制动力引起的支座顶面相对于底面的水平位移:

$$\Delta_L=(T\sum t)/2GA \tag{5-3-12}$$

θ——梁端转角。

(3)支座抗滑稳定性:

$$\mu R_{min}\geqslant 1.4GA(\Delta_D/\sum t)+T \quad 或 \quad \mu R_D \geqslant 1.4GA(\Delta_D/\sum t) \tag{5-3-13}$$

式中:R_{min}——支点最小反力(结构重力加相应于计算制动力时的最小荷载);

R_D——在结构重力作用下的支座反力;

T——汽车制动力;

μ——橡胶支座与混凝土表面的摩阻系数采用 0.3;与钢板的摩阻系数采用 0.2。

计算平均压缩变形和梁端转角时,应考虑可能出现的最不利荷载组合,如墩顶有转角也要考虑其影响。

四、盆式橡胶支座

盆式橡胶支座钢盆内承压橡胶板的容许压应力采用 25MPa,填充聚四氟乙烯板的容许压应力采用 30MPa。在常温(-20℃以上)情况下,聚四氟乙烯板设计摩擦系数采用 0.05,低温(-20℃及以下)时采用 0.1。

第四章 门式及斜腿刚构桥设计计算示例

第一节 小跨径门式刚构桥计算示例

一、设计资料

汽车荷载:公路—Ⅰ级,车辆荷载;
路面宽度:28m,净跨径:10m;
涵式桥壁厚1.2m,顶部均有3×0.6m倒角;
主筋采用HRB335钢筋,$f_{sd}=f'_{sd}=280\text{MPa}$;
混凝土强度等级为C30,$f_{cd}=13.8\text{MPa}$;
顶部填土厚2.4~3.37m,洞口采用八字墙形式,如图5-4-1、图5-4-2所示。

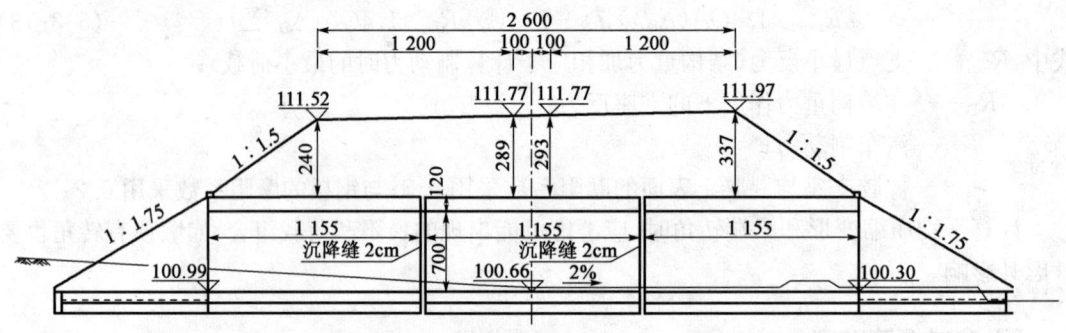

图5-4-1 暗涵式门式刚构桥立面图(尺寸单位:cm;高程单位:m)

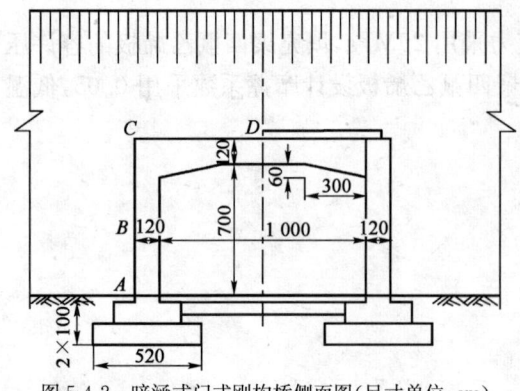

图5-4-2 暗涵式门式刚构桥侧面图(尺寸单位:cm)

二、计算模型

1. 主要参数

混凝土抗压弹性模量:$3.5\times10^4\text{MPa}$。
混凝土抗弯弹性模量:$3.5\times10^4\text{MPa}$。
混凝土的重度:26kN/m^3。
混凝土热膨胀系数:1.0×10^{-5}。
弹性继效系数:0.3。
徐变速度系数:0.021。

徐变特征终极值:2.0。

收缩速度系数:0.021。

收缩特征终极值:0.00021。

收缩徐变天数:1000d(约3年)。

2.荷载组合

承载能力极限状态组合:

组合1:1.2×恒载+1.0×徐变二次+1.4×汽车荷载

组合2:1.2×恒载+1.0×徐变二次+1.4×汽车荷载+0.7升温+1.2×土压力

组合3:1.2×恒载+1.0×徐变二次+1.4×汽车荷载+0.7降温+1.2×土压力

使用极限状态组合:

组合4:1.0×恒载+0.7×汽车荷载

组合5:1.0×恒载+0.4×汽车荷载+0.8×升温+0.8×温差+1.0×徐变二次+1.0×土压力

组合6:1.0×恒载+0.4×汽车荷载+0.8×降温+0.8×温差+1.0×徐变二次+1.0×土压力

3.有限元模型

由于门式刚构桥的跨径一般较小,其长度相对较长,一般可以取单位长度,再按照梁单元近似假设计算,其结果存在一定的误差。本算例采用非协调的等参数薄板单元模拟结构,可以得到更加准确的计算结果。

板单元是由同一平面上的3到4个节点构成的平板单元(Plate Element),在工程中,可以利用它解决平面张拉、平面压缩、平面剪切及平板沿厚度方向的弯曲、剪切等结构问题。

本桥采用Midas2006空间有限元程序,单元采用4节点平面单元,结构计算模型见图5-4-3。

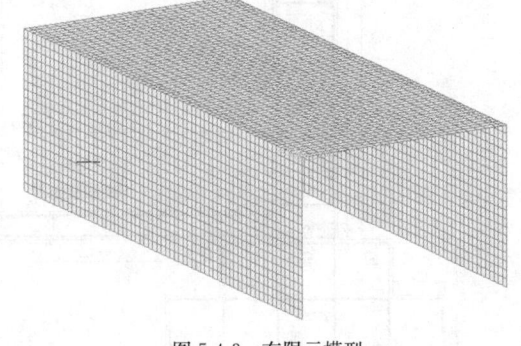

图5-4-3 有限元模型

三、极限状态计算

《公路钢筋混凝土及预应力混凝土桥涵设计规范》(JTG D62—2004)第5.1.5条规定:构件承载能力极限状态强度,应符合下式要求:

$$\gamma_0 S + \gamma_P S_P \leqslant R \qquad (5\text{-}4\text{-}1)$$

荷载组合如表5-4-1所列。

荷载组合下计算值　　　　表5-4-1

荷载组合	项目	A	B	C	D
承载能力极限组合	弯矩(kN·m)	2.9	−67.6	−1038.9	836.8
	轴力(kN)	969.5	862.9		378.9

续上表

荷载组合	项目	A	B	C	D
短期组合	弯矩(kN·m)	−18.5	−41.7	−819.7	636.7
	轴力(kN)	775.5	806.9		306.5

同时按照该规范第6.4.1条规定:钢筋混凝土构件在正常使用状态下的裂缝宽度,应按短期效应组合并考虑长期效应影响计算;根据第6.4.2条,本桥计算最大裂缝宽度不能超过0.2mm。

本桥极限状态配筋计算采用桥梁通用软件进行,结果从略。截面配筋除了要满足上述计算结果外,还要满足构造要求。按照第9.1.12条规定:轴心受压构件、偏心受压构件全部纵向钢筋的配筋百分率不应小于0.5,一侧钢筋的配筋百分率不应小于0.2。图5-4-4为桥梁配筋示意图。

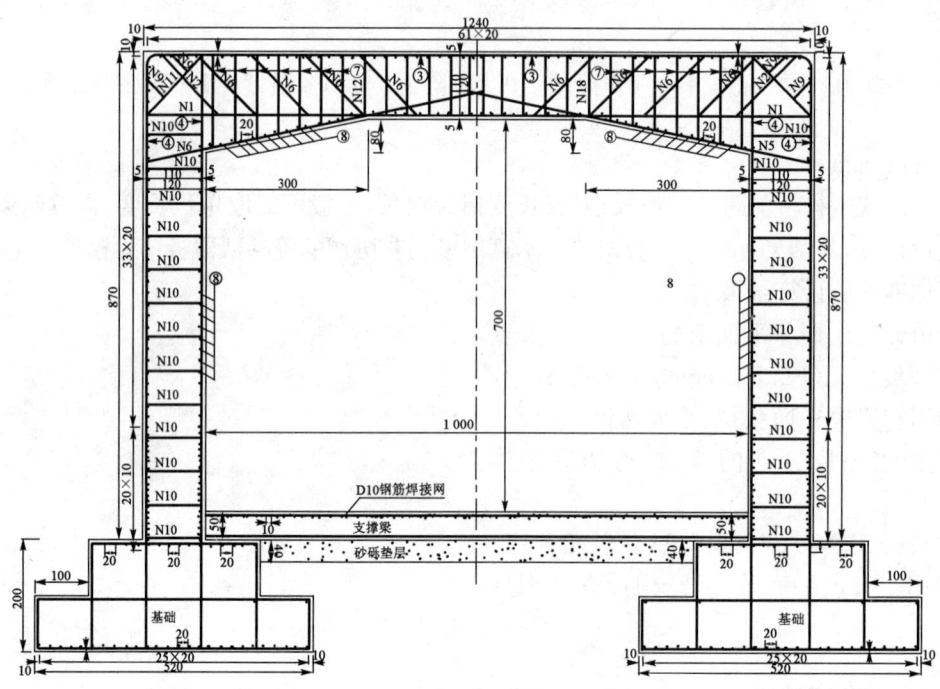

图5-4-4 桥梁配筋图(尺寸单位:cm)

第二节 中等跨径门式刚构桥计算示例

随着桥梁设计技术的提高、计算软件的完善,对桥梁的景观设计要求越来越高。在单孔桥中除简支梁桥以外,还有门式刚构桥和斜腿刚构桥等。门式刚构桥是较好的可选桥型,特别是当桥面高程受到限制且河中不允许设置桥墩时尤其如此。当跨径较小时门式刚构桥可以采用普通钢筋混凝土结构,而对于跨径较大的门式刚构桥则需要在梁体以及边跨端部斜撑内设置预应力束。门式刚构桥为超静定结构,在附加荷载作用下会产生内力,当支承刚度较大时,引起内力更大,即预加应力、混凝土收缩、徐变以及结构温度产生的效应,这样设计时应尽量让结构柔一些,有利于梁体及竖斜撑的设计。现以实际工程设计为例,在梁端设有斜撑和竖撑的箱梁预应力混凝土门式刚构桥,并分析结构内力的计算,最后简述该桥的施工方法。

一、工程概况

长江路桥梁为合肥市城市主干道长江路上的一座重要桥梁(图 5-4-5)。桥梁所跨越的南淝河作为景观绿化带,为了配合景观设计方案,在该桥位修建桥梁时,河中不设置墩台。经方案比选,并根据合肥市建设委员会的要求和有关部门同意,确定采用门式刚构桥方案。

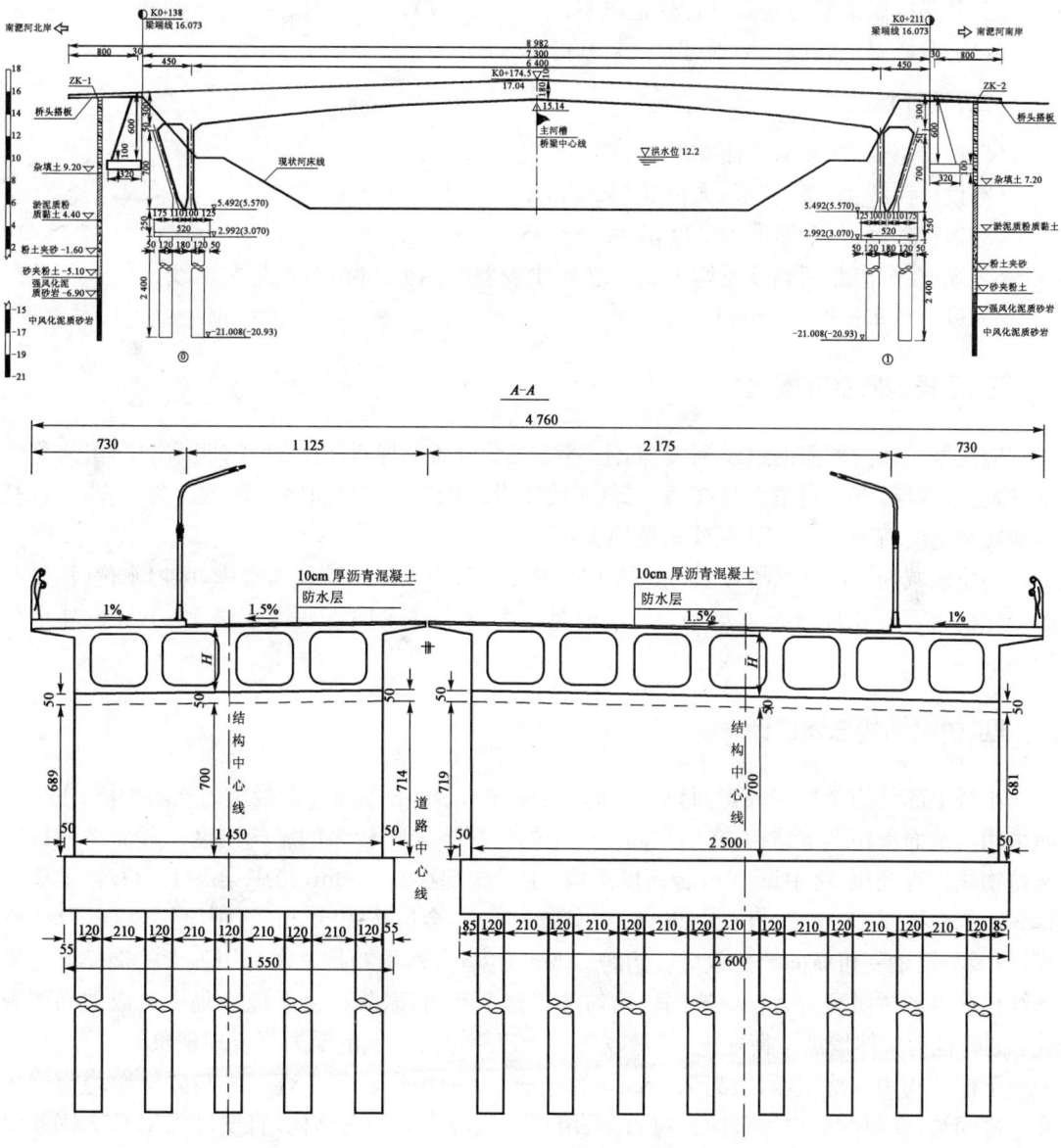

图 5-4-5 合肥市长江路桥梁布置图(尺寸单位:cm)

二、桥梁设计依据与标准

(一)设计依据

(1)公路路线设计规范(JTG D20—2006);
(2)公路工程技术标准(JTG B01—2003);
(3)公路桥涵设计通用规范(JTG D60—2004);
(4)城市桥梁设计准则(CJJ 11—93);
(5)公路钢筋混凝土及预应力混凝土桥涵设计规范(JTG D62—2004);
(6)公路桥涵地基与基础设计规范(JTG D63—2007);
(7)公路桥梁抗震设计细则(JTG/T B02-01—2008)。

(二)设计标准

(1)桥梁总长89.6m,桥面宽度47.6m;
(2)设计荷载:公路—Ⅰ级,人群3.5kN/m²;
(3)地震烈度:基本烈度为7度,$a=0.1g$,按8度设防;
(4)纵坡:桥南北两侧纵坡均1.2%,桥跨中设置半径1 200m的凸形竖曲线;
(5)设计行车速度:40km/h。

三、工程地质水文概况

地貌单元属南淝河河道及河漫滩,上部第四系覆盖层厚度,主要为第四系冲洪积的黏性土、粉土及砂层,下伏白垩系暗红、紫红色泥质砂岩风化带。勘区抗震设防烈度为8度,设计基本地震加速度值为0.1g,Ⅲ类建筑场地类别。

桥位区域为江淮分水岭,地表水系较少,主要水系为人工河流及蓄水库,区内水位、流量四季变化很大,7~8月份为丰水期,11月至翌年1月为枯水期。平均水位10.1m,最高水位12.0m。

四、桥梁结构总体设计

本桥上部结构全长73m,为跨径4.5m+64m+4.5m的预应力混凝土门式刚构桥,主梁断面采用变截面单箱多室结构,在结构高度较小的情况下获得较大的结构刚度。截面高度按二次抛物线方程变化,跨中设10m等高度梁段;主梁根部梁高3.0m,跨中梁高1.7m;箱梁顶板厚35cm,底板厚25cm,腹板宽由50cm渐变到80cm。全桥按照5.2m间距设置30cm厚横隔板,以减小箱梁受扭横向畸变效应。边跨5.5m为实体段,主要是考虑利用强大的端横梁将梁体结构剪切力和桥墩预应力钢束锚固力均匀传到整个断面,以防止由于应力集中造成的局部裂缝,同时也为梁体增加平衡配重,尽量改善由于边跨过短造成的受力不合理现象。

下部结构为双薄壁墩,墩高7.5m,均为厚50cm的矩形断面。直壁墩与斜壁墩均与梁体和基础固结,在斜壁墩中加竖向预应力,采用C55预应力混凝土结构,直壁墩采用C55钢筋混凝土结构。基础为桩基接承台结构,桩底持力层为中风化泥质砂岩。

截面设计内容与方法与本章第一节类似。

五、结构验算

(一)设计参数取值

1. 永久作用

(1)结构重力：一期恒载混凝土重度以 26kN/m³ 计，按实际断面计重力，横梁按集中荷载考虑。二期恒载为桥面护栏、泄水管及桥面铺装、调平层等，二期恒载取左幅为 86.0kN/m；右幅为 60.0kN/m。

(2)预应力：预应力钢绞线采用公称直径 $\phi^s 15.2$mm 低松弛钢绞线，其抗拉强度标准值 $f_p^k=1\,860$MPa，弹性模量 $E_p=1.95\times10^5$ MPa，松弛率 3.5%，孔道摩擦系数 0.25，孔道偏差系数 0.001 5，一端锚具变形及钢束回缩 6mm，锚下张拉控制应力按 $0.75 f_p^k=1\,395$MPa 控制。

(3)混凝土收缩及徐变作用：主梁混凝土为 C55，按《公路钢筋混凝土及预应力混凝土桥涵设计规范》(JTG D62—2004)计算，环境年平均相对湿度 RH 取 80%。

(4)基础变位作用：地基及基础不均匀沉降按 0.5cm 计算。

2. 可变作用

(1)汽车荷载：公路—I 级。

(2)汽车冲击力：按《公路桥涵设计通用规范》(JTG D60—2004)规定的方法计算：左幅冲击系数 μ 取 0.143；右幅冲击系数 μ 取 0.126。

(3)温度（均匀温度和梯度温度）作用：体系升温 20℃、体系降温 20℃，梯度温度按照《公路桥涵设计通用规范》(JTG D60—2004)的规定进行计算。

3. 作用组合

主梁计算采用有限元程序"桥梁博士 3.10"进行。荷载组合情况：

1) 应力组合

(1)组合 I：长期效应组合，部分预应力 A 类构件的抗裂安全验算参照规范 JTG D62—2004 第 6.3.1 条，组合原则按规范 JTG D60—2004 第 4.1.7 条规定，但组合时只考虑直接作用荷载，不考虑间接作用，例如不计汽车冲击、不计沉降、温度等；符合规范 JTG D62—2004 第 6.3.1 条规定。

(2)组合 II：短期效应组合，对预应力混凝土构件而言是按照抗裂验算的要求进行组合计算的，组合原则按规范 JTG D60—2004 第 4.1.7 条规定，并满足规范 JTG D62—2004 第 6.3.1 条有关规定，即对全预应力构件和部分预应力 A 类构件以及预制和现浇构件的最小法向应力组合时预应力引起的应力部分分别按照 0.85（全预应力预制构件）、0.8（全预应力现浇构件）、1.0（部分预应力 A 类构件）的系数来考虑。其他类型应力以及非预应力构件的各种应力组合由预应力引起的应力部分都是按照 1.0 的系数考虑的。

(3)组合 III：标准组合，所有应力组合时各种荷载的分项组合系数都为 1.0，参与组合的荷载类型为规范 JTG D60—2004 第 4.1.7 条中短期效应组合中规定的所有荷载类型，只是荷载分项系数都为 1.0。

(4)组合Ⅳ:撞击组合。

(5)组合Ⅴ:施工组合。

(6)组合Ⅵ:不用。

2)应力控制值

混凝土正截面抗裂验算:

组合Ⅰ　不出现法向拉应力

组合Ⅱ　法向拉应力≤$0.7f_{tk}$=0.7×(−2.65)=−1.855MPa

混凝土斜截面抗裂验算:

组合Ⅱ　主拉应力≤$0.5f_{tk}$=0.5×(−2.65)=−1.325MPa

受压区混凝土最大压应力:

组合Ⅲ　法向压应力≤$0.5f_{ck}$=0.5×32.4=16.2MPa

组合Ⅲ　主压应力≤$0.6f_{ck}$=0.6×32.4=19.44MPa

预应力钢绞线最大拉应力:

组合Ⅲ　最大拉应力≤$0.65f_{pk}$=0.65×1860=1209MPa

(二)复核计算

1.结构离散

上部结构的静力计算分析采用平面杆系理论,以主梁轴线为基准线划分结构离散图,按施工步骤划分数个施工阶段和运营阶段进行计算,验算主梁的内力、应力、位移等,总体计算采用"桥梁博士3.10"软件进行计算。

全桥共划分53个节点、52个单元。结构离散图见图5-4-6。

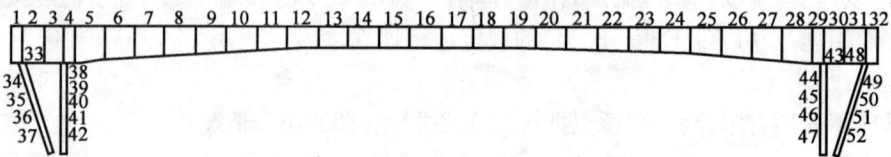

图5-4-6　结构离散

2.计算结果

计算结果均以左幅结果为例。

1)正截面抗弯承载能力计算

荷载基本组合表达式:

$$\gamma_o S_{ud} = \gamma_o \left(\sum_{i=1}^{m} \gamma_{Gi} S_{Gik} + \gamma_{Q1} S_{Q1k} + \psi_c \sum_{j=2}^{n} \gamma_{Qj} S_{Qjk} \right)$$

其中各分项系数的取值见《公路桥涵通用设计规范》式(4.1.6-1)。

由程序计算得主要控制截面抗弯承载能力见表5-4-2。

主要截面抗弯承载力(左幅)　　表5-4-2

单元号	节点号	内力属性	M_j	极限抗力	受力类型	是否满足
4	4	最大弯矩	−2.49E+05	4.39E+04	上拉偏压	是
		最小弯矩	−3.88E+05	5.09E+04	上拉偏压	是

续上表

单元号	节点号	内力属性	M_j	极限抗力	受力类型	是否满足
10	10	最大弯矩	7.88E+03	4.01E+05	下拉偏压	是
		最小弯矩	−6.03E+04	9.31E+04	上拉偏压	是
15	15	最大弯矩	1.39E+05	3.66E+04	下拉偏压	是
		最小弯矩	6.24E+04	8.10E+04	下拉偏压	是
16	16	最大弯矩	1.49E+05	3.53E+04	下拉偏压	是
		最小弯矩	7.00E+04	7.30E+04	下拉偏压	是
17	17	最大弯矩	1.52E+05	3.49E+04	下拉偏压	是
		最小弯矩	7.05E+04	7.58E+04	下拉偏压	是
23	23	最大弯矩	4.14E+04	1.01E+05	下拉偏压	是
		最小弯矩	−2.07E+04	2.34E+05	上拉偏压	是
29	29	最大弯矩	−2.24E+05	4.82E+04	上拉偏压	是
		最小弯矩	−3.55E+05	5.53E+04	上拉偏压	是
33	2	最大弯矩	6.58E+03	−7.87E+04	下拉偏拉	是
		最小弯矩	−3.53E+03	−9.00E+04	上拉偏拉	是
38	4	最大弯矩	1.04E+04	2.69E+05	下拉偏压	是
		最小弯矩	−685	3.78E+05	上拉偏压	是
43	30	最大弯矩	697	3.78E+05	下拉偏压	是
		最小弯矩	−1.04E+04	2.69E+05	上拉偏压	是
48	32	最大弯矩	3.55E+03	−8.99E+04	下拉偏拉	是
		最小弯矩	−6.56E+03	−7.88E+04	上拉偏拉	是

在基本组合Ⅰ工况下,控制截面极限状态承载能力均满足要求,其他单元截面结果略。

2)持久状况正常使用极限状态计算

采用短期效应组合和长期效应组合,对构件的抗裂、裂缝宽度和挠度进行验算,汽车荷载可不计入冲击系数。长期效应组合在本处只考虑直接作用荷载,不考虑间接作用;短期效应组合除了考虑直接作用荷载外,尚应考虑间接荷载作用。

(1)正截面抗裂验算

作用长期效应组合:正截面混凝土拉应力控制:$\sigma_{lt}-\sigma_{pc}\leqslant 0$,即混凝土正截面不出现拉应力,计算结果见图5-4-7、图5-4-8。

在长期效应组合作用下,满足A类预应力混凝土受弯构件的规范要求。

作用短期效应组合:正截面混凝土拉应力控制:$\sigma_{st}-\sigma_{pc}\leqslant 0.7f_{tk}$,即混凝土正截面拉应力不大于 1.885MPa,计算结果见图 5-4-9、图 5-4-10。

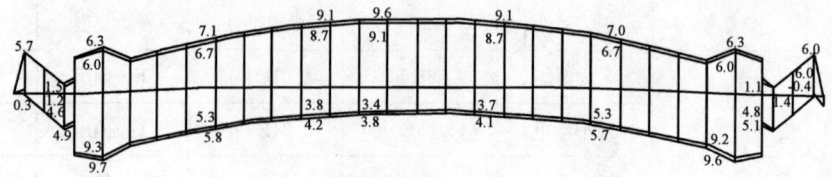

图 5-4-7　主梁长期效应组合正应力(左幅)

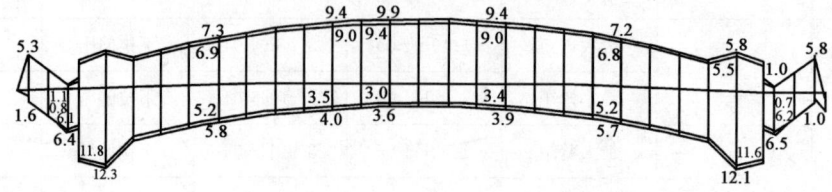

图 5-4-8　主梁长期效应组合正应力(右幅)

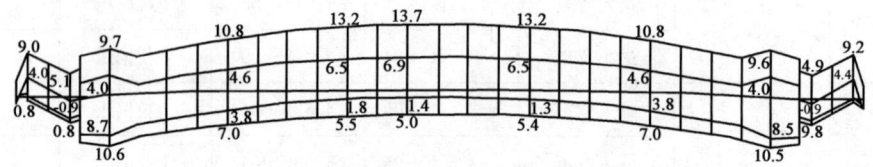

图 5-4-9　主梁短期效应组合正应力(左幅)

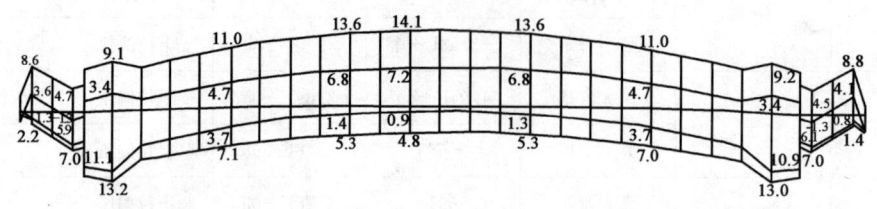

图 5-4-10　主梁短期效应组合正应力(右幅)

在短期效应组合作用下,满足 A 类预应力混凝土受弯构件的规范要求。

作用短期效应组合:桥墩按部分预应力 B 类构件计算,裂缝宽度小于 0.2mm。计算结果见表 5-4-3。

墩台裂缝验算(左幅) 表 5-4-3

单元号	节点号	上　缘			下　缘		
单元号	节点号	裂缝宽度	容许值	是否满足	裂缝宽度	容许值	是否满足
33	2	0.03	0.20	是	0.00	0.20	是
33	34	0.00	0.20	是	0.00	0.20	是
34	34	0.00	0.20	是	0.00	0.20	是
34	35	0.00	0.20	是	0.00	0.20	是
35	35	0.00	0.20	是	0.00	0.20	是
35	36	0.00	0.20	是	0.00	0.20	是

续上表

单元号	节点号	上缘			下缘		
单元号	节点号	裂缝宽度	容许值	是否满足	裂缝宽度	容许值	是否满足
36	36	0.00	0.20	是	0.00	0.20	是
	37	0.00	0.20	是	0.03	0.20	是
37	37	0.00	0.20	是	0.03	0.20	是
	38	0.00	0.20	是	0.05	0.20	是
38	4	0.00	0.20	是	0.00	0.20	是
	39	0.00	0.20	是	0.00	0.20	是
39	39	0.00	0.20	是	0.00	0.20	是
	40	0.00	0.20	是	0.00	0.20	是
40	40	0.00	0.20	是	0.00	0.20	是
	41	0.00	0.20	是	0.00	0.20	是
41	41	0.00	0.20	是	0.00	0.20	是
	42	0.00	0.20	是	0.00	0.20	是
42	42	0.00	0.20	是	0.00	0.20	是
	43	0.00	0.20	是	0.05	0.20	是
43	30	0.00	0.20	是	0.00	0.20	是
	44	0.00	0.20	是	0.00	0.20	是

在短期效应组合作用下,满足 B 类预应力混凝土受弯构件的规范要求。

(2)斜截面抗裂验算

作用短期效应组合:斜截面混凝土主拉应力控制(按现浇构件考虑):$\sigma_{tp} \leqslant 0.5 f_{tk}$,即混凝土斜截面主拉应力不大于 1.325MPa,计算结果见图 5-4-11 和图 5-4-12。

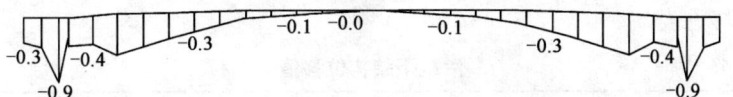

图 5-4-11 主梁短期效应组合主拉应力(左幅)

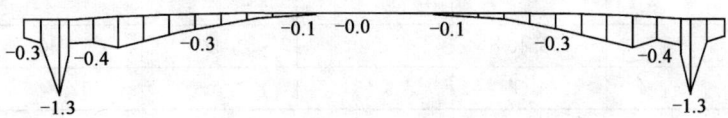

图 5-4-12 主梁短期效应组合主拉应力(右幅)

在短期效应组合作用下,最大主拉应力为 1.3Pa,满足 A 类预应力混凝土构件规范要求。

3)持久状况箱梁应力验算

计算时考虑汽车冲击系数和其他间接荷载的作用。

(1)正截面混凝土压应力控制:$\sigma_{kc}+\sigma_{pt} \leqslant 0.5 f_{ck}$,即混凝土正截面压应力不大于 16.7MPa。计算结果见图 5-4-13 和图 5-4-14。

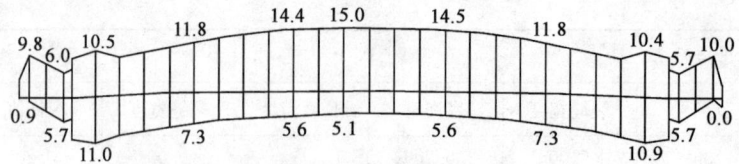

图 5-4-13　主梁基本组合正截面混凝土压应力(左幅)

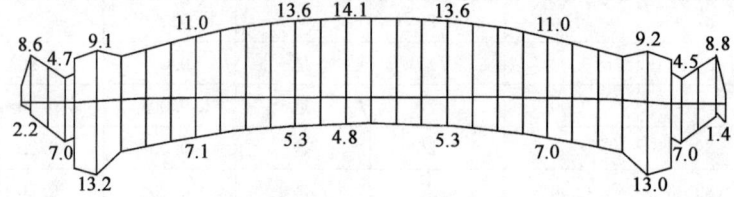

图 5-4-14　主梁基本组合正截面混凝土压应力(右幅)

满足 A 类预应力混凝土构件规范要求。

(2)斜截面混凝土压应力控制：$\sigma_{cp} \leqslant 0.6 f_{ck}$，即混凝土主压应力不大于 19.44MPa。计算结果见图 5-4-15、图 5-4-16。

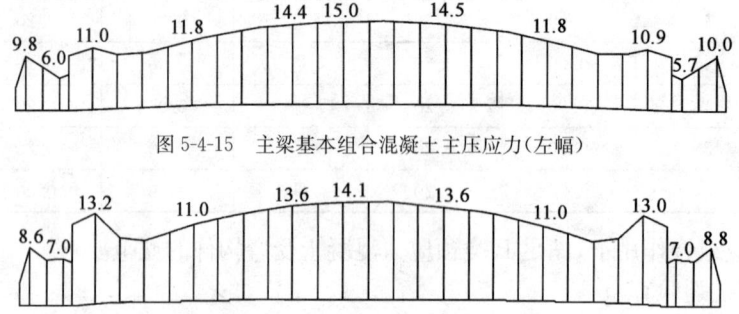

图 5-4-15　主梁基本组合混凝土主压应力(左幅)

图 5-4-16　主梁基本组合混凝土主压应力(右幅)

满足 A 类预应力混凝土构件规范要求。

(3)活载位移见表 5-4-4。

活载下结构位移值　　　　表 5-4-4

项目 梁位	最大拱度 δ_1 (mm)	最大挠度 δ_2 (mm)	最大拱度+最大挠度 δ_3(mm)	长期增长系数	$\delta_3 \times 1.425$(mm)	容许值 (mm)
左幅跨中	0	9.40	9.40	1.425	13.40	106.6
右幅跨中	0	9.08	9.08	1.425	12.94	106.6

满足规范要求。

六、主要结论

极限承载能力满足规范要求；短期效应组合正截面抗裂验算满足 A 类预应力混凝土受弯构件要求，长期效应组合正截面抗裂验算基本满足要求，斜截面抗裂验算满足要求；使用阶段混凝土的压应力和主压应力满足要求，预应力钢筋的最大拉应力满足要求；活载位移满足要求。

七、施工方法

梁部采用满堂支架施工,浇注混凝土前对支架进行预压。施工按如下顺序实施:钻孔桩、承台、斜撑和竖撑至柱顶倒角处,斜撑顶梁部,张拉斜撑预应力,其他段梁部,张拉梁部预应力,拆除支架,桥面二期恒载。根据计算要求,在箱梁中部留2m左右的合龙段,合龙段混凝土在一天中最低气温时完成,合龙温度宜在5℃～10℃之间。

第三节 斜腿刚构桥计算示例

以安徽省铜陵至汤口高速公路上的一座支线上跨桥为例。该桥为无桥台式预应力混凝土斜腿刚构桥,桥跨布置为14.85m+26m+14.85m,桥宽为净4.7m+2×0.4m护栏,主梁为单箱单室截面,斜腿为变截面实腹式矩形截面,下部采用扩大基础。上部梁体采用支架现浇施工。桥型布置及其构造见图5-4-17～图5-4-19。

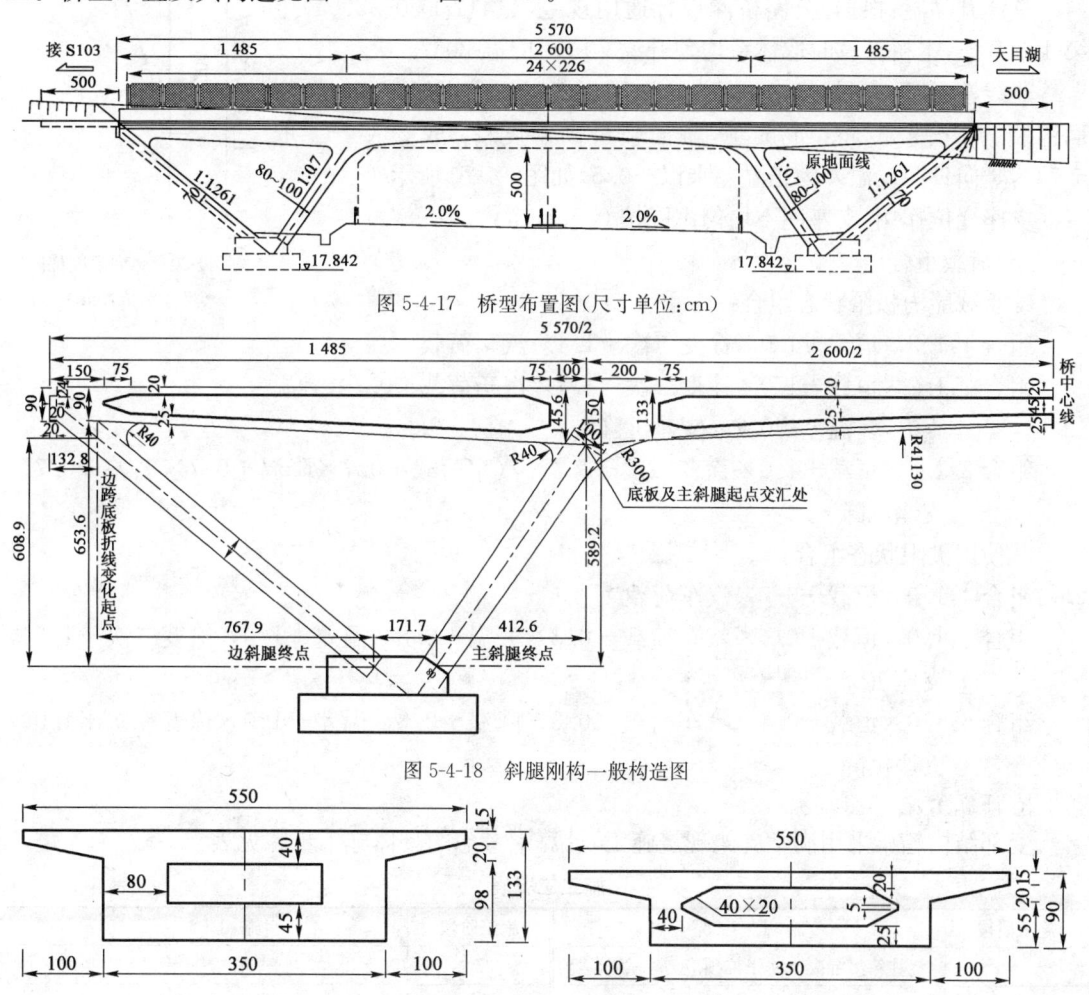

图5-4-17 桥型布置图(尺寸单位:cm)

图5-4-18 斜腿刚构一般构造图

图5-4-19 根部与跨中断面(尺寸单位:cm)

一、计算参数和基本假定

1. 材料

上部梁体及斜腿采用 C40 混凝土;桥面铺装采用 C30 防水混凝土。预应力钢束采用 ASTM A416—92 标准中 270 级钢绞线,标准抗拉强度 $R_{by}=1\,860\text{MPa}$,设计张拉控制应力为 $0.75R_{by}$。

2. 计算荷载

(1)恒载及活载

恒载:箱梁结构自重,混凝土容重取 25kN/m^3;

桥面铺装:桥面系混凝土线密度为 9.1kN/m;

隔离护栏:取 16.4kN/m;

活载:公路—Ⅱ级,考虑重车较少,车道荷载效应乘以 0.8 的折减系数,汽车横向分布调整系数为 1。

(2)附加荷载

整体升降温:根据《公路桥涵设计通用规范》(JTG D60—2004)中第 4.3.6 条,本桥计算时取体系均匀升温 20 ℃,降温 20℃。

非线性温度:参照《公路桥涵设计通用规范》(JTG D60—2004),桥面铺装为 6~9.525cm 混凝土,桥面板最高温度 T_1 取 25℃,T_2 取 6.7℃,竖向日照反温差为正温差乘以 -0.5,如图5-4-20所示。

支座变位作用:支座间不均匀沉降按 0.5cm 考虑。

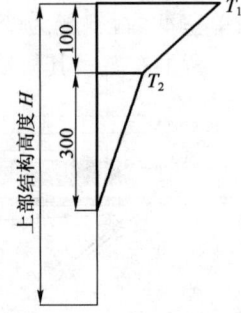

图 5-4-20 竖向温度梯度
(尺寸单位:mm)

(3)荷载组合

①承载能力极限状态组合:

组合1:1.2×恒载+1.0×徐变二次+1.4×汽车荷载

组合2:1.2×恒载+1.0×徐变二次+1.4×汽车荷载+0.7×升温
　　　+0.7×温差+0.7×支座沉降

组合3:1.2×恒载+1.0×徐变二次+1.4×汽车荷载+0.7×降温+0.7×温差+0.7×
　　　支座沉降

②使用极限状态组合:

组合4:1.0×恒载+0.7×汽车荷载

组合5:1.0×恒载+0.4×汽车荷载+0.8×升温+0.8×温差+1.0×徐变二次+1.0×
　　　支座沉降

组合6:1.0×恒载+0.4×汽车荷载+0.8×降温+0.8×温差+1.0×徐变二次+1.0×
　　　支座沉降

3. 计算工况

上部结构箱梁采用满堂支架现浇施工,计算中考虑的具体施工步骤见表 5-4-5。

施工工况表　　　　　　　　　　　　　　　　　　　　　　　　　表 5-4-5

施工阶段	施工工况	施工阶段	施工工况
1	浇注箱梁混凝土并张拉预应力,一次落架	3	徐变一年
2	桥面铺装,防撞护栏等附属设施施工	4	徐变三年

基于相应的结构内力组合,即可进行截面设计(限于篇幅,截面设计结果从略),进而完成以下结果验算。

二、上部结构验算

1. 计算模型

该桥为跨径组合 14.85m+26m+14.85m 的预应力混凝土斜腿刚构桥,结构计算采用桥梁结构计算分析专用软件"桥梁博士 V3.0"。整个桥梁结构划分为 94 个单元,共计 95 个节点,计算采用 kN·m 制。结构计算模型见图 5-4-21。

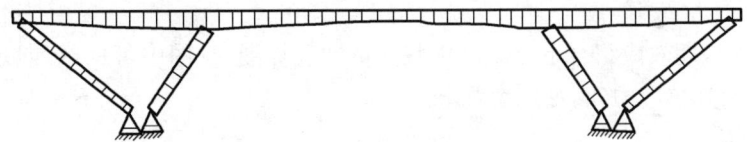

图 5-4-21 有限元模型

2. 持久状况承载能力极限状态计算

《公路钢筋混凝土及预应力混凝土桥涵设计规范》(JTG D62—2004)第 5.1.5 条规定:构件承载能力极限状态强度,应符合下式要求:

$$\gamma_0 S + \gamma_P S_P \leqslant R$$

本桥结构重要性系数取 1.0。

持久状况承载能力极限状态效应内力包络图及验算结果如图 5-4-22。

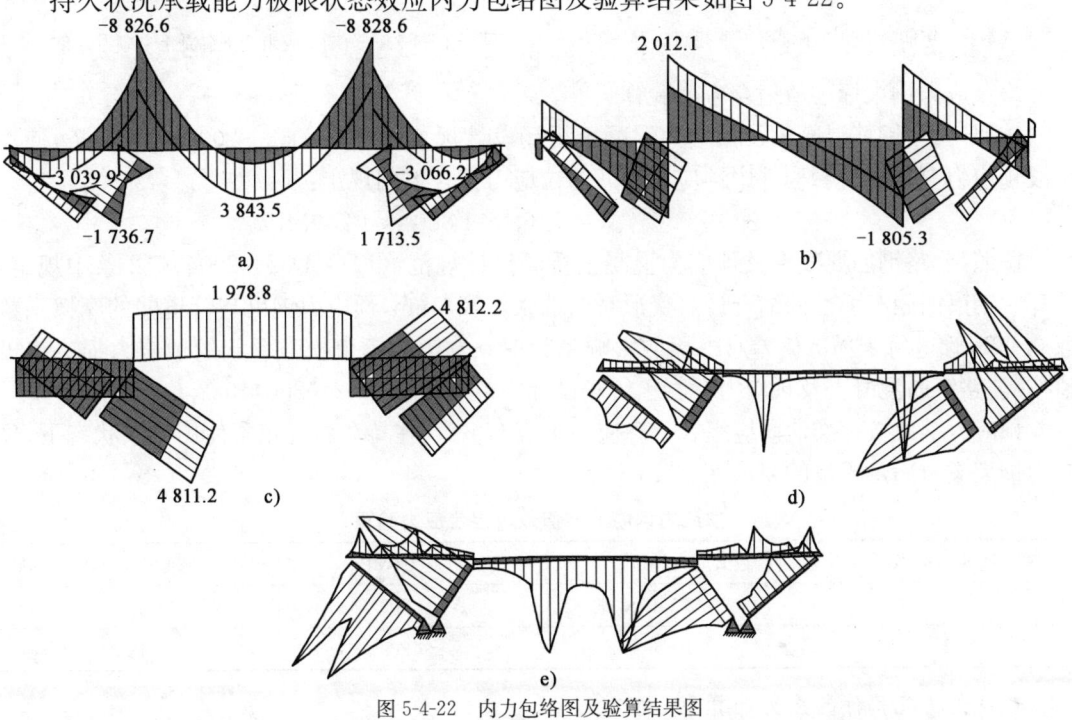

图 5-4-22 内力包络图及验算结果图

a)弯矩包络图;b)剪力包络图;c)轴力包络图;d)强度验算结果图1(▯▯▯部分为最大抗力、▮▮▮部分为其对应内力);
e)强度验算结果图2(▨▨▨为最小抗力、▮▮▮为其对应内力)

从 d)、e)计算结果可以看出,箱梁及斜腿各截面在持久状况极限状态组合下承载能力均大于截面承载能力极限状态计算值,可以满足规范中关于截面承载力的要求。

3. 持久状况正常使用极限状态计算

1)抗裂验算

根据《公路钢筋混凝土及预应力混凝土桥涵设计规范》(JTG D62—2004)第 6.1.2 条规定,进行全预应力混凝土构件抗裂设计,根据该规范第 6.3.1 条规定验算抗裂。

(1)正截面抗裂

对全预应力混凝土构件,短期效应组合下

$$\sigma_{st} - 0.8\sigma_{pc} \leqslant 0$$

图 5-4-23 为短期效应组合下混凝土正截面抗裂验算图,从图中可见,短期效应组合下,截面上、下缘均未出现拉应力,满足抗裂要求。

(2)斜截面抗裂

$$\sigma_{tp} \leqslant 0.4 f_{tk} = 0.4 \times 2.4 = 0.96 \mathrm{MPa}$$

图 5-4-24 为短期效应组合下混凝土主拉应力图。从图中可见,在弯矩和剪力共同作用下,主梁主拉应力均较小,除梁端局部外,斜截面抗裂满足规范要求。

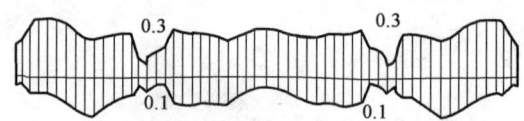

图 5-4-23 短期效应组合下混凝土正截面应力分布   图 5-4-24 短期效应组合下混凝土主应力分布

2)预应力钢束标准值组合应力验算

按照《公路钢筋混凝土及预应力混凝土桥涵设计规范》(JTG D62—2004)7.1.5 条,使用阶段预应力混凝土受弯构件中预应力钢筋的拉应力符合下列规定:

$$\sigma_{pe} + \sigma_p \leqslant 0.65 f_{pk} = 0.65 \times 1\,860 = 1\,209 \mathrm{MPa}$$

按照《公路钢筋混凝土及预应力混凝土桥涵设计规范》(JTG D62—2004)6.2 条中规定,计算中钢束锚固时弹性回缩合计总变形对两端张拉取 6mm,预应力钢束与管道壁的摩擦系数取 0.225,管道每米局部偏差对摩擦的影响系数取 0.001 5,钢束松弛引起的预应力损失终极值按《公路钢筋混凝土及预应力混凝土桥涵设计规范》(JTG D62—2004)6.2.6 条规定计算。

预应力钢束按标准值效应组合计算应力见表 5-4-6。在持久状况正常使用极限状态下,预应力钢束应力满足规范的要求。

预应力钢筋标准值效应组合应力验算   表 5-4-6

钢束编号	最大应力(MPa)	容许应力(MPa)	是否满足要求
1	−1 156	−1 209	是
2	−1 206	−1 209	是

4. 持久状况构件的应力计算

在使用荷载作用下,持久状况下预应力混凝土构件的法向压应力容许值(扣除全部预应力损失)应符合下列规定:

$$\sigma_{pc} \leqslant 0.5 f_{ck} = 0.5 \times 26.8 = 13.4 \text{MPa}$$

在使用荷载作用下,持久状况下预应力混凝土构件的主压应力容许值为:

$$\sigma_{cp} \leqslant 0.6 f_{ck} = 0.6 \times 26.8 = 16.1 \text{MPa}$$

从图 5-4-25 中可见,上缘最大法向压应力为 6.7MPa,下缘最大法向压应力为 7.4MPa,均能满足规范要求。

从图 5-4-26 中可见,最大主压应力为 7.4MPa,满足规范要求。

5. 短暂状况构件的应力计算

在短暂状态下预应力混凝土构件的压应力容许值为:

$$\sigma_{cc}^t \leqslant 0.7 f_{ck}' = 0.7 \times 26.8 = 18.8 \text{MPa}$$

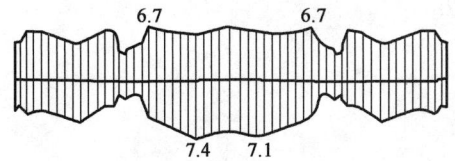

图 5-4-25 持久状况正常使用极限状态主梁法向应力分布

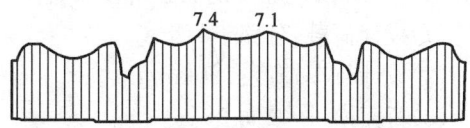

图 5-4-26 持久状况正常使用极限状态主梁主压应力分布

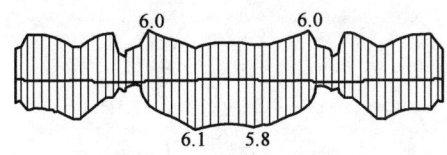

图 5-4-27 成桥状态主梁正应力分布

本桥采用满堂支架现浇,一次落架,故只验算成桥状态的应力情况。图 5-4-27 为相应阶段的主梁正应力图。

从图中可见,在成桥状态的施工阶段中,主梁上缘最大压应力为 6.0MPa,下缘最大压应力 6.1MPa,均满足规范要求。

第四节 V 形刚构桥计算示例

一、主要设计标准

颖河三桥主桥为跨径 40m+72m+40m 的 Y 形墩变截面预应力混凝土连续刚构桥,主跨跨中梁高为 1.8m,至距 Y 形墩中心 13m 处按二次抛物线变化至 2.8m(Y 形墩墩顶 0 号块端部高度)。主桥箱梁在 Y 形墩墩顶 0 号块设置两道厚为 1.8m 的横隔板,边跨端部设置厚为 1.5m 的端横梁,箱梁顶板设 2.0%的双向横坡,设计荷载为公路-I 级。

主桥箱梁采用直腹板单箱双室大悬臂结构断面形式,桥面板悬臂长 4.0m,悬臂板端部厚度 20cm,根部厚度为 65cm,顶板厚度为 25cm,底板厚度由跨中的 30cm 按二次抛物线变化至 Y 形墩墩顶 0 号块箱梁处 60cm。全桥腹板厚度为 60cm。箱梁顶宽 19m,底宽 11m。箱梁和 Y 形墩墩身均采用 C50 号混凝土。

箱梁采用三向预应力体系,纵横向预应力均采用低松弛高强钢绞线,公称直径 $\phi^s15.24$mm,标准强度 1 860MPa。箱梁腹板预应力采用 12ϕ^s15.24 钢绞线,顶板悬浇纵向预应力采用 16Φ

15.24及12Φ^s15.24两种规格的钢绞线。边跨顶板及中跨跨中顶板合龙钢束采用16Φ^s15.24的钢绞线,中跨底板钢束采用16Φ^s15.24及12Φ^s15.24两种规格的钢绞线,边跨底板钢束采用7Φ^s15.24钢绞线。所有纵桥向钢束张拉锚下控制应力均采用$\sigma_{con}=0.75f_{pk}$。箱梁桥面板横向预应力采用3Φ^s15.24钢绞线,锚下控制应力均采用$\sigma_{con}=0.75f_{pk}$,交替单端张拉。

主桥Y形墩连续刚构采用悬臂浇筑法施工,除0号块及边跨11号块采用支架施工外,其余8对梁段采用平衡悬臂逐段浇筑法施工,合龙段采用吊架施工。悬臂梁段最大质量107.536t。挂篮自重(含各种施工荷载)不超过50t。

主桥下部结构采用Y形预应力混凝土实体墩,钻孔灌注桩基础。Y形斜腿横桥向宽11m,纵桥向厚1.2m,Y形墩墩底竖腿横桥向宽12.6m,纵桥向厚2.5m。单片Y形腿内设JL32m预应力精轧螺纹钢筋。桥型布置图见图5-4-28。

(1)设计荷载:公路—I级。
(2)设计行车速度:120km/h。
(3)桥面横坡:双向2%。
(4)纵坡:最大纵坡2.8%,最大竖曲线半径6 500m。
(5)桥面宽:19m。
(6)地震烈度:峰值加速度0.05g,基本烈度VI度。
(7)设计洪水频率:1/100。

二、计算模型及参数选取

1. 计算模型

本桥采用Midas Civil桥梁结构有限元软件进行建模计算,全桥主梁沿纵桥向分74个单元、75个节点;两个主墩共分52个单元。边界条件:墩底固结,两边跨端部设置竖向支承,计算模型见图5-4-29所示。

2. 计算荷载

(1)恒载

主梁按构件实际截面计入。预应力混凝土、钢筋混凝土重度$\gamma=26kN/m^3$;

钢绞线、钢筋重度$\gamma=78.5kN/m^3$。

桥面铺装:10cm沥青混凝土+8cm防水混凝土,沥青混凝土重度$\gamma=24kN/m^3$,防水混凝土重度$\gamma=25kN/m^3$,每延米66kN/m;

人行道板:每延米24kN/m;

桥上每延米二期恒载合计=90kN/m。

(2)基础不均匀沉降

单个墩最大不均匀沉降按2cm计,多墩最大不均匀沉降按1cm计,取最不利组合。

(3)温度作用

结构整体温度变化按桥位处最高和最低温度确定,本地区的最高温度为35℃,最低温度为−5℃。假定主梁合龙温度15℃,结构整体升降温20℃。

主梁结构温度梯度按《公路桥涵设计通用规范》(JTG D60—2004)的温度梯度曲线确定。

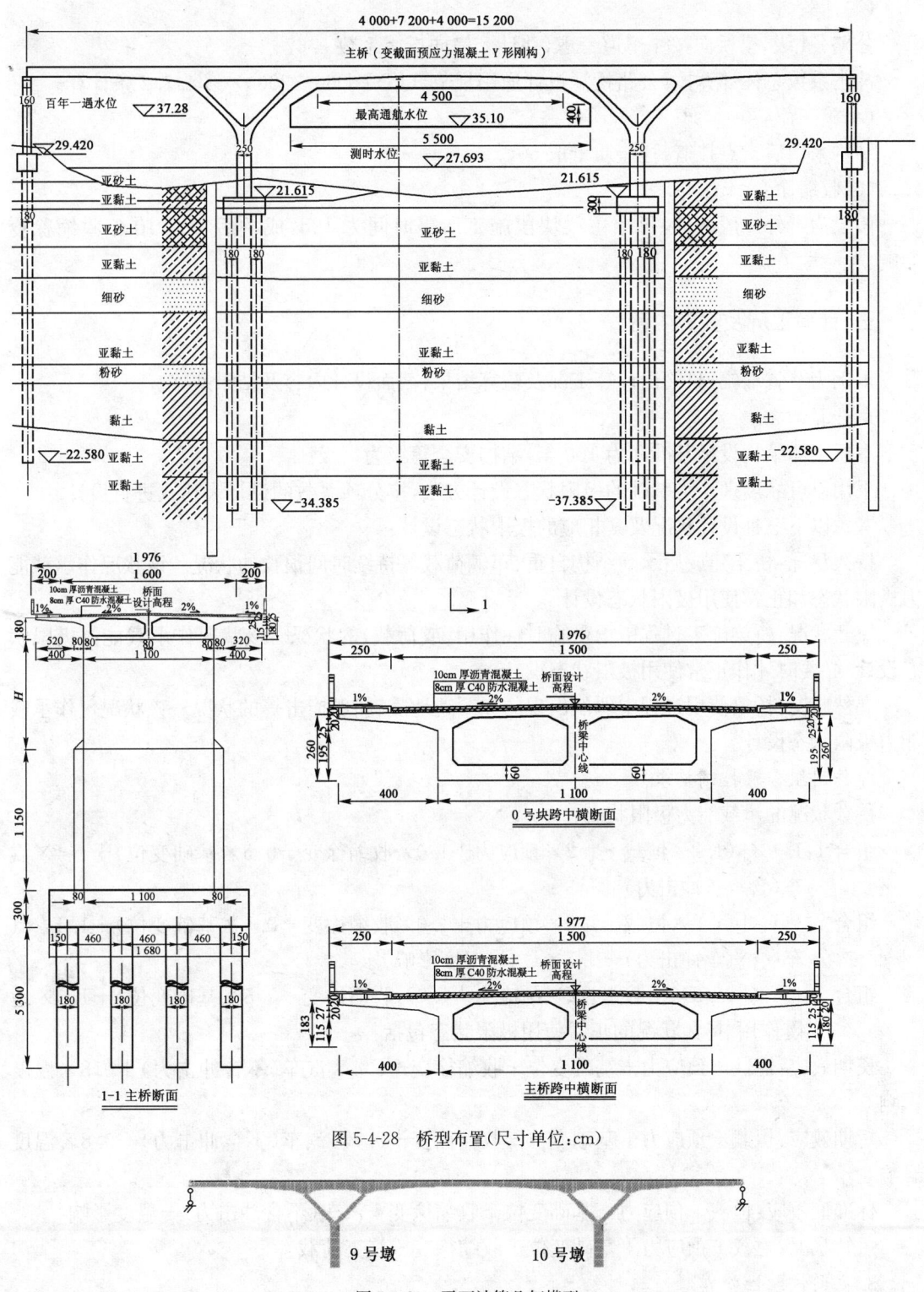

图 5-4-28 桥型布置(尺寸单位:cm)

图 5-4-29 平面计算几何模型

(4) 活载

公路—Ⅰ级,横桥向按 4 车道考虑,并计入横向折减系数 0.67。

冲击系数总体计算按《公路桥涵设计通用规范》(JTG D60—2004) 第 4.3.2 条计算。

(5) 施工荷载

结构采用后支点挂篮,挂篮质量取 50t。

(6) 收缩徐变

假设为野外一般条件,每个主梁块段施工所需时间为 12d,成桥后考虑 10 年收缩徐变影响。

三、计算工况及验算内容

本例为节省篇幅,只给出计算工况及验算结果,截面设计内容及结果从略。

1. 计算工况

本桥主体结构设计基准期为 100 年,结构安全等级为一级。

采用以可靠度理论为基础的极限状态设计方法,按分项系数的设计表达式进行设计。

考虑以下三种设计状况及其相应的极限状态设计:

持久状况:桥梁建成后承受结构自重、车辆荷载等持续时间很长的状况。该状况作承载能力极限状态和正常使用极限状态设计。

短暂状况:桥梁施工过程中承受临时性作用(或荷载)的状况。该状况作承载能力极限状态设计,必要时才作正常使用极限状态设计。

偶然状况:桥梁使用过程中偶然出现的如罕遇地震、船舶撞击等的状况。该状况仅作承载能力极限状态设计。

2. 作用组合及控制要求

持久状况的承载能力极限状态:

组合 1:1.1×[(1.2×恒载+1.2×预应力+1.0×收缩徐变+0.5×基础变位)+1.4×汽车(含汽车冲击力)]

组合 2:1.1×[(1.2×恒载+1.2×预应力+1.0×收缩徐变+0.5×基础变位)+1.4×汽车(含汽车冲击力)+0.7×1.4×温度影响]

组合 3:1.1×[(1.2×恒载+1.2×预应力+1.0×收缩徐变+0.5×基础变位)+1.0×地震作用]持久状况的正常使用极限状态包括:

长期效应:恒载+预应力+基础变位+收缩徐变+0.4×汽车(不含冲击力)+0.8×温度影响

短期效应:恒载+预应力+基础变位+收缩徐变+0.7×汽车(不含冲击力)+0.8×温度影响

标准值效应:恒载+预应力+基础变位+收缩徐变+汽车(不含冲击力)+温度影响

短暂状况:恒载+预应力+基础变位+收缩徐变+施工荷载

3. 主梁抗裂性验算

主梁在短期效应下,大部分梁体截面为全预应力结构,特殊困难截面控制为 A 类构件。

4. 主梁变形

按照规范 JTG D60—2004 第 4.1.6 条规定进行,结构长期挠度值需控制在 $L/600$ 以内。

5. 验算指标

承载能力极限状态基本组合验算按照规范 JTG D60—2004 第 4.1.6 条规定进行,按此组合验算结构承载能力的极限强度,要求最大内力小于结构的最大抗力。

正常使用极限状态长期效应组合验算按照规范 JTG D60—2004 第 4.1.7 条规定进行,仅供部分预应力 A 类构件的抗裂安全验算。

正常使用极限状态短期效应组合验算按照规范 JTG D60—2004 第 4.1.7 条规定进行,须满足规范 JTG D60—2004 第 6.3.1 条的有关规定。

正常使用极限状态标准值效应组合验算按照规范 JTG D60—2004 第 7.1.1 条规定进行,所有参与应力组合的各种荷载的分项组合系数都为 1.0。验算时需满足规范 JTG D60—2004 第 7.1.5 条(正压应力)、7.1.6 条(主压应力)的有关规定。

四、计算结果

1. 主要典型施工阶段应力图

(1)主梁 1 号节段浇筑张拉后桥梁结构正应力(图 5-4-30)

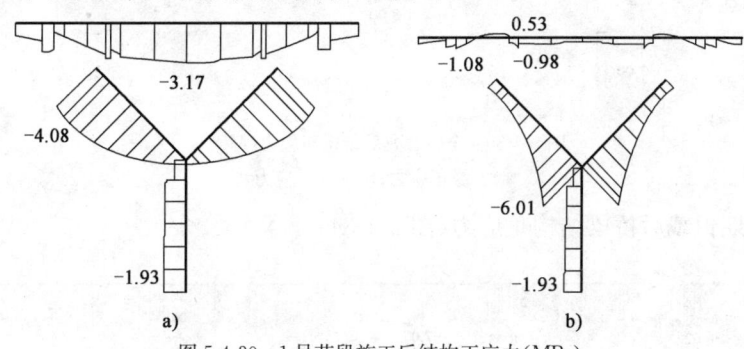

图 5-4-30 1 号节段施工后结构正应力(MPa)
a)上缘正应力;b)下缘正应力

(2)主梁 4 号节段浇筑张拉后桥梁结构正应力(图 5-4-31)

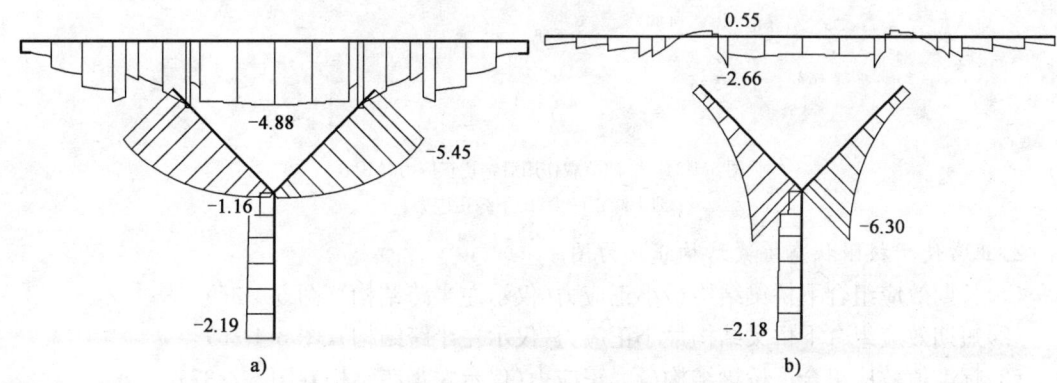

图 5-4-31 4 号节段施工后结构正应力(MPa)
a)上缘正应力;b)下缘正应力

(3)边跨合龙前(挂篮已移除)桥梁结构正应力(图 5-4-32)

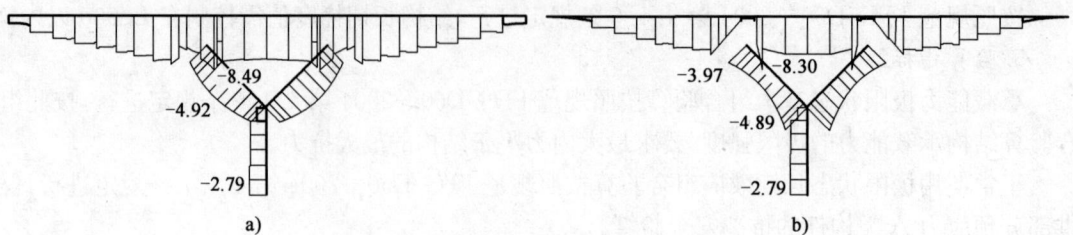

图 5-4-32　边跨合龙前结构正应力(MPa)
a)上缘正应力；b)下缘正应力

(4)全桥合龙后桥梁结构正应力(图 5-4-33)

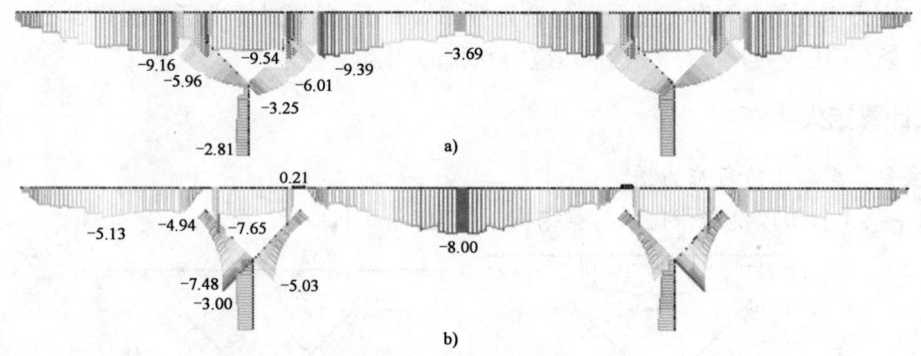

图 5-4-33　全桥合龙后结构正应力(MPa)
a)上缘正应力；b)下缘正应力

(5)加上二期恒载后桥梁结构正应力(图 5-4-34)

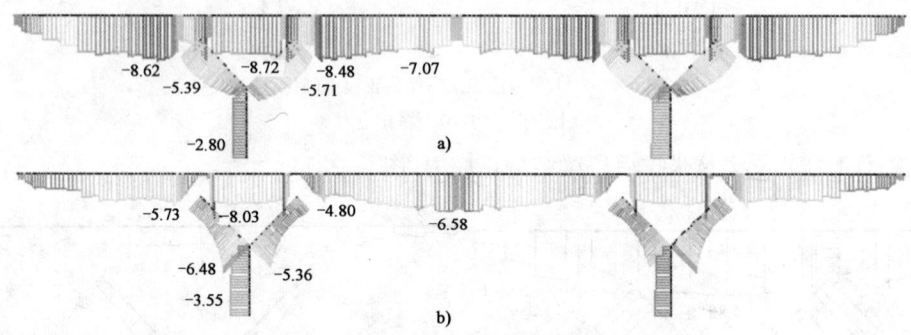

图 5-4-34　二期荷载作用后结构正应力(MPa)
a)上缘正应力；b)下缘正应力

2.正常使用极限状态桥梁结构正应力图

(1)长期效应组合下桥梁结构最小正应力(仅示左半跨结构)(图 5-4-35)
(2)短期效应组合下桥梁结构最小正应力(仅示左半跨结构)(图 5-4-36)
(3)标准值效应组合下桥梁结构最大正应力(仅示左半跨结构)(图 5-4-37)

3.正常使用极限状态桥梁结构主应力图

(1)长期效应组合下主梁最小主应力(图 5-4-38)

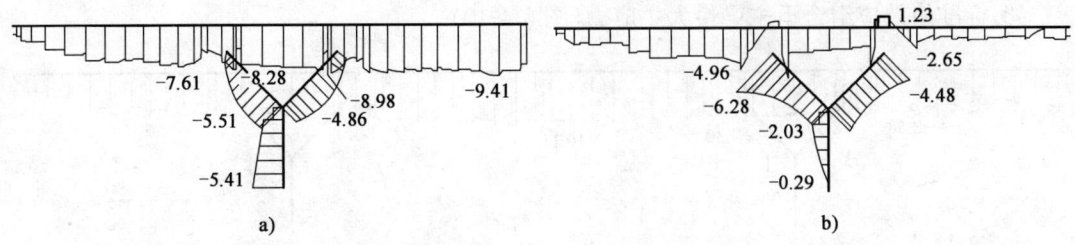

图 5-4-35　长期效应组合下结构最小正应力(MPa)
a)上缘正应力；b)下缘正应力

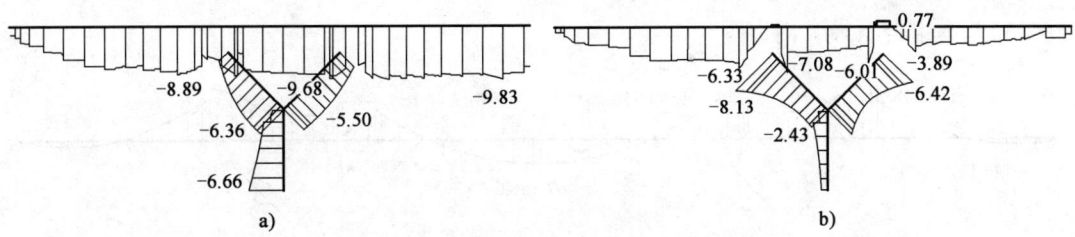

图 5-4-36　短期效应组合下结构最小正应力(MPa)
a)上缘正应力；b)下缘正应力

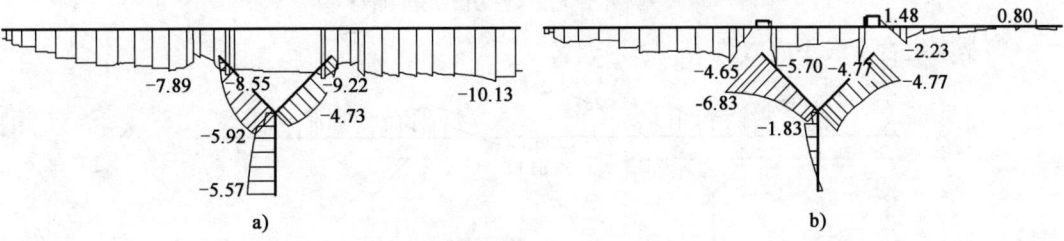

图 5-4-37　标准值效应组合下结构最大正应力(MPa)
a)上缘正应力；b)下缘正应力

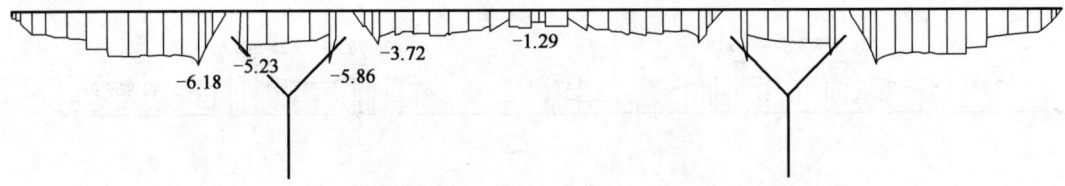

图 5-4-38　长期效应组合下主梁最小主应力(MPa)

(2)短期效应组合下主梁最小主应力(图 5-4-39)

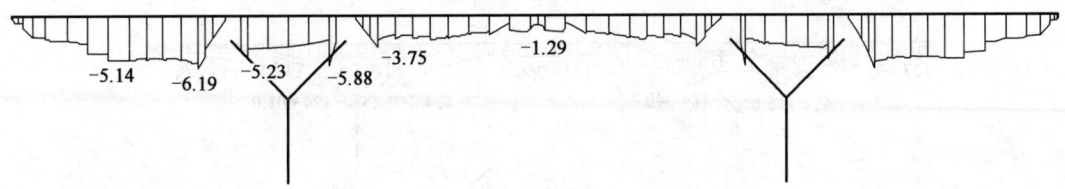

图 5-4-39　短期效应组合下主梁最小主应力(MPa)

(3)标准值效应组合下主梁最大主应力(图5-4-40)

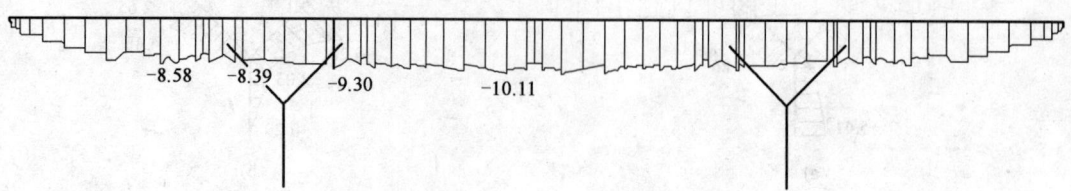

图 5-4-40　标准值效应组合下主梁最大主应力(MPa)

4.载能力极限状态主梁内力及抗力图

(1)基本组合下最大内力图

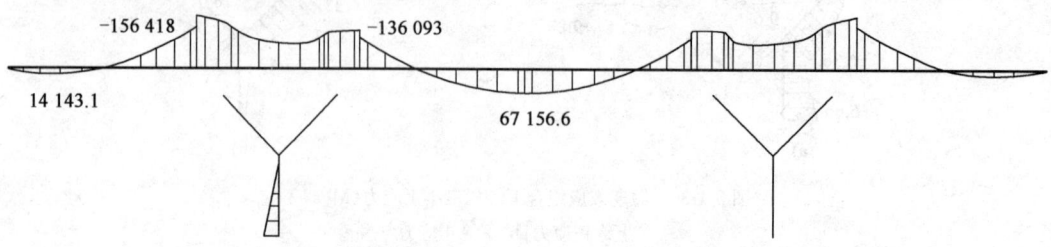

图 5-4-41　基本组合下最大内力图(单位:kN·m)

(2)基本组合下最小内力图

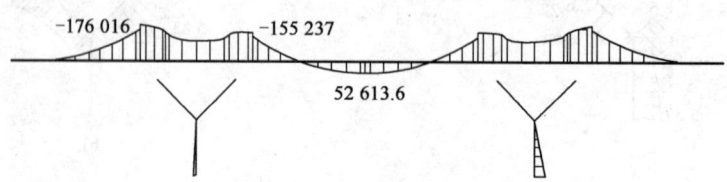

图 5-4-42　基本组合下最小内力图(单位:kN·m)

(3)抗力包络图

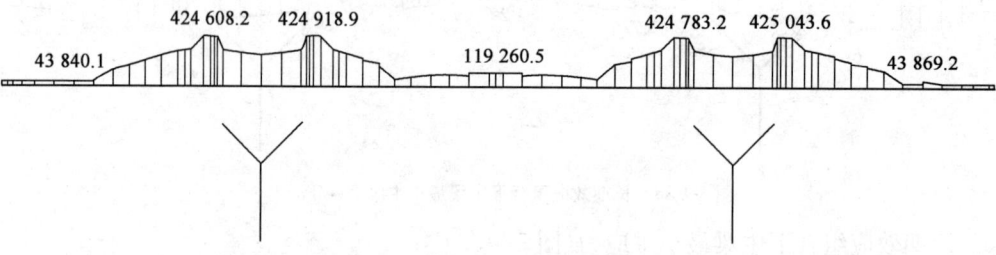

图 5-4-43　最大抗力包络图(单位:kN·m)

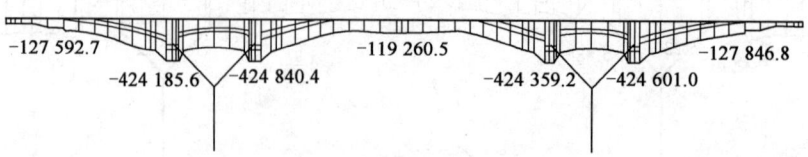

图 5-4-44　最小抗力包络图(单位:kN·m)

5. 活载下主梁挠度（图 5-4-45）

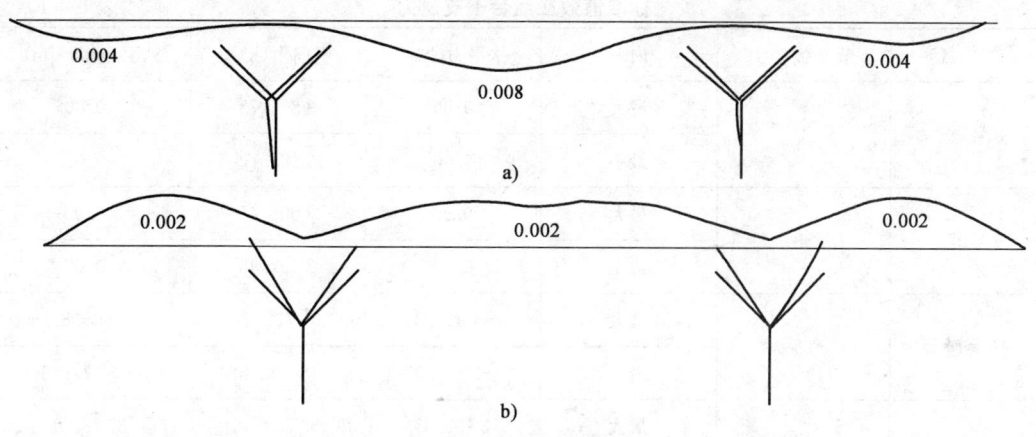

图 5-4-45 活载下主梁挠度（m）
a) 主梁最大挠度；b) 主梁最小挠度

6. 结构支承反力汇总

(1) 成桥状态结构支承反力（表 5-4-7）

一期恒载＋二期恒载＋预应力效应＋收缩徐变效应支承反力　　表 5-4-7

位　置	节点号	水平力(kN)	竖向力(kN)	弯矩(kN·m)
8号墩	1	0	3 098.27	0
9号墩	88	79.93	49 892.51	3 840.13
10号墩	89	－79.93	49 893.04	－3 835.22
11号墩	75	0	3 099.94	0

注：竖向反力向上为正，向下为负；水平力向右为正，向左为负；弯矩顺时针为正，逆时针为负。

(2) 活载下结构支承反力（表 5-4-8、表 5-4-9）

使用阶段汽车 MaxQ 结构支承反力　　表 5-4-8

位　置	节点号	水平力(kN)	竖向力(kN)	弯矩(kN·m)
8号墩	1	0	－240.09	0
9号墩	88	－794.51	－123.81	－6 672.08
10号墩	89	－1 417.24	－123.81	－11 087.30
11号墩	75	0	－240.09	0

使用阶段汽车 MinQ 结构支撑反力　　表 5-4-9

位　置	节点号	水平力(kN)	竖向力(kN)	弯矩(kN·m)
8号墩	1	0	1 432.78	0
9号墩	88	1 417.24	3 053.42	11 087.30
10号墩	89	794.51	3 053.42	6 672.07
11号墩	75	0	1 432.78	0

(3)使用状态最不利组合下结构支承反力(表 5-4-10)

标准值效应组合下支反力　　　　　　　　　表 5-4-10

位　置	节 点 号	内力	水平力(kN)	竖向力(kN)	弯矩(kN·m)
8 号墩	1	最大	0.00	3 806.73	0.00
		最小	0.00	2 995.72	0.00
9 号墩	88	最大	0.00	3 808.41	0.00
		最小	0.00	2 997.40	0.00
10 号墩	89	最大	−1 421.33	50 722.61	−24 588.15
		最小	−3 138.37	48 924.40	−37 779.36
11 号墩	75	最大	3 138.37	50 723.08	37 783.17
		最小	1 421.33	48 924.88	24 591.96

五、计算结论

通过对本桥的详细验算,给出计算结论如下:

(1)本桥各悬臂施工阶段桥梁结构全截面受压,在斜撑与主梁结合处主梁下缘有局部拉应力出现,由于利用空间杆系单元计算,不能完全反映其结合部位的复杂应力状态。最不利的施工阶段出现在最大双悬臂状态,此时最大压应力−8.49MPa,满足规范关于施工阶段应力控制的要求。但由于采用挂篮施工,施工过程中主梁的线形变化较大,需通过施工监控加以调整,以保证成桥线形与设计线形一致。

(2)全桥合龙后结构最大压应力−9.89MPa,桥面铺装与防撞护栏再加上后结构最大压应力为−8.72MPa,这几种工况均未出现拉应力,均可满足规范规定。

(3)正常使用极限状态长期效应组合下结构大部分截面受压,在主梁局部截面下缘出现拉应力为 1.23MPa。正常使用极限状态短期效应组合下结构最小正应力为 0.77MPa,为拉应力,在河侧斜撑顶主梁截面下缘区域出现。正常使用极限状态短期效应组合下结构最大正应力为−10.13MPa,在中跨上缘区域出现。由此可以看出,长期效应组合及短期效应组合下结构正应力均满足规范要求,斜撑顶主梁截面出现较小拉应力,需更进一步计算验证。

(4)正常使用极限状态长期效应组合下结构最小主应力为−1.29MPa;正常使用极限状态短期效应组合下结构最小主应力为−1.29MPa;正常使用极限状态短期效应组合下结构最大主压应力为−10.11MPa。由此可以看出长期效应组合及短期效应组合下结构主拉应力均满足规范要求。

(5)考虑到结构实际情况及普通钢筋效应,桥梁结构承载能力极限状态基本组合下最大最小结构内力均小于结构抗力,满足有关要求。

(6)活载下最大最小竖向位移绝对值之和:边跨 6mm、中跨 10mm。按照规范规定计算可得消除结构自重后的长期挠度值分别为:边跨 5.1mm、中跨 13.3mm。与跨径相比较分别为相应跨径的边跨 1/8 000、中跨 1/5 413,均小于 1/600,故结构刚度满足规范要求。

本篇参考文献

[1] 中华人民共和国行业标准.JTG D62—2004 公路钢筋混凝土及预应力混凝土桥涵设计规范.北京:人民交通出版社,2004.
[2] 中华人民共和国行业标准.JTG D60—2004 公路桥涵设计通用规范.北京:人民交通出版社,2004.
[3] 刘效尧,赵立成.公路桥涵设计手册梁桥(下册).北京:人民交通出版社,1998.
[4] 张树仁,等.钢筋混凝土及预应力混凝土桥梁结构设计原理.北京:人民交通出版社,2004.
[5] 邬晓光,等.刚架桥.北京:人民交通出版社,2001.
[6] 邵旭东,等.桥梁设计与计算.北京:人民交通出版社,2007.
[7] 上海市政工程设计研究总院.桥梁设计工程师手册.北京:人民交通出版社,2007.

第六篇 组合梁桥

本篇在桥梁横截面图式上,把采用一种或两种材料的构件,通过黏结、机械咬合和连接件相互结合在一起,并且共同参与结构受力的桥梁称为组合结构桥梁。

混凝土单一材料的中小跨度组合桥梁使用比较广泛,例如加铺组合桥面的密排预制板桥、T梁和箱梁桥,在分离式预制 I 形、槽形梁上现浇整体式桥面板的桥梁均属组合梁桥。

钢—混凝土组合结构是在钢结构和钢筋混凝土结构基础上发展起来的一种新型结构形式,被称为继木结构、砌体结构、钢结构和钢筋混凝土结构之后的第五大结构形式。它可以充分利用不同材料、不同构件的力学特点和各自优势,互为补充并相辅相成。组合梁桥为组合结构桥梁的种类之一,主要适用于中小跨度的桥梁,在我国得到了较为迅速的发展和广泛的应用。

组合梁桥可以减少施工支架数量,充分发挥不同构件、材料的力学特性优势,在我国得到了大量的应用。但在资料文献方面对不同材料组合梁桥的研究与总结并不是很多,目前国内在计算理论与计算软件方面也存在较大的差异,《公路钢筋混凝土及预应力混凝土桥涵设计规范》(JTG D62—2004)[以下简称《桥规》(JTG D62)]对组合梁桥的内容涉及较少。本篇根据相关规范、细则以及部分文献资料,介绍混凝土组合梁桥和钢—混凝土组合梁桥的基本构造及设计方法。

第一章　组合梁桥分类及其发展

第一节　组合梁桥的分类

组合梁桥按照材料分类,可以分为混凝土组合梁桥和钢—混凝土组合梁桥;按照结构受力形式分类,可以分为简支、连续和先简支后连续的组合梁桥;按照截面形式分类,可以分为组合 I 字梁、组合 T 梁和开口或闭口组合箱梁以及组合桁架梁桥;按照组合截面的承载情况分类,可以分为活载组合梁桥和恒载组合梁桥两种形式。最后一种分类多用在钢—混凝土组合梁桥中。

活载组合梁桥在钢梁架设和钢筋混凝土桥面板施工时,可以不设置中间支架或临时墩,施工时的钢梁自重、桥面施工荷载以及混凝土自重仅由钢梁承担,钢筋混凝土桥面板不参与共同工作。仅由钢梁承担的这部分荷载通常称为第一期荷载,而且一期荷载往往是恒载,所以也把它称为一期恒载。混凝土强度达到设计强度后,钢筋混凝土桥面板才作为主梁的上翼缘与钢梁形成组合截面,参与主梁共同工作。桥面铺装、栏杆、人行道、过桥管道等结构往往是在钢筋混凝土桥面板达到设计强度后施工,这部分荷载通常称为二期恒载。活载作用时,钢筋混凝土桥面板与钢梁已形成组合截面,混凝土板参与主梁共同作用。由于一期恒载和二期恒载及活载作用下,参与受力的截面不同,截面强度验算时内力叠加方法不适用,应该采用应力叠加方法计算。

恒载组合梁在钢梁架设和钢筋混凝土桥面板施工时,设置中间支架或临时墩,施工时的钢梁自重、桥面施工荷载以及钢筋混凝土板自重由中间支架或临时墩承担,钢梁为无应力状态。混凝土达到设计强度后,钢筋混凝土桥面板与钢梁形成组合梁截面后,撤去中间支架或临时墩。因此,在一期恒载、二期恒载和活载作用下,混凝土板参与主梁共同作用,均按照组合截面计算。组合梁桥的常见分类如表 6-1-1 所示。

常见组合梁桥分类   表 6-1-1

类 型	名 称	组 合 形 式
混凝土组合梁桥	组合板(T、箱)梁桥	预制板(T、箱)梁+湿接缝+现浇混凝土桥面板
	组合 I(槽)梁桥	预制 I(槽)梁+现浇混凝土桥面板
钢—混凝土组合梁桥	组合钢板梁桥	钢板梁+混凝土桥面板
	组合箱梁桥	闭合截面钢箱梁+混凝土桥面板
		槽形截面钢箱梁+混凝土桥面板
		波折钢腹板+混凝土上下翼缘板
	组合桁架梁桥	钢桁架梁+混凝土桥面板或 钢桁架腹杆+混凝土上下翼缘板

第二节 组合梁桥的发展应用

组合梁桥由于采用了混凝土预制构件或制造钢(梁)作为受力主结构,又利用这些主结构作为现浇混凝土层的支撑模板构造,不仅简化了施工工序,降低了施工难度,同时缩短了施工工期,经济效益明显。钢—混凝土组合梁桥在我国的起步较晚,主要原因在于组合结构和组合材料受力的不同性,组合结构梁桥设计理论的不完善,混凝土结合面存在二次浇筑、混凝土与钢材之间的连接、施工质量和受力不均匀等人们比较担心的问题。但随着大量试验研究和广泛的应用实践,逐渐地丰富了组合梁桥的设计和施工经验,完善了相关的理论,极大地促进了该桥型的推广应用。

早期的混凝土组合梁桥一般都是采用上下结构组合,再采取一定的构造措施,如设置剪力钢筋、混凝土表面压痕等,增加了新旧混凝土之间的黏结力和摩擦力等,保证了新旧混凝土的整体共同受力。近年来,混凝土组合梁在过去的上下结构形式的基础上又发展了左右结构的组合形式,即多片预制主梁+混凝土桥面板湿接缝,如先简支后连续的组合 T 梁和组合箱梁从 20 世纪 80 年代开始在我国得到了非常广泛的应用。

钢—混凝土组合梁是从民用建筑中逐渐发展起来的。自 20 世纪 90 年代以来,钢—混凝土组合连续梁桥以其整体受力性能的优越性、工程造价的经济性以及能够充分发挥钢材和混凝土两种材料各自的优势的合理性和便于施工的突出优点而得到了广泛的应用,特别适用于高等级公路跨线的小半径匝道桥,以及高等级公路加宽改造中一些上跨立交桥梁的替换,也适用于净空要求和景观要求较高的城市桥梁。钢—混凝土组合梁桥的成功应用在桥梁建设领域中实现了"轻型大跨,预制装配,快速施工"的目的,符合我国基本建设的需要。

第二章 混凝土组合梁桥计算

混凝土组合梁桥通常是指在预制的混凝土主梁等构件上再后浇一部分混凝土所形成的两次浇筑构件。混凝土组合结构广泛应用于空心板、I形截面梁、T形截面梁、箱形截面梁及桥面板等桥梁结构,对于这种混凝土组合梁结构,施工时大多采用先预制吊装主梁,再现场浇筑湿接缝、桥面板和横隔梁的混凝土,以形成整体受力结构。目前使用较多的为组合空心板梁、组合T梁和组合箱梁。

第一节 承载能力极限状态计算

组合梁桥各工作阶段受力,在预先储备应力全部耗尽后,最后转化为普通钢筋混凝土结构,因而组合梁桥的承载能力极限状态计算,实质上仍然是钢筋混凝土梁的承载力计算问题。主要包括正截面承载力计算和斜截面承载力计算两部分。

1. 正截面抗弯承载力计算

组合式受弯构件的组合截面根据《桥规》(JTG D62)应按式(6-2-1)～式(6-2-8)进行正截面抗弯承载力计算。

当中性轴位于翼缘内,即 $x \leqslant h'_f$,应按宽度为 b'_f 的矩形截面计算,此时应满足下列条件:

$$f_{sd}A_s + f_{pd}A_p \leqslant f_{cd}b'_f h'_f + f'_{sd}A'_s + (f'_{pd} - \sigma'_{p0})A'_p \qquad (6\text{-}2\text{-}1)$$

式中:f_{sd}、f'_{sd}——纵向普通钢筋的抗拉强度设计值和抗压强度设计值;

f_{pd}、f'_{pd}——纵向预应力钢筋的抗拉强度设计值和抗压强度设计值;

A_s、A'_s——受拉区、受压区纵向普通钢筋的截面面积;

A_p、A'_p——受拉区、受压区纵向预应力钢筋的截面面积;

f_{cd}——混凝土轴心抗压强度设计值;

h'_f——T形或I形截面受压翼缘厚度;

b'_f——T形或I形截面受压翼缘的有效宽度;

σ'_{p0}——受压区预应力钢筋合力点处混凝土法向应力等于零时预应力钢筋的应力。

由水平力平衡条件,即 $\sum X = 0$,得:

$$f_{cd}b'_f x + f'_{sd}A'_s + (f'_{pd} - \sigma'_{p0})A'_p = f_{sd}A_s + f_{pd}A_p \qquad (6\text{-}2\text{-}2)$$

式中:x——混凝土受压区高度。

由所有的力对受拉区钢筋合力作用点取弯矩平衡条件,即 $\sum M_z = 0$,得:

$$\gamma_0 M_d \leqslant f_{cd}b'_f x\left(h_0 - \frac{x}{2}\right) + f'_{sd}A'_s(h_0 - a'_s) + (f'_{pd} - \sigma'_{p0})A'_p(h_0 - a'_p) \tag{6-2-3}$$

式中：γ_0——桥梁结构的重要性系数；

M_d——弯矩组合设计值；

h_0——截面有效高度，$h_0 = h - a$；

其中：h——截面全高；

a——受拉区普通钢筋和预应力钢筋的合力点至受拉区边缘的距离。

由所有的力对受拉区混凝土合力作用点取弯矩平衡条件，即$\sum M_D = 0$，得：

$$\gamma_0 M_d \leqslant f_{sd}A_s\left(h - a_s - \frac{x}{2}\right) + f_{pd}A_p\left(h - a_p - \frac{x}{2}\right) + f'_{sd}A'_s\left(\frac{x}{2} - a'_s\right)$$
$$+ (f'_{pd} - \sigma'_{p0})A'_p\left(\frac{x}{2} - a'_p\right) \tag{6-2-4}$$

式中：a'_s、a'_p——受压区普通钢筋合力点、预应力钢筋合力点至受压区边缘的距离。

当受压区配有纵向普通钢筋和预应力钢筋，且预应力钢筋受压失效时：

$$\gamma_0 M_d \leqslant f_{pd}A_p(h - a_p - a'_s) + f_{sd}A_s(h - a_s - a'_s) \tag{6-2-5}$$

式中：a_s、a_p——受拉区普通钢筋合力点、预应力钢筋合力点至受拉区边缘的距离。

当受压区仅配有纵向普通钢筋或配有纵向普通钢筋和预应力钢筋，且预应力钢筋受拉时：

$$\gamma_0 M_d \leqslant f_{pd}A_p(h - a_p - a'_s) + f_{sd}A_s(h - a_s - a'_s) - (f'_{sd} - \sigma'_{p0})A'_p(a'_p - a'_s) \tag{6-2-6}$$

中性轴位于翼缘内，即$x > h'_f$，混凝土受压区为T形，由水平力平衡条件，即$\sum X = 0$，得：

$$f_{cd}bx + f_{cd}(b'_f - b)h'_f + f'_{sd}A'_s + (f'_{pd} - \sigma'_{p0})A'_p = f_{sd}A_s + f_{pd}A_p \tag{6-2-7}$$

式中：b——矩形截面宽度或T形截面腹板宽度。

由所有的力对受拉区钢筋合力作用点取弯矩平衡条件，即$\sum M_Z = 0$，得：

$$\gamma_0 M_d \leqslant f_{cd}bx\left(h_0 - \frac{x}{2}\right) + f_{cd}(b'_f - b)h'_f\left(h_0 - \frac{h'_f}{2}\right)$$
$$+ f'_{sd}A'_s(h_0 - a'_s) + (f'_{pd} - \sigma'_{p0})A'_p(h_0 - a'_p) \tag{6-2-8}$$

利用式(6-2-1)～式(6-2-8)进行组合截面承载力计算时，注意事项包括：式中的h_0应以组合后整体的有效高度h_{02}代替；对于桥面板全部现浇的组合梁，式中混凝土抗压强度设计值f_{cd}应按后浇混凝土强度等级确定；对于在预制桥面板上浇筑整体混凝土的组合梁，受压区有可能部分进入预制桥面板，式中的混凝土抗压强度设计值f_{cd}，应根据受压区的实际分布情况，分别按后浇整体混凝土和预制桥面板混凝土强度等级确定。

2. 斜截面承载力计算

组合式受弯构件的组合截面根据《桥规》(JTG D62)应按式(6-2-9)～式(6-2-13)分别进行斜截面抗剪承载力及斜截面抗弯承载力计算。

$$\gamma_0 V_d \leqslant V_{cs} + V_{pb} \tag{6-2-9}$$

式中：V_{pb}——与斜截面相交的预应力弯起钢筋的抗剪承载力；

V_{cs}——混凝土与箍筋共同的抗剪承载力；

$$V_{cs} = \alpha_1 \alpha_2 \alpha_3 \times 0.45 \times 10^{-3} bh_0 \sqrt{(2 + 0.6p)}\sqrt{f_{cu,k}\rho_{sv}f_{sv}} \tag{6-2-10}$$

式中：α_1——异号弯矩影响系数，计算简支梁和连续梁附近支点梁段的抗剪承载力时，$\alpha_1 = 1.0$；计算连续梁和悬臂梁近中间支点梁段的抗剪承载力时，$\alpha_1 = 0.9$；

α_2——预应力提高系数,取 $\alpha_2=1.25$,但当预应力钢筋的合力引起的截面弯矩与外弯矩的方向相同时,或允许出现裂缝的部分预应力混凝土受弯构件,取 $\alpha_2=1.0$;

α_3——受压翼缘的影响系数,取 $\alpha_3=1.1$;

$f_{cu,k}$——边长为150mm的混凝土立方体抗压强度标准值(MPa),即为混凝土强度等级;

ρ_{sv}——斜截面内箍筋配筋率;

f_{sv}——箍筋抗拉强度设计值;

p——纵向钢筋配筋百分率,$p=100\rho$,$\rho=(A_p+A_{pb}+A_s)/bh_0$,当 $p>2.5$,取 $p=2.5$;

$$V_{pb}=0.75\times10^{-3}f_{pd}\sum A_{pb}\sin\theta_p \tag{6-2-11}$$

其中:f_{pd}——预应力钢筋抗拉强度设计值(MPa);

A_{pd}——斜截面内在同一弯起平面的预应力弯起钢筋截面面积(mm²);

θ_p——在斜截面受压区顶端正截面处,预应力弯起钢筋的切线与水平线的夹角(°)。

应用式(6-2-9)~式(6-2-11)进行组合梁斜截面抗剪承载力计算时应注意以下两点:

对组合构件,计算斜截面内混凝土和箍筋共同抗剪承载力设计值 V_{cs}[式(6-2-10)]时,如现浇混凝土层与预制构件的混凝土强度等级不同,应取两者较低者,但不低于预制构件的抗剪承载力设计值,这样处理是偏于安全的。

预应力混凝土组合构件不考虑预应力对抗剪承载力的有利影响,取预应力提高系数 $\alpha_2=1.0$。

3. 结合面抗剪承载力计算

组合式受弯构件中,先后浇筑的两部分混凝土的共同工作是靠结合面的抗剪承载力来保证的,配有箍筋的组合梁其结合面上的剪力是由以下三种作用力承受的:

(1)骨料咬合作用力,即界面上凹凸不平的部分直接承压所抵抗的剪力;

(2)摩擦作用力,结合面滑动后在界面上产生的摩擦作用力;

(3)钢筋的暗销作用力。

根据剪切面配有箍筋的组合构件直接剪切试验结果分析,影响组合梁结合面抗剪承载力的主要因素为混凝土强度等级、箍筋配筋率及其抗拉强度。其近似回归式为:

$$\frac{\tau_u}{f_{cd}}=0.14+\rho_{sv}\frac{f_{sv}}{f_{cd}} \tag{6-2-12}$$

式中:τ_u——结合面极限剪应力;

ρ_{sv}——箍筋配筋率,$\rho_{sv}=A_{sv}/bS_v$;

其中,A_{sv}——结合面上同一截面的箍筋各肢截面面积之和;

S_v——箍筋间距;

b——组合梁结合面处的梁肋宽度。

图 6-2-1 所示为组合梁结合面的受剪图式,由斜截面取出的脱离体,可得如下平衡条件:

$$D=\tau\cdot a\cdot b$$
$$V\cdot a=Dz=\tau\cdot a\cdot b\cdot z$$

移项后,得: $\tau=\dfrac{V}{bz}$ (6-2-13)

取 $\tau=\tau_u$,$V=V_d$,$z=0.85h_0$,$\rho_{sv}=A_{sv}/bS_v$ 代入

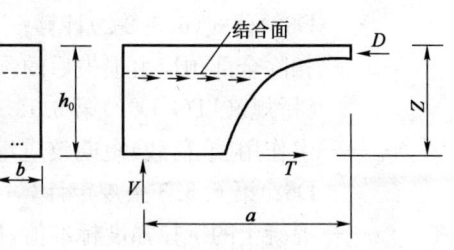

图 6-2-1 组合梁结合面受剪图式

式(6-2-13)和式(6-2-12),并引入结构重要性系数 γ_0,则得《桥规》(JTG D62)推荐的结合面配有箍筋的组合梁结合面抗剪承载力计算公式:

$$\gamma_0 V_d \leqslant 0.12 f_{cd} b h_0 + 0.85 f_{sv} \frac{A_{sv}}{S_v} h_0 \tag{6-2-14}$$

式中:f_{cd}——组合梁混凝土抗压强度设计值,当预制构件和现浇混凝土强度等级不同时,取其中较低者。

对于结合面不配置抗剪钢筋的组合式受弯板,其结合面的剪力主要由界面上凹凸不平部分的骨料咬合作用和摩擦力承担,给出的结合面抗剪承载力计算公式为:

$$\frac{\gamma_0 V_d}{b h_0} \leqslant 0.45 (\mathrm{MPa}) \tag{6-2-15}$$

对于结合面设置竖向钢筋的组合式受弯板,若每一设置结合钢筋的截面配置不少于 0.293 bs/f_{sv}(以 mm² 计)的竖向钢筋[式中,b 为结合面宽度(mm),s 为结合钢筋的纵向间距(mm),f_{sv} 为竖向钢筋抗拉强度设计值(MPa)]时,其结合面抗剪承载力应符合下列要求:

$$\frac{\gamma_0 V_d}{b h_0} \leqslant 2 (\mathrm{MPa}) \tag{6-2-16}$$

第二节 正常使用极限状态计算

组合式受弯构件的持久状况正常使用极限状态,采用短期效应组合、长期效应组合,对构件的抗裂性、裂缝宽度及变形进行验算。

1. 抗裂性验算

组合式预应力混凝土梁,一般均采用全预应力或部分预应力混凝土 A 类构件,根据《桥规》(JTG D62)应按式(6-2-17)~式(6-2-21)进行正截面和斜截面抗裂性验算。

$$\sigma_{st} - 0.85 \sigma_{pc} \leqslant 0 \tag{6-2-17}$$

$$\sigma_{st} - 0.8 \sigma_{pc} \leqslant 0 \tag{6-2-18}$$

$$\sigma_{st} - \sigma_{pc} \leqslant 0.7 f_{tk} \tag{6-2-19}$$

$$\sigma_{lt} - \sigma_{pc} \leqslant 0 \tag{6-2-20}$$

$$\sigma_{tp} \leqslant 0.6 f_{tk} \tag{6-2-21}$$

式中:σ_{st}——在作用(或荷载)短期效应组合下构件抗裂验算边缘混凝土的法向拉应力,按《桥规》(JTG D62)公式(6.3.2-1)计算;

σ_{lt}——在荷载长期效应组合下构件抗裂验算边缘混凝土的法向拉应力,按《桥规》(JTG D62)公式(6.3.2-2)计算;

σ_{pc}——扣除全部预应力损失后的预加力在构件抗裂验算边缘产生的混凝土预压应力,按《桥规》(JTG D62)第 6.1.5 条规定计算;

σ_{tp}——由作用(或荷载)短期效应组合和预加力产生的混凝土主拉应力,按《桥规》(JTG D62)第 6.3.3 条规定计算;

f_{tk}——混凝土的抗拉强度标准值,按《桥规》(JTG D62)表 3.1.3 采用。

应用式(6-2-17)~式(6-2-21)进行组合梁的抗裂验算时应注意以下两点:

(1)式中的 σ_{pc} 值应取预制构件抗裂边缘混凝土的有效预压应力；f_{tk} 应取预制构件混凝土的抗拉强度标准值。

(2)组合截面的应力计算，应考虑分阶段受力特点。作用(或荷载)短期效应组合和长期效应组合下的构件抗裂验算边缘混凝土法向拉应力应按下式计算：

短期效应组合作用下的混凝土法向拉应力：

$$\sigma_{st} = \frac{M_{G1k}}{W_{01}} + \frac{M_{s2}}{W_0} \tag{6-2-22}$$

长期效应组合作用下的混凝土法向拉应力：

$$\sigma_{lt} = \frac{M_{G1k}}{W_{01}} + \frac{M_{l2}}{W_0} \tag{6-2-23}$$

式中：M_{G1K}——第一阶段永久作用引起的弯矩值；

M_{s2}——第二阶段按作用(或荷载)短期效应组合计算的弯矩值；

M_{l2}——第二阶段按作用(或荷载)长期效应组合计算的弯矩值；

W_{01}——预制构件换算截面受拉边缘的弹性抵抗矩；

W_0——组合构件换算截面受拉边缘的弹性抵抗矩，当现浇混凝土层的强度等级与预制构件不同时，应将现浇混凝土层的截面按弹性模比换算为预制构件的截面。

(3)组合截面的剪应力和主应力计算时应考虑分阶段受力的特点，按式(6-2-24)～式(6-2-27)计算。

$$\sigma_{pe} = \sigma_{con} - \sum \sigma_l \tag{6-2-24}$$

$$\sigma'_{pe} = \sigma'_{con} - \sum \sigma'_l \tag{6-2-25}$$

$$\sigma_{tp} = \frac{\sigma_{cx} + \sigma_{cy}}{2} - \sqrt{\left(\frac{\sigma_{cx} - \sigma_{cy}}{2}\right)^2 + \tau_s^2} \tag{6-2-26}$$

$$\sigma_{cx} = \sigma_{pc} \pm \frac{M_s}{J_0} y_0 = \frac{N_{p0}}{A_0} \mp \frac{N_{p0} e_{p0}}{J_0} y_0 \pm \frac{M_s}{J_0} y_0 \tag{6-2-27}$$

式中：σ_{cx}——在计算主应力点，由预加力和按作用(或荷载)短期效应组合计算的弯矩 M_s 产生的混凝土法向应力；

σ_{cy}——由竖向预应力钢筋的预加力产生的混凝土竖向压应力；

τ_s——在计算主应力点，由预应力弯起钢筋的预加力和按作用(或荷载)短期效应组合计算的剪力 V_s 产生的混凝土剪应力；当计算截面作用有扭矩时，尚应计入由扭矩引起的剪应力；对后张预应力混凝土超静定结构，在计算剪应力时，尚宜考虑预加力引起的次剪力；

σ_{pc}——在计算主应力点，由扣除全部预应力损失后的纵向预加力产生的混凝土法向预压应力；

y_0——换算截面中性轴至计算主应力点的距离。

2. 裂缝宽度验算

组合式钢筋混凝土受弯构件应按式(6-2-28)验算裂缝宽度。

$$W_{fk} = C_1 C_2 C_3 \frac{\sigma_{ss}}{E_s} \left(\frac{30+d}{0.28+10\rho}\right) \tag{6-2-28}$$

应用式(6-2-28)计算组合式钢筋混凝土受弯构件的裂缝宽度时应注意以下两点：

(1) 式中的纵向钢筋配筋百分率 ρ，应按组合截面计算；

(2) 式中纵向钢筋应力 σ_{ss} 按下式计算：

$$\sigma_{ss} = \sigma_{s1} + \sigma_{s2} = \frac{M_{G1k}}{0.87 A_s h_{01}} + \frac{0.5\left(1+\dfrac{h_1}{h}\right)M_{s2}}{0.87 A_s h_0} \leqslant 0.75 f_{sk} \quad (6\text{-}2\text{-}29)$$

当 $M_{G1k} < 0.35 M_{1u}$ 时，式(6-2-29)中取 $h_1 = h$，此处 M_{1u} 为预制构件正截面抗弯承载力设计值。

式(6-2-29)的式中第一项为在第一阶段荷载作用下预制构件纵向钢筋应力 σ_{s1} 的计算表达式；第二项为在第二阶段荷载短期效应作用下组合截面纵向钢筋应力 σ_{s2} 的计算表达式；系数 $0.5\left(1+\dfrac{h_1}{h}\right)$ 反映组合结构分阶段受力的影响。

图 6-2-2 所示为组合梁在第二阶段荷载短期效应组合 M_{s2} 作用下的应变和应力分布情况。从图 6-2-2b)、c)可以看出，弯矩 M_{s2} 在组合截面中产生的混凝土拉应变(应力)与预制构件中原有应变(应力)叠加后，会抵消一部分预制构件中原有的压应变(压应力)，这样在该处将产生一个附加拉力 T_c。将所有的力对受压混凝土合力点取矩，得到力的平衡条件为：

$$M_{s2} = T_c z_t + \sigma_{s2} A_s \eta_2 h_0 \quad (6\text{-}2\text{-}30)$$

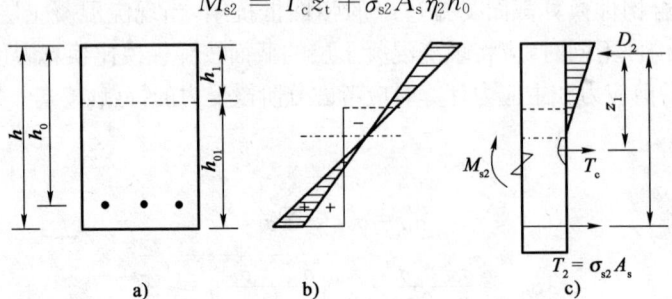

图 6-2-2　组合梁在第二阶段荷载作用下的应变及应力图
a)组合构件截面；b)应变分布；c)应力分布

移项后，可得组合截面中纵向钢筋应力 σ_{s2} 的计算式为：

$$\sigma_{s2} = \frac{M_{s2} - T_c z_t}{\eta_2 A_s h_0} = \frac{M_{s2}\left(1 - \dfrac{T_c z_1}{M_{s2}}\right)}{\eta_2 A_s h_0} \quad (6\text{-}2\text{-}31)$$

令 $\beta = \dfrac{T_c z_1}{M_{s2}}$，代入上式则得：

$$\sigma_{s2} = \frac{M_{s2}(1-\beta)}{\eta_2 A_s h_0} \quad (6\text{-}2\text{-}32)$$

式中：β——组合式受弯构件二阶受力特征系数。

根据试验和理论分析，二阶受力特征系数主要与组合参数 $\alpha_h = h_1/h$ 和 $\alpha_M = M_{G1k}/M_{1u}$ 有关，其数值可按下式计算：

$$\beta = 0.95 \frac{M_{G1k}}{M_{1u}}\left(1 + \frac{h_1}{h}\right) \quad (6\text{-}2\text{-}33)$$

式(6-2-33)用于实际设计工作，计算过于复杂，需要先假设纵向钢筋截面面积，但反复试算才能求得满意的结果。为简化计算，在常用范围内，可忽略 M_{G1k}/M_{1u} 的影响，取系数 β 试验值的偏下限值，近似采用下列计算公式：

$$\beta = 0.5(1-h_1/h) \tag{6-2-34}$$

将式(6-2-34)代入式(6-2-32),并取 $\eta_2=0.87$,经整理后即得式(6-2-30)中第二项中给出的 σ_{s2} 计算表达式。

3. 变形验算

组合式受弯构件在正常使用极限状态的变形计算,可根据给定的刚度用结构力学方法计算。在作用(或荷载)短期效应组合下组合式受弯构件的刚度,可按下列规定计算:

(1)钢筋混凝土组合构件

作为整体构件其抗弯刚度按式(6-2-35)计算。

$$B = \frac{B_0}{\left(\frac{M_{cr}}{M_s}\right)^2 + \left[1-\left(\frac{M_{cr}}{M_s}\right)^2\right]\frac{B_0}{B_{cr}}} \tag{6-2-35}$$

但应乘以 0.9 的折减系数。

式(6-2-35)中,全截面抗弯刚度 $B_0=0.95E_{cl}J_0$;开裂截面的抗弯刚度 $B_{cr}=E_{cl}J_{cr}$。将系数 0.9 和 B_0、B_{cr} 表达式代入式(6-2-35)即可求得钢筋混凝土组合构件的抗弯刚度:

$$B = 0.9 \frac{0.95E_{cl}J_0}{\left[\frac{M_{cr}}{M_s}\right]^2 + \left[1-\left(\frac{M_{cr}}{M_s}\right)^2\right]\frac{0.95E_{cl}J_0}{E_{cl}J_{cr}}} \tag{6-2-36}$$

式中:E_{cl}——预制构件的混凝土弹性模量。

(2)预应力混凝土组合构件

全预应力混凝土和部分预应力混凝土 A 类构件作为整体构件,其抗弯刚度采用 $B_0=0.8E_{cl}J_0$。组合式受弯构件在使用阶段的挠度尚应考虑长期效应的影响,即按短期效应组合计算的挠度值乘以挠度长期增长系数 η_θ。

《桥规》(JTG D62)规定:组合式受弯构件的挠度长期增长系数按下列规定采用:

混凝土强度等级在 C40 以下时,取 $\eta_\theta=1.80$;

混凝土强度等级在 C40~C80 时,取 $\eta_\theta=1.65$~1.55,中间强度等级可按直线插入法计算。

组合式受弯构件的挠度限值可按照整体结构的规定处理。

第三节 持久状况和短暂状态应力计算

预应力混凝土组合式受弯构件持久状况应力计算,是承载能力极限状态计算的重要补充,其主要内容包括使用阶段正截面法向压应力、受拉钢筋拉应力和斜截面主压应力验算,并不得超过《桥规》(JTG D62)规定的相应限值。

组合式预应力混凝土受弯构件持久状况应力计算,可按第十三章介绍的整体构件相应的公式计算。计算时应注意组合梁分阶段受力的特点,按结构的实际受荷情况,分别采用不同截面几何性质。

组合梁短暂状态计算是组合梁计算的重要内容之一。组合梁的预制构件部分截面高度较小,施工期间兼作支撑结构,承受较大的施工荷载,为了保证构件制造、运输及安装就位后浇筑整体混凝土时结构的安全,应对预制构件按短暂状态进行应力验算和承载能力极限状态计算。

第三章 钢—混凝土组合梁桥

钢—混凝土组合梁桥是在钢结构梁桥和混凝土结构梁桥基础上发展起来的一种新型桥梁结构形式,通常其主肋等主要构件采用钢结构,桥面板或翼缘板采用混凝土结构,钢与混凝土两者之间采用抗剪连接件连成整体,使两种结构共同受力。两种材料组合在一起,可以避免各自的缺点,充分发挥两种材料各自的优势,形成强度高、刚度大、延性好的结构形式。同单纯混凝土结构相比,它可以减少结构自重,减轻地震作用,减小构件的截面尺寸,增加有效的使用空间,降低造价、节约模板并减少支撑工序等,从而缩短施工工期,还可以增加结构的延性。同单纯钢结构相比,它可以减少用钢量,减少钢桥噪声污染,节省钢结构的涂装费用,增加结构的刚度、稳定性和整体性。

第一节 基 本 构 造

一、构造特点

钢—混凝土组合梁桥通常由钢梁、钢筋混凝土桥面板和剪力键(亦称为连接件)三个主要部分构成。组合梁的钢梁可采用I形、开口或闭口箱形截面形式,组合梁的翼板可采用现浇混凝土板、预制混凝土板或叠合混凝土板等形式。

1. 钢梁

钢梁在组合梁中主要承受拉力。对于一般较小跨度的钢—混凝土组合梁,一般采用钢板焊接而成的钢板梁。为了充分发挥钢材的作用,常用下翼缘加宽的非对称工字形截面的钢板梁。在拼接钢板梁时,应尽可能采用三块钢板焊接而成。当板厚不能用其他方法解决时,可采用外贴钢板的形式。外贴钢板原则上宜采用一块钢板。对于大跨径的钢—混凝土组合梁桥,多采用钢箱梁的截面形式,故又称为箱形组合梁桥。箱形组合梁的抗扭刚度大,特别适合于建造曲线梁桥,且在顺桥方向大多做成连续结构。

2. 钢筋混凝土板

对于钢—混凝土组合梁桥,支承于钢梁顶面的钢筋混凝土板除了作为组合梁的上翼缘与钢梁共同承担纵向弯矩之外,同时作为桥面板还要承担由局部荷载引起的横桥方向的内力。组合梁桥的翼板通常采用现浇混凝土板、装配式预制混凝土板两种形式。对于现浇混凝土板,其厚度视钢梁的间距和横隔梁的布置情况而定,通常为15~30cm,为适应板所受横向内力的变化和设置剪力键的需要,通常在混凝土板与钢梁的支承边缘设置承托,见图6-3-1。

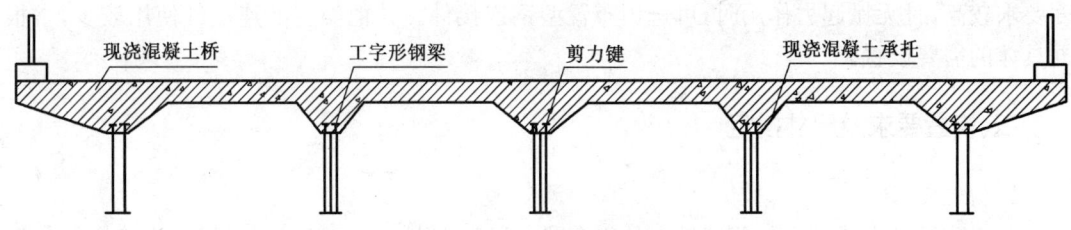

图 6-3-1　现浇混凝土翼板

组合梁桥中采用的预制混凝土翼板,通常是垂直于桥跨方向布置,对于多主梁结构的宽桥,布置在中间行车道部分的板可支承在两根相邻钢梁上缘的板端。在钢梁上翼缘顶面中间设置剪力键的部位,预留出 10～30cm 宽的现浇段。相邻板端伸出的横向钢筋应予以焊接或做成扣环接头。预制板端面混凝土应做凿毛处理,然后在预留空隙处浇筑高强度等级混凝土。通过剪力键和相互连接的横向钢筋将预制混凝土板与钢梁连接成整体,见图 6-3-2a)。对于支承在边主梁上的悬臂板或横跨多根主梁支承的连续板,应按钢梁上翼缘顶面设置剪力键的位置和尺寸要求,在板的相应位置设预留孔。预留孔中的连接件宜采用刚性连接件。预留孔宜做成由下向上扩大的锥形,参见图 6-3-2b)。对于主梁间距较大的组合梁桥,若采用钢筋混凝土板,结构自重过大、易开裂,可以采用先张法预应力混凝土板做预制桥面板,以提高桥面板的抗裂性。

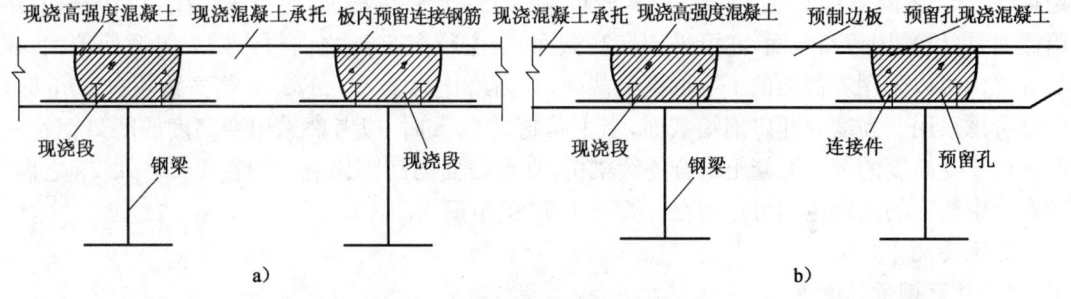

图 6-3-2　预制混凝土板的连接

3. 剪力键(连接件)

设在钢梁上翼缘顶面的剪力键是钢梁与混凝土翼板共同工作的基础。剪力键的作用主要是承受钢梁和混凝土翼缘板之间界面上的纵向剪力,抵抗两者之间的相对滑移。组合梁中采用的剪力键种类很多,从工作性能上可划分为刚性、弹性和柔性剪力键三大类,目前国内外采用较多的栓钉剪力键属于弹性剪力键的范畴。从连接件形式上,一般有钢筋连接件、型钢连接件、焊钉连接件、开孔板连接件以及钢与有机材料组合连接件等,钢筋连接件是指利用焊接在钢板上的螺纹钢筋来承担剪力的连接件。型钢连接件是指在钢板上焊接角钢、槽钢、工字钢等部件和混凝土结合,角钢上焊接钢筋的连接件形式比较常用。焊钉连接件一般要符合《电弧螺柱焊用圆柱头焊钉》(GB/T 10433—2002)的有关规定,开孔板连接件的孔中宜插入贯通钢筋,且钢筋直径与孔径匹配。至于钢与有机材料组合连接件是指在焊钉根部或型钢腹板等处设置树脂海绵或泡沫塑料的新型连接件。组合梁中钢与混凝土的连接件的布置宜优先选用焊钉连接件,特别是当钢与混凝土间的作用剪力方向性不明确,或者作用有较大的掀起力时。当焊钉布置过密,对抗剪刚度、抗疲劳性能有较高要求时,宜选用布置开孔板连接件,当对抗剪刚度要求较高,且无掀起力作用时,可选用布置型钢连接件。其他类型的连接件使用较少,常根据具体的需要设置。

二、构造要求及尺寸拟定

1. 构造要求

对于跨径较大或承担的荷载较大的组合梁,可以采用焊接工字形钢板梁作为组合梁的钢梁,亦可采用带承托的组合梁以增加梁的高度,见图 6-3-3。由于焊接工字钢的上缘有混凝土承担压应力,因此焊接工字钢的下翼板应比其上翼板宽一些,以增加钢梁下缘的抗拉能力。

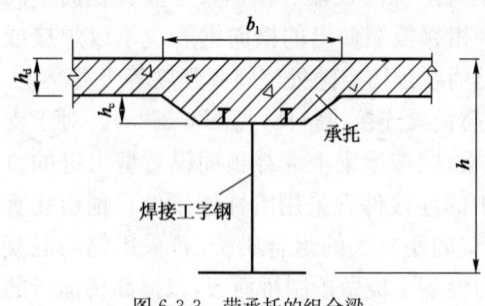

图 6-3-3 带承托的组合梁

对于带承托的组合梁,根据其承托的高度又分为浅承托和深承托组合梁。当混凝土承托的高度 h_c 小于或等于 1.5 倍顶板厚度,承托的宽度 $b_1 \geqslant 1.5 h_c$ 时,称为浅承托组合梁。一般情况下,混凝土承托两侧斜坡不宜大于 45°。

钢—混凝土组合梁桥按其纵桥向的支承情况主要分为简支和连续两种,对于简支组合梁桥多采用工字组合断面,其高跨比范围为 1/15~1/20,其跨径在 35m 之内。对于连续组合梁桥,既可采用工字形钢梁截面,也可采用闭口或开口的钢箱截面,可以采用等高截面,亦可采用变高截面,当主跨在 50m 之内时常做成等截面箱梁,在 40m 之内可以采用等截面的工字形钢梁截面,其高跨比为 1/20~1/25。当主跨超过 50m 时,可以考虑采用变高度的开口钢箱截面,当主跨超过 70m 时,应考虑采用变高度的闭口钢箱截面。对于变高度的钢—混凝土组合连续梁桥,支点截面的高跨比可控制在 1/20~1/25 之内,而在跨中截面的高跨比则可控制在 1/35~1/40 的范围内。

2. 主要尺寸拟定

(1) 估算钢梁高度 h_s

组合梁钢梁的高度 h_s 可取同跨径普通钢梁高度的 0.75~0.85 倍。

(2) 估算钢梁腹板高度 h_f

$$h_f = h - h_d - t \tag{6-3-1}$$

式中:h——组合梁全高(cm);

h_d——桥面板厚度(cm),可取 15~35cm,当主梁或横隔板间距较小时可取下限,否则取上限;

t——钢梁的底板厚度(cm),可取 2~5cm,视跨径而定。

(3) 估算钢梁腹板厚度 t_f

$$t_f \approx \sqrt{h_f}/10 \quad \text{(cm)} \tag{6-3-2}$$

按上式求出的钢梁腹板厚度 t_f 应满足局部稳定性的要求,且不得小于 10mm,以减少锈蚀对截面削弱的影响。但也不宜大于 24mm,以便于加工制造。

(4) 钢梁的翼缘板尺寸

在钢结构钢板梁设计时,我们可以用公式 $A_n = \dfrac{M_{\max}}{[\sigma_w]h} - \dfrac{t_f h}{6}$ 估算钢板梁的上翼板或下翼板的截面面积。上式是假定工字形钢梁上、下翼板面积相等时导出的。对于钢—混凝土组合梁,可以近似认为钢筋混凝土板起到了钢板梁上翼缘的作用,并认为压力中心作用在钢筋混凝土板的中心上。因此可取 $h-h_d/2$ 代替上式中的 h,估算出组合梁的钢梁下翼缘板所需要的截面积 A_d。

$$A_d = \frac{M_{max}}{[\sigma_w]\left(h-\dfrac{h_d}{2}\right)} - \frac{1}{6}t_f\left(h-\dfrac{h_d}{2}\right) \tag{6-3-3}$$

式中:M_{max}——组合截面上作用的最大工作弯矩(正常使用极限状态);
　　　$[\sigma_w]$——钢材的允许弯拉应力;
　　　h_d——混凝土板的厚度;
　　　h——组合梁的截面高度;
　　　t_f——钢梁腹板厚度。

根据式(6-3-3)估算出的钢梁底板面积 A_d,选定底板厚度 t 即可求出底板宽度 b_{ex},反之亦然。值得注意的是,钢梁下翼板的面积是根据上、下翼板面积相等的条件得出的。对于钢—混凝土组合梁的钢梁,通常下翼板的面积应大于上翼板的面积。因此在设计中建议将 A_d 值放大 1.05 倍,而上缘板的面积可取 $(1/4\sim1/2)A_d$,或按照构造要求确定。

第二节　钢—混凝土组合梁桥面板设计

一、桥面板的分类及特点

钢梁支承的桥面板,不仅起到把桥面荷载分配并传递给梁格承重体系的作用,而且在组合梁桥中还与钢梁形成一体直接负担荷载,成为不容忽视的承重构件之一。从使用材料方面来分类(图 6-3-4),主要有钢桥面板、混凝土桥面板和组合结构桥面板三种形式。

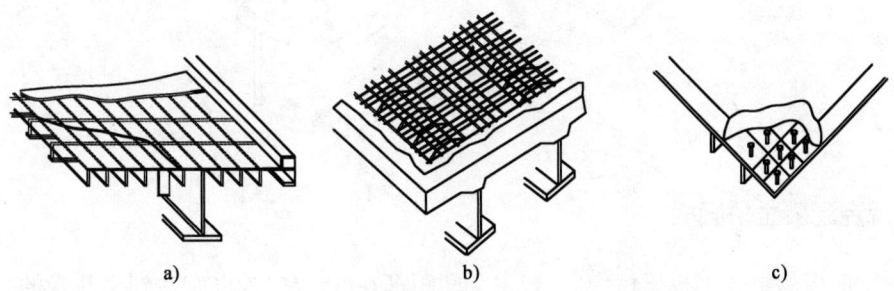

图 6-3-4　桥面板的分类
a)钢桥面板;b)混凝土桥面板;c)组合结构桥面板

钢桥面板通常是由钢板与焊接的纵横加劲肋构成,其钢板上面不浇筑混凝土,直接铺装沥青路面。与混凝土桥面板相比较,钢桥面板较轻,适用于大跨桥梁、梁高受到限制的城市桥梁或位于地基较弱处的桥梁,并且施工质量容易保证,桥面板架设后可以马上铺设沥青路面,缩短工期,但是也有刚度较低、沥青路面容易损坏、造价较高等缺点。钢桥面板大多用在大跨度钢桥中,它与钢梁构成的结构体系不属于组合结构桥梁范畴,在这里不做过多说明。

混凝土桥面板又分为在现场直接支模板、配筋后浇筑混凝土,以及在工厂预制后在现场铺设的现浇与预制两种形式。这种桥面板现在成为最常用而且最经济的桥面板,一般不需要大型设备,施工比较简单,特别适合应用于平面形状比较复杂的桥型。但是近年来混凝土桥面板的损坏相继发生,对其耐久性也开始提出质疑,特别是伴随着主梁偏少、主梁间距逐渐增大的情况,对桥面板的跨度也提出了更高的要求。

在组合梁桥中有时还使用钢与混凝土组合结构桥面板,它兼备混凝土及钢桥面板的诸多优点,同时钢板又可以作为模板使用,容易实现快速施工、安全施工,并且容易保证施工质量。另外,对原有的混凝土桥面板需要进行翻修或改建时,为了缩短工期、减小对交通的影响,组合结构桥面板是可以选择的方案之一。组合结构桥面板大致可以分成连接件型组合板与格构型组合板两种形式。连接件型组合板是把钢底板与混凝土用各种各样的连接件接合成一体,最具代表性的是图 6-3-4c)所示的用圆柱头焊钉连接件的组合板。另外,弯折钢筋、钢管等型钢都可以作为连接件使用,如图 6-3-5 所示。格构型组合板是用型钢代替一部分钢筋然后浇筑混凝土,一般用较薄的钢板作为底模板并构成一体。图 6-3-6 所示的格构型组合板使用的是 I 形钢,通常将其沿着桥梁横向布置,并使纵向钢筋从腹板的孔中穿过。

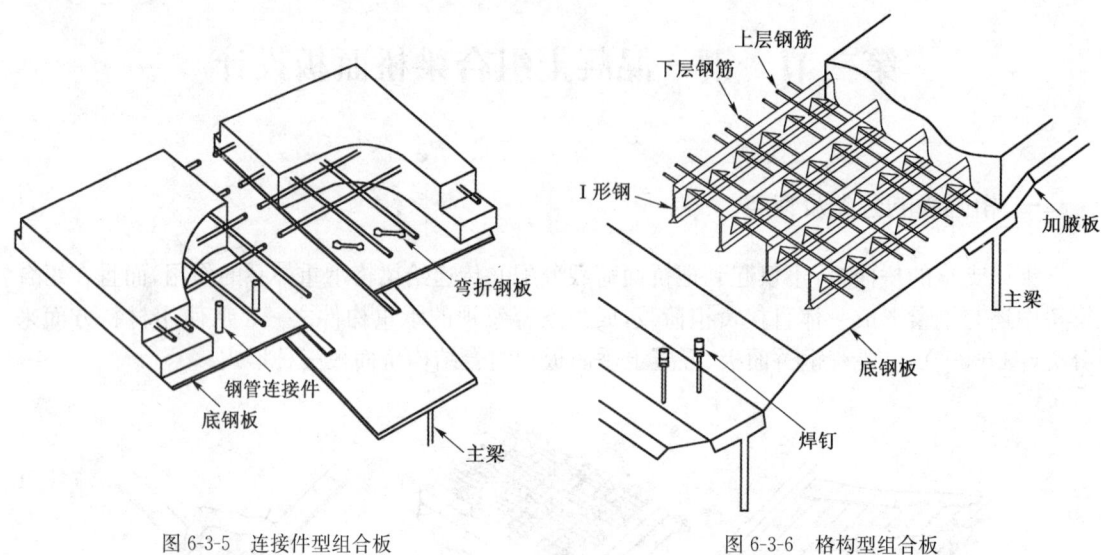

图 6-3-5　连接件型组合板　　　　　　　图 6-3-6　格构型组合板

二、现浇混凝土桥面板

在主梁偏少的组合钢板梁桥中,一般主梁间距都在 6m 左右,也有达到十几米的。这时大多数桥梁都需要采用预应力混凝土桥面板,并沿着桥梁横向布置,即采用小横梁的承重体系。预应力混凝土桥面板也有现浇与预制两种形式,一般是根据现场情况、设备性能、施工技术等来决定。当主梁间距很大、缺少大型起吊及其运输设备,或桥梁线形比较复杂,或现场狭窄、吊装困难等情况下,就要选择现浇施工方法。但是,现浇混凝土桥面板因水化热引起的温度应力及钢梁约束下的干燥收缩变形,而常常发生早期裂缝,以致在荷载作用下容易损坏。

1. 现浇桥面板的分类

现浇预应力混凝土桥面板依据其配筋形式、截面形状、施工方法等可以进行分类。按照预应力钢筋配置形式可以分成单向配筋与双向配筋,对于小横梁的承重体系来说,仅桥梁横向配筋与纵横向同时配筋。如果设置纵向预应力钢筋的话,一般都设置在连续桥桥墩附近的桥面板上,加强负弯矩区的抗弯性能。但是,纵向预应力钢筋的施工比较困难,对今后的局部补修或翻新也不利,现在逐渐被其他措施所取代,关于这个问题将在连续钢板梁桥一节中叙述。另外,即使是横向配筋也可以分成先张与后张,但是在现浇混凝土桥面板中一般都是采用后张施工法。

按照施工方法又可以分成用固定支架与移动支架两种情况。移动支架施工是将支架体系悬吊在钢板梁的下翼缘上,分段浇筑混凝土,可以缩短工期,实现桥梁大跨度。但是,由于支架频繁地在相邻两跨梁之间移动,使刚浇筑的桥面板产生附加应力,再加上水化热引起的温差应力等,会在施工期间就产生裂缝。这种情况下,如工地条件容许,就可选择固定支架浇筑混凝土。

按照桥面板的底面形式可以分成直线形与曲线形,如图6-3-7所示。当桥面板跨度较小时(≤6m),底面沿着跨度方向设计为直线;而当跨度较大时(>6m),底面沿着跨度方向有时设计为曲线。直线形底面桥面板原则上都要设计有加腋肋,防止主梁翼缘上的桥面板发生裂缝及其减少因连接件引起的局部应力。直线形底面比较容易施工,当钢梁预拱度不能满足要求的情况下,可以用加腋肋高度进行调整。从力学性能上来看,采用曲线形底面时,能够防止横截面高度突变而引起的应力集中,并且能够形成拱,而达到减小弯矩作用的目的,但是对钢梁的预拱度精度必须要求很高。

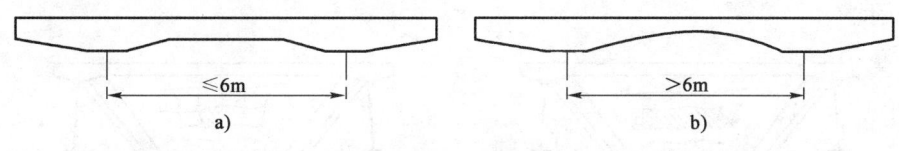

图6-3-7 桥面板的底面形状
a)直线形;b)曲线形

2. 现浇桥面板的早期裂缝与预防

现浇预应力混凝土桥面板当在横桥向施加预应力后,又会产生纵向附加拉应力,特别是大跨度桥面板的温度应力更为突出,措施不当有时还会产生早期裂缝等问题。预防现浇预应力混凝土桥面板出现早期裂缝的措施,大致有以下几方面:

(1)抑制混凝土发热。为了减小温度应力,最有效的办法是抑制混凝土发热。为此,尽可能减少水泥单位用量,或使用发热量小的水泥。要保持桥面板上面的湿度,加强保温,下面尽可能采用木制模板。这样能够降低水化热引起的温度,抑制混凝土内部与表面的温差。另外,若工期允许,应确保充分地养护后再施加预应力。

(2)添加适量膨胀剂。作为裂缝防止的方法之一,膨胀剂的使用是有效的。一般伴随着降温,混凝土体积会缩小,通过使用膨胀剂能够某种程度地抑制体积缩小。

(3)分级施加预应力。在未施加预应力之前支架不能移动,但考虑工期有时会在混凝土养护初期就施加预应力,从而导致出现早期裂缝。为此,可考虑在初期阶段,仅施加能够保证支架移动的部分预应力,其余的待混凝土完全硬化后再施加。

(4) 固定支架浇筑。支架移动所引起的应力加剧了早期裂缝的发生,将移动支架改为固定支架浇筑混凝土也是可以选择的施工方法之一。

(5) 增加钢筋用量。钢筋用量的增加一般不会直接防止裂缝的发生,但是会减小裂缝宽度及其间距。为此,可以采取在钢板梁上方沿着纵向配置中段钢筋,在接缝附近增加横向钢筋等措施。

(6) 适当地设置连接件。防止横梁正上方的桥面底板产生横向裂缝的方法之一,是要避免在横梁处的横向加劲肋正上方设置连接件,并要保持一定的距离。

3. 现浇桥面板的损坏机理

在早期的组合钢板梁桥中,基本上都使用现浇钢筋混凝土桥面板,并且为节省材料一般都设计得比较薄,桥面板发生损坏的事例很多,妨碍了组合结构桥梁的发展。通过多年的分析研究后认为,钢筋混凝土桥面板的损毁大概要经过下面几个阶段,最终导致破坏,丧失承载力,如图 6-3-8 所示。

(1) 桥面板的收缩变形受到钢板梁的约束,在施工阶段可能就产生了沿着桥梁纵向的附加拉应力,甚至出现了肉眼观察不到的微细裂缝。

(2) 通行后的车辆荷载引起的拉应力与早期发生的拉应力合成,就会在桥面板底面产生横向裂缝,如图 6-3-8a) 所示。

(3) 随着车辆荷载的长期作用,产生纵向裂缝后形成纵横交错的形状,并贯通到桥面板上表面,如图 6-3-8b) 所示。

(4) 伴随着裂缝面间骨料咬合力的丧失,桥面板的抗剪性能逐渐降低,产生更多裂缝,如图 6-3-8c) 所示。

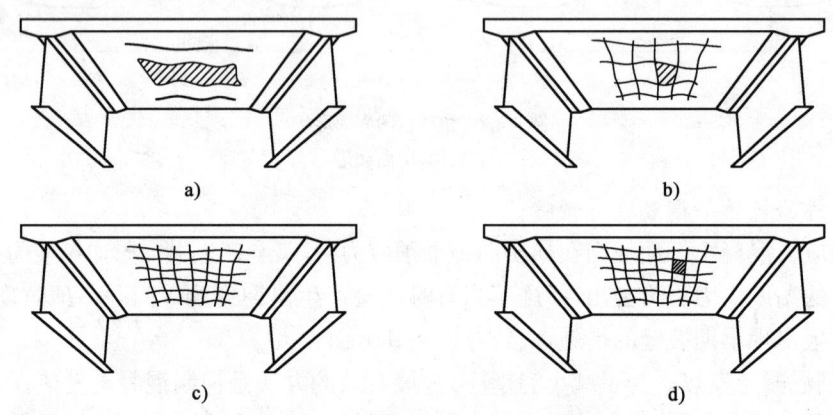

图 6-3-8 现浇混凝土桥面板的损坏过程
a) 早期横向裂缝;b) 纵横交错裂缝;c) 骨料咬合力丧失;d) 混凝土脱落

(5) 当车辆荷载超过其抗剪强度后,混凝土就开始脱落而损坏,如图 6-3-8d) 所示。一般认为导致最终破坏的是剪切疲劳。

从上述损坏过程来看,桥面板最终破坏都是在路面漏水后进一步加剧。搞清楚损坏过程及其机理,就可以对应各个过程采取相应的加强措施。伴随着少主梁桥的发展,钢筋混凝土桥面板已不能满足跨度的要求,即使从耐久性方面考虑,预应力钢筋混凝土桥面板的使用将是发展趋势。

三、预制混凝土桥面板

从现浇混凝土桥面板的损坏过程可以认识到,最终的损坏一般起因于非荷载作用引起的早期裂缝,要确保其耐久性就必须对早期裂缝的发生加以防止。预制桥面板从浇注到铺设,通常都放置一定的时间加以养护,其水化热引起的温度应变及其干燥收缩变形都未受到外界的约束,产生的应力极小。从这一角度来说,预制桥面板的推广使用很有必要。

当预制桥面板单向配筋,即仅在桥梁横向配置预应力钢筋的情况下,伴随着横向刚度的增大,纵向截面分担的荷载减少,荷载引起的应力也相应减小的同时,即使已出现裂缝,其裂缝面的磨损速度也大幅度下降。因此,可以说仅在桥梁横向配置预应力钢筋,预制桥面板不仅可以防止早期裂缝的发生,而且其抗疲劳强度也大幅度提高,当然采用双向配置预应力钢筋的话,其力学性能将能够进一步加以改善。

图 6-3-9 所示是预制混凝土桥面板的布置形式。以往的多主梁桥一般用钢筋混凝土桥面板;二主梁桥现在基本上都使用预应力混凝土桥面板,沿着桥梁横向铺设一块整板。两种情况下都有板与板的连接问题,必须确保使其成为一体,共同受力。

相邻预制桥面板间的接缝主要有 4 种形式,如图 6-3-10 所示。

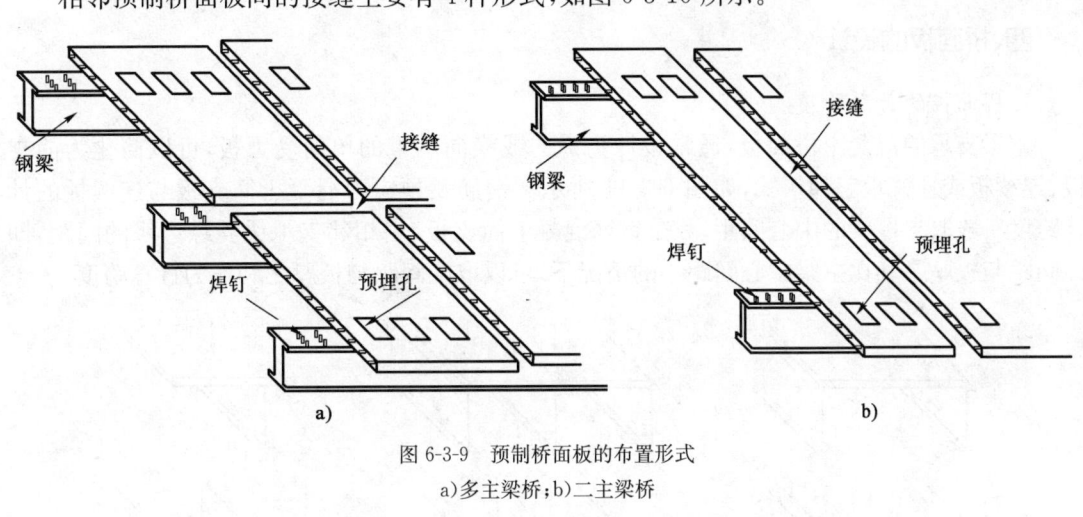

图 6-3-9 预制桥面板的布置形式
a)多主梁桥;b)二主梁桥

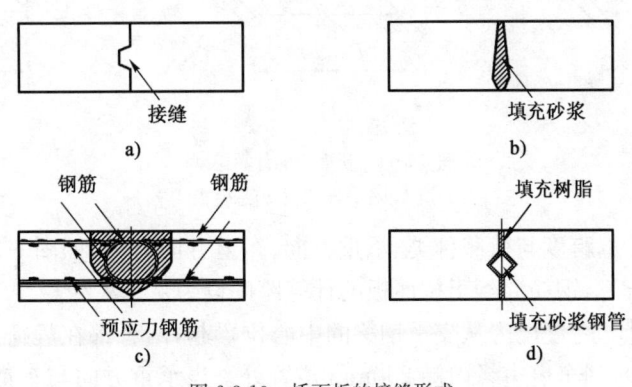

图 6-3-10 桥面板的接缝形式
a)摩擦型;b)剪力键型;c)环形钢筋型;d)钢筋键型

1. 摩擦型接缝

摩擦型接缝是在桥梁纵向施加预应力时使用的形式之一,弯矩由预应力钢筋负担,而剪力假设由两者间的摩擦负担。接缝间涂上胶结剂,达到防水的目的。在施工阶段就可能产生了沿着桥梁纵向的附加拉应力,甚至出现了肉眼观察不到的微细裂缝。

2. 剪力键型接缝

剪力键型接缝是在两块板的接合面上做成槽形,并填充砂浆,使其发挥剪力键的功能。填充的砂浆要确保不会收缩,有时使用无收缩砂浆或加入若干膨胀剂。与摩擦型类似,无需繁杂的施工工序,一般在桥梁纵向施加预应力。

3. 环形钢筋型接缝

环形钢筋接缝是在间距很大的接缝中,把两块板的钢筋各自做成环形并相互交错,然后填充无收缩混凝土。纵桥向无需施加预应力,基本上具有与桥面板同等的强度性能,比较常用。但在吊装时要防止损伤,并要确保与填充混凝土的黏着性能。

4. 钢管键型接缝

钢管键型接缝是把填充了砂浆的方钢管作为剪力键,并在接缝之间灌注能够防水的树脂。用到桥梁纵向未施加预应力的人行天桥桥面板上后,未发现漏水等损坏,非常完好。

四、桥面板的设计

1. 桥面板的计算跨度

钢梁支承的混凝土桥面板,通常设计为纵向或横向承重的单向受力板,可以简化为简支板、连续板或悬臂板三种形式,如图 6-3-11 所示。钢筋及预应力混凝土简支板与连续板的计算跨度一般取支撑梁的中心间距,只是钢筋混凝土简支板,当相邻支承梁翼缘边缘的间距,即纯间距与板厚之和比主梁中心间距小的情况下,可以取纯间距与板厚之和作为计算跨度。

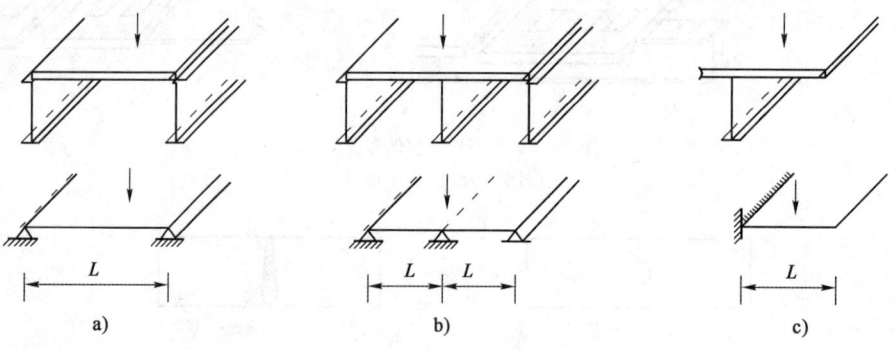

图 6-3-11 桥面板的计算模型
a)简支板;b)连续板;c)悬臂板

悬臂桥面板的计算跨度与荷载种类、承重方向、车道方向有关,如图 6-3-12 所示。当承重方向与车道方向垂直时,钢筋混凝土桥面板的计算跨度设为从钢翼缘悬臂 1/2 的位置起,预应力混凝土桥面板的计算跨度设为从支承钢梁的中心位置起,两者都在静荷载作用时到桥面板边缘;车轮荷载作用时到车道边缘内侧 250mm 位置处。当承重方向与车道方向平行时,钢筋混凝土桥面板的计算跨度设为从钢翼缘悬臂宽度 1/2 的位置起,预应力混凝土桥面板的计算跨度设为从支承钢梁的中心位置起,两者都在静荷载作用时到桥面板边缘;车轮荷载作用时到车道边缘内侧100mm位置处。值得指出的是,当为斜桥时计算跨度应按照受力钢筋的方向进行计算。

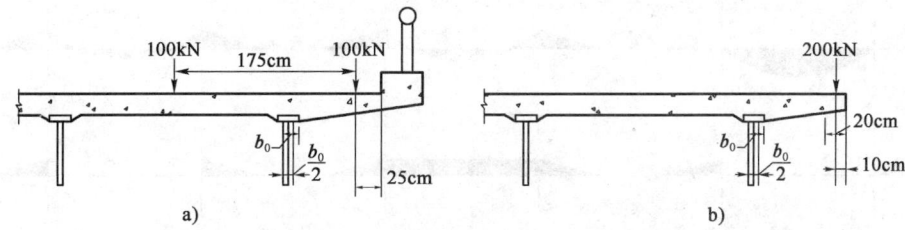

图 6-3-12　钢筋混凝土悬臂板的计算跨度
a)承重方向与车道方向垂直;b)承重方向与车道方向水平

2.桥面板的设计弯矩

钢桥及混凝土桥的桥面板由于主梁支承条件不同,设计弯矩计算方法也不相同。钢梁支承的混凝土桥面板,一般简化为单向受力板,看成单位宽度的梁,计算所受到的弯距。按照《日本道路桥示方书》的规定,钢筋混凝土桥面板在静恒载作用下单位宽度的弯矩如表6-3-1所示,其中L为计算跨度,q为分布静荷载。分布钢筋方向在静恒载作用下的弯矩比活荷载作用下的弯矩要小许多,可以不考虑。

钢筋混凝土桥面板在静荷载作用下单位宽度的设计弯矩　　　表6-3-1

计算模型	弯矩作用点	受力钢筋方向	分布钢筋方向
简支	跨中	$-qL^2/8$	
连续	边跨跨中	$-qL^2/10$	不考虑
	中跨跨中	$-qL^2/4$	
	2跨连续时的支座上	$-qL^2/8$	
	3跨及以上连续时的支座上	$-qL^2/10$	
悬臂	支座	$-qL^2/2$	

如图6-3-13所示,在计算钢筋混凝土简支板及连续板的弯矩时,没有考虑悬臂板及其护栏的自重、支承梁的约束等的影响,即采取悬臂段与跨内段完全分离的方式,对于钢筋混凝土桥面板是偏于安全的。但是,当考虑悬臂板对跨中的影响,设支承梁的回转自由,特别是横向施加预应力的情况下,跨中有产生负弯矩的可能性,有时是偏于不安全的。因此,预应力混凝土桥面板在静荷载作用下的设计弯矩应合理地考虑支承梁的回转约束,或用自由回转与完全约束两种情况进行计算,取最不利的计算结果。

桥面板在车轮荷载并且包括冲击荷载作用下单位宽度的弯矩按表6-3-2计算,其中P为单侧轮荷载,L的单位为m。另外,当承重方向与车道方向垂直时,在受力钢筋方向的设计弯矩需要乘以增大系数,简支板与连续板的跨度在$2.5<L\leqslant4.0$时,增大系数为$1.0+(L-2.5)/12$;在$4.0<L\leqslant6.0$时,增大系数为$1.125+(L-4.0)/26$。而悬臂板的跨度在$1.5<L\leqslant3.0$时,增大系数为$1.0+(L-1.5)/25$。

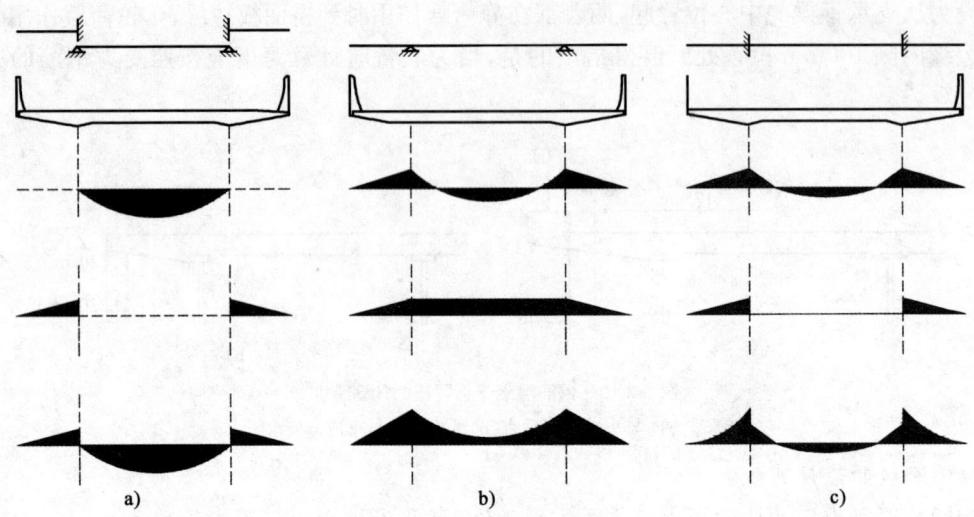

图 6-3-13 计算模型不同时的弯矩分布
a)分离计算；b)回转自由；c)回转约束

桥面板在轮荷载作用下单位宽度的设计弯矩(kN·m/m)　　　　表 6-3-2

计算模型	作用点	适用跨度(m)	承重方向与车道方向垂直		承重方向与车道方向平行	
			受力钢筋方向	分布钢筋方向	受力钢筋方向	分布钢筋方向
简支	跨中	$0<L\leqslant6$	$(0.12L+0.07)P$	$(0.10L+0.04)P$	$(0.22L+0.08)P$	$(0.06L+0.06)P$
连续	中跨跨中	$0<L\leqslant6$	简支板的80%	简支板的80%	简支板的80%	同简支板
	边跨跨中	$0<L\leqslant6$			简支板的90%	
	支座上	$0<L\leqslant4$	简支板的80%	—	简支板的80%	—
		$0<L\leqslant6$	$(0.15L+0.125)P$			
悬臂	悬臂根部	$0<L\leqslant1.5$	$PL/(1.30L+0.25)$	—	$(0.70L+0.22)P$	—
		$1.5<L\leqslant3.0$	$(0.60L+0.22)P$			
	悬臂端部	$0<L\leqslant3.0$	—	$(0.15L+0.13)P$	—	$(0.16L+0.07)P$

另外，桥面板有3根及以上根数的支承梁时，若各根梁发生不均匀沉降，就会导致附加弯矩。因此，支承梁的刚度显著不同时，就需要考虑由此产生的负弯矩。

3.桥面板的最小厚度

钢筋混凝土桥面板的最小厚度如表 6-3-3 的规定，其中 L 为轮荷载作用下的计算跨度，单位取 m。预应力混凝土桥面板当预应力钢筋沿跨度方向布置时，其最小厚度在承重方向与车道方向垂直的情况下是表 6-3-3 规定的 90%；承重方向与车道方向平行的情况下是表 6-3-3 规定的 65%。但是，桥面板车道部分的最小厚度不能低于 160mm，悬臂板端部的最小厚度还要保证根部计算最小厚度的 50% 以上。值得强调的是，这里所规定的最小厚度是在一般条件下的取值，当重载车辆的交通量比较大时应相应加大厚度，确保桥面板的刚度及耐久性。

钢筋混凝土桥面板的最小厚度(mm)　　　　表 6-3-3

桥面板的形式	承重方向与车道方向垂直		承重方向与车道方向平行
简支板跨中	40L+110		65L+130
连续板跨中	300L+110		50L+130
悬臂板根部	0<L≤0.25	280L+160	240L+130
	L>0.25	800L+210	

4.桥面板的构造与配筋

原则上桥面板在支承梁上应设置加劲腋,其坡度要尽可能比 1∶3 要小,少根数主梁桥一般取 1∶5。而桥梁两端的桥面板一般受到很大的弯矩,需要在端部设置具有较大刚度的横梁与托梁,并加厚车道区间的端部桥面板,斜桥的情况下还需配置钢筋,如图 6-3-14 所示。加厚大小为加劲腋的高度,沿着纵桥向的加厚长度大约为桥面板跨度的 2/3。桥面板使用的钢筋要求采用螺纹钢筋,保护层厚度为 30mm,间距为 100mm≤L≤300mm,受拉区主钢筋间距不要超过桥面板的厚度,受压区的钢筋至少要配置受拉区钢筋的一半。桥面板的损坏一般起因于混凝土的裂缝,保证一定的配筋比,能够防止有害裂缝的发生。因此,在设计验算桥面板时,钢筋的容许应力通常加以降低。

连续桥面板在支承梁附近可以弯起钢筋,弯起位置如图 6-3-15 所示。但是,一般跨中受拉钢筋量的 80% 以上、支承梁上的受拉钢筋量的 50% 以上不可以弯起。分布钢筋按照跨中及支承梁上的设计弯矩算出后,可以沿跨度方向依据一定的折减系数减少钢筋布置量。对于预应力混凝土桥面板,在布置预应力钢筋时,应尽可能地确保给桥面板均匀施加预应力,同时沿预应力钢筋方向应配置直径 13mm 的螺纹钢筋,其间距不应低于 300mm,也不应低于最小板厚。

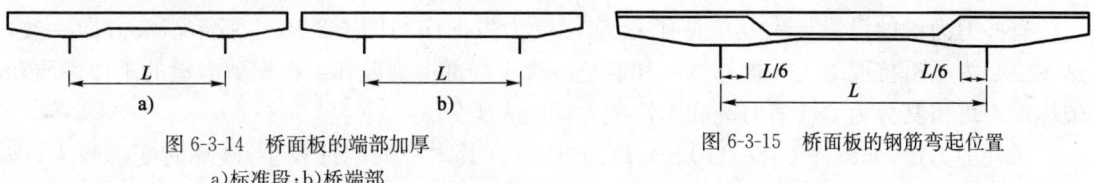

图 6-3-14　桥面板的端部加厚
a)标准段;b)桥端部

图 6-3-15　桥面板的钢筋弯起位置

钢梁支承的桥面板与混凝土桥的桥面板不同,钢梁的刚度较低,需要保证桥面板要有足够的刚度,因此,在设计验算桥面板时,混凝土的容许应力通常要加以降低。另外,当主梁为 3 根及以上时,并且各主梁刚度相差较大,需要考虑不均匀沉降所引起的桥面板上的附加应力。

第三节　连接件的设计

一、剪力键的形式与分类

剪力键在钢—混凝土组合梁中起着重要的作用,主要用来承担钢梁与混凝土翼板之间的纵向水平剪力,并抵抗两者之间的掀起作用。

世界各国使用的剪力键形式很多,大体上可以分为五类,见图 6-3-16 和图 6-3-17。

1. 栓钉剪力键

栓钉是目前世界各国广为采用的剪力键形式,见图 6-3-16a)、b)。栓钉的钉杆直径为12~25mm,常用的直径为 16~19mm。所选用的钉杆直径不宜超过被焊钢梁翼板厚度的 2.5 倍;栓钉高(长)与栓杆直径之比应不小于 4。

2. 型钢剪力键

用作剪力键的型钢主要有槽钢、T 形钢和方钢三种,见图 6-3-16c)、d)、e)。槽钢常用的规格有[8、[10 和[12。

3. 钢筋剪力键

钢筋剪力键可以做成弯筋和螺旋筋两种形式,见图 6-3-16f)、g)、h)。弯筋的直径为 12~20mm;螺旋筋直径为 10~20mm,螺距为 75~125mm。

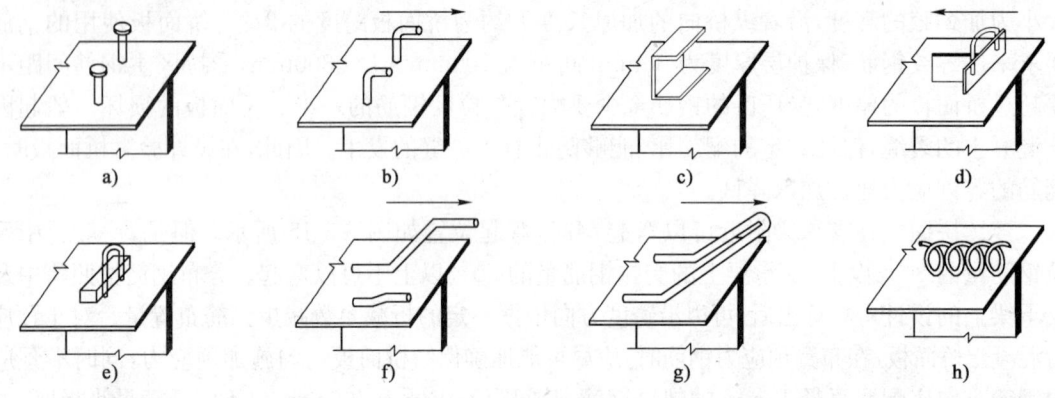

图 6-3-16 剪力键的形式

有些剪力键的设置与受力方向有关,实际受力方向应与图 6-3-16 中所示箭头方向一致,这主要是为了抵抗混凝土翼板的掀起和避免混凝土局部劈裂破坏。根据剪力键的工作性质和破坏形态可将其分为柔性剪力键和刚性剪力键两大类。

柔性剪力键,如图 6-3-16a)、b)、c)、f)、g)所示。其本身的刚性较小,破坏时变形较大,破坏形态较为协调。因而对承受冲击荷载的情况,例如桥梁结构一般均采用柔性剪力键。

刚性剪力键,如图 6-3-16d)、e)所示。其本身的刚性较大,破坏时变形很小,容易引起周围混凝土的应力集中,造成混凝土局部压碎或剪切破坏。从施工角度看,对预制混凝土板,采用刚性剪力键较为方便。

我国《钢结构设计规范》(GB 50017—2003)中推荐采用图 6-3-16 中的 a)、c)、f)所示的栓钉、槽钢和弯筋剪力键,其中以栓钉剪力键应用最为广泛。

4. 开孔板连接件

开孔板连接件是指通过在主钢板上开孔,孔中贯穿钢筋并浇筑混凝土用以抵抗钢板和混凝土之间的作用力的新型连接形式,如图 6-3-17a)所示。目前在桥梁结构中应用的开孔板连接件,主要有两种形式:一种是在加劲肋钢板上开孔,另一种是在桥梁的主要结构板件上直接开孔。和焊钉连接件相比,开孔板连接件的承载力更高,抗疲劳性能更强,并且增大了抗剪刚度、强度和变形能力。并且同时开孔板可以作为主钢板的加劲板使用,一举两得,具有很好的效果。开孔板连接件的设置要考虑受力方向,目前倾向于将该种连接件用在桥梁负弯矩区,这样能更好地发挥其作用。

5. 组合连接件

所谓组合连接件,顾名思义就是指将两种材料组合在一起使用的连接件,如图 6-3-17b)所示。根据连接件的不同需要,有针对性的在不同的部位设计该种连接件,可以极大地提高组合结构的力学性能。

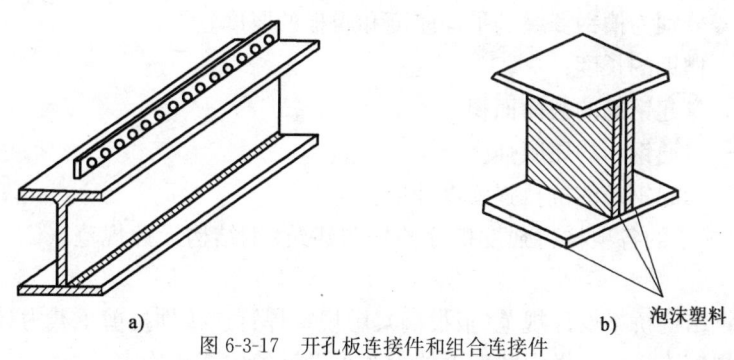

图 6-3-17 开孔板连接件和组合连接件
a)开孔板连接件;b)组合连接件

二、连接件的承载性能

1. 剪力键的试验及承载力

剪力键在混凝土板中的工作状态接近于弹性地基梁,它受弯、受剪还要受到掀起的拉力。剪力键抗剪承载力的试验方法有推出试验和梁式试验两种。采用推出试验时,其结果偏低,为梁式试验的下限,所以一般均以推出试验的结果作为规范中剪力键设计的依据。

2. 剪力键的设计承载力

我国现行建筑《钢结构设计规范》(GB 50017—2003)中给出的栓钉、槽钢及弯筋剪力键的抗剪设计承载力的计算方法是建立在剪力键极限承载力试验基础上的,在考虑一定的安全度之后用于设计,其公式形式如下:

(1)圆头焊钉(栓钉)连接件(栓钉剪力键)

$$N_v^c = 0.43 A_s \sqrt{E_c f_{ce}} \leqslant 0.7 A_s \gamma f \tag{6-3-4a}$$

(2)槽钢连接件

$$N_v^c = 0.26(t+0.5t_w)l_c\sqrt{E_c f_{cc}} \tag{6-3-4b}$$

(3)弯起钢筋连接件

$$N_v^c = A_{st} f_{st} \tag{6-3-4c}$$

(4)开孔板连接件

开孔板连接件的承载力主要由孔中贯通的钢筋和孔中的混凝土来决定的,所以其承载力公式分为孔中贯通钢筋和孔中不贯通钢筋两种形式给出:

孔中不贯通钢筋:

$$Q_u = 1.79 d^2 f_{cc} \tag{6-3-4d}$$

孔中贯通钢筋:

$$Q_u = 1.45[(d^2 - d_s^2)f_{cc} + d_s^2 f_y] - 26\,100 \tag{6-3-4e}$$

上述式中：A_s——圆柱头焊钉(栓钉)钉杆截面面积；

　　　　　f——圆柱头焊钉(栓钉)的抗拉强度设计值；

　　　　　γ——栓钉材料抗拉强度最小值与屈服强度之比；

　　　　　E_c——混凝土弹性模量；

　　　　　f_{cc}——混凝土轴心抗压强度设计值；

　　　　　t、t_w——分别为槽钢翼缘的平均厚度和腹板的厚度；

　　　　　l_c——槽钢的长度；

　　　　　A_{st}——弯起钢筋的截面面积；

　　　　　f_y——贯通钢筋的屈服强度；

　　　　　f_{st}——弯起钢筋的抗拉强度设计值。

上述三个公式中的各项材料强度指标须按照建筑《钢结构设计规范》(GB 50017—2003)中的规定取用。

我国《公路钢结构桥梁设计规范(报批稿)》中规定焊钉连接件抗剪承载力计算：

(1)圆柱头焊钉连接件在极限状态下的承载力设计值由下式确定：

$$N_u = 0.43A_s\sqrt{E_c f_{cd}} \leqslant 0.7A_s\gamma f_{sd} \tag{6-3-5}$$

式中：E_c——混凝土的弹性模量；

　　　A_s——圆柱头焊钉杆径截面面积；

　　　f_{cd}——圆柱头焊钉抗压强度设计值；

　　　f_{sd}——圆柱头焊钉抗拉强度设计值；

　　　γ——焊钉材料抗拉强度最小值与屈服强度之比。

当焊钉材料性能等级为 4.6 级时，取 $\gamma = 1.67$。

(2)在正常使用阶段中，钢梁和混凝土桥面板间不宜发生过大的相对滑移，可用下式进行验算：

$$V_r = V_d + V_{ms} \leqslant 0.5V_u \tag{6-3-6}$$

式中：V_r——正常使用极限状态下焊钉剪力；

　　　V_u——圆柱头焊钉抗剪承载能力；

　　　V_{ms}——单位长度的最大纵向剪力；

　　　V_d——单位长度的纵向水平剪力。

三、连接件的设计方法

与钢—混凝土组合梁的截面强度计算方法相匹配，其剪力键的设计方法亦可分为弹性分析的容许应力法和塑性分析的极限状态法。两种方法存在着较大的差别，而且各自适用于不同的受力阶段。但两种方法均认为钢梁和混凝土翼板叠合面上的纵向水平剪力全部由剪力键承担，不考虑钢梁和混凝土之间的黏结力作用。

1. 剪力键的弹性分析(容许应力法)

现行《公路桥涵钢结构及木结构设计规范》(JTJ 025—86)中，对剪力键的设计采用的是弹性分析的容许应力法。该方法不考虑由于栓钉塑性引起的栓钉之间的内力重分布，各梁段栓钉布置的数量与其剪力大小有关，并规定在叠合面上单位长度的纵向剪力 T 可按下式计算：

$$T = \frac{QS_0}{I_0} \tag{6-3-7}$$

式中：Q——作用于组合梁上的剪力；

S_0——钢筋混凝土板的换算面积对组合梁换算截面中性轴的面积矩；

I_0——组合梁的换算截面惯性矩。

一般情况下，在组合梁各截面上 S_0/I_0 为常数，因此在叠合面上单位长度上的纵向剪力 T 与截面上的计算剪力 Q 成正比。

在实际设计中，为更好地考虑混凝土徐变的影响，可将式(6-3-7)分解为如下形式：

$$T = \frac{Q_g S_{0l}}{I_{0l}} + \frac{Q_q S_0}{I_0} \tag{6-3-8}$$

式中：Q_g、Q_q——分别为组合梁上由自重、恒载和活载引起的计算截面上的剪力，对于分阶段受力的组合梁 Q_g 应为二期恒载引起的剪力；

S_{0l}、S_0——分别为考虑和不考虑混凝土徐变影响的叠合面以上换算面积对组合梁换算截面中性轴的面积矩；

I_{0l}、I_0——分别为考虑和不考虑混凝土徐变影响的组合梁换算截面惯性矩。

在确定剪力键个数 n 时，可将梁上的剪力 Q(或 Q_g、Q_q)分段处理，求出每个区段上单位长度纵向剪力 T_i 的平均值，或取该区段的最大值和区段长度 l_i，并认为在该区段内的剪力键是均匀分布的，参见图 6-3-18。

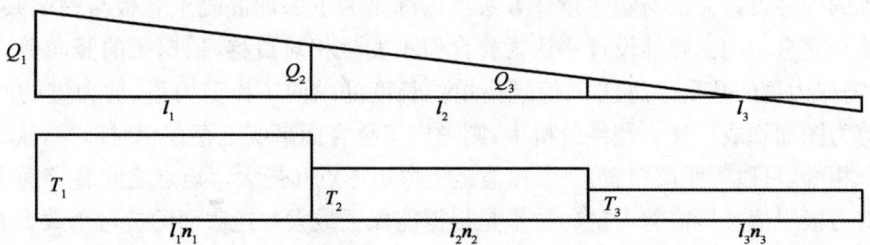

图 6-3-18 剪力 Q、T 分布示意

设第 i 梁段长度为 l_i，其单位长度上的纵向剪力为 T_i。若一个剪力键的弹性承载能力设计值为 $[N_v^c]_d$，则该梁段内的所需剪力键的个数可由下式确定：

$$n_i = \frac{T_i l_i}{[N_v^c]_d} \tag{6-3-9}$$

式(6-3-9)中的剪力键承载力设计值 $[N_v^c]_d$，应根据采用的剪力键种类，按表 6-3-4 中第二列的弹性承载力设计值公式来计算确定。求出的 n_i 个剪力键可在相应的梁段内均匀布置，并满足相应的构造要求。

一个剪力键的承载力设计值 $[N_v^c]_d$ 表 6-3-4

剪力键种类	弹性设计承载	弹性设计承载力
栓钉剪力键	$0.224 A_s \sqrt{E_c R_a} \leqslant 0.31 A_s R_g$	$0.401 A_s \sqrt{E_c R_a} \leqslant 0.448 A_s R_g$
槽钢剪力键	$0.135(t+0.5t_f) L \sqrt{E_c R_s}$	$0.24(t+0.5t_f) L \sqrt{E_c R_s}$
弯筋剪力键	$0.435 A_s R_g$	$0.696 A_s R_g$

2. 剪力键的塑性分析(极限状态法)

对于公路桥梁,若需考虑承载能力极限状态时,亦可按如下方法计算剪力键的个数,现行建筑《钢结构设计规范》(GB 50017—2003)中也采用了这种设计方法。

剪力键的塑性分析方法认为,剪力键的工作并不是绝对刚性的。当荷载较大时,将会发生相当大的相对滑移。因此,在叠合面上各剪力键的受力趋于相等,与剪力键所在的位置无关。基于这样的原理,组合梁剪力键的塑性设计应按极限平衡的概念来考虑。

为此,首先应确定最大弯矩点与相邻弯矩零点之间在叠合面上总的纵向剪力的极限值T_u,然后再根据T_u值确定该区段内所需的连接件总个数及其布置。

由于在极限状态下,剪力键发生塑性滑移,产生剪力键之间的内力重分布,使得各剪力键之间受力趋于均匀。所以,所需的剪力键总数n可由下式确定:

$$n = \frac{T_u}{[N_v^c]_d} \qquad (6\text{-}3\text{-}10)$$

式中:$[N_v^c]_d$——一个剪力键的塑性承载力设计值。

在满足剪力键布置有关构造要求的前提下,可将按式(6-3-10)求得的n个剪力键均匀地布置在弯矩零点到最大弯矩点的区段内。对于最大弯矩点与弯矩零点之间作用有较大集中力的情况,可在集中力作用点将剪力图分成两段。每段所需剪力键数量按其剪力图面积比分配,然后在各段内再均匀布置。

3. 两种剪力键设计方法的比较

剪力键的弹性设计方法与塑性设计方法虽然都是为了保证混凝土翼板与钢梁共同工作,但是分析途径完全不同。弹性设计法认为叠合面不发生相对滑移,根据梁的竖向剪力的设计值,确定所需剪力键的数量。而且T_1值是指单位长度的纵向工作剪力值,剪力键的间距与其所对应的剪力图面积成反比。塑性分析中,则考虑了叠合面事实上存在相对滑移,认为各剪力键受力基本相等,可以等距离布置。而T_u值是指弯矩零点和最大弯矩点之间叠合面上作用的总的纵向剪力极限值。所需剪力键的数量是根据能保证最大弯矩截面的抗弯承载力充分发挥作用的"等强度"原则来确定的。

试验表明,当剪力键个数相等时,剪力间距均匀布置和按竖向剪力图成反比地不均匀布置两种情况下,梁的抗弯承载力没有差别。考虑到事实上存在的叠合面滑移问题和剪力键施工制作上的方便,采用均匀布置的方案是可行的。

四、连接件的构造要求

1. 一般规定

剪力键的一般性构造要求如下:

(1)剪力键抗掀起端头的底面位置(如栓钉端头底面、槽钢上翼缘内侧等)应高于底部钢筋以上3cm。

(2)剪力键的最大间距不得大于混凝土翼板(包括承托)厚度的4倍,亦不得大于60cm。

(3)剪力键的外侧边到混凝土翼板边之间的距离应不小于10cm。

(4)剪力键的外侧边与钢梁翼缘边之间的距离应不小于20cm。

(5)剪力键顶面的混凝土保护层厚度不得小于1.0~1.5cm。

2. 栓钉剪力键

栓钉剪力键的特殊构造要求如下:

(1)当焊接在钢梁翼缘上的栓钉位置不正对钢梁腹板时,如果钢梁翼缘承受拉应力,则栓钉直径应不大于钢梁翼缘板厚度的1.5倍;如果钢梁翼缘不是承受拉应力,则栓钉杆直径应不大于钢梁翼缘板厚度的2.5倍。

(2)栓钉沿梁跨度方向的间距应不小于栓钉直径的6倍。栓钉垂直于跨度方向的间距应不小于栓钉直径的4倍。

(3)焊钉到钢梁翼缘板边缘的最小净距离不得小于2.5cm。

(4)焊钉的最大间距不得超过混凝土板厚的3倍,并且不得大于60cm。

3. 弯筋剪力键

弯筋剪力键的特殊构造要求如下:

(1)弯筋剪力键宜在钢梁上成对设置,用双面长度不小于4倍钢筋直径的侧焊缝焊接于钢梁翼缘上。

(2)弯起钢筋的角度宜为45°,弯折方向应指向纵向水平剪力方向。在跨中纵向水平剪力方向可能产生变化处,必须在两个方向均有弯起钢筋。

(3)弯筋剪力键自弯起点标起的总长度不宜小于25倍钢筋直径(光圆钢筋另加弯钩),其中水平段长度不宜小于10倍钢筋直径。

(4)弯筋剪力键的间距不得小于桥面板厚度的0.7倍,也不得大于桥面板厚度的2倍。

(5)连接件保护层厚度不应小于2cm。

(6)斜钢筋应采用双面焊缝与钢梁翼缘相连,焊缝长度不得小于钢筋直径的4倍(对Ⅰ级钢筋)或5倍(对Ⅱ级钢筋)。

4. 开孔板剪力键

同济大学的刘玉擎对开孔板连接件的力学性能及应用做了系统的研究,对开孔板在南宁大桥、鄂东长江大桥和荆岳长江大桥中的应用进行了试验研究,并对开孔板连接件在有限元中的模拟进行了研究。

开孔板连接件的一般构造性要求如下:

(1)开孔板圆孔直径的最小尺寸要确保最大骨料能够填充进去,当有贯通钢筋时要保证大于最大骨料粒径与钢筋直径之和;

(2)开孔板的贯通钢筋直径不能过大,一般以开孔直径的1/3左右为宜,宜根据经验确定;

(3)开孔板的设置间距宜为开孔钢板高度的3倍以上,间距太小,会使得每一个孔的抗剪承载力都比单块开孔板设置时降低;

(4)开孔钢板的厚度不能太薄,较薄时,圆孔中的混凝土受到的作用力就比较集中,容易使混凝土发生割裂破坏。至于开孔钢板的厚度的取值详细的研究还比较少,宜根据经验确定或通过试验确定;

(5)开孔板的受力状态和混凝土的浇筑方向对其承载力影响较大,混凝土正立浇筑时开孔板的承载力最高。

第四节　钢—混凝土组合梁桥的计算

钢—混凝土组合梁桥受力的关键是钢梁和混凝土桥面板连接部位的连接件,该处受力复杂又是容易产生疲劳破坏的地方,特别是在组合梁桥负弯矩区工作的钢筋混凝土板,因为要承受拉应力。钢—混凝土组合梁桥中使用最多的焊钉连接件一般假设为刚性连接件,结合后的断面整体性能良好。

钢—混凝土组合梁桥的计算,除了按弹性状态分析量的受力外,还应考虑混凝土材料的徐变和收缩效应以及由于日照和混凝土桥面板与钢梁导热性能不同所产生的温差内力。

一、钢—混凝土组合梁弹性设计法的主要计算内容

对于钢—混凝土组合梁,弹性设计的主要计算内容是截面应力和变形,以确保结构的截面强度、刚度及稳定性,其中截面应力计算是最核心的内容。按弹性理论计算钢—混凝土组合梁的基本假设与材料力学中采用的基本假设是一致的,因而原则上可以利用材料力学公式计算组合梁截面的应力和梁体变形。但是材料力学公式原则上只适用于单一的均质弹性体,且材料各向同性,而钢—混凝土组合梁是由钢材和混凝土两种不同性质的材料组合而成的复合结构。因此,与钢筋混凝土结构相类似,首先应解决截面换算问题,即设法将两种材料换算为具有相同弹性模量的同一种材料。与钢筋混凝土结构相反,在钢—混凝土组合梁中,习惯于把混凝土截面用等效的钢截面代替,并将这种换算后的截面称为换算截面。这样,根据换算截面的几何特征值,直接利用材料力学公式即可计算组合梁的截面应力和变形。

二、钢—混凝土组合梁换算截面特性计算

1. 截面等效换算

在组合梁的弹性设计中,通常是将混凝土翼板面积换算为等效的钢截面面积。在组合梁计算中,通常将混凝土翼板的面积用 $1/n_E$($n_E = E_s/E_c$,为钢材与混凝土的弹性模量之比)倍的钢截面面积代替,即可将整个截面换算为单一弹性模量 E 的钢截面。按换算截面几何性质,直接代入材料力学公式求得的应力是假想的钢截面应力。对混凝土翼板而言,真实应力应为同一点假想钢截面应力的 $1/n_E$,即 $\sigma_c = \sigma_s/n_E$。

2. 钢筋混凝土翼板的计算宽度

图 6-3-19 所示为组合梁桥的横断面。从弹性力学分析可知,组合梁承受荷载产生弯曲变形时,支撑于钢梁上的混凝土翼板的纵向压应力沿翼板宽度方向的分布是不均匀的,离钢梁腹板越远,压应力越小,其分布规律主要取决于截面和跨径的相对尺寸、支座约束类型等。组合梁桥的钢梁间距通常较大,即翼板的宽度较大。考虑到远离钢梁腹板处混凝土翼板的压应力很小,故在设计中把混凝土翼板参与钢梁共同工作的宽度限制在一定的范围,称之为翼板的计算宽度 b_e,并假定在 b_e 范围内压应力是均匀分布的。这在理论上与钢筋混凝土梁的计算宽度是一致的。

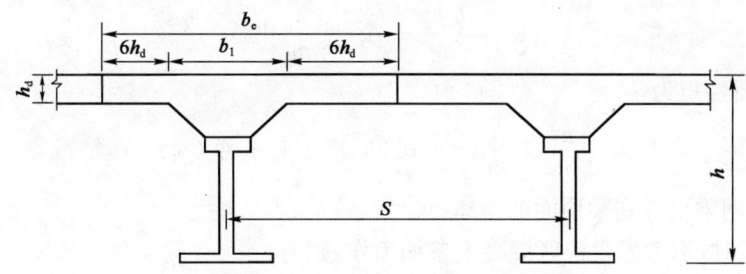

图 6-3-19　混凝土翼板计算宽度

3．短期荷载效应设计时的换算截面几何特征

(1)钢梁的几何特征值

根据组合梁的受力特点,组合梁的钢梁一般采用上窄下宽的工字形,见图 6-3-19,其截面特征值钢梁截面面积 A_s,钢梁截面中性轴至钢梁顶面的距离 y_{su},钢梁截面惯性矩 I_s 可用初等数学公式计算。计算钢梁截面惯性矩 I_s 时,钢梁上、下翼缘板绕其自身轴的惯性矩可以忽略。

(2)组合梁换算截面的几何特征值

如前所述,在组合梁计算中,通常是将混凝土翼板的面积用 $1/n_E$ 倍的钢截面来代替,将整个截面换算为单一弹性模量 E_s 的钢截面。为保证换算前后混凝土翼板的截面重心不变,换算时混凝土翼板厚度保持不变,而仅将翼板的宽度用 b_e/n_E 来代替。组合梁换算截面几何特征值,应按换算截面中性轴位于混凝土翼板下及翼板内两种情况分别计算,参见图 6-3-20。

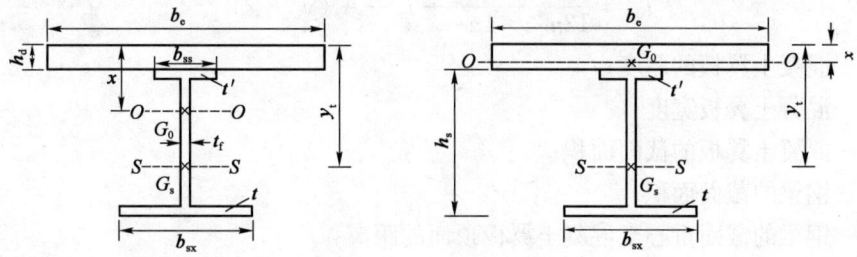

图 6-3-20　组合梁的截面

b_{ss}-钢梁上翼缘宽度;t'-钢梁上翼缘厚度;t_f-钢梁腹板厚度;G_s-钢梁截面重心;b_{sx}-钢梁下翼缘宽度;t-钢梁下翼缘厚度

换算截面重心 G_0 距混凝土翼板顶面的距离 x,可由各块面积对混凝土翼板顶面取矩和为零的条件求得:

①当 $x \geqslant h_d$ 时,混凝土翼板的整个截面受压,则有:

$$\frac{b_e \cdot h_d}{n_E} \cdot \frac{h_d}{2} + A_s y_t = x\left(\frac{b_e \cdot h_d}{n_E} + A_s\right)$$

所以

$$x = \frac{\dfrac{b_e h_d^2}{2n_E} + A_s y_t}{\dfrac{b_e h_d}{n_E} + A_s} \geqslant h_d \tag{6-3-11}$$

若按式(6-3-11)求得的 $x < h_d$,则应改为按重心位于混凝土板内的情况重新求 x。

换算截面面积:

$$A_0 = \frac{b_e h_d}{n_E} + A_s = \frac{A_c}{n_E} + A_s \tag{6-3-12}$$

换算截面惯性矩为:

$$I_0 = \frac{b_e h_d^3}{12 n_E} + \frac{b_e}{n_E}(x - 0.5 h_d)^2 + I_s + A_s(y_t - x)^2 \tag{6-3-13}$$

在此,y_t 为钢梁重心到梁顶面的距离,$y_t = y_{su} + h_d$。

② 当 $x < h_d$ 时,不考虑受拉区混凝土参加工作,则有:

$$\frac{b_e x}{n_E} \cdot \frac{x}{2} + A_s y_t = x\left(\frac{b_e}{n_E}x + A_s\right) \tag{6-3-14}$$

整理得:

$$\frac{b_e}{2n_E}x^2 + A_s x - A_s y_t = 0 \tag{6-3-15}$$

解二次方程[式(6-3-15)],求得 x,若所得 $x < h_d$ 时,则 x 即为所求。

换算截面面积:

$$A_0 = \frac{b_e x}{n_E} + A_s \tag{6-3-16}$$

换算截面惯性矩为:

$$I_0 = \frac{b_e x^3}{12 n_E} + \frac{b_e x}{n_E}\left(\frac{x}{2}\right)^2 + I_s + A_s(y_t - x)^2$$

或

$$I_0 = \frac{b_e x^3}{12 n_E} + \frac{b_e x^3}{4 n_E} + I_s + A_s(y_t - x)^2 \tag{6-3-17}$$

式中:h_d——混凝土翼板的厚度;

b_e——混凝土翼板宽度;

A_c——混凝土翼板的截面面积;

A_s——钢梁的截面面积;

y_t——钢梁的截面重心至混凝土翼板顶面的距离;

I_s——钢梁的截面惯性矩;

n_E——钢材与混凝土的弹性模量之比,其数值可按表 6-3-5 查取。

钢与混凝土的弹性模量之比 n_E 表 6-3-5

混凝土等级	C30	C40	C50	C60
$n_E = E_s/E_c$	7.00	6.36	6.00	5.65

4. 长期荷载效应设计时的换算截面几何特征

在长期荷载作用下,混凝土发生徐变将产生很大的塑性变形。这样,计算长期荷载作用下的换算截面几何特征时,混凝土的弹性模量 E_c 应以割线模量 E_c' 代替。割线模量 E_c' 与弹性模量 E_c 的关系有:

$$E_c' = \frac{\varepsilon_e}{\varepsilon_e + \varepsilon_p} \cdot E_c = k E_c \tag{6-3-18}$$

式中:ε_e——混凝土的弹性变形;

ε_p——混凝土的塑性变形,混凝土徐变引起的塑性变形可以通过徐变系数来表示:

$$\varepsilon_p = \phi(t_\infty, \tau)\varepsilon_e$$

所以

$$k = \frac{\varepsilon_e}{\varepsilon_e + \varepsilon_p} = \frac{\varepsilon_e}{\varepsilon_e + \phi(t_\infty, \tau)\varepsilon_e} = \frac{1}{1 + \phi(t_\infty, \tau)} \tag{6-3-19}$$

考虑到混凝土翼板中钢筋的存在能阻碍混凝土徐变的发展以及原始弹性模量本身取值的误差,我国《公路桥涵钢结构及木结构设计规范》(JTJ 025—86)中的系数 k 取值为 0.4~0.5,即:在计算结构重力对徐变影响时,取 $k=0.4$,$E'_c=0.4E_c$;在计算混凝土收缩对徐变影响时,取 $k=0.5$,$E'_c=0.5E_c$。显然,若取 $k=0.4$,$E'_c=0.4E_c$,相对于在计算截面几何特征值时,以 $2.5n_E$ 代替 n_E。于是按《公路桥涵钢结构及木结构设计规范》的规定,计算结构重力长期作用时采用的换算截面几何特征值为:

换算截面中性轴距混凝土翼板顶面的距离:

$$x = \frac{\dfrac{b_e h_d^2}{5n_E} + A_s y_t}{\dfrac{b_e h_d}{2.5n_E} + A_s} \geqslant h_d \tag{6-3-20}$$

对于这种情况,由于采用的混凝土换算截面面积较小,一般均能满足 $x > h_d$ 的条件。此时,换算截面面积:

$$A_{0l} = \frac{b_e h_d}{2.5n_E} + A_s = \frac{A_c}{2.5n_E} + A_s \tag{6-3-21}$$

换算截面惯性矩:

$$I_{0l} = \frac{b_e h_d^3}{30n_E} + \frac{b_e h_d}{2.5n_E}(x - 0.5h_d)^2 + I_s + A_s(y_t - x)^2 \tag{6-3-22}$$

三、钢—混凝土组合梁截面应力计算

引入换算截面的几何特征值后,即可按材料力学有关公式计算组合梁的截面应力。

1. 钢梁和混凝土的正应力

$$\sigma_s = \frac{M}{I_0}y \qquad \sigma_c = \frac{M}{n_E I_0}y \tag{6-3-23}$$

式中:M——计算截面的工作弯矩值,按不同的受力阶段、不同的组合取值;

I_0——组合梁换算截面惯性矩;

y——所求应力之点到换算截面中性轴的距离。

2. 钢梁和混凝土的剪应力

$$\tau_s = \frac{QS_0}{I_0 b} \qquad \tau_c = \frac{QS_0}{n_E I_0 b} \tag{6-3-24}$$

应力验算应满足组合梁不同受力阶段的要求。组合梁桥施工时,通常在钢梁下面不设支承,安装或浇筑组合梁上的混凝土翼板时,利用钢梁作为脚手架。这时组合梁应按两阶段受力进行计算:第一受力阶段的荷载包括钢梁、连接系、浇筑的混凝土和模板重力等,应由钢梁承担;第二受力阶段的荷载包括桥面铺装、栏杆重力和活载等,应由组合梁承担。

(1)正应力

对于沿跨径截面尺寸不变的组合简支梁，只需进行跨中截面正应力验算。对于钢梁翼板尺寸有变化的组合简支梁，还应验算截面尺寸变化处的正应力。对于等高度和变高度的组合连续梁，除上述截面应进行验算之外，还必须验算支点负弯矩截面的应力。正应力验算应按两阶段进行。

①第一受力阶段(施工阶段)

对钢梁下面不设支承的组合梁，施工阶段的全部荷载由钢梁承担。钢材的容许应力可以提高30%~40%，则有：

钢梁的上缘应力(组合V)为：

$$\sigma_s^t = \frac{M_{g1} + M_{g2} + M_{qc}}{I_s} y_{su} \leqslant 1.3[\sigma_w] \tag{6-3-25}$$

钢梁的下缘应力(组合V)为：

$$\sigma_s^b = \frac{M_{g1} + M_{g2} + M_{qc}}{I_s}(h_s - y_{su}) \leqslant 1.3[\sigma_w] \tag{6-3-26}$$

式中：M_{g1}——钢梁及连接系的重力产生的弯矩；

M_{g2}——钢筋混凝土桥面板的重力产生的弯矩；若为预制安装桥面板还应乘以1.2的动力系数；

M_{qc}——施工荷载(模板及施工机具的重力)产生的弯矩，如无实际资料时，模板重力可假定为$1kN/m^2$；

I_s——钢梁的截面惯性矩；

y_{su}——钢梁截面中性轴至钢梁上翼缘板顶面的距离；

h_s——钢梁的全高；

$[\sigma_w]$——钢材的弯拉容许应力。

②第二受力阶段(使用阶段)

在使用荷载作用阶段，翼缘板混凝土已经硬化，并与钢梁连为一体，后加的二期恒载，包括桥面铺装及人行道、栏杆等重力和活载由组合梁截面承担，应按换算的截面几何特征值计算截面应力。使用荷载作用阶段按正常使用极限状态、承载能力极限状态计算，各效应的分项系数及组合系数均取为1.0。

钢梁上缘应力：

$$\sigma_{sI}^t = \frac{M_{g1} + M_{g2}}{I_s} y_{su} + \frac{M_{g3} + M_{qI}}{I_0}(x - h_d) \leqslant [\sigma_w] \tag{6-3-27}$$

钢梁下缘应力：

$$\sigma_{sI}^b = \frac{M_{g1} + M_{g2}}{I_s}(h_s - y_{su}) + \frac{M_{g3} + M_{qI}}{I_0}(h - x) \leqslant [\sigma_w] \tag{6-3-28}$$

混凝土翼板顶面应力：

$$\sigma_{cI} = \frac{M_{g3} + M_{qI}}{n_E I_0} x \leqslant [\sigma_w] \tag{6-3-29}$$

式中：M_{g3}——二期恒载(包括桥面铺装、栏杆等重力)引起的弯矩；

M_{qI}——按荷载组合Ⅰ考虑汽车荷载(包括冲击)和人群荷载产生的弯矩；

h_d——混凝土翼板厚度;

h——钢—混凝土组合梁的总高度,$h=h_s+h_d$;

$[\sigma_w]$——混凝土的弯曲抗压容许应力,取为 $0.63f_{ck}$;

f_{ck}——混凝土轴心抗压标准强度,按《公路钢筋混凝土及预应力混凝土桥涵设计规范》(JTG D62—2004)取用。

当荷载组合除(恒+活)外,考虑温度等其他组合时,钢材和混凝土容许应力可提高 25%。两阶段受力的组合梁,在使用荷载作用阶段的正应力分布见图 6-3-21。

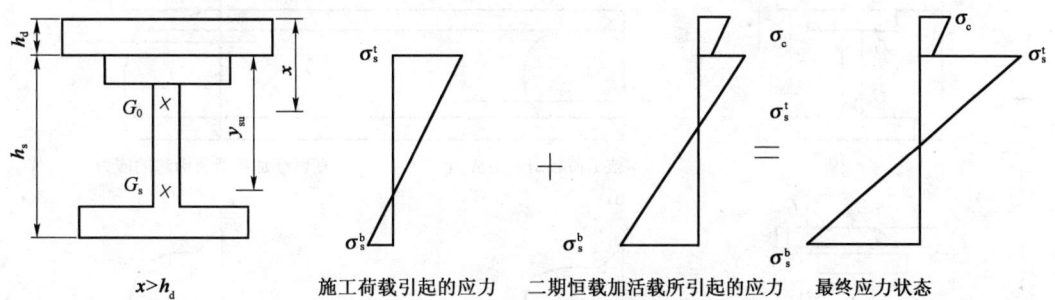

图 6-3-21 两阶段受力组合梁的正应力分布

(2)剪应力

在组合梁设计中,一般应对支点附近的剪力作用最不利截面进行剪应力验算。两阶段受力组合梁在使用荷载作用阶段的剪应力验算的基本公式为:

钢梁的剪应力:

$$\tau_s = \frac{Q_g S_s}{I_s t_f} + \frac{(Q_{g3}+Q_q)S_0}{I_0 t_f} \leqslant C_\tau [\tau] \tag{6-3-30}$$

混凝土翼板的剪应力:

$$\tau_c = \frac{1}{n_E} + \frac{(Q_{g3}+Q_q)S_0}{I_0 b_e} \leqslant [\sigma_{cd}] \tag{6-3-31}$$

式中:Q_g——组合梁自重(包括钢梁、连接系及混凝土翼板)引起的剪力;

Q_{g3}——二期恒载(包括桥面铺装、栏杆等)引起的剪力;

Q_q——活载引起的剪力;

S_s——所求应力之水平纤维以上(或以下)部分钢梁截面积对钢梁截面中性轴的面积矩;

S_0——所求应力之水平纤维以上(或以下)部分换算截面面积对组合梁换算截面中性轴的面积矩;

$[\tau]$——钢材的容许剪应力;

C_τ——考虑剪力分布不均匀时容许应力增大系数,按以下方法取值:

若

$$\frac{\tau_{max}}{\tau_0} \leqslant 1.25, \quad C_\tau = 1.0$$

$$\frac{\tau_{max}}{\tau_0} \geqslant 1.50, \quad C_\tau = 1.25$$

$$1.25 < \frac{\tau_{\max}}{\tau_0} < 1.50,\text{按直线比例内插}$$

τ_0——钢梁高度范围内的平均剪应力，$\tau_0 = Q/(h_s t_f)$；

$[\sigma_{cl}]$——混凝土的抗拉容许应力，可取 $0.63 f_{tk}$；

f_{tk}——混凝土的轴心抗拉标准强度。

两阶段受力组合梁在使用荷载作用阶段的剪应力分布见图 6-3-22。在剪应力计算中应着重说明以下几点：

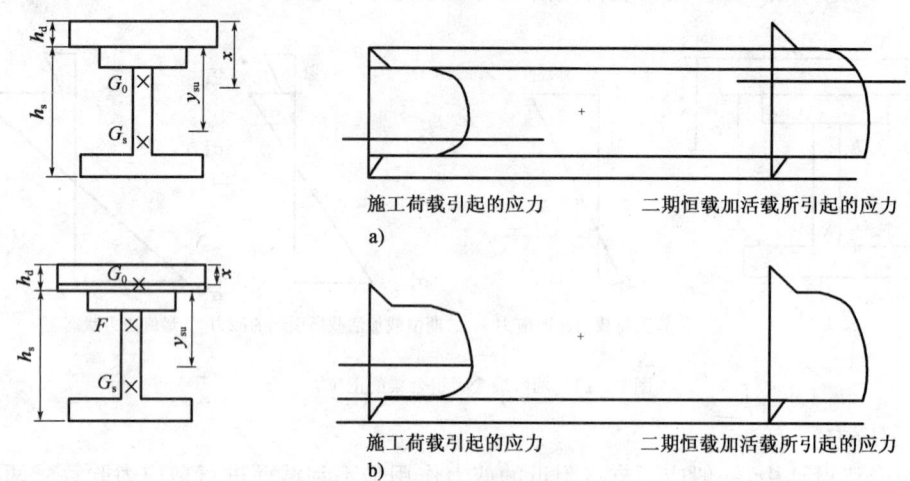

图 6-3-22 两阶段受力组合梁剪应力分布

① 关于剪应力的计算点

剪应力的计算点可按下列不同情况进行计算比较确定：

a. 当恒载剪力较大时，首先应计算钢梁截面重心处的剪应力（G_s 点）。

b. 当换算截面中性轴位于混凝土板下时（$x > h_d$）应计算换算截面重心处（G_0 点）的剪应力。

c. 当换算截面中性轴位于混凝土板内（$x \leqslant h_d$）时，应计算钢梁腹板计算高度上边缘处的剪应力（F 点）。

② 关于混凝土翼板剪应力验算的容许应力取值

从钢筋混凝土梁的剪应力和正应力弹性分析研究得知，混凝土剪应力在换算截面中性轴处达到最大值。最大剪应力在数值上等于主拉应力，即 $\tau_{\max} = \sigma_{zl} = Q/(bZ)$。从图 6-3-22 所示的组合梁翼缘板剪应力分布可以看出，对于换算截面中性轴位于板内（$x \leqslant h_d$）的情况，混凝土翼板中剪应力分布规律与钢筋混凝土梁完全相同，混凝土翼板下缘处也存在 $\tau_{\max} = \sigma_{zl}$ 的关系。而从另一方面看，混凝土的抗拉强度要比其抗剪强度低很多，所以在验算混凝土翼板的剪应力时，其容许应力取混凝土的抗拉容许应力值是偏于安全的。当换算截面重心轴位于混凝土板下，即 $x > h_d$ 的情况，由于有压应力 σ 的存在，混凝土翼板内的最大剪应力将大于主拉应力。若混凝土剪应力较大时，应考虑验算混凝土桥面板中的主压应力。

③ 在钢梁上翼缘端部混凝土翼板的水平剪应力验算

由于换算截面重心轴位于混凝土板下（$x > h_d$）的情况，特别是混凝土翼板厚度较小时，可能出现钢梁上翼缘端部混凝土翼缘板(图 6-3-23 中 I—I 截面)水平剪应力(τ'_c)大于混凝土翼缘连接处的竖直剪应力 τ 的情况。

组合梁混凝土翼缘板的水平剪应力验算,可参照钢筋混凝土 T 形梁翼板和梁肋连接处的水平剪应力计算公式进行。I—I 截面的水平剪应力为:

$$\tau'_c = \frac{1}{n_E}\left[\frac{(Q_{g3}+Q_q)S_0^{I-I}}{h_d I_0}\right] \leqslant [\tau_c] \quad (6\text{-}3\text{-}32)$$

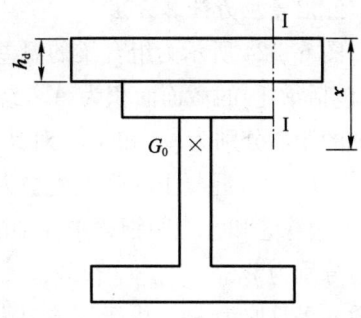

图 6-3-23 混凝土翼板水平剪力计算图式

式中:S_0^{I-I}——I—I 截面以外部分换算截面面积对组合梁换算截面重心轴的面积矩;

h_d——I—I 截面混凝土翼板的厚度。

3. 钢梁翼板和腹板连接处的折算应力验算

采用变截面钢梁时,在截面尺寸改变断面的腹板与翼板连接处,或在弯矩 M 及剪力 Q 均较大的截面(例如连续梁支座断面),可能出现剪应力 τ 和正应力 σ 都较大的不利情况。这时,应考虑剪应力 τ 和正应力 σ 的共同作用,按能量强度理论验算折算应力。折算应力 σ_0 可按下式进行:

$$\sigma_0 = \sqrt{\sigma^2 + 3\tau^2} \leqslant 1.1[\sigma_w] \quad (6\text{-}3\text{-}33)$$

式中:σ、τ——分别为同一计算截面,钢梁腹板(与翼缘连接)处由同一设计荷载产生的正应力和剪应力;

$[\sigma_w]$——钢材的弯曲容许应力,取值方法同前。

四、钢—混凝土组合梁的温度应力分析

1. 概述

钢和混凝土具有大致相同的温度线膨胀系数,混凝土的线膨胀系数一般取 $\alpha_{ct}=1.0\times10^{-5}$,钢的线膨胀系数一般取 $\alpha_{st}=1.2\times10^{-5}$。当外界温度变化时,组合梁的温度也随之改变,钢和混凝土均产生相应的温度变形,共同伸长或缩短。这种温度变形基本上是协调的,仅在钢梁和混凝土之间产生很小的温度应力,在组合梁设计中通常不考虑这种温度应力的影响。组合梁的温度应力主要来自于钢材和混凝土的导热系数不同所造成的钢梁和混凝土之间的温度差异。

钢材的导热系数大,传热快,当环境温度突然变化时,外露钢梁的温度很快就接近环境温度;混凝土则不然,它的导热系数只有钢材的 1/50 左右,热惰性大,对环境温度的变化反应慢。这样就造成了钢梁与混凝土翼板之间的温差,这种温差将引起钢梁和混凝土的温度应力。

由于环境温度变化所造成的钢梁与混凝土翼板之间的温差,应根据多年的温度观测资料确定。如无实测资料,亦可参照有关规范取值。现行《公路桥涵钢结构及木结构设计规范》(JTJ 025—86)规定:组合梁内钢梁与混凝土桥面板间的计算温差一般采用 10~15℃,并假定此项温差在沿钢梁截面的全部高度内不变。在有可能发生显著温差的情况下则另作考虑。当环境气温升高时,假定温差 Δt 为正,当环境气温降低时,则假定温差 Δt 为负。

2. 温差应力计算方法

图 6-3-24 所示为组合梁的温差应力计算图式。其中:a)为组合梁截面图,假设混凝土翼板(包括承托)的截面面积为 A_c,绕其自身中性轴的惯性矩为 I_c,其上、下边缘①和②点距中性轴的距离分别为 y_{ct} 和 y_{cb},对其上、下边缘①和②点的截面抵抗矩分别为 $W_{ct} = I_c/y_{ct}$ 和 $W_{cb} = I_c/y_{cb}$,混凝土的弹性模量为 E_c;钢梁的截面面积为 A_s,绕其自身轴的惯性矩为 I_s,其上、下边缘③和④点距钢梁中性轴的距离分别为 y_{st} 和 y_{sb},对其上、下边缘③和④点的截面抵抗矩分别为 $W_{st} = I_s/y_{st}$ 和 $W_{sb} = I_s/y_{sb}$,钢的弹性模量为 E_s。假设钢梁和混凝土的线膨胀系数相等且取为 α_t。由于环境温度的突然变化,将引起钢梁和混凝土翼板之间的温度差。

图 6-3-24b)所示为假设钢梁与混凝土翼板之间无连接的情况。当温差为 Δt 时,如果钢梁与混凝土之间无黏结存在,则两者之间的温度伸长量之差 $\Delta L = \alpha_t \Delta t L$,相应的温差滑移应变为 $\varepsilon_{\Delta t} = \alpha_t \Delta t$。

图 6-3-24c)所示为钢梁与混凝土翼板之间有连接的实际情况。实际上钢梁与混凝土翼板

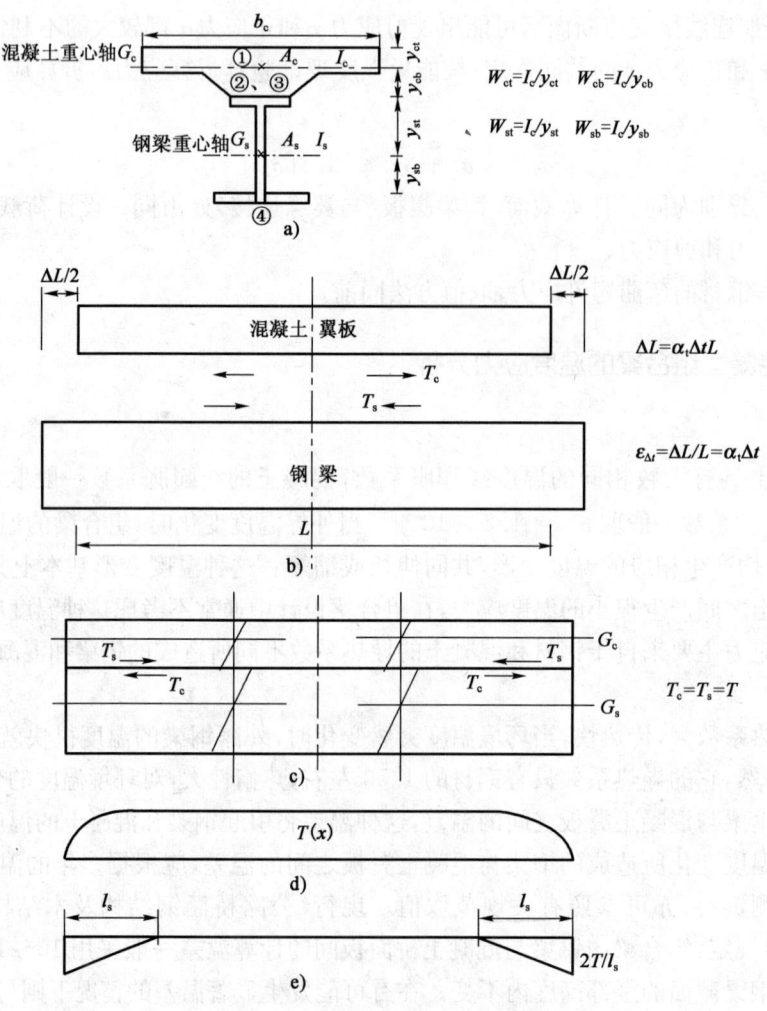

图 6-3-24 组合梁温度应力计算图式

之间设有剪力键,将阻止钢梁与混凝土翼板之间的相对滑动。为了补偿温差滑移应变 $\varepsilon_{\Delta t}$,在钢梁与混凝土翼板之间必将产生超静定内力 $T = T_c = T_s$,这里称之为交互作用力。当钢梁的温度高于混凝土温度时,即 Δt 为正时,交互作用力 T 对混凝土翼板为偏心拉力(T_c),对钢梁为偏心压力(T_s)。

交互作用力 T 对混凝土翼板下边缘②点产生的应变为:

$$\varepsilon_{c2} = \frac{T}{E_c}\left(\frac{1}{A_c} + \frac{y_{cb}}{W_{cb}}\right) \tag{6-3-34}$$

交互作用力 T 对钢梁上翼板③点的应变为:

$$\varepsilon_{s3} = \frac{-T}{E_s}\left(\frac{1}{A_s} + \frac{y_{st}}{W_{st}}\right) \tag{6-3-35}$$

根据钢梁与混凝土翼板连接面上的变形条件应有:

$$\varepsilon_{c2} - \varepsilon_{s3} = \Delta t \alpha_t \tag{6-3-36}$$

代入式(6-3-34)和式(6-3-35)可以解出交互作用力 T:

$$T = \frac{\Delta t \cdot \alpha_t}{\left(\frac{1}{E_c A_c} + \frac{1}{E_s A_s}\right) + \left(\frac{y_{cb}}{E_c W_{cb}} + \frac{y_{st}}{E_s W_{st}}\right)} \tag{6-3-37}$$

于是,混凝土翼板的温差应力(以拉为正)可以写成如下形式:

在下边缘①点

在下边缘②点

$$\left.\begin{array}{l}\sigma_{c1} = T\left(\dfrac{1}{A_c} - \dfrac{y_{cb}}{W_{ct}}\right) \\ \sigma_{c2} = T\left(\dfrac{1}{A_c} - \dfrac{y_{cb}}{W_{cb}}\right)\end{array}\right\} \tag{6-3-38}$$

钢梁的温差应力(以拉为正)可以写成如下形式:

在上翼缘顶面③点

在下翼缘底面④点

$$\left.\begin{array}{l}\sigma_{s3} = -T\left(\dfrac{1}{A_s} - \dfrac{y_{st}}{W_{st}}\right) \\ \sigma_{s4} = -T\left(\dfrac{1}{A_s} - \dfrac{y_{st}}{W_{sb}}\right)\end{array}\right\} \tag{6-3-39}$$

混凝土和钢梁的温差应力和应变的分布见图 6-3-24c),有关作用效应组合的规定,将温差应力与荷载(或其他作用)引起的截面应力叠加。应力叠加后可以发现,温度应力对某些情况可能是不利的,对有些情况的影响则是有利的。

图 6-3-24d)表示交互作用力 T 沿梁的长度方向的变化情况。因为温差应变 $\varepsilon_{\Delta t}$ 沿梁上方向是常量,所以在梁跨中间的绝大部分区段内交互作用力 T 也接近于常量;但在梁的两端,边界条件要求 $T=0$,因而在梁端附近的一个区段内,T 呈现显著的曲线变化过渡。在该过渡段内,对应于 T 的变化率 d_t/d_x,在钢梁与混凝土翼板的叠合面上反映出水平剪力,并且由位于该区段的剪力键承担。该区段又称为交互作用力 T 的传递区,见图 6-3-24e)。交互作用力的传递集度,在梁端处为 $2T/l_s$,在梁端 l_s 处为零,其间呈线性变化。

对于采用栓钉作连接的情况,交互作用传递区的长度 l_s 可取跨长的 1/5,在此区段内可假定交互作用力传递集度是均匀分布的。

五、钢—混凝土组合梁的收缩徐变分析方法

在钢—混凝土组合简支梁桥中，当混凝土桥面板发生纵向收缩时，使得桥面板缩短，相当于混凝土桥面板产生降温 Δt 时的作用，也相当于钢梁升温 Δt 时产生的效果。对于钢—混凝土组合简支梁板，混凝土板是处于受压状态。混凝土板在压应力作用下将产生徐变，使板长缩短，也相当于钢梁升温 Δt 时产生的效果。两者均会在混凝土板和钢梁之间产生交互作用力 T，计算原理相同，分述如下。

1. 混凝土收缩应力计算方法

混凝土的收缩应变 ε_{sh} 相当于钢梁升温产生的温度应变 $\alpha_t \Delta t$。由于钢筋混凝土板的收缩应变终值 ε_{sh} 可以达到 $0.000\,15 \sim 0.000\,20$，而线膨胀系数 $\alpha_t = 1.0 \times 10^{-5}$。对此表明，钢筋混凝土板总的收缩应变量相当于 $\Delta t = 15 \sim 20 ℃$ 的温差应变。所以《公路桥涵钢结构及木结构设计规范》(JTJ 025—86)规定，对整体浇筑的钢筋混凝土桥面板，可按相应于温度降低 $15 \sim 20 ℃$ 的情况考虑；对于分段浇筑的钢筋混凝土板，由于混凝土的收缩已完成了一部分，可按相应于温度降低 $10 \sim 15 ℃$ 情况考虑；预制的钢筋混凝土桥面板不考虑混凝土的收缩影响。

此外，考虑到混凝土收缩是长期作用，应将混凝土的弹性模量用割线模量 $E'_c = kE_c$ 代替。以 ε_{sh} 代替温差应变 $\alpha_t \Delta t$，按式(6-3-40)可求出由于混凝土收缩引起的相互作用力 T_{sh}：

$$T_{sh} = \frac{\varepsilon_{sh}}{\left(\dfrac{1}{kE_c A_c} + \dfrac{1}{E_s A_s}\right) + \left(\dfrac{y_{cb}}{kE_c W_{cb}} + \dfrac{y_{st}}{E_s W_{st}}\right)} \qquad (6\text{-}3\text{-}40)$$

式中：ε_{sh} ——混凝土的收缩应变值，取 $\varepsilon_{sh} = (1.5 \sim 2.0) \times 10^{-4}$；

k ——考虑混凝土徐变影响的弹性特征系数，即 $E'_c = kE_c$，计算混凝土收缩影响时，取 $k = 0.5$。

求得相互作用力 T_{sh} 之后，即可按式(6-3-38)和式(6-3-39)计算由混凝土收缩引起的混凝土翼板和钢梁中的应力，并按长期效应组合的有关规定进行应力叠加。

2. 混凝土徐变的影响

在长期荷载的作用下，例如由恒载和收缩引起的应力作用下，桥面板混凝土会产生徐变。在线性徐变范围内，可以得到混凝土顶板的徐变应变和弹性应变的总和，即：

$$\varepsilon_{th} = \frac{\sigma_h}{E_c}[1 + \phi(t,\tau)] \qquad (6\text{-}3\text{-}41)$$

式中：ε_{th} ——混凝土的总变形，包括弹性变形和塑性变形；

σ_h ——混凝土应力；

E_c ——混凝土的弹性模量；

$\phi(t,\tau)$ ——混凝土的徐变系数。

由上式可以得到：

$$\frac{\sigma_h}{\varepsilon_{th}} = \frac{E_c}{1 + \phi(t,\tau)} = E'_c = kE_c \qquad (6\text{-}3\text{-}42)$$

考虑混凝土徐变时梁体上的应力可按下述方法计算：

(1) 钢梁的应力

上缘：
$$\sigma_s^t = \frac{M_{g1}+M_{g2}}{I_s}y_{su} + \frac{M_{g3}}{I_{0l}}(x-h_d) + \sigma_{s\cdot sh}^t$$

下缘：
$$\sigma_s^b = \frac{M_{g1}+M_{g2}}{I_s}(h_s-y_{su}) + \frac{M_{g3}}{I_{0l}}(h-x) + \sigma_{s\cdot sh}^b$$

(6-3-43)

(2) 混凝土板顶面应力

$$\sigma_c = \frac{M_{g3}}{2.5n_E I_{0l}}x + \sigma_{c\cdot sh}^t$$

式中：x——考虑荷载长期作用时，换算截面中性轴距混凝土翼板顶面的距离，按式 (6-3-20) 计算；

I_{0l}——考虑荷载长期作用时换算截面惯性矩，按式 (6-3-22) 计算；

$\sigma_{s\cdot sh}^t$、$\sigma_{s\cdot sh}^b$、$\sigma_{c\cdot sh}^t$——相应各点由混凝土收缩引起的正应力，可按如下方法确定：由式 (6-3-40) 计算由于混凝土收缩引起的相互作用力 T_{sh}，代入式 (6-3-38) 和式 (6-3-39) 确定相应各点的应力

$$\sigma_{s\cdot sh}^t = -T_{sh}\left(\frac{1}{A_s} + \frac{y_{st}}{W_{st}}\right)$$

$$\sigma_{s\cdot sh}^b = -T_{sh}\left(\frac{1}{A_s} + \frac{y_{st}}{W_{sb}}\right)$$

$$\sigma_{c\cdot sh}^t = -T_{sh}\left(\frac{1}{A_c} + \frac{y_{cb}}{W_{ct}}\right)$$

(6-3-44)

式 (6-3-42) 和式 (6-3-43) 中其他符号意义同前。

对于钢—混凝土组合连续梁桥结构中由混凝土收缩、徐变引起的内力宜用其他更为精确的方法进行计算。

六、疲劳强度计算

1. 钢梁疲劳强度计算

验算疲劳强度时，可根据桥梁实际行车情况，选用实际经常发生的荷载组合中的车辆荷载进行计算。对钢梁进行疲劳计算的部位有受拉的跨中截面、界面处连接件、腹板加劲肋和有关焊缝等，按常幅疲劳计算。对只承受压力的构件和临时性结构物的构件，可不验算疲劳强度。

$$\Delta\sigma \leq [\Delta\sigma]$$

(6-3-45)

式中：$\Delta\sigma$——对焊接部位为应力幅 (MPa)，$\Delta\sigma = \sigma_{max} - \sigma_{min}$；对非焊接部位为折算应力幅，$\Delta\sigma = \sigma_{max} - 0.7\sigma_{min}$；

σ_{max}——计算部位每次应力循环中出现的最大拉应力（取正值）(MPa)；

σ_{min}——计算部位每次应力循环中出现的最小拉应力或压应力 (MPa)；

$[\Delta\sigma]$——常幅疲劳的容许应力幅 (MPa)。

2. 钢筋混凝土翼缘板疲劳强度计算

首先其截面应保持平面；受压区混凝土的法向应力图为三角形；不考虑受拉区混凝土的抗拉强度；计算时采用换算截面；对钢筋混凝土翼缘板取用钢的弹性模量与混凝土疲劳变形模量

之比值 $\alpha_E^f = E_s/E_c^f$。

对于混凝土，一般可不验算疲劳强度。对于受拉钢筋，其应力幅容许值 $[\Delta\sigma]$ 应根据试验确定。当缺少该项试验数据时，可按表 6-3-6 采用。

钢筋应力幅容许值 $[\Delta\sigma]$（单位：MPa） 表 6-3-6

钢 筋 种 类	$[\Delta\sigma]$	钢 筋 种 类	$[\Delta\sigma]$
带肋钢筋	150	钢绞线	140
光面钢丝	150	预应力混凝土用螺纹钢筋	80

注：①对于开裂截面，钢丝和钢绞线的应力幅容许值应适当折减。
②预应力混凝土用螺纹钢筋的应力幅容许值应根据试验确定，当无可靠试验数据时可按本表采用。

七、钢梁稳定计算

1. 钢板梁的屈曲形式

工字形钢板梁是把钢板最合理使用的构件之一，截面构成比较简单，设计、制作及架设也比较容易。通常尽可能地用薄钢板做成腹板与翼缘，达到节约钢材用量的目的，但是也导致钢板的屈曲破坏问题比较突出，必须采取限制其宽厚比或设置加劲肋等措施。

工字形钢板梁的强度与钢板自身及梁的屈曲问题有着密切的关系，在弯矩与剪力作用下的屈曲形式如图 6-3-25 所示，大致有以下 4 种。

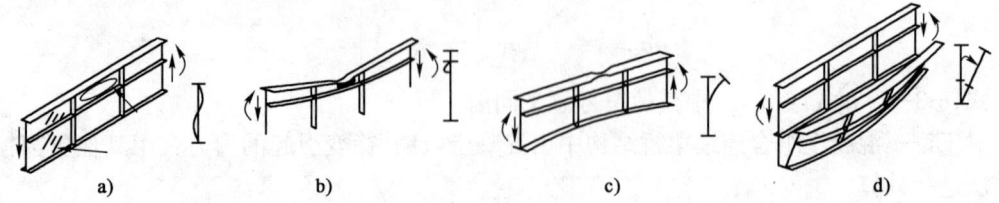

图 6-3-25　钢板梁的屈曲形式

(1) 腹板在弯矩与剪力作用下的局部屈曲，如图 6-3-25a) 所示；
(2) 压缩翼缘的竖向屈曲，如图 6-3-25b) 所示；
(3) 压缩翼缘的扭转屈曲，如图 6-3-25c) 所示；
(4) 梁的整体横向屈曲，如图 6-3-25d) 所示。

值得指出的是，上述屈曲有的是单独发生，有的是几种同时发生，需要综合考虑各种因素的影响，合理地确定翼缘的宽厚比、加劲肋的间距，还有横撑的布置方式等。

2. 腹板的稳定计算

针对图 6-3-25a) 示出的钢板梁腹板局部屈曲的问题，通常把腹板看成由上下翼缘与左右加劲肋围成的板来考察其稳定性。腹板左右边设为简支，上下边依据翼缘的刚度可以设为上下边简支、上边简支下边固定或上下边都固定的 3 种边界条件，如图 6-3-26 所示。从设计的角度，一般设为 4 边都为简支的板。具体计算可按弹性力学有关方法或有限单元法进行分析计算。

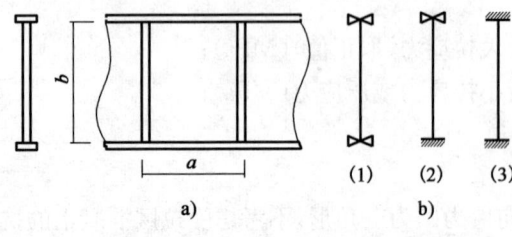

图 6-3-26　钢板梁腹板的边界条件

3. 翼缘的稳定计算

针对图 6-3-25c)示出的压缩翼缘扭转屈曲的问题,通常把翼缘看成三边简支、一边自由的板来考察其稳定性。即设与腹板及其左右加劲肋结合着的边为简支、另一边为自由。当翼缘沿着纵向作用均匀压力时,可以参照腹板的解法,求出其在纯压缩状态下的最小临界应力,即:

$$\sigma_{c,cr} = k_c \sigma_e \tag{6-3-46}$$

翼缘的纯压屈曲系数 k_c 与纵横比 $\alpha = a/b_{fl}$ 的关系如图 6-3-27 所示,b_{fl} 是翼缘自由外伸宽度。可以看出,当翼缘的 $a > 1$ 时,k_c 值变化并不大,其最小值为 $k_{c,min} = 0.43$。

设计上一般在考虑相应的安全系数的基础上,进一步把式(6-3-46)变换成能够计算宽厚比的验算式,规定宽厚比的限值。同时还应注意到,为了防止在运输或设架时不变形、不损坏等,通常对上下翼缘都规定一个宽厚比的下限值。

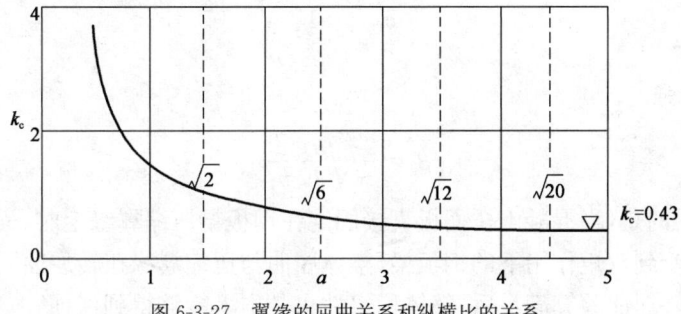

图 6-3-27 翼缘的屈曲关系和纵横比的关系

4. 整体稳定计算

针对图 6-3-25d)示出的钢板梁整体横向屈曲,可以看成为受均匀弯曲时的对称截面简支梁的稳定问题。如图 6-3-28 所示,对于双轴对称截面的简支梁,设梁两端不能扭转,可以自由翘曲,在最大刚度主平面内作用一对弯矩。梁最初只发生竖向弯曲,但当弯矩达到某个值时就会发生弯扭屈曲,即同时发生侧向水平弯曲与截面扭转。通常把这时的弯矩称为整体屈曲临界弯矩,则对应的临界应力为:

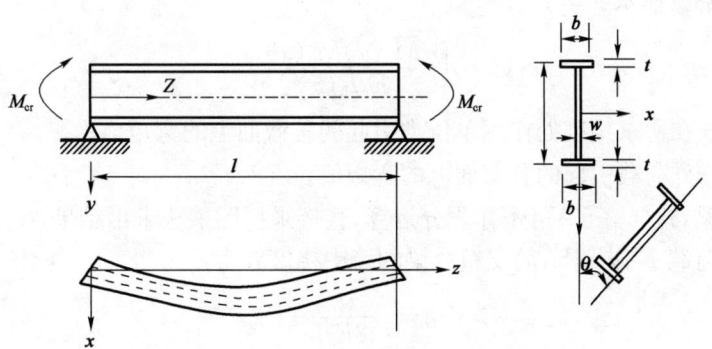

图 6-3-28 受均匀弯曲时的简支梁

$$\sigma_{cr} = \sqrt{\frac{EI_y GI_t}{W_x^2}\left(\frac{\pi}{a}\right)^2 + \frac{EI_y EI_w}{W_x^2}\left(\frac{\pi}{a}\right)^4} \tag{6-3-47}$$

式中：EI_y、GI_t、EI_w——分别为梁截面的弯曲刚度、扭转刚度及翘曲刚度；

W_x——梁的截面系数；

a——钢板梁压缩翼缘侧向支撑的间距，即横梁、横撑或相互间的最小间距。

考虑到根号中的第一项比第二项小很多，实用上通常可以忽略不计，将上式简化为：

$$\sigma_{cr} = \frac{\pi^2 E}{4\eta^2 (a/b_f)^2} \tag{6-3-48}$$

式中：b_f——压缩翼缘宽度；

η——$\eta = (3 + 0.5A_w/A_f)^{1/2}$，其中 A_w、A_f 分别为腹板及其压缩翼缘的截面积。

式(6-3-48)对于像组合梁那样的上下非对称工字形截面梁，在实践中也能够应用。

进一步把式(6-3-48)用与欧拉屈曲曲线相同的形式表示，即：

$$\frac{\sigma_{cr}}{\sigma_y} = \frac{1}{\beta^2} \tag{6-3-49}$$

式中：σ_y——屈服强度。

$$\beta = \frac{2\eta}{\pi}\sqrt{\frac{\sigma_y}{E}}\frac{a}{b_f} \tag{6-3-50}$$

需要加以说明的是，当混凝土桥面板直接固定在钢板梁压缩翼缘上时，梁的整体横向屈曲较难发生。另外，受到弯矩作用下的钢板梁，整体屈曲与压缩翼缘扭转屈曲同时发生的可能性很小，一般翼缘扭转屈曲验算满足后，整体稳定性也基本上能够得到保证。

八、钢—混凝土组合梁的挠度及预拱度设置

按《桥规》(JTG D62)规定：对于简支或连续梁由汽车荷载（不计冲击力）所引起的竖向挠度不应超过 $l/600$（其中 l 为梁的计算跨径）。即有：

$$\delta \leqslant [\delta] = l/600 \tag{6-3-51}$$

组合梁的挠度可按材料力学方法计算，其中的截面刚度应采用换算截面的几何特征值。组合梁挠度计算的一般公式为：

$$\delta = \int_0^l \frac{\overline{M_1}(x)M_q(x)}{E_s I_0(x)} dx \tag{6-3-52}$$

式中：$\overline{M_1}(x)$——在所求挠度处作用单位力引起的各截面上的弯矩值；

$M_q(x)$——外荷载引起的各截面上的弯矩值。

对于等截面梁，式(6-3-52)可不作积分运算，直接采用图乘法求出结果。

在跨中集中荷载 P 作用下，简支组合梁的跨中挠度 δ 为：

$$\delta = \frac{pl^3}{48E_s I_0} \tag{6-3-53}$$

在均布荷载 g 作用下，简支组合梁的跨中挠度为：

$$\delta = \frac{5ql^4}{384E_s I_0} = \frac{5M_{\frac{l}{2}} l^2}{48E_s I_0} \tag{6-3-54}$$

式中：E_s——钢材的弹性模量；

I_0——组合梁换算截面惯性矩,计算长期荷载作用引起的挠度时,应采用考虑混凝土徐变影响的换算截面惯性矩 I_{0L}。

对于变高度梁或连续梁桥,可利用有限元方法或其他结构力学方法求出跨中截面的挠度值。组合梁桥跨结构应根据挠度计算值设置预拱度。预拱度的数值一般取结构自重和 1/2 可变荷载频遇值计算的长期挠度之和。起拱时应做成平顺曲线。如桥面位于竖曲线上,梁上各点的预拱度应与竖曲线一致。当由荷载短期效应组合并考虑荷载长期效应影响产生的长期挠度不超过计算跨径的 1/1 600 时,可不设预拱度。

第五节 连续钢—混凝土组合梁桥负弯矩区设计

连续钢—混凝土组合梁桥在外荷载作用下,中间支点附近因有负弯矩的存在而使得混凝土板处于受拉、钢梁处于受压的不利受力状态,而且负弯矩区的混凝土板往往由于所受拉力过大而开裂,导致梁体刚度降低,承载能力下降,降低结构的耐久性和安全度,影响桥梁的使用。因此,施工时常常对组合梁负弯矩区施加一定的预压应力进行处理,防止其混凝土顶板在正常营运状态下受拉开裂。施加预压应力的方法有施加强迫位移、预加静荷载以及张拉高强度钢筋三种基本方法。这三种方法之间具有一定的互补性,如强迫位移法和张拉高强度钢筋法中徐变引起的预应力损失较大,与预加静荷载法共同使用时由于混凝土的分批浇筑,可在一定程度上减小徐变影响;强迫位移法和预加静荷载法都受钢梁强度和刚度限制,而张拉高强度钢筋则对此没有过高的要求。因此当单独采用一种方法不能满足要求时,可以结合其他方法来处理。德国拜恩地区的库尔那荷高架桥和洛特荷夫桥、法国的瓦乍河桥以及我国的秦沈客运专线等就同时采用了张拉预应力钢筋和施加强迫位移法进行施工;北京地铁 5 号线立水桥~立水桥北站第二联的大跨度连续钢—混凝土组合梁桥就综合采用了施加强迫位移法、预加静荷载法以及张拉高强度钢筋三种基本方法对负弯矩区混凝土进行处理。

一、预加静荷载法

预加荷载法的施工方法(图 6-3-29)是:钢梁施工完成后,首先在正弯矩区段浇筑混凝土和施加一定的临时荷载,使得支点附近钢梁负弯矩区段产生足够的预应力,然后在预应力状态下浇筑负弯矩区段混凝土,混凝土达到设计强度后,撤去临时荷载。由于正弯矩区段临时荷载的卸载,支点附近产生一个反向的正弯矩,使得组合梁混凝土板产生一定的压应力。如果施加的预加荷载适当,组合梁混凝土板中产生的压应力就是所预期的预应力。图 6-3-30 就是这种方法在加载和卸载时的应力分布示意图。

二、强迫位移法

强迫位移法是一种施工处理的方法,也是一种最基本的方法。大部分预应力组合截面连续梁桥不仅可采用本施工方法,而且还可以同时采用其他两种方法来进行负弯矩区混凝土桥面板的处理。

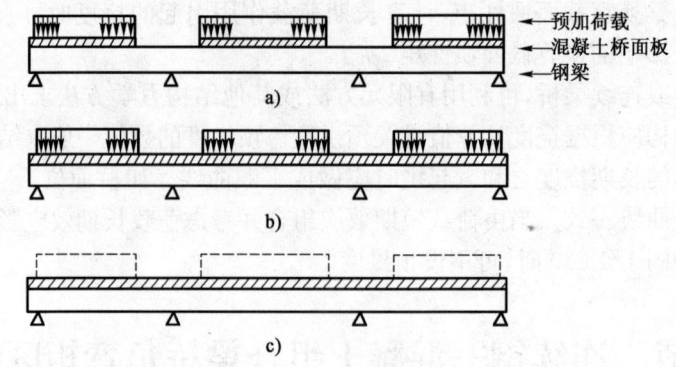

图 6-3-29 预加荷载法施工顺序
a)预加荷载；b)浇筑支点附近混凝土；c)除去预加荷载

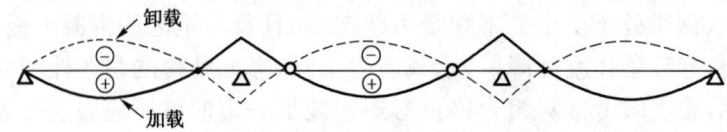

图 6-3-30 预加荷载在加载和卸载时的弯矩图

这种施工方法，首先，在钢梁架设后，将中间支点抬高，这虽与预应力没有直接关系，但可达到将支点下降后改善跨中部分钢梁应力过大的目的。接着，浇筑桥面板混凝土，待其硬化后，将中间支点下降，这样便产生了预应力。图 6-3-33 表示移动支点时产生的弯矩图。支点附近截面应力变化的倾向同图 6-3-31。徐变的影响很大，必须正确计算。这个方法的优点是沿梁全长均施加了预应力。

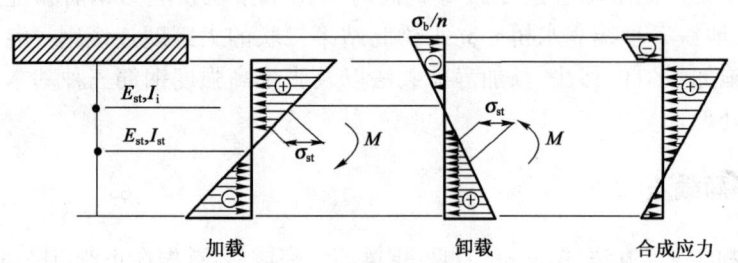

图 6-3-31 支点附近截面徐变引起的应力变化

需说明的是，用移动端支点的方法同样可以达到与中支点顶升、下降的相同效果，根据工地情况，往往移动端支点施工更方便。强迫位移法施工顺序如图 6-3-32 所示。

三、张拉高强预应力钢筋法

这种方法是指在中间支点附近的混凝土桥面板中，沿桥梁轴线方向埋设预应力粗钢筋，在埋设粗钢筋区段局部施加预应力。基本概念如图 6-3-34 和 6-3-35 所示。

由于施加预应力仅以负弯矩较大的中间支点附近为对象，所以这个方法对于粗钢筋布置区段来讲，是效率较高的一种施工方法，但是，如图 6-3-35 所示，由于静定结构的预应力产生了超静定弯矩,使粗钢筋布置区段以外也受到了负弯矩作用。因此采用这个方法时,最好也同时采用能对桥梁全长施加预应力的强迫位移法。

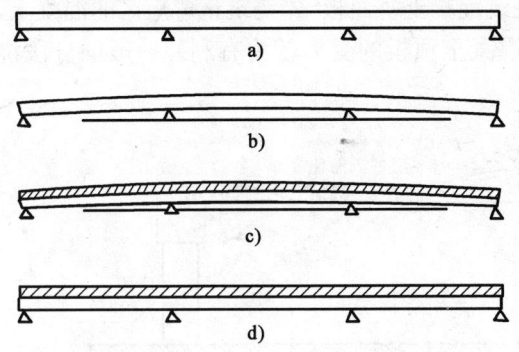

图 6-3-32　强迫位移法施工顺序
a)架设钢梁;b)中间支点上升;c)灌注桥面板混凝土;
d)中间支点下降

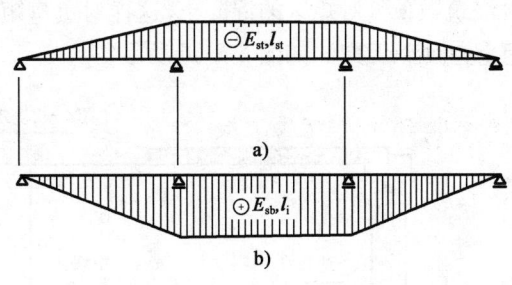

图 6-3-33　强迫位移法发生位移时产生的弯矩
a)中间支点上升;b)中间支点下降

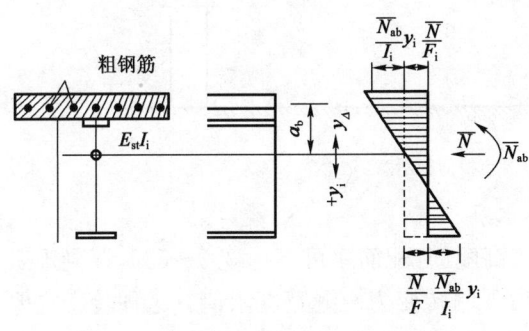

图 6-3-34　预应力粗钢筋在静定结构中产生的截面应力

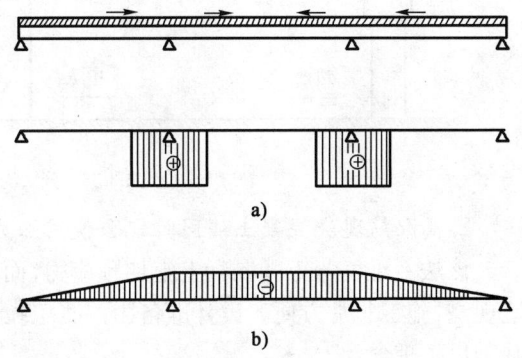

图 6-3-35　预应力粗钢筋产生的弯矩
a)静定结构中的弯矩;b)超静定结构中的弯矩

四、钢—混凝土组合梁桥负弯矩区处理方法趋势

由于简支组合梁桥对行车不利,容易引起跳车,目前连续钢—混凝土组合梁桥的应用前景更广泛,但是由前面的论述可知,连续钢—混凝土组合梁桥作为超静定结构在中间支点附近承受负弯矩,对于非预应力体系将使混凝土顶板承受较大拉应力而开裂,引起钢筋以及钢梁腐蚀等严重的问题,影响结构的承载能力和耐久性;同时在中支点负弯矩区钢梁处于受压的不利状态,而钢结构对于局部稳定性问题较为敏感,若在墩顶桥面板内施加预应力,其附加弯矩引起的收缩、徐变效应将难以计算,并且将进一步加剧钢主梁的局部稳定性问题。目前设计的趋势是对于中小跨径的钢—混凝土组合梁桥,不常采用之前介绍的在墩顶引入预压力的设计方法,而代之以改变施工顺序或者选择更为合理的施工方法使得结构处于更为合理的成桥状态;或者允许中支点负弯矩区混凝土顶板开裂,但是通过在该处加强配筋把裂缝宽度限制在一定范围值之内,通过加强混凝土顶板的防水处理来解决负弯矩区混凝土顶板开裂后由于雨水等的渗入而产生腐蚀等问题。

1. 分段浇筑混凝土

随着对钢—混凝土组合梁桥的研究越来越深入，人们认识到施工过程和施工方法对该种桥型的成桥受力状态影响很大。比如通过分段浇筑混凝土桥面板，先浇筑正弯矩区的混凝土，再浇筑墩顶负弯矩区的混凝土，这样对负弯矩区混凝土顶板的受力较为有利。一般的分段浇筑混凝土施工方法如图6-3-36所示。

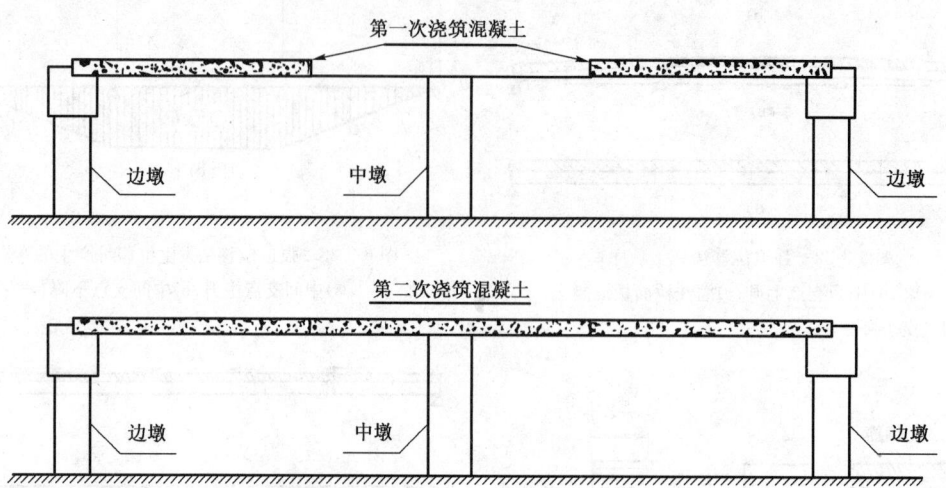

图6-3-36 分次浇筑混凝土桥面板示意

2. 高配筋现浇混凝土法同时配合使用强力防水层

该法不对负弯矩区混凝土施加预应力，而采用高配筋，配筋率可高达3‰~5‰，混凝土工地现浇，施工非常方便。设计准备由混凝土拉应力限制转变为裂缝宽度限值。这种转变主要基于以下理念：

（1）混凝土徐变、收缩以及预应力钢筋松弛等会造成预应力损失；

（2）在给负弯矩区混凝土施加预应力的同时，必然给钢梁上翼缘也施加了预应力，造成了负面影响；

（3）对于一般的环境而言，只要把负弯矩区混凝土顶板的裂缝宽度限值在0.2mm以内，其开裂是规范允许的；

（4）采用强力防水层，可避免由于有害气体、污水等透过裂缝渗入混凝土而腐蚀其中的钢筋、栓钉以及钢梁等；

（5）钢纤维混凝土在桥面铺装中负弯矩区的使用，可以很好的提高抗拉、抗冲击性以及抗裂性能。

采用高配筋技术建造的钢—混凝土组合梁桥在国际上已有多座，且近几年来发展很快，应用越来越多。

国内已做过多根一次成形高配筋现浇钢—混凝土组合梁的200万次疲劳试验和极限承载力试验。试验表明，无论疲劳试验还是极限承载力试验，混凝土上表面的裂缝分布均匀，裂缝宽度细小。在200万次的疲劳试验后，在混凝土上表面名义拉应力高达7.38MPa的情况下，最大裂缝宽度也只有0.12mm和0.13mm；在极限承载能力试验中，即使混凝土上表面名义拉应力超过 10MPa 时,最大裂缝宽度仍小于 0.2mm。并且高配筋也在一定程度上提高了钢—混凝土组合梁的刚度。

随着对混凝土板损伤、破坏等方面认识水平的提高以及混凝土开裂对桥梁力学性能与耐久性等方面的深入研究,人们转向允许混凝土板开裂,用混凝土裂缝宽度限值代替拉应力限值,通过提高普通钢筋来使混凝土保持较小的裂缝宽度的设计方法。这一设计原则与方法的改变是组合结构桥梁发展过程中的一项重要转变,以经济上更大的竞争优势促进了组合结构桥梁的发展。

3. 采用双层组合梁

如何恰当的处理中支点负弯矩成为连续钢—混凝土组合梁桥设计的关键,混凝土顶板是问题的一方面;而钢结构底板是问题的另一方面,主要是受压对钢主梁底板不利,一是应力大,钢结构的稳定问题随之而来;二是由于操作空间的限制,中支点区域的钢主梁底板只能单边焊接双面成形,钢底板厚度大,焊接应力与变形大。

目前采用双结合的设计思路,即在连续钢—混凝土组合梁负弯矩区的钢主梁底板上也同时浇筑混凝土,形成整体截面,共同受力。这样不仅可以减小钢底板的厚度,节省钢材用量,使钢结构设计大大简化,易于加工制作,保证质量;另一方面,底板双层结合混凝土位于中支点区域,不显著的增加主梁的整体受力,但对提高钢结构刚度大有帮助。双层组合梁断面示意图见图 6-3-37。

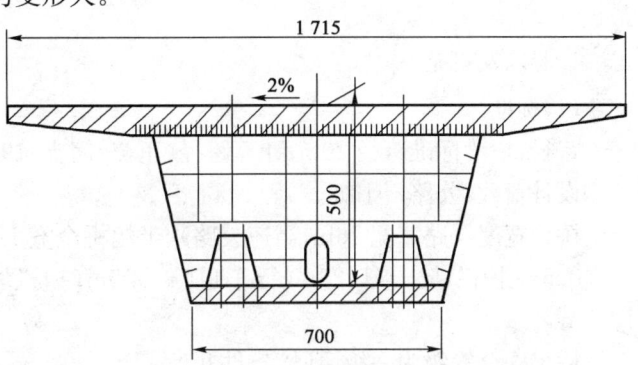

图 6-3-37 双层组合梁断面示意(尺寸单位:cm)

第四章 预应力混凝土组合空心板梁桥设计计算实例

第一节 计算依据与基础资料

1. 标准及规范

(1)标准

跨径:桥梁标准跨径20m;计算跨径(正交、简支)19.6m;预制板长19.96m。

设计荷载:公路—Ⅰ级。

桥面宽度:(路基宽26m,高速公路),半幅桥全宽12.5m。

0.5m(护栏墙)+11.25m(行车道)+0.5m(护栏墙)或0.75m(波形护栏)=12.25m或12.5m。

桥梁安全等级为一级,环境条件Ⅱ类。

(2)规范

《公路工程技术标准》(JTG B01—2003)

《公路桥梁设计通用规范》(JTG D60—2004)(简称《通规》)

《公路钢筋混凝土及预应力混凝土桥涵设计规范》(JTG D62—2004)(简称《预规》)

2. 主要材料

(1)混凝土:预制板及铰缝为C50、现浇铺装层为C40、护栏为C30。

(2)预应力钢绞线:采用钢绞线$\phi^s15.2$,$f_{pk}=1\,860$MPa,$E_p=1.95\times10^5$MPa。

(3)普通钢筋:采用HRB335,$f_{sk}=335$MPa,$E_s=2.0\times10^5$MPa。

3. 设计要点

(1)本计算示例按先张法部分预应力混凝土A类构件设计,桥面铺装层100mmC40混凝土中50mm参与截面组合作用;

(2)预应力张拉控制应力值$\sigma_{con}=0.75f_{pk}$,预应力张拉台座长假定为70m,混凝土强度达到80%时才允许放张预应力钢筋;

(3)计算预应力损失时计入加热养护温度差20℃引起的预应力损失;

(4)计算混凝土收缩、徐变引起的预应力损失时传力锚固龄期为7d;

(5)环境平均相对湿度RH=80%;

(6)存梁时间为90d。

4.横断面布置(图 6-4-1、图 6-4-2)

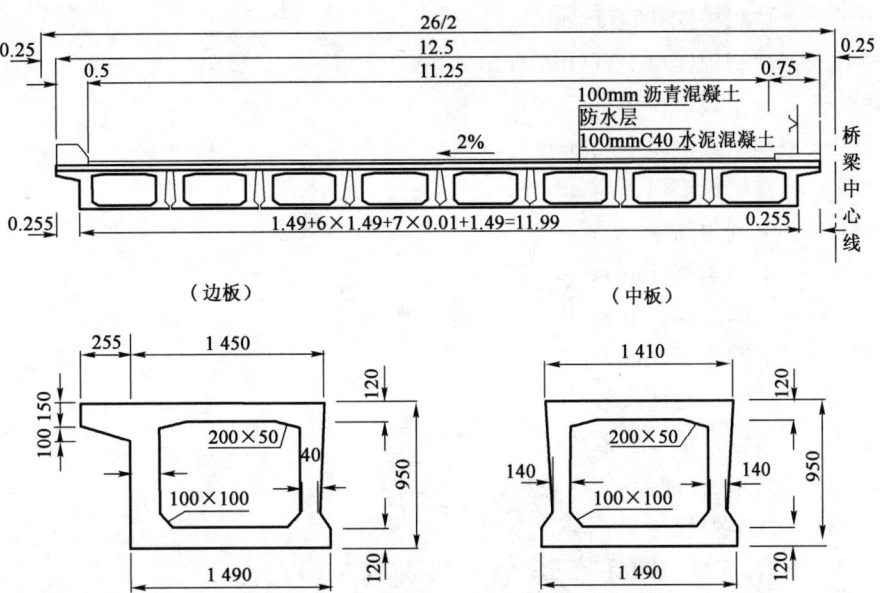

图 6-4-1 预制板截面尺寸(单位:mm)

5.中板结构

等截面预应力空心结合板,跨中、支点、$L/4$ 截面相同,各部尺寸如图 6-4-2 所示,本例仅对中板作计算。

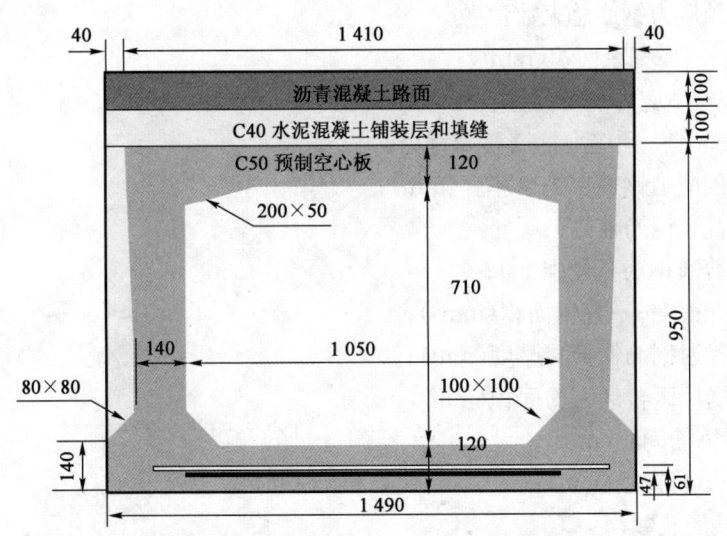

图 6-4-2 预制中板截面尺寸(单位:mm)

图 6-4-2 中各部分参数注释如下:

$h_{f0}=100$——铺装层厚度(mm),其中 5cm 计入组合作用;

$b_f=1\,490$——预制板宽度(mm);

$h=950$——预制板高度(mm);

$h_{10}=710$——预制板挖孔高度(mm);
$b_{10}=1\,050$——预制板挖孔宽度(mm);
$b_1=40$——预制板楔口上宽(mm);
$b_2=80$——预制板楔口中宽(mm);
$h_1=550$——预制板楔口上高(mm);
$h_2=80$——预制板楔口下高(mm);
$h_3=50$——上倒角高(mm);
$b_3=200$——上倒角宽(mm);
$h_4=100$——下倒角高(mm);
$b_4=100$——下倒角宽(mm);
$\gamma_0=1.1$——结构重要性系数;
$\gamma_G=1.2$——结构自重分项系数;
$\gamma_{Q1}=1.4$——汽车(含冲击)分项系数;
$L_{sh}=2$——汽车列数;
BH——横向分配系数和车道折减系数,见表6-4-1;

横向分配系数和车道折减系数表 表6-4-1

	$(1/2\sim1/4)l_0$	支 点	车道折减系数	行 车 列 数
BH	0.325 0	0.500 0	1.00	两列车(中梁)

$l_0/2=19\,600/2$——1/2 计算跨径 l_0(mm);
$n_p=16$——预应力钢筋总束数;
$A_p=139$——一根钢束面积(mm²);
$d_{p0}=15.2$——预应力钢筋公称直径(mm);
$d_p=n_p^{0.5}\times d_{p0}$——预应力钢筋换算直径;
$a_p=61$——预应力钢筋保护层厚度(mm);
$n_s=16$——普通钢筋根数;
$d_s=12$——普通钢筋直径(mm);
$A_s=n_s\times d_s^2\times\pi/4$——普钢面积(mm²);
$a_s=47$——普通钢筋保护层厚度(mm);
$A_{sl}=0$——受压区普通钢筋面积(mm²);
$s_v=150$——箍筋间距(mm);
$d_{sv}=12$——箍筋直径(mm);
$n_{sv}=2$——箍筋肢数;
$A_{sv}=n_{SV}\times\pi\times d_{sv}^2/4$——斜截面内配置在同一截面的箍筋各肢总截面面积(mm²);
$d_{pe}=(3\times n_s\times d_s^2+n_p\times d_p^2)/(3\times n_s\times d_s+n_p\times d_p)$——钢筋等代直径;
$a_{ps}=(a_s\times A_s\times f_{sd}+a_p\times n_p\times A_p\times f_{pd})/(A_s\times f_{sd}+n_p\times A_p\times f_{pd})$——全部钢筋保护层厚度(mm);
$\alpha=0.000\,01$——混凝土膨胀系数;

$T=[145.50]$——距路面 0、100、400mm 处竖向日照温度基数(℃);

$\gamma_{c1}=26$——C50 预制板钢筋混凝土重度(kN/m^3);

$\gamma_{c2}=24$——C40 铺装混凝土和沥青桥面重度(kN/m^3);

$\gamma_{c3}=25$——填缝、护栏混凝土重度(kN/m^3);

$E_c=3.25\times10^4$——混凝土弹性模量(MPa);

$E_s=2\times10^5$——普通钢筋弹性模量(MPa);

$E_p=1.95\times10^5$——预应力钢筋弹性模量(MPa);

$\alpha_{EP}=E_p/E_c$——预应力钢筋模量比;

$\alpha_{ES}=E_s/E_c$——普通钢筋模量比;

$\mu_0=0.25$——管道壁的摩擦系数;

$k_a=0.0015$——管道局部偏差摩擦系数;

$\Delta_L=6$——锚具变形损失(mm);

$N_L=70$——张拉台座长度(m);

$t_{21}=20$——加热养护与张拉时温差(℃);

$\Psi=1$——张拉系数;

$\zeta=0.3$——松弛系数;

$\xi_{cs}=0.00028$——收缩应变终极值;

$\phi=2.25$——徐变系数终极值;

$f'_{tk}=2.2$——放张时混凝土轴心抗拉强度标准值(MPa);

$f_{tk}=2.65$——混凝土轴心抗拉强度标准值(MPa);

$f_{td}=1.83$——混凝土轴心抗拉强度设计值(MPa);

$f_{ck}=26.8$——混凝土轴心抗压强度标准值(MPa);

$f_{cd}=22.4$——混凝土轴心抗压强度设计值(MPa);

$f_{cuk}=40$——混凝土立方体抗压强度标准值(MPa);

$f'_{cu}=35$——张拉时混凝土立方体抗压强度标准值(MPa);

$f_{sk}=335$——普通钢筋抗拉强度标准值(MPa);

$f_{sd}=280$——普通钢筋抗拉强度设计值(MPa);

$f_{sv}=280$——箍筋抗拉强度设计值(MPa);

$f'_{sd}=280$——普通钢筋抗压强度设计值(MPa);

$f_{pk}=1860$——预应力钢筋抗压强度标准值(MPa);

$f_{pd}=1260$——预应力钢筋抗压强度设计值(MPa);

$\sigma_{con}=0.7\times f_{pk}=1395$——张拉控制应力(MPa);

$p_k=180+(360-180)\times(19.6-5)/45=238.4$——汽车集中荷载(kN);

$q_k=10.5$——汽车车道荷载(kN/m);

$p_1=(0.05+0.1)(m)\times\gamma_{c2}(kN/m^3)=3.60$——桥面铺装层($kN/m^2$);

$p_2=2(侧)\times\gamma_{c3}(kN/m^3)\times0.35(m^3)/(8(板块)\times b_f(m))=1.47$——护栏重($kN/m^2$);

$p_3=2.0$——施工荷载(kN/m^2);

第二节 计算过程和结果

一、截面几何性质

截面几何性质见表6-4-2。

截面几何性质表 表6-4-2

截面	面积 $A(m^2)$	重心至上缘 $X(mm)$	重心至下缘 $Y(mm)$	重心至预应力筋 $Y_{ap}(mm)$	抗弯惯矩 $I(m^4)$	(上缘)抗弯模量 $W(I/Y)(cm^3)$	静矩 $S(m^3)$	计算高度 (mm)
预 制 截 面									
毛截面 A	0.592 40	485.85	464.15	403.15	0.070 503	151.898 00	0.064 21①	
净截面 A_n	0.612 85	499.51	450.49	389.49	0.073 823	163.874 06	0.097 39②	950
全截面 A_0	0.612 85	499.51	450.49	389.49	0.073 823	163.874 06	0.059 09③	
组 合 截 面									
全截面 A_0	0.781 35	491.07	508.93	447.93	0.097 816	192.200 83	0.055 04④	
净截面 A_n	0.781 35	491.07	508.93	447.93	0.097 816	192.200 83	0.127 25⑤	1 000
毛截面 A	0.760 90	402.32	597.68	536.68	0.103 773	173.626 51	0.069 54⑥	

注：
预制截面静矩：
①孔顶以上面积对净截面重心静矩 S_{0A}；
②全截面重心以上面积对净截面重心静矩 S_{0B}；
③孔底以下面积对全截面重心静矩 S_{0C}。
组合截面静矩：
④孔顶以上面积对全截面重心静矩 S_{1A}；
⑤全截面重心以上面积对全截面重心静矩 S_{1B}；
⑥孔底以下面积对全截面重心静矩 S_{1C}。

二、作用及效应

1. 效应组合
(1)正常使用极限状态设计(按 JTG D60—2004 第 4.1.7 条,见表6-4-3)
(2)承载能力极限状态设计(按 JTG D60—2004 第 4.1.6 条,见表6-4-4)

正常使用极限状态时效应组合总系数 表6-4-3

效应组合	汽车	人群	桥面系	组合混凝土	预制混凝土	温差
作用短期效应组合,频遇值系数	0.7	1.0	1.0	1.0	1.0	0.8
作用长期效应组合,准永久值系数	0.4	0.4	1.0	1.0	1.0	0.8

承载能力极限状态时效应组合权数　　　　　　　　　　　　　　　　　表 6-4-4

效应组合		γ_0	$(1+\mu)$汽车	人群	桥面系	组合混凝土	预制混凝土	温差
基本组合	$\gamma_0\times$分项系数$\gamma\times$组合系数ψ	1.1	1.4	1.4×0.8	1.2	1.2	1.2	0
	$\gamma_0\times$分项系数$\gamma\times$组合系数ψ		1.4	1.4×0.7	1.2	1.2	1.2	1.4×0.7
预制构件施工荷载			0	1.4	0	0	1.2	0

(3)弹性阶段应力计算(按 JTG D60—2004 第 4.1.8 条,见表 6-4-5)

弹性阶段效应组合权数　　　　　　　　　　　　　　　　　　　　　表 6-4-5

效应组合	$(1+\mu)$汽车	人群	桥面系	组合混凝土	预制混凝土	温差
分项系数×组合系数	1.0	1.0	1.0	1.0	1.0	1.0

2.冲击系数(表 6-4-6)

$$f=\frac{\pi}{2l^2}\sqrt{\frac{EI_c}{m_c}}$$

$$m_c=\frac{G}{g}$$

$$g=9.8(\text{m/s}^2)$$

$$\mu=0.176\,7\ln f-0.015\,7 \cdot (1.5\text{Hz}\leqslant f\leqslant 14\text{Hz})$$

冲击系数计算表　　　　　　　　　　　　　　　　　　　　　　　　表 6-4-6

G			I_c	E	f	μ
预制板重 (kN/m)	组合混凝土重 (kN/m)	桥面系重 (kN/m)	抗弯惯矩 (m^4)	混凝土弹性模量(MPa)	频率 (Hz)	冲击系数
$0.592\,4\gamma_{c1}$	$(0.760\,9-0.592\,4)\gamma_{c2}$	$5.07\times b_f$	0.103 773	3.25×10^4	4.526	0.251

3.内力计算

(1)跨中截面弯矩和剪力(表 6-4-7)

在计算中,板块之间的湿接缝和参与组合作用的 5cm 铺装层计入组合混凝土中,剩余 5cm 铺装层、沥青混凝土桥面和护栏计入桥面系之中。

跨中截面弯矩和剪力表　　　　　　　　　　　　　　　　　　　　　表 6-4-7

内力	汽车	人群	桥面系	组合混凝土	预制梁	温差	备注
弯矩 M_1(kN·m)	543.520	0.000	362.623	204.104	739.623	—	
剪力 V_1(kN)	55.224	0.000	0.000	0.000	0.000	—	
弯矩 M_0(kN·m)	0.000	143.100	0.000	0.000	739.623	—	施工荷载

(2)$L/4$ 截面弯矩和剪力(表 6-4-8)

$L/4$ 截面弯矩和剪力表　　　　　　　　　　　　　　　　　　　　表 6-4-8

内力	汽车	人群	桥面系	组合混凝土	预制梁	温差	备注
弯矩 M_4(kN·m)	407.640	0.000	271.976	153.078	554.717	—	
剪力 V_4(kN)	88.919	0.000	37.002	9.239	75.472	—	

(3)支点截面弯矩和剪力(表6-4-9)

支点截面弯矩和剪力表   表6-4-9

内力	汽车	人群	桥面系	组合混凝土	预制梁	温差	备注
弯矩 M_2(kN·m)	0.000	0.000	0.000	0.000	0.000	—	
剪力 V_2(kN)	180.609	0.000	74.005	18.478	150.944	—	
剪力 V_0(kN)	0.000	29.204	0.000	0.000	150.944	—	施工荷载

三、持久状况,承载能力极限状态验算

1. 正截面抗弯验算

1)预制板(表6-4-10)

预制板内力和效应组合权数表   表6-4-10

作用和荷载	汽车	人群	桥面系	组合混凝土	预制梁	温差
分项系数×组合系数	0.000	1.400	0.000	0.000	1.200	—
弯矩(kN·m)	0.000	143.100	0.000	0.000	739.623	—

(1)判断计算截面形式(表6-4-11、表6-4-12)

按JTG D62—2004 式(5.2.3-1)(或表1-5-10第一步式),设取 x 为上翼缘厚度120mm。

计算预制截面形式判断表之一   表6-4-11

$f_{sd}A_s + f_{pd}A_p$	下缘钢筋抗拉力标准值 N_r(kN)	判断	顶板混凝土和钢筋抗压力标准值 N_{rr}(kN)	$f_{cd}[bx+(b'_f-b)h'_f]$ ($A'_s=0$ $A'_p=0$)
	3 308.92	<	6 967.24	

按JTG D62—2004 式(5.2.2-1)(或表1-5-9第二步式),设取 x 为上翼缘厚度 mm。

计算预制截面形式判断表之二   表6-4-12

$\gamma_0 M_d$	荷载和作用基本组合 $\gamma_0 \times M_d$(kN·m)	判断	上翼混凝土和下缘钢筋抗弯力矩标准值 M_{rr}(kN·m)	$f_{cd}bx\left(h_0-\dfrac{x}{2}\right)$ ($A'_s=0$ $A'_p=0$)
	1 196.68	<	5 564.21	

结论:按T形截面单筋验算,但必须满足按JTG D62—2004 式(6.5.2-6)(或表1-5-47中)计算的开裂弯矩 $M_{cr} \leqslant M_{rr} = 5\,564.21$ kN·m。

(2)截面验算(表6-4-13)

预制截面抗弯承载力验算表   表6-4-13

$\gamma_0 \times M_d$(kN·m)	$A_p \times n_p$(mm²)	h_0(mm)	b(mm)	x(mm)	M_r(kN·m)
1 196.68	2 224	903	1 490	99.14	2 823.93

按JTG D62—2004 式(5.2.2-2)(或表1-5-9第一步式),$f_{sd}A_s + f_{pd}A_p = f_{cd}bx$($A'_s=0$ $A'_p=0$),计算出受压区高度 x,比孔顶厚度小,所以仍按矩形截面计算。

按JTG D62—2004 式(5.2.2-1)(或表(1-5-9)第二步式)右端,计算抵抗力矩 M_r;

$$M_r = f_{cd}bx\left(h_0 - \frac{x}{2}\right) \quad (A'_s = 0 \quad A'_p = 0)$$

正截面抗弯承载力满足 $\gamma_0 \times M_d$(kN·m)<受压区高度为 x 的抵抗力矩 M_r(kN·m);

2)组合板(表 6-4-14)

组合板内力和组合系数表　　　　　表 6-4-14

作用和荷载	汽车	人群	桥面系	组合混凝土	预制梁	温差
分项系数×组合系数	1.787	1.120	1.200	1.200	1.200	—
弯矩(kN·m)	543.520	0.000	362.623	204.104	739.623	—

(1)判断计算截面形式(表 6-4-15、表 6-4-16)

按 JTG D62—2004 式(5.2.3-1)(或表 1-5-10 第一步式)设取 x 为上翼缘厚度 170mm。

计算组合截面形式判断表之一　　　　　表 6-4-15

$f_{sd}A_s + f_{pd}A_p$	下缘钢筋抗拉力标准值 N_r(kN)	判断	顶板混凝土和钢筋抗压力标准值 N_{rr}(kN)	$f_{cd}[bx+(b'_f-b)h'_f]$ $(A'_s = 0 \quad A'_p = 0)$
3 308.92		<		8 636.04

按 JTG D62—2004 式(5.2.2-1)(或表 1-5-9 第二步式),设取 x 为上翼缘厚度 220mm。

计算组合截面形式判断表之二　　　　　表 6-4-16

$\gamma_0 M_d$	荷载和作用基本组合 $\gamma_0 \times M_d$(kN·m)	判断	上翼混凝土和下缘钢筋抗弯力矩标准值 M_{rr}(kN·m)	$f_{cd}bx\left(h_0 - \frac{x}{2}\right)$ $(A'_s = 0 \quad A'_p = 0)$
	2 771.568	<		7 112.86

结论:按矩形截面单筋验算,但是:

①必须满足按 JTG D62—2004 式(6.5.2-6)(或表 1-5-47 中)计算的开裂弯矩 $M_{cr} \leqslant M_{rr}$ = 7 112.86kN·m;

②必须是全预应力梁,否则按 JTG D62—2004 第 9.1.12 条(或表 1-1-7),普通钢筋配筋率 $\mu_{min} \geqslant 0.003$,即最小普通钢筋面积 A_{smin}=914.88mm²。

(2)截面验算(表 6-4-17)

按 JTG D62—2004 式(5.2.2-2)(或表 1-5-9 第一步式),$f_{sd}A_s + f_{pd}A_p = f_{cd}bx(A'_s = 0$ $A'_p = 0)$,计算出受压区高度 x=99.14mm,所以仍按矩形截面计算。

按 JTG D62—2004 式(5.2.2-1)(或表 1-5-9 第二步式)右端,计算抵抗力矩 M_r;

$$M_r = f_{cd}bx\left(h_0 - \frac{x}{2}\right) \quad (A'_s = 0 \quad A'_p = 0)$$

按 JTG D62—2004 式(5.2.2-1),正截面抗弯承载力满足 $\gamma_0 \times M_d$ = 2 362.24kN·m<受压区高度为 x 的抵抗力矩 M_r=3 154.82kN·m。

组合截面抗弯承载力验算表　　　　　表 6-4-17

$\gamma_0 \times M_d$(kN·m)	$A_p \times n_p$(mm²)	h_0(mm)	b(mm)	x(mm)	M_r(kN·m)
2 771.568	2 224	953	1 490	99.14	2 989.37

2. 斜截面抗剪验算

1) 支点

(1) 预制板(表 6-4-18)

预制板内力和效应组合权数表 表 6-4-18

作用和荷载	汽车	施工人群	桥面系	组合混凝土	预制梁	温差
分项系数×组合系数	0.000	1.400	0.000	0.000	1.200	—
作用和荷载剪力 V_d(kN)	0.000	29.204	0.000	0.000	150.944	—

抗剪截面：

$$\gamma_0 V_d = 244.22 \text{(kN)} \leqslant 0.5 \times 10^{-3} \times \sqrt{f_{cu,k}} b h_0 = 1\,028.38 \text{(kN)},$$

符合 JTG D62—2004 第 5.2.9 条(或式 1-4-6)规定；

$$\gamma_0 V_d = 244.22 \text{(kN)} \leqslant 0.5 \times 10^{-3} \times \alpha_2 f_{td} b h_0 = 326.16 \text{(kN)}.$$

按 JTG D62—2004 第 5.2.10 条(或式 1-4-6)规定，可不作斜截面抗剪承载能力验算，仅需按第 9.3.13 条构造配置箍筋。

(2) 组合板(表 6-4-19a)

组合板内力和效应组合权数表 表 6-4-19a

作用和荷载	汽车	人群	桥面系	组合混凝土	预制梁	温差
分项系数×组合系数	1.787	1.120	1.200	1.200	1.200	—
作用和荷载剪力 V_d(kN)	180.609	0.000	74.005	18.478	150.944	—

抗剪截面：

$$\gamma_0 V_d = 669.303 \text{(kN)} \leqslant 0.5 \times 10^{-3} \times \sqrt{f_{cu,k}} b h_0 = 1\,493.36 \text{(kN)},$$

符合 JTG D62—2004 第 5.2.9 条(或式 1-4-6)规定。

$$\gamma_0 V_d = 669.303 \text{(kN)} > 0.5 \times 10^{-3} \times \alpha_2 f_{td} b h_0 = 473.63 \text{(kN)};$$

不符合 JTG D62—2004 第 5.2.10(或式 1-4-6)规定，需做下一步验算；箍筋配筋率 $\rho_{sv} = 0.003\,43$，尚应符合 JTG D62—2004 第 9.3.13 条构造规定。

$$\gamma_0 V_d = 669.303 \text{(kN)} \leqslant V_{cs} + V_{sb} + V_{pb} = V_{cs} + 0 + 0 = 1\,072.99 \text{(kN)}$$

其中，V_{cs} 按无弯起钢筋计算，计算参数表见表 6-4-19b。

$$V_{cs} = \alpha_1 \alpha_2 \alpha_3 0.45 \times 10^{-3} b h_0 \sqrt{(2+0.6P)\sqrt{f_{cu,k}} \rho_{sv} f_{sv}}$$

V_{cs} 计算参数表 表 6-4-19b

参数	α_1	α_2	α_3	b	h_0	P	ρ_{sv}	f_{cuk}	f_{sv}
				(mm)				(MPa)	
值	1.00	1.25	1.10	440	941.14	0.97	0.003 43	50	280

箍筋配置符合 JTG D62—2004 第 5.2.7 条[或式(1-4-8)]规定。

2) $L/4$(略)

3) 跨中(略)

3. 结合面抗剪验算(表 6-4-20)

组合板内力和效应组合权数表 表 6-4-20

荷 载 作 用	汽 车	人 群	桥 面 系	组合混凝土
分项系数×组合系数	1.787	1.120	1.200	1.200
支点剪力(kN)	180.609	0.000	74.005	18.478
$l_0/4$ 剪力(kN)	88.919	0.000	37.002	9.239
跨中剪力(kN)	55.224	0.000	0.000	0.000

(1)支点

表面预留 6mm 凸凹的结合面抗剪,按 JTG D62—2004 第 8.1.7 条计算,

$$\gamma_0 V_d = 470.56 (\text{kN}) < 0.45 bh_0 = 631.04 (\text{kN})$$

不需另设抗剪钢筋;

若不能达到表面预留 6mm 凸凹的结合面抗剪,应按 JTG D62—2004 第 9.2.8 条规定箍筋间距 $s \leq 500 (\text{mm})$ 的要求,设 $s = 200 (\text{mm})$,若以箍筋作为抗剪钢筋,其面积应为:

$$A = \frac{0.3 b_f s}{f_{sd}} = 319.29 (\text{mm}^2)$$

此时按 JTG D62—2004 式(8.1.7-2)计算,$\gamma_0 V_d = 468.63 (\text{kN}) < 2bh_0 = 2804.62 (\text{kN})$,满足规定。实际设置箍筋 3 ϕ 12,$A = 339.3 \text{mm}^2$,满足抗剪要求。

(2)$L/4$ 点

6mm 凸凹的结合面抗剪,按 JTG D62—2004 第 8.1.7 条计算:

$$\gamma_0 V_d = 232.36 (\text{kN}) < 0.45 bh_0 = 631.04 (\text{kN})$$

混凝土结合不设抗剪钢筋。

(3)跨中

6mm 凸凹的结合面抗剪,按 JTG D62—2004 第 8.1.7 条计算:

$$\gamma_0 V_d = 106.40 (\text{kN}) < 0.4 bh_0 = 631.04 (\text{kN})$$

混凝土结合不设抗剪钢筋。

四、持久状况,正常使用极限状态验算

1. 钢筋预应力损失计算(跨中、支点、$L/4$)

先张法,按 JTG D62—2004 第 6.2.3~第 6.2.8 条计算如下。

1)摩擦损失 σ_{l1}(无)

2)锚具变形、钢筋回缩和接缝压缩损失 σ_{l2}

按 JTG D62—2004 第 6.2.3 条计算(表 6-4-21):

$$\sigma_{l2} = \frac{\sum \Delta l}{l} E_p$$

σ_{l2} 计 算 表 表 6-4-21

$\Delta l (\text{mm})$	台座长度 $l(\text{m})$	$\sum \Delta l (\text{mm})$	$E_p (\text{MPa})$	$\sigma_{l2} (\text{MPa})$
6	70	6	1.95×10^5	16.71

3)加热养护时台座与钢筋温差损失 σ_{l3}

按 JTG D62—2004 第 6.2.3 条计算（表 6-4-22）：

$$\sigma_{l3} = 2(t_2 - t_1)$$

σ_{l3} 计算表　　　　　　　　　　表 6-4-22

温差 $t_2 - t_1$ (℃)	σ_{l3} (MPa)
20.00	40.00

4)混凝土弹性压缩损失 σ_{l4}

按式(6.1.5-1)计算先张法产生的混凝土法向压应力 σ_{pc}（表 6-4-23）：

$$\sigma_{pc} = \frac{N_{p0}}{A_0} + \frac{N_{p0} e_{p0}}{I_0} y_0$$

式中：N_{p0} 和 e_{p0} 按式(6.1.6-1)和式(6.1.6-2)计算，其中 σ_{l6} 尚未发生，$A'_p = 0$、$A'_s = 0$，

$$N_{p0} = \sigma_{p0} A_0, e_{p0} = \frac{\sigma_{p0} A_p y_p}{N_{p0}}; y_p = 389.49 \text{mm}$$

σ_{pc} 计算表　　　　　　　　　　表 6-4-23

$\sigma_{p0} = \sigma_{con} - \sigma_{l2} - \sigma_{l3}$ (MPa)	$N_{p0} = \sigma_{p0} \times A_p$ (N)	A_0 (m²)	I_0 (m⁴)	e_{p0} (mm)	$y_0 = h - e_{p0}$ (mm)	σ_{pc} 式(6.1.5-1) (MPa)
1 245.29	2 769 515.43	0.612 8	0.073 823	389.49	560.51	10.21

按 JTG D62—2004 第 6.2.5 条计算：

$$\sigma_{l4} = \alpha_{EP} \sum_i \Delta\sigma_{pci} = 6 \times 10.21 = 61.26 \text{(MPa)}$$

5)预应力钢筋的应力松弛损失 σ_{l5}（表 6-4-24）

按 JTG D62—2004 第 6.2.6 式(6.2.6-1)：

$$\sigma_{l5} = \Psi \cdot \zeta \left(0.52 \frac{\sigma_{pe}}{f_{pk}} - 0.26\right) \sigma_{pe}$$

σ_{l5} 计算表　　　　　　　　　　表 6-4-24

Ψ	ζ	$\sigma_{pe} = \sigma_{con} - \sigma_{l2}$ (MPa)	σ_{l5} (MPa)
1.00	0.30	1 285.29	38.30

6)混凝土收缩、徐变损失 σ_{l6}

(1)预应力引起的预应力钢筋处混凝土压应力 σ_{pc}

按式(6.1.5-1)计算先张法产生的混凝土法向压应力 σ_{pc}（表 6-4-25）：

$$\sigma_{pc} = \frac{N_{p0}}{A_0} + \frac{N_{p0} e_{p0}}{I_0} y_0$$

式中：N_{p0} 和 e_{p0} 按式(6.1.6-1)和式(6.1.6-2)计算，其中 σ_{l6} 尚未发生，$A'_p = 0$、$A'_s = 0$，

$$N_{p0} = \sigma_{p0} A_0, e_{p0} = \frac{\sigma_{p0} A_p y_p}{N_{p0}}; y_0 = 389.49 \text{mm}$$

σ_{pc} 计算表　　　　　　　　　　表 6-4-25

$\sigma_{p0} = \sigma_{con} - \sigma_{l2} - \sigma_{l3} - \sigma_{l4}$ (MPa)	$N_{p0} = \sigma_{p0} \times A_p$ (kN)	e_{p0}、y_0 (mm)	σ_{pc} 式(6.1.5-1) (MPa)
1 164.87	2 590.68	389.49	9.55

(2)预制梁、组合混凝土、桥面系自重引起的预应力钢筋处混凝土拉应力 σ_t

桥面系混凝土作用在组合截面上,预制梁自重和组合混凝土由预制梁承担。荷载或作用的弯矩和截面性质见表 6-4-26。

$$\sigma_t = \frac{M_1}{I_{01}}e_{01} + \frac{M_2}{I_{02}}e_{02}$$

荷载或作用的弯矩和截面性质表　　　　　　　　　　　　表 6-4-26

位置	组合混凝土（MPa）	预制梁（MPa）	偏心距（mm）	惯矩（m⁴）	桥面系混凝土（MPa）	偏心距（mm）	惯性矩（m⁴）
	M_1		e_{01}	I_{01}	M_2	e_{02}	I_{02}
$l_0/2$	204.104	739.623	389.456	0.073 82	362.623	447.925	0.097 39
$l_0/4$	153.078	554.717			271.967		

(3)钢筋重心处混凝土剩余压应力 σ_c（表 6-4-27）

按 JTG D62—2004 第 6.2.7 条规定 $\sigma_c = (\sigma_{pc} - \sigma_t) \leqslant 0.5 f'_{cu} = 17.50 \text{(MPa)}$；

σ_c 计 算 表　　　　　　　　　　　　表 6-4-27

	$l_0/2$	支点	$l_0/4$
σ_{pc}(MPa)		9.55	
σ_t(MPa)	6.64	0	4.98
σ_c(MPa)	2.91	9.55	4.57

(4)混凝土收缩、徐变损失 σ_{l6}（表 6-4-28）

按 JTG D62—2004 式(6.2.7-1)计算 σ_{l6}：

$$\sigma_{l6}(t) = \frac{0.9[E_p \varepsilon_{cs}(t,t_0) + \alpha_{EP}\sigma_{pc}\phi(t,t_0)]}{1 + 15\rho\rho_{ps}}$$

式中：ε_{cs}——收缩应变终极值，$\varepsilon_{cs} = 0.00028$；

ϕ——徐变系数,其终极 $\phi = 2.25$；

E_p——预应力钢筋弹性模量，$E_p = 1.95 \times 10^5$(MPa)；

α_{EP}——预钢模量，$\alpha_{EP} = 6$；

ρ——配筋率，$\rho = 0.005162$；

按式 $e_{ps} = \frac{A_p e_p + A_s e_s}{A_p + A_s}$ 计算 e_{ps}。该式中 $e_p = 447.93$(mm)；$e_s = 461.93$(mm)；A_p、A_s 见图 1-4-2 说明；得到 $e_{ps} = 454.21$(mm)。

再按式 $\rho_{ps} = 1 + \frac{e_{ps}^2}{i^2}$ 和 $i^2 = \frac{I_0}{A_0}$ 计算 ρ_{ps}，该式中 $A_0 = 0.78135 \text{m}^2$；$I_0 = 0.097816 \text{m}^4$；得到 $\rho_{ps} = 2.65$。

σ_{l6} 计 算 表　　　　　　　　　　　　表 6-4-28

$\sigma_{l6}(l_0/2)$(MPa)	$\sigma_{l6}(0)$(MPa)	$\sigma_{l6}(l_0/4)$(MPa)
70.05	137.08	86.87

7)钢筋预应力损失计算(跨中、支点、L/4)σ_l（表 6-4-29）

第一批 $\sigma_l = \sigma_{l2} + \sigma_{l3} + \sigma_{l4} + \sigma_{l5}/2$(MPa)；合计 $\sigma_l = \sigma_{l2} + \sigma_{l3} + \sigma_{l4} + \sigma_{l5} + \sigma_{l6}$(MPa)。

预应力损失汇总表 表 6-4-29

位置	σ_{l2}	σ_{l3}	σ_{l4}	σ_{l5}	σ_{l6}	第一批 σ_l	合计 σ_l
$l_0/2$	16.71	40.00	61.26	38.30	70.13		226.41
支点	16.71	40.00	61.26	38.30	137.08	137.13	293.35
$l_0/4$	16.71	40.00	61.26	38.30	88.87		243.14

8)有效钢筋预应力(跨中、支点、$L/4$)σ(表 6-4-30)

预制板 $\sigma = \sigma_{con} - (\sigma_{l2} + \sigma_{l3} + \sigma_{l4} + \sigma_{l5} + 0.3\sigma_{l6})$;设预制板在承受现浇层时,已传力锚固一个月,此时,σ_{l6} 已完成 30%。

组合板 $\sigma = \sigma_{con} - (\sigma_{l2} + \sigma_{l3} + \sigma_{l4} + \sigma_{l5} + \sigma_{l6})$。

有效预应力表 表 6-4-30

位 置	预制板 σ	组合板 σ
	(MPa)	
$l_0/2$	1 124.69	1 075.59
支点	1 104.60	1 008.65
$l_0/4$	1 119.66	1 058.86

2. 正截面抗裂

1)温差应力

按 JTG D62—2004 附录 B 计算。

(1)温差(表 6-4-31)

按 JTG D60—2004 表 4.3.10-3 "100mm 沥青混凝土铺装层" 取用。

温差竖向分布表 表 6-4-31

深度(mm)	0	100	400
温差(℃)	14.0	5.5	0.0

(2)温差内力(表 6-4-32、表 6-4-33)

按 JTG D62—2004 式(B-1)、式(B-2)计算。

$$N_t = \sum_y A_y t_y \alpha_c E_c$$
$$M_t^0 = -\sum_y A_y t_y \alpha_c E_c e_y$$

温差内力计算表 表 6-4-32

层厚 H_y (mm)	层面积 A_y (mm²)	层重心至顶缘距离 e(mm)	层重心至换算截面重心距离 e_y(mm)	层重心温度 t_y(℃)	轴力 N_t (kN)	力矩 M_t^0 (kN·m)
100	149 000	50	411.075	9.750	472.144	−208.25
70	104 300	135	356.075	4.853	164.685	−58.64
230	101 200	285	206.075	2.108	69.343	−14.29

温差内力表 表 6-4-33

内 力	$\sum N_t$(kN)	$\sum M_t$(kN·m)
正温差内力合计	706.172	−281.18
反温差内力合计	−353.086	140.59

(3)温差应力

按 JTG D62—2004 式(B-3)计算正温差应力：

$$\sigma_t = -\frac{N_t}{A_0} + \frac{M_t^0}{I_0}y + t_y\alpha_c E_c$$

$A_0 = 0.7813\text{m}^2$，$I_0 = 0.097816\text{m}^4$；负温差 t_y 反号，$\alpha_c = 10^{-5}$；钢筋应力用弹性模量比 α_{EP}、α_{ES} 折算，结果如表 6-4-34 所示。

温差应力表　　　　表 6-4-34

位　置	混凝土顶缘	混凝土底缘	预应力钢筋	普通钢筋
y(mm)	491.075	−508.925	−447.925	−461.925
正温差应力(MPa)	2.235	0.559	2.303	2.610
反温差应力(MPa)	−1.117	−0.280	−1.151	−1.305

2)正截面抗裂(跨中)

(1)自重和荷载引起底拉应力计算(表 6-4-35)

自重和荷载引起梁的内力和组合系数表　　　　表 6-4-35a

荷载弯矩		汽车	人群	桥面系	温差	组合混凝土	预制混凝土	施工荷载
		M_2				M_{1Gk}		M_{1Qk}
弯矩	预制梁	0	0	0	0	0	739.62	143.1
(kN·m)	组合梁	543.20	0	362.62	0	204.10	739.62	0
效应	短期 ψ_s	0.7	1.0	1.0	0.8	1.0	1.0	1.0
组合系数	长期 ψ_l	0.4	0.4	1.0	0.8	1.0	1.0	
下缘抗矩(cm³)		组合截面：$W_0 = 192.201$				预制截面：$W_{01} = 163.874$		

按 JTG D62—2004 第 8.1.8 条计算下缘应力，预制梁梁底应力为：

$$\sigma_{st} = \frac{M_{1Gk} + M_{1Qk}}{W_{01}}$$

组合梁梁底应力为：

$$\sigma_{st} = \frac{M_{1Gk}}{W_{01}} + \frac{M_{2s}}{W_0}$$

$$\sigma_{lt} = \frac{M_{1Gk}}{W_{01}} + \frac{M_{2l}}{W_0}$$

式中长期和短期弯矩为：

$$M_{2s} = M_2 \times \psi_s$$
$$M_{2l} = M_2 \times \psi_l$$

自重和荷载引起梁下缘拉应力表　　　　表 6-4-35b

应力(MPa)	σ_{st0}	σ_{lt}
	短期效应	长期效应
预制梁应力	5.387	5.387
组合应力	9.625	8.777

(2)预应力引起梁底压应力计算(表 6-4-36)

按 JTG D62—2004 式(6.1.5-1)计算,按先张法。

$$\begin{matrix} \sigma_{pc} \\ \sigma_{pt} \end{matrix} = \frac{N_{p0}}{A_0} \pm \frac{N_{p0}e_{p0}}{I_0}y_0$$

式中:$\sigma_{p0} = \sigma_{con} - \Sigma\sigma_l$;

预制板 $\Sigma\sigma_l = \sigma_{l2} + \sigma_{l3} + \sigma_{l5} + 0.3\sigma_{l6}$;

组合板 $\Sigma\sigma_l = \sigma_{l2} + \sigma_{l3} + \sigma_{l5} + \sigma_{l6}$;

预制板 $N_{p0} = \sigma_{p0}A_p - 0.3\sigma_{l6}A_s$;$e_{p0} = \dfrac{\sigma_{p0}A_py_p - 0.3\sigma_{l6}A_sy_s}{N_{p0}}$;

组合板 $N_{p0} = \sigma_{p0}A_p - \sigma_{l6}A_s$;$e_{p0} = \dfrac{\sigma_{p0}A_py_p - \sigma_{l6}A_sy_s}{N_{p0}}$。

预应力引起梁上下缘应力表　　　表 6-4-36a

工况	A_0(mm²)	y_p/y_s(mm)	y_0(mm)	I_0(mm⁴)	N_{p0}(N)	e_{p0}(mm)	σ_{l6}(MPa)	$\sigma_{l2}+\sigma_{l3}+\sigma_{l5}+0.3\sigma_{l6}$(MPa)	σ_{p0}(MPa)
预制梁	612 846	389.486/403.486	450.486	73 822 954 877	2 599 576	403.037	70.132	116.053	1 185.947
组合梁		447.925/461.925	508.925		2 401 799	447.186	70.132	165.035	1 136.854

预应力引起梁上下缘应力表　　　表 6-4-36b

应力(MPa)	σ_{pc}	σ_{pt}
	下缘压应力	上缘拉应力
预制梁应力	10.635	−2.848
组合梁应力	11.322	−2.498

(3)预应力状态判定(表 6-4-37)

按 JTG D62—2004 第 6.3.1 条计算。

预应力度判定表　　　表 6-4-37

预应力度阈值	全预应力构件		预应力 A 类构件
	$\sigma_{st}-0.85\sigma_{pc}\leqslant 0$	$\sigma_{st}-\sigma_{pc}\leqslant 0.7f_{tk}=1.68$	$\sigma_{lt}-\sigma_{pc}\leqslant 0$
预制梁应力(MPa)	−3.65	−5.25	−5.25
组合梁应力(MPa)	0.17	−1.53	−2.55

其中,组合梁 $\sigma_{st}=\sigma_{st0}-0.8\times$混凝土底缘反温差应力;预制梁存梁时间不长,取 $\sigma_{st}=\sigma_{st0}$。

判定,预制梁是全预应力梁;判定,组合梁是 A 类预应力梁,第一个判定标准接近为零,预应力度较高。

3.预应力梁斜截面抗裂性验算(组合截面支点)

(1)恒载、汽车、人群的剪应力计算(表 6-4-38～表 6-4-40)

组合板内力和效应组合权数表　　　表 6-4-38

荷载、作用代码	汽车 V_{Q1k}	人群 V_{Q2k}	桥面系 V_{G2k}	组合混凝土 V_{G1k}	预制梁 V_{G1k}	温差 V_{Q2k}	预应力 V_p
短期效应组合系数	0.70	1.00	1.00	1.00	1.00	0.80	1.00
剪力(kN)	180.61	0.00	74.00	18.48	150.94	0.00	0.00

抗弯惯矩

表6-4-39

状 态	预制净截面	预制全截面	组合全截面
		I_{01}	I_{02}
抗弯惯矩(mm^4)		73 822 954 877	97 815 838 402

面 积 静 矩

表6-4-40

面积静矩(mm^3)	孔顶(A)处	中性轴(B)处	孔底(C)处
	$S(A)$	$S(B)$	$S(C)$
预制截面 S_1	64 213 786	97 388 628	59 090 878
组合截面 S_2	55 042 674	127 251 894	69 539 818

按 JTG D62—2004 式(6.3.3-4)计算组合截面剪应力,公式变化如下:

$$\tau_s = \frac{V_{G1k}S_1}{bI_{01}} + \frac{V_s''S_2}{bI_{02}} - \frac{V_pS_1}{bI_{01}}$$

式中:$V_p = \sum \sigma_{pc}'' A_{pb} \sin\theta_p$;

$V_s'' = V_{G2k} + 0.7V_{Q1k} + V_{Q2k}$。

计算结果见表 6-4-41。

A、B、C 处剪应力表

表6-4-41

组合截面上位置	A、B、C 处		
	τ_{sA}	τ_{sB}	τ_{sC}
剪应力(MPa)	0.59	1.10	0.63

(2)预加力产生的 A、B、C 处应力计算(表 6-4-42、表 6-4-43)

预加力参数之一

表6-4-42

预应力钢筋	根数	有效预应力	预加力	偏心距
	(根)	(MPa)	(N)	(mm)
参数	16	1 008.65	2 456 635.48	389.49

预加力参数之二

表6-4-43

扣去 σ_{l6} 的预加力 N_p(N)	偏心距(mm)
2 329 727	388.72

按 JTG D62—2004 式(6.1.5-1)计算。

$$\frac{\sigma_{pc}}{\sigma_{pt}} = \frac{N_{p0}}{A_0} \pm \frac{N_{p0}e_{p0}}{I_0}y_0$$

A_0、I_0、y_0 均为预制截面几何参数,得到应力如表 6-4-44 所示。

A、B、C 处预应力表

表6-4-44

组合截面上位置	A、B、C 处		
	$\sigma_{pc}(A)$	$\sigma_{pc}(B)$	$\sigma_{pc}(C)$
应力(MPa)	−0.85	3.80	7.86

(3)正/反温差应力计算(表 6-4-45、表 6-4-46)

同"2.正截面抗裂"中 1),计算温差内力和应力。

温差内力表 表 6-4-45

温差方向	温差轴力 N_t(kN)	温差弯矩 M_t^0(kN·m)
正温差	706.17	−353.09
反温差	−281.18	140.59

温差应力表 表 6-4-46

组合截面上位置	温差 t_y(℃)		偏心距(mm)		温差应力(MPa)	
	正	反	正	反	正	反
A 处	4.22	−2.11	321.07	321.07	−0.46	0.23
B 处	0.00	0.00	0.00	0.00	−0.90	0.45
C 处	0.00	0.00	388.93	388.93	−2.02	1.01

(4)A、B、C 处主应力计算(表 6-4-47)

按 JTG D62—2004 式(6.3.3-1)计算主应力。

$$\begin{matrix}\sigma_{tp}\\ \sigma_{cp}\end{matrix} = \frac{\sigma_{cx}+\sigma_{cy}}{2} \mp \sqrt{\left(\frac{\sigma_{cx}-\sigma_{cy}}{2}\right)^2 + \tau_s^2}$$

A、B、C 处主应力计算表 表 6-4-47

位置	σ_{cx}				σ_{cy}	τ_s		σ_{tp}		σ_{cp}	
	预应力(MPa)		温差应力(MPa)		预加竖应力	剪应力(MPa)		主拉应力(MPa)		主压应力(MPa)	
	正	反	正	反		正	反	正	反	正	反
A	−0.85	−0.85	−0.46	0.23	0	0.59	0.59	−1.46	−0.35	0.24	3.43
B	3.80	3.80	−0.90	0.45		1.10	1.10	−1.02	−0.27	0.34	4.44
C	7.86	7.86	−2.02	1.01		0.63	0.63	−0.11	−0.30	3.24	4.10

按 JTG D62—2004 式(6.3.1-5)、式(6.3.1-7)计算,短期效应组合、预制构件,基本满足以下全预应力构件条件:

$$|主拉应力| \leqslant 0.6 f_{tk} = 1.44 (\text{MPa});全预应力构件$$

$$|主拉应力| \leqslant 0.7 f_{tk} = 1.68 (\text{MPa});A、B 类构件$$

4.挠度

(1)挠度计算

计算表中,只有汽车荷载理论挠度用荷载计算,需要计入横向分配系数;人群荷载理论挠度用弯矩计算,已考虑横向分配。按 JTG D62—2004 第 8.1.13 条规定选用全预应力和 A 类构件刚度:

$$B_0 = 0.80 E_c I_0 = 0.80 \times 32\,500 (\text{MPa}) \times 0.097\,816 (\text{m}^4) = 2\,543.21 (\text{MPa} \cdot \text{m}^4)$$

按 JTG D62—2004 第 8.1.14 条取用计算长期挠度增长系数 1.65(表 6-4-48)。

挠度计算表之一 表6-4-48

荷载作用	荷载弯矩 M(kN·m)	频遇值系数	横向分配系数	理论挠度 (mm)	计算挠度 (mm)	长期挠度 (mm)
汽车	543.520	0.700	0.325	7.357	5.150	8.498
人群	0.000	1.000	—	0.000	0.000	0.000
桥面系	362.623	1.000	—	5.706	5.706	9.415
组合混凝土	204.104	1.000	—	4.255	4.255	7.021
预制梁	739.623	1.000	—	15.420	15.420	25.443

按 JTG D62—2004 第 6.5.5 条计算活载长期挠度限值(表6-4-49)。

挠度计算表之二 表6-4-49

总计算挠度(mm)	总长期挠度(mm)	活载长期挠度(mm)	判式	活载长期挠度限值 $l_0/600$(mm)
30.53	50.38	8.50	<	32.67

(2)跨中反拱计算(图乘法)(表6-4-50~表6-4-53)

预应力重心高度表 表6-4-50

位置	跨 中	$l_0/3$
预应力钢筋高度(mm)	61	61

计 算 参 数 表 表6-4-51

跨中单位力弯矩图面积(mm²)	E_c(MPa)	I(mm⁴)
−96 040 000	32 500	97 815 838 402

预应力反拱计算表之一 表6-4-52

钢筋面积(mm²)	钢筋偏心距(mm)	有效预应力(MPa)	预加力矩(N·m)	预应力反拱(mm)
2 224	389.486	1 075.59	931 770 590	−37.30

按 JTG D62—2004 第 8.1.15 条取用反拱值长期增长系数为 1.75。

预应力反拱计算表之二 表6-4-53

长期预应力反拱(mm)	长期普通钢筋抵抗拱度(mm)	长期实际反拱度(mm)	总长期挠度(mm)
−66.27	3.59	−61.68	50.38

计算结果长期实际反拱度大于总长期挠度,按 JTG D62—2004 第 6.5.5 第 2 款规定,可不设预拱度;但该条又规定,当自重相对于活载较小的预应力受弯构件可设向下预拱度,防止上拱;建议可以考虑设置计算值−11.30mm 一半的向下预拱度−6mm。

五、持久状况构件应力验算

1. 混凝土法向压应力、预应力钢筋拉应力(跨中)

(1)顶面混凝土法向压应力(表6-4-54、表6-4-55)

组合板内力和效应组合权数表 表6-4-54

荷载和作用	汽车	人群	桥面系	组合混凝土	预制梁	温差
组合系数	1.251	1.000	1.000	0.000	0.000	1.000
弯矩(kN·m)	543.520	0.000	362.623	204.104	739.623	—

温差应力见本章第2.1.3节;限值按JTG D62—2004 式(7.1.5-1)计算。

顶面混凝土法向压应力计算表 表6-4-55

汽车、人群、桥面系		温差应力 σ_{pt} (MPa)	合计应力 (MPa)	限值 $0.5f_{ck}$ (MPa)
弯矩(kN·m)	应力 σ_{kc} (MPa)			
1 040.63	5.425	2.235	7.659	16.20

验算符合规定。

(2)预应力钢筋拉应力(表6-4-56)

温差应力见本章"2.正截面抗裂"1)中所述;限值按JTG D62—2004 式(7.1.5-2)计算。

预应力钢筋拉应力计算表 表6-4-56

汽车、人群、桥面系		组合混凝土、预制梁		温差应力 (MPa)	有效预应力 (MPa)	合计 (MPa)	限值 $0.65f_{pk}$ (MPa)
弯矩(kN·m)	应力(MPa)	弯矩(kN·m)	应力(MPa)				
1 042.63	4.774	947.73	4.797	1.151	1 075.593	1 135.266	1 209.000

验算符合规定。

2. 斜截面主压应力、主拉应力(支点)

(1)剪应力计算(表6-4-57~表6-4-60)

组合板内力和效应组合总系数表 表6-4-57

荷载、作用	汽车	人群	桥面系	组合混凝土	预制梁	温差	预应力
组合系数	0.7	1.00	1.00	1.00	1.00	—	1.00
剪力(kN)	180.61	0.00	74.00	18.48	150.94	—	0.00

截面惯矩表 表6-4-58

状态	预制净截面、预制全截面	组合全截面
惯矩(mm⁴)	73 822 954 877	97 815 838 402

截面静矩表 表6-4-59

位置	孔顶(A)处 S(A)	重心轴(B)处 S(B)	孔底(C)处 S(C)
预制截面静矩(mm³)	64 213 786	97 388 628	59 090 878
组合截面静矩(mm³)	55 042 674	127 251 894	69 539 818

按JTG D62—2004 式(6.3.3-4)计算剪应力。

A、B、C处剪应力表 表6-4-60

A、B、C处	τ_{sA}	τ_{sB}	τ_{sC}
剪应力(MPa)	0.59	1.10	0.63

(2) 预应力产生正应力计算 (表6-4-61~表6-4-63)

预应力参数表之一 表6-4-61

预应力钢筋	根数(根)	有效预应力(MPa)	预加力(N)	偏心距(mm)
参数	16	1 008.65	2 456 635.48	389.49

预应力参数表之二 表6-4-62

扣去 σ_{l6} 的预加力 N_p(N)	e_{pn}(mm)
2 329 727	388.72

按 JTG D62—2004 式(6.1.5-1)计算。

A、B、C 处预应力表 表6-4-63

组合截面上位置	A、B、C 处		
	$\sigma_{pc}(A)$	$\sigma_{pc}(B)$	$\sigma_{pc}(C)$
应力(MPa)	−0.85	3.80	7.86

(3) 正/反温差应力计算 (表6-4-64、表6-4-65)

同 "2. 正截面抗裂" 中 1),计算温差内力和应力。

温差内力表 表6-4-64

温差方向	温差轴力 N_t(kN)	温差弯矩 M_t^0(kN·m)
正温差	706.17	−353.09
反温差	−281.18	140.59

温差应力表 表6-4-65

组合截面上位置	温差 t_y(℃)		偏心距(mm)		温差应力(MPa)	
	正	反	正	反	正	反
A 处	4.22	−2.11	321.07	321.07	−0.46	0.23
B 处	0.00	0.00	0.00	0.00	−0.90	0.45
C 处	0.00	0.00	388.93	388.93	−2.02	1.01

(4) A、B、C 处主应力计算 (表6-4-66)

按 JTG D62—2004 式(6.3.3-1)计算主应力。

A、B、C 处主应力计算表 表6-4-66

位置	σ_{cx}				σ_{cy}	τ_s		σ_{tp}		σ_{cp}	
	预应力(MPa)		温差应力(MPa)		预加竖应力	剪应力(MPa)		主拉应力(MPa)		主压应力(MPa)	
	正	反	正	反		正	反	正	反	正	反
A	−0.85	−0.85	−0.46	0.23	0	0.59	0.59	−1.46	−0.35	0.24	3.43
B	3.80	3.80	−0.90	0.45		1.10	1.10	−1.02	−0.27	0.34	4.44
C	7.86	7.86	−2.02	1.01		0.63	0.63	−0.11	−0.30	3.24	4.10

按 JTG D62—2004 第 7.1.6 条规定,预应力受弯构件符合如下规定：
$$\text{混凝土主压应力} \leqslant 0.6 f_{ck} = 19.44 (\text{MPa});$$

按 JTG D62—2004 第 7.1.6 条规定,|主拉应力|$>0.5 f_{tk}=1.33$(MPa)的梁段需设置箍筋,按 JTG D62—2004 式(7.1.6-2)计算设置要求如表 6-4-67 所示。

箍筋设置参数表　　　　表 6-4-67

设置箍筋间距(mm)	截面积(mm²)
≤106	≥226.19

同时,尚应符合按 JTG D62—2004 第 9.3.13 条规定,HRB335 箍筋配筋率 ρ_{vs} 不小于 0.12%、箍筋间距不大于梁高且不大于 400mm 的规定。

其中,ρ_{vs} 按 JTG D62—2004 第 5.2.7 条规定计算。

六、短暂状况构件应力验算

按 JTG D62—2004 第 7.2.7、7.2.8 条规定计算预制板预应力放松时,板底压应力和板顶拉应力。计算过程与例 1-5-10 相同。

1. 预应力作用的梁顶、梁底混凝土应力

$$\left.\begin{array}{r}\sigma_{cc}^{t} \\ \sigma_{ct}^{t}\end{array}\right\} = \frac{N_p}{A_n} \mp \frac{N_p e_{pn}}{I_n} \times \left\{\begin{array}{l}x_n \\ h-x_n\end{array}\right.$$

在跨中和 $L/4$ 处,式中：$A_n=0.612\,846\text{m}^2$,$x_n=499.51\text{mm}$,$h-x_n=450.49\text{mm}$,$I_n=0.073\,82\text{m}^4$；e_{pn} 计算如表 6-4-68 所示；应力计算结果如表 6-4-69 所示。

跨中($L/4$ 处)和支点 e_{pn} 计算表　　　　表 6-4-68

变量	A_s(mm²)	σ_{l6}(MPa)	N_s(N)	n_p(根)	A_p(mm²/根)	σ(MPa)	N_p(N)
算式	1	2	3=−1×2	4	5	6	7=4×5×6
跨中	1 809.56	70.047	−126 753.86	16	139	1 185.97	2 637 602.84
支点	1 809.56	137.08	−256 516.90	16	139	1 165.86	2 592 880.39
$L/4$	1 809.56	86.80	−157 077.55	16	139	1 180.95	2 469 344.68
变量	e_{ps}(mm)	N_{py}(N)		N_{sy}(N)		N_{py}(N)	e_{pn}(mm)
算式	8	9=8×7		10=0.3×8×3		11=9+10	12=11/(7+3)
跨中	389.486	1 027 309 106.07		−15 343 018.66		1 011 966 087.40	403.037
支点	389.486	1 009 890 341.31		30 025 232.67		979 865 108.64	417.883
$L/4$	389.486	1 022 954 414.88		−19 013 572.16		1 003 940 842.71	406.562

预应力作用的梁顶、梁底混凝土应力　　　　表 6-4-69

位　置	跨　中	支　点	$l_0/4$
预应力钢筋(根)	16	16	16
上缘应力(MPa)	−2.848	−3.012	−2.887
下缘应力(MPa)	10.635	10.532	10.608

支点按不加套预应力钢筋根数比例 KT＝5 根/9 根＝0.555 6 折减,增加相同数量普通钢筋。

2. 梁自重和施工荷载作用的梁顶、梁底混凝土应力(表 6-4-70)

$$\left.\begin{array}{r}\sigma_{cc}^t\\ \sigma_{ct}^t\end{array}\right\}=\pm\frac{M_{G1}}{I_n}\times\begin{cases}x_n\\ h-x_n\end{cases}$$

梁顶、梁底混凝土应力　　　　　表 6-4-70

位　　置	跨　中	支　点	$l_0/4$
自重＋施工荷载 M(kN·m)	882.72	0.00	662.04
上缘应力(MPa)	5.973	0.00	4.480
下缘应力(MPa)	−5.387	0.00	−4.040

3. 梁顶、梁底混凝土应力合计(表 6-4-71)

短暂状况梁顶、梁底混凝土应力　　　　　表 6-4-71

位　　置	跨　中	支　点	$l_0/4$
上缘应力(MPa)	3.125	−3.012	1.593
下缘应力(MPa)	5.249	10.532	6.568

压应力 σ_{cc}^t 均小于限值 $0.7f'_{ck}=0.7\times29.6=20.72$MPa,$f'_{ck}$ 为放松预应力钢筋时混凝土抗压强度,此时达到 C45 的强度。

拉应力 $|\sigma_{ct}^t|$ 小于限值 $0.7f'_{tk}=0.7\times2.51=1.76$MPa 的规定在支点超过 71%,端部需要加套。若加 8 根套,支点上、下缘应力为−1.773MPa、5.382MPa。

张拉时预拉区应配置配筋率不小于 0.2% 的纵向钢筋,纵向普通钢筋面积 A_s(mm²)≥0.2%×混凝土毛面积(mm²)＝789.364(mm²)。其中,f'_{tk} 为放松预应力钢筋时混凝土抗拉强度。

验算结束。

第五章 钢—混凝土组合梁桥设计计算实例

1. 设计资料

欲设计一简支钢—混凝土组合梁桥,跨中截面尺寸如图 6-5-1 所示,为钢筋混凝土顶板、钢腹板及底板双箱双室箱形结构,梁长 56m,计算跨径 $L=54.24$m。钢筋混凝土顶板宽 24.8m,厚 25cm;钢梁顶托厚 2.8cm,腹板厚 2cm,底板宽 3.289m,在梁端至距梁端 6m 处厚 2.4cm、距梁端 6m 至距梁端 15.5m 处厚 3.2cm,其余跨中段底板厚 4.2cm,梁高 3m。施工阶段钢梁 56m 全长范围内设置 3 个临时支墩,钢梁架设完毕,在其上浇筑混凝土桥面板,此时钢梁单独受力,一期恒载弯矩 $M_{d1}=3840$kN·m,在混凝土形成强度,临时支墩卸除时产生弯矩 $M'_{d1}=21800$kN·m,二期恒载弯矩 $M_{d2}=45674.2$kN·m,汽车荷载弯矩 $M_p=24700$kN·m。钢梁采用 Q345qD,其钢材性能符合《桥梁用结构钢》(GB/T 714—2008)的要求。弹性模量 $E_s=2.0\times10^5$MPa,线膨胀系数 $k=0.000012$;顶板采用 C50 混凝土,弹性模量 $E_c=3.45\times10^4$MPa。

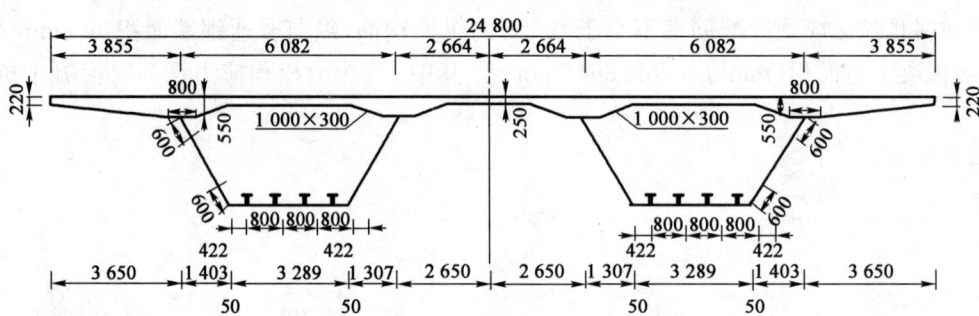

图 6-5-1 主梁典型横断面构造图(单位:mm)

2. 钢筋混凝土顶板有效宽度的计算

按《公路桥涵钢结构及木结构设计规范》(JTJ 025—86)规定,钢筋混凝土翼缘板有效分布宽度 C' 采用下列三种宽度中最小值:

(1)梁计算跨径的 1/3:54.24/3=18.08m;
(2)相邻两梁轴线间的距离 B:6.082m;
(3)桥面板承托以外加 12 倍钢筋混凝土板厚。当无承托时,则取钢梁上翼缘以外加 12 倍钢筋混凝土板厚:$0.8+1+6\times(0.55+0.22)/2+6\times0.25=5.61$m(边腹板处);$0.8+2\times1+12\times0.25=5.80$m(中腹板处)。

综上,取钢筋混凝土翼缘板有效分布宽度 $C'=5.61$m(边腹板处);$C'=5.80$m(中腹板处)。顶板有效分布宽度图如图 6-5-2 所示。

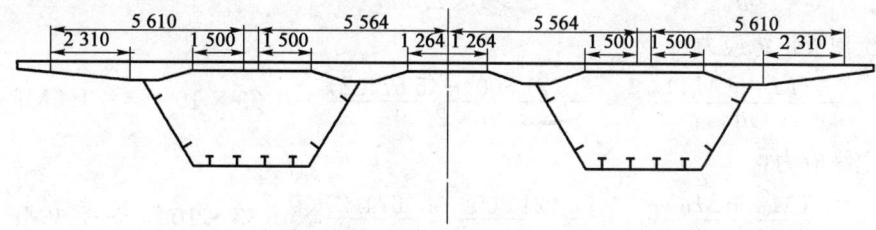

图 6-5-2　顶板有效分布宽度示意图(单位:mm)

3. 截面几何性质

由已知条件求得有效分布宽度范围内混凝土顶板截面积:$A_c=8.29\text{m}^2$,有效分布宽度范围内混凝土顶板对自身截面形心的惯性矩:$I_c=0.15\text{m}^4$。钢梁截面积:$A_s=0.68\text{m}^2$,钢梁对自身截面形心的惯性矩:$I_s=0.59\text{m}^4$。

钢和混凝土弹性模量之比:$n=E_s/E_c=2.1\times10^5/3.45\times10^4=6.087$,混凝土板和钢梁形心间距离:$a=2.03\text{m}$,组合梁换算截面积 $A_0=A_s+\dfrac{A_c}{n}=0.68+8.29/6.087=2.04\text{m}^2$,组合梁截面形心至混凝土板形心距离:$a_c=\dfrac{A_s}{A_0}a=(0.68/2.04)\times2.03=0.68\text{m}$,组合梁截面形心至钢梁形心距离:$a_s=\dfrac{A_c}{n_0A_0}a=[8.29/(6.087\times2.04)]\times2.03=1.36\text{m}$,组合梁换算截面惯性矩:

$$I_0=I_s+\frac{I_c}{n}+A_0a_sa_c=0.59+\frac{0.15}{6.087}+2.04\times1.36\times0.68=2.50\text{m}^4$$

4. 桥面板横桥向局部应力验算

活载弯矩:$M_l=0.8\times(0.1L+0.04)P=0.8\times(0.1\times4.0+0.04)\times100=35.2\text{kN}\cdot\text{m}$

截面模量:$W_c=\dfrac{1}{6}\times0.25=0.0417\text{m}^3$

应力:$\sigma_c=\dfrac{M}{W_c}=\dfrac{35.2}{4.17}=8.4\text{MPa}$

5. 弯曲应力的计算

(1)一期恒载作用下

一期恒载作用下钢梁单独受力。

钢梁上缘应力:

$$\sigma_{su}=-\frac{M_{dl}}{I_s}y_{su}=-\frac{3\,840}{0.59}\times1.68\times10^{-3}=-10.9\text{MPa}$$

钢梁下缘应力:

$$\sigma_{sl}=\frac{M_{dl}}{I_s}y_{sl}=\frac{3\,840}{0.59}\times0.77\times10^{-3}=5.0\text{MPa}$$

(2)卸除临时支撑后与二期恒载共同作用下

组合梁共同受力。

混凝土顶板上缘应力:

$$\sigma_{cu} = -\frac{(M'_{d1}+M_{d2})}{nI_0}y_{0cu} = -\frac{(21\,800+45\,674.2)}{6\times 2.50}\times 0.89\times 10^{-3} = -4.0\mathrm{MPa}$$

混凝土顶板下缘应力：
$$\sigma_{cl} = -\frac{(M'_{d1}+M_{d2})}{nI_0}y_{0cl} = -\frac{(21\,800+45\,674.2)}{6\times 2.50}\times 0.33\times 10^{-3} = -1.5\mathrm{MPa}$$

钢梁上缘应力：
$$\sigma_{su} = -\frac{(M'_{d1}+M_{d2})}{I_0}y_{0su} = -\frac{(21\,800+45\,674.2)}{2.50}\times 0.33\times 10^{-3} = -8.9\mathrm{MPa}$$

钢梁下缘应力：
$$\sigma_{sl} = \frac{(M'_{d1}+M_{d2})}{I_0}y_{0sl} = \frac{(21\,800+45\,674.2)}{2.50}\times 2.12\times 10^{-3} = 57.2\mathrm{MPa}$$

(3) 汽车活载作用下

混凝土顶板上缘应力：
$$\sigma_{cu} = -\frac{M_l}{nI_0}y_{0cu} = -\frac{24\,700}{6\times 2.50}\times 0.89\times 10^{-3} = -1.5\mathrm{MPa}$$

混凝土顶板下缘应力：
$$\sigma_{cl} = -\frac{M_l}{nI_0}y_{0cl} = -\frac{24\,700}{6\times 2.50}\times 0.33\times 10^{-3} = -0.6\mathrm{MPa}$$

钢梁上缘应力：
$$\sigma_{su} = -\frac{M_l}{I_0}y_{0su} = -\frac{24\,700}{2.50}\times 0.33\times 10^{-3} = -3.3\mathrm{MPa}$$

钢梁下缘应力：
$$\sigma_{sl} = \frac{M_l}{I_0}y_{0sl} = \frac{24\,700}{2.50}\times 2.12\times 10^{-3} = 21.0\mathrm{MPa}$$

6. 温度差产生应力的计算

(1) 钢梁比混凝土顶板高 15℃

$$P_T = \alpha_T \Delta T E_c A_c = 1.2\times 10^{-5}\times 15\times 3.45\times 10^4\times 8.29\times 10^3 = 5.15\times 10^4 \mathrm{kN}$$
$$M_T = P_T \alpha_c = 5.15\times 10^4\times 0.68 = 35\,020\mathrm{kN\cdot m}$$

混凝土顶板上缘应力：
$$\sigma_{cu} = \frac{P_T}{A_c} - \frac{1}{n}\left(\frac{P_T}{A_0}+\frac{P_T\alpha_c}{I_0}y_{0cu}\right) = \frac{51\,500}{8.29}\times 10^{-3} - \frac{1}{6.087}\left(\frac{51\,500}{2.04}+\frac{35\,020}{2.50}\times 0.89\right)$$
$$\times 10^{-3} = 0.02\mathrm{MPa}$$

混凝土顶板下缘应力：
$$\sigma_{cl} = \frac{P_T}{A_c} - \frac{1}{n}\left(\frac{P_T}{A_0}+\frac{P_T\alpha_c}{I_0}y_{0cl}\right) = \frac{51\,500}{8.29}\times 10^{-3} - \frac{1}{6.087}\left(\frac{51\,500}{2.04}+\frac{35\,020}{2.50}\times 0.33\right)$$
$$\times 10^{-3} = 1.31\mathrm{MPa}$$

钢梁上缘应力：
$$\sigma_{su} = -\frac{P_T}{A_0} - \frac{P_T\alpha_c}{I_0}y_{0su} = -\frac{51\,500}{2.04}\times 10^{-3} - \frac{35\,020\times 0.33}{2.50}\times 10^{-3} = -29.87\mathrm{MPa}$$

钢梁下缘应力：

$$\sigma_{sl}=-\frac{P_T}{A_0}+\frac{P_T\alpha_c}{I_0}y_{0sl}=-\frac{51\,500}{2.04}\times10^{-3}+\frac{35\,020\times2.12}{2.50}\times10^{-3}=4.45\text{MPa}$$

(2)钢梁比混凝土顶板低15℃

按上式,同理可得到：

$$\sigma_{cu}=-0.02\text{MPa}$$
$$\sigma_{cl}=-1.31\text{MPa}$$
$$\sigma_{su}=29.87\text{MPa}$$
$$\sigma_{sl}=-4.45\text{MPa}$$

7. 混凝土徐变产生的应力

采用有效弹性模量法,组合梁混凝土徐变的影响采用下式表示的折减混凝土有效弹性模量 $E_{c\varphi}$ 近似计算：

$$E_{c\varphi}=\frac{E_c}{1+\Psi\varphi_t}$$

式中：Ψ——徐变影响系数,取 $\Psi=0.5$；

φ_t——徐变系数,取 $\varphi_t=2$。

此时 $n=n_0(1+\varphi_t/2)=6.087\times(1+2/2)=12.174$

组合梁换算截面几何特性调整为:组合梁换算截面积 $A_0=1.36\text{m}^2$；组合梁截面形心至混凝土板形心距离：$a_c=1.01\text{m}$；组合梁截面形心至钢梁形心距离：$a_s=1.02\text{m}$；组合梁换算截面惯性矩：$I_0=2.00\text{m}^4$。

$$N_c=\frac{(M'_{d1}+M_{d2})}{n_0I_0}a_{0c}A_c=\frac{21\,800+45\,674.2}{6\times2.50}\times0.68\times8.29=25\,357.7\text{kN}$$

$$P_\varphi=\frac{\varphi_1}{1+\Psi\varphi_1}N_c=\frac{2}{1+0.5\times2}\times25\,357.7=25\,357.7\text{kN}$$

$$M_\varphi=P_\varphi a_{0c1}=25\,357.7\times1.01=25\,611.3\text{kN}\cdot\text{m}$$

混凝土顶板上缘应力：

$$\sigma_{cu}=-\frac{1}{n_1}\left(\frac{P_\varphi}{A_{01}}+\frac{M_\varphi}{I_{01}}y_{0cul}\right)+\frac{\varphi_1}{1+\Psi\varphi_1}\sigma_c=-\frac{1}{12.174}\times\left(\frac{25\,357.7}{1.36}+\frac{25\,611.3}{2.00}\times1.21\right)$$
$$+\frac{2}{1+0.5\times2}\times4.0=1.20\text{MPa}$$

混凝土顶板下缘应力：

$$\sigma_{cl}=-\frac{1}{n_1}\left(\frac{P_\varphi}{A_{01}}+\frac{M_\varphi}{I_{01}}y_{0cdl}\right)+\frac{\varphi_1}{1+\Psi\varphi_1}\sigma_c=-\frac{1}{12.174}\times\left(\frac{25\,357.7}{1.36}+\frac{25\,611.3}{2.00}\times0.66\right)$$
$$+\frac{2}{1+0.5\times2}\times1.5=-0.73\text{MPa}$$

钢梁上缘应力：

$$\sigma_{su}=-\frac{P_\varphi}{A_{01}}-\frac{M_\varphi}{I_{01}}y_{0sul}=-\frac{25\,357.7}{1.36}-\frac{25\,611.3}{2.00}\times0.66=-27.10\text{MPa}$$

钢梁下缘应力：

$$\sigma_{sl}=-\frac{P_\varphi}{A_{01}}+\frac{M_\varphi}{I_{01}}y_{0sl1}=-\frac{25\,357.7}{1.36}+\frac{25\,611.3}{2.00}\times1.79=4.28\text{MPa}$$

8. 混凝土收缩产生的应力

混凝土的收缩量按温度降低 15℃计。

采用有效弹性模量法：假设组合梁收缩的影响采用下式表示的折减混凝土有效弹性模量 $E_{c\varphi}$ 近似计算：

$$E_{c\varphi} = \frac{E_c}{(1+\Psi\varphi_t)}$$

式中：Ψ——徐变影响系数，取 $\Psi = 0.5$；

φ_t——徐变系数，取 $\varphi_t = 4$。

此时 $n = n_0(1+\varphi_1/2) = 6.087 \times (1+4/2) = 18.261$

组合梁换算截面几何特性调整为：组合梁换算截面积 $A_0 = 1.13 \text{m}^2$；组合梁截面形心至混凝土板形心距离：$a_c = 1.22 \text{m}$；组合梁截面形心至钢梁形心距离：$a_s = 0.81 \text{m}$；组合梁换算截面惯性矩：$I_0 = 1.72 \text{m}^4$。

$P_s = \alpha_T \Delta T E_{c2} A_c = 1.2 \times 10^{-5} \times 15 \times (3.45 \times 10^4/3) \times 8.29 \times 10^3 = 17\,160.3 \text{kN}$

$M_s = P_s a_{0c2} = 17\,160.3 \times 1.22 = 20\,935.6 \text{kN} \cdot \text{m}$

混凝土顶板上缘应力：

$$\sigma_{cu} = \frac{P_s}{A_c} - \frac{1}{n_2}\left(\frac{P_s}{A_{02}} + \frac{P_s a_{02c}}{I_{02}} y_{02cu}\right) = \frac{17\,160.3}{8.29} \times 10^{-3} - \frac{1}{18.261} \times \left(\frac{17\,160.3}{1.13} + \frac{20\,935.6}{1.72} \times 1.42\right) \times 10^{-3} = 0.29 \text{MPa}$$

混凝土顶板下缘应力：

$$\sigma_{cl} = \frac{P_s}{A_c} - \frac{1}{n_2}\left(\frac{P_s}{A_{02}} + \frac{P_s a_{02c}}{I_{02}} y_{02cl}\right) = \frac{17\,160.3}{8.29} \times 10^{-3} - \frac{1}{18.261} \times \left(\frac{17\,160.3}{1.13} + \frac{20\,935.6}{1.72} \times 0.85\right) \times 10^{-3} = 0.67 \text{MPa}$$

钢梁上缘应力：

$$\sigma_{su} = -\frac{P_s}{A_{02}} - \frac{P_s a_{02c}}{I_{02}} y_{02su} = \left(-\frac{17\,160.3}{1.13} - \frac{20\,935.6}{1.72} \times 0.85\right) \times 10^{-3} = -25.53 \text{MPa}$$

$$\sigma_{sl} = -\frac{P_s}{A_{02}} + \frac{P_s a_{02c}}{I_{02}} y_{02sl} = \left(-\frac{17\,160.3}{1.13} + \frac{20\,935.6}{1.72} \times 1.58\right) \times 10^{-3} = -4.05 \text{MPa}$$

9. 应力组合及应力验算结果

荷载组合(A)：一期恒载+二期恒载+汽车活载；

荷载组合(B)：一期恒载+二期恒载+汽车活载+混凝土徐变+混凝土收缩；

荷载组合(C)：一期恒载+二期恒载+汽车活载+混凝土徐变+混凝土收缩+温度应力。

混凝土顶板横桥向局部应力验算：

$$\sigma = 8.4 \text{MPa} < [\sigma_c] = 1.15 \times 0.63 \times 32.4 = 23.5 \text{MPa}$$

混凝土顶板应力验算：

荷载组合(A)：$\sigma_c = 5.5 \text{MPa} < [\sigma_c] = 0.63 \times 32.4 = 20.4 \text{MPa}$

荷载组合(C)：$\sigma_c = 7.5 \text{MPa} < [\sigma_c] = 1.4 \times 0.63 \times 32.4 = 28.6 \text{MPa}$

钢梁上缘应力验算：

荷载组合(A)：σ_{su}=23.1MPa<$[\sigma_{su}]$=210MPa
荷载组合(C)：σ_{sl}=105.6MPa<$[\sigma_{sl}]$=1.15×210=241.5MPa
钢梁下缘应力验算：
荷载组合(A)：σ_{sl}=83.2MPa<$[\sigma_{sl}]$=210MPa
荷载组合(C)：σ_{sl}=92.66MPa<$[\sigma_{sl}]$=1.15×210=241.5MPa

10. 组合梁剪力连接件的验算

(1) 二期恒载及活载产生的水平剪力

二期恒载产生的支座处剪力：

$$Q_1 = \frac{1}{2} \times (232.44 + 52.35 + 124.2) \times 54.24 - 1\,260 = 9\,831.8 \text{kN}$$

活载产生的支座处剪力：

$$Q_2 = 2\,540 \text{kN}$$

按式(6-3-7)，相应的水平剪力：

$$T_Q = \frac{a_c A_c}{n I_0}(Q_1 + Q_2) = \frac{0.68 \times 8.29}{6.087 \times 2.50} \times (9\,831.8 + 2\,540) = 4\,583 \text{kN/m}$$

(2) 温差产生的水平剪力

混凝土的干燥收缩和混凝土顶板与钢梁间的温差产生的组合梁连接处的剪力主要集中在主梁端部。传递范围的计算长度为主梁间距 a 或 $L/10$（L 为组合梁梁长），剪力大小由梁端向跨中方向按三角形分布逐渐减小。

因主梁间距 a=5.11m<$L/10$=5.42m，取剪力分布长度为5.11m。

$$\sigma_c = \frac{(\sigma_{cu} + \sigma_{cl})}{2} = \frac{(0.02 + 1.31)}{2} = 0.67 \text{MPa}$$

$$T_T = \frac{2\sum Q_i}{a} = \frac{2\sigma_c A_c}{a} = \frac{2 \times 0.67 \times 8.29}{5.11} \times 10^3 = 2\,173.9 \text{kN/m}$$

(3) 混凝土收缩产生的水平剪力

$$\sigma_c = \frac{(\sigma_{cu} + \sigma_{cl})}{2} = \frac{(0.29 + 0.67)}{2} = 0.48 \text{MPa}$$

$$T_S = \frac{2\sum Q_i}{a} = \frac{2\sigma_c A_c}{a} = \frac{2 \times 0.48 \times 8.29}{5.11} \times 10^3 = 1\,557.4 \text{kN/m}$$

(4) 水平剪力合计

$$T = T_Q + T_T + T_S = 4\,583 + 2\,173.9 + 1\,557.4 = 8\,314.3 \text{kN/m}$$

(5) 剪力连接件的计算

本设计采用的焊钉直径 d=22mm，高 h=300mm，h/d=300/22=13.6>5.5。焊钉的容许剪力：

$$[T] = 9.4d^2\sqrt{\sigma_k} = 9.4 \times 22^2 \sqrt{32.4} = 25\,896.8 \text{N/根}$$

式中：σ_k——桥面板混凝土的设计标准强度；

d——剪力钉直径；

h——剪力钉高度。

本设计焊钉桥轴方向间距125mm，横桥方向间距160mm，焊钉到钢梁翼板边缘的净距离为80mm，剪力钉的构造要求验算如下：

焊钉的最大间距：min{3×250 600}=600mm>150mm

焊钉桥轴方向的最小间距：min{5×22 100}=100mm<125mm

焊钉横桥方向的最小间距：$d+30=22+30=52$mm<160mm

焊钉到钢梁翼板边缘的最小净距离不得小于25mm<80mm

根据容许剪力求焊钉间距：

水平剪力扣除端横梁焊钉抗力后的值为：

$$T' = \left(T \times \frac{L}{4} - 30 \times 10 \times 25.9\right) \Big/ (L/2) = \left(4\,583 \times \frac{54.24}{4} - 7\,770\right) \Big/ \left(\frac{54.24}{2}\right)$$
$$= 2\,005.0 \text{kN/m}$$

水平剪力传递范围的计算长度内焊钉间距：

$a_j = 20 \times 25.90/2\,005.0 = 0.26m=260$mm<125mm，设计满足焊钉间距要求。

11. 挠度验算

按《公路桥涵钢结构及木结构设计规范》(JTJ 025—86)规定，对于简支或连续梁由汽车荷载(不计冲击力)所引起的竖向挠度不应超过$L/600$(其中L为梁的计算跨径)，即有：$\delta \leqslant [\delta] = L/600$。

本设计汽车荷载作用下的跨中挠度：

$$\delta = \frac{5M_l L^2}{48E_s I_0} = \frac{5 \times 2\,4700 \times 54.24^2}{48 \times 2.0 \times 10^5 \times 2.5} \times 10^{-3} = 0.015\text{m} < L/600 = 54.24/600 = 0.091\text{m}$$

第六章 钢—混凝土组合梁桥有限元计算实例

第一节 技术标准及结构形式

一、工程概况

水官高速公路地处深圳市龙岗区西南部,线路呈东西走向,经下李朗、白泥坑、荷坳与龙岗区龙翔大道对接。

平沙立交 A 匝道桥起点桩号 AK0+205.157,终点桩号 AK0+295.317,全长 90.16m,共一联,分 2 孔,桥面宽度为 19.5m,分左右两幅,每幅 9.75m。桥位处匝道中心线处于 $R=270$m 的圆曲线上,跨越水官高速路。本桥上部采用 2×42m 钢—混凝土组合连续梁,主梁由底板、两外侧壁及中侧壁组成开口单箱双室截面,截面高度 1.35m,在开口箱形截面上设预制板,后浇桥面板采用 C50 无收缩混凝土,厚45cm,箱梁总高度为 1.8m。钢箱全宽5.75m,下部结构采用钢板墩。桥台采用桩基接盖梁式桥台、基础均为钻孔灌注桩基础。桥梁立面图见图 6-6-1,标准横断面图见图 6-6-2。

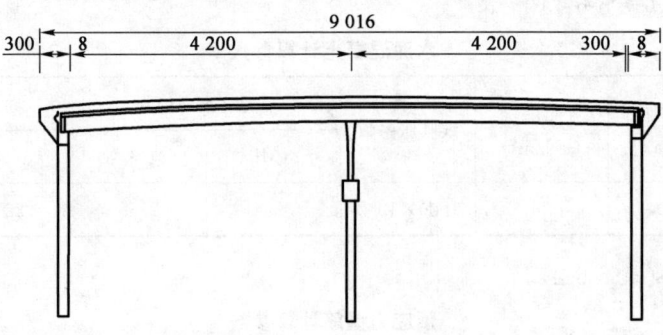

图 6-6-1 桥梁立面图(尺寸单位:cm)

二、技术标准及设计依据

《公路工程技术标准》(JTG B01—2003)
《公路桥涵设计通用规范》(JTG D60—2004)

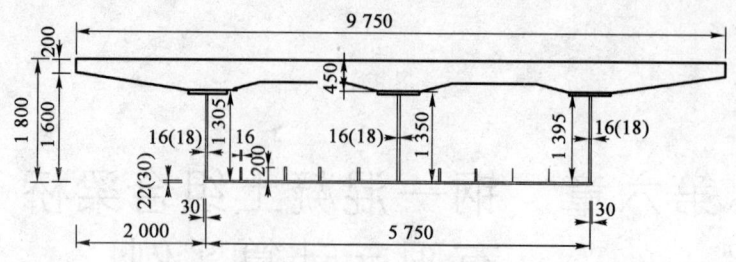

图 6-6-2 标准横断面图(单位:mm)

《公路钢筋混凝土及预应力混凝土桥涵设计规范》(JTG D62—2004)
《公路工程抗震设计规范》(JTJ 004—89)
《公路桥涵地基与基础设计规范》(JTG D63—2007)
《公路桥涵施工技术规范》(JTJ 041—2000)
《钢结构设计规范》(GB 50017—2003)
设计荷载等级:公路-Ⅰ级。
桥面净宽:净—8.75+2×0.5m。
抗震等级:桥址区地震动峰值加速度为0.1g,按Ⅷ度设防。
环境类别:按Ⅱ类设计。

第二节 计 算 参 数

一、材料

1. 水泥混凝土(表 6-6-1)

水泥混凝土计算参数   表 6-6-1

强度等级	弹性模量(MPa)	重度(kN/m³)	线膨胀系数	标准值		设计值	
				f_{ck}(MPa)	f_{tk}(MPa)	f_{cd}(MPa)	f_{td}(MPa)
C50	34 500	26	1.00×10^{-5}	32.4	2.65	22.4	1.83

2. 预应力钢筋(表 6-6-2)

预应力钢筋计算参数   表 6-6-2

预应力钢筋	弹性模量(MPa)	重度(kN/m³)	线膨胀系数	f_{pk}(MPa)	f_{pd}(MPa)	f'_{pd}(MPa)
钢绞线	195 000	78.5	1.20×10^{-5}	1 860	1 260	390

箱梁的纵向预应力钢束采用的低松弛高强度预应力钢绞线,应符合 GB/T 5224—2003 的规定标准,直径为 15.2mm,钢绞线 $f_{pk}=1860$MPa,张拉控制应力 $\sigma_{con}=0.75f_{pk}=1395$MPa,弹性模量 $E_p=1.95\times10^5$MPa。

3. 钢板(表 6-6-3)

钢板计算参数　　　　　　　　　　　　　　　　　　　表 6-6-3

钢材	弹性模量(MPa)	重度(kN/m³)	厚度(mm)	抗拉、压及弯强度设计值(MPa)	应力允许值(MPa)
Q345	206 000	76.98	16~35	295	轴向:$[\sigma]=200$MPa 弯曲:$[\sigma]=210$MPa 剪:$[\tau]=120$MPa

二、设计荷载

1. 恒载

一期恒载:结构自重在计算过程中由程序自动计算。

二期恒载:桥面构造为 10cm 沥青混凝土桥面铺装和防撞护栏。

10cm 沥青混凝土桥面铺装:21kN/m²

防撞护栏:15kN/m

2. 活载

公路—Ⅰ级按照《公路桥涵设计通用规范》,并考虑冲击系数。

3. 温度变化

(1)系统温度:39℃,-1℃。

(2)梁截面温度梯度:

正温差效应:$T_1=14$ ℃, $T_2=5.5$ ℃

反温差效应:$T_1=-7$ ℃, $T_2=-2.75$ ℃

4. 不均匀沉降(表 6-6-4)

不 均 匀 沉 降　　　　　　　　　　　　　　　　　　　表 6-6-4

位　置	竖向位移(m)	位　置	竖向位移(m)
桥台	-0.01	过渡墩	-0.01
桥墩	-0.01		

以上三种情况程序进行最不利组合。

第三节　计　算　模　型

一、单元划分

结构计算采用 Midas 有限元计算软件,各节段截面特性值见表 6-6-5、表 6-6-6。有限元模型中使用的截面见图 6-6-3。

A、B、D、E 节段截面特性值　　　　　　　　　　　　　表 6-6-5

面　积	8.56×10^5	mm²
I_{xx}	6.93×10^{11}	mm⁴
I_{yy}	3.45×10^{11}	mm⁴
I_{zz}	$5.32\,000 \times 10^{12}$	mm⁴

C 节段截面特性值　　　　　　　　　　　　　表 6-6-6

面　积	9.09×10^5	mm²
I_{xx}	8.27×10^{11}	mm⁴
I_{yy}	4.12×10^{11}	mm⁴
I_{zz}	5.49×10^{12}	mm⁴

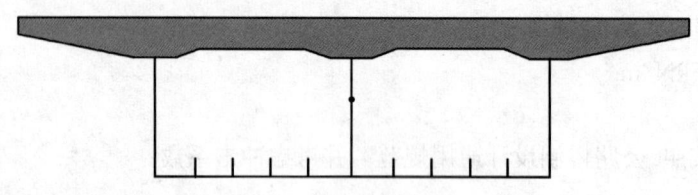

图 6-6-3　有限元模型中使用的截面

(1)单元数量:全桥上部结构划分为 88 个梁单元。
(2)节点数量:89 个。
有限元模型立面图见图 6-6-4,有限元模型俯视图见图 6-6-5。

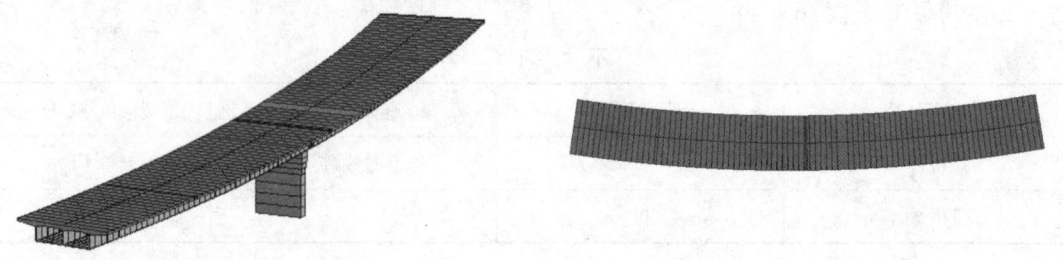

图 6-6-4　有限元模型立面图　　　　　　　图 6-6-5　有限元模型俯视图

(3)钢束数量:30 束,详见表 6-6-7。钢束布置图见图 6-6-6～图 6-6-9。

钢 束 数 量 表　　　　　　　　　　　　　表 6-6-7

编　号	项　目	规　格	根　数
	N1	$10\phi^s 15.2$	10
	N2	$10\phi^s 15.2$	10
	N3	$10\phi^s 15.2$	10

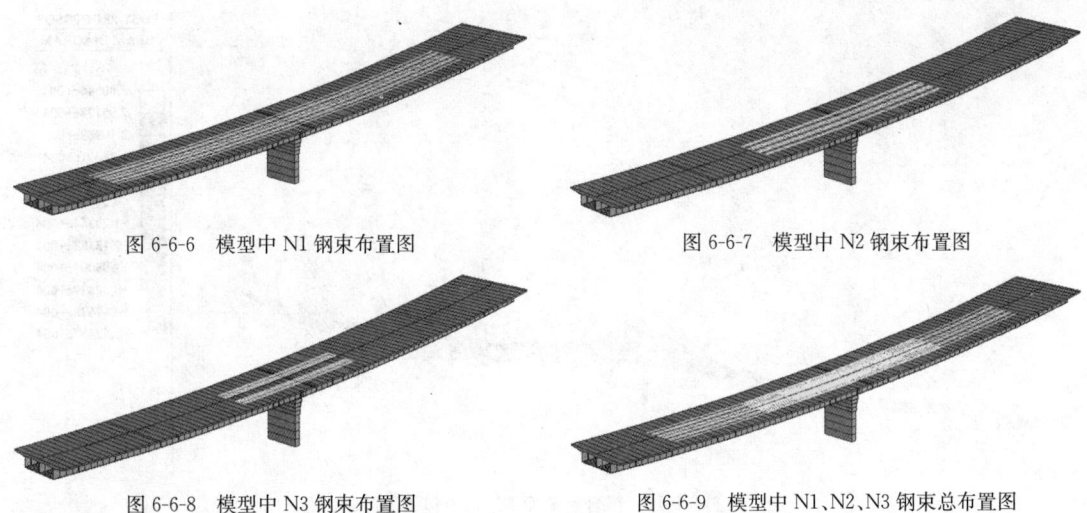

图 6-6-6　模型中 N1 钢束布置图　　　　　图 6-6-7　模型中 N2 钢束布置图

图 6-6-8　模型中 N3 钢束布置图　　　　图 6-6-9　模型中 N1、N2、N3 钢束总布置图

二、荷载组合

公路桥涵结构设计按承载能力极限状态和正常使用极限状态进行作用效应组合。

1. 承载能力极限状态效应组合

$$恒载＝自重＋二期恒载＋预应力$$

$$承载能力极限状态＝1.2×恒载＋1.4(1＋\mu)×汽车荷载＋1.4×0.8温度效应＋0.5×基础变位作用$$

2. 正常使用极限状态效应组合
3. 作用短期效应组合

$$正常使用极限状态＝恒载＋0.7×汽车荷载＋0.8×温差效应＋基础变位作用$$

4. 作用长期效应组合

$$正常使用极限状态＝恒载＋0.4×汽车荷载＋0.8×温差效应＋基础变位作用$$

5. 数值符号规定

弯矩：以使单元下缘受拉为正，单元上缘受拉为负。

应力：以压应力为负，拉应力为正。

第四节　承载能力极限状态基本组合效应

组合之后截面总内力：

组合后截面最大正弯矩为 38 054.6kN·m，截面最大负弯矩为 −55 245.7kN·m。组合后截面弯矩包络图见图 6-6-10。

一、正截面抗弯承载力验算

对跨中最大正弯矩进行承载能力验算。

图 6-6-10 组合后截面 M_y 弯矩包络图

1. 跨中正弯矩截面

承载能力极限状态组合下最大正弯矩 $M_j = 38\,054.6 \text{kN} \cdot \text{m}$

$$f_c b_{\text{eff}} h_c + A_{\text{ps}} f_{\text{pu}} + f'_y A'_s = 22.4 \times 8\,992 \times 397 + 1\,960 \times 1\,860 + 14\,695.2 \times 280 \times 10^{-3}$$
$$= 87\,724.3 \text{kN} > A_{\text{st,c}} F_y = 256\,000 \times 295 \times 10^{-3} = 75\,520 \text{kN}$$

所以中心轴在混凝土内,受压区高度为:

$$x = \frac{A_{\text{st,c}} F_y - A_{\text{ps}} f_{\text{pu}} - f'_y A'_s}{f_c b_{\text{eff}}} = \frac{256\,000 \times 295 - 1\,960 \times 1\,860 - 14\,695.2 \times 280}{22.4 \times 8\,992}$$
$$= 336.4 \text{mm}$$

截面中性轴在钢梁截面内(对中心轴取矩,由力平衡得出下式):

$$M_u \leqslant f_c b_{\text{eff}} x y_1 + A_{\text{ps}} f_{\text{pu}} y_2 + A_{\text{st,c}} F_y y_3 + f'_y A'_s y_4 - f_y A_s y_5$$
$$= (22.4 \times 8\,992 \times 336.4 \times 228.8 + 19\,600 \times 1\,260 \times 267$$
$$+ 256\,000 \times 295 \times 735.6 + 7\,347.6 \times 280 \times 372 - 7\,347.6$$
$$\times 280 \times 35.6) \times 10^{-6} = 78\,341.4 \text{kN} \cdot \text{m} > M_j = 38\,054.6 \text{kN} \cdot \text{m}$$

满足要求。

2. 负弯矩截面

承载能力极限状态组合下最大负弯矩 $M_j = -55\,245.7 \text{kN} \cdot \text{m}$

截面顶缘至中性轴高度为:

$$x = \frac{A_{\text{受压区钢板}} F_y - A_{\text{ps}} f_{\text{pu}} - f_y A_s - (A_{\text{受拉翼缘}} + A_{\text{受拉腹板}}) F_y}{2 \times 3 \times w_{\text{腹板厚}} \times F_y} + h_c + t_{\text{上翼缘厚}} = 461.4 \text{mm}$$

截面中性轴在钢梁腹板内,由于上缘受拉,故混凝土拉力部分不计(对中性轴取矩,由力平衡得出下式):

$$M_u \leqslant A_{\text{ps}} f_{\text{pu}} y_1 + A_{\text{st,c}} F_y y_2 + A'_{\text{st,c}} F_y y_3 + f_y A_s y_4$$
$$= (58\,800 \times 1\,260 \times 331.4 + 41\,889.6 \times 295 \times 32.2$$
$$+ 267\,110.4 \times 295 \times 669.3 + 15\,034 \times 280 \times 262.9) \times 10^{-6}$$
$$= 78\,796.6 \text{kN} \cdot \text{m} > M_j = 55\,245.7 \text{kN} \cdot \text{m}$$

满足要求。

二、斜截面抗剪承载能力验算

组合后截面 F_y 剪力包络图见图 6-6-11。

1. 支座截面

承载能力极限状态下支座截面最大剪力:$Q_j=4\,324.5\text{kN}$

箱梁腹板高度 $b=1\,350\text{mm}$

箱梁腹板厚度 $t=16\text{mm}$

支点截面抗剪承载力:
$$V \leqslant h_w t_w f_v = 1\,350 \times 16 \times 3 \times 170 \times 10^{-3} = 11\,016\text{kN} > 4\,324.5\text{kN}$$

满足要求。

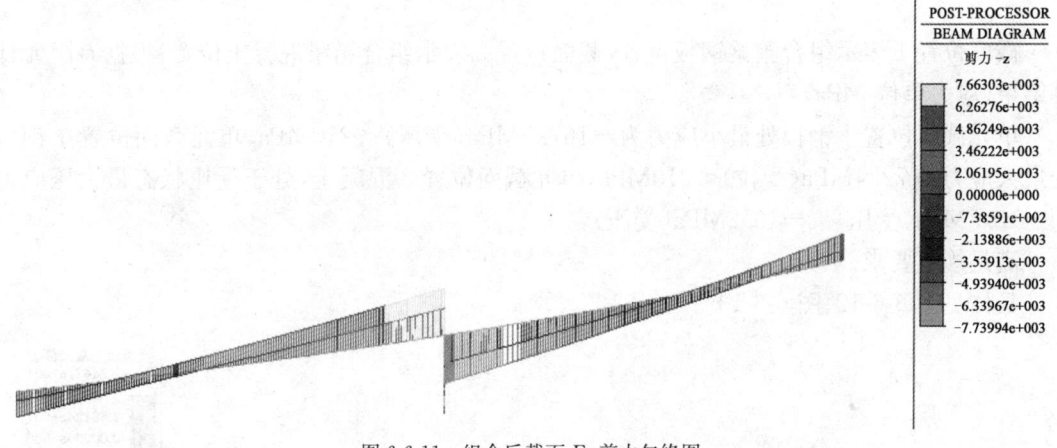

图 6-6-11 组合后截面 F_y 剪力包络图

2. 桥墩位置处组合箱梁截面

承载能力极限状态下桥墩截面最大剪力:$Q_j=7\,739.9\text{kN}$

箱梁腹板高度 $b=1\,350\text{mm}$

箱梁腹板厚度 $t=20\text{mm}$

支点截面抗剪承载力:
$$V \leqslant h_w t_w f_v = 1\,350 \times 20 \times 3 \times 170 \times 10^{-3} = 13\,770\text{kN} > 7\,739.9\text{kN}$$

满足要求。

第五节 正常使用极限状态应力验算

《公路钢筋混凝土及预应力混凝土桥涵设计规范》(JTG D62—2004)第 7.1.5 条规定:使用阶段预应力混凝土受弯构件正截面混凝土的压应力,应符合下列规定:

受压区混凝土的最大压应力

未开裂构件　　$\sigma_{kc}+\sigma_{pt} \leqslant 0.5 f_{ck}$

允许开裂构件　　$\sigma_{cc} \leqslant 0.5 f_{ck}$

《公路钢筋混凝土及预应力混凝土桥涵设计规范》(JTG D62—2004)第6.3条规范：正截面抗裂应对构件正截面混凝土的拉应力进行验算，并应符合下列规定：

(1) 全预应力混凝土构件，在作用（或荷载）短期效应组合下：

预制构件　$\sigma_{st}-0.85\sigma_{pc}\leqslant 0$

分段浇筑或砂浆接缝的纵向分块构件　$\sigma_{st}-0.80\sigma_{pc}\leqslant 0$

(2) A类预应力混凝土构件，在作用（或荷载）短期效应组合下：

$$\sigma_{st}-\sigma_{pc}\leqslant 0.7f_{tk}$$

但在荷载长期效应组合下：

$$\sigma_{lt}-\sigma_{pc}\leqslant 0$$

一、短期效应组合

截面位置1表示组合箱梁钢板位置，截面位置2表示组合箱梁混凝土位置，根据有限元计算结果（应力单位MPa）：

单元截面位置1钢板处最小应力为−167.5MPa（受压）<210MPa，单元截面位置1钢板处最大应力为72.4MPa（受拉）<210MPa；单元截面位置2混凝土，处于受压状态最大压应力为−12.8MPa（受压）<−16.2MPa（受压）。

满足规范要求。

具体见图6-6-12、图6-6-13。

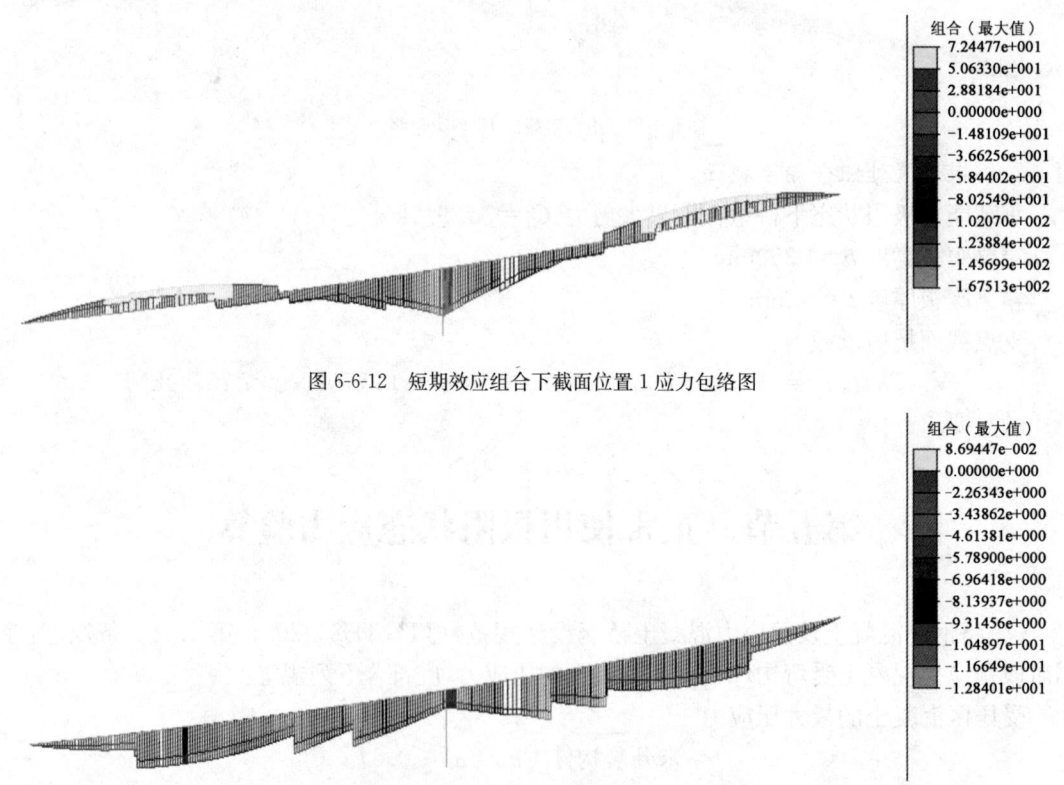

图6-6-12　短期效应组合下截面位置1应力包络图

图6-6-13　短期效应组合下截面位置2应力包络图

二、长期效应组合

截面位置 1 表示组合箱梁钢板位置,截面位置 2 表示组合箱梁混凝土位置,根据有限元计算结果(应力单位 MPa):

单元截面位置 1 钢板处最小应力为 -160.2 MPa(受压)<210 MPa,单元截面位置 1 钢板处最大应力为 63.1 MPa(受拉)<210 MPa;单元截面位置 2 混凝土处于受压状态,最大压应力为 -12.5 MPa(受压)<16.2 MPa(受压)。满足规范要求。

具体见图 6-6-14、图 6-6-15。

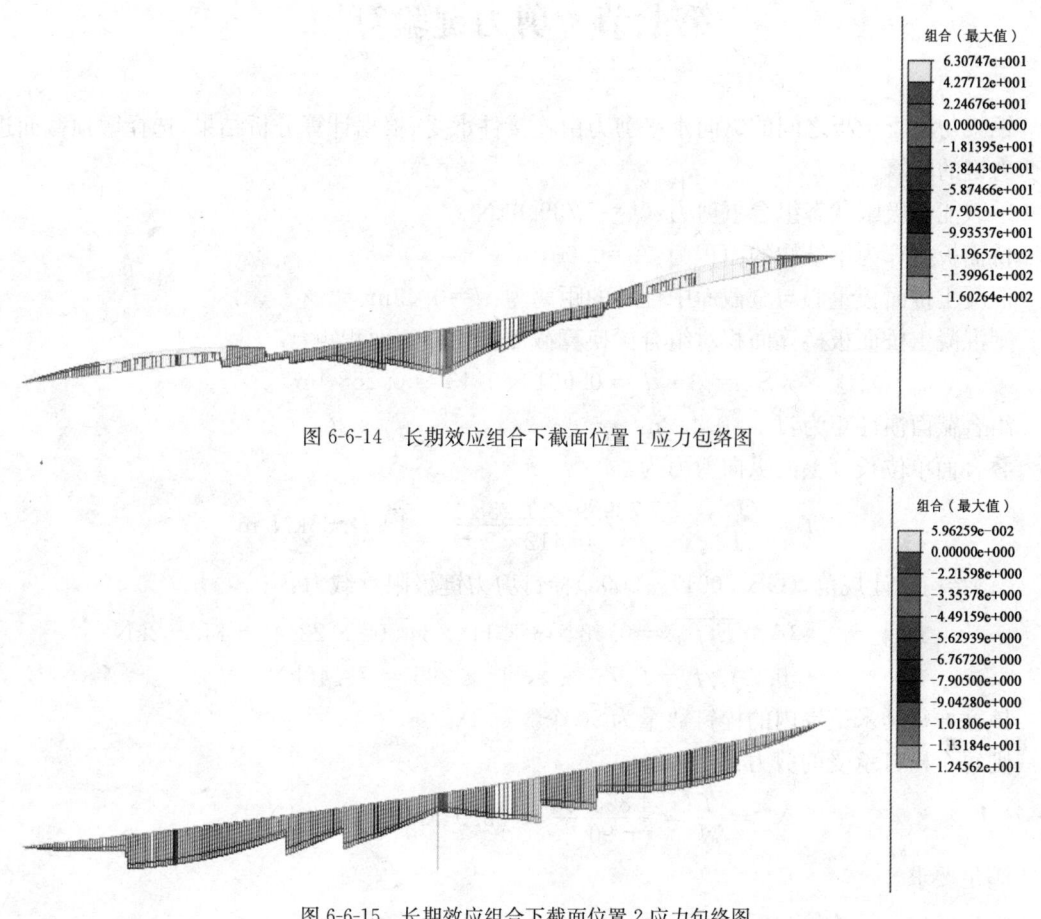

图 6-6-14　长期效应组合下截面位置 1 应力包络图

图 6-6-15　长期效应组合下截面位置 2 应力包络图

第六节　主梁挠度验算

截面最大挠度容许值为:
$$L/600=42\,000/600=70\text{mm}$$
通过计算分析可得,在荷载短期效应组合作用下结构挠度:

跨中：$f_中 = -65.2 \text{mm}$

结构自重产生的长期挠度：

中跨：$f'_中 = -33 \text{mm}$

挠度长期增长系数 $\eta_\theta = 1.425$

则

$$\text{跨中}: f = 65.2 \times 1.425 - 33 = 59.91 \text{mm} < 70 \text{mm}$$

故主梁挠度满足要求。

第七节　剪力键验算

钢梁与混凝土板之间的纵向水平剪力由连接件承受，根据计算分析结果，选择墩顶截面进行剪力键的验算。

承载能力极限状态组合下剪力：$Q_j = 7\,739.9 \text{kN}$

桥面板换算为钢结构的面积为：$A = 0.601 \text{m}^2$

混凝土桥面板重心与全截面中性轴的距离为：$d = 0.43 \text{m}$

则混凝土桥面板换算面积对组合梁换算截面中性轴的面积矩：

$$S_0 = A \cdot d = 0.601 \times 0.43 = 0.258\,4 \text{m}^3$$

组合截面惯性矩为：$I_{yy} = 0.412 \text{m}^4$

叠合面单位长度上的纵向剪力为：

$$T = \frac{Q_j S_0}{I_0} = \frac{7\,739.9 \times 0.258\,4}{0.412} = 4\,854.35 \text{kN/m}$$

《钢结构设计规范》(GB 50017—2003)栓钉剪力键极限承载力：

$$[N_v^c] = 0.43 A_s \sqrt{E_c f_{cd}} = 0.43 \times \pi \times 11^2 \sqrt{34\,500 \times 22.4} = 143.62 \text{kN}$$

$$0.7 A_s \gamma f = 0.7 \times \pi \times 11^2 \times 295 = 78.46 \text{kN}$$

该截面每延米范围内的栓钉数量为 90 个。

则每个栓钉承受的剪力：

$$N_c^v = \frac{T}{N} = \frac{4\,854.35}{90} = 53.94 \text{kN} < 78.46 \text{kN}$$

满足要求。

第八节　高强螺栓承载力验算

设计螺栓采用高强大六角头螺栓，为摩擦型抗剪高强螺栓。

根据《钢结构设计规范》(GB 50017—2003)，以及《钢结构高强度螺栓连接的设计、施工及验收规程》(JGJ 82—91)对高强螺栓承载力进行验算。

高强度螺栓的抗剪承载力 N_v^b 按下式计算：

$$N_v^b = 0.9 n_f \mu P = 0.9 \times 2 \times 0.4 \times 180 = 129.6 \text{kN}$$

式中：P——高强螺栓的预拉力，M24=180kN；

　　　μ——摩擦系数，采用 0.4；

　　　n_f——传力摩擦面数目。

由整体计算分析可得，钢箱梁制作段螺栓连接处最大内力值为：

$$M = 35\,582.2 \text{kN} \cdot \text{m}$$
$$V = 6\,223.5 \text{kN}$$

一、翼缘板的拼接设计

按照弯矩由翼缘板承担，设计采用 288 个 M24 螺栓，则翼缘上的高强螺栓承受的剪力为：

$$N_n = \frac{M}{n \cdot h} = \frac{35\,582.2}{288 \times 1.8} = 68.63 \text{kN} < N_v^b = 129.6 \text{kN}$$

满足要求。

二、腹板的拼接设计

按照腹板承受截面上的全部剪力，钢箱梁单侧腹板采用 252 个 M24 螺栓，则每个螺栓承担的剪力为：

$$N_n = \frac{V}{n} = \frac{6\,223.5}{252} = 24.70 \text{kN} < N_v^b = 129.6 \text{kN}$$

故连接处高强螺栓承载力满足要求。

本篇参考文献

[1] 张树仁,郑绍珪,黄侨,等.钢筋混凝土及预应力混凝土桥梁结构设计原理[M].北京:人民交通出版社,2004.

[2] 林元培.桥梁设计工程师手册[M].北京:人民交通出版社,2007.

[3] 刘玉擎.组合结构桥梁[M].北京:人民交通出版社,2005.

[4] 本书编写委员会.桥梁设计常用数据手册[M].北京:人民交通出版社,2005.

[5] 刘玉擎.组合结构桥梁设计与研究.第二次组合结构桥梁与桥梁设计新理念高级研修班讲义,2006.

[6] 张树仁.桥梁混凝土结构设计原理计算示例[M].北京:人民交通出版社,2005.

[7] 余志武,周凌宇,罗小勇.钢—部分预应力混凝土连续组合梁内力重分布研究[J].建筑结构学报,2002,12.

[8] 楼庄鸿,丁明杰.钢和混凝土组合桥梁的新结构形式[J].国外公路,2000,8.

[9] 陈玉骥,叶梅新.钢—混凝土结合梁在温度作用下的响应分析[J].中国铁道科学,2001,10.

[10] 王福春.钢—混凝土组合结构在沈阳市东西快速干道工程中的应用[J].城市道桥与防洪,2002,6.

[11] 阎石,刘学东.钢—混凝土组合梁连接件的综合评述[J].沈阳建筑工程学院学报,1996,4.

[12] 回国臣,吴献.钢—混凝土组合连续梁混凝土翼板纵向开裂问题的研究[J].建筑技术开发,2001,8.

[13] 范旭红,石启印,马波.钢—混凝土组合梁的研究与展望[J].江苏大学学报:自然科学版,2004,1.

[14] 回国臣,吴献.钢—混凝土组合梁抗剪承载力计算[J].有色矿冶,2001,8.

[15] 李勇.钢—混凝土组合桥梁设计与应用[J].科学出版社,2002.

[16] 刘寒冰,刘文会,张云龙.用变分法分析预应力钢—混凝土组合T梁的剪力滞效应[J].公路交通科技,2004,5.

[17] 罗如登,叶梅新.组合梁钢与混凝土板相对滑移及栓钉受力状态研究[J].铁道学报,2002,6.

[18] 方立新,宋启根,孙逊.组合梁考虑滑移效应时的挠度实用算法探讨[J].《工程力学》增刊,1999.

[19] 刘玉擎,周伟翔.开孔钢板连接件的受力性能及其应用[J].哈尔滨工业大学学报,2005,37(增刊):381-384.

[20] Leonhardt F., et al. Neues, vorteilhaftes verbundmittel fur stahlverbund-tragwerke mit hoher dauerfestigkeit[J]. Beton-und Stahlbetonbau, 1987, (12): 325-331.

[21] 邵长宇.主跨105m连续组合箱梁桥设计构思[C]//第十七届全国桥梁学术会议论文集.北京:人民交通出版社,2006.273-278.

[22] 邓青儿. 主跨105m连续组合箱梁桥关键技术[C]//上海市公路学会2008年论文集. 上海公路,2008(增刊).

[23] 葛胜锦,刘士林,张建功. 钢—混凝土连续组合梁桥结构设计与分析[C]//第十六届全国桥梁学术会议论文集. 北京,人民交通出版社,2004.

[24] 中华人民共和国行业标准. JTJ 025—86 公路桥涵钢结构及木结构设计规范[S]. 北京：人民交通出版社,1986.

[25] 张振钛. 浅谈钢—混凝土组合梁设计[J]. 中国高新技术企业,2009(8),18-19.

[26] 吴冲. 现代钢桥(上册)[M]. 北京：人民交通出版社,2008.

[27] 聂建国,余志武. 钢—混凝土组合梁在我国的研究及应用[J]. 土木工程学报,1999,32(2).

[28] 邢佶慧,陈爱国,杨庆山. 连续钢—混凝土结合梁桥负弯矩区处理方法研究[J]. 哈尔滨工业大学学报,2007,39(6).

[29] J. Gerhard. Sedlacek, Heiko Trumpf. Composite design for small and medium spans[M]. composite construction in steel and concrete V,2006.

[30] 叶梅新,张华芝. 负弯矩作用下钢—混凝土结合梁性能研究[J]. 中国铁道科学,2001,22(5).

[31] 侯文崎,罗如登,叶梅新. 钢—高配筋现浇混凝土结合梁裂缝宽度试验研究[J]. 中国铁道科学,2001,22(5).

[32] 侯文崎,叶梅新. 连续结合梁桥负弯矩区混凝土板裂缝宽度控制方法研究[J]. 铁道学报,2003,25(1).

[33] 邵长宇. 大跨度组合箱梁桥发展与技术特点[C]//第十七届全国桥梁学术会议论文集. 北京：人民交通出版社,2006.